# Walter Post

# Weltenbrand

## Der Zweite Weltkrieg 1939–1945: Schuldfrage, Hintergründe, Verlauf

**Pour le Mérite**

Titelseite: Kaukasus 1942: Ein deutscher Panzerkampfwagen III der Ausführung L und Infanteristen im Angriff. (Foto: BPK Berlin / Arthur Grimm)

**Bibliographische Information der Deutschen Bibliothek**
Die Deutsche Bibliothek verzeichnet diese Publikation in der Deutschen Nationalbibliographie; detaillierte bibliographische Daten sind im Internet unter www.dnb.de abrufbar.

ISBN 978-3-932381-76-8

Pour le Mérite – Verlag für Militärgeschichte
Postfach 52, D-24236 Selent

Gedruckt in der Europäischen Union

# Vorwort

Im April 1917 traten die Vereinigten Staaten von Amerika unter Präsident Woodrow Wilson in den Weltkrieg 1914–18 ein, und im November des gleichen Jahres gelangten in Rußland durch die „Große Sozialistische Oktoberrevolution" die Bolschewiki unter Wladimir I. Lenin an die Macht. Damit betraten zwei Mächte die internationale Bühne, die einen universalistischen und globalen Herrschaftsanspruch geltend machten. Der weltanschauliche Gegensatz zwischen den liberal-demokratischen Eliten der USA und der kommunistischen Führung der neugegründeten Sowjetunion übte seit den zwanziger Jahren einen zunehmenden Einfluß auf die Weltpolitik aus.

Die Friedensverträge, die 1919 in den Pariser Vororten Versailles, Saint-Germain und Trianon zwischen den Westmächten und dem Deutschen Reich, Österreich und Ungarn geschlossen wurden, haben den Ersten Weltkrieg zwar formal beendet, aber keinen wirklichen Frieden geschaffen. Rußland befand sich seit der Oktoberrevolution in einem verheerenden Bürgerkrieg, der bis 1922 dauern und zu einer katastrophalen Hungersnot führen sollte. In Deutschland herrschten zwischen 1919 und 1923 bürgerkriegsartige Zustände, die mit einer desaströsen wirtschaftlichen Lage verbunden waren. Große Teile Ost- und Mitteleuropas befanden sich in Aufruhr: In Ungarn entstand 1919 eine kurzlebige kommunistische Räterepublik, zwischen Polen und Sowjetrußland herrschte 1919–21 ein offener Krieg, der mit einer erheblichen Vergrößerung des polnischen Territoriums auf russische Kosten enden sollte. Und zwischen dem Königreich Griechenland und der in einem revolutionären Umbruch befindlichen Türkei kam es 1919–22 zu einem kriegerischen Konflikt, der von umfangreichen ethnischen Säuberungen begleitet wurde.

Die Weimarer Republik erlebte in den Jahren 1924 bis 1928 zwar einigermaßen stabile Verhältnisse, aber die Weltwirtschaftskrise von 1929 stürzte Deutschland, Europa und die USA in einen ökonomischen Abgrund und rief unter der Bevölkerung eine verbreitete politische Radikalisierung hervor. Der Tod Lenins 1924 führte in Sowjetrußland zu einem jahrelangen Kampf um die Nachfolge, den schließlich Josef W. Stalin für sich entscheiden konnte. Unter seiner Diktatur stellte die Sowjetunion offiziell den Anspruch, ein radikales Gegenmodell zur gesamten westlichen Wirtschafts- und Gesellschaftsordnung zu repräsentieren.

In Ostasien war China seit 1916 politisch in seine einzelnen Provinzen zerfallen, die von rivalisierenden „Kriegsherren" („Warlords") und ihren Privatarmeen beherrscht wurden. In wechselnden Koalitionen kämpften die verschiedenen chinesischen Militärmachthaber und die Kuomintang und General Chiang Kai-shek um die Vorherrschaft in China, was zu einer militärischen Intervention der Japaner im Nordosten des riesigen Landes und zur Gründung des japanischen Marionettenstaates Mandschukuo führte.

Die Entwicklung zu einem neuen Weltkrieg war sicher nicht unvermeidlich, aber es bestand eine gewisse Wahrscheinlichkeit dafür, daß die eine oder andere Großmacht versuchen würde, die ständig schwelenden Konflikte mittels Gewalt zu lösen.

In den europäischen und ostasiatischen Krisen spielten der 1933 ins Amt gekommene amerikanische Präsident Franklin D. Roosevelt und der sowjetische Diktator Josef W. Stalin angesichts des ungeheuren Potentials ihrer territorial riesigen Staaten eine immer wichtigere Rolle.

Im Juli 1937 kam es in China zwischen der nationalchinesischen Regierung in Nanking und dem Kaiserreich Japan zum offenen kriegerischen Konflikt. Die amerikanische Regierung vermied zwar eine offene Intervention, machte aber aus ihrer prochinesischen Haltung kein Geheimnis, was zu einer ständigen Verschlechterung ihres Verhältnisses zu Japan führen sollte. Im Spanischen Bürgerkrieg 1936–39 traten die ideologischen Konfliktlinien zwischen dem westlichen Liberalismus, der internationalen faschistischen Bewegung und dem Sowjetkommunismus in aller Deutlichkeit hervor. Und mit dem deutschen Angriff auf Polen Anfang September 1939 kam es zum offenen Krieg zwischen dem Deutschen Reich sowie England und Frankreich, in dem die beiden Westmächte auf die psychologische, propagandistische und materielle Hilfe der USA unter Präsident Roosevelt rechnen durften.

1941 sollten sich die bis dahin regionalen Konflikte in Europa und Ostasien mit dem Kriegseintritt der Sowjetunion und der Vereinigten Staaten von Amerika schließlich zu einem Krieg mit globalen Dimensionen, zum Zweiten Weltkrieg, ausweiten.

# Europa und die Pariser Vorortverträge

## Die „Vierzehn Punkte" des Präsidenten Wilson

Der Weltkrieg 1914/18, die sozialistischen Revolutionen 1917 in Rußland und 1918 in Österreich und dem Deutschen Reich, vor allem aber die neue Friedensordnung sollten Europa ein Jahrhundert der Unruhen und Katastrophen bescheren. Die sogenannten „Pariser Vorortverträge", das Vertragswerk von Versailles, Saint-Germain und Trianon, zerstörten das alte europäische Gleichgewicht der Mächte und ersetzten es durch eine künstliche Vorherrschaft Frankreichs. Deutschland wurde 1919 durch die Versailler Bestimmungen in seiner Souveränität und in seinen wirtschaftlichen Entfaltungsmöglichkeiten eingeschränkt, die österreichisch-ungarische Monarchie in fünf Nachfolgestaaten aufgeteilt.

Rußland war während des Bürgerkrieges 1918–1922 mit sich selbst beschäftigt, die revolutionäre Regierung Lenins war zu der Pariser Friedenskonferenz überhaupt nicht eingeladen worden. Ohne russische Beteiligung war die neue Ordnung, die die westlichen Siegermächte 1919 in Versailles zu begründen versuchten, aber von vornherein auf Sand gebaut. Ebenso war eine Neuordnung Osteuropas ohne die Mitwirkung Deutschlands auf die Dauer zum Scheitern verurteilt.

1918/19 verbanden viele Europäer ihre Hoffnungen auf eine neue und gerechtere Friedensordnung mit dem amerikanischen Präsidenten Woodrow Wilson. Wilson hatte am 8. Januar 1918 in einer Rede vor dem amerikanischen Kongreß ein Friedensprogramm für eine neue Weltordnung verkündet, im Mittelpunkt standen die „Vierzehn Punkte".[1]

Kurz davor hatte der amerikanische Präsident das „Selbstbestimmungsrecht der Völker" propagiert. Wenn man, so der Gedankengang Wilsons, den Nationalismus des 19. Jahrhunderts und die Forderung der Völker nach Befreiung von Fremdherrschaft und nach Selbstbestimmung zu Ende dachte, dann würden, sobald jede ethnische Gruppe über ihren eigenen Staat verfügte und sich selbst regierte, die gröbsten Konflikte zwischen den Nationen gelöst und die Errichtung einer dauerhaften Friedensordnung möglich sein. Das „Selbstbestimmungsrecht der Völker" sollte zu einem der wichtigsten Grundsätze des modernen Völkerrechts werden, aber seine praktische Anwendung auf das Europa der Jahre 1918/19 sollte dem Kontinent keinen Frieden, sondern vielmehr eine Unzahl neuer Konflikte bringen.

## Der Friede von Brest-Litowsk

Die deutsche Reichsregierung und die Oberste Heeresleitung hatten im Osten anfangs das Ziel verfolgt, die russische Armee zu schlagen und dann so bald wie möglich mit dem Zaren einen Separatfrieden zu schließen. Eine völlige militärische Niederwerfung des Russischen Reiches erschien wegen der ungeheuren Ausdehnung des Landes wenig aussichtsreich. Da die russische Regierung sich aber trotz schwerer militärischer Niederlagen nicht zu einem Sonderfrieden bereit fand, setzte die deutsche Führung ihre Hoffnungen auf eine Revolution in Rußland. Nachdem man deutscherseits die Erwartungen

---

[1]   Woodrow Wilson. Memoiren und Dokumente über den Vertrag zu Versailles anno 1919, hrsg. von Ray S. Baker, Leipzig o.J., Bd. III, Dok.Nr. III.

schon fast aufgegeben hatte, kam es im Februar 1917 doch noch zu einer Revolution, die neue Provisorische Regierung unter Alexander Kerenski zeigte jedoch keinerlei Friedensbereitschaft.

Das deutsche Auswärtige Amt und die deutsche Oberste Heeresleitung unter Paul von Hindenburg und Erich Ludendorff faßten nun den Beschluß, auf eine Revolutionierung Rußlands durch die radikal-sozialistischen Bolschewiki zu setzen, da diese sich für einen sofortigen Friedensschluß mit den Mittelmächten einsetzten. Der Führer der Bolschewiki, Wladimir Iljitsch Lenin, lebte seit Kriegsbeginn 1914 im Schweizer Exil. Im März 1917 erhielten er und seine engsten Mitarbeiter von der deutschen Reichsregierung die Erlaubnis, in einem quasi „exterritorialen" Eisenbahnwaggon quer durch Deutschland nach Schweden zu fahren, um über Finnland nach St. Petersburg (damals: Petrograd) zu gelangen. Dort traf er, von der Reichsregierung mit bedeutenden Geldmitteln versehen, am 3. April 1917 ein.

Mittlerweile bereiteten Kerenski und die Provisorische Regierung mit Unterstützung der Entente eine neue Großoffensive der russischen Armee gegen die Mittelmächte vor. Diese begann am 1. Juli 1917 und verzeichnete zunächst einige Anfangserfolge, brach aber nach deutschen Gegenangriffen nach zwei Wochen völlig zusammen. Dies gab den Bolschewiki Auftrieb, ihr Eintreten für einen sofortigen Friedensschluß machte sie in der Bevölkerung zunehmend populär. In der Nacht vom 24. auf den 25. Oktober 1917 (nach dem damals in Rußland gültigen Julianischen Kalender) inszenierten Lenin und Leo Trotzki in Petrograd einen Putsch, der die Provisorische Regierung stürzte und die Bolschewiki an die Macht brachte.

Wie von Berlin und Wien erwartet, trat die neue russische Regierung im Dezember 1917 in Friedensgespräche ein. Die Verhandlungen zwischen Rußland, dem Deutschen Reich und Österreich-Ungarn begannen am 22. Dezember 1917 in Brest-Litowsk. Sowohl die russische Delegation als auch die Abordnungen der Mittelmächte traten nachdrücklich für das Selbstbestimmungsrecht der Völker ein. Aber während die Bolschewiki die Reichseinheit Rußlands bewahren wollten, wünschten die Mittelmächte die Loslösung der Westgebiete des ehemaligen Russischen Reiches, nämlich Polens, Litauens, Kurlands, Livlands, Estlands, Finnlands sowie der Ukraine.

Die Bolschewiki hofften, unter dem Schlagwort eines „Friedens ohne Annexionen und Kontributionen" den Rückzug der Truppen der Mittelmächte aus den Westgebieten des Russischen Reiches erreichen zu können, um ihre revolutionäre Herrschaft auf diese Territorien auszudehnen. Das Deutsche Reich und Österreich-Ungarn waren dagegen der Auffassung, daß Polen, Balten, Finnen und Ukrainer unter dem Schutz der Mittelmächte selbständige Staaten bilden sollten. So war geplant, Litauen und Kurland zu Fürstentümern unter der Hoheit der Hohenzollern zu machen und sie durch Personalunion mit dem Deutschen Reich zu verbinden. Für Polen strebten Berlin und Wien eine ähnliche Lösung an, konnten sich aber nicht einigen, ob das geplante Königreich Polen nun eine Personalunion mit dem Deutschen Reich eingehen oder an Österreich-Ungarn angeschlossen werden sollte.

Die Bolschewiki reagierten auf diese Forderungen der Mittelmächte mit einer Hinhaltetaktik. Trotzki versuchte, dem Druck der Mittelmächte auszuweichen, indem er einen Zustand erklärte, der weder Krieg noch Frieden bedeutete. Für die deutsche Führung war ein solcher Schwebezustand unannehmbar, da sie einen großen Teil des Ostheeres an die Westfront verlegen wollte, um die geplante Frühjahrsoffensive in Frankreich beginnen zu können. Am 18. Februar 1918 eröffneten zwei deutsche Heeresgruppen und zwei k.u.k. Armeen erneut die Kampfhandlungen im Osten. Ihr Vormarsch stieß auf keinen nennenswerten Widerstand, und sie besetzten in kurzer Zeit das Baltikum, einen großen Teil Weißrußlands, die Ukraine bis über den Donez sowie die Krim. Die russischen Truppen befanden sich in voller Auflösung, und den Bolschewiki blieb daher nichts anderes übrig, als den Forderungen der Mittelmächte nachzugeben und am 3. März 1918 den Frieden von Brest-Litowsk zu unterzeichnen.[2]

Durch diesen Vertrag sollten die Ukraine, Estland, Livland und Finnland von Rußland losgetrennt und entsprechend dem Selbstbestimmungsrecht der Völker selbständige Staaten werden. Anders als das spätere Versailler Vertragswerk sah der Vertrag von Brest-Litowsk keinerlei Eingriffe in die inneren Angelegenheiten des verbliebenen Rußland vor, die Wehrhoheit blieb ebenso unberührt wie die wirtschaftlichen Verhältnisse. Es gab weder eine Kriegsschuldzuweisung, noch wurden Rußland Reparationsleistungen auferlegt. Die Abtrennung der westlichen Randgebiete des Russischen Reiches wurde von den Bolschewiki zwar als Härte empfunden, aber letztlich vertraute Lenin auf eine Revolutionierung Europas und Rückgewinnung dieser vorerst verlorenen Territorien. Ein Dreivierteljahrhundert später sollten Polen, die baltischen Staaten, Finnland und die Ukraine ihre staatliche Unabhängigkeit bewahrt oder durch den Zerfall der Sowjetunion wiedergewonnen haben.

## Die Auflösung Österreich-Ungarns

Die österreichisch-ungarische Monarchie war seit Jahrhunderten eine der wichtigsten europäischen Großmächte, ihr Verschwinden sollte zu einem Zustand dauerhafter Instabilität in Mittel- und Südosteuropa führen.

Am 3. November 1918 unterzeichnete eine Delegation des k.u.k. Armeeoberkommandos einen Waffenstillstand mit den Entente-Mächten. Österreich-Ungarn hatte zu diesem Zeitpunkt aber bereits aufgehört zu existieren.

Die Tschechen, Südslawen und Italiener hatten das Habsburgerreich häufig als „Völkerkerker" bezeichnet, aber die 1918/19 auf dem Territorium der Doppelmonarchie errichteten Nachfolgestaaten brachten keineswegs die ersehnte Freiheit für alle Nationalitäten. Die Tschechoslowakei, Polen und Jugoslawien waren wie das untergegangene Österreich-Ungarn Vielvölkerstaaten, in denen jeweils eine Volksgruppe tonangebend war. Aber die neuen tschechischen, polnischen und serbischen Eliten unterdrückten die anderen Nationalitäten weitaus rücksichtsloser, als die Habsburger dies je getan hatten.

Die am 28. Oktober 1918 von Thomas Masaryk und Edward Benesch in Prag gegründete Tschechoslowakei war ein Kunststaat ohne historisches Vorbild. Ebenso wie die Deutschen lehnten auch die polnischen, ungarischen und ukrainischen Minderheiten den tschechoslowakischen Staat ab und wünschten den Anschluß an ihre Heimatländer.

Das Königreich der Serben, Kroaten und Slowenen (die Bezeichnung Jugoslawien wurde offiziell erst am 3. Oktober 1929 eingeführt) war ebenfalls ein Kunstgebilde. Kroaten und Slowenen hatten nie in einem eigenen Staat gelebt und bekamen auch jetzt keine Möglichkeit zur Selbstbestimmung. Serbien war nach der Schlacht auf dem Amselfeld 1389 unter türkische Herrschaft gefallen und hatte erst durch den Russisch-Türkischen Krieg von 1877/78 seine Unabhängigkeit wiedererlangt, wobei eine starke serbische Minderheit im Habsburgerreich verblieb. Slowenien hatte als „windische Mark" schon zum Reich Karls des Großen gehört, Kroatien unterstand seit dem Jahre 1091 der ungarischen Krone. Die 1918 von den Serben versprochene Gleichberechtigung der Slowenen und Kroaten wurde nicht konsequent verwirklicht, Jugoslawien faktisch von den Serben beherrscht.

Polen war, von inneren Wirren geschwächt, durch die drei Teilungen von 1772, 1793 und 1795 zwischen Rußland, Preußen und Österreich aufgeteilt worden, wobei Rußland sich den größten Teil des Landes angeeignet hatte. In der napoleonischen Ära wurde

---

[2]  Hermann v. Kuhl. Der Weltkrieg 1914–1918. Berlin 1929, Bd. II, S. 244 ff.

unter dem Schutz Frankreichs 1807 aus dem Preußen abgenommenen Teil Polens ein „Großherzogtum Warschau" gegründet.

Auf dem Wiener Kongreß 1815 wurde Polen nach langen Verhandlungen erneut aufgeteilt, Preußen erhielt Westpreußen und Posen, Österreich Galizien und Rußland den Rest, das „Königreich Polen" oder „Kongreß-Polen".

Nach den deutschen und österreichisch-ungarischen Siegen über das russische Heer im Sommer 1915 kamen Berlin und Wien überein, aus den eroberten Gebieten Zentralpolens ein neues polnisches Königreich zu bilden. Dieser Staat sollte allerdings nur eine Teilsouveränität erhalten und mit dem Deutschen Reich oder Österreich-Ungarn durch eine monarchische Personalunion verbunden sein. Bei der polnischen Bevölkerung fand die Proklamation eines neuen Königreichs durch die Mittelmächte am 5. November 1916 daher nur mäßigen Widerhall. Der Zusammenbruch Österreich-Ungarns und des Deutschen Reiches im Herbst 1918 und der Rückzug aller deutschen Truppen aus Osteuropa machten schließlich den Weg für ein unabhängiges Polen frei.

Am 3. November 1918 proklamierte Marschall Josef Pilsudski die Republik Polen, die zu diesem Zeitpunkt im wesentlichen aus dem Großherzogtum Warschau und Westgalizien bestand. Dieser territoriale Besitzstand erschien den Eliten des neuen Staates aber keineswegs ausreichend, sie forderten als Minimum den Territorialbesitz der polnischen Monarchie von 1772. Dazu wäre es aber erforderlich gewesen, dem neuen Staat im Osten ganz Litauen, ganz Westrußland, die halbe Ukraine und einen Teil Lettlands einzuverleiben. Im Süden verlangte diese Grenzziehung den größten Teil der Slowakei, im Westen und Norden Teile Schlesiens, Ostpreußens und Pommerns. Mit seinen territorialen Forderungen machte sich das neue Polen jedes Nachbarland zu einem potentiellen Feind.

Noch Ende 1918 besetzten polnische Truppen die deutsche Provinz Posen, wo ein großer Teil der Bevölkerung polnisch war. Nach den Bestimmungen des Versailler Vertrages mußte Deutschland einen Teil Oberschlesiens und den „Korridor", einen 100 Kilometer breiten Gebietsstreifen, der Polen einen Zugang zur Ostsee verschaffte, gleichzeitig aber Pommern von Ostpreußen trennte, abtreten. Die alte deutsche Handelsstadt Danzig wurde vom Deutschen Reich abgetrennt und als „Freie Stadt" dem Völkerbund unterstellt und gleichzeitig dem polnischen Zollgebiet angeschlossen. Als östliche Grenze Polens legten die Siegermächte aufgrund der Vorschläge des britischen Außenministers Lord Curzon die sogenannte „Curzon-Linie" fest, die in etwa der Sprachgrenze folgte; westlich dieser Linie sprach die Mehrheit der Bevölkerung polnisch, östlich davon russisch oder ukrainisch. Damit gab sich Warschau aber nicht zufrieden, und die polnische Armee fiel im April 1920 in der Sowjetunion ein. Nach wechselvollen Kämpfen gegen die Rote Armee, die Polen mit französischer Militärhilfe schließlich für sich entscheiden konnte, annektierte Warschau im Frieden von Riga die westlichen Teile der Ukraine, Rußlands und Litauens. Die neue Grenze lag 250 Kilometer östlich der „Curzon-Linie". Das neue Polen war somit ein Vielvölkerstaat mit russischen, ukrainischen, litauischen, jüdischen und deutschen Minderheiten, die zusammen fast ein Drittel der Bevölkerung ausmachten.

Sowohl die Tschechoslowakei wie Jugoslawien als auch Polen mußten aufgrund ihrer Minoritätenpolitik zukünftige Konflikte mit ihren Nachbarn fürchten. Am gefährlichsten war die Lage für Polen, das zwischen den zwei ehemaligen Großmächten Deutschland und Rußland lag. Polen und die Tschechoslowakei konnten sich nur sicher fühlen, solange Deutschland und Rußland zu schwach waren, um ihre Revisionsforderungen, die sie ohne Schwierigkeit mit dem „Selbstbestimmungsrecht der Völker" legitimieren konnten, durchzusetzen.

Das Königreich Ungarn, die transleithanische Reichshälfte der k.u.k. Monarchie, wurde durch den Vertrag von Trianon, der am 4. Juni 1920 unterzeichnet wurde, auf ein Drittel seiner ursprünglichen Größe reduziert. Die Slowakei, das ehemalige Oberungarn, wurde Bestandteil der Tschechoslowakei, weitere Gebiete mußte Ungarn an Jugoslawien und Rumänien abtreten.

Der fünfte Nachfolgestaat aus der Konkursmasse der Habsburger-Monarchie war Deutsch-Österreich. Dieser Reststaat war ethnisch weitgehend homogen, aber er erschien nach dem Verlust seines wirtschaftlichen Hinterlandes vielen Zeitgenossen als wirtschaftlich kaum lebensfähig.

Bereits am 12. November 1918 erließ der österreichische Staatsrat ein Gesetz, das Deutsch-Österreich zu einem Bestandteil der Deutschen Republik erklärte. Dieser Beschluß wurde am 12. März 1919 durch die Konstituierende Nationalversammlung in Wien ausdrücklich bestätigt.

Am 21. Februar 1919 beschloß die Weimarer Nationalversammlung die Vereinigung des Deutschen Reiches und Österreichs, und seit dem 17. März nahmen zwei österreichische Regierungsvertreter an der Arbeit des deutschen Verfassungsausschusses teil. Aber die Entente-Mächte hatten nicht einen verlustreichen Krieg geführt, um dem Deutschen Reich einen bedeutenden Gebiets- und Bevölkerungszuwachs zu verschaffen. Die Verträge von Versailles und von Saint-Germain, die dem Deutschen Reich und Österreich von den Siegermächten diktiert wurden, enthielten in Artikel 80 bzw. Artikel 88 ein kategorisches Anschlußverbot. Die alliierten Friedensbedingungen verlangten von Österreich die Abtretung von Deutsch-Böhmen an die Tschechoslowakei, von Südtirol an Italien und von Teilen Kärntens an Jugoslawien. Der traditionsreiche Name Deutsch-Österreich wurde verboten. Am 10. September 1919 mußte die österreichische Verhandlungsdelegation den Friedensvertrag im Pariser Vorort Saint-Germain-en-Laye unterzeichnen. Eine Woche zuvor, am 2. September 1919, war die reichsdeutsche Regierung durch ein Ultimatum gezwungen worden, die Vereinigung mit Deutsch-Österreich für ungültig zu erklären.

# Der Versailler Vertrag

In Deutschland war im Herbst 1918 eine vorrevolutionäre Situation herangereift, der Hunger unter der Zivilbevölkerung und die hohen Verluste an der Front hatten eine tiefe Kriegsmüdigkeit erzeugt.

Die vom Matrosenaufstand ausgelöste Revolution vom 9. November 1918 fand zum denkbar ungünstigsten Zeitpunkt statt. Sie erfaßte außer der Marine auch die Arbeiterschaft, das Ersatzheer und schließlich die ganze Etappe. Innerhalb kürzester Zeit brach der Nachschub für die Fronttruppe zusammen, womit jeder weiterer militärischer Widerstand unmöglich wurde. Mit der Revolution aber lieferte sich Deutschland den Entente-Mächten auf Gnade oder Ungnade aus.

Die Führer von SPD und USPD glaubten, nach der Abdankung Kaiser Wilhelms II. und der Ersetzung der konstitutionellen Monarchie durch ein rein parlamentarisches System würden die Siegermächte gemäßigte Friedensbedingungen auf der Grundlage der Vierzehn Punkte gewähren. Man rechnete damit, Elsaß-Lothringen abtreten und Reparationen in einem vergleichbaren Ausmaß wie Frankreich im Jahre 1871 zahlen zu müssen.

Am 11. November 1918 wurde im Wald von Compiègne der Waffenstillstand unterzeichnet. Die Bedingungen waren ein Schock, das deutsche Heer mußte nicht nur die besetzten Gebiete, sondern auch das linke Rheinufer innerhalb von nur vierzehn Tagen räumen. Diese außerordentlich kurze Frist hatte zur Folge, daß das Westheer zahllose schwere Waffen sowie große Vorratslager zurücklassen mußte. Die übereilte Räumung kam praktisch einer umfassenden Abrüstung des deutschen Heeres gleich. Außerdem sollte die Hungerblockade gegen Deutschland bis auf weiteres fortgesetzt werden (sie wurde tatsächlich erst am 14. März 1919 aufgehoben).

Am 18. Januar 1919 begann die Friedenskonferenz von Versailles. Entgegen den Traditionen der europäischen Diplomatie war die deutsche Delegation von den Verhandlungen faktisch ausgeschlossen und hatte nur den ihr vorgelegten Vertragstext zur Kenntnis zu nehmen und zu unterschreiben.

In dem berühmt-berüchtigten Artikel 231 des Versailler Vertrages hieß es: „Die alliierten und assoziierten Regierungen erklären, und Deutschland erkennt an, daß Deutschland und seine Verbündeten als Urheber für alle Verluste und Schäden verantwortlich sind, die die alliierten und assoziierten Regierungen und ihre Staatsangehörigen infolge des ihnen durch den Angriff Deutschlands und seiner Verbündeten aufgezwungenen Krieges erlitten haben."[3]

Dieser Artikel war der Dreh- und Angelpunkt des gesamten Versailler Vertragswerkes. Die angebliche Alleinschuld des Deutschen Reiches und seines Verbündeten Österreich-Ungarn am Ausbruch des Weltkrieges war die Grundlage für die Verweigerung von wirklichen Verhandlungen, für umfangreiche Gebietsabtretungen, strenge Rüstungsbeschränkungen und faktisch unbegrenzte Reparationszahlungen durch Deutschland.

Die wirtschaftlichen und finanziellen Regelungen des Versailler Vertrages sollten sich auf die Zukunft Europas äußerst negativ auswirken.

Auf der einen Seite sollte Deutschland riesige Reparationsleistungen erbringen, aber auf der anderen Seite wurde ihm verwehrt, die dazu notwendigen Devisen durch Exporte zu verdienen, da man die deutsche Wirtschaft nach Möglichkeit schädigen wollte. Für die wirtschaftlichen Sachverständigen war es absehbar, daß Deutschland die erhofften Reparationsleistungen unter den gegebenen Umständen nicht würde aufbringen können. Weiter war es absehbar, daß das Versailler System den innereuropäischen Handel nachhaltig schädigen und die Gesundung der durch den Krieg schwer geschädigten europäischen Wirtschaft sehr erschweren würde.

Die Sieger hatten sich auf der ganzen Linie durchgesetzt, aber viele ihrer Politiker beurteilten das Ergebnis mit großer Skepsis. Das Versailler Vertragswerk widersprach zu offenkundig den idealistischen Zielen, für die die Entente im Weltkrieg angeblich gekämpft hatte. Das „Selbstbestimmungsrecht der Völker" wurde durch die neu gezogenen Grenzen in Mittel- und Osteuropa in zu vielen Fällen vergewaltigt, den neuen demokratisch-sozialistischen Regierungen Mitteleuropas wurde von den Siegermächten eine Gleichberechtigung verweigert.

Das zentrale Problem war die Reparationsfrage. Diese war deshalb so bedeutend, weil Frankreich und England die deutschen Zahlungen benötigten, um ihre riesigen Kriegsschulden in den USA zu tilgen.

---

[3]  Das Versailler Diktat. Vorgeschichte – Vollständiger Vertragstext – Gegenvorschläge der deutschen Regierung. Kiel 1999, S. 183.

# Hitler und die nationalsozialistische „Weltanschauung"

Die nationalsozialistische „Weltanschauung" war keine in sich geschlossene Ideologie wie der Marxismus-Leninismus, sondern vielmehr ein Konglomerat aus verschiedenen Zeitgeistströmungen. Die wichtigsten davon waren die weltanschaulichen Vorstellungen der „Völkischen", insbesondere der österreichischen Alldeutschen, die Erfahrungen der Frontsoldaten des Weltkrieges, die Gegnerschaft zu den sozialistischen Revolutionen von 1917/1918 und zum Marxismus, die Ablehnung des Versailler Vertrages und schließlich die allgemeine Empörung über die Mißstände im Europa der Nachkriegszeit.

Die Französische Revolution 1789, die Napoleonischen Kriege sowie die Befreiungskriege gegen den Franzosenkaiser und die Wiederherstellung der alten Ordnung auf dem Wiener Kongreß 1815 hatten bei allen europäischen Völkern den Nationalismus und das Interesse für die eigenen Wurzeln geweckt. Zum Interesse für die nationalen Ursprünge trat in der zweiten Hälfte des 19. Jahrhunderts die popularisierte Form des Darwinismus. Die wissenschaftlichen Theorien von Charles Darwin zur Evolution von Pflanzen und Tieren wurden von einigen seiner Anhänger in bedenklicher Weise vergröbert und auf Menschen und schließlich sogar auf ganze Völker übertragen. Die Darwinsche Hypothese von einer kontinuierlichen Entwicklung vom Affen zum Homo sapiens verführte viele Zeitgenossen zu der spekulativen Annahme, daß es in nicht zu ferner Zukunft einen noch höherstehenden „Edelmenschen" geben werde. In dieser Zeit begann eine allgemeine Diskussion über „starke" und „schwache" Völker, über Völker, die sich im Aufstieg, und Völker, die sich im Niedergang befanden, über zivilisierte und unzivilisierte Völker. Der deutschnationale Zeitgeist war in Österreich-Ungarn stärker noch als im Deutschen Reich von Begriffen wie „Herrenmensch" und „Untermensch" oder „Kampf um die Weltherrschaft" oder der Sehnsucht nach einem starken germanischen „Führer" erfüllt. Die Theoretiker entwickelten hypothetische Rassenhierarchien mit „hohen" und „niederen", „reinen" und „gemischten" Rassen, und sie glaubten begründen zu können, warum die „germanische" weit über der „slawischen" Rasse stand. Wie bei Zeitgeisterscheinungen üblich, wurde alles, auch das unterschiedliche Zivilisationsniveau der k.u.k. Nationalitäten, aus der „Rasse" erklärt.

Alldeutsche österreichische Rassentheoretiker und „Welterklärer" wie Guido von List, Jörg Lanz von Liebenfels, Hans Goldzier oder Hanns Hörbiger, aber auch der in Bayreuth lebende Schwiegersohn Richard Wagners, der Engländer Houston Stewart Chamberlain, wären gerne als Wissenschaftler anerkannt worden, stießen aber an den Universitäten auf völlige Ablehnung, viele dieser Rassentheorien gehören unverkennbar dem Bereich der Esoterik an.

Die österreichisch-ungarische Monarchie gliederte sich seit dem politischen „Ausgleich" mit Ungarn im Jahre 1867 in zwei Reichshälften, eine österreichische, die die Gebiete westlich der Leitha, und eine ungarische, die die Territorien östlich dieses Flusses umfaßte. Die Reichshälften waren nur durch die Person des Kaisers und durch gemeinsame Institutionen miteinander verbunden, und zwar das Außen-, das Kriegs- und das Finanzministerium. Die cisleithanische Reichshälfte umfaßte Deutschösterreich, Böhmen, Mähren, Slowenien, Dalmatien und außerdem noch Galizien, die transleithanische Ungarn, die Slowakei, Kroatien, Slavonien und Siebenbürgen.

Während die Ungarn in ihrer Reichshälfte eine rigorose Magyarisierungspolitik betrieben und den Nationalitäten nur wenig Freiraum ließen, herrschte in Cisleithanien zwischen Deutschen, Tschechen, Italienern, Slowenen, Polen und Ruthenen permanenter Streit, da alle glaubten, daß ihre Interessen nicht genügend berücksichtigt würden. Der schlimmste Streit herrschte zwischen den tschechischen und den deutschen Radikalen, den tschechischen „Nationalsozialisten" und den „Alldeutschen" des Georg Ritter von Schönerer. Die Alldeutschen, die die nationalen Ideale der Revolution von 1848 hochhielten und von einem „Großdeutschen Reich" träumten, befürchteten, daß die Deutsch-österreicher durch die geburtenstarken Slawen zunehmend in eine Minderheitenrolle gedrängt würden. Da das Kaiserhaus mit Kaiser Franz Joseph I. an der Spitze sich dem Prinzip der Gleichberechtigung aller Untertanen, egal welcher Nationalität oder Religionszugehörigkeit, verschrieben hatte und eine einseitige Bevorzugung des Deutschtums ablehnte, traten Schönerer und seine Anhänger für die Absetzung der Habsburger, die Auflösung Österreich-Ungarns und den Anschluß der deutschsprachigen Gebiete an das Deutsche Reich ein.

In den 1880er Jahren wurde Schönerers Eintreten für „das deutsche Volk" von einem erbitterten Kampf gegen „die Juden" begleitet. In dieser Zeit wurde der Antisemitismus in Österreich-Ungarn vor allem durch das massenhafte Hereinströmen russischer Juden angefacht, die seit 1881 vor den Pogromen aus dem Zarenreich flüchteten. 1883 vereinnahmte Schönerer den im Februar jenes Jahres verstorbenen Richard Wagner für seine Ziele; der von ihm gegründete „Neue Richard Wagner Verein zu Wien" wurde zu einer Pflegestätte des Germanenkults und des Antisemitismus.[4] Um die „Reinheit des deutschen Blutes" zu erhalten, forderte Schönerer wie andere „völkische" Vordenker des 19. Jahrhunderts eine strenge Rassentrennung.

*Adolf Hitler und General Franz Ritter von Epp (rechts) auf dem Reichsparteitag der NSDAP, August 1929*

Hitler hat viele der Ideen Schönerers übernommen, seine Ansichten über den Rassenantisemitismus, die „Judenpresse", den habsburgischen Vielvölkerstaat, den Vorrang des „deutschen Edelvolkes" vor allen anderen Völkern, den germanischen Führerkult stimmen ebenso mit Schönerers Lehren überein wie der Haß gegen die „verjudete Sozialdemokratie", gegen das allgemeine gleiche Wahlrecht, gegen Demokratie, Parlamentarismus, die Jesuiten und das Haus Habsburg.

Das zweite große politische Vorbild des jungen Hitler war Karl Lueger, 1897 bis 1910 Bürgermeister von Wien. Lueger war zweifellos eine Persönlichkeit mit politischem Charisma, ein Politiker, der sein Ohr beim Volk hatte und sich für sein „Volk von Wien" leidenschaftlich einsetzte. Wien hatte 1908 zwei Millionen Einwohner und war damit die sechstgrößte Stadt der Welt, seine Einwohnerzahl war seit 1880 durch Einwanderung fast auf das Doppelte gestiegen. In einer Zeit der stürmischen Industrialisierung benötigte die rasch wachsende Großstadt neue Strukturen, vom Verkehrsnetz über Gas-, Strom- und Wasserversorgung bis zu Spitälern, Bädern und Volksschulen. Diese Aufgaben hat die Stadtverwaltung unter Lueger in vielen Bereichen mustergültig bewältigt, in seiner Amtszeit wurde Wien zu einer modernen Metropole. Lueger repräsentierte den neuen Politikertypus des Volkstribuns.

---

[4]    Brigitte Hamann. Hitlers Wien: Lehrjahre eines Diktators. München 1996, S. 345.

Lueger verstand es, seine verschiedenen Wählergruppen durch ein ihnen allen gemeinsames Feindbild zu integrieren: „die Juden". Er griff dabei den in Österreich seit Jahrhunderten eingewurzelten katholischen Antisemitismus gegen das „Gottesmördervolk" auf; dieser äußerte sich Ende des 19. Jahrhunderts in Form von Antiliberalismus und Antikapitalismus sowie in der Abneigung gegen die angeblich „jüdische" moderne Kunst. Die Christlichsozialen sahen eine ihrer Hauptaufgaben darin, die seit der Emanzipation von 1867 rasch gewachsene „Macht der Juden" wieder zu reduzieren. Für Lueger selbst war der Antisemitismus mehr taktisches Kalkül denn Überzeugungssache, denn er pflegte durchaus persönliche Kontakte zu Juden und zur Jüdischen Kultusgemeinde von Wien.

Anders als seine Vorbilder Schönerer und Lueger war der junge Hitler in Linz und Wien eher ein theoretischer denn ein praktizierender Antisemit. Nach eigenem Bekenntnis ist er während seiner Wiener Jahre von 1908 bis 1913 Antisemit geworden und nicht, wie neuerdings behauptet wird, erst in den Nachkriegsjahren unter dem Eindruck des jüdischen Anteils an den sozialistischen Revolutionen 1917 bis 1919.

## Die Partei der Frontkämpfer

Der Zeitabschnitt, der Hitler jedoch sehr viel nachhaltiger als seine Wiener Zeit geprägt hat, war der Weltkrieg 1914/18.[5] In späteren Jahren hat Hitler immer wieder betont, daß er ein typischer „Frontkämpfer" des Weltkrieges sei.

Liest man die Biographien der führenden Nationalsozialisten (vor allem der zweiten und dritten Reihe), so fällt auf, daß sie in ihrer überwältigenden Mehrheit Kriegsteilnehmer 1914/18 und anschließend Freikorpskämpfer waren.[6] Die NSDAP verstand sich ausdrücklich als eine Partei der ehemaligen Frontkämpfer.

1930 beschrieb Ernst Jünger in „Das Antlitz des Weltkrieges" die militärische und gesellschaftliche Revolution, die der Weltkrieg hervorgebracht hatte. Zwar sollte Jünger dem Nationalsozialismus immer distanziert gegenüberstehen, aber der Gedanke von der Emanzipation der Arbeiterklasse hat Hitler und andere führende Nationalsozialisten nachhaltig beeinflußt. Im Zeitalter der Industrialisierung, so Jünger, war ein Krieg ohne die Mitwirkung der Arbeiterklasse nicht mehr zu gewinnen, denn diese stellte den Kern der modernen Massenheere und die Industriearbeiterschaft, ohne die es keine moderne Rüstungsproduktion gibt. Voraussetzung für eine effektive Mobilmachung des „vierten Standes", der Arbeiterklasse, war, daß diese den Krieg als ihren eigenen ansah, was nur unter der Bedingung größerer politischer Mitsprache möglich war. So habe der Weltkrieg zum Bedeutungsverlust des Bürgertums und zum Aufstieg der Arbeiterklasse geführt. In seinem Verlauf nahm der Weltkrieg einen völlig neuartigen Charakter an. Was als eine Auseinandersetzung im Stil von 1870/71 begann, endete in den ungeheuren Materialschlachten der Westfront, in denen sich die ganze Energie der modernen Industriestaaten entlud. Der Weltkrieg habe somit eine neue Gesellschaftsform hervorgebracht, die sich durch umfassende Mobilisierung und Militarisierung auszeichnete. In den meisten Staaten kehrte die Gesellschaft nach Kriegsende zu ihrem Normalzustand zurück, aber die einmal gemachten Erfahrungen legten den Gedanken nahe, nicht nur die Probleme des Krieges, sondern auch die Probleme der Nachkriegszeit mit den Methoden der allgemeinen Militarisierung zu bewältigen.[7]

---

[5]   Adolf Hitler. Mein Kampf. München 1930, S. 167.
[6]   Ernst v. Salomon. Das Buch vom deutschen Freikorpskämpfer. Nachdruck. Viöl 2001.
[7]   Ernst Jünger. Das große Bild des Krieges, in: Ernst Jünger (Hrsg.), Das Antlitz des Weltkrieges: Fronterlebnisse deutscher Soldaten. Berlin 1930, S. 238 ff.

# Grundzüge einer nationalsozialistischen Außenpolitik

In seinem in der Festungshaft in Landsberg niedergeschriebenen Bekenntnisbuch „Mein Kampf" legte Hitler Überlegungen für eine zukünftige deutsche Außenpolitik dar.[8] Die zentrale Aufgabe deutscher Politik war für Hitler zu dieser Zeit der Kampf gegen Frankreich und das Versailler Diktat. Gleichzeitig betonte Hitler, daß man sich in der Außenpolitik nicht dogmatisch festlegen dürfe, sondern aus der konkreten Situation heraus entscheiden müsse. Das politische Hauptziel müsse immer die Existenzsicherung des eigenen Volkes sein.[9]

Die Feststellung Hitlers, daß eine deutsche Außenpolitik niemals dogmatischen Zielen folgen dürfe, sondern den jeweiligen Umständen angepaßt sein müsse, muß man sich vor Augen halten, wenn man das berühmt-berüchtigte Kapitel 14 von „Mein Kampf", „Ostorientierung oder Ostpolitik", liest. Hitler argumentiert hier ganz aus der Situation der 1920er Jahre heraus. Er stellt fest, England werde es niemals zulassen, daß Deutschland wieder zu Weltgeltung komme, es sei sinnlos, sich Großbritannien zum Feind zu machen, indem man die Rückgabe der deutschen Kolonien verlange. Ein ausreichender Ersatz für Kolonien, eine Ernährungsgrundlage für die wachsende deutsche Bevölkerung, müsse in Europa gefunden werden. Dabei dürfe Deutschland keine Hegemonietendenzen entwickeln, da dies England und Frankreich sofort wieder zusammenführen werde, und damit stünde Deutschland vor dem Untergang. Ein Bodengewinn in Europa sei nur auf Kosten Rußlands und der von ihm beherrschten Randstaaten, der Ukraine und des Baltikums, möglich. Eine deutsche Ostexpansion biete sich an, weil das bolschewistische Regime in Rußland vor dem Zusammenbruch stehe und sich infolgedessen im Osten ein Machtvakuum bilden werde: „Damit ziehen wir Nationalsozialisten bewußt einen Strich unter die außenpolitische Richtung unserer Vorkriegszeit. Wir setzen dort an, wo man vor sechs Jahrhunderten endete. Wir stoppen den ewigen Germanenzug nach dem Süden und Westen Europas und weisen den Weg nach dem Land im Osten. Wir schließen endlich ab die Kolonial- und Handelspolitik der Vorkriegszeit und gehen über zur Bodenpolitik der Zukunft […] Das Schicksal selbst scheint uns hier einen Fingerzeig geben zu wollen. Indem es Rußland dem Bolschewismus überantwortete, raubte es dem russischen Volke jene Intelligenz, die bisher dessen staatlichen Bestand herbeiführte […] Das Riesenreich im Osten ist reif zum Zusammenbruch. Und das Ende der Judenherrschaft in Rußland wird auch das Ende Rußlands als Staat sein. Wir sind vom Schicksal ausersehen, Zeugen einer Katastrophe zu werden, die die gewaltigste Bestätigung für die Richtigkeit der völkischen Rassentheorie sein wird."[10]

Hitler spricht hier gar nicht von einem militärischen Eroberungsfeldzug, sondern davon, daß Deutschland nach dem inneren Zusammenbruch Rußlands das in den Randstaaten entstehende Machtvakuum auffüllen werde. Nach „Mein Kampf" mußte die „endgültige Auseinandersetzung mit Frankreich" das Hauptziel deutscher Außenpolitik sein. Ein Bodenerwerb im Osten auf Kosten Rußlands konnte erst danach erfolgen, und die Einzelheiten wurden von Hitler auch nicht näher ausgeführt.

Nach der Regierungsübernahme der NSDAP 1933 sollte Hitlers außenpolitische Konzeption beträchtliche Veränderungen erfahren. Die deutsch-französische Feindschaft hatte seit der Niederschrift von „Mein Kampf" viel von ihrer Schärfe verloren, denn Frankreich war von seinen innenpolitischen Krisen in Anspruch genommen und deshalb in seinen Bemühungen, den Status quo in Europa aufrechtzuerhalten, deutlich in die Defensive geraten. Hitler trug dem Rechnung, indem er gegenüber Frankreich zwar auf der Aufhebung der Versailler Bestimmungen beharrte, ansonsten aber eine eher versöhnliche Politik verfolgte.

---

[8]   Hitler, Mein Kampf, S. 603.
[9]   Ebenda, S. 609.
[10]  Ebenda, S. 650 f.

# Der „zweite imperialistische Krieg" und die Weltrevolution

Die Kommunistische Partei Rußlands verstand sich als eine Partei der Berufsrevolutionäre, deren erklärtes Endziel die Errichtung einer sozialistischen Weltrepublik war. Zunächst gelang es den Bolschewiki aber nur – begünstigt durch die Wirren des Weltkrieges –, im November 1917 einen Umsturz im industriell rückständigen Rußland herbeizuführen. Dieser erfolgreiche Putsch wurde propagandistisch zur „Großen Sozialistischen Oktoberrevolution" erhöht. Weitere sozialistische Revolutionen in Europa scheiterten, und im eigenen Land mußten die Bolschewiki zwischen 1918 und 1922 ihre Macht in einem extrem blutigen Bürgerkrieg behaupten.

Nach Lenins Theorie sollte die Entwicklung des Kapitalismus gesetzmäßig zum Imperialismus und dieser unvermeidlich zum Krieg führen. Die Monopolisten müssen laut Lenin um die Neuaufteilung der Erde Krieg führen, denn ohne neue Expansionsmöglichkeiten keine neuen Profite.[11] Der Weltkrieg 1914–1918 war nach Lenin logische Folge von kolonialer Expansion, wirtschaftlicher Konkurrenz und des Wettrüstens der europäischen Großmächte.[12]

Gemäß der marxistisch-leninistischen Theorie hätte der Weltkrieg zur Weltrevolution führen müssen; siegte die sozialistische Revolution aber zunächst nur in einem Lande, wie 1917/18 in Rußland, dann mußte dieser erste sozialistische Staat alles unternehmen, um sein Überleben zu sichern und gleichzeitig Revolutionen in anderen Ländern zu unterstützen. Ein funktionierender Arbeiter-und-Bauern-Staat mußte, so glaubten die Bolschewiki, allein wegen seines überlegenen Gesellschaftssystems eine unerträgliche Herausforderung für die kapitalistische Welt darstellen. Deshalb waren nach Lenins Auffassung Sozialismus und Kapitalismus so unvereinbar wie Feuer und Wasser.[13]

*Der russische Revolutionsführer Wladimir Iljitsch Lenin 1920*

Nachdem bis 1923 alle sozialistischen Umsturzversuche in Europa, insbesondere in Deutschland, gescheitert waren, befand sich die Sowjetunion in einer Lage, die Lenin unter allen Umständen hatte vermeiden wollen: militärisch und wirtschaftlich schwach inmitten einer feindseligen kapitalistischen Umwelt. Zwar herrschte in Europa nach dem Weltkrieg allgemeine Kriegsmüdigkeit, aber dies konnte die Bolschewiki nicht von ihrer Überzeugung abbringen, daß es in absehbarer Zeit zu neuen kriegerischen Auseinandersetzungen kommen werde.

---

[11]  Wladimir Lenin. Der Imperialismus als höchstes Stadium des Kapitalismus. Werke, Bd. 22, S. 200 ff.
[12]  Ebenda, S. 196.
[13]  Wladimir Lenin. Referat über Krieg und Frieden, 7. März 1918. Werke Bd. 27, S. 78.

Auf den ersten imperialistischen Krieg 1914–1918 mußte, so die Vorstellungen der Bolschewiki, mindestens ein weiterer imperialistischer Krieg folgen, der zur Schaffung neuer sozialistischer Staaten, vielleicht sogar zur Weltrevolution führen würde. Erst die Vernichtung des Imperialismus und der Sieg des Sozialismus im Weltmaßstab würden endgültig einen dauerhaften Frieden garantieren. Die bolschewistische Führung stand vor der Frage, wie sie sich politisch, wirtschaftlich und militärisch auf die kommenden Kriege vorbereiten sollte.

Zunächst aber ging es darum, das Überleben der Sowjetunion sicherzustellen. Zwar war die kapitalistische Welt vorläufig übermächtig, aber sie war in sich gespalten. Der Weltkrieg habe die Gegensätze zwischen den Monopolkapitalisten keineswegs beseitigt, sondern sie vielmehr verschärft. Die Sowjetführung müsse diese Gegensätze ausnutzen.[14]

Eine wichtige Rolle bei der Herbeiführung der Weltrevolution sollten die revolutionären Befreiungsbewegungen in den von den imperialistischen europäischen Mächten beherrschten Kolonialgebieten spielen. Im Sommer 1920, zwischen dem 23. Juli und dem 7. August, fand in Petrograd und Moskau der Zweite Weltkongreß der Kommunistischen Internationale statt. Dieser Zusammenschluß aller Kommunistischen Parteien der Welt wurde faktisch von Moskau dirigiert. In der Revolutionsstrategie der Kommunistischen Internationale sollten Asien und insbesondere China eine entscheidende Rolle spielen.

Josef Stalin gelangte 1922 auf den Posten des Generalsekretärs der Kommunistischen Partei Rußlands. Dieses Amt gab ihm die Möglichkeit, zahlreiche Schlüsselstellungen im Parteiapparat mit seinen Gefolgsleuten zu besetzen. Nach dem Tode Lenins am 21. Januar 1924 verfügte Stalin über eine gute Ausgangsposition im Kampf um die Nachfolge. Bis Ende der zwanziger Jahre konnte er seine Konkurrenten Trotzki, Grigori Sinowjew und Lew Kamenew ausschalten.

Trotzki plädierte für die „permanente Revolution", das heißt, die UdSSR sollte alles unternehmen, um die sozialistische Revolution zu exportieren und die Weltrevolution herbeizuführen. Stalin war dagegen der Auffassung, daß nach dem Abebben der „revolutionären Flut" der Jahre 1918–1923 in Ost- und Mitteleuropa die Chancen für eine erfolgreiche sozialistische Revolution vorläufig gering seien. Die Unterstützung der nationalrevolutionären Kuomintang und der Kommunisten in China werde erst auf längere Sicht Früchte tragen. Die Phase der Stabilisierung der kapitalistischen Welt gebe aber der Sowjetunion eine Atempause, die es für den „Aufbau des Sozialismus in einem Lande", für die „sozialistische Industrialisierung" zu nutzen gelte. Dies bedeutete nichts anderes als den Aufbau eines modernen militärisch-industriellen Komplexes. Erst auf der Grundlage einer leistungsfähigen Schwer- und Rüstungsindustrie, einer schlagkräftigen Roten Armee und einer veränderten außenpolitischen Situation könne die Sowjetunion darangehen, die Revolution zu exportieren.[15]

## Stalins Fünfjahrespläne und die sowjetische Aufrüstung

Im April 1929 verabschiedete der XVI. Parteitag der Kommunistischen Partei den ersten Fünfjahrplan für den Zeitraum 1928 bis 1932, der ein riesiges Investitionsprogramm zum Aufbau der Schwerindustrie vorsah. Die politische Führung stand vor dem Problem, aus der rückständigen Wirtschaft Rußlands das für das Investitionsprogramm notwendige Kapital zu gewinnen. In einer überwiegend agrarisch geprägten Wirtschaft

[14] Wladimir Lenin. Rede in der Aktivversammlung der Moskauer Organisation der KPR(B), 6. Dezember 1920. Werke Bd. 31, S. 434 ff.

[15] Josef Stalin. Rede auf der Plenartagung des Zentralkomitees der KPR (B), 19. Januar 1925. Werke, Bd. 7, S. 11 f.

konnte dies nur auf Kosten der bäuerlichen Bevölkerung geschehen. Ende 1929 forderte Stalin die „Liquidierung der Kulaken als Klasse" und leitete damit einen verschärften Kurs gegen die Bauernschaft ein. Unter staatlichem Zwang, teilweise unter Einsatz militärischer Gewalt, wurden Kolchosen gebildet, die durch zentrale Planung, moderne Anbaumethoden und Mechanisierung größere Erträge bei geringerem Arbeitskräfteeinsatz erwirtschaften sollten. Dadurch wurden gleichzeitig Arbeitskräfte auf dem Land frei, die in die Städte abwanderten und dort in der Industrie tätig waren. Die totale Kontrolle der bäuerlichen Bevölkerung im Kolchossystem durch Partei und politische Polizei ermöglichte es dem Staat, den Bauern einen drastischen Konsumverzicht aufzuerlegen. Der Staat zahlte an die Kolchosen für die Agrarprodukte nur extrem niedrige Preise, die weit unter dem tatsächlichen Wert lagen. In den Städten wurden Agrarprodukte zu einem Vielfachen des Ankaufspreises verkauft, wodurch der Staat riesige finanzielle Gewinne machte, die für Investitionen verfügbar waren. Die „Liquidierung der Kulaken als Klasse", das heißt deren Deportation in Arbeitslager, ergab ein Heer von Arbeitssklaven, die als billigste Produktivkraft bedeutende Gewinne erwirtschafteten: Durch Zwangsarbeit in Goldminen und in der Forstwirtschaft konnten billig Rohstoffe gewonnen werden, die im Export Devisen einbrachten. Die Sowjetunion wurde dadurch im westlichen Ausland kreditwürdig und konnte von dort moderne Industrieausrüstung importieren.

Die Deportation des leistungsfähigsten Teils der Bauernschaft sowie die überstürzte und äußerst unbeliebte Kollektivierung führten unterdessen zu einer explosiven Situation auf dem Lande. Die Bauern leisteten vielfach passiven oder sogar aktiven Widerstand, den der Staat mit militärischen Strafexpeditionen und durch systematisches Aushungern ganzer Landstriche brach. Die Landwirtschaft hatte zunehmend Ähnlichkeit mit einem Zwangsarbeitslager.[16] Anstatt der erhofften Produktionssteigerung der Landwirtschaft kam es 1931/32 zu einer verheerenden Hungersnot in weiten Teilen des Landes, der Millionen Bauern zum Opfer fielen.[17]

Ungeachtet der katastrophalen Konsequenzen für die bäuerliche Bevölkerung war diese Politik für die politische Führung ein Erfolg: Sie brachte die totale Unterwerfung der Bauern und ihre maximale Ausbeutung, durch die die Mittel für den forcierten Aufbau der Schwerindustrie frei wurden.

Dem ersten Fünfjahresplan lag das Konzept zugrunde, in bestimmten Schlüsselindustrien die Wachstumsraten zu maximieren: im Anlagenbau, in der Energieerzeugung, in der Stahlproduktion und in der Metallverarbeitung. 1928 reiste eine Gruppe sowjetischer Ingenieure nach Detroit in den USA und machte der bekannten Firma für Industriearchitektur Albert Kahn & Co. den Vorschlag, den Bau von Industrieanlagen im Wert von zwei Milliarden in der UdSSR zu projektieren. 1930 wurde ein Vertrag zwischen Albert Kahn & Co. und dem Obersten Volkswirtschaftsrat geschlossen, in dem sich die amerikanische Firma verpflichtete, die gesamte sowjetische Schwer- und Leichtindustrie zu projektieren. Die Industrieanlagen des ersten Fünfjahresplanes wurden von ausländischen Konstrukteuren, Ingenieuren, Technikern und Facharbeitern erbaut. Den größten Anteil hatten ab 1928 die Amerikaner, dann folgten die Deutschen, Engländer, Italiener und Franzosen. Die amerikanische Firma Cooper erbaute das riesige Dnjepr-Kraftwerk, die britische Metropolitan-Vickers-Company rüstete die meisten großen sowjetischen Elektrizitätswerke aus. Westliche Firmen konstruierten und erbauten Magnitogorsk und Kusnezk, Uralmaschsawod, das erste Kugellagerwerk in Moskau, das Automobilwerk in Nischni-Nowgorod usw.[18]

---

[16]   Richard Lorenz. Sozialgeschichte der Sowjetunion. Frankfurt a.M. 1976, S. 206.
[17]   Robert Conquest. Ernte des Todes: Stalins Holocaust in der Ukraine. München 1988.
[18]   Michael Heller/Alexander Nekrich. Geschichte der Sowjetunion. Bd. 1. Königstein/Ts. 1981, S. 220 f.

Obwohl die utopischen Planvorgaben des Fünfjahrplanes nicht erreicht werden konnten, stellten sich bedeutende Aufbauerfolge ein. Die Industrie, insbesondere die Produktionsmittelerzeugung, entwickelte sich zum führenden Produktionszweig, der Maschinenbau machte in rasantem Tempo Fortschritte. Zwischen 1928 und 1932 wurden insgesamt 1.500 neue Großbetriebe geschaffen.[19]

Obwohl diese Aufbauerfolge von chaotischen Zuständen in der Volkswirtschaft begleitet waren, stieg die UdSSR in den Jahren des ersten (1928–1932) und zweiten (1933–1937) Fünfjahrplanes in die Reihe der ersten Industriemächte der Erde auf. In kurzer Zeit wurden Riesenbetriebe der Schwarz- und Buntmetallerzeugung, des Maschinenbaus sowie völlig neue Industriezweige geschaffen. Zwischen 1929 und 1937 stieg die Bruttoproduktion der gesamten Industrie nominell um das Vierfache an. Durch den Umfang der Industrieproduktion und die technische Ausstattung der neuen Betriebe trat die Sowjetunion als Industriemacht von den reinen Zahlen her in Europa an die erste, in der Welt an die zweite Stelle.[20]

Auf der Grundlage der forcierten Industrialisierung im Rahmen der ersten beiden Fünfjahrespläne trieb die sowjetische Führung den Aufbau der Rüstungsindustrie und die Umwandlung der Roten Armee in eine hochmoderne Streitmacht voran.

1938 trat der dritte Fünfjahresplan in Kraft. Aufgrund der gespannten internationalen Lage sollte das Wachstumstempo der Rüstungsindustrie beträchtlich beschleunigt werden. Tatsächlich wuchs die zivile Industrieproduktion um durchschnittlich 13 Prozent im Jahr, die Rüstungsproduktion dagegen um 39 Prozent.

Der Aufbau einer riesigen Rüstungsindustrie innerhalb eines Jahrzehnts war an sich eine gewaltige Leistung, die allerdings in beträchtlichem Maße auf Kosten der Versorgung der Bevölkerung mit Lebensmitteln und Konsumgütern ging.[21]

Die Gesamtstärke der Roten Armee wuchs in diesen Jahren beträchtlich an: Während sie 1933 nur 885.000 Mann umfaßte, betrug ihre Stärke am 1. Januar 1938 bereits 1.513.400 Mann.[22] Die politische und militärische Führung forcierte besonders den Ausbau der Panzerwaffe und der Luftstreitkräfte.

Bis 1929 hatte es in der Sowjetunion keine eigenständige Panzerentwicklung und keine Panzerindustrie gegeben. Innerhalb der ersten beiden Fünfjahrpläne wurde die UdSSR zum größten Panzerproduzenten der Welt. In kurzer Zeit entwickelten sowjetische Konstrukteure auf der Grundlage von englischen und amerikanischen Prototypen eine Reihe von Panzermodellen, die zwischen 1931 und 1935 in die Rote Armee eingeführt wurden.

Am Ende des zweiten Fünfjahrplanes verfügte die Rote Armee bereits über 15.000 Panzer, zur selben Zeit entwickelten die Leningrader und Charkower Werke neue Panzermodelle, die die modernsten ihrer Zeit werden sollten.[23]

Die sowjetischen Luftstreitkräfte waren in den zwanziger Jahren den Luftwaffen der kapitalistischen Welt sowohl quantitativ wie qualitativ deutlich unterlegen. Im Rahmen des ersten und zweiten Fünfjahresplanes wurde eine mächtige Flugzeugindustrie aufgebaut. In kurzer Zeit wurden moderne Jagdflugzeuge, mittlere und schwere Bombenflugzeuge entwickelt und gebaut, wobei sich die Konstrukteure Nikolai Polikarpow, Alexander Archangelski, Sergei Iljuschin und Andrei Tupolew besonders auszeichneten. Wurden im Jahr 1930 noch 860 Militärflugzeuge gebaut, so waren es 1937 bereits 3.578 und 1938 sogar 5.500 Maschinen.[24] 1937 stellten sowjetische Piloten mit Flugzeugen aus

---

[19]   Geschichte der UdSSR. Bd. 1. Berlin 1977, S. 260.
[20]   Die Streitkräfte der UdSSR. Berlin 1974, S. 243.
[21]   Georgi Schukow. Erinnerungen und Gedanken. Stuttgart 1969, S. 190 f.
[22]   Streitkräfte, S. 251.
[23]   Ebenda, S. 256.
[24]   Joachim Hoffmann. Die Sowjetunion bis zum Vorabend des deutschen Angriffs, in: Das Deutsche Reich und der Zweite Weltkrieg, Bd. 4, Stuttgart 1983, S. 64.

eigener Produktion 30 Weltrekorde auf, was beweist, daß der sowjetische Flugzeugbau internationales Niveau erreicht hatte.[25]

Stalin nahm 1934 den XVII. Parteitag der KPR(B) zum Anlaß, die wirtschaftlichen Aufbauerfolge der Sowjetunion zu feiern, die im Rahmen des Ersten Fünfjahrplanes errungen worden waren. Die Zukunft schien dem Sozialismus zu gehören, denn zur gleichen Zeit erlebte die Vormacht des Kapitalismus, die Vereinigten Staaten von Amerika, die schwerste Wirtschaftskrise ihrer Geschichte.

---

[25]   Streitkräfte, S. 259.

# Franklin D. Roosevelt und der „New Deal"

Die Vereinigten Staaten von Amerika waren im Ersten Weltkrieg durch ihre Kredite an England und Frankreich zum größten Gläubiger der Welt geworden. Nach Kriegsende gewährten die amerikanischen Banken den europäischen Staaten, darunter nun auch Deutschland, hohe Kredite, mit denen diese ihre Importe aus den USA finanzierten. Gleichzeitig machten die hohen amerikanischen Schutzzölle europäische Exporte in die Vereinigten Staaten nahezu unmöglich. Diese Welthandelsstruktur hielt zwar die amerikanische Konjunktur in der Nachkriegszeit am Laufen, war aber letztlich für den großen Börsenkrach vom Oktober 1929 und den folgenden Zusammenbruch des Welthandels mitverantwortlich.[26]

Die Weltwirtschaftskrise von 1929 war für die USA die größte wirtschaftliche Katastrophe ihrer Geschichte. Die Ursachen der „großen Depression" waren vielfältig: eine fragwürdige Struktur des Welthandels, eine völlig irreale Aktienspekulation, ein negativer Konjunkturzyklus, unzulängliche Steuerungsmechanismen des Staates und eine äußerst ungleichmäßige Verteilung des gesellschaftlichen Reichtums zugunsten einer schmalen Oberschicht.[27]

Die Vereinigten Staaten werden in der Regel von Koalitionen inneramerikanischer Interessengruppen regiert. Hatte bis zum Ende des Ersten Weltkrieges ein konservativ-protektionistischer Machtblock die USA beherrscht, der sich um die Stahlindustrie, die Eisenbahngesellschaften und die großen Banken gruppierte, so bildete sich in den zwanziger Jahren eine neue mächtige Interessenkoalition heraus. Diese bestand aus den großen Handels- und Investmentbanken, die durch die hohen Kredite, die während des Weltkrieges England und Frankreich gewährt worden waren, bedeutende Auslandsguthaben besaßen; weiter aus den technologisch fortschrittlichen Unternehmen der Öl-, Elektro- und Maschinenbauindustrie, die ebenfalls im Ausland hohe Investitionen getätigt hatten, und schließlich aus den neuen Medien, den Rundfunkgesellschaften, der Filmindustrie und den großen amerikanischen Tageszeitungen.[28]

Diese liberal-demokratische Allianz machte den ehemaligen Unterstaatssekretär im Marineministerium und Gouverneur des Staates New York, Franklin Delano Roosevelt, zu ihrem politischen Repräsentanten. Als 1932 die Weltwirtschaftskrise ihren absoluten Tiefpunkt erreicht hatte, gewann Roosevelt als Kandidat der Demokratischen Partei die Präsidentschaftswahlen.

Roosevelt hatte während des Wahlkampfes einen „New Deal"[29] propagiert, der aber mehr ein Schlagwort denn ein durchdachtes innenpolitisches Reformprogramm war. Grundsätzlich ging es darum, zunächst das Land aus dem wirtschaftlichen Desaster herauszuführen, um dann die offensichtlichen ökonomischen Mißstände durch staatliche Eingriffe und Lenkung der Wirtschaft abzustellen. Langfristig sollte das krasse Ungleichgewicht in der Verteilung des gesellschaftlichen Reichtums in den USA abgebaut werden.[30]

---

[26]  T. Harry Williams / Richard N. Current / Frank Freidel. A History of the United States. New York 1969, S. 445.
[27]  Harold U. Faulkner. Geschichte der amerikanischen Wirtschaft. Düsseldorf 1957, S. 657 ff.
[28]  Dirk Bavendamm. Roosevelts Weg zum Krieg: Amerikanische Politik 1914–1939. München 1983, S. 43 f.
[29]  In deutscher Übersetzung bedeutet dies soviel wie eine „Neuverteilung der Spielkarten".
[30]  Faulkner, Geschichte, S. 676 ff.

Die Roosevelt-Koalition wünschte einen Abbau der Zollschranken zwischen den großen Handelsnationen, eine Öffnung neuer Märkte für amerikanische Investitionen und amerikanische Produkte sowie eine verstärkte internationale Zusammenarbeit auf wirtschaftlichem wie politischem Gebiet.

Gegenüber der Sowjetunion nahm Roosevelt eine eher freundliche Haltung ein. Während die USA seit der „Großen Sozialistischen Oktoberrevolution" von 1917 eine strikt antikommunistische Außenpolitik verfolgt und jeden offiziellen Kontakt zu Moskau vermieden hatten, veranlaßte Roosevelt nach seinem Amtsantritt 1933 die Herstellung diplomatischer Beziehungen. Dies verschaffte ihm zusammen mit seiner reformorientierten Innenpolitik ein fortschrittliches Image und sicherte ihm die Unterstützung der Linksintellektuellen, die damals an den amerikanischen Universitäten sehr einflußreich waren.

Im 19. Jahrhundert war die Eroberung des „Wilden Westens" mit der Erschließung des Ackerlandes, der Rohstoffquellen und der Absatzmärkte eines ganzen Kontinents einhergegangen, was der amerikanischen Wirtschaft ein schier grenzenloses Konjunkturprogramm beschert hatte.[31] Um die Jahrhundertwende war die Eroberung des Westens abgeschlossen, und die amerikanische Wirtschaft geriet in eine Flaute, die erst durch die riesigen Waffen- und Materialbestellungen Englands und Frankreichs im Weltkrieg 1914/18 überwunden wurde.[32]

*US-Präsident Franklin Delano Roosevelt im August 1944*

Die Weltwirtschaftskrise von 1929 nährte bei vielen führenden Politikern und Wirtschaftsleuten die Vorstellung, daß die Krise auf Dauer nur bewältigt werden könnte, wenn die USA erneut die Möglichkeit gewönnen, unterentwickelte Riesengebiete, diesmal jenseits der amerikanischen Grenzen, zu erschließen.

Die Hoffnungen auf den Handel mit China hatten in amerikanischen Wirtschaftskreisen bereits Tradition, aber in diesem Land herrschten in den zwanziger und dreißiger Jahren aufgrund des Bürgerkrieges chaotische Verhältnisse.

Das Britische Weltreich, das ein Viertel der bewohnten Erdoberfläche umfaßte, schützte seine Wirtschaft durch hohe Zollschranken.

Dagegen erschien die Sowjetunion aufgrund ihrer Größe und der seit 1929 von Stalin forcierten Industrialisierung als idealer Partner für die amerikanische Wirtschaft. Die Erschließung Sibiriens weckte bei Roosevelt und vielen Wirtschaftsleuten die Vorstellung, die Eroberung des „Westens" wiederholen zu können. Der Präsident und seine Anhänger glaubten, die Durchdringung des sowjetischen Marktes durch die amerikanische Wirtschaft würde es ermöglichen, die Weltwirtschaftskrise endgültig und dauerhaft zu überwinden.[33]

Nach dem Wahlsieg von 1936 versuchte Roosevelt, mit einem vollständig von den Demokraten beherrschten Kongreß den Aufbau des Sozialversicherungssystems und eine gewisse Umverteilung zugunsten der unteren Klassen zu forcieren. Diese Politik stieß sehr bald auf den erbitterten Widerstand der konservativen Teile von Hochfinanz und

31 Ebenda, S. 359 ff., 409 ff.
32 Ebenda, S. 604 f.
33 Henry A. Wallace. Sondermission in Sowjet-Asien und China. Zürich 1947, S. 172 ff.

Schwerindustrie. Konservative Senatoren und Kongreßabgeordnete brachten Roosevelts Pläne für einen Umbau der amerikanischen Gesellschaft zum Stillstand.[34] Zu allem Überdruß kam es ab August 1937 zu einer erneuten Verschlechterung der wirtschaftlichen Lage und zu einem erneuten Ansteigen der Arbeitslosenzahlen.

## Die europapolitischen Vorstellungen von Chamberlain und Roosevelt

Eine der vielen Folgen des Weltkrieges 1914/18 waren die zunehmenden Unabhängigkeitsbestrebungen in den britischen Dominions, also in Kanada, Südafrika, Australien und Neuseeland, sowie in der Kronkolonie Indien. Die Dominions hatten 1914/18 beträchtliche Opfer für einen Krieg gebracht, der sie im Grunde nichts anging. Die Lust, in weitere kriegerische Abenteuer hineingezogen zu werden, war naturgemäß gering, weshalb die Regierungen der Dominions ein Mitspracherecht in der Außenpolitik des Mutterlandes forderten. 1923 mußte London den Dominions das Recht zugestehen, selbst Staatsverträge abzuschließen, und ab 1925 behielten sie es sich vor, britische Verträge mit dritten Staaten selbst zu ratifizieren, das heißt, ihnen die Zustimmung notfalls zu verweigern. Das bedeutete, daß England in einem zukünftigen Krieg nicht mehr automatisch mit der Unterstützung der Dominons rechnen konnte. Das Empire verwandelte sich langsam in das „Commonwealth of Nations". Anders als die Dominons strebte die indische Unabhängigkeitsbewegung nach einer völligen Loslösung von Großbritannien.

Aus der Perspektive der zwanziger Jahre hatte Großbritannien durchaus die Chance, sich von den Kriegsfolgen zu erholen und den Zusammenhalt des Empire wieder zu festigen. Die Voraussetzung dafür war ein multipolares Mächtesystem, das nicht von den USA dominiert werden konnte und Großbritannien die Möglichkeit gab, mit verschiedenen Bündniskonstellationen zu spielen. Die britischen Interessen verlangten das Bestehen eines Mächtegleichgewichts auf dem europäischen Kontinent, das heißt, es durfte in Europa keine Macht entstehen, die England selbst gefährlich werden konnte. Bei einem erneuten militärischen Engagement wie im Weltkrieg drohte der finanzielle Ruin Englands.

Der Regierungsantritt Hitlers fiel mit der Bereitschaft einer Mehrheit innerhalb der britischen Eliten zusammen, zum Zwecke der Bildung eines neuen weltweiten Gleichgewichts Deutschland und Japan als Mitspieler zuzulassen. In einem stabilen Gleichgewichtssystem müssen alle beteiligten Mächte potentiell bündnisfähig sein und als Partner für feste Absprachen in Frage kommen. Der Begriff des „Gangster-" oder „Schurkenstaates" ist der klassischen Gleichgewichtspolitik fremd. Nach diesem Konzept sollte Großbritannien dem Deutschen Reich alles zugestehen, was es zur Erfüllung dieser Rolle brauchte: Die deutschen Grenzen im Osten würden von London nicht mehr als unveränderbar betrachtet, die Reparationsfrage als erledigt angesehen. Deutschland würde als gleichberechtigte Großmacht anerkannt und die militärische Wiederaufrüstung hingenommen.

Während sich die Bildung eines neuen Gleichgewichts als Ziel einer pragmatischen britischen Außenpolitik fast von selbst ergab, war der notwendige Strukturwandel innerhalb des Empire heftig umstritten. Dem schleichenden Zerfall des Empire stand man in London zunächst ratlos gegenüber. Erst nach Ausbruch der Weltwirtschaftskrise 1929 erinnerte man sich in Großbritannien an die Idee der „Imperial Union", für die der damalige Kolonialminister Joseph Chamberlain um die Jahrhundertwende geworben hatte.

---

[34] Samuel E. Morison/Henry S. Commager/William E. Leuchtenburg. A Concise History of the American Republic. Oxford 1980, S. 508 ff.

Chamberlains Konzept sah einen engen politischen und wirtschaftlichen Zusammen-schluß zwischen den Britischen Inseln und Kanada, Australien, Neuseeland sowie Süd-afrika vor, der schließlich zur Bildung eines um die ganze Erdkugel reichenden, zentral verwalteten Staates führen sollte. Der Schatzkanzler Neville Chamberlain griff das Kon-zept seines Vaters Joseph auf und war in den dreißiger Jahren einer der wenigen bri-tischen Politiker, die dem Empire eine langfristige Perspektive bieten konnten.

Mitte der dreißiger Jahre hatten sich in den britischen Eliten zur deutschen Frage drei Meinungsgruppen herausgebildet. Die stärkste dieser Gruppen waren die Anhänger ei-ner „Appeasement"-Politik gegenüber Deutschland. Sie erkannten einerseits die Berech-tigung der deutschen Revisionsforderungen im Osten an und sahen andererseits die Notwendigkeit, mit einem starken Deutschland ein Gegengewicht zu einem langfristig übermächtigen Rußland zu bilden. Die Stabilisierung des bolschewistischen Regimes, seine aggressive außenpolitische Doktrin und die Aufrüstung der Roten Armee führten dazu, daß ältere Überlegungen zur Aufrechterhaltung des europäischen Gleichgewichts in britischen Regierungskreisen wieder an Aktualität gewannen. Neville Chamberlain, der im Mai 1937 Premierminister wurde, hielt es für notwendig, die europäischen Proble-me durch eine aktive Politik anzugehen. Chamberlain hatte begriffen, daß ein neuer Krieg von der britischen Interessenlage her völlig sinnlos war. Auch nach einem weiteren Sieg über Deutschland würde sich unvermeidlich wieder das Problem ergeben, daß man in Europa ohne die Deutschen kein Gegengewicht gegen Rußland bilden konnte.

Chamberlain war sich bewußt, daß eine erfolgreiche „Beschwichtigungs"-Politik in Europa nicht nur die Erfüllung der Revisionswünsche Deutschlands, sondern auch die „Eindämmung" überzogener deutscher Expansionsgelüste zum Inhalt haben mußte. Für eine Eindämmungspolitik benötigte England nicht nur Bündnispartner, sondern auch eine bedeutende Stärkung seiner eigenen Militärmacht. Großbritannien hatte nach 1918 sein großes Landheer und seine Luftstreitkräfte fast völlig demobilisiert und selbst für seine Kriegsmarine nur noch die allernotwendigsten Ausgaben getätigt. Mitte der dreißiger Jahre war es nicht mehr zu übersehen, daß Großbritannien angesichts der gefahrvollen politischen Entwicklung in Europa und in Fernost unbedingt wiederaufrüsten mußte.

1937 brachte Chamberlain das größte Verteidigungsprogramm auf den Weg, das sich England jemals in Friedenszeiten geleistet hatte; es sah Rüstungsausgaben im Umfang von 1,5 Milliarden Pfund vor, die vor allem in die Luftwaffe gesteckt werden sollten.[35]

Eine zweite starke Meinungsgruppe fand sich in den Reihen der Liberalen und der Labour Party. Die Vertreter dieser Richtung erkannten das Selbstbestimmungsrecht der Völker und damit die deutschen Revisionsansprüche an, standen den längerfristigen Ab-sichten Deutschlands aber mit tiefem Mißtrauen gegenüber. Die Erfüllung der deutschen Wünsche sollte möglichst auf unbestimmte Zeit verschoben werden. Unter dem Ein-druck der Regierungsübernahme Hitlers, der deutschen Wiederaufrüstung und der deutsch-italienischen Intervention im Spanischen Bürgerkrieg gewann diese Richtung an Einfluß, war jedoch in der Bevölkerung und unter den Intellektuellen stärker verbreitet als in der Politik.

Die dritte Meinungsgruppe bildeten die Imperialisten der alten Schule um Winston Churchill und Robert Vansittart. Ihr Ziel war die Konservierung des Empire und der in-neren Verhältnisse Großbritanniens, wie sie in der Spätzeit der Herrschaft von Königin Viktoria bestanden hatten. Churchill verstand sich als Bewahrer der traditionellen bri-tischen Machtpolitik. Als in der britischen Politik über einen neuen Status und eine Ver-fassung für Indien debattiert wurde, sprach Churchill sich gegen jegliche Zugeständnisse aus und wollte nicht einsehen, daß der liberale englische Rechtsstaat die indische Un-abhängigkeitsbewegung nicht beliebig lange unterdrücken konnte.

---

[35] Bavendamm, Roosevelts Weg, S. 230.

Bereits 1933 entdeckte Churchill ein Thema, das ihm wieder die Aufmerksamkeit des breiten Publikums sicherte: die „deutsche Gefahr". Churchill konnte hiermit an die Propaganda aus der Zeit vor dem Ersten Weltkrieg anknüpfen, als er selbst zu den eifrigsten Warnern vor der deutschen Flottenrüstung gehört hatte. Die deutsche Wiederaufrüstung und die Wiederherstellung der deutschen Großmachtstellung unter Hitler verliehen dem Thema brennende Aktualität.

## Roosevelts Einflußnahme auf die britische Politik

Wegen der katastrophalen wirtschaftlichen Lage, die in den Vereinigten Staaten seit dem großen Börsenkrach von 1929 herrschte, konzentrierte sich Roosevelt in seiner ersten Amtsperiode ganz auf die Innenpolitik. Dies kam einer breiten Strömung in der amerikanischen Bevölkerung entgegen, die nach den enttäuschenden Erfahrungen mit der Intervention im Weltkrieg von weiteren außenpolitischen Abenteuern nichts wissen wollte. Roosevelt war aber von seinen Überzeugungen her kein konservativ-protektionistischer Isolationist, sondern ein liberal-demokratischer Internationalist.

Im Präsidentschaftswahlkampf von 1936 machte Roosevelt den „Weltfrieden" zu einem zentralen Thema seiner Kampagne, während er gleichzeitig die „Gangster-Methoden" der faschistischen Staaten anprangerte. Aufgrund seiner Erfolge bei der Überwindung der Weltwirtschaftskrise wurde Roosevelt mit einem großen Stimmenvorsprung wiedergewählt.

1936/37 begann die amerikanische liberal-demokratische Presse gegen die konservative Regierung Englands Front zu machen. Mit dieser Kampagne wollten Roosevelt und seine Verbündeten in den Medien eine Verständigung Chamberlains mit Italiens Staatschef Benito Mussolini und Hitler verhindern, die sie als Verrat an den Idealen des liberal-demokratischen Internationalismus ansahen. Das persönliche Verhältnis zwischen Roosevelt und Chamberlain war von Anfang an gespannt. Chamberlain, der in den USA als der typische antiamerikanische Engländer galt, erwiderte die Abneigung Roosevelts aus ganzem Herzen.[36]

1936 hatte der jüdische Anwalt und Unternehmer Samuel Untermeyer aus New York zusammen mit dem englischen Gewerkschaftsführer und Präsidenten des Internationalen Gewerkschaftsbundes Sir Walter Critine den sogenannten „Anti-Nazi-Rat" gegründet. Diese Propagandaorganisation, deren offizieller Name „Nicht-sektiererischer Anti-Nazi-Weltrat zum Kampf für die Menschenrechte" lautete, wurde in England über den geheimen „Jewish Defence Funds" finanziert.[37] Winston Churchill, Robert Vansittart und Reginald Leeper vom Foreign Office förderten die Versuche Critines, alle antifaschistischen Vereinigungen zu einem zentral gesteuerten außenpolitischen Aktionsbündnis zusammenzufassen, das sich „FOCUS" nannte. Der „FOCUS" existierte in 24 verschiedenen Ländern der Erde, hatte Hauptquartiere in Brüssel, London, New York und Prag und wurde hauptsächlich von den jüdischen Dachorganisationen Englands und Amerikas finanziert.

In den zwanziger Jahren hatte Churchill mit seiner publizistischen Tätigkeit gut verdient, aber durch den Zusammenbruch der Aktienmärkte 1929 und die Weltwirtschaftskrise verlor er den größten Teil seines Vermögens. Churchill geriet in ständige finanzielle Schwierigkeiten, die erst durch seine Freunde aus dem „FOCUS" behoben wurden.[38] Es wäre jedoch völlig falsch zu glauben, daß Churchill damit zu einer Marionette jüdischer

---

[36] Samuel Hoare. Nine Troubled Years. London 1954, S. 268.
[37] Martin Gilbert. Winston S. Churchill: The Prophet of the Truth. Bd. 5. West Chester 2009, S. 800.
[38] Bavendamm, Roosevelts Weg, S. 308 ff.

und amerikanischer Bankiers geworden wäre. Vielmehr fand er im „FOCUS" einflußreiche Verbündete für seine antideutsche Politik. Für Churchill wurden die „Anti-Nazi-Liga" und der „FOCUS" zu wichtigen Instrumenten der psychologischen Kriegsführung gegen die von Chamberlain angestrebte Verständigung mit Deutschland.

Am 5. Oktober 1937 nahm Roosevelt die Einweihung der Outer Drive Bridge in Chicago zum Anlaß, um sich in einer Rede gegen all jene Nationen zu wenden, die seiner Meinung nach den Weltfrieden störten. Roosevelt legte dar, welch ungeheure Verluste an Menschenleben und Eigentum Kriege, die jenseits der Ozeane ausbrächen, zur Folge hätten, und er bezeichnete es als eine Illusion, daß Amerika auf die Dauer von solchen Konflikten verschont bleiben würde. Die Welt werde erst dann ein sicherer Ort sein, wenn alle Staaten sich an moralische Regeln halten würden. Zur Durchsetzung dieser Regeln bedürfe es einer Organisation kollektiver Sicherheit. Roosevelt bezeichnete die Methode rechts- und vertragswidriger Gewaltanwendung gegen schwächere Staaten als eine Seuche der internationalen Politik und forderte die friedliebenden Staaten auf, gegen die Seuchenträger der Aggression Quarantänemaßnahmen zu verhängen.[39]

Der äußere Anlaß für die „Quarantäne-Rede" war der Ausbruch des Japanisch-Chinesischen Krieges im Juli 1937, wobei Japan von den liberal-demokratischen Internationalisten allgemein als „Aggressor" angesehen wurde. Es war kein Geheimnis, daß Roosevelt nicht nur das japanische Kaiserreich, sondern auch das faschistische Italien und das nationalsozialistische Deutschland als „Gangster-Staaten" betrachtete, die gegen die Regeln der „internationalen Moral" verstießen.

---

[39] New York Times, 6. Oktober 1937.

# Die Außenpolitik des Dritten Reiches bis 1937

Das deutsch-sowjetische Sonderverhältnis, das auf dem Vertrag von Rapallo 1922 gründete, war bereits in den letzten Jahren der Weimarer Republik brüchig geworden, und nach der Regierungsübernahme der Nationalsozialisten kühlte es rapide ab. Die für beide Seiten ertragreiche geheime Zusammenarbeit zwischen Reichswehr und Roter Armee wurde 1933 abgebrochen.

Sowohl Berlin wie Moskau vollzogen nun einen außenpolitischen Kurswechsel. War die Politik der Weimarer Republik gegenüber Polen ausgesprochen reserviert gewesen, so bemühte Hitler sich um eine Verbesserung der Beziehungen zu Warschau und schloß mit Marschall Josef Pilsudski am 26. Januar 1934 einen Nichtangriffspakt.[40] Zum einen wollte Hitler angesichts der militärischen Schwäche des Reiches und der allgemeinen Feindschaft des Auslandes gegenüber der „nationalsozialistischen Revolution" wenigstens einen potentiellen Konflikt entschärfen; zum anderen glaubte er, daß der Antibolschewismus einen gemeinsamen Nenner zwischen dem neuen Deutschland und dem traditionell antirussischen Polen bilden könne. Um die Annäherung an Warschau nicht zu gefährden, sah Hitler über die polnische „Volkstumspolitik" hinweg, die seit 1919 darauf abzielte, die Volksdeutschen, die in den seinerzeit an Polen abgetretenen deutschen Ostgebieten lebten, durch Diskriminierung zur Ausreise zu bringen.

Die Sowjetregierung, die bisher die Versailler Ordnung rhetorisch auf das entschiedenste verurteilt hatte, vollzog jetzt einen Kurswechsel um 180 Grad und machte sich zum Anwalt des europäischen Status quo auf der Grundlage des Versailler Vertrages. Die allgemeine Furcht vor deutschen Revisionsbestrebungen ermöglichte es Moskau, seine internationale Isolation jetzt endgültig zu durchbrechen: Am 2. Mai 1935 schloß Frankreich einen Beistandspakt mit der Sowjetunion. Dieser Vertrag sah für den Fall eines deutschen Angriffs auf einen der Unterzeichner gegenseitige militärische Hilfeleistungen vor.[41]

Hitler erkannte die Schwächen des französisch-sowjetischen Paktes und bezeichnete ihn in einer Rede am 21. Mai 1935 als eine Gefahr für den europäischen Frieden. Im weiteren Verlauf seiner Rede gab er zu erkennen, daß er bereit sei, mit den europäischen Mächten über Nichtangriffs- und Konsultationsverträge zu verhandeln. Schließlich forderte er für das Deutsche Reich im Bereich der Luftrüstung Parität mit der stärksten westlichen Macht und für die deutsche Kriegsflotte eine Stärke von 35 Prozent der britischen.[42]

Letzteres Angebot Hitlers an England führte zum Abschluß des deutsch-britischen Flottenabkommens vom 18. Juni 1935. Dieser Vertrag begrenzte die Stärke der deutschen Kriegsmarine auf 35 Prozent der Seestreitkräfte des britischen „Commonwealth of Nations". Die Regierungen Frankreichs und Italiens äußerten sich zu diesem Abkommen äußerst kritisch, weil Großbritannien damit einem Bruch der Abrüstungsbestimmungen

---

[40]  Dokumente zur Vorgeschichte des Krieges. Weißbuch des Auswärtigen Amtes Nr. 2. Berlin 1939, Nr. 37.
[41]  Ebenda, S. 116 ff.
[42]  Ebenda, S. 159 ff.

des Versailler Vertrages zugestimmt habe.[43] In Deutschland wurde der Flottenvertrag als großer Erfolg der Außenpolitik Hitlers gewertet, da er dem Reich nicht nur eine Verdreifachung seiner Überwasserseestreitkräfte gestattete, sondern auch der deutschen U-Boot-Waffe – die in Versailles völlig verboten worden war – die gleiche Stärke wie der britischen zugestand.[44]

Am 7. März 1936 wurden die Botschafter Englands, Frankreichs, Italiens und Belgiens in Berlin in die Wilhelmstraße gebeten, wo Außenminister Konstantin von Neurath ihnen eröffnete, daß die Wehrmacht mit der Wiederbesetzung der entmilitarisierten Zone im Rheinland begonnen habe. Deutschland erachte es für notwendig, in Europa ein neues politisches System zu schaffen, um der von Rußland ausgehenden „bolschewistischen Gefahr" zu begegnen.[45]

Hitler hatte in „Mein Kampf" das baldige Ende des Rätesystems in der UdSSR und den „Zusammenbruch der Judenherrschaft in Rußland" prophezeit. Zehn Jahre später machten die Diktatur Stalins, die großen Erfolge der Industrialisierungspolitik und das riesige Aufrüstungsprogramm der Sowjetunion eine Neubewertung der Sowjetmacht und ihrer Zukunftsaussichten notwendig. Im August 1936 verfaßte Hitler eine Denkschrift über die Aufgaben des Vierjahresplans, in der er feststellte, daß die revolutionäre sowjetische Ideologie und die massive russische Aufrüstung eine schwere Bedrohung für Europa darstellten.[46]

## Der Abessinienkonflikt führt zu einer deutsch-italienischen Annäherung

Seit Anfang der 1880er hatte Italien in Afrika Kolonien erworben, zu denen auch Eritrea und Somaliland gehörten. Seither war Italien bestrebt, Abessinien, das an die vorgenannten Gebiete grenzte, seinem afrikanischen Kolonialreich einzugliedern. 1891 schlossen Großbritannien und Italien ein Abkommen, in dem die italienische Kontrolle über einen großen Teil Nordostafrikas einschließlich Abessiniens anerkannt wurde.[47]

Trotz seiner grenzenlosen Rückständigkeit war das Kaiserreich Abessinien unter seinem Herrscher Haile Selassie das einzige Gebiet Afrikas, das im Zeitalter des kolonialen Imperialismus seine staatliche Souveränität bewahrt hatte. Abessinien war als Mitglied des Völkerbundes vor einem willkürlichen Angriff Italiens zumindest auf dem Papier völkerrechtlich geschützt. Der „Negus" Haile Selassie nahm einen Zwischenfall bei Walwal (Ogaden) zum Anlaß, den Völkerbund anzurufen, der ein Schiedsverfahren zur Schlichtung des italienisch-abessinischen Streites einleitete, während Mussolini ein italienisches Mandat über Abessinien forderte. Eine vom Völkerbund eingesetzte Schiedskommission wich einer eindeutigen Entscheidung aus und schlug nach monatelangen Beratungen einen Kompromiß vor, der Italien weitgehende Sonderrechte in Abessinien einräumen sollte. Mussolini genügte dieser Vorschlag aber nicht, er wollte die vollständige Kontrolle über dieses Land. Am 2. Oktober 1935 griff die italienische Luftwaffe Ziele in Äthiopien an, am folgenden Tag überschritten italienische Truppen die Grenze.[48]

---

[43]  André Géraud („Pertinax"). France and the Anglo-German Naval Treaty, Foreign Affairs XIV, Oktober 1935, S. 51 ff.

[44]  Documents on International Affairs, 1935, S. 141 ff.

[45]  Documents on International Affairs, 1936, S. 35 ff.

[46]  Denkschrift Hitlers über die Aufgaben eines Vierjahresplans, in: Vierteljahrshefte für Zeitgeschichte 1955/2, S. 204 ff.

[47]  Charles Tansill. Die Hintertür zum Kriege: Das Drama der internationalen Diplomatie von Versailles bis Pearl Harbour. Selent 2000, S. 197 f.

[48]  Ebenda, S. 211 ff.

Die Truppen Kaiser Haile Selassies leisteten tapferen Widerstand, waren aber einer modernen europäischen Armee in keiner Weise gewachsen.

In der britischen wie in der französischen Öffentlichkeit gab es zu diesem Zeitpunkt eine starke Strömung, die eine unbedingte Unterstützung des Völkerbundes und eine Verurteilung des italienischen Vorgehens gegen Abessinien forderte. Die Sanktionspolitik der Westmächte konnte den Vormarsch der italienischen Truppen in Äthiopien aber nicht aufhalten, und in London wie in Paris wurde jetzt zunehmend die Befürchtung laut, daß die Sanktionspolitik nichts bewirken werde, außer Mussolini in die Arme Hitlers zu treiben.

Als am 7. März deutsche Truppen ins entmilitarisierte Rheinland einrückten, wurde deutlich, wie wichtig ein freundliches Verhältnis zu Italien für die französische Außenpolitik war. Die beunruhigenden Nachrichten über die allgemeine Feindseligkeit der öffentlichen Meinung in der westlichen Welt veranlaßten Mussolini, eine Annäherung an das Deutsche Reich zu suchen.

Trotz der ideologischen Verwandtschaft war das Verhältnis des faschistischen Italien zum nationalsozialistischen Deutschland wegen der Südtirol- und Österreichfrage bisher eher unfreundlich gewesen. Hitler hatte aber richtig vorausgesehen, daß die britisch-französische Sanktionspolitik zu einer deutsch-italienischen Annäherung führen würde, die den politischen Spielraum des Reiches entscheidend vergrößern mußte. Deutschland hatte sich deshalb der Sanktionspolitik nicht angeschlossen.

Anfang Mai 1936 eroberten italienische Truppen die abessinische Hauptstadt Addis Abeba. Das faschistische Italien hatte damit nicht nur den Kolonialkrieg gegen Abessinien gewonnen, sondern auch der Sanktionspolitik des Völkerbundes getrotzt, wodurch die Liga einen schweren Prestigeverlust erlitt. Ein Jahr später leitete der neue Premierminister Neville Chamberlain eine Neuorientierung der britischen Italienpolitik ein, und am 16. April 1938 schlossen die englische und die italienische Regierung in Rom ein Abkommen, das auf die völkerrechtliche Anerkennung der italienischen Souveränität über Abessinien hinauslief.[49]

Mitte Oktober 1936 machte der italienische Außenminister Galeazzo Ciano einen Staatsbesuch in Berlin und unterzeichnete am 23. Oktober gemeinsam mit Außenminister Neurath ein vertrauliches Protokoll, in dem die beiden Staaten ihre Absicht erklärten, ihre künftige Außenpolitik aufeinander abzustimmen. Die beiden Regierungen waren sich einig, „daß die größte Gefahr, die den Frieden und die Sicherheit Europas bedroht, der Kommunismus ist".[50] Am 1. November hob Mussolini anläßlich einer großen Rede in Mailand die „Achse Berlin–Rom" aus der Taufe.[51]

# Der Spanische Bürgerkrieg

Am 17./18. Juli putschten in Spanien Teile der Streitkräfte unter General Francisco Franco gegen die linkssozialistische Volksfrontregierung in Madrid, die spanische Generalität war angesichts der chaotischen innenpolitischen Verhältnisse überzeugt, daß das Land dem Kommunismus entgegentrieb. Als der Putsch wenige Tage später zu scheitern drohte, beschlossen Hitler und Mussolini, den spanischen Generalen Transport- und Militärhilfe zu gewähren. Deutsche Transportflugzeuge vom Typ Junkers Ju 52 flogen marokkanische Kolonialsoldaten General Francos von Spanisch-Marokko nach Südspanien, von wo aus sie den Kampf gegen loyal gebliebene Teile der Streitkräfte und

---

49 Documents on International Affairs, 1938, I, S. 141.
50 Documents on German Foreign Policy (DGFP) 1918–1945, Bd. V, S. 1.136 ff.
51 Völkischer Beobachter v. 2.11.36.

Milizen der Madrider Regierung aufnahmen. Die aufständischen Generale versuchten, ein zusammenhängendes befreites Gebiet zu schaffen und von dort aus konzentriert gegen Madrid vorzugehen. Sie wurden dabei von den faschistisch gesinnten „Falangisten", den Monarchisten und den klerikal-traditionalistischen „Karlisten" unterstützt, die politisch mindestens die Hälfte der spanischen Bevölkerung repräsentierten. Aus dem mißglückten Putsch wurde ein dreijähriger Bürgerkrieg.

Sowohl in Berlin wie in Rom hegte man die Befürchtung, daß ein Sieg der linkssozialistischen Koalitionsregierung in Madrid über kurz oder lang zu einer kommunistischen Machtübernahme in Spanien führen würde. Dies konnte eine Ausbreitung der kommunistischen Herrschaft auf Frankreich zur Folge haben, wo seit dem Juni 1936 ebenfalls eine „Volksfront", ein Bündnis aus Sozialisten und Kommunisten, regierte.[52]

Die italienische und deutsche Militärhilfe für die Nationalisten umfaßte nicht nur umfangreiche Waffenlieferungen, sondern auch die Entsendung modern ausgerüsteter Truppenkontingente. Mussolini schickte insgesamt 70.000 Mann Bodentruppen und 720 Flugzeuge,[53] das Deutsche Reich die 6.500 Mann starke „Legion Condor", die je nach Kriegslage ständig 80 bis 180 Flugzeuge in Spanien im Einsatz hatte.[54]

In den westlichen Demokratien lag die Sympathie der Öffentlichkeit zu Beginn des Bürgerkrieges auf seiten der republikanischen Regierung, die sich aus Anarchisten, Sozialisten und Kommunisten zusammensetzte. Die westlichen Staaten leisteten aber nur verhältnismäßig wenig konkrete Hilfe. Die weitaus meiste Unterstützung in Form von Waffenlieferungen, Krediten, Instrukteuren und Freiwilligen (die von der Komintern organisierten „Internationalen Brigaden") erhielt die Spanische Republik aus der Sowjetunion.

Als der Spanische Bürgerkrieg 1938/39 seinem Ende zuging, wurde die kleine Kommunistische Partei Spaniens infolge ihrer entschlossenen und rücksichtslosen Führung die beherrschende Macht innerhalb der republikanischen Regierung. Die spanischen Kommunisten begannen, ihre politischen Konkurrenten, vor allem die Anarchisten, mit blutigen Mitteln aus dem Weg zu räumen. Die Aussicht auf ein kommunistisches Spanien rief auch in britischen Regierungskreisen zunehmende Besorgnis hervor.

Dank der deutschen und italienischen Militärhilfe konnten die Nationalisten den Bürgerkrieg im Frühjahr 1939 schließlich für sich entscheiden, der Spanische Bürgerkrieg endete mit einem Sieg der „faschistischen Internationale". Gleichzeitig trugen das Engagement vieler linkssozialistischer westlicher Intellektueller für die republikanische Sache, die Moskauer Waffenhilfe und die internationale kommunistische Propaganda wesentlich dazu bei, ein internationales antifaschistisches Bewußtsein zu schaffen und damit das englisch-amerikanische Bündnis mit der Sowjetunion vorzubereiten.

## Hitler faßt die Annexion Österreichs und der Tschechei ins Auge

Am 5. November 1937 hielt Hitler mit dem Reichsaußenminister, dem Reichskriegsminister und den Oberbefehlshabern der Wehrmacht eine Konferenz ab, anläßlich der das sogenannte „Hoßbachprotokoll" entstand. Diese Aufzeichnung des damals anwesenden Oberst Friedrich Hoßbach, deren Zuverlässigkeit umstritten ist, sollte nach

---

[52] Joachim von Ribbentrop. Zwischen London und Moskau. Hrsg. v. Annelies v. Ribbentrop. Leoni am Starnberger See 1953, S. 88 f.

[53] Hans Werner Neulen. Am Himmel Europas. München 1998, S. 25.

[54] Peter J. Elstob. Legion Condor. Rastatt 1973.

dem Krieg im Nürnberger Prozeß eine große Rolle spielen und wird häufig als Beweis für weitreichende Eroberungspläne Hitlers angesehen. Tatsächlich ist in dem Text aber nur von einer Annexion Österreichs und der Tschechei die Rede, alles andere ist Spekulation.

Hitler erklärte den Anwesenden, er wolle in absehbarer Zeit das Problem der deutschen Raumnot lösen und die Ernährungsbasis des deutschen Volkes sichern. Eine verstärkte Beteiligung an der Weltwirtschaft sei im Zeitalter wirtschaftlicher Imperien und angesichts unvorhersehbarer Konjunkturschwankungen zu unsicher. Es bleibe daher nur die Gewinnung eines größeren Lebensraumes, und er wolle deshalb Österreich und die Tschechei annektieren. Dabei werde man zweifellos auf den Widerstand Englands und Frankreichs stoßen, aber zur Lösung der deutschen Frage müsse man ein Risiko eingehen und zu Gewaltanwendung bereit sein. Im Zeitraum 1943/45 werde die Aufrüstung der deutschen Wehrmacht abgeschlossen sein, und sie werde dann ihre größte relative Stärke gegenüber den anderen europäischen Mächten erreicht haben. Danach werde die relative Stärke wegen der Aufrüstung der Umwelt wieder abnehmen, spätestens 1943/45 müsse also gehandelt werden. Sollte aber Frankreich durch soziale Spannungen und eine innere Krise gelähmt werden, so könne man schon früher gegen die Tschechei vorgehen. Die Einverleibung der Tschechei und Österreichs würde einen Gewinn an Nahrungsmitteln für fünf bis sechs Millionen Menschen erbringen. Möglicherweise könnte schon 1938 die Gelegenheit zum Handeln kommen.[55]

# Die deutsche Wiederaufrüstung 1933–1940

Die Bestimmungen des Versailler Vertrages verlangten eine Reduzierung der deutschen Streitkräfte auf das Niveau einer Polizeitruppe, das Reichsheer durfte nur noch eine Stärke von 100.000 Mann, die Reichsmarine von 15.000 Mann haben. Die Siegermächte verboten den Deutschen die Wehrpflicht, die Reichswehr mußte sich aus langdienenden Berufssoldaten rekrutieren, deren Mindestdienstzeit zwölf Jahre betrug. Dementsprechend gab es keine Organisation zur Erfassung, Musterung und Einziehung der wehrpflichtigen Bevölkerung. Die Reichswehr konnte zwar damit rechnen, im Ernstfall auf das Reservoir der Frontkämpfer des Weltkrieges zurückgreifen zu können, aber diese hatten seit 1918 keine Auffrischung ihrer militärischen Ausbildung mehr erhalten, vor allem aber waren nicht genug Waffen und Munition zu ihrer Ausrüstung vorhanden.

Die Weimarer Republik durfte keine nennenswerte Rüstungsindustrie besitzen. Nur wenige von den Siegermächten bestimmte Betriebe durften eine strikt beschränkte Menge von Waffen, Munition und Gerät herstellen. Der Reichswehr fehlten alle modernen Waffengattungen wie Fliegertruppe, Flugabwehrtruppe, Panzerabwehr, Panzertruppe, schwere Artillerie, Artilleriebeobachtung, Pionierspezialtruppen, Eisenbahntruppe, Vermessungstruppe usw. Ein Generalstab war verboten.[56]

Die Zahl und Art der Waffen war genau vorgeschrieben, Entwicklung, Erprobung und Herstellung von Panzern, Flugabwehr- und Panzerabwehrgeschützen, schwerer Artillerie, Giftgasen, Flugzeugen und U-Booten waren völlig untersagt. Die Kriegsmarine durfte nur wenige veraltete Schiffe besitzen.

Dagegen unterhielt Frankreich eine materiell reichlich ausgestattete Armee, die letztlich mit Hilfe der deutschen Reparationszahlungen finanziert wurde. Paris hatte außerdem Belgien militärpolitisch in seine Abhängigkeit gebracht sowie mit der Tschecho-

---

[55]   Akten der deutschen auswärtigen Politik (ADAP) D I, Nr. 19; s.a. Stellungnahme des Generals Beck vom 12.11.1937, in: Wolfgang Foerster, Generaloberst Beck, München 1953, S. 80 ff.; s.a. Jacques Benoist-Méchin. Griff über die Grenzen, Oldenburg/Hamburg 1967, S. 9 ff.

[56]   Burkhart Mueller-Hillebrand. Das Heer 1933–1945. Band I. Darmstadt 1954, S. 15.

slowakei und Polen Militärabkommen geschlossen. Die Weimarer Republik war somit von drei Staaten eingekreist, die eine mehr oder weniger antideutsche Politik betrieben.

Mitte der zwanziger Jahre hatte das französische Heer eine Friedensstärke von 740.000 Mann, die im Kriegsfall durch die Einberufung von Reservisten auf mindestens 3,5 Millionen Mann gebracht werden konnte. An Artillerie, Panzern und Flugzeugen war die französische Armee damals die stärkste der Welt. Praktisch konnte man noch die belgische Armee hinzurechnen, die eine Friedens- bzw. Kriegsstärke von 82.000 resp. 600.000 Mann besaß.

Die Streitkräfte der Tschechoslowakei umfaßten im Frieden 150.000 Mann, die Kriegsstärke sollte eine Million Mann betragen. Die polnische Armee hatte eine Friedensstärke von 300.000 Mann und eine Kriegsstärke von mindestens zwei Millionen Mann. Sowohl die Tschechoslowakei wie Polen besaßen schwere Artillerie, Panzer und Flugzeuge.[57]

Damit war bereits jeder der beiden östlichen Nachbarn allein Deutschland militärisch überlegen, von Frankreich ganz zu schweigen. Die Reichswehr war daher nicht in der Lage, Deutschland nach außen zu verteidigen, sie konnte allenfalls die Autorität der Reichsregierung nach innen gewährleisten.

## Der Aufbau der neuen Wehrmacht

Hitler und die neue Reichsführung ließen ab 1933 keinen Zweifel an ihrer Absicht, Deutschland wieder zu einer politischen und militärischen Großmacht zu machen. Dazu sollte eine starke und hochmodern ausgerüstete Wehrmacht geschaffen werden. Allerdings mußten die dafür geeigneten Industriebetriebe erst wieder auf die Herstellung von Rüstungsgütern umgestellt und die meisten Waffen, Fahrzeuge und Flugzeuge neu entwickelt werden.

Am 1. März 1935 wurde die Gründung der Luftwaffe als neuer, eigenständiger Wehrmachtteil bekanntgegeben. Am 16. März 1935 verkündete die Reichsregierung das Gesetz über den Aufbau der neuen Wehrmacht und die Wiedereinführung der Wehrpflicht. Das Friedensheer sollte zukünftig aus 36 Divisionen mit 550.000 Mann bestehen.[58]

Beim Aufbau der neuen Wehrmacht waren allerdings erhebliche Probleme zu überwinden. Die Reichswehr war von Anfang an als Kern eines zukünftigen großen Heeres konzipiert worden, aber ihre 4.000 Offiziere reichten für die geplante Vermehrfachung der Heeresstärke nicht aus, es waren dafür mindestens fünfmal so viele Offiziere erforderlich. Durch die Verkürzung der Ausbildungszeit für den Offiziersnachwuchs konnte dieses Problem nur gemildert werden. Außerdem fehlten etwa 100.000 Reserveoffiziere; zwar konnte man hier auf die Offiziere des Weltkrieges zurückgreifen, aber diese waren inzwischen 17 Jahre älter geworden und hatten seit 1918 keine militärische Fortbildung mehr genossen.

Ein gleiches Problem bestand bei den ausgebildeten Reservisten. Die Reichswehr hatte wegen der vorgeschriebenen zwölfjährigen Mindestdienstzeit kaum Reservisten hervorbringen können, und die Frontkämpfer des Jahres 1918 gingen altersmäßig auf die 40 zu. Die vorhandenen Bestände an leichten Waffen reichten für die Vermehrung der Streitkräfte nicht aus, schwere Waffen und Flugzeuge mußten völlig neu beschafft werden.[59]

Am 7. März 1936 marschierte die Wehrmacht überraschend in das laut Versailler Vertrag „entmilitarisierte" Rheinland ein und stellte damit die volle Souveränität des Rei-

---

[57]  Mauriz v. Wiktorin. Die Heere Europas. Charlottenburg 1926.
[58]  Mueller-Hillebrand, Das Heer I, S. 26.
[59]  Ebenda, S. 22 f.

ches über diesen Teil Deutschlands wieder her. Zu diesem Zeitpunkt umfaßte die Wehrmacht etwa 30 unfertige Divisionen gegenüber 100 Divisionen der französischen Armee und 30 Divisionen der tschechoslowakischen Streitkräfte. Hätte Paris auf diesen flagranten Bruch des Versailler Vertrages mit einer militärischen Aktion reagiert, wäre der deutschen Führung nur der Rückzug geblieben.[60]

1936/37 begann der Bau einer befestigten Zone an der deutschen Westgrenze zwischen Basel und Aachen, die den Namen „Westwall" erhielt. Nach ihrer Fertigstellung mußte sich die sicherheitspolitische Lage des Reiches entscheidend verbessern, weil von nun an die Möglichkeit bestand, gegen die östlichen Nachbarn Deutschlands mit überlegener Stärke vorzugehen, während die Westgrenze mit relativ schwachen Kräften gegen eine französische Intervention verteidigt werden konnte.[61]

## Die Luftrüstung in Europa 1938–1940

Während der Sudetenkrise im Sommer 1938 vertraute Hitler auf die politische Schwäche und Uneinigkeit seiner Gegenspieler in London, Paris und Prag, und er baute auf die abschreckende Wirkung der deutschen Luftwaffe, die zu diesem Zeitpunkt als allen Gegnern weit überlegen galt.

Tatsächlich wurde die Stärke der deutschen Luftwaffe von den Westmächten erheblich überschätzt. Frankreich und Großbritannien hatten bis Mitte der dreißiger Jahre die Entwicklung und den Bau von Kampfflugzeugen vernachlässigt, steigerten ihre Aufwendungen für die Luftrüstung ab 1936 aber um ein Vielfaches.[62]

1938 produzierten England und Frankreich zusammen 4.209 Flugzeuge aller Typen (Kampf-, Transport-, Verbindungs- und Schulflugzeuge) gegenüber 5.235 deutschen, also noch rund 1.000 Flugzeuge weniger. Nach der Sudetenkrise sahen die Westmächte einen großen Nachholbedarf und beschleunigten das Tempo der Luftrüstung. 1939 wurden bereits 11.103 englische und französische gegenüber 8.295 deutschen Flugzeugen hergestellt. Außerdem importierte Frankreich mehrere hundert Kampf- und Schulflugzeuge aus den USA.

Im September 1938 verfügte die deutsche Luftwaffe über 2.847 Kampfflugzeuge der ersten Linie, die Alliierten über 4.036 (1.982 britische, 1.454 französische und 600 tschechische). Ein Jahr später, im September 1939, standen 3.609 deutsche Frontflugzeuge 4.100 Maschinen der Verbündeten gegenüber (1.911 britische, 1.792 französische und 397 polnische).[63] Der zahlenmäßige Zuwachs bei den Alliierten erscheint gering, diese konzentrierten sich jedoch darauf, veraltete Maschinen durch solche modernerer Bauart zu ersetzen. Außerdem verfügten die Alliierten über eine wesentlich größere Anzahl von Reserveflugzeugen.

Der technologische Vorsprung der Luftwaffe beschränkte sich in der Hauptsache darauf, daß das deutsche Standardjagdflugzeug, die Messerschmitt Me 109 E, bessere Flugleistungen erbrachte als ihre alliierten Gegenstücke (mit Ausnahme der englischen Supermarine „Spitfire" MK I und der französischen Dewoitine D 520, die 1940 aber nur in geringer Zahl vorhanden waren). Dafür waren die englischen und französischen Piloten, wie die Luftkämpfe über Frankreich im Mai und Juni 1940 zeigten, in der Regel deutlich besser ausgebildet. Bei den mittleren Bombern war allein die deutsche Junkers Ju 88 A den alliierten Modellen überlegen, von diesem Typ hatte die Luftwaffe bis zum Beginn des Frankreichfeldzuges aber nur wenige erhalten.

---

[60]   Walter Bernhardt. Die deutsche Aufrüstung 1934–1939. Frankfurt a.M. 1969, S. 44 ff.
[61]   Mueller-Hillebrand, Das Heer I, S. 38 ff.
[62]   Charles Christienne / Pierre Lissarague. A History of French Military Aviation. Washington 1986, S. 304.
[63]   Ebenda, S. 23.

## Deutschland bleibt hinter den Westmächten zurück

Der „Anschluß" Österreichs im März 1938 brachte der Wehrmacht eine willkommene personelle Verstärkung, insbesondere an Offizieren.[64]

Als Hitler nach der slowakischen Unabhängigkeitserklärung im März 1939 die „Resttschechei" durch die deutsche Wehrmacht besetzen ließ, fielen dem Deutschen Reich beträchtliche Mengen an modernem Rüstungsmaterial in die Hände, darunter 2.200 Geschütze aller Kaliber, 1.800 Panzerabwehrgeschütze, 600 Panzer und 750 Flugzeuge.[65] Wertvoller noch als dieses Kriegsmaterial war die tschechische Rüstungsindustrie, die fortan für das Reich produzieren und die deutsche Rüstung erheblich verstärken sollte.

Bei Beginn des Feldzuges gegen Polen waren nur die 52 Divisonen des aktiven Heeres und 16 Infanteriedivisionen der zweiten Welle sofort voll verwendungsfähig.[66]

Am 1. Oktober 1939, also nach dem Polenfeldzug, umfaßte der Rüstungsstand des deutschen Heeres 2.543 leichte Panzer (Panzer I, Panzer II, Panzer 35t und Panzer 38t), aber nur 294 mittlere Panzer (Panzer III und Panzer IV). Die Luftwaffe verfügte über 3.571 Frontflugzeuge, davon 642 Aufklärer, 868 Jäger, 438 Zerstörer, 1.230 mittlere Bomber, 354 Sturzkampfbomber und 39 Schlachtflugzeuge. Außerdem besaß sie 931 Transport- und Verbindungsflugzeuge.

Das Oberkommando des Heeres hatte eine Munitionsbevorratung für mindestens vier Monate gefordert, davon fehlten bei Kriegsbeginn je nach Sorte zwischen 45 und 95 Prozent. Die Luftwaffe hatte Bomben für drei Monate, nur die Kriegsmarine war wie vorgesehen mit Munition bevorratet.[67]

Die Kriegsmarine hatte an kampfkräftigen Einheiten zwei Schlachtschiffe („Scharnhorst" und „Gneisenau", die jedoch wegen ihrer schwachen Artilleriebewaffnung nicht vollwertig waren), drei Panzerschiffe, zwei Schwere Kreuzer, fünf Leichte Kreuzer, 22 Zerstörer und 56 U-Boote. Sie war von allen Wehrmachtteilen der schwächste und allein der französischen Kriegsmarine hoffnungslos unterlegen.[68] Diese verfügte bei Kriegsbeginn über sieben Schlachtschiffe, einen Flugzeugträger, sieben Schwere Kreuzer, elf Leichte Kreuzer, 73 Zerstörer und 79 U-Boote.[69] Gegenüber der Royal Navy und der US-Navy war die Unterlegenheit der Kriegsmarine derart groß, daß alle Spekulationen über deutsche „Weltherrschaftspläne" geradezu grotesk anmuten. Die britische Marine hatte am 1. September 1939 15 Schlachtschiffe, sieben Flugzeugträger, 15 Schwere Kreuzer, 49 Leichte Kreuzer, 194 Zerstörer und 62 U-Boote.[70] Der Kräfteumfang der amerikanischen Seestreitkräfte entsprach in etwa dem der britischen.

Die deutschen Rüstungsausgaben machten 1934 zwei Prozent des Volkseinkommens aus und erreichten 1938 21 Prozent, der Durchschnitt betrug in diesen Jahren 14,4 Prozent. Großbritannien wandte 1939 zwölf Prozent, Frankreich 17 Prozent des Volkseinkommens für die Rüstung auf, wobei aber zu berücksichtigen ist, daß diese Staaten ein höheres Volkseinkommen hatten und ihre Rüstungsindustrie nicht neu aufbauen mußten.[71]

---

[64]  Ebenda, S. 30.
[65]  Ebenda, S. 135.
[66]  Mueller-Hillebrand, Das Heer I, S. 25, 66 f., 71 ff.
[67]  Ebenda, S. 128.
[68]  Der Rüstungsstand der Wehrmacht, in: Das Deutsche Reich und der Zweite Weltkrieg, Bd. 5.1, S. 554 f.
[69]  Ploetz, Geschichte des Zweiten Weltkrieges, S. 410.
[70]  Ebenda, S. 553.
[71]  Heinrich Stuebel. Die Finanzierung der Aufrüstung im Dritten Reich, in: Europa Archiv Nr. 12/1951, S. 4.128 ff.

# Der Ferne Osten bis zum Ausbruch des Japanisch-Chinesischen Krieges 1937

## Die Vereinigten Staaten und der Aufstieg Japans

Das japanische Inselreich hatte sich von der Außenwelt weitgehend isoliert, bis eine amerikanische Flottille unter Kommodore Matthew C. Perry 1854 die Öffnung des Landes erzwang. In Japan existierte bis dahin eine mittelalterliche agrarische Feudalgesellschaft, die von den Segnungen der Industriellen Revolution noch kaum etwas gehört hatte. Die augenscheinliche Überlegenheit westlicher Technik und Organisation veranlaßte die japanische Feudalaristokratie, durch eine Reform von oben eine umfassende Modernisierung und Industrialisierung ihres Landes einzuleiten. Nur 50 Jahre später war Japan in der Lage, der europäischen Großmacht Rußland die Stirn zu bieten und ihr zu Lande und zu Wasser schwere militärische Niederlagen beizubringen. Im Russisch-Japanischen Krieg 1904/05 kämpften die beiden Mächte um die Vorherrschaft über den Nordosten Chinas, die Mandschurei. Die Siege des japanischen Heeres bei Mukden, Liaojang und Port Arthur, vor allem aber der Seesieg Admiral Heihachiro Togos bei Tsushima am 27./28. Mai 1905 markierten den Aufstieg Japans zu einer modernen Großmacht.

Japan sah es wie alle anderen Großmächte im Zeitalter des kolonialen Imperialismus als sein Recht an, sich Rohstoffe und Absatzmärkte in den unterentwickelten Gebieten dieser Welt zu sichern. Das Inselreich verfügte über wenige natürliche Ressourcen, während seine Bevölkerung rasch zunahm. Aufgrund der geographischen Nähe, der wirtschaftlichen Unterentwicklung und der politischen Schwäche Chinas betrachtete Japan den Nordosten dieses Landes, vornehmlich die Mandschurei, sowie die koreanische Halbinsel als seine natürliche Einflußsphäre.

## Revolution und Bürgerkrieg in China

Angesichts der Tatsache, daß China auf eine mehr als viertausendjährige Geschichte zurückblicken konnte und eine bedeutende Hochkultur hervorgebracht hatte, empfanden viele Chinesen den Zustand ihres Landes zu Beginn des 20. Jahrhunderts als schwere Demütigung. Im Jahre 1905 gründete der Arzt Sun Yat-sen im japanischen Exil den Chinesischen Revolutionsbund. Dieser verfolgte das Ziel, China von der doppelten Unterdrückung durch die mandschurische Ching-Dynastie und durch die Kolonialmächte zu befreien, eine parlamentarisch regierte Republik zu errichten und umfassende soziale Reformen durchzuführen.

Nach mehreren gescheiterten Aufstandsversuchen kam es im Oktober 1911 im Gebiet von Wuhan zu einer Erhebung, die schließlich zum Sturz der Ching-Dynastie führte. Am 25. Dezember 1911 wurde Sun Yat-sen von einer Nationalversammlung in Nanking zum Provisorischen Präsidenten der Republik China gewählt. Im Februar 1912 übergab Sun Yat-sen sein Amt dem kaiserlichen Militärbefehlshaber Marschall Yüan Shih-kai, der sich bald darauf zum Diktator aufschwang. Nach dem Tode Yüan Shih-kais 1916 zerfiel China in seine einzelnen Provinzen, die von regionalen Militärmachthabern, den sogenannten „Warlords", und ihren Privatarmeen beherrscht wurden.

Im August 1912 war aus dem Chinesischen Revolutionsbund die Nationalchinesische Volkspartei, die Kuomintang, hervorgegangen, deren unumstrittener Führer Sun Yat-sen war. 1917 bildete Sun Yat-sen in der südchinesischen Stadt Kanton eine Gegenregierung gegen die nördlichen „Warlords", die er 1920 in den Rang einer chinesischen Nationalregierung erhob. Sein Ziel war es, China von Kanton aus unter die Kontrolle der Kuomintang zu bringen, die politische Einheit des Landes wiederherzustellen und ein großes inneres Reformprogramm zu verwirklichen. Gleichzeitig wollte Sun Yat-sen die Privilegien der Kolonialmächte beseitigen und China zu einer gleichberechtigten Großmacht machen.

*Der erste Präsident der Republik China und Gründer der Kuomintang Dr. Sun Yat-sen*

Obwohl ein bürgerlicher Nationalist, war Sun Yat-sen vom Erfolg der Bolschewiki in Rußland so fasziniert, daß er im Januar 1923 mit Moskau ein Abkommen über eine Zusammenarbeit der Kuomintang mit der Sowjetunion schloß. Infolge dieses Abkommens entsandte Moskau Berater nach Kanton, die den Parteiapparat und die Parteiarmee der Kuomintang nach sowjetrussischem Vorbild reorganisierten. Außerdem lieferte die Sowjetunion in beträchtlichem Umfang Waffen. Die Moskauer Führung hoffte, mit Hilfe der bürgerlich-nationalen Revolution Sun Yat-sens die Stellung der Kolonialmächte zu unterminieren und langfristig die Grundlage für eine sozialistische Revolution in China zu legen. Auf Weisung Moskaus trat die 1921 gegründete Kommunistische Partei Chinas in eine Koalition mit der Kuomintang ein mit dem Ziel, die Nationalisten zu unterwandern und eines Tages selbst die Macht zu ergreifen.

Nach dem Tode Sun Yat-sens im März 1925 wurde General Chiang Kai-shek zu einem der wichtigsten Führer der Kuomintang. Am 9. Juli 1926 begann Chiang Kai-shek mit zehn Armeen in einer Gesamtstärke von 100.000 Mann den „Großen Nordfeldzug", dessen Ziel die Unterwerfung der mittel- und nordchinesischen „Warlords" und die Einnahme Pekings war.

Über die langfristigen Absichten der chinesischen Kommunisten machte Chiang Kai-shek sich keine Illusionen. Im April 1927 nahm er den Aufstand der Schanghaier Kommune zum Anlaß, um mit seinen kommunistischen Koalitionspartnern zu brechen und durch den Einsatz militärischer Gewalt seine Stellung innerhalb der Kuomintang zu stärken. Nationalistische Truppen erstickten die Kommune in einem Blutbad, gleichzeitig beendete Chiang Kai-shek die Zusammenarbeit mit Moskau. Die sowjetischen Berater wurden wegen ihrer Spionageaktivitäten und politischen Intrigen des Landes verwiesen. Für die Moskauer Chinapolitik bedeutete der Staatsstreich Chiang Kai-sheks einen schweren Rückschlag.

Die chinesischen Kommunisten mußten in den Untergrund gehen oder sich in abgelegene Gegenden im Landesinneren zurückziehen, wo sie aus bäuerlichen Partisanen eigene Streitkräfte aufbauten, eine Agrarrevolution durchführten und „Sowjetgebiete" gründeten. Welthistorische Bedeutung sollte ein „Sowjetgebiet" in der Provinz Kiangsi erlangen, in dem ein ehemaliger Lehrer aus Hunan namens Mao Tse-tung die „Vierte Rote Armee" aufstellte.

Im März 1927 hatten Truppen Chiang Kai-sheks Nanking eingenommen, woraufhin die Kuomintang den Sitz ihrer Nationalregierung von Kanton in diese Stadt verlegte.

Im Verlauf des „Großen Nordfeldzuges" schlossen sich viele der mittel- und nordchinesischen „Warlords" mit ihren Söldnertruppen der nationalrevolutionären Armee Chiang Kai-sheks an. Anfang Juli 1928 konnten die verbündeten Armeen Peking besetzen, womit alle chinesischen Gebiete südlich der großen Mauer zumindest nominell der Herrschaft der Nationalregierung in Nanking unterstanden. Die nationale Zentralregierung übte jedoch nur wenig wirkliche Kontrolle über die wiedervereinigten Provinzen aus. Die Loyalität vieler „Warlords" zu Chiang Kai-shek war fragwürdig, und in den folgenden Jahren sollte es zu einer Reihe von großen Rebellionen kommen, die durch Strafexpeditionen niedergeworfen oder durch politische Kompromisse beendet werden mußten. China wurde faktisch von einer lockeren Koalition rivalisierender Generale regiert, die nur durch das politische Geschick Chiang Kai-sheks zusammengehalten wurde.

## Die Entstehung Mandschukuos

Die Mandschurei wurde damals von den Japanern nur indirekt kontrolliert, Japan hatte dort die „Kwantung-Armee" stationiert. Der chinesische „Warlord" in der Mandschurei war der Marschall Chang Hsüeh-liang.

Das erklärte politische Ziel Chiang Kai-sheks und der Kuomintang war die Wiedervereinigung Chinas unter der Herrschaft der nationalen Zentralregierung in Nanking und die Wiederherstellung der vollen Souveränität des Landes. Die japanische Machtposition in der Mandschurei war für die Kuomintang daher auf Dauer nicht akzeptabel. Um wenigstens die nominelle Souveränität über die Mandschurei zu gewinnen und die japanische Position zu unterminieren, ernannte Chiang Kai-shek Marschall Chang Hsüeh-liang zum Mitglied des von der Nankinger Regierung neu geschaffenen chinesischen Staatsrats.

Japan hatte unter den Folgen der Weltwirtschaftskrise von 1929 schwer zu leiden, was zu einem Anwachsen radikaler Tendenzen in der japanischen Politik führte. Besonders unter den jüngeren Offizieren in den japanischen Streitkräften machte sich extremer Nationalismus breit. Der geistige Führer der radikalen jungen Offiziere, General Sadao Araki, vertrat die Auffassung, angesichts der Kolonisierung nahezu aller Staaten Asiens durch Mächte fremder Kontinente sei es die Mission des Kaiserreiches Japan, diese asiatischen Staaten von der Vorherrschaft der weißen Mächte zu befreien.[72] Das ideologische Konzept General Arakis und seiner Gesinnungsgenossen sollte die Grundlage für die von Japan während des Zweiten Weltkrieges propagierte „Großostasiatische Wohlstandssphäre" werden.

Die radikalen Nationalisten gewannen in der japanischen Politik erheblichen Einfluß, wobei sie auch vor Putschversuchen und Attentaten auf mißliebige Politiker nicht zurückschreckten. Ein besonderes Anliegen war ihnen die Festigung und Erweiterung der japanischen Stellung in China. Japan, so die Auffassung der Radikalen, benötige die Mandschurei und weitere Teile Nordchinas sowohl zum Ausbau seiner Industriemacht als auch zur Ansiedlung von Teilen seines Bevölkerungsüberschusses. Die weitere Entwicklung der inneren Politik Japans und des Verhältnisses zu China sollte in hohem Maße von den eigenmächtigen Entscheidungen hoher japanischer Militärs beeinflußt werden.

Am Abend des 18. September 1931 kam an der Südmandschurischen Eisenbahn in der Nähe von Mukden zu einer mysteriösen Explosion, der sich ein Gefecht zwischen chinesischen und japanischen Truppen anschloß. Daraufhin erteilte der japanische Oberst

---

72 Sadao Araki. The Spirit and Destiny of Japan, in: Ivan Morris (Hrsg.): Japan 1931–1945. Militarism, Fascism, Japanism? Boston 1963, S. 71 ff.

Seishiro Itagaki, der zu den Radikalen zählte, Einheiten der Kwantung-Armee eigenmächtig den Befehl, die chinesische Garnison in Mukden anzugreifen und die Stadt zu erobern.[73] In Mißachtung der Wünsche des japanischen Kabinetts begann das Oberkommando der Kwantung-Armee, die chinesischen Streitkräfte aus der Mandschurei zu vertreiben.

Anfang März 1932 konnte das Oberkommando der Kwantung-Armee sein seit Beginn der mandschurischen Krise verfolgtes Ziel verwirklichen und mit Hilfe chinesischer Kollaborateure einen von Japan abhängigen mandschurischen Satellitenstaat names „Mandschukuo" gründen. Am 1. März beschloß eine gesamt-mandschurische Versammlung, den schon als Kind entthronten letzten Kaiser der 1912 gestürzten Ching-Dynastie, Pu Yi, zum provisorischen Regenten des neuen Staates zu machen. Am 15. September 1932 wurde der Staat Mandschukuo von Tokio offiziell anerkannt.[74]

Mit der Gründung Mandschukuos schuf Japan einen Satellitenstaat, der sich über ein Gebiet von 1,3 Millionen Quadratkilometern erstreckte und eine Bevölkerung von 32 Millionen Menschen umfaßte. 1933 wurde die von der Kwantung-Armee besetzte chinesische Provinz Jehol angegliedert, so daß Mandschukuo im äußersten Süden bis an die Große Mauer reichte. Im März 1934 wurde Mandschukuo zum Kaiserreich erhoben, aus dem bisherigen Regenten Pu Yi wurde der Kaiser Kang-te.

# Der „Lange Marsch"

Im August 1931 erhielten die chinesischen Parteiführer von Moskau die Weisung, so bald wie möglich in einem als sicher erachteten Gebiet eine zentrale Sowjetregierung für China zu bilden.[75]

Nach Angaben des chinesischen Kominterndelegierten Wang Ming waren die kommunistischen Streitkräfte ein Jahr später bereits auf 350.000 Mann ausgebildeter Truppen und 600.000 Partisanen angewachsen, die Gebiete mit einer Gesamtbevölkerung von sechzig Millionen Menschen kontrollierten.[76] Diese Zahlenangaben mögen übertrieben gewesen sein, aber ein Erstarken der chinesischen Kommunisten war unübersehbar. Chiang Kai-shek hegte keine Zweifel, daß für die Kuomintang nicht die „Warlords", sondern die Kommunisten die gefährlichsten Rivalen im Kampf um die Macht in China waren.

Zwischen Dezember 1930 und Sommer 1935 führte Chiang Kai-shek seine Truppen in insgesamt fünf Feldzügen gegen die chinesischen Kommunisten. Erst nachdem vier Feldzüge faktisch gescheitert waren, gelang es 1934, den Kommunisten eine schwere Niederlage beizubringen und das „Sowjetgebiet" in der Provinz Kiangsi im südlichen China zu erobern. Unter ständiger Verfolgung trieben nationalistische Truppen die Rote Armee vor sich her und zwangen sie, sich kämpfend nach Nordchina zurückzuziehen. Dieser Rückzug, der legendäre „Lange Marsch", führte in zwölf Monaten unter ungeheuren Strapazen über 12.500 Kilometer meist unwegsamen Geländes durch elf Provinzen und endete im Oktober 1935 in Shensi.[77] Diese abgelegene Provinz bot den einzigen Vorteil, daß sie auch für die Truppen Chiang Kai-sheks schwer zugänglich war. Von den 300.000 Rotarmisten und Parteileuten, die in Kiangsi losgezogen waren, erreichten nur einige zehntausend, also etwa zehn Prozent, Shensi. Der „Lange Marsch" wurde so-

[73] J.B. Crowley. Japan's Quest for Autonomy: National Security and Foreign Policy 1930–1938. Princeton 1966, S. 118 ff.
[74] John Maki. Conflict and Tension in the Far East: Key Documents 1894–1960. Seattle 1961, S.66 f.
[75] David J. Dallin. Soviet Russia and the Far East. New Haven 1948, S. 108 f.
[76] Ebenda, S. 111 f.
[77] Ho Kan-chih. A History of the Modern Chinese Revolution. Peking 1959, S. 269 f.

*Der Führer der chinesischen Kommunisten Mao Tse-tung in Yanan 1939*

mit zu einem furchtbaren Aderlaß für die chinesischen Kommunisten, aber allein die Tatsache, daß ein kleiner Kern überlebt hatte, stellte bereits einen Erfolg dar. Ein weiteres wichtiges Ergebnis des „Langen Marsches" war, daß Mao Tse-tung zum unumstrittenen Führer der Kommunistischen Partei wurde.

Der Norden Shensis grenzt an die Innere Mongolei und liegt damit nicht mehr allzuweit von der Grenze zur Mongolischen Volksrepublik, also sowjetrussischem Einflußgebiet, entfernt. Allerdings war die Verbindung zwischen Moskau und Maos Hauptquartier in Yenan aufgrund der geographischen Gegebenheiten äußerst schlecht und das Sowjetgebiet von Shensi damit von Waffenlieferungen faktisch abgeschnitten. Die katastrophalen Niederlagen der Kommunistischen Partei Chinas hatten gezeigt, daß diese in voraussehbarer Zukunft nicht in der Lage war, aus eigener Kraft über die Kuomintang Chiang Kai-sheks zu siegen. Dies erschien nur möglich, wenn die Kuomintang in einen Krieg mit Japan verwickelt und dadurch nachhaltig geschwächt würde.

## Die Schießerei an der Marco-Polo-Brücke und der Beginn des Japanisch-Chinesischen Krieges

In der Nacht vom 7. auf den 8. Juli 1937 kam es an der Marco-Polo-Brücke bei Peking zu einem bewaffneten Zusammenstoß zwischen japanischen Truppen und Einheiten der chinesischen 29. Armee.[78] Zunächst versuchten beide Seiten, eine Eskalation des Konflikts zu vermeiden, bis zum Abend des 11. Juli gelang es den Truppenführern beider Seiten, eine Verständigung zu erzielen. Da auch viele der japanischen Militärs zu der Annahme neigten, daß die chinesischen Truppen die Schießerei an der Marco-Polo-Brücke nicht vorsätzlich begonnen hatten,[79] waren die Bedingungen milde. Die Chinesen sollten sich entschuldigen und den für den Ausbruch der Feindseligkeiten verantwortlichen Hauptmann bestrafen.[80]

Aber am 12. und 13. Juli begannen japanische Verstärkungen aus Mandschukuo und Korea in Nordchina einzurücken, was wiederum chinesische Gegenmaßnahmen auslöste. Wenige Tage später, am 17. Juli, nahm Generalissimus Chiang Kai-shek zu den Ereignissen Stellung. In einer Rede vertrat er die Überzeugung, daß es sich bei dem Zwischenfall an der Marco-Polo-Brücke um eine gezielte japanische Provokation handle. Ziel der Japaner sei es, der chinesischen Nationalregierung die Herrschaft über Nordchina zu entreißen. China, so der Generalissimus, wolle keinen Krieg, aber die fortgesetzten Aggressionen Japans würden es dazu zwingen, sich zu verteidigen.[81]

Nachdem am 26. Juli 1937 ein Ultimatum der japanischen Militärs abgelaufen war, ohne daß die Chinesen darauf eingingen, eröffnete die Kwantung-Armee zwei Tage später eine Großoffensive im Raum von Peking und Tientsin.[82] Am 14. August brachen auch im Gebiet von Schanghai schwere Kämpfe aus.

---

[78]   Walter H. Mallory. Japan Attacks, China Resists, in: Foreign Affairs XVI, October 1937, S. 129.
[79]   Ebenda, S. 129 ff.
[80]   *Foreign Relations of the United States* (FRUS): United States and Japan 1931–1941, I, S. 333 f.
[81]   FRUS, 1937, Bd. 3, S. 216 ff.
[82]   International Military Tribunal for the Far East (IMTFE), Bd. 20, S. 631 f.

Während des Fünften Parteitages der Kuomintang im November 1935 hatte Chiang Kai-shek in mehreren Reden nachdrücklich davor gewarnt, sich auf einen großen Krieg mit Japan einzulassen. Die Aggressionen Japans und anderer Mächte gegen China seien eine Folge der Schwäche und Uneinigkeit der chinesischen Innenpolitik. Je weiter der innere Einigungsprozeß voranschreite und die Kuomintang ihre Herrschaft konsolidiere, desto geringer werde die äußere Bedrohung Chinas.[83] Sollte China vorzeitig in einen großen Krieg verwickelt werden, so würde dies nicht nur die Herrschaft der Kuomintang, sondern die gesamte bisherige Aufbauleistung seit der Revolution von 1911 gefährden.

Diese Überlegungen hatten Generalissimus Chiang Kai-shek veranlaßt, die japanischen Provokationen und Aggressionen in Nordchina hinzunehmen, um Zeit zu gewinnen für die weitere Festigung der politischen Einheit Chinas und die Modernisierung der nationalchinesischen Streitkräfte. Aber im Sommer 1937 hatte das Oberkommando der Kwantung-Armee das Spiel zu weit getrieben. In der chinesischen Öffentlichkeit wie in der Kuomintang hatte die Empörung solche Ausmaße angenommen, daß Chiang Kai-shek kaum noch weiter zurückweichen konnte.

Am 5. November 1937 nutzte Chiang Kai-shek ein Gespräch mit dem deutschen Botschafter Oskar Trautmann, um eine düstere Voraussage zu machen. China, so der Generalissimus, habe keine Chance, den Krieg gegen Japan aus eigener Kraft zu gewinnen. Sollte seine Regierung zusammenbrechen, so würden die chinesischen Kommunisten an die Macht kommen und die eigentlichen Sieger dieses Krieges werden.[84]

Die nationalrevolutionären chinesischen Streitkräfte umfaßten bei Kriegsbeginn etwa 1,8 Millionen Mann. Ihren Kern bildeten die 300.000 Mann der „Zentralarmee", die von den deutschen Militärberatern nach modernen Grundsätzen ausgebildet und zum Teil mit deutschen Waffen ausgerüstet waren. Der große Rest setzte sich aus den Söldnertruppen der „Warlords" zusammen, deren Kampfkraft häufig gering war. Nachschub- und Sanitätswesen waren unterentwickelt. Die mit deutscher Hilfe aufgebaute Rüstungsindustrie Chinas konnte nur Karabiner und Maschinengewehre sowie deren Munition herstellen. Da die Fertigungskapazität sehr begrenzt war, bestand die Waffenausstattung insgesamt aus einem bunten Durcheinander von deutschen, amerikanischen, russischen, tschechischen, italienischen und anderen Fabrikaten. An Artillerie waren die chinesischen Verbände den japanischen erheblich unterlegen, Panzerkampfwagen waren keine vorhanden. Die chinesische Luftwaffe bestand aus nicht mehr als 400 Flugzeugen, davon nur die Hälfte Kampfmaschinen. In einem Verteidigungskrieg hatte China allerdings die kaum zu unterschätzenden Vorteile seiner riesigen territorialen Ausdehnung und seines ungeheuren Bevölkerungsreichtums.

Die militärische Strategie Chiang Kai-sheks wurde maßgeblich von den Empfehlungen der deutschen Militärberater beeinflußt. General Alexander von Falkenhausen riet dem Generalissimus, den Raum als Waffe zu benutzen und den Feind immer weiter ins Landesinnere zu locken, wodurch er seine Versorgungslinien überdehnen und sich zermürbenden kleineren Angriffen aussetzen würde.[85] Chiang ließ sich von diesem Konzept überzeugen, aber aus innenpolitischen wie psychologischen Gründen mußten die chinesischen Streitkräfte den Japanern zu Beginn des Krieges massiven Widerstand entgegensetzen. Als Hauptkriegsschauplatz wählte Chiang den Raum um Schanghai und später das Tal des Jangtsekiang. An der Schlacht um Schanghai, die von August bis November 1937 dauerte, nahmen auf beiden Seiten je eine halbe Million Mann teil. Die deutschen Militärberater spielten in diesen Kämpfen eine wichtige Rolle, ihre Tätigkeit dürfte zu dem erbitterten chinesischen Widerstand erheblich beigetragen haben. General

---

[83]  China Year Book 1936, S. 169 f., S. 173 f.

[84]  ADAP D I, Dok.Nr. 516.

[85]  Gerhard Krebs. Die deutschen Militärberater in China und der Japanisch-Chinesische Krieg 1937/38, in: Militärgeschichte, NF 8 (1998), S. 17.

*Der militärische Oberbefehlshaber der Republik China*
*General Chiang Kai-shek 1927*

von Falkenhausen hielt sich tagelang in der schwer umkämpften Stadt auf und soll die Operationen persönlich geleitet haben.[86]

Zwar wurden die chinesischen Elitetruppen in der Schlacht um Schanghai aufgerieben, aber die hohen Verluste auf beiden Seiten machten deutlich, daß die Zeiten kolonialer Strafexpeditionen in China vorbei waren. Im Dezember 1937 eroberten die Japaner die Hauptstadt Nanking, im Oktober 1938 Kanton, womit die nationalchinesischen Armeen von ausländischen Waffenlieferungen über den Seeweg abgeschnitten waren. Nach Berichten der amerikanischen Militärattachés verloren die chinesischen Streitkräfte zwischen August 1937 und November 1938 rund zwei Millionen Mann, während die japanischen Verluste etwa 500.000 Mann betragen haben sollen.[87]

Nach dem Verlust Nankings hatte sich die nationalchinesische Regierung ins Landesinnere nach Chungking, der Hauptstadt der großen Provinz Szechuan, zurückgezogen. Das Konzept der deutschen Militärberater und der Kampfeswille der chinesischen Soldaten hatten einen raschen japanischen Sieg verhindert. Zwar konnte Chiang Kai-shek mit den ihm verbliebenen zweit- und drittklassigen Truppen keine größeren Offensiven mehr unternehmen, aber indem er den militärischen Widerstand in dem riesigen Land fortsetzte, zwang er die Japaner, einen ebenso großen wie kostspieligen Besatzungsapparat zu unterhalten, der die wirtschaftlichen und finanziellen Ressourcen des Inselreiches schwer belastete.

---

[86]  ADAP D I, Nr. 487.
[87]  FRUS 1937, III, S. 843 f.

# Der „Anschluß" Österreichs

Mit dem Zerfall der Habsburgermonarchie hatte Österreich sein gesamtes wirtschaftliches Hinterland verloren. Inflation, Arbeitslosigkeit und Finanzkrisen prägten die inneren Verhältnisse. Die bescheidenen wirtschaftlichen und sozialen Fortschritte wurden durch die Weltwirtschaftskrise 1929 wieder zunichte gemacht. Eine der vielen Folgen der permanenten Misere war das rasche Anwachsen der österreichischen Nationalsozialisten, die selbstverständlich enge Beziehungen zur reichsdeutschen NSDAP unterhielten.

Am 21. Mai 1932 wurde der Christ-Soziale Engelbert Dollfuß zum neuen Bundeskanzler gewählt. Da sich die innere Lage weiter verschärfte und Dollfuß schließlich über keine parlamentarische Mehrheit mehr verfügte, löste er Mitte März 1933 das Wiener Parlament auf. Gestützt auf die bewaffneten Milizen der Christlich-Sozialen, die „Heimwehr" und den „Heimatschutz", errichtete Dollfuß einen autoritär geführten Ständestaat mit klerikaler Orientierung. Im Mai 1933 gründete Dollfuß eine Einheitspartei, die „Vaterländische Front", alle anderen Parteien wurden nacheinander verboten. Dies traf zuerst die Kommunisten, dann die Nationalsozialisten. Eine beträchtliche Zahl von Regimegegnern wurde verhaftet und in Konzentrationslagern, den sogenannten „Anhaltelagern", interniert. Als die Verbote auch gegen die Sozialdemokratie und ihre Miliz, den „Republikanischen Schutzbund", durchgesetzt werden sollten, schritten die Wiener Arbeiter im Februar 1934 zum bewaffneten Aufstand. Bundeskanzler Dollfuß ließ diese Erhebung von Bundesheer und Heimwehr blutig niederschlagen, wobei beide Seiten mehr als 300 Tote zu beklagen hatten. Die Sozialdemokratie und die freien Gewerkschaften wurden verboten, in die „Anhaltelager" ergoß sich ein Strom von politischen Häftlingen. Aufgrund dieser Ereignisse hatten Dollfuß und seine „Vaterländische Front" von nun an sowohl die Marxisten wie die Nationalsozialisten gegen sich.

Politische Unterstützung fand der österreichische Ständestaat dagegen beim faschistischen Italien. Rom war wegen der Südtirolfrage an einem schwachen Österreich interessiert. Bundeskanzler Dollfuß unterhielt ein freundschaftliches Verhältnis zu Mussolini, und der Duce versicherte ihm, daß Italien die Unabhängigkeit Österreichs notfalls mit militärischen Mitteln gewährleisten würde.

Nachdem Dollfuß aber den Februaraufstand der Wiener Arbeiter blutig unterdrückt hatte, ergaben sich für die NSDAP neue Perspektiven. Die österreichischen Nationalsozialisten warben nun systematisch um die Sympathien der Arbeiterschaft und hatten damit zunehmenden Erfolg. Dollfuß' Unterdrückungsmaßnahmen führten zu einer praktischen Zusammenarbeit von Sozialisten und NSDAP. In Bayern wurde aus geflüchteten österreichischen Nationalsozialisten eine „Österreichische Legion" gebildet, die bald 15.000 Mitglieder zählte.

Am 25. Juli 1934 unternahm eine illegale Wiener SS-Standarte, unterstützt von der Münchner Parteizentrale der NSDAP, in Wien einen Putsch gegen das Regime von Bundeskanzler Dollfuß. Hitler war über dieses Unternehmen informiert,[88] es ist aber fraglich, ob die Initiative dazu von ihm und nicht vielmehr von den Wiener und Münchner Parteizentralen ausging. Der Putsch hatte zum Ziel, nach dem Sturz von Dollfuß freie Wahlen abzuhalten und die österreichische Bevölkerung gleichzeitig über den Anschluß

---

[88]  David Irving. Hitlers Weg zum Krieg. München 1978, S. 102.

an das Deutsche Reich abstimmen zu lassen. Die Nationalsozialisten waren überzeugt, diese Wahlen zu gewinnen. Hitler hoffte darauf, daß, wenn der Anschluß in freier Ausübung des Selbstbestimmungsrechts der Völker zustande kam, die europäischen Mächte nicht einschreiten würden. Der Putsch scheiterte jedoch, wobei der österreichische Bundeskanzler von den Putschisten – wahrscheinlich aus Versehen – erschossen wurde.

Das europäische Ausland reagierte auf diese Ereignisse mit Empörung. Obwohl Hitler sich von den Putschisten sofort distanzierte, wurde er von der Auslandspresse für den Wiener Putsch und den Tod von Dollfuß verantwortlich gemacht. Mussolini konzentrierte fünf italienische Divisionen an der Brennergrenze und telegraphierte nach Wien, daß Italien die Unabhängigkeit Österreichs verteidigen werde.[89]

Angesichts der verheerenden außenpolitischen Auswirkungen des Wiener Putsches bat Hitler den ehemaligen Reichskanzler Franz von Papen, den Posten eines Sonderbotschafters des Deutschen Reiches in Österreich zu übernehmen. Papen war ein konservativer Adeliger und gläubiger Katholik, der zu Hitler ein distanziertes Verhältnis hatte.

## Österreich im Schatten der deutsch-italienischen Annäherung

Wenige Wochen nach seiner Regierungsübernahme reiste der neue österreichische Bundeskanzler Kurt von Schuschnigg zu einem Treffen mit Mussolini nach Florenz. Dieser Besuch hatte aber nur mäßigen Erfolg, und der Versuch einer Annäherung an die Westmächte blieb ergebnislos.

Zwei Jahre danach, Anfang Mai 1936, eroberten italienische Truppen Addis Abeba, womit der Krieg gegen Abessinien seinen erfolgreichen Abschluß fand. Eine wichtige Rolle hatte dabei gespielt, daß sich das Deutsche Reich den Sanktionen gegen das faschistische Italien nicht angeschlossen hatte. Hinzu kam ab Juli 1936 die gemeinsame deutsch-italienische Intervention im Spanischen Bürgerkrieg. Die deutsch-italienische Annäherung mußte aber Folgen für Österreich haben: War das faschistische Italien bisher als Garant des unabhängigen Österreich aufgetreten, so war jetzt ebendiese Unabhängigkeit der deutsch-italienischen Annäherung im Wege.[90]

Am 18. Mai 1936 erhielt der Sonderbotschafter des Reiches Papen erstmals die Gelegenheit für eine vertrauliche Aussprache mit Schuschnigg. Der österreichische Bundeskanzler erklärte sich bereit, künftig auch einige Mitglieder der „Nationalen Opposition" in die regierende Einheitspartei, die „Vaterländische Front", aufzunehmen, wenn im Gegenzug die reichsdeutschen Nationalsozialisten ihre Nichteinmischung in die österreichischen Angelegenheiten versprechen würden. Außerdem gab Schuschnigg zu verstehen, er stehe einer möglichen Vereinigung Österreichs mit dem Reich nicht mehr ganz so ablehnend gegenüber wie bisher.[91]

Als Führer der „Vaterländischen Front" bekannte sich Schuschnigg zum Deutschtum, aber gleichzeitig wollte er die Unabhängigkeit Österreichs um jeden Preis erhalten. Dies war in seinen Augen kein Widerspruch, denn er verstand sich als der wahre Hüter der Traditionen des „Heiligen Römischen Reiches Deutscher Nation". Schuschnigg warf Hitler vor, mit seiner Rassenideologie das Erbe des alten Reiches zu verfälschen.[92]

Anders als Schuschnigg war der österreichische Außenminister Guido Schmidt der Auffassung, daß die Hinwendung Italiens zum Deutschen Reich den Anschluß früher oder später unvermeidlich machen werde, weshalb die Wiener Regierung ihre bisherige starre Haltung in dieser Frage aufgeben müsse. Am 19. Mai traf Schmidt mit dem Sonderbot-

---

[89]   Jacques Benoist-Méchin. Griff über die Grenzen 1938. Oldenburg/Hamburg 1966, S. 163.
[90]   Guido Zernatto. Die Wahrheit über Österreich. New York/Toronto 1939, S. 153 f.
[91]   Franz von Papen. Der Wahrheit eine Gasse. München 1952, S. 417.
[92]   Zit.n. Benoist-Méchin, Griff über die Grenzen, S. 174 f.

schafter Papen zusammen, um einen Entwurf für ein Abkommen zur Regelung der Beziehungen zwischen Berlin und Wien auszuarbeiten. Am 11. Juli 1936 wurde das österreichisch-reichsdeutsche Protokoll von Papen und Schuschnigg unterzeichnet. Die zentralen Passagen der Präambel, der sogenannten „Gemeinsamen Erklärung" lauteten:

„1. Im Sinne der Feststellungen des Führers und Reichskanzlers vom 21. Mai 1935 anerkennt die Deutsche Reichsregierung die volle Souveränität des Bundesstaates Österreich.

2. Jede der beiden Regierungen betrachtet die in dem anderen Lande bestehende innenpolitische Gestaltung, einschließlich der Frage des österreichischen Nationalsozialismus, als eine innere Angelegenheit des anderen Landes, auf die sie weder unmittelbar noch mittelbar Einwirkung nehmen wird.

3. Die österreichische Bundesregierung wird ihre Politik im allgemeinen, wie insbesondere gegenüber dem Deutschen Reich, stets auf jener grundsätzlichen Linie halten, die der Tatsache, daß Österreich sich als deutscher Staat bekennt, entspricht."[93]

Das eigentliche Abkommen enthielt Bestimmungen über die Stellung der Reichsdeutschen in Österreich und der österreichischen Staatsangehörigen im Reich, über kulturelle Beziehungen und die Stellung der Presse, die Wirtschaftsbeziehungen und den Tourismus sowie eine Zusage der österreichischen Regierung für eine Amnestie für die politischen Gefangenen.[94]

Das Abkommen vom 11. Juli führte zunächst, wie erhofft, zu einer Entspannung im Verhältnis zwischen Wien und Berlin. Die von Schuschnigg zugesagte Amnestie trat kurz nach der Unterzeichnung des Juli-Abkommens in Kraft, und in den folgenden Wochen wurden 15.583 politische Gefangene, darunter viele Nationalsozialisten, aus den „Anhaltelagern" entlassen.

Im Februar 1937 kam es anläßlich einer Demonstration der österreichischen Nationalsozialisten in Wien zu Zwischenfällen, und in den folgenden Wochen wurde Schuschnigg von Papen und Mussolini gedrängt, endlich einige Vertreter der „Nationalen Opposition" in die Regierung aufzunehmen. Schuschnigg bildete daraufhin ein Komitee aus sieben Nationalsozialisten, das geeignete Kandidaten für eine Aufnahme in die „Vaterländische Front" auswählen sollte. Außerdem ernannte er Arthur Seyß-Inquart (der der österreichischen NSDAP nicht angehörte) zum Staatssekretär und übertrug ihm die Aufgabe, zwischen dem Kabinett und der Opposition zu vermitteln.

Im Mai 1937 beschlagnahmte die österreichische Polizei bei einer Durchsuchung des Hauptquartiers der NSDAP in Wien Unterlagen, aus denen hervorging, daß die österreichischen Nationalsozialisten einen neuen Putsch planten. Schuschnigg war empört und brach alle Beziehungen zu den Mitgliedern der „Nationalen Opposition" ab.[95]

Als der Sonderbotschafter des Reiches Papen bei einem Besuch auf dem Berghof am 6. Februar 1938 ein persönliches Zusammentreffen mit Schuschnigg vorschlug, stimmte Hitler zu. Hitler wollte dieses Treffen zum Anlaß nehmen, um die politischen Weichen endgültig in Richtung „Anschluß" zu stellen.[96]

Am 12. Februar 1938 traf Schuschnigg in Begleitung seines Adjutanten und seines Außenministers, Guido Schmidt, um die Mittagszeit auf dem Berghof ein, wo er von Hitler, Joachim von Ribbentrop und Papen empfangen wurde. Hitler und Schuschnigg führten zunächst ein Gespräch unter vier Augen. Im Verlauf des Gesprächs bemerkte Hitler, er sei auch Österreicher und Schuschnigg solle doch in Österreich eine freie Volksabstimmung ansetzen, in der er, Hitler, und Schuschnigg gegeneinander kandidieren würden.[97]

---

[93]   Zit.n. ebenda., S. 178 f.
[94]   Papen, S. 419.
[95]   ADAP D I, Dok.Nr. 226.
[96]   Benoist-Méchin, Griff über die Grenzen, S. 196 f.
[97]   Die Darstellung dieser Unterredung folgt: Kurt v. Schuschnigg. Ein Requiem in Rot-Weiß-Rot. Zürich 1948, S. 38 ff.

Inzwischen hatte Reichsaußenminister Ribbentrop seinem Amtskollegen Guido Schmidt eine Liste mit Berlins Vorschlägen „für eine endgültige Regelung der österreichischen Frage" übergeben.[98] Guido Schmidt erkannte sofort, daß es sich bei diesen „Vorschlägen" um ein regelrechtes Ultimatum handelte.

Nach dem Mittagessen hatten Schuschnigg und Schmidt Gelegenheit, sich über den bisherigen Verlauf des Treffens zu unterhalten. Sie waren sich einig, daß die Forderungen Hitlers darauf hinausliefen, Bundesheer, Polizei, Finanzwesen und Presse unter Kontrolle des Reiches zu bringen und die österreichische Bundesregierung damit faktisch der Oberhoheit Berlins zu unterstellen.

Nach einiger Zeit wurde Schuschnigg wieder in das Arbeitszimmer Hitlers gebeten. Hitler forderte Schuschnigg ultimativ dazu auf, seine Forderungen zu erfüllen und den vorgelegten Entwurf zu unterschreiben. Schuschnigg entgegnete, daß ihm angesichts der Machtverhältnisse nichts anderes übrigbleibe, er müsse aber darauf aufmerksam machen, daß seine Unterschrift allein Hitler nichts nütze. Das Staatsoberhaupt sei in Österreich der Bundespräsident, und nur dieser könne auf Vorschlag des Bundeskanzlers die Mitglieder der Regierung ernennen oder entlassen. Auf diese Antwort hin drohte Hitler unverhüllt mit einer militärischen Intervention. Dies war allerdings nur ein Einschüchterungsmanöver, da im Deutschen Reich tatsächlich keinerlei militärische Vorbereitungen für einen Einmarsch in Österreich getroffen worden waren. Schuschnigg und Schmidt wußten dies natürlich nicht und sahen sich daher genötigt zu unterschreiben. Hitler war mit diesem Erfolg sichtlich zufrieden, und die weitere Unterhaltung mit den beiden österreichischen Staatsmännern verlief freundlich.[99]

Nach Wien zurückgekehrt, suchte Schuschnigg Bundespräsident Wilhelm Miklas auf und berichtete über das Berchtesgadener Treffen. Da Hitler mit einem Einmarsch der Wehrmacht gedroht hatte, da das Bundesheer ohnehin zu einer Verbrüderung mit den Reichsdeutschen neigte und da die österreichische Polizei von den Nationalsozialisten unterwandert war, sah auch Miklas ein, daß es keine andere Möglichkeit gab, als Berlins Forderungen nachzugeben. Am 15. Februar wurde eine Amnestie für die noch inhaftierten Nationalsozialisten verkündet und gleichzeitig Seyß-Inquart zum Innen- und Polizeiminister ernannt.

Schuschnigg verstand sich als der legitime Vertreter des unabhängigen Österreich, aber diese Legitimität stand auf schwachen Füßen. Dollfuß hatte die parlamentarische Demokratie 1933 abgeschafft, und nach seiner Ermordung war Schuschnigg nicht durch eine Wahl, sondern nur durch die Ernennung von Bundespräsident Miklas neuer Bundeskanzler geworden. Und die Verfassung vom 1. Mai 1934 war im eigentlichen Sinne niemals ratifiziert worden. Schuschnigg war es auch nie gelungen, Popularität zu gewinnen, und ob er in der Bevölkerung je eine Mehrheit hinter sich hatte, ist fragwürdig. Sicher ist dagegen, daß viele Österreicher, insbesondere die Nationalsozialisten, dem Regime mit unverhüllter Feindschaft gegenüberstanden.

## Schuschnigg versucht die österreichische Unabhängigkeit zu retten

Seit dem Berchtesgadener Treffen spitzte sich die innerösterreichische Lage rapide zu. Zur gleichen Zeit, in der Schuschnigg vor dem Bundesrat die Unabhängigkeit beschwor, kam es in Oberösterreich und in der Steiermark zu regelrechten Volkserhebungen. Diese

---

[98]   ADAP D, Bd. I, Nr. 294 u. 295.
[99]   Schuschnigg, S. 38 ff.

gingen auf lokale Initiativen der österreichischen Nationalsozialisten zurück und fanden die Unterstützung von einem erheblichen Teil der Bevölkerung. Graz befand sich praktisch in der Hand der Nationalsozialisten.

In dieser Situation sah Schuschnigg nur noch einen Ausweg, um den Anschluß zu verhindern. In dem Glauben, 70 Prozent seiner Landsleute hinter sich zu haben, entschloß er sich, eine Volksabstimmung abzuhalten, in der die Regierung der „Vaterländischen Front" und die Unabhängigkeit Österreichs durch die Bevölkerung bestätigt werden sollten. Schuschnigg wollte so Hitler mit seinen eigenen Waffen schlagen.

In Befolgung des Berchtesgadener Abkommens hatte die österreichische Regierung der Polizei den Befehl erteilt, die Tätigkeit der NSDAP nicht länger zu behindern. In Graz, Linz, Salzburg, Klagenfurt und Eisenstadt marschierten SA- und SS-Männer durch die mit Hakenkreuzfahnen übersäten Straßen. Die Mitglieder der „Vaterländischen Front" wagten es kaum noch, sich in der Öffentlichkeit zu zeigen.[100]

Am Mittwoch, dem 9. März, begab Schuschnigg sich nach Innsbruck, der Landeshauptstadt von Tirol, wo die Nationalsozialisten noch in der Minderheit waren. Im Innsbrucker Rathaus hielt er vor den Vertretern der „Vaterländischen Front" eine Rede, in der er für den kommenden Sonntag, den 13. März, eine Volksabstimmung über ein unabhängiges Österreich ankündigte.

Die geplante Volksabstimmung mußte von vorneherein aus mehreren Gründen als fragwürdig erscheinen. Für die Vorbereitungen blieben nur drei Tage Zeit, was viel zu kurz war. Auch vom verfassungsrechtlichen Standpunkt aus war dieses Vorhaben anfechtbar. Der Plan zu einer Volksbefragung hätte gemäß Artikel 65 der Verfassung von der Gesamtheit der Minister gegengezeichnet werden müssen, was aber nicht der Fall war. Für die Durchführung der Volksabstimmung sollte allein die „Vaterländische Front" verantwortlich sein. Abstimmungsberechtigt waren nur Bürger über 25 Jahren, das heißt, die Jugend, unter der sich überdurchschnittlich viele Anhänger des Nationalsozialismus befanden, war von der Wahl großteils ausgeschlossen.

Vor seiner Innsbrucker Rede hatte Schuschnigg am 7. März den Redetext durch den österreichischen Militärattaché in Rom Mussolini überbringen lassen. Der Duce war der Meinung, daß Schuschnigg mit einer Bombe hantiere, die in seinen Händen explodieren werde.[101] Der österreichische Bundeskanzler war dagegen überzeugt, daß die Volksabstimmung ihm eine beachtliche Mehrheit einbringen werde; er ließ daher Mussolini antworten, er habe seine Maßnahmen bereits getroffen. Auf diese Antwort hin erklärte Mussolini, daß Österreich ihn nunmehr nicht mehr interessiere.

Hitler betrachtete die von Schuschnigg angesetzte Volksabstimmung als eine offene Herausforderung, der er, wenn nicht anders möglich, mit einem militärischen Einmarsch begegnen wollte. Am 10. März rief Hitler den Chef des Generalstabs des Heeres, Generaloberst Ludwig Beck, sowie die Generale Wilhelm Keitel, Alfred Jodl und Erich von Manstein zu sich. Hitler erklärte seinen Generalen, die deutschen Truppen müßten, egal wie, am Samstag, dem 12. März, in Wien sein. General Heinz Guderian machte, um den friedlichen Charakter des Einmarsches hervorzuheben, den Vorschlag, die Panzer und Fahrzeuge zu flaggen und mit frischem Grün zu schmücken, was den Intentionen Hitlers entgegenkam.[102]

Als in Wien Meldungen über Truppenkonzentrationen an der reichsdeutsch-österreichischen Grenze eingingen, richtete Schuschnigg Hilferufe an die britische und die französische Regierung. Die politische Elite Englands aber hatte ein unabhängiges Österreich schon längst abgeschrieben.[103]

---

[100]  Vgl. die Darstellung bei Schuschnigg, S. 59 ff.
[101]  Benoist-Méchin, Griff über die Grenzen, S. 299 ff.
[102]  Heinz Guderian. Erinnerungen eines Soldaten. Neckargemünd 1960, S. 43.
[103]  Zit. n. Lloyd George. The Truth about the Peace Treaties. London 1938, S. 42 f.

Aus London erhielt Schuschnigg daher nur eine ebenso höfliche wie klare Absage. Und in Paris herrschte wieder einmal Regierungskrise, Frankreich war nicht handlungsfähig.

Am Freitag, dem 11. März, versammelten sich in Wien, Graz, Linz, Salzburg, Innsbruck, Eisenstadt und Klagenfurt zahllose Menschen auf den Straßen, die Nationalsozialisten und ihre Anhänger beherrschten zunehmend das Geschehen. Schuschnigg wurde von verschiedenen Persönlichkeiten gedrängt, die Volksabstimmung zu verschieben. Kurz nach Mittag erhielt Schuschnigg ein Schreiben von Seyß-Inquart und General Edmund Glaise von Horstenau. Die beiden Unterzeichner erhoben den Vorwurf, die geplante Volksabstimmung sei verfassungswidrig, und sie forderten, innerhalb der nächsten vier Wochen eine neue Volksabstimmung anzusetzen, mit deren Durchführung Innenminister Seyß-Inquart beauftragt werden solle. Die Möglichkeit der Wahlpropaganda müsse diesmal allen Parteien einschließlich der Nationalsozialisten zugestanden werden. Für den Fall einer Ablehnung dieser Bedingungen drohten die beiden Unterzeichner sowie alle anderen Regierungsvertreter der Nationalen Opposition mit ihrem Rücktritt. Die Bedingungen mußten noch am gleichen Tag bis 13 Uhr angenommen werden.

Eine Annahme dieses Ultimatums machte eine Regierungsumbildung und ein Ausscheiden des Bundeskanzlers unvermeidlich, weshalb diese Möglichkeit für Schuschnigg nicht in Frage kam. Eine Ablehnung aber würde wahrscheinlich zu einer militärischen Intervention des Deutschen Reiches führen. Schuschnigg versuchte deshalb, einen Kompromiß auszuhandeln, was Seyß-Inquart aber zu der Erklärung veranlaßte, eine Vermittlung komme nicht in Frage, die Entscheidungsgewalt liege in Berlin, was bedeutete, daß hinter dem Ultimatum das Deutsche Reich stand. Nun forderten Guido Schmidt und Staatssekretär Guido Zernatto Seyß-Inquart auf, in Berlin anzurufen, um die tatsächliche Haltung der Reichsregierung in Erfahrung zu bringen. Daraufhin ließ sich Seyß-Inquart mit der Reichskanzlei verbinden, wo er Luftwaffenchef Hermann Göring ans Telefon bekam. Nach kurzer Rücksprache mit Hitler erklärte Göring, die Reichsregierung betrachte das Ultimatum als abgelehnt, sie verlange nunmehr den Rücktritt von Schuschnigg und die Bildung einer neuen Regierung unter Seyß-Inquart. Das neue Kabinett müsse mehrheitlich aus Nationalsozialisten bestehen. Die Volksabstimmung sei abzusagen und eine neue Volksbefragung in 14 Tagen anzusetzen. Als Seyß-Inquart die Forderungen Görings Schuschnigg überbrachte, entgegnete dieser, eine solche Entscheidung gehe über seine Befugnisse hinaus, er müsse sie dem Bundespräsidenten unterbreiten.[104]

Schuschnigg sah keine andere Möglichkeit mehr, als Bundespräsident Miklas um seinen Rücktritt zu bitten. Miklas aber weigerte sich, das Rücktrittsgesuch Schuschniggs anzunehmen und Seyß-Inquart zum neuen Bundeskanzler zu ernennen. Schuschnigg gelang es erst kurz vor 20 Uhr, den Widerstand des Bundespräsidenten zu überwinden und ihn dazu zu bewegen, wenigstens seinen Rücktritt anzunehmen. Aber Miklas weigerte sich nach wie vor, Seyß-Inquart zum Bundeskanzler zu ernennen, womit Österreich faktisch keine Regierung mehr hatte.

Um 20.45 Uhr unterzeichnete Hitler die Weisung für den Einmarsch der Wehrmacht in Österreich.

Seyß-Inquart hatte in einem Telefonat mitgeteilt, daß Miklas und Schuschnigg dem österreichischen Bundesheer befohlen hätten, keinerlei Widerstand zu leisten.

In Wien und in den Landeshauptstädten hatten die auf den Straßen versammelten Menschenmassen den weiteren Verlauf der Ereignisse abgewartet. SA und SS hatten damit begonnen, Ordnungsfunktionen zu übernehmen, über den wichtigsten Gebäuden

---

[104]  Guido Zernatto. Die Wahrheit über Österreich. New York 1938, S. 309.

Wiens wehten Hakenkreuzfahnen. Die Wiener Polizeiabteilungen, die die Ministerien zu bewachen hatten, verschwanden für einige Stunden, um am Abend mit Hakenkreuzarmbinden wieder aufzutauchen. Die Anhänger der Vaterländischen Front hatten das Feld geräumt.[105]

Gegen 23 Uhr gelang es Schuschnigg und Seyß-Inquart endlich, Miklas dazu zu bewegen, Seyß-Inquart zum Bundeskanzler zu ernennen. Dieser machte sich sofort daran, eine neue Regierungsmannschaft aufzustellen, aber es war bereits zu spät, um den deutschen Einmarsch noch aufhalten zu können.

Hitler hatte sich in diesen Tagen immer noch wegen der Haltung Mussolinis Sorgen gemacht. Er wußte zwar, daß sich der Duce seit Schuschniggs Ankündigung einer Volksbefragung entschlossen hatte, Österreich seinem Schicksal zu überlassen, aber er fragte sich, ob Mussolini seine Meinung nicht doch noch in letzter Minute ändern würde. Aus diesem Grund hatte Hitler den Prinzen von Hessen mit einem Sonderflugzeug nach Rom geschickt, um dem Duce eine persönliche

Der „Führer und Reichskanzler" Adolf Hitler verkündet am 15. März 1938 auf dem Heldenplatz in Wien den Anschluß Österreichs an das Deutsche Reich.

Botschaft zu überreichen. In diesem Brief rechtfertigte Hitler seine Österreichpolitik und versprach, den Brenner als endgültige deutsch-italienische Grenze anzuerkennen.[106] Am Abend des 11. März, um 22.25 Uhr, rief der Prinz von Hessen aus Rom an und teilte Hitler mit, daß Mussolini seinen Brief sehr freundlich aufgenommen habe. Hitler war überglücklich und beauftragte den Prinzen, dem Duce zu sagen, daß er von nun an in jeder Gefahr auf Biegen und Brechen zu ihm stehen werde.[107]

## Die österreichische Bevölkerung jubelt Hitler zu

Am folgenden Tag, dem 12. März 1938, überschritt die Wehrmacht bei Tagesanbruch die reichsdeutsch-österreichische Grenze. Der Empfang durch die Bevölkerung war überaus herzlich. Die Wehrmachtfahrzeuge wurden bei jedem Halt geschmückt, die Soldaten mit Lebensmitteln beschenkt, der Einmarsch gestaltete sich zu einem Blumenfeldzug.[108]

Um 15.50 Uhr überschritt Hitler bei seinem Geburtsort Braunau am Inn die Grenze und fuhr mit seiner Wagenkolonne nach Linz, wo ihm die Bevölkerung einen stürmischen Empfang bereitete. Eine Stunde nach Mitternacht erreichten die reichsdeutschen Vorhuten Wien, wo sie von einem Fackelzug und einer österreichischen Militärkapelle empfangen wurden. Als Hitler am übernächsten Tag, dem 15. März, in Wien vom Balkon der Hofburg aus eine Rede hielt, hatte sich auf dem Heldenplatz eine ungeheure Menschen-

---

[105]  Benoist-Méchin, Griff über die Grenzen, S. 263 ff.
[106]  ADAP D, Bd. I, Nr. 352.
[107]  International Military Tribunal (IMT), Bd. XXXI, Dok. 2949-PS.
[108]  Guderian, S. 44.

menge versammelt, die in einen nicht enden wollenden Jubelsturm ausbrach. Danach fand auf dem Ring eine große Truppenparade statt, an der neben Truppenteilen der Wehrmacht auch Kontingente des österreichischen Bundesheeres teilnahmen.

Am nächsten Tag fuhr Hitler erschöpft, aber überglücklich nach Berlin zurück und kündigte für den 10. April eine Volksabstimmung über den Anschluß an, die sowohl in Österreich wie im Altreich stattfinden sollte. Während die große Mehrheit der österreichischen Bevölkerung den lange ersehnten Anschluß bejubelte, verhafteten Gestapo und österreichische Polizei etwa 90.000 Gegner des neuen Regimes, darunter zahlreiche Juden. Viele Oppositionelle flohen ins Ausland.[109]

Am 10. April 1938 fand wie angekündigt in Österreich wie im Altreich die Volksabstimmung statt. Im Altreich stimmten 99,08 Prozent, in Österreich 99,73 Prozent der Wahlberechtigten für den Anschluß. Das Ergebnis übertraf sogar die Erwartungen Hitlers, wie er am 11. April in einem Brief an den kommissarischen Leiter der NSDAP in Österreich, Gauleiter Josef Bürckel, schrieb.[110]

Paris und London hatten das Ergebnis der Volksabstimmung nicht einmal abgewartet, sondern die Vereinigung Österreichs mit dem Deutschen Reich bereits am 2. April 1938 anerkannt. Während sich die öffentliche Meinung in England und Frankreich mit dem Anschluß rasch abfand, reagierte die amerikanische Presse ausgesprochen feindselig.

---

[109] Gordon Shepherd. Der Anschluß, Graz 1963.
[110] Ebenda, S. 309.

# Die Sudetenkrise

Die am 18. Oktober 1918 von Thomas G. Masaryk proklamierte Tschechoslowakei war ein Kunststaat ohne historisches Vorbild. Im Herzen Böhmens und auf der Hochebene Mährens lebten 6,4 Millionen Tschechen, an den Südhängen der Beskiden und der Hohen Tatra siedelten 2,3 Millionen Slowaken. In dem Gebiet zwischen den Karpaten und der Theiß lebten 460.000 Ukrainer, die einst ungarischer Herrschaft unterstanden hatten. Das Hauptproblem des neuen Staates waren aber die 3,3 Millionen Deutschen in Böhmen und Mähren. In der österreichisch-ungarischen Monarchie waren die Deutschen in Böhmen Teil der staatstragenden Ethnie gewesen, und nach dem Zusammenbruch von 1918 wollten sie keinesfalls unter tschechische Oberhoheit geraten, sondern sich Deutsch-Österreich oder dem Deutschen Reich anschließen. Die Tschechen wollten dies aber keinesfalls zulassen, da in den von den Deutschen besiedelten Gebieten sich vier Fünftel des Wirtschaftspotentials Böhmens und Mährens befanden. Die sudetendeutschen Gebiete waren weitgehend industrialisiert, während die von den Slawen besiedelten Gegenden – mit Ausnahme von Prag – noch überwiegend landwirtschaftlich geprägt waren. Hinzu kam, daß das Sudetengebiet mit seinen Mittelgebirgen Böhmen von drei Seiten umgab und somit eine natürliche Grenze gegen das Deutsche Reich und Österreich bildete, ohne die der neue Staat militärisch nur schwer zu verteidigen gewesen wäre. Im November und Dezember 1918 besetzten bewaffnete Formationen der Tschechen das Sudetengebiet, während sich die alte k.u.k. Verwaltung auflöste.

Die Tschechoslowakei war zwar eine parlamentarische Demokratie, aber die politischen Parteien formierten sich nach dem Nationalitätenprinzip. Die stärkste Nationalität und damit auch die stärkste politische Partei bildeten die Tschechen, was diese dazu ausnützten, die anderen Nationalitäten in verschiedenem Grade zu unterdrücken. Am schärfsten war der Gegensatz zwischen Tschechen und Deutschen. Die Prager Regierung ergriff eine lange Reihe von Maßnahmen, die auf die Benachteiligung der Sudetendeutschen hinausliefen. Die Deutschen wurden aus allen Positionen in der Verwaltung entfernt, ihre Vermögen und ihr Grundbesitz großenteils beschlagnahmt, ihre Stellung im Wirtschaftsleben in jeder Hinsicht untergraben. Durch die Weltwirtschaftskrise wurde die Wirkung dieser Politik noch erheblich verschärft, die Arbeitslosigkeit war in den sudetendeutschen Gebieten erheblich höher als in den tschechischen.

Politisch waren die Sudetendeutschen in den zwanziger Jahren zersplittert. Während die rechten Parteien in Grundsatzopposition zum tschechoslowakischen Staat standen, vertrat eine gemäßigte Richtung die Auffassung, daß nichts gewonnen sei, wenn man die Prager Machthaber ständig vor den Kopf stoße. Eine noch liberalere Richtung befürwortete eine enge Zusammenarbeit mit der tschechoslowakischen Regierung, aber letzten Endes blieb der sudetendeutschen Verständigungspolitik der Erfolg versagt. Eine Verständigung scheiterte an den Radikalen auf beiden Seiten. Auf der Seite der Tschechen waren es die „Legionäre" und die „Sokoln" (Turnvereine), die den „Volkstumskampf" mit dem Ziel der „Entdeutschung" des Sudetengebiets wollten. Auf der deutschen Seite war es der ganze rechte Flügel der Opposition – die nationalistischen Gruppen und die Aktivisten der NSDAP –, der der Tschechisierung hartnäckigen Widerstand entgegensetzte.

Im September 1933 wurden die Deutschnationale und die Nationalsozialistische Partei von Prag verboten und die Repressionen gegen Deutsche verschärft. In dieser Zeit trat mit Konrad Henlein ein neuer Mann auf, dem es gelang, die politische Zersplitterung der Sudetendeutschen zu überwinden. Henlein wollte anfangs mit dem reichsdeutschen Nationalsozialismus nichts zu tun haben und strebte eine Autonomie der Sudetendeutschen innerhalb der Tschechoslowakei an. Unter dem Druck der Ereignisse näherte sich Henlein aber mehr und mehr der neuen Reichsregierung in Berlin an.

## Hitler plant die Zerschlagung der Tschechoslowakei

Hitler hatte seine Pläne gegenüber der Tschechoslowakei bereits in der geheimen militärischen Besprechung vom 5. November 1937 in der Reichskanzlei dargelegt. Am 28. April 1938, sechs Wochen nach dem „Anschluß" Österreichs, befahl Hitler General Keitel, einen entsprechenden Operationsplan auszuarbeiten.[111] Wegen der veränderten strategischen Situation nach dem „Anschluß" Österreichs war es notwendig, den alten Plan für eine militärische Operation gegen die Tschechoslowakei zu überarbeiten. Es bestand jetzt die Möglichkeit, einen Zangenangriff mit je einer Armeegruppe aus Schlesien und aus Niederösterreich zu führen und die Slowakei von der Tschechei abzutrennen.[112]

Am 23. und 24. April 1938 fand ein Parteitag der Sudetendeutschen Partei (SdP) in Karlsbad statt. Vor mehreren zehntausend Parteimitgliedern verkündete Henlein ein Acht-Punkte-Programm, in dem er die volle Gleichberechtigung der deutschen Volksgruppe forderte.[113] Eine autonome sudetendeutsche Provinz, die nach nationalsozialistischen Prinzipien verwaltet wurde, konnte auf die Dauer nicht im Verband eines demokratischen Staates bleiben. Das Karlsbader Programm wurde daher von der tschechischen Presse einhellig abgelehnt. Bei den Kommunalwahlen im Mai und Juni 1938 konnte die SdP 90 Prozent der sudetendeutschen Stimmen gewinnen, womit Henlein zum unumstrittenen Führer der Sudetendeutschen wurde. Mittlerweile wurden auch die anderen Volksgruppen unruhig. Die Vertreter der Slowakischen Volkspartei sowie der ungarischen und der polnischen Minderheit erhoben offen die Forderung nach Autonomie.

Am 28. Mai befahl Hitler, die Arbeiten an den Befestigungen im Westen zu beschleunigen und den sogenannten „Westwall" in möglichst kurzer Zeit fertigzustellen.[114] Die Westbefestigungen hatten die Aufgabe, Deutschland vor einem militärischen Angriff Frankreichs zugunsten von dessen Verbündeten in Osteuropa, der Tschechoslowakei und Polen, zu schützen. Die lautstarke deutsche Propaganda um den „Westwall" sollte dazu dienen, die französische Führung vor einer militärischen Intervention abzuschrecken.

Am 7. Juli 1938 ließ Hitler die Generale Jodl und Keitel in die Reichskanzlei kommen, um ihnen „allgemeine strategische Anweisungen" für die in Zukunft möglichen militärischen Verwicklungen zu geben. Dabei führte Hitler aus: „Die Gefahr eines Präventivkrieges fremder Staaten gegen Deutschland besteht nicht. Als Nahziel steht die Lösung der tschechischen Frage aus eigenem freien Entschluß im Vordergrund meiner politischen Absichten. Ich bin entschlossen, ab 1. Oktober 1938 jede günstige politische Gelegenheit zur Verwirklichung dieses Ziels auszunutzen. Ich werde mich aber zur Aktion gegen die Tschechei nur entschließen, wenn ich, wie beim Einmarsch in Österreich, der festen Überzeugung bin, daß Frankreich nicht marschiert und damit auch England nicht eingreift."[115]

---

[111] ADAP D II, Dok.Nr. 133.
[112] ADAP D II, Dok.Nr. 221.
[113] Karlsbader Programm, zit.n. Helmuth K.G. Rönnefarth. Die Sudetenkrise in der internationalen Politik. Wiesbaden 1961, Teil II, S. 112.
[114] Zit.n. Benoist-Méchin, Am Rande des Krieges, S. 123 f.
[115] ADAP D II, Dok.Nr. 282.

Hitlers Absicht, unter günstigen Umständen Krieg gegen die Tschechoslowakei zu beginnen, rief im Oberkommando des Heeres, und besonders bei Generalstabschef Ludwig Beck, große Besorgnis hervor. Beck hatte am 5. Mai 1938 eine Denkschrift verfaßt, in der er auf die Gefahren des von Hitler eingeschlagenen außenpolitischen Kurses hinwies. Der Generaloberst führte aus, daß die französische Armee nach wie vor die stärkste in Europa sei, wohingegen die deutsche Wehrmacht noch auf Jahre hinaus unfertig bleiben werde.[116] Generaloberst Beck versuchte, die führenden Generale des Heeres dazu zu überreden, für den Fall, daß ein Krieg gegen die Tschechoslowakei und die Westmächte drohte, den Gehorsam zu verweigern und geschlossen zurückzutreten. Beck war in der Generalität hoch angesehen, fand mit diesem Plan aber nur wenig Zuspruch, so daß er sich zum Rücktritt entschloß und am 18. August 1938 Hitler um Entbindung von seinen Pflichten ersuchte. Am 27. August übergab Beck die Dienstgeschäfte seinem Nachfolger, General Franz Halder.

## London und Paris suchen nach einem Ausweg aus der Krise

Die britische Öffentlichkeit interessierte sich im allgemeinen nur wenig für die Tschechoslowakei, hinzu kam, daß die tschechische Regierung offenbar nicht gewillt war, sich mit ihren Nachbarn, Deutschland, Polen und Ungarn, zu verständigen. Ende 1937 versuchte die britische Regierung Benesch dazu zu bewegen, den Sudetendeutschen ernsthafte Zugeständnisse zu machen, aber die Prager Regierung stellte sich schwerhörig.

Am 27. Mai fragte der französische Außenminister Georges Bonnet den polnischen Botschafter in Paris, Juliusz Lukasiewicz, welche Haltung Warschau einnehmen werde, falls die Sowjetunion um die Erlaubnis bitte, die Rote Armee durch polnisches Gebiet marschieren zu lassen. Lukasiewicz antwortete, falls die Sowjetunion dies versuchen sollte, so bedeute das Krieg! Das französisch-polnische Bündnis verpflichte Warschau nur, wenn Frankreich von Deutschland angegriffen werde, nicht im gegenteiligen Fall. Im übrigen sei die Tschechoslowakei schon ein toter Staat, und es sei falsch, sie wieder zum Leben erwecken zu wollen. Die einzig vernünftige Politik bestünde darin, sich mit der Aufteilung der Tschechoslowakei abzufinden und Polen einen bedeutenden Teil ihrer Gebiete zu geben, besonders Teschen.[117]

Die Meldungen, die die französische Regierung über die militärischen Stärkeverhältnisse in Europa erhielt, gaben auch keinen Anlaß zu Optimismus. General Joseph Vuillemin besuchte im August 1938 Deutschland, wo er Flugzeugwerke und die Luftwaffenerprobungsstelle Döberitz besichtigte sowie an Übungen der deutschen Luftwaffe teilnahm. Vuillemin war sehr beeindruckt und äußerte nach seiner Rückkehr gegenüber Außenminister Bonnet, daß er Frankreichs Chancen im Kriegsfall ausgesprochen pessimistisch einschätze. Aus den Berichten, die der französische Militärattaché in London, General Pierre Lelong, zu dieser Zeit nach Paris schickte, ging hervor, daß die Streitkräfte Großbritanniens sich in einem bedenklichen Zustand befanden. Im September 1938 fragte Bonnet in London an, mit welcher militärischen Hilfe Frankreich im Falle einer deutschen Aggression rechnen könne. Die Antwort war niederschmetternd, sie lautete, Großbritannien könne für die ersten sechs Monate eines Krieges nur zwei nichtmotorisierte Divisionen und 150 Flugzeuge zur Verfügung stellen.[118]

---

[116] Wolfgang Foerster. Generaloberst Ludwig Beck: Sein Kampf gegen den Krieg; aus nachgelassenen Papieren des Generalstabschefs. München 1953, S. 106.

[117] Georges Bonnet. Le Quai d'Orsay sous trois républiques. Paris 1961, S. 196.

[118] Ebenda, S. 207.

In den Vereinigten Staaten war die Stimmung gegenüber Deutschland ausgesprochen feindselig,[119] aber vorläufig durften England und Frankreich von den Vereinigten Staaten keine materielle oder militärische Hilfe erwarten. Aufgrund des traditionellen Isolationismus und der schlechten Erfahrungen mit der Intervention im Ersten Weltkrieg hatte der amerikanische Kongreß seit 1935 nacheinander vier Neutralitätsgesetze erlassen. Das erste Gesetz wurde bei Beginn des Abessinienkrieges eingebracht und am 31. August 1935 verabschiedet. Es verpflichtete den amerikanischen Präsidenten, für die Dauer von sechs Monaten ab Beginn der Feindseligkeiten, alle Waffenlieferungen aus den USA an kriegführende Staaten oder Parteien zu beschlagnahmen. Das zweite Neutralitätsgesetz vom 29. Februar 1936 hielt diese Beschlagnahmepflicht aufrecht, erlaubte aber dem Präsidenten zu entscheiden, ob ein Kriegszustand vorlag oder nicht. Dieses Gesetz blieb bis zum 1. Mai 1937 in Kraft. Das dritte Neutralitätsgesetz vom 8. Januar 1937 diente nur zur Verhinderung von Waffenlieferungen an Spanien. Aber bereits vor Ablauf des zweiten Neutralitätsgesetzes verabschiedete der Kongreß am 3. März 1937 ein viertes, das von unbegrenzter Gültigkeit sein sollte. Es verpflichtete den Präsidenten, im Kriegsfall alle Waffenlieferungen, die für kriegführende Länder bestimmt waren, zu beschlagnahmen. Außerdem enthielt es die sogenannte „Cash-and-Carry-Klausel", die jeden Transport amerikanischer Waren an kriegführende Staaten auf amerikanischen Schiffen verbot und die Käuferstaaten zur Barzahlung verpflichtete. Die Neutralitätsgesetze schränkten den außenpolitischen Handlungsspielraum von Präsident Roosevelt erheblich ein und zwangen ihn, sich auf Deklarationen und diplomatische Schritte zu beschränken.

Einer militärischen Intervention der Sowjetunion zugunsten der Tschechoslowakei stand das Problem entgegen, daß diese beiden Länder keine gemeinsame Grenze hatten. Sowjetische Truppen mußten entweder durch Polen oder durch Rumänien marschieren, aber die Beziehungen dieser beiden Staaten zu Moskau waren ausgesprochen schlecht. Polen hatte 1920 Teile Weißrußlands und der Ukraine, Rumänien hatte Bessarabien annektiert. Die polnische und die rumänische Regierung fürchteten nicht nur russische Revisionsbestrebungen, sondern auch die kommunistische Revolution. Sowohl Warschau wie Bukarest weigerten sich deshalb standhaft, Moskau ein Durchmarschrecht über ihr Gebiet zu gewähren.[120]

Da die Verhandlungen zwischen der tschechischen Regierung und den Sudetendeutschen keinerlei Fortschritte machten, beschlossen Chamberlain und Außenminister Edward Halifax, es mit einer Vermittlungsaktion zu versuchen. Am 18. Juli 1938 ließ Halifax Präsident Benesch durch den englischen Botschafter in Prag mitteilen, daß die britische Regierung die Absicht habe, Walter Runciman als Vermittler in die Tschechoslowakei zu entsenden. Benesch war gegen diese Mission, aber der englische und französische Druck nötigten ihn, schließlich seine Einwilligung zu geben. Runciman traf am 3. August in Prag ein und war zunächst voller Optimismus, mußte aber bald erkennen, daß seine Aufgabe so gut wie unlösbar war.[121]

Runciman sah Mitte September seine Mission als endgültig gescheitert an und kehrte nach London zurück. Am 16. September übergab er dem Foreign Office einen Bericht, in dem er die tschechische Politik gegenüber den Sudetendeutschen scharf kritisierte.[122] Obwohl dieser Bericht der Geheimhaltung unterlag, wurde sein Inhalt in den politischen Kreisen Londons rasch bekannt. Die ohnehin nur mäßige Bereitschaft, sich für die Tschechen zu engagieren, wurde durch Runcimans Empfehlungen nicht gerade gefördert.

---

[119] ADAP D II, Dok.Nr. 227.
[120] Benoist-Méchin, Am Rande des Krieges, S. 216.
[121] DGFP 3/I, S. 248 f.
[122] Bericht Lord Runcimans an Premierminister Chamberlain, in: Michael Freund (Hrsg.). Geschichte des Zweiten Weltkrieges in Dokumenten. Freiburg/München 1953 ff., Bd. I, S. 148 ff.

# Chamberlain fliegt nach Berchtesgaden

Seit dem dem 11. September kam es zu zahlreichen Zwischenfällen und blutigen Zusammenstößen im Sudetengebiet. Prag meldete 23 Todesopfer, davon 13 Tschechen, sowie eine große Anzahl von Verletzten. Am 13. September verhängte die tschechische Regierung in 13 sudetendeutschen Bezirken das Standrecht, am nächsten Tag schien sich die Lage in den betroffenen Gebieten wieder zu beruhigen. Die Verhandlungen zwischen der SdP und der Prager Regierung wurden jetzt endgültig abgebrochen. Am 15. September erließ die tschechische Regierung einen Haftbefehl gegen Henlein, der aber mit den meisten anderen Führern der SdP bereits ins Deutsche Reich geflohen war.

General Franz Halder, der neue Generalstabschef des Heeres, teilte die Befürchtungen seines Amtsvorgängers Ludwig Beck. Wie Beck war er der Meinung, daß ein Krieg – wie groß die Anfangserfolge auch sein mochten – nur mit der Vernichtung Deutschlands enden könne. Halder unterhielt gute Beziehungen zu einigen hohen Offizieren, die gegen Hitler in Opposition standen. Halder war überzeugt, daß Hitlers gegen die Tschechoslowakei gerichtete Politik bald zur offenen Konfrontation mit England, Frankreich und Sowjetrußland führen würde. Das Ansehen des „Führers und Reichskanzlers" würde dadurch so schwer erschüttert, daß dies der geeignete Zeitpunkt sei, ihn zu stürzen. Einige der Verschwörer – Carl Friedrich Goerdeler, Ewald von Kleist-Schmenzin und Botschaftsrat Theodor Kordt – versuchten die Engländer dazu zu bewegen, die deutsche Opposition zu unterstützen. Churchill und Vansittart zeigten Interesse, aber Chamberlain und Halifax lehnten jedes Engagement ab.

Da sich die Situation in Mitteleuropa wegen der Unruhen im Sudetengebiet und der offenen Kriegsvorbereitungen im Deutschen Reich zunehmend verschärfte, entschloß sich der britische Premierminister Chamberlain zu einem dramatischen Schritt. In der Nacht vom 13. auf den 14. September schickte er Hitler ein Telegramm, in dem er eine persönliche Zusammenkunft zum frühestmöglichen Zeitpunkt vorschlug.[123] Hitler antwortete sofort und schrieb dem Premierminister, daß er sich auf seinen Besuch freue. Dieser überraschende Schritt Chamberlains warf die Putschpläne der deutschen Militärs über den Haufen.[124]

Am Morgen des 15. September flog Chamberlain in Begleitung seines engsten Beraters, Sir Horace Wilson, und des Leiters der Abteilung Mitteleuropa im Foreign Office, William Strang, nach München, von wo aus er nach Berchtesgaden und auf den Berghof weiterfuhr.

Nach dem Empfang kamen Hitler und Chamberlain überein, sich zunächst ohne die Berater allein zu unterhalten. Das Gespräch begann damit, daß Hitler seine Beschwerden über die Nachbarstaaten Deutschlands vortrug. Er erwähnte den Versailler Vertrag, die Unfähigkeit des Völkerbundes, die Minderheitenprobleme in Mitteleuropa zu lösen, die Ablehnung der deutschen Abrüstungsvorschläge, die wirtschaftlichen Schwierigkeiten für Deutschland und die Kritik der englischen Presse an seiner Regierung. Schließlich unterbrach Chamberlain Hitler und erklärte, er sei bereit, über alle diese Beschwerden zu sprechen, vorausgesetzt, daß keine Gewalt angewendet würde. Darauf entgegnete Hitler, nicht er wende Gewalt an, sondern Benesch und die Tschechen täten dies gegenüber den Sudetendeutschen. Er, Hitler, werde sich dies aber nicht länger bieten lassen und diese Frage in kürzester Frist – so oder so – aus eigener Initiative lösen. Chamberlain schloß aus diesem Satz, daß Hitler in jedem Fall gegen die Tschechoslowakei mit Gewalt vorgehen wollte, und stellte die Frage, warum er überhaupt nach Berchtesgaden gekom-

---

[123]  Keith Feiling. The Life of Neville Chamberlain. London 1970, S. 363.
[124]  Walter Görlitz. Der deutsche Generalstab. Frankfurt a.M. 1950.

men sei. Er fügte hinzu, unter diesen Umständen sei es am besten, wenn er gleich wieder abreise. Nun steckte Hitler zurück und erklärte, wenn Chamberlain in der Sudetenfrage das Selbstbestimmungsrecht der Völker anerkenne, dann könne man weiterverhandeln. Chamberlain erkannte, daß Hitler die Gespräche nicht scheitern lassen wollte; er sagte aber, daß bei der Anwendung des Selbstbestimmungsrechts für die Sudetendeutschen eine Volksabstimmung notwendig sei, die ungeheure Schwierigkeiten bereiten würde. Hitler ließ sich von diesem Einwand jedoch nicht abschrecken, und als Chamberlain erklärte, daß er in der Frage des Selbstbestimmungsrechts sich erst mit dem britischen Kabinett beraten und dazu nach London zurückfliegen müsse, war der Reichskanzler einverstanden. Auf Nachfrage des Premierministers versprach Hitler, daß er in der Zwischenzeit keine Gewaltmaßnahmen gegen die Tschechoslowakei ergreifen werde. Um 20 Uhr verabschiedete sich Chamberlain von Hitler und flog am nächsten Morgen nach London zurück.[125]

Gleich nach seiner Rückkehr gab der Premierminister dem englischen Kabinett einen Bericht über seine Reise. Chamberlain betonte, daß Hitler entschlossen sei, zu den Waffen zu greifen, wenn das Sudetenproblem nicht sehr schnell auf der Grundlage des Selbstbestimmungsrechts geregelt würde.

Das Problem war nun, wie die Abtretung des Sudetengebiets praktisch durchgeführt werden sollte. Während Chamberlain eine Volksbefragung nicht grundsätzlich ablehnte, wollten die tschechische und die französische Regierung eine Abstimmung nach Möglichkeit vermeiden, da man damit einen Präzedenzfall schuf, auf den sich auch die anderen Minderheiten in Mitteleuropa berufen konnten. Damit hätte nicht nur die Existenz der Tschechoslowakei, sondern die ganze Versailler Ordnung auf dem Spiel gestanden.

## Benesch gibt nach

Am 17. September erkannte Präsident Benesch, daß er seine bisherige starre Haltung nicht länger beibehalten konnte. Er bat den französischen Botschafter zu sich und erklärte ihm vertraulich, er habe schon 1919 bei den Friedensverhandlungen in Versailles daran gedacht, auf einige kleine Gebiete mit einer starken deutschen Minderheit zu verzichten. Es handelte sich dabei um drei Landesteile mit einer Fläche von insgesamt 8.000 Quadratkilometern, in denen eine Million Deutsche lebten: das Egergebiet im Nordwesten Böhmens, das Gebiet um Aussig und Reichenau im Nordosten und schließlich das Gebiet von Troppau und Jägerndorf an der schlesischen Grenze bei Glatz. Diese Gebiete lagen vor den tschechischen Befestigungslinien, und Benesch sah in ihrer Abtretung einen Weg zur Lösung der Krise, ohne die Auflösung der Tschechoslowakei zu riskieren.[126]

Am 18. September, einem Sonntag, flogen der französische Premierminister Edouard Daladier und Außenminister Bonnet zu einem Treffen mit Chamberlain und Halifax nach London. Chamberlain begann die Konferenz mit einer Schilderung seiner Begegnung mit Hitler und sprach sich aufgrund seiner Eindrücke für eine Volksabstimmung in den sudetendeutschen Gebieten aus. Daladier entgegnete, daß eine Abstimmung für die Tschechoslowakei unannehmbar sei, da diese zum Zerfall des tschechischen Staates führen würde. Frankreich habe das größte Interesse an einer starken Tschechoslowakei und sei deshalb ebenfalls gegen eine Volksabstimmung. Darauf erwiderte Halifax, daß es völlig unmöglich sei, die Tschechoslowakei zu retten; es gebe nur die Möglichkeit, gegen den Angreifer einen allgemeinen Krieg zu beginnen, aber bei dem irgendwann folgen-

---

[125] Wir besitzen zwei Berichte über dieses Treffen: den Bericht des Dolmetschers Paul Schmidt, Statist auf diplomatischer Bühne, S. 394 ff., und den Bericht von Keith Feiling, S. 365 ff., der sich auf den Brief Chamberlains an seine Schwester stützt.

[126] Edouard Daladier. Munich, in: Le Nouveau Candide, 7.–14. September 1961.

den Friedensschluß würden die Grenzen der Tschechoslowakei in jedem Fall anders gezogen, als dies heute der Fall sei. Da Benesch selbst den Vorschlag gemacht hatte, eine Million Sudetendeutsche an das Reich abzutreten, war anzunehmen, daß er auch zu weitergehenden Konzessionen bereit sein würde. Und weder Daladier noch Chamberlain wollten einen Weltkrieg riskieren, um eineinhalb Millionen Sudetendeutsche in der Tschechoslowakei zurückzuhalten. Chamberlain wollte durch massiven diplomatischen Druck die tschechische Regierung dazu verpflichten, das Sudetengebiet selbst an das Deutsche Reich abzutreten. Daladier machte sein Einverständnis von zwei Gegenleistungen abhängig: 1. Die neue Grenze sollte durch eine internationale Kommission unter Einbeziehung der Tschechen festgelegt werden; 2. England sollte zusammen mit Frankreich den Bestand der Tschechoslowakei in den neuen Grenzen garantieren.

Am nächsten Tag, dem 19. September, berichtete Daladier dem französischen Ministerrat über die Londoner Besprechungen. Daladier legte dar, daß Frankreich in eine politische Isolation zu geraten drohe, wenn es sich nicht dem britischen Lösungsvorschlag anschließe. Seine Ausführungen waren so überzeugend, daß der französisch-englische Plan nach kurzer Beratung einstimmig angenommen wurde. Am Nachmittag des gleichen Tages telegraphierten die britische und die französische Regierung zwei gleichlautende Noten nach Prag, in denen sie Benesch ihre gemeinsame Entscheidung bekanntgaben:

„1. Die Vertreter der französischen und der britischen Regierung […] sind beide davon überzeugt, daß nach den jüngsten Ereignissen jetzt ein Punkt erreicht ist, wo das weitere Verbleiben der hauptsächlich von Sudetendeutschen bewohnten Gebiete innerhalb der Grenzen des tschechoslowakischen Staates tatsächlich nicht mehr ohne eine Gefährdung der Interessen der Tschechoslowakei selber und des europäischen Friedens möglich ist. Im Lichte dieser Erwägungen sind beide Regierungen zu der Schlußfolgerung veranlaßt worden, daß die Aufrechterhaltung des Friedens und der eigenen Lebensinteressen der Tschechoslowakei nur dann wirksam gesichert werden können, wenn diese Gebiete jetzt an das Reich abgetreten werden.

2. Dies könnte entweder durch eine direkte Gebietsabtretung oder als Ergebnis einer Volksabstimmung geschehen. Wir sind uns der Schwierigkeiten bewußt, die eine Volksabstimmung nach sich ziehen würde […] Da keine gegenteilige Äußerung vorliegt, nehmen wir aus diesem Grunde an, daß Sie es möglicherweise vorziehen werden, das sudetendeutsche Problem in Form einer direkten Gebietsübertragung und als einen Sonderfall zu behandeln.

3. Die zu übertragenden Gebiete würden wahrscheinlich Gebiete mit über 50 Prozent deutschen Einwohnern enthalten müssen. Wir hoffen jedoch, auf dem Verhandlungswege Bestimmungen für Grenzberichtigungen durch irgendeine internationale Körperschaft mit einem tschechischen Vertreter in allen Fällen zu vereinbaren, in denen die Umstände es notwendig machen. […]

5. Wir erkennen an, daß die tschechoslowakische Regierung, wenn sie bereit ist, an den vorgeschlagenen Maßnahmen mitzuwirken, das Recht hat, gewisse Zusicherungen hinsichtlich ihrer zukünftigen Sicherheit zu fordern.

6. Demgemäß würde die Königlich Britische Regierung zu einem Beitrag zur Befriedung Europas bereit sein, indem sie einer internationalen Garantie der neuen Grenzen des tschechoslowakischen Staates gegen einen nicht provozierten Angriff beitritt."[127]

Präsident Benesch erhielt die englisch-französische Note am frühen Nachmittag des 19. September. Da er die Entscheidung nicht alleine treffen konnte, rief er den Ministerrat zusammen, der sich zur Beratung auf den Hradschin zurückzog. Während in Prag völlige Ungewißheit über den Inhalt dieser Beratungen herrschte, wuchs in Paris und Lon-

---

[127]  Michael Freund (Hrsg.). Geschichte des Zweiten Weltkrieges in Dokumenten, I, Dok.Nr. 71.

don die Besorgnis. Um 20 Uhr überreichte der tschechische Außenminister Kamil Krofta den Botschaftern Englands und Frankreichs die Antwort seiner Regierung, sie enthielt eine eindeutige Ablehnung.[128]

Da Chamberlain sich am nächsten Tag mit Hitler treffen wollte, um ihm die Zusage für die Abtretung des Sudetengebiets zu überbringen, drohten die britische und die französische Regierung durch die tschechische Antwort in erhebliche Verlegenheit zu geraten. Aber um 21.30 Uhr erhielt Bonnet einen Anruf seines Prager Botschafters; dieser teilte mit, der tschechische Ministerpräsident Milan Hodža habe ihn soeben angerufen und ihm einen sehr wichtigen Vorschlag gemacht, den er, der französische Botschafter, unverzüglich telegraphisch übermitteln werde. Bonnet bat sofort Daladier ins Außenministerium, und um 21.50 Uhr traf das zweite Telegramm aus Prag ein; der Inhalt lautete: „Wenn ich in dieser Nacht Benesch persönlich erklären würde, daß im Falle eines Krieges zwischen Deutschland und der Tschechoslowakei wegen der Sudetendeutschen Frankreich im Hinblick auf seine Vereinbarungen mit England nicht eingreifen würde, so würde der Präsident der Republik von dieser Erklärung Kenntnis nehmen; der Ministerpräsident würde dann sofort das Kabinett zusammenrufen, dessen sämtliche Mitglieder dann mit dem Präsidenten der Republik zum Nachgeben bereit wären [...] Die tschechische Regierung braucht diese Deckung, um den französisch-englischen Vorschlag annehmen zu können. Sie ist der Armee sicher, denn die führenden Militärs haben erklärt, daß ein Kampf ohne Verbündete gegen Deutschland Selbstmord bedeuten würde."[129]

Daladier und Bonnet kamen überein, den Wunsch Hodža zu erfüllen. Eine halbe Stunde nach Mitternacht wurde der französische Botschafter angewiesen, der Prager Regierung mitzuteilen, daß Frankreich nicht helfen würde, wenn es wegen der Ablehnung des englisch-französischen Planes durch die Tschechoslowakei zu einem deutschen Angriff kommen sollte. Um 2 Uhr nachts überreichten die Gesandten Englands und Frankreichs der tschechischen Regierung die gewünschte Erklärung. Dennoch konnte sich der tschechoslowakische Ministerrat nicht zu einer Entscheidung durchringen. Die Beratungen zogen sich in die Länge, während Paris und London auf die Prager Antwort warteten. Schließlich blieb Prag keine andere Wahl, als den englisch-französischen Vorschlag anzunehmen. Am 21. September um 17 Uhr überreichte der tschechische Außenminister Krofta den Botschaftern Englands und Frankreichs die endgültige Antwort der Prager Regierung.[130]

## Chamberlain und Hitler treffen sich in Godesberg

Da die Tschechen so lange gezögert hatten, den englisch-französischen Plan zu akzeptieren, mußte Chamberlain seinen geplanten Abflug nach Deutschland um 24 Stunden auf den Vormittag des 22. September verschieben. Hitler wollte dem Premierminister die Strapazen der Reise erleichtern und hatte deshalb als Konferenzort Godesberg bei Bonn vorgeschlagen. Chamberlains Flugzeug erreichte um 12.30 Uhr Köln. Der britische Regierungschef war mit seinem Gefolge im Hotel Petersberg auf dem rechten Rheinufer untergebracht, während Hitler sich auf dem gegenüberliegenden Ufer im Hotel Dreesen einquartiert hatte. Um 16 Uhr setzte Chamberlain über den Rhein nach Godesberg, wo er von Hitler am Hoteleingang erwartet wurde.

Bei dem folgenden Gespräch ergriff Chamberlain als erster das Wort und berichtete über seine Besprechungen in London. Die englische und die französische Regierung seien

---

[128]  Michael Freund (Hrsg.). Geschichte des Zweiten Weltkrieges in Dokumenten, I, Dok.Nr. 73.
[129]  Georges Bonnet, La Défense de la Paix, I, S. 248.
[130]  DGFP 3/II, 1005.

bereit, so der Premierminister, das Selbstbestimmungsrecht der Sudetendeutschen anzuerkennen, und es sei auch gelungen, die Zustimmung der tschechoslowakischen
Regierung zu erhalten. Die von den Sudetendeutschen bewohnten Gebiete sollten nach
einem britisch-französischen Plan an das Deutsche Reich abgetreten werden. Dann erläuterte Chamberlain, wie er sich die Abwicklung der Gebietsabtretung vorstelle. Er
skizzierte ein kompliziertes und langwieriges Verfahren mit einer Volkszählung unter
internationaler Kontrolle, dem Austausch von Volksgruppen und der Festlegung der
neuen Grenzlinie. Schließlich kam Chamberlain auf die britisch-französische Garantie
für die neue Tschechoslowakei zu sprechen und machte den Vorschlag, Berlin solle mit
Prag einen Nichtangriffspakt schließen.

Hitlers Antwort war für Chamberlain eine kalte Dusche; der Reichskanzler erklärte:
„Ich bedaure außerordentlich, aber das hat keinen Wert mehr." Die Krise habe sichtlich
„ihr gefährliches Stadium" erreicht, und für die üblichen diplomatischen Aufschübe bleibe keine Zeit mehr.[131]

Diese Ablehnung überraschte Chamberlain; er hielt Hitler nun vor, daß die englisch-
französischen Vorschläge doch die deutsche Forderung nach Anwendung des Selbst-
bestimmungsprinzips erfüllten und daß die tschechoslowakische Regierung zugestimmt
habe. Die britische und die französische Regierung hätten von Prag „genau das erhalten,
was der Führer gewünscht habe, und ohne daß es einen Tropfen deutsches Blut gekostet
hätte". Hitler antwortete darauf, er könne keine internationale Kommission mit ihren
endlosen Verschleppungen gebrauchen. Die neue Grenze müsse „sofort" gezogen werden, aber eine Sprachgrenze aufgrund „vorhandener zuverlässiger Karten". Die Tschechen müßten ihre Truppen und ihre Verwaltung sofort bis zu dieser Grenze zurückziehen
und die so entstandene Zone unmittelbar danach von deutschen Truppen besetzt werden. Die Tschechen würden wahrscheinlich geltend machen, daß diese Grenze „nicht
genau mit der Nationalitätengrenze übereinstimme". In diesem Falle sei er „für eine
Volksabstimmung in allen strittigen Gebieten". Hitler erklärte sich „durchaus bereit, Gebiete, wo sich eine tschechische Mehrheit ergäbe, wieder abzutreten". Zwar habe er von
internationalen Kommissionen keine hohe Meinung, aber er sei bereit, „für die Abstimmung eine solche Kommission zuzulassen".[132]

Chamberlain war über diese neuen Forderungen Hitlers geradezu bestürzt und beendete das Gespräch mit dem Vorschlag, die Verhandlungen auf morgen zu vertagen.[133]

Da das Forschungsamt die Telefongespräche zwischen Paris und Prag systematisch
abhörte, wußte Hitler von den Spekulationen und Hoffnungen um einen Rücktritt der
Regierung Daladier und auf einen Kurswechsel der französischen Außenpolitik. Ein
solcher Umschwung konnte, wenn nicht jetzt, so doch in näherer Zukunft eintreten, mit
der Folge, daß eine neue französische Regierung die bereits getroffenen Vereinbarungen über das Sudetengebiet möglicherweise nicht mehr anerkannte. Diese Möglichkeit
machte aus der Sicht Hitlers die sofortige Abtretung des Sudetengebiets notwendig,
denn die einmal vollzogene Tatsache konnte auch eine künftige Pariser Regierung
nicht mehr rückgängig machen. Da Chamberlain diesen Hintergrund offenbar nicht
kannte, mußten die erweiterten Forderungen Hitlers auf ihn natürlich überraschend
wirken.

Am nächsten Vormittag schickte Chamberlain Hitler einen Brief, in dem er hervorhob, daß die Hauptschwierigkeit des deutschen Vorschlages in der Forderung bestehe,
die strittigen Gebiete „sofort" durch deutsche Truppen besetzen zu wollen. Die tsche-

---

[131]  Nevile Henderson. Fehlschlag einer Mission. Zürich 1940, S. 174 ff.; s.a. ADAP D II, Dok.Nr. 562 u. Paul
Schmidt, Statist, S. 400 ff.
[132]  Aufzeichnungen über ein Gespräch zwischen Mr. Chamberlain und Herrn Hitler am 22. September 1938
in Godesberg, DGFP 3/II, S. 463 ff.
[133]  DGFP 3/II S. 477.

chische Regierung habe dann gar keine andere Wahl, „als ihren Streitkräften den Befehl zum Widerstand zu geben", was auf einen Krieg mit allen seinen schrecklichen Folgen hinauslaufen würde. Andererseits bestehe aber die Möglichkeit, mit der Prager Regierung zu einer Vereinbarung zu gelangen, aufgrund deren die Aufrechterhaltung von Ruhe und Ordnung in diesen Gebieten „den Sudetendeutschen selbst" anvertraut würde.[134]

In seinem Antwortschreiben machte Hitler die kleine Konzession, daß die deutschen Truppen „aus den strittigen Gebieten während der Abstimmung" zurückgezogen werden könnten.[135] Chamberlain machte sich keine Illusionen darüber, daß dieses Entgegenkommen für die tschechische Regierung viel zu gering war.

Das verabredete zweite Treffen zwischen Hitler und Chamberlain fand um 23 Uhr im Hotel Dreesen statt. Sehr schnell kamen die Differenzen in aller Schärfe zum Ausbruch. Nach einigen einleitenden Sätzen beauftragte Hitler den Dolmetscher Paul Schmidt, das Memorandum, das er auf Verlangen Chamberlains aufgesetzt hatte, ins Englische zu übersetzen; die wichtigsten Passagen lauteten: „Die von Stunde zu Stunde sich mehrenden Nachrichten über Zwischenfälle im Sudetenlande beweisen, daß die Lage für das Sudetendeutschtum völlig unerträglich und damit zu einer Gefahr für den europäischen Frieden geworden ist. Es ist daher unerläßlich, daß die von der tschechoslowakischen Regierung anerkannte Abtretung des Sudetenlandes nunmehr ohne jede weitere Verzögerung erfolgt.

Auf beiliegender Karte ist das abzutrennende sudetendeutsche Gebiet rot schraffiert. Die Gebiete, in denen über die zu besetzenden Gebiete hinaus ebenfalls noch abgestimmt werden muß, sind grün schraffiert eingezeichnet [...]

Zur sofortigen und endgültigen Bereinigung des sudetendeutschen Problems werden daher nunmehr von der deutschen Regierung folgende Vorschläge gemacht: Zurückziehung der gesamten tschechischen Wehrmacht, der Polizei, der Gendarmerie, der Zollbeamten und der Grenzer aus dem auf der übergebenen Karte bezeichneten Räumungsgebiet. Räumungsbeginn 26. September, 8 Uhr. Das Gebiet wird am 28. September zur selben Stunde an Deutschland übergeben [...] Die deutsche Regierung ist einverstanden, in den näher zu bezeichnenden Gebieten bis spätestens 25. November eine Volksabstimmung stattfinden zu lassen. Die aus dieser Abstimmung sich ergebenden Korrekturen der neuen Grenze werden durch eine deutsch-tschechische oder internationale Kommission bestimmt."[136]

Chamberlain und die Mitglieder der britischen Delegation fanden dieses Memorandum empörend und erklärten, dies sei ein Ultimatum, das sie mit aller Entschiedenheit ablehnen müßten. Sie wandten ein, daß die Räumungsfrist von 48 Stunden viel zu gering sei, daß es infolgedessen zu kriegerischen Verwicklungen zwischen Deutschland und der Tschechoslowakei kommen könne und daß dies unvermeidlich zu einem europäischen Krieg führen werde. In diesem Augenblick trat ein Adjutant in den Konferenzsaal und überbrachte die Meldung, daß Präsident Benesch um 22.30 Uhr im Rundfunk die allgemeine Mobilmachung in der Tschechoslowakei verkündet habe. Es herrschte Totenstille im Raum, bis Hitler bemerkte, damit sei der Fall wohl erledigt. Chamberlain wollte aber nicht aufgeben und erklärte, die tschechische Mobilmachung müsse als reine Defensivmaßnahme angesehen werden, die angesichts des deutschen Aufmarschs von 1,5 Millionen Mann mit Panzern und Flugzeugen an der tschechischen Grenze völlig gerechtfertigt sei. Der Premierminister warnte nochmals, daß in dieser Situation jeder Gewaltakt in eine Katastrophe führen könne. Hitler steckte nun zurück und erklärte, er halte seine

---

[134]  Ebenda, S. 482 f.
[135]  Ebenda, S. 484 f.
[136]  ADAP D II, Nr. 584.

Zusage aufrecht, nicht in die Tschechoslowakei einzumarschieren, solange die Verhandlungen andauerten. Außerdem zeigte er sich bereit, über die zu kurzen Räumungsfristen zu sprechen, und erklärte, er sei auch noch mit der Räumung bis zum 1. Oktober zufrieden. Durch dieses Entgegenkommen entspannte sich die Verhandlungsatmosphäre, und Chamberlain erklärte sich bereit, das korrigierte deutsche Memorandum an die Prager Regierung weiterzuleiten.

## Der Nervenkrieg erreicht seinen Höhepunkt

Am Abend des 23. September hatte die Tschechoslowakei die allgemeine Mobilmachung beschlossen. In Frankreich wurden in der Nacht vom 23. auf den 24. September 600.000 Reservisten einberufen. In Polen und Ungarn befanden sich die Streitkräfte bereits in Kriegsbereitschaft. England setzte seine Kriegsflotte am 27. September in Alarmzustand. Und Italien mobilisierte seine Marine und zog in den Alpen, auf Sizilien und in Libyen mehrere Divisionen zusammen.

Als sich am Nachmittag des 21. September im Sudetengebiet die Nachricht verbreitete, daß die tschechische Regierung den englisch-französischen Plan angenommen habe, löste dies unter der deutschen Bevölkerung eine Woge der Begeisterung aus.

In Prag führte die Nachricht von der Annahme des französisch-englischen Planes dagegen zu einer Welle von Protesten. Am Vormittag des 22. versammelten sich mehr als hunderttausend Menschen vor dem Prager Parlament, um den Rücktritt der Regierung von Ministerpräsident Hodža und die Errichtung einer Militärdiktatur unter Führung von General Jan Syrovy zu fordern. Der Druck der Straße und der parlamentarischen Linken hatte Erfolg. Am Abend erklärte Hodža den Rücktritt seines Kabinetts, und es wurde unter dem Vorsitz von General Syrovy eine Regierung der nationalen Einheit gebildet. Aber dies war nur eine Fassade, um die aufgebrachten Massen zu beruhigen, tatsächlich führte Hodža im Auftrag General Syrovys die Regierungsgeschäfte weiter.

Am gleichen Tag übergab der britische Botschafter in Prag der tschechischen Regierung das Godesberger Memorandum. Der Ministerrat beschloß nach kurzer Beratung einstimmig, das Memorandum zurückzuweisen. Am Nachmittag des 25. überreichte der Prager Gesandte in London, Jan Masaryk, Chamberlain und Halifax die negative Antwort seiner Regierung.

In einer Beratung über das Godesberger Memorandum kam das britische Kabinett einhellig zu der Meinung, daß man die Forderungen Hitlers zurückweisen müsse. Am 25. September beriet auch der französische Ministerrat über das Godesberger Memorandum, Bonnet wollte es nicht rundheraus ablehnen, sondern über die einzelnen Punkte mit der Reichsregierung verhandeln.

Um 17.30 Uhr flog die französische Delegation nach London, um 21 Uhr wurden Daladier und Bonnet von Chamberlain in der Downing Street empfangen. Bei der folgenden Besprechung bezeichnete Daladier die Godesberger Forderungen Hitlers als maßlos, die französische Regierung könne der Tschechoslowakei nicht empfehlen, diese Bedingungen anzunehmen. Im übrigen habe die Prager Regierung sie bereits zurückgewiesen. Sollte Deutschland infolge dieser negativen Antwort in die Tschechoslowakei einmarschieren, werde Frankreich Prag sofort militärisch unterstützen. Die britischen und die französischen Politiker wurden sich sehr schnell darüber einig, daß das Godesberger Memorandum insgesamt abzulehnen sei.

Es folgte eine ausführliche Diskussion über militärische Fragen. Daladier wurde von den Engländern eingehend über den Rüstungsstand und die operativen Pläne Frankreichs für einen Krieg gegen Deutschland befragt. Schließlich stellte Chamberlain die

Frage, ob es nicht möglich sei, den Chef des französischen Generalstabes, Maurice Gamelin, hinzuzuziehen. Dieser Vorschlag fand allgemeinen Beifall, und der General wurde gebeten, sich am kommenden Morgen in London einzufinden.[137] Am nächsten Morgen wurde die Konferenz in Anwesenheit von General Gamelin fortgesetzt. Gamelin teilte den Optimismus Daladiers und machte dafür folgende Gründe geltend: 1. Die Kampfkraft der französischen Infanterie und der Maginotlinie; 2. die deutschen Schwächen, die vor allem in dem Mangel an militärischen Führern und an Rohstoffen sowie in der Unfertigkeit des „Westwalls" bestünden; 3. die Unfähigkeit Italiens, einen langen Krieg zu führen; 4. die Fähigkeit der Tschechoslowakei, hinhaltenden Widerstand zu leisten, indem sie unter Räumung größerer Gebietsteile den Norden und Süden Mährens hielt.[138]

Chamberlain war aufgrund seiner Einschätzung der militärischen Kräfteverhältnisse in Europa weit weniger zuversichtlich. Ein Krieg zwischen Deutschland und Frankreich mußte unvermeidlich England und sein Empire mit hineinziehen. Der Premierminister hoffte, durch eine Demonstration englisch-französischer Solidarität Hitler zum Nachgeben und zur Annahme des ursprünglichen englisch-französischen Vorschlags bewegen zu können. Er machte daher den Franzosen den Vorschlag, daß Sir Horace Wilson Hitler eine persönliche Botschaft des Premierministers überbringen sollte. In dieser Note wollte Chamberlain dem Reichskanzler mitteilen, daß die Prager Regierung das Godesberger Memorandum abgelehnt habe, ihn aber gleichzeitig ermahnen, keine Gewalt anzuwenden und weiterzuverhandeln.[139] Die französische Delegation war mit Chamberlains Vorschlag einverstanden.

Am Morgen des 26. September flog Sir Horace Wilson nach Berlin, um Hitler das persönliche Schreiben Chamberlains zu überbringen. Wilson wurde um 17 Uhr von Hitler und Ribbentrop in der Reichskanzlei empfangen. In dem Handschreiben Chamberlains hieß es, die tschechische Regierung habe, wie zu erwarten war, die Vorschläge des Godesberger Memorandums als völlig unannehmbar bezeichnet. Unter diesen Umständen sei es am besten, wenn die Einzelheiten der Übergabe des Sudetengebiets durch direkte Verhandlungen zwischen Berlin und Prag geregelt würden.

Hitler, der kurz zuvor erfahren hatte, daß England und Frankreich die tschechische Mobilmachung gebilligt hatten, reagierte auf Chamberlains Brief mit einem gut gespielten Zornesausbruch. Nachdem Hitler längere Zeit über Benesch geschimpft hatte, konnte Wilson die Bitte vortragen, doch wenigstens die tschechischen Unterhändler zu empfangen. Hitler beruhigte sich und erklärte sich für einverstanden, stellte aber zwei Bedingungen: Die Prager Regierung müsse das Godesberger Memorandum annehmen und die abzutretenden Gebiete bis zum 1. Oktober übergeben. Hitler setzte hinzu, er erwarte die tschechische Antwort innerhalb von zwei Tagen bis zum 28. September, 14 Uhr.[140]

Chamberlain beauftragte Sir Horace Wilson, der sich noch in Berlin aufhielt, Hitler – unter der Bedingung, daß Deutschland nicht zu den Waffen greife – eine britische Garantie für die Erfüllung der Prager Versprechen anzubieten. Am nächsten Tag, dem 27. September, suchte Wilson Hitler kurz vor Mittag in der Reichskanzlei auf, um ihm die Vorschläge Chamberlains zu unterbreiten. Die folgende Aussprache wurde vor allem von Seiten Hitlers zum Teil sehr erregt geführt.[141] Das Gespräch brachte keinerlei Fortschritte, beide Seiten beharrten auf ihren Standpunkten.[142]

---

[137]   Georges Bonnet, La Défense de la Paix, I, S. 268 ff.
[138]   Maurice Gamelin. Servir. Band 2. Paris 1946, S. 351 f.
[139]   Georges Bonnet, La Défense de la Paix, I, S. 271.
[140]   Paul Schmidt, Statist, S. 408; DGFP 3/II, S. 554 ff.
[141]   Ebenda, S. 564.
[142]   DGFP 3/II, 1142.

# Die Konferenz von München

In dieser Nacht sah man in London, Paris und Washington die letzte Hoffnung zur Rettung des Friedens in der Einberufung einer internationalen Gipfelkonferenz. Da man zu Recht vermutete, daß der italienische Staatschef Benito Mussolini mäßigenden Einfluß auf Hitler hatte, konzentrierten sich die Erwartungen auf seine Person. Am 27. September schlug der britische Botschafter in Rom eine Vermittlung durch Mussolini vor. Um 23 Uhr stimmte das Foreign Office dieser Idee zu, worauf der Botschafter sich sofort zum italienischen Außenminister Graf Ciano begab. In der gleichen Nacht traf auch eine Botschaft Roosevelts in Rom ein, in der er den Duce bat, seinen Einfluß auf Hitler geltend zu machen und einen Krieg zu verhindern.

In der Nacht auf den 28. September erschien der britische Botschafter in Deutschland Nevile Henderson im Auswärtigen Amt und übergab Staatssekretär Ernst von Weizsäcker einen neuen britischen Vorschlag, der „die sofortige Übergabe des Sudetengebietes aufgrund eines von der Regierung Seiner Majestät garantierten Terminkalenders" vorsah. Dies war eine eindeutige Konzession an Hitler.[143]

Am Morgen erhielt Henderson von Chamberlain einen letzten Brief für Hitler. Er begann mit der Versicherung, daß Deutschland alle wesentlichen Dinge „ohne Krieg und ohne Verzögerung" erhalten könne. Der Premierminister regte an, zur Lösung der Sudetenfrage eine Konferenz von Vertretern Deutschlands, Frankreichs, Großbritanniens, Italiens und der Tschechoslowakei einzuberufen. Chamberlain erklärte sich bereit, sofort nach Berlin zu kommen, um bei der Vorbereitung der Konferenz zu helfen. Weiter versicherte er, daß Großbritannien und Frankreich dafür sorgen würden, daß alle tschechischen Zusagen „fair, vollständig und sogleich ausgeführt würden".[144] Am gleichen Tag, dem 28. September, schickte

*Der britische Premierminister Neville Chamberlain und der italienische Diktator Benito Mussolini am 29. September 1938 während der Münchner Konferenz*

Chamberlain eine persönliche Botschaft an Mussolini, in der er den Duce um Unterstützung der britischen Bemühungen zur Erhaltung des Friedens bat.

Am Morgen des 28. September erschien der französische Botschafter in Deutschland André Francois-Poncet in der Reichskanzlei und überreichte Hitler den Plan, den Bonnet in der Nacht ausgearbeitet hatte. Der neue französische Vorschlag ging deutlich weiter als der Chamberlains; die Teile des Sudetengebiets, die sofort von deutschen Truppen besetzt werden sollten, waren viel ausgedehnter als in dem englischen Plan, außerdem sollte die Räumung durch die Tschechen schneller erfolgen.

---

[143] Nevile Henderson. Fehlschlag einer Mission: Berlin 1937–1939. München 1949, S. 184.
[144] DGFP 3/II, S. 287.

Mitten in diesem Gespräch trat ein Adjutant herein und meldete, der italienische Botschafter bitte dringend um ein Gespräch mit dem Führer. Hitler ging mit Schmidt in einen Nebenraum, wo Bernardo Attolico ihm aufgeregt entgegenkam und erklärte, er habe eine dringende Botschaft des Duce zu überbringen. Die britische Regierung habe soeben durch ihren Gesandten in Rom mitteilen lassen, daß sie eine Vermittlung Mussolinis in der sudetendeutschen Frage annehmen würde. Der Duce sei der Ansicht, daß die Annahme dieses englischen Vorschlags günstig wäre, und er bitte den Führer, von einer Mobilmachung abzusehen. Mussolini werde sich bemühen, diese Frist zu nutzen, um Wege und Möglichkeiten zu einem übereinstimmenden Ergebnis zu finden. Nach einem Augenblick des Schweigens erwiderte Hitler, daß er den Vorschlag des Duce annehme.

Gleich anschließend informierte Hitler den französischen Botschafter, der inzwischen gewartet hatte, über den Vermittlungsvorschlag des Duce. Kaum war Francois-Poncet gegangen, erschien der britische Botschafter, Sir Nevile Henderson. Henderson war sehr erleichtert, als Hitler ihn über den Vermittlungsvorschlag Mussolinis informierte und ihm weiter mitteilte, er habe auf Bitten des Duce die deutsche Mobilmachung um 24 Stunden verschoben. Am Nachmittag rief Mussolini von Rom aus Hitler in der Reichskanzlei an. In ihrem Gespräch einigten sich die beiden Diktatoren über die Vorbedingungen und den Ort der geplanten Konferenz. Unmittelbar nach diesem Telefonat ließ Hitler Chamberlain, Daladier und Mussolini für den 29. September nach München einladen.

In den frühen Morgenstunden des 29. September fuhr Hitler in einem Sonderzug Mussolini entgegen. Bei ihrem Zusammentreffen einigten sich die beiden Staatsmänner rasch über zwei wesentliche Punkte. Zum ersten wollte Hitler es auf keinen Fall zulassen, daß der Ablauf der Konferenz durch Verfahrensfragen verzögert würde. Entweder werde noch am gleichen Tag eine Lösung gefunden oder Deutschland würde zu den Waffen greifen. Zum zweiten müßten die deutschen Truppen, wie auch immer die ausgehandelten Zugeständnisse lauten würden, am 1. Oktober im Sudetengebiet einrücken.[145]

Die englische und die französische Verhandlungsdelegation gelangten schon vor Hitler und Mussolini in München an. Daladier traf um 11.25 Uhr in der „Hauptstadt der Bewegung" ein, Chamberlain eine halbe Stunde später. Die Außenminister Bonnet und Halifax waren zu Hause geblieben. Eine tschechoslowakische Abordnung, bestehend aus dem tschechischen Botschafter in Berlin, Vojtěch Mastny, und Hubert Masarik vom Prager Außenministerium, traf erst um 15 Uhr in München ein, die ungarische Regierung entsandte ebenfalls einen Vertreter nach München.

Die Konferenz wurde um 12.45 Uhr im sogenannten „Führerbau" in der Arcisstraße eröffnet. Jeder der Regierungschefs erläuterte zunächst seine Vorstellungen zu einer Lösung der Sudetenkrise, worauf sich eine lebhafte Debatte entspann. Kurz vor der Mittagspause legte Mussolini einen schriftlichen Kompromißvorschlag vor. Der Inhalt dieses Papiers war aber keineswegs italienischen Ursprungs, sondern ging auf Vorschläge zurück, die Göring, Neurath und Weizsäcker ohne Wissen Ribbentrops am Vormittag des Vortages in Berlin ausgearbeitet hatten. Göring hatte dieses Schriftstück Hitler gezeigt und anschließend Attolico überreicht, der den Inhalt Mussolini am Telefon vorlas. In Rom wurde dann ein „italienischer" Plan daraus gemacht. Tatsächlich wiederholte Mussolinis Kompromißvorschlag fast Punkt für Punkt die Forderungen, die Hitler im Godesberger Memorandum gestellt hatte. Aber keiner der anwesenden Staatsmänner schien diese Ähnlichkeit zu bemerken.[146] Daladier begrüßte den Vorschlag des Duce als objektiv und realistisch, und Chamberlain erklärte, er habe seinerseits eine ganz ähnliche Lösung

---

[145]  Filippo Anfuso. Rom-Berlin im diplomatischen Spiegel. Essen 1951, S. 75 ff.
[146]  Paul Schmidt, Statist, S. 415.

im Auge gehabt.[147] Kurz nach Mitternacht war die endgültige Fassung des Münchner Abkommens fertig. Sie lautete: „Deutschland, das Vereinigte Königreich, Frankreich und Italien sind unter Berücksichtigung des Abkommens, das hinsichtlich der Abtretung des sudetendeutschen Gebiets bereits grundsätzlich erzielt wurde, über folgende Bedingungen und Modalitäten dieser Abtretung und über die danach zu ergreifenden Maßnahmen übereingekommen und erklären sich durch dieses Abkommen einzeln verantwortlich für die zur Sicherung seiner Erfüllung notwendigen Schritte.

1. Die Räumung beginnt am 1. Oktober.
2. Das Vereinigte Königreich, Frankreich und Italien vereinbaren, daß die Räumung des Gebiets bis zum 10. Oktober vollzogen wird, und zwar ohne Zerstörung bestehender Einrichtungen [...]
3. Die Modalitäten der Räumung werden im einzelnen durch einen internationalen Ausschuß festgelegt, der sich aus Vertretern Deutschlands, des Vereinigten Königreichs, Frankreichs, Italiens und der Tschechoslowakei zusammensetzt.
4. Die etappenweise Besetzung des vorwiegend deutschen Gebietes durch deutsche Truppen beginnt am 1. Oktober. Die vier auf der anliegenden Karte bezeichneten Gebietsabschnitte werden in folgender Reihenfolge durch deutsche Truppen besetzt [...] Das restliche Gebiet vorwiegend deutschen Charakters wird unverzüglich von dem oben erwähnten internationalen Ausschuß festgestellt und bis zum 10. Oktober durch deutsche Truppen besetzt werden.
5. Der in § 3 erwähnte internationale Ausschuß wird die Gebiete bestimmen, in denen eine Volksabstimmung stattfinden soll [...] Der Ausschuß wird ebenfalls den Tag festsetzen, an dem die Volksabstimmung stattfindet; dieser Tag darf jedoch nicht später als Ende November liegen.
6. Die endgültige Festlegung der Grenzen wird durch den internationalen Ausschuß vorgenommen werden. Dieser Ausschuß ist berechtigt, den vier Mächten Deutschland, dem Vereinigten Königreich, Frankreich und Italien in bestimmten Ausnahmefällen geringfügige Abweichungen von der streng ethnographischen Bestimmung der ohne Volksabstimmung zu übertragenden Zone zu empfehlen.
7. Es wird ein Optionsrecht für den Übertritt in die abgetretenen Gebiete und für den Austritt aus ihnen vorgesehen. Die Option muß innerhalb von sechs Monaten vom Zeitpunkt des Abschlusses dieses Abkommens an ausgeübt werden. Ein deutschtschechoslowakischer Ausschuß wird die Einzelheiten der Option bestimmen, Verfahren zur Erleichterung des Austausches der Bevölkerung erwägen und grundsätzliche Fragen klären, die sich aus diesem Austausch ergeben.
8. Die tschechoslowakische Regierung wird innerhalb einer Frist von vier Wochen vom Tage des Abschlusses dieses Abkommens an alle Sudetendeutschen aus ihren militärischen und polizeilichen Verbänden entlassen, die ihre Entlassung wünschen. Innerhalb derselben Frist wird die tschechoslowakische Regierung die sudetendeutschen Gefangenen entlassen, die wegen politischer Delikte Freiheitsstrafen verbüßen."[148]

In einem Zusatz zu diesem Abkommen sicherten die britische und die französische Regierung zu, sich an einer internationale Garantie der neuen Grenzen des tschechoslowakischen Staates gegen einen unprovozierten Angriff zu beteiligen. Deutschland und Italien würden der Tschechoslowakei eine Garantie geben, sobald die Frage der polnischen und ungarischen Minderheiten in der Tschechoslowakei geregelt sei.

In den frühen Morgenstunden des 30. September, um 1.30 Uhr, wurde das Münchner Abkommen unterzeichnet. Hitler hatte alle seine Forderungen durchsetzen können.

---

147  Nevile Henderson, Fehlschlag einer Mission, S. 190.
148  ADAP D II, Dok.Nr. 675.

Unmittelbar nach der Unterzeichnung wurden die beiden tschechischen Delegierten unterrichtet, die bis dahin in einem Nebenraum des „Führerbaus" gewartet hatten. Hitler und Mussolini hatten sich zurückgezogen und überließen diese Aufgabe Chamberlain und Daladier. Diese teilten den beiden Tschechen mit, daß sie das Abkommen ohne jede Diskussion anzunehmen hätten, andernfalls hätten sie keinerlei englische oder französische Unterstützung mehr zu erwarten und würden im Falle eines Krieges alleine stehen. Als der tschechischen Regierung dies übermittelt wurde, blieb ihr keine andere Wahl, als das Münchner Abkommen zu akzeptieren.

In der Nacht vom 30. September auf den 1. Oktober suchte der polnische Gesandte in Prag den tschechischen Außenminister Krofta auf und überreichte ihm ein Ultimatum der Warschauer Regierung. Darin hieß es, die Tschechoslowakei hätte das Gebiet von Teschen innerhalb von 24 Stunden zu räumen, im Weigerungsfalle werde Polen der Tschechoslowakei den Krieg erklären.

Vor seiner Abreise, die noch am 30. September erfolgte, traf Premierminister Chamberlain um 13.30 Uhr nochmals mit Hitler in dessen Privatwohung am Prinzregentenplatz zusammen. Chamberlain machte den Vorschlag, eine von ihm aufgesetzte gemeinsame Erklärung zu unterzeichnen, die auf einen deutsch-englischen Freundschafts- und Konsultationspakt hinauslief. Da dies Hitlers Ziel einer dauerhaften deutsch-englischen Verständigung entgegenkam, ging er gerne darauf ein, und die beiden Staatsmänner verabschiedeten sich in freundschaftlicher Stimmung.[149]

Bei der Rückkehr in ihre Hauptstädte wurden Chamberlain und Daladier von begeisterten Menschenmassen empfangen. Das Münchner Abkommen wurde in England und Frankreich wie in der gesamten westlichen Welt von der Presse als Sieg des Friedens gefeiert. Sowohl das britische wie das französische Parlament billigten es mit großer Mehrheit. Zwischen dem 1. und dem 7. Oktober besetzte die Wehrmacht das Sudetengebiet. Der Jubel und die Freudenkundgebungen der Deutschböhmen hatten ähnliche Ausmaße wie ein halbes Jahr zuvor in Österreich. Am 20. Oktober wurde, wie in München vereinbart, die neue Grenze zwischen dem Deutschen Reich und der Tschechoslowakei von einer internationalen Kommission festgelegt.

Präsident Roosevelt und die amerikanische Regierung waren mit dem Münchner Abkommen nicht unzufrieden.[150]

---

[149] Paul Schmidt, Statist, S. 417.
[150] Tansill, Hintertür, S. 469 ff.

# Von München nach Prag

In den Tagen nach der Unterzeichnung des Münchner Abkommens herrschte in den westeuropäischen Hauptstädten in weiten Teilen der Bevölkerung Erleichterung. Nachdem die Forderungen Hitlers nach einer territorialen Revision des Versailler Vertrages erfüllt waren, ohne daß es darüber zum Krieg gekommen war, schien der Frieden zwischen den vier großen europäischen Mächten gesichert zu sein. Diese optimistische Sicht der Dinge wurde aber von den Gegnern der Verständigungspolitik keineswegs geteilt. In England glaubte der Kreis um Winston Churchill, daß die NS-Ideologie und vermutete deutsche Expansionsbestrebungen einen Krieg unvermeidlich machen würden. Da diese parlamentarische Meinungsgruppe in der englisch-amerikanischen Presse starken Rückhalt hatte, sah Chamberlain sich genötigt, ihr politische Zugeständnisse zu machen. Als Chamberlain am 3. Oktober 1938 die Münchner Verträge dem britischen Unterhaus zur Billigung vorlegte, verband er dies mit der Vorlage eines umfangreichen Rüstungsprogrammes. Dieses sah den Bau von 3.000 Flugzeugen bis zum Ende des Jahres und den Bau von 8.000 weiteren im Verlauf des Jahres 1939 vor. Die Militärausgaben wurden verdoppelt, sie stiegen von 400 auf 800 Millionen Pfund Sterling.[151] Für Chamberlain war die britische Aufrüstung Teil einer Eindämmungspolitik gegen zukünftige deutsche Expansionsbestrebungen, aber die „Anti-Appeaser", insbesondere Winston Churchill, waren damit nicht zufrieden.[152]

## Die „Reichskristallnacht"

Im November 1938 verschlechterten sich die Beziehungen Deutschlands zu den Westmächten in dramatischer Weise. Am 7. November wurde der Sekretär der deutschen Botschaft in Paris, Ernst vom Rath, von einem siebzehnjährigen polnischen Juden namens Herschel Grynszpan niedergeschossen. Dieser Anschlag wurde in der deutschen Presse auf Anweisung von Goebbels als „Verschwörung des Weltjudentums gegen das Dritte Reich" hochgespielt. Trotz aller ärztlichen Bemühungen erlag vom Rath zwei Tage später seinen Verletzungen. Als die Nachricht vom Tode des Legationssekretärs am Nachmittag des 9. November in Deutschland bekannt wurde, kam es an einigen Orten offenbar spontan zu antijüdischen Demonstrationen. Hitler und die Größen der NSDAP hatten sich an diesem Tag in München versammelt, um den fünfzehnten Jahrestag des Putschs vom 9. November 1923 zu begehen.[153]

In den folgenden Stunden wurden im ganzen Reichsgebiet von SA-Leuten in Zivil über 800 jüdische Geschäfte geplündert und angezündet, Synagogen und Wohnungen in Brand gesetzt oder demoliert sowie etwa 20.000 Juden verhaftet und einige Dutzend schwer mißhandelt. Die Zahl der getöteten Juden betrug 36, die der verletzten ebenfalls 36.[154] Wegen der zahllosen eingeworfenen Schaufensterscheiben sprach der Volksmund bald von der „Reichskristallnacht".

Nachdem Hitler in der Nacht vom 9. auf den 10. November um 1.00 Uhr über die Vorfälle informiert worden war, erließ SS-Gruppenführer Reinhard Heydrich im Auftrag des

---

[151]  Keith Feiling, S. 388.
[152]  Winston Churchill. Reden 1938–1940. Bd. I. Zürich 1946, S. 84 ff.
[153]  IMT XXXII, Dok. 3063-PS.
[154]  IMT IX, S. 577.

Reichsführer-SS um 1.20 Uhr Anordnungen an alle Dienststellen der Staatspolizei und des SD, die besagten, daß Polizei und SD sich an den „Demonstrationen gegen die Juden" nicht beteiligen, sondern für Ruhe und Ordnung sorgen sollten.[155]

Inzwischen hatten sich mehrere Gauleiter bei Hitler über die antijüdischen Ausschreitungen beschwert.[156] Hitler war über die Vorgänge, die ihm berichtet wurden, äußerst aufgebracht, und um 2.56 Uhr gab die Dienststelle von Rudolf Heß, dem Stellvertreter Hitlers als Führer der NSDAP, ein Fernschreiben an alle Gauleiter heraus, wonach die Ausschreitungen zu unterbinden seien.[157] Die Berliner Gestapo wiederholte dieses Verbot um 3.45 Uhr, andere Gestapo-Dienststellen schlossen sich an.

Die Rolle des Reichsministers für Volksaufklärung und Propaganda Dr. Joseph Goebbels bei der Initiierung dieser Pogrome ist umstritten. Sie erwiesen sich in der Folge jedenfalls als schwerer Fehler, der sehr negative Folgen für die deutsche Außenpolitik haben sollte.[158]

In der „Reichskristallnacht" waren mindestens 36 Juden ermordet worden, aber die Täter wurden nur in besonders krassen Fällen bestraft. Statt dessen wurde die Diskriminierung der in Deutschland lebenden Juden erheblich verschärft.[159]

Dies rief, wie vorhersehbar, in den USA massive Empörung hervor. Am 14. November wurden in einer landesweit ausgestrahlten Rundfunksendung die Geschehnisse in Deutschland auf das heftigste kritisiert. Präsident Roosevelt gab am 15. November eine Pressekonferenz, in der er die antisemitischen Maßnahmen der Reichsregierung scharf verurteilte.[160]

## Die deutsch-polnischen Beziehungen bis zur Besetzung Prags

Am 24. Oktober 1938, wenige Tage nach der Besetzung des Sudetengebiets, teilte Ribbentrop dem polnischen Botschafter in Berlin, Jozef Lipski, mit, „daß der Augenblick gekommen sei, eine Gesamtlösung für das Danzig- und Korridor-Problem ins Auge zu fassen". Der Reichsaußenminister machte folgende Vorschläge:
1. Die Freie Stadt Danzig kehrt zum Deutschen Reich zurück.
2. Durch den Korridor werden eine exterritoriale, zu Deutschland gehörende Autobahn und eine mehrgleisige Eisenbahnstrecke gebaut.
3. Polen erhält im Gebiet von Danzig ebenfalls eine exterritoriale Autobahn und Eisenbahn sowie einen Freihafen.[161]

Der polnische Außenminister Jozef Beck wollte offenbar Zeit gewinnen und antwortete erst am 19. November. In seiner Antwortnote lehnte er die Vorschläge Ribbentrops ab, vermied es dabei aber, alle Brücken abzubrechen. Hitler war über die negative Antwort Becks enttäuscht und betrachtete sie als schlechtes Vorzeichen. Um auf alle Eventualitäten vorbereitet zu sein, erteilte er dem Oberbefehlshaber des Heeres, Generaloberst Walter von Brauchitsch, wenige Tage später, am 24. November, die Weisung „Vorbereitungen zu treffen, daß der Freistaat Danzig überraschend von deutschen Truppen besetzt werden

[155] IMT XXXI, Dok 3051-PS.
[156] Hans Kehrl. Krisenmanager im Dritten Reich. Düsseldorf 1973, S. 142. Kehrl beruft sich in seiner Darstellung auf den Gauleiter Stürtz, der sich über die antijüdischen Ausschreitungen mit vielen anderen Gauleitern bei Hitler beschwert hat.
[157] David Irving. Hitlers Weg, Anlage 2, S. 523.
[158] Friedrich Christian Prinz zu Schaumburg-Lippe. Dr. G. – Porträt eines Propagandaministers. Wiesbaden 1963, S. 182 f.
[159] Tansill, Hintertür, S. 475 u. 478.
[160] New York Times, 15. u. 16. November 1938.
[161] ADAP D V, Dok.Nr. 81.

kann [...] Voraussetzung ist eine handstreichartige Besetzung von Danzig in Ausnutzung einer politisch günstigen Lage, nicht ein Krieg gegen Polen."[162] Hitler sagte zu Brauchitsch, er beabsichtige diese Maßnahmen nur dann zu ergreifen, wenn Lipski durchblicken ließe, daß die polnische Regierung eine freiwillige Aufgabe Danzigs ihrem Volk gegenüber nicht vertreten wolle und ihre Lage durch ein von Deutschland geschaffenes „fait accompli" erleichtert würde.[163]

Zu Beginn des Jahres 1939 machte Beck einen Staatsbesuch in Deutschland und wurde am 5. Januar von Hitler auf dem Berghof empfangen. Hitler eröffnete das Gespräch mit der Feststellung, er werde sich bemühen, „Polen gegenüber die Politik weiterzuführen, die mit der Nichtangriffserklärung von 1934 begonnen wurde. Meiner Ansicht nach besteht eine völlige Interessengleichheit zwischen Deutschland und Polen hinsichtlich Rußlands. Für das Deutsche Reich ist Rußland immer gleich gefährlich, ob es sich nun um ein bolschewistisches oder um ein zaristisches Rußland handelt. Daher ist ein starkes Polen für uns notwendig. Jede an der russischen Grenze stehende polnische Division erspart uns eine deutsche Division. Was Danzig angeht, so ergeben sich alle Schwierigkeiten daraus, daß diese Stadt deutsch ist und früher oder später wieder zu Deutschland kommen muß. Dadurch sollen aber jedenfalls die Rechte Polens in keiner Weise geschmälert werden."

Beck erwiderte, die Ansichten, die Hitler über Danzig äußere, „sind sicherlich nicht geeignet, die zwischen unseren Ländern bestehenden Schwierigkeiten zu beheben. Ganz im Gegenteil! Für Danzig gibt es keine politische Entschädigung, und deshalb kann diese Frage nicht auf dem Wege eines Ausgleichs geregelt werden!"

Hitler versicherte in versöhnlichem Ton, es gehe lediglich darum, eine gerechte Lösung zu finden, die die Interessen aller Beteiligten berücksichtige.[164]

## Die Besetzung der „Rest-Tschechei"

Die Feindschaft Churchills und der „Anti-Appeaser" gegen eine Verständigung mit Deutschland veranlaßte Hitler, Überlegungen für die Zukunft anzustellen. Sollte in London die Opposition an die Regierung kommen, so würde diese aller Wahrscheinlichkeit nach die Verständigungspolitik aufgeben und eine Einkreisung Deutschlands anstreben. In diesem Fall mußte damit gerechnet werden, daß Benesch in Prag an die Macht zurückkehren und wieder eine deutschfeindliche Politik betreiben würde. Im Bündnis mit England, Frankreich und Sowjetrußland konnte die Tschechoslowakei wieder zu einer Gefahr für das Deutsche Reich werden, was Hitler in jedem Fall verhindern wollte. Er erließ deshalb am 21. Oktober 1938 eine Weisung an den Generalstab des Heeres, unverzüglich Vorbereitungen zur „Erledigung der Rest-Tschechei" zu treffen.[165]

Der tschechoslowakische Staatspräsident Eduard Benesch ging am 22. Oktober 1938 nach London ins Exil. Zu seinem Nachfolger wurde am 29. November Emil Hacha, der bisherige Präsident des Obersten Verwaltungsgerichts, gewählt. Gleichzeitig verschlechterte sich das Verhältnis zwischen der Tschechei und der Slowakei. In der slowakischen Hauptstadt Preßburg wurde ein eigener Landtag gewählt. Bei einer Volksabstimmung sprachen sich 98 Prozent der Wähler für eine Autonomie aus, und am 24. Februar 1939 bildete Jozef Tiso eine rein slowakische Regierung. Auch die Karpato-Ukraine im äußersten Osten der Slowakei strebte nach Unabhängigkeit.

---

[162] IMT Bd. XXXIV, Dok. 137-C.
[163] ADAP D VI, Dok.Nr. 99.
[164] ADAP D V, Dok.Nr. 119.
[165] ADAP D IV, Dok. 81/II.

Durch das Münchner Abkommen waren 350.000 Tschechen in das Deutsche Reich eingegliedert worden, aber in der neuen Tschechoslowakei lebten immer noch 175.000 Deutsche. Diese Deutschen waren bei den Tschechen nun noch unbeliebter als bisher und sahen sich zunehmend diskriminierenden Maßnahmen ausgesetzt. Die tschechoslowakische Armee rüstete nicht ab, sondern blieb weiterhin mobilisiert. Verteidigungsminister General Syrovy glaubte, daß es ungeachtet des Münchner Abkommens bald zum Krieg zwischen den Westmächten, Sowjetrußland und Deutschland kommen werde. Benesch befand sich zwar in London im Exil, nahm aber über seine Freunde weiterhin Einfluß auf die tschechische Politik. Die Anhänger Beneschs lehnten einen föderativen Staatsaufbau entschieden ab und begannen einen Pressefeldzug gegen die neue Regierung, der sie Schwäche und Nachgiebigkeit gegenüber Deutschland vorwarfen.

Am 10. März ließ Hacha Tiso und drei weitere slowakische Minister absetzen und Preßburg von Militär besetzen. Tiso reagierte, indem er jede Verbindung zu Prag abbrach und sich in ein Kloster in der Westslowakei zurückzog. Die chaotische Lage in der Slowakei rief nun Polen und Ungarn auf den Plan. Die polnische Regierung erklärte, sie könne sich mit der Rückgabe des Teschener Gebiets nicht zufriedengeben, und forderte eine gemeinsame Grenze mit Ungarn. Der rumänischen Regierung machte Warschau den Vorschlag, die Karpato-Ukraine mit Polen zu teilen. Die ungarische Regierung erhob Anspruch auf die gesamte Slowakei und ganz Ruthenien und konzentrierte Truppen im Grenzgebiet.

Berlin verfolgte die Ereignisse mit großer Aufmerksamkeit, am 12. März erteilte Hitler Heer und Luftwaffe die Weisung, sich für einen Einmarsch in die Rest-Tschechei am 15. März um 6 Uhr morgens bereitzuhalten.

In der Nacht vom 12. auf den 13. März suchten zwei Abgesandte Ribbentrops Tiso auf. Sie überbrachten ihm eine Einladung Hitlers nach Berlin. Noch am gleichen Tag traf Ministerpräsident Tiso um 18.40 Uhr in der Reichskanzlei ein, wo er von Hitler empfangen wurde. Zu Beginn der Unterredung trug Hitler wieder Klagen gegen die Tschechen vor, um dann fortzufahren: „Wenn die Slowakei sich selbständig machen will, bin ich bereit, ihre Unabhängigkeit zu garantieren."[166]

Um 20 Uhr flog die slowakische Delegation nach Preßburg zurück. Am darauffolgenden Tag, dem 14. März, trat Ministerpräsident Tiso vor das Preßburger Parlament und erklärte die Slowakei für unabhängig. Unmittelbar danach schickte er an Göring ein Telegramm, in dem er Hitler bat, die Slowakei unter den Schutz des Großdeutschen Reiches zu stellen. Die positive Antwort Hitlers erfolgte umgehend.[167]

In Prag lösten die eingehenden Meldungen große Unruhe aus, es war nicht zu übersehen, daß die Tschecho-Slowakei kurz davorstand, endgültig auseinanderzubrechen. Staatspräsident Hacha fragte bei der Reichsregierung in Berlin an, ob er umgehend einen Besuchstermin bei Hitler erhalten könne.[168] Sobald die positive Antwort vorlag, fuhr Hacha in Begleitung seines Außenministers František Chvalkowsky in einem Sonderzug am Nachmittag des 14. März in die Reichshauptstadt.

Um 22.40 Uhr trafen Hacha und Chvalkowsky in Berlin ein und wurden um 1.15 Uhr nachts von Hitler in der Neuen Reichskanzlei empfangen. Hacha entschuldigte sich für die Maßnahmen, die er gegen die Slowakei habe ergreifen müssen, und fügte hinzu, er werde der Slowakei keine Träne nachweinen, wenn sie sich selbständig machen sollte. Er versicherte weiter, daß er mit dem früheren Regime und seiner deutschfeindlichen Politik nichts zu tun haben wolle.

---

[166]  ADAP D IV, Nr. 202 u. IMT, Bd. XXXI, Dok.Nr. 2802-PS.
[167]  ADAP D VI, Nr. 10.
[168]  ADAP D VI, Nr. 216.

Hitler erwiderte, daß die Tschechoslowakei dem Reich gegenüber stets eine feindselige Gesinnung an den Tag gelegt habe, und beklagte, daß die tschechische Armee immer noch nicht abgerüstet habe, weil sie auf eine Revanche hoffe. Deshalb habe er am letzten Sonntag, dem 12. März, der Wehrmacht den Befehl gegeben, in die Rest-Tschecho-Slowakei einzurücken: „Morgen um 6 Uhr wird die deutsche Armee von allen Seiten her in Böhmen und Mähren einmarschieren. Jetzt gibt es nur noch zwei Möglichkeiten: Entweder leistet die tschechische Armee dem Vormarsch der deutschen Truppen keinen Widerstand. In diesem Falle hat Ihr Volk noch gute Aussichten für die Zukunft. Ich werde ihm eine Autonomie gewähren, die weit über alles hinausgeht, wovon es zu Zeiten Österreichs hätte träumen können. Oder aber Ihre Truppen leisten Widerstand. In diesem Falle werden sie mit allen zur Verfügung stehenden Mitteln vernichtet werden."[169]

Hacha und Chvalkowsky waren von den Eröffnungen Hitlers völlig überrascht, begriffen aber sofort, daß Widerstand zwecklos war. Nachdem er sich von einem Schwächeanfall erholt hatte, telefonierte Hacha mit Prag und wies Verteidigungsminister General Syrovy an, keinen militärischen Widerstand zu leisten. Da die tschechoslowakische Armee mit dem Sudetengebiet alle ihre Befestigungsanlagen verloren hatte, und da die slowakische Regierung in Preßburg ihren Soldaten und Offizieren befohlen hatte, ihre Einheiten zu verlassen und nach Hause zurückzukehren, hatte ein bewaffneter Widerstand von vornherein keine Erfolgsaussichten.

Inzwischen hatte das Sekretariat der Reichskanzlei eine kurze Erklärung fertiggestellt, in der es hieß, Staatspräsident Hacha habe anläßlich seines Staatsbesuchs in Berlin erklärt, daß er, „um eine endgültige Befriedung zu erreichen, das Schicksal des tschechischen Volkes und Landes vertrauensvoll in die Hände des Führers des Deutschen Reiches legt. Der Führer hat diese Erklärung angenommen".[170] Hitler, Hacha, Ribbentrop und Chvalkowsky unterzeichneten diese Erklärung um 3.55 Uhr morgens, also nur zwei Stunden vor dem Beginn des deutschen Einmarsches. Als die deutschen Truppen im Verlauf des 15. März die Rest-Tschechei besetzten, stießen sie auf keinerlei bewaffneten Widerstand.

Am 16. März verkündete Hitler in Prag das Ende der Tschecho-Slowakei und die Errichtung des Protektorats Böhmen und Mähren. Der „Reichsprotektor", Konstantin von Neurath, hatte im wesentlichen die gleichen Befugnisse wie ein Statthalter in der Zeit der k.u.k. Monarchie. Präsident Hacha führte weiter die Landesregierung, die souveränen Rechte hinsichtlich der Landesverteidigung, der Außenpolitik, der Finanz- und der Wirtschaftspolitik übte fortan aber das Deutsche Reich aus. Böhmen und Mähren wurden Bestandteil des deutschen Zollgebiets. Die tschechische Armee wurde von 150.000 auf 7.000 Mann reduziert.[171]

Am 23. März 1939 unterzeichneten in Berlin Reichsaußenminister Ribbentrop und Tiso einen Vertrag, mit dem Deutschland für 25 Jahre das Protektorat über die Slowakei übernahm und das Recht erhielt, auf ihrem Gebiet Truppen zu stationieren.[172] Die Karpato-Ukraine wurde von der ungarischen Armee besetzt.

Die Wehrmacht fand in der Tschechei militärisches Gerät in beträchtlichem Umfang vor: 1.582 Flugzeuge, 501 Flakgeschütze, 2.175 schwere und leichte Geschütze, 785 Minenwerfer, 468 Panzerkampfwagen, 43.876 Maschinengewehre, 114.000 Pistolen, 1.090.000 Gewehre, mehr als eine Milliarde Schuß Infanteriemunition, mehr als drei Millionen Granaten, dazu Brückengerät, Horchgerät, Scheinwerfergerät sowie eine Unzahl

---

[169] Paul Schmidt, Statist, S. 429 f.
[170] ADAP D VI, Nr. 229.
[171] Dokumente und Berichte, 25. März 1939, S. 38 ff.
[172] Ernst v. Eisenhart-Rothe/Erich v. Tschischwitz/Walther Beckmann (Hrsg.). Deutsche Infanterie. Zeulenroda 1939, S. 717.

von Spezialfahrzeugen.[173] Dieses Kriegsmaterial war eine willkommene Verstärkung für die deutsche Wehrmacht.

Am 20. März 1939 konfrontierte Reichsaußenminister Ribbentrop den litauischen Außenminister Juozas Urbsys in Berlin mit einem Ultimatum: Litauen solle das 1923 mit Hilfe von „Freischärlern" annektierte Memelland an das Deutsche Reich zurückgeben. Sollte die litauische Regierung sich dazu entschließen, dies „freiwillig" zu tun, so versprach Deutschland im Gegenzug wirtschaftliche Hilfe und Hafenrechte in Memel; sollte Litauen dagegen ablehnen, so würde das Reich auf militärische Mittel zurückgreifen.[174] Nach seiner Rückkehr nach Kaunas erstattete Urbsys dem Parlament Bericht, und die Abgeordneten konnten angesichts der offensichtlichen Isolation Litauens nichts anderes tun, als den deutschen Forderungen nachzugeben und der Rückgabe des Memellandes zuzustimmen. Bereits am 22. März wurde die Abtretung in Berlin durch einen deutsch-litauischen Staatsvertrag besiegelt.

# Das Ende der Appeasement-Politik

Als erster ausländischer Staatsmann äußerte sich Neville Chamberlain zur Besetzung der Rest-Tschechei. Der Premierminister hatte nur widerwillig und auf Drängen der Franzosen eine Garantieerklärung für die Tschechoslowakei übernommen, die Unabhängigkeitserklärung der Slowakei gab ihm nun die Möglichkeit, die britischen Verpflichtungen als erledigt zu betrachten.[175]

Die Nachricht von der Errichtung des Protektorats Böhmen und Mähren löste jedoch in Großbritannien sowohl im Parlament wie in der Presse einen derartigen Sturm der Entrüstung aus, daß Chamberlain sich genötigt sah, seine Haltung zu modifizieren.[176]

Am folgenden Tag, dem 18. März 1939, erklärte Lord Halifax vor dem Kabinett: „Die Verständigungspolitik hat Schiffbruch erlitten. […] Wenn England den Frieden retten und Hitler daran hindern will, einen weiteren Sprung nach vorn zu tun, dann muß es […] Verpflichtungen in Osteuropa übernehmen und die Grenzen Polens und Rumäniens garantieren. Es muß sogar noch weiter gehen und dieses Bündnis durch eine Einbeziehung Rußlands zu stärken suchen."[177]

Am 21. März bat Ribbentrop den polnischen Botschafter Lipski in die Wilhelmstraße. Der Reichsaußenminister begann die Unterredung, indem er sich über die polnische Haltung gegenüber Deutschland beklagte: „Wie Sie wissen, hat der Führer immer auf einen Ausgleich und auf eine Befriedung mit Polen hingearbeitet. Auch jetzt verfolgt er noch dieses gleiche Ziel. Sie müssen sich jedoch durchaus klar darüber sein, daß die Korridor-Regelung von den Deutschen allgemein als die schwerste Belastung des Versailler Vertrages für Deutschland empfunden wird. Keine andere Regierung als die unsere wäre in der Lage gewesen, auf die deutschen Revisionsansprüche zu verzichten. Der Führer denkt über dieses Problem ganz anders als seine Vorgänger. Er erkennt die Berechtigung des polnischen Anspruchs auf einen freien Zugang zum Meer an. Er ist der einzige deutsche Staatsmann, der einen endgültigen Verzicht auf den Korridor aussprechen kann. Die Vorbedingungen für einen solchen Verzicht sind allerdings die folgenden: 1. Die Rückkehr Danzigs zum Deutschen Reich; 2. Die Schaffung einer exterritorialen Autobahn- und

---

[173] Diese Zahlen nannte Hitler in seiner Reichstagsrede vom 28. April 1939, Keesings Archiv der Gegenwart 1939, S. 4042.

[174] Ernst-Albrecht Plieg. Das Memelland 1920–1939. Würzburg 1962, S. 207.

[175] Amtliche Übersetzung, abgedruckt in: Dokumente der deutschen Politik und Geschichte, Bd. V, hrsg. v. Johannes Hohlfeld. Berlin u. München o.J., S. 25.

[176] Britisches Blaubuch, Dok.Nr. 9.

[177] Jacques Benoist-Méchin. Wollte Adolf Hitler den Krieg. Preußisch Oldendorf 1971, S. 160.

Eisenbahnverbindung zwischen Ostpreußen und dem Reich. Hierfür wäre das Reich bereit, Ihre Grenzen zu garantieren."[178]

Am folgenden Tag, den 22. März, trat in Warschau der polnische Ministerrat zusammen, um die englischen Vorschläge für einen kollektiven Sicherheitspakt und die von Ribbentrop vorgetragenen deutschen Vorschläge zu erörtern, wobei Oberst Beck seine Auffassungen durchsetzen konnte. Am folgenden Tag lehnte Beck das britische Angebot mit der Begründung ab, Warschau würde ein zweiseitiges Abkommen zwischen Großbritannien und Polen bevorzugen.[179] Die deutschen Vorschläge lehnte Beck ab, da er sie für ein Täuschungsmanöver hielt. Der polnische Außenminister war überzeugt, daß Hitler, sobald er Danzig bekommen habe, mehr fordern werde; Beck hielt es für ausgeschlossen, daß Hitler bereit sei, endgültig auf den Korridor zu verzichten.

Um der chauvinistischen Stimmung in Teilen der Öffentlichkeit entgegenzukommen und um Berlin zu zeigen, daß er es mit der Ablehnung der deutschen Vorschläge ernst meine, ordnete Oberst Beck mit Zustimmung der militärischen Führung eine Teilmobilmachung der polnischen Armee an.[180]

Am 24. März erteilte der polnische Außenminister, Oberst Beck, seinem Londoner Botschafter den Auftrag, Lord Halifax zu fragen, ob die englische Regierung angesichts der Schwierigkeiten und des Zeitverlustes, der mit einer multilateralen Verhandlung verbunden wäre, nicht die Möglichkeit ins Auge fassen könnte, mit Polen unverzüglich ein zweiseitiges Abkommen zu schließen.[181]

Am 31. März gab Premierminister Chamberlain vor dem britischen Unterhaus eine Garantieerklärung zugunsten Polens ab: „Ich habe dem Haus jetzt mitzuteilen, daß im Falle einer Aktion, welche die polnische Unabhängigkeit klar bedrohen und gegen welche die polnische Regierung entsprechend den Widerstand mit ihrer nationalen Wehrmacht als unerläßlich ansehen würde, Seiner Majestät Regierung sich während dieser Zeit verpflichtet fühlen würde, sofort der polnischen Regierung alle in ihrer Macht liegende Unterstützung zu gewähren."[182]

Oberst Beck wollte sich aber nicht mit einer einseitigen britischen Garantie zufriedengeben, da dies einer Großmacht, wie Polen sie zu sein beanspruchte, nicht würdig erschien. Beck wollte mit England von gleich zu gleich verhandeln und Chamberlains Garantieerklärung durch einen beiderseitigen Pakt ablösen. Da England eine Garantie der Grenzen Polens anbot, würde Polen seinerseits die Grenzen Englands garantieren und im Falle einer Bedrohung seine Unterstützung gewähren.[183]

Mit der britischen Garantieerklärung hatten Chamberlain und Halifax sich in die Hände des Obersten Beck begeben. England hatte sich zu bedingungsloser Unterstützung verpflichtet. Nach dem Wortlaut der Garantieerklärung hatte allein Beck darüber zu entscheiden, ob die polnische Unabhängigkeit bedroht sei, ob polnische Lebensinteressen auf dem Spiel stünden und ob die polnischen Streitkräfte Widerstand leisten müßten.

Am 26. März hatte Ribbentrop Botschafter Lipski erneut gedrängt, die polnische Regierung solle die deutschen Vorschläge annehmen und eine Rückkehr Danzigs zum Deutschen Reich gestatten, worauf Lipski wieder ausweichend geantwortet hatte. Hitlers Geduld hatte Grenzen. Am 3. April unterzeichnete er als Oberster Befehlshaber der Wehrmacht eine Weisung für den „Fall Weiß".[184]

---

[178]  ADAP D VI, Dok.Nr. 61.
[179]  Polnisches Weißbuch, Dok.Nr. 66.
[180]  Dokumente zur Vorgeschichte des Krieges, hrsg. v. Auswärtiges Amt (Deutsches Weißbuch Nr. 2), Berlin 1939, Dok.Nr. 204, 205, 206, 207.
[181]  Grigore Gafencu. Europas letzte Tage. Zürich 1946, S. 57 f.
[182]  Britisches Blaubuch, Dok.Nr. 17.
[183]  DGFP 3/V, S. 35 f.
[184]  ADAP D VI, Dok.Nr. 185.

In den Vereinigten Staaten war die öffentliche Meinung über den Einmarsch in Prag mindestens ebenso aufgebracht wie in Großbritannien. Am 20. März übergab Außenminister Cordell Hull dem deutschen Geschäftsträger Hans Thomsen eine Note, derzufolge die Regierung der Vereinigten Staaten dem Reichsprotektorat Böhmen und Mähren die völkerrechtliche Anerkennung verweigerte.[185]

Am 28. April hielt Hitler vor dem Deutschen Reichstag eine Rede, die sowohl ein Rechenschaftsbericht wie eine Abrechnung mit seinen außenpolitischen Gegnern, vor allem mit Präsident Roosevelt, war. Zuerst kündigte Hitler den Flottenvertrag mit England.[186]

Dann legte er nochmals sein Angebot an Warschau dar und nahm dessen Ablehnung zum Anlaß, den Deutsch-Polnischen Nichtangriffspakt vom Januar 1934 aufzukündigen: „Ich habe nunmehr der polnischen Regierung folgenden Vorschlag unterbreiten lassen:
1. Danzig kehrt als Freistaat in den Rahmen des Deutschen Reiches zurück.
2. Deutschland erhält durch den Korridor eine Straße und eine Eisenbahnlinie zur eigenen Verfügung mit dem gleichen exterritorialen Charakter für Deutschland, als der Korridor für Polen besitzt.
Dafür ist Deutschland bereit:
1. sämtliche wirtschaftlichen Rechte Polens in Danzig anzuerkennen;
2. Polen in Danzig einen Freihafen beliebiger Größe und bei vollständig freiem Zugang sicherzustellen;
3. damit die Grenzen zwischen Deutschland und Polen endgültig als gegeben hinzunehmen und zu akzeptieren;
4. einen fünfundzwanzigjährigen Nichtangriffspakt mit Polen abzuschließen, also einen Pakt, der weit über mein eigenes Leben hinausreichen würde.
Die polnische Regierung hat dieses mein Angebot abgelehnt.“

Dann ging Hitler auf die Anschuldigungen Präsident Roosevelts ein, die er Punkt für Punkt zurückwies.[187]

Oberst Beck wollte die Kündigung des Deutsch-Polnischen Nichtangriffspakts nicht einfach hinnehmen, am 5. Mai übermittelte er der Reichsregierung ein Memorandum, in dem er es ablehnte, irgendeine Veränderung am Danziger Statut hinzunehmen.[188]

---

[185] Ebenda.
[186] Reichstagsrede des Führers und Reichskanzlers vom 28. April 1939, Keesings Archiv der Gegenwart 1939, S. 4040 ff.; s.a. Memorandum der Reichsregierung an die Regierung Seiner Majestät vom 27. April 1939, ADAP D VI, Dok.Nr. 277.
[187] Reichstagsrede des Führers und Reichskanzlers vom 28. April 1939, Keesings Archiv der Gegenwart, S. 4043 ff.
[188] ADAP D VI, Nr. 334/Anhang, S. 357 ff.

# Die Sommerkrise 1939

## Die deutsch-sowjetischen Beziehungen
## bis zum Sommer 1939

Am 6. Mai reiste Reichsaußenminister Ribbentrop nach Mailand, um mit seinem Amtskollegen Ciano den endgültigen Text für einen deutsch-italienischen Bündnisvertrag
festzulegen, und am 22. Mai unterzeichneten die beiden Außenminister in Berlin den
„Freundschafts- und Bündnispakt zwischen Deutschland und Italien", der auch als
„Stahlpakt" bezeichnet wurde.[189] Dieser Pakt war aber von italienischer Seite bis auf weiteres rein defensiv gedacht. Am 30. Mai überbrachte General Ugo Cavallero Hitler ein
persönliches Schreiben Mussolinis, in dem der Duce den Führer auf den mangelhaften
Rüstungsstand der italienischen Streitkräfte aufmerksam machte.[190]

Das von Chamberlain nach der Münchner Konferenz angekündigte neue britische
Rüstungsprogramm und die Verschlechterung der deutsch-englischen Beziehungen bestärkten Hitler in dem Verdacht, daß die Westmächte mit dem Münchner Abkommen
nur hatten Zeit gewinnen wollen, daß sie aber tatsächlich über kurz oder lang mit einer
bewaffneten Auseinandersetzung rechneten. Sollte es London und Paris gelingen, die
Sowjetunion für ein Bündnis zu gewinnen, dann drohte Deutschland die Einkreisung.
Hitler mußte daher versuchen, das Verhältnis zu Moskau zu verbessern, um ein Bündnis
der UdSSR mit den Westmächten zu verhindern.

Seit dem Ende des Jahres 1938 zeigten sich erste Anzeichen für eine Entspannung des
Verhältnisses zwischen Berlin und Moskau. Die Verhandlungen über eine anstehende
Verlängerung der deutsch-sowjetischen Wirtschaftsvereinbarungen waren im März 1938
abgebrochen worden.[191] Am 22. Dezember wurden die Gespräche durch Legationsrat
Karl Schnurre und den Stellvertretenden Handelsvertreter der UdSSR, Skossyrew, wie-
deraufgenommen.[192] Die Wirtschafts- und Kreditverhandlungen wurden im Januar und
Februar 1939 fortgesetzt.

Wenige Tage vor dem deutschen Einmarsch in die „Rest-Tschechei", am 10. März 1939,
hielt Stalin vor dem XVIII. Parteitag der KPdSU eine Rede, in der er die Möglichkeit einer
Verbesserung der deutsch-sowjetischen Beziehungen andeutete. Stalin verzichtete auf
direkte Angriffe auf die deutsche Führung und sprach sogar ein indirektes Lob dafür
aus, daß Deutschland sich nicht entsprechend den Wünschen der Westmächte in einen
Konflikt mit der Sowjetunion treiben ließe. Das „große und gefährliche Spiel" der Westmächte könne, so Stalin, für sie mit einem „ernsthaften Fiasko" enden. Die Sowjetunion
werde sich jedenfalls nicht für die Interessen imperialistischer Mächte einspannen lassen
und allen Aggressoren eine vernichtende Antwort erteilen.[193]

Am 17. April erschien der sowjetische Botschafter in Berlin, Alexei Merekalow, bei
Staatssekretär Ernst von Weizsäcker und bat ihn um Auskunft, ob die Verträge über
Kriegsmateriallieferungen zwischen den tschechischen Skoda-Werken und der UdSSR

---

[189]  ADAP D VI, Dok.Nr. 426.
[190]  ADAP D VI, Dok.Nr. 459.
[191]  ADAP D VI, Nr. 479.
[192]  ADAP D VI, Nr. 481 u. 482.
[193]  Josef Stalin. Rechenschaftsbericht an den XVIII. Parteitag über die Arbeit des ZK der KPdSU(B), 10. März
       1939, in: Das Land des Sozialismus heute und morgen, Moskau 1939, S. 18 ff.

angesichts des neuen Status der Tschechei noch gültig seien. Bei dieser Gelegenheit fragte Merekalow, was Weizsäcker von den deutsch-russischen Beziehungen halte, und fügte hinzu, ideologische Meinungsverschiedenheiten brauchten das Verhältnis nicht zu stören.[194]

Stalin entschloß sich jetzt, eine sehr viel deutlichere Geste als bisher zu machen. Seit dem Jahre 1930 war Maxim Litwinow Volkskommissar für auswärtige Angelegenheiten der UdSSR. In Wirklichkeit wurde die sowjetische Außenpolitik allein von Stalin unter gelegentlicher Mitwirkung von Wjatscheslaw Molotow gemacht,[195] aber der Name Litwinows stand für den offiziellen Moskauer Kurs eines Systems kollektiver Sicherheit, das sich gegen die „Störenfriede" Deutschland und Italien richtete. Die Aufnahme diplomatischer Beziehungen mit den USA 1933, der Eintritt in den Völkerbund 1934, die Beistandsverträge mit Frankreich und der Tschechoslowakei 1935 wurden als das Werk Litwinows angesehen. Die jüdische Herkunft des Volkskommissars unterstrich die antideutsche Linie seiner Politik. Am 3. Mai 1939 ließ Stalin überraschend Litwinow vom Posten des Volkskommissars für Äußeres abberufen und ihn durch Molotow ersetzen, der als getreuer Gefolgsmann des sowjetischen Diktators galt.[196]

Zwei Tage später berief Hitler Botschaftsrat Gustav Hilger zu sich und empfing ihn am 10. Mai auf dem Obersalzberg. Hitler wollte sich über die Hintergründe des Wechsels von Litwinow zu Molotow informieren und fragte Hilger, ob Stalin eine Annäherung an Deutschland wünsche. Hilger verwies auf die Rede Stalins vor dem XVIII. Parteitag im vergangenen März, die entsprechende Andeutungen enthalte. Hilger wurde beauftragt, den Sowjets mitzuteilen, Berlin beabsichtige, Legationsrat Schnurre zur Weiterführung der im vergangenen Dezember begonnenen Wirtschaftsverhandlungen nach Moskau zu entsenden.[197]

Am 17. Mai traf Sowjet-Botschaftsrat Georgi Astachow mit Legationsrat Schnurre zusammen und brachte die Handelsbeziehungen zwischen der UdSSR und der ehemaligen Tschechoslowakei zur Sprache. In der anschließenden Unterhaltung kam der sowjetische Diplomat auf die deutsch-russischen Beziehungen zu sprechen: „Astachow ging ausführlich darauf ein, daß keine außenpolitischen Gegensätze zwischen Deutschland und der Sowjet-Union bestünden und daß infolgedessen kein Grund für eine Gegnerschaft der beiden Staaten vorliege. Man habe allerdings in der Sowjet-Union das ausgesprochene Gefühl der Bedrohung durch Deutschland. Es sei gewiß möglich, dieses Gefühl der Bedrohung und des Mißtrauens in Moskau zu zerstreuen."[198]

Astachow deutete damit an, daß Stalin bereit sei, einen Nichtangriffsvertrag mit Deutschland abzuschließen. Am 20. Mai hatte der deutsche Botschafter in Moskau, Friedrich-Werner Graf von der Schulenburg, mit Molotow über die Wiederaufnahme der Wirtschaftsverhandlungen gesprochen, wobei der Volkskommissar gefordert hatte, es müßte vorher die notwendige „politische Grundlage" geschaffen werden.[199]

Am 5. Juni schrieb von der Schulenburg an Staatssekretär von Weizsäcker, er habe bei seinem Gespräch mit Molotow den Eindruck gehabt, daß dieser die Deutschen zu politischen Gesprächen auffordern wollte; die Unterredung Weizsäckers mit Astachow vom 30. Mai und die Rede Molotows vom 31. Mai hätten ihn mittlerweile in dieser Auffassung bestärkt.[200] Schulenburg sollte recht behalten. Am 15. Juni suchte der bul-

---

[194]  ADAP D VI, Nr. 215.
[195]  Dimitri Wolkogonow. Stalin: Triumph und Tragödie. Düsseldorf 1989, S. 526.
[196]  ADAP D VI, Nr. 325.
[197]  Gustav Hilger. Wir und der Kreml. Frankfurt a.M. 1956, S. 277 ff.
[198]  ADAP D VI, Nr. 406.
[199]  ADAP D VI, Nr. 424.
[200]  ADAP D VI, Nr. 478.

garische Gesandte Parvan Draganoff im Auswärtigen Amt Unterstaatssekretär Ernst Woermann auf.

Draganoff sprach keineswegs über Angelegenheiten seines Landes, sondern übermittelte vielmehr im Auftrag Astachows die Ansichten der Sowjetregierung: „Die Sowjetunion stehe der augenblicklichen Weltlage zögernd gegenüber. Sie schwanke zwischen drei Möglichkeiten, nämlich dem Abschluß des Paktes mit England und Frankreich, einer weiteren verzögernden Behandlung der Paktverhandlungen und einer Annäherung an Deutschland. Gefühlsmäßig läge der Sowjetunion diese letzte Möglichkeit am nächsten, wobei weltanschauliche Fragen nicht mitzuspielen brauchten. Hindernd sei aber die Furcht vor einem deutschen Angriff, entweder durch die baltischen Staaten oder durch Rumänien. Wenn Deutschland die Erklärung abgeben würde, daß es die Sowjetunion nicht angreifen wolle oder mit ihr einen Neutralitätspakt abschließen würde, so würde die Sowjetunion wohl von dem Vertragsabschluß mit England absehen. Die Sowjetunion wisse jedoch nicht, was Deutschland eigentlich wolle."[201]

Ende Juni trat ein Stillstand in den deutsch-sowjetischen Verhandlungen ein, beide Seiten wollten noch die Alternativen ausloten. Sollte Stalin sich für ein Bündnis mit den Westmächten entscheiden, dann würde eine übermächtige Koalition entstehen, die abgesehen von ihrer militärischen Macht eine wirksame Wirtschaftsblockade gegen Deutschland verhängen konnte. Entweder mußten die Deutschen dann nachgeben, oder sie würden innerhalb weniger Monate wirtschaftlich erdrosselt werden. Schloß Stalin aber auf der Geschäftsgrundlage der Teilung Polens einen Nichtangriffspakt mit Hitler, dann kam es mit großer Wahrscheinlichkeit zu einem Krieg zwischen Deutschland und den Westmächten. Zwischen beiden Mächtegruppen herrschte annähernd ein militärisches Gleichgewicht. Unterstützte die UdSSR außerdem Deutschland mit Rohstofflieferungen, dann konnte das Reich den Krieg lange fortsetzen. Damit waren die Voraussetzungen für einen Abnutzungskrieg unter den kapitalistischen Mächten gegeben. Lenin hatte gefordert, man müsse die Interessengegensätze unter den Imperialisten ausnutzen und diese zum Nutzen der Sowjetunion aufeinanderhetzen. Zu berücksichtigen war nur, ob die Deutschen oder die Westmächte Moskau größere Einflußsphären in Osteuropa zugestehen würden.

Für Hitler waren die Alternativen angesichts der britisch-amerikanischen Einkreisungspolitik weniger erfreulich. Entweder konnte er das Problem Danzig ruhen lassen und hoffen, daß die Gefahr der Einkreisung durch eine Koalition England-Frankreich-Polen-Rumänien-Sowjetunion mit den USA im Hintergrund vorüberziehe. Allerdings bestand bei dieser Politik die Gefahr, daß die gegnerische Koalition sich verfestigen und eines Tages einen Vorwand finden würde, um gegen Deutschland mit Waffengewalt oder mit den Mitteln der Wirtschaftsblockade vorzugehen. Die militärische Überlegenheit dieser Koalition würde langfristig, bei Fortführung der amerikanischen, britischen und sowjetischen Rüstungsprogramme, erdrückend sein. Die andere Möglichkeit bestand darin, auf Stalins Angebot eines Nichtangriffspaktes einzugehen. Damit waren die Gefahren der Einkreisung wie der Wirtschaftsblockade gebannt, und auch das militärische Kräfteverhältnis verbesserte sich zugunsten Deutschlands. Polen würde entweder den deutschen Forderungen nachgeben müssen, oder es würde zwischen dem Reich und der Sowjetunion aufgeteilt. Die Westmächte hatten in diesem Fall kaum Möglichkeiten, Polen wirksam zu unterstützen. Der Nachteil dieser Lösung war der, daß Deutschland sich in wirtschaftliche Abhängigkeit von der Sowjetunion begab, was langfristig unabsehbare Folgen haben konnte.

Carl J. Burckhardt, Hoher Kommissar des Völkerbundes, schrieb in seinen Erinnerungen, daß die Freie Stadt Danzig „wohl eines der kompliziertesten Gebilde darstellte, das

---

[201] ADAP D VI, Nr. 529.

jemals dem theoretischen Denken improvisierender Völkerrechtler entsprungen ist. Ein Miniaturstaat wurde ins Leben gerufen, der ohne wirkliche Unabhängigkeit nur über sehr bedingte Souveränitätsrechte verfügte; ein wesentlicher Teil dieser Rechte wurde an Polen abgetreten, und in das tatsächlich als Ursprung ständiger Konflikte wie geschaffene Danziger Statut wurde nun auch noch als Garant der Völkerbund eingeschaltet mit im Konfliktfall nicht durchsetzbaren Rechten. Weder die Freie Stadt Danzig noch die Republik Polen, noch der Völkerbund besaßen klar definierte Befugnisse."[202]

Im Juni 1939 war die Lage in Danzig bereits sehr angespannt, der Notenwechsel zwischen Berlin und Warschau wurde im Ton immer schärfer.[203] Mitte Juli 1939 neigte Hitler dazu, im Streit um Danzig eine Entspannung zu suchen, Senatspräsident Arthur Greiser sollte mit dem zuständigen polnischen Minister Marian Chodacki Gespräche zur Beruhigung der Lage führen.[204] Aber diese Entspannungsbemühungen wurden durch die Eskalation der Streitigkeiten zwischen den Danziger und den polnischen Behörden zunichte gemacht. Am 19. Juli kündigte die Warschauer Regierung Maßnahmen an, die am 1. August in Kraft treten sollten und die wirtschaftliche Existenz der Freien Stadt Danzig in Frage zu stellen drohten.[205]

## Die englisch-französischen Bündnisverhandlungen mit der Sowjetunion

Der zwischen Frankreich und der Sowjetunion am 2. Mai 1935 geschlossene Beistandspakt verpflichtete die beiden Vertragspartner, sich im Falle eines Angriffs „unter der Aufsicht des Völkerbundes Hilfe und Beistand zu leisten". Nach der Errichtung des „Reichsprotektorats Böhmen und Mähren" im März 1939 war der französischen Regierung klar, daß sie ihre Osteuropapolitik auf neue Grundlagen stellen mußte. Dagegen hatte England weder irgendwelche Verpflichtungen gegenüber osteuropäischen Ländern übernommen noch einen Pakt mit Sowjetrußland abgeschlossen. Premierminister Chamberlain war von einem tiefsitzenden Mißtrauen gegen Sowjetrußland und seine politischen Ziele erfüllt.[206] Die britische Garantie für Polen ließ sich aber aus geographischen und strategischen Gründen nur mit Hilfe der Sowjetunion verwirklichen. Hinzu kam innenpolitischer Druck von seiten der Labour Party und Teilen der Presse, so daß Chamberlain und Halifax schließlich keine andere Wahl hatten, als die Annäherung an Moskau zu suchen.

Die Verhandlungen begannen am 14. April 1939, als Paris und London Moskau Vorschläge unterbreiteten, die auf den Abschluß eines Pakts abzielten, mit dem „Frankreich, Großbritannien und die UdSSR Polen und Rumänien garantierten, wenn eines dieser Länder von Deutschland angegriffen werden sollte". Die Sowjetregierung antwortete fünf Tage später mit Gegenvorschlägen: Großbritannien, Frankreich und die UdSSR sollten sich zunächst einmal für den Fall eines Angriffs gegen einen dieser drei Staaten zu gegenseitigem Beistand verpflichten. Die baltischen Staaten sollten in diesen Pakt einbezogen werden, die drei Mächte sollten sich verpflichten, keinen Separatfrieden abzuschließen. Die französische Regierung erklärte am 22. April ihr Einverständnis mit diesen Vorschlägen, aber dem Foreign Office in London gingen sie zu weit. Lord Halifax wollte zwar russische Unterstützung für Polen, nicht aber eine bri-

---

[202] Carl J. Burckhardt. Meine Danziger Mission 1937–1939. München 1960, S. 23 f.
[203] Ebenda, S. 317 f.
[204] ADAP D VI, Nr. 693 u. 771.
[205] Dokumente zur Vorgeschichte des Krieges, hrsg.v. Auswärtigen Amt (Deutsches Weißbuch Nr. 2), Berlin 1939, Dok.Nr. 431.
[206] Keith Feiling, S. 408 f.

tische Garantie für die Sowjetunion selbst. Deshalb hielt er an dem ursprünglichen Vorschlag fest, die drei Mächte sollten zunächst Polen und Rumänien garantieren, aber weder die polnische noch die rumänische Regierung wünschten eine solche Garantie. Die Politiker in Warschau fürchteten, daß die Sowjets Polen unter ihre Herrschaft bringen wollten.

Inzwischen hatte man die baltischen Staaten gefragt, ob sie mit einer englisch-französisch-russischen Garantie einverstanden wären, aber die Antwort war negativ.[207] Die französische Regierung suchte nach einer Kompromißformel und machte den Vorschlag, die Garantie solle für alle Länder Mittel- und Osteuropas gelten, ohne diese im einzelnen aufzuzählen. London ging dies aber immer noch zu weit. Einige Tage später wies Moskau die englischen Vorschläge mit der Begründung zurück, „sie seien nicht einmal als Grundlage für eine Diskussion geeignet".

Anläßlich einer Völkerbundratssitzung trafen Bonnet und Lord Halifax am 21. Mai in Genf mit dem sowjetischen Botschafter in London Iwan Maiski zusammen. Bonnet drängte Halifax zu einer Annäherung an die Moskauer Vorschläge, worauf der britische Außenminister zwei wesentliche Zugeständnisse machte: Er erklärte, England sei bereit, der Sowjetunion im Falle eines Angriffs beizustehen, und er war damit einverstanden, alle Länder Mittel- und Osteuropas einschließlich der baltischen Staaten in das Abkommen miteinzubeziehen, vorausgesetzt, daß diese ihre Zustimmung erteilten.

Am 31. Mai teilte Molotow den Botschaftern Englands und Frankreichs mit, daß er gegen den neuen britischen Vorschlag ausdrückliche Vorbehalte habe, da er noch keine wirkliche Gegenseitigkeit enthalte. Außerdem stellte er zwei neue Forderungen: 1. Die Garantie solle im Angriffsfall automatisch und ohne Bezugnahme auf den Völkerbund gelten; 2. die Garantie für die baltischen Staaten und für Finnland solle ohne die Zustimmung dieser Länder und nötigenfalls sogar gegen deren Willen abgegeben werden. Die Franzosen waren mit diesen beiden Bedingungen einverstanden, da sie erkannten, daß die Westmächte die Sowjetunion mehr brauchten als umgekehrt. Die Briten aber sträubten sich, da die Vorschläge Moskaus darauf hinausliefen, unter dem Vorwand, eine deutsche Hegemonie über Mitteleuropa verhindern zu wollen, eine sowjetische Vorherrschaft über den Ostseeraum zu errichten.

Am 7. Juni unterzeichneten Estland und Lettland Nichtangriffsverträge mit Deutschland, womit sie ihrem Mißtrauen gegen Moskau Ausdruck verliehen.[208]

Um die Verhandlungsatmosphäre zu verbessern und um irgendeinen Fortschritt zu erzielen, machte die französische Regierung den Vorschlag, die Briten sollten wenigstens zwei der von Moskau gestellten Bedingungen akzeptieren, den Verzicht auf jede Anrufung des Völkerbundes und das Verbot eines Separatfriedens. Paris regte weiterhin an, man solle, zum Ausgleich für die Garantie der drei baltischen Staaten, auch drei westliche Länder garantieren, ohne diese, wenigstens vorerst, namentlich zu nennen. Hierfür kamen in erster Linie die Niederlande, Luxemburg und die Schweiz in Frage. Damit würde sich die Zahl der garantierten Staaten auf acht erhöhen. Nach einigem Zögern stimmte das Foreign Office diesem Vorschlag zu. Aber Molotow bezeichnete am 22. Juni den neuen britischen Vorschlag ebenfalls als unannehmbar, denn er berücksichtige nicht die für die UdSSR bestehende Notwendigkeit, in klarer Form den Beistand festzulegen, den sie den garantierten Ländern zu leisten habe. Außerdem enthalte er auch keine ausdrückliche Bezeichnung jener acht Länder, die die Sowjetunion auf Wunsch Frankreichs und Englands garantieren solle. Molotow beharrte damit auf seinen ursprünglichen Forderungen. Falls die britische Regierung diese auch weiterhin ablehnte, mußte sie sich mit einem Dreiervertrag zufrieden geben, in dem sich England, Frankreich und die Sowjet-

---

[207] David J. Dallin. Soviet Russia's Foreign Policy, 1939–1942. New Haven 1942, S. 23.
[208] Ebenda, S. 41 f.

union zu gegenseitigem Beistand verpflichteten. Damit entfiel aber die Garantie für Polen und Rumänien, die ja das eigentliche Verhandlungsziel Frankreichs und Großbritanniens war.

Der Quai d'Orsay machte dem Foreign Office nun den Vorschlag, die acht fraglichen Staaten nicht in dem Abkommen selbst, sondern in einem geheimen Protokoll aufzuführen. Die Briten waren aber der Auffassung, eine Beistandsleistung setze voraus, daß jeder Staat, dem geholfen werden solle, erstens um eine solche Hilfe bitte und zweitens sich auch selbst gegen einen Angreifer verteidige. Das Foreign Office entwarf eine Formel, die eine namentliche Aufführung der garantierten Staaten vermied und eine Bestandsleistung an die genannten Bedingungen band. Dieser Vorschlag wurde am 27. Juni Moskau übermittelt, aber Molotow lehnte ihn ab, da die Sowjetunion nicht Staaten garantieren könne, deren Namen sie nicht einmal kenne. Das Foreign Office gab schließlich dem Drängen des französischen Außenministers Bonnet nach und änderte die Formel so ab, daß sie den Vorstellungen des Kreml mehr entgegenkam. Außerdem erklärten die Briten sich nun bereit, die zu garantierenden Staaten in einem geheimen Protokoll aufzuzählen.

In Paris machte sich wieder vorsichtiger Optimismus breit, da man über die geheimen Verhandlungen zwischen Berlin und Moskau keinerlei Kenntnis hatte.[209]

Am 1. Juli empfing Molotow wieder die Botschafter Englands und Frankreichs und zeigte sich befriedigt, daß die estnische, lettische und finnische Frage endlich gelöst seien. Als er aber auf der Liste die Namen der anderen zu garantierenden Staaten las, erklärte er, Moskau könne auf gar keinen Fall die Schweiz und die Niederlande garantieren, da diese Staaten die Sowjetunion nicht einmal diplomatisch anerkannt hätten. Den Briten und Franzosen blieb nichts anderes übrig, als die Niederlande, die Schweiz und Luxemburg wieder von der Liste zu streichen. Nun stellte Molotow aber zwei neue Forderungen auf: Der Begriff „indirekter Angriff" müsse geklärt und das politische Abkommen durch einen Militärvertrag ergänzt werden. Für den „indirekten Angriff" schlug Molotow folgende Definition vor: „Der garantierende Staat hat das Recht zum Eingreifen in jedem Staate, in dem sich ein Staatsstreich im Inneren oder eine für den Angreifer günstige politische Veränderung ereignet." Mit anderen Worten, jede der drei Garantiemächte sollte das Recht erhalten, selbst zu entscheiden, ob im vorliegenden Fall ein „indirekter Angriff" vorliege oder nicht. Das Foreign Office erkannte sofort die außerordentliche Tragweite einer solchen Definition. Es würde genügen, daß eines der zu garantierenden Länder die Zusammensetzung seiner Regierung änderte, um der Sowjetunion das Recht zu einer militärischen Intervention zu geben. Gleichzeitig wären Frankreich und Großbritannien verpflichtet, die UdSSR zu unterstützen. Das Foreign Office machte den Quai d'Orsay darauf aufmerksam, daß eine derartige Definition „den schwersten Argwohn in den baltischen Staaten rechtfertigen würde". Dennoch zeigten sich die Briten bereit, Molotows Forderungen wenigstens in allen Fragen, die die Sowjetunion selbst beträfen, entgegenzukommen; England sei bereit, Rußland beizustehen, „wenn es das Opfer eines indirekten Angriffs wie jener, der am vergangenen 15. März in der Tschechoslowakei stattgefunden habe, wäre". Eine solche Verpflichtung war nicht mehr als eine nette Geste, denn es war unwahrscheinlich, daß Stalin sich eines Tages nach Berlin begeben und dort wie seinerzeit Emil Hacha das Schicksal des Sowjetvolkes in die Hände Hitlers legen würde.

Am 8. Juli erklärte Molotow, daß vor der Unterzeichnung eines politischen Abkommens ein Militärpakt abgeschlossen werden müsse.

Georges Bonnet fürchtete eine Zuspitzung der deutsch-polnischen Krise und drängte die Briten, der sowjetischen Definition des „indirekten Angriffs" zuzustimmen und mög-

---

[209]  Botschafter Bullitt an Außenminister Hull, Paris, 30. Juni 1939, zit.n. ebenda, S. 575.

lichst bald mit Gesprächen über ein Militärabkommen zu beginnen. Aber für Lord Halifax hatte die russische Verhandlungstaktik zuviel Ähnlichkeit mit einem Erpressungsmanöver.

Molotow wiederholte, das politische Abkommen werde ohne eine Militärkonvention wertlos bleiben. Bonnet befürchtete ein Scheitern der Verhandlungen und drängte die Briten, auf die Forderungen Moskaus einzugehen. Aber London zeigte sich halsstarrig. Das britische Kabinett stimmte zwar dem Junktim zwischen politischem Abkommen und Militärkonvention zu, lehnte aber Molotows Definition des „indirekten Angriffs" weiterhin ab.

Am 24. Juli bat Molotow die Botschafter Frankreichs und Großbritanniens zu sich. Bonnet glaubte, daß ein erfolgreicher Abschluß der Verhandlungen nunmehr in greifbare Nähe gerückt sei.[210]

Molotow zeigte sich mit den Ergebnissen zufrieden, und die diplomatischen Vertreter Großbritanniens, Frankreichs und der UdSSR konnten einen Bündnisvertrag paraphieren.[211]

Das weitere hing von den Verhandlungen über eine Militärkonvention ab. Diese standen aber von Anfang an unter keinem guten Stern, denn zwischen der Beendigung der politischen Gespräche und dem Eintreffen der englischen und französischen Militärmissionen in Moskau verstrichen neunzehn Tage. Die erste Arbeitssitzung fand am 12. August im Kreml statt. Die Sowjetunion war vertreten durch den Volkskommissar für Verteidigung Marschall Klement Woroschilow, Generalstabschef General Boris Schaposchnikow, den Volkskommissar für die Marine, Admiral Nikolai Kusnezow, den Oberbefehlshaber der sowjetischen Luftstreitkräfte, General Alexander Loktionow, sowie den Stellvertretenden Generalstabschef, General Iwan Smorodinow. Die beiden westlichen Delegationen waren dagegen nur mit zweitrangigen Persönlichkeiten besetzt. Die französische Delegation wurde vertreten durch General Aimé Doumenc, General Martial Valin und Major Villaume, die englische durch Admiral Reginald Drax, Luftmarschall Charles Burnett und General T.G. Heywood. Als die Vollmachten ausgetauscht werden sollten, erklärte Admiral Drax, er besitze keine und sei nur ermächtigt, Verhandlungen zu führen, nicht aber eine Militärkonvention abzuschließen. Die Sowjets nahmen dies mit Mißfallen zur Kenntnis.

Tags darauf, am 13. August, legten die Delegationen Stärke und Ausrüstung ihrer verschiedenen Streitkräfte dar, ohne aber zu einem Ergebnis hinsichtlich eines gemeinsamen Einsatzes zu kommen. General Doumenc konnte 110 französische Divisionen zum Kampf gegen einen Angreifer anbieten, Marschall Woroschilow erklärte, die Sowjetunion könne 120 Infanteriedivisionen, 16 Kavalleriedivisionen, 5.000 schwere Geschütze, 9.000 bis 10.000 Panzer sowie 5.000 bis 5.500 Bomber zur Verfügung stellen. Im Vergleich dazu machten die sechs britischen Divisionen, von denen nur eine motorisiert war, wenig Eindruck.

Am folgenden Tag brachte Woroschilow das zentrale Problem der Verhandlungen zur Sprache, als er folgende Note verlas:

„1. Werden die sowjetischen Streitkräfte das Recht erhalten, durch den Korridor von Wilna in polnisches Gebiet einzurücken?

2. Werden die sowjetischen Streitkräfte das Recht zum Durchmarsch durch polnisches Gebiet erhalten, um mit den Truppen des Angreifers von Galizien aus in Fühlung zu kommen?

3. Werden die sowjetischen Streitkräfte das Recht erhalten, rumänisches Gebiet zu besetzen, falls der Aggressor in dieser Richtung angreifen sollte?

---

[210] Georges Bonnet, Vor der Katastrophe, S. 213.
[211] Werner Maser. Der Wortbruch. München 1994, S. 20 f.

Für die sowjetische Militärmission wäre eine positive Antwort auf diese drei Fragen von größter Wichtigkeit. Wenn wir keine solche Antwort erhalten, wird eine Fortsetzung unseres Gesprächs gegenstandslos sein."

In Antwort darauf verlas General Heywood im Namen der englischen und französischen Mission eine kurze Note, in der er feststellte, daß Polen und Rumänien selbständige Staaten seien. Die sowjetischen Streitkräfte könnten daher ihr Gebiet nicht ohne deren Zustimmung durchqueren.

Nach einer kurzen Sitzungspause verlas Marschall Woroschilow folgendes Memorandum: „Die sowjetische Militärmission hat nicht vergessen und vergißt nicht, daß Polen und Rumänien selbständige Staaten sind. Im Gegenteil; indem sie gerade von dieser unbestreitbaren Tatsache ausging, hat die sowjetische Militärmission die britische und die französische Militärmission gebeten, auf die Frage zu antworten: Werden sowjetische Streitkräfte durch das Territorium Polens (Korridor von Wilna und Galizien) und Rumänien hindurchgelassen im Falle einer Aggression gegen England und Frankreich oder gegen Polen und Rumänien? Die sowjetische Militärmission drückt ihr Bedauern aus, daß die Militärmissionen Englands und Frankreichs keine genaue Antwort auf die gestellte Frage bezüglich des Durchlasses der sowjetischen Streitkräfte durch das Territorium Polens und Rumäniens geben können. Die sowjetische Militärmission ist der Auffassung, daß ohne positive Lösung dieser Frage das ganze begonnene Unternehmen über den Abschluß einer Militärkonvention zwischen England, Frankreich und der UdSSR nach ihrer Meinung von vornherein zum Mißlingen verurteilt ist."[212]

Ein Bericht über die sowjetischen Forderungen wurde umgehend nach Paris und London telegraphiert. Am Nachmittag des 15. August empfing Bonnet den polnischen Botschafter in Paris, Lukasiewicz, und erklärte ihm, Oberst Beck müsse den Einmarsch russischer Truppen in Polen gestatten, da sonst alles zu befürchten sei, sogar ein deutsch-russisches Einverständnis gegen Warschau. Lukasiewicz erwiderte, daß Beck niemals seine Zustimmung zur Besetzung der Gebiete geben werde, die Polen den Russen im Jahre 1921 abgenommen habe. Bonnet erinnerte den Botschafter daran, daß Polen im Osten und im Westen zwei Großmächte zum Nachbarn habe. Da Warschau jetzt vor einer Kraftprobe mit Deutschland stünde, müsse es sich die Unterstützung der Sowjetunion sichern. Noch vor wenigen Tagen habe Hitler gegenüber dem Völkerbundkommissar für Danzig, Burckhardt, erklärt, er werde Polen mit seiner motorisierten Armee in drei Wochen niederwerfen. Lukasiewicz wollte dies nicht glauben und behauptete, es werde im Gegenteil die polnische Armee bei Kriegsbeginn in Deutschland eindringen.[213]

Am 18. August sprachen die Vertreter Frankreichs in Warschau, Botschafter Léon Noël und der Militärattaché General Félix-Joseph Musse, bei Oberst Beck vor und drängten ihn, dem Memorandum Marschall Woroschilows seine Zustimmung zu geben. Beck versprach eine endgültige Antwort für den nächsten Morgen, machte aber in dem Gespräch einige Einwände geltend, die es unwahrscheinlich erscheinen ließen, daß er den sowjetischen Vorschlag annehmen werde. Beck führte aus, sollte Polen sich der ins Auge gefaßten Koalition anschließen, Deutschland hierüber – wahrscheinlich durch die Russen selbst – sofort unterrichtet und ein Krieg unvermeidlich würde. Außerdem manövriere die Sowjetregierung seit Beginn der Verhandlungen mit London und Paris so, daß die Verantwortung für einen Mißerfolg auf Polen zurückfallen solle. Und schließlich sei die UdSSR materiell gar nicht in der Lage, ihre militärischen Versprechungen einzuhalten, sie würde aber die Lage ausnutzen, um sich politische Faust-

[212] Walther Hofer. Die Entfesselung des Zweiten Weltkrieges. Frankfurt a.M. 1960, S. 209 f.
[213] Bonnet, Vor der Katastrophe, S. 252.

pfänder zu verschaffen. Mit anderen Worten: Die Polen fürchteten, wenn sowjetrussische Truppen einmal polnisches Hoheitsgebiet betreten hätten, sie es nicht mehr verlassen würden. Einen Tag darauf, am 19. August, erteilte Beck seine endgültige Antwort, sie war negativ.[214]

Am 21. traten die Militärmissionen Englands, Frankreichs und der Sowjetunion zu einer weiteren Sitzung zusammen. Gleich zu Beginn des Treffens schlug Marschall Woroschilow eine Unterbrechung der Verhandlungen vor, und zwar nicht für einige Tage, sondern für unbestimmte Zeit. Als Admiral Drax sein Erstaunen zum Ausdruck brachte, verlas Woroschilow folgende Erklärung: „Da die UdSSR keine gemeinsame Grenze mit Deutschland besitzt, kann sie Frankreich, England, Polen und Rumänien nur dann beistehen, wenn ihre Truppen die Erlaubnis erhalten, durch polnisches und rumänisches Gebiet hindurchzumarschieren, denn es gibt keinen anderen Weg, mit dem Angreifer in Berührung zu kommen. So wie die britischen und amerikanischen Truppen im Weltkrieg keine Möglichkeit zur Zusammenarbeit mit den französischen Armeen gehabt hätten, wenn sie nicht auf französischem Gebiet hätten operieren dürfen, so können auch die sowjetischen Truppen nicht mit den französischen und britischen Armeen zusammenarbeiten, wenn man sie nicht nach Polen und Rumänien hineinläßt. Das ist eine unumstößliche Tatsache.

Wenn die Franzosen und die Engländer gegenwärtig diese grundsätzliche Voraussetzung in ein Problem umwandeln wollen, besteht Anlaß dazu, an der Aufrichtigkeit ihres Wunsches nach einer militärischen Zusammenarbeit mit der UdSSR zu zweifeln. Infolgedessen trifft die Verantwortung für die lange Dauer und den Abbruch der Verhandlungen ausschließlich die französische und die britische Delegation.“[215]

In der Nacht vom 22. auf den 23. August, um 0.15 Uhr, gab die deutsche Nachrichtenagentur DNB bekannt, daß Reichsaußenminister Ribbentrop im Laufe des kommenden Tages in Moskau eintreffen werde, um einen deutsch-sowjetischen Nichtangriffspakt zu unterzeichnen. Am 24. meldeten TASS und DNB in einem gemeinsamen Kommuniqué die Unterzeichnung des Paktes. Am folgenden Tag wurden Admiral Drax und General Doumenc von Marschall Woroschilow zur Verabschiedung ins Volkskommissariat für Verteidigung gebeten.

## Die deutsch-sowjetischen Verhandlungen über einen Nichtangriffspakt

Die deutsch-sowjetischen Wirtschaftsverhandlungen wurden am 10. Juli von Hilger und dem sowjetischen Volkskommissar für Binnen- und Außenhandel Anastas Mikojan wiederaufgenommen, und am 22. gab Moskau bekannt, daß diese Gespräche in Berlin fortgesetzt werden sollten.[216] Am 26. Juli lud Legationsrat Schnurre Astachow und den Leiter der sowjetischen Handelsvertretung Babarin zu einem Abendessen im Berliner Restaurant Ewest ein. In einem zwanglosen Gepräch erörterten die drei Diplomaten die Vorteile einer deutsch-russischen Annäherung.[217] In der folgenden Unterhaltung sprach man über eine eventuelle territoriale Abgrenzung der Interessensphären. Astachow nannte die baltischen Staaten, Polen und Rumänien und bemerkte, daß Danzig und der Korridor so oder so an das Reich zurückfallen würden. Dann fragte er, inwieweit Deutschland an den ehemals österreichischen Gebieten der Ukraine interessiert sei. Schnurre er-

[214] Ebenda, S. 253 f.
[215] Die Verhandlungen der Militärmissionen der UdSSR, Großbritanniens und Frankreichs in Moskau im August 1939, Bonn 1960, S. 67 f.
[216] André Rossi. Zwei Jahre deutsch-sowjetisches Bündnis. Köln u. Berlin 1954, S. 35.
[217] ADAP D VI, Nr. 729.

widerte, die Lösung der karpato-ukrainischen Frage, die Besetzung dieses Gebiets durch Ungarn im vergangenen März, habe gezeigt, daß das Reich hier keinerlei Ambitionen habe. Damit war der Inhalt der Verträge vom 23. August 1939 in groben Zügen vorweggenommen.

Die Stagnation in den deutsch-sowjetischen Verhandlungen war jetzt offenbar überwunden. Acht Tage später, am 3. August, traf der deutsche Botschafter Schulenburg mit Molotow zusammen. Der Volkskommissar wiederholte den Wunsch nach einer Verbesserung des deutsch-sowjetischen Verhältnisses, wobei er den Antikominternpakt für die schlechten Beziehungen der vergangenen Jahre verantwortlich machte. Darauf antwortete Schulenburg: „Ich betonte darauf erneut die Tatsache des Fehlens außenpolitischer Gegensätze und erwähnte die deutsche Bereitschaft, unsere Haltung gegenüber dem Baltikum gegebenenfalls so einzurichten, daß lebenswichtige Sowjet-Ostsee-Interessen gesichert blieben. Bei der Erwähnung des Baltikums interessierte sich Molotow dafür, welche Staaten wir darunter verstünden und ob auch Litauen dazu gehöre. Zur polnischen Frage erklärte ich, daß wir unsere bekannten Forderungen gegen Polen aufrechterhielten, aber eine friedliche Lösung anstrebten. Sollte uns dagegen eine andere Lösung aufgezwungen werden, so seien wir bereit, alle sowjetischen Interessen zu wahren und uns hierüber mit der Sowjetregierung zu verständigen. Molotow zeigte sichtbares Interesse."[218]

Schulenburg war über die Aussichten für einen Nichtangriffspakt noch skeptisch, aber im Auswärtigen Amt wurde der Bericht über sein Gespräch mit Molotow sorgfältig geprüft. Aufgrund der Andeutungen Molotows sah sich die deutsche Führung genötigt, ihre Beziehungen zu den baltischen Staaten zu überdenken. Deutschland hatte am 7. Juni 1939 mit Estland und Finnland Nichtangriffsverträge geschlossen.[219] Diese beiden Staaten waren nicht unbedeutende Handelspartner, die 70 Prozent ihrer Exporte nach Deutschland schickten; außerdem lebte im Baltikum eine deutsche Minderheit. Die Beziehungen zu Litauen hatten sich seit der Rückgabe des Memelgebiets am 23. März 1939 erheblich verbessert. Es konnte der deutschen Führung also nicht leichtfallen, das Baltikum den Sowjets als Interessensphäre zu überlassen.

Am 12. August hatte Hitler eine ausführliche Unterredung mit dem italienischen Außenminister Ciano. Hitler stellte dem Grafen die militärstrategische Lage Deutschlands gegenüber den Westmächten sehr optimistisch dar und kam dann auf Polen zu sprechen: „Da Polen durch seine ganze Haltung zu erkennen gebe, daß es auf jeden Fall in einem Konflikt auf seiten der Gegner Deutschlands und Italiens stehen werde, könne eine schnelle Liquidierung für die doch unvermeidbare Auseinandersetzung mit den westlichen Demokratien nur von Vorteil sein." Ciano zeigte sich überrascht über den Ernst der Lage und betonte, die italienischen Rüstungen seien noch längst nicht fertig. Hitler beharrte darauf, daß für die Lösung des polnischen Problems keine Zeit mehr zu verlieren sei. Ab Mitte September würden die Wetterverhältnisse im Osten den Einsatz der Luftwaffe sehr erschweren, und die Straßen verwandelten sich im Herbst in einen Morast, so daß motorisierte Kräfte kaum noch verwendbar seien.[220]

Schulenburg hatte aus Moskau bereits gemeldet, demnächst würden die britisch-französisch-sowjetischen Militärverhandlungen beginnen.[221] Dadurch geriet die deutsche Führung unter Zeitdruck, ein schneller Vertragsabschluß mit der Sowjetunion konnte jetzt nur durch direkte Verhandlungen einer hochrangigen deutschen Persönlichkeit mit Stalin und Molotow in Moskau erreicht werden. Die Westmächte hatten zu den Verhand-

---

[218]   ADAP D VI, Nr. 766.
[219]   Dokumente zur Vorgeschichte des Krieges, hrsg. v. Auswärtigen Amt, Nr. 346 u. 347.
[220]   ADAP D VII, Nr. 43.
[221]   ADAP D VI, Nr. 779.

84

lungen in Moskau nur untergeordnete Diplomaten entsandt, was die in Protokollfragen sehr empfindlichen Russen deutlich verärgert hatte.[222] Hitler entschloß sich daher, Ribbentrop persönlich nach Moskau zu schicken. Am 14. August beauftragte Staatssekretär Weizsäcker die deutsche Botschaft in Moskau, Molotow mitzuteilen, der Reichsaußenminister werde am kommenden Tag eine wichtige Mitteilung übersenden. Die Vorschläge Ribbentrops in dem Telegramm vom 14. August zielten darauf ab, alle russischen Einwände durch umfassende Zugeständnisse zu entkräften:

„1. Die Entwicklung der neueren Zeit scheint zu zeigen, daß die verschiedenen Weltauffassungen ein vernünftiges Verhältnis zwischen den beiden Staaten und die Wiederherstellung neuer guter Zusammenarbeit nicht ausschließen.

2. Reale Interessengegensätze zwischen Deutschland und der UdSSR bestehen nicht. Deutschlands und der UdSSR Lebensräume berühren sich, aber in ihren natürlichen Bedürfnissen überschneiden sie sich nicht. [...] Die Reichsregierung ist der Auffassung, daß es zwischen Ostsee und Schwarzem Meer keine Frage gibt, die nicht zur vollen Zufriedenheit beider Länder geregelt werden könnte. Hierzu gehören Fragen wie: Ostsee, Baltikum, Polen, Südost-Fragen usw.

3. Beiden Ländern ist es früher immer gut gegangen, wenn sie Freunde waren, und schlecht, wenn sie Feinde waren.

4. Festzustellen ist aber, daß auch während dieser Zeit die natürliche Sympathie der Deutschen für das Russische nie verschwunden ist.

5. Es ist das zwingende Interesse beider Länder, daß ein Zerfleischen Deutschlands und Rußlands im Interesse der westlichen Demokratien für alle Zukunft vermieden wird.

6. Die Zuspitzung der deutsch-polnischen Beziehungen mache eine baldige Klärung des deutsch-russischen Verhältnisses erforderlich. [...] Bei der Sowjetregierung bestehe, wie uns mitgeteilt wurde, ebenfalls der Wunsch nach einer Klärung des deutsch-russischen Verhältnisses. Da aber nach den bisherigen Erfahrungen diese Klärung durch den üblichen diplomatischen Kanal nur langsam herbeigeführt werden kann, bin ich bereit, zu einem kurzen Besuch nach Moskau zu kommen, um namens [des] Führers Herrn Stalin die Auffassungen des Führers auseinanderzusetzen."[223]

Ribbentrop legte Wert darauf, daß diese Instruktionen an Stalin persönlich gelangten. Als Schulenburg am folgenden Tag die Vorschläge Ribbentrops Molotow vortrug, erklärte der Volkskommissar, er sei nunmehr von der Aufrichtigkeit der deutschen Absichten überzeugt. Zum Vorhaben Ribbentrops, in Kürze nach Moskau zu reisen, äußerte Molotow, ein solcher Besuch bedürfe einer sorgfältigen Vorbereitung. Dann fragte der Volkskommissar, inwieweit die Vorschläge, die der italienische Außenminister Ciano in deutschem Auftrag im Juni dem sowjetischen Botschafter in Rom übermittelt hätte, tatsächlich die deutschen Absichten wiedergäben; Ciano habe folgende Punkte erwähnt:

„1. Deutschland würde nicht abgeneigt sein, auf Japan hinsichtlich seiner Beziehungen zur Sowjetunion und einer Beseitigung der Grenzkonflikte einzuwirken.

2. Ferner wurde die Möglichkeit erwogen, mit der Sowjetunion einen Nichtangriffspakt zu schließen und die Baltenstaaten gemeinsam zu garantieren.

3. Deutschland sei zu einem Wirtschaftsabkommen mit der Sowjetunion auf breiter Basis bereit."[224]

Schon am folgenden Tag, dem 16., erhielt der deutsche Botschafter die Antwort Ribbentrops auf die von Molotow angesprochenen Fragen: „Deutschland ist bereit, einen Nichtangriffspakt mit der Sowjetunion abzuschließen, und zwar [...] unkündbar auf die Dauer

[222] ADAP D VII; Nr. 88.

[223] ADAP D VII, Nr. 51 u. 56.

[224] ADAP D VII, Nr. 70 u. 79; Kurt Pätzold / Günter Rosenfeld (Hrsg.). Sowjetstern und Hakenkreuz 1938–1941: Dokumente zu den deutsch-sowjetischen Beziehungen. Berlin 1991, Nr. 106.

von 25 Jahren. Ferner ist Deutschland bereit, die baltischen Staaten gemeinsam mit der Sowjetunion zu garantieren. Endlich entspricht es durchaus dem deutschen Standpunkt und Deutschland ist dazu bereit, seinen Einfluß auf eine Besserung und Konsolidierung der russisch-japanischen Beziehungen einzusetzen."

Der Reichsaußenminister unterstrich, wie dringlich der deutsche Wunsch nach einem baldigen Vertragsabschluß sei; er fügte hinzu, er sei bereit, „von Freitag, den 18.8., jederzeit mit Flugzeug nach Moskau zu kommen".[225]

Am 17. August übergab Molotow Schulenburg eine positive Antwort auf die deutschen Vorschläge und forderte die Reichsregierung auf, die Entwürfe für einen Nichtangriffspakt unverzüglich auszuarbeiten.[226] Die sowjetische Antwort wurde im Auswärtigen Amt mit Freude aufgenommen. Am 18. August beauftragte Ribbentrop Schulenburg, so schnell wie möglich eine erneute Unterredung mit Molotow herbeizuführen.[227]

Molotow empfing den deutschen Botschafter am 19. um 14 Uhr. Schulenburg, der wußte, wie eilig die Sache war, drängte auf einen Reisetermin für den Reichsaußenminister in den nächsten Tagen, aber Molotow wollte darauf nicht eingehen. Die Reise des Reichsaußenministers, so Molotow, sei von positiver Bedeutung, aber sie müsse gründlich vorbereitet werden. Der vorliegende deutsche Entwurf für einen Nichtangriffspakt befriedige noch nicht. Außerdem müsse zuerst das Wirtschaftsabkommen abgeschlossen werden, bevor man einen Nichtangriffspakt unterzeichnen könne. Deshalb sei es noch zu früh, um den Zeitpunkt für die Reise des Reichsaußenministers festzulegen.

Enttäuscht verließ Schulenburg den Kreml, aber nur eine halbe Stunde später bat Molotow den deutschen Botschafter, ihn um 16.30 Uhr erneut aufzusuchen. Der Volkskommissar entschuldigte sich, daß er den Botschafter noch einmal bemüht habe, und erklärte dann, er habe „seine Regierung" über das vorhergehende Gespräch unterrichtet. Er sei beauftragt, einen sowjetischen Entwurf für einen Nichtangriffspakt zu überreichen und mitzuteilen, Reichsaußenminister Ribbentrop könne am 26. oder 27. August nach Moskau kommen, wenn das Wirtschaftsabkommen sofort in Berlin unterzeichnet werde.[228] Der plötzliche Sinneswandel Molotows konnte nur auf eine Anweisung Stalins zurückgehen, der sich offensichtlich im Verlauf des 19. August für einen Pakt mit Hitler entschieden hatte.

# Der Hitler-Stalin-Pakt

Die Entscheidung Stalins für einen Pakt mit Hitler wirkte sich sofort auf die deutsch-sowjetischen Wirtschaftsverhandlungen in Berlin aus. Legationsrat Schnurre hatte am 19. August um 16 Uhr nicht mehr mit dem Abschluß eines Handelsabkommens in nächster Zeit gerechnet, nachdem Barbarin erklärt hatte, er habe von seiner Regierung keine Instruktionen erhalten. Aber am späten Nachmittag des 19. waren die Sowjets plötzlich bereit, sofort zu unterzeichnen, und das Wirtschaftsabkommen wurde in der Nacht auf den 20. um 2 Uhr unterschrieben; Molotow hatte dies Schulenburg bereits angekündigt.[229] Dieses Wirtschaftsabkommen war die praktische Voraussetzung für den kommenden Krieg. Bei einem Konflikt mit Großbritannien würde die englische Regierung sofort eine Seeblockade gegen das Deutsche Reich verhängen; das Wirtschaftsabkommen mit der Sowjetunion ermöglichte es, „durch die hereinkommenden Rohstoffe aus dem Osten die englische Blockade in ihrer Wirkung in entscheidender

[225] ADAP D VII, Nr. 75.
[226] ADAP D VII, Nr. 105.
[227] ADAP D VII, Nr. 113.
[228] ADAP D VII, Nr. 132; vgl. die Aufzeichnung Molotows, in: Sowjetstern und Hakenkreuz, Nr. 116.
[229] ADAP D VII, Nr. 131 u. 436.

Weise" abzuschwächen, wie Schnurre einige Monate später schrieb.[230] Wenn es Deutschland gelang, seine Exporte in die UdSSR in erforderlichem Maße zu steigern, dann konnte die englische Blockade praktisch wirkungslos gemacht werden. Damit begab sich das Deutsche Reich aber in eine weitgehende wirtschaftliche Abhängigkeit von der Sowjetunion, die in den folgenden Jahren zu einem Alptraum für die deutsche Führung werden sollte.

Der Zeitpunkt für eine Reise Ribbentrops nach Moskau, den Molotow vorgeschlagen hatte – den 26. oder 27. August –, konnte der deutschen Regierung nicht genügen, da der Ausbruch eines Krieges mit Polen nur noch eine Frage von Tagen war. Hitler entschloß sich jetzt zu einem außergewöhnlichen Schritt. Am 20. August schickte er ein persönliches Telegramm an „Herrn Stalin, Moskau", in dem er den bevorstehenden Abschluß eines Nichtangriffsvertrages und eines Zusatzprotokolls begrüßte und dies als eine langfristige Festlegung der deutschen Politik gegenüber der Sowjetunion bezeichnete; mit dem von Molotow vorgelegten Vertragsentwurf sei er einverstanden. Hitler deutete an, er wolle den Wünschen Moskaus soweit wie möglich entgegenkommen. Das Verhalten Polens gegenüber Deutschland sei so unerträglich geworden, daß jeden Tag eine Krise ausbrechen könne. Deshalb dürfe keine Zeit verloren werden, und es sei dringend notwendig, den Reichsaußenminister am 22. oder 23. August in Moskau zu empfangen.[231]

Stalin reagierte am 21. mit einer persönlichen Antwort „An den Reichskanzler Deutschlands Herrn A. Hitler", worin er sich mit den deutschen Vorschlägen einverstanden erklärte.[232]

Noch am 22. rief Hitler hochrangige Generale zu sich auf den Berghof und hielt vor ihnen ab 12 Uhr mittags eine mehrstündige Rede, warum er zu dem Entschluß gekommen sei, gegen Polen Krieg zu führen. Das Kriegstagebuch des Oberkommandos der Wehrmacht hielt fest: „Es sei ihm [Hitler] seit langem klar gewesen, daß es früher oder später zu einer Auseinandersetzung mit Polen kommen müsse. Den Entschluß zum Handeln habe er im Frühjahr nach der scharfen Ablehnung der deutschen Wünsche in der Danziger und Korridor-Frage seitens Polen gefaßt.

Gewichtige Gründe sprächen dafür, die unvermeidlich gewordene Auseinandersetzung nicht auf einen vielleicht noch ungünstigeren Zeitpunkt zu verschieben:

1. Niemals wieder werde ein deutscher Staatsmann so wie er Vertreter des gesamten deutschen Volkes sein. Er besitze dadurch eine Autorität, wie sie in Deutschland noch niemand besessen habe. Für die italienische Bündnistreue biete einzig und allein die nervenstarke Persönlichkeit des Duce Gewähr.

2. Auf der Gegenseite gebe es keine Persönlichkeit von Format. Für unsere Gegner sei auch der Entschluß zum Kriege viel schwerer als für uns, da sie viel riskieren würden und nur wenig gewinnen könnten. Für uns sei es verhältnismäßig leicht, da wir nichts zu verlieren und keine andere Möglichkeit hätten. Denn unsere wirtschaftliche Lage sei so schwierig, daß wir nur noch einige Jahre durchhalten könnten.

3. Die allgemeine Lage sei für uns günstig: Der Mittelmeerraum befinde sich seit dem abessinischen Krieg im Zustande dauernder Spannung. Im Nahen Osten hätten die Vorgänge in Palästina zur Alarmierung der gesamten mohammedanischen Welt geführt. In Ostasien binde die durch den japanisch-chinesischen Konflikt hervorgerufene Spannung starke angelsächsische Kräfte. Für Großbritannien wie auch für Frankreich machten sich im übrigen die Folgen des Weltkrieges in immer stärkerem Maße be-

---

[230] ADAP D VIII, Nr. 636.
[231] ADAP D VII, Nr. 142.
[232] ADAP D VII, Nr. 158 u. 159.

merkbar. Irland habe sich so gut wie ganz vom britischen Empire losgelöst. Südafrika erstrebe eine immer größere Unabhängigkeit. In Indien wüchsen die Schwierigkeiten für England ebenso wie im Nahen Orient. [...] Was Frankreich anbelange, so sei es schon durch seine volkliche Entwicklung zum Niedergang verurteilt. Seine korrupten innenpolitischen Verhältnisse täten ein übriges, um es zu schwächen.

4. Schließlich sei es von größter Wichtigkeit, das Instrument der neuen deutschen Wehrmacht noch vor einer Generalabrechnung mit den Siegermächten des Weltkrieges, die zu einer schweren Weltauseinandersetzung führen werde, im tragbaren Rahmen eines begrenzten Konfliktes zu erproben.

Zu der früheren, 1934 eingeleiteten Politik der Verständigung mit Polen habe er sich nur sehr schwer entschlossen. Seinen dem polnischen Außenminister Beck Anfang 1939 gemachten Vermittlungsvorschlägen über das künftige deutsch-polnische Verhältnis und die Regelung der Danziger und Korridorfrage habe wahrscheinlich England entgegengearbeitet. Die polnische Antwort habe in einer Teilmobilisierung und Truppenzusammenziehung bei Danzig bestanden. Damit sei ein unerträglicher Spannungszustand herbeigeführt worden. [...] Daher sei der Moment günstig zur Isolierung Polens. Trotzdem bleibe das militärische Vorgehen gegen Polen ein Wagnis, das wir aber mit rücksichtsloser Entschlossenheit auf uns nehmen müßten. Er habe auch jetzt wieder wie im vergangenen Jahr und in diesem Frühjahr die volle Überzeugung, daß dieses Wagnis gelingen werde. Denn England und Frankreich hätten sich wohl zur Hilfeleistung an Polen verpflichtet, sie seien aber praktisch gar nicht in der Lage dazu. [...] Es scheine ihm ausgeschlossen, daß ein britischer Staatsmann angesichts der sehr prekären Weltlage das große Risiko eines Krieges auf sich nehmen werde." Dann erklärte Hitler seinen überraschten Zuhörern, warum er die Lage so optimistisch beurteile: „Mit Sowjetrußland, auf das die Westmächte bisher nach etwaiger Niederwerfung Polens durch Deutschland ihre Hoffnungen gesetzt hätten, sei soeben in Moskau ein Nichtangriffsvertrag geschlossen worden. Die Anregung hierzu sei von Sowjetrußland ausgegangen. Er sei schon seit längerem davon überzeugt gewesen, daß Stalin auf kein englisches Angebot eingehen werde. Denn Stalin habe kein Interesse an der Erhaltung Polens. [...] Durch den deutsch-russischen Nichtangriffspakt seien nun den Westmächten die Karten aus der Hand geschlagen. [...] Für Deutschland bedeute der Vertrag neben einer ungeheuren wirtschaftlichen Stärkung eine völlige Wende seiner Außenpolitik."[233]

Trotz des kriegerischen Tonfalls der Rede Hitlers und seiner demonstrativen Entschlossenheit glaubten viele Generale, daß eine friedliche Lösung des Konflikts mit Polen noch durchaus möglich sei. Reden dieser Art waren ein Bestandteil des Nervenkrieges, dies alles hatte man schon während der Sudetenkrise 1938 erlebt.[234] Großadmiral Erich Raeder hatte Zweifel, ob Hitler die Entschlossenheit der britischen Regierung richtig einschätzte, und trug ihm nach der Rede seine Bedenken vor. Hitler erwiderte, er werde die Schwierigkeiten auf politischem Wege ohne Krieg beseitigen.[235]

Ribbentrop und die deutsche Delegation flogen mit zwei Flugzeugen vom Typ Focke Wulf Fw 200 „Condor" nach Moskau, wo sie um die Mittagszeit des 23. August ankamen. Der Reichsaußenminister hatte den von der Sowjetregierung am 19. August vorgeschlagenen Text für einen Nichtangriffsvertrag bei sich.[236] Die Verhandlungen mit Molotow und Stalin begannen um 15.30 Uhr im Kreml. Der „Nichtangriffspakt zwischen Deutschland und der Union der Sozialistischen Sowjetrepubliken" wurde noch am gleichen

---

[233] KTB OKW Bd. I/2, S. 947 ff.

[234] Erich von Manstein. Verlorene Siege. Bonn 1959, S. 19 ff.; Peter Bor. Gespräche mit Halder. Wiesbaden 1950, S. 134.

[235] Erich Raeder. Mein Leben. Tübingen 1957, S. 166.

[236] ADAP D VII; Nr. 133.

Abend von Ribbentrop und Molotow unterzeichnet. Darin verpflichteten sich die Vertragschließenden, „sich jeden Gewaltaktes, jeder aggressiven Handlung und jeden Angriffs gegeneinander, und zwar sowohl einzeln als auch gemeinsam mit anderen Mächten zu enthalten". Sollte einer der beiden Vertragspartner in einen Krieg verwickelt werden, hatte jede Unterstützung der gegnerischen Kriegspartei durch den anderen Vertragspartner zu unterbleiben; weiter war jede Beteiligung an einer Mächtegruppierung untersagt, „die sich mittelbar oder unmittelbar gegen den anderen Teil richtet". Neben Konsultationen über alle Fragen, die „gemeinsame Interessen berühren", sah der Vertrag eine zehnjährige Geltungsdauer mit automatischer Verlängerung um fünf Jahre vor.[237]

Von größerer Bedeutung als der Nichtangriffsvertrag war das Geheime Zusatzprotokoll. Der Text lautete: „Aus Anlaß der Unterzeichnung des Nichtangriffsvertrages zwischen dem Deutschen Reich und der Union der Sozia-

*Josef W. Stalin und Joachim von Ribbentrop nach der Unterzeichnung des Nichtangriffspaktes vom 23. August 1939 im Kreml*

listischen Sowjetrepubliken haben die unterzeichneten Bevollmächtigten der beiden Teile in streng vertraulicher Aussprache die Frage der Abgrenzung der beiderseitigen Interessensphären in Osteuropa erörtert. Diese Aussprache hat zu folgendem Ergebnis geführt:

1.  Für den Fall einer territorial-politischen Umgestaltung in den zu den baltischen Staaten (Finnland, Estland, Lettland, Litauen) gehörenden Gebieten bildet die nördliche Grenze Litauens zugleich die Grenze der Interessensphären Deutschlands und der UdSSR. Hierbei wird das Interesse Litauens am Wilnaer Gebiet beiderseits anerkannt.

2.  Für den Fall einer territorial-politischen Umgestaltung der zum polnischen Staat gehörenden Gebiete werden die Interessensphären Deutschlands und der UdSSR ungefähr durch die Linie der Flüsse Narew, Weichsel und San abgegrenzt.
    Die Frage, ob die beiderseitigen Interessen die Erhaltung eines unabhängigen polnischen Staates erwünscht erscheinen lassen und wie dieser Staat abzugrenzen wäre, kann endgültig erst im Laufe der weiteren politischen Entwicklung geklärt werden.
    In jedem Falle werden beide Regierungen diese Frage im Wege einer freundschaftlichen Verständigung lösen.

3.  Hinsichtlich des Südostens Europas wird von sowjetischer Seite das Interesse an Bessarabien betont. Von deutscher Seite wird das völlige politische Desinteressement an diesen Gebieten erklärt.

4.  Dieses Protokoll wird von beiden Seiten streng geheim behandelt werden."[238]

Nach der Unterzeichnung der Verträge lud Stalin zu einer nächtlichen kleinen Feier ein, die in harmonischer Atmosphäre verlief. Auf diesem Bankett wurde aber auch über eine Reihe von hochpolitischen Fragen gesprochen. Ribbentrop machte Stalin den Vorschlag, das gute deutsch-japanische Verhältnis zu nutzen, um die Beziehungen zwischen Tokio und Moskau zu verbessern. Er würde dementsprechend auf die japanische Regierung einwirken und in dieser Frage mit dem sowjetischen Botschafter in Berlin in Kontakt bleiben. Stalin erwiderte, die Sowjetunion wünsche zwar eine Verbesserung der Beziehungen zu Tokio, ihre Geduld mit den japanischen „Provokateuren" sei aber begrenzt. Das Gespräch wechselte zum Thema Italien, und Stalin fragte Ribbentrop, ob Rom außer Albanien noch weitere Ambitionen auf dem Balkan habe, vielleicht auf griechisches Gebiet. Mit dieser Frage deutete Stalin an, daß er den Balkan, ganz im Sinne der russischen Politik des 19. Jahrhunderts, als sowjetisches Interessengebiet betrachte. Ribbentrop wich einer Antwort aus und bemerkte lediglich, daß Mussolini die Wiederherstellung freundschaftlicher Beziehungen zwischen Deutschland und der Sowjetunion lebhaft begrüße.

Stalin und Molotow äußerten sich abschätzig über die englische Militärmission in Moskau, die niemals erklärt habe, was sie eigentlich wolle. Ribbentrop griff diese Bemerkung sofort auf und erklärte, England wolle wieder einmal die Entwicklung guter Beziehungen zwischen Deutschland und Rußland stören. England sei zwar schwach, aber es beharre auf seinem Anspruch auf Weltherrschaft und lasse andere für sich kämpfen. Stalin stimmte dem lebhaft zu.

Über den Antikominternpakt sagte Ribbentrop, dieser sei im Grunde nicht gegen die Sowjetunion, sondern gegen die westlichen Demokratien gerichtet. Weiter bemerkte er, das deutsche Volk begrüße die Verständigung mit der Sowjetunion und fühle instinktiv, daß es zwischen Deutschland und Rußland keine natürlichen Gegensätze gebe.[239] Tags darauf, am 24., flog die deutsche Delegation mit ihren beiden Flugzeugen nach Berlin zurück.

Am gleichen Tag trafen sich mehrere Mitglieder des Politbüros, darunter Molotow, Woroschilow, Berija, Mikojan und Nikita Chruschtschow zum Abendessen auf Stalins Datscha. Stalin war guter Laune und zeigte sich erfreut über die Unterzeichnung des Nichtangriffspaktes. Er äußerte, man habe Hitler vorläufig getäuscht, wobei er zu verstehen gab, daß er einen Krieg mit Deutschland für unvermeidlich halte und dieser durch den Vertrag nur aufgeschoben werde.[240] Allerdings spürte Stalin die inneren Vorbehalte der Mitglieder seines engsten Kreises, und er stellte das Abkommen mit Deutschland als ein Spiel dar, bei dem es darauf ankomme, wer wen überlisten werde. Zweifellos würde ein Krieg ausbrechen, aber die Sowjetunion würde nicht allein gegen Hitler und den Westen stehen; vielmehr werde Hitler Polen angreifen, woraufhin England und Frankreich ihm den Krieg erklären müßten. Für die Sowjetunion sei dies in militärischer wie in moralischer Hinsicht ein Vorteil.[241]

Am 7. September 1939 führte der damalige Vorsitzende der Kommunistischen Internationale, Georgi Dimitrow, im Kreml ein Gespräch mit Stalin. Laut den Tagebuchnotizen Dimitrows äußerte Stalin:

„– Der Krieg wird zwischen zwei Gruppen von kapitalistischen Staaten geführt (arme und reiche im Hinblick auf Kolonien, Rohstoffe usw.) um die Neuaufteilung der Welt, um die Weltherrschaft!

– Wir haben nichts dagegen, daß sie kräftig aufeinander einschlagen und sich schwächen.

– Nicht schlecht, wenn Deutschland die Lage der reichsten kapitalistischen Länder (vor allem Englands) ins Wanken brächte.

---

[239] ADAP D VII, Nr. 213.
[240] Khrushchev Remembers. The Glasnost Tapes. Boston / Toronto / London 1990, S. 53 f.
[241] Ebenda, S. 46 ff.

- Hitler selbst zerrüttet und untergräbt, ohne es zu verstehen und zu wollen, das kapitalistische System.
- ... Wir können manövrieren, eine Seite gegen die andere aufbringen, damit sie sich noch stärker in die Haare kriegen.
- Der Nichtangriffspakt hilft Deutschland in gewissem Maße.
- Der nächste Schritt ist der, die andere Seite anzuspornen.
- Die Kommunisten der kapitalistischen Länder müssen entschieden gegen ihre Regierungen, gegen den Krieg auftreten.
- Bis zum Krieg war es völlig richtig, dem Faschismus das demokratische Regime entgegenzusetzen.
- Während des Krieges zwischen den imperialistischen Mächten ist das schon nicht mehr richtig.
- Die Unterscheidung der kapitalistischen Länder in faschistische und demokratische hat ihren bisherigen Sinn verloren.
- Der Krieg hat einen grundlegenden Bruch herbeigeführt.
- Die Einheitsvolksfront von gestern diente dazu, die Lage der Sklaven im kapitalistischen Regime zu erleichtern.
- Unter den Bedingungen des imperialistischen Krieges steht die Frage nach der Vernichtung der Sklaverei!
- Der polnische Staat war früher (in der Geschichte) ein Nationalstaat. Deshalb haben ihn die Revolutionäre gegen Teilung und Versklavung verteidigt.
- Heute ist er ein faschistischer Staat, der Ukrainer, Weißrussen usw. knechtet.
- Die Vernichtung dieses Staates unter den gegenwärtigen Bedingungen würde einen bourgeoisen faschistischen Staat weniger bedeuten!
- Was ist Schlechtes daran, wenn wir im Ergebnis der Zerschlagung Polens das sozialistische System auf neue Territorien und die Bevölkerung ausdehnen."[242]

Der August 1939 brachte auch für die sowjetische Fernostpolitik eine Wende. Seit dem Sommer 1938 war es zwischen sowjetischen und japanischen Streitkräften wiederholt zu schweren bewaffneten Auseinandersetzungen gekommen. Zwischen dem 23. und dem 26. August 1939 fand am Chalchin-Gol, einem Fluß im Grenzgebiet zwischen der Mongolischen Volksrepublik und Mandschukuo, eine regelrechte Schlacht zwischen der japanischen 6. Kwantung-Armee und der sowjetisch-mongolischen 1. Armeegruppe statt. Die Japaner brachten 75.000 Mann, 182 Panzer und bis zu 500 Flugzeuge zum Einsatz, die Sowjets versammelten 57.000 Mann, 463 Panzer und 492 Kampfflugzeuge. Der sowjetische Befehlshaber, General Georgi Schukow, führte seine Truppen unter massivem Panzereinsatz zu einem glänzenden Sieg und rieb die japanische 6. Armee fast vollständig auf.[243] Nach dieser Demonstration der Schlagkraft der Roten Armee konnte Stalin mit den Japanern aus einer Postion der Stärke heraus verhandeln.

# Die internationalen Reaktionen auf den Deutsch-Sowjetischen Nichtangriffspakt

Der Deutsch-Sowjetische Nichtangriffspakt wurde von der amerikanischen Presse als Sensation empfunden, eine Annäherung zwischen der Sowjetunion und dem nationalsozialistischen Deutschland hatte wegen der ideologischen Gegensätze als undenkbar gegolten. Die öffentliche Meinung war von den Berichten über den Hitler-Stalin-Pakt völlig aus der Fassung gebracht. Wie alle anderen trugen auch Präsident Roosevelt und

---

[242] Georgi Dimitroff. Tagebücher 1933–1943, hrsg. v. Bernhard B. Bayerlein, Berlin 2000, S. 273 f.
[243] Walter Post. Unternehmen Barbarossa. Hamburg 1996, S. 61 ff.

Außenminister Hull ihre Überraschung zur Schau, tatsächlich waren sie jedoch über Verlauf und Inhalt der deutsch-sowjetischen Verhandlungen ausgezeichnet unterrichtet. Ihr Informant war der Zweite Sekretär der deutschen Botschaft in der sowjetischen Hauptstadt, Hans Heinrich Herwarth von Bittenfeld, der zu den Oppositionskreisen im Auswärtigen Amt um Legationsrat Erich Kordt zählte. Herwarth war mit einem gleichrangigen Kollegen von der amerikanischen Botschaft in Moskau, Charles Bohlen, befreundet. Bei gemeinsamen Treffen unterrichtete Herwarth Bohlen in allen Einzelheiten über den Verlauf der deutsch-sowjetischen Geheimgespräche.[244]

Der Hitlergegner Herwarth hoffte, die Amerikaner würden seine Informationen an England und Frankreich weitergeben, die Diplomaten dieser beiden Länder würden die Gefahr erkennen und mit amerikanischer Unterstützung ihre halbherzigen Bündnisverhandlungen in Moskau beschleunigen, um so einem deutsch-sowjetischen Paktabschluß zuvorzukommen. Herwarths Hoffnungen sollten enttäuscht werden. Zwar unterrichtete Außenminister Hull seine britischen und französischen Kollegen am 16. August tatsächlich über die deutsch-sowjetischen Verhandlungen, aber nur in so allgemeiner Form, daß diese den Ernst der Lage nicht erkannten.

Mitte August machte die deutsch-sowjetische Annäherung dramatische Fortschritte. Schließlich unterzeichneten Ribbentrop und Molotow in Anwesenheit Stalins in der Nacht vom 23. auf den 24. August den Deutsch-Sowjetischen Nichtangriffspakt. Noch am Vormittag des 24. bat Herwarth Charles Bohlen zu sich, um ihm die Einzelheiten des Nichtangriffsvertrages und des Geheimen Zusatzprotokolls zu verraten. Zwei erfahrenen Diplomaten wie Herwarth und Bohlen konnte die Brisanz dieser Abkommen nicht verborgen bleiben.

Nach diesem Gespräch eilte Bohlen in die amerikanische Botschaft in Moskau, um seinem Vorgesetzten, Botschafter Laurence Steinhardt, die sensationellen Neuigkeiten mitzuteilen. Bereits um zwölf Uhr mittags schickte Steinhardt ein chiffriertes Telegramm nach Washington.[245] Auf diesem Wege wurde die amerikanische Regierung vom Inhalt des Hitler-Stalin-Paktes schneller unterrichtet als die deutschen Bündnispartner in Rom und Tokio.

Überraschenderweise unternahmen Roosevelt und Hull in den folgenden Tagen aber nichts, um den befreundeten Regierungen in London, Paris und Warschau den Ernst der Lage zu verdeutlichen. Die amerikanische Regierung war (natürlich mit Ausnahme der politischen Führer Deutschlands und Sowjetrußlands) die einzige, die den Inhalt des Geheimen Zusatzprotokolls kannte. Dieses Protokoll konnte keine andere Bedeutung haben, als daß Hitler und Stalin einen gemeinsamen Angriff auf Polen vorbereiteten. Sobald es unter dieser Konstellation zum Kriege kam, war Polen unweigerlich verloren.

Die einzig mögliche Erklärung für die Zurückhaltung Roosevelts ist die, daß er eine diplomatische Beilegung der europäischen Krise, ein zweites „München", verhindern wollte. Hätte Chamberlain von dem Geheimen Zusatzprotokoll erfahren, hätte die britische Regierung ihre Garantieerklärung für Polen wahrscheinlich zurückgezogen und wäre auf den von Hitler angebotenen Ausgleich eingegangen. Unter diesen Umständen hätte sich möglicherweise auch Oberst Beck noch eines besseren besonnen und die deutschen Verhandlungsvorschläge akzeptiert. Die von Roosevelt mühsam aufgebaute Einkreisungsfront gegen Deutschland wäre zerbrochen. Roosevelts vorrangiges Ziel war aber nicht der Erhalt des Friedens, sondern die Vernichtung der deutschen Machtstellung in Europa.

---

[244] Siehe dazu: Hans von Herwarth. Zwischen Hitler und Stalin: Erlebte Zeitgeschichte 1931–1945. Frankfurt/Berlin/Wien 1982; Charles E. Bohlen. Witness to History 1929–1969. New York 1973.
[245] FRUS 1939 I, S. 342 f.

Unmittelbar nachdem die Unterzeichnung des Deutsch-Sowjetischen Nichtangriffs-pakts bekannt geworden war, rief der Präsident den Kongreß zu einer Sondersitzung zusammen und beantragte, das Neutralitätsgesetz vom 3. März 1937 aufzuheben. Da die Kongreßmehrheit aber fürchtete, Waffenlieferungen an kriegführende Staaten könnten ein erster Schritt zum offenen Kriegseintritt werden, wurde der Antrag abgelehnt.

Im Bereich der Luftrüstung kam es aus amerikanischer Sicht weniger darauf an, bereits in Friedenszeiten eine starke Luftflotte zu besitzen, als vielmehr darauf, im Kriegsfall nach kurzer Anlaufzeit eine möglichst große Zahl von Kampfflugzeugen herstellen zu können. Im Frieden mußten die entsprechenden Prototypen entwickelt und die Produktion vorbereitet werden. In einem zukünftigen Krieg Amerikas würde der wichtigste Flugzeugtyp der viermotorige schwere Bomber für den strategischen Einsatz sein. Bereits 1934 hatte das „US-Army Air Corps" der Firma Boeing den Auftrag zum Bau des Prototyps 299 erteilt, aus dem nach mehrjähriger Entwicklungszeit die B-17 „Flying Fortress" entstand. Dieses Flugzeug sollte das Rückgrat der amerikanischen strategischen Bomberverbände im Zweiten Weltkrieg werden.[246]

Bereits im Mai 1938 hatte der amerikanische Kongreß auf Anforderung Präsident Roosevelts ein Flottenrüstungsprogramm in Höhe von einer Milliarde Dollar bewilligt, das eine amerikanische Flotte mit der Möglichkeit zur gleichzeitigen Kriegsführung in zwei Ozeanen („two ocean navy") schaffen sollte.[247] Und im Sommer 1939 gelang es dem amerikanischen Flottenchef William D. Leahy, in streng geheimen Verhandlungen ein informelles Flottenbündnis mit Großbritannien abzuschließen. Dieses hochbedeutsame Abkommen bestand aus nicht mehr als einer Aktennotiz, die besagte, daß sich im Kriegs-fall die Royal Navy auf die Herrschaft über den Ostatlantik und das Mittelmeer konzentrieren sollte, um Deutschland und Italien in Schach zu halten, während die US-Navy den Schutz der englischen Nachschublinien im West- und Südatlantik sowie die Kontrolle des Pazifiks gegenüber Japan übernehmen würde.[248]

Die Meldungen über die Unterzeichnung des Hitler-Stalin-Paktes und den Abbruch der englisch-französisch-russischen Verhandlungen ließen Paris erkennen, daß sich die Lage grundlegend geändert hatte. Noch am Vormittag des 23. August entschloß sich Ministerpräsident Daladier, den „Ständigen Ausschuß für Landesverteidigung" einzuberufen. Dieser trat noch am gleichen Tag um 18 Uhr zusammen. Neben Außenminister Bonnet waren die drei Minister für Landesverteidigung – Daladier, Marineminister César Campinchi und Luftfahrtminister Guy La Chambre –, die drei Oberbefehlshaber des Heeres, der Marine und der Luftstreitkräfte – General Gamelin, Admiral François Darlan und General Vuillemin mit ihren Stabschefs – sowie zahlreiche andere hohe Offiziere anwesend. Der Verlauf dieser Sitzung wurde maßgeblich von der optimistischen Haltung General Gamelins beeinflußt.[249] Dieser Optimismus hatte seine Ursache weniger in einer Analyse des militärischen Kräfteverhältnisses als vielmehr in der Tatsache, daß Gamelin aus deutschen Oppositionskreisen mit falschen Nachrichten über einen bevorstehenden Sturz Hitlers versorgt worden war. Wenige Tage nach der Sitzung des Ständigen Ausschusses brachte Gamelin bei einem Essen, das der frühere Präsident des Pariser Stadtrats gab, seine Überlegungen zum Ausdruck. Gamelin fragte einen der Gäste, was er von der deutschen Wehrmacht halte, und dieser antwortete, die Wehrmacht stelle heute eine Kraft dar, die zu unterschätzen gefährlich wäre, auch wenn er die Zahl ihrer Divisionen nicht mit Bestimmtheit angeben könne. Darauf entgegnete der General: „Ich will Ihnen etwas sagen, was Sie vielleicht überraschen wird: Ob die Wehrmacht

---

[246] Roger A. Freeman. The B 17 „Flying Fortress" Story. London 1998, S. 10.
[247] Thomas Bailey. A Diplomatic History of the American People. New York 1946, S. 743.
[248] Bavendamm, S. 154 f.
[249] Ebenda, S. 338 ff.; Bonnet, Vor der Katastrophe, S. 264 ff.

über zehn, zwanzig oder hundert Divisionen verfügt, ist ziemlich gleichgültig, denn wenn wir zu einem Krieg gegen Deutschland gezwungen sind, werde ich es vermutlich niemals mit der deutschen Armee zu tun bekommen." Diese Antwort löste einiges Erstaunen aus, weshalb Gamelin fortfuhr: „Das ist recht einfach: An dem Tag, an dem Deutschland der Krieg erklärt wird, wird Hitler stürzen. Anstatt die Grenzen des Reiches zu verteidigen, wird die deutsche Armee auf Berlin marschieren müssen, um die Unruhen, die dort ausbrechen werden, niederzuschlagen. Die am Westwall stehenden Truppen werden nur geringen Widerstand leisten. Wir werden in das Deutsche Reich hineinstoßen wie in Butter."[250]

Die britische Regierung war trotz der Unterzeichnung des Deutsch-Sowjetischen Nichtangriffspakts entschlossen, sich von ihrem Kurs nicht abbringen zu lassen. Die Ankündigung der Reise Ribbentrops nach Moskau veranlaßte Premierminister Chamberlain, am 22. August einen Brief an Hitler zu schreiben. Der britische Botschafter Henderson flog am 23. von Berlin nach Berchtesgaden, um dieses Schreiben dem Reichskanzler persönlich zu überreichen. Chamberlain führte aus, er erkenne die Bedeutung einer deutsch-sowjetischen Verständigung sehr wohl, er müsse aber davor warnen, zu glauben, England werde nun nicht mehr zugunsten Polens intervenieren. Chamberlain betonte, er wolle jedes Mißverständnis über die Haltung Englands, wie es vielleicht im Jahre 1914 bestanden habe, ausschließen; die britische Regierung sei sich der möglichen Konsequenzen bewußt. Obwohl der Druck der Opposition ihm wenig Spielraum ließ, wollte Chamberlain die Hoffnung auf eine Verhandlungslösung aber noch nicht aufgeben. Er schlug eine Einstellung der Pressepolemik und die anschließende Aufnahme direkter Gespräche zwischen Deutschland und Polen vor. England sei bereit, bei diesen Verhandlungen als neutraler Vermittler und bei einem erfolgreichen Abschluß als Garantiemacht aufzutreten.[251]

Hitler zeigte sich gegenüber Henderson über Chamberlains Brief enttäuscht. Sein Antwortschreiben, das er noch am gleichen Tag abfaßte, begann Hitler mit der Bemerkung, daß Deutschland niemals Konflikte mit England gesucht und sich nie in englische Interessen eingemischt habe. Deutschland habe vielmehr – leider vergeblich – versucht, die Freundschaft Englands zu erwerben. Das Deutsche Reich besitze aber, wie jeder andere Staat, Interessen, auf die es unmöglich verzichten könne. Eine Verhandlungslösung hänge nicht von Deutschland allein ab, sie sei aber noch möglich, wenn die Mächte, die sich bisher jeder friedlichen Revision des Versailler Diktats widersetzt hätten, endlich ihre Gesinnung ändern würden.[252]

Am nächsten Tag, dem 24. August, erklärte Chamberlain vor dem Unterhaus, daß der deutsch-sowjetische Pakt für die britische Regierung „eine Überraschung sehr unangenehmer Art" darstelle. An der Garantie für Polen werde sich dadurch aber nichts ändern.[253]

Der Deutsch-Sowjetische Nichtangriffspakt brachte aber nicht nur Polen in eine fast ausweglose Situation, er zerschlug auch die englisch-französischen Hoffnungen auf den Balkan. Die deutsche Industrie wie die deutsche Wehrmacht waren auf Mineralölimporte angewiesen, und diese konnten im Falle einer Seeblockade durch die britische Kriegsmarine nur aus den rumänischen Ölquellen bei Ploesti kommen. Die Tatsache, daß Deutschland im Kriegsfall von rumänischem Öl abhängig war, war den Westmächten natürlich genau bekannt. Die rumänische Regierung hatte damals Sympathien für Frankreich, und Paris und London bemühten sich seit dem Frühjahr 1939 darum, Rumänien, Griechenland, Jugoslawien und die Türkei für ein antideutsches

---

[250] Benoist-Méchin, Wollte Adolf Hitler den Krieg? S. 346 f.
[251] Nevile Henderson, Anhang II, S. 347 ff.
[252] ADAP D VII, Nr. 201.
[253] Britisches Blaubuch, Dok. 64.

Bündnissystem zu gewinnen. Auch Moskau entwickelte seit dem März 1939 diplomatische Initiativen in dieser Richtung. Am 12. Mai 1939 gaben England, Frankreich und die Türkei gegenseitige Beistandserklärungen ab; schloß sich die Sowjetunion dem an, dann würde die Situation auf dem Balkan für Deutschland aussichtslos. Einem Bündnis zwischen London, Paris, Moskau und Ankara wären über kurz oder lang auch Rumänien und Bulgarien beigetreten. Damit wären die rumänischen Öllieferungen nach Deutschland ausgefallen, und die Alliierten hätten außerdem die Möglichkeit gehabt, die Südostflanke des deutschen Herrschaftsbereichs militärisch zu bedrohen.

Der Deutsch-Sowjetische Nichtangriffspakt veränderte die Lage auf dem Balkan grundlegend. Für Rumänien bedeutete die Verständigung zwischen Berlin und Moskau das Ende der Anlehnung an die Westmächte, da Bukarest sich wegen des Bessarabienproblems keine Konfrontation mit der Sowjetunion leisten konnte. Bulgarien, Jugoslawien und Griechenland blieben neutral und pflegten weiterhin gute Kontakte zu Deutschland, die Türkei war zu einer zurückhaltenden Außenpolitik genötigt. Südosteuropa wurde zur ausschließlichen Interessensphäre Deutschlands und Rußlands.[254]

# Hitler macht England ein Bündnisangebot

Am 24. August hatte Göring den schwedischen Industriellen Birger Dahlerus beauftragt, seine guten Kontakte zu hochrangigen britischen Persönlichkeiten für eine Vermittlungsaktion zu nutzen. In der Nacht vom 24. auf den 25. flog Dahlerus von Berlin-Tempelhof nach London.

Am 25. August empfing Hitler den englischen Botschafter, Sir Nevile Henderson, um 13.30 Uhr in der Neuen Reichskanzlei. Hitler eröffnete das Gespräch mit folgenden Worten: „Am Schluß unserer letzten Unterredung auf dem Berghof gaben Sie der Hoffnung Ausdruck, daß doch noch eine Verständigung zwischen Deutschland und England möglich sein werde. Ich habe mir die Dinge daraufhin noch einmal durch den Kopf gehen lassen und will heute England gegenüber einen Schritt unternehmen, der genauso entscheidend ist wie der Schritt Rußland gegenüber, der zu der kürzlichen Vereinbarung geführt hat. Auch die gestrigen Reden von Chamberlain vor dem Unterhaus und von Lord Halifax vor dem Oberhaus haben mich veranlaßt, noch einmal mit Ihnen zu sprechen. Die Behauptung, daß Deutschland die Welt erobern wolle, ist lächerlich. […] Aber die polnischen Provokationen sind unerträglich geworden. […] Das Problem Danzigs und des Korridors muß gelöst werden. Der britische Premierminister hat eine Rede gehalten, die nicht im geringsten geeignet ist, einen Wandel in der deutschen Einstellung herbeizuführen. […] Und doch habe ich immer eine Verständigung mit England herbeigewünscht. Daher habe ich beschlossen, noch einen letzten Schritt zu tun, um das nicht wieder Gutzumachende zu vermeiden. Ich bin bereit, an England mit einem so umfassenden Angebot heranzutreten, wie man es bisher nicht gekannt hat. […] Wenn meine kolonialen Forderungen – die begrenzt sind und für deren Regelung ich erforderlichenfalls vernünftige Fristen einräumen werde – erfüllt werden; wenn gleichermaßen meine freundschaftlichen Beziehungen zu Italien nicht tangiert werden – denn ich fordere von England auch nicht die Preisgabe seiner Verpflichtungen gegenüber Frankreich –, dann bin ich bereit, mit England Abmachungen zu treffen, die nicht nur unter allen Umständen die Existenz des Britischen Reiches garantieren würden, sondern denen zufolge

---

[254] Philipp Fabry. Der Hitler-Stalin-Pakt 1939–1941. Darmstadt 1962, S. 103 ff.

Deutschland dem Britischen Reich Hilfe leisten würde, ganz gleich, wo immer eine solche Hilfe erforderlich sein sollte."[255]

Im Anschluß an diese Ausführungen entspann sich zwischen Hitler und dem britischen Botschafter eine heftige Debatte. Henderson erklärte, England könne sich auf keinen Fall den Zusagen entziehen, die es Polen gemacht habe. Hitlers Angebot könne nur dann in Betracht gezogen werden, wenn er bereit sei, die polnische Frage auf dem Verhandlungswege zu lösen. Darauf erwiderte Hitler, eine polnische Herausforderung könne ihn in jedem Augenblick zwingen, zum Schutze der Volksdeutschen einzugreifen. Henderson schlug vor, Oberst Beck und Ribbentrop sollten sich irgendwo treffen, um nach der Grundlage für eine Verständigung zu suchen. Nur so könne Europa vor einem Krieg bewahrt werden. Hitler wandte ein, er habe Oberst Beck schon im vergangenen März eingeladen, dieser habe aber die Einladung ausgeschlagen. Hitler beendete das Gespräch mit den Worten, zu einem Abkommen mit Polen brauche er nur eine Geste Großbritanniens, die beweise, daß seine Vorschläge nicht unvernünftig seien.[256]

Kurz nachdem Henderson in die britische Botschaft zurückgekehrt war, suchte ihn der Dolmetscher Paul Schmidt auf und überbrachte ihm eine Denkschrift, in der die Vorschläge Hitlers nochmals in sechs Punkten zusammengefaßt waren:

„1. Deutschland ist bereit, ein Bündnis mit England zu schließen.
2. England sollte Deutschland bei der Rückgewinnung Danzigs und des Korridors behilflich sein.
3. Wenn diese Regelung zustande gekommen ist, wird Deutschland die Grenzen Polens garantieren.
4. Es sollte möglich sein, ein Abkommen über die deutschen Kolonien zu vereinbaren.
5. Für die Behandlung der deutschen Minderheiten in Polen sollten ausreichende Garantien gegeben werden.
6. Deutschland verpflichtet sich, das Britische Empire mit seiner Wehrmacht zu verteidigen, wo immer es auch bedroht werden sollte."[257]

Am frühen Nachmittag, unmittelbar nach dem Besuch Herndersons, wurde in der Reichskanzlei über das Londoner Büro des DNB bekannt, daß die britische und die polnische Regierung einen Bündnisvertrag unterschrieben hatten.[258] Diesem Beistandspakt war, was die deutsche Führung erst später erfahren sollte, ein geheimes Protokoll beigefügt, dessen Artikel I bestimmte: „Unter dem Ausdruck ‚eine europäische Macht', der in diesem Abkommen angewandt wird, soll Deutschland verstanden werden."[259] Mit anderen Worten, England versprach Polen seine Unterstützung und Hilfe für den Fall eines Angriffs durch Deutschland, nicht aber für den Fall einer Aggression durch die Sowjetunion.

Um 17.30 Uhr traf der französische Botschafter Robert Coulondre in der Neuen Reichskanzlei ein. Hitler empfing ihn mit den Worten, er habe eine wichtige Erklärung abzugeben: „Wie ich Ihnen schon gesagt habe, hege ich keine feindseligen Gefühle gegen Frankreich. Ich habe persönlich auf Elsaß-Lothringen verzichtet und die deutsch-französische Grenze anerkannt. Ich will keinen Konflikt mit Ihrem Land. Infolgedessen ist mir der Gedanke, daß ich Polens wegen mit Frankreich kämpfen müßte, außerordentlich schmerzlich. Die polnischen Herausforderungen haben jedoch eine Lage für das Reich geschaffen, die nicht länger andauern kann.

---

[255] Britisches Blaubuch, Dok. 68; ADAP D VII, Nr. 265.
[256] Britisches Blaubuch, Dok. 69.
[257] IMT Bd. IX, Sitzungsbericht v. 19.3.1946, Aussage von Birger Dahlerus, S. 515 f.
[258] Britisches Blaubuch, Dok. 19; Walther Hofer, S. 196 ff.
[259] Walther Hofer, S. 198 ff.; s.a. Documents on International Affairs 1939–1946, Bd. I, London/New York/Toronto 1951, S. 471.

Ich habe vor mehreren Monaten Polen, als ich die Rückkehr Danzigs und einen schmalen Gebietsstreifen als Verbindung dieser Stadt mit Ostpreußen forderte, außerordentlich vernünftige Vorschläge gemacht. Aber die polnische Regierung hat nicht nur meine Vorschläge zurückgewiesen, sondern sie hat auch die deutschen Minderheiten auf das schlimmste mißhandelt. Außerdem hat sie Mobilmachungsmaßnahmen getroffen. Ich werde Frankreich nicht angreifen, aber wenn es in den Konflikt eingreift, so werde ich bis zum Ende gehen. Ich habe, wie Sie wissen, mit Moskau eine Vereinbarung getroffen, die nicht theoretisch, sondern positiv ist."

Hitler stand auf, da er das Gespräch für beendet betrachtete. Coulondre konnte daher nur noch eine kurze Erklärung abgeben: „Jetzt, da jedes Mißverständnis behoben ist, lege ich Wert darauf, Ihnen mein Ehrenwort als Soldat zu geben, daß Frankreich Polen, falls es angegriffen würde, mit seinen Streitkräften zur Seite stehen wird. Ich kann Ihnen aber gleichfalls mein Ehrenwort geben, daß die Regierung der französischen Republik bis zum letzten Augenblick alles tun wird, was in ihrer Macht steht, um den Frieden zu bewahren. Sie wird es der polnischen Regierung an Mahnungen zur Vorsicht nicht fehlen lassen!" Hitler erwiderte, daß er dies glaube, und er fügte hinzu, er glaube auch, daß Oberst Beck gemäßigt sei, aber die Lage nicht mehr unter Kontrolle habe.[260]

## Italien ist nicht kriegsbereit

Am Morgen des 25. August schrieb Hitler an Mussolini einen Brief, in dem er seine Motive für den Abschluß des Nichtangriffsvertrages mit Stalin darlegte. Er, Hitler, werde wahrscheinlich gezwungen sein, in Kürze die Feindseligkeiten gegen Polen zu eröffnen. Und weiter: „Zur Lage an der deutsch-polnischen Grenze kann ich Euer Exzellenz nur mitteilen, daß wir seit Wochen in Alarmzustand sind, daß sich steigend mit der polnischen Mobilmachung auch die deutschen Maßnahmen entwickelten und daß ich im Falle unerträglicher polnischer Vorgänge augenblicklich handeln werde. Die Behauptung der polnischen Regierung, daß sie für die unmenschlichen Vorgänge, für die zahlreichen Grenzzwischenfälle (heute nacht allein 21 polnische Grenzübergriffe), für die Beschießung deutscher Verkehrsflugzeuge – die, um die Möglichkeit von Zusammenstößen zu vermeiden, ohnehin schon den Befehl haben, nach Ostpreußen über das Meer zu fliegen – nicht verantwortlich sei, beweist nur, daß sie die von ihr aufgeputschte Soldateska nicht mehr in der Hand hat."[261]

Noch am gleichen Tag sprach um 18 Uhr der italienische Botschafter Attolico in der Reichskanzlei vor, um Hitler ein persönliches Schreiben Mussolinis zu überbringen. Darin hieß es: „Es ist für mich einer der schmerzlichsten Augenblicke meines Lebens, Ihnen mitteilen zu müssen, daß Italien nicht kriegsbereit ist. Nach dem, was mir von den verantwortlichen Chefs der Wehrmachtteile mitgeteilt wurde, sind die Benzinvorräte bei der italienischen Luftwaffe so gering, daß sie nur für drei Kriegswochen ausreichen würden. Ähnlich steht es mit der Bevorratung für das Heer sowie auf vielen anderen Rohstoffgebieten. Nur der Flottenchef hat mir erklären können, daß die Flotte kampfbereit und mit genügend Brennstoff versehen sei. Ich sehe mich leider gezwungen, Ihnen mitzuteilen, daß Italien angesichts des Mangels an Rohstoffen und der erforderlichen Waffen nicht in den Krieg eintreten kann." Dann überreichte Attolico die offizielle italienische Note:

„1. Was das Abkommen mit Rußland anbetrifft, so billige ich es vollkommen.
2. Ich halte es für nützlich, zu versuchen, einen Bruch oder eine Abkühlung mit Japan zu vermeiden.

---

[260] Französisches Gelbbuch, Dok. 242.
[261] ADAP D VII, Nr. 266.

3. Das Moskauer Abkommen blockiert Rumänien und kann die Stellung der Türkei ändern.

4. Was Polen anbetrifft, so habe ich volles Verständnis für die deutsche Haltung und für die Tatsache, daß eine so gespannte Lage nicht ins Endlose andauern kann.

5. Was die praktische Haltung Italiens im Falle einer militärischen Aktion anbetrifft, so ist mein Gesichtspunkt dazu folgender: Wenn Deutschland Polen angreift und der Konflikt lokalisiert bleibt, wird Italien Deutschland jede Form von politischer und wirtschaftlicher Hilfe, nach der verlangt wird, angedeihen lassen. Wenn Polen angreift und dessen Bundesgenossen einen Gegenangriff gegen Deutschland eröffnen, gebe ich Ihnen im voraus zur Kenntnis, daß es opportun ist, wenn ich nicht die Initiative von kriegerischen Handlungen ergreife angesichts des gegenwärtigen Standes der italienischen Kriegsvorbereitungen.

Unsere Intervention kann indessen unverzüglich stattfinden, wenn Deutschland uns sofort das Kriegsmaterial und die Rohstoffe liefert, um den Ansturm auszuhalten, den die Franzosen und Engländer vorwiegend gegen uns richten werden. Bei unseren Begegnungen war der Krieg für nach 1942 vorgesehen und zu jener Periode wäre ich zu Lande, zur See und in der Luft fertig gewesen gemäß den verabredeten Plänen. Ich halte es für meine unbedingte Pflicht, als loyaler Freund Ihnen die ganze Wahrheit zu sagen und die tatsächliche Lage vorher anzukündigen."[262]

Am Abend des 25. August 1939 vertraten Göring und Ribbentrop bei einer Besprechung mit Hitler in der Reichskanzlei die Auffassung, daß man die Hoffnung auf Mussolini nicht völlig aufgeben sollte. Der Duce habe schließlich keine glatte Absage erteilt, sondern nur die mangelhafte Rüstungslage der Streitkräfte und die unzulängliche Rohstofflage Italiens hervorgekehrt. Möglicherweise würde er seine Haltung ändern, wenn Deutschland sich bereit erklärte, das fehlende Material zu liefern. Hitler ließ sich überzeugen und verfaßte um 19.30 Uhr einen zweiten Brief an Mussolini, in dem er um Mitteilung bat, welche Kriegsmittel und Rohstoffe Italien innerhalb welches Zeitraums benötige, um an einem Krieg gegen England und Frankreich teilnehmen zu können.[263]

Mussolini rief am Morgen des folgenden Tages die Generalstabschefs von Heer, Marine und Luftwaffe sowie den Verkehrsminister und Außenminister Ciano zusammen und erstellte mit ihnen eine Liste über den Rohstoffbedarf für einen Krieg von zwölf Monaten. Der italienische Botschafter Attolico überbrachte das Antwortschreiben des Duce mit dieser Liste um 12.10 Uhr Hitler; sie enthielt unter anderem Forderungen von sechs Millionen Tonnen Kohle, zwei Millionen Tonnen Stahl und sieben Millionen Tonnen Mineralöl. Außerdem benötigte Italien, um seine Industrie, die sich in dem Viereck Turin–Genua–Mailand–Savona konzentrierte, vor Luftangriffen zu schützen, sofort 150 Batterien mit 8,8-cm-Flak-Geschützen.[264]

Diese Zahlen besagten, daß Mussolini seine militärischen Bündnisverpflichtungen gegenüber Deutschland nicht erfüllen konnte oder wollte. In späteren Jahren zeigte sich Hitler davon überzeugt, daß die mangelnde Bereitschaft Italiens maßgeblich zum Ausbruch des Krieges beigetragen habe. Mussolinis Haltung sei am Vormittag des 25. August 1939 in London bekannt gewesen und habe Halifax dazu veranlaßt, den englisch-polnischen Bündnisvertrag zu unterzeichnen.[265]

Am Nachmittag des 26. August übergab der britische Geschäftsträger in Berlin, Sir Ogilvie Forbes, Staatssekretär von Weizsäcker die Mitteilung, daß seine Regierung zusammen mit Sir Nevile Henderson Hitlers Botschaft sorgfältig prüfe. Henderson werde

---

[262]  ADAP D VII, Nr. 271.
[263]  ADAP D VII, Nr. 277.
[264]  Walther Hofer, S. 256.
[265]  Helmut Heiber (Hrsg.). Hitlers Lagebesprechungen. Stuttgart 1962, S. 226 f.

am Nachmittag des 27. mit der endgültigen Antwort nach Deutschland zurückfliegen.[266]

Am Spätnachmittag des 26. kehrte der schwedische Industrielle Dahlerus von seiner Sondermission aus London zurück und überbrachte Göring ein Schreiben von Lord Halifax. Darin betonte der britische Außenminister die Notwendigkeit, ein paar Tage Zeit zu gewinnen und eine Eskalation der Grenzzwischenfälle sowie der Zusammenstöße zwischen den deutschen und den polnischen Minderheiten zu verhindern.[267]

In der Nacht vom 26. auf den 27. August brachte Göring Birger Dahlerus in die Neue Reichskanzlei. Hitler erteilte dem Schweden nun offiziell den Auftrag, seine Sondermission fortzusetzen und nach London zurückzufliegen.

Anschließend stellte Hitler sein Antwortschreiben an Daladier fertig. Der deutsche Reichskanzler erinnerte daran, daß er auf Elsaß-Lothringen feierlich verzichtet und Milliarden für den Bau des Westwalls ausgegeben habe, was seinen Willen bezeuge, die deutsch-französische Grenze als endgültig zu betrachten.[268]

# Das Ringen um eine Verhandlungslösung

Birger Dahlerus hatte am 27. August in London ein ausführliches Gespräch mit Chamberlain und Lord Halifax. Am späten Abend flog er nach Berlin zurück, wo er um Mitternacht eintraf. Dahlerus überbrachte Göring ein Memorandum von Lord Halifax, das drei Punkte enthielt:

„1. Die Regierung Seiner Majestät wiederholt feierlich ihren Wunsch, die guten Beziehungen zu Deutschland aufrechtzuerhalten. Kein Mitglied der Regierung vertritt eine andere Ansicht.
2. Großbritannien fühlt sich mit seiner Ehre dazu verpflichtet, seine Verpflichtungen gegenüber Polen einzuhalten.
3. Der deutsch-polnische Streitfall muß auf friedlichem Wege bereinigt werden. Wenn eine solche Lösung erreicht werden kann, werden sich daraus sofort bessere Beziehungen (zwischen Deutschland und England) ergeben."[269]

Mit diesem Papier begab sich Göring sofort zu Hitler, der das Memorandum günstig aufnahm. Um 2 Uhr morgens suchte Göring Dahlerus auf und berichtete ihm von seinem Gespräch mit Hitler. Unmittelbar danach rief der schwedische Industrielle in der britischen Botschaft an und diktierte dem dortigen Geschäftsträger, Sir Ogilvie Forbes, Hitlers Kommentare zu den drei Punkten von Lord Halifax:

„1. Großbritannien wünscht feierlich eine Regelung und Freundschaft mit Deutschland. Der Kommentar Herrn Hitlers: Bedeutet das einen Vertrag oder ein Bündnis?
2. Großbritannien muß seine Verpflichtungen gegenüber Polen einhalten. Herr Hitler akzeptiert dies.
3. Großbritannien sieht es als wesentlich an, daß direkte Verhandlungen zwischen Deutschland und Polen stattfinden und daß jegliches Übereinkommen durch die Großmächte Europas garantiert wird. Herrn Hitlers Kommentar: Großbritannien muß Polen überzeugen, daß es mit Deutschland sofort verhandelt, und es ist äußerst wünschenswert, daß in der von Sir Nevile Henderson zu überbringenden Antwort diese Verpflichtung zur Überredung enthalten ist. Dahlerus setzte Feldmarschall Göring die Notwendigkeit einer Garantie der polnischen Unabhängig-

---

[266] ADAP D VII, Nr. 326.
[267] E. Philipp Schäfer. 13 Tage Weltgeschichte. Düsseldorf 1964, S. 166.
[268] ADAP D VII, Nr. 358.
[269] Michael Freund (Hrsg.). Geschichte des Zweiten Weltkrieges in Dokumenten. Bd. III, Dok. 108.

keit durch die Großmächte auseinander, und Dahlerus hat den Eindruck, daß Herr Hitler dem zustimmt. Aufgrund seiner Unterredung mit Feldmarschall Göring heute nacht ist Dahlerus endgültig überzeugt, daß das Verfahren, wie es gegenüber der Tschechoslowakei im Vorjahr angewandt wurde, im Falle Polen nicht wiederholt werden wird."[270]

Am Abend des 28. August, um 22.30 Uhr, überbrachte Sir Nevile Henderson Hitler das Antwortschreiben der britischen Regierung auf das deutsche Bündnisangebot. Das Memorandum war von Chamberlain, Lord Halifax, Sir Alexander Cadogan und Henderson ausgearbeitet worden. Die britische Regierung begrüßte „eine vollständige und dauerhafte Verständigung" zwischen Deutschland und Großbritannien. Voraussetzung dafür sei allerdings eine vorhergehende Lösung der zwischen Deutschland und Polen bestehenden Differenzen. Das britische Memorandum schloß mit den Worten: „Eine gerechte Lösung dieser zwischen Deutschland und Polen bestehenden Fragen kann den Weg zum Weltfrieden öffnen. Das Ausbleiben einer solchen Lösung würde die Hoffnung auf eine bessere Verständigung zwischen Deutschland und Großbritannien zerschlagen, würde die beiden Nationen in Konflikt bringen und könnte sehr wohl die gesamte Welt in den Krieg stürzen."[271]

Nachdem Henderson das Memorandum Hitler und Ribbentrop übergeben hatte und diese das Schriftstück durchgelesen hatten, ergriff der Botschafter das Wort und unterstrich die Entschlossenheit seiner Regierung, zu ihrer Garantie zu stehen. Großbritannien biete Deutschland seine Freundschaft an, aber nur auf der Grundlage einer friedlichen Lösung der polnischen Frage.

„Ich wäre gern gewillt zu verhandeln", erwiderte Hitler. „Ich habe Polen im vergangenen März ein großzügiges Angebot gemacht. Polen hat es in beleidigender Weise zurückgewiesen. Sehen Sie, wohin wir jetzt gekommen sind! Jetzt ist das Geringste, was mich zufriedenstellen kann, die Rückkehr Danzigs und des gesamten Korridors sowie eine Grenzberichtigung in Schlesien."

Henderson entgegnete, Hitler müsse heute zwischen Polen und England wählen: „Wenn Sie den Polen unmäßige Forderungen stellen, besteht keine Hoffnung auf eine Verständigung. Der Korridor wird heute fast vollständig von Polen bewohnt."

Der Reichskanzler verwies darauf, daß seit 1919 eineinhalb Millionen Deutsche aus diesem Gebiet vertrieben worden seien, worauf Henderson wiederholte, daß die Wahl nun bei ihm, Hitler, liege: „Im März haben Sie einen Korridor durch den Korridor angeboten. Ich muß Ihnen ehrlich sagen: Alles, was darüber hinausgeht, kann Polen seiner Ansicht nach nicht annehmen. Denken sie gut darüber nach, bevor Sie Ihren Preis steigern." Hitler beharrte auf seinem Standpunkt: „Als ich den Polen einen Verzicht auf den Korridor vorschlug, haben sie mein Angebot verächtlich zurückgewiesen. Ich werde es nicht noch einmal machen." Nachdem die Diskussion sich eine Weile im Kreise gedreht hatte, zeigte Hitler sich zuletzt enttäuscht, daß das britische Memorandum mit keinem Wort auf sein Bündnisangebot einging. Daher fragte er zum Schluß: „Wäre England gewillt, ein Bündnis mit Deutschland zu schließen?" Henderson erwiderte: „Ich persönlich schließe eine solche Möglichkeit keineswegs aus, vorausgesetzt natürlich, daß die Entwicklung der Ereignisse sie rechtfertigt."[272]

Nachdem Henderson kurz nach Mitternacht in die britische Botschaft zurückgekehrt war, setzte er einen persönlichen Bericht für Lord Halifax auf. Henderson schrieb, Hitler habe immer wieder betont, es wäre ein „schwerer Irrtum" anzunehmen, daß er bluffe, und diese Drohungen waren nach Einschätzung des Botschafters absolut ernst gemeint.

---

[270]  Ebenda, Dok. 111.
[271]  Britisches Blaubuch, Dok. 74.
[272]  Ebenda, Dok. 75.

Dennoch war Henderson verhalten optimistisch: „Trotz seines Beharrens auf einer Rückgabe des gesamten Korridors und seiner Anspielung auf eine Berichtigung der Grenzen Schlesiens schienen mir seine wiederholten Versicherungen, er wolle unsere Antwort erst aufmerksam prüfen, sowie die Tatsache, daß Göring zu dieser Prüfung hinzugezogen werden soll, ein gutes Zeichen zu sein. So habe ich zum Beispiel auf einen Korridor durch den Korridor als mögliche Lösung hingewiesen." Die Tatsache, daß Hitler seine Forderungen gegenüber Polen erhöht hatte, nahm Henderson nicht sehr tragisch, dies sei die übliche Verhandlungstaktik: „Zunächst wird er vermutlich zuviel fordern, wie auch Polen zuwenig anbieten wird. Kurzum, wenn wir Deutschland gegenüber fest bleiben, dürfen wir es Polen gegenüber nicht weniger sein." Henderson plädierte dafür, auch auf die Warschauer Regierung Druck auszuüben: „Auch Polen hat die Pflicht, mit an der Erhaltung des Friedens zu arbeiten. Meiner Ansicht nach müßte Beck persönlich hierher kommen, wenn Hitler sich mit direkten Verhandlungen einverstanden erklärt."[273]

Henderson hielt eine Verhandlungslösung also für durchaus erreichbar, aber er überschätzte den Spielraum, den Chamberlain und Halifax noch hatten. Churchill und seinen Anhängern war inzwischen gelungen, die öffentliche Meinung und eine große Zahl von Parlamentariern so gegen Hitler und gegen Chamberlains Kompromißpolitik aufzubringen, daß jede Verhandlungslösung, die nach einem „zweiten München" aussah, zum Sturz der Regierung geführt hätte. Präsident Roosevelt hatte über Churchill und die von Amerika beeinflußte liberal-demokratischen Presse in der englischen Politik ein faktisches Mitspracherecht gewonnen.

Währenddessen spitzte sich die Lage an der deutsch-polnischen Grenze immer weiter zu. In der Nacht vom 28. auf den 29. August gingen in Berlin besorgniserregende Berichte über Grenzzwischenfälle ein.[274]

Am Nachmittag des 29. rief Oberst Beck in Warschau den polnischen Ministerrat zusammen und forderte die Kabinettsmitglieder auf, die allgemeine Mobilmachung anzuordnen. Sie sollte am 30. August um 16 Uhr in Kraft treten. Nachdem der Ministerrat diese Entscheidung getroffen hatte, setzte Beck die Botschafter Englands und Frankreichs, Sir Howard Kennard und Léon Noël, davon in Kenntnis. Diese erschienen nur eine halbe Stunde später bei Beck und protestierten gegen diese Maßnahme: Die allgemeine Mobilmachung sei angesichts der laufenden Mobilisierung der deutschen Streitkräfte zwar durchaus gerechtfertigt, sie würde aber vor der Weltöffentlichkeit wie eine Provokation wirken.[275]

Um 19.15 Uhr empfing Hitler in der Reichskanzlei Sir Nevile Henderson, um ihm seine Antwort auf das britische Memorandum vom Vortag zu übergeben. Die Note, die Hitler offenbar selbst verfaßt hatte, begann mit der Versicherung, daß die „Reichsregierung nach einer aufrichtigen deutsch-englischen Verständigung, Zusammenarbeit und Freundschaft" strebe, daß aber „eine solche Verständigung nicht erkauft werden könnte mit dem Verzicht auf lebensnotwendige deutsche Interessen." Dann schilderte Hitler die Entwicklung der deutsch-polnischen Beziehungen seit 1933 und erklärte, daß er wenig Vertrauen in den Erfolg direkter Verhandlungen habe, „denn die deutsche Regierung hat es ja versucht, den Weg einer solchen friedlichen Verhandlung einzuleiten, wurde aber dabei von der polnischen Regierung nicht unterstützt, sondern durch brüsk eingeleitete Maßnahmen militärischen Charakters [womit die polnische Mobilmachung gemeint war] abgewiesen." Es folgte nun aber keine lange Aufzählung von Beschwerden und Drohungen, sondern der Ton der Note schlug völlig um: „Die Britische Regierung sieht zwei Momente als wichtig an:

---

[273] DBFP VII, Dok. 501.
[274] Walther Hofer, S. 103.
[275] DBFP VII, Dok. 482.

1. daß durch direkte Verhandlungen schnellstens die vorhandene Gefahr einer drohenden Entladung beseitigt wird und daß

2. der Existenz des im übrigen dann fortbestehenden polnischen Staates durch internationale Garantien wirtschaftlich und politisch die notwendige Sicherung gegeben wird.

Die Deutsche Reichsregierung hat dazu folgende Erklärung abzugeben: Trotz ihrer skeptischen Beurteilung der Aussichten solcher direkter Verhandlungen will sie dennoch den englischen Vorschlag akzeptieren und in diese eintreten. [...] Die Reichsregierung muß die Britische Regierung pflichtgemäß aber darauf hinweisen, daß sie im Falle einer Neugestaltung der territorialen Verhältnisse in Polen nicht mehr in der Lage wäre, ohne Hinzuziehung der Sowjetunion sich zu Garantien zu verpflichten oder an Garantien teilzunehmen." Dies war natürlich eine Anspielung auf das Geheime Zusatzprotokoll zum Deutsch-Sowjetischen Nichtangriffspakt. Hitler beabsichtigte, die Sowjetunion in jedem Fall an der Regelung der polnischen Krise zu beteiligen, gleichgültig, ob sie nun mit diplomatischen oder mit kriegerischen Mitteln gelöst würde. Damit hielt er sich strikt an die Vereinbarungen des Geheimen Zusatzprotokolls. In Hitlers Antwortnote an die britische Regierung hieß es weiter: „Im übrigen hat die Deutsche Reichsregierung bei ihren Vorschlägen nie die Absicht gehabt, lebenswichtige Interessen Polens anzugreifen oder die Existenz eines unabhängigen Polnischen Staates in Frage zu stellen. Die Deutsche Reichsregierung ist unter diesen Umständen daher damit einverstanden, die vorgeschlagene Vermittlung der Königlich Britischen Regierung zur Entsendung einer mit allen Vollmachten versehenen polnischen Persönlichkeit nach Berlin anzunehmen. Die Deutsche Reichsregierung rechnet mit dem Eintreffen dieser Persönlichkeit für Mittwoch, den 30. August 1939."[276]

Henderson hatte die Antwortnote sofort nach Aushändigung durchgelesen. Sein Eindruck war insgesamt günstig. Wogegen er allerdings protestierte war die Frist von nur 24 Stunden für das Eintreffen eines polnischen Unterhändlers. Diese Frist, so Henderson, sei viel zu kurz und klinge nach einem Ultimatum. Hitler betrachtete diese Frist als durchaus ausreichend und erklärte, sie unterstreiche „die Dringlichkeit des Augenblicks", denn es könne jeden Moment zu einem schweren Grenzzwischenfall kommen. Der britische Botschafter versprach, diese Vorschläge sofort an seine Regierung weiterzureichen.[277]

Nachdem er in die britische Botschaft zurückgekehrt war, bat Henderson den polnischen Gesandten Lipski zu sich und versuchte ihn zu überzeugen, daß er sofort etwas unternehmen müsse. Das deutsche Heer und die deutsche Luftwaffe, die den polnischen Streitkräften weit überlegen seien, stünden zum Losschlagen bereit, und Warschau müsse unverzüglich einen Bevollmächtigten für die von Berlin vorgeschlagenen Verhandlungen ernennen. Anschließend setzte sich Henderson mit den Botschaftern Frankreichs und Italiens, Coulondre und Attolico, in Verbindung und bat sie, ihre Regierungen zu veranlassen, Druck auf Warschau auszuüben. Hitler bluffe nicht, und die Situation könne nur gerettet werden, wenn Oberst Beck persönlich oder ein von ihm ernannter Bevollmächtigter in Berlin erscheine.[278]

Göring beauftragte in der Nacht vom 29. auf den 30. August Birger Dahlerus, seine Sondermission fortzusetzen und ein drittes Mal nach London zu fliegen.

Hitler versammelte am 30. in der Reichskanzlei eine Reihe von Diplomaten und Juristen, um die deutschen Vorschläge „für eine Lösung des Danzig- und des Korridor-Problems" auszuarbeiten, die er dem polnischen Unterhändler im Verlauf des Tages

[276] ADAP D VII, Dok. 421.
[277] DGFP VII, Dok. 490, 493, 508 u. 565.
[278] Henderson, S. 308; DGFP VII, Dok. 490 u. 565.

überreichen wollte. Am späten Nachmittag war dieses Dokument, das später als „Hitlers sechzehn Punkte" bekannt wurde, fertiggestellt. Sie lauteten:

„1. Die Freie Stadt Danzig kehrt aufgrund ihres rein deutschen Charakters sowie des einmütigen Willens ihrer Bevölkerung sofort in das Deutsche Reich zurück.

2. Das Gebiet des sogeannten Korridors, das von der Ostsee bis zu der Linie Marienwerder–Graudenz–Kulm–Bromberg (diese Städte einschließlich) und dann etwa westlich nach Schönlanke reicht, wird über seine Zugehörigkeit zu Deutschland oder zu Polen selbst entscheiden.

3. Zu diesem Zweck wird dieses Gebiet eine Abstimmung vornehmen. Abstimmungsberechtigt sind alle Deutschen, die am 1. Januar 1918 in diesem Gebiet wohnhaft waren oder bis zu diesem Tage dort geboren wurden, und desgleichen alle an diesem Tage dort wohnhaft gewesenen oder bis zu diesem Tage dort geborenen Polen, Kaschuben usw. Die aus diesem Gebiet vertriebenen Deutschen kehren zur Erfüllung ihrer Abstimmung zurück. Zur Sicherung einer objektiven Abstimmung sowie zur Gewährleistung der dafür notwendigen umfangreichen Vorarbeiten wird dieses erwähnte Gebiet ähnlich dem Saargebiet einer sofort zu bildenden internationalen Kommission unterstellt, die von den vier Großmächten Italien, Sowjetunion, Frankreich, England gebildet wird. Diese Kommission übt alle Hoheitsrechte in diesem Gebiet aus. Zu dem Zweck ist dieses Gebiet in einer zu vereinbarenden kürzesten Frist von den polnischen Militärs, der polnischen Polizei und den polnischen Behörden zu räumen.

4. Von diesem Gebiet bleibt ausgenommen der polnische Hafen Gdingen, der grundsätzlich polnisches Hoheitsgebiet ist, insoweit er sich territorial auf die polnische Siedlung beschränkt. Die näheren Grenzen dieser polnischen Hafenstadt wären zwischen Deutschland und Polen festzulegen und nötigenfalls durch ein internationales Schiedsgericht festzusetzen.

5. Um die notwendige Zeit für die erforderlichen umfangreichen Arbeiten zur Durchführung einer gerechten Abstimmung sicherzustellen, wird diese Abstimmung nicht vor Ablauf von zwölf Monaten stattfinden.

6. Um während dieser Zeit Deutschland seine Verbindung mit Ostpreußen und Polen seine Verbindung mit dem Meere unbeschränkt zu garantieren, werden Straßen und Eisenbahnen festgelegt, die einen freien Transitverkehr ermöglichen. Hierbei dürfen nur jene Abgaben erhoben werden, die für die Erhaltung der Verkehrswege bzw. die Durchführung der Transporte erforderlich sind.

7. Über die Zugehörigkeit des Gebietes entscheidet die einfache Mehrheit der abgegebenen Stimmen.

8. Um nach erfolgter Abstimmung – ganz gleich wie diese ausgehen möge – die Sicherheit des freien Verkehrs Deutschlands mit seiner Provinz Danzig-Ostpreußen und Polen seine Verbindung mit dem Meere zu garantieren, wird, falls das Abstimmungsgebiet an Polen fällt, Deutschland eine exterritoriale Verkehrszone, etwa in Richtung von Bütow–Danzig bzw. Dirschau gegeben zur Anlage einer Reichsautobahn sowie einer viergleisigen Eisenbahnlinie. Der Bau der Straße und der Eisenbahn wird so durchgeführt, daß die polnischen Kommunikationswege dadurch nicht berührt, d.h. entweder über- oder unterfahren werden. Die Breite dieser Zone wird auf 1 km festgesetzt und ist deutsches Hoheitsgebiet. Fällt die Abstimmung zugunsten Deutschlands aus, erhält Polen zum freien und uneingeschränkten Verkehr nach seinem Hafen Gdingen die gleichen Rechte einer ebenso exterritorialen Straßen- bzw. Eisenbahnverbindung, wie sie Deutschland zustehen würden.

9. Im Falle des Zurückfallens des Korridors an das Deutsche Reich erklärt sich dieses bereit, einen Bevölkerungsaustausch mit Polen in dem Ausmaß vorzunehmen, als der Korridor hierfür geeignet ist.

10. Die etwa von Polen gewünschten Sonderrechte im Hafen von Danzig würden paritätisch ausgehandelt werden mit gleichen Rechten Deutschlands im Hafen von Gdingen.

11. Um in diesem Gebiet jedes Gefühl einer Bedrohung auf beiden Seiten zu beseitigen, würden Danzig und Gdingen den Charakter reiner Handelsstädte erhalten, d.h. ohne militärische Anlagen und militärische Befestigungen.

12. Die Halbinsel Hela, die entsprechend der Abstimmung entweder zu Polen oder zu Deutschland käme, würde in jedem Fall ebenfalls zu demilitarisieren sein.

13. Da die Deutsche Reichsregierung heftigste Beschwerden gegen die polnische Minderheitenbehandlung vorzubringen hat, die Polnische Regierung ihrerseits glaubt, auch Beschwerden gegen Deutschland vorbringen zu müssen, erklären sich beide Parteien damit einverstanden, daß diese Beschwerden einer international zusammengesetzten Untersuchungskommission unterbreitet werden, die die Aufgabe hat, alle Beschwerden über wirtschaftliche und physische Schädigungen sowie sonstige terroristische Akte zu untersuchen. Deutschland und Polen verpflichten sich, alle seit dem Jahre 1918 etwa vorgekommenen wirtschaftlichen und sonstigen Schädigungen der beiderseitigen Minoritäten wiedergutzumachen, bzw. alle Enteignungen aufzuheben oder für diese und sonstige Eingriffe in das wirtschaftliche Leben eine vollständige Entschädigung den Betroffenen zu leisten.

14. Um den in Polen verbleibenden Deutschen sowie den in Deutschland verbleibenden Polen das Gefühl der internationalen Rechtlosigkeit zu nehmen und ihnen vor allem die Sicherheit zu gewähren, nicht zu Handlungen bzw. zu Diensten herangezogen werden zu können, die mit ihrem nationalen Gefühl unvereinbar sind, kommen Deutschland und Polen überein, die Rechte der beiderseitigen Minderheiten durch umfassendste und bindende Vereinbarungen zu sichern, um diesen Minderheiten die Erhaltung, freie Entwicklung und Betätigung ihres Volkstums zu gewährleisten, ihnen insbesondere zu diesem Zweck die von ihnen erforderlich gehaltene Organisierung zu gestatten. Beide Teile verpflichten sich, die Angehörigen der Minderheit nicht zum Wehrdienst heranzuziehen.

15. Im Fall einer Vereinbarung auf der Grundlage dieser Vorschläge erklären sich Deutschland und Polen bereit, die sofortige Demobilisierung ihrer Streitkräfte anzuordnen und durchzuführen.

16. Die zur Beschleunigung der obigen Abmachungen erforderlichen weiteren Maßnahmen werden zwischen Deutschland und Polen gemeinsam vereinbart."[279]

Viele Beobachter waren erstaunt über die Mäßigkeit von Hitlers Bedingungen.[280] Lady Diana, die Gattin des früheren Ersten Lords der Admiralität Duff Cooper, hielt die Vorschläge Hitlers für „so vernünftig", daß ihr Mann von dem Gedanken entsetzt war, die britische Öffentlichkeit könne zur gleichen Auffassung kommen wie seine Frau.[281] Im Vergleich zu den Vorschlägen, die Hitler zuletzt im März 1939 Oberst Beck gemacht hatte, hatte er seine Forderungen verschärft, denn sie enthielten jetzt eine Volksabstimmung im Korridor; an dieser sollten alle seit 1918 weggegangenen oder vertriebenen Deutschen teilnehmen dürfen, wodurch die deutsche Volksgruppe im Abstimmungsgebiet fast automatisch eine Mehrheit erhielt. Auf der anderen Seite hatte Hitler im Artikel 2 für das Abstimmungsgebiet einen Grenzverlauf vorgeschlagen (die Linie Marienwerder–Graudenz–Kulm–Bromberg), der den Verzicht Deutschlands auf die Provinz Posen bedeutete, die von 1793 bis 1919 zu Preußen gehört hatte. Außerdem erhob Hitler keine Forderungen auf Gdingen (Artikel 4). Mit dieser Grenzziehung

---

[279] ADAP D VII, Dok. 458.
[280] Paul Schmidt, S. 483.
[281] Duff Cooper. Old Men Forget. London 1954, S. 257.

griff Hitler auf einen Vorschlag des britischen Premierministers Lloyd George zurück, den dieser 1919 während der Versailler Friedensverhandlungen gemacht hatte. Dieser Rückgriff auf einen alten englischen Vorschlag war natürlich in erster Linie auf die britische Regierung zugeschnitten und sollte zeigen, wie sehr Hitler an einer Verständigung mit London gelegen war. Bei der Beurteilung der 16 Punkte ist weiter zu berücksichtigen, daß es sich nur um Vorschläge für die Einleitung direkter Verhandlungen mit Polen handelte. Es ist keineswegs sicher, daß Hitler auf einer Volksabstimmung im Korridor beharrt hätte. Hitlers eigentliches Ziel war ein freundschaftliches oder wenigstens erträgliches Verhältnis zu England, um eine Anerkennung des Besitzstandes des Deutschen Reiches zu erhalten. Demgegenüber war der Besitz oder Nichtbesitz des Korridors ziemlich nebensächlich.

Die deutschen Vorschläge waren am Nachmittag des 30. August fertig. Die Spitzen der Reichsregierung warteten nun auf das Erscheinen eines polnischen Unterhändlers in Berlin, aber Warschau hatte nicht die Absicht, Verhandlungen aufzunehmen, geschweige denn, die „16 Punkte" als Gesprächsgrundlage zu akzeptieren. Am Nachmittag des 30. war in London ein besorgniserregendes Telegramm des britischen Botschafters in Warschau eingetroffen. Sir Howard Kennard teilte mit, „daß es unmöglich sei, die polnische Regierung zu veranlassen, Herrn Beck oder irgendeinen anderen Vertreter sofort nach Berlin zu schicken, um eine Regelung auf der von Herrn Hitler vorgeschlagenen Basis zu besprechen". Die polnische Regierung „würde zweifellos eher kämpfen und untergehen, als daß sie eine solche Demütigung hinnähme". Kennard machte den Vorschlag, die Verhandlungen nach einem neutralen Land oder sogar nach Italien zu verlegen und „daß die Grundlage zu irgendwelchen Verhandlungen irgendein Kompromiß sein sollte zwischen den klar definierten Grenzen der Märzvorschläge auf deutscher Seite und dem Status quo auf polnischer Seite."[282]

Mit anderen Worten, die polnische Regierung würde nur auf einer Grundlage verhandeln, die unterhalb der deutschen Vorschläge vom 21. März lag und eine Rückgabe Danzigs oder des Korridors ausschloß. Zu dem Zeitpunkt, als Kennard dieses Telegramm abfaßte, waren Hitlers 16 Punkte weder der britischen noch der polnischen Regierung bekannt, aber es war völlig klar, daß Warschau diese niemals als Verhandlungsgrundlage akzeptieren würde. Dies wurde am Abend des 31. vom polnischen Botschafter in Paris, Lukasiewicz, bestätigt, als er gegenüber Georges Bonnet erklärte, die deutschen Vorschläge seien „so maßlos, daß die deutsche Regierung wahnsinnig geworden sein muß oder heute eine regelrechte Herausforderung betreibt, um die Polnische Regierung anzustacheln".[283]

Gerüchte über einen bevorstehenden Sturz Hitlers waren von der deutschen Opposition gegen Hitler gezielt in die Welt gesetzt worden. Die Widerstandsbewegung wurde zu dieser Zeit von dem früheren Bürgermeister von Leipzig, Carl Goerdeler, von Generaloberst a.D. Ludwig Beck, vom Chef der deutschen Abwehr, Admiral Wilhelm Canaris, sowie drei hohen Beamten im Auswärtigen Amt, den Brüdern Kordt und Ewald von Kleist-Schmenzin angeführt. Bereits während der Sudetenkrise ein Jahr zuvor hatten diese Personen gehofft, eine harte Haltung der Westmächte und eine schließliche Kriegserklärung an Deutschland werde ihnen die Möglichkeit eröffnen, zusammen mit einem Teil der Generalität den Sturz Hitlers herbeizuführen. Chamberlains Treffen mit Hitler und die Münchner Konferenz hatten all diese Pläne zunichte gemacht. Die Sommerkrise 1939 ließ die Opposition erneut hoffen, daß ihre Stunde gekommen sei. Über alle möglichen Kanäle erhielten die politischen Entscheidungsträger der Westmächte Mitteilungen, Memoranden und Lageberichte, denen zufolge die wirtschaftliche Lage in Deutschland verzweifelt, die Bevölkerung gegen Hitler aufgebracht und die Opposition zum Sturz

---

[282]  Britisches Blaubuch, Dok. 84.
[283]  Georges Bonnet, Vor der Katastrophe, S. 288.

des Regimes bereit sei. Es fehle nur noch das Signal, die Kriegserklärung der Westmächte an Deutschland.[284]

Tatsächlich konnte ein Umsturz allerdings nur von der Wehrmachtführung herbeigeführt werden, und diese mußte zuvor die Überzeugung gewonnen haben, daß Hitler das Reich in eine katastrophale Sackgasse geführt habe. Davon konnte aber nach der Unterzeichnung des Nichtangriffspaktes mit der Sowjetunion keine Rede sein. Hitler war es vielmehr gelungen, die drohende Einkreisung abzuwenden und die strategische Lage Deutschlands radikal zu verbessern. Und eine Abrechnung mit Polen war ohnehin im Sinne vieler Militärs mit altpreußischem Hintergrund.

In der Nacht vom 30. auf den 31. August, kurz nach 24 Uhr, suchte Henderson Ribbentrop auf dessen Bitten in der Reichskanzlei auf. An der Unterredung nahm auch der Dolmetscher Paul Schmidt teil. Zunächst las Henderson die Botschaften vor, die er soeben vom Foreign Office erhalten hatte. In der ersten hieß es, „es sei unvernünftig anzunehmen, daß die britische Regierung innerhalb von vierundzwanzig Stunden die Warschauer Regierung veranlassen könne, einen Unterhändler nach Berlin zu schicken". Dazu bemerkte Ribbentrop, die Fristen seien verstrichen, und wo sei nun der polnische Unterhändler? Als Antwort verlas Henderson die zweite Note Chamberlains: „Wir sind bei der polnischen Regierung vorstellig geworden und haben ihr empfohlen, weitere Grenzzwischenfälle zu vermeiden. Man kann von ihr aber nur dann vollständige Zurückhaltung erwarten, wenn die Deutsche Regierung die gleiche Haltung einnimmt. Es sind Berichte in Umlauf, nach denen die Deutschen in Polen Sabotageakte verüben, die die schärfsten Gegenmaßnahmen der polnischen Regierung rechtfertigen würden." Darauf entgegnete Ribbentrop gereizt, daß die Polen und nicht die Deutschen die Provokateure seien. Henderson machte nun den Vorschlag, das normale diplomatische Verfahren zu befolgen, anstatt auf einen Unterhändler aus Warschau zu warten. Die Reichsregierung solle ihre Vorschläge dem polnischen Botschafter übergeben und ihn bitten, diese an seine Regierung weiterzuleiten. Ribbentrop, der schon seit Beginn des Gesprächs äußerst nervös war, verlor die Fassung und rief, dies komme jetzt überhaupt nicht mehr in Frage. Die Reichsregierung verlange, „daß ein bevollmächtigter Unterhändler hier nach Berlin kommt, der verantwortlich im Namen seiner Regierung mit uns verhandeln kann!" Nun zog Ribbentrop die 16 Punkte, die Hitler für eine Lösung der deutsch-polnischen Probleme ausgearbeitet hatte, aus der Tasche und las sie Henderson auf deutsch vor, wobei er zu einzelnen Punkten noch Erläuterungen gab. Dann kam es zu einem peinlichen Zwischenfall. Henderson, der ebenfalls sehr nervös war, war bei der Verlesung der Note offenbar nicht aufmerksam genug gewesen, um sich alle Punkte zu merken. Er bat daher Ribbentrop, ihm die Note zur Weiterleitung an seine Regierung zu überlassen, ein Verfahren, das im diplomatischen Verkehr absolut selbstverständlich ist. Henderson war höchst erstaunt, als Ribbentrop etwas verlegen antwortete, er könne ihm die Vorschläge nicht übergeben. Henderson glaubte nicht richtig gehört zu haben und wiederholte seine Frage. Da warf Ribbentrop das Papier mit einer zornigen Gebärde auf den Tisch und erklärte, die deutschen Vorschläge seien ohnehin überholt, da die gesetzte Frist um Mitternacht abgelaufen und kein polnischer Unterhändler erschienen sei.[285]

Man hat aus der Weigerung Ribbentrops, Henderson die deutsche Note zu überlassen, vielfach die Schlußfolgerung gezogen, daß dies ein abgekartetes Spiel gewesen sei und Hitler niemals die Absicht gehabt habe, seine Vorschläge den Polen zu unterbreiten. Tatsächlich aber war Hitler mit der vorliegenden Fassung der 16 Punkte noch nicht zufrieden und wollte noch einige Korrekturen anbringen. Kurz vor dem Eintreffen Hender-

---

[284]  Siehe dazu: Annelies v. Ribbentrop. Die Kriegsschuld des Widerstandes. Leoni 1975.
[285]  ADAP D VII, Dok. 461; Paul Schmidt, S. 459; Henderson, S. 312 ff.

sons hatte er deshalb zu Ribbentrop gesagt, er solle das unfertige Manuskript keinesfalls aus der Hand geben. Als Henderson bat, ihm das Dokument zu überlassen, hatte sich der Reichsaußenminister in der peinlichen Situation befunden, ihm dies verweigern zu müssen. Dabei wußte Ribbentrop genau, daß er damit gegen die üblichen diplomatischen Gepflogenheiten verstieß, aber er war zu nervös, um sich über die Anweisung Hitlers hinwegzusetzen oder eine elegantere Lösung zu finden.[286]

Kurz nach Mitternacht kehrte Birger Dahlerus aus London zurück und begab sich sofort zu Göring, um über seine Gespräche mit Chamberlain und Halifax zu berichten. Göring war bester Stimmung und glaubte, Hitler habe durch seine 16 Punkte den Frieden gerettet. Als Dahlerus sich daraufhin telefonisch mit Ogilvie Forbes in Verbindung setzte, erfuhr er von diesem von dem höchst unglücklichen Verlauf des Gesprächs zwischen Ribbentrop und Henderson. Dahlerus war wie vor den Kopf geschlagen und informierte sofort Göring über die Unterredung in der Reichskanzlei. Daraufhin entschied der Feldmarschall kurz entschlossen, Dahlerus solle Ogilvie Forbes den Inhalt der 16 Punkte per Telefon diktieren, um sie so möglichst schnell an Ribbentrop vorbei in die Hände von Henderson gelangen zu lassen. Daraufhin rief Dahlerus Forbes ein zweites Mal an und diktierte ihm die Note. Henderson hatte sich aber zu diesem Zeitpunkt zum polnischen Botschafter Lipski begeben, um ihn über die wichtigsten Punkte von Hitlers Vorschlägen, die er im Gedächtnis behalten hatte, zu informieren. Forbes legte daher seine Mitschrift um 2 Uhr morgens auf Hendersons Schreibtisch. Nachdem der britische Botschafter in sein Arbeitszimmer zurückgekehrt und die deutschen Vorschläge gelesen hatte, gab er den Inhalt telefonisch nach London weiter und setzte sich anschließend mit Dahlerus in Verbindung. Um keine Zeit zu verlieren, bat Henderson Dahlerus, die deutschen Vorschläge Lipski persönlich zu überbringen. So begab sich Dahlerus in Begleitung von Ogilvie Forbes um 10 Uhr in die polnische Botschaft, wo er Lipski den Text von Hitlers 16 Punkten vorlas. Aber Lipski gab sich ausgesprochen gleichgültig, und als Forbes sich darüber wunderte, erwiderte er: „Ich habe keine Veranlassung, mit der deutschen Regierung zu verhandeln. Ich lebe nun fünfeinhalb Jahre in diesem Lande, und ich weiß sehr genau, was hier vorgeht. Wenn es zu einem Kriege zwischen Deutschland und Polen kommt, wird in Deutschland eine Revolution ausbrechen, und die polnischen Truppen werden dann auf Berlin marschieren."[287] Dahlerus erschienen solche Illusionen als wahnwitzig.

Am Morgen des 31. August war Mussolini auf seinen Plan zurückgekommen, eine internationale Konferenz einzuberufen, die nicht nur den deutsch-polnischen Konflikt lösen, sondern alle ungerechten Regelungen des Versailler Vertrages beseitigen sollte.[288]

Unmittelbar nachdem Bonnet mit Noël telefoniert hatte, rief der französische Botschafter in Rom, François-Poncet, an und berichtete, er sei soeben von Ciano empfangen worden. Der italienische Außenminister, der sehr erregt gewesen sei, meinte, das Schweigen Polens, das Hitler nicht einmal eine grundsätzliche Zusage gegeben habe, würde als Ablehnung angesehen werden und Deutschland dazu führen, die Dinge zu überstürzen. Ein Eingreifen Mussolinis wäre noch möglich, aber er dürfe nicht mit leeren Händen kommen. Es bedürfe eines Zugeständnisses von seiten der polnischen Regierung. Wenn diese sich damit abfinde, daß Danzig sofort dem Reich angeschlossen würde, wäre eine Abwendung des Krieges vielleicht noch möglich.[289]

Kurz danach suchten der britische Botschafter Sir Howard Kennard und der französische Gesandte Leon Noël Oberst Beck auf. In dem folgenden Gespräch wiederhol-

---

[286] Erklärung Staatssekretärs v. Weizsäcker gegenüber Jacques Benoist-Méchin, in: Wollte Adolf Hitler den Krieg, S. 499.
[287] Dahlerus, S. 110.
[288] Ciano, Tagebücher, S. 136.
[289] Bonnet, Vor der Katastrophe, S. 281.

te der polnische Außenminister seinen Standpunkt, daß nämlich die polnische Regierung grundsätzlich zur Aufnahme direkter Verhandlungen bereit sei und auch sicherstellen wolle, daß die polnischen Streitkräfte Deutschland während der Verhandlungen nicht angreifen würden. Vor Beginn dieser Verhandlungen müsse aber ein provisorischer Modus vivendi für Danzig festgelegt werden. Außerdem verlangte Beck nach genaueren Angaben über die Art der internationalen Garantie, die die Großmächte im Falle einer deutsch-polnischen Vereinbarung gewähren wollten. Schließlich versprach Beck, daß der polnische Botschafter in Berlin das Auswärtige Amt aufsuchen werde.[290] Das Foreign Office und der Quai d'Orsay waren mit dieser Antwort zufrieden und störten sich nicht daran, daß Beck im Hinblick auf Danzig keinerlei konkrete Zusagen machte. Dabei stand es außer Frage, daß die deutsch-polnischen Gespräche nur dann Erfolg haben würden, wenn Warschau in der Danziger Frage deutliche Zugeständnisse machen würde. Mit anderen Worten, London und Paris genügte es, wenn Warschau wenigstens pro forma Verhandlungsbereitschaft signalisierte, sie unternahmen aber nichts, um die polnische Regierung zu ernsthaften Zugeständnissen zu bewegen.

Um 13.30 Uhr eilte Sir Nevile Henderson ins Auswärtige Amt in Berlin und ersuchte um ein sofortiges Gespräch mit Staatssekretär von Weizsäcker. Im Auftrag seiner Regierung teilte Henderson mit, daß Warschau „Schritte" ergreife, „um über den polnischen Botschafter in Berlin einen Kontakt" mit der Reichsregierung herzustellen. Die britische Regierung ersuche die Reichsregierung, einem provisorischen Modus vivendi in Danzig zuzustimmen.[291] Hitler erfuhr von den Mitteilungen Hendersons in dem Augenblick, als er sich anschickte, die „Weisung Nr. 1 für die Kriegführung" zu unterschreiben. Er entschloß sich daraufhin, mit der endgültigen Entscheidung bis zum Ende des Tages zu warten.[292]

Um 14 Uhr erhielt der polnische Botschafter in Berlin von Oberst Beck folgende Instruktionen: „Diese Nacht wurde die polnische Regierung durch die Britische Regierung über ihren Meinungsaustausch mit der Reichsregierung bezüglich der Möglichkeit direkter Besprechungen zwischen der Reichsregierung und der Polnischen Regierung benachrichtigt. Die Polnische Regierung prüft in günstigem Sinne die Anregungen der Britischen Regierung, auf welche eine diesbezügliche förmliche Antwort spätestens in einigen Stunden erteilt werden wird."[293]

So lautete die Note, die Lipski in der Reichskanzlei vorlegte; aber dieser Text enthielt eine Auslassung. Beck hatte seinen Instruktionen einen geheimen Zusatz hinzugefügt, der wichtiger war als die ganze Note selbst: „Lassen Sie sich unter keinen Umständen in sachliche Diskussionen ein; wenn die Reichsregierung mündliche oder schriftliche Vorschläge macht, müssen Sie erklären, daß Sie keinerlei Vollmachten haben, solche Vorschläge entgegenzunehmen oder zu diskutieren, und daß Sie ausschließlich obige Mitteilung Ihrer Regierung zu übermitteln und erst weitere Instruktionen einzuholen haben."[294]

Oberst Beck wollte also gar nicht ernsthaft verhandeln, sondern der deutschen Reichsregierung nur scheinbar entgegenkommen, um die öffentliche Meinung zu täuschen. Die Instruktionen Becks wurden in ihrem vollständigen Wortlaut vom Forschungsamt abgefangen und dechiffriert und sofort an Göring weitergeleitet. Göring informierte unverzüglich Ribbentrop und empfahl ihm, den polnischen Botschafter trotz der offenkundigen Heuchelei zu empfangen.

---

[290]  Polnisches Weißbuch, Dok. 108.
[291]  Nevile Henderson, Fehlschlag einer Mission, S. 315 f.
[292]  IMT Bd. X, S. 579, Keitel am 4.4.46.
[293]  Walther Hofer, S. 367.
[294]  Dahlerus, S. 113.

Inzwischen hatte Mussolini seinen Konferenzplan in den Grundzügen fertiggestellt. Der französische Botschafter in Rom, Francois-Poncet, rief um 13 Uhr Bonnet an und berichtete ihm: „Mussolini macht das Angebot, falls Frankreich und Großbritannien annehmen, Deutschland zu einer Konferenz einzuladen, die am 5. September zusammentreten soll. Ihr Ziel ist die Überprüfung der Klauseln des Versailler Vertrages, die den gegenwärtigen Wirren zugrunde liegen."[295]

Bonnet suchte Daladier auf und plädierte dafür, den italienischen Vorschlag anzunehmen. Daladier stimmte zu und wollte den Ministerrat für 18 Uhr einberufen. Daraufhin arbeitete Bonnet den Entwurf für eine Antwort an Mussolini aus.[296]

Bei der englischen Regierung und in der polnische Botschaft in London ging seit einigen Tagen ein Flut von Briefen, Bittschriften und anonymen Schreiben ein, in denen immer wieder gefordert wurde, daß man den Diktatoren jetzt nicht nachgeben dürfe. Diese Forderung wurde auch von einflußreichen Parlamentariern wie Winston Churchill, Brendon Bracken, Duncan Sandys, Hugh Dalton, Lloyd George, Harcourt Johnstone und anderen erhoben. Die „Anti-Appeaser" hatten von Mussolinis Konferenzvorschlag Wind bekommen und ermahnten nun die polnische wie die britische Regierung, sich auf keine Verhandlungen einzulassen und „nicht in die Falle der Diktatoren zu gehen." Das beste Mittel, den Frieden zu retten, sei, Hitler vor die Notwendigkeit eines Krieges zu stellen, denn dies würde seinen Sturz herbeiführen.

Um 18 Uhr trat in Paris der französische Ministerrat zusammen. Während der Sitzung zeigte sich Daladier gegenüber Mussolinis Konferenzvorschlag unerwartet ablehnend, was auf die Haltung des britischen Kabinetts, vor allem aber auf den Brief zurückzuführen war, den der Botschafter Coulondre am Vortag dem Konsul Dayet mitgegeben hatte. Der französische Politiker Anatole de Monzie beschreibt den Einfluß, den dieser Brief auf die Minister ausübte: „Dieser Brief wäre recht bedeutungslos, wenn er nicht die Beschwörung enthielte: Wir müssen fest bleiben! Wenn Sie fest bleiben, wird Hitler zusammenbrechen! Jetzt muß geblußt werden. Wer als letzter blußt, wird den entscheidenden Vorteil davontragen. Bluff in Berlin! Falle in Rom! Man muß nur großsprecherisch auftreten! Wenn es darum geht, abzuwarten und zu prahlen, werden die Begeisterung und die Leichtfertigkeit sich miteinander verbinden. Keine Debatte mehr! Die Meinung Coulondres verschließt den Widerspenstigen den Schnabel!"[297]

Die Kabinettsmitglieder wußten nicht, daß Coulondre selbst von der Aussicht auf einen Sturz Hitlers mittlerweile nicht mehr so recht überzeugt war.

Der Ministerrat ging nach einer wirren Aussprache auseinander. Über den einzig wichtigen Punkt, eine positive Antwort auf den italienischen Konferenzvorschlag, bestand jedoch Einigkeit. Bonnet schickte den Entwurf der französischen Antwortnote nach London, um sie Chamberlain vorzulegen, bevor sie an die italienische Regierung nach Rom übermittelt wurde.

In Berlin hatte der polnische Botschafter gegen 16 Uhr um eine Audienz in der Wilhelmstraße gebeten. Um 18.30 Uhr begab sich Lipski in die Reichskanzlei, wo er von Ribbentrop empfangen wurde. Der Reichsaußenminister wußte durch den Bericht des Forschungsamtes bereits, daß der polnische Botschafter keine Verhandlungsvollmacht besaß. Als Ribbentrop Lipski fragte, ob er eine Vollmacht seiner Regierung habe, verneinte dieser und erklärte, er handle nur in seiner Eigenschaft als Botschafter. Dann übergab er die Note, die er um 14 Uhr aus Warschau von Oberst Beck erhalten hatte. Der Reichsaußenminister überflog das Papier und erwiderte dann: „Sie wissen doch, daß sich die Reichsregierung in Beantwortung von Vorschlägen aus London dazu bereit erklärt

---

[295]  Bonnet, Vor der Katastrophe, S. 283.
[296]  Ebenda, S. 285 u. Französisches Gelbbuch, Dok. 327.
[297]  Anatole de Monzie. Ci-devant. Paris 1941, S. 147.

hat, direkt mit einem polnischen Bevollmächtigten zu verhandeln, und daß wir den ganzen gestrigen Tag über vergeblich auf diesen gewartet haben?" Der Botschafter antwortete, daß er nur indirekt, über Dahlerus und Forbes, davon gehört habe. Lipskis Interesse an ernsthaften Verhandlungen war so gering, daß er nicht einmal darum bat, über die deutschen Vorschläge in Kenntnis gesetzt zu werden. Damit war die Unterredung beendet.[298]

Um 19 Uhr empfing Hitler den italienischen Botschafter Attolico und erklärte ihm mit düsterer Miene, daß die Verhandlungen mit der polnischen Regierung gescheitert seien. Dann übergab er ihm den Text der Vorschläge an Polen mit der Bitte, sie an Mussolini weiterzuleiten. „Halten Sie es noch für wünschenswert, daß der Duce seine Bemühungen um eine Vermittlungsaktion fortsetzt?" fragte Attolico. „Es wäre besser, zunächst einmal die künftige Entwicklung abzuwarten", erwiderte Hitler. „Ich bin nicht in der Stimmung, mich immer wieder durch Polen ins Gesicht schlagen zu lassen. Auch will ich den Duce nicht in eine peinliche Situation bringen. Angesichts der Geistesverfassung, in der sich die Polen zur Zeit befinden, zweifle ich übrigens daran, daß sie auf den Duce hören werden." Dann berichtete Hitler Attolico über den Besuch Lipskis in der Reichskanzlei: „Der Botschafter hat sich nicht nur ohne die erforderlichen Verhandlungsvollmachten eingefunden, sondern er hat nicht einmal um den Text der Vorschläge gebeten. Die Engländer haben bei der ganzen Angelegenheit sehr viel guten Willen bekundet, aber die Polen haben ihren Erwartungen nicht entsprochen. Die Initiative der Engländer ist fehlgeschlagen und nun endgültig überholt. Auch die deutschen Vorschläge müssen jetzt als hinfällig angesehen werden."[299]

Um 21 Uhr ließ Hitler Keitel kommen und übergab ihm die „Weisung Nr. 1 für die Kriegführung"; diese lautete:

„1. Nachdem alle politischen Möglichkeiten erschöpft sind, um auf friedlichem Wege eine für Deutschland unerträgliche Lage an seiner Ostgrenze zu beseitigen, habe ich mich zur gewaltsamen Lösung entschlossen.

2. Der Angriff gegen Polen ist nach den für Fall Weiß getroffenen Vorbereitungen zu führen.
Angriffstag: 1. September 1939
Angriffszeit: 4.45 Uhr

3. Im Westen kommt es darauf an, die Verantwortung für die Eröffnung der Feindseligkeiten eindeutig England und Frankreich zu überlassen. […] Die von uns Holland, Belgien, Luxemburg und der Schweiz zugesicherte Neutralität ist peinlich zu achten.

4. Eröffnen Frankreich und England die Feindseligkeiten gegen Deutschland, so ist es Aufgabe der im Westen operierenden Teile der Wehrmacht, unter möglichster Schonung der Kräfte die Voraussetzungen für den siegreichen Abschluß der Operationen gegen Polen zu erhalten."[300]

## Die Kriegserklärungen Englands und Frankreichs

In den frühen Morgenstunden des 1. September überschritt die deutsche Wehrmacht auf breiter Front die polnische Grenze. Entgegen den Hoffnungen mancher Politiker und Militärs in Warschau, Paris und London brach in Deutschland weder eine Revolution aus, noch kam es zum Sturz Hitlers. Die polnische Armee geriet innerhalb von 24 Stunden in eine prekäre militärische Lage.

---

[298] Paul Schmidt, S. 460.
[299] ADAP DVII, Dok. 483.
[300] Walther Hubatsch. Hitlers Weisungen für die Kriegführung 1939–1945. Frankfurt a.M. 1962, S. 19 ff.

Die letzte Hoffnung, den Frieden doch noch zu retten, lag in dem italienischen Konferenzvorschlag. Hitler ließ den Grafen Ciano wissen, „er würde den Vorschlag nicht völlig ablehnen". Daraufhin telefonierte der italienische Außenminister mit Bonnet und Lord Halifax, um ihnen nochmals eine Konferenz zur Diskussion und Beilegung der gegenwärtigen Krise vorzuschlagen. Bonnet reagierte positiv und ließ durch den französischen Botschafter in Rom eine günstige Antwort erteilen. Lord Halifax dagegen berief erst eine Kabinettssitzung ein und machte dann die Annahme des Vorschlages von der Einwilligung Deutschlands abhängig, die deutsche Wehrmacht aus den Gebieten Polens, die sie bereits besetzt hatte, zurückzuziehen. Anders gesagt, Deutschland hätte alle seine militärischen Anfangserfolge, die für den weiteren Verlauf des Feldzuges von beträchtlicher Bedeutung waren, aufgeben sollen. Diese Bedingung widersprach allen diplomatischen Traditionen und wurde von der Reichsregierung auch sofort abgelehnt. Damit war die letzte Chance, den Konflikt zu begrenzen und mittels einer Konferenz der europäischen Mächte doch noch zu einer friedlichen Lösung zu kommen, dahin. Die „Anti-Appeaser" hatten sich in London endgültig durchgesetzt.[301]

Am Vormittag des 3. September, um 9 Uhr, überreichte Botschafter Henderson im Auswärtigen Amt Hitler und Ribbentrop ein Ultimatum, demzufolge Großbritannien, wenn es von der deutschen Regierung nicht bis 11 Uhr eine Zusicherung zur Einstellung der Feindseligkeiten und zum Rückzug der deutschen Truppen aus Polen erhielte, sich von diesem Zeitpunkt an als mit Deutschland im Krieg betrachten würde. Als Paul Schmidt den Text des Ultimatums übersetzt hatte, herrschte „völlige Stille. Wie versteinert saß Hitler da und blickte vor sich hin. Er war nicht fassungslos, wie es später behauptet wurde, er tobte auch nicht, wie es andere wissen wollten. Er saß völlig still und regungslos an seinem Platz. Nach einer Weile wandte er sich Ribbentrop zu, der wie erstarrt am Fenster stehen geblieben war: ‚Was nun?' fragte Hitler seinen Außenminister. Ribbentrop erwiderte mit leiser Stimme: ‚Ich nehme an, daß die Franzosen uns in der nächsten Stunde ein gleichlautendes Ultimatum überreichen werden'."[302] Um 12 Uhr überreichte Coulondre das Ultimatum der französischen Regierung; die Annahmefrist war auf 17 Uhr festgesetzt.

Gegenüber dem US-Botschafter Joseph Kennedy machte Chamberlain kein Hehl daraus, daß er diesen Krieg nicht gewollt hatte, sondern von Roosevelt und seinen amerikanischen und britischen Parteigängern hineingedrängt worden war. Kennedy erzählte dies Jahre später dem amerikanischen Marineminister James Forrestal, der über dieses Gespräch folgende Tagebucheintragung machte: „27. Dezember 1945: Spielte heute Golf mit Joe Kennedy. Ich erkundigte mich nach den Unterredungen, die er von 1938 an mit Roosevelt und Neville Chamberlain gehabt hat. Er sagte, Chamberlains Standpunkt im Jahre 1938 war der, daß England nichts habe, womit es kämpfen könne, und daß es nicht riskieren dürfe, einen Krieg mit Hitler anzufangen. Kennedys Ansicht: Hitler hätte ohne späteren Konflikt mit England gegen Rußland losgeschlagen, wenn nicht Bullitt [William C. Bullitt, damals Botschafter in Paris] Roosevelt dahin bearbeitet hätte, daß man den Deutschen in der polnischen Angelegenheit kühn entgegentreten müsse; weder die Franzosen noch die Briten hätten Polen zu einem Kriegsgrund gemacht, wenn Washington nicht dauernd gestichelt hätte. Bullitt, sagte er, habe Roosevelt immer wieder erzählt, daß die Deutschen nicht kämpfen würden, Kennedy, daß sie es tun und Europa überrennen würden. Chamberlain, sagt er, habe erklärt, daß Amerika und das Weltjudentum England in den Krieg getrieben hätten. In seinen Telefongesprächen mit Roosevelt im Sommer 1939 habe ihm [Kennedy] der Präsident immer wieder gesagt, er solle Chamberlain

---

[301]  Tansill, Die Hintertür zum Kriege, S. 593.
[302]  Paul Schmidt, S. 464.

ein heißes Eisen auf die Kehrseite drücken. Kennedys Antwort darauf sei immer die gewesen, daß es zu nichts Gutem führe, ihm ein heißes Eisen auf die Kehrseite zu drücken, solange die Briten nicht irgendein Eisen hätten, womit sie kämpfen könnten, und sie hätten keines."[303]

---

[303] The Forrestal Diaries, hrsg v. Walter Millis u. E.S. Duffield, New York 1951, S. 121 f.

# Der Polenfeldzug 1939

## Die deutschen Aufmarsch- und Operationspläne

Am 3. April 1939 gab das Oberkommando der Wehrmacht eine Weisung „für die einheitliche Kriegsvorbereitung der Wehrmacht" heraus, die für den Fall eines militärischen Konflikts mit Polen folgende Richtlinien enthielt: „Die Aufgabe der Wehrmacht ist es, die polnische Wehrmacht zu vernichten. Hierzu ist ein überraschender Angriff anzustreben und vorzubereiten. [...] Die Bearbeitung der Kriegsvorbereitung hat so zu erfolgen, daß die Durchführung ab 1. September 1939 jederzeit möglich ist."[304] Das Oberkommando des Heeres schloß seine Planungen für einen Feldzug gegen Polen („Fall Weiß") am 15. Juni 1939 ab.[305]

Aufgrund des Grenzverlaufs war Polen vom Deutschen Reich halb eingekreist, die deutschen Grenzprovinzen, von Ostpreußen im Nordosten über Pommern im Nordwesten bis nach Schlesien im Südwesten, sowie die Slowakei im Süden umgaben das westliche Polen in der Form einer Sichel. Im Osten lag die seit der Unterzeichnung des Hitler-Stalin-Pakts mit Deutschland verbündete Sowjetunion. Sowohl von der geographischen Lage her wie vom militärischen Kräfteverhältnis waren alle Voraussetzungen für einen raschen deutschen Sieg über Polen gegeben.

Seit dem Juli war es durch eine Reihe von Maßnahmen gelungen, große Teile des deutschen Heeres in die vorgesehenen Aufmarsch- und Versammlungsräume zu verlegen, ohne daß die Mobilmachung offiziell verkündet wurde. So wurden Divisionen zu „Übungszwecken" und unter dem Vorwand, daß sie an der 25-Jahr-Feier der Schlacht von Tannenberg von 1914 teilnehmen sollten, vom Reichsgebiet auf ostpreußische Übungsplätze verlegt, an der deutsch-polnischen Grenze wurden „Schanzarbeiten" mit mobilen Verbänden durchgeführt, Panzer-, leichte und motorisierte Divisionen wurden zu „Herbstübungen" in Mitteldeutschland zusammengezogen. Am 25. August wurden die an diesen Manövern nicht beteiligten Divisionen mobil gemacht und in die Aufmarschräume an der polnischen Grenze verlegt.

Das deutsche Ostheer wurde für die Operation in zwei Heeresgruppen mit folgenden Aufträgen aufgeteilt: Die Heeresgruppe Süd, bestehend aus der 14., 10. und 8. Armee unter Generaloberst Gerd von Rundstedt, sollte aus Schlesien in allgemeiner Richtung auf Warschau angreifen und die entgegenstehenden polnischen Verbände zerschlagen. Sie sollte sich anschließend möglichst rasch mit starken Kräften in den Besitz der Weichsel beiderseits Warschau setzen, mit dem Ziel, die noch im westlichen Polen stehenden gegnerischen Kräfte im Zusammenwirken mit der Heeresgruppe Nord zu vernichten. Auf dem Südflügel der Heeresgruppe Süd sollte die 14. Armee unter Generaloberst Wilhelm List zunächst die in Ostoberschlesien stehenden polnischen Heerestruppen zerschlagen und dann ohne Aufenthalt nach Krakau vorstoßen. Eine besondere Kräftegruppe sollte vom Gebiet der verbündeten Slowakei aus an den Fluß San vorrücken und den deutschen Vorstoß nach Galizien decken. Die 10. Armee unter General der Artillerie Walter von Reichenau sollte mit der Masse der motorisierten Verbände den Hauptstoß auf Warschau führen. Aufgabe der nördlich anschließenden 8. Armee unter General der Infanterie Johannes Blaskowitz war es, auf Lodz vorzugehen und die Nordflanke der 10. Armee zu decken.

---

[304] Kurt von Tippelskirch. Geschichte des Zweiten Weltkrieges. Bonn 1951, S. 18.
[305] Christian Hartmann: Halder: Generalstabschef Hitlers 1938–1942. Paderborn 1991, S. 128.

Die Heeresgruppe Nord unter dem Kommando von Generaloberst Fedor von Bock umfaßte die 4. und 3. Armee. Ihr Auftrag lautete, zunächst die polnischen Streitkräfte im Danziger „Korridor" zu zerschlagen, um eine Landverbindung zwischen Ostpreußen und dem Hauptgebiet des Reiches herzustellen. Anschließend sollte sie den sich nördlich der Weichsel stellenden Feind schlagen und im Zusammenwirken mit der Heeresgruppe Süd die noch im westlichen Polen stehenden gegnerischen Verbände vernichten. Aufgabe der 4. Armee unter General der Artillerie Günther von Kluge war es, aus Ostpommern vorzustoßen und unter Mitwirkung von Teilen der 3. Armee aus Ostpreußen heraus das ostwärtige Weichselufer bei Kulm zu gewinnen. Die 3. Armee unter General der Artillerie Georg von Küchler erhielt den Auftrag, mit Teilkräften der 4. Armee über die Landesgrenze anzugreifen, um vorwärts des Narew stehende Feindkräfte zu vernichten und weiterhin über den Narew auf Warschau vorzustoßen.[306]

Das Oberkommando des Heeres (OKH) hoffte, die Masse des polnischen Heeres noch westlich der Weichsel umfassen und zerschlagen zu können. Am 25. August befand sich bereits ein großer Teil der deutschen Truppen in den Bereitstellungsräumen.

## Die polnischen Pläne

Der polnische Oberbefehlshaber Marschall Edward Rydz-Śmigły sah sich mit einer militärisch unlösbaren Aufgabe konfrontiert, er sollte mit zahlenmäßig und materiell unterlegenen Truppen das gesamte Territorium Polens gegen einen deutschen Angriff behaupten. Aufgrund der geographischen Lage mußte er daher die Kräfte des polnischen Heeres so aufteilen, daß sie nirgends stark genug waren, um dem Gegner standzuhalten, womit eine Niederlage vorprogrammiert war.[307]

Für einen Krieg gegen Deutschland verfügte der polnische Generalstab über keinen detailliert ausgearbeiteten Plan,[308] er mußte seinen Operations- und Aufmarschplan „West" in den Jahren 1938/39 entsprechend der sich rasch verändernden politischen und strategischen Lage mehrmals anpassen und überarbeiten. Nach der Besetzung der „Rest-Tschechei" im März 1939 war die Slowakei zu einem Verbündeten Deutschlands geworden, ihr Staatsgebiet stand nunmehr an der Karpatengrenze als weiterer Aufmarschraum für deutsche Truppen zur Verfügung, was die Polen zu einer zusätzlichen Zersplitterung ihrer Kräfte nötigte. Das polnische Oberkommando reagierte darauf, indem der linke Flügel des polnischen Aufmarsches durch die Bildung einer neuen Armee „Karpaty" bis an die ungarische Grenze verlängert wurde.[309]

Im Verlauf der Sommerkrise 1939 sah sich der polnische Generalstab zunehmend zu Improvisationen genötigt. Polen hatte am 23. März mit einer Teilmobilmachung begonnen, in deren Verlauf in den westlichen Bezirken fünf Verbände auf Kriegsstärke gebracht und zwei Verbände sowie eine Kavallerie-Brigade an die Westgrenze verlegt wurden. Der polnische Kriegsminister Tadeusz Kasprzycki und der französische Generalstabschef Maurice Gamelin waren am 19. Mai 1939 übereingekommen, daß im Falle eines deutschen Angriffs im Osten die polnische Armee in der Defensive bleiben sollte; im Fall einer deutschen Offensive gegen Frankreich sollten sich die Polen bemühen, eine möglichst große Zahl deutscher Truppen im Osten zu binden.

---

[306] Tippelskirch, S. 18 f.
[307] Tippelskirch, S. 20 f.
[308] Horst Rhode. Hitlers erster „Blitzkrieg" und seine Auswirkungen auf Nordosteuropa. In: Klaus A. Maier, Horst Rhode, Bernd Stegemann, Hans Umbreit: Die Errichtung der Hegemonie auf dem europäischen Kontinent. Stuttgart 1979, S. 79–156, hier: Der polnische Operations und Aufmarschplan, S. 104–110 (Militärgeschichtliches Forschungsamt (Hrsg.): Das Deutsche Reich und der Zweite Weltkrieg, Band 2).
[309] Horst Rhode, Hitlers erster „Blitzkrieg", Der polnische Operations und Aufmarschplan, S. 108 f.

Polen verfügte nur über 44 Divisionen gegenüber 57 Divisionen des deutschen Ostheeres, die deutschen Verbände waren darüber hinaus erheblich besser ausgerüstet und bewaffnet. Polen hatte zwar in den dreißiger Jahren eine moderne Rüstungsindustrie aufgebaut, deren Produkte waren aber aus finanziellen Gründen großenteils ins Ausland exportiert worden. Den insgesamt 2.400 leichten und mittleren deutschen Panzern (größtenteils noch die leichten und wenig kampfkräftigen Panzer I und II) standen rund 800 leichte und veraltete Panzer der polnischen Armee gegenüber (Tanketten, 7TP, Renault R-35 sowie Renault FT aus dem Ersten Weltkrieg), an motorisierten Großverbänden verfügten die Polen nur über zwei motorisierte Brigaden bzw. zwei Panzer-Bataillone. Den deutschen Luftflotten 1 und 4 mit zusammen über 1.929 einsatzbereiten Flugzeugen konnten die Polen nur 842 überwiegend veraltete Maschinen der Typen PZL P.7, PZL P.11, PZL.23 Karaś und PZL.37 Łoś entgegenstellen.

Die polnischen Bevölkerungs- und Industriezentren lagen überwiegend westlich der Weichsel, weshalb die Verteidigung des Landes nach Möglichkeit in Grenznähe erfolgen sollte. In Anbetracht der Kräfteverhältnisse blieb den polnischen Streitkräfte kaum etwas anderes übrig, als bis zur erwarteten Entlastungsoffensive der Westmächte so wenig Gelände wie möglich aufzugeben und Zeit zu gewinnen. Als I. Staffel marschierten in vorderster Linie fünf Armeen und eine selbständige Gruppe auf, um die durch deutsche Überraschungsangriffe bedrohten Räume zu sichern; eine Armee und zwei kleinere Gruppen blieben als II. Staffel in Reserve. Den Schwerpunkt des polnischen Aufmarschs bildeten die Armeen „Kraków" und „Lódź" im Süden, von ihrer Standfestigkeit würde es abhängen, ob ein Rückzug nach Südosten notwendig werden würde oder nicht. Im Westen und Norden marschierten die Armeen „Poznań" und „Pomorze" auf, die Gruppe „Kutno" war als Reserve vorgesehen. Aufgrund der durch die Geographie bedingten halben Umfassung bestand allerdings die Gefahr, daß diese Verbände im Falle eines raschen deutschen Durchbruchs in Richtung Lodz–Warschau abgeschnitten wurden. Im Norden sollten die Armee „Modlin" und die Operationsgruppe „Narew" den aus Ostpreußen vorstoßenden deutschen Kräften den Weg nach Warschau versperren.[310] Eine weitere Kräftegruppe sicherte im Süden die Karpaten.[311]

Als Reichsaußenminister Ribbentrop am 22. August 1939 nach Moskau reiste, beschloß die polnische Regierung die „Alarmmobilmachung" in den sechs an Deutschland grenzenden Korpsbezirken, fünf Tage später wurde die Mobilmachung der restlichen „Alarmeinheiten" angeordnet. Am 29. August erhielten die Truppen den Befehl, ihre Bereitschaftsräume zu beziehen und die wichtigsten Schiffe der polnischen Flotte in britische Gewässer in Sicherheit zu bringen. Da die allgemeine Mobilmachung am Nachmittag des 29. aufgrund diplomatischen Druckes aus London und Paris abgesagt, am 30. August mit Wirkung zum folgenden Tag erneut angeordnet wurde, kam es zu einem erheblichen Durcheinander, das wesentlich dazu beitrug, daß bei Kriegsbeginn bei allen Armeen der I. Staffel erst ein Drittel der Verbände einsatzbereit war.[312]

# Der Beginn des Krieges
## und die Kämpfe bis zum 17. September

Am 31. August 1939 gab Hitler den Befehl, am nächsten Tag den Angriff auf Polen zu eröffnen.[313] Ab 4.45 Uhr, kurz vor Sonnenaufgang, beschoß das alte Linienschiff „Schles-

---

[310]  Ebenda, S. 107.
[311]  Ebenda, S. 104–107.
[312]  Ebenda, S. 109 f.
[313]  Weisung des Obersten Befehlshabers der Wehrmacht Adolf Hitler für den Angriff auf Polen („Fall Weiß") vom 31. August 1939, in: documentArchiv.de.

wig-Holstein" die polnische Garnison auf der Danziger Westerplatte, die SS-Heimwehr und deutsche Polizeitruppen stürmten das polnische Postamt in Danzig. Bis zum 7. September konnten die deutschen Heerestruppen die an der Grenze stehenden Feindkräfte entweder durchbrechen und vernichten oder zum Rückzug zwingen.

Die deutsche Luftwaffe errang in den ersten Tagen des Feldzugs aufgrund technischer und zahlenmäßiger Überlegenheit die Luftherrschaft, sie riegelte die Gefechtsräume durch Angriffe auf Verkehrswege und Nachschubziele weiträumig ab, Schlachtflieger und Sturzkampfflieger griffen die polnischen Bodentruppen an.[314] Die ständigen Luftangriffe behinderten die Polen bei der Heranführung von Nachschub und der Verlegung von Truppen erheblich.[315] Außerdem wurde durch die Luftangriffe das Nachrichtennetz teilweise unterbrochen, was die Führungsfähigkeit der polnischen Streitkräfte erheblich beeinträchtigte.

Alle Versuche der Polen, zunächst an Weichsel und San und später zwischen der rumänischen Grenze und den Pripjet-Sümpfen eine neue Front aufzubauen, schlugen fehl. Nachdem dem deutschen Heer die Zerschlagung des polnischen Aufmarsches in den Grenzschlachten gelungen war, führten die weiteren Operationen westlich der Weichsel zur Einschließung und Vernichtung nahezu aller hier noch standhaltenden Feindkräfte. Östlich der Weichsel bahnte sich durch die Operationen der deutschen 14. Armee im Süden und der 3. Armee im Norden eine zweite, weit nach Osten ausgreifende Umklammerung an, die die Einkreisung und Vernichtung aller hier noch stehenden polnischen Verbände zum Ziel hatte.[316]

Der Angriff der Heeresgruppe Nord kam in den ersten Tagen im Bereich der 4. Armee unter General von Kluge planmäßig voran, im Danziger „Korridor" wurden Teile der polnischen Armee Pommerellen während der Schlacht in der Tucheler Heide eingeschlossen und zerschlagen. Währenddessen blieb der Angriff der 3. Armee unter General der Artillerie von Küchler vor der Mlawa-Stellung liegen. Die ihr gegenüber stehende Armee Modlin wich erst zurück, als die deutschen Kräfte ihre rechte Flanke umgangen hatten, sie konnte sich jedoch in der Festung Modlin und am Bug wieder sammeln.

Die Armeen der Heeresgruppe Süd drängten unterdessen die polnischen Verbände frontal in Richtung Warschau zurück, ohne sie jedoch umfassen zu können. Erst am 6. September gelang der 10. Armee ein Durchbruch durch die polnische Abwehrfront, am gleichen Tag nahm die 14. Armee Krakau ein, ohne jedoch die Armee Krakau wie geplant umfassen zu können.

Die schnellen Vorstöße der deutschen Verbände zwangen das polnische Oberkommando, schon nach fünf Tagen den allgemeinen Rückzug hinter die geplante Verteidigungslinie an den großen Flüssen anzuordnen, der Befehl kam aber so spät, daß die motorisierten deutschen Angriffsspitzen die Flüsse noch vor der polnischen Infanterie erreichten. Die sich anbahnende militärische Katastrophe veranlaßte die polnische Regierung, bereits am 5. September Warschau fluchtartig zu verlassen, das Oberkommando folgte am nächsten Tag. Regierung und Oberkommando begaben sich nach Lublin, von wo sie am 9. nach Krzeminiec und am 13. nach Zaleszczyki dicht an der rumänischen Grenze auswichen.

---

[314] Williamson Murray. The Luftwaffe Against Poland and the West. In: Benjamin Franklin Cooling (Hrsg.): Case Studies in the Achievement of Air Superiority. United States Center of Air Force History, 1994, S. 77; Ernst Stilla. Die Luftwaffe im Kampf um die Luftherrschaft: Entscheidende Einflußgrößen bei der Niederlage der Luftwaffe im Abwehrkampf im Westen und über Deutschland im Zweiten Weltkrieg unter besonderer Berücksichtigung der Faktoren „Luftrüstung", „Forschung und Entwicklung" und „Human Ressourcen". Diss., Univ. Bonn, 2005; hier: S. 71 u. FN. 312.

[315] Ernst Stilla, Die Luftwaffe, S. 71 u. FN. 313.

[316] Tippelskirch, S. 21 ff.

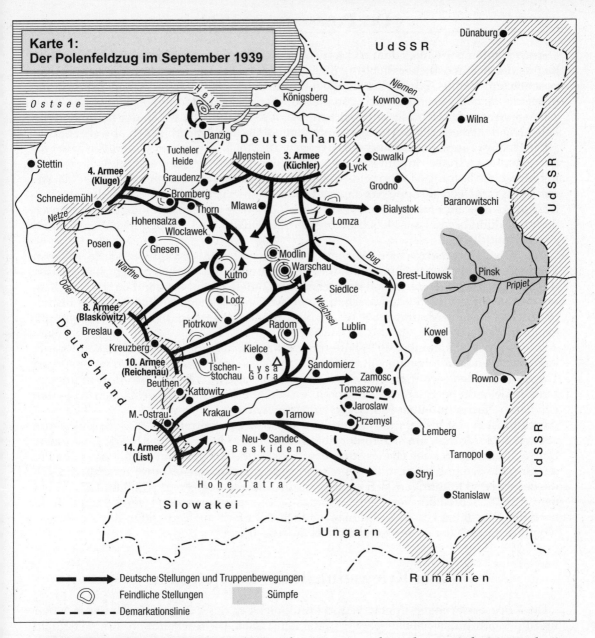

**Karte 1:**
**Der Polenfeldzug im September 1939**

O s t s e e

Dünaburg

U d S S R

Njemen

Königsberg
Kowno
Wilna

Stettin

Hela

Danzig
Deutschland

Tucheler
Heide
Allenstein
**3. Armee
(Küchler)**
Suwalki
Lyck

**4. Armee
(Kluge)**
Graudenz
Bromberg
Grodno
Baranowitschi

Schneidemühl
Thorn
Mlawa
Bialystok

Netze
Hohensalza
Lomza

Posen
Wloclawek

Warthe
Gnesen
Modlin
Warschau
Bug
Brest-Litowsk
Pinsk
Pripjet

Oder
Kutno
Siedlce

**8. Armee
(Blaskowitz)**
Lodz
Weichsel
Lublin
Kowel

Breslau
Piotrkow
Radom

Kreuzberg
Kielce

**10. Armee
(Reichenau)**
Tschen-
stochau
L y s a
Gora
Sandomierz
Zamosc
Rowno

Beuthen
Tomaszow

Kattowitz
Jaroslaw

M.-Ostrau
Krakau
Tarnow
Przemysl
Lemberg

**14. Armee
(List)**
Neu-Sandec
B e s k i d e n
Tarnopol

U d S S R

Hohe Tatra
Stryj

S l o w a k e i
Stanislau

U n g a r n

R u m ä n i e n

Deutschland

→ Deutsche Stellungen und Truppenbewegungen
Feindliche Stellungen
Sümpfe
- - - Demarkationslinie

Das OKH glaubte, die Masse des polnischen Heeres nicht mehr westlich der Weichsel einschließen zu können, und befahl deshalb der 3. und 14. Armee, ihre Verbände östlich der Weichsel für eine Umfassungsschlacht zu konzentrieren. Am 8. September hatte die 4. Panzer-Division, die dem XVI. Armeekorps (mot.) der Heeresgruppe Süd unterstellt war, nach einem schnellen Vorstoß die südwestlichen Außenbezirke von Warschau erreicht. Am Nachmittag versuchte der Verband in das Zentrum der polnischen Hauptstadt vorzudringen, stieß aber auf heftigen Widerstand polnischer Truppen. Da der deutsche Angriff der Panzer aber mit schwachen Infanteriekräften und ohne Artillerieunterstützung erfolgte, mußte er schnell wieder abgebrochen werden. Auch ein zweiter Versuch am folgenden Tag endete mit einem raschen Rückzug.[317]

---

[317] Markus Pöhlmann. Der Panzer und die Mechanisierung des Krieges: Eine deutsche Geschichte 1890 bis 1945. Paderborn 2016, S. 307 ff.

Am 9. September war es dem rechten Flügel der 10. Armee gelungen, starke polnische Kräfte, die sich in östlicher Richtung über die Weichsel zurückzuziehen versuchten, einzuschließen, woraus sich die Schlacht bei Radom entwickelte. Zur gleichen Zeit griff die polnische Armee Posen nördlich von Kutno überraschend den linken Flügel der deutschen 8. Armee der Heeresgruppe Süd an, woraus sich die Schlacht an der Bzura entwickelte. Die 8. Armee erlitt Verluste, konnte den polnischen Angriff jedoch abwehren.

Die Heeresgruppe Nord stand schon östlich der Weichsel am Narew und verlegte große Teile der 4. Armee durch Ostpreußen an ihren linken Flügel, bis zum 9. September konnte sie die Festung Modlin und Warschau von Norden her einschließen. Das XIX. Armeekorps der Heeresgruppe Nord unter General Guderian durchstieß die polnische Verteidigungslinie am Fluß Narew, rückte östlich des Bug mit starken Panzerkräften nach Süden vor und begann am 14. September den Angriff auf die Festung Brest, die nach drei Tagen kapitulierte.

Am 15. September erreichten deutsche Truppen von Nordosten kommend die östlichen Vorstädte der polnischen Hauptstadt und vereinigten sich südlich von Warschau mit den westlich der Weichsel stehenden deutschen Verbänden. Damit entstand ein riesiger Kessel, der das Gebiet der Stadt Warschau, einen wenige Kilometer breiten Korridor bis zur polnischen Festung Modlin sowie ein im Nordwesten Warschaus gelegenes Waldsumpfgebiet umfaßte.

Bereits am 12. September 1939 hatten die polnischen Truppen im Kessel von Radom kapituliert, und am folgenden Tag hatte die polnische Armeeführung allen verbliebenen Truppen befohlen, sich nach Südosten zurückzuziehen. Man hoffte, sich dort in unwegsamem Gelände noch länger behaupten zu können, bis von den westlichen Alliierten gelieferter Nachschub über Rumänien eintreffen würde.

Im Südosten war bisher nur die deutsche 14. Armee aufgetreten, diese schwenkte nun aber nach Nordosten, um sich hinter dem Bug mit der Heeresgruppe Nord zu vereinen. Dadurch wurden bei der Heeresgruppe Süd Verbände frei, die nun auch die Armee Posen einschließen und bis zum 17. September vernichten konnten. Damit zerschlugen sich die polnischen Hoffnungen, sich wenigstens im Südosten des Landes behaupten zu können. Am 18. September vereinigte sich das XIX. Armeekorps der Heeresgruppe Nord nach der Einnahme von Brest-Litowsk südlich der Stadt mit Verbänden der 14. Armee, womit die Masse der polnischen Kräfte eingekesselt war.

## Der Kriegseintritt der Sowjetunion

Die Kriegserklärungen Englands und Frankreichs an das Deutsche Reich ließen Hitler und Ribbentrop den naheliegenden Gedanken fassen, die Sowjetunion möglichst bald zum Einmarsch in Polen und damit zum Kriegseintritt zu veranlassen. Noch am Abend des 3. September schickte Ribbentrop an den deutschen Botschafter in Moskau eine Instruktion mit der Aufforderung an die Sowjetregierung, die Rote Armee solle umgehend die der UdSSR im Geheimen Zusatzprotokoll zugesprochene Interessensphäre besetzen.[318] Aber Molotow erklärte Schulenburg zwei Tage später, der geeignete Zeitpunkt für eine sowjetische Intervention sei noch nicht gekommen.[319] Moskau legte keinen Wert darauf, in einen Konflikt mit den Westmächten verwickelt zu werden. Am 8. September beauftragte Ribbentrop Schulenburg erneut damit, Molotow zu drängen, die Sowjetregierung solle den Einmarsch der Roten Armee in Ostpolen veranlassen. Die militärischen Operationen der deutschen Wehrmacht würden überraschend schnell voranschreiten,

---

[318]  ADAP D VII, Dok. 567.
[319]  ADAP D VIII, Dok. 5.

und die polnische Armee befinde sich im Zustand der Auflösung.[320] Stalin stand schneller als erwartet vor der Notwendigkeit, am Krieg teilzunehmen, um sich seinen Anteil an der Beute zu sichern.[321]

Am 17. September wurde Schulenburg um 2 Uhr nachts in den Kreml gerufen. Stalin teilte dem deutschen Botschafter in Gegenwart von Molotow und Marschall Woroschilow mit, die Rote Armee werde noch am gleichen Tag um 6 Uhr morgens die Grenze auf der ganzen Linie von Polozk bis Kamenez-Podolsk überschreiten.[322] An diesem Tag hatte die deutsche Wehrmacht die im Geheimen Zusatzprotokoll vereinbarte Demarkationslinie bereits um mehr als 200 Kilometer nach Osten überschritten und die Linie Lemberg–Brest–Bialystok–Ostrowice erreicht. Die Truppe erhielt Befehl, den Vormarsch sofort anzuhalten.[323] Am 19. trafen Einheiten der Wehrmacht und der Roten Armee aufeinander, ohne daß es zu irgendwelchen Zwischenfällen kam; in den folgenden Tagen zogen die deutschen Truppen sich rasch zurück, und die Rote Armee rückte bis an die vereinbarte Demarkationslinie vor.

Molotow teilte Schulenburg mit, „daß die Sowjetregierung den Zeitpunkt nunmehr für gekommen halte, um gemeinsam mit der Deutschen Reichsregierung endgültig die Gestaltung des polnischen Raumes festzulegen. Dabei ließ Molotow durchblicken, daß die bei der Sowjetregierung und bei Stalin persönlich ursprünglich vorhandene Neigung, ein restliches Polen bestehen zu lassen, jetzt der Tendenz gewichen war, Polen entlang der Grenze Pissa–Narew–Weichsel–San aufzuteilen. Die Verhandlungen sollten möglichst bald beginnen und in Moskau stattfinden.[324] Ribbentrop reagierte auf den sowjetischen Vorschlag am 23. positiv und erklärte sich bereit, erneut nach Moskau zu fliegen.[325]

## Die Fortsetzung der Kämpfe bis zum 6. Oktober

Auf ihrer Flucht durch das östliche Galizien erreichte die polnische Regierung in der Nacht auf den 17. September aus Moskau die Nachricht, daß die Sowjetregierung den polnischen Staat als „nicht mehr existent" betrachte, und am folgenden Tag marschierte die Rote Armee in Ostpolen ein, in dem sich außer dem Grenzschutzkorps keine polnischen Truppen befanden. Die polnische Regierung wurde von dem sowjetischen Einmarsch völlig überrascht und hatte den Grenzern für diesen Fall keine Instruktionen erteilt. An einigen Stellen kam es zu heftigen Kämpfen zwischen den vorrückenden sowjetischen Verbänden und polnischen Einheiten, bei Szack in Ostpolen gelang es den Polen sogar, kurzfristig durch einen Gegenangriff die militärische Initiative zurückzugewinnen.

Der polnische Präsident Ignacy Mościcki hielt sich zu diesem Zeitpunkt in der südöstlich gelegenen Grenzstadt Kuty auf, am 18. September 1939 überschritt er zusammen mit einer großen Anzahl von Soldaten und Zivilisten den Grenzfluß Tscheremosch nach Rumänien. Der Großteil der polnischen Staats- und Militärführung hatte bereits am Vortag die Grenze überschritten und wurde von den rumänischen Behörden vorläufig interniert.

Die Kämpfe zwischen der Wehrmacht und den Resten der polnischen Armee konzentrierten sich nun auf den Raum zwischen Weichsel und Bug. Polnische Truppen, die sich nach Rumänien zurückziehen wollten, wurden in den Schlachten um Lemberg und Rawa Ruska aufgerieben. Der organisierte Widerstand endete mit der Niederlage des größ-

[320] ADAP D VIII, Dok. 34.
[321] ADAP D VIII, Dok. 37.
[322] ADAP D VIII, Dok. 80.
[323] Philipp W. Fabry. Der Hitler-Stalin-Pakt. Darmstadt 1962, S. 146.
[324] ADAP D VIII, Dok. 104.
[325] ADAP D VIII, Dok. 124.

ten Teils der restlichen polnischen Streitkräfte in der Schlacht bei Lublin am 23. September, der Oberbefehlshaber der polnischen Armee, Marschall Rydz-Śmigły, ging am 27. September 1939 ins rumänische Exil.

Nachdem der Raum Warschau/Modlin seit dem 15. September eingeschlossen war, stießen am 22. September deutsche Verbände nördlich von Warschau von Osten her an die Weichsel vor, wodurch dieser große Kessel in zwei Teile gespalten wurde. Nach zweitägigem Bombardement durch die deutsche Artillerie und die Luftwaffe endete die Schlacht um Warschau am 28. September mit der Kapitulation der 120.000 in der Stadt eingeschlossenen polnischen Soldaten. Der Kessel von Modlin kapitulierte am folgenden Tag,[326] die letzten polnischen Truppen ergaben sich am 6. Oktober nach der Schlacht bei Kock. Nur einem kleinen Teil der polnischen Armee gelang es, sich durch einen Übertritt nach Rumänien, Ungarn und Litauen der deutschen oder sowjetischen Gefangenschaft zu entziehen. Eine formelle Gesamtkapitulation der polnischen Streitkräfte oder ein Ersuchen der polnischen Regierung nach einem Waffenstillstand hat es zu keinem Zeitpunkt gegeben.

# Ergebnisse

Die Verluste der polnischen Armee betrugen schätzungsweise 66.000 bis 100.000 Gefallene und etwa 133.000 Verwundete, mehr als 400.000 polnische Soldaten, darunter etwa 16.000 Offiziere, gerieten in deutsche Kriegsgefangenschaft.[327] Auf deutscher Seite wurden 15.450 Soldaten und 819 Offiziere durch Feindeinwirkung getötet,[328] 30.322 waren verwundet worden. Die materiellen Verluste waren beträchtlich, so meldeten die meisten Divisionen den Ausfall von bis zu 50 Prozent ihrer Fahrzeuge, allerdings mehrheitlich aufgrund von technischen Defekten. Die motorisierten Divisionen sollten zum Teil erst im Frühjahr 1940 wieder vollständig einsatzbereit sein.[329] Die Luftwaffe hatte 285 Flugzeuge, darunter 109 Kampfflugzeuge und Sturzkampfbomber, verloren.[330]

Am 8. Oktober teilten das Deutsche Reich und die Sowjetunion in Brest-Litowsk das Gebiet Polens durch eine Demarkationslinie unter sich auf. Die bis zu dieser Linie von deutschen Truppen eroberten Gebiete Ost- und Südpolens wurden zum „Generalgouvernement" erklärt, die in Versailles 1919 aberkannten ehemaligen deutschen Ostgebiete wurden rückgegliedert und Teile Mittelpolens wurden vom Reich annektiert. Alle bestehenden polnischen Verwaltungsbehörden, Bezirksregierungen und politischen Organisationen wurden aufgelöst und dafür neue Verwaltungsbezirke errichtet, für die Hitler dem OKH unterstellte Verwaltungschefs ernannte. Die Verwaltung Polens wurde faktisch mittels einfacher Verordnungen von Berlin aus gelenkt.[331] Der polnische Nationalstaat war damit bis auf weiteres aufgelöst.

Staatspräsident Ignacy Mościcki trat zurück, sein Amt übernahm der im französischen Exil lebende Władysław Raczkiewicz, der im folgenden Jahr eine Exilarmee aufstellen ließ und in Paris einen Nationalrat bildete. Insgesamt flohen rund 140.000 Angehörige

---

[326] Maier/Rohde/Stegemann, Das Deutsche Reich und der Zweite Weltkrieg. Band 2. Stuttgart, S. 131.

[327] Rolf-Dieter Müller: Der Zweite Weltkrieg 1939–1945. In: Wolfgang Benz (Hrsg.): Handbuch der deutschen Geschichte, Band 21, Stuttgart 2004, S. 69 (dort die niedrige Zahlenangabe von 66.300 Toten); Thomas Bertram: Polenfeldzug. In: Wolfgang Benz/Hermann Graml/Hermann Weiß (Hrsg.): Enzyklopädie des Nationalsozialismus. Stuttgart 1997, S. 646 (dort die Angabe von 100.000 Gefallenen).

[328] Rüdiger Overmans. Deutsche militärische Verluste im Zweiten Weltkrieg. München 2004, S. 53 f.

[329] Karl-Heinz Frieser. Blitzkrieg-Legende – Der Westfeldzug 1940. In: Militärgeschichtliches Forschungsamt (Hrsg.): Operationen des Zweiten Weltkrieges. Band 2. München 1995, S. 27.

[330] Cajus Bekker. Angriffshöhe 4000, S. 64; nach Zusammenstellung des GenQm Ob.d.L vom 5. Oktober 1939.

[331] Hans Umbreit: Die Verantwortlichkeit der Wehrmacht als Okkupationsarmee. In: Rolf-Dieter Müller/Hans-Erich Volkmann (Hrsg.): Die Wehrmacht. Mythos und Realität. München 1999, S. 747 ff.

der polnischen Armee nach Rumänien, Ungarn oder Litauen, wo sie größtenteils interniert wurden.

Auf Drängen Großbritanniens wurde aus einem Teil der polnischen Kriegsgefangenen von 1939, die in der Sowjetunion die Lager und das Massaker von Katyn überlebt hatten, 1941 die Armee des Generals Władysław Anders gebildet. Die Angehörigen der Armee Anders gelangten schließlich über den Iran und Palästina in den britischen Machtbereich im Vorderen Orient, sie sollten in der Folgezeit auf seiten der Anglo-Amerikaner in Nordafrika und in Italien kämpfen.

Weitere Polen wurden ab 1943 für die von den Sowjets aufgestellte Armee des Generals Zygmunt Berling rekrutiert und kämpften ab 1944 an der Seite der Roten Armee an der Ostfront.

## Der Deutsch-Sowjetische Grenz- und Freundschaftsvertrag

Am 25. September wurde Schulenburg in den Kreml bestellt, und Stalin erklärte ihm, die Sowjetregierung sei nicht länger an der Erhaltung eines polnischen Reststaates interessiert, da sie das Entstehen aller zukünftigen Reibungsmöglichkeiten zwischen Deutschland und der Sowjetunion vermeiden wolle. Dann machte Stalin folgenden Vorschlag: Von dem bisher zur sowjetischen Zone geschlagenen Teil Polens sollte die gesamte Woiwodschaft Warschau bis zum Bug der deutschen Seite zugeschlagen werden, wofür Berlin darauf verzichtete, Litauen als seine Interessensphäre anzusehen. Stalin fügte hinzu, wenn die Reichsregierung mit diesem Vorschlag einverstanden sei, dann werde er sofort an die Lösung des Problems der baltischen Staaten herangehen, wie sie im Geheimen Zusatzprotokoll vom 23. August vorgesehen sei.[332]

Stalins Angebot konnte aus deutscher Sicht keineswegs unbedenklich sein. Wurde die Demarkationslinie entsprechend diesem Vorschlag geändert, dann bekam Deutschland alle polnischen Kerngebiete. Die Sowjetunion dagegen hatte dann nur jene Territorien besetzt, die östlich der von Lord Curzon 1919 aufgrund der ethnischen Gegebenheiten gezogenen Linie lagen und die Polen 1920 annektiert hatte. Die Polen bildeten dort nur eine ethnische Minderheit, die Mehrheit der Bevölkerung bestand aus Weißrussen und Ukrainern. Die Westmächte waren mit der Annexion dieser Gebiete durch Warschau niemals völlig einverstanden gewesen, und die Sowjetunion konnte gute Gründe für ihre Ansprüche anführen. Indem die Moskauer Führung sich aber darauf beschränkte, die westlichen Teile Weißrußlands und der Ukraine wiederzugewinnen, schob sie Deutschland die alleinige Verantwortung für die Aggression gegen Polen zu.

Die Verschiebung der Demarkationslinie gemäß dem Vorschlag Stalins änderte vorläufig nichts an der öffentlich erklärten Absicht Hitlers, ein selbständiges Restpolen bestehen zu lassen.[333] Am 12. Oktober 1939 wurde das „Generalgouvernement" errichtet, die Möglichkeit, einen polnischen Staat wiederherzustellen, war für Hitler ein Faustpfand für Friedensverhandlungen mit den Westmächten.

Ribbentrop reiste am 27. September 1939 zu den von Stalin vorgeschlagenen Verhandlungen mit dem Flugzeug nach Moskau. Die erste Besprechung mit Stalin und Molotow fand zwischen 22 Uhr und 1 Uhr nachts im Kreml statt, eine zweite Besprechung folgte am 28. Am Morgen des 29. um 5 Uhr unterzeichneten schließlich Ribbentrop und Molotow den „Deutsch-Sowjetischen Grenz- und Freundschaftsvertrag" sowie zwei geheime Zusatzprotokolle und ein vertrauliches Protokoll.[334] Das eine geheime Zusatz-

---

[332] ADAP D VIII, Dok. 131.

[333] In diesem Sinne äußerte sich Hitler in der Reichstagsrede vom 6. Oktober 1939, Keesings Archiv der Gegenwart 1939, S. 4264 ff.

[334] ADAP D VIII, Dok. 157, 158, 159 u. 169.

protokoll regelte den Gebietstausch von Litauen gegen die Woiwodschaft Lublin und Teile der Woiwodschaft Warschau, das zweite enthielt die Vereinbarung, gemeinsam jede polnische Agitation zu unterdrücken, die auf das jeweils andere Gebiet hinüberwirkt. Das vertrauliche Protokoll stellte die Umsiedlung aller Volksdeutschen aus dem Interessengebiet der UdSSR bzw. aller Weißrussen und Ukrainer aus dem deutschen Machtbereich in Aussicht. Dies sollte insbesondere die in Lettland und Estland lebenden Baltendeutschen betreffen. Die sowjetische Führung verhandelte bereits während Ribbentrops Besuch in Moskau mit diesen beiden Staaten über die Errichtung von Militärstützpunkten und Verträge über „gegenseitige Hilfeleistung", was ein ungutes Licht auf ihr zukünftiges Schicksal warf.

Die neue Demarkationslinie zwischen dem deutschen und dem sowjetischen Machtbereich wurde mittels einer Karte und einem ergänzenden Protokoll detailliert festgelegt.[335] Ribbentrop war im Auftrag Hitlers auf alle Forderungen Stalins eingegangen, obwohl der Gebietstausch für Deutschland eher ein Nachteil war. Der neue Grenzverlauf wich von der Curzonlinie von 1919 erheblich ab, bei Bialystok entstand ein Frontvorsprung, der nach Westen eine Tiefe von etwa 140 Kilometern erreichte. Dieses Gebiet war für die Sowjetunion offenbar weder wirtschaftlich noch politisch besonders wichtig, denn 1945 verzichtete sie zugunsten Polens darauf.

## Die deutsch-sowjetischen Wirtschaftsbeziehungen

Das Streben der deutschen Wirtschaftspolitik, im Rahmen des Vierjahresplanes von 1936 eine weitgehende Autarkie zu erreichen, war 1939 von einer Verwirklichung noch weit entfernt. Deutschland war nach wie vor in hohem Maße von Rohstoff- und Lebensmittelimporten abhängig. Zwar war bei den Grundnahrungsmitteln in den Grenzen des Reiches von 1939 ein Selbstversorgungsgrad von 80 Prozent erreicht, aber Fette mußten immer noch zu 50 Prozent importiert werden.[336] Trotz der 1936 angelaufenen Produktion von Buna mußte 80 Prozent des Gummibedarfes durch die Einführung von Kautschuk gedeckt werden. Ein besonders empfindlicher Punkt war die Ölversorgung, trotz des systematischen Ausbaus der Kohlehydrierung (bei der Mineralölerzeugnisse aus Kohle gewonnen wurden) mußten 60 Prozent des Bedarfs durch Importe gedeckt werden. Beim Eisenerz betrug der Selbstversorgungsgrad 1939 erst 35 Prozent, bei den für die Rüstungsproduktion besonders wichtigen Nichteisenmetallen, insbesondere den Stahlveredlern, war die Situation sogar extrem schlecht. Chrom, unentbehrlich für Panzerstahl, mußte fast zu 100 Prozent eingeführt werden, von den Hauptlieferanten, der Türkei und Südafrika, wurde Deutschland bei Kriegsbeginn durch die englische Seeblockade abgeschnitten, wodurch 80 Prozent der Importe dieses Metalls ausfielen. Bei Mangan, Wolfram und Molybdän war die Lage ähnlich, die bedeutendsten Exporteure befanden sich in Asien und auf dem amerikanischen Kontinent, und das Deutsche Reich wurde bei Kriegsbeginn von ihnen abgeschnitten. Eine strategische Vorratshaltung war wegen der äußerst angespannten deutschen Devisenlage nicht möglich gewesen.[337]

Ende der dreißiger Jahre war die UdSSR auf der Weltrangliste der mit Abstand größte Produzent von Mangan, der zweitgrößte von Chrom und Platin, und der drittgrößte von Eisenerz, Nickel und Rohöl.[338] Um die ehrgeizigen Ziele des dritten Fünfjahresplanes erreichen zu können, war die sowjetische Wirtschaft in hohem Maße auf den Import von

[335] Den Grenzverlauf zeigt eine Karte bei Hass, 23. August 1939, Berlin 1990, S. 257.
[336] Manfred Zeidler. Deutsch-sowjetische Wirtschaftsbeziehungen im Zeichen des Hitler-Stalin-Paktes, in: Bernd Wegner, Zwei Wege nach Moskau, München 1991, S. 97.
[337] Ebenda, S. 97 f.
[338] Ebenda, S. 98.

Technologie, in erster Linie von Werkzeugmaschinen, angewiesen. Der wichtigste Lieferant waren die USA, die 1938 60 Prozent und 1939 noch 50 Prozent des sowjetischen Bedarfs deckten. Anfang Dezember 1939 verhängte Präsident Roosevelt wegen des sowjetischen Angriffs auf Finnland ein „moralisches Embargo" gegen die UdSSR. Dies hatte unter anderem die Einbehaltung bereits bezahlter russischer Bestellungen zur Folge. Ende 1939 war damit praktisch der gesamte Handelsverkehr zwischen der Sowjetunion und den USA, Großbritannien und Frankreich zusammengebrochen. Die sowjetische Wirtschaft war jetzt im Bereich des Imports von Technologie und Werkzeugmaschinen weitestgehend auf den neuen Partner Deutschland angewiesen.[339]

In Deutschland reichten die Rohstoffvorräte bei Kriegsbeginn im allgemeinen nur für eine Kriegsdauer von neun bis zwölf Monaten und bei Kautschuk von fünf bis sechs Monaten. Die Munitionsvorräte waren so gering, daß nach einigen Monaten Großkampf eine Krise eintreten mußte.[340] Ein besonders empfindlicher Engpaß bestand bei den Mineralölerzeugnissen. Bei Kriegsausbruch wurde errechnet, daß die Vorräte ab dem 1. Oktober 1939 bei Flugkraftstoff für 4,5 Monate, bei Kfz-Vergaserkraftstoff für 4,4 Monate und bei Dieselkraftstoff für drei Monate reichen würden.[341]

Mit anderen Worten, ohne Mineralölimporte aus Rumänien und aus der Sowjetunion würde die deutsche Kriegsmaschinerie nach längstens fünf Monaten lahmgelegt sein. Die deutsche Rüstungsindustrie könnte die Produktion ohne Rohstoffeinfuhren höchstens zwölf Monate lang aufrechterhalten. Die deutsche Führung durfte aber keineswegs damit rechnen, daß ein Krieg gegen die Westmächte weniger als sechs Monate dauern würde. Hitler konnte daher einen Konflikt mit England und Frankreich gar nicht riskieren. Erst unter der Voraussetzung eines Wirtschaftsabkommens mit der Sowjetunion, das die für das Funktionieren der deutschen Rüstung notwendigen Rohstofflieferungen sicherte, war ein Krieg mit dem Westen überhaupt führbar. Auch die Ölimporte aus Rumänien waren von der wohlwollenden Haltung Moskaus abhängig. Stalin hatte durch den Pakt mit Hitler den wichtigsten Technologielieferanten der Sowjetunion, die USA, verloren, er konnte aber damit rechnen, daß Deutschland diese Lücke auffüllen würde.

Anfang Oktober 1939 traf eine deutsche Sachverständigendelegation in Moskau ein, die Molotow und dem Volkskommissar für Außenhandel Mikojan eine umfangreiche Liste mit deutschen Wünschen vorlegte. Innerhalb eines Jahres sollte die Sowjetunion Rohstoffe im Wert von 1,3 Milliarden RM liefern, die durch deutsche Lieferungen im Wert von 800 Millionen RM kompensiert werden sollten; die Differenz von 500 Millionen RM sollte durch „große, über mehrere Jahre sich erstreckende Investitionslieferungen" ausgeglichen werden.[342]

Im Gegenzug bereiste ab Ende Oktober mehrere Wochen lang eine 45köpfige sowjetische Delegation unter Leitung des Volkskommissars für Marineschiffbau Iwan Tewosjan und General Georgi Sawtschenko Deutschland, um für die Sowjetunion interessante militärische und industrielle Güter zu besichtigen. Die sowjetischen Bestellwünsche, die Ende November übermittelt wurden, lösten in Berlin einiges Erstaunen aus; sie umfaßten beinahe alles, „was an modernem Gerät bei der Wehrmacht eingeführt oder in Entwicklung begriffen" war.[343] Von einem Auftragsvolumen von 1,5 Milliarden RM sollten allein 700 Millionen RM auf die Marinerüstung entfallen.[344]

---

[339] Ebenda, S. 99 f.

[340] Georg Thomas. Geschichte der deutschen Wehr- und Rüstungswirtschaft, hrsg. v. Wolfgang Birkenfeld, Boppard a.Rh. 1966, S. 146 f.

[341] Ebenda, S. 191.

[342] ADAP D VIII, Dok. 208 u. 237, Anm. 1.

[343] ADAP D VIII, Dok. 412 u. 442.

[344] S.a. ADAP D VIII, Dok. 420.

Für die Verhandlungen über ein Wirtschaftsabkommen wurde eine deutsche Wirtschaftskommission unter Leitung von Sonderbotschafter Karl Ritter nach Moskau entsandt. Ritter kehrte am 22. Oktober nach Berlin zurück und überbrachte Stalins Wunschliste, die wegen ihres Umfangs beunruhigte.[345] Nach zähen Verhandlungen wurde das deutsch-sowjetische Wirtschaftsabkommen schließlich am 11. Februar 1940 unterzeichnet.[346] Der Vertrag sah vor, daß die sowjetischen Lieferungen innerhalb von 18, die deutschen Gegenlieferungen in 27 Monaten erfolgen sollten. Sollten allerdings die deutschen Leistungen hinter den sowjetischen Lieferungen zurückbleiben, so war Moskau berechtigt, seine Lieferungen zeitweilig einzustellen. In den ersten zwölf Monaten wollte die Sowjetunion Rohstoffe im Wert von 500 Millionen RM nach Deutschland exportieren, wobei noch 100 Millionen RM aus dem Kreditabkommen vom 19. August 1939 und 50 Millionen RM für die sowjetische Rohstoffausfuhr ins Protektorat hinzuzurechnen waren, so daß die reinen Warenlieferungen einen Gesamtwert von 650 Millionen RM erreichten. Als die wichtigsten Rohstoffe waren aufgelistet: 1.000.000 Tonnen Futtergetreide und Hülsenfrüchte, 900.000 Tonnen Erdöl, 500.000 Tonnen Phosphate, 100.000 Tonnen Chromerz, 500.000 Tonnen Eisenerz, 300.000 Tonnen Schrott und Roheisen, 2.400 Tonnen Platin, zudem Manganerz und anderes. Wichtig für die deutsche Seite war das Entgegenkommen der Sowjets beim Transit aus Rumänien, dem Iran, Afghanistan sowie dem Fernen Osten über die Transsibirische Eisenbahn, wodurch das Deutsche Reich Anschluß an Mandschukuo und damit den japanischen Wirtschaftsraum erhielt. Außerdem erklärte sich die Sowjetunion bereit, für Deutschland im Ausland Metalle und Rohstoffe einzukaufen.[347]

Die deutschen Lieferungen an die Sowjetunion gliederten sich in die Bereiche Industriegüter und Rüstungsgüter. Die Rüstungsgüter umfaßten unter anderem den Schiffskörper des noch nicht fertiggestellten Kreuzers „Lützow", die Pläne für das Schlachtschiff „Bismarck", eine Anzahl schwerer Schiffsgeschütze und 31.000 Tonnen Schiffspanzerplatten, zwei Dutzend militärische Flugzeugmodelle, eine komplette Flakbatterie, einen Panzer III, Pioniergerät sowie über 300 Werkzeugmaschinen für den Rüstungs- und Zivilbereich. Die Liste der Industriegüter enthielt Bergbauausrüstungen, Lokomotiven und Dampfturbinen, Ausrüstungen für die Erdölindustrie, für elektrische Kraftwerke, für die chemische Industrie, für Stahldrahtwerke, Schmiede- und Presseneinrichtungen sowie Stahlröhren und Steinkohle.[348]

War der wirtschaftliche Austausch mit der UdSSR für Deutschland äußerst vorteilhaft, ja die Voraussetzung für die gesamte Kriegsführung gegen die Westmächte, so bereitete der schier unersättliche Hunger der Sowjets nach deutschen Rüstungsgütern der Berliner Führung Sorgen. Denn außer dem Kreuzer „Lützow" wünschten die Sowjets noch den Schiffskörper der „Seydlitz", den Schweren Kreuzer „Prinz Eugen", die Baupläne von „Bismarck" und „Tirpitz" sowie die Geschütztürme der Schiffsneubauprojekte H und J zu erwerben. Bei der Seekriegsleitung lösten diese Wünsche Bestürzung aus, denn Deutschland war auf dem Marinesektor fast unvorbereitet in den Krieg gegangen. Der Oberbefehlshaber der Kriegsmarine Raeder setzte sich bei Hitler dafür ein, nur die „Lützow" den Sowjets zu überlassen, und hatte damit schließlich Erfolg.[349] Allen anderen Lieferungen von Kriegsgerät an die Sowjetunion gab Hitler Priorität sogar vor Lieferungen an die deutsche Wehrmacht, da er größten Wert auf ein freundschaftliches Verhältnis zu Moskau legte.[350]

---

[345] ADAP D VIII, Dok. 272.
[346] ADAP D VIII, Dok. 499, 584, 594, 600, 602 u. insbes. 607.
[347] ADAP D VIII, Dok. 636.
[348] ADAP D VIII, Dok. 607, Anm. 5-8.
[349] Assman, Die Seekriegsleitung und die Vorgeschichte des Feldzuges gegen Rußland, IMT Bd. XXXIV, S. 681 f.
[350] Thomas, Geschichte der deutschen Wehr- und Rüstungswirtschaft, S. 229.

# Roosevelt und der europäische Krieg

Am 5. September erließ Präsident Roosevelt zwei Proklamationen. In der ersten erklärte die amerikanische Regierung die Neutralität der USA in dem europäischen Konflikt, in der zweiten verhängte sie gegen die kriegführenden Staaten unter Verweis auf das Neutralitätsgesetz von 1937 über Waffen, Munition und Rüstungsmaterial eine Ausfuhrsperre. Am 13. September richtete Roosevelt eine Botschaft an den Kongreß, in der er eine Lockerung des Neutralitätsgesetzes und die Wiederherstellung der am 1. Mai 1939 erloschenen Cash-and-Carry-Verordnung forderte.

Das ständige Drängen der Washingtoner Regierung und der interventionistischen Presse führte schließlich dazu, daß der Kongreß am 3. November 1939 ein neues Neutralitätsgesetz verabschiedete, das am darauffolgenden Tag in Kraft trat. Dieses Gesetz bestimmte, daß die Gewässer rund um Großbritannien und die ganze europäische Küste von Bergen bis zur spanischen Grenze von amerikanischen Schiffen nicht angelaufen werden durften.[351] Am 5. November wurde aufgrund des neuen Neutralitätsgesetzes ein bedingtes Waffenembargo gegen kriegführende Staaten verhängt, das Verkäufe auf Cash-and-Carry-Basis wieder erlaubte. Die Gewährung von Krediten an kriegführende Staaten blieb verboten, was aber die Ausfuhr von Kriegsmaterial an die Alliierten nicht ernsthaft behinderte.[352]

Die Regierungen Englands und Frankreichs hatten am 8. September eine umfassende Blockade Deutschlands verkündet, was die deutsche Reichsregierung am 11. September mit der Erklärung einer Gegenblockade beider Länder beantwortete. In London wurde ein Ministerium für wirtschaftliche Kriegsführung gebildet, das mit dem Pariser Blockadeministerium zusammenarbeiten sollte. Es wurden lange Konterbandelisten veröffentlicht und Einheiten der britischen Kriegsmarine in der Nordsee stationiert, um Schiffe abzufangen, die nach deutschen oder benachbarten neutralen Häfen unterwegs waren. Die Eingänge zum Mittelmeer, Gibraltar und Suez, wurden ebenfalls überwacht.

Auch in Berlin erinnerte man sich noch sehr gut an die britische Blockade 1914/18 und daran, wie Präsident Wilson den deutschen U-Boot-Krieg zum Vorwand für den amerikanischen Kriegseintritt gemacht hatte. Der Chef der Seekriegsleitung, Admiral Raeder, sprach sich nach der britischen Kriegserklärung vom 3. September 1939 dafür aus, sofort mit aller Härte gegen England den uneingeschränkten U-Boot-Krieg aufzunehmen, stieß damit aber bei Hitler auf Ablehnung. Hitler wollte einen neuen „Lusitania"-Zwischenfall nach Möglichkeit vermeiden und erteilte Raeder deshalb am 7. September folgende Anweisung: „Um neutrale Länder, vor allem die Vereinigten Staaten, nicht zu provozieren, ist es verboten, Passagierschiffe zu torpedieren, auch wenn sie im Geleitzug fahren."[353] Diese Bestimmung wurde in den folgenden Wochen gelockert, und Ende Dezember 1939 wurden neue Richtlinien für den U-Boot-Krieg herausgegeben, die aber immer noch darauf abzielten, eine Provokation der Vereinigten Staaten tunlichst zu vermeiden.

# Der Russisch-Finnische Winterkrieg 1939/40

Im Geheimen Zusatzprotokoll zum Hitler-Stalin-Pakt waren Finnland und die baltischen Staaten der sowjetischen Interessensphäre zugeschlagen worden. Aufgrund dieser Vereinbarung schloß Moskau mit den baltischen Staaten Beistandsverträge ab, und

---

[351]  Siehe die Karte in: Samuel F. Bemis. A Diplomatic History of the United States. New York 1950, S. 840 f.
[352]  The United States in World Affairs 1939, S. 341.
[353]  Fuehrer Conferences on Matters Dealing with the German Navy, Washington 1947, S. 3 ff.

zwar am 28. September 1939 mit Estland, am 5. Oktober 1939 mit Lettland und am 10. Oktober mit Litauen.[354] Diese Verträge gestatteten der Sowjetunion in allen drei Staaten die Errichtung von Militärstützpunkten.

Am 14. Oktober forderte Moskau von Finnland die Abtretung eines Gebiets um Hangö, einer Reihe von Inseln im Finnischen Meerbusen und eines Teils von Karelien. Am 26. November erhob die Sowjetregierung die Beschuldigung, finnische Truppen hätten im Grenzgebiet Einheiten der Roten Armee angegriffen. Am 29. November brach Moskau die diplomatischen Beziehungen zu Helsinki ab, am folgenden Tag begann der Angriff der Roten Armee auf Finnland.

Die finnischen Streitkräfte wurden bei der Verteidigung ihres Landes durch die geographischen und klimatischen Gegebenheiten sehr begünstigt. Der Kriegsschauplatz wurde durch den Ladogasee in einen nördlichen und einen südlichen Abschnitt geteilt. Der nördliche Abschnitt, Karelien, war von nordeuropäischem Urwald bedeckt und im Winter bei Temperaturen von minus 40 Grad Celsius nahezu undurchdringlich; der südliche Teil, die Karelische Landenge, war an der schmalsten Stelle nur 70 Kilometer breit und von den Finnen durch die „Mannerheimlinie" befestigt worden. Obwohl Finnland nur vier Millionen Einwohner hatte, umfaßte sein Feldheer 175.000 Mann. Aufgrund ihrer guten Ausbildung, ihres Einsatzwillens und des günstigen Geländes konnten die finnischen Truppen die sowjetischen Angriffe zunächst abwehren.

Die Rote Armee war einseitig für Angriffsoperationen unter massenhaftem Einsatz von Panzern und Flugzeugen in offenem Gelände ausgebildet worden. Im August 1939 hatte sie mit diesem Konzept in der Schlacht am Chalchin Gol gegen die Japaner durchschlagenden Erfolg gehabt, aber in den finnischen Sümpfen und Urwäldern war diese Ausbildung nicht ausreichend. Die Sowjets konnten ihre zahlenmäßige und waffentechnische Überlegenheit zunächst nicht zur Geltung bringen und mußten schwere Verluste hinnehmen.[355]

Der Angriff auf Finnland veranlaßte den Völkerbundrat, am 14. Dezember die Sowjetunion aus dem Völkerbund auszuschließen. In den USA rief das sowjetische Vorgehen heftige Empörung hervor, die amerikanische Regierung stellte Helsinki einen Kredit von zehn Millionen Dollar zur Verfügung.[356] England, Frankreich, die USA, vor allem aber Schweden belieferten Finnland mit Waffen. Deutschland verhielt sich in diesem Konflikt aufgrund der Moskauer Abmachungen neutral und ließ über sein Territorium auch keine Waffenlieferungen an Finnland zu.

In London und Paris wurden Überlegungen angestellt, durch welche militärischen Aktionen Finnland geholfen und gleichzeitig Deutschland geschadet werden könnte. Der empfindlichste Punkt der deutschen Kriegswirtschaft war die Ölversorgung. Die einzigen ergiebigen Ölvorkommen auf dem europäischen Kontinent, zu denen Deutschland Zugang hatte, lagen bei Ploesti in Rumänien. Außerdem konnte das Reich dank der Wirtschaftsabkommen Öl aus der Sowjetunion beziehen, das bei Baku und Batum im Kaukasus gefördert wurde. Bereits im Frühjahr 1939 hatten die britische und die französische Regierung versucht, Rumänien auf ihre Seite zu ziehen und die Ölexporte nach Deutschland zu unterbinden. Um Bukarest aber zu einer Abwendung von Deutschland zu bewegen, mußte die Versorgung Rumäniens mit den notwendigen Importgütern und Waffen gesichert werden, und dies war nur über die Häfen am Schwarzen Meer und die Dardanellen möglich, die von der Türkei kontrolliert wurden. Die Westmächte versuchten, die türkische Regierung zum Beitritt zu ihrem gegen Deutschland gerichteten Bündnissystem zu bewegen. Die türkische Regierung stand den englisch-französischen Be-

---

[354]  Michael Rosenbusch (Hrsg.). Schauplatz Baltikum. Berlin 1991, Dok. 16, 26 u. 29.

[355]  Walter Post. Unternehmen Barbarossa. Hamburg 1996, S. 66 ff.

[356]  Tansill, Die Hintertür zum Kriege, S. 615 f.

mühungen aufgeschlossen gegenüber, da sie mit einer Einigung zwischen den Westmächten und der Sowjetunion rechnete. Der Abschluß des Deutsch-Sowjetischen Nichtangriffspaktes bedeutete für Ankara eine völlige Veränderung der politischen Situation. Wegen ihrer geographischen Lage war die Türkei auf ein erträgliches Verhältnis zur UdSSR angewiesen. Zwar schloß die türkische Regierung am 25. August 1939 einen Bündnisvertrag mit England und Frankreich, aber in den folgenden Monaten bemühte sich Ankara um die Aufrechterhaltung der türkischen Neutralität. Deswegen und wegen des Bessarabienkonflikts mit der UdSSR konnte sich auch Rumänien nicht dem westlichen Bündnissystem anschließen, sondern mußte im Gegenteil seine Beziehungen zu Deutschland verbessern.[357] Der erste englisch-französische Versuch, Deutschland von seiner Ölversorgung abzuschneiden, war damit gescheitert.

Während des Russisch-Finnischen Winterkrieges wurden in den englischen und französischen Generalstäben Pläne für eine militärische Unterstützung Finnlands entwickelt. Neben der Entsendung eines alliierten Expeditionskorps nach Skandinavien wurde auch ein Schlag gegen die kaukasischen Ölfelder und damit die deutsche Ölversorgung aus der Sowjetunion erwogen. Die drohende militärische Intervention der Westmächte war wohl einer der Gründe, warum Stalin den Krieg gegen Finnland nach Erringung begrenzter Erfolge im Februar 1940 abbrach.

Nachdem die Rote Armee sich an der finnischen Front unter Befehl des Armeekommandeurs 1. Ranges Semjon Timoschenko gründlich reorganisiert hatte, gelang es ihr bis zum 17. Februar 1940, die „Mannerheimlinie" zu durchbrechen. Da die Sowjetregierung relativ erträgliche Friedensbedingungen anbot, willigte Helsinki in einen Friedensvertrag ein, der am 12. März in Moskau unterzeichnet wurde. Finnland mußte die Karelische Landenge, einige Ostseeinseln sowie Gebiete im nordöstlichen Karelien an die UdSSR abtreten, behielt aber, anders als die baltischen Staaten, seine volle Souveränität.[358]

Auf einer Sitzung des Obersten Alliierten Rates am 26. März 1940 wurden weitergehende Beschlüsse gefaßt. Sollte es zu erneuten Angriffen der UdSSR oder Deutschlands auf Finnland kommen, würden die Westmächte auf die Neutralität Norwegens und Schwedens keine Rücksicht mehr nehmen. Engere Beziehungen zwischen den skandinavischen Ländern und Deutschland oder ein Vordringen der Sowjetunion an die Polarmeerküste sollten als feindliche Handlungen angesehen werden. Der britische und der französische Generalstab wurden beauftragt, konkrete Pläne für die Unterbrechung der rumänischen Öllieferungen und für Luftangriffe auf die kaukasischen Erdölförderanlagen auszuarbeiten.[359]

---

[357]  Fabry, Hitler-Stalin-Pakt, S. 152 ff.
[358]  Walter Post, S. 70 f.
[359]  Ebenda, S. 71 ff.

# Der Westfeldzug 1940

## „Sitzkrieg"

Nach der Kriegserklärung an das Deutsche Reich am 3. September 1939 unternahmen Großbritannien und Frankreich faktisch nichts, um das schwer bedrängte Polen militärisch zu unterstützen. Entgegen den Erwartungen der polnischen Regierung blieb die französische Armee im Schutz der Maginotlinie in der Defensive, sie beschränkte sich im Rahmen der sogenannten „Saar-Offensive" auf ein Vorrücken bis auf einige Kilometer vor den Westwall. Gleichzeitig begann Großbritannien die Verbände des britischen Expeditionskorps (BEF) nach Nordfrankreich zu verlegen. Nach der Niederlage der polnischen Streitkräfte nahm der französische Oberbefehlshaber Maurice Gamelin seine Truppen bis Mitte Oktober 1939 wieder auf die Maginotlinie zurück.[360] Die militärischen Aktivitäten beider Seiten beschränkten sich auf die Aufklärung, in der deutschen Öffentlichkeit sprach man vom „Sitzkrieg", in Frankreich von „la drôle de guerre".

Das französische Oberkommando plante einen Vorstoß über die Grenze nach Deutschland erst für den Frühsommer 1941. Bis dahin sollten deutsche Angriffe von den Heeresgruppen 2 (General André-Gaston Prételat) und 3 (General Antoine Besson) an der Maginotlinie abgewehrt werden, die sich von Sedan bis zur Schweizer Grenze erstreckte. Eine deutsche Offensive gegen Nordfrankreich durch Belgien wie im Jahr 1914 sollte durch die Heeresgruppe 1 (General Gaston Billotte) gemeinsam mit dem britischen Expeditionskorps sowie Teilen der belgischen und niederländischen Armee in der Dyle-Breda-Stellung zum Stehen gebracht werden. Der französische Oberbefehlshaber Gamelin übertrug am 6. Januar 1940 den Befehl über die Nordostfront (die französischen Heeresgruppen 1, 2 und 3) an seinen Stellvertreter General Alphonse Georges.

Die Belgier verfügten mit Lüttich, Antwerpen und Namur über drei befestigte Plätze, die Masse ihres Heeres sollte jedoch in den Grenzstellungen zu Deutschland und den Niederlanden sowie am Albert-Kanal zum Einsatz kommen. Mit dem Ausbau einer dritten Verteidigungslinie, der Koningshooikt-Wavre-Stellung, von den Alliierten als Dyle-Breda-Stellung bezeichnet, wurde erst im August 1939 begonnen.

In den Niederlanden plante man eine Verteidigung entlang Maas und Ijssel, als zweite Linie waren die Peel-Raam- und die Grebbe-Stellung vorgesehen. Die „Festung Holland" im Raum Amsterdam, Rotterdam, Den Haag sollte an der „Neuen-Wasserlinie" auf der Höhe von Utrecht verteidigt werden.

## Der „Sichelschnitt"-Plan

Hitler beabsichtigte nicht, es beim „Sitzkrieg" im Westen zu belassen. Sein strategisches Denken war in hohem Maße von wehrwirtschaftlichen Überlegungen bestimmt, und er glaubte, daß die Alliierten Belgien und Holland durch wirtschaftlichen Druck dazu zwingen könnten, den Einmarsch britisch-französischer Truppen hinzunehmen. Die

---

[360] Das Deutsche Reich und der Zweite Weltkrieg. Bd. 2, Stuttgart 1979, S. 272.

Alliierten hätten dann Flugplätze in unmittelbarer Nähe des Ruhrgebiets, womit das Zentrum der deutschen Industrie auf das höchste gefährdet wäre, die Wirkung von Luftangriffen wurde damals wegen der nur geringen praktischen Erfahrungen allgemein überschätzt. Da die Zeit letztlich gegen Deutschland arbeitete, gab Hitler bereits am 27. September 1939 seinen Entschluß bekannt, unmittelbar nach dem Abschluß der Kämpfe in Polen die Westmächte anzugreifen. Dieses Vorhaben stieß jedoch bei seinen Generalen wegen des für Deutschland ungünstigen Kräfteverhältnisses auf heftigen Widerspruch.[361]

Hitler ließ die Einwände aber nicht gelten, vielmehr stellte er am 9. Oktober eine Denkschrift zur Notwendigkeit eines sofortigen Angriffs fertig und erließ gleichzeitig die „Weisung Nr. 6 für die Kriegführung“.[362] Der Nichtangriffspakt und der Freundschaftsvertrag mit Moskau hätten, so Hitler, günstige Voraussetzungen für einen Westfeldzug geschaffen: „Die Erfolge des polnischen Feldzuges haben zunächst die seit vielen Jahrzehnten ohne Aussicht auf Verwirklichung ersehnte Tatsache der Möglichkeit eines Ein-Frontenkrieges geschaffen, das heißt: Deutschland kann unter Belassung geringfügiger Deckungstruppen im Osten mit seiner gesamten Kraft zur Auseinandersetzung im Westen antreten.“ Hitler war der Überzeugung, die Sowjetunion werde ihm nicht in den Rücken fallen, aber die langfristigen Perspektiven hielt er für unsicher: „Durch keinen Vertrag und durch keine Abmachung kann mit Bestimmtheit eine dauernde Neutralität Sowjet-Rußlands sichergestellt werden. […] Die größte Sicherheit vor irgendeinem russischen Eingreifen liegt in der klaren Herausstellung der deutschen Überlegenheit bzw. in der raschen Demonstration der deutschen Kraft.“[363] Am 23. November 1939 sprach Hitler in einer Rede vor Generalen von seinem „unabänderlichen Entschluß“, England und Frankreich „zum günstigsten und schnellsten Zeitpunkt anzugreifen“.[364]

Der Operationsplan, den Halder und das OKH für einen Feldzug gegen die Westmächte in Belgien und Nordfrankreich ausarbeiteten, hatte eine unverkennbare Ähnlichkeit mit dem Schlieffen-Plan von 1914. Die „Aufmarschanweisung Nr. 1, Fall Gelb“ sah einen Frontalangriff der Heeresgruppe B in Zentral-Belgien mit der Absicht vor, die Alliierten auf die Somme zurückzuwerfen. Für dieses begrenzte Ziel kalkulierte das OKH einen Verlust von einer halben Million Mann ein. Damit wären die deutschen Kräfte bis auf weiteres erschöpft gewesen, und die Hauptoffensive gegen Frankreich hätte erst 1942, nach umfassenden Neuaufstellungen von Truppen, erfolgen sollen.[365]

Als Hitler gegen diesen Operationsplan Einwände erhob und statt dessen einen entscheidenden Durchbruch mit gepanzerten Kräften ähnlich wie im Polenfeldzug forderte, entgegneten Halder und Brauchitsch, daß derartige Taktiken gegen osteuropäische Armeen angemessen seien, nicht aber gegen eine erstklassige Streitmacht wie die französische Armee.[366]

Hitler war enttäuscht und reagierte darauf mit der Entscheidung, daß das deutsche Heer so bald wie möglich angreifen sollte, in der Hoffnung, daß die unzureichenden Vorbereitungen der Alliierten einen raschen Sieg ermöglichen würden. Nach seinem

[361] Michel John. Jean John, der erste Tote auf luxemburgischem Gebiet beim deutschen Einmarsch am 10. Mai 1940. Bulletin Greg, abgerufen 27. Dezember 2015.

[362] Walther Hubatsch (Hrsg.). Hitlers Weisungen für die Kriegführung 1939–1945: Dokumente des Oberkommandos der Wehrmacht. Koblenz 1983, S. 32 f.

[363] Adolf Hitler. Denkschrift und Richtlinien über die Führung des Krieges im Westen vom 9.10.1939, in: Hans Adolf Jacobsen. Dokumente zur Vorgeschichte des Westfeldzuges 1939–40. Göttingen 1956, S. 4 ff.

[364] Percy Ernst Schramm (Hrsg.). Kriegstagebuch des Oberkommandos der Wehrmacht (Wehrmachtführungstab). Bd. 1: 1. August 1940 bis 31. August 1941. Frankfurt / Main 1965, S. 50 E.

[365] Frieser, S. 67.

[366] Geoffrey P. Megargee. Inside Hitler's High Command. Lawrence, S. 76.

Willen sollte der Angriff im Westen am 25. Oktober 1939 beginnen, er sah aber ein, daß dieses Datum unrealistisch war. Am 29. Oktober legte Halder einen überarbeiteten Plan vor, die „Aufmarschanweisung Nr. 2, Fall Gelb", der zusätzlich einen Ablenkungsangriff gegen die Niederlande vorsah.[367] Am 5. November unterrichtete Hitler Brauchitsch, daß er den Angriffstermin 12. November ins Auge fasse, woraufhin Brauchitsch entgegnete, daß das Heer erschöpft sei und sich noch vom Polenfeldzug erholen müsse. Zwei Tage später verschob Hitler den Angriffstermin, wobei er als Begründung das schlechte Herbstwetter angab.[368] Der Beginn des Westfeldzuges wurde nun unzählige weitere Male verschoben, hauptsächlich wegen der Wetterlage, denn von ihr hing die Einsatzfähigkeit der Luftwaffe ab, die in den geplanten Operationen eine entscheidende Rolle spielen sollte.

Hitlers Abneigung gegen den Plan Halders wurde vom Kommandeur der Heeresgruppe A, General Gerd von Rundstedt, geteilt. Rundstedt war der Meinung, daß das Ziel der deutschen Operationen ein entscheidender Durchbruch mit anschließender Einschließung und Vernichtung der alliierten Hauptkräfte sein müsse. Als günstigster Frontabschnitt für einen Durchbruch erschien der Raum um Sedan, der direkt vor Rundstedts Heeresgruppe A lag. Am 21. Oktober kamen Rundstedt und sein Stabschef, Generalleutnant Erich von Manstein, überein, auf Grundlage dieser Überlegungen einen alternativen Operationsplan auszuarbeiten. Für einen Durchbruch bei Sedan mußte ihrer Meinung nach die Heeresgruppe A auf Kosten der Heeresgruppe B im Norden so stark wie möglich gemacht werden.[369]

Während Manstein sich in Koblenz an die Arbeit machte, quartierte sich Generalleutnant Heinz Guderian, Kommandeur des XIX. Armee-Korps, in einem nahe gelegenen Hotel ein.[370] Manstein plante ursprünglich nach dem Durchbruch einen Vorstoß von Sedan nach Norden, direkt in den Rücken der alliierten Hauptkräfte in Belgien, zu führen. Seine operativen Ideen fanden sofort die Zustimmung Guderians, der das Gelände um Sedan aus der Zeit des Weltkrieges 1914/18 persönlich gut kannte.[371] Als Guderian gebeten wurde, seine Meinung zu äußern, entwickelte er einen radikalen Plan. Der größte Teil der deutschen Panzerverbände, so Guderian, sollte bei Sedan konzentriert werden und nach dem Durchbruch so schnell wie möglich nach Westen zum Ärmelkanal vorstoßen, ohne auf die hinterher marschierenden Infanterie-Divisionen zu warten. Diese Operation könnte aufgrund ihrer psychologischen Schockwirkung den moralischen und strategischen Zusammenbruch des Feindes herbeiführen und gleichzeitig die verhältnismäßig hohen Verluste vermeiden, die normalerweise mit einer Kesselschlacht verbunden waren.[372] Ein unabhängiger Einsatz gepanzerter Kräfte mit strategischer Zielsetzung war in Deutschland bereits vor dem Krieg ausführlich diskutiert, aber vom OKH als zu riskant verworfen worden.[373]

Am 31. Oktober 1939 verfaßte Manstein ein erstes Memorandum zu seinem Operationsplan. Darin vermied er es, Guderian zu erwähnen, und er spielte auch die strategische Rolle der Panzer-Verbände herunter, um unnötigen Widerspruch zu vermeiden.[374] Manstein arbeitete bis zum 12. Januar 1940 insgesamt sechs Memoranden aus, wobei sich seine Gedankenführung zunehmend radikalisierte.[375] Manstein bezeichnete den vom OKH vorgeschlagenen Operationsplan, mit Schwerpunkt im Norden mit der Heeres-

---

[367] Shirer 1990, S. 718.
[368] Frieser, S. 25.
[369] Ebenda, S. 63.
[370] Ebenda, S. 79.
[371] Ebenda, S. 65.
[372] Ebenda, S. 60.
[373] Ebenda, S. 60.
[374] Ebenda, S. 87.
[375] Ebenda, S. 76.

gruppe B anzugreifen, als ungeeignet, um eine Entscheidung gegen die Westmächte herbeizuführen. Es handele sich im Grunde nur um eine Neuauflage des bereits 1914 gescheiterten Schlieffen-Planes, womit eine Überraschung der Briten und Franzosen ziemlich unwahrscheinlich sei. Im südlichen Abschnitt der deutsch-französischen Front, von Sedan bis zur Schweizer Grenze, war Frankreich durch die Maginot-Linie geschützt. In der Mitte bildeten im Grenzgebiet zu Belgien, Frankreich und Luxemburg die Mittelgebirgslandschaft der Ardennen und die Maas einen natürlichen Sperriegel. Manstein wollte den Schwerpunkt von der Heeresgruppe B im Norden zur Heeresgruppe A verlagern und mit starken Panzerkräften durch die unwegsamen Ardennen auf den Unterlauf der Somme vorstoßen. Wenn es gelänge, die Maas bei Sedan im Überraschungsangriff zu überschreiten, dann könnten die deutschen Panzerverbände durch das französische Hinterland bis zur Kanalküste vorstoßen. Dadurch würden alle in Nordfrankreich und Belgien stehenden alliierten Truppen in einem riesigen Kessel eingeschlossen. Ein gleichzeitiger Angriff der 16. Armee von Sedan in südwestlicher Richtung sollte die Flanke der in Richtung Kanal vorstürmenden Truppen decken und den Aufbau einer neuen alliierten Front schon im Ansatz verhindern. Das Gelingen dieses Planes hing jedoch davon ab, daß die Alliierten sich durch einen Ablenkungsangriff der Heeresgruppe B zu einem Vorstoß nach Belgien verlocken ließen.

Halder hielt Mansteins Plan wegen der für Panzer schwer passierbaren Ardennen für undurchführbar. Da Manstein ihm lästig wurde, berief er ihn am 27. Januar 1940 als Stabschef der Heeresgruppe A ab und ernannte ihn zum Kommandierenden General des XXXVIII. Korps in Schwerin, wo er auf die Operationsplanung des OKH keinen weiteren Einfluß mehr ausüben konnte.

Das Datum für die deutsche Westoffensive nach dem konventionellen Plan des OKH war auf den 17. Januar 1940 festgesetzt, als ein unvorhergesehener Zwischenfall eintrat.

Am 10. Januar 1940 wurde der Luftwaffenoffizier Major Helmut Reinberger auf der Reise zu einer in Köln angesetzten Stabsbesprechung in Münster aufgehalten. Reinberger führte streng geheime Dokumente mit sich, die einen Teil der operativen Planungen der Luftwaffe gegen Frankreich und die Niederlande enthielten. Um zu der Besprechung nicht zu spät zu kommen, nahm er das Angebot an, in einer Kuriermaschine der Luftwaffe, einer Messerschmitt Bf 108 „Taifun", mitzufliegen. Damit verstieß Reinberger gegen einen ausdrücklichen Befehl von Göring, Geheimpapiere nicht im Flugzeug mitzunehmen. Bald nach dem Start vom Flugplatz Münster-Loddenheide geriet die „Taifun" in schlechtes Wetter und kam vom Kurs ab. Der Rhein, eine wichtige Orientierungshilfe, war wegen der dichten Wolkendecke kaum zu erkennen. Der Pilot, Major Erich Hönmanns, sichtete schließlich einen Flußlauf, der aber seiner Meinung nach nicht der Rhein sein konnte. Wegen der großen Kälte begannen die Tragflächen und der Vergaser des Flugzeugs zu vereisen, bis schließlich der Motor aussetzte. Hönmanns konnte auf einem kleinen Feld notlanden, wobei die beiden Offiziere unverletzt blieben. Sie mußten aber zu ihrem Schrecken feststellen, daß sie die Maas überflogen hatten und 80 Kilometer westlich von Köln bei Vucht an der Maas (heute Maasmechelen) in Belgien gelandet waren. Reinberger wollte die Geheimpapiere verbrennen, wurde dabei aber von belgischen Gendarmen überrascht, die die Papiere retten konnten und sie an das belgische Militär weiterleiteten. Noch am gleichen Abend lagen die Dokumente dem belgischen Generalstab vor, der sofort die Mobilmachung anordnete und den französischen und britischen Armeen in Nordfrankreich eine Zusammenfassung des Inhalts übermittelte. Die alliierten Geheimdienste bezweifelten allerdings, daß die Dokumente echt seien, und glaubten an ein Täuschungsmanöver.

Der Verlust der Luftwaffen-Papiere wurde der deutschen Führung natürlich bekannt, dennoch hielt das OKH weiter an seinen Planungen für den „Fall Gelb" fest und änderte nur einige Details. Ende Januar trafen Oberstleutnant Günter Blumentritt und Major

Henning von Tresckow, beide Mitglieder von Mansteins Stab, mit dem Adjutanten Hitlers, Oberstleutnant Rudolf Schmundt (ein alter Bekannter Tresckows), in Koblenz zusammen und informierten ihn über den Alternativplan Mansteins. Schmundt unterrichtete am 2. Februar Hitler über die Existenz dieses Entwurfes. Am 17. Februar rief Hitler Manstein sowie die Generale Erwin Rommel und Alfred Jodl zu einer Besprechung zusammen.[376] Hitler ließ sich von Manstein vortragen und war von seinen Ideen begeistert, am folgenden Tag befahl er, Mansteins Entwurf zur Grundlage für einen neuen Operationsplan zu machen.[377] Manstein selbst nahm an den weiteren Planungsarbeiten nicht mehr teil und kehrte auf seinen Kommandoposten nach Mitteldeutschland zurück.

Halder änderte nun seine Meinung und akzeptierte, daß der Angriffsschwerpunkt bei Sedan liegen sollte, er hatte aber nicht die Absicht, den sieben Panzer-Divisionen der Heeresgruppe A unabhängige strategische Operationen zu erlauben. In dem neuen Operationsplan, der „Aufmarschanweisung Nr. 4, Fall Gelb" vom 24. Februar, fehlte zum großen Mißvergnügen Guderians genau dieser Teil.[378] Trotzdem schlug Halder aus dem Offizierskorps ein regelrechter Proteststurm entgegen, er mußte sich als „Totengräber der deutschen Panzerwaffe" bezeichnen lassen. Die Mehrheit der Generale hielt es für völlig unverantwortlich, eine so große Kräftekonzentration in eine Lage zu bringen, in der sie bei der Versorgung mit Nachschub auf einige wenige Straßen angewiesen war, die von den Franzosen jederzeit unterbrochen werden konnten. Wenn das französische Oberkommando so reagieren würde – so die Kritiker –, wie es zu erwarten war, dann werde die deutsche Offensive in einem Desaster enden. Halder hielt dem entgegen, daß Deutschlands strategische Lage ohnehin hoffnungslos sei, weshalb auch die kleinste Chance ergriffen werden müsse, um doch noch einen entscheidenden Sieg zu erringen.[379]

Deutschland konnte den materiellen Rüstungsvorsprung Frankreichs bis zum Beginn des Westfeldzuges nicht einholen. Die Streitkräfte der Alliierten (Frankreich + Großbritannien + Belgien + Niederlande), die an der Westfront der deutschen Wehrmacht gegenüberstanden, waren quantitativ und teilweise auch qualitativ deutlich überlegen. So verfügte die französische Armee zum Beispiel über 274 schwere Panzer vom Typ Char B1, denen man deutscherseits nichts Gleichwertiges entgegensetzen konnte.

**Kräftevergleich Deutschland – Alliierte, Westfront, 10. Mai 1940[380]**

| | Frankreich | Großbritannien | Belgien | Niederlande | **Alliierte insges.** | **Wehrmacht** |
|---|---|---|---|---|---|---|
| Divisionen | 104 | 15 | 22 | 10 | **151** | **135** |
| Geschütze | 10.700 | 1.280 | 1.338 | 656 | **13.974** | **7.378** |
| Panzer | 3.254 | 640 | 270 | 40 | **4.204** | **2.439** |
| Kampfflugzeuge | 3.097 | 1.150 | 140 | 82 | **4.469** | **3.578** |
| (Bomber u. Jäger an der Westfront und im Hinterland) | | | | | | |

Mit der Verlegung des Angriffsschwerpunkts in die Ardennen zur Heeresgruppe A hatte die Wehrmacht nicht nur das Überraschungsmoment auf ihrer Seite, sie stieß an dieser Stelle auch auf den am schwächsten verteidigten Abschnitt der französischen

---

[376] Frieser 2005, S. 65–67.
[377] Bond 1990, S. 43–44.
[378] Shirer 1990, S. 718.
[379] Frieser, S. 88, 94, 95, 113, 116.
[380] Karl-Heinz Frieser. Blitzkrieg-Legende. München 1996, S. 41 ff., insbes. Tabelle auf S. 65.

Front. Nach Überwindung der Ardennen und der Maas sollten die deutschen Panzerverbände bei Sedan die gegnerischen Stellungen durchbrechen und durch das französische Hinterland bis zur Kanalküste vorstoßen. Damit würden die nördlich stehenden britischfranzösischen Hauptkräfte eingeschlossen und von ihrer Versorgung aus Frankreich abgeschnitten. Für diese Operation waren sieben Panzer-Divisionen und 3 ¼ mot. Infanterie-Divisionen vorgesehen. Zusätzlich sollte ein Ablenkungsangriff der Heeresgruppe B auf Nordbelgien und die Niederlande erfolgen, um die Hauptkräfte der Alliierten nach Belgien hineinzuziehen und damit in eine Falle zu locken. Während die Alliierten nach Belgien und Holland vorrückten, um der Heeresgruppe B entgegenzutreten, wurden sie gleichzeitig durch den Vorstoß der Heeresgruppe A zum Ärmelkanal von ihren rückwärtigen Verbindungen abgeschnitten. Die Heeresgruppe B sollte über drei Panzer-Divisionen und 2 ⅓ mot. Infanterie-Divisionen verfügen. Die Luftwaffe hatte die Aufgabe, den feindlichen Widerstand mit gezielten Angriffen auszuschalten sowie mit Fallschirmjägern Brücken über die zahlreichen Flüsse zu besetzen, um einen zügigen Vormarsch der motorisierten Heeresverbände zu ermöglichen. Die Heeresgruppe C sollte in der ersten Feldzugsphase am Westwall und am Rhein in der Defensive bleiben und erst später zum Angriff übergehen. Der Erfolg der Operation hing davon ab, daß die alliierten Hauptkräfte im Norden tatsächlich nach Belgien hineinstießen und nicht in der Lage waren, genügend Reserven heranzuziehen, um den Vorstoß der Heeresgruppe A zum Kanal aufzuhalten oder diese durch Gegenangriffe von ihren rückwärtigen Verbindungen abzuschneiden.

## Die Besetzung Dänemarks und Norwegens

Bereits Mitte September 1939 hatte Winston Churchill dem britischen Kriegskabinett eine Denkschrift vorgelegt, in der er darauf hinwies, welche strategische Bedeutung die Unterbrechung der schwedischen Eisenerztransporte von Narvik nach Deutschland hätte. Da die deutschen Erzschiffe innerhalb der norwegischen Dreimeilenzone und damit in norwegischen Hoheitsgewässern fuhren, könnten sie nur durch eine die norwegische Neutralität mißachtende Verminung der Küstengewässer aufgehalten werden.[381] Nach dem sowjetischen Angriff auf Finnland am 30. November 1939 begannen das britische und das französische Oberkommando, Pläne für eine militärische Intervention in Skandinavien zu machen. Am 5. Februar 1940 billigte der Oberste Alliierte Kriegsrat Pläne, drei bis vier Divisionen zum Einsatz in Finnland aufzustellen und an Norwegen und Schweden das Ersuchen zu richten, den Transport von Nachschub und Verstärkungen nach Finnland zu gestatten. Dies sollten die alliierten Truppen dazu benutzen, sich auf dem Erzfeld von Gellivara festzusetzen. Durch die Besetzung Nordnorwegens wollte man einen Landweg zur Unterstützung der Finnen schaffen und gleichzeitig die schwedischen Eisenerzlieferungen an Deutschland über Narvik unterbrechen. Zwar wurde der Russisch-Finnische Winterkrieg durch den Friedensvertrag vom 12. März 1940 beendet, aber Anfang April fiel in London und Paris der Entschluß, alliierte Truppen nach Norwegen zu entsenden. Die Vorbereitungen für eine Landung alliierter Truppen in Norwegen waren bis zum 8. April abgeschlossen.[382]

Im März 1940 bemerkte die deutsche Führung die zunehmenden Anzeichen für ein britisch-französisches Eingreifen in Skandinavien. Wegen des schwedischen Eisenerzes, des finnischen Nickels und der Seeherrschaft in der Ostsee standen hier lebenswichtige

---

[381] Winston S. Churchill. The Gathering Storm. Cambridge 1948, S. 533 f.
[382] Dokumente zur englisch-französischen Politik der Kriegsausweitung, hrsg. v. Auswärtigen Amt, Berlin 1940.

Interessen Deutschlands auf dem Spiel. Hitler hatte dem Oberkommando der Marine bereits am 14. Dezember grünes Licht für konkrete Operationsplanungen für eine Besetzung Dänemarks und Norwegens gegeben. Der Reichskanzler entschloß sich, der bevorstehenden alliierten Intervention in Skandinavien durch eine überraschende Besetzung Dänemarks und Norwegens durch deutsche Truppen zuvorzukommen. Diese militärische Unternehmung trug die Tarnbezeichnung „Weserübung".

In den Morgenstunden des 8. April legten die Briten ihre ersten Minenfelder im Westfjord bei Narvik. Vierundzwanzig Stunden später begann das deutsche Landeunternehmen in Norwegen, gleichzeitig marschierten deutsche Truppen in Dänemark ein. Der deutsche Angriff auf Narvik führte trotz des heftigen Widerstandes norwegischer Kriegsschiffe zum Erfolg. Die Royal Navy konnte der deutsche Kriegsmarine zwar schwere Verluste beibringen, die Anlandung von deutschen Heerestruppen in Norwegen aber nicht verhindern, und die britischen Schiffe mußten sich schließlich nach schweren Luftangriffen zurückziehen. Die ab dem 15. April in Narvik und Mittelnorwegen angelandeten britisch-französischen Bodentruppen konnten sich nicht halten und mußten nach wenigen Wochen evakuiert werden. Der britische Plan, die Eisenerzverschiffungen nach Deutschland zu unterbrechen, war damit gescheitert.

In Frankreich und Großbritannien führte der Mißerfolg der Norwegen-Expedition zu Regierungskrisen. In Paris wurde Paul Reynaud Ministerpräsident, und in London mußte Premierminister Neville Chamberlain heftige Kritik einstecken. Er konnte eine Vertrauensabstimmung im Unterhaus zwar knapp gewinnen, trat aber dennoch zurück. Neuer britischer Premierminister wurde am 10. Mai 1940 Winston Churchill.

## „Fall Gelb"

Das Auswärtige Amt in Berlin überreichte am 10. Mai 1940 um 5.45 Uhr den belgischen und niederländischen Botschaftern eine diplomatische Note, in der es hieß, Belgien und die Niederlande hätten „völlig einseitig die Kriegsgegner Deutschlands begünstigt und ihren Absichten Vorschub geleistet". Es werde daher „der Befehl erteilt, die Neutralität dieser Länder mit allen militärischen Machtmitteln des Reiches sicherzustellen". Weiter hieß es, „daß Deutschland nicht die Absicht [habe,] durch diese Maßnahme die Souveränität des Königreiches Belgien und des Königreiches der Niederlande noch den europäischen noch außereuropäischen Besitzstand dieser Länder jetzt oder in Zukunft anzutasten". Der Regierung Luxemburgs wurde in einer weiteren Note mitgeteilt, daß die Reichsregierung sich leider gezwungen sehe, auch „das luxemburgische Gebiet" in ihre militärischen Operationen miteinzubeziehen.[383]

Gegen die französische und britische Armee sowie die Streitkräfte Belgiens und Hollands traten auf deutscher Seite 118 Infanteriedivisionen, zehn Panzerdivisionen, vier motorisierte Infanteriedivisionen und zwei motorisierte Divisionen der Waffen-SS an. Im Osten verblieben vier Infanteriedivisionen und sechs nicht frontverwendungsfähige Landesschützendivisionen.[384] Der Angriff der Heeresgruppe B begann am 10. Mai 1940 um 5.35 Uhr mit Einsätzen des Luftlandekorps unter General Kurt Student. Neben den belgischen Grenzbefestigungen am Albert-Kanal, hier vor allen Dingen das Fort Eben-Emael, wurden Brücken und Flugplätze hinter der Front angegriffen und besetzt. Der 7. Flieger-Division gelang es, die Brücken über das Hollandsch Diep bei Moerdijk, über die Noord bei Dordrecht und die Neue Maas bei Rotterdam unbeschädigt in Besitz zu

---

[383]  Manfred Overesch/Friedrich Wilhelm Saal. Das III. Reich: Eine Tageschronik der Politik, Wirtschaft, Kultur. Bd. 2: 1939–1945. Augsburg 1991, S. 80.

[384]  H.A. Jacobson. Dokumente zum Westfeldzug. Göttingen 1960, S. 5.

nehmen und zu halten. Weitere strategisch wichtige Brücken in Belgien und den Niederlanden konnten durch Kommandoeinsätze kleiner Trupps bis zum Eintreffen deutscher
Bodentruppen gesichert werden. Die Waalbrücke bei Nimwegen und die Brücke bei Arnheim konnten allerdings vor dem Anrücken deutscher Truppen gesprengt werden.

Die 18. Armee erreichte bereits am ersten Tag das Ijsselmeer, dann zwei Tage später
Moerdijk und schnitt damit Holland von seinen Landverbindungen ab. Am 13. Mai 1940
wurde aber noch immer um Rotterdam, das einen der Eckpfeiler der „Festung Holland"
bildete, gekämpft. Als am folgenden Tag der Versuch scheiterte, den holländischen Stadtkommandanten, Oberst Pieter Wilhelmus Scharroo, zur Übergabe der Stadt zu bewegen,
ließ der Oberbefehlshaber der 18. Armee, General von Küchler, den Verteidigern von
Rotterdam für 15 Uhr einen Bombenangriff androhen. Der Stadtkommandant verzögerte
jedoch die Verhandlungen, man einigte sich gegen 14 Uhr darauf, die Waffenruhe bis
18 Uhr zu verlängern. Das Kampfgeschwader 54 befand sich jedoch zu diesem Zeitpunkt
bereits im Anflug auf Rotterdam und war aufgrund technischer Probleme über Funk
nicht mehr zu erreichen. Die erste Angriffswelle der deutschen Bomber konnte wegen
der Rauchentwicklung am Boden die vereinbarten Leuchtzeichen zum Abbruch des Angriffs nicht erkennen und warf insgesamt 95 Tonnen Sprengbomben ab. Während die
niederländischen Verteidigungsstellungen am Flußufer kaum getroffen wurden, brachen
in der Altstadt schwere Brände aus, bei denen über 900 Zivilisten ums Leben kamen. Die
dichte Bebauung der Altstadt mit zahllosen alten Fachwerkhäusern sowie die unzulängliche Organisation der Rotterdamer Freiwilligen Feuerwehr hatten zu diesem Desaster
erheblich beigetragen.[385]

Diese Katastrophe sowie die hoffnungslose militärische Gesamtlage führten schließlich
zur Gesamtkapitulation der niederländischen Streitkräfte, die am 14. Mai um 20.30 Uhr
über den Rundfunk verkündet wurde. Königin Wilhelmina hatte mit ihrer Familie bereits am 13. Mai das Land verlassen und war nach London gereist, wo sie eine Fortsetzung des Widerstandes ankündigte.

Die Alliierten vermuteten den Schwerpunkt der deutschen Offensive im Norden Bel-
giens und begannen am 10. Mai wie geplant ihren Vormarsch zur Dyle-Breda-Stellung.
Am 12. Mai einigten sich der belgische König Leopold III., der französische Verteidigungsminister Daladier und General Georges bei einem Treffen in Mons darauf, daß
General Gaston Billotte die Oberleitung der Kämpfe in Belgien übernehmen solle. Zu
diesem Zeitpunkt hatte die britische Expeditionsarmee (BEF) den Abschnitt zwischen
Löwen und Wavre und die französische 1. Armee den Abschnitt von Wavre bis zum
Maas-Knie bei Namur besetzt. Die französische 9. Armee unter General André Corap
hatte ihren linken Flügel bis zur belgischen Maas und bis Namur vorgeschoben, während
die französische 7. Armee sich im Anmarsch auf Antwerpen befand. Um der 1. Armee
Zeit zu verschaffen, wurde das einem deutschen Panzerkorps vergleichbare „Korps
Prioux", bestehend aus der 2. und 3. leichten mechanisierten Division mit mehr als
400 modernen Panzern, vorgezogen. In der Schlacht bei Hannut konnte Prioux am
12. Mai das Panzerkorps Erich Hoepners, das über Lüttich Richtung Gembloux vorstieß,
zunächst aufhalten und dessen vorwiegend leichten Panzern schwere Verluste zufügen.
Am folgenden Tag gelang Hoepner mit Luftunterstützung der Durchbruch durch die
Widerstandslinie von Prioux, dem der Einbruch in die Gembloux-Stellung folgte. Hoepners Vorstoß war ein wichtiger Teil des Ablenkungsmanövers, mit dem die Alliierten
nach Belgien hineingezogen werden sollten. Die Dyle-Stellung wurde am 16. Mai durchbrochen und am folgenden Tag Brüssel kampflos besetzt.[386] Die belgische Armee wurde

[385] Horst Boog. Bombardierung von Rotterdam am 14.5.1940. In: Franz W. Seidler / Alfred M. de Zayas.
Kriegsverbrechen in Europa und im Nahen Osten im 20. Jahrhundert. Hamburg / Berlin / Rom 2002,
S. 153.
[386] Kriegstagebuch OKW, S. 1164 f.

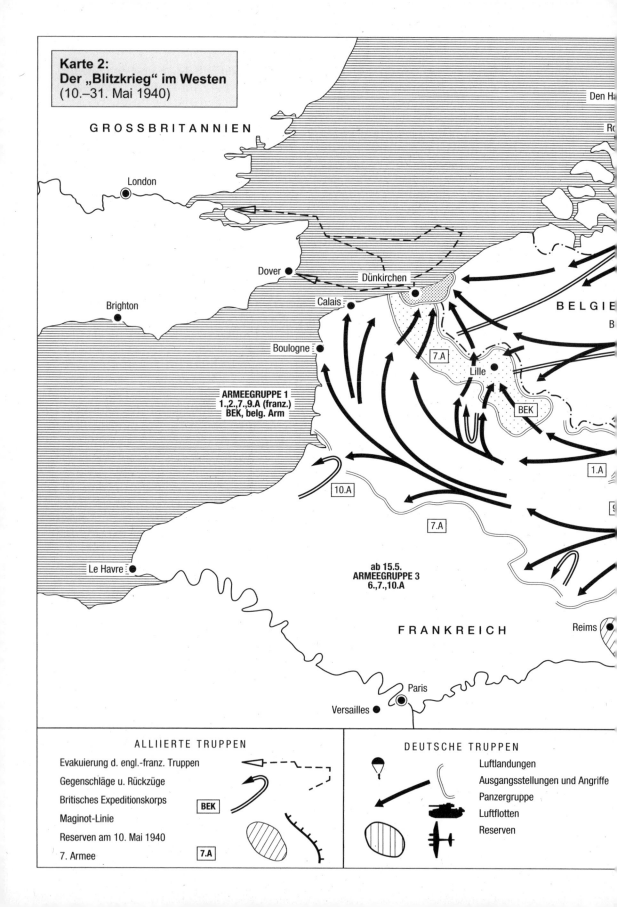

**Karte 2:
Der „Blitzkrieg" im Westen**
(10.–31. Mai 1940)

GROSSBRITANNIEN

London

Brighton

Dover

Den Ha

Ro

Calais

Dünkirchen

BELGIE

B

Boulogne

7.A

Lille

BEK

ARMEEGRUPPE 1
1.,2.,7.,9.A (franz.)
BEK, belg. Arm

10.A

1.A

7.A

9

Le Havre

ab 15.5.
ARMEEGRUPPE 3
6.,7.,10.A

FRANKREICH

Reims

Paris

Versailles

ALLIIERTE TRUPPEN

Evakuierung d. engl.-franz. Truppen

Gegenschläge u. Rückzüge

Britisches Expeditionskorps        BEK

Maginot-Linie

Reserven am 10. Mai 1940

7. Armee        7.A

DEUTSCHE TRUPPEN

Luftlandungen

Ausgangsstellungen und Angriffe

Panzergruppe

Luftflotten

Reserven

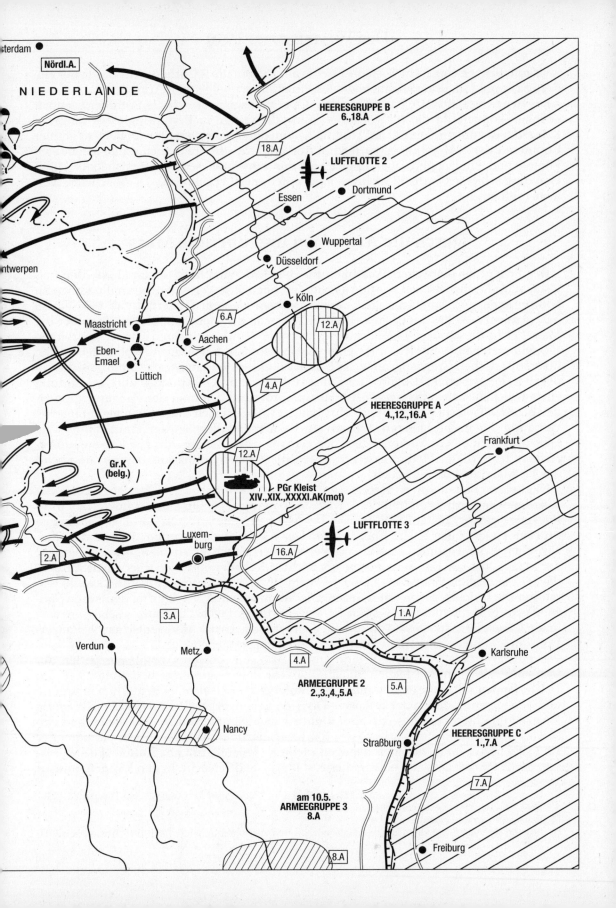

im Raum Brügge eingeschlossen und stellte am 28. Mai um 4 Uhr morgens das Feuer ein, König Leopold III. unterzeichnete die Kapitulation der belgischen Armee.[387]

Die deutsche Luftwaffe hatte über dem Operationsgebiet rasch die Luftüberlegenheit erringen können, da die französischen Kampfflugzeuge in Erwartung einer längeren Kriegsdauer zum großen Teil auf Flugplätzen im Hinterland verteilt waren. Dem Fighter Command der RAF fehlte es zu Beginn der Schlacht um Frankreich an ausgebildeten Piloten und Flugzeugen, aber ungeachtet der Einwände seines Befehlshabers Hugh Dowding schickte Churchill mehrere Jagdstaffeln nach Frankreich, wo sie schwere Verluste erlitten.

## Durch die Ardennen und über die Maas

Der Erfolg des deutschen Vorstoßes aus den Ardennen hing davon ab, ob den belgischen und französischen Kräften genug Zeit blieb, ihre Verteidigungsmaßnahmen zu koordinieren und Verstärkungen heranzuziehen. General Guderian gab bei seinem XIX. Armeekorps das Motto aus: „In drei Tagen an die Maas, am vierten Tag über die Maas."[388] In diesen drei Tagen mußte die Angriffsspitze mit ihren Panzerfahrzeugen 170 Kilometer kurvenreiche und enge Gebirgsstraßen bewältigen, wobei neben den luxemburgischen Grenzsperren zwei belgische und eine französische Stellungslinie zu überwinden waren. Erst dann kam mit dem Überschreiten der Maas und der Bildung eines Brückenkopfes die eigentliche Herausforderung. Da man der Panzergruppe einen eigenen Gefechtsstreifen verwehrt hatte, zwängten sich immer wieder Infanterieverbände der nachfolgenden Armeen in die Marschkolonnen der Panzerfahrzeuge. Dies führte zu einem Verkehrsstau, der zeitweise eine Länge von 250 Kilometern erreichte. Trotz dieser Hemmnisse erreichten die Spitzen Guderians bereits am Abend des 12. Mai die Maas bei Sedan.

Die Belgier hatten zur Sicherung der Ardennen die Gruppe „K" (bestehend aus der 1. Ardennenjägerdivision und der 1. Kavalleriedivision) gebildet, der es im Verlauf ihres Rückzugs gelang, bis auf eine Brücke bei Malmedy alle anderen dafür vorgesehenen Brücken zu sprengen.[389] Die Koordination der Aktionen der Gruppe „K" mit der französischen 9. Armee unter General Corap erwies sich jedoch als unzulänglich. Das Vorfeld der Maas sollte von der französischen 5. leichten Kavalleriedivision überwacht werden, die aber unter dem deutschen Druck bis zum 12. Mai hinter den Fluß zurückwich, woraufhin die Brücken gesprengt wurden. Die Vorausabteilungen der drei deutschen Panzer-Korps erreichten die Maas noch im Verlauf dieses Tages. Die französische 7. Armee unter General Henri Giraud mußte sich unter dem Druck der deutschen 9. Panzer-Division von Breda und Tilburg auf Antwerpen zurückziehen.

Der Angriff über die Maas begann am 13. Mai mit schweren Bombenangriffen der Luftwaffe, allein in den letzten 90 Minuten vor dem Beginn der Bodenoffensive um 16 Uhr kamen 750 Horizontalbomber und Stukas zum Einsatz. Der deutschen Infanterie und den Sturmpionieren der 1. Panzer-Division gelang es rasch, Brückenköpfe über die Maas zu errichten und diese bis zum Einbruch der Dämmerung bis auf die Höhen von Marfée zwei Kilometer südlich des Flusses auszudehnen. Die Sturmpioniere der 10. Panzer-Division benötigten dagegen mehrere Anläufe, um am Südufer Fuß zu fassen, der 2. Panzer-Division gelang dies erst im Laufe der Nacht. In den Morgenstunden

---

[387] Ebenda; Belgisches Außenministerium (Hrsg.). Belgium: The Official Account of What Happened 1939–1940. London 1941. Kostenloser Download bei Archive.org.

[388] Frieser, Blitzkrieg-Legende. S. 129.

[389] Etienne Verhoeyen. Spionnen aan de achterdeur: de Duitse Abwehr in België 1936–1945, Antwerpen 2011, S. 280.

des 14. Mai rollten die ersten deutschen Panzer über eine bei Sedan errichtete Ponton-brücke, auf der im Verlauf dieses Tages 60.000 Mann mit 22.000 Fahrzeugen, darunter 850 Panzer, die Maas überquerten. Neben dem Korps Guderian überschritt an diesem Tag auch das Panzerkorps von Georg-Hans Reinhardt bei Monthermé die Maas, dem Panzerkorps von Hermann Hoth war der Übergang bereits am 12. Mai 30 Kilometer weiter nördlich gelungen.

In der französischen Armee hatte sich in den Vorkriegsjahren die Vorstellung verfestigt, daß die Ardennen für Panzer unpassierbar seien.[390] Der Oberbefehlshaber der 2. Armee, General Charles Huntziger, ging davon aus, daß die Deutschen erst drei Wochen nach dem Beginn ihrer Offensive einen ernsthaften Versuch unternehmen könnten, die Maas zu überschreiten. Diesem Frontabschnitt wurde daher nur eine verhältnismäßig geringe Bedeutung beigemessen, und er wurde deshalb nur mit der aus Reservisten bestehenden 55. Infanteriedivision unter General Henri Jean Lafontaine besetzt. Der unerwartet rasche Vorstoß der Deutschen löste bei Teilen der 55. Infanteriedivision eine Fluchtbewegung aus, die auch die benachbarte 19. und die 71. Infanteriedivision erfaßte und sich schließ-lich zur „Panik von Bulson" ausweitete, in deren Folge die französische Verteidigung bei Sedan in der Nacht auf den 14. Mai zusammenbrach. Noch vor dem Ausbruch die-ser Panik hatte General Lafontaine den Auftrag erhalten, mit der Korpsreserve beste-hend aus zwei Infanterieregimentern und zwei Panzerbataillonen den deutschen Brük-kenkopf unverzüglich zu beseitigen. Der Gegenangriff Lafontaines erfolgte aber erst mit 15 Stunden Verspätung, es kam zu einem heftigen Gefecht zwischen deutschen und französischen Panzern, das schließlich durch deutsche 8,8-cm-Flak im Erdeinsatz ent-schieden wurde.

Am Nachmittag des 14. Mai sollte der operative Gegenschlag durch das XXI. Armee-korps unter General Jean Flavigny, bestehend aus sechs mobilen Divisionen (darunter die französische 3. Panzerdivision), erfolgen, wobei die Erfolgschancen, den deut-schen Brückenkopf einzudrücken, durchaus gut waren. Da Guderian mit der Masse seines Korps bereits weiter vorgestoßen war, standen den mehr als 300 Panzern Fla-vignys lediglich 30 Panzer IV der 10. Panzer-Division und schwache Infanteriekräfte gegenüber. Die Lageberichte der zurückgeschlagenen Korpsreserve beeindruckten General Flavigny jedoch so nachhaltig, daß er seinen Truppen befahl, sich zur Verte-digung einzurichten.[391] Nachdem er in der Nacht auf den 15. Mai nochmals den Befehl erhalten hatte, sofort anzugreifen, war er den ganzen Tag lang vergeblich bemüht, seine verstreuten Kräfte wieder zu sammeln. Es gelang Flavigny nicht mehr, einen koordinierten Angriff zu organisieren, seine Divisionen verzettelten sich in wirkungs-losen Einzelaktionen.

Am Morgen des 15. Mai erhielt Churchill einen Anruf des französischen Ministerprä-sidenten Reynaud, daß „die Schlacht verloren" sei. Churchill flog am folgenden Tag nach Paris und traf dort mit Reynaud, Kriegsminister Daladier und Oberbefehlshaber Ga-melin zusammen. Nach dem Lagevortrag Gamelins, der die Aussage Reynauds bestätig-te, stellte Churchill die Frage nach den operativen Reserven, woraufhin ihm Gamelin antwortete, es gebe keine mehr.[392] Am 15. Mai hatte Churchill Präsident Roosevelt ein Telegramm geschickt, in dem er um die Überlassung von 40 bis 50 Zerstörern und die Lieferung von mehreren hundert Jagdflugzeugen vom Typ Curtiss P-40 bat.[393] Roosevelt antwortete, daß eine Überlassung von Zerstörern ohne Zustimmung des Kongresses un-möglich sei.[394]

---

[390]   Liddell Hart. Jetzt dürfen sie reden. Stuttgart 1950, S. 189 f.

[391]   Pierre Le Goyet. Contre-attaques manquées. In: Revue Historique des armées. 4/1962, S. 111.

[392]   Winston Churchill. Der Zweite Weltkrieg. Frankfurt a.M. 2003.

[393]   Winston Churchill. Their Finest Hour. Boston 1949, S. 24 f.

[394]   Franklin D. Roosevelt. His Personal Letters. Band II. New York 1950, S. 1036.

## Der Vorstoß zur Kanalküste

Am 14. Mai herrschte im OKH und im Oberkommando der Heeresgruppe A Einigkeit, daß eine Konsolidierung des Brückenkopfes bei Sedan absolute Priorität habe. Diese Aufgabe wurde der 12. Armee unter Generaloberst Wilhelm List übertragen, dem auch die Panzergruppe von Ewald von Kleist unterstellt wurde. Kleist sah darin eine Verwässerung des Sichelschnittplanes, der einen raschen Vorstoß zur Küste vorsah, und versuchte, nun vollendete Tatsachen zu schaffen, um die Selbständigkeit seiner Panzergruppe wiederherzustellen. Die Kommandeure der Panzerkorps folgten diesen Intentionen Kleists und stießen nicht nur mit Aufklärungseinheiten, sondern mit der Masse ihrer Truppen weiter in Richtung Westen vor.

So ließ Guderian, Kommandeur eines der Panzerkorps, zum Schutz des Brückenkopfes bei Sedan lediglich die 10. Panzer-Division und etwas Infanterie zurück und ging mit der 1. und 2. Panzer-Division auf Montcornet vor, wo er sich am 16. Mai mit dem Panzerkorps Reinhardt vereinigte. Weiter nördlich konnte das Panzerkorps Hoth am 15. Mai die französische 1. Panzerdivision bei Flavion aufreiben, und in der Nacht auf den 17. Mai gelang es Rommels 7. Panzer-Division, bei Le Cateau durchzubrechen.

Im OKH machte sich Siegeszuversicht breit, aber Hitler fürchtete mehr denn je Flankenangriffe gegen die in hohem Tempo vorrückenden deutschen Panzerverbände. Franz Halder notierte am 17. Mai 1940: „Ein recht unerfreulicher Tag. Der Führer ist ungeheuer nervös. Er hat Angst vor dem eigenen Erfolg. Er tobt und brüllt, man sei auf dem Wege, die ganze Operation zu verderben."[395] Dies führte am 17. Mai zur kurzfristigen Kommandoenthebung des eigenmächtigen Guderian und zum „Haltebefehl von Montcornet", der erst am späten Nachmittag des 18. Mai aufgehoben wurde.

Ohne auf ernsthafte Gegenwehr zu stoßen, erreichte die 6. Panzer-Division zwei Tage später bei Noyelles die Kanalküste. Die 7. Panzer-Division unter Rommel wurde dagegen am 20. Mai bei Arras in einen heftigen, aber schlecht geführten Gegenangriff der BEF verwickelt, der zurückgeschlagen werden konnte. Das Operationsziel der deutschen Führung, die Kanalküste, war nach nur zehn Tagen erreicht worden, womit das britische Expeditionskorps, die belgische Armee und etwa ein Drittel der französischen Armee eingeschlossen waren.[396] Am 24. Mai gelangten die deutschen Verbände bis auf 15 Kilometer an Dünkirchen heran, zwischen ihnen und diesem letzten Kanalhafen der Alliierten befanden sich keine nennenswerten alliierten Verbände mehr. Die Masse der britischen und französischen Truppen stand noch immer etwa 100 Kilometer landeinwärts im Gefecht mit der deutschen 6. und 18. Armee.

Die Alliierten hatten zu Beginn der deutschen Westoffensive noch über ausreichende Reserven verfügt, neben der 7. Armee unter Giraud konnten das Kavalleriekorps von René Prioux sowie vier Panzerdivisionen kurzfristig für Gegenangriffe zur Verfügung gestellt werden. Aufgrund des Vorgehens der Heeresgruppe B glaubte man im alliierten Oberkommando, daß das Schwergewicht des deutschen Angriffs in Zentral-Belgien liege, und setzte zunächst das Kavalleriekorps und wenig später auch die 7. Armee dorthin in Marsch. Die Gegenangriffe der vier Panzerdivisonen gegen den Panzerkeil der Heeresgruppe A erfolgten verzettelt und verliefen denkbar unglücklich. Die französische 1. Panzerdivision unter General Marie-Germain-Christian Bruneau mit 167 modernen Panzern, darunter 65 schweren vom Typ Char B1, wurde am Vormittag des 15. Mai bei Flavion von Rommels 7. Panzer-Division beim Auftanken überrascht und vom Panzer-Regiment 31 der 5. Panzer-Division zerschlagen, obwohl dieser Verband nur 30 Panzer der Typen III

---

[395] Franz Halder. Kriegstagebuch. Bd. 1, Stuttgart 1962.
[396] Hitlers Brief an Mussolini v. 25.5.1940, in: ebenda, S. 134 ff.

und IV besaß. Die 2. Panzerdivision unter General Albert Bruché erhielt zwischen dem 11. und 15. Mai fünf verschiedene, sich widersprechende Einsatzbefehle. Da die Panzerfahrzeuge mittels Eisenbahn und die Radfahrzeuge auf der Straße verlegt wurden, kam es zur Aufsplitterung und letztlich zur Lähmung des Verbandes.[397] Die 3. Panzerdivision (Antonin Brocard) erschien für einen Gegenschlag bei Sedan zu spät und wurde anschließend in den Gefechten um Stonne aufgerieben. Dabei errangen die Franzosen durchaus einige bemerkenswerte Einzelerfolge, im direkten Zusammentreffen mit deutschen Panzern behielten ihre schweren Char B1 meist die Oberhand. So auch am 16. Mai, als ein einzelner Char B1 mit Namen „Eure" unter dem Kommando von Capitaine Pierre Billotte bei Stonne 13 im Hinterhalt liegende deutsche Panzer III und IV frontal angriff und innerhalb weniger Minuten vernichtete. Obwohl „Eure" dabei selbst 140 Treffer erhielt, kehrte das Kampffahrzeug ohne größere Beschädigungen zu den eigenen Linien zurück.[398] Die größten Sorgen bereitete der deutschen Führung jedoch die 4. Panzerdivision unter Oberst Charles de Gaulle, die am Morgen des 17. Mai von der Aisne her nach Norden angriff und deutsche Fahrzeugkolonnen überrollte. Erst am Ortsrand von Montcornet konnte 8,8-cm-Flak im Erdeinsatz de Gaulles Panzer stoppen. Durch Stukas und einen Gegenangriff der 10. Panzer-Division erlitt die französische 4. Panzerdivision schwere Verluste und mußte sich schließlich zurückziehen.

Damit waren die letzten mobilen Reserven aufgebraucht, und General Gamelin sah sich genötigt, persönlich in die Operationsführung einzugreifen. Er befahl für den 19. Mai einen Angriff gleichzeitig von Norden und Süden, der die deutschen Panzerspitzen von ihren rückwärtigen Verbindungen abschneiden sollte. Nun wurde Gamelin jedoch als Oberkommandierender von General Maxime Weygand abgelöst, der diesen Befehl sofort aufhob. Nach zeitraubenden persönlichen Konsultationen in Belgien und Frankreich gab Weygand am 22. Mai seinen „neuen" Plan bekannt, der einen Zangenangriff der Heeresgruppe 1 (Billotte) von Norden und der Heeresgruppe 3 (Besson) von Süden her vorsah. Der Plan Weygands unterschied sich nicht viel von dem widerrufenen Vorhaben Gamelins, aber durch den Wechsel im Oberkommando war kostbare Zeit verlorengegangen.[399]

In der Zwischenzeit hatte ein britischer Gegenangriff bei Arras den deutschen Kräften, insbesondere Rommels 7. Panzer-Division, zwar Verluste zugefügt, aber keinen durchschlagenden Erfolg erzielt. Aufgrund des zunehmenden Chaos und der immer geringer werdenden Erfolgsaussichten wurde die große Gegenoffensive Weygands mehrmals verschoben und schließlich am 27. Mai endgültig abgesagt.

# Dünkirchen

Die deutsche 2. Panzer-Division des XIX. Armeekorps hatte bereits am 20. Mai bei Abbeville die Kanalküste erreicht. Damit war die nördliche Hauptgruppe der Alliierten mit insgesamt 63 Divisionen[400] durch die Heeresgruppe A im Süden und die Heeresgruppe B im Osten zwischen der Somme und dem Meer eingeschlossen. Im OKH fiel nun die Entscheidung, den Einschließungsring enger zu ziehen und die Kanalhäfen zu besetzen. Am 22. Mai eröffneten die Panzer Guderians den Angriff in Richtung Calais und rückten in zwei Tagen bis auf 18 Kilometer an Dünkirchen heran.[401] Völlig unerwartet ließ von Rundstedt bei einem Frontbesuch am 24. Mai die Panzer anhalten, diese Entscheidung

---

[397] Hermann Hoth. Das Schicksal der französischen Panzerwaffe im 1. Teil des Weltfeldzuges 1940, Wehrkunde Bd. 7 (1958) Nr. 7, S. 376.

[398] Gérard Giuliano. Les combats du Mont-dieu Mai 1940. Charleville-Mézières 1990, S. 107.

[399] Winston Churchill. Der Zweite Weltkrieg. Frankfurt a.M. 2003.

[400] 29 französische, 22 belgische und 12 britische Divisionen

[401] Basil Liddell Hart. History of the Second World War. New York 1970, S. 46.

wurde von Hitler bestätigt. Es war nicht Hitler, sondern Rundstedt, der den berühmt gewordenen Haltebefehl gab, und es war auch Rundstedt, der diesen Haltebefehl drei Tage und acht Stunden später wieder aufhob. Während dieser Zeit scheiterten alle Versuche, Hitler bzw. Rundstedt zur Wiederaufnahme des Angriffs zu bewegen. Derartige Haltebefehle hatte es im bisherigen Verlauf des Westfeldzuges allerdings schon wiederholt gegeben, so zuletzt am 17. Mai. Sie sollten der Infanterie und der Nachschuborganisation Zeit verschaffen, um zu den vorausgeeilten Panzerspitzen aufzuschließen. Auch bestand die Befürchtung, daß ein koordinierter Angriff der Engländer im Norden und der Franzosen im Süden die Panzerverbände von ihren rückwärtigen Verbindungen abschneiden könnte. Die Tatsache, daß das zunehmende Chaos bei den Alliierten einen planmäßigen Gegenangriff immer unwahrscheinlicher machte, war Rundstedt nicht bekannt.

Hinzu kam, daß Generalfeldmarschall Hermann Göring ankündigte, die eingeschlossenen alliierten Truppen allein durch die Luftwaffe zu vernichten. Rundstedt kam dieser Vorschlag sehr entgegen, da er seine Panzer für die bevorstehende Schlacht um Frankreich („Fall Rot") schonen und den durch den raschen Vormarsch erschöpften Truppen eine Ruhepause gönnen wollte.[402]

Auch Hitler wurde in seiner Haltung durch Göring bestärkt, der ihm am 23. Mai versicherte, daß er mit „seiner" Luftwaffe den Alliierten in Dünkirchen allein den „Gnadenstoß" versetzen könne. Diese Einschätzung erwies sich als unrealistisch, der Einsatz der Luftwaffe wurde durch Schlechtwetterperioden behindert, außerdem verpuffte auf dem Strand ein Großteil der Wirkung der Fliegerbomben im weichen Sand. Durch Schiffs-Flak und die Jagdflieger der RAF verlor die Luftwaffe über Dünkirchen 132 Flugzeuge,[403] wobei die Briten selbst 177 Flugzeuge einbüßten.[404]

Briten und Franzosen errichteten um Dünkirchen einen Verteidigungsring, der die Evakuierung der eingeschlossenen Truppen sicherstellen sollte. Für den Abtransport über den Ärmelkanal wurden an der südenglischen Küste sämtliche verfügbaren militärischen und zivilen Schiffe, darunter sogar private Segel- und Motorjachten, die zum Teil von ihren Besitzern gesteuert wurden, eingesetzt. Die Evakuierung lief unter dem Namen „Operation Dynamo", und zwischen dem 28. Mai und dem 4. Juni konnten insgesamt 338.000 Soldaten nach Großbritannien evakuiert werden, davon 193.000 Briten.[405] Zusammen mit den aus anderen Häfen evakuierten Soldaten stieg diese Zahl auf rund 370.000 Mann, davon etwa 250.000 Briten. Durch deutsche Luftangriffe während der „Operation Dynamo" verloren die Briten 243 Schiffe, darunter acht Zerstörer und acht Truppentransporter.[406]

Das eingekesselte britische Expeditionskorps konnte in der „Operation Dynamo" mit knapper Not entkommen, es mußten dabei aber alle schweren Waffen zurückgelassen werden. Die BEF bestand ausschließlich aus Berufssoldaten, die zu diesem Zeitpunkt in dieser Zahl nicht zu ersetzen waren. Ohne diese Soldaten, die als Ausbilder unentbehrlich waren, wäre es Großbritannien schwer gefallen, eine neue und schlagkräftige Wehrpflichtigen-Armee aufzubauen.

Die Gründe für den Haltebefehl vom 24. Mai sind bis heute umstritten. Eine These lautet, Hitler habe sich mit dieser Entscheidung gegenüber dem OKH als oberste Autorität durchsetzen wollen, andere behaupten, er habe die britischen Truppen im Hinblick auf eventuelle Friedensverhandlungen mit London absichtlich entkommen lassen. Viel wahrscheinlicher ist, daß man die Panzer anhielt, um – im Hinblick auf den zu erwartenden Widerstand der Eingekesselten – der Infanterie Gelegenheit zu geben, zu den mo-

[402] A.J.P. Taylor/S.L. Mayer (Hrsg.). A History of World War Two, London 1974, S. 60; Ian Kershaw. Fateful Choices: Ten Decisions that Changed the World 1940–1941, London 2008, S. 27.
[403] David Divine. The Nine Days of Dunkirk. Tintern 1976, S. 265.
[404] Richard Collier. Dünkirchen. München 1982, S. 331.
[405] Antony Beevor. Der Zweite Weltkrieg. München 2014, S. 138.
[406] Richard Holmes. Dunkirk Evacuation, New York/Oxford 2001, S. 130.

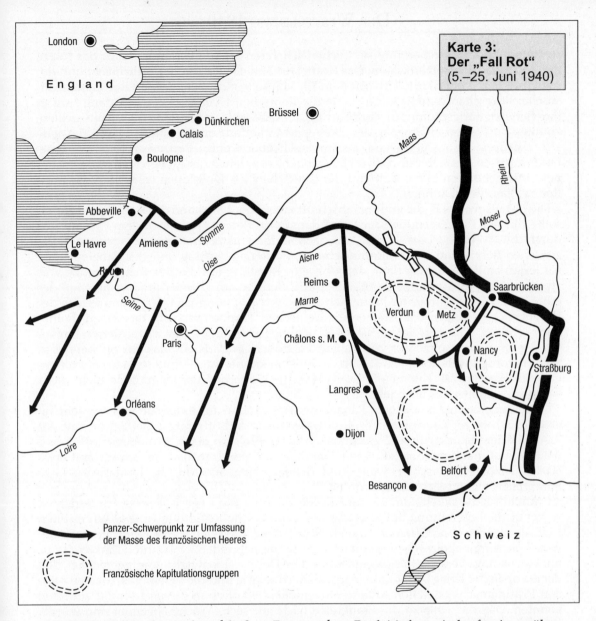

Legende:

Panzer-Schwerpunkt zur Umfassung der Masse des französischen Heeres

Französische Kapitulationsgruppen

torisierten Verbänden aufzuschließen. Panzer ohne Begleitinfanterie laufen in unübersichtlichem Gelände Gefahr, von entschlossenen Einzelkämpfern mit Nahkampfmitteln ausgeschaltet zu werden.

## „Fall Rot"

Der „Fall Rot" war die zweite große deutsche Angriffsoperation des Westfeldzuges. Dabei sollte der alliierte Südflügel, der sich in und hinter der Maginotlinie verschanzt hatte, durch einen Vorstoß von Sedan bis zur Schweizer Grenze eingeschlossen werden, während gleichzeitig starke Kräfte nach Zentral-Frankreich hineinstießen.

Frankreich hatte in der Schlacht von Dünkirchen einen Großteil seiner besten Truppen verloren. Zwar kehrte die Masse der nach Südengland evakuierten französischen Soldaten umgehend nach Frankreich zurück, um an den Endkämpfen teilzunehmen, aber sie hatten bei Dünkirchen ihre sämtlichen schweren Waffen verloren, die in der Kürze der Zeit nicht zu ersetzen waren. Das Kräfteverhältnis zwischen der Wehrmacht und der französischen Armee hatte sich seit dem 10. Mai so verschoben, daß letztere keine realistische Siegeschance mehr hatte.[407] Als die deutschen Heeresverbände Anfang Juni in ihre Bereitstellungsräume zur Fortführung der Offensive in Richtung Süden einrückten, konnten die Franzosen ihnen in der „Weygand-Linie" an Somme und Aisne nur die neue Heeresgruppe 3 entgegensetzen, die nur noch über wenige Panzerverbände verfügte. Die Franzosen besaßen nur noch 66 Divisionen, von denen der größere Teil in der Maginot-Linie gebunden blieb, während die Deutschen 104 Divisionen (plus 19 Divisionen Reserve) aufbieten konnten.

Die Heeresgruppe B, die im Frontabschnitt zwischen Reims und der Kanalküste antrat, sollte mit der Panzergruppe Kleist und dem Panzerkorps Hoth nach dem Durchbruch durch die „Weygand-Linie" über Paris nach Süden vorstoßen. Die Heeresgruppe A, die zwischen Reims und Sedan aufmarschierte, hatte den Auftrag, mit der Panzergruppe Guderian an der Spitze entlang der Marne in Richtung auf die Schweizer Grenze vorzugehen. Die Heeresgruppe B eröffnete ihre Offensive am 5. Juni, die aber aufgrund des erbitterten Widerstandes der Franzosen zunächst nicht vorankam. Nachdem jedoch der Durchbruch gelungen war, stießen die deutschen Truppen rasch in das Innere Frankreichs vor, am 9. Juni erreichten sie bei Rouen die Seine, am 14. Juni marschierten Einheiten der 18. Armee, ohne auf Widerstand zu stoßen, in Paris ein, das zur offenen Stadt erklärt worden war. Rommels 7. Panzer-Division konnte am 17. Juni in 24 Stunden über eine Strecke von 240 Kilometern vorstoßen, die deutschen Panzer mußten nicht mehr kämpfen, sondern nur noch fahren.[408]

Guderian erreichte mit seinem Panzerkorps von Sedan aus innerhalb von nur acht Tagen die Schweizer Grenze, am 19. Juni trafen seine Angriffsspitzen bei Belfort mit der 7. Armee der Heeresgruppe C zusammen, die bei Breisach den Rhein überschritten und die Maginotlinie durchbrochen hatte. Damit waren drei französische Armeen mit etwa 500.000 Soldaten zwischen Nancy und Belfort eingeschlossen, die militärische Lage Frankreichs war aussichtslos geworden.[409]

Churchill hatte bereits am 12. Juni Roosevelt über die Lage in Frankreich berichtet, wobei er die Befürchtung äußerte, daß die französische Regierung geneigt sei, mit den Deutschen einen Sonderfrieden zu schließen.[410] Aber Roosevelt waren aufgrund der amerikanischen innenpolitischen Situation die Hände gebunden, er konnte Frankreich nur mit Worten und Versprechungen unterstützten. Der Präsident hatte damit gerechnet, daß der europäische Krieg bedeutend länger dauern würde und die Vereinigten Staaten nach den Präsidentschaftswahlen Anfang November 1940 offen in diesen Konflikt eintreten könnten. Daß die Schlacht um Frankreich nach nur sechs Wochen beendet sein würde, hatte niemand vorausgesehen, nicht einmal die deutsche Führung. Jetzt, im Juni 1940, lief in den USA bereits der Wahlkampf an, und wenn Roosevelt erkennen ließ, daß er beabsichtigte, die Vereinigten Staaten in einen Krieg zu führen, waren seine Chancen auf eine Wiederwahl angesichts der Stimmung im Kongreß und in der Bevölkerung nicht sehr aussichtsreich.

Nachdem deutsche Truppen am 14. Juni Paris besetzt hatten, war die endgültige Niederlage Frankreichs nur noch eine Frage von Tagen. Churchill flog nach Frankreich, um durch sein persönliches Erscheinen einen Sonderfrieden zu verhindern, aber er kam zu spät.[411]

---

[407] Frieser, Blitzkrieg-Legende, S. 395.
[408] Ebenda, S. 397.
[409] Ebenda, S. 397 f.
[410] Ebenda, S. 178.
[411] Der deutsch-französische Waffenstillstandsvertrag v. 22.6.1940, in: Jacobsen, S. 314 ff.

Um seine Verhandlungs-position in den kommenden Friedensgesprächen zu stär-ken, erteilte Mussolini am 21. Juni den italienischen Streitkräften den Befehl, französisches Gebiet in den Südalpen zu besetzen. Die Italiener konnten jedoch ge-gen erbitterten Widerstand der Franzosen nur geringe Geländegewinne erzielen.[412] Ende Mai hatte Minister-präsident Reynaud den 84jährigen Marschall Philippe Pétain zu seinem Stellvertre-ter ernannt. Churchill dräng-te das französische Kabinett zur Fortsetzung des militäri-schen Kampfes und schlug einen britisch-französischen

Adolf Hitler und Benito Mussolini
im Juni 1940 in München

Staatenbund mit gemeinsamer Staatsbürgerschaft und Währung vor. Als Reynaud sich am 17. Juni vor dem Kabinett für diesen Vorschlag einsetzte, blieb er in der Minderheit und trat daraufhin zurück. Neuer Ministerpräsident wurde Marschall Pétain, der sich über die militärische Lage keine Illusionen machte und die deutsche Reichsregierung umgehend um einen Waffenstillstand bat. Am folgenden Tag rief General Charles de Gaulle über Radio London das französische Volk mit dem „Appell des 18. Juni" zur Fort-setzung des Widerstandes auf.

Der Waffenstillstand wurde am 22. Juni in Compiègne unterzeichnet, er trat am 25. Juni um 1.35 Uhr in Kraft. Die deutschen Waffenstillstandsbedingungen waren verhältnis-mäßig milde. Die Masse der französischen Truppen wurde demobilisiert und abgerüstet, die Regierung Pétain durfte in Frankreich weiterhin Streitkräfte in Höhe von 100.000 Mann einschließlich Luftwaffe behalten. Die französischen Truppen in den Übersee-gebieten, in Afrika und Südostasien, konnten ohne wesentliche Einschränkungen bei-behalten werden. Die französische Flotte sollte unter deutscher Überwachung in ihren Heimatgewässern abgerüstet, aber nicht ausgeliefert werden. Ein italienisch-französischer Waffenstillstand wurde am 24. Juni 1940 in Rom unterzeichnet.

Kurz vor der Unterzeichnung des Waffenstillstandes waren die schweren Einheiten der französischen Flotte unter dem Kommando von Admiral François Darlan nach Algerien in den Kriegshafen Mers-el-Kébir verlegt worden, um ihre Auslieferung an das Deutsche Reich zu verhindern. Die Franzosen hatten ihren britischen Bündnis-partnern zwar versprochen, keine Kriegsschiffe an die Deutschen auszuliefern, aber Churchill wollte kein Risiko eingehen und befahl die „Operation Catapult". Am 3. Ju-li wurde der französische Flottenverband in Mers-el-Kébir von der britischen Force H unter Führung von Admiral James Somerville aufgefordert zu kapitulieren. Als die französische Marineführung das Ultimatum verstreichen ließ, eröffneten die Briten das Feuer und versenkten bzw. beschädigten einen großen Teil der im Hafen liegen-den Schiffe, wobei 1.297 französische Seeleute den Tod fanden und 350 weitere ver-wundet wurden.

---

[412] Frieser, Blitzkrieg-Legende, S. 398.

Ein ähnlicher Einsatz der Force H erfolgte am gleichen Tag vor Oran, ein weiterer am 8. Juli in Dakar, woraufhin die Regierung Pétain die diplomatischen Beziehungen zu Großbritannien abbrach.

Am 17. Juli wurde Marschall Pétain vom Parlament zum „Chef de l'Etat" Frankreichs mit weitreichenden Vollmachten gewählt und erhielt den Auftrag zur Ausarbeitung einer neuen Verfassung. Frankreich war nach den Waffenstillstandsbedingungen in eine von den Deutschen besetzte Zone mit der Hauptstadt Paris und in eine unbesetzte Zone aufgeteilt worden, in der die Regierung Pétain ihren Sitz in dem Kurort Vichy nahm.

General de Gaulle wurde zwar am 28. Juni von Churchill als „Führer aller freien Franzosen" anerkannt, eine Gegenregierung zu der von Marschall Pétain konnte er allerdings erst am 3. Juni 1943 in Algier bilden.[413]

# Ergebnisse

Die deutschen Verluste im „Westfeldzug" betrugen 27.074 Gefallene, 111.034 Verwundete und 18.384 Vermißte.[414] Das deutsche Heer verlor insgesamt 714 Panzer, davon 428 der Typen I und II. Die Verluste der Luftwaffe waren für die Kürze der Kampfhandlungen unverhältnismäßig hoch, sie verlor 1.236 Flugzeuge, das waren 28 Prozent der Einsatzstärke. Weitere 323 Flugzeuge wurden mehr oder weniger stark beschädigt.[415] Bei den Luftkämpfen zeigte sich, daß die Messerschmitt Bf 109 E den britischen und französischen Typen (mit Ausnahme der „Spitfire" Mk I und der Dewoitine D.520, die aber nur in geringer Zahl in Erscheinung traten) von den Flugleistungen her überlegen war.

Nach offiziellen französischen Angaben waren 85.310 französische Soldaten gefallen, 12.000 wurden vermißt, 120.000 verwundet, und 1.540.000 waren in Kriegsgefangenschaft geraten.[416] Von diesen verblieben etwa 940.000 bis Kriegsende in deutschem Gewahrsam.[417] Die französische Luftwaffe verlor 1.274 Flugzeuge.[418] Bedingt durch die Räumung des Schlachtfeldes büßten Briten und Franzosen die Masse ihrer Panzerfahrzeuge ein. Großbritannien verlor insgesamt 68.111 Mann, darunter weniger als 10.000 Gefallene, außerdem 931 Flugzeuge.[419]

Der „Sieg im Westen" wurde von der deutschen Propaganda als das Resultat einer neuen revolutionären Taktik gepriesen, die als „Blitzkrieg" bezeichnet wurde. Tatsächlich hatte es diese Taktik nicht gegeben. Was während des Frankreichfeldzugs von Panzerführern wie Guderian und Rommel zur vollen Blüte gebracht wurde, war das schon in der preußischen Armee praktizierte Gefecht der verbunden Waffen, wobei nun auch die Einsätze am Boden mit denen in der Luft in Übereinstimmung gebracht werden konnten. Die deutsche Panzerwaffe hatte ihre zahlenmäßige Unterlegenheit sowie die schlechtere Bewaffnung und Panzerung ihrer Fahrzeuge durch Zusammenfassung in den Panzerdivisionen, durch bessere Führung, bessere Kommunikation sowie durch eine bessere Nachschub- und Instandsetzungsorganisation wettgemacht.

---

[413] La vie de la France sous l'Occupation. Hoover Institution, Librairie Plon, Palo Alto 1957, Band II, S. 728–746.

[414] Frieser, S. 400; France 1940: Autopsie d'une défaite. In: L'Histoire, No. 352, April 2010, S. 59; Alan Sheppard. France 1940: Blitzkrieg in the West. Oxford 1990, S. 88.

[415] Frieser, S. 400.

[416] Paul-Marie de la Gorce. L'aventure coloniale de la France: L'Empire écartelé 1936–1946. Paris 1988, S. 496.

[417] Yves Durand. Das Schicksal der französischen Kriegsgefangenen in deutschem Gewahrsam (1939–1945). In: Bischof/Overmans: Kriegsgefangenschaft im Zweiten Weltkrieg. Ternitz 1999.

[418] E.R. Hooton. Luftwaffe at War: Blitzkrieg in the West. London 2007, S. 90.

[419] Hugh Sebay-Montefiore. Dunkirk: Fight to the last Man. London 2007, S. 506.

Das Gefecht der verbundenen Waffen, die enge Zusammenarbeit der Panzer mit Infanterie, Pionieren und Artillerie, vor allem aber mit der Luftwaffe, die Operationen der deutschen Heeresgruppen und der Einsatz der Luftflotten waren bis hinunter auf die taktische Ebene so gut organisiert, daß es oft nur 20 bis 40 Minuten lang dauerte, bis die angeforderte Luftunterstützung über der eigenen Front eintraf. Als bei der Bekämpfung von Erdzielen besonders wirkungsvoll erwiesen sich die Sturzkampfbomber vom Typ Junkers Ju 87, die ihre Bomben für damalige Maßstäbe ziemlich genau ins Ziel bringen konnten.

Im Gegensatz dazu war die britische und französische militärische Führung noch zu sehr in den Vorstellungen des Jahres 1918 befangen gewesen. Panzer dienten in erster Linie der Unterstützung der Infanterie, obwohl es in Frankreich bereits mehrere unabhängige Panzerdivisionen gab. Ein großes Hindernis war die langsame Nachrichten- bzw. Befehlsübermittlung, was zum Teil daran lag, daß die

Adolf Hitler besucht am 23. Juni 1940 Paris. Links neben ihm der Architekt und spätere Rüstungsminister Albert Speer, rechts der Bildhauer Arno Breker.

französische Armee sich in der Hauptsache auf das zivile Telefonnetz stützte, das schon in Friedenszeiten unzulänglich funktionierte. Das eigentliche Problem war jedoch, daß die britischen und französischen Generale vom Tempo und von der Wirkung des deutschen Vorgehens derart überrascht wurden, daß es ihnen nicht mehr gelang, sich psychologisch darauf einzustellen.

Die deutsche Führung hatte mit dem massierten Panzervorstoß aus den Ardennen an die Kanalküste, dem sogenannten „Sichelschnitt", strategisch alles auf eine Karte gesetzt – und gewonnen. Der deutsche Sieg in Frankreich veränderte die politische und strategische Situation in Europa grundlegend. Deutschland wurde zur Hegemonialmacht auf dem europäischen Kontinent und verfügte jetzt nicht nur über die industriellen Kapazitäten in den besetzten Ländern, sondern auch über einen wesentlich besseren Zugang zu kriegswichtigen Rohstoffen. Die deutsche Wehrmacht hatte in Frankreich große Vorräte an Treibstoff erbeutet, das französische Minettegebiet verbesserte die Versorgung mit Eisenerz grundlegend, und seinen Bedarf an Molybdän konnte das Reich nun größtenteils aus den norwegischen Gruben decken. Schweden orientierte seinen Außenhandel jetzt fast ausschließlich an Deutschland, außerdem konnte das Reich Wolfram aus den Gruben Spaniens und Portugals beziehen. Ende Mai 1940 hatten Berlin und Bukarest den Öl-Waffen-Pakt abgeschlossen, womit Rumänien zum wichtigsten Erdöllieferanten Deutschlands wurde. Die Rohstofflage des Reiches verbesserte sich entscheidend, aber die Rohstofflieferungen aus der Sowjetunion hatten nach wie vor große Bedeutung. An die Stelle einer engen wirtschaftlichen Partnerschaft mit der UdSSR trat nun das Konzept einer auf Deutschland ausgerichteten europäischen Großraumwirtschaft.[420]

---

[420] Zeidler, Deutsch-sowjetische Wirtschaftsbeziehungen, S. 104.

Für Stalin kam der schnelle deutsche Sieg unerwartet, er hatte mit einer langen und verlustreichen Auseinandersetzung zwischen Deutschland und den Westmächten gerechnet. Nach den Memoiren Chruschtschows war Stalin in den Tagen nach der französischen Kapitulation außerordentlich nervös und verfluchte die Franzosen und die Engländer, weil sie sich von Hitler hatten schlagen lassen. Nun würden nur noch die Engländer den Kampf von ihrer Insel aus fortsetzen. Stalin hielt jetzt einen Krieg zwischen Deutschland und der Sowjetunion für unvermeidlich.[421] Die sowjetische Wirtschaft mußte reorganisiert werden, um die Produktion von Waffen und Ausrüstungen zu erhöhen, weiterhin mußte die bereits begonnene verdeckte Mobilmachung der Streitkräfte vorangetrieben werden.[422]

---

[421]  Khrushchev Remembers. The Glasnost Tapes. Boston/Toronto/London 1990, S. 54.
[422]  S.P. Ivanov. The Initial Period of War. Moscow 1974, S. 170.

# Das Unternehmen „Seelöwe" und die Luftschlacht um England

Auch nach dem Regierungsantritt von Winston Churchill am 10. Mai 1940 sprach sich Außenminister Halifax für Friedensverhandlungen mit dem Deutschen Reich aus. Am 20. Mai beauftragte er einen schwedischen Geschäftsmann, den Kontakt mit Göring zur Aufnahme von Verhandlungen herzustellen. Kurz darauf plädierte Halifax für Gespräche unter Beteiligung der Italiener, aber dieser Vorschlag wurde von Churchill mit Unterstützung der Kabinettsmehrheit abgelehnt. Eine Vermittlung des schwedischen Botschafters am 22. Juni wurde von Hitler positiv aufgenommen, und im Verlauf des Monats Juli bemühte sich die deutsche Reichsregierung um eine diplomatische Lösung.[423]

Am 19. Juli hielt Hitler eine Rede vor dem Deutschen Reichstag in Berlin, in der er an „Vernunft und gesunden Menschenverstand" appellierte und erklärte, er sehe keinen Grund zur Fortsetzung dieses Krieges.[424] Da er aber keine konkreten Verhandlungsangebote machte, konnte seine Rede von der britischen Regierung als Ultimatum abgetan werden, das eine Beantwortung nicht lohne. Dessenungeachtet bemühte sich Halifax weiterhin, Friedensverhandlungen zu arrangieren, bis er im Dezember 1941 als Botschafter nach Washington geschickt wurde. Noch im Januar 1941 brachte Hitler sein anhaltendes Interesse an Friedensverhandlungen mit Großbritannien zum Ausdruck.[425]

Bereits im November 1939 hatte das Oberkommando der Wehrmacht (OKW) die Möglichkeiten für eine Landung in England untersucht. Dabei konnten keinerlei Zweifel darüber bestehen, daß die deutsche Kriegsmarine bei dem Versuch, deutsche Truppen an der englischen Südküste anzulanden, sich der zahlenmäßig weit überlegenen Home Fleet der Royal Navy gegenübersehen würde. Die Kriegsmarine war daher ebenso wie das Heer der Meinung, daß die unabdingbare Mindestvoraussetzung für eine Landung in England die Erringung der Luftherrschaft war.[426] Man hoffte, der Home Fleet durch Luftangriffe, insbesondere von Sturzkampfbombern, schwere Verluste beibringen und von der deutschen Landungsflotte abdrängen zu können. Es war aber von vornherein klar, daß eine Invasion eine äußerst riskante Operation sein würde.

Bereits am 29. November 1939 hatte die Weisung Nr. 9 des OKW „Richtlinien für die Kriegführung gegen die Wirtschaft des Feindes" verfügt, daß die Luftwaffe zusammen

*Premierminister Sir Winston S. Churchill 1942*

---

[423] Stephan Bungay. The Most Dangerous Enemy: A History of the Battle of Britain. London 2000, S. 9–13, 33.
[424] Richard J. Overy. The Bombing War: Europe 1939–1945. London/New York 2013, S. 68–69.
[425] Richard J. Overy. The Battle of Britain: The Myth and the Reality. New York 2001, S. 109.
[426] Patrick Bishop. Battle of Britain: a day-by-day chronicle. 10 July 1940 to 31 October 1940. London 2010, S. 106–107.

mit der Kriegsmarine die britischen Häfen mit Seeminen blockieren, Handels- und Kriegsschiffe angreifen und Luftangriffe gegen Hafeneinrichtungen und die Rüstungsindustrie fliegen solle.[427]

Nach der Kapitulation Frankreichs glaubte das OKW, den Krieg faktisch gewonnen zu haben, und hoffte, mit etwas militärischem Druck die britische Regierung zu Verhandlungen bewegen zu können. Am 21. Mai unterstrich Großadmiral Erich Raeder bei einer Besprechung mit Hitler die praktischen Schwierigkeiten einer Invasion Englands und forderte statt dessen eine Blockade der Britischen Inseln.[428]

Mitte Juli legten Brauchitsch und Halder Hitler detaillierte Pläne für eine Landung in England vor, die allerdings von der Voraussetzung ausgingen, daß die Kriegsmarine ein sicheres Übersetzen über den Kanal gewährleisten könne.[429]

Am 16. Juli erließ Hitler die Weisung Nr. 16, mit der Vorbereitungen für eine Landung in England, die unter dem Decknamen „Seelöwe" lief, angeordnet wurden: „Da England trotz seiner militärisch aussichtslosen Lage noch keine Anzeichen einer Verständigungsbereitschaft zu erkennen gibt, habe ich mich entschlossen, eine Landungsoperation gegen England vorzubereiten und, wenn nötig, durchzuführen. Zweck der Operation ist es, das englische Mutterland als Basis für die Fortführung des Krieges gegen Deutschland auszuschalten und, wenn es erforderlich werden sollte, in vollem Umfange zu besetzen."[430]

In diesen Sätzen klingt zwar die Hoffnung auf ein Einlenken der britischen Führung an, aber Hitler wollte zumindest den Anschein erwecken, daß er eine Beendigung des Krieges, wenn nicht anders möglich, mit einer gewaltsamen Eroberung der Insel erzwingen wolle.

Eine Denkschrift Jodls vom 30. Juni 1940 legt die Vermutung nahe, daß der Weisung Nr. 16 Gedankengänge zugrunde lagen, die nicht offen ausgesprochen wurden. Jodl befürwortet eine Landung nur, um einem wehrwirtschaftlich gelähmten und zur Luft kaum noch aktionsfähigen England den Todesstoß zu versetzen, falls dies noch erforderlich werden sollte. Ungeachtet dessen müsse eine Landung in allen Einzelheiten vorbereitet werden. Mit anderen Worten, eine britische Niederlage sollte nach Möglichkeit mit anderen Mitteln herbeigeführt werden. Hitler wollte nicht das Risiko eingehen, bei einer Invasion eine verheerende Niederlage einzustecken.

Die Vorbereitungen für eine Landung sollten bis zum 15. August abgeschlossen sein, die Durchführung war jedoch an folgende Voraussetzung gebunden:
- Die englische Luftwaffe muß so weit niedergekämpft sein, daß sie keine nennenswerte Angriffskraft gegen den deutschen Übergang mehr zeigt.
- Es müssen minenfreie Fahrstraßen über den Kanal geschaffen werden.
- Die Straße von Dover sowie die Westeinfahrt des Kanals, etwa in der Linie Aldernay–Portland, müssen durch eine dichte Minensperre gesichert sein.

Am 30. Juni erließ Hermann Göring als Oberbefehlshaber der Luftwaffe eine Direktive, in der er die Absicht verkündete, die RAF zu vernichten.[431]

Ziel der deutschen Luftangriffe war zunächst, die Luftherrschaft über Südengland zu erringen, außerdem sollten die britische Rüstungsproduktion getroffen sowie durch Bombenangriffe auf die Häfen der Überseehandel Großbritanniens blockiert werden.[432]

---

[427] Williamson Murray. Strategy for Defeat: the Luftwaffe 1933–1945. Honolulu 2002, S. 32–33, 35; Directive No. 6 for the Conduct of the War. Berlin, 9 October 1939; Overy, Bombing War, S. 68, Directive No. 9 – Instructions for Warfare Against the Economy of the Enemy. Berlin, 29 November 1939.
[428] Bungay, Most Dangerous Enemy, S. 110–114.
[429] Ebenda, S. 111.
[430] Bishop, Battle of Britain, S. 107–108.
[431] Bungay, Enemy, S. 31–33, 122; Murray, S. 44–45.
[432] Overy, Bombing War, S. 90.

Heer und Marine gingen mit der gewohnten Gründlichkeit an die Arbeit. doch ließen die Vorarbeiten die organisatorischen Schwierigkeiten des Landeunternehmens sehr bald erkennen. Die deutsche Wehrmacht hatte keine Erfahrung in der Durchführung amphibischer Operationen, außerdem erwies sich die Beschaffung des erforderlichen Schiffs- und Transportraumes als ein enormes Problem. Die ersten Landungen mußten am offenen Strand erfolgen, wozu man geeignete Landungsfahrzeuge brauchte, die aber nicht vorhanden waren. Eine Landungsflotte mußte daher aus zivilen Fahrzeugen improvisiert werden, aber in den belgischen und französischen Häfen fand man weit weniger geeignete Schiffe vor, als man erwartet hatte. Es mußten daher auch Rheinkähne, also Fahrzeuge aus der Binnenschiffahrt, requiriert werden, die jedoch nur bis zur Windstärke drei seetüchtig waren. Außerdem mußte die Kriegsmarine feststellen, daß es selbst unter den günstigsten Voraussetzungen unmöglich war, den Seeraum in der befohlenen Breite zu sichern. Während das Heer eine Landung an der englischen Südküste auf möglichst breiter Front plante, bestand die Kriegsmarine auf einem schmalen Brückenkopf; außerdem war für die Anlandung der Truppen ein längerer Zeitraum notwendig, als vom OKH berechnet worden war. Die Breite des Brückenkopfs wurde daher etwa auf die Hälfte verringert und im Osten auf die Linie Calais–Dover, im Westen auf die Linie Le Havre–Portsmouth begrenzt.

Für die Landung in dem vorgesehenen Raum wurden zwei Armeen unter dem Befehl der Heeresgruppe A (Generalfeldmarschall von Rundstedt) an der belgischen und nordfranzösischen Küste zusammengezogen. In einer ersten Staffel sollten 13 Divisionen übergesetzt werden, denen zwölf weitere Divisionen folgen sollten. Die Kriegsmarine brachte 155 Transportschiffe, 1.277 Prähme und Leichter, 471 Schlepper und 1.161 Motorboote zusammen, die in den belgischen und französischen Absprunghäfen für den besonderen Einsatz hergerichtet bzw. umgebaut wurden. Großadmiral Raeder hielt alle diese Pläne jedoch für unrealistisch und vertrat die Meinung, eine Invasion könne, wenn überhaupt, frühestens im Frühjahr 1941 stattfinden.

Das eigentliche Problem bei amphibischen Operationen ist die Versorgung der Landungstruppen mit Nachschub über See. Die Landung in der Normandie im Juni 1944 wurde nur deshalb ein Erfolg, weil die Anglo-Amerikaner die absolute Luftherrschaft besaßen und ihnen für die Sicherstellung ihrer Logistik ungeheure materielle Mittel zur Verfügung standen. Das Deutsche Reich besaß im Jahre 1940 nicht annährend diese Möglichkeiten.

Die Home Fleet brauchte 1940 von ihrem Stützpunkt Scapa Flow nur 24 Stunden, um die Kanalzone zu erreichen, und bei einem rücksichtslosen Einsatz hätten ihre leichten Einheiten zwar erhebliche Verluste erlitten, die deutsche Transportflotte aber so dezimiert, daß eine ausreichende Versorgung der in Südengland gelandeten Heeresverbände unmöglich geworden wäre. Diese hätten daher nach verhältnismäßig kurzer Zeit kapitulieren müssen. Die Kampfbereitschaft des britischen Heeres war zwar nach der Niederlage in Frankreich und der Evakuierung bei Dünkirchen auf einen absoluten Tiefpunkt gesunken, aber die Reorganisation und Neuausrüstung der Truppen machten täglich Fortschritte. Außerdem zog die Jahreszeit einem Landeunternehmen enge Grenzen, denn bei Eintreten der Herbststürme war es kaum noch möglich, den Kanal mit Prähmen und Leichtern, die für Binnengewässer gebaut waren, zu überqueren.

Dies blieben aber alles theoretische Erwägungen, solange die erste Voraussetzung, die Ausschaltung der RAF, nicht erfüllt war. Für Hitler war die Drohung mit der Landung vor allem ein Mittel der psychologischen Kriegsführung, von dem er sich große Wirkung auf die Stimmung der britischen Bevölkerung versprach. Außerdem wurden damit starke Kräfte des britischen Heeres, der RAF und der Royal Navy gebunden und die Briten insgesamt zu einer Aufsplitterung ihrer militärischen Kräfte gezwungen, was die deutsch-italienische Kriegsführung auf anderen Kriegsschauplätzen, vor allem in Nordafrika, ausnutzen konnte und sollte.[433]

Am 31. Juli traf sich Hitler mit den Chefs von Heer und Kriegsmarine, die ihm erklärten, daß der 22. September der frühestmögliche Zeitpunkt für ein Landeunternehmen sei, und gleichzeitig eine Verschiebung auf das kommende Frühjahr vorschlugen. Aber Hitler beharrte auf dem Septembertermin und teilte Brauchitsch und Halder mit, daß er über eine Landungsoperation acht bis vierzehn Tage nach dem Beginn der Luftangriffe entscheiden werde. Am 1. August erließ er die Weisung Nr. 17 für einen intensivierten Luft- und Seekrieg gegen England, der – abhängig von der Wetterlage – am 5. August beginnen sollte.[434]

## Das Fighter Command der RAF und die Luftwaffe

Im Sommer 1940 verfügte die RAF über etwa 9.000 Piloten für etwa 5.000 Flugzeuge, von denen die Mehrzahl Bomber waren.[435] Von diesen Piloten befanden sich aber nur etwa 30 Prozent bei den Einsatz-Staffeln, 20 Prozent standen in Ausbildung, und weitere 20 Prozent absolvierten eine Zusatzausbildung in Kanada und Süd-Rhodesien, der Rest war verschiedenen Stäben zugewiesen. Was dem Kommandeur des Fighter Command Air Chief Marshal Hugh Dowding schwere Sorgen bereitete, war nicht so sehr der Mangel an Flugzeugen, sondern vielmehr der Mangel an gut ausgebildeten Jagdfliegern. Dieser Mangel wurde durch Piloten aus dem Commonwealth und aus dem Ausland etwas gemildert, an der Luftschlacht um England sollten insgesamt 595 Nicht-Briten teilnehmen , darunter 145 Polen, 127 Neuseeländer, 112 Kanadier, 88 Tschechen, zehn Iren, 32 Australier, 28 Belgier, 25 Südafrikaner, 13 Franzosen, sieben Amerikaner, drei Süd-Rhodesier und jeweils einer aus Jamaika und Palästina.[436]

Die deutsche Luftwaffe konnte anfangs 1.450 erfahrene Jagdflieger aufbieten,[437] die meisten deutschen Piloten hatten außerdem eine gründliche Ausbildung im Schießen und in Luftkampftaktik erhalten.[438] Dennoch verfügten die deutschen Jagdfliegerverbände über keine ausreichende Personalreserve, um größere Verluste ausgleichen zu können.[439]

Die deutsche Luftwaffe sollte ab Ende Oktober 1940 durch einen Verband der Regia Aeronautica, das Corpo Aereo Italiano, verstärkt werden, das aber nach begrenzten Erfolgen Anfang 1941 wieder abgezogen wurde.

Die Luftwaffe wurde nach der Schlacht um Frankreich für den Kampf gegen Großbritannien in fünf Luftflotten umgegliedert, von denen drei für die Luftschlacht um England vorgesehen waren. Die Luftflotte 2 unter Generalfeldmarschall Albert Kesselring sollte gegen Südostengland einschließlich des Großraums London operieren, der Luftflotte 3 unter Generalfeldmarschall Hugo Sperrle waren das West Country, Wales, die Midlands und Nordwestengland zugewiesen. Die Luftflotte 5 unter Generaloberst Hans-Jürgen Stumpff mit Hauptquartier in Norwegen sollte Nordengland und Schottland abdecken.

Anfangs glaubte die Luftwaffenführung an einen Zeitbedarf von nur vier Tagen, um das Fighter Command der RAF in Südengland ausschalten zu können. Danach war

---

[433] Tippelskirch, S. 99 ff.
[434] Bungay, The Most Dangerous Enemy, S. 113 f.
[435] Edward Bishop. Their Finest Hour: The Battle of Britain 1940. London 1968, S. 85 ff.
[436] Participants in the Battle of Britain. bbm.org.uk. Aufgerufen am 28. Juni 2010.
[437] Clive Ponting. 1940: Myth and Reality. Chicago 1991, S. 130.
[438] Bungay, The Most Dangerous Enemy, S. 259.
[439] Ebenda, S. 370.

eine vierwöchige Luftoffensive geplant, in deren Verlauf die Bomber und Langstrek-
kenjäger alle militärischen Einrichtungen im Lande, insbesondere die britische Luftfahrtindustrie, in Trümmer legen sollten. Die Operationen sollten mit Angriffen auf die
Fliegerhorste nahe der Küste beginnen, um sich dann nach und nach landeinwärts zu
bewegen und um schließlich den Ring der Flugplätze um London anzugreifen. Etwas
später wurden die Ziele und der Zeitrahmen realistischer, die Luftwaffe sollte jetzt das
Fighter Command zwischen dem 8. August und dem 15. September, also in fünf
Wochen, vernichten und so eine zumindest zeitweilige Luftherrschaft über England
erringen.[440]

Der deutsche Luftwaffenführungsstab Ic (verantwortlich für Feindaufklärung) schätzte am 16. Juli, daß die Royal Air Force etwa 900 Jagdflugzeuge besitze, von denen 675 einsatzbereit seien. Dies kam der Realität ziemlich nahe, denn tatsächlich verfügte das
Fighter Command zu diesem Zeitpunkt über etwa 700 Jäger.[441]

Die Briten hatten die Verteidigung ihres Luftraumes vier Gruppen zugeteilt:
- Südwestengland und Wales: 10. Fighter Group, unter dem Kommando von Sir Chri-
  stopher Quintin Brand;
- Südostengland mit dem Großraum London: 11. Fighter Group, unter dem Komman-
  do von Air Vice Marshal Keith Park;
- Mittelengland: 12. Fighter Group, unter dem Kommando von Air Vice Marshal Traf-
  ford Leigh-Mallory;
- Norden: 13. Fighter Group, unter dem Kommando von Air Vice Marshal Richard Saul.

Die RAF hatte ein für die damalige Zeit sehr modernes Jägerleitsystem entwickelt.
An der britischen Küste standen zahlreiche Radarstationen, die „Chain Home", deren
Reichweite sich bis zu den Flugplätzen der deutschen Luftwaffe in Nordfrankreich
erstreckte. Über dem britischen Binnenland wurden Flugzeuge vom sogenannten Be-
obachter-Korps optisch erfaßt und telefonisch gemeldet. Die so gewonnenen Informationen wurden im Hauptquartier des Fighter Command der RAF, dem Bentley
Priory, einem Herrenhaus nahe Stanmore, gesammelt und ausgewertet und an die
Operation Rooms der Sector Stations weitergeleitet, von wo aus die Leitung der Jagdflugzeuge erfolgte. Diese wurden dann mittels Sprechfunkanweisungen an den Feind
herangeführt.

Aufgrund der unzureichenden Nachrichtenlage mußte die Luftwaffe über England
zahlreiche Aufklärungseinsätze fliegen, die einzelnen Fotoaufklärer (anfangs meist
zweimotorige Bomber vom Typ Dornier Do 17, später zunehmend Zerstörer Messerschmitt Me 110) erwiesen sich jedoch als leichte Beute für die britischen Jäger. Während
die Aufklärung der Luftwaffe die Stärke der britischen Jagdverbände und die Flugzeugproduktion unterschätzte, machten die britischen Nachrichtendienste das Gegenteil, sie
überschätzten die deutsche Flugzeugproduktion, die Zahl und die Reichweite der einsatzbereiten Flugzeuge sowie auch die Zahl der Piloten.[442]

# Störangriffe

Die Nachtangriffe der RAF gegen Ziele in deutschen Städten begannen am 11. Mai mit
dem Angriff von 35 Bombern auf Mönchengladbach. Die einzelnen isolierten Angriffe
trafen aufgrund der unzulänglichen Navigationsmittel anstatt Industrieanlagen oder
militärischer Einrichtungen Wohngebiete, woraus die deutsche Luftwaffenführung den

---

[440] Ebenda, S. 119.
[441] Ebenda, S. 107.
[442] Richard Overy. The Bombing War: Europe 1939–1945, S. 79 f.

Schluß zog, daß es sich um vorsätzliche Terrorangriffe gegen die Zivilbevölkerung handelte. Ab dem 4. Juli bekämpfte die RAF die französischen Kanalhäfen, in denen man von britischer Seite einen Aufmarsch für die Invasion vermutete.[443]

In der Nacht vom 5./6. Juni flog die Luftwaffe mehrere kleine Bombenangriffe auf Ziele in Großbritannien und setzte diese sporadischen Angriffe im Verlauf des Juni und Juli fort.[444] Der erste größere Angriff mit insgesamt 100 Bombern erfolgte in der Nacht vom 18./19. Juni auf das Gebiet zwischen Yorkshire und Kent.[445] Diese nächtlichen Störangriffe dienten in erster Linie dazu, die Besatzungen für Tag- und Nachtangriffe zu trainieren und die Stärke der britischen Abwehr zu testen. Im Verlauf des August und September wurden solche Störangriffe fast täglich geflogen.[446]

## Luftkämpfe über dem Kanal

Während des „Kanalkampfes" (so die englische Bezeichnung) konzentrierten sich die Angriffe der Luftwaffe auf Geleitzüge im Ärmelkanal und in der Themsemündung sowie auf Marineeinrichtungen entlang der Küste. Das Fighter Command konnte den Schiffskonvois nur einen geringen Schutz gewähren, und bei diesen Luftkämpfen waren die deutschen Jagdflieger aufgrund ihrer zahlenmäßigen Überlegenheit im Vorteil. Am 25. Juli erlitt ein Geleitzug aus Kohlenfrachtern und Zerstörern durch Stukas so schwere Verluste, daß die britische Admiralität entschied, die Konvois künftig nachts fahren zu lassen. Am 8. August konnte die Luftwaffe aus einem Konvoi insgesamt 18 Kohlenfrachter und vier Zerstörer versenken, aber die Royal Navy war entschlossen, einen weiteren Geleitzug mit 20 Schiffen durch den Kanal zu schicken, anstatt die Kohle mit der Eisenbahn zu transportieren. Von diesem Geleitzug wurden durch Stukas sechs Schiffe schwer beschädigt und vier versenkt, und nur vier erreichten ihren Zielhafen. Die Royal Navy strich daraufhin alle weiteren Geleitzüge durch den Kanal und transportierte die Kohle künftig mit der Bahn.[447]

## „Adlertag"

Ein erster Termin für einen Großangriff auf Ziele in Großbritannien unter der Bezeichnung „Adlertag" mußte wegen schlechten Wetters auf den 13. August 1940 verschoben werden. Am 12. August wurde der erste Versuch unternommen, das britische Jägerleitsystem auszuschalten, als Jagdbomber der Erprobungsgruppe 210 vier Radarstationen der „Chain Home" bei Portland und Dover angriffen.

Drei Stationen fielen wegen Beschädigungen aus, sie konnten aber innerhalb von sechs Stunden repariert werden, und das Ausbleiben weiterer Angriffe ermöglichte es der RAF, die Stationen wieder in vollen Betrieb zu nehmen.[448]

Am 13. August erfolgte eine Serie von schweren Angriffen auf die Stützpunkte der RAF, insbesondere die Flugplätze der 11. Fighter Group unter der Führung von Luftmarschall Keith Park.

Im Verlauf der folgenden Woche wurden neben den Radarstationen zunehmend die Flugplätze im Landesinneren angegriffen, am 15. August flog die Luftwaffe die höchste

---

[443]  Ebenda, S. 241–245; S. 63–65.
[444]  Ebenda, S. 47–49, 61.
[445]  Bishop, Battle of Britain, S. 54.
[446]  Overy, Bombing War, S. 80.
[447]  Len Deighton. Battle of Britain. London 1980, S. 154–183.
[448]  Bungay, Most Dangerous Enemy, S. 203–205.

Zahl von Einsätzen während der ganzen Luftschlacht um England, die Luftflotte 5 griff an diesem Tag von Norwegen aus Ziele im Nordosten von England und Schottland an. In dem irrigen Glauben, daß das Fighter Command sich ausschließlich im Süden konzentrieren würde, trafen die von Dänemark und Norwegen kommenden Angreifer auf unerwartet heftigen Widerstand. Da die deutschen Messerschmitt Me 110 den einmotorigen britischen Jägern an Manövrierfähigkeit erheblich unterlegen waren, konnten sie die Bomber nicht ausreichend schützen. An den Angriffen der Luftflotte 5 auf Ziele im Nordosten Englands waren 65 Heinkel He 111, begleitet von 34 Messerschmitt Me 110, sowie 50 Junkers Ju 88 ohne Jagdschutz beteiligt. Von den insgesamt 115 Bombern und 34 Zerstörern wurden 16 Bomber und sieben Zerstörer abgeschossen.[449] Infolge dieser Verluste sah sich die Luftflotte 5 genötigt, künftig von weiteren Großangriffen abzusehen.

Am 18. August erlitten beide Seiten die höchsten Verluste während der gesamten Luftschlacht um England, dieses Datum ging auf britischer Seite als „The Hardest Day" in die Geschichte ein.

Unmittelbar danach schränkten die schweren Ausfälle und das Wetter die Operationen für eine Woche ein. Der 18. August markierte auch das Ende der Einsätze des Stuka Junkers Ju 87 über England, da dieses Flugzeug ohne ausreichenden Jagdschutz viel zu langsam und zu verwundbar war.[450]

Die weiteren Angriffe sollten schwerpunktmäßig von nun an von der Luftflotte 2 unter Kesselring geflogen werden, weshalb dieser die Masse der Messerschmitt Me 109 der Luftflotte 3 unterstellt wurden. Göring befahl seinen Jagdfliegern, sich mehr auf den Schutz der Bomber zu konzentrieren, was auf Kosten der – im Sinne von Abschußzahlen – effektiveren freien Jagd gehen mußte. Gleichzeitig ersetzte Göring viele Geschwaderkommodore durch jüngere und wagemutigere Piloten wie Adolf Galland und Werner Mölders.[451]

Die Berichte der Besatzungen und die Analysen der deutschen Nachrichtendienste stimmten die Luftwaffenführung optimistisch, man glaubte, daß die RAF ihre Verluste an Flugzeugen und Piloten nicht mehr ersetzen konnte. In Übereinstimmung mit der am 6. August beschlossenen Strategie sollten sich nach der Vernichtung des Fighter Command die Bombenangriffe auf militärische Objekte und Industrieziele konzentrieren.[452]

Die Luftflotte 3 mußte sich ohne ihre Jäger auf Nachtangriffe beschränken. In der Nacht vom 19. auf den 20. August erfolgten 60 Angriffe auf Werke der Luftfahrtindustrie und Hafenanlagen rund um London, auf Croydon, Wimbledon und die Maldens.[453] In der Nacht vom 21./22. August folgten Nachtangriffe auf Aberdeen, Bristol und South Wales, am 22./23. August wurde eine Flugzeugfabrik bei Bristol durch einen Angriff von Junkers-Ju-88-Bombern schwer getroffen. Weitere Nachtangriffe auf London wurden am 24/25. August geflogen.[454]

Am 23. August 1940 forderte Göring Angriffe auf die britische Luftfahrtindustrie sowie die Flugplätze und die Bodenorganisation der RAF in Südengland, um das Fighter Command zu zwingen, sich mit seinen Jägern zum Kampf zu stellen.[455] In den folgenden zwei Wochen waren von den 33 schweren Angriffen 24 gegen Flugplätze gerichtet.

[449]  Document 32. Battle of Britain Historical Society. Aufgerufen am 19. März 2015.
[450]  Alfred Price. The Hardest Day: 18 August 1940. New York 1980, S. 179.
[451]  Len Deighton. Fighter: The True Story of the Battle of Britain. London 1996, S. 182.
[452]  Overy The Bombing War, S. 81 f.
[453]  Ebenda, S. 82.
[454]  Ebenda, S. 82 f.
[455]  Alan L. Putland. 19 August – 24 August 1940: Battle of Britain Historical Society. Aufgerufen am 12. August 2009.

Die RAF hatte bei diesen Kämpfen den großen Vorteil, über eigenem Gebiet zu kämpfen. Piloten, die notlanden oder mit dem Fallschirm abspringen mußten, konnten innerhalb von Stunden auf ihren Flugplätzen zurück sein und ein neues Flugzeug besteigen.[456] Für Besatzungen der deutschen Luftwaffe bedeuteten eine Notlandung oder ein Ausstieg über England unvermeidlich Kriegsgefangenschaft, im August gerieten fast ebenso viele Luftwaffenpiloten in Gefangenschaft, wie im Kampf fielen.[457]

Dowding schrieb in einem Brief an Hugh Trenchard, daß die Einsatzbereitschaft der 11. Fighter Group durch die deutschen Angriffe auf ihre Stützpunkte zeitweilig beeinträchtigt war, aber trotz ernsthafter Schäden waren nur zwei von 13 bombardierten Flugplätzen für mehr als einige Stunden unbenutzbar, die meisten Schäden ließen sich relativ schnell reparieren.[458] Die britische Luftfahrtindustrie konnte nicht nur die verlorenen Jagdflugzeuge ersetzen, auch die Ausbildung von neuen Piloten hielt mit den Verlusten Schritt. Die Zahl der Jagdflieger nahm über die Monate Juli, August und September ständig zu, im Juli waren 1.200 verfügbar, am 1. August waren es 1.400, im September blieb die Zahl konstant, im Oktober betrug die Zahl fast 1.600, und am 1. November stieg sie auf 1.800. Während der ganzen Luftschlacht um England verfügte die RAF über mehr Jagdpiloten als die deutsche Luftwaffe.[459] Die britische Produktion an Jagdflugzeugen betrug 496 im Juli, 467 im August und weitere 467 im September (reparierte Flugzeuge sind hier nicht mitgezählt), womit die Verluste ausgeglichen werden konnten.

Allerdings brachten die zwei Wochen zwischen dem 24. August und dem 6. September das Fighter Command ernsthaft in Bedrängnis. In diesem Zeitraum verlor die englische Jagdwaffe 295 Flugzeuge, weitere 171 wurden schwer beschädigt, in der gleichen Zeit kamen aber nur 269 „Hurricanes" und „Spitfires" aus den Fabriken oder Reparaturwerken zu den Einsatzverbänden. Schwerer als die Materialverluste wogen die Ausfälle an fliegendem Personal: 103 Jagdflieger fielen in diesem Zeitraum, und 128 wurden verwundet. Dowding hatte zeitweilig nicht mehr als knapp 1.000 vollausgebildete Jagdflieger. Im August kamen etwa 250 Jagdflieger von den Flugschulen zu den Einsatzverbänden, junge Leute ohne viel Flugerfahrung, die allzuoft schon in den ersten Luftkämpfen fielen.[460] Drei weitere Wochen mit Kämpfen von solcher Intensität hätten tatsächlich die Reserven aufgebraucht, aber die deutsche Luftwaffe erlitt deutlich schwerere Verluste an Piloten und Flugzeugen, weshalb sie im September zu Nachtangriffen überging. Nach dem 7. September fielen die Verluste der RAF an Jagdflugzeugen unter die Neuproduktion, womit die Krise überwunden war.[461]

## „Blitz"

In der Weisung Nr. 17 „Über die Führung des Luft-und Seekrieges gegen England" vom 1. August 1940 hatte sich Hitler das Recht vorbehalten, über Angriffe auf zivile und militärische Infrastrukturanlagen persönlich zu entscheiden,[462] London durfte nur auf seinen ausdrücklichen Befehl hin bombardiert werden.[463] Bereits im Juli waren unter der Bezeichnung Unternehmen „Loge" detaillierte Zielpläne für Angriffe auf Kom-

---

[456] James Holland. The Battle of Britain. London 2011, S. 760; 657 f.
[457] Ebenda, S. 658.
[458] Bungay, The Most Dangerous Enemy, S. 368 f.
[459] Peter J. Dye. Logistics and the Battle of Britain. In: Air Force Journal of Logistics No. 24, Vol. 4, Winter 2000, S. 1, 31–40.; Ders. In: Aeroplane, Issue July 2010, S. 33.
[460] Alfred Price. Blitz über England: Die Luftangriffe auf die Britischen Inseln 1939–1945, Stuttgart 1978, S. 98.
[461] Denis Richards. Royal Air Force 1939–1945. Vol. I: The Fight at Odds. London 1953, S. 176, 190–193.
[462] Bungay, The Most Dangerous Enemy, S. 31–33.
[463] Michael Korda. With Wings Like Eagles: The Untold Story of the Battle of Britain. New York, S. 198.

munikationseinrichtungen, Kraftwerke, Rüstungsbetriebe und die Docks von London an die Luftflotten ausgegeben worden. Die Hafenanlagen lagen in unmittelbarer Nähe von Wohngebieten, Verluste unter der Zivilbevölkerung waren daher kaum zu vermeiden.

Am 25. August 1940 flogen 81 Bomber des Bomber Command der RAF nach Berlin. 29 Maschinen wollen nach eigener Meldung die Hauptstadt erreicht haben. Sie warfen ihre Bomben, behindert durch starke Bewölkung, wahllos über der ganzen Stadt ab. Militärischer Schaden entstand nicht, allerdings gab es Verluste unter der Zivilbevölkerung. Viermal innerhalb von zehn Tagen kamen die Briten wieder.[464] In seiner Rede vom 4. September 1940 kündigte Hitler Vergeltungsschläge gegen London an.

Göring hatte von seinen Nachrichtendiensten Berichte erhalten, denen zufolge die durchschnittliche Stärke der Staffeln des Fighter Command auf fünf bis sieben statt zwölf Jagdflugzeuge gefallen sei, daß die Flugplätze im Südosten weitgehend ausgeschaltet seien und daß sich das Fighter Command am Rande der Niederlage befände.[465] Göring ließ daher verbreiten, daß die RAF höchstens noch über 50 „Spitfires" verfüge. Tatsächlich war der Bestand an täglich einsatzbereiten Jagdmaschinen zu keinem Zeitpunkt geringer als 650 „Hurricanes" und „Spitfires". Das Fighter Command war zu diesem Zeitpunkt zwar tatsächlich knapp an Piloten und Flugzeugen, aber der plötzliche deutsche Zielwechsel von den Jägerstützpunkten auf London gab ihm die Gelegenheit, sich zu erholen.

Am 7. September traf eine Serie massiver deutscher Luftangriffe, an denen nahezu 400 Bomber und mehr als 600 Jäger teilnahmen, die Docks und das East End von London. Die Staffeln der 11. Fighter Group stiegen an diesem Tag in weit größerer Zahl auf, als die Luftwaffe erwartet hatte, und erzielten zahlreiche Abschüsse.[466]

Was der Luftwaffe beim Zielwechsel auf London erhebliche Schwierigkeiten bereitete, war die Entfernung. Ein großes Handicap des deutschen Standardjägers Messerschmitt Me 109 E war seine für den Einsatz als Begleitjäger unzureichende Reichweite von nur 660 Kilometern, die Eindringtiefe betrug damit ganze 330 Kilometer. Wenn sie über London ankamen, blieb den Jägern nur noch eine Flugzeit von zehn Minuten, bevor sie umkehren und die Bomber schutzlos zurücklassen mußten. Bei der Messerschmitt Me 109 E-7 wurde dieser Mangel korrigiert, indem unter dem Rumpf ein Sonderträger für einen abwerfbaren 300-Liter-Spritbehälter angebracht wurde, der die Reichweite auf 1.325 Kilometer verdoppelte. Ältere Ausführungen der Me 109 E wurden aber erst im Oktober mit diesem Sonderträger nachgerüstet.

Am 15. September gelang es der 11. Fighter Group, zwei anfliegenden deutschen Bomberverbänden und ihren Begleitjägern empfindliche Verluste beizubringen, es wurden an diesem Tag 56 deutsche und 26 britische Flugzeuge abgeschossen. Zwei Tage danach verschob Hitler Unternehmen „Seelöwe" auf „unbestimmte Zeit". Ab dem 29. Oktober 1940 wurden die Großangriffe auf London bei Tag eingestellt, Einzelangriffe mit Bombern und Jagdbombern wurden jedoch auch weiterhin geflogen.

# Nachtangriffe

Während einer OKW-Besprechung am 14. September stellte Hitler fest, daß die Luftwaffe bisher noch nicht die für Unternehmen „Seelöwe" notwendige Luftüberlegenheit errungen habe.

---

[464] Cajus Bekker. Angriffshöhe 4000: Kriegstagebuch der deutschen Luftwaffe. Oldenburg 1964, S. 215.
[465] Overy, The Bombing War, S. 83, 87.
[466] Alan L. Putland. 7 September 1940. Battle of Britain Historical Society; ders. 7 September 1940 – The Aftermath. Battle of Britain Historical Society. Aufgerufen am 12. August 2009.

Luftwaffenstabschef Hans Jeschonnek schlug vor, Wohngebiete zu bombardieren, um eine „Massenpanik" auszulösen, aber Hitler lehnte dies ab. Die „britische Moral" sollte durch Zerstörung der Infrastruktur, der Rüstungsproduktion, der Treibstofflager und der Nahrungsmittelreserven gebrochen werden.

Bei den schweren Tagangriffen vom 15. September hatten die Bomberverbände der Luftwaffe untragbare Verluste erlitten, ein weiterer Tagangriff mit 70 Bombern am 18. September war ebenfalls sehr verlustreich. Die Tagangriffe wurden daher nach und nach zurückgefahren, während die Hauptangriffe nun in der Nacht erfolgten. Das Fighter Command besaß noch keine funktionierende Nachtjagd, seine Nachtjäger waren meist zweimotorige „Blenheims" und „Beaufighters" ohne Radargeräte, so daß sie die Bomber in der Dunkelheit nur mit viel Glück finden konnten. Die britische Flak hatte mangels Feuerleitung durch geeignete Radargeräte nachts auch nur eine sehr geringe Erfolgsquote.[467]

Am 19. September befahl Hitler, die Vorbereitungen für das Unternehmen „Seelöwe" herunterzufahren.[468]

Ihren Höhepunkt erreichten die nächtlichen deutschen Bombenangriffe auf Großbritannien im Oktober und November 1940.[469] Der Angriff auf die Stadt Coventry am 14. November 1940 mit 449 Kampfflugzeugen war der bis dahin schwerste Bombenangriff des Krieges. Mit Hilfe eines Funkstrahlverfahrens erfolgte die punktgenaue Bombardierung des Zielgebietes. Coventry war ein Zentrum der Luftfahrtindustrie, insbesondere der Flugmotorenproduktion, die Werke lagen zum großen Teil mitten in der Stadt. Ein Drittel der Industriebetriebe wurde bei dem Angriff völlig zerstört, ein weiteres Drittel schwer, der Rest leicht beschädigt. Außerdem wurden mehrere tausend Wohnungen zerstört. Die Zahl der Opfer variiert in der Literatur von 380 Toten und 800 Verletzten bis zu 554 Toten und 865 Verletzten.[470]

Tagangriffe waren jetzt nur noch auf kleine Störangriffe von Jagdbombern beschränkt, mit denen die Absicht verfolgt wurde, Jäger der RAF hervorzulocken und in Zweikämpfe zu verwickeln. Die Nachtangriffe wurden bis in den Mai 1941 fortgesetzt, dann wurden die Kampfgeschwader für den Feldzug gegen die Sowjetunion abgezogen.

Die britische Öffentlichkeit nahm das Ende der Luftschlacht um England im Herbst 1940 überhaupt nicht wahr, die Nachtangriffe hielten an, und die Verluste der Geleitzüge durch deutsche U-Boote erreichten beunruhigende Ausmaße.

# Ergebnisse

Die Luftschlacht um England endete für die deutsche Luftwaffe mit einer Niederlage, es gelang ihr weder, die britische Regierung verhandlungsbereit zu machen, noch, die britische Rüstungsproduktion ernsthaft zu beeinträchtigen, noch, die Zufuhren nach Großbritannien einzuschränken, geschweige denn zu unterbrechen. Die Ursachen für diesen Fehlschlag lagen in der Überschätzung der tatsächlichen Möglichkeiten eines strategischen Luftkrieges, schlechter Einsatztaktik, Fehlen von viermotorigen strategischen Bombern und Langstreckenbegleitjägern sowie unzureichender Aufklärung. Tatsächlich hätte die Luftwaffe mit ihren begrenzten materiellen Möglichkeiten und angesichts der britischen Abwehr kaum eine realistische Chance gehabt, die Luftherrschaft zu erringen.

---

[467]  Overy, The Battle of Britain, S. 78–89, 95–96.
[468]  Ebenda, S. 88.
[469]  Overy, The Bombing War, S. 90–93.
[470]  Maximilian Czesany. Alliierter Bombenterror: Der Luftkrieg gegen Europas Zivilbevölkerung. Leoni 1986, S. 226.

Während der Kämpfe neigten beide Seiten dazu, die Angaben über die Zahl der abgeschossenen Feindflugzeuge zu übertreiben. In der Regel war es aufgrund der unübersichtlichen Lage, die in Luftkämpfen üblicherweise herrscht, schwierig, bestätigte Abschußmeldungen zu bekommen. Nicht immer war eine als „abgeschossen" geltende Maschine wirklich zerstört. Vielen gelang eine Notlandung. Die Beobachtungen bestärkten die Luftwaffenführung in dem Glauben, daß das Fighter Command weit höhere Verluste erlitten habe und mehr oder weniger ausgeschaltet sei, weshalb ein Zielwechsel auf die Rüstungsindustrie und die Infrastruktur erfolgte.[471] Gleichzeitig bestärkte das übertriebene Bild von der Stärke der deutschen Luftwaffe die RAF in dem Glauben, daß die Bedrohung, der sie sich gegenübersah, größer und gefährlicher sei, als es tatsächlich der Fall war.[472]

Die tatsächlichen Verluste der Luftwaffe betrugen zwischen dem 10. Juli und dem 30. Oktober 1.977 Flugzeuge, darunter 243 zweimotorige Jäger, 569 einmotorige Jäger, 822 Bomber und 343 andere Flugzeugtypen.[473] Im gleichen Zeitraum bezifferten sich die Verluste des RAF Fighter Command auf 1.087 Jagdflugzeuge, darunter 53 zweimotorige Jäger.[474] Die Gesamtverluste der RAF zwischen 10. Juli und 31. Oktober 1940 betrugen 544 gefallene Piloten und 1.547 zerstörte Flugzeuge, von denen 915 im Luftkampf abgeschossen worden waren.[475]

Die Verluste der deutschen Luftwaffe im Luftkrieg gegen Großbritannien bis Mai 1941 waren erheblich höher: 2.000 Luftwaffenangehörige waren gefallen, 2.600 weitere Luftwaffenangehörige waren vermißt oder in Gefangenschaft geraten, außerdem waren 2.200 Flugzeuge zerstört worden, davon wurden 1.733 im Zeitraum vom 10. Juli bis 31. Oktober im Luftkampf abgeschossen.[476] Durch den Einsatz der Bomber (4–5 Mann Besatzung) und Zerstörer (2 Mann Besatzung) über England waren die Personalverluste der Luftwaffe fünfmal so hoch wie des Fighter Command, das fast nur einsitzige Jäger einsetzte. Tatsächlich wich die Luftwaffe ab dem September auf Nachtangriffe aus, weil die Verluste bei Tag untragbar waren. Die realen Zahlen wurden natürlich erst nach dem Krieg bekannt. Den Teilnehmern der Luftschlacht um England hingegen war es so erschienen, als ob zwischen Sieg und Niederlage nur ein schmaler Grat gelegen habe.

Aber weder durch die Angriff auf die englischen Flugplätze noch durch die Bombenangriffe auf London hatte die Luftwaffe eine realistische Chance, das Fighter Command zu vernichten. Auch bei Fortsetzung der deutschen Angriffe auf die Fliegerhorste der 11. Fighter Group, die Südostengland und die Flugrouten nach London verteidigte, hätte sich die RAF jederzeit in die Midlands außerhalb der Reichweite der deutschen einmotorigen Jäger zurückziehen und die Schlacht von dort aus weiterführen können.[477] Und die Bombardierung der britischen Luftfahrtindustrie hätte allein deshalb nichts Entscheidendes bewirken können, weil Großbritannien Jagdflugzeuge in nahezu unbegrenzter Zahl aus den USA importieren konnte.

Der britische Sieg in der Luftschlacht um England wurde jedoch zu einem hohen Preis erkauft, in den zehn Monaten zwischen Anfang August 1940 und Ende Mai 1941 wurden mehr als 43.000 Menschen getötet, 51.000 schwer und 88.000 leichter verletzt.[478]

---

[471] Overy, The Battle of Britain, S. 126.
[472] Ebenda, S. 125.
[473] Hans Ring. Die Luftschlacht über England 1940. In: Luftfahrt International, 12/1980, S.580.
[474] Bungay, The Most Dangerous Enemy, S. 368.
[475] Overy, The Battle of Britain, S. 161.
[476] Bungay, The Most Dangerous Enemy, S. 368.
[477] Derek Wood/Derek Dempster. The Narrow Margin: The Battle of Britain and the Rise of Air Power, 1930–1949. London 1961, S. 80.
[478] Alfred Price, Blitz über England, S. 169.

# Wachsende Spannungen zwischen Moskau und Berlin

## Die Sowjetisierung des Baltikums

Die Sowjetunion hatte aufgrund des Geheimen Zusatzprotokolls zum Hitler-Stalin-Pakt mit den drei baltischen Staaten Beistandsverträge abgeschlossen, und zwar am 28. September 1939 mit Estland, am 5. Oktober 1939 mit Lettland und am 10. Oktober mit Litauen.[479] Diese Verträge gestatteten der Sowjetunion in allen drei Staaten die Errichtung von Militärstützpunkten.

Am 14. Juni 1940 bestellte Molotow den litauischen Außenminister Juozas Urbsys in den Kreml und überreichte ihm ein Ultimatum, in dem Moskau forderte, daß die litauische Regierung in sowjetischem Sinne umgebildet und die Präsenz der Roten Armee in Litauen erheblich verstärkt werden müsse.[480] Der litauischen Regierung blieb nichts anderes übrig, als den sowjetischen Forderungen nachzugeben.[481] Während ab dem 16. Juni die Verbände der Roten Armee in Litauen verstärkt wurden, erhielten am gleichen Tag die Botschafter Lettlands und Estlands in Moskau von Molotow gleichlautende Noten, die völlig dem Ultimatum an Litauen entsprachen. Sowohl die lettische wie die estnische Regierung hatten keine andere Wahl, als den Forderungen Moskaus nachzugeben. Ab dem 17. Juni wurde auch in diesen Ländern die Rote Armee verstärkt. Anfang Juli zeigte sich, daß die Besetzung und die Umbildung der Regierungen nur der Beginn der Umwandlung der baltischen Staaten in Sowjetrepubliken waren.[482] Lettland, Estland und Litauen wurden am 21. Juli 1940 unter entsprechendem russischen Druck von den „neugewählten" Parlamenten zu Sowjetrepubliken erklärt und gleichzeitig der Oberste Sowjet in Moskau um Aufnahme in die UdSSR ersucht.[483]

Mehr noch als über die Annexion des Baltikums war die deutsche Führung über erneute Spannungen in den sowjetisch-finnischen Beziehungen beunruhigt. Auch nach der Unterzeichnung des Moskauer Friedensvertrages vom 12. März 1940 war das Verhältnis zwischen den beiden Ländern alles andere als gut gewesen. Ende Juni 1940 setzte Molotow Helsinki unter Druck und forderte, daß Finnland auf den Aalandinseln keine militärischen Befestigungen errichten dürfe.[484] Bei den folgenden finnisch-sowjetischen Verhandlungen im Juli zeigte Moskau ein auffälliges Interesse für das Nickelerz. Molotow erklärte am 17. Juli dem deutschen Botschafter, Moskau wolle Deutschland zwar den größeren Teil der Nickelerzausbeute überlassen, beanspruche aber de facto die Kontrolle über das Gebiet um Petsamo für sich.[485]

Im Geheimen Zusatzprotokoll vom 23. August 1939 hatte Hitler sich damit einverstanden erklärt, daß Finnland der sowjetischen Interessensphäre zugerechnet wurde. Die deutsche Führung hatte geglaubt, die Sowjetunion werde sich damit zufriedengeben, an

---

[479]  Michael Rosenbusch (Hrsg.). Schauplatz Baltikum. Berlin 1991, Dok. 16, 26 u. 29.
[480]  Schauplatz Baltikum, Dok. 46.
[481]  Ebenda, Dok. 49.
[482]  ADAP D X, Dok. 97.
[483]  Schauplatz Baltikum, Dok. 86 u. 87.
[484]  ADAP D X, Dok. 62.
[485]  ADAP D X, Dok. 182.

der finnischen Südküste Marine- und Luftwaffenstützpunkte zur Beherrschung des Meerbusens einzurichten. Während des Russisch-Finnischen Winterkrieges war Hitler loyal zu seinen Verpflichtungen gegenüber Moskau gestanden und hatte jede deutsche Unterstützung für Finnland untersagt.

Angesichts der prekären Situation ihres Landes beschloß die finnische Regierung am 24. Juli 1940, Deutschland zukünftig 60 Prozent der jährlichen Nickelproduktion der Gruben von Petsamo zu verkaufen.[486] Damit wurde Finnland zu einem der wichtigsten Rohstofflieferanten für das Reich, und Helsinki durfte darauf hoffen, die Unterstützung Deutschlands gegen die sowjetischen Annexionsbestrebungen zu gewinnen. Die deutsche Wehrwirtschaft wurde durch die finnischen Nickellieferungen erheblich gestärkt. Im Falle eines neuen russisch-finnischen Krieges mußte Petsamo aufgrund seiner geographischen Lage in unmittelbarer Nähe zur Grenze schnell unter sowjetische Kontrolle geraten. Für Deutschland, dessen Rohstoffversorgung sich nach dem siegreichen Westfeldzug erheblich verbessert hatte, hätte dies wieder eine verstärkte Abhängigkeit von der UdSSR bedeutet.

## Moskaus militärischer Druck auf Rumänien

Der neuralgische Punkt der deutschen Rohstoffversorgung war das rumänische Erdöl. Deshalb beobachtete die deutsche Führung alle Aktivitäten gegenüber Rumänien mit besonderer Aufmerksamkeit. Das galt auch für die Konzentration sowjetischer Truppen, über die Fremde Heere Ost am 29. April 1940, also noch vor dem Frankreichfeldzug, berichtete: „Truppenansammlungen der Russen an der rumänischen Grenze dauern an […] aus den Standorten der seit Herbst 1939 neu aufgetretenen Truppen ergibt sich, daß Rußland jederzeit genügend starke Kräfte an der rumänischen Grenze stehen hat, um überraschend eine Angriffsoperation zu beginnen."[487]

Einen Monat später, am 22. Mai, erreichten das OKW Meldungen über sowjetische Forderungen an Rumänien wegen der Rückgabe Bessarabiens. Hitler glaubte, Moskau werde sich auf Bessarabien beschränken und keine weiteren Forderungen stellen.[488]

Am 27. Mai wurde unter dem Eindruck des sich abzeichnenden deutschen Sieges in Frankreich in Bukarest das „Abkommen über den Austausch von deutschem Kriegsgerät und rumänischen Mineralölerzeugnissen", kurz „Ölpakt" genannt, unterzeichnet.[489] Dies war ein großer Schritt vorwärts zur Sicherung der deutschen Ölversorgung, aber Rumänien sollte fortan zu einer dauernden Sorge der deutschen Führung werden.

Im Geheimen Zusatzprotokoll vom 23. August 1939 war Bessarabien der sowjetischen Interessensphäre zugeschlagen worden, aber die Formulierung war sehr vage gehalten. Am 23. Juni 1940 erklärte Molotow dem deutschen Botschafter in Moskau, die Lösung der Bessarabienfrage dulde keinen weiteren Aufschub. Der sowjetische Anspruch erstrecke sich auch auf die Bukowina, deren Bevölkerung ukrainisch sei. Ribbentrop beauftragte Schulenburg am 25. Juni Molotow mitzuteilen, selbstverständlich stehe Deutschland auf dem Boden der Moskauer Abmachungen. Berlin sei an Bessarabien desinteressiert, wenn man von der Frage der dort lebenden 100.000 Volksdeutschen absehe. Der Anspruch Moskaus auf die Bukowina sei neu, aber auch hier habe Deutschland keine Einwände, wenn die Belange der in dem alten österreichischen Kronland lebenden Volksdeutschen berücksichtigt würden. Weiter hieß es in der Instruktion für Schulenburg: „In dem übrigen rumänischen Staatsgebiet hat Deutschland

[486] ADAP D X, Dok. 221.
[487] BA-MA RH 19 III/381, Lagebericht SU.
[488] KTB Halder I, S. 313 (22.5.40).
[489] ADAP D IX, Dok. 338.

stärkste wirtschaftliche Interessen; diese umfassen sowohl die Ölgebiete als auch das Agrarland."[490]

Die Reichsregierung plädiere daher für eine friedliche Lösung der Streitfragen und wolle in diesem Sinne auch auf die rumänische Regierung einwirken. Berlin gestand Moskau die Rückgewinnung Bessarabiens zu, das früher zum Russischen Reich gehört hatte. Aber zur gleichen Zeit mußte die deutsche Führung erfahren, daß die Ziele der sowjetischen Balkanpolitik sehr viel weiter gesteckt waren. In einer Unterhaltung mit dem italienischen Botschafter in Moskau, Augusto Rosso, äußerte Molotow, Moskau unterstütze die Gebietsansprüche Ungarns und Bulgariens an Rumänien. Bulgarien stehe außerdem ein Zugang zum Ägäischen Meer zu. Der Türkei gegenüber sei die Sowjetregierung zutiefst mißtrauisch; die UdSSR könne die alleinige türkische Herrschaft über die Meerengen und die türkische Bedrohung Batums nicht hinnehmen und müsse sich dagegen sichern.[491] Die territorialen Revisionsforderungen Ungarns und Bulgariens stellten den Bestand Rumäniens in Frage, ein Zugang Bulgariens zum Ägäischen Meer mußte dieses Land in einen Konflikt mit der Türkei verwickeln, und ein sowjetischer Zugriff auf die Dardanellen und das türkische Kaukasusgebiet konnte unabsehbare Folgen haben. Während Deutschland aufgrund seiner Wirtschaftsinteressen in hohem Maße daran interessiert war, auf dem Balkan Ruhe und Stabilität zu bewahren, verfolgte die Sowjetunion eine Politik, die in Südosteuropa über kurz oder lang kriegerische Verwicklungen hervorrufen mußte.

Am 26. Juni überreichte Molotow dem rumänischen Botschafter in Moskau ein Ultimatum, in dem die Abtretung Bessarabiens und der nördlichen Bukowina bis zum 28. Juni 1940 gefordert wurde.[492] Am 27. um 11 Uhr ließ Ribbentrop den deutschen Gesandten telefonisch instruieren, er solle der rumänischen Regierung mitteilen, sie müsse das sowjetische Ultimatum annehmen, da es andernfalls zum Krieg kommen werde.[493] Hitler wollte kriegerische Konflikte auf dem Balkan unter allen Umständen vermeiden, da diese nur England nutzen konnten. Nachdem sich die Hoffnungen auf eine deutsche Intervention zugunsten Rumäniens nicht erfüllt hatten, entschied sich König Carol am 28. Juni für die Annahme des Ultimatums. Noch am gleichen Tag überschritt die Rote Armee die Grenzen und besetzte das Gebiet zwischen Dnjestr und Pruth; außer Bessarabien wurde auch die nördliche Bukowina mit der Stadt Czernowitz der UdSSR einverleibt. Durch den Besitz der Nordbukowina verfügte die Sowjetunion nunmehr über eine flankierende Stellung gegenüber dem Moldaugebiet und einen Brückenkopf jenseits des Pruth. Die Ölfelder von Ploesti standen damit für einen schnellen sowjetischen Vorstoß offen.

Rumänien machte nun eine radikale politische Kehrtwendung. Sicherheit vor weiteren sowjetischen Expansionsbestrebungen konnte weder England noch das besiegte Frankreich, sondern nur Deutschland gewähren. Am 2. Juli ließ König Carol Hitler mitteilen, er wünsche eine enge Zusammenarbeit mit Deutschland auf allen Gebieten; weiter bat er den Reichskanzler um Hilfe und Beistand sowie um die Entsendung einer Militärmission nach Bukarest.[494] Hitler ging auf die rumänischen Wünsche zunächst nicht ein, befahl aber, Schutzmaßnahmen für das Ölgebiet vorzubereiten. Bereits Ende Juni hatte das OKH damit begonnen, Vorbereitungen für die Verlegung der 18. Armee in den Osten zu treffen. Am 29. Juli äußerte Hitler gegenüber General Jodl die Befürchtung, die Rote Armee könne noch vor Beginn des Winters das Ölgebiet angreifen und besetzen. Die Abwehr eines solchen Handstreichs hielt Jodl für nicht möglich.[495]

---

[490]  ADAP D X, Dok. 13.
[491]  ADAP D X, Dok. 21.
[492]  SDFP III, S. 458.
[493]  ADAP D X, Dok. 28.
[494]  ADAP D X, Dok. 80.
[495]  IMT Bd. XV, S. 428.

Zu allem Überdruß drohte in diesem Juli auch noch der Ausbruch eines Krieges zwischen Rumänien, Ungarn und Bulgarien. Dabei unterstützte Moskau offen die territorialen Revisionswünsche Ungarns und Bulgariens, was den Gedanken nahelegt, daß der sowjetischen Führung ein Krieg offenbar willkommen gewesen wäre.

Hitler hatte das Schreiben König Carols vom 2. Juli, in dem dieser um den Schutz Deutschlands und die Entsendung einer Militärmission gebeten hatte, zunächst nicht beantwortet. Am 15. Juli schrieb Hitler schließlich dem König einen Brief, in dem er zwar „weitgehende Verpflichtungen" Deutschlands für Rumänien, das heißt eine Grenzgarantie in Aussicht stellte, aber die Erfüllung der berechtigten ungarischen und bulgarischen Revisionsforderungen zur Bedingung machte; Rumänien werde die 1918 gewonnenen Gebiete auf Dauer ohnehin nicht halten können. Zur Lösung der Streitfragen schlug Hitler Verhandlungen und einen Kompromiß zwischen Bukarest, Budapest und Sofia vor.[496]

## London umwirbt Moskau

Am gleichen Tag, an dem der deutsch-französische Waffenstillstand in Kraft trat, am 25. Juni 1940, entsandte Churchill den neu ernannten britischen Botschafter in Moskau, Stafford Cripps, mit einem Brief zu Stalin. Anfang Juli wurde Cripps von Stalin zu einem Gespräch empfangen. Der sowjetische Diktator nahm mit Recht an, daß allein diese Tatsache Berlin beunruhigen mußte. Aus diesem Grund ließ er Molotow Schulenburg eine Aufzeichnung dieser Unterredung aushändigen, die der deutsche Botschafter sofort an das Auswärtige Amt weiterleitete. Laut dieser Aufzeichnung hatte Cripps Stalin gebeten, zu folgenden Fragen Stellung zu nehmen:

„1. Die Britische Regierung sei überzeugt, daß Deutschland die Vorherrschaft über Europa anstrebe und sämtliche europäischen Staaten verschlucken wolle. Dies sei eine Gefahr sowohl für die Sowjetunion als auch für England. Daher sollten sich beide Staaten auf eine gemeinsame Linie des Selbstschutzes gegen Deutschland und zum Zweck der Wiederherstellung des europäischen Gleichgewichts einigen.

2. Unabhängig davon möchte England Handel mit der Sowjetunion treiben unter der Bedingung, daß Englands Exportwaren nicht an Deutschland weiterverkauft würden.

3. Die Britische Regierung sei der Meinung, daß der Sowjetunion die Zusammenfassung und Führung der Balkanstaaten zum Zweck der Erhaltung des Status quo gebühre […]

4. Der Britischen Regierung sei bekannt, daß die Sowjetunion mit dem Regime in den Meerengen und im Schwarzen Meer unzufrieden sei."

Dies war nichts anderes als ein Angebot für ein Bündnis, für das London bereit war, der Sowjetunion die Herrschaft über den Balkan und die türkischen Meerengen zuzugestehen. Gemessen an der traditionellen britischen Politik war dieses Angebot sehr großzügig. Gemäß dem Text, der Schulenburg übergeben wurde, soll Stalin darauf wie folgt geantwortet haben:

„1. Die Sowjetregierung bekunde für die gegenwärtigen Ereignisse in Europa selbstverständlich größtes Interesse, jedoch sehe er – Stalin – keine Gefahr der Vorherrschaft irgendeines Landes in Europa und noch weniger die Gefahr des Verschluckens der europäischen Gebiete durch Deutschland. […] Stalin sei nicht der Meinung, daß die deutschen militärischen Erfolge die Sowjetunion und ihre freundschaftlichen Bezie-

---

[496]  ADAP D X, Dok. 171.

hungen zu Deutschland bedrohten. Diese Beziehungen beruhten nicht auf vorübergehenden Momenten, sondern auf den grundlegenden staatlichen Interessen beider Länder. […]

2. Die Sowjetunion habe gegen Handel mit England nichts einzuwenden, jedoch bestreite sie England und jedem anderen Staat das Recht, sich in deutsch-sowjetische Wirtschaftsbeziehungen einzumischen. […]
3. Keine Macht habe nach Stalins Ansicht Anspruch auf eine ausschließliche Rolle bei der Zusammenfassung und Führung der Balkanstaaten. […]
4. Bezüglich der Türkei erklärte Stalin, daß die Sowjetunion tatsächlich gegen die Alleinherrschaft der Türkei in den Meerengen und dagegen sei, daß die Türkei die Bedingungen im Schwarzen Meer diktiere."[497]

Laut diesem Text gab sich Stalin in dem Gespräch mit Cripps als loyaler Verbündeter des Deutschen Reiches. In Wirklichkeit scheint dieses Gespräch ganz anders verlaufen zu sein. Der amerikanische Botschafter in London, Kennedy, schickte Washington am 5. Juli 1940 einen Bericht, der auf eine Unterredung mit Lord Halifax zurückging. Darin heißt es, Stalin habe Cripps bei dem Gespräch im Kreml erklärt, Deutschland sei die einzige wirkliche Bedrohung für die Sowjetunion. Die Situation Rußlands sei durch Hitler schwierig, wenn nicht gefährlich geworden; im Augenblick müsse Moskau alles tun, um einen offenen Konflikt zu vermeiden. Rußland, so Stalin, unterstütze Deutschland nicht mehr als absolut notwendig; es könne seine jetzige Politik nicht ändern, da es fürchten müsse, dadurch einen deutschen Angriff zu provozieren. Stalin war der Ansicht, Hitler werde die Sowjetunion im Frühjahr 1941 unter der Voraussetzung angreifen, daß England dann am Boden liege. Nichtsdestoweniger wolle er lieber das Risiko eingehen, in diesem Fall allein gegen Hitler zu kämpfen, denn nach einem Sieg über England würden die Deutschen ernstlich geschwächt sein, und es werde den deutschen Führern schwerfallen, das Volk zu einem neuen Erfolg aufzustacheln.[498]

Stalin wird Cripps kaum gesagt haben, was er wirklich dachte und vorhatte. Indem er aber erklärte, er rechne für das Frühjahr 1941 mit einem Krieg gegen Deutschland, gab er zu verstehen, daß sich ein Bündnis zwischen der Sowjetunion und Großbritannien anbiete. Die Voraussetzung dafür sei, daß England bis dahin trotz seiner gegenwärtig katastrophalen Situation durchhalte.

Hitler hat wahrscheinlich durch die Abhörtätigkeit des Forschungsamtes vom wirklichen Inhalt der Unterredung zwischen Cripps und Stalin erfahren.[499]

# Hitler macht erste Pläne für einen Krieg gegen die Sowjetunion

Unmittelbar nach dem Ende des Frankreichfeldzuges betrachtete die deutsche Führung England als ihren Hauptfeind. Der Chef des Wehrmachtführungsstabes General Jodl verfaßte am 30. Juni 1940 eine Denkschrift, in der es hieß: „Wenn politische Mittel nicht zum Ziele führen, muß der Widerstandswille Englands mit Gewalt gebrochen werden a) durch den Kampf gegen das englische Mutterland, b) durch die Ausweitung des Kampfes an der Peripherie."

Für letztere Möglichkeit brauche Deutschland Verbündete: „Der Kampf gegen das englische Empire kann nur durch oder über Länder geführt werden, die am Zerfall des englischen Weltreiches interessiert sind und auf eine ergiebige Erbschaft hoffen. Das ist [sic!]

---

[497] ADAP D X, Dok. 164.
[498] William Langer/Sarell Gleason. The Undeclared War 1940–1941. New York 1953, S. 644 f.
[499] KTB Halder Bd. II, S. 49 (31.7.40).

in erster Linie Italien, Spanien, Rußland und Japan. Die Aktivierung dieser Staaten ist Sache der Politik."[500]

Am 7. Juli führten Hitler und Ribbentrop ein Gespräch mit dem italienischen Außenminister Graf Ciano. Ciano schlug einen italienischen Angriff auf Griechenland und Jugoslawien vor, durch den die Gefahren ausgeschaltet werden sollten, die von diesen den Achsenmächten im Grunde feindlich gesinnten Staaten ausgingen. Hitler hielt diese Idee für gefährlich, denn eine italienische Aktion gegen Jugoslawien mußte zur Destabilisierung ganz Südosteuropas führen, was die Sowjetunion dazu ausnutzen würde, Konstantinopel und die Dardanellen zu besetzen. Schlimmer noch, England und Rußland könnten unter dem Eindruck dieser Ereignisse ihre gemeinsamen Interessen entdecken.[501]

Am 21. Juli hielt Hitler mit den Oberbefehlshabern der Wehrmachtteile eine Konferenz ab. Zwei Tage zuvor hatte Hitler in einer Reichstagsrede England ein Friedensangebot gemacht, das von der britischen Regierung sofort abgelehnt worden war. Die Frage war nun, was die Briten zum Weiterkämpfen veranlaßte. Nach Meinung Hitlers könne England hoffen „1. auf einen Umschwung in Amerika […], 2. auf Rußland, dessen Eintritt in den Krieg besonders durch die Luftbedrohung für Deutschland unangenehm wäre.

Wenn auch Moskau die großen Erfolge Deutschlands mit einem weinenden Auge sieht, so hat es von sich aus doch KEIN Bestreben, in den Krieg gegen Deutschland einzutreten. Es ist natürlich Pflicht, die amerikanische und russische Frage stark zu erwägen. Eine schnelle Beendigung des Krieges liegt im Interesse des deutschen Volkes. Es ist aber KEIN DRINGENDER ZWANG dafür vorhanden, denn die Lage ist viel günstiger als im Weltkrieg. […] Material ist reichlich vorhanden. Am schwierigsten ist die Brennstofflage. Sie wird nicht kritisch werden, solange Rumänien und Rußland liefern."

Ein Landungsunternehmen in England hielt Hitler für „außerordentlich kühn", dies sei nur unter der Voraussetzung der völligen Luftherrschaft durchführbar.[502] In London rechne man sich wahrscheinlich die Möglichkeit aus, mit Hilfe der Sowjetunion auf dem Balkan Unruhe zu stiften, um die deutsche Ölversorgung zu unterbrechen und dadurch die deutsche Luftwaffe lahmzulegen. Dieses Ziel könnte England auch erreichen, wenn die Sowjetunion sich gegen Deutschland wenden und die russische Luftwaffe die deutschen Hydrierwerke angreifen würde.[503]

Die sowjetischen Luftstreitkräfte waren bekanntermaßen zahlenmäßig sehr stark, und Ölförderanlagen und Hydrierwerke galten als sehr empfindliche Ziele; über ihre Brandgefährdung bei Luftangriffen und Reparaturmöglichkeiten lagen kaum praktische Erfahrungen vor. Hitler glaubte aber nicht, daß die britische Regierung mit dieser Politik in absehbarer Zeit Erfolg haben würde, denn er wollte außer Italien und Spanien auch Rußland für den Kampf gegen England einspannen. Zur Politik Stalins bemerkte er: „Stalin kokettiert mit England, um England im Kampf zu erhalten und uns zu binden, um Zeit zu haben, das zu nehmen, was er nehmen will. […] Er wird Interesse haben, daß Deutschland nicht zu stark wird. Aber es liegen keine Anzeichen für russische Aktivitäten uns gegenüber vor."

Da Hitler aber über Indizien für das Streben Moskaus und Londons nach einer Annäherung verfügte, befahl er Brauchitsch, gedankliche Vorbereitungen für einen Krieg gegen Rußland zu treffen. Als strategische Ziele wurden genannt: „Russisches Heer schlagen oder wenigstens so weit russischen Boden in die Hand nehmen, als nötig ist,

---

[500]  Karl Klee. Dokumente zum Unternehmen „Seelöwe". Göttingen 1959, Dok. 8, S. 298 ff.
[501]  ADAP D X, Dok. 129.
[502]  Aufzeichnung Raeders v. 21.7.40, in: Klee, Dokumente zum Unternehmen „Seelöwe", S. 245 f.
[503]  KTB Halder Bd. II, S. 31 ff. (22.7.40).

um feindliche Luftangriffe gegen Berlin und schlesisches Industriegebiet zu verhindern. Erwünscht, so weit vorzudringen, daß man mit unserer Luftwaffe wichtige Gebiete Rußlands zerschlagen kann."

Als politisches Ziel schwebte Hitler die Aufteilung der Sowjetunion vor. Es sollten eine selbständige Ukraine, ein baltischer Staatenbund, ein unabhängiges Weißrußland gebildet und Finnland vergrößert werden. Das sowjetische Heer habe 50 bis 75 gute Divisionen, so daß für den Feldzug 80 bis 100 deutsche Divisionen nötig seien. Hitler dachte an Operationen mit Schwerpunkten im Baltikum und in der Ukraine.

Unmittelbar nach dieser Besprechung fragte Hitler Jodl und Keitel, ob ein Feldzug gegen die Sowjetunion noch im Herbst 1940 möglich sei, was beide verneinten.[504]

Die deutsche militärische Führung war in diesen Monaten in erster Linie mit der Planung und Vorbereitung einer Landung in England (Unternehmen „Seelöwe") beschäftigt. Der Erfolg dieses Unternehmens hing davon ab, ob es gelang, den nötigen Schifftransportraum zusammenzubringen, und ob die deutsche Luftwaffe fähig sein würde, die englische Flotte zu neutralisieren. Die Seekriegsleitung verfaßte am 29. Juli 1940 eine Denkschrift, in der sie das ganze Unternehmen für nicht verantwortbar erklärte.[505] Das OKH war über die Schlußfolgerungen der Seekriegsleitung bestürzt. Halder und Brauchitsch besprachen am 30. die strategische Lage. Man könne versuchen, Unternehmen „Seelöwe" in die Schlechtwetterperiode zu verlegen oder auf das Frühjahr 1941 zu verschieben, aber besonders erfolgversprechend sei dies nicht, da England die Zeit nutzen werde, um mit amerikanischer Hilfe seine Verteidigung zu verbessern und die Zahl seiner Flugzeuge zu vermehren. Bleibe eine Landung im Herbst 1940 undurchführbar, so müsse man sich auf eine periphere Strategie verlegen:
„1. Angriff gegen Gibraltar (auf dem Landweg über Spanien),
2. Unterstützung des Italieners in Nordafrika durch Panzerverbände (Ägypten),
3. Angriff gegen die Engländer in Haifa,
4. Angriff gegen den Suezkanal,
5. Rußland auf Persischen Golf hetzen."[506]
Alle diese von Halder skizzierten Maßnahmen wurden in den folgenden Monaten von Hitler in Angriff genommen.

Am 31. Juli 1940 führte Hitler auf dem Berghof mit Keitel, Jodl, Raeder, Brauchitsch und Halder eine Besprechung über die weitere Kriegsführung.[507] Zunächst hielt Großadmiral Raeder einen Vortrag über das Unternehmen „Seelöwe". Nach Meinung des Oberbefehlshabers der Kriegsmarine könnten die Vorbereitungen für die Landungsoperation bis zum 13. September weitgehend abgeschlossen sein, wenn keine besonders ungünstigen Umstände eintreten sollten. Dennoch sprach Raeder sich für eine Verschiebung des Unternehmens auf das Frühjahr 1941 aus, die beste Jahreszeit sei im Mai und Juni.

Hitler hielt eine Verschiebung auf das Frühjahr 1941 nicht für günstig. Vorläufig sei die englische Armee schlecht, aber in acht bis zehn Monaten hätten die Briten genügend Zeit für die Neuaufstellung von Verbänden und deren Ausbildung, so daß man im Frühjahr mit 30 bis 35 Divisionen rechnen müsse. Für die Abwehr des geplanten Landungsunternehmens sei dies sehr viel. Die Zeit bis zum Mai 1941 könne man durch den Luft- und U-Boot-Krieg überbrücken, aber dessen Wirkung sei ungewiß. Außerdem könne man unter Mitwirkung Spaniens Gibraltar erobern und damit das westliche Mittelmeer für die Engländer sperren sowie die Italiener in Nordafrika mit zwei deutschen Panzerdivisionen unterstützen. Diese Ablenkungsmanöver müsse man untersuchen, aber eine wirk-

---

[504]  Andreas Hillgruber. Hitlers Strategie: Politik und Kriegführung 1940–1941. Frankfurt a.M. 1965, S. 222.
[505]  Klee, Dokumente zum Unternehmen „Seelöwe", S. 315 ff.
[506]  KTB Halder Bd. II, S. 45 (30.7.40).
[507]  Ebenda, S. 46 ff. (31.7.40).

lich entscheidende Wirkung war nach Auffassung Hiltlers nur durch einen Angriff auf England selbst zu erzielen.

Hitler entschied, das weitere Vorgehen von den Ergebnissen des Luftkrieges abhängig zu machen. Zeige dieser nach gewisser Zeit Wirkung, dann werde er die Landeoperation durchführen lassen, die Vorbereitungen dafür sollten weiterlaufen. Eine Entscheidung darüber, ob der Angriff tatsächlich erfolge, stellte Hitler in acht bis zehn Tagen in Aussicht, das Heer solle sich auf den Termin 15. September einstellen.

Die Besprechung drehte sich nun um die künftigen Aufgaben des Heeres. Hitler betonte, er sei hinsichtlich der technischen Durchführbarkeit einer Landungsoperation skeptisch. Neben dem Wetter sei das größte Hindernis die Schwäche der eigenen Marine, man müsse sich daher ganz auf die Luftwaffe verlassen. Hitler erklärte, er werde kein Risiko eingehen. Dann wandte er sich der großen Strategie zu; Halder hielt Hitlers Ausführungen wie folgt fest: „Angenommen England tritt nicht ein [d.h., die Landungsoperation wird nicht durchgeführt, W.P.]: Ausschalten der Hoffnungen, die England bewegen können, noch auf eine Änderung zu hoffen: Krieg an sich gewonnen [...] U-Boot-Krieg und Luftkrieg kann Krieg entscheiden, wird aber 1–2 Jahre dauern. Englands Hoffnung ist Rußland und Amerika. Wenn Hoffnung auf Rußland wegfällt, fällt auch Amerika weg, weil Wegfall Rußlands eine Aufwertung Japans in Ostasien in ungeheurem Maß folgt. Rußland ostasiatischer Degen Englands und Amerikas gegen Japan [...] Rußland Faktor, auf den England am meisten setzt. [...] Ist aber Rußland zerschlagen, dann ist Englands letzte Hoffnung getilgt. Der Herr Europas und des Balkans ist dann Deutschland. Entschluß: Im Zuge dieser Auseinandersetzung muß Rußland erledigt werden. Frühjahr 1941. Je schneller wir Rußland zerschlagen, um so besser. Operation hat nur Sinn, wenn wir Staat in einem Zug zerschlagen. Gewisser Raumgewinn allein genügt nicht. Stillstehen im Winter bedenklich. Notwendig auch wegen Lage an der Ostsee. 2. Groß-Staat (Rußland) an Ostsee nicht brauchbar. (Beginn des Feldzuges:) Mai 1941. Fünf Monate Zeit zur Durchführung. Am liebsten noch in diesem Jahr. Geht aber nicht, um Operation einheitlich durchzuführen. Ziel: Vernichtung der Lebenskraft Rußlands."[508]

Hitler hatte laut den Notizen Halders zwar von einem „bestimmten Entschluß" gesprochen, aber die militärischen Spitzen nahmen dies nicht besonders ernst, dafür benutzte Hitler die Wendung zu häufig. Die Planungsarbeiten für einen Ostfeldzug liefen nur langsam an, im Vordergrund blieb Unternehmen „Seelöwe". Hitler strebte im kommenden Vierteljahr ein förmliches Bündnis mit der Sowjetunion an, ihren Höhepunkt fanden seine Bemühungen während der Gespräche mit Molotow im November 1940 in Berlin. Erst nach deren Scheitern wurden die Planungen und Vorbereitungen für einen Rußlandfeldzug ernsthaft vorangetrieben.

## Das amerikanische Leih- und Pachtgesetz

Nach der Kapitulation Frankreichs waren die Hilferufe Churchills an Roosevelt immer dringlicher geworden. Schließlich unterzeichneten am 2. September Außenminister Hull und Lord Lothian den Vertrag über das Zerstörergeschäft. Großbritannien verpachtete an die Vereinigten Staaten auf der Halbinsel Avalon, an der Süd- und der Ostküste Neufundlands und an der großen Bucht der Bermudas unentgeltlich Gelände zur Errichtung von Flotten- und Luftwaffenstützpunkten. Weiter bestimmte der Vertrag, daß die Vereinigten Staaten Flotten- und Luftwaffenbasen auf britischen Besitzungen in der Karibik, auf den Bahamas, auf Jamaika, Santa Lucia, Trinidad, Antigua und Britisch-Guyana er-

---

[508] Ebenda, S. 49 f.

richten dürften. Im Gegenzug erhielten die britischen Streitkräfte von den Amerikanern neben anderem Rüstungsmaterial fünfzig veraltete, aber kürzlich generalüberholte amerikanische Zerstörer. Der Pachtvertrag sollte für 99 Jahre gelten.[509] Außerdem sicherte Premierminister Churchill in einer nichtöffentliche Erklärung zu, daß die englische Flotte in keinem Fall an die Deutschen ausgeliefert werden würde.

Am 1. August 1940 führten die USA erstmals in ihrer Geschichte in Friedenszeiten die Wehrpflicht ein. Gleichzeitig nahm der Kongreß eine Ergänzungsvorlage von 4,96 Milliarden Dollar an, die unter anderem den Bau von weiteren 200 Kriegsschiffen und von 19.000 Flugzeugen ermöglichte.[510]

Im Herbst 1940 schien sich laut den Meinungsumfragen eine Mehrheit für den republikanischen Präsidentschaftskandidaten Wendell Willkie abzuzeichnen. Die große Mehrheit der amerikanischen Wähler wünschte Neutralität und Frieden, und Willkie erschien vielen als der glaubwürdigere Vertreter einer solchen Politik. Roosevelt sah sich daher wieder einmal genötigt, seine Friedensliebe zu beteuern; am 23. Oktober erklärte er in einer Rede: „Euer Präsident und euer Außenminister verfolgen den Weg des Friedens. [...] Wir bewaffnen uns nicht zum Zweck eines Eroberungsfeldzuges oder eines Eingreifens in ausländische Streitigkeiten."[511] Und eine Woche später gelobte er den Wählern: „Während ich zu euch, ihr Mütter und Väter, spreche, mache ich euch eine weitere Zusicherung. Ich habe bisher gesagt und werde es wieder und wieder und immer wieder sagen: Eure Jungens werden in keine fremden Kriege geschickt werden."[512]

Der Wahlsieg Roosevelts am 5. November 1940 löste bei Churchill große Erleichterung aus.[513] Nach seiner Wiederwahl hatte Roosevelt nun genug Zeit, die Vereinigten Staaten in den Krieg zu führen.

Am 8. Dezember schickte Churchill dem Präsidenten ein ausführliches Schreiben, in dem er hervorhob, daß der Krieg Englands auch der Krieg Amerikas sei; die Sicherheit der Vereinigten Staaten sei mit dem Bestand und der Unabhängigkeit des britischen Empire verknüpft. Großbritannien benötige dringend Kriegsmaterial verschiedener Art, vor allem eine große Anzahl geschenkter oder geliehener amerikanischer Kriegsschiffe. Allerdings werde England in kurzer Zeit nicht mehr in der Lage sein, für Schiffe und anderen Nachschub zu bezahlen. Die wenigen verbliebenen Devisen würden für die Aufrechterhaltung der heimischen Versorgung benötigt. Daher müsse Amerika einen Großteil der finanziellen Lasten für einen neuen Kreuzzug nach Europa übernehmen.[514]

Roosevelt erhielt dieses Telegramm während einer Kreuzfahrt in der Karibik. Nach seiner Rückkehr nach Washington gab er am 17. Dezember eine Pressekonferenz, während der er folgende Geschichte erzählte: „Angenommen, das Haus meines Nachbarn fängt Feuer, und ich habe vier- bis fünfhundert Fuß entfernt einen Gartenschlauch liegen. Wenn er den Schlauch kriegen und an seinen Hydranten schrauben kann, dann helfe ich ihm wahrscheinlich, das Feuer zu löschen. Was also tue ich nun? Ich sage vorher nicht zu ihm: ‚Nachbar, mein Gartenschlauch kostet mich fünfzehn Dollar; Ihr müßt fünfzehn Dollar dafür bezahlen.' Nein! Welche Transaktion geht jetzt vor sich? Ich will keine fünfzehn Dollar – ich will meinen Gartenschlauch zurückhaben, wenn der Brand vorbei ist. [...] Was ich versuche, ist, die Dollars beiseite zu lassen."[515]

---

[509]  FRUS: Peace and War, S. 564 ff.
[510]  Keesings Archiv der Gegenwart 1940, S. 4646.
[511]  New York Times, 24.10.1940.
[512]  New York Times, 31.10.1940.
[513]  Churchill, Their Finest Hour, S. 553 f.
[514]  Ebenda, S. 558 ff.
[515]  New York Times, 18.12.1940.

Mit diesem Gleichnis wollte der Präsident der amerikanischen Bevölkerung das geplante Leih- und Pachtgesetz zugunsten Großbritanniens schmackhaft machen. Ein entsprechender Entwurf wurde kurze Zeit später dem Repräsentantenhaus vorgelegt. Am 30. Dezember beriet der Präsident mit Finanzminister Henry Morgenthau über die Einzelheiten des Entwurfs zum Leih- und Pachtgesetz, und am 2. Januar begannen die Berater Morgenthaus mit der Ausarbeitung des Gesetzentwurfs. Der Bevölkerung und dem Kongreß wurde das Leih- und Pachtgesetz von der Regierung als eine Art Friedensversicherung verkauft.[516] Schließlich wurde das Gesetz verabschiedet und am 11. März 1941 von Präsident Roosevelt unterzeichnet.

## Sowjetischer Druck auf Finnland und Rumänien

Die deutsche Führung hoffte, es werde zu keiner erneuten Zuspitzung des sowjetisch-finnischen Konflikts kommen, da man das deutsche Interesse an den Nickelgruben hinreichend zum Ausdruck gebracht habe. Die Aussicht auf einen neuen sowjetisch-finnischen Krieg war für Berlin unerfreulich, da man mit einer Unterbrechung der Nickellieferungen rechnen mußte. Eine rasche Besetzung Petsamos durch in Norwegen stationierte deutsche Truppen war wegen des Klimas und der Straßenverhältnisse im hohen Norden schwierig. Zwar standen insgesamt sieben Divisionen, die zur Gruppe XXI zusammengefaßt waren, in Norwegen, aber diese waren über das ganze Land verteilt. Angesichts der erneuten Spannungen zwischen Helsinki und Moskau leitete Hitler insgeheim einen Kurswechsel seiner Finnlandpolitik ein. Am 12. August entschied er als ersten Schritt, das deutsche Waffenembargo gegen Finnland aufzuheben.[517]

Am 14. empfing Hitler den Oberbefehlshaber der Gruppe XXI, Generaloberst Nikolaus von Falkenhorst, und besprach mit ihm eine stärkere Sicherung Nordnorwegens. Falkenhorst machte Hitler den Vorschlag, das ganze Gebirgskorps in den Raum Narvik–Kirkenes zu verlegen, womit Hitler einverstanden war.[518] Reichsmarschall Göring ließ einen Brief an Marschall Carl Mannerheim überbringen, den dieser am 18. August erhielt.[519] Göring ließ den finnischen Staatspräsidenten Mannerheim fragen, ob Finnland ebenso wie Schweden den Transit von Nachschub, Urlaubern und Kranken von und nach Kirkenes in Nordnorwegen über sein Territorium erlauben würde. Außerdem wurde ihm mitgeteilt, Deutschland sei künftig bereit, Finnland mit Waffen zu beliefern. Mannerheim erklärte am 20. sein Einverständnis, und unverzüglich sandte das finnische Verteidigungsministerium Vertreter nach Deutschland, um Rüstungsmaterial einzukaufen.[520]

Am 21. erhielt das OKW die Meldung, Moskau habe neue Forderungen an Finnland gestellt.[521] Am 25. ergab sich das Bild, daß die Sowjetunion Finnland in eine zunehmend schwierigere Lage brachte, während sie gleichzeitig Truppen am Pruth konzentrierte und in der Südbukowina einzumarschieren drohte.[522] Am folgenden Tag ordnete Hitler die Zusammenstellung einer Eingreiftruppe im Südostteil des Generalgouvernements zur Besetzung des rumänischen Ölgebiets an und befahl außerdem die Umgruppierung der Gruppe XXI in Norwegen.[523] Letztere sollte bereit sein, im Falle eines russischen An-

---

[516] Charles A. Beard. American Foreign Policy in the Making 1932–1940, New Haven 1946, S. 24 ff.
[517] ADAP D X, Dok. 330.
[518] KTB Halder Bd. II, S. 32 f. (14.8.40).
[519] Carl Gustaf Mannerheim. Erinnerungen. Zürich/Freiburg 1952, S. 425 f.
[520] Ebenda; s.a. ADAP D X, Dok. 366.
[521] KTB OKW Bd. I/1, S. 43 (21.8.40).
[522] Ebenda, S. 48 f. (25.8.40).
[523] KTB OKW Bd. I/2, S. 971, Anlage 26.

griffs auf Finnland von Nordnorwegen aus Petsamo zu besetzen.[524] Am 30. genehmigte Hitler Waffenlieferungen großen Umfangs an Finnland.[525]

Am 22. September wurde schließlich das deutsch-finnische Transportabkommen unterzeichnet. Die finnische Regierung gestattete dem Deutschen Reich den Transit von Kriegsmaterial mit Begleitpersonal von den nördlichen Ostseehäfen über Rovaniemi auf der nördlichen Eismeerstraße nach Kirkenes in Nordnorwegen.[526]

Inzwischen war die Krise zwischen Ungarn, Bulgarien und Rumänien entschärft worden. Im Laufe des Monats Juli hatten Hitler und Ribbentrop intensive Gespräche mit rumänischen, ungarischen und bulgarischen Regierungsvertretern geführt und dabei die Verhandlungen zwischen den drei Balkanstaaten im deutschen Sinne beeinflußt. Hitler ließ am 29. Juli Bukarest mitteilen, daß er die Rückgabe der Süddobrudscha in den Grenzen von 1913 (einschließlich Silistra und Baltschik) an Bulgarien befürworte; dies sei eine außerordentlich faire und gerechte Lösung, und er wolle den Bulgaren den Rat erteilen, nicht mehr zu verlangen.[527] Während der rumänische Ministerpräsident diesen Ratschlag ruhig aufnahm, war Außenminister Mihail Manoilescu so konsterniert, daß er von seinem Amt zurücktreten wollte.[528] Aber die außenpolitische Lage Rumäniens war zu prekär, als daß Bukarest sich lange sträuben konnte. Manoilescu lud am 10. August den bulgarischen Außenminister zu einem vorbereitenden Gespräch ein,[529] und am 19. begannen in Craiova die eigentlichen Verhandlungen.[530] Die Regierungen Rumäniens und Bulgariens kamen rasch zu einer grundsätzlichen Einigung.

Die Verhandlungen zwischen Rumänien und Ungarn, die bereits am 16. August in Turnu-Severin begonnen hatten,[531] gerieten dagegen bald in eine Krise. Am 21. teilten die Rumänen der deutschen Regierung mit, die ungarischen Forderungen seien unannehmbar. Bukarest drängte auf einen Schiedsspruch Hitlers wie im Falle des rumänisch-bulgarischen Konfliktes.[532] Der Ausbruch eines Krieges stand unmittelbar bevor, da die Armeen beider Staaten sich in vollem Aufmarsch gegeneinander befanden. Rumänien war dabei im Nachteil, da es gleichzeitig die Masse seiner Truppen am Pruth an der Grenze zur Sowjetunion belassen mußte.[533]

Seit dem 20. August liefen in Bukarest Gerüchte über einen bevorstehenden sowjetischen Angriff um. Diese Nachrichten versetzten die deutsche Führung in Aufregung. Beim Lagebericht des OKW am 25. wurden „die überraschenden Nachrichten über russische Truppenansammlungen am Pruth" erörtert. Die Abteilung Landesverteidigung im Wehrmachtführungsstab rechnete mit einem sowjetischen Einmarsch in Rumänien.[534] Die Konzentration von Einheiten der Roten Armee in der Nordbukowina deutete darauf hin, daß Moskau die rumänisch-ungarische Krise ausnutzen wollte, um zunächst die Südbukowina zu besetzen. Allein dies hätte unabsehbare Folgen für die Sicherheit der deutschen Ölversorgung haben können. Zusammen mit den Gebietsabtretungen an Bulgarien und Ungarn hätte der Verlust der Südbukowina das rumänische Staatsgebiet derart reduziert, daß die Stabilität des Staates ernsthaft in Frage gestellt worden wäre. Außerdem hätte der Verlust der Sereth-Flüsse die Verteidigung des Ölgebiets um Ploesti noch schwieriger gemacht. Hitler war aufgrund der Ereignisse der letzten Monate gegen-

---

[524]  KTB Halder Bd. II, S. 79 (27.8.40).
[525]  KTB OKW Bd. I/1, S. 54 (30.8.40).
[526]  ADAP D XI,1 , Dok. 86.
[527]  ADAP D X, Dok. 253
[528]  ADAP D X, Dok. 262.
[529]  ADAP D X, Dok. 323.
[530]  ADAP D X, Dok. 347.
[531]  Ebenda.
[532]  ADAP D X, Dok. 376.
[533]  KTB OKW Bd. I/1, S. 49 (29.8.40).
[534]  KTB OKW Bd. I/1, S. 48 (25.8.40).

über der sowjetischen Politik äußerst mißtrauisch geworden und reagierte nun ungewöhnlich schnell. Nach den Meldungen des deutschen Militärattachés aus Bukarest am 15. August veranlaßte das OKW die sofortige Verlegung von zehn Divisionen in den Osten. Zusätzlich sollten zwei Panzerdivisionen aus der Heimat in den äußersten Südostteil des Generalgouvernements verlegt werden.

Am Vormittag des 29. meldete das OKH den Anlauf der Vorbereitungen zur Besetzung Ploestis sowie die Inmarschsetzung der 13. (mot.) Division in den Raum um Wien, wo sich bereits die 2. und 9. Panzer-Division befanden. Diese schlagkräftigen Verbände sollten als XXXX. (mot.) AK das rumänische Ölgebiet in fünf Tagen erreichen können. Auch die Luftwaffe traf Vorbereitungen für einen Einsatz in Rumänien. Entscheidend war jetzt, ob Hitler durch einen erneuten politischen Vermittlungsversuch einen Krieg im Südosten verhindern konnte.[535] Eine effektive Abschreckung der Sowjets konnte nur durch deutsche Truppen erreicht werden. Deshalb beabsichtigte Hitler, die deutsche Militärmission in Rumänien aus Offizieren des Heeres und der Luftwaffe zu bilden, denen Lehrtruppen für Panzerabwehr und Luftschutz angegliedert werden sollten.[536]

Inzwischen konnte die Gefahr eines Krieges zwischen Ungarn und Rumänien abgewendet werden. Nach einer massiven diplomatischen Intervention Deutschlands und Italiens fanden die Verhandlungen zwischen Budapest und Bukarest durch den zweiten Wiener Schiedsspruch ihren Abschluß. Dieser wurde am 30. August 1940 durch Ribbentrop und Ciano in Gegenwart des ungarischen und des rumänischen Außenministers unterzeichnet. Zwar mußte Rumänien den nördlichen Teil von Siebenbürgen an Ungarn abtreten, dafür aber garantierten Deutschland und Italien die Integrität und Unverletzlichkeit des verbleibenden rumänischen Staatsgebiets.[537] In Rumänien, dessen innere Verhältnisse ohnehin instabil waren, löste der zweite Wiener Schiedsspruch eine Staatskrise aus. Heftige Demonstrationen zwangen König Carol dazu, am 4. September dem ehemaligen Generalstabschef Ion Antonescu Generalvollmachten zur Staatsführung zu erteilen. Zwei Tage später dankte der König zugunsten seines Sohnes Michael ab und ging ins Exil.

Am 19. September entschied Hitler, möglichst bald eine mit Panzern verstärkte motorisierte Division nach Rumänien zu schicken.[538] Für die Militärmission wurde die 13. mot. Division bestimmt, die durch das Panzer-Regiment 4 verstärkt werden sollte.[539] Mitte November war das Gros der deutschen Lehrtruppen versammelt, und im Dezember wurde als Verstärkung die 16. Panzer-Division nach Rumänien verlegt.[540]

Inzwischen hatte der zweite Wiener Schiedsspruch vom 30. August 1940 eine weitere Abkühlung des deutsch-sowjetischen Verhältnisses hervorgerufen. In einem Memorandum vom 21. September unterstrich Moskau sein Interesse an allen Fragen Südosteuropas und erkannte den Standpunkt Berlins, der Balkan sei ausschließlich deutsches Interessengebiet, nicht an.[541] Auf die deutsche Führung mußte die sowjetische Position ausgesprochen heuchlerisch wirken, Moskau hatte die ungarischen und bulgarischen Revisionsforderungen an Rumänien unterstützt und damit die Krise geschürt. Durch die Konzentration starker Verbände der Roten Armee an seiner Ostgrenze wurde Rumänien gezwungen, dort ebenfalls starke Truppenkontingente zu unterhalten, wodurch Bukarest gegenüber den ungarischen Streitkräften in eine deutliche Unterlegenheit geriet. Die

---

[535] KTB OKW Bd. I/1, S. 49 u. 51 ff. (29. u. 30.8.40).
[536] Ebenda, S. 56 (2.9.40).
[537] ADAP D X, Dok. 413.
[538] KTB OKW Bd. I/1, S. 83 (20.9.40).
[539] Ebenda, Bd. I/1, S. 100 (30.9.40).
[540] Fabry, S. 304.
[541] ADAP D XI,1, Dok. 81.

Moskauer Politik zielte offenkundig darauf ab, die Stabilität Rumäniens zu unterminieren. Obwohl das sowjetische Memorandum vom 21. September 1940 in der Form sehr zurückhaltend war, markierte es de facto das Ende einer gemeinsamen deutsch-sowjetischen Politik. Selbst bei einer zurückhaltenden Interpretation der Moskauer Politik waren die Interessengegensätze zwischen der Sowjetunion und dem Deutschen Reich unübersehbar. Das Deutsche Reich hatte mit dem „Anschluß" Österreichs auch die Balkanprobleme geerbt, mit denen es sich aufgrund seiner wirtschaftlichen Abhängigkeit von diesem Raum auseinandersetzen mußte. Und die Sowjetunion knüpfte an die panslawistische Tradition der zaristischen Balkanpolitik an.

## Hitler favorisiert einen Kontinentalblock gegen England

Nach dem siegreichen Ende des Frankreichfeldzuges beherrschte Deutschland zwar das europäische Festland von der Atlantikküste bis zur sowjetischen Grenze, aber die Reichsregierung war außerstande, einen dauerhaften Frieden herzustellen. Die britische Regierung weigerte sich, in Verhandlungen einzutreten, und die deutsche Führung sah sich gezwungen, Wege zu finden, wie England mit politischen oder militärischen Mitteln friedenswillig gemacht werden könnte. Das eigentliche Problem dabei war, daß hinter England die USA standen. Grundsätzlich gab es nur die zwei Möglichkeiten, entweder Großbritannien vor einem Kriegseintritt der Vereinigten Staaten zum Frieden zu zwingen oder aber eine defensive Strategie zu verfolgen und einen euroasiatischen Kontinentalblock zu bilden, den die Angelsachsen mangels – zumindest vorläufig – ausreichender Landstreitkräfte nicht angreifen konnten.

Am 21. Juli 1940 wurde in Japan ein neues Kabinett unter Fumimaro Konoye gebildet, und der deutsche Botschafter in Tokio Eugen Ott meldete, die neue Regierung werde eine stärkere Anlehnung Japans an die Achsenmächte suchen.[542] Einige Tage später telegraphierte Ott, die durch die deutschen Siege in Europa veränderte Weltlage habe in Japan den Gedanken aufkommen lassen, in Ostasien einen wirtschaftlichen Großraum unter japanischer Führung zu bilden.[543]

Am 18. September schrieb Hitler an Mussolini, er glaube grundsätzlich, „daß ein enges Zusammengehen mit Japan trotz aller sonstiger Bedenken noch am ehesten geeignet ist, Amerika überhaupt entweder außerhalb der Ereignisse zu belassen oder seinen Eintritt in den Krieg zu einem unwirksamen zu gestalten."[544]

Am 22. September marschierte Japan in Nordindochina, das damals französische Kolonie war, ein, um den Nachschub nach China zu unterbinden. In der Folge verschlechterten sich die japanisch-amerikanischen Beziehungen derart, daß auch Tokio dringend an einem formellen Bündnis mit Berlin interessiert war. Die neue japanische Außenpolitik regte Hitler dazu an, die Kontinentalblockidee aufzugreifen und über ein Bündnis Deutschland–Italien–Sowjetunion–Japan nachzudenken. Eine derartige Koalition würde den gesamten eurasischen Kontinent beherrschen und wäre militärisch kaum zu schlagen. Gegen das traditionelle Kampfmittel der Angelsachsen, die Wirtschaftsblockade, würde ein Kontinentalblock unempfindlich sein. Zwar hatte Hitler am 31. Juli während der Konferenz auf dem Berghof von seinem „bestimmten Entschluß" gesprochen, Rußland im Frühjahr 1941 „zu erledigen", tatsächlich aber war dies seither nicht mehr als eine Planung unter anderen. Zwischen August und November 1940 bemühte sich Hitler, die Sowjetunion für die Verwirklichung der Kontinentalblockkonzeption zu gewinnen.

---

[542] ADAP D X, Dok. 212
[543] ADAP D X, Dok. 241
[544] Das Deutsche Reich und der Zweite Weltkrieg. Bd. 6: Der globale Krieg. Stuttgart 1990, S. 136.

Außer Rußland, Italien und Japan sollten sich nach Hitlers Wunsch auch noch Frankreich und Spanien der großen Koalition anschließen.

Nach mehrfacher Verschiebung des Termins für den Beginn der Landungsoperation gegen England ließ Hitler am 12. Oktober das Unternehmen „Seelöwe" für das Jahr 1940 absagen. Allerdings sollten die Vorbereitungen weitergeführt werden, um ein politisches und militärisches Druckmittel in der Hand zu behalten. Unter günstigen Umständen sollte die Landung im Frühjahr oder Frühsommer 1941 eventuell doch noch durchgeführt werden.[545]

Am 15. Oktober erfuhr Halder Details von der Besprechung zwischen Hitler und Mussolini, die am Brenner stattgefunden hatte. England hoffte nach Hitlers Meinung immer noch auf Amerika und die Sowjetunion, aber: „Rußlands Rechnung mißlungen. Wir stehen jetzt mit 40 später mit 100 Divisionen an russischer Grenze. Rußland würde auf Granit beißen; aber nicht wahrscheinlich, daß Rußland sich in Gegensatz zu uns setzt. [...] Beide Hoffnungen Englands sind also Fehlschlüsse; aber man muß nach Wegen suchen, wie man außer Landung dem Engländer beikommt. [...] Im Augenblick ist die beste Lösung eine europäische Koalition."[546]

Am 4. November anläßlich einer Besprechung zwischen Hitler, Keitel, Jodl und Brauchitsch hielt der Generaloberst Halder fest: „Rußland. Bleibt das ganze Problem Europas. Alles muß getan werden, um bereit zu sein zu großer Abrechnung." Das Ergebnis dieser Besprechung war: „a) Vorbereitungen Osten laufen weiter b) Vorbereitungen ‚Seelöwe' laufen weiter."[547]

Während Hitler sich in der ersten Hälfte des Novembers 1940 auf politische Gespräche mit den verbündeten Staatschefs konzentrierte, arbeitete das OKW die Weisung Nr. 18 über die bevorstehenden Maßnahmen des Oberkommandos für die nächste Zeit aus. In diesem Dokument kam die ungeklärte politische und militärische Situation, in der sich Deutschland befand, deutlich zum Ausdruck. Am 5. November überreichte die Abteilung Landesverteidigung dem Chef des Wehrmachtführungsstabes, General Jodl, den Entwurf,[548] der von Hitler am 12. November unterzeichnet wurde. Aus der Reihenfolge und der Gewichtung der einzelnen Punkte ergibt sich, was in den damaligen Gedankengängen Hitlers und der deutschen Führung im Vordergrund stand.

Die Weisung Nr. 18 drehte sich um den Kampf gegen Großbritannien, der von der Peripherie aus geführt werden sollte; eine Landung im Mutterland wollte man wegen des hohen Risikos möglichst vermeiden. Die Einnahme Gibraltars und die Sperrung des westlichen Mittelmeers erschienen am erfolgversprechendsten, allerdings war die Durchführung von Unternehmen „Felix" von der Zusammenarbeit mit Spanien abhängig, und diese war noch keineswegs gesichert. Ebenso mußte auch Frankreich erst durch politische Gespräche für eine verstärkte Mitwirkung am Kampf gegen England gewonnen werden. Das Verhältnis zu Moskau war undurchsichtig; trotz des Nichtangriffspaktes und des Freundschaftsvertrages waren schwerwiegende Interessengegensätze im hohen Norden und auf dem Balkan aufgebrochen. Hitler hoffte, für diese Interessenkonflikte mit Moskau tragfähige Kompromißlösungen aushandeln zu können. Die Vorbereitungen für eine militärische Lösung brauchten Zeit, und man konnte nicht erst die Ergebnisse der politischen Gespräche abwarten, denn fielen diese negativ aus, dann war der Zeitverlust möglicherweise nicht mehr gutzumachen.[549]

Am 27. September 1940 unterzeichneten die Regierungen Deutschlands, Italiens und Japans in Berlin in der Reichskanzlei den Dreimächtepakt. Der Pakt war, auch wenn sie

---

[545] Klee, Dokumente zum Unternehmen „Seelöwe", Göttingen 1959, Nr. 39, S. 441 ff.
[546] KTB Halder Bd. 2, S. 136 f. (15.10.40).
[547] Ebenda, S. 165 f. (4.11.40).
[548] KTB OKW, Bd. I/1, S. 152 (5.11.40).
[549] ADAP D XI,1, Dok. 323.

im Vertragstext nicht genannt wurden, gegen die USA gerichtet: Sollte eine der drei Mächte von den Vereinigten Staaten angegriffen werden, so versprachen die beiden anderen Vertragspartner, den Angegriffenen mit allen politischen, wirtschaftlichen und militärischen Mitteln zu unterstützen, also praktisch in den Krieg gegen die USA einzutreten. Ziel des Paktes war es, die Vereinigten Staaten, sollten sie den offenen Konflikt mit einer der drei Mächte suchen, zur Aufspaltung ihrer Kräfte auf Europa und Asien zu zwingen und sie damit vom Kriegseintritt abzuschrecken. Im Artikel 5 des Vertragstextes hieß es, der Pakt richte sich nicht gegen die Sowjetunion; die Beziehungen der drei Mächte zu Moskau sollten nicht berührt werden. Der Pakt war so konzipiert, daß die Sowjetunion ihm jederzeit beitreten konnte.[550]

Anfang Oktober hatte Hitler sich auf den Berghof zurückgezogen, um über seine neue außenpolitische Konzeption nachzudenken. In den folgenden Wochen richtete er seine politischen Bemühungen auf die Verwirklichung des antibritischen Kontinentalblocks. Am 13. Oktober wurde Volkskommissar Molotow zu politischen Gesprächen nach Berlin eingeladen, und ein paar Tage später trat Hitler eine Reise nach Frankreich, Spanien und Italien an. Es kam darauf an, für die widerstreitenden Interessen dieser drei Staaten eine Kompromißlösung zu finden, um sie dann für den Kampf gegen England gewinnen zu können. Madrid und Rom wünschten eine kräftige Erweiterung ihres Kolonialbesitzes in Nordafrika, was nur auf Kosten Frankreichs möglich war. Hitler konnte aber nicht die Regierung von Marschall Pétain vor den Kopf stoßen, indem er sie zur Abtretung von Kolonialgebieten zwang, und dann erwarten, daß Frankreich sich im Kampf gegen England engagiere. Es gab allerdings die Möglichkeit, den französischen Kolonialbesitz im wesentlichen unangetastet zu lassen und die Ansprüche Spaniens und Italiens aus der kolonialen Hinterlassenschaft Großbritanniens zu befriedigen, sobald dieses mit vereinten Kräften bezwungen war. Frankreich sollten für diesen Fall gewisse afrikanische Gebiete aus englischem Besitz als Kompensation für Abtretungen an Spanien und Italien versprochen werden.[551]

Am 22. Oktober traf Hitler in Montoire-sur-le-Loire mit dem stellvertretenden französischen Ministerpräsidenten Pierre Laval zusammen. Laval bezeichnete sich als Anhänger der deutsch-französischen Verständigung, und Hitler erwiderte, er hoffe, auch Frankreich für den Krieg gegen England mobilisieren zu können.[552] Am folgenden Tag fand in Hendaye an der spanischen Grenze die Begegnung mit Franco und seinem Außenminister Ramon Serrano Suñer statt. Hitler und Ribbentrop vertrösteten die beiden Spanier darauf, ihre kolonialen Erweiterungswünsche nach Klärung der Rolle Frankreichs und nach Beendigung des Krieges gegen England zu befriedigen.[553] Am 24. fuhr der deutsche Sonderzug nach Montoire zurück, wo Hitler mit Pétain zusammentraf. Hitler behandelte den alten Marschall mit großer Zuvorkommenheit und erklärte, er hoffe, daß eines nicht fernen Tages England für die Unkosten dieses Krieges werde aufkommen müssen. Frankreich könne dann, obwohl es für den Ausbruch des Krieges im September 1939 mitverantwortlich sei, so weit wie möglich geschont werden. Pétain fühlte sich durch Hitlers respektvolle Behandlung geschmeichelt und erklärte, er befürworte eine verstärkte deutsch-französische Zusammenarbeit, könne aber vorläufig noch keine Entscheidungen treffen.[554] So blieben all diese Gespräche letztlich ohne konkretes Ergebnis. Weder Pétain noch Franco waren bereit, sich eindeutig auf die Seite Deutschlands zu schlagen. Im Falle Spaniens war dies besonders ärgerlich, da damit die Voraussetzungen für das Unternehmen „Felix" nicht mehr gegeben waren.

---

[550] ADAP D XI,1, Dok. 118.
[551] Fabry, Der Hitler-Stalin-Pakt, S. 341.
[552] ADAP D XI,1, Dok. 212.
[553] ADAP D XI,1, Dok. 220 u. 221.
[554] ADAP D XI,1, Dok. 227.

Eine unangenehme Überraschung erwartete Hitler am 28. Oktober, als er in Florenz mit Mussolini zusammentraf. Am Morgen dieses Tages hatten italienische Truppen von Albanien aus Griechenland angegriffen. Mussolini hatte Hitler nicht rechtzeitig informiert. An Warnungen wegen der italienischen Absichten hatte es nicht gefehlt,[555] aber Hitler hatte gehofft, noch rechtzeitig genug mit Mussolini zusammenzutreffen, um ihn von diesem Abenteuer abhalten zu können. Der italienische Alleingang hatte höchst unangenehme Folgen, das OKW hielt am 9. November 1940 fest: „Der Krieg habe durch Einbeziehung eines weiteren europäischen Staates eine Ausweitung erfahren und sei auf den Balkan getragen worden, was Deutschland bisher habe verhindern können. Die italienische Wehrmacht sei in neuer Richtung gebunden. Die Engländer hätten einen neuen Bundesgenossen und einen Stützpunkt auf dem europäischen Festland gewonnen, ihre Stellung im östlichen Mittelmeer sei hierdurch erheblich gestärkt."[556]

---

[555] KTB OKW, Bd. I/1, S. 123 (22.10.40).
[556] Ebenda, S. 163 (9.11.40).

# Hitler entscheidet sich zum Angriff auf die Sowjetunion

## Der Berlinbesuch Molotows

Am 13. Oktober hatte Ribbentrop den Volkskommissar für Äußeres Molotow zu politischen Gesprächen nach Berlin eingeladen. Am 12. November 1940 trafen Molotow und sein Stellvertreter Wladimir Dekanosow an der Spitze einer hochrangig besetzten Delegation in Berlin ein.[557] Um die Mittagszeit führte Molotow ein erstes Gespräch mit dem Reichsaußenminister.

Nach einigen einleitenden Worten erklärte Ribbentrop, es sei nun der Anfang vom Ende des britischen Weltreiches gekommen, sollten die Bombenangriffe und der U-Boot-Krieg England nicht in die Knie zwingen, dann werde Deutschland zum Großangriff übergehen, der bisher nur durch schlechtes Wetter verhindert worden sei. Die Hilfe Amerikas werde England nicht retten, und ein Landungsversuch der Angelsachsen auf dem Kontinent sei angesichts der militärischen Macht Deutschlands von vorneherein zum Scheitern verurteilt. Auf der anderen Seite sei es der natürliche Wunsch Deutschlands und Italiens, den an sich schon gewonnenen Krieg so schnell wie möglich zu beenden, weshalb sich beide Länder nach Freunden umsähen, die für eine schnelle Kriegsbeendigung eintreten. Der Dreimächtepakt sei das Ergebnis dieser Bestrebungen, und eine Anzahl anderer Staaten hätten sich bereits solidarisch erklärt.

Ribbentrop unterstrich, daß er sich für eine russisch-japanische Verständigung einsetzen wolle, und führte dann aus: „Der Führer sei nun der Ansicht, daß es überhaupt vorteilhaft wäre, wenn einmal der Versuch gemacht würde, zwischen Rußland, Deutschland, Italien und Japan in einer ganz großen Konzeption Interessensphären festzulegen. Der Führer habe sich diese Frage lange und eingehend überlegt und sei dabei zu folgender Feststellung gekommen: aufgrund der Stellung, die die vier Völker in der Welt einnähmen, müßte normalerweise die Stoßkraft ihrer Raumexpansion bei einer klugen Politik sämtlich in südlicher Richtung verlaufen. Japan habe die Richtung nach Süden bereits eingeschlagen. [...] Deutschland habe seine Interessensphäre mit Rußland festgelegt und würde nach Durchführung einer Neuordnung in Westeuropa seine Raumexpansion auch in südlicher Richtung, d.h. in Zentralafrika im Gebiet der ehemaligen deutschen Kolonien, finden. Desgleichen sei Italiens Expansion nach Süden auf den afrikanischen Teil des Mittelmeergebiets, d.h. auf Nord- und Ostafrika, gerichtet. Er, der RAM (Reichsaußenminister), frage sich, ob nicht Rußland, säkular gesehen, seinen natürlichen und für Rußland gesehen so wichtigen Ausgang zum freien Meer auch in südlicher Richtung finden würde."

Auf die Zwischenfrage Molotows, welches Meer der Reichsaußenminister meine, antwortete Ribbentrop, nach dem bevorstehenden Zusammenbruch des britischen Weltreiches wäre der für Rußland vorteilhafteste Zugang zum Meer der Persische Golf und das Arabische Meer. Außerdem, so Ribbentrop, unterstütze Deutschland eine Re-

---

[557] Zeitfolge für den Besuch des Vorsitzenden des Rats der Volkskommissare der UdSSR und Volkskommissar für Auswärtige Angelegenheiten W.M. Molotow, abgedruckt in: Fritz Becker. Im Kampf um Europa. Graz 1991, S. 135 ff.

176

vision des Abkommens von Montreux über die Kontrolle der Dardanellen; Rußland, Deutschland und Italien sollten gegenüber der Türkei eine gemeinsame Politik verfolgen, um ein neues Statut für die Meerengen zu schaffen, das Moskau gewisse Sonderrechte einräume.

Molotow erwiderte, die Ausführungen des Reichsaußenministers seien für ihn von großem Interesse gewesen, insbesondere was den Dreimächtepakt angehe; eine Teilnahme der Sowjetunion an den vom Reichsaußenminister geplanten Aktionen müsse aber genau besprochen werden.[558]

Dann wurde die Unterredung unterbrochen, da Molotow um 15 Uhr von Hitler in der Reichskanzlei empfangen wurde.[559]

Nach einigen Begrüßungsworten machte Hitler eine längere Ausführung über seinen Wunsch, das deutsch-russische Verhältnis langfristig zu regeln. Die Zusammenarbeit, so der Reichskanzler, hätte beiden Ländern im vergangenen Jahr beträchtliche Vorteile gebracht; dies werde auch in Zukunft gelten, dagegen nütze ein Gegeneinander von Deutschland und Rußland nur dritten Mächten. Molotow stimmte diesen Gedankengängen zu, woraufhin Hitler die deutschen außenpolitischen Interessen wie folgt definierte: „1. Die Raumnot. Im Verlaufe des Krieges habe Deutschland so große Gebiete in seine Hand bekommen, daß es 100 Jahre benötige, um sie voll nutzbar zu machen.
2. Es sei eine gewisse koloniale Ergänzung in Zentralafrika notwendig.
3. Deutschland habe gewisse Rohstoffe nötig, deren Bezug es unter allen Umständen sicherstellen müsse. Und
4. es könne nicht zulassen, daß in gewissen Gebieten [Griechenland, W.P.] von den Feindmächten Luft- oder Marinestützpunkte eingerichtet würden."
Russische Interessen, so Hitler, würden dadurch in keinem Fall berührt. In Asien habe Deutschland keine Interessen, die dortigen kolonialen Räume würden wahrscheinlich an Japan fallen. Wenn eines Tages China erwachen würde, wären alle kolonialen Bestrebungen in diesem Raum von vorneherein zum Scheitern verurteilt. Deutschland, Rußland und Italien hätten alle das Bestreben nach einem Zugang zum offenen Meer; dieser Wunsch müsse sich ohne Konflikte verwirklichen lassen. Auf dem Balkan habe Deutschland keine politischen Interessen, es handele sich nur darum, sich dort für die Dauer des Krieges bestimmte Rohstoffe zu sichern. Deshalb dürfe England sich auf keinen Fall in Griechenland festsetzen. Hitler fuhr fort, er hätte den Krieg am liebsten schon nach dem Polenfeldzug beendet, denn wirtschaftlich gesehen sei jeder Krieg ein schlechtes Geschäft.

Aber England wolle den Krieg weiterführen und werde dabei von Amerika unterstützt. Die Vereinigten Staaten kämpften aber nicht für England, sondern versuchten, das britische Weltreich in die Hand zu bekommen. Langfristig stelle Amerika eine ungeheure Gefahr für die Freiheit der anderen Nationen dar, weshalb sich der europäische Kontinent zusammenschließen und gegen die Angelsachsen auftreten müsse. Deshalb habe er, Hitler, schon einen Gedankenaustausch mit Frankreich, Italien und Spanien begonnen, um in dem ganzen Gebiet von Europa und Afrika eine Monroe-Doktrin durchzusetzen, und er hoffe, daß auch Rußland sich dieser großen Gruppe von Ländern anschließen werde.

Dann führte Hitler folgendes aus: Deutschland habe in seinen jetzigen Ostprovinzen seinen Lebensraum außerordentlich erweitert. Mindestens die Hälfte dieses Raumes sei jedoch als wirtschaftliches Zuschußgebiet anzusprechen. Vielleicht hätten sowohl Rußland als auch Deutschland nicht alles erreicht, was sie sich als Ziel vorgenommen hätten. Auf jeden Fall seien jedoch die Erfolge auf beiden Seiten groß gewesen. Wenn man die

---

[558]  ADAP D XI,1, Dok. 325.
[559]  Zeitfolge, S. 135 ff.

noch verbleibenden Fragen großzügig betrachte, wobei berücksichtigt werden müsse, daß Deutschland sich noch im Kriege befinde und sich für Gebiete interessieren müsse, die ihm an und für sich politisch fern lägen, so könnten auch in Zukunft für beide Partner erhebliche Gewinne erzielt werden.

Molotow antwortete, er könne den Ausführungen Hitlers im allgemeinen zustimmen, und fügte hinzu, Deutschland habe durch den Nichtangriffspakt ein sicheres Hinterland und damit die Voraussetzung für die erfolgreiche Kriegsführung gegen Polen und Frankreich erhalten. Das deutsch-russische Abkommen sei in allen Punkten erfüllt mit Ausnahme der Frage Finnlands. Außerdem seien Fragen in bezug auf die russischen Balkan- und Schwarzmeerinteressen zu klären. Abschließend erklärte Molotow, eine Teilnahme Rußlands am Dreimächtepakt erscheine ihm grundsätzlich annehmbar, sofern die Sowjetunion als Partner mitwirke und nicht Objekt sei.[560]

Damit endeten die Besprechungen am 12. November. Bisher hatte Hitler in großen Zügen seine außenpolitische Konzeption darlegen können, und Molotow hatte sich meist zustimmend geäußert. Bei der Fortsetzung der Gespräche am 13. war aber bald ein Punkt erreicht, an dem die Streitfragen nicht länger umgangen werden konnten.

Zunächst brachte Hitler Finnland ins Gespräch: Gemäß den deutsch-russischen Abmachungen erkenne Deutschland an, daß Finnland politisch in erster Linie Rußland interessiere und in dessen Interessenzone liege. Jedoch ergäben sich für Deutschland zwei Gesichtspunkte:

1. Es sei für die Dauer des Krieges stark an den Nickel- und Holzlieferungen aus Finnland interessiert, und
2. es wünsche keinen Konflikt in der Ostsee, der seine Bewegungsfreiheit in einem der wenigen Handelsmeere, die es noch besitze, einenge. Wenn behauptet werde, daß Finnland von deutschen Truppen besetzt sei, so sei dies völlig unzutreffend. Allerdings würden durch Finnland Truppen nach Kirkenes transportiert.

Außerdem sprach Hitler den Gebietstausch Litauen gegen die Woiwodschaft Lublin an, der für Deutschland wirtschaftlich von Nachteil gewesen sei. Auch in der Frage der Bukowina habe das Reich den sowjetischen Wünschen nachgegeben, obwohl die Bukowina laut dem Geheimen Zusatzprotokoll vom 23. August 1939 nicht der sowjetischen Einflußsphäre zugeschlagen worden war. Zwischen Molotow sowie Hitler und Ribbentrop entspann sich nun eine Diskussion über die genaue Auslegung der deutsch-sowjetischen Abmachungen. Mit großer Hartnäckigkeit bestand Molotow auf einer wortgetreuen Erfüllung der Verträge: Finnland gehöre laut Geheimem Zusatzprotokoll zur sowjetischen Interessensphäre, und wenn Moskau im Falle des Gebietsaustauschs Litauen–Woiwodschaft Lublin sowie im Falle der Bukowina über die ursprünglichen Abmachungen hinausgegangen sei, dann mit voller Zustimmung der deutschen Regierung. Hitlers Einwand, Deutschland sei der Sowjetunion in diesen Fällen entgegengekommen, jetzt müsse umgekehrt Moskau Entgegenkommen zeigen, wies Molotow zurück. Hitler unterstrich nochmals, er erkenne an, daß Finnland zur sowjetischen Interessensphäre gehöre, aber für die Dauer des Krieges habe Deutschland dort wirtschaftliche Interessen, weshalb eine wortgetreue Auslegung der Abmachungen nicht möglich sei.

Dann fügte Hitler hinzu: Die Sowjetunion müsse sich darüber klar sein, daß im Rahmen einer erweiterten Zusammenarbeit für die beiden Länder Vorteile ganz anderen Ausmaßes als die unbedeutenden Korrekturen, die jetzt zur Debatte stünden, zu erreichen seien. Es würden sich dann viel größere Erfolge erzielen lassen unter der Voraussetzung, daß von Rußland nicht jetzt Erfolge in Gebieten gesucht würden, an denen Deutschland nur im Kriege interessiert sei. Die zukünftigen Erfolge würden um so größer sein, je mehr

---

[560]  ADAP D XI,1, Dok. 326.

es Deutschland und Rußland gelänge, Rücken an Rücken nach außen zu kämpfen, und würden um so kleiner werden, je mehr die beiden Länder Brust an Brust gegeneinander stünden. Im ersteren Falle gäbe es keine Macht der Welt, die sich den beiden Ländern entgegenstellen könne.

Molotow stimmte diesen Schlußfolgerungen zu, brachte dann das Gespräch aber sofort wieder auf Finnland; es dürften in Finnland weder deutsche Truppen stehen noch deutsche Delegationen dorthin reisen, dies stärke nur den Widerstandswillen der Finnen gegen die sowjetischen Forderungen. Hitler wiederholte seinen Standpunkt, daß Deutschland auf die Holz- und Nickellieferungen aus Finnland angewiesen sei und keinen Krieg im Ostseeraum gebrauchen könne, in dessen Verlauf sich die Angelsachsen in Skandinavien festsetzen könnten. Molotow erwiderte, er glaube nicht an eine Kriegsgefahr und er sehe nicht ein, weshalb Moskau die Erfüllung seiner Wünsche um ein halbes oder ein ganzes Jahr verschieben solle. In dieser Art drehte sich die Diskussion noch eine Weile lang im Kreise.

Hitler versuchte nun auf ein anderes Thema überzuleiten. Nach der Niederringung Englands werde das britische Weltreich zerfallen, und damit stünde eine Konkursmasse von 40 Millionen Quadratkilometern zur Verteilung. Er breitete dann seine Lieblingsidee aus, Deutschland, Frankreich, Italien, Rußland und Japan sollten ihre Interessengegensätze neutralisieren und statt dessen ihre Expansionswünsche aus dieser riesigen Konkursmasse befriedigen. Deutschland erkenne bereits jetzt den Süden Asiens als russisches Interessengebiet an. Darauf antwortete Molotow, er sei den Gedankengängen des Führers mit Interesse gefolgt, die Sowjetunion interessiere sich aber vordringlich für Probleme im Raum des Schwarzen Meeres. Da Moskau bekanntlich Sicherheitsinteressen im Hinblick auf die Meerengen habe, strebe die Sowjetregierung nicht nur eine Revision des Abkommens von Montreux an, sondern frage, was der Führer von einer sowjetischen Garantie für Bulgarien halte. Hitler erwiderte, die Garantie Deutschlands und Italiens für Rumänien sei die einzige Möglichkeit gewesen, Bukarest zur Abtretung Bessarabiens an die UdSSR zu bewegen und um die Öllieferungen aus Ploesti sicherzustellen. Außerdem sorge Deutschland auf Bitten der rumänischen Regierung für den Schutz der Ölfelder vor möglichen englischen Luftangriffen. Molotow wiederholte seine Argumente, und sehr schnell drehte sich die Diskussion wieder im Kreise. Schließlich brachte Hitler nochmals seine Konzeption eines Kontinentalblocks vor, um dann mit Hinweis auf die vorgerückte Stunde das Gespräch zu Ende zu bringen.[561]

Molotow hatte zwar Hitlers große Konzeption als interessant bezeichnet, war aber den deutschen Vorstellungen in keiner Weise entgegengekommen. Ohne sich um Südasien zu kümmern, hatte er auf der Realisierung der sowjetischen Interessen in Finnland und in Südosteuropa beharrt, wodurch die deutsche Versorgung mit Nickel und Erdöl von russischem Wohlwollen abhängig geworden wäre. Damit stand für Deutschland die nach dem Frankreichfeldzug errungene Unabhängigkeit von sowjetischen Rohstofflieferungen auf dem Spiel.

Nach dem Abendessen begaben sich Ribbentrop und Molotow nach einem angekündigten Luftalarm um 21.40 Uhr in den Luftschutzbunker des Reichsaußenministeriums, wo sie die Gespräche fortsetzten. Im Verlauf dieser Unterredung breitete Molotow eine Liste von Forderungen aus, die Ribbentrop beinahe die Sprache verschlug. Für die Sowjetunion, als wichtigste Schwarzmeermacht, komme es demnach darauf an, reale Garantien für ihre Sicherheit zu bekommen. Rußland sei im Verlauf seiner Geschichte oft durch die Meerengen angegriffen worden. Der Sowjetunion genügten daher papierne Abmachungen nicht, sondern sie müsse auf tatsächliche Garantien für ihre Si-

---

[561]  ADAP D XI,1, Dok. 328

cherheit bestehen. Die Fragen, die die Sowjetunion im Nahen Osten interessierten, beträfen nicht nur die Türkei, sondern zum Beispiel Bulgarien. Aber auch das Schicksal Rumäniens und Ungarns interessiere die Sowjetunion und könne ihr keineswegs gleichgültig sein. Des weiteren würde es die Sowjetunion interessieren, zu erfahren, was die Achse über Jugoslawien und Griechenland denke, desgleichen, was Deutschland mit Polen beabsichtige. Auch an der Frage der schwedischen Neutralität sei die Sowjetunion interessiert, und er wolle wissen, ob die deutsche Regierung nach wie vor auf dem Standpunkt stehe, daß die Aufrechterhaltung der schwedischen Neutralität im Interesse der Sowjetunion und Deutschlands liege. Es existiere außerdem die Frage bezüglich der Durchfahrten aus der Ostsee (Großer Belt, Kleiner Belt, Sund, Kattegat, Skagerrak). Was die finnische Frage betreffe, so sei sie in seinen vorhergehenden Unterredungen mit dem Führer ausreichend klargestellt worden. Er wäre dankbar, wenn sich der Herr Reichsaußenminister zu den vorstehenden Fragen äußern würde, weil dies die Klärung auch all der anderen Fragen fördern würde, die Herr von Ribbentrop aufgeworfen habe.

*Reichsaußenminister Ribbentrop verabschiedet den Volkskommissar für Äußeres Wjatscheslaw Molotow. Berlin, 14. November 1940.*

Ribbentrop antwortete, er fühle sich „überfragt", und wiederholte dann den deutschen Standpunkt zu den einzelnen Fragen, der Molotow bereits sattsam bekannt war. Molotows Erwiderung hatte geradezu Züge schwarzen Humors, er bemerkte, daß die deutsche Seite von dem Gedanken ausginge, der Krieg gegen England sei tatsächlich schon gewonnen. Wenn daher in einem anderen Zusammenhang davon gesprochen worden sei, daß Deutschland einen Krieg auf Leben und Tod führe, so könne er das nur so auffassen, daß „Deutschland auf Leben" und „England auf Tod" kämpfe. Der Volkskommissar fügte hinzu, er stehe einer künftigen Zusammenarbeit positiv gegenüber, aber zuerst müßten die von ihm gestellten Fragen beantwortet werden.[562]

Molotow hatte in diesem Bunkergespräch ganz Skandinavien und ganz Südosteuropa als sowjetrussisches Interessengebiet bezeichnet und zu verstehen gegeben, daß die wirtschaftlichen Interessen Deutschlands in diesen Regionen Moskau ziemlich gleichgültig seien. Außerdem – so ist wohl Molotows „humorige" Äußerung am Ende des Bunkergesprächs zu verstehen – sei England noch keineswegs am Ende. Molotows Verhalten konnte von deutscher Seite nur als Provokation verstanden werden.

Am Vormittag des 14. November fuhren Molotow und die sowjetische Delegation mit ihrem Sonderzug nach Moskau zurück. Gleich nach seiner Rückkehr berichtete Molotow im Kreml Stalin und dem Politbüro über seine Gespräche mit der deutschen Führung: „Hitler sucht unsere Unterstützung im Kampf mit England und dessen Verbündeten.

---

[562]  ADAP D XI,1, Dok. 329.

Wir müssen auf die Zuspitzung ihrer Auseinandersetzungen warten. Hitler schwankt hin und her. Eines ist klar: Er wird sich nicht entschließen, einen Krieg an zwei Fronten zu führen. Ich glaube, wir haben Zeit, die Westgrenzen zu verstärken. Jedoch müssen wir beide Möglichkeiten im Auge behalten. Schließlich haben wir es mit einem Abenteurer zu tun."[563]

Mit anderen Worten, die sowjetische Führung rechnete über kurz oder lang mit einem Krieg gegen Deutschland. Trotz der beunruhigenden Gesprächsführung Molotows hofften Hitler und Ribbentrop, daß Stalin anderer Meinung sei und doch noch auf das deutsche Angebot eingehen werde.

Inzwischen hatte sich die internationale Position der Achsenmächte durch den italienischen Angriff auf Griechenland deutlich verschlechtert. Am 20. November schrieb Hitler einen langen Brief an Mussolini, in dem er ihm die negativen Folgen des griechischen Abenteuers auseinandersetzte: „Die militärischen Folgen der Entwicklung dieser Situation, Duce, sind sehr schwere. England erhält nunmehr eine Reihe von Luftstützpunkten, die es in nächster Nähe des Petroleum-Gebietes von Ploesti bringen, ebenso aber auch in greifbare Nähe ganz Süditaliens. […] Während bisher das rumänische Petroleum-Gebiet für englische Bomber überhaupt nicht greifbar war, sind diese nunmehr in eine Nähe gerückt, die unter 500 Kilometern liegt. Ich wage über die Folgen kaum nachzudenken. Denn, Duce, über eines muß Klarheit bestehen: Einen wirksamen Schutz eines Petroleum-Gebietes gibt es nicht. […] Gänzlich unreparabel würde der Schaden sein, wenn größere Ölraffinerien […] der Zerstörung anheimfielen."[564]

Inwieweit Hitler zu diesem Zeitpunkt noch glaubte, daß Stalin doch noch dem Dreimächtepakt beitreten werde, ist nicht zu beantworten. Seine letzten Hoffnungen wurden jedenfalls einige Tage später endgültig zerstört. In einer Stellungnahme zum deutschen Vorschlag zur Bildung eines Viermächtepaktes wiederholte Molotow gegenüber Schulenburg den Standpunkt der Sowjetregierung, wie er ihn bereits in Berlin vertreten hatte.[565] Hitler hatte genug und ließ die Verhandlungen abbrechen.

In den folgenden Wochen erwies sich Hitlers Kontinentalblockkonzept endgültig als nicht realisierbar. Am 8. Dezember teilte Generalissimus Franco Abwehrchef Admiral Wilhelm Canaris mit, Spanien könne nicht zu dem von Hitler gewünschten Termin in den Krieg eintreten; damit entfiel die Voraussetzung für Unternehmen „Felix".[566] Und am 13. Dezember ließ Marschall Pétain Hitler wissen, er werde sich von Laval, dem entschiedensten Vertreter einer deutsch-französischen Zusammenarbeit, trennen.[567] Dies war praktisch die Absage an eine verstärkte Mitwirkung Frankreichs am Kampf gegen England.

Am 5. Dezember trugen der Oberbefehlshaber des Heeres Brauchitsch und Generalstabschef Halder den Operationsplan des Heeres für einen Feldzug gegen die Sowjetunion vor.[568] Hitler war mit den Grundzügen einverstanden. Er teilte dem OKH mit, daß das Unternehmen „Seelöwe" – die Invasion nach Großbritannien – nicht mehr in Betracht komme und daß die Vorbereitungen für einen Rußlandfeldzug voll in Gang zu setzen seien; als beabsichtigten Zeitpunkt gab Hitler Ende Mai 1941 an.[569]

Am 18. Dezember erließ Hitler die Weisung Nr. 21 Fall „Barbarossa", die mit den Worten begann: „Die Deutsche Wehrmacht muß darauf vorbereitet sein, auch vor Beendigung des Krieges gegen England Sowjetrußland in einem schnellen Feldzug nieder-

---

[563] Zit.n. Wolkogonow, Stalin, S. 555 f.
[564] ADAP D XI,2, Dok. 369.
[565] ADAP D XI,2, Dok. 404.
[566] KTB OKW, Bd. I/1, S. 219 (8.12.40).
[567] ADAP D XI, 2, Dok. 510.
[568] KTB OKW, Bd. I/1, S. 208 f. (5.12.40).
[569] KTB Halder, Bd. II, S. 214 (5.12.40).

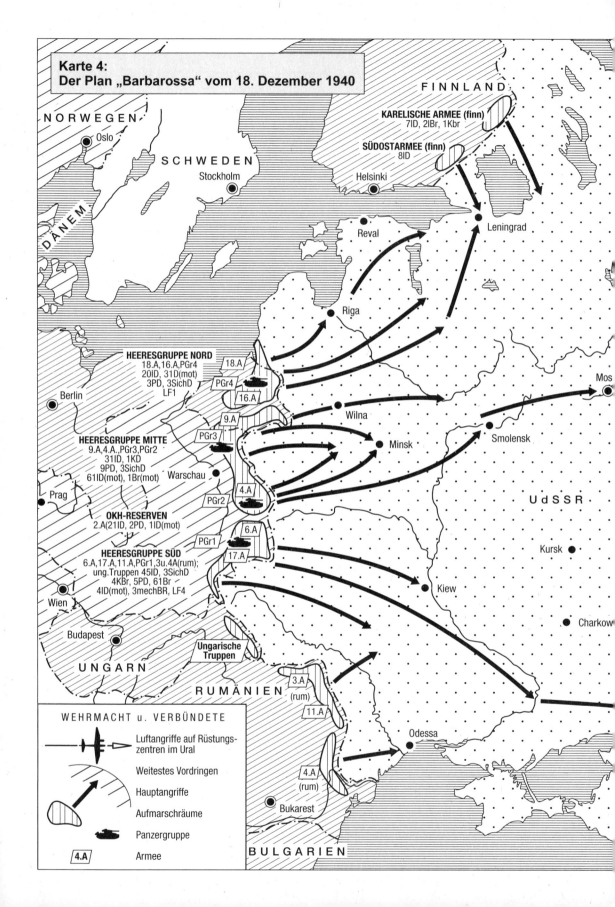

Karte 4:
Der Plan „Barbarossa" vom 18. Dezember 1940

NORWEGEN

Oslo

SCHWEDEN

Stockholm

DÄNEM

FINNLAND

KARELISCHE ARMEE (finn)
7ID, 2lBr, 1Kbr

SÜDOSTARMEE (finn)
8ID

Helsinki

Reval

Leningrad

Riga

HEERESGRUPPE NORD
18.A, 16.A, PGr4
20ID, 31D(mot)
3PD, 3SichD
LF1

18.A

PGr4

16.A

Berlin

9.A

PGr3

Wilna

Mos

HEERESGRUPPE MITTE
9.A, 4.A., PGr3, PGr2
31ID, 1KD
9PD, 3SichD
61ID(mot), 1Br(mot)

Warschau

Minsk

Smolensk

4.A

PGr2

Prag

OKH-RESERVEN
2.A(21ID, 2PD, 1ID(mot)

6.A

UdSSR

PGr1

17.A

Kursk

HEERESGRUPPE SÜD
6.A, 17.A, 11.A, PGr1, 3u.4A(rum);
ung.Truppen 45ID, 3SichD
4KBr, 5PD, 61Br
4ID(mot), 3mechBR, LF4

Wien

Kiew

Charkow

Budapest

Ungarische
Truppen

UNGARN

RUMÄNIEN

3.A
(rum)

11.A

Odessa

4.A
(rum)

Bukarest

BULGARIEN

WEHRMACHT u. VERBÜNDETE

Luftangriffe auf Rüstungs-
zentren im Ural

Weitestes Vordringen

Hauptangriffe

Aufmarschräume

Panzergruppe

4.A    Armee

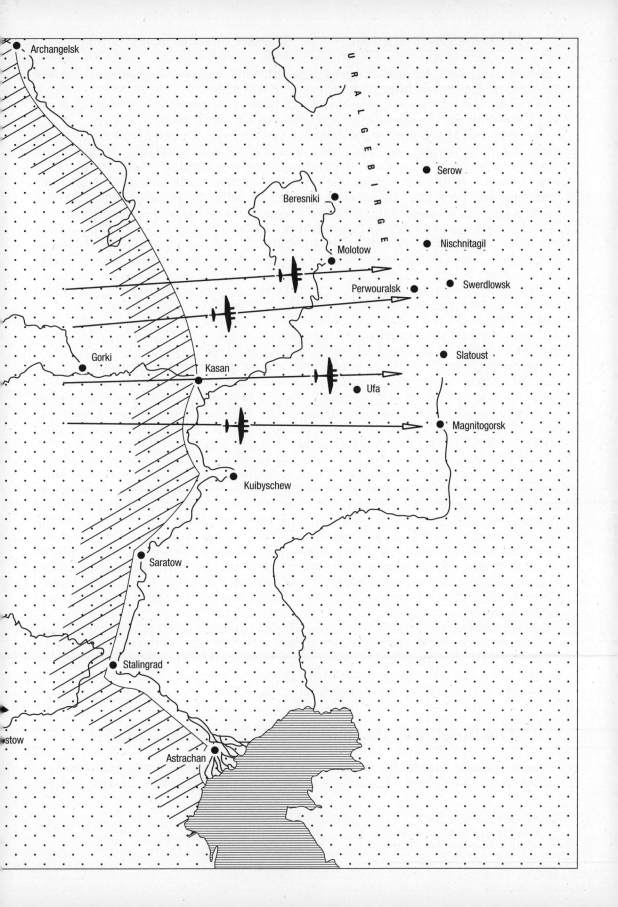

zuwerfen. [...] Den Aufmarsch gegen Sowjetrußland werde ich gegebenenfalls acht Wochen vor dem beabsichtigten Operationstermin befehlen."

Der Plan „Barbarossa" sah einen Angriff mit drei Heeresgruppen vor, wobei insgesamt vier Panzergruppen die eigentlichen Angriffsspitzen bilden sollten.

Die überstarke Heeresgruppe Mitte mit den Panzergruppen 2 und 3 hatte die Aufgabe, nach der Zerschlagung der feindlichen Kräfte in Weißrußland nach Norden einzuschwenken, um zusammen mit der Heeresgruppe Nord und der Panzergruppe 4 die sowjetischen Verbände im Baltikum zu vernichten und damit die Voraussetzung für die Einnahme von Leningrad zu schaffen. Erst danach sollte die Heeresgruppe Mitte den Vorstoß auf das „wichtige Verkehrs- und Rüstungszentrum Moskau" weiterführen.

Die Heeresgruppe Süd mit der Panzergruppe 1 sollte in allgemeiner Richtung auf Kiew vorstoßen, um „in konzentrischer Operation und mit starken Flügeln die vollständige Vernichtung der in der Ukraine stehenden russischen Kräfte noch westlich des Dnjepr anzustreben".

Allgemeine Absicht der Operationen war, die im westlichen Grenzgebiet der Sowjetunion konzentrierte Masse der Roten Armee durch tiefe Vorstöße von Panzerkeilen zu vernichten und den Abzug kampfkräftiger Teile in die Tiefe des Raumes zu verhindern. Endziel sollte die Linie Astrachan–Archangelsk sein, nach deren Erreichen das Industriegebiet im Ural durch die deutsche Luftwaffe zerstört werden konnte.

Auch wenn Hitler seiner Umgebung immer wieder seinen „festen Entschluß" verkündete, so war dies nicht ganz wörtlich zu nehmen, denn unter Punkt IV der Weisung Nr. 21 heißt es: „Alle von den Herren Oberbefehlshabern aufgrund dieser Weisung zu treffenden Anordnungen müssen eindeutig dahin abgestimmt sein, daß es sich um Vorsichtsmaßnahmen handelt für den Fall, daß Rußland seine bisherige Haltung gegen uns ändern sollte." Auch sei die zeitliche Durchführung noch gar nicht festgelegt.[570]

Ende Oktober 1940 begannen in Moskau Verhandlungen über ein zweites deutsch-sowjetisches Wirtschaftsabkommen. Das neue deutsch-sowjetische Wirtschaftsabkommen wurde am 10. Januar 1941 unterzeichnet; dem geplanten Umfang nach ging es über das Abkommen vom Februar 1940 weit hinaus.[571] Zwischen Februar 1941 und August 1942 sollte die Sowjetunion Waren im Wert von 620 bis 640 Millionen RM liefern; Deutschland würde nach Ausgleich des Defizits aus dem alten Abkommen bis zum 11. Mai 1941 Industriegüter in gleichem Wert bis zum Endtermin August 1942 in die UdSSR exportieren. In zwei Warenlisten waren die Austauschgüter festgehalten. Die sowjetischen Lieferverpflichtungen umfaßten unter anderem 2,5 Millonen Tonnen Getreide, eine Million Tonnen Mineralölprodukte sowie große Mengen an Bunt- und Edelmetallen.[572]

Sowohl das Deutsche Reich wie die Sowjetunion setzten ihre Lieferungen bis zum 22. Juni 1941 mit größter Pünktlichkeit fort, da die Wirtschaft zu den wenigen Bereichen zählte, wo sie demonstrativ guten Willen zeigen konnten. Berlin und Moskau hielten dies für nötig, um von dem riesigen, nicht mehr geheimzuhaltenden Aufmarsch ihrer Streitkräfte für die kommende Auseinandersetzung abzulenken.

## Die Besetzung des Balkans: Unternehmen „Marita"

Der italienische Angriff auf Griechenland war schon in der Anfangsphase steckengeblieben. Die politischen Folgen waren für die Achsenmächte äußerst unerfreulich. Be-

---

[570] ADAP D XI, 2, Dok. 532.
[571] ADAP D XI, 2, Dok. 377, 409 u. 412.
[572] ADAP D XI, 2, Dok. 568, 612 u. 637.

reits am 3. November versprach Großbritannien Griechenland die volle Unterstützung, gleichzeitig versuchte London, die jugoslawische Regierung dahingehend zu beeinflussen, Zurückhaltung gegenüber den Achsenmächten zu üben.[573]

Die Anwesenheit von englischen Truppen und insbesondere von Bomberverbänden in Griechenland bedeutete eine Gefährdung Ploestis und damit der deutschen Ölversorgung. Deshalb erließ Hitler am 13. Dezember 1940 die Weisung Nr. 20 Unternehmen „Marita" für einen Feldzug gegen Griechenland mit dem Ziel, die Entstehung einer für das rumänische Ölgebiet gefährlichen englischen Luftwaffenbasis zu verhindern. Hitler rechnete mit der Unterstützung Bulgariens, die Haltung Jugoslawiens erschien ihm noch nicht klar übersehbar. Da militärische Vorbereitungen auf dem Balkan große politische Auswirkungen haben konnten, sollte an diese mit Vorsicht herangegangen werden.[574]

Bereits am 26. November plante das OKW, in Kürze einen Erkundungsstab nach Bulgarien zu schicken, wofür das Auswärtige Amt das Einverständnis Sofias einholen sollte.[575] Am 4. Dezember bat der bulgarische Gesandte den Chef des Wehrmachtführungsstabes, General Jodl, deutsche Truppen in die Dobrudscha zu entsenden, um die Sowjets vor einer Besetzung Varnas abzuschrecken.[576]

Am 11. Dezember erließ das OKH die Aufmarschanweisung für die 12. Armee zur Durchführung von Unternehmen „Marita". Die 12. Armee sollte sich in Südrumänien konzentrieren und ab dem 25. Januar 1941 bereit sein, um innerhalb von zwölf Stunden in Bulgarien einzurücken und um 35 Tage später die bulgarisch-griechische Grenze überschreiten zu können.[577] Bereits Ende November 1940 hatte Molotow versucht, die bulgarische Regierung dahingehend zu beeinflussen, dem Dreimächtepakt nicht beizutreten und statt dessen einen Pakt über gegenseitige Hilfeleistung mit der Sowjetunion abzuschließen. Moskau versprach dafür die territorialen Revisionsforderungen Bulgariens in bezug auf Westthrazien zu unterstützen.[578] Dieses Drängen von Seiten Moskaus sowie naheliegende Befürchtungen über die sowjetischen Absichten veranlaßten aber König Boris im Gegenteil, sich immer mehr Deutschland anzunähern. Hitler wiederum drängte die bulgarische Regierung, möglichst bald dem Dreimächtepakt beizutreten, und er versprach militärischen Schutz vor Rußland und der Türkei.[579] Sofia zögerte zunächst, aber am 23. Januar teilte der bulgarische Ministerpräsident Bogdan Filow dem deutschen Botschafter mit, seine Regierung werde den Dreimächtepakt in Kürze unterzeichnen. Die Bulgaren baten, wegen der militärischen Schwäche ihres Landes den Beitritt zum Dreimächtepakt erst bekanntzugeben, wenn deutsche Truppen im Lande seien.[580]

Am 17. Januar erschien der russische Botschafter Dekanosow im Auswärtigen Amt und übergab von Weizsäcker eine Note, in der die Sowjetregierung ihre Besorgnis über die deutschen Truppenkonzentrationen in Rumänien und den bevorstehenden Einmarsch in Bulgarien Ausdruck gab.[581]

Am 21. Februar teilte das Auswärtige Amt von Schulenburg mit, es sei jetzt die Zeit gekommen, die volle Stärke der deutschen Truppen in Rumänien zu enthüllen. Dort stünden 680.000 Mann bereit, darunter ein besonders hoher Prozentsatz Panzerverbände.[582] Durch

---

[573]  Siehe dazu Hitlers Brief an Mussolini vom 20.11.1940, ADAP D XI, 2, Dok. 369.
[574]  ADAP D XI, 2, Dok. 511.
[575]  KTB OKW, Bd. I/1, S. 190 (26.11.40).
[576]  Ebenda, S. 201 (4.12.40).
[577]  Ebenda, S. 224 (11.12.40).
[578]  ADAP D XI, 2, Dok. 415 u. 430.
[579]  ADAP D XI, 2, Dok. 606.
[580]  ADAP D XI, 2, Dok. 704 u. KTB OKW, Bd. I/1, S. 267 (17.1.40).
[581]  ADAP D XI, 2, Dok. 668.
[582]  ADAP D XII, 1, Dok. 70.

die gezielte Verbreitung von Meldungen über die deutsche Stärke sollte Moskau von irgendwelchen Gegenmaßnahmen abgeschreckt werden. Ende Februar war der Aufmarsch der deutschen Truppen in Südrumänien vollendet, und nun konnten diese in Bulgarien einrücken, während gleichzeitig der Beitritt Sofias zum Dreimächtepakt bekanntgegeben wurde.[583]

Der deutsche Feldzug gegen Griechenland sollte die Gefahr für die rumänischen Ölfelder ausschalten, die von englischen Luftwaffenstützpunkten auf griechischem Boden ausging. Der Durchmarsch durch Bulgarien war dabei aus geographischen Gründen unumgänglich.

Der deutsch-sowjetische Interessenkonflikt auf dem Balkan griff jetzt auch auf Jugoslawien über. Im Verlauf des März 1941 gelang es der deutschen Führung, die jugoslawische Regierung zum Beitritt zum Dreimächtepakt zu bewegen. Nachdem bereits Ungarn (20. November 1940), Rumänien (23. November 1940) und Bulgarien (1. März 1941) sich dem Pakt angeschlossen hatten, wäre damit fast der ganze Balkan unter die Vorherrschaft der Achsenmächte gekommen. Am 25. März erklärte Belgrad sein Einverständnis zum Beitritt, zwei Tage später wurde jedoch die jugoslawische Regierung durch einen Putsch des Generals Duschan Simowitsch gestürzt. Der Staatsstreich wurde vom englischen, amerikanischen und sowjetischen Geheimdienst unterstützt.[584] Prinzregent Paul wurde vertrieben, und auf den Thron gelangte der siebzehnjährige Peter II. Da die neue Regierung in Belgrad den Vertrag über den Beitritt zum Dreimächtepakt nicht ratifizierte und offen ihre Sympathien für England zeigte, entschloß sich Hitler bereits am 27. März, im Rahmen von Unternehmen „Marita" auch Jugoslawien zu besetzen.[585] Überraschend unterzeichneten Molotow und der jugoslawische Botschafter Milan Gawrilowitsch am 5. April 1941 in Moskau einen Freundschafts- und Nichtangriffspakt zwischen der UdSSR und Jugoslawien.[586] Die deutsche Führung sah darin einen Beweis für eine sowjetisch-englisch-jugoslawische Zusammenarbeit gegen das Reich.[587]

Unternehmen „Marita", der Feldzug gegen Griechenland und Jugoslawien, begann am 6. April 1941. Bereits am 17. April kapitulierte die jugoslawische Armee, am 29. war der Peloponnes erobert, und am 3. Mai marschierte die deutsche Wehrmacht in Athen ein. Der englische Rückzug vom griechischen Festland hatte am 15. April begonnen, und die Briten hielten sich im Mai nur noch auf Kreta, das zwischen dem 20. und dem 31. Mai durch eine deutsche Luftlandeoperation (Unternehmen „Merkur") erobert wurde.[588]

## Der Japanisch-Sowjetische Nichtangriffspakt

Neben dem Balkanfeldzug brachte der April 1941 noch ein weiteres Ereignis von weittragender Bedeutung: die Unterzeichnung des Sowjetisch-Japanischen Neutralitätspaktes am 13. April 1941 in Moskau.[589] Der japanische Außenminister Yosuke Matsuoka war nach seinem Besuch in Berlin Anfang April in der sowjetischen Hauptstadt eingetroffen, wo er den anstehenden Verhandlungen mit Skepsis entgegensah. Am 13. April wollte Matsuoka, der seine Mission bereits als gescheitert ansah, abreisen, als er am Morgen

---

[583]  ADAP D XII, 1, Dok. 99.
[584]  Walter Hagen. Die geheime Front. Linz/Wien 1950, S. 204 ff.
[585]  KTB OKW, Bd. I/1, S. 368 (27.3.41); s.a. Weisung Nr. 25, ADAP D XII,1, Dok. 223.
[586]  SDFP III, S. 484 f.
[587]  Erklärung Ribbentrops v. 21.6.1941, Teil V, ADAP D XII,2, Dok. 659.
[588]  Siehe dazu KTB OKW, Bd. I/1 u. 2, 6.4.41 bis 3.6.41.
[589]  SDFP III, S. 486 f.

plötzlich in den Kreml gerufen wurde. Stalin machte ihm den Vorschlag, noch am glei-chen Tag einen Freundschafts- und Neutralitätspakt zwischen den beiden Ländern zu unterzeichnen.[590] Dem Vertrag angeschlossen war eine Deklaration, derzufolge die bei-den Staaten ihre Interessensphären in der Mongolischen Volksrepublik und in Man-dschukuo gegenseitig anerkannten.[591]

Matsuoka wußte bei der Unterzeichnung des Vertrages in Moskau nicht, wie gespannt die deutsch-sowjetischen Beziehungen in Wirklichkeit waren. Berlin hatte seit dem Ab-schluß des Deutsch-Sowjetischen Nichtangriffspaktes Tokio zu einer Verbesserung seiner Beziehungen zu Moskau gedrängt. Als Matsuoka zwischen dem 27. März und dem 4. April 1941 in Berlin mit Hitler und Ribbentrop sprach, lehnten diese ein japanisch-sowjetisches Neutralitätsabkommen nicht ausdrücklich ab und verschleierten die deut-sche Absichten gegenüber Rußland.[592] Hitler wünschte eine Beteiligung der Japaner an der peripheren Strategie gegen Großbritannien und einen Angriff auf Singapur. Einen Konflikt mit den USA, so Hitler zu Matsuoka, solle Japan nicht fürchten, denn die militä-rische Stärke der Amerikaner sei vorläufig gering; er betonte, daß, „wenn Japan in einen Konflikt mit den Vereinigten Staaten geriete, Deutschland seinerseits sofort die Kon-sequenzen ziehen würde. Es sei gleichgültig, mit wem die Vereinigten Staaten zuerst in Konflikt gerieten, ob mit Deutschland oder Japan. Sie würden stets darauf aus sein, zu-nächst ein Land zu erledigen, nicht etwa, um sich anschließend mit dem anderen Land zu verständigen, sondern um dieses dann ebenfalls zu erledigen. Daher würde Deutsch-land [...] unverzüglich in einem Konfliktfall Japan–Amerika eingreifen, denn die Stärke der drei Paktmächte sei ihr gemeinsames Vorgehen. Ihre Schwäche würde darin liegen, wenn sie sich einzeln niederschlagen ließen."[593]

Hitler versprach Matsuoka also, im Falle eines japanisch-amerikanischen Krieges un-verzüglich einzugreifen. Damit ging der deutsche Reichskanzler über die Abmachungen des Dreimächtepaktes, die nur für den Verteidigungsfall galten, weit hinaus. Hitler war überzeugt, daß Präsident Roosevelt den Kriegseintritt der USA anstrebte. Deutschland konnte wegen seiner schwachen Kriegsmarine gegen die Vereinigten Staaten kaum et-was unternehmen, außer den U-Boot-Krieg auf die amerikanischen Küstengewässer aus-zudehnen. Dagegen verfügte Japan damals über eine Kriegsmarine, die den Flotten der USA und Großbritanniens in Fernost gleichwertig war. Japan war in der Lage, im Fernen Osten die europäischen kolonialen Besitzungen zu erobern und gleichzeitig die englische und amerikanische Seemacht in Schach zu halten.

## Moskau täuscht Friedfertigkeit vor

Am 6. Mai übernahm Stalin anstelle von Molotow das Amt des Vorsitzenden des Rats der Volkskommissare und damit offiziell die Regierungsverantwortung. Bis zu diesem Zeitpunkt war Stalin nominell nur Generalsekretär der WKP(B),[594] also Parteichef, ge-wesen. Gleichzeitig wies die Sowjetregierung in diesen Tagen die diplomatischen Vertre-ter Jugoslawiens, Belgiens und Norwegens mit der Begründung aus, diese Staaten hätten ihre Souveränität verloren. Der Gesandte Griechenlands mußte die sowjetische Haupt-stadt Anfang Juni verlassen. Dafür schickte Moskau einen Botschafter nach Frankreich zur Regierung von Vichy.[595]

---

[590]  ADAP D XII, 2, Dok. 301 u. 332.
[591]  SDFP III, S. 487.
[592]  ADAP D XII, 2, Dok. 222.
[593]  ADAP D XII, 1, Dok. 266.
[594]  Wsesojusnaja Kommunistitscheskaja Partija, WKP(B) = Kommunistische Allunions-Partei (Bolschewiki).
[595]  Rossi, Zwei Jahre deutsch-sowjetisches Bündnis, S. 187.

Am 12. Mai schickte Schulenburg einen Bericht nach Berlin, in dem er seine Einschätzung des neuen Kurses der sowjetischen Politik darlegte: „Diese Willenskundgebungen der Stalin-Regierung sind in erster Linie darauf gerichtet, unter Wahrung der eigenen Interessen das Verhältnis zwischen der Sowjetunion und Deutschland zu entspannen und eine bessere Atmosphäre für die Zukunft zu schaffen. Insbesondere ist davon auszugehen, daß Stalin persönlich stets für ein freundschaftliches Verhältnis zwischen Deutschland und der Sowjetunion eingetreten ist."

Am 9. Mai hatte die sowjetische Nachrichtenagentur TASS in scharfer Form Berichte der japanischen Nachrichtenagentur Domei Tusin über mächtige sowjetische Truppenkonzentrationen an der Grenze zum deutschen Machtbereich dementiert.[596] Dieses Dementi war in den Augen Hitlers und der deutschen militärischen Führung eine glatte Unwahrheit, denn OKH und OKW erhielten seit Wochen Aufklärungsergebnisse über einen Großaufmarsch der Roten Armee in den sowjetischen Westgebieten.[597] Die sowjetischen Truppenkonzentrationen konnten keineswegs nur als Reaktion auf den deutschen Aufmarsch betrachtet werden. Seit dem Ende des Polenfeldzuges 1939 waren mehr als 110 sowjetische Divisionen im westlichen Teil der UdSSR versammelt, wogegen der deutsche Aufmarsch erst in der ersten Hälfte des März 1941 anlief. Bis zum 1. Juni waren erst 80 Divisionen der Wehrmacht im Osten versammelt, und zwar fast nur Infanteriedivisionen. Die eigentlichen Angriffsverbände, die Panzer- und motorisierten Divisionen, wurden – um die eigenen Absichten so lange wie möglich zu verschleiern – möglichst spät in ihre Aufmarschräume verlegt. Bis zum 1. Juni befanden sich auf deutscher Seite nur drei Panzerdivisionen im Osten.[598]

Aus der Sicht der obersten deutschen Führung stellte sich die Situation wie folgt dar: Während die sowjetische Führung bei den Verhandlungen über einen Beitritt zum Dreimächtepakt im November 1940 und der anschließenden Balkankrise kaum verhüllt einen antideutschen Kurs gesteuert hatte, schwenkte Stalin genau zu dem Zeitpunkt zu einer Beschwichtigungspolitik gegenüber Berlin um, als der Aufmarsch der Roten Armee an der Grenze des deutschen Machtbereichs nicht länger geheimzuhalten war.

Im Ausland befand man sich über die wahren Absichten Berlins und Moskaus weitgehend im dunkeln, die neutrale und die angelsächsische Presse spekulierte, ob es zwischen Deutschland und der Sowjetunion einen Krieg oder eine neue Verständigung geben würde.[599]

Mitte April 1941 erhielt London aus diplomatischen Quellen Berichte über einen für Anfang Juni geplanten deutschen Angriff auf die UdSSR sowie über deutsche Kriegsvorbereitungen im Osten. Die britische Regierung hielt dies aber für Bestandteile eines Nervenkrieges, da ein Feldzug gegen die Sowjetunion die deutschen militärischen Kräfte überspannen würde.[600]

In dieser Situation ereignete sich ein spektakulärer Zwischenfall: Am 10. Mai 1941 sprang der Stellvertreter Hitlers als Führer der NSDAP, Rudolf Heß, nach einem Alleinflug mit einer Messerschmitt Me 110 über Schottland mit dem Fallschirm ab. Ob er für dieses Unternehmen das Einverständnis Hitlers hatte, ist bis heute nicht ganz sicher, auf jeden Fall trug Heß den Vertretern der britischen Regierung nochmals ein Friedensangebot vor: Für freie Hand in Europa erkenne Deutschland an, daß Großbritannien ebenso freie Hand in seinem Empire habe; nur die ehemaligen deutschen

---

[596] SDFP III, S. 487 f.

[597] Hans-Günther Seraphim. Die deutsch-russischen Beziehungen 1939–1941. Hamburg 1949, S. 55 f.

[598] Fall Barbarossa, Dok. 82.

[599] Kurt Aßmann. Die Seekriegsleitung und die Vorgeschichte des Feldzuges gegen Rußland, IMT Bd. XXXIV, S. 704 f.; KTB Skl A, Bd. 22, S. 161 (15.6.41).

[600] Ebenda, S. 458.

Kolonien in Afrika müßten von England zurückgegeben werden.[601] Das Angebot von Heß ging inhaltlich somit nicht über Hitlers Friedensappell an England bei seiner Reichstagsrede vom 19. Juli 1940 hinaus, sofern man den jüngst veröffentlichten britischen Dokumenten trauen darf. Nach einer kurzen Phase der Unsicherheit, wie diese Affäre am besten zu behandeln sei, entschloß sich die britische Regierung, den Fall Heß für eine Desinformationskampagne auszunutzen. Die militärische Lage war für Großbritannien im Frühjahr 1941 ausgesprochen schlecht, und London hatte bisher vergeblich versucht, Moskau zum Bündniswechsel und Washington zum Kriegseintritt zu bewegen. Der Flug des Rudolf Heß wurde nun dazu instrumentalisiert, bei der sowjetischen wie bei der amerikanischen Führung den Eindruck zu erwecken, daß gewisse Kreise in der englischen Regierung bereit seien, auf das deutsche Friedensangebot einzugehen. Dieses Manöver um angebliche ernsthafte Gespräche mit Heß sollte die amerikanische Regierung zu mehr materieller Unterstützung für Großbritannien und zum baldigen Kriegseintritt veranlassen. Die Sowjets sollten durch die Drohung, England könne den Kriegszustand mit Deutschland beenden, davon abgehalten werden, ein neues Abkommen mit Berlin zu schließen. Gleichzeitig übermittelte London Moskau Informationen des britischen Nachrichtendienstes über den deutschen Aufmarsch im Osten.[602]

Moskau reagierte auf dieses Spiel aus guten Gründen nervös. Ein deutsch-englischer Kompromißfrieden hätte die Sowjetunion in die Lage gebracht, allein gegen das Deutsche Reich zu stehen.[603]

## Hitlers Gründe für den Feldzug gegen die Sowjetunion

Während Hitler die Stärke der Roten Armee erheblich unterschätzte, sah er in der zukünftigen Entwicklung des russischen Rüstungspotentials eine große Gefahr. Bereits jetzt stellte nach seiner Einschätzung im Gegensatz zu den Landstreitkräften die sowjetische Luftwaffe eine erhebliche Bedrohung dar, und zwar eine Bedrohung für die Industrie und die Ölversorgung Deutschlands. Schon bei der ersten Besprechung über einen möglichen Rußlandfeldzug am 21. Juli 1940 hatte Hitler von der Gefahr eines überraschenden Schlages der sowjetischen Luftstreitkräfte gegen die rumänischen Ölfelder oder gegen die mitteldeutschen Hydrierwerke gesprochen. Dies spiegelt sich auch in der Weisung Nr. 21 Fall „Barbarossa" wider.[604]

Halder notierte am 17. Februar in seinem Tagebuch: „Äußerung des Führers über Rußland: Er sei betroffen über die Nachrichten über russische Luftwaffe. Auseinandersetzung sei unvermeidlich."[605]

Einige Tage später vermerkte der Generaloberst, die russische Luftwaffe werde von deutscher Seite auf 4.000 bis 5.000 Kampf- und Jagdflugzeuge geschätzt; trotz einiger Ausbildungsmängel bei den Sowjets müsse mit Luftangriffen auf die deutsche Nachschubbasis in Ostpreußen, das schlesische Industriegebiet, die rumänische Ölbasis, die Ostseehäfen sowie Berlin gerechnet werden.[606]

Halder, der stellvertretende Chef des Wehrmachtführungsstabes Walter Warlimont und Raeder äußerten Warnungen wegen der unabsehbaren Risiken eines Rußlandfeld-

---

[601] Rainer F. Schmidt. Der Heß-Flug und das Kabinett Churchill, in: Vierteljahrshefte für Zeitgeschichte 1/94, S. 13 f. u. 25 ff.
[602] Ebenda, S. 18 ff.
[603] ADAP D XII, 2, Dok. 639.
[604] ADAP D XI, 2, Dok. 532.
[605] KTB Halder, Bd. II, S. 283 (17.2.41).
[606] Ebenda, S. 288 f. (22.2.41).

zuges.[607] Hitler gab sich gegenüber seiner Umgebung siegessicher, war in seinem Innersten angesichts der unbekannten Dimensionen dieses neuen Krieges aber pessimistisch. Zweieinhalb Monate nach Beginn des Rußlandkrieges erklärte er öffentlich: „Es war [...] der schwerste Entschluß meines ganzen bisherigen Lebens. Ein jeder solcher Schritt öffnet ein Tor, hinter dem sich nur Geheimnisse verbergen."[608]

Das Bild, das Hitler und die Wehrmachtführung von der Sowjetunion und der Roten Armee hatten, war geprägt von den Berichten über die Greuel des Russischen und des Spanischen Bürgerkrieges sowie durch die Berichte von Widerstandsgruppen in den 1939/40 von der Sowjetunion besetzten Gebieten. Außerdem ließ die Sowjetführung offen, ob sie das geltende Kriegsvölkerrecht, d.h. die Haager Landkriegsordnung von 1907 und das Genfer Abkommen zum Schutz der Kriegsgefangenen von 1929, überhaupt anerkannte. Es war daher zu erwarten, daß die Sowjetführung sofort nach Kriegsbeginn eine Partisanenbewegung organisieren, Kriegsgefangene systematisch ermorden und zu Mitteln der heimtückischen Kriegsführung greifen würde. Diese Annahmen der deutschen Führung sollten sich in vollem Umfang bestätigen.

Am 30. März 1941, elf Wochen vor Beginn des Rußlandfeldzuges, hielt Hitler vor seinen Generalen eine zweieinhalbstündige Rede über den Charakter des bevorstehenden Krieges gegen die Sowjetunion.

Laut den Notizen des Generalstabschefs des Heeres, Franz Halder, sagte Hitler unter anderem: „Kampf zweier Weltanschauungen gegeneinander. Vernichtendes Urteil über Bolschewismus, ist gleich asoziales Verbrechertum. Kommunismus ungeheure Gefahr für die Zukunft. [...] Es handelt sich um einen Vernichtungskampf. Wenn wir es nicht so auffassen, dann werden wir zwar den Feind schlagen, aber in 30 Jahren wird uns wieder der kommunistische Feind gegenüberstehen. Wir führen nicht Krieg, um den Feind zu konservieren.

Künftiges Staatenbild: Nordrußland gehört zu Finnland.

Protektorate Ostseeländer, Ukraine, Weißrußland.

Kampf gegen Rußland: Vernichtung der bolschewistischen Kommissare und der kommunistischen Intelligenz.

Die neuen Staaten müssen sozialistische Staaten sein, aber ohne eigene Intelligenz. Es muß verhindert werden, daß eine neue Intelligenz sich bildet. Hier genügt eine primitive sozialistische Intelligenz [...]

Die Truppe muß sich mit den Mitteln zur Wehr setzen, mit denen sie angegriffen wird. Kommissare und GPU-Leute sind Verbrecher und müssen als solche behandelt werden. Deshalb braucht die Truppe nicht aus der Hand der Führer zu kommen. [...] Der Kampf wird sich sehr unterscheiden vom Kampf im Westen.

Im Osten ist Härte mild für die Zukunft. Die Führer müssen von sich das Opfer verlangen, ihre Bedenken zu überwinden."[609]

Hitler spricht in dieser Rede von einem „Vernichtungskampf" gegen das staatliche Gebilde Sowjetunion, gegen die Kommunistische Partei und gegen die kommunistische Intelligenz. Von einer „Vernichtung" der russischen oder slawischen Zivilbevölkerung oder aller Angehörigen der Roten Armee ist hier, anders als von manchen Historikern hineininterpretiert wird, keine Rede.

Die unmittelbare Folge dieser Rede waren der „Kommissarbefehl" und der „Kriegsgerichtsbarkeitserlaß Barbarossa". Mit diesen Befehlen wollte Hitler die für die Wehrmacht bestehenden völkerrechtlichen Bindungen lockern, um der Truppe

---

[607] Aussage Raeders, IMT Bd. V, S. 307 ff.
[608] Adolf Hitler zur Eröffnung des Kriegswinterhilfswerkes, 3.10.41, in: Völkischer Beobachter, 5.10.1941.
[609] KTB Halder, Bd. II, S. 336 f.

die Möglichkeit zu geben, sich gegen die erwartete völkerrechtswidrige Kriegsführung der Sowjets besser zur Wehr zu setzen. Die Generalität war von diesen Befehlen alles andere als begeistert und bemühte sich, sie in der Formulierung zu entschärfen und ihre praktische Durchführung zu hintertreiben oder wenigstens abzumildern.[610]

Die Meldungen der deutschen Funk- und Luftaufklärung im Mai und Juni über den Aufmarsch der Roten Armee dürften Hitler die Entscheidung für die Durchführung von „Barbarossa" erleichtert haben.[611]

Am 11. und 12. Juni traf Hitler in München mit Marschall Antonescu zusammen und legte in einer ausführlichen Besprechung dar, warum ein Feldzug gegen die Sowjetunion nunmehr unumgänglich geworden sei. Hitler führte zunächst aus, daß Rußland seit dem Sommer 1940 in das Lager der Feinde Deutschlands übergegangen sei.

„Die Folgen dieser Haltung seien militärisch sofort zutage getreten. Es habe sich dabei um Konzentrationen russischer Truppen, motorisierter und Panzerverbände an der deutschen Ostgrenze, größere Truppentransporte aus dem Inneren Rußlands nach dem Westen und Massierung einer starken Luftflotte an der deutschen Grenze gehandelt.

Weiterhin habe Sir Stafford Cripps ein geneigteres Ohr gefunden als bisher, und die russisch-englische Verbindung […] sei ständig mehr vertieft worden. Es wäre wohl klar, daß Rußland nicht im Winter den Krieg beginnen würde, aber es lag auf der Hand, daß die russische Politik entschlossen war, eine günstige Situation wahrzunehmen. Dabei würde sich der Angriff primär wahrscheinlich gar nicht gegen Deutschland richten. Rußland würde sich damit begnügen zu versuchen, Deutschland durch die Massierung einer Riesenarmee an seiner Ostgrenze einzuschüchtern, und im übrigen gegen Finnland und Rumänien aggressiv vorgehen. Der praktischen Auswirkung nach käme ein solches Vorgehen einem direkten Angriff auf Deutschland gleich […]

Wenn nun in dem Kampf auf Leben und Tod mit England die Luftwaffe im Westen gebraucht würde, so sei sie durch die russische Armee im Osten gebunden. Denn Deutschland könne wohl in der Luft an einer Front defensiv und an der anderen offensiv vorgehen, aber nicht eine Zweifrontenoffensive führen […]

Im einzelnen faßte der Führer die Lage folgendermaßen zusammen:

1. Stalin würde Deutschland nie mehr verzeihen, daß es seinem Vordringen auf dem Balkan entgegengetreten sei.

2. Die Sowjetunion würde durch die Konzentration ihrer Machtmittel an der deutsch-russischen Grenze zu verhindern suchen, daß Deutschland durch die freie Verfügung über seine gesamten Machtmittel dem Krieg eine entscheidende Wendung gäbe. Rußland wolle Deutschland dadurch zwingen, Zeit zu verlieren, und hoffe, für England und sich selbst Zeit zu gewinnen.

3. Die Sowjetunion würde jede eventuelle Schwächung Deutschlands als eine einmalige historische Gelegenheit benutzen, um gegen den Staat vorzugehen, den es als Haupthindernis für seine weitere Expansion in Europa ansehe. Außerdem binde Stalin durch seine Haltung japanische Kräfte und verhindere auf diese Weise Japan, sein volles Gewicht Amerika gegenüber zur Geltung zu bringen.

4. Die Sowjetunion versuche, durch ihre Haltung den Widerstandswillen der Engländer zu stärken und Amerika die Hoffnung auf einen starken Festlandsverbündeten in Europa zu geben. Rußland hoffe vor allem, die Beendigung des Krieges im

---

[610]  Walter Post. Die verleumdete Armee. Selent 1999, S. 41 ff. u. S. 86 ff.

[611]  Seraphim, S. 57 ff.; eine etwas abweichende Fassung dieses Dokuments veröffentlichte die Reichsregierung Anfang Juli 1941 in der Presse; siehe AdG 1941, S. 5087.

Jahre 1941 verhindern zu können. Andernfalls sei es entschlossen, die Konsequenzen zu ziehen […]

In den letzten Wochen habe sich die Situation insofern außerordentlich verschlechtert, als das Heranführen russischer Verbände an die deutsche Ostgrenze auch Deutschland zwinge, immer mehr Divisionen nach Osten zu verlegen. […] So ergebe sich das Bild eines Aufmarsches, der nicht von Deutschland provoziert worden sei. Deutschland sei gezwungen, nachhinkend Abwehrmaßnahmen zu treffen, deren Unterlassung politisch und wirtschaftlich nicht zu verantworten gewesen wäre. Es sei klar, daß auf diese Weise eine Ansammlung von Truppen auf beiden Seiten der Grenze erfolgt sei. Eine solche Lage sei reich an Spannungen und Konfliktmöglichkeiten. Jeden Augenblick könne eine Entladung erfolgen […]

Anschließend erläuterte der Führer anhand von Karten den russischen Aufmarsch in Einzelabschnitten von der finnischen bis zur rumänischen Grenze. […] Einen besonderen Raum in den Erörterungen nahm auch die ebenfalls anhand von Karten vom Führer dargelegte Verteilung der russischen Luftstreitkräfte ein. Der Führer und Antonescu waren sich darin einig, daß die Russen sicher versuchen würden, die Petroleumgebiete und Constanza aus der Luft anzugreifen."

Antonescu beurteilte die strategische Situation im Osten in gleicher Weise wie Hitler, auch er hielt wegen des Aufmarsches der Roten Armee und der Bedrohung des rumänischen Ölgebietes durch die russischen Luftstreitkräfte einen Präventivkrieg für notwendig.[612]

In der Nacht vom 21. auf den 22. Juni telegraphierte das Auswärtige Amt der deutschen Botschaft in Moskau ein Memorandum Ribbentrops, das Schulenburg in den Morgenstunden Molotow überreichen sollte.[613] Schulenburg wurde am Morgen des 22. Juni um 5.30 Uhr, also rund zwei Stunden nach Beginn des deutschen Angriffs, von Molotow im Kreml empfangen. Anstatt der Erklärung Ribbentrops übergab Schulenburg dem Volkskommissar nur eine kurze Note folgenden Inhalts: „Angesichts des unerträglichen Maßes an Bedrohung, das infolge der massierten Konzentration und der Vorbereitung aller bewaffneten Kräfte der Roten Armee für die deutsche Ostgrenze entstanden ist, sieht sich die Deutsche Reichsregierung genötigt, umgehend militärische Gegenmaßnahmen zu ergreifen." Molotow fragte, was die Note zu bedeuten habe, worauf Schulenburg antwortete, dies sei der Anfang des Krieges.[614] Nach dem Gespräch mit Schulenburg mußte Molotow Stalin und die politische Führung unterrichten, die sich zu diesem Zeitpunkt bereits im Kreml versammelt hatte. Molotow erklärte den schweigenden Zuhörern: „Der Botschafter hat mir mitgeteilt: Die deutsche Regierung hat uns den Krieg erklärt."[615]

# Sowjetische Planungen für den Krieg gegen Deutschland

Seit dem Herbst 1939 bereitete sich die Sowjetunion systematisch auf einen Krieg vor, die Rüstungsproduktion lief auf vollen Touren. Zwischen dem 1. September 1939 und dem 22. Juni 1941 wuchs die Rote Armee von 1,4 Millionen auf über fünf Millionen Mann an.[616]

---

[612] ADAP D XII, 2, Dok. 614.
[613] ADAP D XII, 2, Nr. 659.
[614] Empfang des deutschen Botschafters Schulenburg, 22. Juni 1941, aus dem Tagebuch W.M. Molotows, in: Osteuropa 6/1991, S. 540 ff.; vgl. die Darstellung Hilgers in: Wir und der Kreml, Frankfurt a.M./Berlin 1956, S. 312 f.
[615] Zit.n. Wolkogonow, Stalin, S. 555.
[616] Post, Unternehmen Barbarossa, S. 255 ff.

Nach der Niederlage Frankreichs legten der damalige Generalstabschef Schaposchnikow und der Volkskommissar für Verteidigung Timoschenko eine ausführliche Analyse über die möglichen militärischen Gegner der Sowjetunion sowie über die eigenen Kräfte vor.[617] Am 1. August 1940 wurde Schaposchnikow als Generalstabschef von Armeegeneral Kirill Merezkow abgelöst. Ausgehend von der Kräfteanalyse Schaposchnikows arbeitete der Chef der Operationsabteilung im Generalstab, Alexander Wassiljewski, im Auftrag Merezkows und Timoschenkos einen Operationsentwurf aus, der am 18. September 1940 fertiggestellt und anschließend Stalin zur Begutachtung vorgelegt wurde. Darin wurden alternativ zwei verschiedene Operationen vorgeschlagen: „Die Hauptkräfte der Roten Armee im Westen können – in Abhängigkeit von der jeweiligen Lage – entwickelt werden entweder: südlich von Brest-Litowsk, um mit einem machtvollen Schlag in den Frontabschnitten Lublin und Krakau und weiter Richtung Breslau schon in der ersten Phase des Krieges Deutschland von den Balkanstaaten abzuschneiden, es so seiner wichtigsten wirtschaftlichen Fundamente berauben [...] oder nördlich von Brest-Litowsk mit dem Auftrag, einen Schlag gegen die Hauptkräfte der deutschen Armee innerhalb der Grenzen von Ostpreußen zu führen und letzteres zu erobern."

Für den Kampf gegen Deutschland und seine Verbündeten waren 176 Divisionen und 15 Panzerbrigaden vorgesehen. Diese sollten in drei Fronten (das sowjetische Gegenstück zur deutschen Heeresgruppe) gegliedert werden, die Nordwestfront, die Westfront und die Südwestfront.

Sollte sich die politische Führung für die südliche Operation entscheiden, so sollte der Hauptschlag durch die Südwestfront aus der Westukraine geführt werden, für die ein Kräfteumfang von sechs Armeen mit insgesamt 88 Divisionen geplant war. Dabei sollte sie zusammen mit dem linken Flügel der Westfront (die aus dem westlichen Weißrußland vorstieß) zunächst die deutschen Kräfte im Raum Warschau–Lublin einschließen und vernichten, um anschließend durch Südpolen in den Raum Breslau vorzustoßen. Wörtlich hieß es: „Der Stoß unserer Kräfte in Richtung Krakau, Breslau gewinnt, indem er Deutschland von den Balkanstaaten [und damit den Öl- und Getreidezufuhren] abschneidet, außerordentliche politische Bedeutung."[618]

Am 14. Oktober 1940 wurde dieser Operationsentwurf von Stalin gebilligt.[619]

Am 18. Dezember hatte Hitler die Weisung „Barbarossa" unterzeichnet. Dank der guten Arbeit der sowjetischen Nachrichtendienste war diese Tatsache nur elf Tage später dem Moskauer Generalstab bekannt.[620]

Anfang Januar 1941 führte der sowjetische Generalstab eine Stabsübung auf Karten durch, bei der die Eroberung von Königsberg (die „nördliche Operation") und Budapest (die „südliche Operation") durchgespielt wurde. Beim Planspiel der nördlichen Operation führte Armeegeneral Georgi Schukow die „Westlichen", also die deutsche Seite. Schukow konnte den Angriff der „Östlichen" zum Stehen bringen und zu einem erfolgreichen Gegenangriff übergehen. Dagegen verlief das Planspiel der südlichen Operation wie erwartet und endete mit der Einnahme von Budapest.[621] Daraufhin ernannte Stalin Schukow zum neuen Generalstabschef. Schukow und Timoschenko beauftragten Generalmajor Wassiljewski sofort mit der Überarbeitung der vorhandenen Operationsentwürfe.[622]

---

[617] Ebenda, Dok.-Nr. 15, S. 397 ff.
[618] Ebenda, Dok.-Nr. 16, S. 401 ff.; vollständige Fassung in W.P. Naumow. Das Jahr 1941 in 2 Büchern, Bd. I, Dok.-Nr. 117.
[619] Wolkogonow, Stalin, S. 547.
[620] Gabriel Gorodetsky. Die große Täuschung: Hitler, Stalin und das Unternehmen Barbarossa, Berlin 2001, S. 170 f.
[621] Pawel Bobylew. Im Januar 1941 rückte die Rote Armee auf Königsberg vor, Iswestija 22.6.1993.
[622] Post, Unternehmen Barbarossa, Dok.-Nr. 17, S. 408 ff.

# Karte 5:
## Die sowjetische Angriffsplanung im Mai 1941

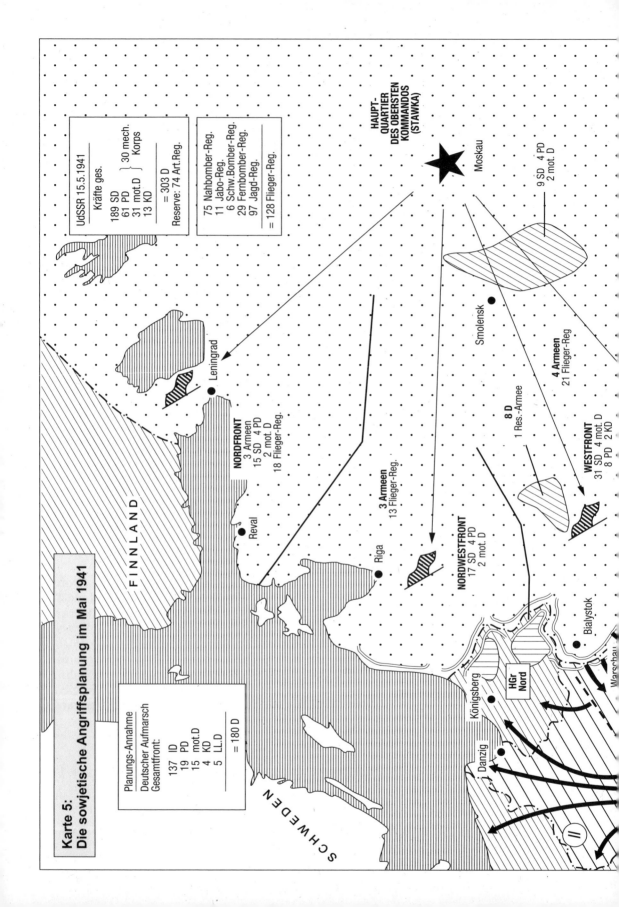

**UdSSR 15.5.1941**
Kräfte ges.

189 SD
61 PD
31 mot.D } 30 mech.
13 KD } Korps
= 303 D
Reserve: 74 Art.Reg.

75 Nahbomber-Reg.
11 Jabo-Reg.
6 Schw.Bomber-Reg.
29 Fernbomber-Reg.
97 Jagd-Reg.
= 128 Flieger-Reg.

**HAUPT-QUARTIER DES OBERSTEN KOMMANDOS (STAWKA)**

Moskau

Smolensk

9 SD 4 PD
2 mot. D

**4 Armeen**
21 Flieger-Reg

**8 D**
1 Res.-Armee

**WESTFRONT**
31 SD 4 mot. D
8 PD 2 KD

Leningrad

**NORDFRONT**
3 Armeen
15 SD 4 PD
2 mot. D
18 Flieger-Reg.

**3 Armeen**
13 Flieger-Reg.

Reval

**NORDWESTFRONT**
17 SD 4 PD
2 mot. D

Riga

F I N N L A N D

Bialystok

**HGr Nord**

Königsberg

Danzig

Warschau

**Planungs-Annahme**
Deutscher Aufmarsch
Gesamtfront:

137 ID
19 PD
15 mot.D
4 KD
5 LL.D
= 180 D

S C H W E D E N

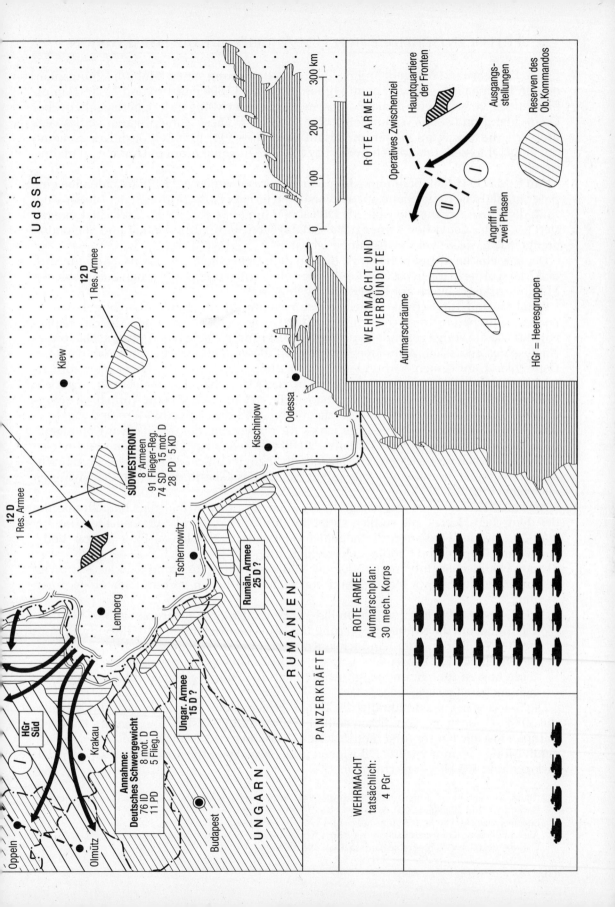

Am 12. Februar 1941 genehmigte die Sowjetregierung einen Mobilmachungsplan, der ein Truppenaufgebot von neun Millionen Mann, 37.800 Panzern und 22.200 Kampfflugzeugen vorsah, womit die Rote Armee eine überwältigende Überlegenheit über Deutschland und seine Verbündeten erlangt hätte.[623] Diese Zahlen waren keineswegs utopisch, die Sowjetunion war im Verlauf des Jahres 1941 (die Zeit nach Kriegsbeginn mit eingeschlossen) tatsächlich in der Lage, Kräfte in annäherndem Umfang zu mobilisieren.

Am 5. Mai 1941 hielt Stalin im Kreml vor den Absolventen der Militärakademien eine programmatische Rede. Stalin sprach von den enormen Fortschritten in der Modernisierung der Roten Armee, die jetzt 300 Divisionen umfasse, von denen ein Drittel motorisiert sei; in der deutschen Armee habe sich dagegen Selbstzufriedenheit und Stagnation breitgemacht, sie sei keineswegs unbesiegbar.[624]

Der sowjetische Aufmarsch war zu diesem Zeitpunkt bereits in vollem Gange; im April und Mai wurden nahezu 800.000 Reservisten einberufen und die Truppen der westlichen Militärbezirke praktisch auf Kriegsstärke gebracht.[625]

Schukow und Timoschenko machten sich zunehmend Sorgen über Umfang und Tempo des deutschen Aufmarschs. Mitte Mai legten sie Stalin einen neuen Operationsplan vor, der wie die vorhergehenden von Wassiljewski ausgearbeitet worden war. Nach einer Analyse des deutschen Aufmarschs heißt es in diesem Dokument: „Im gesamten kann Deutschland mit seinen Verbündeten gegen die Sowjetunion 240 Divisionen aufmarschieren lassen. Wenn man in Betracht zieht, daß Deutschland sein Heer mit eingerichteten rückwärtigen Diensten mobil gemacht hält, so kann es uns beim Aufmarsch zuvorkommen und einen Überraschungsschlag führen. Um dies zu verhindern und die deutsche Armee zu zerschlagen, erachte ich es für notwendig, dem deutschen Kommando unter keinen Umständen die Initiative zu überlassen, dem Gegner beim Aufmarsch zuvorzukommen und das deutsche Heer dann anzugreifen, wenn es sich im Aufmarschstadium befindet, noch keine Front aufbauen und das Gefecht der verbundenen Waffen noch nicht organisieren kann [...]

Als erstes strategisches Ziel haben die Truppen der Roten Armee die Hauptstreitkräfte des deutschen Heeres, die südlich Demblin aufmarschiert sind, zu vernichten und bis zum 30. Tag der Operation die allgemeine Frontlinie Ostrolenka, Fluß Narew, Lodz, Kreuzburg, Oppeln und Olmütz zu erreichen, um:

a)  den Hauptschlag mit den Kräften der Südwestfront in Richtung Krakau, Kattowitz zu führen und somit Deutschland von seinen südlichen Verbündeten abzuschneiden;

b)  den Nebenschlag mit dem linken Flügel der Westfront in Richtung Siedlez, Demblin zu führen, um die Kräftegruppierung um Warschau zu binden und die Südwestfront bei der Vernichtung der feindlichen Kräftegruppierung zu unterstützen;

c)  gegen Finnland, Ostpreußen, Ungarn und Rumänien eine beweglich geführte Verteidigung zu führen, um bei günstiger Lage zur Führung eines Schlages gegen Rumänien bereit zu sein."

Die Stärke der Landstreitkräfte der Roten Armee gaben Schukow und Timoschenko mit 303 Divisionen an. Von diesen sollten 85 Prozent im Westen zum Einsatz kommen, darunter fast alle Panzer- und motorisierten Divisionen: 163 Schützendivisionen, 58 Panzerdivisionen, 30 motorisierte Divisionen und 7 Kavalleriedivisionen, insgesamt 258 Divisionen und 165 Fliegergeschwader.[626]

---

[623]  Heinz Magenheimer. Entscheidungskampf 1941: Sowjetische Kriegsvorbereitungen – Aufmarsch – Zusammenstoß. Bielefeld 2000, S. 65 f.

[624]  Lew Besymenski. Die Rede Stalins am 5. Mai 1941, in: Osteuropa 42/1992.

[625]  Alexej Filippow. Kriegsbereitschaft der Roten Armee im Juni 1941, in: Woenni westnik 9/1992.

[626]  Ebenda; Post, Unternehmen Barbarossa, Dok.-Nr. 18, S. 413 ff.

Die zentrale Idee für die sowjetischen Operationen, ein Vorstoß aus der Westukraine durch Südpolen nach Schlesien sowie ein gleichzeitiger Zangenangriff aus der Westukraine und aus Westweißrußland zur Einschließung starker deutscher Kräfte im Raum Lublin–Warschau, geht auf den Plan vom 18. September 1940 zurück. Schukow, Timoschenko und Wassiljewski erweiterten diese Grundidee um einen anschließenden Vorstoß aus dem Raum Krakau–Kattowitz in nördlicher Richtung zur Ostsee, um möglichst viele deutsche Truppen in Polen und Ostpreußen abzuschneiden und zu vernichten. Dank der Vergrößerung der Roten Armee konnten wesentlich stärkere Kräfte eingeplant werden, als dies im Spätsommer 1940 möglich gewesen war; für den Hauptangriff der Südwestfront waren nicht weniger als acht Armeen mit 122 Divisionen vorgesehen. Die Südwestfront sollte über fast die Hälfte aller Panzer- und motorisierten Divisionen verfügen, das waren etwa 7.000 einsatzbereite Panzer, doppelt soviel, wie die deutsche Wehrmacht für „Barbarossa" insgesamt einsetzte.

Ein Gelingen der sowjetischen Offensive mußte Deutschland in eine prekäre Lage bringen, denn nach der Abschneidung von den rumänischen Ölquellen und dem Verlust einer großen Zahl von Truppen und schweren Waffen in Polen und Ostpreußen würde es den Krieg nur noch unter größten Schwierigkeiten fortsetzen können.

Der Aufmarsch der Roten Armee gliederte sich in zwei strategische Staffeln, eine dritte strategische Staffel befand sich in Aufstellung. Am 22. Juni waren 237 Divisionen aufmarschiert oder im Aufmarsch begriffen. Die erste strategische Staffel verfügte über 170 Divisionen.[627] Die deutsche Aufklärung hatte 160 sowjetische Divisionen der ersten strategischen Staffel erkannt, die zweite und dritte strategische Staffel blieben wegen mangelnder Reichweite der deutschen Aufklärungsflugzeuge unentdeckt. Dies führte dazu, daß das sowjetische Militärpotential von deutscher Seite erheblich unterschätzt wurde.

Die Rote Armee besaß insgesamt 23.200 Panzer, von denen am 22. Juni 14.700 gefechtsbereit waren; unter diesen befanden sich über 1.861 T 34 und KW, die damals allen deutschen Typen erheblich überlegen waren. Außerdem verfügte das russische Heer über mehr als 79.100 Geschütze und Granatwerfer.

Die sowjetischen Luftstreitkräfte besaßen etwa 20.000 Frontflugzeuge, von denen am 22. Juni 13.300 einsatzbereit waren. Etwa 3.719 davon konnten als modern und den deutschen Typen ebenbürtig angesehen werden.[628]

Am 22. Juni 1941 standen auf deutscher Seite folgende Kräfte für das Unternehmen „Barbarossa" bereit: 153 Divisionen, davon 19 Panzer- und 14 motorisierte Divisionen, sowie 37 Divisionen der Verbündeten, insgesamt also 190 Verbände. Das deutsche Heer verfügte über 3.582 Panzer. An Artillerie waren 8.072 Geschütze der Feldartillerie und der schweren Flak vorhanden. Die Luftwaffe besaß 2.510 Frontflugzeuge, denen noch 900 Maschinen der Verbündeten hinzugerechnet werden konnten.[629] Das deutsche Heer war bei Beginn des Unternehmens „Barbarossa" kaum stärker als im Frankreichfeldzug ein Jahr zuvor, die Luftwaffe trat im Ostfeldzug wegen ihrer Engagements auf verschiedenen Kriegsschauplätzen mit rund 1.000 Flugzeugen weniger an als im Mai 1940.

Die aufmarschierenden zwei strategischen Staffeln der Roten Armee waren dem deutschen Ostheer und seinen Verbündeten von der Zahl der Divisionen her nur im Verhältnis 1,3 zu 1 überlegen, bei den schweren Waffen war das sowjetische Übergewicht aber erheblich. Es betrug bei der Artillerie 8 zu 1, bei den einsatzbereiten Panzern 4 zu 1 und bei den einsatzbereiten Frontflugzeugen 4,5 zu 1.

---

[627] Post, Unternehmen Barbarossa, S. 289 ff.
[628] Ebenda, S. 293 u. Diagramm S. 421.
[629] Ebenda, S. 249 ff. u. Diagramm S. 420.

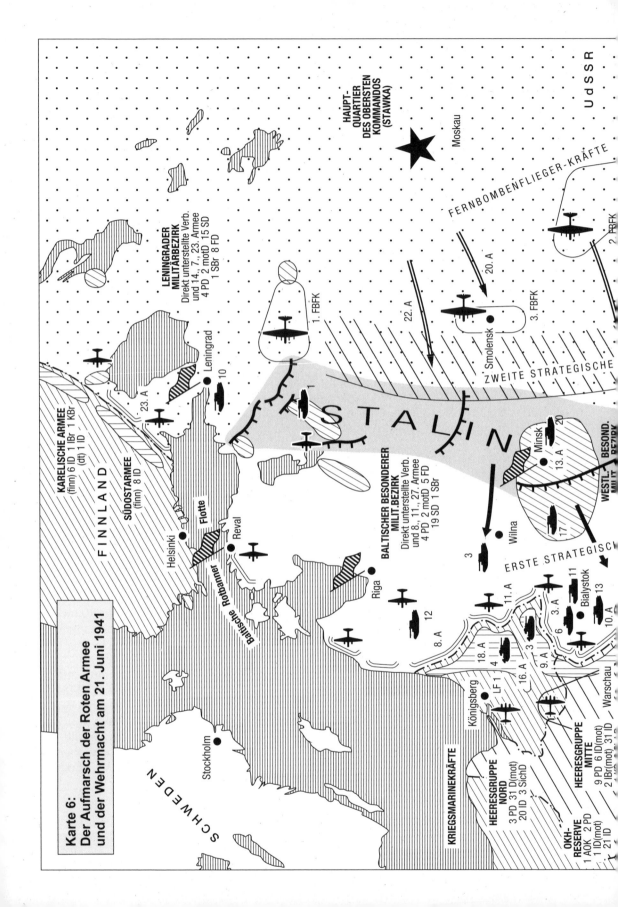

Karte 6:
Der Aufmarsch der Roten Armee und der Wehrmacht am 21. Juni 1941

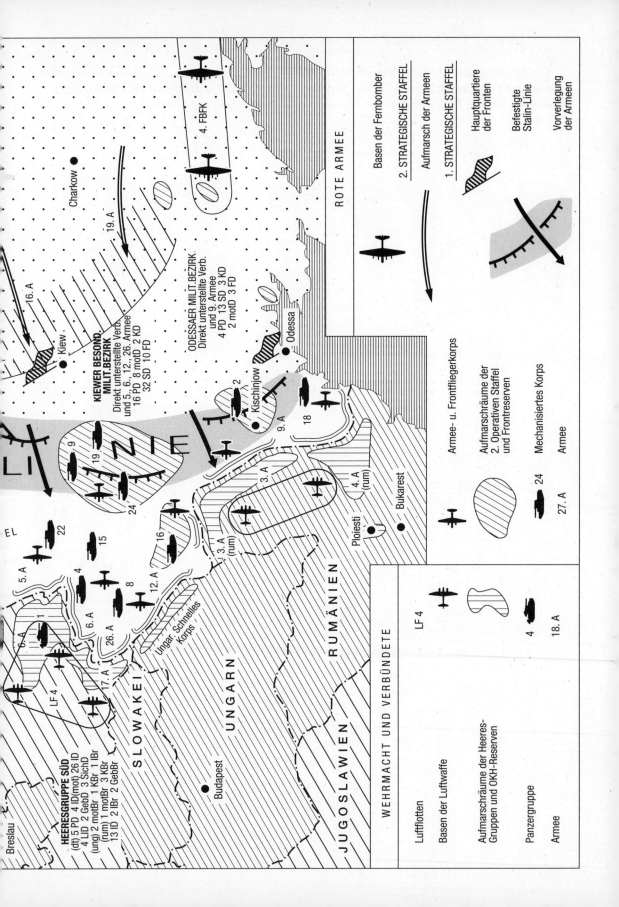

Diese zahlenmäßige Überlegenheit wurde in der Praxis durch die schlechtere Ausbildung und Führung der sowjetischen Truppen vielfach wieder aufgehoben. Die sowjetische Führung hat die Tragweite dieser Mängel wohl deutlich unterschätzt.

# Unternehmen „Barbarossa"

## Die Grenzschlachten

In den Morgenstunden des 22. Juni traten zwischen Ostsee und Karpaten auf einer Front von 1.200 Kilometern 98 Divisionen und zwei motorisierte Brigaden der Wehrmacht zum Angriff an.[630]

Die deutschen Verbände in Finnland und Rumänien sollten zusammen mit den Kräften der Verbündeten erst am 29. Juni und am 2. Juli angreifen.[631] In dieser ersten deutschen Angriffsstaffel standen 29 Panzer- und motorisierte Divisionen, also rund 90 Prozent der kampfstarken schnellen Verbände.

Die 98 deutschen Divisionen trafen auf die Grenztruppen des NKWD und 30 Schützendivisionen der Ersten Operativen Staffel in den drei westlichen Besonderen Militärbezirken, die meist zu spät alarmiert worden waren. Jede dieser Schützendivisionen hatte, gestützt auf die Befestigten Zonen, im Durchschnitt eine Frontbreite von 40 Kilometern zu verteidigen, das heißt, die Erste Staffel der sowjetischen Deckungstruppen hatte gar keine Chance, der geballten Wucht des deutschen Angriffs zu widerstehen. Außerdem war die taktische Überraschung vollkommen gelungen,[632] erst am folgenden Tag setzte effektiver Widerstand ein.[633]

Die Zweite Operative Staffel der Roten Armee in den drei westlichen Militärbezirken verfügte über 37 Divisionen, die Reserven der Fronten über 51 Divisionen; insgesamt standen in den drei westlichen Besonderen Militärbezirken 127 Divisionen.[634] Diese Verbände waren in einer Tiefe von 50 bis 400 Kilometern hinter der Grenze verteilt und konnten nur nach und nach herangeführt und in den Kampf geworfen werden. Taktisch überrascht wurden sie natürlich nicht mehr, sie wurden aber schlecht geführt, da die sowjetische Kommunikation nach wie vor nicht funktionierte. Dagegen gelangten die Verbände der Wehrmacht nach dem Durchbrechen der schwachen Grenzverteidigung in den freien Raum, und die deutsche militärische Führung konnte gegen die verstreuten sowjetischen Einheiten ihre operative Überlegenheit voll ausspielen.[635]

Eine schwere Niederlage erlitt die Rote Armee nicht am 22., sondern in den Grenzschlachten zwischen dem 24. und dem 30. Juni. In der ersten Operationsphase bis Mitte Juli verliefen auf dem nördlichen Teil des Kriegsschauplatzes die Operationen der Heeresgruppe Nord und Mitte im wesentlichen wie vorgesehen. Dagegen traf die Heeresgruppe Süd auf den erbitterten Widerstand zahlenmäßig überlegener Feindverbände.[636]

Im litauisch-lettischen Kampfgebiet bei der Heeresgruppe Nord gelang der Panzergruppe 4 unter Generaloberst Erich Hoepner rasch der Durchbruch durch die gegnerische Verteidigung. Eines der beiden schnellen Korps konnte am 26. Juni Dünaburg und

---

[630] Fall Barbarossa, Nr. 84.

[631] KTB OKW, Bd. I/2, S. 424 (30.6.41) u. S. 425 (2.7.41).

[632] KTB Halder, Bd. III, S. 5 (22.6.41).

[633] KTB OKW, Bd. I/2, S. 418 (2.7.41).

[634] A. Filippow. Kriegsbereitschaft der Roten Armee im Juni 1941, in: Voennyi Vestnik 9/1992, dt. Übersetzung S. 14.

[635] Streitkräfte der UdSSR, S. 326.

[636] Die Darstellung des Verlaufs der Grenzschlachten folgt A. Philippi/F. Heim. Der Feldzug gegen Sowjetrußland. Stuttgart 1962, S. 54 ff.

die dortige Brücke einnehmen, dem anderen gelang nach schweren Kämpfen drei Tage später die Bildung von Brückenköpfen bei Jakobstadt. Riga wurde am 29. Juni von der 18. Armee besetzt. Zwar waren 12 bis 15 Feinddivisionen westlich der Düna zersprengt worden, eine Einschließung stärkerer Kräfte war aber nicht gelungen. Dabei lautete der Auftrag der Heeresgruppe Nord, den Rückzug kampfkräftiger sowjetischer Verbände nach Osten zu verhindern und die Voraussetzungen für eine Offensive auf Leningrad zu schaffen. Am 2. Juli stieß die Panzergruppe 4 aus den Dünabrückenköpfen in Richtung Opotschka–Ostrow vor und nahm das befestigte Ostrow zwei Tage später; die 16. und 18. Armee folgten. Aber wieder gelang es den Sowjets, sich abzusetzen und zwischen Drissa an der Düna und Opotschka eine neue Widerstandslinie zu bilden, wodurch die 16. Armee aufgehalten wurde. Inzwischen konnte die Panzergruppe 4 ihren Erfolg bei Ostrow ausweiten und bis zum 10. Juli die beiden hartnäckig verteidigten Eckpfeiler Pskow und Opotschka nehmen und damit die sich neu bildende sowjetische Verteidigungslinie aus den Angeln heben. Am 9. Juli wies das OKH die Heeresgruppe Nord an, den geschlagenen Feind nicht mehr zur Ruhe kommen zu lassen; die Panzergruppe 4 sollte deshalb ab dem 10. Juli mit dem Schwerpunkt über die Linie Nowgorod–Luga in den Raum südostwärts von Leningrad vorstoßen, um die Stadt einzuschließen und die Verbindung mit den Finnen herzustellen, die am gleichen Tag östlich des Ladogasees zum Angriff antraten. Der Vorstoß der Panzergruppe 4 blieb aber ab dem 12. Juli in dem sumpfigen Gelände zwischen Luga und Ilmensee stecken und kam nicht mehr voran, die für einen Angriff in diesem schwierigen Gelände geeigneteren Infanterieverbände der 18. Armee kamen nicht schnell genug hinterher. In dieser Situation griff der Oberbefehlshaber der Heeresgruppe Nord, Generalfeldmarschall Wilhelm Ritter von Leeb, den Vorschlag der Panzergruppe 4 auf, mit dem linken Flügel der Panzergruppe weit nach Westen ausholend am östlichen Ufer des Peipussees entlang auf die Enge von Narwa vorzustoßen, um Anschluß an das dort bessere Straßennetz Richtung Leningrad zu gewinnen. Die Vorhuten des schnellen Korps (XXXI. Armeekorps mot.) konnten bis zum 15. Juli die Luga südlich Kingisepp erreichen, kamen dann aber nicht mehr voran.

Diese Zersplitterung der eigenen Kräfte sollte sich in den folgenden Kämpfen nachteilig bemerkbar machen. Waren die Operationen der Heeresgruppe Nord bisher zügig verlaufen, so kam in der folgenden Phase der Vorstoß auf Leningrad gegen den hartnäckigen sowjetischen Widerstand in dem schwierigen Sumpf- und Seengebiet nur noch zäh voran.

Die schnellen Verbände der Heeresgruppe Mitte stießen bereits in den ersten Tagen tief in den weißrussischen Raum vor: die Panzergruppe 2 (Generaloberst Guderian) über die Rollbahnen Sluzk und Slonim, die Panzergruppe 3 (Generaloberst Hoth) über Lida und Wilna. Bereits am 28. Juni vereinigten sich die beiden Panzerspitzen bei Minsk, womit die starken sowjetischen Kräfte im Raum Bialystok–Minsk durch einen vorläufig weitmaschigen Ring eingeschlossen waren. Kaum war der Kessel gebildet, eilten die Panzergruppen 2 und 3 in breiter Front auf Dnjepr und Düna zu, um das nächste operative Ziel, das Dreieck Orscha–Smolensk–Witebsk, in Besitz zu nehmen. Währenddessen machten sich die Infanterieverbände der 4. und 9. Armee, die mit den Panzergruppen nicht Schritt halten konnten, daran, die wandernden Kessel des Gegners im Raum um Bialystok–Wolkowysk–Nowogrodek zu zerschlagen. Zwar versuchten die eingeschlossenen Verbände der Roten Armee nach Osten auszubrechen, es gelang den Sowjets aber nicht, eine einheitliche Führung zustande zu bringen. Bis zum 9. Juli waren die Kessel vernichtet. Die Heeresgruppe Mitte meldete an diesem Tag die Vernichtung von 22 Schützendivisionen, 7 Panzerdivisionen, 6 motorisierten Brigaden und 3 Kavalleriedivisionen, 300.000 sowjetische Soldaten gingen in Gefangenschaft, die Beute umfaßte 2.500 Panzer, 1.400 Geschütze und 250 Flugzeuge. Die Westfront mit ihren kampfstarken sechs mechanisierten Korps

Deutscher Aufmarsch
Deutsche Panzervorstöße
Deutscher Vormarsch
Aufmarsch der Russen
politische Grenzen
Frontverlauf 11.3.1942
Heeresgruppen-Grenzen
Äußerste erreichte Linie Dez. 1941

existierte nicht mehr, nur noch versprengte Reste trieben sich in den unübersichtlichen riesigen Waldgebieten herum. Die Sowjets warfen inzwischen erhebliche Kräfte an Dnjepr und Düna sowie in den Raum zwischen Witebsk und Orscha und bauten dort gestützt auf Feldbefestigungen eine neue Front auf, um den drohenden Stoß in Richtung Moskau abzuwehren. Das OKH wollte den Russen keine Zeit zum Ausbau ihrer Verteidigungsstellungen lassen und befahl die Wiederaufnahme der Offensive der schnellen Verbände für den 3. Juli. Die Panzergruppe 2 sollte aus südwestlicher Richtung auf Smolensk vorstoßen, die Panzergruppe 3 über das Gebiet zwischen Witebsk und Newel den

Raum nördlich Smolensk einnehmen. Der Angriff stieß zunächst auf harten Widerstand, aber dann konnte die Panzergruppe 3 zusammen mit Infanterieverbänden der 9. Armee die Düna-Verteidigung durchbrechen und sich Bewegungsfreiheit in Richtung Witebsk erkämpfen, das am 9. Juli genommen wurde. Auch die Panzergruppe 2 gewann bei Mogilew Raum. Am 13. Juli gelang der doppelte Durchbruch, zwei Tage später konnte die Spitze der Panzergruppe 3 bei Jarzewo die Rollbahn nach Moskau unterbrechen, am 16. fiel Smolensk in die Hand der Panzergruppe 2. In dem Dreieck Orscha–Smolensk–Witebsk war eine Feindgruppe von geschätzt 300.000 Mann eingeschlossen. Die Zerschlagung dieses Kessels war Aufgabe der nachrückenden Infanteriedivisionen. Der letzte russische Widerstand erlosch am 5. August, seit dem 10. Juli hatte die Heeresgruppe Mitte 310.000 Gefangene gemacht und mehr als 3.000 Panzer und ebenso viele Geschütze erbeutet.[637]

Der Angriff der Heeresgruppe Süd stieß auf sehr viel härteren Widerstand. Sie sollte mit der 17. und 6. Armee und der Panzergruppe 1 (Generaloberst von Kleist) einen nur einarmigen Zangenangriff durchführen, die 11. Armee in Rumänien hatte sich wegen des Fehlens schneller Verbände zunächst defensiv verhalten. Der Heeresgruppe Süd mit nur einer Panzergruppe stand die außergewöhnlich starke Südwestfront mit acht mechanisierten Korps und 4.200 Panzern gegenüber. Mit der Südwestfront wollten Schukow und Timoschenko ursprünglich ihren Hauptangriff in Richtung Lublin und Krakau durchführen. Nach Überwindung des ersten Schocks nahm die sowjetische Führung die Grenzschlacht an und leitete eine Serie wütender Gegenangriffe gegen den noch schmalen deutschen Einbruch ein, die allerdings schlecht koordiniert waren. Zwar konnten die Verbände der Südwestfront das Vordringen der 6. Armee und der Panzergruppe 1 über Dubno auf Ostrow und über Luzk auf Rowno nicht aufhalten, wohl aber verhindern, daß die Panzergruppe 1 Raum zur freien Operation gewann. Die 17. Armee kam nur mühsam in Richtung Lemberg voran. Am 27. Juni brach die sowjetische Führung die für sie verlustreiche Grenzschlacht ab, offenbar weil ihr die Reserven ausgegangen waren. Im folgenden gingen die sowjetischen Verbände vor der 6. und 17. Armee zäh fechtend zurück und bedrohten in recht empfindlicher Weise die deutschen Flanken. Für den weiteren Verlauf der Operationen sahen das OKH wie das Oberkommando der Heeresgruppe ernste Gefahren aus dem Raum der Pripjetsümpfe, aus denen heraus starke Feindkräfte die inneren Flanken der Heeresgruppen Mitte und Süd bedrohen konnten. Für eine Säuberung dieses schwer durchdringbaren Wald- und Sumpfgebietes fehlten aber auf deutscher Seite die Kräfte. Am 30. Juni konnte endlich Lemberg genommen werden. Auf dem Nordflügel der 17. Armee griff jetzt das dritte schnelle Korps der Heeresgruppe Süd ein, wodurch die Operation auf breiter Front in Fluß geriet. Das OKH vermutete, daß der jetzt rascher zurückweichende Gegner hinter der „Stalinlinie" an der alten Westgrenze der Sowjetunion eine neue Verteidigungsfront aufbauen wollte. Generalfeldmarschall von Rundstedt beabsichtigte, mit der Masse der schnellen Verbände in Richtung Berditschew durchzubrechen, während der linke Flügel auf Schitomir vorstieß. Die 17. Armee sollte in der allgemeinen Richtung Winniza vorrücken. Außerdem sollte endlich die 11. Armee mit der ihr unterstellten rumänischen 3. Armee über den Pruth hinweg angreifen. Am 5. Juli trat die Panzergruppe 1 zum Angriff an, durchbrach die „Stalinlinie" ostwärts Polonnoje und Nowograd Wolynski; Berditschew wurde am 7., Schitomir am 9. Juli genommen. Damit hatte die Heeresgruppe eine Absprungbasis für den weiteren Vorstoß nach Osten und Südosten gewonnen. Die nachrückenden Infanterieverbände hatten die Aufgabe, die lebenswichtige Nachschubstrecke über Nowograd Wolynski nach Schitomir gegen die erwartete Bedrohung aus dem Gebiet der Pripjet-

---

[637] Tippelskirch, S. 191.

sümpfe zu decken. Am 10. Juli rollte bereits die 13. Panzer-Division von Schitomir auf Kiew weiter, als die Rote Armee heftige Gegenangriffe gegen die noch schwachen deutschen Eckpfeiler Berditschew und Nowograd Wolynski richtete. Die schweren sowjetischen Angriffe konnten bis zum 13./14. Juli zurückgeschlagen werden, und damit war die taktische Krise dieser Durchbruchsschlacht überwunden. Allerdings wurde dadurch der Nordflügel der 6. Armee gebunden; inzwischen war das III. Armeekorps mot. in einem kühnen Raid auf Kiew vorgestoßen und hatte mit zwei Panzerdivisionen am 12. Juli den der Stadt vorgelagerten Fluß Irpen erreicht. Aber Hitler untersagte einen Handstreich der schnellen Verbände auf Kiew, da er verhindern wollte, daß die kostbaren Panzerdivisionen im Kampf um eine Großstadt verschlissen würden. Die Infanterieverbände waren noch durch die russischen Gegenangriffe auf Berditschew und Nowograd Wolynski gebunden. So wurde die Einnahme Kiews auf später verschoben, und die Panzergruppe 1 und die 17. Armee stießen ab dem 14. Juli entlang dem Dnjepr und dem Bug weiter nach Südosten vor, um die Kräfte der Roten Armee westlich des Dnjepr von ihrer Rückzugsmöglichkeit abzuschneiden. Anfang August kam es schließlich zur Schlacht mit verkehrter Front im Raum von Uman, in der das mittlere Kernstück des Gegners im südlichen Kampfraum – die Masse der sowjetischen 6. und 12. Armee und Teile der 18. Armee – eingekesselt wurde. 103.000 Rotarmisten gingen in Gefangenschaft.

Die Siege in den Grenzschlachten verleiteten die deutsche militärische Führung zu großem Optimismus; Halder notierte am 3. Juli, dem zwölften Tag des Feldzuges: „Im ganzen kann man also schon jetzt sagen, daß der Auftrag, die Masse des russischen Heeres vorwärts Düna und Dnjepr zu zerschlagen, erfüllt ist. […] Es ist wohl nicht zuviel gesagt, wenn ich behaupte, daß der Feldzug gegen Rußland innerhalb (von) 14 Tagen gewonnen wurde. Natürlich ist er damit noch nicht beendet. Die Weite des Raumes und die Hartnäckigkeit des mit allen Mitteln geführten Widerstandes werden uns noch viele Wochen beanspruchen. […] Für die Fortführung der russischen Operation wird es zunächst darauf ankommen, zwischen Smolensk und Moskau eine neue Basis zu gewinnen, von der aus im Zusammenhang mit der zu gewinnenden Basis Leningrad, Nordrußland und das Moskauer Industriegebiet in die Hand genommen werden kann. Anschließend in Zusammenarbeit mit der Heeresgruppe Süd das Industriegebiet des Donezbeckens. Wenn wir erst einmal Dnjepr und Düna überwunden haben, wird es sich weniger um das zerschlagen feindlicher Wehrmachtsteile handeln als darum, dem Feind seine Produktionsstätten aus der Hand zu nehmen und ihn so zu hindern, aus der gewaltigen Leistung seiner Industrie und aus den unerschöpflichen Menschenreserven eine neue Wehrmacht aufzustellen."[638]

Die offiziellen deutschen Kommuniqués über den Verlauf des Feldzuges sprachen von Anfang an von einem Präventivkrieg. Am 27. Juni gab das Oberkommando der Wehrmacht bekannt: „Die ersten fünf Operationstage haben bewiesen, daß die sowjetrussische Wehrmacht zum Angriff gegen Mitteleuropa bereit war. Auch in jenen, nach Westen vorspringenden Grenzbogen um Lemberg und um Bialystok, die von vornherein einer deutschen Umfassung ausgesetzt und daher für die Zwecke einer reinen Verteidigung ungeeignet waren, fanden unsere Verbände eine Massierung russischer Angriffstruppen vor. Dadurch kam es schon in den ersten Grenzschlachten zum Zusammenprall mit der sowjetrussischen Armee und Luftwaffe."[639] Am 11. Juli meldete das Oberkommando der Wehrmacht Gesamtzahlen von 400.000 Gefangenen, 7.615 erbeuteten und zerstörten Panzern, 4.432 Geschützen und 6.233 Flugzeugen.[640] Außerdem seien sowjetische Ge-

---

[638] KTB Halder, Bd. III, S. 38 f. (3.7.41).
[639] Die Berichte des Oberkommandos der Wehrmacht, Bd. II., München 1983, S. 166.
[640] Ebenda, S. 190.

neralstabskarten erbeutet worden, die Aufschluß über die russischen Angriffsabsichten ergeben würden.[641]

Nach neueren Angaben der russischen Geschichtsschreibung verlor die Rote Armee bis zum 10. Juli 1941 850.000 Mann an Gefallenen und Verwundeten, 3.500 Flugzeuge, über 6.000 Panzer und 21.500 Geschütze und Granatwerfer. Eine Million Rotarmisten gingen in Gefangenschaft. Von den 170 Divisionen der Ersten Strategischen Staffel wurden 28 völlig zerschlagen, 72 weitere verloren mehr als die Hälfte ihres Personalbestandes und ihrer Ausrüstung. Die Deutschen stießen in nordöstlicher Richtung 500 Kilometer, nach Osten 600 Kilometer und nach Südosten 350 Kilometer weit vor.[642]

Der rasche deutsche Vorstoß stürzte die sowjetische Mobilmachung in ein Chaos. Hunderttausende von Wehrpflichtigen erreichten ihre Einheiten nicht, sie gerieten mit ihren Einberufungsbefehlen in Gefangenschaft.[643] Auf dem Gebiet der westlichen Militärbezirke befanden sich 887 Depots und Parks der Roten Armee, das waren 41 Prozent der Gesamtzahl; 370 davon lagen in den Grenzbezirken. 48,8 Prozent der gesamten Artilleriemunition und 62,2 Prozent aller Minen waren dort gelagert. Durch ihren raschen Vormarsch fielen den Deutschen rund 200 Depots in die Hände, die Rote Armee verlor riesige Mengen an Treibstoff, Munition, Waffen, Uniformen, medizinischem Bedarf und anderes Material.[644]

## Die Krise der sowjetischen Führung

In den ersten Tagen des Krieges war die politische und militärische Führung in Moskau wegen der zusammengebrochenen Nachrichtenverbindungen an der Front nahezu blind. Man glaubte, nach einer kurzen Verteidigungsphase zum Gegenangriff übergehen und dann nach dem ursprünglichen Operationsplan verfahren zu können.[645]

Entsprechend der Direktive Nr. 3 vom Abend des 22. Juni unternahmen die Nordwestfront und die Westfront zwischen dem 23. und dem 25. Juni Gegenangriffe mit mechanisierten Verbänden, ohne aber spürbare Ergebnisse zu erzielen. Die Lage wurde für die sowjetischen Truppen immer kritischer. Die überstarke Südwestfront führte im Raum Luzk–Brody–Rowno mit den Kräften der 8., 9., 15. und 19. mechanisierten Korps heftige Gegenstöße, wodurch eine große Panzerschlacht entbrannte. Trotz hoher Verluste konnten die von Moskau geforderten Ziele nicht erreicht werden, der deutsche Vormarsch wurde nur um einige Tage aufgehalten.[646]

Nach dem Scheitern der Gegenangriffe begann sich immer deutlicher eine schwere Niederlage abzuzeichnen; die sowjetische Militärgeschichtsschreibung bemerkt: „Es wurde klar, daß die durch hohe Verluste geschwächten Truppen der Fronten den Gegner nicht zum Stehen bringen und seinen tiefen Durchbruch nicht beseitigen konnten. Die Idee eines Antwortschlages und der Verlagerung der Kampfhandlungen auf das Territorium des Gegners entsprach bereits nicht mehr der entstandenen Lage. Der Gang der Ereignisse zwang die sowjetischen Streitkräfte, an der gesamten Front zur strategischen Verteidigung überzugehen."[647]

---

[641]  Ebenda, S. 182.
[642]  Robert Savushkin. In the Tracks of a Military Tragedy. In: The Journal of Soviet Military Studies, Vol. 4, No. 2, June 1991, S. 213.
[643]  Konstantin Rokossowski. Soldatenpflicht. Berlin 1971, S. 13.
[644]  Savushkin, S. 228 f.
[645]  Hartmut Schustereit. Vabanque. Herford 1988, S. 100 ff.
[646]  Wolkogonow, S. 557 f.
[647]  Streitkräfte der UdSSR, S. 327.

Am 25. beschloß die Stawka, die Armeen der Zweiten Strategischen Staffel, die aus dem Landesinneren antransportiert wurden, zum Ausbau einer Verteidigungsfront an der westlichen Düna und am Dnjepr einzusetzen. Aus der 19., 20., 21. und 22. Armee wurde eine Reservegruppe unter dem Befehl von Marschall Semjon Budjonny gebildet. Am gleichen Tag erhielt die Nordwestfront den Befehl, aus eigenen Kräften eine Verteidigungslinie zwischen Riga und Kraslawa zu bilden; die Westfront erhielt den Auftrag, die Deutschen am Abschnitt der Befestigten Zonen Polozk, Minsk und Sluzk zum Stehen zu bringen. Die Südwestfront sollte die Gegenangriffe im Raum Luzk–Brody fortsetzen und die feindlichen Kräfte zerschlagen. Die tatsächliche Lage machte es jedoch unmöglich, diese Aufgabe zu erfüllen.[648]

Bereits in den ersten Tagen nach Kriegsausbruch flogen die Fliegerkräfte der Schwarzmeerflotte Angriffe auf Ploesti, Constanza und Sulina, um die rumänischen Ölfelder, Raffinerien und Tankanlagen zu zerstören. Der Angriff auf Constanza wurde von 85 Bombern geflogen, am Angriff auf Sulina nahmen 25 Flugzeuge teil. Die Luftangriffe auf die rumänischen Ölfelder, Tanklager und Pipelines wurden den Juli hindurch bis zum 18. August fortgesetzt.[649] Diese Angriffe wurden aber in ihrer Wirkung allgemein überschätzt; es gelang den Sowjets nicht, die Ölförderung in Rumänien ernsthaft zu beeinträchtigen.

Nach Berichten von Augenzeugen hatte Stalin in den ersten Tagen nach Kriegsausbruch noch versucht, Zuversicht zu verbreiten, aber dann erkannte er das Ausmaß der sich abzeichnenden Katastrophe und wurde von einer tiefen Erschütterung gelähmt; zwischen dem 28. und dem 30. Juni fiel Stalin als Oberster Führer vollständig aus. Als die Nachricht des Verlustes von Minsk eintraf und sich damit die Vernichtung der Westfront abzeichnete, erreichte Stalins Stimmung ihren Tiefpunkt, und er zog sich auf seine Datscha zurück.[650]

Bis zum 3. Juli hatte Stalin sich so weit aufgerafft, daß er eine Rundfunkansprache halten konnte. Er beschuldigte die Reichsregierung, unerwartet und wortbrüchig den Nichtangriffspakt vom August 1939 gebrochen zu haben, und versuchte die Unterzeichnung dieses Vertrages durch die Sowjetunion damit zu rechtfertigen, daß das Land dadurch eineinhalb Jahre Zeit gewonnen hätte, um sich auf die Verteidigung vorzubereiten.

Dann rief Stalin das Sowjetvolk zur Strategie der verbrannten Erde, zum Partisanenkampf und zum totalen Krieg auf: „Bei einem erzwungenen Rückzug von Truppenteilen der Roten Armee muß das rollende Material der Eisenbahnen fortgeschafft werden; dem Feind darf keine einzige Lokomotive, kein einziger Waggon, kein Kilogramm Getreide, kein Liter Treibstoff überlassen werden. Die Kollektivbauern müssen das ganze Vieh wegtreiben und das Getreide zur Abbeförderung ins Hinterland dem Schutz der staatlichen Organe anvertrauen. Alles wertvolle Gut, darunter Buntmetalle, Getreide, und Treibstoff, das nicht abtransportiert werden kann, muß unbedingt vernichtet werden.

In den vom Feind okkupierten Gebieten müssen Partisanenabteilungen zu Pferd und zu Fuß gebildet und Diversionsgruppen geschaffen werden zum Kampf gegen die Truppenteile der feindlichen Armee, zur Entfaltung des Partisanenkrieges überall und allerorts, zur Sprengung von Brücken und Straßen, zur Zerstörung der Telefon- und Telegraphenverbindungen, zur Niederbrennung der Wälder, der Versorgungslager und der Trains. In den okkupierten Gebieten müssen für den Feind und alle seine Helfershelfer unerträgliche Verhältnisse geschaffen werden, sie müssen auf Schritt und Tritt verfolgt

---

[648]   Ebenda.
[649]   Ebenda.
[650]   Ivanov, Initial Period, S. 240 f.

und vernichtet und alle ihre Maßnahmen vereitelt werden. Den Krieg gegen das faschistische Deutschland darf man nicht als gewöhnlichen Krieg betrachten. Er ist nicht nur ein Krieg zwischen zwei Armeen. Er ist zugleich der große Krieg des ganzen Sowjetvolkes gegen die faschistischen deutschen Truppen. Dieser vaterländische Volkskrieg gegen die faschistischen Unterdrücker hat nicht nur das Ziel, die über unser Land heraufgezogene Gefahr zu beseitigen, sondern auch allen Völkern Europas zu helfen, die unter dem Joch des deutschen Faschismus stöhnen."[651]

Zuletzt fand Stalin noch freundliche Worte für den britischen Premierminister Winston Churchill und die amerikanische Regierung, die beide der Sowjetunion bereits Hilfe angeboten hatten. Damit war die große Kriegskoalition bestehend aus Großbritannien, den USA und der Sowjetunion so gut wie besiegelt.

## Die Ursachen der Niederlagen der Roten Armee

Eine der wesentlichen Ursachen für die katastrophalen Niederlagen der Roten Armee in den Grenzschlachten war die Anlage des Aufmarsches, der nur für die strategische Offensive, nicht aber für die Defensive geeignet war. Die Konzentration der schlagkräftigsten Verbände der Roten Armee, der mechanisierten Korps, in den Frontvorsprüngen von Bialystok und Lemberg und die dünne Grenzverteidigung schufen für den deutschen Angriff sehr günstige Voraussetzungen. Dieser Aufmarsch ließ sich, als im Verlauf des Juni die deutschen Absichten erkennbar wurden, nicht mehr korrigieren. Damit verbunden war die Fehleinschätzung der Schnelligkeit des deutschen Aufmarschs und des Zeitpunkts des deutschen Angriffs durch die sowjetische Führung.

Eine weitere Ursache für die Niederlagen war die schlechte Ausbildung eines Großteils des sowjetischen Offizierskorps. Dies galt nicht für die höhere und höchste militärische Führung, deren Qualität man auf deutscher Seite unterschätzt hatte. Die höheren und höchsten Kommandeure der Roten Armee (ab Armee und Armeegruppe aufwärts) zeigten sich vom Beginn des Krieges an als flexibel, innovationsfreudig und energisch. Diese Offiziere widmeten sich ihren Aufgaben mit außerordentlichem Fleiß und stellten im allgemeinen eine gute Auswahl in Hinsicht auf Charakter, militärisches Verständnis und Intelligenz dar. Reine Parteigenerale kamen nur auf Repräsentationsposten. Die meisten höheren Offiziere waren in der Vorkriegszeit in sehr jungen Jahren in hohe Positionen gelangt, sie zeigten sich aber bereits zu Beginn des Krieges als ihren Aufgaben gewachsen. Auswirkungen der „Großen Säuberungen" waren auf dieser Ebene kaum feststellbar.[652]

Die positiven Eigenschaften der höheren militärischen Führung fehlten dagegen auf der mittleren und unteren Ebene, und dies war eine entscheidende Schwäche der Roten Armee. Die mittlere und untere Ebene (von der Divisionsebene abwärts) blieb für lange Zeit unflexibel und entscheidungsscheu. Die rigide Art der Ausbildung und die überstrenge Disziplin führten dazu, daß die Offiziere dieser Dienstgrade jede persönliche Verantwortung mieden; im Ergebnis herrschte Lethargie, und Eigeninitiative war eine Seltenheit. Viele Offiziere waren in Taktik formal gut ausgebildet, hatten aber den Sinn der taktischen Doktrin nicht verstanden; sie neigten dazu, nach vorgegebenen Schemata und nicht nach Umständen zu handeln. Sie waren außerdem vom Geist des blinden Gehorsams beseelt, den sie aus dem reglementierten sowjetischen Zivilleben gewohnt

---

[651] Wolkogonow, S. 560 ff.
[652] Department of the Army Pamphlet No. 20-230, Russian Combat Methods in World War II, Department of the Army 1950, S. 8 ff.

waren und nun auf das Militär übertrugen.[653] Die mangelhafte Verantwortungsfreude war auch das Ergebnis der schlechten Ausbildung der unteren und mittleren Kommandeure. Ein bedeutender Teil dieser Dienstgrade waren keine Berufsoffiziere, sondern hatten nur vier- bis sechsmonatige Lehrgänge absolviert. 80 Prozent der Unteroffiziersstellen waren nur von Mannschaftsdienstgraden besetzt. Die zahlreichen neuen Verbände, die 1940/41 aufgestellt wurden, erforderten aber eine Anzahl von Kommandeuren, die einfach nicht aufzubringen waren.[654] Durch die Einberufung von 65.000 Reserveoffizieren[655] und durch die Einrichtung neuer militärischer Lehranstalten und unterschiedlichster Lehrgänge konnte der Mangel zwar gemildert werden, die begrenzte Zeit ließ jedoch keine ausreichende Ausbildung zu. Nur zehn Prozent aller Kommandeure hatte am Ersten Weltkrieg oder Bürgerkrieg teilgenommen, im Unterschied zur deutschen Wehrmacht, in der fast alle älteren Offiziere Kampferfahrung aus den Jahren 1914/18 hatten. Auf der Konferenz der höheren Kommandeure in Moskau Ende Dezember 1940 beklagte der Chef der Verwaltung Gefechtsausbildung, Wladimir Kurdjumow, daß von 225 zu einem Lehrgang herangezogenen Reservekommandeuren nur 25 die Offiziersschule absolviert hätten; die übrigen 200 waren Absolventen von Lehrgängen für Unterleutnants oder Reservisten.[656]

Die schlechte Ausbildung vieler Kommandeure wirkte sich naturgemäß negativ auf die Kampfausbildung der Truppe aus.[657] 1940/41 konzentrierte sich die Gefechtsausbildung auf die Infanterie, die im Russisch-Finnischen Winterkrieg erhebliche Mängel gezeigt hatte, während die Ausbildung der Panzertruppe und der Flieger vernachlässigt wurde. Der Mangel an gutausgebildeten Offizieren wirkte sich bei diesen hochtechnisierten Waffengattungen besonders negativ aus. Die Rote Armee war für einen modernen Bewegungskrieg nicht ausreichend ausgebildet, während die deutsche Wehrmacht in dieser Art der Kriegsführung reiche Erfahrung hatte.

Die politische und militärische Führung der Sowjetunion hatte das ganze Land in umfassender Weise auf einen totalen Krieg vorbereitet. Seit Beginn der dreißiger Jahre hatte Moskau für den Fall einer feindlichen Invasion oder starker feindlicher Luftangriffe im Uralgebiet eine weitgehend autarke industrielle Basis geschaffen sowie die Evakuierung kriegswichtiger Industrie- und Rüstungsbetriebe nach Osten organisatorisch und bautechnisch vorbereitet.[658] Als die deutsche Wehrmacht Anfang Juli 1941 rasch nach Osten vorstieß, lief eine riesige Evakuierungsaktion an. Zur organisatorischen Durchführung dieser Aufgabe wurde ein Rat für Evakuierung gebildet, dem zunächst der Volkskommissar für Eisenbahn- und Transportwesen Lasar Kaganowitsch, ab Mitte Juli Nikolaj Schwernik vorstand. Zwischen Juli und November 1941 wurden in einer genau festgelegten Reihenfolge aus der Ukraine, Weißrußland, aus den Gebieten von Rostow, Kursk, Woronesch, Tula, Moskau, Kalinin, Leningrad und Murmansk insgesamt 1.523 Industriebetriebe, darunter 1.360 Großbetriebe der Verteidigungsindustrie, nach Osten abtransportiert. 667 Werke gelangten in den Ural, 244 nach Westsibirien, 78 nach Ostsibirien, 308 nach Mittelasien und Kasachstan und 226 Werke in das Wolgagebiet. Diese Industrieevakuierung stellt eine gewaltige Leistung dar, da sie über riesige Entfernungen unter oft erschwerten Bedingungen durch-

[653] Ebenda.
[654] Filippow, S. 20.
[655] Joachim Hoffmann. Die Kriegführung aus der Sicht der Sowjetunion, in: Das Deutsche Reich und der Zweite Weltkrieg, Bd. 4, Stuttgart 1983, S. 719.
[656] J. Kirschin. Die sowjetischen Streitkräfte am Vorabend des Großen Vaterländischen Krieges, in: B. Wegner, Zwei Wege nach Moskau, München 1991, S. 390 f.
[657] Abschlußrede des Volkskommissars für Verteidigung der UdSSR, Held und Marschall der Sowjetunion S.K. Timoschenko auf der militärischen Konferenz am 31. Dezember 1940, in: Wojenno istoritscheski schurnal 1992/1, S. 16 ff.
[658] John Scott. Jenseits des Ural. Stockholm 1944, S. 300 ff.

geführt werden mußte. Für die Verlegung der Industrieanlagen wurden 1,5 Millionen Eisenbahnwaggons benötigt. Der Abtransport der Industriebetriebe aus dem Westen des Landes und ihr Wiederaufbau in den Gebieten jenseits des Urals waren unvermeidlich von erheblichen organisatorischen Problemen begleitet und hatten vielfach chaotische Folgen.[659]

Aber obwohl nun die Rüstungsproduktion bis Ende 1941 auf einen Tiefstand sank, war das Gesamtvolumen der sowjetischen Rüstungserzeugung in der zweiten Jahreshälfte 1941 beachtlich. In den ersten sechs Friedensmonaten des Jahres 1941 produzierte die sowjetische Rüstungsindustrie 792.000 Gewehre und Karabiner, 11.000 Maschinenpistolen und Maschinengewehre, 15.600 Geschütze und Granatwerfer, 4.740 Panzer, 8.000 Frontflugzeuge und 40,2 Millionen Granaten. Dabei wurden insbesondere bei Panzern und Flugzeugen überwiegend neueste Typen gefertigt. Trotzdem reichte die gesteigerte Produktion nicht aus, um die enormen Verluste auszugleichen und den Bedarf der neuaufgestellten Verbände zu decken.[660]

Sofort nach Kriegsausbruch begann die Stawka, die Menschenreserven des Landes für den Krieg zu mobilisieren, um die riesigen Verluste auszugleichen und um strategische Reserven zu bilden. Zwar gab es reichlich Wehrpflichtige, aber viel zu wenige Offiziere. Um den Offiziersbedarf einigermaßen decken zu können, mußte die Ausbildungszeit abermals drastisch reduziert werden, wodurch der Ausbildungsstand auf ein sehr mäßiges Niveau sank. Trotz dieser Schwierigkeiten konnten zwischen dem 22. Juni und dem 31. Dezember 1941 nicht weniger als 286 Schützendivisionen neu aufgestellt sowie 22 Schützendivisionen aus anderen Waffengattungen gebildet werden; außerdem wurden 159 Schützenbrigaden und eine große Zahl von Artillerieregimentern, selbständigen Panzerbrigaden und Panzerbataillonen aufgestellt. Gleichzeitig wurden insgesamt 97 Divisionen aus den inneren Militärbezirken, dem Fernen Osten, Transkaukasien und Mittelasien auf den westlichen Kriegsschauplatz verlegt. Diese Verbände dienten in erster Linie dazu, die Löcher in der Front zu stopfen und neue Verteidigungslinien aufzubauen. Gleichzeitig begann die Stawka, unter größter Geheimhaltung tief im Landesinneren Reservearmeen aufzustellen, um zu gegebener Zeit großangelegte Gegenoffensiven durchführen zu können.[661]

Die deutsche militärische Führung hatte sich bereits zwei Wochen nach Beginn des Feldzuges der optimistischen Annahme hingegeben, die Masse der sowjetischen Verbände geschlagen zu haben; man glaubte, die Rote Armee sei nicht mehr in der Lage, eine durchgehende Gesamtfront zu bilden, und die Neuaufstellungen von Verbänden in großem Umfang werde am Mangel an Offizieren, Spezialisten und Material scheitern.[662] Sehr bald aber mußte die deutsche Führung erkennen, daß sie den zahlenmäßigen Umfang der Roten Armee, die Leistungsfähigkeit der sowjetischen Rüstungsindustrie und die Fähigkeit, neue Verbände aufzustellen, gründlich unterschätzt hatte.

Am 11. August 1941 vertraute Halder seinem Kriegstagebuch an: „In der gesamten Lage hebt sich immer deutlicher hervor, daß der Koloß Rußland, der sich bewußt auf den Krieg vorbereitet hat, mit der ganzen Hemmungslosigkeit, die totalitären Staaten eigen ist, von uns unterschätzt worden ist. Diese Feststellung bezieht sich ebenso auf die organisatorischen wie auf die wirtschaftlichen Kräfte, auf das Verkehrswesen, vor allem aber auf rein militärische Leistungsfähigkeit. Wir haben bei Kriegsbeginn mit etwa 200 feindlichen Divisionen gerechnet. Jetzt zählen wir bereits 360. Diese Divisionen sind sicherlich nicht in unserem Sinne bewaffnet und ausgerüstet, sie sind taktisch

---

[659]  Hoffmann, Kriegführung, S. 733.
[660]  Streitkräfte der UdSSR, S. 335.
[661]  Hoffmann, Kriegführung, S. 718 f.
[662]  KTB Halder, Bd. III, S. 52 (8.7.41).

vielfach ungenügend geführt. Aber sie sind da. Und wenn ein Dutzend davon zerschlagen wird, dann stellt der Russe ein neues Dutzend hin. Die Zeit dazu gewinnt er dadurch, daß er nah an seinen Kraftquellen sitzt, wir immer weiter von ihnen abrücken."[663]

## Die Fortsetzung der Kämpfe nach der Schlacht um Smolensk

Mit dem Sieg in der Schlacht von Smolensk war die erste sowjetische Verteidigungsstellung vor Moskau durchbrochen, aber Hitler verhinderte einen sofortigen Vorstoß auf die sowjetische Hauptstadt, indem er am 28. Juli die Panzergruppe 3 unter Hoth nach Norden und die Panzergruppe 2 unter Guderian mit der 2. Armee unter Weichs nach Süden abdrehen ließ. Hitler war der Meinung, daß der Besitz Leningrads und der Ukraine aus wirtschaftlichen Gründen wichtiger sei als Moskau. In den folgenden Operationen schwenkte die Panzergruppe 3 nach Norden auf Leningrad ab, während die Panzergruppe 2 und die 2. Armee in der Ukraine an der großen Kesselschlacht um Kiew teilnahmen.

Im August 1941 besetzten finnische Verbände die Karelische Landenge, die motorisierten Verbände der Heeresgruppe Nord stießen Anfang September bis an die Newa ostwärts Leningrad vor. Ab dem 4. September 1941 beschoß deutsche Artillerie russische Verteidigungstellungen vor Leningrad, zwei Tage später begann eine Serie von Luftangriffen auf militärische Infrastruktur der Stadt. Vier Tage später wurde Schlüsselburg erobert, womit der Leningrader Raum von seinen Landverbindungen nach Südosten abgeschnitten wurde, die Masse der 18. Armee schob sich näher an Leningrad heran. Die Heeresgruppe Nord war nun bestrebt, den Raum um Schlüsselburg gegen heftige russische Gegenangriffe zu behaupten. Am 18. September glaubte sie, einen entscheidenden Einbruch in die Leningrader Front erzielt zu haben, mußte jedoch eine Woche später nach erbitterten Kämpfen feststellen, daß sie mit ihren verbliebenen Kräften den Angriff auf die Stadt nicht fortsetzen konnte. Ab dem 25. September stabilisierte sich die Front vor Leningrad, und es begann die Belagerung der Millionenstadt, die insgesamt 900 Tage lang dauern sollte.

Die Tatsache, daß die deutsche Offensive gegen Leningrad nicht weiter vorankam, war für die Finnen eine böse Überraschung. Die finnische „Karelische Front" war am 4. September zu einem Angriff auf den Swir angetreten und hatte ihn schon drei Tage später bei Lodejnoje Pole erreicht, in der Hoffnung, sich schon bald mit den am Ladoga-See nach Osten vorstoßenden deutschen Kräften vereinigen zu können. Statt dessen wurde am 26. September von deutscher Seite an die Finnen die Bitte herangetragen, am Swir möglichst starken Druck auszuüben, um das südlich des Ladoga-Sees hart ringende deutsche Korps zu entlasten. Dazu sah sich die finnische Armee jedoch aufgrund der Bindung ihrer Kräfte durch den Angriff auf Petrosawodsk außerstande. Das Scheitern der deutschen Offensive auf Tichwin war für die Finnen eine weitere schwere Enttäuschung. Sie hatten gehofft, daß es nun zu einer Vereinigung der deutschen und finnischen Kräfte am Ostrand des Ladoga-Sees und damit zu einer hermetischen Abschließung von Leningrad kommen würde, die über kurz oder lang zum Fall der Stadt führen und die finnische Front auf der karelischen Landenge überflüssig machen würde. Das Scheitern der deutschen Pläne war für die Finnen eine schwere Belastung, denn sie hatten in Erwartung eines schnellen Sieges alle verfügbaren Waffenträger eingezogen. Dies hatte jedoch gravierende Auswirkungen auf das Wirtschaftsleben, und das finnische Oberkommando sah sich gezwungen, eine große Zahl von

---

[663] Ebenda, S. 170 (11.8.41).

Soldaten wieder zu entlassen und die dadurch geschwächten Verbände zusammen-zulegen.[664]

Die Verteidigung Leningrads wurde von General Schukow geleitet, der General Woro-schilow abgelöst hatte. Nach Einschätzung der Stawka würde die Wehrmacht die Stadt belagern und aushungern, da eine Erstürmung mit zu hohen Verlusten verbunden wäre. Die Stawka mußte Leningrad seinem Schicksal überlassen, erst ab dem 22. November 1941 konnten Lastwagen über den zugefrorenen Ladogasee, über die so genannte „Stra-ße des Lebens", Lebensmittelvorräte in die Stadt bringen und für die Verteidigung nicht taugliche Zivilisten evakuieren.

# Meinungsverschiedenheiten
## in der obersten deutschen Führung

Nach einem Lagevortrag Halders erließ Hitler am 12. August 1941 die Weisung Nr. 34, in der es hieß, daß „Moskau als Staats-, Rüstungs- und Verkehrszentrum dem Gegner noch vor Eintritt des Winters" zu entziehen sei.[665] Dies stellte für Halder jedoch nur einen Teilerfolg dar, da Hitler zwar die Bedeutung Moskaus anerkannte, jedoch unverändert der Meinung war, daß die Zerschlagung der Roten Armee und die Eroberung der kriegs-wirtschaftlich wichtigen Gebiete im Donezbecken vorrangig seien. Die Tatsache, daß ein Großteil der Roten Armee vor der sowjetischen Hauptstadt konzentriert und sie damit an den anderen Frontabschnitten stark geschwächt war, bestärkte Hitler in seiner Über-zeugung.[666]

Brauchitsch und Halder sowie das Oberkommando der Heeresgruppe Mitte sahen als das Hauptziel des Feldzuges die Zerschlagung der sowjetischen Militärmacht an, und dieses Ziel war ihrer Meinung nach am schnellsten und sichersten durch einen Vorstoß auf Moskau zu erreichen. Die Sowjets mußten Moskau unbedingt verteidigen, nicht nur weil es ihre Hauptstadt und ein zentrales Industriegebiet, sondern auch, weil es der Mit-telpunkt ihres gesamten Eisenbahnsystems war. Alle Eisenbahnlinien in der Sowjetunion führten nach Moskau, der Verlust der Stadt hätte das gesamte Verkehrsnetz auseinander-gerissen und die Operationsfähigkeit der Roten Armee aufs schwerste beeinträchtigt. Hitler erschien jedoch die Eroberung Leningrads sowie des Donezbeckens und der kau-kasischen Ölgebiete wichtiger als die endgültige Zerschlagung der Roten Armee. Außer-dem wünschte er die Einnahme der Krim, um die Bedrohung der rumänischen Erdöl-felder durch sowjetische Luftangriffe endgültig zu beseitigen. Diese Ziele waren aber nur zu erreichen, wenn die Heeresgruppe Mitte nach Beendigung der Kämpfe um Smolensk anhalten und einen Teil ihrer Kräfte an die Heeresgruppen Nord und Süd abgeben würde.

Hitlers Überlegungen stießen im OKW und noch mehr im OKH auf erhebliche Beden-ken. Bis in die zweite Augusthälfte hinein wurde in Besprechungen, in Denkschriften und in Weisungen, die immer wieder abgewandelt und dann doch nicht durchgeführt wurden, um einen grundlegenden Entschluß gerungen. Brauchitsch und Halder stellten sich auf den Standpunkt, den schon der preußische Militärtheoretiker Carl von Clause-witz vertreten hatte, daß das Hauptziel jedes Feldzuges die Vernichtung der feindlichen Streitkräfte sein müsse, danach würden alle Nebenziele dem Sieger automatisch zufal-len. Sie plädierten dafür, nach einer kurzen Auffrischungspause für die Panzerverbände

---

[664] Tippelskirch, S. 204 f.
[665] Horst Boog/Jürgen Förster/Joachim Hoffmann/Ernst Klink/Rolf-Dieter Müller/Gerd R. Ueberschär. Der Angriff auf die Sowjetunion. Stuttgart 1983, S. 503.
[666] Ebenda.

keine Zeit zu verlieren und den Angriff auf Moskau fortzusetzen, bevor die Sowjets Reserven heranziehen und vor ihrer Hauptstadt ein tiefgestaffeltes Verteidigungssystem errichten konnten. Ihrer Meinung nach war es geradezu widersinnig, wenn die schnellen Verbände zunächst über Hunderte von Kilometern hinweg nach Süden und Norden auf Nebenkriegsschauplätze geschickt wurden, um dann nach langen und zeitraubenden Rückmärschen mit geschwächter Kampfkraft zur Entscheidungsschlacht vor Moskau anzutreten. Hinzu kam, daß mit den Operationen auf den Flügeln Zeit verlorenging und der Herbst mit seiner Schlammperiode immer näher rückte, wodurch der verfügbare zeitliche Spielraum immer geringer wurde.

Laut der Denkschrift des OKH vom 18. August 1941 sollten zwei Flügel gebildet werden, um Moskau von Norden und von Süden her zu umfassen und einzuschließen. Der südliche Teil der Zange sollte aus dem Raum Brjansk–Roslawl und Kaluga–Medyn vorstoßen, der nördliche Zangenarm sollte aus zwei Stoßkeilen bestehen, von denen einer aus dem Gebiet von Beloje und der andere aus der Umgebung von Toropez vorgehen sollte.[667] Während die Entscheidung im Kampf um Moskau über die beiden Flügel herbeigeführt wurde, sollte der Mittelabschnitt bei Rschew mit zehn Infanteriedivisionen im wesentlichen defensiv bleiben. Das weitere Vorgehen nach einem erfolgreichen Durchbruch der beiden Zangenarme wurde von der Lageentwicklung abhängig gemacht.[668]

Am 21. August fiel die Entscheidung, Hitler stellte wehrwirtschaftliche Überlegungen an die erste Stelle: „Das wichtigste, noch vor Eintritt des Winters zu erreichende Ziel ist nicht die Einnahme von Moskau, sondern im Süden die Einnahme der Krim, des Industrie- und Kohlegebiets am Donez sowie die Abschnürung der russischen Ölzufuhr aus dem Kaukasus, im Norden die Eroberung Leningrads und die Vereinigung mit den Finnen.

Die vor dem Nordflügel der HGr. Süd stehenden starken russischen Kräfte sollen vernichtet werden, bevor sie hinter die Desna und den Sula-Abschnitt ausweichen. Nur dadurch wird die HGr. Süd die notwendige Sicherheit in ihrer Nordflanke zur Durchführung der ostwärts des Dnjepr in Richtung auf Rostow und Charkow gerichteten Operationen gegeben werden.

Die HGr. Mitte soll daher ohne Rücksicht auf spätere Operationen so viele Kräfte nach Süden ansetzen, daß die russischen Kräfte vernichtet werden können, dabei aber in der Lage bleiben, Feindangriffe gegen die Mitte der Front abzuwehren.

Die baldige Einnahme der Krim ist von allergrößter Bedeutung für die gesicherte Ölversorgung Deutschlands, die so lange gefährdet ist, wie sich starke russische Fliegerverbände auf der Krim befinden.

Erst wenn die russischen Kräfte vor der HGr. Süd vernichtet sind und sich die HGr. Nord mit den Finnen zu einem engen Einschließungsring vor Leningrad vereinigt hat, sind die Voraussetzungen dafür gegeben, mit der HGr. Mitte die vor ihr stehenden Feindkräfte mit Aussicht auf Erfolg anzugreifen und zu zerschlagen."[669]

In einer Denkschrift vom 26. August 1941 kam das OKW allerdings zu dem Ergebnis, daß es nicht möglich sei, den Feldzug im Osten noch in diesem Jahr zu beenden, eine Auffassung, der sich Hitler anschloß.

Als sich Anfang September im Raum Kiew eine schwere Niederlage der Roten Armee abzeichnete, änderte Hitler jedoch überraschend seine Meinung und erteilte am 6. September 1941 mit der Weisung Nr. 35 der Heeresgruppe Mitte den Befehl, die Vorbereitungen für einen Angriff auf Moskau bis Ende September abzuschließen.[670]

---

[667] Ebenda, S. 568.
[668] Ebenda.
[669] Zit. n. Tippelskirch, S. 198 f.
[670] Janusz Piekałkiewicz. Der Zweite Weltkrieg. Band 2. Wien 1985, S. 513.

Wörtlich heißt es darin: „Die Anfangserfolge gegen die zwischen den inneren Flügeln der Heeresgruppen Süd und Mitte befindlichen Feindkräfte haben [...] die Grundlage für eine entscheidungssuchende Operation gegen die vor der Heeresmitte stehende in Angriffskämpfen festgelegte Heeresgruppe Timoschenko[671] geschaffen. Sie muß in der bis zum Einbruch des Winterwetters verfügbaren befristeten Zeit vernichtend geschlagen werden. Es gilt hierzu, alle Kräfte des Heeres und der Luftwaffe zusammenzufassen, die auf den Flügeln entbehrlich werden und zeitgerecht herangeführt werden können."[672] Die „Heeresgruppe Timoschenko" sollte in „allgemeiner Richtung Wjasma" durch starke Panzerverbände umfaßt werden.[673] Die Kräfte am südlichen Zangenarm beschränkte Hitler auf die 2. und die 5. Panzer-Division, die nördliche Zange sollte aus der 9. Armee sowie Verbänden der Heeresgruppe Nord bestehen.[674] Nach der Zerschlagung der Westfront sollte die Verfolgung der restlichen sowjetischen Truppen aufgenommen werden. Im Süden sollte die Offensive durch aus dem Raum Kiew freiwerdende Truppen der Heeresgruppe Süd und im Norden durch Vorstöße entlang beider Seiten des Ilmensees gedeckt werden.[675]

Auf Grundlage der Weisung Hitlers erging am 10. September 1941 vom OKH die „Weisung zur Fortführung der Operationen".[676] Der Generalstabschef des OKH Halder interpretierte die Weisung Hitlers im Sinne seiner eigenen Pläne.[677] Halder erweiterte die Weisung Hitlers, die der Vernichtung der Westfront Vorrang gab, um einen Frontalangriff von schnellen Verbänden und Infanteriedivisionen direkt auf Moskau.[678] Hitler hatte allgemein von „freiwerdenden Kräften" aus dem Raum der Heeresgruppe Süd gesprochen, zu denen Halder nun die 2. Armee unter Weichs und die Panzergruppe 2 unter Guderian bestimmte. Diese beiden Verbände sollten den Angriff am rechten Flügel aus dem Raum Romny Richtung Nordosten gegen Orel führen, um die sowjetischen Truppen vor der Front der 2. Armee aus dem Süden aufzurollen. Weitere wesentliche Unterschiede zur ursprünglichen Planung waren die Herausnahme des Großteils der 2. Armee aus dem Operationsraum östlich von Kiew und die Bildung einer dritten Gruppe, die direkt auf Moskau vorstoßen sollte und von den Operationen rund um Wjasma unabhängig war. Aus diesem Grund war Halder auch daran interessiert, die von Hitler erwähnten „freiwerdenden Kräfte" aus dem Raum der Heeresgruppe Süd möglichst rasch aus der Kiewer Operation herauszulösen. Die 6. Armee, die direkt neben der 2. Armee stand, war in die Planungen Halders nicht mit einbezogen.[679] Die Panzergruppe 1 unter dem Kommando von Generaloberst von Kleist sollte im Anschluß an die Panzergruppe 2 mit Schwerpunkt gegen die Linie Romny–Sula vorgehen.[680] Zum Schutz der Ostflanke sollte der Großteil der 17. Armee in Richtung Charkow–Poltawa angreifen. Dabei machte Halder folgende Einschränkung: „Auftrag für die 11. Armee zur Wegnahme der Krim bleibt unverändert. Soweit nach Lage möglich, ist durch Ansatz einzelner schneller – gegebenenfalls ungarischer und rumänischer – Verbände die Grundlage für ein frühzeitiges Vorgehen von Teilkräften gegen die Nordküste des Asowschen Meeres zu schaffen."[681]

---

[671] Gemeint ist die von Marschall der Sowjetunion Timoschenko befehligte „Westfront".
[672] Walther Hubatsch (Hrsg.). Hitlers Weisungen für die Kriegführung 1939–1945. München 1965, S. 174 ff.
[673] Boog, Angriff auf die Sowjetunion, S. 568; Hubatsch, Weisungen, S. 150 ff.
[674] Boog, S. 569.
[675] Ebenda.
[676] Ebenda.
[677] Ebenda.
[678] Ebenda, S. 570.
[679] Ebenda.
[680] Ebenda.
[681] Ebenda.

Am 26. September endete die Kesselschlacht bei Kiew mit dem bisher größten Sieg der Wehrmacht, etwa 665.000 Rotarmisten gingen in Gefangenschaft, 2.718 Geschütze wurden erbeutet. Vier Armeen sowie Teile von zwei weiteren Armeen waren vernichtet und die sowjetische Front in einer Breite von über 400 Kilometern aufgerissen. Währenddessen begann die Heeresgruppe Mitte mit der Konzentration ihrer Verbände.[682]

## Operation „Taifun"

Die Operationen im Raum östlich von Kiew und der Vorstoß auf Leningrad zogen sich länger hin als geplant, was die Offensive der Heeresgruppe Mitte erheblich verzögerte.[683] Die motorisierten und gepanzerten Einheiten der Heeresgruppe Mitte waren wegen ihrer hohen Marschleistungen unter fast ständigen Kämpfen zu diesem Zeitpunkt bereits stark in Mitleidenschaft gezogen und bedurften dringend der technischen Überholung und Auffrischung, wofür aber die verbliebene Zeit nicht ausreichte.

Bereits während der Planungsphase für den Angriff auf Moskau sah sich Halder gezwungen, die sich aufgrund der dauernden Einsätze immer weiter verringernde Stärke der Panzerdivisionen zu berücksichtigen. Nach dem Stand vom 4. September 1941 mußten 30 Prozent der seit Beginn des Rußlandfeldzuges eingesetzten Panzer als Totalverluste abgeschrieben werden, weitere 23 Prozent befanden sich in der Instandsetzung.[684] Insgesamt verfügte die Hälfte der in Rußland eingesetzten Panzerdivisionen nur noch über rund 34 Prozent ihrer Sollstärke an Panzerfahrzeugen.

Die Zahl der neu zugeführten Panzer war völlig unzulänglich und reichte nur aus, um den Bestand der am stärksten geschwächten Panzerdivisionen um zehn Prozent zu erhöhen, diese Zahlen waren angesichts der ehrgeizigen Ziele der geplanten Operationen geradezu lächerlich.[685] Der aktuelle Fehlbestand an Kraftfahrzeugen betrug 22 Prozent, und es kam hinzu, daß die Fahrzeuge seit dem Juni ununterbrochen im Einsatz und entsprechend abgenutzt waren, so daß mit einer hohen Anzahl von technischen Ausfällen zu rechnen war. Da man einen „Blitzfeldzug" erwartet hatte, war die deutsche Rüstungsproduktion 1941 so gering, daß sie nicht einmal ausreichte, die eingetretenen Verluste auszugleichen, von einer Verstärkung des Ostheeres ganz zu schweigen. Problematisch war auch die Versorgung mit Kraftstoff, da die Vorräte der Heeresgruppen Mitte und Süd größtenteils verbraucht waren. Etwas günstiger war die Treibstofflage bei der Heeresgruppe Nord, deren Nachschub teilweise über die Ostsee transportiert wurde. Die Verluste des Ostheeres beliefen sich zwischen dem 22. Juni und dem 26. September 1941 auf 534.086 Tote, Verwundete und Vermißte, also rund 15 Prozent der Ausgangsstärke.

Der gesamte Nachschub für das Ostheer litt unter der Überdehnung der rückwärtigen Verbindungen und der mangelnden Leistungsfähigkeit des Eisenbahnnetzes. Die Sowjets hatten beim Rückzug systematisch ihr Eisenbahnsystem zerstört, das von deutschen Eisenbahnpionieren, der Organisation Todt und dem Reichsarbeitsdienst mühsam wieder instand gesetzt und zusätzlich von der russischen Breitspur auf europäische Normalspur „umgenagelt" werden mußte. Ursprünglich hatte die deutsche Führung geglaubt, den Nachschub mit Lkw-Kolonnen bewältigen zu können, aber angesichts des Zustandes des sowjetischen Straßensystems erwies sich dies als illusionär.

[682] Ebenda, S. 572.
[683] Ebenda, S. 571.
[684] Ebenda.
[685] Ebenda.

Die Heeresgruppe Mitte (Generalfeldmarschall von Bock) wurde für den Angriff auf Moskau durch die Panzergruppe 4 (Hoepner) verstärkt, die aus dem Raum Leningrad abgezogen wurde. Insgesamt wurden für den Angriff auf Moskau über 14 Panzerdivisionen, neun motorisierte Divisionen und 56 Infanteriedivisionen, sowie die Verbände der Luftflotte 2 (Kesselring) und Teile der Luftflotte 4 (Löhr) bereitgestellt. Aufgrund der Schwierigkeiten im deutschen Nachschubsystem war es nicht möglich, warme Kleidung für die Truppe nach vorne zu bringen, obwohl in wenigen Wochen der russische Winter beginnen würde.

Die Rote Armee konnte die Abwehrfront vor Moskau, die etwa 300 Kilometer westlich der Hauptstadt verlief, im Verlauf des Sommers sichern und ausbauen, in einigen Abschnitten führte sie sogar erfolgreiche Gegenangriffe durch. So mußte Anfang September 1941 die Heeresgruppe Mitte einen Frontvorsprung bei Jelnja, etwa 70 Kilometer südöstlich von Smolensk, unter sowjetischem Druck räumen.[686] Im Norden und Süden der Rollbahn Smolensk–Moskau standen acht sowjetische Armeen der Westfront unter dem Oberbefehl von Marschall Timoschenko mit Hauptquartier in Wjasma. In dieser Zeit entstand rund 100 Kilometer westlich von Moskau eine weitere fast 300 Kilometer lange Verteidigungslinie, die von Kalinin im Norden über Wolokolamsk, Borodino und Moschaisk bis südlich von Kaluga reichte und aus drei in die Tiefe gestaffelten Stellungssystemen mit Panzergräben, Minengürteln und Pak-Stellungen bestand. Ein Großteil der Reserven der Stawka war im Großraum Moskau versammelt, darunter auch 40 Prozent aller einsatzbereiten Flugzeuge, die über gut ausgebaute Flugplätze in Frontnähe verfügten.

Mitte August 1941 hatte aus Japan der als Korrespondent der „Frankfurter Zeitung" getarnte Agent Richard Sorge über Funk nach Moskau berichtet, daß der japanische Kronrat beschlossen habe, an der sowjetisch-mandschurischen Grenze alle weiteren Kampfhandlungen endgültig einzustellen. Japan könne nicht auf die Rohstoffvorkommen Indochinas verzichten und sei deshalb bereit, notfalls einen Krieg gegen die USA und Großbritannien zu führen. Ein bewaffneter Konflikt mit der Sowjetunion sei daher nicht länger vertretbar. Aufgrund dieser Informationen konnte die Stawka ihre letzten großen und gut ausgerüsteten Reserven im Umfang von fast 700.000 Mann aus dem Fernen Osten nach Westen verlegen. Der Transport der sibirischen Truppen über die über 8.000 Kilometer lange Strecke zwischen Moskau und Wladiwostok nahm mehrere Wochen in Anspruch.[687]

Am 2. Oktober 1941 traten etwa 350 Kilometer vor Moskau die 9. Armee (Strauß), die Panzergruppe 3 (Hoth), die 4. Armee (Kluge), die Panzergruppe 4 (Hoepner) und die 2. Armee (Weichs) zum Angriff an und schlugen beiderseits Roslawl eine breite und tiefe Bresche in die feindliche Front. Man wollte beiderseits der Rollbahn Smolensk–Moskau vorgehen und Moskau durch die Panzergruppe 3 im Norden und die Panzergruppe 4 im Süden umfassen. Bei der sogenannten „Rollbahn" handelte es sich um die Hauptverkehrsstraße zwischen Moskau und Smolensk, die in einigen Abschnitten tatsächlich autobahnähnlich ausgebaut war, zum größeren Teil aber noch aus unbefestigten Sandpisten bestand.

Die Panzergruppe 2 (Guderian) eröffnete die Offensive bereits am 29. September und sollte den Zangengriff von Südwesten über Orel, Tula bis nach Moskau unterstützen.

---

[686] Janusz Piekalkiewicz. Schlacht um Moskau. S. 99. Der von der 4. Armee gehaltene Frontbogen mußte unter dem Druck der sowjetischen 24. Armee geräumt werden. Vergl. auch Percy E. Schramm (Hrsg.): Kriegstagebuch des OKW. 1940–1941. Teilband 2, S. 614 mit Eintrag vom 5. September 1941: „Die Rückverlegung der HKL westlich Jelna verläuft planmäßig."

[687] Piekalkiewicz, Schlacht um Moskau. S. 95. Als erste wurden verlegt: aus den Baikalregionen sieben Schützen- und zwei Kavalleriedivisionen, zwei Panzerbrigaden und drei Luftgeschwader; aus der Äußeren Mongolei eine Schützendivision, eine Panzerbrigade, ein Luftgeschwader; aus der Gegend am Ussuri fünf Schützendivisionen und eine Kavalleriedivision sowie drei Panzerbrigaden.

Mit ihrem Vorstoß schufen die Großverbände der Heeresgruppe Mitte den Ansatz für zwei große Kessel, im Süden um Brjansk und im Norden um Wjasma. Am 3. Oktober konnte die Panzergruppe 2 Orel im Überraschungsangriff einnehmen und eine geplante Evakuierung der dortigen Industrieanlagen verhindern.[688] Die feindlichen Gruppierungen beiderseits Brjansk wurden durch die 2. Armee von Westen her angepackt, im Osten durch die bereits in ihrem Rücken stehende Panzergruppe 2 umschlossen und bis zum 14. Oktober in zwei Einzelkessel nördlich und südlich Brjansk zusammengedrängt.

Die 4. Panzerarmee und die 4. Armee waren nach dem Durchbruch bei Roslawl nach Norden eingeschwenkt, die 9. Armee fesselte den Feind durch einen Frontalangriff und schloß ihn von Norden ein, während die Panzergruppe 3 in seinen Rücken vorstieß. Am 17. Oktober trafen sich die Spitzen der Panzergruppen 2 und 3 im Rücken des Feindes ostwärts Wjasma und schlossen den Kessel. Am 14. bzw. 17. Oktober wurden die Kessel von Wjasma und Brjansk ausgeräumt, laut Wehrmachtbericht verloren die Russen 67 Schützen-, sechs Kavallerie- und sieben Panzerdivisionen, 663.000 Gefangene sowie 1.242 Panzer und 5.412 Geschütze.[689]

Einem Vormarsch der Heeresgruppe Mitte auf Moskau stand nun nichts mehr im Wege. Die deutsche Luftwaffe begann mit der Bombardierung der Eisenbahnanlagen im Raum Moskau, mit dem Ziel, die Verlagerung von Truppen und Industriebetrieben nach Osten aufzuhalten. Stalin berief Armeegeneral Schukow aus Leningrad ab und beauftragte ihn mit der Verteidigung Moskaus. Die Stawka ließ etwa 15 bis 20 Kilometer vor der sowjetischen Hauptstadt durch die Moskauer Bevölkerung eine halbkreisförmige Verteidigungsstellung errichten, die aus mehreren Linien bestehen sollte.

Das Oberkommando der Wehrmacht gab am 10. Oktober auf einer offiziellen Pressekonferenz bekannt, daß der Feldzug im Osten praktisch entschieden sei. Die deutschen Panzerspitzen erreichten in diesen Tagen die Moschaisk-Verteidigungslinie, die sich über eine Frontbreite von fast 300 Kilometer von Kalinin bis nach Kaluga erstreckte. Am 12. Oktober fiel Kaluga, und am folgenden Tag drangen Einheiten der Wehrmacht in die Vororte von Kalinin ein; Klin, 100 Kilometer westlich von Moskau, wurde am 15. Oktober erreicht. In diesen Tagen scheint Stalin ernsthaft an Kapitulation gedacht zu haben, er erteilte Berija für den „äußersten Fall" den Auftrag, die deutschen Bedingungen für ein „zweites Brest" zu erkunden.[690]

Aber nun setzte mit dem starken Herbstregen die Schlammperiode ein, nahezu alle Straßen und Wege wurden derart aufgeweicht, daß sie für Radfahrzeuge fast gar nicht mehr und für Kettenfahrzeuge nur noch schwer passierbar waren. Die deutsche Offensive blieb buchstäblich im Schlamm stecken, gleichzeitig kam es zu den ersten Gefechten zwischen dem deutschen Ostheer und den Verbänden der Fernostarmee. Aufgrund des Einsetzens der Schlammperiode sank der Nachschub für die an den Angriffsoperationen beteiligten deutschen Divisionen schlagartig von 900 Tonnen täglich auf nur noch rund 20 Tonnen.

In Moskau hatte man sich inzwischen auf die Möglichkeit eines plötzlichen Zusammenbruchs der Front oder die Landung von Fallschirmtruppen vorbereitet. Dazu waren sowjetische Jägerbataillone und Komsomolbrigaden in einzelnen Kasernen zusammengezogen worden. Das gesamte Verteidigungssystem, die sogenannte „Moskauer Verteidigungszone", wurde dem Kommandeur des Moskauer Militärbezirks, Generalleutnant Pawel Artemjew, unterstellt, dem auch die Mobilisierung der Bevölkerung zu Schanz-

---

[688]   Heinz Guderian. Erinnerungen eines Soldaten. Stuttgart 1996, S. 209.
[689]   Tippelskirch, S. 206.
[690]   Manfred Hildermeier. Geschichte der Sowjetunion. München, S. 604 ff.

und Befestigungsarbeiten sowie die Aufstellung und Bewaffnung von Arbeiterbataillonen unterstand. Wichtige Gebäude und Versorgungseinrichtungen in der Stadt wurden von zwei Kompanien Bergbauspezialisten zur Sprengung vorbereitet.[691] Am 10. Oktober wurde die Moskauer Bevölkerung zum ersten Mal offiziell über die Bedrohung durch die Deutschen informiert. Am 16. brach unter der Bevölkerung eine Massenpanik aus, die meisten Betriebe standen still, Geschäfte und Warenhäuser wurden geplündert. Das Politbüro, Regierungsstellen und nahezu sämtliche Diplomaten wurden nach Kuibyschew evakuiert, 500.000 Frauen und Männer wurden zu Schanzarbeiten verpflichtet, Stalin selbst entschloß sich, in Moskau zu bleiben. Drei Tage später wurde das Standrecht verhängt, Meuterer und Deserteure wurden von Sperrverbänden des NKWD ohne weitere Umstände erschossen.

Die Westfront unter Schukow zählte zu diesem Zeitpunkt sechs Armeen mit fast 70 Divisionen. Am 3. November setzte leichter Frost ein, und die grundlosen Straßen und Wege wurden wieder halbwegs befahrbar. Jedoch brauchte die deutsche Logistik fast zwei Wochen lang, um genügend Nachschub für die Fortsetzung der Offensive heranzuschaffen. Am 6. November setzte strenger Frost ein, und die Soldaten des Ostheeres hatten aufgrund der Transportkrise immer noch keine Winterbekleidung erhalten, die Reichsbahn konnte nur den dringendsten Bedarf an Treibstoff und Munition an die Front schaffen.

Am 6. November fand am Vorabend zur Feier des 24. Jahrestages der Oktoberrevolution in der Metrostation Majakowskaja eine feierliche Sitzung des Moskauer Sowjet statt, bei der Stalin die Kampfbereitschaft der Roten Armee beschwor und an den Patriotismus der Moskauer Bevölkerung appellierte. Am nächsten Tag folgte die traditionelle Militärparade zum Jahrestag der Oktoberrevolution auf dem Roten Platz, die beteiligten Verbände marschierten anschließend direkt an die Front. Zu diesem Zeitpunkt waren aus Moskau fast zwei Millionen Menschen evakuiert worden, in den Stadtbezirken wurden Arbeiterbataillone aufgestellt und viele Kunstwerke aus den Museen und dem Kreml nach Osten in Sicherheit gebracht.

Am 16. November begannen die deutschen Truppen ihre Offensive wiederaufzunehmen, sie stießen aber auf den erbitterten Widerstand der Roten Armee. Da größere Teile der Luftflotte 2 in den Mittelmeerraum verlegt worden waren, fehlte es an Luftunterstützung, während die sowjetischen Fliegerverbände sehr aktiv waren. Eine Woche später meldeten Bock und Guderian an das OKH, daß die Lage zu Besorgnis Anlaß gebe, sie erhielten jedoch den Befehl, die Offensive mit einem „letzten Kraftaufgebot" fortzusetzen. Die oberste deutsche Führung ging davon aus, daß auch die Rote Armee am Ende ihrer Kräfte sei, was sich allerdings als Fehleinschätzung erweisen sollte.

Am 26. November wurde Istra, das 35 Kilometer vor Moskau lag, von deutschen Truppen eingenommen. Am folgenden Tag sanken die Temperaturen auf unter 35 Grad minus und verursachten hohe Ausfälle durch Erfrierungen. Stalin wies die 1. Stoßarmee (Kusnezow), die 20. Armee (Wlassow), die 10. Armee (Golikow) und weitere Divisionen aus der strategischen Reserve der Stawka an, die große Gegenoffensive vorzubereiten. Die sowjetische Führung wollte zunächst die für Moskau gefährlichsten deutschen Verbände, die Panzergruppen 3 und 4, einkesseln und vernichten. Anschließend sollte die gesamte Heeresgruppe Mitte zerschlagen werden, während zeitgleich an den übrigen Fronten in Nord und Süd Ablenkungsangriffe erfolgen sollten, um ein Abziehen deutscher Reserven und ihre Verlegung in den Mittelabschnitt zu verhindern.

---

[691] Piekalkiewicz, Schlacht um Moskau, S. 136. Nach den blutigen Erfahrungen mit der großteils mit Zeitzündern unterminierten Stadt Kiew verbot Hitler das Betreten Moskaus und Leningrads durch die Wehrmacht.

Am 30. November nahm die Wehrmacht die Orte Krasnaja Poljana und Putschki (heute beide Teil der Stadt Lobnja) ein und kamen dadurch bis auf 18 Kilometer an die Stadtgrenze von Moskau heran, die Angriffe der 2. Panzerarmee auf Tula wurden jedoch von sowjetischen Truppen abgewehrt. Stalin erteilte dem Operationsplan, den Marschall Schaposchnikow ausgearbeitet hatte, seine Zustimmung. Die Vorbereitungen für die Offensive waren bereits abgeschlossen, aber die Stawka beschloß, noch bis zum 6. Dezember abzuwarten, um weitere Reserven heranzuführen. Die Stawka stellte aus ihrer strategischen Reserve insgesamt 1.060.000 Mann, fast 700 Panzer, starke Artilleriekräfte und 1.400 Flugzeuge bereit.

Am 2. Dezember gelang es einem Spähtrupp des Panzerpionierbataillons 62, bis zum Moskauer Vorort Chimki vorzudringen,[692] der etwa acht Kilometer vor der Stadtgrenze liegt. Dieser Punkt war nur noch 23,7 Kilometer vom Kreml entfernt, dessen Türme durch die Scherenfernrohre zu sehen waren.[693]

# Sowjetische Gegenoffensiven

Bereits im Verlauf des Monats November hatte die Rote Armee im Nord- und im Südabschnitt der Ostfront Gegenoffensiven eröffnet, deren Ziel die Rückeroberung von strategisch wichtigen Positionen war. Im Verlauf dieser Kampfhandlungen mußten im Norden Tichwin und im Süden Rostow am Don von der 16. Armee bzw. der 1. Panzerarmee (früher Panzergruppe 1) aufgegeben werden.[694]

Einen Tag vor Beginn der Großoffensive der Kalininer Front, der Westfront und der Südwestfront vertrat die Abteilung „Fremde Heere Ost" des OKH die Auffassung, daß die sowjetischen Truppen „zur Zeit" ohne Zuführungen von bedeutenden Verstärkungen zu einem Großangriff im Abschnitt der Heeresgruppe Mitte nicht in der Lage seien.[695] Am 5. Dezember 1941 begannen unerwartet starke Angriffe auf die Stellungen der 9. Armee sowie der Panzergruppen 3 und 4. Das Oberkommando der Heeresgruppe Mitte erkannte erst im Verlauf des 6. Dezember, daß sie sich einem sowjetischen Großangriff gegenübersah, sie befahl den eigenen Angriff auf Moskau abzubrechen und zur Verteidigung überzugehen. An eine Fortsetzung von „Taifun" war nun nicht mehr zu denken, und nachdem die deutsche Aufklärung den Umfang der herangeführten sowjetischen Reserven festgestellt hatte, schien ein Rückzug auf eine operativ günstig gelegene Winterstellung dringend geboten.[696] Daraufhin gaben die 4. Armee sowie die beiden Panzergruppen bekannt, daß ab dem 6. Dezember nach gesondertem Befehl der Rückzug eingeleitet werden sollte, der endgültige Termin wurde von der Einwilligung Hitlers abhängig gemacht. Es bestand jedoch das Problem, daß die Heeresgruppe Mitte weder über die notwendigen Truppen noch über die materiellen Mittel zum Bau von rückwärtigen Stellungen verfügte. Daraus zog das Oberkommando der Heeresgruppe Mitte die Schlußfolgerung, daß eine großräumige Rückzugsbewegung auf eine ausgebaute Stellung schlicht nicht durchführbar war und es keine andere Möglichkeit gab, als an Ort und Stelle auszuhalten. Die Voraussetzung dafür war aber die sofortige Zuführung von Reserven.[697]

---

[692] Karl-Heinz Janßen. Bis Chimki – Warum der deutsche Musketier nicht bis zum Kreml kam, Die Zeit Nr. 51/1991, 13. Dezember 1991.

[693] Piekalkiewicz, Schlacht um Moskau. S. 205; vergl. auch Christian Zentner. Der Zweite Weltkrieg – Ein Lexikon. S. 381.

[694] Klaus Reinhardt. Die Wende vor Moskau – Das Scheitern der Strategie Hitlers im Winter 1941/42. Stuttgart 1972, S. 164 f.

[695] OKH/GenStdH/Abteilung Fr. H. Ost, Lagebericht Ost Nr. 172 vom 4. Dezember 1941.

[696] Boog, S. 601.

[697] Fedor von Bock. Generalfeldmarschall Fedor von Bock. Zwischen Pflicht und Verweigerung – Das Kriegstagebuch. Hrsg. von Klaus Gerbet, München 1995, S. 121 ff.

**Karte 8:**
**Die sowjetischen Gegenoffensiven vor Moskau**
**(6. Dezember 1941 – 11. März 1942)**

Am 5. Dezember begann auch der sowjetische Hauptangriff im Norden durch die Kalininer Front unter Iwan Konjew mit einem Angriff auf Klin. Unmittelbar danach griff die Westfront unter Schukow beiderseits der Rollbahn Moskau–Smolensk frontal in Richtung Westen an. Weiter südlich eröffnete die Südwestfront unter Timoschenko eine Offensive und schlug bei Jelez eine Bresche in die deutsche Front. Die Verbände der Fernost-Armee waren bestens auf den Winter vorbereitet und verfügten unter anderem über Ski-Einheiten, die auch im tief verschneiten Gelände voll bewegungsfähig waren. Außerdem war die Rote Armee jetzt mit größeren Stückzahlen des neuen Panzers T 34 ausgestattet.

Am 16. Dezember lehnte Hitler jede weitere Absetzbewegung ab und erließ zwei Tage später neue Richtlinien für die Kampfführung, in denen die Truppe aufgefordert wurde, „fanatisch" in ihren Stellungen auszuhalten: „Größere Ausweichbewegungen können nicht durchgeführt werden. Sie führen zum völligen Verlust von schweren Waffen und Gerät. Unter persönlichem Einsatz der Befehlshaber, Kommandeure und Offiziere ist die Truppe zum fanatischen Widerstand in ihren Stellungen zu zwingen, ohne Rücksicht auf durchgebrochenen Feind in Flanke und Rücken. Nur durch eine derartige Kampfführung ist der Zeitgewinn zu erzielen, der notwendig ist, um die Verstärkungen aus der Heimat und dem Westen heranzuführen. [...] Erst wenn Reserven in rückwärtigen Sehnenstellungen eingetroffen sind, kann daran gedacht werden, sich in diese Stellungen abzusetzen."[698]

Im Verlauf der von Sowjetseite so genannten „Moskauer Angriffsoperation", die vom 5. Dezember 1941 bis zum 7. Januar 1942 dauerte, stieß die Rote Armee auf einer etwa 1.000 Kilometer breiten Front bis zu 250 Kilometer nach Westen vor. Am 16. Dezember eroberte die Rote Armee Kalinin zurück, am 21. versuchte sie, Kaluga im Handstreich zu besetzen, am 25. Dezember konnte sie Istra, Rusa und Wolokolamsk einnehmen. Guderian nahm in diesen Tagen seine Truppen entgegen ausdrücklichen Haltebefehlen auf eigene Verantwortung zurück und wurde deswegen von Hitler seines Kommandos enthoben.

Am 30. Dezember fiel Kaluga nach dreitägigen Straßenkämpfen wieder in sowjetische Hand, am 7. Januar folgte Moschaisk. Am 8. Januar mußte Hoepner seine Truppen (4. Panzerarmee) zurücknehmen, um der drohenden Einkesselung zu entgehen. Da Hoepner entgegen einem ausdrücklichen Haltebefehl des OKH gehandelt hatte, glaubte Hitler, ein Exempel statuieren zu müssen, und berief ihn nicht nur von seinem Kommando ab, sondern entließ ihn zudem unehrenhaft aus der Wehrmacht. Am 15. Januar befahl Hitler endlich den allgemeinen Rückzug auf die Winterstellung.

Da mittlerweile ein empfindlicher Mangel an Pferden, Zugmaschinen und Benzin herrschte, mußten die deutschen Truppen größtenteils zu Fuß zurückgehen und das gesamte schwere Gerät zurücklassen. Bei der „Winterstellung" handelte es sich allerdings nicht um eine im militärischen Sinne ausgebaute Linie mit Schützengräben, Bunkern, Artilleriestellungen und sonstigen Befestigungen, sondern um eine von Hitler auf der Landkarte gezogene Linie, die sich hauptsächlich an logistischen Notwendigkeiten sowie an günstigen Aufmarschräumen für künftige Offensiven orientierte.

Der extrem harte Winter mit Temperaturen bis minus 35 Grad führte dazu, daß auf deutscher Seite Maschinengewehre und Geschütze einfroren, Motoren nicht mehr ansprangen und viele Soldaten unter Erfrierungen litten, da ein rechtzeitiges Nachführen der Winterausstattung aufgrund der Transportkrise nicht möglich war. Bei Temperaturen von minus 42 Grad fielen mehr als 70 Prozent aller deutschen Lokomotiven im Osten

---

[698]  Percy E. Schramm (Hrsg.). Kriegstagebuch des OKW. 1940–1941. Teilband II, S. 1084 f., Fernschreiben an HGr. Mitte vom 18. Dezember 1941, GenStdH Op.Abt. (III), Nr. 1736/41 g.Kdos. Chefs.

aus. Erbeutete russische Breitspurlokomotiven gab es viel zu wenige, und diese konnten auf dem größtenteils bereits auf Normalspur umgenagelten Schienennetz nicht mehr fahren. Die Einsätze der deutschen Luftwaffe kamen aufgrund der extremen Wetterverhältnisse beinahe zum Erliegen.

## Ergebnisse

Zwischen dem 30. September und dem 5. Dezember 1941 hatte die deutsche Wehrmacht die Rote Armee auf einer Frontbreite von mehr als 1.000 Kilometern um bis zu 300 Kilometer nach Osten zurückgedrängt und ihr dabei Verluste von 656.000 Mann (Gefallene und Gefangene) zugefügt. Die Wehrmacht erlitt im Zeitraum vom 30. September 1941 bis zum 7. Januar 1942 Verluste von schätzungsweise 500.000 Mann an Toten und Verwundeten sowie zusätzlich mindestens 100.000 Mann an Ausfällen durch Erfrierungen, die Materialverluste betrugen 1.300 Panzer, 2.500 Geschütze und über 15.000 Kraftfahrzeuge. Es war der Stawka zwar nicht gelungen, die Heeresgruppe Mitte zu vernichten, aber die Schlacht um Moskau war dennoch eine deutsche Niederlage.

Ende Januar 1942 konnte die Wehrmacht bei Rschew und Juchnow erstmals größere Abwehrerfolge erringen, die den Aufbau einer neuen Verteidigungsstellung begünstigten. Im Zuge der sowjetischen Winteroffensive wurden in Demjansk und Cholm an der Nahtstelle zwischen der Heeresgruppe Mitte und der Heeresgruppe Nord größere deutsche Truppenverbände eingeschlossen, die dann im Frühjahr 1942 entsetzt werden konnten.

Dem Scheitern in der Schlacht um Moskau folgte eine Entlassungswelle unter den Kommandeuren der Wehrmacht. Hitler entließ Brauchitsch, nachdem dieser mehrmals seinen Rücktritt eingereicht hatte, und übernahm fortan selbst den Oberbefehl über das Heer. Die Generalfeldmarschälle Gerd von Rundstedt, Fedor von Bock und Wilhelm von Leeb wurden ihres Kommandos enthoben; sie erhielten zum Teil neue dienstliche Aufgaben. Generaloberst Heinz Guderian (Panzergruppe 2, ab November 2. Panzerarmee) wurde seines Frontkommandos enthoben und bis auf weiteres zur Führerreserve versetzt. Generaloberst Erich Hoepner (Panzergruppe 4, ab Dezember 4. Panzerarmee) wurde wegen „Feigheit und Ungehorsams" unehrenhaft aus der Wehrmacht entlassen.[699] Außerdem wurden 35 Korps- und Divisionskommandeure abgelöst.[700]

Wie ein Vorspiel für Stalingrad wirkten die langen Kämpfe um Rostow am Don, das die Deutschen am 21. November 1941 erstmals einnahmen, acht Tage später aber wieder räumen mußten, um es nach schweren Kämpfen am 24. Juli 1942 erneut zu erobern. Auch im Norden der Front wurde in der Schlacht um Tichwin ein deutscher Vorstoß, der das Ziel verfolgte, die Verbindung mit den Finnen östlich des Ladogasees herzustellen, von den Sowjets abgewehrt.

Das Ausmaß der Verluste und Ausfälle, die das deutsche Ostheer in der Zeit vom 22. Juni 1941 bis 31. Dezember 1941 hinnehmen mußte, macht eine statistische Auflistung des Generalquartiermeisters deutlich: Demnach verlor die Wehrmacht 2.752 Panzerkampfwagen und Sturmgeschütze, 24.849 Kfz, 38.544 Krafträder und 35.194 Lkw.[701] Die Luftwaffe verlor an der Ostfront bis zum 27. Dezember 1941 2.505 Flugzeuge.[702]

---

[699]  Samuel W. Mitcham / Gene Mueller. Generaloberst Erich Hoepner. In: Gerd R. Ueberschär (Hrsg.): Hitlers militärische Elite. 68 Lebensläufe. Darmstadt 2011, S. 367.

[700]  Piekalkiewicz, Schlacht um Moskau, S. 137.

[701]  Schramm, Kriegstagebuch des OKW. Teilband II. 1940–1941, S. 1105 ff.

[702]  Militärgeschichtliches Forschungsamt (Hrsg.): Das Deutsche Reich und der Zweite Weltkrieg. Band 4. Stuttgart 1983, S. 699.

Bis Ende 1941 wurden annähernd eine Million Soldaten der Wehrmacht und ihrer Verbündeten im Rahmen des deutsch-sowjetischen Krieges getötet oder schwer verwundet. Dem standen bis dahin auf sowjetischer Seite Verluste von fast drei Millionen Gefallenen und Verwundeten sowie etwa drei Millionen Kriegsgefangenen gegenüber.

Die deutsche Führung hatte keines ihrer selbstgesteckten Ziele erreichen können, die ursprünglich angestrebte Linie Archangelsk–Astrachan lag in unerreichbarer Ferne. Trotz des Verlustes des Donezbeckens, der Blockade Leningrads und des immensen Verlustes an Menschen und Material wurde die Rote Armee nicht aus dem Feld geschlagen, brach das bolschewistische System nicht zusammen, kam die sowjetische Rüstungsproduktion nicht zum Erliegen.[703]

---

[703] Philippi/Heim, Feldzug gegen Sowjetrußland, S. 102 f.

# Der Ferne Osten als Hintertür zum amerikanischen Kriegseintritt

## Roosevelt sucht den Konflikt im Atlantik

Im August 1940 hatte Präsident Roosevelt Admiral Robert Ghormley, Generalmajor Delos Emmons und Generalmajor George Strong zu Gesprächen über eine militärische Zusammenarbeit mit dem Commonwealth nach London entsandt. Die Verhandlungen mit höchsten Offizieren der britischen Streitkräfte dauerten bis zum Oktober 1940. Im Januar 1941 begannen in Washington geheime Stabsbesprechungen, die zwei Monate später, am 27. März, im „ABC-I Staff Agreement" mündeten. Gemäß diesem Abkommen sollte im Falle einer Aggression der Achsenmächte gegen die Vereinigten Staaten eine sofortige und umfassende Zusammenarbeit eingeleitet werden. Außerdem wurde beschlossen, im Falle eines Krieges zuerst Deutschland und dann Japan niederzuringen.[704] Das „Joint Planning Committee" der Vereinigten Staaten hatte bereits zwei Jahre vorher, im Januar 1939, eine offensive Kriegsführung gegen Deutschland und eine defensive gegen Japan vorgeschlagen. Der Kriegsplan „Rainbow 5" vom 23. Juni 1939 sah vor, amerikanische Streitkräfte nach Europa oder Afrika zu entsenden, um Deutschland und Italien niederzuwerfen.[705] Das Deutsche Reich wurde jetzt, im Winter 1940/41, allein deshalb als der weitaus gefährlichere Gegner angesehen, weil es Großbritannien nach wie vor unmittelbar bedrohte. Zwischen Januar und April 1941 stiegen die britischen Verluste an Handelsschiffen durch den deutschen U-Boot-Krieg von 320.000 auf 688.000 BRT monatlich. Im „ABC-I Staff Agreement" erhielt die amerikanische Marine die Aufgabe zugewiesen, im Atlantik britische Geleitzüge zu beschützen.[706] Von nun an war es nur noch eine Frage der Zeit, bis es zu bewaffneten Zwischenfällen zwischen amerikanischen und deutschen Seestreitkräften kommen mußte.

Am 18. April hatte Roosevelt die Panamerikanische Sicherheitszone bis auf 30 Grad West nach Osten ausgedehnt, und drei Tage später erhielt die amerikanische Pazifikflotte den Befehl, etwa 20 Prozent ihrer Einheiten in den Atlantik zu verlegen.[707] Zu den Aufgaben der Flotte notierte William C. Bullitt am 23. April: „Der Präsident glaubte, daß wir einen Zwischenfall abwarten mußten, und er war zuversichtlich, daß die Deutschen uns einen Zwischenfall liefern würden."[708]

Die Anzeichen dafür, daß Roosevelt den offenen Konflikt mit Deutschland suchte, wurden selbstverständlich auch in Berlin registriert, aber Hitler hielt an seiner Politik fest, sich nicht provozieren zu lassen. Die Ausdehnung der von den USA beanspruchten Sicherheitszone bis in den Mittelatlantik hatte er deshalb sofort anerkannt.

---

[704] Waldo H. Heinrichs. Threshold of War: Franklin D. Roosevelt and American Entry into World War II. Oxford 1988, S. 39.
[705] Mark M. Lowenthal. Leadership and Indecision: American War Planning and Policy Process 1937–1942. 2 Bde. New York/London 1988, Bd. I, S. 105, 109 u. 423.
[706] Samuel E. Morison. The Battle of the Atlantic: September 1939 to May 1943, Boston 1947, S. 38 ff.
[707] Heinrichs, Threshold, S. 169.
[708] Patrick J. Hearden. Roosevelt Confronts Hitler: America's Entry into World War II, Dekalb 1987, S. 196.

Im Mai 1941 wurde während einer Führerkonferenz die amerikanische Politik mit folgenden Worten zusammengefaßt: „Die USA setzen [...] ihre Versuche fort, die Grenzlinie zwischen Neutralität und Kriegführung mehr und mehr zu verwischen und durch ständige Einführung neuer, dem internationalen Recht widersprechender Maßnahmen die Politik des ,bis hart an den Krieg heran' auszudehnen."[709]

Auf Anordnung Präsident Roosevelts wurden am 17. Juni alle deutschen Guthaben in den USA eingefroren, zwei Tage später forderte der Präsident die Schließung aller deutschen Konsulate und Agenturen. Am 7. Juli besetzten amerikanische Truppen Island, um britische Verbände abzulösen und für andere Fronten freizumachen. In einer Botschaft an den Kongreß bezeichnete Roosevelt diesen Vorstoß als eine Maßnahme zur Verteidigung der westlichen Hemisphäre gegen eine eventuelle deutsche Invasion.[710] Zwei Wochen später, am 19. Juli, verschärfte Admiral Ernest King das amerikanische Vorgehen durch folgenden Operationsbefehl an die Atlantikflotte: „Kriegsschiffe der Achsenmächte sind innerhalb von 100 Seemeilen um einen amerikanisch gesicherten Konvoi oder beiderseits der Verbindungslinie Argentia (Neufundland)–Island, Achsen-U-Boote in Sicht- oder Horchkontakt von amerikanisch gesicherten Einheiten anzugreifen."[711] Ab Ende Juli patrouillierten amerikanische Kampfgruppen regelmäßig auf der Route Neufundland–Island. Dabei wurden auf alle als U-Boot-Kontakte angesprochenen Sonar-Ortungen sofort Angriffe mit scharfen Wasserbomben gefahren, bis zum 7. Dezember 1941 nicht weniger als achtzigmal.[712]

Zwischen dem 9. und dem 12. August trafen sich Roosevelt und Churchill vor der Küste Neufundlands zur „Atlantik-Konferenz". Während dieser Zusammenkunft verkündeten die beiden Regierungschefs der Öffentlichkeit ihr gemeinsames Ziel, die „endgültige Vernichtung der Nazi-Tyrannei". Außerdem wurden insgeheim die Einzelheiten des amerikanischen Eingreifens in die Atlantikschlacht festgelegt. Eine Woche später berichtete Churchill dem britischen Kabinett: „Der Präsident sagte, daß er Krieg führen, aber ihn nicht erklären würde und daß er mehr und mehr provozieren würde [...] Er werde nach einem ,Zwischenfall' suchen, der ihm die Rechtfertigung zur Eröffnung der Feindseligkeiten geben würde."[713]

Am 4. September 1941 erhielt der amerikanische Zerstörer „Greer", der sich auf der Fahrt nach Island befand, von einem englischen Flugboot die Meldung, daß etwa zehn Meilen vor ihm ein getauchtes deutsches U-Boot liege. Die „Greer" änderte sofort ihren Kurs und verfolgte das U-Boot, nachdem sie es mittels ihres Sonars geortet hatte, über drei Stunden hinweg. Als das Flugboot vor seinem Abflug Wasserbomben auf das U-Boot warf, hielt der Kommandant von U 652 dies irrtümlich für einen Angriff der „Greer" und ließ einen Torpedo auf den Zerstörer abfeuern. Die „Greer" konnte ausweichen und griff nun ihrerseits das U-Boot mit Wasserbomben an, worauf dieses einen zweiten Torpedo abschoß, der aber wieder sein Ziel verfehlte. Aufgrund der Ausweichmanöver verlor der US-Zerstörer den Horchkontakt zu U 652 und setzte seine Fahrt nach Island fort.[714]

Roosevelt versuchte sofort, diesen Vorfall propagandistisch auszunutzen. Am 11. September schilderte er in einer Rundfunkrede der amerikanischen Öffentlichkeit seine Version dieses Zwischenfalls: „Sie [die „Greer"] führte die amerikanische Flagge. Sie war als amerikanisches Schiff unverkennbar. Sie wurde auf der Stelle von einem

[709] Fuehrer Conferences on Matters Dealing with the German Navy. Volume II. Washington 1947, S. 44.
[710] Hearden, S. 200.
[711] Ebenda, S. 94.
[712] Ebenda, S. 97.
[713] Ebenda, S. 202.
[714] E.B. Potter/Chester Nimitz/Jürgen Rohwer. Seemacht: Von der Antike bis zur Gegenwart. Herrsching 1982, S. 532.

U-Boot angegriffen. Deutschland gibt zu, daß es ein deutsches U-Boot war. [...] Wir haben keinen Schießkrieg mit Hitler gesucht. [...] Wir sind keine Angreifer. Wir verteidigen uns nur."[715] Roosevelt belog die Öffentlichkeit. Er verschwieg, daß die „Greer" die Verfolgungsjagd begonnen und versucht hatte, U 652 in die Enge zu treiben.

Am 13. September erteilte Roosevelt dann öffentlich den Befehl, auf jedes Kriegsschiff der Achsenmächte, das in der amerikanischen Sicherheitszone gesichtet wurde, sofort und ohne Vorwarnung das Feuer zu eröffnen. Tatsächlich war dieser Schießbefehl insgeheim schon längst in Kraft. Aber Hitler war nicht bereit, auf die gezielten amerikanischen Provokationen einzugehen. Am 17. September erhielt die deutsche Kriegsmarine erneut Befehle, amerikanische Handelsschiffe soweit wie möglich zu schonen. Sie durften, selbst wenn sie im Geleitzug fuhren, nur in den Gewässern unmittelbar um Großbritannien angegriffen werden. In der panamerikanischen Sicherheitszone waren den deutschen U-Booten jegliche Kriegshandlungen verboten, es sei denn, sie wurden angegriffen.[716] Die amerikanische Regierung reagierte, indem sie den Geleitschutz für englische Konvois jetzt ganz offiziell betrieb. Eine Gruppe amerikanischer Zerstörer, die sich auf Argentia stützte, übernahm an einem bestimmten Punkt vor Neufundland den Konvoi von einer kanadischen Eskorte und übergab ihn an einem vereinbarten Punkt im mittleren Atlantik der britischen Marine. Diese Praxis verstieß ganz eindeutig gegen die Gebote der Neutralität.[717]

Am 17. Oktober kam es zu einem weiteren schweren Zwischenfall. Fünf amerikanische Zerstörer eilten von Reykjavik aus einem britischen Geleitzug zu Hilfe, der von einem deutschen U-Bootsrudel angegriffen wurde. Mitten im Gefecht wurde der Zerstörer „Kearny" irrtümlich für ein britisches Schiff gehalten und von einem deutschen Torpedo getroffen, wodurch elf Seeleute ums Leben kamen. Die „Kearny" konnte sich aber über Wasser halten und mit langsamer Fahrt nach Island zurücklaufen.[718] Der amerikanische Zerstörer hatte im deutschen Operationsgebiet Wasserbomben auf deutsche U-Boote geworfen und konnte daher nicht als unschuldiges Opfer gelten.

Roosevelt benutzte diesen Zwischenfall wieder dazu, der amerikanischen Öffentlichkeit die Notwendigkeit eines Krieges gegen Deutschland nahezubringen. Im weiteren Verlauf dieser Rede erklärte Roosevelt, er sei im Besitz einer in Deutschland hergestellten geheimen Landkarte, die den Plan Hitlers enthülle, ganz Südamerika zu erobern. Aber damit nicht genug, er besitze ein weiteres Dokument, aus dem hervorgehe, daß Hitler die Absicht habe, im Falle seines Sieges „alle bestehenden Religionen abzuschaffen". Der „Vormarsch des Hitlerismus" müsse daher unbedingt gestoppt werden. Die US Navy habe den Befehl erhalten, bei Begegnungen mit deutschen Schiffen „sofort zu schießen." Die „Klapperschlangen zur See" müßten vernichtet werden.[719]

Natürlich verschwieg Roosevelt der Öffentlichkeit, daß die deutsche Kriegsmarine Befehl hatte, allen Provokationen auszuweichen und Zwischenfälle mit amerikanischen Schiffen soweit irgend möglich zu vermeiden. Und die Landkarte mit dem Plan Hitlers, Südamerika zu erobern, war ebenso wie der Plan zur Abschaffung aller Religionen eine plumpe Fälschung – und der US-Präsident wußte das.

Roosevelts „Klapperschlangenbefehl" dokumentiert, daß er zumindest die amerikanische Marine als im Kriegszustand mit Deutschland betrachtete. Dementsprechend waren bald weitere Opfer der Rooseveltschen Kriegspolitik zu beklagen. Am 31. Oktober stieß ein Geleitzug etwa 600 Meilen westlich von Island auf deutsche U-Boote.

---

[715] FRUS: Peace and War, S. 737 ff.
[716] Fuehrer Conferences on Matters Dealing with the German Navy, II, S. 44
[717] Hearings vor dem Senatsausschuß für auswärtige Angelegenheiten, Leih- und Pachtgesetz, 1941, S. 211
[718] Jürgen Rohwer, Der Kearny-Zwischenfall am 17. Oktober 1941, in: Marine-Rundschau 56 (1959), S. 288 ff.
[719] FRUS: Peace and War, S. 767 ff.

Bei dem Gefecht wurde der amerikanische Zerstörer „Reuben James" von einem von U 552 abgefeuerten Torpedo getroffen und sank sofort. 115 Seeleute kamen ums Leben.[720]

# Roosevelt eröffnet den Wirtschaftskrieg gegen Japan

Im September 1939 erläuterte der amerikanische Botschafter in Tokio, Joseph C. Grew, Präsident Roosevelt in ausführlichen Gesprächen den Stand der japanisch-amerikanischen Beziehungen. Grew betonte, daß wirtschaftliche Sanktionen gegen Japan wahrscheinlich zum Krieg führen würden. Ein amerikanisches Ölembargo würde Tokio dazu veranlassen, Niederländisch-Indien zu besetzen, um sich Zugriff auf die dortigen Ölvorkommen zu verschaffen. Grew glaubte allerdings, daß über ein neues Wirtschaftsabkommen eine Verständigung mit Japan möglich sei.[721]

Aber Roosevelt nahm von den Empfehlungen seines Botschafters ebensowenig Notiz wie von den japanischen Verständigungsbemühungen. Der politische Berater im State Department, Stanley K. Hornbeck, hatte bereits am 11. Februar 1939 eine Denkschrift zu den japanisch-amerikanischen Beziehungen vorgelegt, in der er feststellte, daß moralischer oder wirtschaftlicher Widerstand das Vordringen Japans in Nordchina nicht habe aufhalten können, weshalb Amerika über kurz oder lang militärischen Widerstand werde leisten müssen.[722] Mit Rücksicht auf die isolationistische Mehrheit im Kongreß konnte Roosevelt vorläufig aber nur mit wirtschaftlichen Sanktionen gegen Japan vorgehen. So veröffentlichte das Weiße Haus am 2. Dezember 1939 eine Presseerklärung, in der man ein „moralisches Embargo" gegen den Export von Flugzeugen, Flugzeugausrüstungen sowie Materialien für den Flugzeugbau forderte.[723]

Tatsächlich wurde eine Verbesserung der amerikanisch-japanischen Beziehungen durch das japanische Vorgehen in China sehr erschwert. Am 30. März 1940 wurde in den von Japan besetzten Gebieten Chinas eine Marionettenregierung unter Wang Ching-wei proklamiert. Wang Ching-wei war ein hoher Kuomintangführer, der sich mit Generalissimus Chiang Kai-shek überworfen hatte. Washington ließ sich von diesem Schachzug nicht beeindrucken und hielt daran fest, daß die Regierung Chiang Kai-sheks mit Sitz in der provisorischen Hauptstadt Chungking die einzig legitime Regierung Chinas sei.[724]

Am 17. Juni forderte Tokio von der französischen Regierung unter Marschall Pétain die Unterbindung aller Nachschubtransporte für die Truppen Chiang Kai-sheks durch Französisch-Indochina. Das Nachgeben der Franzosen bedeutete für die Chinesen einen schweren Rückschlag. Einen Monat später konnten die Japaner die britische Regierung dazu bewegen, die Burmastraße für drei Monate zu sperren, so daß Chiang Kai-shek auch auf diesem Wege kein Kriegsmaterial mehr erhalten konnte.[725] Am 23. September drangen japanische Truppen in Französisch-Indochina ein und besetzten die Provinz Tonking. Daraufhin entschloß sich Roosevelt, die Ausfuhr aller Sorten von Eisen- und Stahlschrott aus den Vereinigten Staaten nach Japan zu sperren.[726] Diese Maßnahme hatte aber wenig Wirkung, da Japan mittlerweile große Vorräte angelegt hatte.

Anfang Oktober hatte Churchill angekündigt, daß die Burmastraße wieder geöffnet würde, was den Amerikanern die Wiederaufnahme militärischer Hilfslieferungen an

---

[720] Potter/Nimitz/Rohwer, S. 532.
[721] Herbert Feis. The Road to Pearl Harbor. Princeton 1950, S. 41 f.
[722] Tansill, Hintertür zum Kriege, S. 660.
[723] FRUS: United States and Japan 1931–1941, II, S. 202.
[724] Ebenda, S. 59 f.
[725] Department of State Bulletin, III, 20. Juli 1940, S. 36.
[726] Department of State Bulletin, III, 28. September 1940, S. 250.

Chiang Kai-shek ermöglichte. Im November und Dezember drängte der britische Botschafter in Washington, Philip Henry Kerr, bekannt als Lord Lothian, Außenminister Hull zu Absprachen für ein gemeinsames Vorgehen im Fernen Osten. Die Gespräche zwischen Lord Lothian und Hull führten zur Aufnahme amerikanisch-britischer Generalstabsbesprechungen in Washington Ende Januar 1941. Außerdem drängten die Briten auf die Verhängung wirtschaftlicher Sanktionen gegen Japan, womit sie bei Roosevelt und Hull auf offene Ohren stießen. Am 10. Dezember 1940 gab Washington bekannt, daß zu Beginn des Jahres 1941 neue Exportbeschränkungen in Kraft treten würden, und zwar für Eisenerz, Roheisen, Eisenlegierungen sowie Eisen- und Stahlwaren bzw. Halbfabrikate. Am 20. Dezember wurden die Ausfuhrbeschränkungen auf Brom, Äthyl, hydraulische Pumpen sowie Anlagen zur Herstellung von Schmieröl für Flugmotoren ausgedehnt. Drei Wochen später, am 10. Januar 1941, wurden die Restriktionen auf die Ausfuhr von Kupfer, Messing, Zink, Nickel und Pottasche ausgedehnt. Es folgten weitere Exportbeschränkungen, die nahezu alles zu umfassen schienen – außer Erdöl.[727]

## Japan sucht eine Verständigung mit den Vereinigten Staaten

Die amerikanische Embargopolitik und die Aussicht auf einen japanisch-amerikanischen Konflikt veranlaßte die japanische Regierung unter Fürst Konoye, Washington Vorschläge für eine Verbesserung der Beziehungen vorzulegen.

Mitte Januar 1941 traf eine inoffizielle japanische Delegation mit hohen amerikanischen Regierungsbeamten zusammen. Der Leiter der japanischen Delegation, Toshio Hashimoto, erläuterte Stanley Hornbeck vom State Department in einem ausführlichen Gespräch die Ursachen der Schwierigkeiten zwischen Japan und den Vereinigten Staaten. Hashimoto gab zu verstehen, daß Fürst Konoye eine Verbesserung der japanisch-amerikanischen Beziehungen anstrebe. Es würde den Fürsten sehr ermutigen, wenn Washington sich zu einer freundlichen Geste bereit finden würde, indem es zum Beispiel Japan behilflich sei, Zugang zum Handel mit den Kolonien der europäischen Mächte zu finden. Aber Hornbeck hielt nicht viel von einer freundschaftlichen Verständigung mit Japan; er erklärte Hashimoto: „Japan, nicht die Vereinigten Staaten, war der Angreifer. […] Es ist Japan, nicht die Vereinigten Staaten, das gedroht und von Krieg geredet hat."[728]

Im Februar 1941 wurde Admiral Kichisaburo Nomura zum neuen japanischen Botschafter in Washington ernannt. Der Admiral war während des Ersten Weltkrieges Marineattaché in der amerikanischen Hauptstadt gewesen und dabei mit Roosevelt, damals Unterstaatsekretär im Marineministerium, persönlich bekannt geworden. Nomura galt als guter Kenner der USA und als Befürworter einer japanisch-amerikanischen Verständigung. Der erste Empfang des neuen Botschafters am 14. Februar im Weißen Haus verlief zwar herzlich, aber Roosevelt machte kein Hehl daraus, daß es um die Beziehungen zwischen Japan und den Vereinigten Staaten schlecht stand. Am 8. März traf Nomura erstmals mit Außenminister Hull zu einem Gespräch zusammen. Es sollten mehr als vierzig weitere Treffen folgen, aber es gelang nicht, eine Grundlage für die Verbesserung der japanisch-amerikanischen Beziehungen zu finden. Im Verlauf dieser Gespräche erklärte sich die japanische Regierung zu zwei Verpflichtungen bereit, nämlich erstens im Südwestpazifik nur friedliche Mittel anzuwenden, und zweitens Deutschland nur zu unterstützen, wenn es angegriffen werden sollte. Als Gegenleistung wünschte Tokio von Washington:

---

[727] FRUS: United States and Japan 1931–1941, II, S. 232 ff.
[728] Aufzeichnung Mr. Hornbecks, 15. Januar 1941, zit.n. ebenda, S. 674.

1.  die Wiederherstellung normaler Handelsbeziehungen zwischen den beiden Ländern;
2.  Unterstützung für die Bemühungen Japans, Zugang zu den Rohstoffen des südwest-pazifischen Raumes zu gewinnen;
3.  Druck auf die Regierung Chiang Kai-shek, um sie zur Annahme japanischer Frie-densbedingungen zu bewegen;
4.  Entzug der amerikanischen Unterstützung für Chiang Kai-shek für den Fall, daß die-ser sich weigern sollte, die japanischen Bedingungen zu akzeptieren;
5.  diplomatische Unterstützung für die Politik Japans, den britischen Einfluß im Fernen Osten zurückzudrängen.

Japan war zwar bereit, sich aus China zurückzuziehen, wollte dort aber für längere Zeit militärische Stützpunkte behalten. Außerdem wünschte Tokio die Anerkennung seines Satellitenstaates Mandschukuo durch die USA, da die Rohstoffe und die Industrie Nord-ostchinas für die japanische Wirtschaft mittlerweile unverzichtbar waren.

Außenminister Hull erhob am 16. April folgende Gegenforderungen:
1.  Achtung der territorialen Integrität und Souveränität jeder Nation;
2.  Anerkennung des Prinzips der Nichteinmischung in die inneren Angelegenheiten anderer Länder;
3.  Unterstützung des Prinzips der Gleichberechtigung einschließlich der Gleichheit der wirtschaftlichen Möglichkeiten;
4.  keine Änderung des Status quo im Pazifik außer durch friedliche Mittel.[729]

Während die Japaner um konkrete Fragen verhandeln wollten, verlangte Hull die An-erkennung allgemeiner Prinzipien. Bei strikter Beachtung dieser Prinzipien hätte sich Japan aus China vollständig zurückziehen, das heißt auch alle Militärstützpunkte auf-geben müssen. Dies wäre einer Bankrotterklärung der gesamten japanischen Außen-politik und einem verheerenden Gesichtsverlust der japanischen Regierung gleich-gekommen. Mitte Mai fragte der britische Botschafter Lord Halifax Außenminister Hull nach den Aussichten für eine Einigung mit den Japanern, worauf Hull erwiderte, die Chancen stünden eins zu zehn.[730]

# Die „ABCD"-Vereinbarungen

In Washington fanden zwischen dem 29. Januar und dem 27. März 1941 amerikanisch-britische Generalstabsbesprechungen statt, bei denen eine gemeinsame Strategie für die Zukunft festgelegt werden sollte.[731]

Zwischen dem 21. und dem 27. April fand eine zweite Stabskonferenz in Singapur statt, bei der außer amerikanischen und britischen Vertretern auch niederländische Delegierte teilnahmen. Das Ergebnis der Besprechungen war ein geheimes Abkommen für ein gemein-sames militärisches Vorgehen gegen Japan im Falle einer kriegerischen Expansion Japans in Südostasien. Der vereinbarte Plan, der die Bezeichnung ABC-1 trug, sah vor, daß die ameri-kanische Flotte nach dem Kriegseintritt der USA nicht nur die amerikanischen Inselbesit-zungen im Pazifik schützen, sondern gleichzeitig Ablenkungsangriffe in Richtung der Mar-schallinseln und der Karolinen durchführen und den japanischen Schiffsverkehr angreifen sollte. In Washington wurde dieser Plan nach eingehender Prüfung vom Marine- und vom Kriegsminister gebilligt, von Präsident Roosevelt aber nicht ausdrücklich bestätigt. Den-noch wurden die nachfolgenden amerikanischen militärischen Planungen für den Pazifik, die die Kurzbezeichnung „Rainbow No. 5" trugen, stark von ABC-1 beeinflußt.[732]

---

[729] FRUS: United States and Japan 1931–1941, II, S. 407.
[730] Tansill, Hintertür, S. 679.
[731] George Morgenstern. Pearl Harbor 1941: Eine amerikanische Katastrophe. München 1998, S. 138.
[732] Tansill, Hintertür, S. 674 f.

Die Ziele des gemeinsamen Planes von Army und Navy wurden nach dem Krieg von Admiral Richmond Turner, dem Chef der Operationsabteilung der Marine, vor dem gemeinsamen Kongreßausschuß zur Untersuchung des Angriffs auf Pearl Harbor wie folgt beschrieben: „Der Plan erwog eine Großanstrengung von seiten der beiden wichtigsten verbündeten Mächte, zunächst gegen Deutschland. Im Marineministerium glaubte man an die Möglichkeit eines Krieges mit Japan, ohne Deutschland hineinzuziehen. Diese Frage wurde über längere Zeit hinweg ausführlich diskutiert, und es wurde beschlossen, daß die Vereinigten Staten sich in einem solchen Falle möglichst bemühen sollten, Deutschland in den Krieg gegen uns zu bringen, damit wir in der Lage wären, dem Vereinigten Königreich in Europa nachhaltig Unterstützung zu gewähren. Wir hielten es für unsere Pflicht, Deutschland zu schlagen, unsere Hauptanstrengungen zunächst gegen Deutschland zu richten, im Zentralpazifik nur eine begrenzte Offensive zu führen und in Asien strikt defensiv zu bleiben."[733]

Zu ihren Plänen für den Pazifik erklärte die Generalstabskonferenz von Singapur in ihrem geheimen Abschlußbericht vom 27. April 1941: „Es besteht dahingehend Übereinstimmung, daß jede der folgend aufgeführten Aktionen Japans eine Lage schaffen würde, in der wir aktive militärische Gegenmaßnahmen ergreifen müssen, um nicht in eine militärisch äußerst nachteilige Lage zu kommen. [...] Wir empfehlen daher unseren Regierungen, Gegenmaßnahmen für folgende Fälle zu billigen:

a) Ein offener kriegerischer Akt japanischer Streitkräfte gegen das Gebiet oder Mandatsgebiet einer der verbündeten Mächte [...]

b) Der Vorstoß japanischer Streitkräfte in irgendeinen Teil Thailands westlich 100° Ost oder südlich 10° Nord.

c) Der Vorstoß einer großen Zahl japanischer Kriegsschiffe [...] der durch Position und Kurs eindeutig gegen die Philippinischen Inseln, die Ostküste des Isthmus von Kra oder die Ostküste von Malaya gerichtet ist oder den Breitengrad von 6° N zwischen Malaya und den Philippinen überquert, eine Linie vom Golf von Davao zur Insel Waigeo oder den Äquator östlich Waigeo.

d) Der Vorstoß japanischer Streitkräfte nach Portugiesisch-Timor.

e) Der Vorstoß japanischer Streitkräfte nach Neukaledonien oder zu den Loyalty-Inseln."[734]

Gemäß diesen Absprachen sollten die Vereinigten Staaten in einen Krieg eintreten, ohne daß amerikanisches Territorium oder amerikanische Streitkräfte angegriffen wurden. Roosevelt hat diese Vereinbarungen niemals dem Kongreß vorgelegt, da er davon ausgehen konnte, daß dieser sie auf keinen Fall billigen würde.[735] Der Präsident und sein innerer Kreis betrieben somit eine Geheimdiplomatie, die die Vereinigten Staaten an den verfassungsmäßigen Institutionen vorbei früher oder später in einen Krieg führen mußte.

Nachdem Marineminister William Knox und Kriegsminister Henry Stimson die Generalstabsvereinbarungen von Washington und Singapur gebilligt hatten, gingen Briten, Australier, Holländer und Chinesen davon aus, daß die Vereinigten Staaten nunmehr ein regelrechter Verbündeter seien. Sie machten all ihren Einfluß geltend, um einen möglichst baldigen Kriegseintritt der USA herbeizuführen. Die Japaner sollten die amerikanische Rolle als Schutzmacht Großbritanniens, der Niederlande und Chinas in der folgenden Zeit richtig einschätzen. Entweder hatten sie Verdacht geschöpft oder auf irgendeine Weise von den militärischen Vereinbarungen erfahren.[736]

---

[733] Morgenstern, Pearl Harbor, S. 141 f.

[734] Ebenda, S. 322 f.

[735] Harry E. Barnes. Pearl Harbor: After a Quarter of a Century. New York 1972, S. 107 f.

[736] Morgenstern, Pearl Harbor, S. 146.

# Roosevelt verhängt ein Ölembargo gegen Japan

Am 20. Juni gab die amerikanische Regierung bekannt, daß von der amerikanischen Ostküste kein Erdöl mehr exportiert würde außer nach dem Britischen Empire und der westlichen Hemisphäre.

Zwei Tage später begann der deutsche Angriff auf die Sowjetunion. Die japanische Armeeführung setzte bei den Regierungskonferenzen Ende Juni ein neues Programm durch, das am 2. Juli vom Kronrat angenommen wurde. Dieses Programm hatte folgenden Inhalt:

1. Japan solle ohne Rücksicht auf die Weltlage an der Politik der Errichtung der Großostasiatischen Wohlstandssphäre festhalten.

2. Japan solle seine Anstrengungen zur Lösung des Konfliktes in China nachdrücklich fortsetzen und insbesondere weiter nach Süden vorstoßen, um die Grundlagen für seine Selbstversorgung und militärische Verteidigung zu sichern. Das Nordproblem, das heißt die Sowjetunion, solle nach Entwicklung der Lage angegangen werden.

Japan würde also vorläufig nicht in den Krieg gegen die Sowjetunion eintreten, sondern versuchen, mit allen Mitteln den endgültigen Sieg über Chiang Kai-shek zu erringen. Die japanische Führung erkannte sehr wohl, daß die geplanten Vorstöße nach Süden die Gefahr eines Krieges mit England und Amerika mit sich bringen würden; dieses Risiko wurde aber in Kauf genommen. Die diplomatischen Verhandlungen sollten fortgesetzt, gleichzeitig aber die Vorbereitungen für einen Krieg mit England und den Vereinigten Staaten vorangetrieben werden.[737]

Die amerikanische Regierung war über diese Entscheidung für eine Südexpansion kurze Zeit später informiert. Amerikanischen Kryptologen war es nämlich im August 1940 erstmals gelungen, in einen der wichtigsten Funkcodes der japanischen Regierung, den sogenannten „Purpurcode" einzubrechen. Dieses streng geheime Unternehmen lief unter der Bezeichnung „Magic".[738] Die Funkaufklärung des amerikanischen Heeres und der Marine war ab Anfang Juli 1941 in der Lage, den Funkverkehr zwischen dem japanischen Außenministerium in Tokio und den japanischen Botschaften in den verschiedenen Hauptstädten regelmäßig zu entschlüsseln. Von diesem Zeitpunkt an konnten daher Präsident Roosevelt und Außenminister Hull die Weisungen des japanischen Außenministeriums an Botschafter Nomura sowie dessen Antworten an Tokio ständig mitlesen.

Am 24. Juli 1941 begannen japanische Truppen mit der Besetzung des südlichen Teils von Indochina, nachdem die französische Regierung in Vichy drei Tage zuvor dem massiven diplomatischen Druck Tokios nachgegeben und ihre Einwilligung erklärt hatte. Am gleichen Tag empfing Roosevelt Botschafter Nomura. Er erklärte ihm rundheraus, daß er gegen Japan bisher nur deshalb kein Ölembargo verhängt habe, weil er Tokio keinen Vorwand liefern wolle, um Niederländisch-Indien zu besetzen. Aber angesichts der Ölknappheit im Osten der USA fragten sich viele, warum weiterhin Öl nach Japan exportiert werde, obwohl es eine Aggressionspolitik verfolge. Sollte Japan Anstalten machen, Niederländisch-Indien zu erobern, so werde England den Holländern zu Hilfe eilen, und dies würde die Intervention der Vereinigten Staaten nach sich ziehen. Sollte Japan dagegen auf die Besetzung Französisch-Indochinas verzichten, so würden die Vereinigten Staaten sich für eine Neutralisierung dieses Landes einsetzen.[739] Die Drohung mit einem amerikanischen Kriegseintritt war hiermit klar aus-

---

[737] Shigenori Togo. Japan im Zweiten Weltkrieg. Bonn 1958, S. 72 f.
[738] Barnes, Pearl Harbor, S. 14; s.a.: Ladislas Farago. Codebrecher am Werk. Berlin 1967.
[739] FRUS: United States and Japan 1931–1941, II, S. 527 ff.

gesprochen; dagegen blieben die angebotenen Gegenleistungen für japanisches Wohlverhalten eher dürftig.

Am 25. verfügte Präsident Roosevelt die Einfrierung der japanischen Guthaben in den Vereinigten Staaten. Dies hatte zur Folge, daß Japan von 75 Prozent seiner Importe außerhalb des Yen-Blocks abgeschnitten war. Am nächsten Tag, dem 26., verhängte Roosevelt ein vollständiges Ölembargo gegen Japan.[740] Innerhalb weniger Tage erließen Niederländisch-Indien, Großbritannien, Burma und Indien ähnliche Verordnungen über das Einfrieren japanischer Vermögenswerte und die Sperrung aller Erdölexporte nach Japan. Am 31. Juli schickte Außenminister Soemu Toyoda an Botschafter Nomura ein Funktelegramm, in dem er andeutete, daß das Ölembargo Japan dazu zwingen werde, die Ölquellen in Niederländisch-Indien zu besetzen: „Die Handels- und Wirtschaftsbeziehungen zwischen Japan und Drittländern, angeführt von England und den Vereinigten Staaten, sind allmählich derart gespannt, daß wir nicht viel länger durchhalten können. Deshalb muß sich unser Kaiserreich, um seine Existenz zu retten, die Rohstoffe der Südsee sichern. Unser Kaiserreich muß sofort Schritte einleiten, um die immer stärker werdende Kette der Einkreisung zu durchbrechen, die unter der Führung und Teilnahme Englands und der Vereinigten Staaten geschmiedet wird, die sich wie ein schlauer Drache verhält, der scheinbar schläft."[741] Auch diese Depesche wurde von der amerikanischen Funkaufklärung abgefangen und dechiffriert.

Die japanisch-amerikanischen Beziehungen waren zweifellos an einem toten Punkt angelangt. Am 5. August erhielt der japanische Botschafter aus Tokio ein Funktelegramm, das die tiefe Besorgnis, die im japanischen Außenministerium herrschte, zum Ausdruck brachte: „Wir sind überzeugt, daß wir den wichtigsten und zugleich den kritischsten Augenblick der japanisch-amerikanischen Beziehungen erreicht haben." Um einen Abbau der Spannungen zu erreichen, erklärte sich die japanische Regierung bereit, „fortan ihre Truppen nicht mehr im Südwestpazifik zu stationieren, ausgenommen Französisch-Indochina, und die in Französisch-Indochina jetzt stationierten Truppen sofort nach der Regelung des Zwischenfalls mit China zurückzuziehen." Weiter wünsche sich Japan freien Zugang zu den wichtigsten Rohstoffquellen in diesem Gebiet und eine Normalisierung der japanisch-amerikanischen Handelsbeziehungen. Diese Vorschläge Tokios kamen den amerikanischen Vorstellungen zweifellos weit entgegen, aber nachdem Nomura sie Hull übergeben und um eine Antwort gebeten hatte, erwiderte der Außenminister, er sei, was die Zukunft der japanisch-amerikanischen Beziehungen angehe, „in der Tat sehr entmutigt".[742]

Da man so keinen Schritt weiter kam, entschloß sich der japanische Premierminister Fürst Konoye, Präsident Roosevelt ein persönliches Gipfeltreffen vorzuschlagen. In einem Gespräch mit dem Kriegs- und dem Marineminister äußerte Konoye, man könne der Entwicklung, die auf einen Krieg zutreibe, nicht ihren freien Lauf lassen. Es müsse ein Kompromiß zwischen dem Beharren der Vereinigten Staaten auf den Bestimmungen des Neun-Mächte-Paktes und dem Wunsch Japans nach einer Neuordnung Ostasiens gefunden werden. Angesichts der Möglichkeit, daß sich der Krieg mit Rußland für Deutschland ungünstig entwickle, müsse ein Einvernehmen mit den Vereinigten Staaten gefunden werden. Kriegsminister Hideki Tojo zeigte sich skeptisch, versicherte Konoye aber, daß die Armee sein Vorhaben unterstützen werde.[743] Nachdem auch Kaiser Hirohito die geplante Gipfelkonferenz ausdrücklich begrüßt hatte, beauftragte das japanische Au-

---

[740] Charles C. Tansill. Japanese-American Relations, in: Harry E. Barnes (Hrsg.): Perpetual War for Perpetual Peace. Caldwell 1953, S. 302.
[741] Morgenstern, Pearl Harbor, S. 203.
[742] Ebenda, S. 546 ff.
[743] Gottfried-Karl Kindermann. Der Ferne Osten in der Weltpolitik des industriellen Zeitalters. München 1970, S. 418.

ßenministerium Botschafter Nomura, Hull ein persönliches Treffen zwischen Premierminister Konoye und Präsident Roosevelt vorzuschlagen. Aber Hull wies dieses Anerbieten zurück, da er, wie er es ausdrückte, kein ausreichendes Entgegenkommen von japanischer Seite erkennen könne.[744]

Anfang August 1941 fuhr Roosevelt mit dem Kreuzer USS „Augusta" an die Küste Neufundlands, um sich mit Churchill zur sogenannten Atlantikkonferenz zu treffen. Am Abend des 9. August hatten die beiden Staatsführer im Hafen von Argentia an Bord des Schlachtschiffes HMS „Prince of Wales" ihre erste Unterredung. Die Versprechungen Roosevelts über einen baldigen Kriegseintritt der Vereinigten Staaten zerstreuten die meisten der Befürchtungen Churchills.

Am 27. Januar 1942, acht Wochen nach Pearl Harbor, berichtete Churchill dem britischen Unterhaus: „Es war die Politik des Kabinetts, einen Streit mit Japan um beinahe jeden Preis zu vermeiden, bis wir sicher waren, daß auch die Vereinigten Staaten darin verwickelt sein würden. [...] Auf der Atlantikkonferenz habe ich diese Frage mit Mr. Roosevelt besprochen. Seitdem ist es fast sicher, daß die Vereinigten Staaten, auch wenn sie nicht selbst angegriffen werden, in den Krieg im Fernen Osten eintreten. Damit wäre der Endsieg gesichert, und einige unserer Befürchtungen waren scheinbar beruhigt. Diese Erwartungen wurden durch die Ereignisse nicht enttäuscht. [...] Im Lauf der Zeit wuchs die Gewißheit, daß wir nicht allein kämpfen müßten, falls Japan im Pazifik Amok laufen sollte."[745]

## Hull lehnt ein Treffen zwischen Roosevelt und Fürst Konoye ab

Unmittelbar nach seiner Rückkehr nach Washington löste Roosevelt eine der Zusagen, die er Churchill gemacht hatte, ein und übergab Botschafter Nomura am 17. August eine Note.[746]

Roosevelt drohte Japan mit Krieg für den Fall, daß es seine Politik der Aggression fortsetzen sollte. Da er aber keine weiteren Forderungen stellte, die Japan nur unter einem demütigenden „Gesichtsverlust" erfüllen konnte, blieb die Tür zu Verhandlungen offen. Der Präsident äußerte sich auch zu dem vorgeschlagenen Treffen mit Fürst Konoye und sagte zu Nomura, er sei damit grundsätzlich einverstanden, sofern die japanische Regierung bereit sei, ihre expansionistische Politik aufzugeben.

Zur gleichen Zeit setzte sich in Tokio Außenminister Toyoda in einer Unterredung mit Botschafter Grew für eine Begegnung zwischen Roosevelt und Konoye ein. Toyoda unterstrich, daß Konoye mit seinem in der Geschichte Japans präzedenzlosen Vorschlag für ein Gipfeltreffen mit dem amerikanischen Präsidenten einen Krieg im Fernen Osten verhindern wolle. Konoye ginge damit auch ein persönliches Risiko ein, da schon mehrere verständigungsbereite japanische Politiker von radikalen Nationalisten ermordet worden waren. Grew ließ sich überzeugen und sandte sofort eine Depesche an das Department of State, in der er nachdrücklich darauf drang, „zur Vermeidung der offenbar zunehmenden Möglichkeit eines völlig sinnlosen Krieges zwischen Japan und den Vereinigten Staaten diesen japanischen Vorschlag nicht ohne wahrhaft andächtige Erwägung beiseitezuschieben".[747]

Am 28. August überreichte Nomura Präsident Roosevelt eine persönliche Botschaft Konoyes mit dem Vorschlag für ein Zusammentreffen in Honolulu. Roosevelt lehnte

---

[744] FRUS: United States and Japan 1931–1941, II, S. 550 f.
[745] Ebenda, S. 147.
[746] Ebenda, S. 154.
[747] FRUS: United States and Japan 1931–1941, II, S. 560 ff.

nicht ab, bemerkte aber zu Nomura, er würde wegen der geringeren Entfernung Juneau in Alaska als Treffpunkt vorziehen.[748]

Am 6. September fand in Tokio in Anwesenheit von Kaiser Hirohito eine Konferenz der Spitzen von Regierung und Militär statt, auf der über die weitere Politik des Reiches beraten wurde. Der Chef des Admiralstabes, Admiral Osami Nagano, trug vor, daß die japanischen Vorräte an wichtigen Rohstoffen, insbesondere an Erdöl, sich wegen des westlichen Embargos von Tag zu Tag verringerten. Gleichzeitig würden die Westmächte ihre militärischen Vorbereitungen im Fernen Osten verstärken. Sollte es nicht gelingen, dieses Problem durch Verhandlungen zu lösen, bleibe nur der Krieg. Der Ausgang eines Krieges sei aber ungewiß, denn „selbst wenn unser Reich einen entscheidenden Seesieg erzielen sollte, wären wir nicht in der Lage, den Krieg dadurch beenden zu können. Wir müssen annehmen, daß Amerika versuchen wird, den Krieg hinauszuziehen, wobei es seine unangreifbare Lage, seine überlegene Industriemacht und seine Fülle an Rohstoffen verwenden kann. Unser Reich verfügt nicht über die Mittel zu einer Offensive, die den Feind überwältigen

*Kaiser Hirohito inspiziert japanische Truppen, 8. Januar 1938*

tigen und ihm den Kampfeswillen nehmen kann." Es sei deshalb für Japan sehr wichtig, so Nagano, sich gleich zu Beginn des Krieges durch einen raschen Schlag in den Besitz rohstoffreicher Gebiete zu bringen und im Südwestpazifik eine militärisch unangreifbare Stellung aufzubauen. Admiral Nagano schloß mit der Empfehlung, es sei besser, einen Krieg durch diplomatische Mittel zu vermeiden, aber wenn dies nicht möglich sei, so dürfe es nicht zugelassen werden, daß Japan aufgrund der fortschreitenden Erschöpfung seiner Rohstoffe die Fähigkeit zur Kriegsführung verliere. Fürst Konoye teilte die Auffassung Naganos, daß es keinen anderen Ausweg als den Krieg gebe, falls die Bemühungen um eine diplomatische Lösung scheitern sollten. Am Ende der Konferenz ergriff Kaiser Hirohito das Wort und gab zu verstehen, daß er die Erhaltung des Friedens wünsche. Admiral Nagano versicherte dem Kaiser, das Oberkommando der japanischen Streitkräfte erkenne die Bedeutung der Diplomatie und werde die Gewalt nur als letztes Mittel empfehlen.[749]

Präsident Roosevelt konnte sich im Verlauf des Monats September nicht dazu entschließen, einem Treffen mit Fürst Konoye zuzustimmen. Schließlich schob Roosevelt die Entscheidung auf Außenminister Hull. Hull war bekanntlich gegen eine Gipfelkonferenz und übergab Botschafter Nomura am 2. Oktober eine Note, in der er nochmals seine Vorstellungen über hohe moralische Grundsätze als leitende Kraft internationaler Beziehungen darlegte. Hull bezeichnete seine Gepräche mit Nomura als völligen Fehl-

---

[748] Ebenda, S. 571 f.

[749] Ike, Nobutaka (Hrsg.). Japan's Decision for War: Records of the 1941 Policy Conferences. Stanford 1967, S. 137 ff.

schlag und machte zur Bedingung, daß man sich vor einem Gipfeltreffen zwischen Roosevelt und Konoye erst auf die Grundprinzipien der Politik einigen müsse – was darauf hinauslief, daß Japan bereits vor einer Konferenz alle amerikanischen Bedingungen akzeptieren sollte.[750] Die Note Hulls verlangte von Tokio faktisch die Kapitulation und kam somit einer endgültigen Ablehnung des japanischen Konferenzvorschlags gleich.

Am 7. Oktober versuchte Außenminister Toyoda Botschafter Grew ein letztes Mal davon zu überzeugen, daß Japan eine aufrichtige Verständigung mit den Vereinigten Staaten anstrebe und langfristig zu weitreichenden Konzessionen bereit sei. Toyoda bemerkte, es sei offenbar die Absicht der Vereinigten Staaten, Japan unbedingt auf den Status quo des Jahres 1937 zurückzuführen: „Die japanische Regierung sei willens und bereit, zu der vor vier Jahren herrschenden Situation zurückzukehren, doch müsse die Regierung der Vereinigten Staaten begreifen, daß es ein Unternehmen von ungeheuerlichem Ausmaß wäre, das Werk der letzten vier Jahre praktisch urplötzlich rückgängig zu machen." Für einen so grundlegenden politischen Kurswechsel benötige die japanische Regierung Zeit und Verständnis.[751] Aber auch dieser letzte Versuch Toyodas blieb ohne Echo.

Die amerikanische Embargopolitik und die Handelsstagnation, die auf den deutsch-sowjetischen Krieg zurückging, hatten in Japan eine schwere Wirtschaftskrise ausgelöst. Das Inselreich war von 75 Prozent seiner normalen Importe abgeschnitten, was einen ernsten Mangel an Nahrungsmitteln und Rohstoffen zur Folge hatte. Diese Krise und das Scheitern aller Verständigungsbemühungen mit den USA führten am 16. Oktober zu einem Regierungswechsel. Das Kabinett von Fürst Konoye wurde durch eine Militärregierung unter dem bisherigen Kriegsminister, General Hideki Tojo, abgelöst.[752] Da das japanische Industriepotential damals nur zehn Prozent des amerikanischen ausmachte, waren sich auch die hohen Militärs bewußt, daß Japans Siegesaussichten in einem Krieg gegen die USA wenig günstig waren. Der Oberbefehlshaber der Vereinigten Kaiserlichen Flotte, Admiral Isoroku Yamamoto, soll gegenüber Fürst Konoye geäußert haben: „Wenn sie sagen, daß es sein muß, dann können wir etwa ein halbes oder ein Jahr hinhaltend kämpfen, aber wenn es zwei oder drei Jahre dauert, dann glaube ich kaum an einen erfolgreichen Ausgang."[753]

*Der japanische Premier- und Kriegsminister General Hideki Tojo*

In der Hoffnung, noch im letzten Moment zu einer Verständigung zu gelangen, ließ General Tojo die Diplomaten weiterverhandeln, während gleichzeitig die japanischen Kriegsvorbereitungen vorangetrieben wurden.

Am 1. November trat in Tokio die sogenannte „Verbindungskonferenz" zusammen, in der sich führende Vertreter von Kabinett und Militärführung trafen. Im Mittelpunkt der Diskussion stand die kritische Lage der Stahl- und Mineralölversorgung. Die Vertreter des Militärs argumentierten, es werde eine schrittweise Erschöpfung der japanischen

[750] Ebenda, S. 656 ff.
[751] Ten Years in Japan: A Contemporary Record Drawn From the Diaries and Private and Official Papers of Joseph G. Grew, United States Ambassador to Japan, 1932–1942. New York 1944, S. 451 f.
[752] Morgenstern, Pearl Harbor, S. 174.
[753] Ebenda, S. 177.

Wirtschaft eintreten, wenn die Vereinigten Staaten, Großbritannien und die Niederlande ihre Embargopolitik gegen Japan fortsetzten. Im zivilen Bereich würden die Ölvorräte trotz vollständiger militärischer Kontrolle bis Mitte 1942 aufgebraucht sein, und die Vorräte von Heer und Marine würden in 18 Monaten so weit abgesunken sein, daß die japanische Kriegsflotte ihre Einsatzfähigkeit verlieren werde. Da die militärischen Vorbereitungen der USA und Englands im Südpazifik weiter vorangetrieben würden, müßte Japan bei einem Scheitern der diplomatischen Verhandlungen mit einem noch größeren Druck von seiten der Angelsachsen rechnen. Ein von seinen Vorräten entblößtes Japan könnte aber diesem Druck keinen Widerstand mehr entgegensetzen und wäre zur bedingungslosen Kapitulation genötigt, da es, selbst wenn es wollte, gar nicht mehr in der Lage wäre zu kämpfen. Angesichts dieser Umstände sollte sich Japan zum Krieg entschließen, solange es noch den Vorteil auf seiner Seite hätte. Aus strategischen Gründen sei es notwendig, sich für eine Kriegseröffnung spätestens Mitte November zu entscheiden.

Eine Überprüfung der Mineralölversorgung ergab, daß die Lieferungen aus Südsachalin den Bedarf in keiner Weise deckten und daß der Aufbau einer Industrie zur Erzeugung von synthetischem Öl, wie Deutschland sie bereits besaß, die finanziellen Möglichkeiten Japans bei weitem übersteigen würde. Am Ende der Verbindungskonferenz herrschte allgemein die Auffassung vor, daß Japan im Falle eines Scheiterns der Washingtoner Verhandlungen zum Kriege schreiten müßte.[754]

Am 4. November hieß es in einem Funktelegramm aus Tokio an die japanische Botschaft in Washington: „Die Beziehungen zwischen Japan und den Vereinigten Staaten haben nun die Grenze erreicht, und unser Volk verliert das Vertrauen in die Möglichkeit, sie jemals in Ordnung zu bringen. […] Die Verhältnisse sowohl innerhalb wie außerhalb unseres Kaiserreichs sind so gespannt, daß eine weitere Verzögerung nicht möglich ist. In unserem aufrichtigen Bemühen, zwischen dem Kaiserreich Japan und den Vereinigten Staaten friedliche Beziehungen aufrechtzuerhalten, haben wir uns aber entschieden, noch einmal auf die Fortsetzung der Gespräche zu setzen; dies ist unser letzter Versuch. Sowohl dem Namen wie dem Geist nach ist dies unser letzter Vorschlag. Ich möchte, daß Sie das wissen. Wenn wir nicht bald eine Vereinbarung erzielen sollten, dann werden die Gespräche, so leid es mir tut, das sagen zu müssen, mit Sicherheit abgebrochen werden. Dann werden sich die Beziehungen zwischen unseren beiden Nationen in der Tat am Rande des Abgrunds befinden."[755] Mit anderen Worten, sollten die Gespräche scheitern, dann würde es unvermeidlich zum Krieg kommen.

Zur gleichen Zeit warnte Generalissimus Chiang Kai-shek Hull eindringlich vor einem japanisch-amerikanischen Übereinkommen, da dies die Moral der chinesischen Armee und des chinesischen Volkes bis auf die Grundfesten erschüttern und weiteren Widerstand unmöglich machen könnte. Kriegsminister Stimson faßte seine Sicht der Lage Anfang November in seinem Tagebuch folgendermaßen zusammen: „Ein Krieg mit Deutschland und Japan dürfte letztendlich unvermeidbar sein." Es sei von größter Bedeutung, daß weder England noch Sowjetrußland noch China geschlagen würden, bevor die Vereinigten Staaten in den Krieg einträten. Weiter schreibt Stimson: „Wenn der Krieg kommen sollte, war es sowohl im Hinblick auf die einmütige Unterstützung unseres Volkes als auch für die Annalen der Geschichte von Bedeutung, daß wir nicht in die Lage versetzt würden, den ersten Schuß zu tun, falls das ohne Gefährdung unserer Sicherheit möglich war, sondern daß Japan in seiner wahren Rolle als der wirkliche Angreifer erscheinen sollte."[756]

---

[754] Shigenori Togo. Japan im Zweiten Weltkrieg. Bonn 1958, S. 121 ff.
[755] Morgenstern, Pearl Harbor, S. 209.
[756] Kindermann, Der Ferne Osten, S. 436.

Am 6. November sprach Roosevelt mit Stimson über die Zeit, die notwendig sei, um die militärischen Vorbereitungen zum Abschluß zu bringen. Der Präsident regte an, ob nicht das State Department mit den Japanern einen sechsmonatigen Burgfrieden aushandeln sollte, in dessen Geltungszeit beide Mächte auf militärische Bewegungen und weitere Rüstungen verzichten würden. Stimson sprach sich gegen diesen Vorschlag aus, da es wichtig sei, die Chinesen im Krieg zu halten und ein japanisch-amerikanischer Burgfrieden die chinesische Moral untergraben würde.

Zwei Tage vorher hatte das japanische Außenministerium Botschafter Nomura mitgeteilt, daß der 25. November der äußerste Termin für eine Verhandlungslösung sei; einige Tage später wiederholte Tokio diese Weisung, was darauf schließen ließ, daß dieser Endtermin eine unheilvolle Bedeutung hatte.[757]

Ein Funktelegramm von Tokio an Hongkong vom 14. November ließ keinen Zweifel daran, daß es Krieg geben würde, wenn die Washingtoner Verhandlungen zu keinem Ergebnis führen sollten: „Obwohl sich die kaiserliche Regierung von den japanisch-amerikanischen Verhandlungen große Dinge erhofft, erlauben diese für die Zukunft keinen Optimismus. Sollten die Verhandlungen zusammenbrechen, dann wird sich das Kaiserreich in einer internationalen Situation wiederfinden, die einer schweren Krise gleichkommen wird. Im Zusammenhang damit hat das Kabinett über die Außenpolitik des Kaiserreichs entschieden: a) Wir werden die britische und amerikanische Machtstellung in China vollständig zerschlagen; b) Wir werden alle Konzessionen und alle wichtigen Rechte und Beteiligungen (Zölle, Mineralien etc.) des Feindes in China übernehmen [...]

Bei Durchführung dieser Maßnahmen in China wollen wir es soweit wie möglich vermeiden, unsere kampferprobten Truppen zu erschöpfen. Wir wollen so einem Weltkrieg von langer Dauer gewachsen sein."[758] Auch dieses Funktelegramm wurde von den Amerikanern abgefangen und dechiffriert.

Mitte November 1941 schickte das japanische Außenministerium den Berufsdiplomaten Saburo Kurusu zur Unterstützung von Nomura nach Washington. Kurusu war mit einer Amerikanerin verheiratet und galt als ausgesprochen amerikafreundlich. Am 17. traf der japanische Sonderbotschafter mit dem Flugzeug in Washington ein und wurde von Hull und Roosevelt empfangen.

Am folgenden Tag gab Kurusu in einem Gespräch mit Hull zu verstehen, daß Japan den Dreimächtepakt nicht einfach aufgeben, daß es aber Maßnahmen ergreifen könne, durch die der Pakt viel von seiner Bedeutung verlieren würde. Kurusu ging so weit, Hull zu fragen, ob er dazu nicht irgendeine geeignete Form vorschlagen wolle. Hull entgegnete, ein japanisch-amerikanisches Abkommen und der Dreimächtepakt könnten nicht nebeneinander koexistieren; der amerikanische Außenminister ließ keinen Zweifel daran, daß er eine öffentliche Kündigung des Dreimächtepakts durch Tokio wünsche.[759]

Am 19. November warnte Tokio seine Botschaft in Washington, daß ein vollständiger Zusammenbruch der Beziehungen drohe. In dem Funktelegramm hieß es: „Im Falle einer Notlage (Gefahr des Abbruchs unserer diplomatischen Beziehungen) und der Unterbrechung der internationalen Fernmeldeverbindungen wird in der Mitte der täglichen Kurzwellen-Nachrichtensendungen folgende Warnung [...] eingefügt werden:
1.  Im Falle einer Gefährdung der Beziehungen zwischen Japan und den USA: Ostwind, Regen;
2.  der Beziehungen zwischen Japan und der UdSSR: Nordwind, bewölkt;
3.  der Beziehungen zwischen Japan und Großbritannien: Westwind, klar."[760]

---

[757] Ebenda, S. 691.
[758] Morgenstern, Pearl Harbor, S. 211.
[759] FRUS: United States and Japan: 1931–1941, II, S. 744 ff.
[760] Morgenstern, Pearl Harbor, S. 214.

Am 20. November diskutierten Nomura und Kurusu mit Hull über die Möglichkeiten für eine Beendigung der Feindseligkeiten zwischen China und Japan. Die japanische Regierung hoffte dabei auf die Unterstützung der Vereinigten Staaten. Kurusu setzte sich nachdrücklich für einen Modus vivendi zwischen Japan und den Vereinigten Staaten ein.[761]

Zwei Tage später erhielten Nomura und Kurusu aus Tokio eine Anweisung, in der es hieß, daß der Endtermin um vier Tage verschoben sei; ein Abschluß müsse nun spätestens bis zum 29. November erzielt werden: „Scheuen Sie keine Mühe und versuchen Sie, das gewünschte Ergebnis zu erzielen. Aus Gründen, die Sie nicht wissen können, wünschen wir eine Klärung der japanisch-amerikanischen Beziehungen bis zum 25.; aber wenn Sie Ihre Gespräche mit den Amerikanern innerhalb der nächsten drei oder vier Tage zum Abschluß bringen können; wenn die Unterzeichnung bis zum 29. vollzogen werden kann; wenn wir zu einer Verständigung mit Großbritannien und den Niederlanden kommen können; und wenn all dies in Kürze abgeschlossen werden kann, dann haben wir uns entschieden, bis zu diesem Datum zu warten. Diesmal ist es uns Ernst damit, daß der Endtermin absolut nicht mehr verschoben werden kann. Danach werden die Dinge automatisch ihren Gang nehmen."[762]

Auch dieses Telegramm wurde von der amerikanischen Funkaufklärung abgefangen und dechiffriert. Sein Inhalt deutete unmißverständlich darauf hin, daß es nach dem 29. November zum Krieg kommen würde. Tatsächlich ging am 25. November ein Verband japanischer Flugzeugträger mit Ziel Pearl Harbor in See.

Am 25. November sprach ein japanisches Funktelegramm aus Bangkok von einem „entscheidenden Vorstoß des Kaiserreichs in südlicher Richtung", was darauf hindeutete, daß dieser Angriff gegen Burma und Malaya gerichtet sein und die Besetzung Thailands einschließen würde. Damit waren die Ziele eines japanischen Angriffs in dieser Region Washington bekannt, und die amerikanische Regierung mußte sich darauf einstellen, ihre militärischen Verpflichtungen gegenüber Großbritannien und den Niederlanden gemäß dem ABCD-Abkommen zu erfüllen.[763]

Inzwischen hatten Nomura und Kurusu am 20. und 21. November dem State Department ein letztes Verhandlungsangebot vorgelegt. Die Japaner schlugen einen auf sechs Monate befristeten Modus vivendi vor, der die nötige Zeit gewähren sollte, um eine umfassende Verhandlungslösung zu finden. Die japanischen Vorschläge lauteten:

„1. Die Regierungen Japans und der Vereinigten Staaten verpflichten sich, keinerlei Streitkräfte in eines der Gebiete, mit Ausnahme von Französisch-Indochina, Südostasien und dem südpazifischen Raum, zu entsenden.

2. Beide Regierungen wollen in Hinblick auf die Sicherung der Nutzung jener Güter und Waren aus Niederländisch-Ostindien zusammenarbeiten, die beide Länder benötigen.

3. Beide Regierungen verpflichten sich gegenseitig, die Handelsbeziehungen so wiederherzustellen, wie sie vor der Einfrierung der Guthaben bestanden haben.
Die Regierung der Vereinigten Staaten wird Japan die erforderliche Menge an Öl liefern.

4. Die Regierung der Vereinigten Staaten verpflichtet sich, keine Maßnahmen zu ergreifen oder Handlungen einzuleiten, die für die Bestrebungen zur Wiederherstellung des Friedens zwischen Japan und China von Nachteil wären.

5. Die japanische Regierung verpflichtet sich, die derzeit in Französisch-Indochina stationierten Truppen entweder nach der Wiederherstellung des Friedens zwischen Ja-

---

[761] FRUS: United States and Japan. 1931–1941, II, S. 753 ff.; Frederic R. Sanborn. Design for War. New York 1951, S. 463 f.

[762] Morgenstern, Pearl Harbor, S. 215.

[763] Ebenda, S. 218.

pan und China oder nach der Errichtung eines gerechten Friedens im pazifischen Raum abzuziehen. Sie ist bereit, nach Abschluß der gegenwärtigen Vereinbarungen die japanischen Truppen im südlichen Teil Französisch-Indochinas in den nördlichen zu verlegen." Außerdem zeigte Japan sich bereit, sich vom Dreimächtepakt zu distanzieren.[764]

Am 22. sprachen die beiden japanischen Diplomaten nochmals mit Hull. Der Außenminister beklagte sich über den drohenden Ton in der japanischen Presse und stellte anschließend die Frage, weshalb kein japanischer Staatsmann vom Frieden spreche. Nomura entgegnete, er habe nicht den geringsten Zweifel, daß Japan Frieden wünsche, worauf Hull spottete, es sei ein Jammer, daß Japan nicht in der Lage sei, ein paar kleine Zugeständnisse zu machen, um über die gegenwärtige Stagnation hinwegzukommen.[765]

Präsident Roosevelt war der Idee eines Modus vivendi nicht abgeneigt und arbeitete zwischen dem 17. und dem 21. November einen Entwurf für einen sechsmonatigen Burgfrieden aus.[766] Da in diesem Entwurf von Japan weder eine Kündigung des Dreimächtevertrages noch ein Rückzug aus China verlangt wurde, kam er den japanischen Vorschlägen vom 20. November recht nahe. Aber Roosevelt und Hull sollten von diesem Papier keinen Gebrauch machen.

Am Morgen des 25. zeigte Hull den Entwurf für einen Modus vivendi Marineminister Knox und Kriegsminister Stimson. Stimson glaubte nicht, daß die Japaner ihn annehmen würden, „weil er so drastisch ausgefallen war. Als Gegenleistung für die Vorschläge, auf die sie eingehen sollten, nämlich sofort abzuziehen, sofort alle Vorbereitungen oder Drohmaßnahmen zu stoppen und keine aggressiven Schritte gegen einen ihrer Nachbarn zu unternehmen usw., wollten wir ihnen einen offenen Handel nur in solchen Mengen gewähren, wie er für ihre Zivilbevölkerung ausreichte. Diese Beschränkung galt insbesondere für Öl."[767]

Am Nachmittag trafen Hull, Knox, Stimson, General George Marshall und Admiral Harold Stark mit Präsident Roosevelt im Weißen Haus zu einer Unterredung zusammen. Aufgrund der von „Magic" dechiffrierten japanischen Funktelegramme wußten die Anwesenden, daß der 29. November der letzte Termin für einen erfolgreichen Abschluß der diplomatischen Verhandlungen war.

Am Nachmittag übergab der frühere chinesische Ministerpräsident Soong Tse-ven Kriegsminister Stimson ein Telegramm Chiang Kai-sheks, in dem der Marschall die amerikanische Regierung drängte, jeden Kompromiß mit Japan abzulehnen.[768] Am Morgen des 26. bekam Hull ein Telegramm Churchills an den Präsidenten zu Gesicht, in dem es hieß: „Es gibt nur einen Punkt, der uns beunruhigt. Was ist mit Chiang Kai-shek? Ist er nicht auf sehr magere Kost gesetzt? Unsere Besorgnis gilt China. Wenn es zusammenbricht, dann werden die Gefahren, die uns gemeinsam bedrohen, gewaltig zunehmen."[769]

Hull war es müde, die Verhandlungen mit den Japanern fortzusetzen; der Druck der Chinesen und der Briten gab den Ausschlag. Hull entschloß sich, den Modus vivendi zu verwerfen, und er überreichte Nomura und Kurusu noch am gleichen Tag eine amerikanische Antwort auf die japanischen Vorschläge, die in Form von zehn Punkten gekleidet war: „1. Die Regierung der Vereinigten Staaten und die Regierung Japans werden sich bemühen, einen multilateralen Nichtangriffspakt zwischen dem Britischen Empire, China, Japan, den Niederlanden, der Sowjetunion, Thailand und den Vereinigten Staaten abzuschließen.

---

[764] Ebenda, S. 181 ff.; FRUS: United States and Japan 1931–1941, II, S. 756 ff. u. S. 789.
[765] FRUS: United States and Japan 1931–1941, II, S. 757 ff.
[766] Kindermann, Der Ferne Osten, S. 439 f.
[767] Morgenstern, Pearl Harbor, S. 185 f.
[768] Ebenda.
[769] Morgenstern, Pearl Harbor, S. 185.

2. Beide Regierungen werden sich bemühen, zwischen den Regierungen Amerikas, Großbritanniens, Chinas, Japans, der Niederlande und Thailand ein Abkommen zu schließen, demgemäß jede dieser Regierungen sich verpflichtet, die territoriale Integrität Französisch-Indochinas zu respektieren [...]
3. Die Regierung Japans wird aus China und Indochina alle Heeres-, Luft-, See- und Polizeikräfte abziehen.
4. Die Regierung der Vereinigten Staaten und die Regierung Japans werden weder militärisch noch politisch oder wirtschaftlich eine andere Regierung oder ein Regime Chinas außer der Nationalregierung der Republik China mit der gegenwärtigen Hauptstadt Chungking unterstützen.
5. Beide Regierungen werden alle exterritorialen Rechte in China aufgeben, einschließlich der Rechte und Vorteile aus internationalen Vereinbarungen und Rechten, die aus dem Boxer-Protokoll von 1901 resultieren [...]
6. Die Regierung der Vereinigten Staaten und die Regierung Japans werden in Verhandlungen über den Abschluß eines Handelsabkommens zwischen den Vereinigten Staaten und Japan eintreten, auf der Grundlage der gegenseitigen Behandlung als meistbegünstigte Nationen und des Abbaus der Handelsschranken durch beide Länder [...]
7. Die Regierung der Vereinigten Staaten und die Regierung Japans werden die jeweiligen Bestimmungen zur Einfrierung japanischer Guthaben in den Vereinigten Staaten und amerikanischer Guthaben in Japan aufheben.
8. Beide Regierungen werden sich über einen Plan zur Stabilisierung des Dollar-Yen-Kurses verständigen, wobei angemessene Mittel für diesen Zweck zur Hälfte von Japan und zur Hälfte von den Vereinigten Staaten zur Verfügung gestellt werden.
9. Beide Regierungen werden sich darüber verständigen, daß kein Abkommen, welches eine von ihnen mit einer dritten Macht oder Mächten geschlossen hat, dahingehend interpretiert wird, daß es zu dem grundsätzlichen Ziel dieses Abkommens, der Herstellung und Bewahrung des Friedens im gesamten pazifischen Raum, im Gegensatz steht.
10. Beide Regierungen werden ihren Einfluß geltend machen, um andere Regierungen dazu zu veranlassen, die grundlegenden politischen und wirtschaftlichen Prinzipien, die in diesem Abkommen enthalten sind, zu befolgen und sie zur praktischen Anwendung zu bringen."[770]

Die entscheidenden Punkte in dieser Note waren die Artikel 3, 4 und 9, in denen der Abzug aller japanischen Truppen aus China, die Anerkennung der chinesischen Nationalregierung unter Chiang Kai-shek durch Japan und die Preisgabe des Dreimächtepaktes gefordert wurden. Dies ging weit über den Aggressionsverzicht hinaus, den Roosevelt in seiner Note vom 17. August 1941 gefordert hatte. Die Japaner hatten gehofft, durch ihr Angebot vom 20. November zu einer Annäherung der Standpunkte zu gelangen; aber Hull zeigte kein Entgegenkommen, sondern verschärfte die amerikanischen Forderungen vielmehr so, daß sie für Tokio völlig unannehmbar waren. Nomura und Kurusu versuchten Hull und Roosevelt zu einem Entgegenkommen in den Punkten 3, 4 und 9 zu bewegen, hatten aber keinen Erfolg. In den Augen der Japaner stellten die amerikanischen Vorschläge faktisch ein Ultimatum dar. Allen Beteiligten war klar, daß die amerikanische Note den Abbruch der Verhandlungen und damit Krieg nach sich ziehen mußte.

Am Abend des 26. November berichtete Nomura über die Vorlage der zehn amerikanischen Punkte durch Hull und bemerkte, daß er und Kurusu angesichts der Bedingungen „sprachlos" gewesen seien und das Gefühl gehabt hätten, sie nicht einmal

---

[770] Ebenda, S. 191 f.; FRUS: United States and Japan 1931–1941, II, S. 769 f.

nach Tokio berichten zu können: „Warum mußten die Vereinigten Staaten uns so harte Bedingungen wie diese vorlegen? Zweifellos haben England, die Niederlande und China das ausgeheckt."[771] Mit anderen Worten, Hulls Bedingungen waren unannehmbar.

Am Morgen des 27. November rief Kriegsminister Stimson Hull an, um ihn zu fragen, wie die Begegnung mit den Japanern verlaufen sei. Hull hatte schon am Vortag angedeutet, daß er „die ganze Angelegenheit" abzubrechen gedenke, und sagte nun am Telefon zu Stimson: „Ich habe es aus meinen Händen gegeben, und es liegt nun in den Händen von Ihnen und Knox – der Armee und der Marine."[772]

# Der Weg nach Pearl Harbor

Bereits im Februar 1932 hatte Admiral Harry E. Yarnell bei einem Manöver der US Navy die Möglichkeit demonstriert, mit von Flugzeugträgern gestarteten Kampfflugzeugen einen Überraschungsangriff gegen Pearl Harbor zu führen.[773] Zwar wurde das Konzept Yarnells, die Flugzeugträger anstelle der Schlachtschiffe in den Mittelpunkt der Marinestrategie zu stellen, von der Mehrheit der amerikanischen Admirale abgelehnt, aber der Führung der Navy war seither bekannt, daß Pearl Harbor aufgrund seiner exponierten Lage im Falle einer amerikanisch-japanischen Krise jederzeit das Ziel eines Überraschungsangriff werden konnte.

Im Januar 1940 ließ Roosevelt die amerikanische Pazifikflotte von San Diego an der Küste Kaliforniens nach Pearl Harbor verlegen. Der Präsident hoffte mit dieser Machtdemonstration Druck auf Tokio auszuüben, aber gleichzeitig gelangte die Pazifikflotte, die zu diesem Zeitpunkt nicht kriegsbereit war, in die Reichweite der japanischen Flugzeugträger.

Am 8. Oktober 1940 sprach sich der Oberbefehlshaber der Pazifikflotte, Admiral James Richardson, bei Roosevelt persönlich gegen die dauerhafte Stationierung der Pazifikflotte in Pearl Harbor aus. Bei diesem Gespräch fragte Richardson Roosevelt, wann die USA in den Krieg eintreten würden, und dieser antwortete, die Japaner „könnten es nicht vermeiden, Fehler zu

*Der Oberkommandierende der Vereinigten Flotte der Kaiserlich-Japanischen Marine Admiral Isoroku Yamamoto*

machen, und wenn der Krieg weitergehe und sich das Operationsgebiet ausdehne, würden sie früher oder später einen Fehler machen, und dann würden wir in den Krieg eintreten."[774]

Admiral Richardson hatte mit seinen Protesten gegen die Stationierung der Flotte auf Hawaii nur den Erfolg, daß er am 1. Februar 1941 durch Admiral Husband E. Kimmel abgelöst wurde.[775]

Im Januar 1941 arbeitete Admiral Isoroku Yamamoto, Oberkommandierender der Vereinigten Kaiserlichen Flotte, angesichts der Verschlechterung der japanisch-amerikani-

---

[771] Ebenda, S. 218
[772] Ebenda, S. 188
[773] Ebenda, S. 47 f.
[774] Ebenda, S. 88 f.
[775] Ebenda, S. 95.

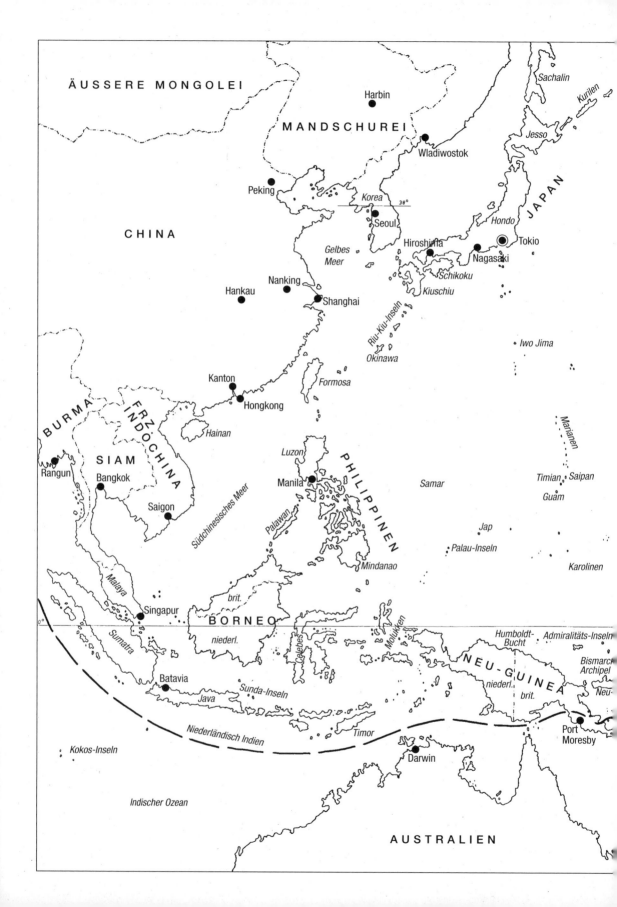

ÄUSSERE MONGOLEI

MANDSCHUREI

Harbin

Wladiwostok

Peking

CHINA

Korea
30°

Seoul

Hiroshima

Nagasaki

Sachalin

Kurilen

Jesso

JAPAN

Hondo

Tokio

Schikoku

Kiuschiu

Hankau

Nanking

Shanghai

Gelbes
Meer

Riu-Kiu-Inseln

Okinawa

Iwo Jima

Kanton

Hongkong

Hainan

Formosa

BURMA

FRZ. INDOCHINA

SIAM

Rangun

Bangkok

Saigon

Luzon

Manila

PHILIPPINEN

Samar

Südchinesisches Meer

Palawan

Marianen

Timian
Saipan

Guam

Jap

Palau-Inseln

Karolinen

Mindanao

Malaya

brit.

Singapur

BORNEO

niederl.

Celebes

Molukken

Humboldt-
Bucht

Admiralitäts-Inseln

Bismarck
Archipel

NEU-GUINEA

Neu-

niederl.

brit.

Sumatra

Batavia

Java

Sunda-Inseln

Timor

Port
Moresby

Niederländisch Indien

Kokos-Inseln

Darwin

Indischer Ozean

AUSTRALIEN

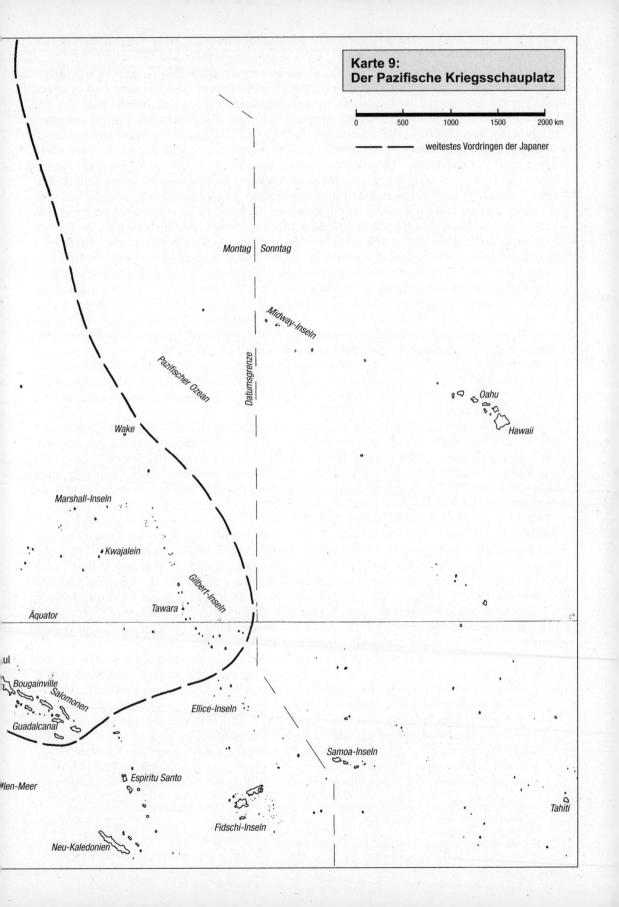

**Karte 9:
Der Pazifische Kriegsschauplatz**

0   500   1000   1500   2000 km

— — — weitestes Vordringen der Japaner

Montag | Sonntag

Midway-Inseln

Pazifischer Ozean

Datumsgrenze

Oahu

Hawaii

Wake

Marshall-Inseln

Kwajalein

Gilbert-Inseln

Tawara

Äquator

ul

Bougainville

Salomonen

Ellice-Inseln

Guadalcanal

Samoa-Inseln

len-Meer

Espiritu Santo

Tahiti

Fidschi-Inseln

Neu-Kaledonien

schen Beziehungen die ersten Pläne für einen Überraschungsschlag gegen Pearl Harbor aus. Yamamoto kannte die Vereinigten Staaten aus eigener Anschauung und war angesichts der enormen Überlegenheit der amerikanischen Industrie hinsichtlich der Erfolgsaussichten eines Krieges wenig optimistisch. Ein Überraschungsangriff auf Pearl Harbor zur Ausschaltung der amerikanischen Pazifikflotte war nur Teil eines größeren strategischen Planes. Der amerikanische Wirtschaftskrieg gegen Japan, insbesondere das im Juli 1941 verhängte Ölembargo, zwang Tokio, sich durch die Besetzung Niederländisch-Ostindiens Zugang zu Erdöl und anderen Rohstoffen zu verschaffen. Die amerikanischen und britischen Diplomaten hatten gegenüber ihren japanischen Gesprächspartnern keinen Zweifel daran gelassen, daß dieser Schritt zum Krieg mit den Vereinigten Staaten und dem Britischen Empire führen würde. Ein Vorstoß japanischer Seestreitkräfte in den Südpazifik nach Niederländisch-Ostindien würde aber durch eine mögliche Offensivoperation der amerikanischen Pazifikflotte in der Flanke bedroht. In Anbetracht des Kräfteverhältnisses zwischen japanischen und amerikanischen Seestreitkräften hielt die japanische Marineführung eine ungestörte Operation im Südpazifik nur nach Ausschaltung der Pazifikflotte für möglich. Erst dann konnte sich Japan die notwendigen Rohstoffquellen in Südostasien sichern und mehrere, auf die pazifischen Inseln gestützte Verteidigungsringe um das japanische Inselreich aufbauen. Für den weiteren Verlauf des Krieges mußte Japan darauf hoffen, daß die Amerikaner nach verlustreichen Abnutzungskämpfen in dem pazifischen Verteidigungssystem sich zu einem für Tokio günstigen Kompromißfrieden bereit finden würden. Ein gelungener Überraschungsangriff gegen Pearl Harbor war somit die Voraussetzung für die japanische Gesamtstrategie.[776]

Die Oberbefehlshaber von Army und Navy auf Hawaii, Admiral Husband E. Kimmel und General Walter C. Short, wurden von Washington über die politische Lage nur wenig informiert und ab Juli 1941 praktisch von allen wichtigen Informationen abgeschnitten. Kimmel und Short erfuhren nichts über „Magic", und Pearl Harbor erhielt auch keine „Purpur"-Maschine zur Entschlüsselung des japanischen diplomatischen Funkcodes. Statt dessen wurden drei „Purpur"-Maschinen nach London geschickt.[777]

Nach Überreichen des amerikanischen Ultimatums vom 26. November an die Japaner erwartete der Kreis um Roosevelt in Kürze den Kriegsausbruch. Admiral Kimmel bekam aus Washington aber keine Warnung, sondern erhielt am 27. November den Befehl, seine beiden Flugzeugträger, die „Enterprise" und die „Lexington", zu den Inseln Wake und Midway zu schicken; sie hatten den Auftrag, Jagdflugzeuge für die dortigen Garnisonen zu transportieren. Damit wurde die Pazifikflotte in Pearl Harbor ihrer kampfstärksten Einheiten beraubt. Admiral Kimmel mußte aus diesem Befehl schließen, daß für Pearl Harbor keine unmittelbare Gefahr bestand. Die beiden Flugzeugträger liefen am 28. November und am 5. Dezember aus Pearl Harbor aus.[778]

Inzwischen hatte am 25. November eine japanische Trägerkampfgruppe, bestehend aus sechs Flugzeugträgern („Kaga", „Akagi", „Hiryu", „Soryu", „Shokaku" und „Zuikaku"), zwei Schlachtschiffen („Hiei" und „Kirishima") und einer Anzahl von Kreuzern, Zerstörern, U-Booten und Tankern, unter dem Befehl von Vizeadmiral Chuichi Nagumo die Hitokappu-Bucht im äußersten Norden Japans verlassen. Ihr Auftrag lautete:

„A. Der Kampfverband soll unter strikter Geheimhaltung seiner Bewegungen und ständiger Wachsamkeit gegen U-Boote und Flugzeuge die Gewässer von Hawaii anlaufen, mit Eröffnung der Feindseligkeiten die Hauptkräfte der amerikanischen Flotte in Hawaii angreifen und ihnen einen tödlichen Schlag versetzen. Der erste Luftangriff

---

[776] Hans Lengerer/Sumie Kobler-Edamatsu. Pearl Harbor 1941: Der Paukenschlag im Pazifik nach japanischen Dokumenten. Friedberg 1982, S. 8 ff.

[777] Barnes, Pearl Harbor, S. 42 ff.

[778] Ebenda, S. 58 ff., und Morgenstern, Pearl Harbor, S. 266 ff.

ist für die Morgendämmerung des X-Tages geplant (das genaue Datum wird durch einen späteren Befehl bekanntgegeben).

Nach Beendigung der Luftangriffe soll der Kampfverband […] die feindlichen Gewässer rasch verlassen und nach Japan zurückkehren.

B. Sollte es als sicher erscheinen, daß die japanisch-amerikanischen Verhandlungen vor Eröffnung der Feindseligkeiten zu einer gütlichen Einigung gelangen, dann werden alle Kräfte der Vereinigten Flotte Befehl erhalten, sich zu sammeln und zu ihren Stützpunkten zurückzukehren.

C. Der Kampfverband soll die Hitokappu-Bucht am Morgen des 26. November (Japan-Zeit; 25. November Hawaii-Zeit) verlassen und bis zum Nachmittag des 4. Dezember (Japan-Zeit; 3. Dezember Hawaii-Zeit) eine Bereitschaftsposition auf 42° Nord und 170° Ost anlaufen und rasch die Nachbetankung abschließen."[779]

Admiral Yamamoto behielt es sich also ausdrücklich vor, die Trägerkampfgruppe im Falle eines Verhandlungserfolges der japanischen Diplomaten in letzter Minute zurückzurufen. Sollte ein solcher Erfolg ausbleiben, dann war als X-Tag der 7. Dezember 1941 vorgesehen.

Am gleichen Tag, als Nagumos Trägerkampfgruppe die Hitokappu-Bucht verließ, versammelte sich eine weitere japanische Expeditionsstreitmacht, bestehend aus Kampfschiffen und Truppentransportern, die fünf Divisionen an Bord hatten, vor der südchinesischen Küste. In den folgenden Tagen dampfte sie an der Küste Indochinas in südlicher Richtung entlang, ihr Ziel war Britisch-Malaya.

Ein Team von Spezialisten aus Army und Navy hatte Anfang Oktober 1940 Teile des „Kaigun Ango" knacken können, ein System aus 29 verschiedenen Codes, das von der japanischen Kriegsmarine verwendet wurde.[780] Die vier wichtigsten Codesysteme des „Kaigun Ango" waren:

1. Codebuch D;
2. ein spezieller Code für die Verschlüsselung von Rufzeichen japanischer Funktionsträger, Funkstationen an Land, Kriegs- und Handelsschiffe,
3. ein spezieller Code für die Meldung von Positionen und Bewegungen japanischer Schiffe;
4. der Shin-Code, der für die Kommunikation mit Schiffen der japanischen Handelsmarine diente.[781]

Während ihres Anmarsches auf Hawaii mißachteten mehrere japanische Kriegsschiffe der „Ersten Luftflotte" (darunter das Flottenflaggschiff, der Flugzeugträger „Akagi") die strikten Befehle Yamamotos zur Einhaltung von Funkstille und gaben wiederholt verschlüsselte Positionsmeldungen durch.

Die japanischen Funksprüche und Positionsmeldungen wurden von den amerikanischen Marinehorchposten und Auswertungszentren auf Corregidor, auf Hawaii, in Seattle, in San Francisco und in Dutch Harbor abgefangen und dechiffriert und von Spezialisten der Navy ausgewertet.[782] Die führenden Offiziere der amerikanischen Funkaufklärung sowie die oberste Führung in Washington waren daher genau informiert, daß eine japanische Trägerkampfgruppe mit Ziel Pearl Harbor durch den Nordpazifik dampfte.

Währenddessen wurde der Inhalt der in Washington entschlüsselten japanischen Funktelegramme immer bedrohlicher. Am 28. November sandte Außenminister Togo an seine Botschafter in Washington ein Funktelegramm von größter Wichtigkeit. Nomura

---

[779] Morgenstern, Pearl Harbor, S. 50.
[780] Robert B. Stinnet. Pearl Harbor: Wie die amerikanische Regierung den Angriff provozierte und 2.476 ihrer Bürger sterben ließ. Frankfurt/M. 2003, S. 46.
[781] Ebenda, S. 120.
[782] Ebenda, S. 83 f.

und Kurusu wurde erklärt: „Sie beide, meine Herren Botschafter, haben sich in übermenschlichen Bemühungen eingesetzt, aber die Vereinigten Staaten sind trotzdem noch weiter gegangen und haben uns diese erniedrigenden Bedingungen gestellt. Das war unerwartet und ist höchst bedauerlich. Die kaiserliche Regierung kann sie in keiner Weise als Grundlage für weitere Verhandlungen ansehen. Deshalb werden mit einer Darlegung der Ansichten der kaiserlichen Regierung, die ich Ihnen in zwei oder drei Tagen zukommen lassen werde, die Verhandlungen de facto abgebrochen werden. Das ist unvermeidlich."[783]

Die japanische Regierung hatte zu diesem Zeitpunkt das Ultimatum Hulls also bereits verworfen, der Endtermin, nach dem die Dinge „automatisch ihren Gang nehmen" würden, war verstrichen. Nomura und Kurusu sollten jetzt nur noch zum Schein weiterverhandeln.

Am 30. November unterrichtete Tokio den japanischen Botschafter in Berlin, daß die Verhandlungen mit Washington „jetzt abgebrochen – zerbrochen sind". Der Botschafter sollte Hitler und Ribbentrop wie folgt informieren: „England und die Vereinigten Staaten haben zuletzt beide eine provozierende Haltung eingenommen. Sagen Sie, daß sie planen, Streitkräfte an verschiedene Orte in Ostasien zu verlegen und daß wir dem unvermeidlich entgegentreten müssen, indem wir ebenfalls Truppen verlegen. Sagen Sie ihnen (Hitler und Ribbentrop) streng vertraulich, daß äußerste Gefahr für einen plötzlichen Kriegsausbruch zwischen den angelsächsischen Nationen und Japan besteht, infolge eines bewaffneten Zwischenfalls, und fügen Sie hinzu, daß der Ausbruch des Krieges schneller erfolgen kann, als irgend jemand es sich träumen läßt." Der Inhalt dieser Depesche war unmißverständlich.[784]

Am 1. Dezember erteilte Tokio seinen diplomatischen Vertretungen in London, Hongkong, Singapur und Manila die Anweisung, ihre Chiffriermaschinen zu zerstören und die Codebücher zu verbrennen. Am folgenden Tag erhielt die japanische Botschaft in Washington die Order, eine ihrer beiden Chiffriermaschinen und die Codes zu vernichten. Diese Maßnahme, die sicherstellen sollte, daß Codematerial und Chiffriermaschinen nicht in die Hand des Gegners fielen, war für gewöhnlich der vorletzte Schritt vor Eröffnung eines Krieges. Die Zurückbehaltung der einen verbleibenden Chiffriermaschine in der Botschaft in Washington diente dazu, die japanische Antwort auf das amerikanische Ultimatum vom 26. November zu empfangen, die wahrscheinlich die Kriegserklärung sein würde.[785]

Am 5. Dezember berichtete die Botschaft in Washington an Tokio: „Wir haben die Code-Vernichtung abgeschlossen, aber da die amerikanisch-japanischen Verhandlungen noch weiterlaufen, bitte ich um Ihre Genehmigung, die Zerstörung der verbliebenen Chiffriermaschine noch für eine Weile aufzuschieben."[786]

Dieser Bitte wurde am folgenden Tag entsprochen, aber der Ausbruch des Krieges war jetzt nur noch eine Frage von Stunden.

Wie bereits erwähnt, hatte das japanische Außenministerium am 19. November seine Botschaft in Washington unterrichtet, daß ein Krieg mit den Vereinigten Staaten durch einen behelfsmäßigen Code, eine falsche Wettervorhersage in den japanischen Rundfunksendungen für das Ausland, angekündigt werden würde. Die Meldung sollte lauten: „Ostwind, Regen". Diese Instruktion war abgefangen und dechiffriert worden, und nunmehr warteten alle Abhörstationen der amerikanischen Armee und Marine auf die sogenannte „Winde"-Meldung (wie die falsche Wettervorhersage von den Amerikanern genannt wurde). Ein Untersuchungsausschuß der amerikanischen Ar-

---

[783] Ebenda, S. 219.
[784] Ebenda, S. 221.
[785] Ebenda, S. 223.
[786] Ebenda, S. 226.

mee, der „Army Pearl Harbor Board", stellte 1944 fest: „Die ‚Winde'-Meldung sollte in die japanischen Nachrichten- und Wettersendungen eingefügt und mit einer bestimmten Folge von Worten wiederholt werden, um darauf hinzuweisen, daß es entweder mit Großbritannien, Rußland, den Vereinigten Staaten oder allen dreien zum Krieg kommen würde.

Diese Information wurde von einer Abhörstation aufgefangen. Sie wurde am 3. Dezember 1941 empfangen und übersetzt und der Inhalt wie üblich an die höchsten Stellen weitergeleitet (Weißes Haus, Armee- und Marineoberkommando).

Die Marine empfing diese Meldung am 3. Dezember 1941 im Verlauf des Abends. Übersetzt lautete sie: ‚Krieg mit den Vereinigten Staaten, Krieg mit Großbritannien einschließlich Niederländisch-Ostindien, dagegen Frieden mit Rußland.'

Diese ‚Winde-Ausführungsmeldung' ist nun aus den Marineakten verschwunden und konnte trotz ausgiebiger Suche nicht gefunden werden. Sie wurde zuletzt von Commander (Laurance F.) Safford gesehen [...]

Es steht deshalb außer Frage, daß zwischen dem 4. und dem 6. Dezember die drohende Gefahr eines Krieges am darauffolgenden Samstag oder Sonntag, dem 6. bzw. 7. Dezember, klar ersichtlich war."[787]

Commander Safford versuchte in den folgenden drei Tagen ohne Erfolg, seine militärischen Vorgesetzten dazu zu bewegen, etwas zu unternehmen und eine Warnung nach Hawaii zu schicken.

Am 6. Dezember um 10.40 Uhr erhielt Roosevelt vom amerikanischen Botschafter in London, John Winant, ein Telegramm von äußerster Dringlichkeit: „Britische Admiralität berichtet, daß an diesem Morgen um 3 Uhr Londoner Zeit vor Cambodia Point zwei Verbände gesichtet wurden, die in 14 Stunden Abstand langsam in Richtung Kra fuhren."[788]

Das bedeutete, daß die japanische Expeditionsstreitmacht, die die Küste Indochinas hinunterdampfte, den Golf von Siam erreicht hatte und sich der Halbinsel Kra näherte. Gemäß den „ABCD"-Vereinbarungen trat der Bündnisfall in Kraft, wenn japanische Seestreitkräfte eine Linie im Pazifik, die bei 100° Ost und 10° Nord lag, in westlicher oder südlicher Richtung überschritten und damit britisches oder niederländisches Kolonialgebiet unmittelbar bedrohten. Mit dem Erscheinen eines japanischen Truppenkonvois im Golf von Siam war dieser Fall nun eingetreten, und damit befanden sich die Niederlande, Großbritannien und die Vereinigten Staaten im Krieg mit Japan, ohne daß bislang ein Schuß gefallen war. Der tatsächliche japanische Angriff auf Thailand, die Halbinsel Kra und Malaya sollte 14 Stunden später erfolgen.

Für Präsident Roosevelt entstand damit eine prekäre Situation, denn die USA befanden sich damit seit dem 6. Dezember, 10.40 Uhr, ohne Wissen des Kongresses und der Öffentlichkeit aufgrund von Geheimverträgen im Kriegszustand. Briten und Holländer sahen die Vereinigten Staaten nunmehr als verpflichtet an, ihnen zu Hilfe zu kommen. In Washington drohte aber ein ungeheurer politischer Skandal, der nur vermieden werden konnte, wenn die Japaner möglichst bald als erste amerikanisches Territorium oder amerikanische Streitkräfte angreifen würden.

In seiner Tagebucheintragung vom 25. November hatte Kriegsminister Stimson das Dilemma Roosevelts zum Ausdruck gebracht. Er schrieb über die Sitzung des Kriegskabinetts im Weißen Haus: „Dort brachte der Präsident [...] das ganze Verhältnis zu den Japanern zur Sprache. Er sprach über den Fall, daß wir wahrscheinlich angegriffen werden würden, vielleicht schon am nächsten Morgen, denn die Japaner seien dafür berüchtigt, einen Angriff ohne Warnung zu machen, und die Frage war die, was wir tun sollten.

---

[787] Ebenda, S. 231 f.
[788] Ebenda, S. 336 f.

Die Frage war, wie wir sie in die Position manövrieren konnten, den ersten Schuß abzufeuern, ohne uns dabei allzu großer Gefahr auszusetzen."[789]

Um ebendies zu erreichen, daß die Japaner den ersten Schuß abfeuerten, durfte Pearl Harbor nicht gewarnt werden; dann das hätte einen Großalarm, die Herstellung der vollen Gefechtsbereitschaft und das Auslaufen der Pazifikflotte bedeutet. Die zahlreichen japanischen Spione auf Hawaii hätten dies sofort nach Tokio gemeldet. Nach dem Verlust des Überraschungsmoments wäre Nagumos Trägerkampfgruppe wahrscheinlich umgekehrt, und Roosevelt hätte vor einem riesigen politischen Skandal gestanden. So erhielten die Oberbefehlshaber auf Hawaii, Kimmel und Short, keine ernsthafte Warnung und mußten nach dem Angriff als Sündenböcke für die militärische Katastrophe herhalten.

Am 6. Dezember unterrichtete Tokio seine Washingtoner Botschaft, daß es eine ausführliche Antwort auf das Ultmiatum von Außenminister Hull verfaßt habe, die in 14 Teilen gesendet werden würde. Die Botschaft wurde instruiert, diese Antwort bis zum Eintreffen einer gesonderten Meldung, in der der Zeitpunkt der Übergabe angegeben würde, zurückzuhalten.

Die ersten 13 Teile dieser Schlußbotschaft wurden ab Mittag von der Fernmeldeaufklärung der US Navy empfangen und waren bis 21 Uhr fertig dechiffriert und übersetzt.[790]

Um 21.30 Uhr wurde die abgefangene japanische Note vom stellvertretenden Marineadjutanten im Weißen Haus, Lieutenant L.R. Schulz, Roosevelt überbracht. Der Präsident las das Telegramm durch, während sein engster Berater, Harry Hopkins, neben ihm auf und ab schritt. Roosevelt gab das Papier Hopkins, der es ebenfalls durchlas. Dann sagte der Präsident: „Das bedeutet Krieg!"

Darauf äußerte Hopkins: „Da der Krieg mit einem Vorteil für die Japaner beginnt, ist es zu schade, daß wir nicht den ersten Schlag führen und einen japanischen Überraschungsangriff verhindern können." Der Präsident nickte und erwiderte: „Nein, das können wir nicht tun. Wir sind eine Demokratie. Wir sind ein friedliebendes Volk. Wir haben einen guten Ruf."[791]

Zu diesem Zeitpunkt war noch offen, was der 14. Teil der japanischen Note enthielt und wann Nomura und Kurusu die vollständige Kriegserklärung überreichen sollten. Nach der Erfahrung von Port Arthur 1904 pflegten die Japaner zeitgleich mit der Übergabe der Kriegserklärung einen Überraschungsangriff zu führen. Der Ausbruch des Krieges war jetzt nur noch eine Frage von Stunden, aber in der Nacht vom 6. auf den 7. Dezember herrschte in Washington eine befremdliche Untätigkeit.

Am Morgen des 7. Dezember empfing die Fernmeldeaufklärung der amerikanischen Marine den 14. Teil der japanischen Note. Dieser letzte Teil machte endgültig klar, daß es sich um die japanische Kriegserklärung handelte. Die letzten Sätze lauteten: „So ging die aufrichtige Absicht der japanischen Regierung, die japanisch-amerikanischen Beziehungen zu ordnen und in Zusammenarbeit mit der amerikanischen Regierung den Frieden im Pazifik zu erhalten und zu fördern, schließlich verloren. Die japanische Regierung bedauert, der amerikanischen Regierung hiermit mitteilen zu müssen, daß sie in Anbetracht der Haltung der amerikanischen Regierung zu keinem anderen Schluß kommen kann, als daß es unmöglich ist, durch weitere Verhandlungen zu einem Übereinkommen zu gelangen."[792]

Außerdem erhielten Nomura und Kurusu die Anweisung, die Kriegserklärung um 13 Uhr Washingtoner Zeit dem amerikanischen Außenminister zu übergeben. 13 Uhr in Washington war aufgrund der Zeitverschiebung 7.30 Uhr auf Hawaii, kurz nach Sonnen-

[789] Ebenda, S. 325.
[790] Ebenda, S. 226 f.
[791] Ebenda, S. 299 f..
[792] Ebenda, S. 228.

aufgang, nach militärischen Axiomen die ideale Zeit für einen Überraschungsangriff. Die leitenden Nachrichtenoffiziere in Washington hatten jetzt kaum noch Zweifel daran, daß Pearl Harbor das Angriffsziel der Japaner sein würde. Admiral Stark wurde gedrängt, sofort eine Warnung nach Hawaii zu schicken. Aber Stark erklärte, er brauche die Zustimmung des Generalstabschefs des Heeres, General Marshall, bevor er eine Entscheidung treffen könne. Stark konnte Marshall aber nicht erreichen. Alle Bemühungen, den General ans Telefon zu bekommen, waren vergebens, denn Marshall machte ausgerechnet an diesem Vormittag einen zweieinhalbstündigen Ausritt. Erst um 11.25 Uhr kehrte der General in sein Büro zurück, las die dechiffrierte japanische Erklärung, und setzte eine allgemein gehaltene Warnung an General Short auf.[793]

Diese Depesche schickte er, obwohl ihm außer dem Sender und einer Telefonleitung des Kriegsministeriums auch die besonders starken Sender der Marine und des FBI zur Verfügung standen, über eine kommerzielle RCA-Funkverbindung, wobei er jeden Dringlichkeitsvermerk wegließ. Das Ergebnis war, daß die Warnung Marshalls erst sieben Stunden und fünf Minuten nach Beginn des Angriffs, als die japanischen Flugzeuge sich längst zurückgezogen hatten, bei General Short eintraf.[794]

*Der Generalstabschef der US Army George C. Marshall und Kriegsminister Henry L. Stimson im Januar 1942*

In der Nacht vom 6. auf den 7. Dezember 1941 hatte sich die Trägerkampfgruppe Admiral Nagumos Pearl Harbor bis auf 230 Seemeilen genähert. Ab 6 Uhr startete die erste Welle der Trägerflugzeuge. Die Garnison und die Flotteneinheiten waren völlig ahnungslos, als ab 7.55 Uhr die Japaner mit 350 Trägerflugzeugen in zwei Wellen angriffen. Die Überraschung gelang vollkommen. Fünf Schlachtschiffe, drei Zerstörer und drei Hilfschiffe wurden versenkt, drei Schlachtschiffe, drei Leichte Kreuzer, ein Zerstörer und ein Hilfsschiff mehr oder weniger schwer beschädigt. Außerdem wurde der größte Teil der amerikanischen Flugzeuge am Boden zerstört. Zwar konnten die meisten der versenkten oder beschädigten Schiffe wieder gehoben und repariert werden, aber dies sollte zum Teil Jahre dauern. Die Personalverluste der Amerikaner betrugen 2.326 Tote und 1.109 Verwundete. Die Japaner verloren nur 27 Flugzeuge und fünf Klein-U-Boote.[795] Dabei hatten die Amerikaner Glück im Unglück, denn Admiral Nagumo versäumte es, mit einer dritten Angriffswelle die riesigen Öltanklager auf Hawaii zu zerstören, was es den Amerikanern unmöglich gemacht hätte, Pearl Harbor weiter als Flottenstützpunkt zu benutzen. Mindestens ebenso wichtig war, daß kein amerikanischer Flugzeugträger ausgeschaltet wurde.

---

[793] Ebenda, S. 270 f.
[794] Ebenda, S. 272.
[795] Morgenstern, Pearl Harbor, S. 53 f. u. 66 ff.

Am Tag nach Pearl Harbor, am 8. Dezember 1941, trat Präsident Roosevelt vor den Kongreß und forderte die Abgeordneten auf, den Kriegszustand zwischen den Vereinigten Staaten und dem Kaiserreich Japan festzustellen. In seiner Rede betonte Roosevelt den überraschenden und heimtückischen Charakter des japanischen Angriffs: „Gestern, am 7. Dezember 1941 – einem Tag der Niedertracht –, wurden die Vereinigten Staaten von Amerika plötzlich und vorsätzlich von See- und Luftstreitkräften des Kaiserreiches Japan angegriffen.[796]

Der Kongreß war wie die amerikanische Öffentlichkeit über den wahren Stand der Beziehungen zu Japan von der Regierung im Dunkeln gelassen worden und zeigte sich schockiert. Hinzu kam, daß Nomura und Kurusu aufgrund einer unglücklichen Verzögerung die japanische Kriegserklärung erst eine Stunde nach Beginn des Angriffs übergeben hatten statt – wie ursprünglich vorgesehen – eine Viertelstunde davor.[797] Dieses Mißgeschick und die formelle Fortführung der diplomatischen Verhandlungen bis zum 6. Dezember mußten als Indizien für die Heimtücke der Japaner herhalten und wurden von der amerikanischen Presse propagandistisch nach allen Regeln der Kunst ausgeschlachtet. Die innenpolitischen Gegner Roosevelts und seiner Kriegspolitik waren durch Pearl Harbor mit einem Schlag mundtot gemacht. In welchem Ausmaß Roosevelt und sein innerer Kreis den Kongreß und die Öffentlichkeit getäuscht hatten, sollte erst 1945/46 durch die Tätigkeit des Kongreßausschusses zur Untersuchung des Angriffs auf Pearl Harbor ans Tageslicht kommen.

## Die deutsche Kriegserklärung an die Vereinigten Staaten

Die deutsche Reichsregierung war von der Verschärfung der japanisch-amerikanischen Spannungen am 15. November unterrichtet worden. Der Leiter der Abteilung „Fremde Heere" im japanischen Generalstab, General Kiyojuku Okamoto, hatte dem deutschen Militärattaché in Tokio, Oberst Alfred Kretschmer, mitgeteilt, daß Japan nicht mehr an einen Verhandlungserfolg glaube und ein Krieg mit Amerika kaum mehr zu vermeiden sei. Okamoto regte ein deutsch-italienisch-japanisches Abkommen an, das jeden Sonderfrieden ausschließen sollte.[798] Am 21. November gab Reichsaußenminister Ribbentrop dem deutschen Botschafter in Tokio, Ott, die Weisung, Okamoto zu sagen, daß Berlin mit einem solchen Vertrag einverstanden sei. Am 23. November fragte Okamoto Ott, ob bei einem japanischen Angriff auf die Vereinigten Staaten auch eine deutsche Kriegserklärung an Amerika erfolgen würde, was Ott auf Anweisung Ribbentrops bejahte. Fünf Tage später gab Ribbentrop Botschafter Hiroshi Oshima nach einer Konferenz mit Hitler das Versprechen, daß Deutschland im Falle eines japanisch-amerikanischen Krieges sofort eingreifen werde. Am 30. November bat Tokio formell um einen Vertrag, der einen Sonderfrieden ausschloß, und vier Tage später stimmte Hitler den japanischen Wünschen zu. In dem neuen Vertrag war vorgesehen, daß der Bündnisfall nicht nur in einem Verteidigungs-, sondern auch in einem Angriffskrieg eintreten sollte. Durch den japanischen Angriff auf Pearl Harbor war der Vertragsentwurf allerdings überholt, noch bevor er unterzeichnet wurde.[799]

Hitler hatte für sein Eingehen auf die Wünsche Tokios gute Gründe. Der japanische Verbündete war für das Reich von größter strategischer Bedeutung, denn ohne einen deutschen Kriegseintritt hätten die USA ihre Macht zuerst auf den Pazifik konzentrieren können, um nach einem Sieg ihr gesamtes militärisches Potential gegen Deutschland zu

---

[796] FRUS: Peace and War, S. 839 f.

[797] Morgenstern, Pearl Harbor, S. 69.

[798] Peter Herde. Italien, Deutschland und der Weg in den Krieg im Pazifik 1941. Wiesbaden 1983, S. 70.

[799] Ebenda, S. 71 ff.

richten. Indem sie die Vereinigten Staaten zwangen, ihre Kräfte auf Europa und den Fernen Osten aufzuteilen, hofften die Achsenmächte eine reelle Siegeschance zu gewinnen. Da die amerikanische Armee zu einer größeren Offensivoperation nicht vor Ende 1942 fähig sein würde, blieb Deutschland noch ein Jahr Zeit, um die Sowjetunion niederzuringen und den Zweifrontenkrieg zu beenden.

Die deutsche Führung wurde von Pearl Harbor – trotz des Hinweises aus Tokio, „daß der Ausbruch des Krieges schneller erfolgen kann, als irgend jemand es sich träumen läßt" – völlig überrascht. Der japanische Angriff begann aufgrund der Zeitverschiebung um 19.30 Uhr deutscher Sommerzeit, und die Reichsregierung erfuhr von den Ereignissen erst am späten Abend durch den britischen Rundfunk.

Am Morgen des 8. Dezember erteilte Hitler der deutschen Kriegsmarine den Befehl, im Atlantik keine Zurückhaltung mehr zu üben, sondern das Feuer auf amerikanische Schiffe zu eröffnen. Der unerklärte Krieg im Atlantik hatte die Kriegsmarine in eine unhaltbare Lage gebracht: Die deutschen U-Boote wurden von der US Navy als Feind angesehen und angegriffen, während die Kriegsmarine die Navy weiter wie einen Neutralen behandeln mußte. Der offene Krieg gegen die Vereinigten Staaten eröffnete den deutschen U-Booten neue Angriffsmöglichkeiten auf allen Weltmeeren, da die Amerikaner auf die U-Boot-Abwehr noch nicht genügend vorbereitet waren. Tatsächlich sollten die U-Boote zwischen Januar und Juli 1942 ihre größten Erfolge während des ganzen Krieges erzielen: In diesem Zeitraum wurden im Atlantik 3.048.089 Bruttoregistertonnen Schiffsraum versenkt, während nur 23 U-Boote verlorengingen.[800]

Am Tag nach Pearl Harbor suchte der japanische Botschafter Oshima um 13 Uhr Reichsaußenminister Ribbentrop auf und forderte von Berlin und Rom eine sofortige Kriegserklärung an die Vereinigten Staaten. Dazu war die Reichsregierung nach Artikel 3 des Dreimächtepaktes strenggenommen nicht verpflichtet, da Japan der Angreifer und der neue Vertrag noch nicht unterzeichnet war. Aber Hitler hatte den Japanern sein Wort gegeben, und noch am Abend des 8. Dezember arbeiteten Ribbentrop und Oshima ein neues Abkommen aus. Da die amerikanische Funkaufklärung auch die Meldungen abfing, die zwischen Tokio und der japanischen Botschaft in Berlin hin- und hergingen, war Roosevelt über die deutsch-japanischen Absprachen unterrichtet. Der Präsident entschloß sich, die Kriegserklärung, die jetzt faktisch nur noch eine Formsache war, dem Deutschen Reich zu überlassen.[801] Hitler äußerte intern zu dieser Frage: „Eine Großmacht wie Deutschland erklärt selbst den Krieg und wartet nicht, bis er erklärt wird."[802]

Nachdem das deutsch-italienisch-japanische Kriegsbündnis unterzeichnet worden war,[803] hielt Hitler am 11. Dezember eine Rede vor dem Deutschen Reichstag, in der er die Kriegserklärung an die USA öffentlich bekanntgab. Nach einer längeren Darlegung zur Entwicklung der deutsch-amerikanischen Beziehungen seit 1917 und nach einer Aufzählung der zahllosen amerikanischen Neutralitätsverletzungen zog Hitler das Resumé: „Dadurch ist das aufrichtige und von beispiellosem Langmut zeugende Bestreben Deutschlands und Italiens, trotz den seit Jahren erfolgten unerträglichen Provokationen durch den Präsidenten Roosevelt eine Erweiterung des Krieges zu verhüten und die Beziehungen zu den Vereinigten Staaten aufrechtzuerhalten, zum Scheitern gebracht worden."[804]

---

[800]  Das Deutsche Reich und der Zweite Weltkrieg. Bd. 6. Der globale Krieg: Die Ausweitung zum Weltkrieg und der Wechsel der Initiative. Stuttgart 1990, S. 345.

[801]  Ebenda, S. 300 ff.

[802]  James V. Compton. Hitler und die USA: Die Amerikapolitik des Dritten Reiches und die Ursprünge des Zweiten Weltkrieges. Oldenburg/Hamburg 1968, S. 207.

[803]  Ebenda, S. 151.

[804]  Keesings Archiv der Gegenwart 1941, S. 5308 ff.

Wenige Wochen nachdem die USA offiziell in den Zweiten Weltkrieg eingetreten waren, wurden in Washington am 1. Januar 1942 von 26 Staaten, die sich mit den Achsenmächten im Kriegszustand befanden, unter amerikanischer Führung die Vereinten Nationen gegründet.[805]

---

[805] Bruno Simma (Hrsg.). The Charter of the United Nations. München 1994, S. 1 ff.

# Die Schlacht im Atlantik

## Erste Kampfhandlungen

Die Schlacht im Atlantik war das am längsten andauernde militärische Einzelereignis des Zweiten Weltkrieges.[806] Sie erstreckte sich vom Kriegsausbruch Anfang September 1939 bis zur Kapitulation Deutschlands im Mai 1945 und erreichte ihren Höhepunkt zwischen Mitte 1940 und Ende 1943.

Am 3. September 1939, dem Tag der britischen und französischen Kriegserklärung, verhängten beide Staaten gegen Deutschland eine Seeblockade, woraufhin Deutschland eine Gegenblockade erklärte. Als Inselstaat war Großbritannien in hohem Maße von Einfuhren abhängig, es benötigte wöchentlich mehr als eine Million Tonnen an importierten Gütern. Die deutsche Kriegsmarine versuchte, den Handelsverkehr von und zu den Britischen Inseln zu unterbrechen oder zumindest einzuschränken, um Großbritanniens Wirtschaft zu schädigen.

Der Versailler Vertrag hatte der deutschen Kriegsmarine quantitativ und qualitativ einschneidende Beschränkungen auferlegt, die erst durch das Deutsch-Englische Flottenabkommen vom 21. Juni 1935 weitgehend aufgehoben worden waren. Bei Kriegsausbruch 1939 befand sich die Kriegsmarine mit allen Schiffstypen noch im Aufbaustadium, wegen der Kürze der Zeit, der Überlastung der Werften und der Beanspruchung der gesamten Industrie des Reiches durch die allgemeine Aufrüstung waren zu diesem Zeitpunkt noch nicht einmal jene Einheiten vollständig in Dienst gestellt, die auf der Basis des Deutsch-Englischen Flottenabkommens geordert worden waren. Im September 1939 verfügte die deutsche Kriegsmarine über nicht mehr als sechs moderne Großkampfschiffe, darunter nur zwei Schlachtschiffe, „Scharnhorst" und „Gneisenau", deren Hauptbewaffnung verhältnismäßig schwach war (28-cm-Geschütze). Vier weitere Großkampfschiffe, die Schweren Kreuzer „Admiral Hipper" und „Prinz Eugen" sowie die Schlachtschiffe „Bismarck" und „Tirpitz", sollten im Winter und Sommer 1940 bzw. im Frühjahr 1941 in Dienst gestellt werden. An leichten Einheiten besaß das Deutsche Reich im September 1939 sechs Leichte Kreuzer[807] und 22 Zerstörer.[808]

Die Royal Navy verfügte dagegen über acht Flugzeugträger, 15 Schlachtschiffe, drei Schlachtkreuzer und 15 Schwere Kreuzer, die französische Marine Nationale über zwei Flugzeugträger, neun Schlachtschiffe und sieben Schwere Kreuzer. Bei den leichten Einheiten wie Leichten Kreuzern und Zerstörern war die britisch-französische Überlegenheit noch überwältigender. Die Royal Navy verfügte bei Kriegsbeginn über 41 Leichte Kreuzer und 181 Zerstörer, die Marine Nationale über zwölf Leichte Kreuzer und 78 Zerstörer.

Die deutsche Seekriegsleitung konzentrierte ihre strategischen Überlegungen aufgrund ihrer absolut hoffnungslosen Unterlegenheit von vornherein auf einen Handelskrieg mit Überwasser-Kriegsschiffen, Hilfskreuzern und Flugzeugen, in erster Linie aber mit U-Booten. Die U-Boot-Flotte bestand zu Kriegsbeginn aus nur 57 U-Booten; viele davon gehörten zum Typ II, der relativ klein und nur für Operationen in Küstengewässern geeignet war.

---

[806]  Richard Woodman. The Real Cruel Sea. Barnsley 2004, S. 1

[807]  M.J. Whitley. Deutsche Kreuzer im 2. Weltkrieg. Stuttgart 1988, S. 31.

[808]  Harald Fock. Z-vor! Internationale Entwicklung und Kriegseinsätze von Zerstörern und Torpedobooten im Zweiten Weltkrieg. Band 2. Hamburg 2001, S. 35.

Zum Zeitpunkt der Kriegserklärung befanden sich mehrere deutsche Kriegsschiffe auf hoher See, darunter die Mehrzahl der einsatzbereiten U-Boote und die Panzerschiffe „Deutschland" und „Admiral Graf Spee".[809] Diese Einheiten begannen sofort gegen die britische und französische Handelsschiffahrt zu operieren, die deutschen Aktionen beschränkten sich zunächst aber überwiegend auf das Verlegen von Minen vor britischen Häfen durch Zerstörer, Flugzeuge und U-Boote.

Die Royal Navy führte sofort ein Geleitzugsystem für den Schutz der eigenen Handelsschiffahrt ein, das sich von den Britischen Inseln bis nach Südamerika und Ostasien erstreckte. Jeder Geleitzug bestand aus etwa 30 bis 70 unbewaffneten Handelsschiffen sowie einer Anzahl von Begleitschiffen, meist Zerstörer und Korvetten. Der damalige Erste Lord der Admiralität Winston Churchill wünschte jedoch ein aggressiveres Vorgehen. Die Royal Navy bildete daher U-Boot-Jagdgruppen, in deren Mittelpunkt Flugzeugträger standen, um die Schiffahrtsrouten in den Western Approaches[810] zu überwachen. Diese ersten U-Jagdgruppen erwiesen sich jedoch als wenig erfolgreich. Ein U-Boot hatte mit seiner vergleichsweise winzigen Silhouette immer die Möglichkeit, Überwasser-Kriegsschiffe rechtzeitig zu sichten und zu tauchen, bevor es selbst entdeckt wurde. Auch die Trägerflugzeuge waren keine große Hilfe, sie konnten zwar aufgetaucht fahrende U-Boote aufklären, hatten aber in diesem Stadium des Krieges außer Maschinengewehren keine geeigneten Bordwaffen zu ihrer Bekämpfung.

Am 14. September 1939 entging Großbritanniens modernster Flugzeugträger, die HMS „Ark Royal", nur knapp der Versenkung, als drei von U 39 abgefeuerte Torpedos das Schiff verfehlten und im Kielwasser hochgingen. U 39 wurde zum Auftauchen gezwungen und von britischen Zerstörern versenkt. Die Briten zogen aus diesem Gefecht aber keine Lehren, der Flugzeugträger HMS „Courageous" wurde nur drei Tage später von U 29 torpediert und versenkt. Einen Monat später drang U 47 unter Günther Prien in den britischen Stützpunkt Scapa Flow ein und versenkte das dort vor Anker liegende ältere Schlachtschiff HMS „Royal Oak".

Das Panzerschiff „Admiral Graf Spee" konnte während einer fast dreieinhalb Monate dauernden Kaperfahrt im Südatlantik neun Handelsschiffe mit insgesamt 50.000 BRT vernichten. Britische und französische Marineeinheiten stellten eine Anzahl von Jagdgruppen, die drei Schlachtkreuzer, drei Flugzeugträger und 15 Kreuzer umfaßten, um die „Admiral Graf Spee" und ihr Schwesterschiff, die „Deutschland", die im Nordatlantik operierte, auszuschalten. Schließlich wurde die „Admiral Graf Spee" am 13. Dezember 1939 vor der Küste Uruguays an der Mündung des Rio de la Plata von einem britischen Verband bestehend aus einem schweren und zwei Leichten Kreuzern gestellt. Bei dem folgenden Gefecht konnte die „Graf Spee" dank ihrer überlegenen Feuerkraft dem Gegner schwere Schäden zufügen, wurde aber selbst erheblich beschädigt und mußte deshalb den neutralen Hafen von Montevideo aufsuchen. Da für einen erneuten Kampf gegen die britischen Kreuzer die verbliebene Munition nicht ausreichte, wurde das Schiff am 17. Dezember 1939 vor Montevideo von seiner Besatzung versenkt.

Der Befehlshaber der U-Boote Admiral Karl Dönitz hatte im September 1939 alle verfügbaren Boote in den Einsatz geschickt, aber diese mußten über kurz oder lang zu ihren Stützpunkten zurückkehren, um aufzutanken, aufzumunitionieren, ihre Vorräte zu ergänzen und Reparaturen vorzunehmen.

Für das Unternehmen „Weserübung", die geplante Besetzung Norwegens und Dänemarks im Frühjahr 1940, wurden die deutschen Überwasser-Kriegsschiffe und die meisten U-Boote in die Heimat zurückgeholt. Der Norwegen-Feldzug enthüllte schwere

---

[809] „Deutschland", „Admiral Graf Spee" und „Admiral Scheer" wurden aufgrund ihrer kompakten Bauart und ihrer Feuerkraft gelegentlich auch als „Westentaschenschlachtschiffe" bezeichnet.

[810] Übersetzt „Westansteuerung", ein Teil des Atlantiks westlich der Britischen Inseln.

Mängel am Magnetzünder des G7a-Torpedos, der wichtigsten Waffe der U-Boote. Aufgrund der Konzentrationen von britischen Kriegsschiffen, Truppentransportern und Versorgungsschiffen in den norwegischen Fjorden ergaben sich für die U-Boote wiederholt günstige Gelegenheiten zum Angriff. Mehrfach gelang es ihnen, in Angriffspositionen zu kommen, aber die Torpedos versagten,[811] bei mehr als 20 Angriffen wurde nicht ein einziges britisches Schiff versenkt. Anfang 1941 konnten die Ursachen für die Versager schließlich festgestellt werden. Es handelte sich zum einen um Abweichungen des Magnetfeldes der Erde, die sich auf die Magnetzünder auswirkten, zum anderen um Fehlfunktionen in der Tiefensteuerung der Torpedos. Diese Probleme waren bis Mitte März 1941 gelöst, und der G7a-Torpedo (sowie die Version mit Elektroantrieb G7e) erwies sich von nun an als eine sehr zuverlässige und effektive Waffe.[812]

## Deutsche U-Boot-Taktik

Zu Beginn des Krieges legte der Befehlshaber der U-Boote (BdU), Konteradmiral Karl Dönitz, dem Oberbefehlshaber der Kriegsmarine, Großadmiral Erich Raeder, ein Memorandum zum Seekrieg vor. Dönitz war der Auffassung, daß Großbritannien aufgrund seiner Abhängigkeit vom Überseehandel durch einen U-Boot-Krieg zur Aufgabe gezwungen werden könnte.[813] Dönitz schlug eine völlig andere Taktik vor, als sie von den U-Booten während des Ersten Weltkrieges verfolgt worden war; damals waren sie quasi als einsame Jäger vor den Feindhäfen gelegen und hatten ein- und auslaufende Schiffe angegriffen. Nach den Vorstellungen von Dönitz sollten sich die U-Boote in langen, weit auseinandergezogenen Linien vor den angenommenen Kurs eines Geleitzuges legen und sich nach Sichtung eines Zieles versammeln und in Gruppen, „Rudel" genannt, angreifen. Dabei sollten die U-Boote vom Hauptquartier des BdU zentral per Funk geführt werden. Dönitz berechnete, daß 300 Atlantik-Boote des neuesten Typs VII genügend alliierte Schiffahrtstonnage versenken könnten, um die Versorgung Großbritanniens schwer zu schädigen, seine Wirtschaft an den Rand des Zusammenbruchs zu bringen und die britische Führung zu Friedensverhandlungen zu zwingen.

Die Royal Navy hatte die U-Boot-Abwehr in der Zwischenkriegszeit vernachlässigt, viele Marineoffiziere glaubten, daß mit Hilfe des neu entwickelten Sonar (von Briten und Amerikanern ASDIC[814] genannt) U-Boote nunmehr leicht aufzuspüren und zu bekämpfen seien. Dabei wurde übersehen, daß alle Übungen zur U-Boot-Abwehr in der Vorkriegszeit unter idealen Bedingungen stattgefunden hatten und daher wenig realistisch waren.[815]

Als wichtigste Waffe gegen U-Boote galt bei der Royal Navy vor dem Krieg das Küsten-Patrouillen-Boot, das mit einer kleinen Kanone und Wasserbomben bewaffnet war. Die kampfkräftigen und hochseefähigen Zerstörer sollten zusammen mit der Schlachtflotte operieren, für die U-Boot-Jagd waren ihre Besatzungen daher kaum ausgebildet. Die Besetzung Norwegens im April 1940, die rasche Eroberung der Niederlande, Belgiens und Frankreichs im Mai und Juni durch Deutschland sowie der italienische Kriegseintritt am 10. Juni 1940 beeinflußten den Seekrieg in mehrfacher Weise. Die deutsche

---

[811]  Die US Navy hatte mit ihrem Mark-14-Torpedo ähnliche Probleme. Clay Blair. Silent Victory, 1976, S.71.

[812]  Gordon Williamson. U-boat Tactics in World War II. Oxford 2010, S. 43.

[813]  Karl Dönitz. Gedanken über den Aufbau der U-Bootswaffe, 1. September 1939. (Bundesarchiv-Militärarchiv, Freiburg, Germany, Case 378, PG 32419a. Seekrieg 1939), zit.n.: Holger H. Herwig. Germany and the Battle of the Atlantic, S. 74, in: Roger Chikering/Stig Förster/Bernd Greiner (Hrsg.): A World at Total War: Global Conflict and the Politics of Destruction, 1937–1945, Cambridge 2004.

[814]  Abkürzung für Anti Submarine Detection Investigation Committee.

[815]  Alfred Price. Aircraft Versus Submarine: The Evolution of the Anti-Submarine Aircraft, 1912–1980, New York 1973.

U-Boot-Waffe erhielt Verstärkung durch U-Boote der königlich-italienischen Marine. Großbritannien verlor mit Frankreich seinen damals wichtigsten Verbündeten, 1940 war die französische Marine die viertgrößte der Welt. Die italienische Kriegserklärung und der Ausfall der französischen Marine hatten zur Folge, daß Großbritannien seine Mittelmeerflotte verstärken und in Gibraltar eine neue Kampfgruppe bilden mußte, die Force H.

Weiterhin erhielten die deutschen U-Boote durch die Besetzung Frankreichs direkten Zugang zum Atlantik, die Kriegsmarine richtete sich sofort in den Häfen von Brest, Lorient und La Pallice ein. Die deutschen U-Boote mußten nun nicht mehr die Britischen Inseln nördlich umfahren, um von den deutschen Nordseehäfen in den Atlantik zu gelangen, was ihre Situation erheblich verbesserte und Zeit sparte, sie konnten nun längere Zeit im Operationsgebiet verbringen und die britischen Geleitzüge weiter westlich angreifen. Später baute die Organisation Todt in den französischen Atlantik-Häfen riesige U-Boot-Bunker, die aufgrund ihrer meterdicken Stahlbetondecken gegen alle alliierten Bombenangriffe so gut wie unverwundbar waren.

Im April und Mai 1940 waren viele ältere Zerstörer der Royal Navy von den Geleitzügen für die geplante alliierte Landung in Norwegen abgezogen worden und wurden dann in den Ärmelkanal verlegt, um die Evakuierung der britischen Armee von Dünkirchen zu unterstützen. Im Sommer 1940 sah sich Großbritannien der Gefahr einer deutschen Invasion gegenüber, weshalb viele Zerstörer weiterhin im Kanal bleiben mußten, wo sie durch deutsche Luftangriffe erhebliche Verluste erlitten. Ein gewisser Ausgleich war, daß die großen Handelsflotten von Norwegen und den Niederlanden nach der Kapitulation dieser Staaten von Großbritannien übernommen werden konnten, womit der verfügbare Frachtraum erheblich zunahm.

Premierminister Winston Churchill sah sich durch den Mangel an Geleitschiffen veranlaßt, Präsident Franklin D. Roosevelt zu bitten, Großbritannien 50 alte Zerstörer der US Navy „leihweise" zu überlassen. Der erste dieser Zerstörer wurde erst im September 1940 von einer britischen Besatzung übernommen, und alle 50 mußten, bevor sie in den Einsatz gingen, neu bewaffnet und mit ASDIC ausgerüstet werden.

# Die „glückliche Zeit"

Die Feindfahrten der deutschen U-Boote von den französischen Stützpunkten zeitigten bald spektakuläre Erfolge, es war die große Zeit der U-Boot-Asse wie Günther Prien (U 47), Otto Kretschmer (U 99), Joachim Schepke (U 100), Engelbert Endrass (U 46), Victor Oehrn (U 37) und Heinrich Bleichrodt (U 48). Zwischen Juni und Oktober 1940 wurden mehr als 270 alliierte Schiffe versenkt, dieser Zeitabschnitt wurde von den U-Boot-Fahrern als „die glückliche Zeit" bezeichnet.[816] Winston Churchill sollte später schreiben, „die einzige Sache, die ich während des Krieges wirklich fürchtete, war die U-Boot-Gefahr".[817]

Das Hauptproblem für die U-Boote war, die britischen Geleitzüge in den unendlichen Weiten des Ozeans überhaupt zu finden. Die deutsche Luftwaffe verfügte über eine Handvoll von viermotorigen Fernaufklärern vom Typ Focke Wulf Fw 200 „Condor", die unter dem Fliegerführer Atlantik als Kampfgeschwader (KG) 40 bei Bordeaux stationiert waren. Die Erfolge des KG 40 waren jedoch begrenzt, die Aufklärung der Geleitzüge durch die U-Boote selbst war in der Praxis sehr viel wichtiger. Da sich aber die Brücke

---

[816] Tom Purnell. The "Happy Time". Canonera, Convoy HX 72 & 100. https://web.archive.org/web/20071001045906/http://homepage-nt/world.com/annemariepurnell/can3.html

[817] John Costello/Terry Hughes. The Battle of the Atlantic. London 1977, S. 5.

eines U-Boots nur wenige Meter über die Wasseroberfläche erhob, war die Sichtweite sehr begrenzt. Als wichtigste Informationsquelle für die Kriegsmarine erwies sich der Funkverkehr der Geleitzüge. Dem B-Dienst der Kriegsmarine gelang es, den britischen Marinecode Nr. 3 zu entschlüsseln, und der BdU verfügte nunmehr über zuverlässige Informationen, wo und wann ein Geleitzug zu erwarten war.

Währenddessen versuchten die Briten, ihre Geleitsicherung zu verbessern. Eine Auswertung der verfügbaren Statistiken ergab, daß ein großer Konvoi von der gleichen Zahl von Geleitschiffen besser geschützt wurde als zwei kleine. Ein großer Geleitzug war im Endeffekt genauso schwer auszumachen wie ein kleiner, und durch die geringere Häufigkeit der Fahrten reduzierten sich auch die Chancen auf Entdeckung. Daher waren einige wenige große Konvois mit relativ wenigen Geleitschiffen statistisch sicherer als viele kleine Geleitzüge.

In der Zwischenzeit verbesserte auch die deutsche U-Boot-Waffe ihre Taktiken. Sobald ein U-Boot einen Geleitzug gesichtet hatte, berichtete es über Funk an den BdU, verfolgte den Geleitzug und wartete, bis weitere U-Boote herangeführt worden waren. Die Geleitschiffe standen dann vor dem Problem, daß sie es nicht mehr wie früher mit einem einzelnen U-Boot zu tun hatten, sondern daß der Konvoi von einem halben Dutzend gleichzeitig angegriffen wurde. Die U-Boote griffen auch nicht mehr bei Tag getaucht an, sondern fuhren ihre Angriffe nachts aufgetaucht wie ein Torpedoboot, wodurch sie wesentlich schneller und manövrierfähiger waren. Die Geleitschiffe, überwiegend Korvetten, waren zu langsam und zu gering an Zahl, ASDIC war gegen aufgetauchte U-Boote nahezu wertlos, und den damaligen Radargeräten fehlte es an Zielauflösung und Reichweite.

Die deutsche Rudeltaktik kam erstmals im September und Oktober 1940 in einer Serie von Geleitzugschlachten zu voller Anwendung. Am 21. September wurde der Geleitzug HX 72, der aus 42 Handelsschiffen bestand, von einem Rudel von vier U-Booten angegriffen, wobei in zwei Nächten elf Schiffe versenkt und zwei beschädigt wurden. Im Oktober verlor der Geleitzug SC 7, dessen Eskorte nur aus zwei Korvetten und zwei Sloops bestand, 59 Prozent seiner Schiffe. Die Schlacht um HX 79 traf vor allem die Geleitschiffe, es gingen zwei Zerstörer, vier Korvetten, drei Trawler und ein Minenräumer verloren, die deutschen U-Boote erlitten dagegen nicht einen einzigen Verlust. Am 1. Dezember versenkten sieben deutsche und drei italienische U-Boote aus dem Konvoi HX 90 zehn Schiffe und beschädigten drei weitere.

Die Focke Wulf Fw 200 „Condor" des KG 40 flogen nicht nur Fernaufklärung, sondern griffen Geleitzüge auch direkt mit Bomben und Maschinenkanonen an und versenkten zwischen Juni 1940 und März 1941 etwa 272.500 BRT gegnerischen Schiffsraum.

# ASDIC

Ein wichtiges Element der Schlacht im Atlantik war das Unterwasserecholot Sonar, von Briten und Amerikanern ASDIC genannt. ASDIC konnte getauchte U-Boote orten und gab die genaue Entfernung und Richtung an, es konnte aber durch Thermoklinen, Strudel und Fischschwärme getäuscht werden. Für einen erfolgreichen Einsatz war eine gut ausgebildete und erfahrene Besatzung erforderlich. ASDIC funktionierte auch nur bei niedrigen Geschwindigkeiten des Schiffes, bei mehr als 15 Knoten (28 km/h) übertönte das eigene Fahrtgeräusch im Wasser die Echos.

Zu Beginn des Krieges bestand das Verfahren der Royal Navy darin, mit ASDIC einen Halbkreis vor dem Geleitzug abzusuchen, wobei mehrere Escort-Schiffe in einer Linie mit einem Abstand von jeweils 1,6–2,4 Kilometern nebeneinander fuhren. Sobald ein Echo festgestellt und als U-Boot identifiziert war, nahm ein Geleitschiff Kurs auf das erkannte Ziel und lief mit mäßiger Geschwindigkeit darauf zu, bis es sich auf etwa 1.000 Meter genähert hatte. Dann erhöhte das Geleitschiff seine Geschwindigkeit, um das getauchte U-Boot zu überlaufen und von den Abwurfschienen am Heck Wasserbomben in gleichmäßigen Intervallen abzuwerfen. Damit sollte gleichmäßig ein geometrisches Feld abgedeckt werden, in der Hoffnung, daß das U-Boot sich innerhalb dieses Feldes befinden würde. Um ein U-Boot zuverlässig außer Gefecht zu setzen, mußte eine Wasserbombe allerdings in einer Entfernung von nicht mehr als sechs Metern vom Ziel explodieren.

Bei den Übungen der Vorkriegszeit, die immer bei Tageslicht und ruhigem Wetter stattfanden, wurden nicht mehr als ein oder zwei Zerstörer gegen ein einzelnes U-Boot eingesetzt. Frühe ASDIC-Geräte konnten auch nicht direkt nach unten sehen, so daß während des letzten Stadiums des Angriffs der Kontakt zum U-Boot verlorenging, während dieses unter Wasser Ausweichmanöver fuhr. Die Explosionen der Wasserbomben erzeugten solche Turbulenzen, daß es sehr schwierig war, den Sonarkontakt wiederherzustellen, wenn der erste Angriff fehlgeschlagen war. ASCID konnte außerdem die Tiefe des getauchten U-Bootes nur ungenau bestimmen. Vor allem aber konnten deutsche U-Boote erheblich tiefer tauchen als britische oder amerikanische, nämlich mehr als 210 Meter, ein Wert, der auch erheblich unter der maximalen Tiefeneinstellung (150 Meter) britischer Wasserbomben lag.

Die angespannte Finanzlage und der Vorrang für wichtigere Waffensysteme hatten dazu geführt, daß in der britischen Marine in der Vorkriegszeit nur wenig Geld für die U-Boot-Abwehr ausgegeben worden war. Der größte Teil der Ausgaben war in die Modernisierung und den Neubau von Großkampfschiffen wie Kreuzern, Schlachtschiffen und Flugzeugträgern geflossen. Im Ergebnis besaß die Royal Navy 1939 im Vergleich zu dem riesigen Bedarf zu wenige hochseetaugliche Geleitschiffe wie Zerstörer und Korvetten. Die Situation im Royal Air Force Coastal Command war noch schlechter, denn den verfügbaren Flugzeugen fehlte schlicht die Reichweite, um über dem gesamten Nordatlantik operieren zu können.

Ungeachtet ihrer Erfolge wurden die deutschen U-Boote immer noch nicht als die größte Gefahr für die nordatlantischen Geleitzüge angesehen, die meisten deutschen und britischen Marineoffiziere betrachteten nach wie vor Überwasser-Kriegsschiffe als die wirkungsvollsten Handelsstörer. In der ersten Hälfte des Jahres 1940 gab es keine deutschen Kaperfahrer im Atlantik, weil die deutsche Kriegsmarine völlig von der Invasion Norwegens in Anspruch genommen war. Seit dem Sommer 1940 operierte eine kleine, aber wachsende Zahl von deutschen Kriegsschiffen und Hilfskreuzern, das waren bewaffnete Handelsschiffe, im Atlantik.

Die Schlagkraft eines Großkampfschiffs gegen einen Geleitzug wurde am 5. November 1940 demonstriert, als die „Admiral Scheer" den Konvoi HX 84 angriff. Innerhalb kürzester Zeit wurden ein Hilfskreuzer und fünf Schiffe versenkt sowie mehrere weitere beschädigt, nur die einsetzende Dämmerung ermöglichte es den übrigen Schiffen zu entkommen. Die Briten hielten daraufhin alle für die Überfahrt über den Nordatlantik bestimmten Geleitzüge in den Häfen zurück und entsandten die Home Fleet zur Jagd auf die „Admiral Scheer". Die „Admiral Scheer" verschwand jedoch im Südatlantik, um im folgenden Monat im Indischen Ozean wieder aufzutauchen. Am 25. Dezember 1940 griff der Schwere Kreuzer „Admiral Hipper" den Truppenkonvoi WS 5a an, wurde aber von den begleitenden Kreuzern abgedrängt.[818] Die „Admiral Hipper" hatte zwei Monate später mehr Erfolg, als sie am 12. Februar 1941 auf den Konvoi SLS 64 mit 19 Frachtschiffen stieß, von denen sie sieben versenkte.[819]

---

[818]  S.W. Roskill. The War at Sea. Band I–III (Teil 2). London 1954–61, S. 291–292.
[819]  Ebenda, S. 372.

Im Januar 1941 liefen die schnellen Schlachtschiffe „Scharnhorst" und „Gneisenau" aus Gotenhafen aus, um im Rahmen des Unternehmens „Berlin" gegen die nordatlantischen Schiffahrtsrouten zu operieren. Die Briten sahen sich nunmehr gezwungen, den Konvois Schlachtschiffe als Geleitschutz mitzugeben. Im Februar schreckte das aus dem Ersten Weltkrieg stammende Schlachtschiff HMS „Ramillies" einen Angriff auf HX 106 ab, einen Monat später wurde SL 67 durch die Anwesenheit von HMS „Malaya" gerettet. Im Mai 1941 liefen das neue deutsche Schlachtschiff „Bismarck" und der Schwere Kreuzer „Prinz Eugen" in den Nordatlantik, um im Rahmen von Unternehmen „Rheinübung" Geleitzüge anzugreifen. Ein britischer Verband bestehend aus den Schlachtschiffen HMS „Hood" und HMS „Prince of Wales" stellte die deutschen Schiffe vor Island. In dem folgenden Gefecht in der Dänemark-Straße flog der Schlachtkreuzer HMS „Hood" nach schweren Treffern der „Bismarck" in die Luft und versank, während die „Bismarck" beschädigt und gezwungen wurde, den Stützpunkt St. Nazaire in Frankreich anzulaufen. Unterwegs wurde sie am 26. Mai durch einen Angriff von Torpedoflugzeugen des Flugzeugträgers HMS „Ark Royal" durch einen Treffer in die Ruderanlage manövrierunfähig gemacht und am nächsten Tag, im Kampf mit Schlachtschiffen der Home Fleet verstrickt, von der eigenen Besatzung versenkt. Diese Katastrophe veranlaßte Hitler, alle weiteren Einsätze von Überwasser-Kriegsschiffen im Atlantik zu untersagen.

Im Februar 1942 wurden „Scharnhorst", „Gneisenau" und „Prinz Eugen" von ihrem Einsatzhafen Brest unter starkem Jagdschutz durch die Luftwaffe durch den Ärmelkanal zurück nach Deutschland verlegt (Unternehmen „Cerberus"), um künftig im Nordmeer gegen alliierte Geleitzüge mit Rüstungslieferungen für die Sowjetunion zu operieren.

## Die Geleitschiffe schlagen zurück

Die katastrophalen Ergebnisse der Geleitzugschlachten im Oktober 1940 zwangen die Briten, ihre Taktik zu ändern, die wichtigste Neuerung war die Einführung ständiger Geleitzuggruppen. Gleichzeitig stieg die Zahl der verfügbaren Geleitschiffe, da die alten amerikanischen Zerstörer und die neuen in Großbritannien und Kanada gebauten Korvetten der Flower-Klasse in größerer Zahl in Dienst gestellt wurden. Tatsächlich übernahm nun die Royal Canadian Navy einen wachsenden Teil der Geleitzugaufgaben. Anfangs bestanden die neuen Geleitschutzgruppen aus zwei oder drei Zerstörern und einem halben Dutzend Korvetten. Da zwei oder drei Schiffe der Gruppe üblicherweise zur Reparatur im Dock lagen, fuhren die Gruppen meist mit nur etwa sechs Schiffen in den Einsatz.

Im Februar 1941 verlegte die Admiralität das Hauptquartier des Western Approaches Command von Plymouth nach Liverpool, von wo aus eine sehr viel bessere Führung der Atlantik-Geleitzüge möglich war.[820] Im April übernahm die Admiralität auch das Kommando über die Flugzeuge des Coastal Command. Seit dem Beginn des Jahres 1941 gelangten auch neue Kurzwellen-Radargeräte, die für den Einbau auf kleinen Schiffen und in Flugzeugen geeignet waren, in den Truppendienst, und diese Neuerungen begannen im Frühjahr 1941 Wirkung zu zeigen.

Anfang März kehrte U 47 unter Kapitänleutnant Prien von der Feindfahrt nicht zurück. Zwei Wochen später konnte die neu aufgestellte 3. Escort Group, die aus fünf Zerstörern und zwei Korvetten bestand, in der Schlacht um den Konvoi HX 112 ein angreifendes „Wolfsrudel" abdrängen. U 100 wurde vom Radar des Zerstörers HMS „Vanoc" geortet, gerammt und versenkt. Kurz darauf wurde U 99 ebenfalls gestellt und versenkt, die Be-

---

820 Ebenda, S. 358–359.

satzung geriet in Gefangenschaft. Dönitz hatte damit drei seiner führenden Asse verloren: Kretschmer, Prien und Schepke.

Dönitz verlegte seine „Wolfsrudel" nun weiter nach Westen, um die Geleitzüge zu erfassen, bevor die Geleitschutzgruppen sich mit ihnen vereinigen konnten. Diese neue Strategie zahlte sich Anfang April aus, als ein „Wolfsrudel" auf den Konvoi SC 26 stieß, bevor er sich mit der Escort Group vereinigen konnte. Zehn Schiffe wurden versenkt, aber auch ein deutsches U-Boot ging dabei verloren.

Bereits unmittelbar nach der deutschen Besetzung Dänemarks und Norwegens hatte Großbritannien Island und die Färöer-Inseln besetzt und dort Stützpunkte errichtet. Im Juni 1941 entschieden die Briten, den Konvois während der gesamten Überfahrt über den Nordatlantik Geleitschutz zu gewähren. Dazu wurde die Newfoundland Escort Force der Royal Canadian Navy gebildet, die Geleitzüge von den kanadischen Häfen zunächst nach Neufundland und von dort zu einem Treffpunkt südlich von Island begleiten sollte, wo sie von einer britischen Begleit-Gruppe übernommen wurden.

Im April 1941 erweiterte Präsident Roosevelt die amerikanische Sicherheitszone bis östlich von Island, kurz darauf begannen Kriegsschiffe der US Navy Geleitzüge über den westlichen Atlantik bis nach Island zu eskortieren, wobei es zu mehreren Zwischenfällen mit deutschen U-Booten kommen sollte. Am 21. Mai wurde die SS „Robin Moor", ein amerikanisches Schiff, von U 69 etwa 750 Seemeilen (1.390 Kilometer) westlich von Freetown, Sierra Leone, angehalten und, nachdem Passagiere und Besatzung die Rettungsboote bestiegen hatten, versenkt.[821] Die Überlebenden trieben 18 Tage lang auf dem Ozean, bis sie endlich entdeckt und gerettet wurden. Dieser Vorfall wurde zur Beeinflussung der öffentlichen Meinung in den USA gegen Deutschland genutzt.

Zur gleichen Zeit arbeiteten die Briten an einer Anzahl von neuen technischen Entwicklungen zur U-Boot-Bekämpfung, darunter einer verbesserten Funkpeilung (HF/DF oder Huff-Duff). Im Gegenzug lieferten die Amerikaner den Briten Flugzeuge wie „Catalina"-Flugboote und viermotorige B-24 „Liberator"-Bomber, die sich für den Kampf gegen U-Boote als äußerst wertvoll erweisen sollten.

Die Führung des deutschen U-Boot-Krieges war durch Dönitz stark zentralisiert und erforderte einen umfangreichen Funkverkehr zwischen den Booten und dem BdU mit Sitz in Lorient. Dieser Nachrichtenverkehr wurde mit der Enigma-Rotor-Chiffriermaschine verschlüsselt, die von den deutschen Kryptologen als absolut sicher angesehen wurde. Außerdem benutzte die Kriegsmarine mit der Enigma-M3 eine wesentlich bessere Maschine als das Heer oder die Luftwaffe. Die drei Walzen der Enigma-M3 wurden aus einem Satz von insgesamt acht Walzen ausgewählt (im Gegensatz zu nur fünf bei den beiden anderen Teilstreitkräften). Die Walzen wurden jeden Tag nach einem System von „Schlüsseltafeln" gewechselt, und die Einstellung der Walzen zueinander wurde für jede gesendete Nachricht nach sogenannten „Kenngruppentabellen" geändert.

1939 herrschte in der Zentrale der britischen Kryptologen, der British Government Code and Cypher School (GC&CS) in Bletchley Park, die Meinung vor, daß es unmöglich sei, in den Enigma-Code der deutschen Kriegsmarine einzubrechen. Nur der Leiter der Abteilung für die deutsche Kriegsmarine Frank Birch und der Mathematiker Alan Turing waren anderer Ansicht.[822] Die britischen Kryptologen benötigten allerdings dringend Informationen über die innere Verdrahtung der Enigma-Walzen, und die Versenkung von U 33 durch HMS „Gleaner" im Februar 1940 sollte ihnen diese liefern.[823] Am 9. Mai 1941 enterten Besatzungsmitglieder des Zerstörers HMS „Bulldog" das U-Boot U 110 und bargen das kryptologische Material einschließlich der aktuellen

821  On the High Seas, in: Time magazine, 23. Juni 1941.
822  Jack Copeland. Enigma, in: Copeland, Jack. The Essential Turing: Seminal Writings in Computing, Logic, Philosophy, Artificial Intelligence, and Artificial Life plus The Secrets of Enigma, Oxford 2004, S. 257.
823  Hugh Sebag-Montefiore. Enigma: The Battle for the Code, London 2004, S. 76.

Enigma-Schlüssel. Das erbeutete Material erlaubte es den britischen Kryptologen, den gesamten Funkverkehr der deutschen U-Boote mehrere Wochen lang mit Zeitverzögerung mitzulesen, bis die Schlüssel überholt waren. Die Kenntnis zahlloser Standard-Funksprüche der Kriegsmarine erleichterte den „Codeknackern" die Aufgabe, in neue Schlüssel einzubrechen.

Im Sommer und Herbst 1941 konnten die Briten aufgrund abgefangener und dechiffrierter Enigma-Funksprüche die Positionen der deutschen U-Boote im Nordatlantik feststellen und die Geleitzüge um sie herumleiten. Infolgedessen gingen die Verluste der alliierten Handelsschiffe im Juli 1941 um zwei Drittel zurück und blieben bis zum November auf niedrigem Niveau.

Der alliierte Vorteil, den deutschen Nachrichtenverkehr mitlesen zu können, wurde jedoch durch die wachsende Zahl der deutschen U-Boote, die in den Einsatz kamen, wieder ausgeglichen. 1941 begannen neue U-Boote vom Typ VII C in großer Zahl im Atlantik zu erscheinen, bis Kriegsende 1945 sollten 568 Exemplare gebaut werden.[824] Obwohl die Alliierten Ende 1941 ihre Konvois recht wirksam schützen konnten, gelang es ihnen bis dahin nicht, eine nennenswerte Zahl von U-Booten zu versenken. Die britischen Korvetten der Flower-Klasse konnten diese zwar aufspüren und den Geleitzug verteidigen, sie waren aber mit maximal 16 Knoten nicht schnell genug, um die U-Boote, die aufgetaucht die gleiche Geschwindigkeit erreichten, zu verfolgen.

# Operation „Paukenschlag"

Nach der deutschen Kriegserklärung an die Vereinigten Staaten wollte Dönitz sofort die alliierte Schiffahrt vor der amerikanischen Ostküste angreifen, er besaß aber nur zwölf U-Boote vom Typ IX mit großem Fahrbereich, die in der Lage waren, amerikanische Gewässer zu erreichen. Die Hälfte von diesen Booten hatte Hitler ins Mittelmeer geschickt, eines von ihnen war in Reparatur, so daß nur fünf U-Boote für Operation „Paukenschlag" verfügbar waren.

Die Vereinigten Staaten hatten keine Erfahrung mit moderner Seekriegsführung und ordneten daher für ihre Küstenstädte keine Verdunkelung an. Die deutschen U-Boote lagen nachts einfach vor den amerikanischen Häfen und suchten sich Schiffe heraus, deren Silhouette sich vor dem Lichtermeer der Städte gut sichtbar abzeichnete. Admiral Ernest King, Oberkommandierender der US Navy, lehnte britische Forderungen nach einer allgemeinen Verdunkelung und der Einführung von Geleitzügen ab. King war der Meinung, daß die Aufgabe, Seetransporte mit Rüstungsmaterial nach der Sowjetunion zu geleiten, die Japaner im Pazifik zu bekämpfen und alliierte Truppentransporter zu schützen, Vorrang habe. Die Zahl der verfügbaren amerikanischen Zerstörer sei begrenzt, der Schutz von Handelsschiffen vor der U-Boot-Gefahr nachrangig. Es sollte in der Folgezeit tatsächlich kein einziger amerikanischer Truppentransporter verlorengehen, aber die Handelsschiffe, die in amerikanischen Gewässern fuhren, hatten unter den deutschen U-Booten erheblich zu leiden.

Die ersten U-Boote vom Typ IX erreichten amerikanische Gewässer am 13. Januar 1942, es folgten weitere Boote dieses großen Typs sowie U-Boote des Typs VII, die von Tankern vom Typ XIV („Milchkühe") mit Treibstoff und Torpedos versorgt wurden. Im Mai konnte Admiral King schließlich genug Zerstörer versammeln, um ein Geleitzugsystem einzurichten, was zum Verlust von sieben deutschen U-Booten führen sollte. Die US Navy hatte aber nicht genug Schiffe, um alle Seegebiete abzudecken, die deutschen U-Boote konnten daher in der Karibik und im Golf von Mexiko weithin nahezu ungehindert ope-

---

[824] Gutmundur Helgason. Type VII C: German U-boats of WWII, in: uboat.net. [13.2.2010]

rieren, bis im Juli Verstärkungen in Form britischer Escort-Gruppen eintrafen.[825] Daraufhin gingen die alliierten Schiffsverluste in diesen Gewässern deutlich zurück.

Zwischen dem 18. Dezember 1941 und dem 31. August 1942 versenkten deutsche U-Boote in amerikanischen Gewässern insgesamt 609 Schiffe mit 3,1 Millionen BRT.[826] Angesichts des Erfolges von „Paukenschlag" wurde Dönitz zum Großadmiral befördert, und alle deutschen Schiffsbaukapazitäten wurden auf die U-Boote konzentriert.

Am 19. Juli 1942 befahl Dönitz seinen U-Booten, sich wegen der stark verbesserten Geleitsicherung von der amerikanischen Küste zurückzuziehen und sich wieder auf den Nordatlantik zu konzentrieren. Es waren nun genug U-Boote vorhanden, um mit mehreren Rudeln gleichzeitig gegen die verschiedenen Geleitzug-Routen zu operieren. In etlichen Fällen griffen zehn bis fünfzehn U-Boote einen Geleitzug über mehrere Tage und Nächte hinweg an, wobei die Torpedoangriffe immer noch nachts aufgetaucht gefahren wurden. Die Verluste der Geleitzüge stiegen rasch an, und im Oktober 1942 wurden zwischen Grönland und Island 56 Schiffe mit zusammen 258.000 BRT versenkt. Über diesem Teil des Atlantiks konnten wegen mangelnder Reichweite keine alliierten Flugzeuge operieren. Die U-Boot-Verluste nahmen allerdings ebenfalls zu. In den ersten sechs Monaten des Jahres 1942 gingen 21 verloren, weniger als eines für jeweils 40 versenkte Handelsschiffe. Im August und September wurden 60 U-Boote versenkt, eines für jeweils zehn Handelsschiffe.

Am 19. November 1942 wurde Admiral Max Horton neuer Oberkommandierender des Western Approaches Command. Horton benutzte die wachsende Zahl von Zerstörern und Korvetten, um sogenannte „Support groups" zu bilden, die anders als reguläre „Escort groups" nicht für die Sicherheit eines bestimmten Konvois verantwortlich waren. Dies gab den „Support groups" eine größere taktische Flexibilität und erlaubte es ihnen, sich auf die Jagd auf geortete U-Boote zu konzentrieren. Während normale Geleitschiffe die Verfolgung eines U-Boots ab einem bestimmten Punkt abbrechen und bei ihrem Konvoi bleiben mußten, konnten die Schiffe der „Support groups" U-Boote für viele Stunden, wenn nicht Tage, verfolgen.

Am 1. Februar 1942 führte die Kriegsmarine das Schlüsselnetz „Triton" ein, das eine neue Enigma-Maschine mit vier statt mit drei Walzen benutzte (Enigma-M4). Dieses neue Verschlüsselungssystem konnte von den britischen Kryptologen nicht dechiffriert werden, die Alliierten konnten daher nicht länger die Positionen der deutschen U-Boote feststellen, was es sehr viel schwerer machte, die Geleitzüge um die U-Boot-Rudel herumzuleiten. Dieser Zustand sollte für zehn Monate anhalten. Um wieder Informationen über die Positionen der U-Boote zu erhalten, mußten die Alliierten versuchen, sie mit HF/DF zu orten und sich mit der Entschlüsselung von Funkmeldungen begnügen, die auf älteren Enigma-M3-Maschinen gemacht wurden.[827] Dann gelang es am 30. Oktober Besatzungsmitgliedern des Zerstörers HMS „Petard" vor Port Said, kryptologisches Material aus dem deutschen U-Boot U 559 zu bergen. Dieser Fund ermöglichte es den britischen Kryptologen, in „Triton" einzubrechen und wieder zuverlässig die Positionen der U-Boote festzustellen, und im Dezember 1942 gingen die alliierten Schiffsverluste wieder stark zurück.

## Höhe- und Wendepunkt der Atlantikschlacht

Im Januar und Februar 1943 erzwang das Winterwetter über dem Nordatlantik eine Kampfpause, aber im Frühjahr lebten die Geleitzugschlachten wieder auf. Es standen

---

[825] Costello/Hughes, Battle of the Atlantic, S. 96.
[826] Clay Blair. Der U-Boot-Krieg. Bd. 1. München 1998, S. 804.
[827] Costello/Hughes, Battle of the Atlantic, S. 155.

nun so viele deutsche U-Boote im Nordatlantik, daß es für die Geleitzüge schwierig war, einer Entdeckung zu entgehen. Im März folgten die Schlachten um die Geleitzüge UGS 6, HX 228, SC 121, SC 122 und HX 229. In diesem Monat wurden im Atlantik 82 Schiffe mit 476.000 BRT versenkt, während gleichzeitig zwölf U-Boote verlorengingen. Die Versorgungslage in Großbritannien wurde allmählich kritisch, insbesondere die Treibstoffvorräte erreichten einen Tiefstand. Die Lage war schließlich so angespannt, daß die Briten erwogen, das ganze Geleitzug-System aufzugeben, aber in den folgenden beiden Monate sollte sich das Kriegsglück wenden.

Im April stiegen die Verluste der U-Boote, während ihre Versenkungserfolge beträchtlich zurückgingen. Im Atlantik wurden nur 39 Schiffe mit 235.000 BRT versenkt, während gleichzeitig 15 U-Boote vernichtet wurden. Der folgende Monat ging als „schwarzer Mai" in die Geschichte der deutschen U-Boot-Waffe ein. Den Wendepunkt markierte die Schlacht um den Geleitzug ONS 5. Dieser bestand aus 43 Handelsschiffen, eskortiert von 16 Kriegsschiffen, und wurde von einem Rudel von 30 U-Booten angegriffen. Während 13 Handelsschiffe verlorengingen, wurden sechs U-Boote von alliierten Geleitschiffen oder Flugzeugen versenkt. Trotz eines Sturmes, der den Konvoi zerstreute, erreichten die Handelsschiffe noch rechtzeitig die Zone, in der sie von landgestützten Flugzeugen gesichert werden konnten, woraufhin Dönitz die Angriffe abbrechen ließ. Zwei Wochen später wurden bei den Gefechten um SC 130 wenigstens drei U-Boote vernichtet und mindestens ein U-Boot beschädigt, ohne daß der Geleitzug ein Schiff verlor. Daraufhin ließ Dönitz die Operationen im Nordatlantik bis auf weiteres einstellen.[828] Insgesamt gingen im Mai 43 U-Boote verloren, davon 34 im Atlantik; dies waren 25 Prozent der einsatzbereiten Boote der deutschen U-Boot-Waffe. Die Alliierten verloren im gleichen Zeitraum im Atlantik 34 Schiffe mit zusammen 134.000 BRT.

Tatsächlich wurde die Schlacht im Atlantik von den Alliierten innerhalb von nur zwei Monaten gewonnen. Es gab dafür keine einzelne Ursache, vielmehr handelte es sich um ein Zusammenwirken von mehreren Technologien, verbunden mit einem Zuwachs der alliierten Ressourcen. Die Lücke im mittleren Atlantik, die bis dahin für landgestützte Flugzeuge nicht erreichbar war, konnte im Mai von der ASW-Version[829] der viermotorigen Consolidated B-24 „Liberator" geschlossen werden.[830] Die Luftsicherung für die Geleitzüge wurde weiterhin durch die Einführung von aus Handelsschiffen umgebauten Flugzeugträgern (MAC ships) und später der in großer Zahl in den USA gebauten Geleitträger verbessert, die die Konvois auf der gesamten Fahrt über den Atlantik eskortierten. Aufgrund der umfangreichen amerikanischen, britischen und kanadischen Bauprogramme wurde auch eine wachsende Zahl von Zerstörern und Korvetten für Geleitaufgaben verfügbar. Die Amerikaner entwickelten einen neuen Schiffstyp, den Geleitzerstörer, der seetüchtiger als eine Korvette und billiger zu bauen war als ein Flottenzerstörer. Es gab nun genügend Geleitschiffe einschließlich der Geleitträger, um nicht nur die Konvois zu schützen, sondern auch, um „hunterkiller groups" zur offensiven U-Boot-Jagd zu bilden. Im Frühjahr 1943 hatten die Briten ein Seeüberwachungsradar zur Einsatzreife gebracht, das im Zentimeterwellen-Bereich arbeitete und klein genug war, um an Bord eines Patrouillen-Flugzeuges zu passen. Damit ausgerüstet, versenkten Flugzeuge des RAF Coastal Command in den letzten drei Kriegsjahren mehr U-Boote als jede andere alliierte Teilstreitkraft.[831] 1943 gingen insgesamt 258 deutsche U-Boote durch alle Ursachen verloren; 90 davon wurden vom

[828] Ebenda, S. 281.
[829] Abkürzung für Anti-Submarine-Warfare, gleichbedeutend mit U-Boot-Jagd.
[830] R.A. Bowling. Escort of Convoy: Still the Only Way, in: United States Naval Institute Proceedings, December 1969, 95 (12), S.52.
[831] John Buckley. Air Power in the Age of Total War. London, 1998, S. 136.

Coastal Command versenkt und weitere 51 beschädigt.[832] Die alliierten Luftstreitkräfte machten den Golf von Biskaya, den die deutschen U-Boote auf ihrem Weg von und zu ihren französischen Stützpunkten in den Atlantik durchqueren mußten, zu einer Todeszone.

Dönitz verfolgte mit dem Tonnagekrieg das Ziel, alliierte Schiffe schneller zu versenken, als neu gebaut werden konnten; als die Verluste zurückgingen und, insbesondere in den USA, immer mehr neue Schiffe vom Stapel liefen, wurde dies schon rein mathematisch unmöglich. 1943 liefen in den USA Handelsschiffe mit zusammen elf Millionen BRT vom Stapel. Zusätzlich zu ihrer existierenden Handelsflotte bauten die Vereinigten Staaten während des Krieges 2.710 Liberty-Schiffe mit zusammen 38,5 Millionen BRT, was die 14,6 Millionen BRT, die die deutschen und italienischen U-Boote während des Krieges insgesamt versenken konnten, weit übertraf.

# Die letzten Kriegsjahre

Während sie auf eine neue Generation von U-Booten, die Walter- und die schnellen Elektro-Boote, wartete, führte die deutsche Kriegsmarine eine Reihe von technischen Neuerungen ein. Zu diesen Verbesserungen zählten eine verstärkte Flak-Bewaffnung, Radar-Detektoren („Metox" und „Wanze"), Täuschkörper („Bold") und schließlich der Schnorchel, der es einem U-Boot ermöglichte, unter Wasser mit Dieselantrieb zu fahren. Hinzu kamen neue Torpedos mit akustischer Eigenlenkung wie der T 5 „Zaunkönig", der sich sein Ziel selbständig suchte, indem er das Schraubengeräusch des gegnerischen Schiffes auffaßte und ansteuerte.[833] Im Atlantik gab es damit anfängliche Erfolge gegen die Geleitzüge ONS 18 und ON 202, aber bald nahmen die eigenen Verluste wieder untragbare Formen an. Nach vier Monaten brach Dönitz die Offensive erneut ab; es waren acht Schiffe mit 56.000 BRT und sechs Kriegsschiffe versenkt worden, während im Gegenzug 39 U-Boote verlorengegangen waren, ein schlichtweg verheerendes Verlustverhältnis.

Die Luftwaffe führte den viermotorigen Langstreckenbomber Heinkel He 177 „Greif" und die ferngesteuerte Lenkbombe Henschel Hs 293 zur Seezielbekämpfung ein. Mit dieser Kombination konnten gegen alliierte Schiffe einige Erfolge erzielt werden, aber die Hs 293 befand sich im Grunde genommen noch im Versuchsstadium. Angesichts der materiellen Überlegenheit der Anglo-Amerikaner waren dies nicht mehr als Nadelstiche.

Gegen Ende des Krieges wurden die lange erwarteten schnellen Elektroboote, die Atlantikboote vom Typ XXI, fertig und in Dienst gestellt. Der Typ XXI besaß einen Rumpf, der eigentlich für den neuen außenluftunabhängigen Walter-Antrieb entwickelt worden war. Da dieses Antriebssystem aber erhebliche Schwierigkeiten machte und eine militärische Verwendungsfähigkeit nicht absehbar war, entschloß man sich, die vorgesehene Hülle mit einem konventionellen diesel-elektrischen Antrieb zu versehen, dabei aber die Batteriekapazität zu verdreifachen, so daß sehr viel höhere Unterwassergeschwindigkeiten möglich waren. Der Typ XXI erreichte getaucht eine Geschwindigkeit von bis zu 17 Knoten (31 km/h) und war damit unter Wasser schneller als die alliierten Korvetten über Wasser (Flower-Klasse 16 Knoten). Die VIIC-Boote liefen dagegen unter Wasser für eine Stunde maximal 7 Knoten, über längere Zeit hinweg nur 2–4 Knoten, das heißt, sie

---

832  Andrew Hendrie. The Cinderella Service: RAF Coastal Command 1939–1945. Barnsley 2006, S. 116 f.
833  Bernard Fitzsimons (Hrsg.). The Illustrated Encyclopedia of 20th Century Weapons and Warfare. Band 24. London 1978, S.2615, Stichwort: Zaunkönig.

waren kaum beweglich. Mit der sehr viel höheren Unterwassergeschwindigkeit, eigenem Radar wie „Hohentwiel", zielsuchenden Torpedos wie dem „Zaunkönig" und vielen anderen Neuerungen ergaben sich ganz neue taktische Einsatzmöglichkeiten, der Typ XXI sollte den U-Boot-Bau revolutionieren und war Vorbild für alle dieselelektrischen U-Boote des Kalten Krieges.

Neben dem Typ XXI wurde nach ähnlichen Konstruktionsprinzipien auch ein kleines Küsten-U-Boot mit der Bezeichnung Typ XXIII gebaut. Die Entwürfe waren im Januar 1943 fertig, aber die Massenproduktion der neuen Typen begann erst 1944. In den letzten Kriegsmonaten machten U-Boote vom Typ XXIII noch neun Feindfahrten in den britischen Küstengewässern und versenkten dabei insgesamt fünf Schiffe. Nur ein Boot vom Typ XXI machte eine Feindfahrt in den Atlantik, wobei es am 4. Mai vor dem britischen Kreuzer HMS „Norfolk" völlig unbemerkt in Schußposition gelangte, den Gegner aber wegen der unmittelbar bevorstehenden deutschen Kapitulation nicht mehr angriff.

Als die alliierten Armeen sich den U-Boot-Stützpunkten in Norddeutschland näherten, wurden 200 Boote von ihren Besatzungen selbst versenkt, um sie nicht in Feindeshand fallen zu lassen. Die verbliebenen 174 U-Boote ergaben sich auf See oder in ihren Stützpunkten den Alliierten. Die meisten davon wurden nach dem Krieg in Operation „Deadlight" versenkt.

# Ergebnisse

Es gelang der deutschen Kriegsmarine zu keinem Zeitpunkt, die Zufahrtswege nach Großbritannien zu unterbrechen, sogar während des Einsatzes der „Bismarck" und der „Prinz Eugen" fuhren die Konvois im Atlantik wie gewöhnlich. Insgesamt wurden während der Atlantikschlacht nur zehn Prozent aller transatlantischen Geleitzüge angegriffen, und von diesen gingen im Durchschnitt nur zehn Prozent der Schiffe verloren. Alles in allem gelangten mehr als 99 Prozent aller Schiffe, die während des Zweiten Weltkrieges zu oder von den Britischen Inseln fuhren, an ihr Ziel.

Die Niederlage der U-Boot-Waffe in der Atlantikschlacht war die notwendige Voraussetzung für die Konzentration von Truppen und Material auf den Britischen Inseln für die alliierte Invasion in Nordfrankreich. Trotz aller Anstrengungen waren die Achsenmächte nicht in der Lage, den Seetransport amerikanischer Truppen und ihres Materials nach Großbritannien zu verhindern. Im November 1942, auf dem Höhepunkt der Atlantikschlacht, eskortierte die US Navy die Invasionsflotte für Operation „Torch", die Landung an der Küste Nordwestafrikas, ohne Verluste über 3.000 Meilen quer über den Atlantik.

Um den Tonnagekrieg zu gewinnen, hätte die deutsche U-Boot-Waffe 300.000 BRT im Monat versenken müssen, um die britische Handelsmarine zu dezimieren und um gleichzeitig mehr Schiffsraum zu vernichten, als die britischen Werften neu bauen konnten. In nur vier der ersten 27 Kriegsmonate erreichte die Kriegsmarine dieses Ziel, während nach dem Dezember 1941, als sich die amerikanische Handelsmarine und die amerikanischen Schiffswerften Großbritannien anschlossen, sich diese Zielvorgabe auf 700.000 BRT im Monat mehr als verdoppelte. Die Versenkungsziffer von 700.000 BRT wurde nur in einem Monat erreicht, im November 1942, nach dem Mai 1943 sanken die alliierten Verluste auf weniger als ein Zehntel dieses Wertes. Zwischen 1939 und 1945 wurden durch die U-Boote 2.919 alliierte Handelsschiffe mit zusammen 14,6 Millionen BRT sowie 78 alliierte Kriegsschiffe versenkt.[834] 72.200 Seeleute der alliierten Kriegs- und

---

[834]  Blair, U-Boot-Krieg, Bd. 1, Anhang 18, S. 884 u. Bd. 2, Anhang 20, S. 944 sowie Bd. 2, S. 568.

Handelsmarinen kamen ums Leben.[835] Die Deutschen verloren 756 U-Boote und etwa 30.000 Mann Besatzungen, drei Viertel der insgesamt 40.000 Angehörigen der deutschen U-Boot-Waffe.[836]

Der amerikanische Marinehistoriker Clay Blair zieht die Bilanz, „daß die deutsche U-Boot-Waffe entgegen der gültigen Lehrmeinung […] nie auch nur annähernd davorstand, die Schlacht im Atlantik zu gewinnen, Großbritannien in die Knie zu zwingen und in diesem Fall ein völlig anderes Kriegsende in Europa herbeizuführen".[837]

---

[835] David White. Bitter Ocean: The Battle of the Atlantic, 1939–1945. New York 2008, S. 2.

[836] Blair, U-Boot-Krieg, Bd. 1, Anhang 1, S. 818 u. Bd. 2, Anhang 1, S. 848; William J. Bennett. America: The Last Best Hope. Bd. 2: From a World at War to the Triumph of Freedom 1914–1989. Nashville 2007, S. 301.

[837] Blair, U-Boot-Krieg, Bd. 2, S. 30.

# Die Mobilmachung der deutschen Industrie

## Grundsatzentscheidungen der deutschen Rüstungspolitik 1941/42

Die oberste deutsche Führung hielt es nach den raschen Siegen der Jahre 1939/40 in Polen, Skandinavien und Frankreich nicht für erforderlich, die Rüstungsproduktion deutlich zu erhöhen, schließlich waren die Materialausfälle in den „Blitz-Feldzügen" sehr viel geringer gewesen als erwartet. Man sprach deshalb in Deutschland in den Jahren 1939–1941 von einer „friedensmäßigen Kriegswirtschaft".

Die Rohstofflage des Deutschen Reiches hatte sich nach dem siegreichen Westfeldzug entscheidend verbessert. Das Eisenerz und Bauxit Frankreichs standen nun ebenso zur Verfügung wie die sehr bedeutenden französischen und belgischen Industriekapazitäten; Wolfram konnte aus Spanien und Portugal importiert werden. Ganz Südosteuropa richtete seine Politik jetzt auf Berlin aus, womit das Reich Zugriff auf die Rohstoffe und Agrarerzeugnisse dieser Region, vor allem aber auf das rumänische Erdöl, gewann. Damit wurde die deutsche Wirtschaft von den Rohstofflieferungen aus der Sowjetunion weitgehend unabhängig.

Die Rohstoff-Decke war jedoch insgesamt immer noch so knapp, daß die deutsche Führung es unterließ, eine stärkere Produktionsausweitung in der Rüstung einzuleiten. Um die Jahreswende 1940/41 machten sich außerdem die negativen Auswirkungen, die der Bestand einer Wehrmacht im Umfang von fast sieben Millionen Mann[838] auf die Rüstungsproduktion hatte, zunehmend bemerkbar.[839] Die geplante Heeresvermehrung für 1941 und die Rüstungssteigerung erforderten einen Mehrbedarf von 1,5 Millionen Arbeitskräften. Durch den Einsatz von Frauen, Kriegsgefangenen und ausländischen Arbeitern konnte der Mangel zwar gemildert werden, es fehlten aber in der Rüstungsindustrie immer noch 300.000 Arbeitskräfte, davon fast die Hälfte Facharbeiter. Als Ausweg hatte sich Hitler mit Befehl vom 28. September 1940 entschlossen, durch eine Urlaubsaktion 300.000 Mann aus der aktiven Truppe bis zum 31. März 1941 freizugeben. Die Wehrmacht sollte die Waffen, mit denen sie später ins Feld zog, vorher selbst produzieren. Großer Erfolg war dieser Maßnahme aber nicht beschieden, denn die Rüstungsproduktion nahm im Winter und Frühjahr 1941 kaum zu.[840]

Der Feldzug gegen die Sowjetunion, der am 22. Juni 1941 begann, war nicht etwa von einer Steigerung der Rüstungsproduktion begleitet, sondern im Gegenteil: In wichtigen Bereichen wie Waffen, Munition, Schiffbau ging die Erzeugung bis in das Jahr 1942 hinein sogar zurück. Die Rüstungsendfertigung stieg im Durchschnitt des Jahres 1941 um nicht mehr als ein Prozent.[841] Die Produktion der schweren Feldhaubitze sank bis Ende

---

[838] Kriegstagebuch des Oberkommandos der Wehrmacht, S. 66 (6.9.40).

[839] Dr. Todt an den Gauleiter u. Reichsstatthalter Forster, Nr. GB 685/41 g.Rs. (XVIII) v. 17.1.1941; Sammlung Ilsebill Todt, Ordner 1941.

[840] Thomas, Geschichte der deutschen Wehr- und Rüstungswirtschaft, S. 238 ff.

[841] Rolf Wagenführ. Die deutsche Industrie im Kriege 1939–1945. Berlin 1954, S. 32.

1941 von monatlich 50 bis 60 auf zehn Stück, die der leichten Feldhaubitze von 140 Stück im April 1941 auf 21 im Dezember 1941.[842] Ein Blick auf die Munitionsfertigung zeigt ein ähnliches Bild, der Bedarf wurde von der militärischen Führung völlig unterschätzt. Die Erzeugung von Infanteriepatronen sank von rund 100 Millionen Schuß im Januar 1941 auf 50 Millionen im Dezember, die von Sprenggranaten für die leichte Feldhaubitze von etwa 700.000 Schuß im Februar auf 9.000 (!) Schuß im Dezember.[843] Infolgedessen gingen zum erstenmal seit Beginn des Krieges 1939 die Bestände an wichtigen Waffen- und Munitionsarten zurück, weil die Materialverluste in Rußland sehr viel höher waren, als die Führung erwartet hatte.[844]

Auch im globalen Maßstab begann sich die materielle Lage der Achsenmächte rapide zu verschlechtern: Während die deutsche Rüstungsproduktion 1940/41 stagnierte, nahm die Rüstung der Vereinigten Staaten, Großbritanniens und der Sowjetunion im gleichen Zeitraum fast um das Doppelte zu. Deutschland und Japan zusammen erreichten im Jahr 1940 noch etwa 70 Prozent der Rüstungsproduktion der USA, Großbritanniens und der Sowjetunion, 1941 waren es nur noch rund 40 Prozent.[845]

Eine wichtige Ursache für den Rückgang der Rüstungsproduktion war die geringe Zunahme der Grundstoffproduktion. Noch 1940 hatten neue rohstofferzeugende Betriebe, die im Rahmen des Vierjahresplanes von 1936 gebaut worden waren, die Produktion aufgenommen, dagegen kamen 1941/1942 kaum noch neue Kapazitäten hinzu. Die Kältewelle des Winters 1941/1942 verursachte einen schweren Rückschlag in der Erzeugung, der vorübergehend mehr als 20 Prozent betrug.[846] Außerdem wurden durch den Rußlandfeldzug der Wirtschaft wegen der Einberufungen zunehmend Arbeitskräfte entzogen, die gerissenen Lücken mußten durch den Einsatz von Ausländern aufgefüllt werden. Letzteres war kaum mehr als eine Notmaßnahme, denn die ausländischen Arbeitskräfte erbrachten in der Regel nicht die gleiche Leistung wie die Deutschen, die sie ersetzen sollten.[847]

Im Verlauf des Dezembers 1941 kam der Vorstoß der deutschen Armeen auf Moskau endgültig zum Stillstand, womit der Ostfeldzug eines seiner wichtigsten strategischen Ziele verfehlt hatte.

Am 3. Dezember 1941 erging unter dem Titel „Vereinfachung und Leistungssteigerung unserer Rüstungsproduktion" die erste einer Reihe von Führerweisungen zur Reorganisation der Rüstung. Hitler legte dar, daß die Kriegslage Einschränkungen in der Konsumgüterproduktion und die Einführung moderner Massenproduktionsverfahren erforderlich mache. Der Kriegseintritt der Vereinigten Staaten am 7. Dezember 1941 bewirkte dann endgültig einen dramatischen Kurswechsel in der deutschen Rüstungspolitik.

Am 10. Januar 1942 erließ Hitler einen „Führerbefehl" über die „Rüstung 1942", der als ein Schlüsseldokument für die weiteren Geschicke der deutschen Kriegswirtschaft anzusehen ist.[848] Zwar betonte Hitler in den neuen Richtlinien noch die Notwendigkeit, Luftwaffe und Kriegsmarine langfristig zum Kampf gegen die Anglo-Amerikaner weiter auszubauen, aber für die Kriegsführung des Jahres 1942 trat das Heer eindeutig in den Vordergrund. Der Chef des OKW wurde von Hitler beauftragt, zugunsten der Stärkung der Kampfkraft des Heeres die Rohstoffzuteilungen für Kriegsmarine und Luftwaffe, soweit sie einigermaßen vertretbar waren, zu kürzen. Besondere Dringlichkeit erhielten

---

[842] Ebenda, S. 33.
[843] Ebenda.
[844] Ebenda.
[845] Ebenda, S. 34.
[846] Ebenda, S. 35.
[847] Ebenda, S. 35 f.
[848] Ebenda, Anhang II, Nr. 16b, S. 483 ff.

außerdem noch die Durchführung des Mineralölprogramms und die Programme auf dem Gebiet des Eisenbahnwesens. All diese Vorhaben waren aber nur durchführbar, wenn zuvor die industrielle Basis der Kriegswirtschaft in bedeutendem Maße erweitert wurde.

## Die „Europäische Wirtschaftsgemeinschaft"

Am 15. Januar 1942, wenige Tage nachdem Hitler seinen „Führerbefehl" über die Ausweitung der Rüstungsproduktion erlassen hatte, forderte Reichswirtschaftsminister Walther Funk in einer Rede in Berlin die Gründung einer „Europäischen Wirtschaftsgemeinschaft". Funk handelte hier nicht etwa aus eigener Initiative, vielmehr hatten Hitler und Ribbentrop seit dem Herbst 1941 in ihren großen Reden das „Neue Europa" zu einem zentralen Thema der deutschen Propaganda gemacht.

Mit ihren im Januar 1942 gefaßten Beschlüssen verfolgte die deutsche Führung das Ziel, alle Kräfte – auch die der europäischen Verbündeten und der besetzten Länder – für eine großangelegte Steigerung der Rüstungsproduktion einzuspannen. Und tatsächlich leisteten die mit Deutschland verbündeten oder von ihm besetzten europäischen Staaten wesentliche Beiträge zu den deutschen Rüstungsanstrengungen.

So produzierte zum Beispiel Frankreich 1940–1944 im deutschen Auftrag über 117.000 Lkw, rund 600 Lokomotiven, etliche tausend Güterwaggons sowie eine unüberschaubare Menge an Rohstoffen (insbesondere Eisenerz und Bauxit), Halbfertigprodukten, Zulieferteilen und Konsumgütern. In Frankreich herrschte daher unter der deutschen Besatzung trotz aller kriegsbedingten Einschränkungen Vollbeschäftigung.[849] Eine wichtige Rolle spielten natürlich auch Belgien und die Niederlande wegen ihrer Industrie, ihrer landwirtschaftlichen Produktion und ihrer Schiffswerften. Das neutrale Schweden lieferte rund ein Drittel des deutschen Bedarfs an Eisenerz, die ebenfalls neutrale Schweiz steuerte vor allem Präzisionswerkzeugmaschinen bei. Tschechien (damals „Protektorat Böhmen und Mähren") produzierte rund 25 Prozent aller deutschen Heereswaffen, in Polen hatte die deutsche Besatzungsmacht 1939 eine moderne Rüstungsindustrie vorgefunden, die man umgehend für die deutsche Wehrwirtschaft zu nutzen begann. Das verbündete Rumänien war der wichtigste Erdöllieferant Deutschlands, aus Serbien kamen wichtige Rohstoffe wie Zink, Blei und Bauxit, Spanien lieferte Wolframerz. Im Gegenzug exportierte Deutschland in diese Länder vor allem Kohle, Werkzeugmaschinen, landwirtschaftliche Geräte und Maschinen sowie Waffen. Kriegsbedingt lief dieser innereuropäische Handelsaustausch natürlich einseitig zugunsten Deutschlands, das bei seinen Handelspartnern erhebliche Schulden anhäufte. Mit der Idee einer „Europäischen Wirtschaftsgemeinschaft" sollte den Verbündeten wie den besetzten Ländern eine Perspektive für die Nachkriegszeit geboten werden mit dem Ziel, die deutschen Kriegsanstrengungen möglichst freiwillig zu unterstützen.

Noch im Jahr 1942 gab Funk unter dem Titel „Europäische Wirtschaftsgemeinschaft" einen Sammelband mit Beiträgen deutscher Fachleute aus Politik und Wissenschaft heraus. In diesem Buch werden unter anderem ein europäischer Binnenmarkt, Agrarsubventionen, regionale Wirtschaftsförderung (insbesondere für Südosteuropa), Gastarbeiteraustausch, ein gesamteuropäisches Verkehrssystem und eine Zollunion gefordert. Eine Währungsunion wurde hingegen unter Hinweis auf die großen Unterschiede in der Leistungsfähigkeit der verschiedenen europäischen Volkswirtschaften

---

[849] Walter Post. Hitlers Europa: Die Europäische Wirtschaftsgemeinschaft 1940–1945. Stegen 2011, S. 336 ff.

abgelehnt. Damit wurden bereits wesentliche Elemente einer Wirtschaftsordnung für ein Nachkriegseuropa skizziert. Die deutsche Propaganda machte die „Europäische Wirtschaftsgemeinschaft" und das „Neue Europa" zu einem ihrer zentralen Themen und fand damit auch im europäischen Ausland Anklang. Europäische Zukunftsvisionen wurden damals nicht nur in Deutschland, sondern auch in den verbündeten und besetzten Ländern diskutiert.

## Die Reformen Fritz Todts

Während des Polenfeldzuges im September 1939 waren die deutschen Munitionsvorräte mit beängstigender Geschwindigkeit zusammengeschmolzen, ohne daß die Neufertigung mit dem Verbrauch Schritt halten konnte. Für eine Offensive im Westen war, wenn man die Erfahrungen des Weltkriegs 1914/18 zugrunde legte, eine drastische Steigerung der Munitionsproduktion notwendig. Das Heereswaffenamt erwies sich aber als unfähig, das Problem zu lösten.[850] Am 17. März 1940 ernannte Hitler den „Generalinspektor für das deutsche Straßenwesen", Dr. Fritz Todt, zum „Reichsminister für Bewaffnung und Munition."[851] Todt hatte seine großen organisatorischen Fähigkeiten bereits beim Bau der Reichsautobahnen und bei der Errichtung des „Westwalls" unter Beweis gestellt. Der neu ernannte Reichsminister war zunächst nur für den Munitionssektor verantwortlich, aber seine Kompetenzen sollten bald ausgedehnt werden.

Als Ingenieur und Wirtschaftsfachmann erkannte Todt sofort, daß in dem ganzen Bereich der Rüstung ein beträchtliches Maß an Kompetenzwirrwarr, schlechter Organisation und Verschwendung herrschte.[852] Todt hatte sich schon vor seiner Ernennung zum Reichsminister für Bewaffnung und Munition mit den notwendigen wirtschaftlichen Reformen beschäftigt, deren wichtigste das sogenannte „Ausschußsystem" war. Mit seinen Vorstellungen von der „Selbstverantwortung und Verantwortlichkeit der Deutschen Industrie" sollte Todt bei den zivilen Wirtschaftsführern auf große Resonanz stoßen.[853]

Wenige Tage nach seiner Ernennung am 17. März 1940 lud Todt die führenden Unternehmer der Eisen- und Stahlindustrie in seinen Berliner Amtssitz am Pariser Platz ein.[854] Der Minister wollte sich durch diesen Meinungsaustausch ein realistisches Bild von den Verhältnissen an der Produktionsbasis verschaffen.[855] Die Industriellen gewannen während der Besprechungen ihrerseits einen „sehr guten Eindruck" von Todt, da bei diesem „frei von jeder vorgefaßten Meinung [...] der gesunde Menschenverstand" herrsche.[856] Die Vertreter der Wirtschaft kritisierten übereinstimmend die bisherige Praxis der Auftragsvergabe und die Abnahmebedingungen der Wehrmacht, das heißt der Waffenämter, als zu bürokratisch. Besonders im Entwicklungsbereich wurde ein frühzeitiges Mit-

---

[850] Rolf-Dieter Müller. Die Mobilisierung der deutschen Wirtschaft für Hitlers Kriegführung, in: Das Deutsche Reich und der Zweite Weltkrieg, Bd. 5/1, Stuttgart 1988, S. 459 f.

[851] Erlaß des Führers und Reichskanzlers über die Bestellung eines Reichsministers für Munition und Bewaffnung v. 16.3.1940; Sammlung Ilsebill Todt, Ordner 1940/I.

[852] Dr. Todt an Prof. Krauch, GI 773/40, Betr.: Bauten für chemische Produktion v. 29.3.1940; Sammlung Ilsebill Todt, Ordner 1940/I.

[853] Nachlaß Saur, Befragung vom 20. Mai, 29. Mai 1945, 11. Juli 1945 und 2. Mai 1946, NL Saur/44, Archiv des Instituts für Zeitgeschichte München, Befragung vom 20. Mai 1945 in München, S. 1.

[854] Nachlaß Saur/44, Befragung vom 29. Mai 1945 in München, S. 1.

[855] Ebenda.

[856] So die Einschätzung Rudolf Bingels, Vorstandsmitglied der Siemens-Schuckert-Werke AG und Mitglied des engeren Beirats der RG-Industrie, wiedergegeben bei Dietrich Eichholtz/Wolfgang Schumann (Hrsg.), Anatomie des Krieges, Berlin 1969, Dok.Nr. 114, S. 243.

spracherecht der technischen Fachleute gefordert, um etwaigen technischen Fehlentwicklungen von vorneherein entgegenzuwirken.[857]

Bisher hatten die drei Wehrmachtteile Heer, Luftwaffe und Kriegsmarine bestimmt, was und wieviel sie in welcher Ausführung benötigten. Aufgrund der Rivalitäten zwischen den Teilstreitkräften gab es faktisch keine Abgleichung der Programme. Die Wehrmacht schickte ihre Offiziere in die Industrie, die dort die Fertigung beaufsichtigten, aber da Offiziere in der Regel keine Vorstellungen von moderner Wirtschaftsführung hatten, war dieses Verfahren wenig effektiv.

Todt führte im Bereich Rüstung nun mehrere entscheidende Änderungen ein. Zwar durfte die Wehrmacht nach wie vor bestimmen, welche Waffen, welche Munition und welches Gerät sie haben wollte. Sobald aber die Aufträge von der Wehrmacht zentral „gebündelt" und die Aufgaben an die Industrie gestellt waren, gingen sie in den Zuständigkeitsbereich des zivilen Reichsministeriums für Bewaffnung und Munition über. Dieses Ministerium entschied, in welchen Betrieben und nach welchen Methoden Waffen und Gerät produziert werden sollten; der Wehrmacht gegenüber bestand nur die Verantwortung für die rechtzeitige Ablieferung der geforderten Waffen und Geräte in der gewünschten Ausführung und Stückzahl.[858] In den Führungspositionen im Bereich der Rüstung sollten von nun an nicht mehr Offiziere, sondern nach Möglichkeit die besten technischen Fachkräfte eingesetzt werden. Dieses neue System lief unter der Bezeichnung „Selbstverantwortung der Industrie".[859]

Den organisatorischen Rahmen der Neuordnung Todts bildeten die „Ausschüsse" und „Ringe", das waren Zusammenschlüsse von Betrieben bzw. Betriebsabteilungen mit gleicher Fertigung unter der Führung eines anerkannten Industriefachmanns. In den Ausschüssen waren im wesentlichen die Betriebe der Rüstungsendfertigung zusammengeschlossen (Panzer, Kraftfahrzeuge, Schiffe, Waffen, Munition usw.), während die zusätzlich gebildeten Ringe im allgemeinen die Zulieferer in sich vereinigten (etwa Ring Eisenverarbeitung, Ring Elektrotechnik usw.). Die „Hauptausschüsse" und „Hauptringe" gliederten sich ihrerseits in Ausschüsse und Ringe, die wiederum in Unterringe, Unterausschüsse, Arbeitsausschüsse usw. unterteilt waren. Auf diese Weise sollte eine Lenkung der Produktion möglichst betriebsnah erfolgen. Die Aufgabe der neuen Organisation läßt sich im einzelnen wie folgt kennzeichnen:[860]

a) Feststellung der Arbeitszeiten und Arbeitsverfahren mit dem Ziel, Bestzeiten zu ermitteln und allgemein durchzusetzen;

b) Austausch von Patenten und technischen Produktionsverfahren;

c) Vereinfachung der Herstellungstechnik vor allem durch Typenrationalisierung;

d) Beobachtung des Materialeinsatzes je Stück mit dem Ziel der Minderung der Einsatzgewichte;

e) Ausbau rationeller Beziehungen zu den Zulieferindustrien;

f) Belegung der Kapazitäten, die für die betreffende Fertigung zur Verfügung stehen.

Heute würde man die Reformen Fritz Todts als Nutzung der „Synergieeffekte" bezeichnen.

Die Umstellung auf das neue Rüstungsprogramm war bereits in vollem Gange, als Todt am 8. Februar 1942 bei einem Flugzeugabsturz ums Leben kam. Wenige Stunden

---

[857] Nachlaß Saur/44, Befragung vom 29. Mai 1945 in München, S. 1.

[858] Wagenführ, Industrie, S. 39 f.

[859] Ansprache des Herrn Reichsministers Dr. Todt in der Reichskanzlei anläßlich des Empfanges der Mitarbeiter des Reichsministers für Bewaffnung und Munition, 11.12.1940; Sammlung Ilsebill Todt, Ordner 1940/II.

[860] Wagenführ, Industrie, S. 40.

nach diesem Unglück ernannte Hitler Albert Speer zum neuen Reichsminister für Bewaffnung und Munition. Am 2. Juni 1943 sollte das „Reichsministerium für Bewaffnung und Munition" schließlich in das „Reichsministerium für Rüstung und Kriegsproduktion" umgewandelt werden. Grundlage für die nun folgende enorme Steigerung der Rüstungsproduktion bildeten die von Todt eingeleiteten Reformen. Speer hat diese Entscheidungen bei seiner Amtsübernahme bereits vorgefunden und sie nur noch in die Praxis umsetzen müssen, sie aber später als eigene Verdienste ausgegeben.[861]

Die Grundidee Todts, aus den Kräften der Industrie die fertigungsnahen Ausschüsse und Ringe aufzubauen, erwies sich als richtig, aber das System führte in der Praxis nicht immer zu übersichtlichen und effizienten Organisationsstrukturen. Zwar arbeiteten die einzelnen Ausschüsse tatsächlich unbürokratisch, dafür aber auch nicht selten unsystematisch und ohne einen Blick für das größere Ganze. Der Mann vom „Hauptausschuß Panzer" dachte eben nur an „seine Panzer" und tat alles, um „sein" Programm zu erfüllen, ohne dabei Rücksicht auf die Nachbarprogramme zu nehmen. Damit fand er zwar die Anerkennung der obersten Führung, was ihn in seinem Tun bestätigte; dabei wurden aber die teilweise kontraproduktiven Nebenwirkungen für die Gesamtrüstung vernachlässigt oder übersehen.[862] Ungeachtet solcher unerwünschter Nebeneffekte sollten Todts Reformen eine geradezu dramatische Steigerung der Rüstungsproduktion bewirken.

Speer erkannte nach seinem Amtsantritt rasch, daß die zu geringe Kohlenförderung und die ungenügende Stahlproduktion eine Leistungssteigerung auf dem Rüstungsgebiet verhinderten, was vor allem auf den Mangel an Arbeitskräften zurückzuführen war. Bis 1941 war die Situation auf dem Arbeitsmarkt (sieht man von dem ständigen Mangel an Facharbeitern einmal ab) nur mäßig angespannt. Zwar hatte die Wehrmacht zwischen Mai 1939 und Mai 1941 rund sechs Millionen Mann eingezogen, die Reihen der zivilen Arbeitskräfte wurden aber durch den Einsatz von Ausländern und Kriegsgefangenen (etwa 2,8 Millionen Mann) aufgefüllt.[863] 1942 veränderte sich die Arbeitskräftesituation grundlegend, die Verluste der Wehrmacht stiegen dramatisch an, zu dem Ersatzbedarf trat ein zusätzlicher Bedarf für Neuaufstellungen von Truppenformationen.

**Entwicklung der Zahl der Wehrmachtangehörigen 1941/1944[864]
(in Millionen)**

| Zeitpunkt | Insgesamt mobilisiert | Verluste (kumuliert) | Tatsächliche Aktivstärke |
|---|---|---|---|
| Ende Mai 1941 | 7,4 | 0,2 | 7,2 |
| Ende Mai 1942 | 9,4 | 0,8 | 8,6 |
| Ende Mai 1943 | 11,2 | 1,7 | 9,5 |
| Ende Mai 1944 | 12,4 | 3,3 | 9,1 |

Da gleichzeitig die Verluste an Kriegsmaterial aller Art rasch anwuchsen und der Bedarf an Waffen und Munition rapide zunahm, wurden mehr Menschen für den Produktionsprozeß in der Heimat benötigt.

---

[861] Alan S. Milward. Fritz Todt als Minister für Bewaffnung und Munition, in: Vierteljahreshefte für Zeitgeschichte 1/1966.

[862] Wagenführ, Industrie, S. 41 f.

[863] Ebenda, S. 45.

[864] Ebenda.

**Bilanz der Arbeitskräfte in Deutschland 1939 bis 1944 (in Millionen)**

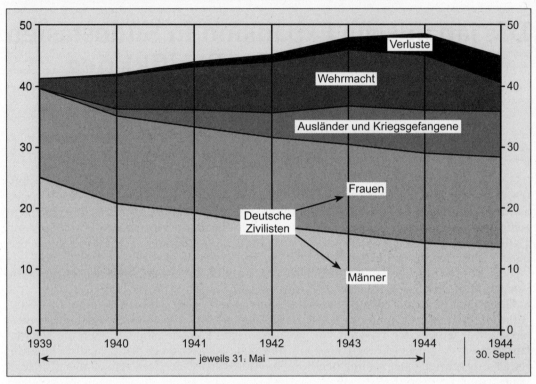

Die erste Maßnahme, mit der die auftauchenden Schwierigkeiten überwunden werden sollten, war die verstärkte Rekrutierung von Ausländern und Kriegsgefangenen für den Arbeitseinsatz.

**Einsatz von Ausländern und Kriegsgefangenen[865] (in Millionen)**

| Zeitpunkt | Insgesamt | davon in | | | | |
|---|---|---|---|---|---|---|
| | | Landwirt-schaft | Industrie | Handwerk | Verkehr | Übrige Wirtschaft |
| Ende Mai 1941 | 3,0 | 1,5 | 1,0 | 0,3 | 0,1 | 0,1 |
| Ende Mai 1942 | 4,2 | 2,0 | 1,4 | 0,3 | 0,2 | 0,3 |
| Ende Mai 1943 | 6,3 | 2,3 | 2,8 | 0,4 | 0,3 | 0,5 |
| Ende Mai 1944 | 7,1 | 2,6 | 3,2 | 0,5 | 0,4 | 0,4 |

Die Herstellung von Konsumgütern wurde ab 1942 zunehmend eingeschränkt. Bis 1944 sollte sich die Versorgung mit Verbrauchsgütern pro Kopf der Bevölkerung um mehr als ein Drittel vermindern.[866]

---

[865] Ebenda.
[866] Ebenda, S. 49.

273

# Die japanische Expansion in Südostasien und die Wende im Pazifikkrieg

## Der Zusammenbruch der europäischen Kolonialreiche in Südostasien

Japans wirtschaftliche und strategische Hauptinteressen lagen im Süden des ostasiatischen Raumes. Unmittelbar vor dem Angriff auf Pearl Harbor waren japanische Truppen auf der Malaiischen Halbinsel gelandet und marschierten auf Singapur, während gleichzeitig von Indochina aus japanische Truppen in Thailand einrückten. Die Regierung Thailands stellte sich am 21. Dezember 1941 an die Seite Japans und galt fortan als Verbündeter der Achsenmächte.

Die kampfkräftigsten alliierten Schiffe im ostindischen Raum waren das britische Schlachtschiff HMS „Prince of Wales" und der alte Schlachtkreuzer HMS „Repulse", die in Singapur, der wichtigsten britischen Marinebasis im Fernen Osten, stationiert waren. Admiral Sir Thomas Phillips stieß mit den beiden Schiffen ohne den Schutz landgestützter Jagdflugzeuge nach Norden vor, um japanische Landungsoperationen an der malaiischen Küste zu zerschlagen, aber am 10. Dezember wurde er durch japanische Flugzeuge angegriffen; nach zahlreichen Bomben- und Torpedotreffern sanken die „Prince of Wales" und die „Repulse".

Am selben Tag landeten japanische Truppen von Formosa aus auf den Philippinen. Nachdem die Japaner im Golf von Lingayen gelandet waren, führte General Douglas MacArthur seine philippinisch-amerikanischen Truppen nach Norden auf die Halbinsel Bataan, wo sie sich gegen die japanische Übermacht bis zum 10. April 1942 behaupten sollten. Auf der Insel Corregidor in der Bucht von Manila konnten sich US-Truppen noch bis zum 6. Mai halten. General MacArthur wurde am 11. März auf Befehl Präsident Roosevelts von einem Torpedoboot nach Mindanao gebracht und von dort mit einer B-17 „Flying Fortress" nach Australien geflogen. MacArthur sollte zu einem Symbol des alliierten Widerstandes gegen die Japaner werden.[867]

Am 8. Dezember waren die Japaner auch in der britischen Kronkolonie Hongkong gelandet, das am ersten Weihnachtsfeiertag 1941 fiel. In Malaya konnten die britisch-australischen Verteidiger den japanischen Vormarsch nur verzögern, aber nicht aufhalten.[868] Nach 54 Tagen erreichten japanische Heerestruppen die Spitze der Halbinsel, am 1. Februar 1942 setzten sich die letzten Briten und Australier nach Singapur ab und sprengten den führenden Damm, der das Festland und die Insel Singapur miteinander verband. Eine Woche später landeten japanische Truppen auf Singapur, und am 15. Februar kapitulierte die Festung, 130.000 Mann britischer, australischer und indischer Truppen gingen in japanische Kriegsgefangenschaft. Diese Niederlage sollte die Stellung des Britischen Empire und der europäischen Kolonialmächte in Ostasien vor allem aus psychologischer Sicht schwer erschüttern.[869]

---

[867] Louis Morton. The Fall of the Philippines. Washington, D.C.: Office of the Chief of Military History, Department of the Army 1953 OCLC 29293689.

[868] Stanley L. Falk. Seventy days to Singapore: The Malayan Campaign, 1941–1942. London 1975.

[869] Winston Churchill. The Second World War. London 2002, S. 518.

Aus der Perspektive der japanischen Führung hatten alle diese Operationen aber nur periphere Bedeutung, ihr eigentlicher Zweck bestand darin, die Flanken des Hauptstoßes zur Besetzung Niederländisch-Indiens zu sichern.

Am 14. Dezember landeten japanische Heeresverbände mit Unterstützung der Marine auf dem britischen Teil von Borneo, um die dort liegenden Ölfelder zu besetzen, Anfang Januar arbeiteten sie sich sprungweise an der Ost- und Westküste Borneos auf Celebes vor.

Am 23. Januar hatte ein Angriff britischer, australischer und niederländischer See- und Luftstreitkräfte gegen einen japanischen Geleitzug zwar Erfolg, dieser reichte aber nicht aus, um den Vormarsch der Japaner aufzuhalten. Die Japaner besetzten Celebes, landeten anschließend in Sumatra und bereiteten von hier aus einen Angriff auf Java vor.

Mitte Februar erreichte die Flugzeugträger-Kampfgruppe Admiral Nagumos Niederländisch-Indien. Am 19. Februar griffen japanische Trägerflugzeuge den Haupthafen Nordaustraliens, Port Darwin, an. Dieser Angriff und eine Landung auf Timor am folgenden Tag bewirkten die Isolierung Javas, auf das sich nun die japanischen Zangenarme zubewegten. Die in Ost und West gelandeten japanischen Truppen suchten sich mit größter Schnelligkeit zu vereinigen.[870]

Ein aus britischen, australischen, amerikanischen und niederländischen Schiffen bestehender Flottenverband unter Führung des holländischen Konteradmirals Karel Doormann versuchte, in der Nähe von Java einen stark gesicherten japanischen Geleitzug anzugreifen und zu vernichten.

Am 27. und 28. Februar kam es zu den Seeschlachten in der Javasee und in der Sundastraße, die mit schweren Niederlagen für die Alliierten endeten, sie verloren fünf Kreuzer und fünf Zerstörer, das war fast ihr gesamter Verband. Die japanischen Verluste betrugen dagegen nur zwei beschädigte Kriegs- und vier versenkte Transportschiffe.[871]

Unmittelbar danach landeten die Japaner auf Java und besetzten kurze Zeit später die Hauptstadt Batavia, bis zum Monatsende war ganz Niederländisch-Indien in ihrer Hand. Japan hatte seine selbstgesteckten Ziele erreicht und das „Südliche Rohstoffgebiet" erobert. Die ergiebigen Quellen Borneos und Sumatras boten einen nahezu unerschöpflichen Vorrat an Erdöl, außerdem gab es auf diesen Inseln Reis, Zinn und Kautschuk in Fülle.

Mit der Eroberung Niederländisch-Indiens und Rangoons vervollständigten die Japaner den Verteidigungsring um ihre Heimatinseln. Er erstreckte sich von Burma über die Malaiische Halbinsel, Sumatra, Java und Neuguinea bis nach Rabaul, und von dort setzte er sich über die Gilbert-Inseln und Marshall-Inseln bis nach Wake fort. Zwischen Wake und den Kurilen jedoch besaß Japan außer der winzigen Insel Marcus weder Stützpunkte noch einen Beobachtungsposten, eine Lücke, die den militärischen Planern in Japan Sorge bereitete. Sie waren sich darüber im klaren, daß die Unterlegenheit der Amerikaner im Pazifik durch ihr Engagement auf dem atlantischen Kriegsschauplatz bedingt war, daß es aber nur eine Frage der Zeit war, bis die USA dank ihrer nahezu unbegrenzten Rohstoffquellen und ihrer riesigen Industriekapazitäten ihre momentane militärische Schwäche überwinden würden.

Australien war von einem weiten Halbkreis japanischer militärischer Stützpunkte umgeben, und seine Seeverbindungen nach Hawaii und der amerikanischen Westküste waren dadurch unmittelbar gefährdet. Die oberste amerikanische Führung durfte unter keinen Umständen zulassen, daß Australien in die Hände der Japaner Hände fiel, da dieser Kontinent eine unentbehrliche Ausgangsbasis für spätere Offensiven gegen die japanische Position im Süd- und Südwestpazifik war.[872] Die Japaner wählten als Ausgangspunkt für die

---

[870]  Tippelskirch, S. 227 ff.
[871]  F.C. van Oosten. The Battle of the Java Sea: Sea battles in close-up. Bd 15. Annapolis 1976.
[872]  Tippelskirch, S. 228.

Eroberung Australiens den im Südosten von Neu-Guinea liegenden Hafen Port Moresby, der über Land von Norden her erobert werden sollte. Diese Operation sollte durch eine gleichzeitige Landung japanischer Verbände an der Südküste unterstützt werden.

Anfang Februar begannen die Amerikaner mit der Sicherung des Seeweges nach Australien, sie besetzten die Fidschi-Inseln, errichteten in Neu-Kaledonien eine Basis für Seeflugzeuge und auf der Insel Espiritu Santo einen vorgeschobenen Flottenstützpunkt.[873]

Die japanische Führung hoffte, mit Hilfe ihrer Flotte und ihrer Stützpunkte die amerikanischen Kräfte im Pazifik weiter in Schranken halten zu können, wenn es ihr gelang, neu auf dem pazifischen Kriegsschauplatz eintreffende amerikanische Kriegsschiffe sofort zu vernichten. Die japanische Führungsspitze war mehrheitlich optimistisch und glaubte, nach 18 bis 24 Monaten eines solchen Abnutzungskrieges werde das amerikanische Volk entmutigt sein und den Kongreß zu einem Kompromißfrieden drängen, der Japan die Früchte seiner Eroberungen in Asien und im Süden belassen würde.

# Der Seekrieg im Indischen Ozean 1942

Mit dem Vordringen der Japaner an der Ostseite des Indischen Ozeans in den ersten Monaten des Jahres 1942 schien sich für die Alliierten ein grundlegender Wandel der strategischen Situation anzubahnen. Nachdem die Japaner bis zum März 1942 Niederländisch-Indien, Malaya und Burma erobert hatten, besaßen sie die Ausgangsbasis für eine groß angelegte Offensive im Indischen Ozean. Diese erschien den anglo-amerikanischen Stäben um so bedrohlicher, als man gleichzeitig mit einer deutsch-italienischen Offensive in Nordafrika in Richtung auf den Suezkanal und den Nahen Osten rechnete. Wenn es den Japanern gelang, die Seeherrschaft im Indischen Ozean zu erringen, so war die Unterbrechung des um Afrika und das Kap der Guten Hoffnung nach dem Nahen Osten laufenden Nachschubstromes und der über den Iran nach Südrußland laufenden Nachschubroute zu erwarten. Damit zeichnete sich ein Zusammenbruch der alliierten Fronten im Nahen Osten und in Südrußland ab. Die Möglichkeiten, dieser Gefahr zu begegnen, waren aber begrenzt. Nach dem Zusammenbruch der Verteidigung der Philippinen mußten die USA ihre verfügbaren Kräfte darauf konzentrieren, ihre vorgeschobenen Stützpunkte im Pazifik zu halten und den Verbindungsweg nach Australien zu sichern, wofür die nach Pearl Harbor auf wenige Träger-Kampfgruppen reduzierte US-Pazifik-Flotte gegenüber der weit überlegenen japanischen Vereinigten Flotte kaum ausreichte. Die aus dem Debakel in Malaya und Burma entkommenen britischen Heeres- und Luftwaffenverbände konnten versuchen, an der indisch-burmesischen Grenze eine neue Front zu bilden, doch gab es kaum Truppenverbände, die man zur Verteidigung Ceylons bereitstellen konnte, das auf die Japaner besonders verlockend wirken mußte. Den Schutz Ceylons mußte daher die Royal Navy allein übernehmen, die nur unter größten Anstrengungen Ende März 1942 eine neue „Eastern Fleet" unter Vizeadmiral Sir James Somerville bilden konnte. Sie bestand aus fünf Schlachtschiffen, drei Flugzeugträgern, sieben Kreuzern, 16 Zerstörern und sieben U-Booten und war damit auf dem Papier der stärkste Verband der Royal Navy überhaupt. Tatsächlich handelte es sich jedoch nur um eine recht heterogene Ansammlung meist veralteter Schiffe; die kampfkräftigsten Einheiten, die beiden modernen Träger HMS „Indomitable" und HMS „Formidable", waren mit veralteten Flugzeugtypen ausgerüstet. Admiral Somerville konnte daher auf keinen Fall eine ernsthafte Auseinandersetzung mit der auf der Höhe ihrer Leistungsfähigkeit stehenden japanischen Flotte wagen.

---

[873] Ebenda.

Zum Glück für die Anglo-Amerikaner wurde weder in Deutschland noch in Italien, noch in Japan die schwache Stelle der gesamten alliierten Kriegsführung erkannt. Zwar hat man sich im Stab der japanischen Vereinigten Flotte Ende Januar/Anfang Februar 1942 für kurze Zeit mit einem Vorschlag beschäftigt, mit der Flotte Nagumos die „British Eastern Fleet" zu stellen und zu vernichten, um anschließend Ceylon wegzunehmen und eine Verbindung mit den europäischen Verbündeten herzustellen. Doch fanden diese weitgehenden Pläne nicht die Zustimmung des japanischen Admiralstabes und Generalstabes, zumal auch die Verhandlungen um ein Militärabkommen zwischen Japan, Deutschland und Italien zu keinem konkreten Ergebnis geführt hatten.

Während das japanische Heer sich auf die Eroberung Burmas konzentrierte, widmete sich der Admiralstab seinen Planungen für die Unterbrechung der Nachschubroute USA–Australien, und die Vereinigte Flotte beschränkte sich darauf, zur Deckung der Burma-Operation einen Trägerraid gegen die Insel Ceylon zu planen, um jede Bedrohung der eigenen Operationen von dort her auszuschalten, ehe man sich wieder dem Zentralpazifik zuwandte.

So kam es nur zu dem japanischen Vorstoß gegen Ceylon. Die Flugzeugträger „Akagi", „Hiryu", „Soryu", „Shokaku" und „Zuikaku" unter Vizeadmiral Nagumo, begleitet von vier Schlachtkreuzern, drei Kreuzern und acht Zerstörern, flogen mit ihren Flugzeugen am 5. April einen Angriff gegen den Hafen von Colombo, während Vizeadmiral Jisaburo Ozawa mit einem Verband von sechs Kreuzern, einem Träger und vier Zerstörern gegen die Schiffahrt im Golf von Bengalen vorstieß. Durch die britische Aufklärung rechtzeitig gewarnt, konnte Admiral Somerville mit seinen beiden Kampfgruppen ausweichen. Admiral Nagumo unterließ es, nach der „British Eastern Fleet" zu suchen und sie zum Kampf zu stellen, womit den Briten eine Katastrophe erspart blieb, die ihnen als nahezu unausweichlich erschienen war.[874]

Welche Auswirkungen ein japanischer Sieg über die „British Eastern Fleet" und eine anschließende Landung auf Ceylon auf die politische Situation in Indien gehabt hätte, bleibt der Spekulation überlassen. Es ist durchaus vorstellbar, daß ein japanischer Triumph im Indischen Ozean das Signal für die indische Unabhängigkeitsbewegung gewesen wäre, sich gegen die britische Kolonialherrschaft zu erheben. Ein Aufstand in Indien hätte die Briten zum damaligen Zeitpunkt in größte Schwierigkeiten gebracht, die Folgen für den weiteren Verlauf des Zweiten Weltkrieges wären unabsehbar gewesen.

## Die Schlacht im Korallen-Meer

Inzwischen hatte der japanische Admiralstab einen Doppelplan für die Fortführung der Operationen entworfen: 1. Einnahme von Tulagi in den östlichen Salomonen und von Port Moresby an der Südküste Neu-Guineas zur Sicherung der Seeherrschaft im Korallen-Meer und 2. Einnahme von Neu-Kaledonien, der Fidschi-Inseln und Samoas zur Unterbrechung der Seeverbindungen zwischen den Vereinigten Staaten und Australien. Admiral Yamamoto stimmte dem Plan 1 zu; aber er bestand darauf, Plan 2 so lange zu verschieben, bis es ihm gelungen war, das ursprüngliche Ziel des Pearl-Harbor-Überfalls zu erreichen: die Vernichtung der Flugzeugträger, in denen sich die Schlagkraft der amerikanischen Pazifikflotte konzentrierte. Dann könne sich die Vereinigte Flotte ungehindert im Pazifik bewegen und Truppen landen, wo immer sie wollte. Deshalb plante Yamamoto, alle Streitkräfte zusammenzufassen und möglichst bald Midway anzugreifen. Der Besitz der Insel würde dazu beitragen, die bereits erwähnte Lücke im japanischen Verteidigungsring zu schließen. Wichtiger noch: Der Angriff würde die amerikani-

---

[874] Potter/Nimitz/Rohwer, S. 851 ff.

sche Pazifikflotte herauslocken und sie der Vernichtung durch die überlegenen japanischen Seestreitkräfte preisgeben.[875]

Bis Mitte April widersetzte sich die japanische Seekriegsleitung Yamamotos Plan, der ihr zu gewagt erschien. Dann aber erfolgte am 18. April ein US-Luftangriff auf Tokio, der von den japanischen Streitkräften als tiefe Demütigung empfunden wurde. Die Amerikaner hatten 16 zweimotorige Bomber vom Typ B-25 (bei denen es sich eigentlich um Landflugzeuge handelte) vom Flugzeugträger „Hornet" gestartet; unter Ausnutzung ihrer maximalen Reichweite griffen diese 16 Maschinen Tokio an und landeten anschließend in Nordchina auf von nationalchinesischen Truppen kontrolliertem Gebiet. Zwar handelte es sich bei diesem Angriff um eine reine Propagandaaktion, der angerichtete Schaden war sehr gering, aber der Widerstand der japanischen Marineführung gegen Yamamoto brach plötzlich zusammen, und die Vorbereitungen für den Angriff auf Midway konnten nunmehr zügig vorangetrieben werden. Die japanischen Flugzeugträger „Shokaku" und „Zuikaku" wurden zunächst noch einmal von der Kampfgruppe Nagumo, die gerade aus dem Indischen Ozean zurückgekehrt war, detachiert, um im Süden den gemäß Plan 1 auf Anfang Mai festgesetzten Angriff auf Tulagi und Port Moresby zu unterstützen.

Die Amerikaner besaßen jedoch den unschätzbaren Vorteil, den japanischen Marinecode entschlüsseln zu können, was sie in die Lage versetzte, die Absichten der Japaner im entscheidenden Moment richtig einzuschätzen. Mitte April konnte sich Admiral Chester Nimitz ein ziemlich genaues Bild über die von den Japanern gegen Port Moresby und Tulagi beabsichtigten Operationen machen. Er entsandte deshalb die Kampfgruppe um den Flugzeugträger „Lexington" zur Verstärkung der Gruppe „Yorktown" unter Admiral Frank Jack Fletcher in den südlichen Pazifik.

Während die „Lexington" und ihre Sicherungsfahrzeuge am 3. Mai südlich von Guadalcanal Brennstoff ergänzten, stieß Fletcher mit der „Yorktown"-Gruppe nach Norden vor und führte einen Schlag gegen einen gerade vor Tulagi eingetroffenen japanischen Geleitzug mit Landungstruppen. Danach vereinigte er sich wieder mit der „Lexington"-Gruppe und führte den Verband in das Korallenmeer. Dieses wurde auch von der aus den beiden japanischen Flugzeugträgern „Shokaku" und „Zuikaku" bestehenden Kampfgruppe unter Vizeadmiral Takeo Takagi angesteuert, die gerade die Südspitze der Salomonen umschifft hatte. Zwei Tage lang operierten die Kampfgruppen Fletchers und Takagis südlich der Salomonen, ohne einander orten zu können.[876]

Am 7. Mai sichteten Flugzeuge Fletchers Teile des aus Richtung Rabaul herankommenden Landungsverbandes, der für den Angriff auf Port Moresby bestimmt war. Sie griffen an, versenkten den leichten japanischen Flugzeugträger „Shoho" und zwangen den Geleitzug zur Umkehr. Unterdessen griff Takagi einen amerikanischen Tanker und einen Geleit-Zerstörer an, die seine Aufklärer ihm irrtümlich als Flugzeugträgerkampfgruppe gemeldet hatten. Seine Bomber versenkten den Zerstörer, der Tanker blieb manövrierunfähig liegen.

Am 8. erreichte die Schlacht im Korallen-Meer mit der ersten Flugzeugträgerschlacht der Geschichte ihren Höhepunkt. Aufklärungsflieger beider Flugzeugträgergruppen hatten die gegnerische Position vor 9 Uhr ermittelt; beide ließen kurz darauf Angriffsverbände starten. An Stärke waren sich die Gegner etwa ebenbürtig, doch hatten die Japaner eine Reihe von Vorteilen. Die Flugzeugträger Takagis standen bereits fünf Monate lang gemeinsam im Einsatz, ihre Piloten besaßen die größere Kampferfahrung, und sie hatten bessere Torpedos. Außerdem waren die japanischen Träger teilweise in einer Schlecht-

---

[875]  H.P. Willmott. The Barrier and the Javelin: Japanese and Allied Pacific Strategies February to June 1942. Annapolis 1983.

[876]  John B. Lundstrom. The First Team: Pacific Naval Air Combat from Pearl Harbor to Midway. Annapolis, 2005.

wetterfront verborgen, während die Schiffe Fletchers in einem Klarwettergebiet mit einwandfreier Sicht standen.

Als die amerikanischen Maschinen zum Angriff ansetzten, verschwand die „Zuikaku" in einer Regenbö. Auf der „Shokaku" erzielten amerikanische Sturzkampfbomber dagegen drei Treffer und setzten sie in Brand. Da ein Starten und Landen auf dem brennenden Flugzeugträger nicht mehr möglich war, nahm Takagi so viele Flugzeuge wie möglich an Bord der „Zuikaku" und entließ die „Shokaku" zum Rückmarsch in die Heimat.

Bei dem fast gleichzeitigen Angriff der Japaner auf die US-Kampfgruppe erhielt die „Yorktown" einen Bombentreffer. Aber ihre Flugzeuge konnten weiter starten und landen. Die „Lexington" wurde von zwei Torpedos getroffen; auch sie konnte ihre zurückkehrenden Flugzeuge aufnehmen. Jedoch waren Benzinleitungen getroffen worden; gefährliche Benzindämpfe begannen sich in ihren Räumen auszubreiten. Schließlich kam es zu einer Explosion und zu zahlreichen nicht mehr zu löschenden Bränden, so daß der Träger aufgegeben werden mußte. Bei Sonnenuntergang versenkte ein Zerstörer das in Flammen gehüllte Wrack mit Torpedos.

Die Japaner hatten einen taktischen Sieg errungen, die amerikanischen Verluste waren etwas größer als die ihren. Strategisch konnte dagegen Fletcher den Sieg für sich beanspruchen, denn zum ersten Mal war ein japanischer Angriff aufgehalten worden. Von größerer, wenn nicht entscheidender Bedeutung erwies sich aber der den Streitkräften Takagis zugefügte Schaden. Die „Shokaku" war bis zum Angriff auf Midway nicht wieder einsatzfähig, und die „Zuikaku" konnte wegen ihrer empfindlichen Verluste an Piloten an der Aktion nicht teilnehmen. So war die Schlagkraft der Kampfgruppe Nagumos, die den eigentlichen Stoßkeil des Angriffs auf Midway bilden sollte, im entscheidenden Augenblick um ein Drittel geschwächt.

## Die Schlacht um Midway

Der völlige Umschwung und die Wende des Krieges im Pazifik wurde durch die Schlacht bei den Midway-Inseln Anfang Juni 1942 herbeigeführt. Zum ersten Mal in der Seekriegsgeschichte kämpften nicht Schiffe und Flottenverbände gegeneinander, sondern die Schlacht wurde ausschließlich von den Trägerflugzeugen beider Seiten ausgetragen. Die Japaner gingen mit vier Flugzeugträgern und 273 Flugzeugen ins Gefecht, die Amerikaner mit drei Flugzeugträgern und 223 Flugzeugen.

Für die Unternehmung gegen Midway teilte Yamamoto die Vereinigte Flotte in nicht weniger als sieben Gruppen auf. Eine aus zwei Flugzeugträgern bestehende Kampfgruppe eröffnete den Angriff mit einem Ablenkungsschlag gegen Dutch Harbor in den östlichen Aleuten. Dieser Aktion folgte die Unternehmung zweier Landungsverbände, die die Inseln Attu und Kiska in den westlichen Aleuten besetzen sollten. Der Angriff auf Midway wurde von der Kampfgruppe Nagumos angeführt, die sich aus nordwestlicher Richtung näherte. Ihr folgte in 300 Seemeilen Abstand die Hauptmacht, zu der drei schnelle Schlachtschiffe und ein Leichter Flugzeugträger gehörten. Yamamoto führte die Operationen von dem Riesenschlachtschiff „Yamato" aus. Der Landungsverband zur Eroberung von Midway, Transportschiffe mit 5.000 Mann Infanterie, gesichert durch Schlachtschiffe, Kreuzer und einen leichten Flugzeugträger, näherte sich aus Südwesten. Eine gemischte Kampfgruppe von Schlachtschiffen und Kreuzern nahm Aufstellung zwischen Midway und den Aleuten, um dort einzugreifen, wo sie am dringlichsten benötigt wurde.

Diese Zersplitterung der Angriffskräfte spiegelte die japanische Befangenheit in der Theorie der taktischen Ablenkung und Überraschung wider. Zugleich ließ sie erkennen, daß Yamamoto, obwohl gerade er sich für den Bau von Flugzeugträgern besonders eingesetzt hatte, diese doch nicht als seine Hauptwaffe betrachtete. Mit der amerikanischen Pazifikflotte glaubte er erst einige Tage nach der Einnahme von Midway rechnen zu müssen; die „Hornet" und „Enterprise" waren kürzlich im Südpazifik gesichtet worden, und „Yorktown" und „Lexington" hielt er seit der Schlacht im Korallenmeer aufgrund japanischer Meldungen für versenkt. Sobald die amerikanische Flotte bei Midway eintraf, sollten U-Boote und Flugzeugträger angreifen, die japanischen Schlachtschiffe dann dem angeschlagenen Feind den Todesstoß versetzen. Ganz offensichtlich waren sich die Japaner noch nicht schlüssig darüber, ob dem Schlachtschiff oder dem Flugzeugträger als Hauptwaffe der Vorzug zu geben sei – ein Problem, das der Angriff auf Pearl Harbor für die amerikanische Marineführung am ersten Kriegstag gelöst hatte.

Yamamoto war angesichts der starken Überlegenheit seiner Streitkräfte eigentlich nicht genötigt, seine Bewegungen geheimzuhalten – wenn er die Vereinigte Flotte zusammengehalten hätte. Da er sie aber nun so aufteilte, daß seine Flugzeugträger keinen ausreichenden Flakschutz und seine Schlachtschiffe keine ausreichende Unterstützung aus der Luft hatten, mußte er seinen Anmarsch verschleiern. Aber gerade dies mißlang. Nimitz hatte durch entschlüsselte Funkmeldungen eine ziemlich klare Vorstellung von den Bewegungen seines Gegners sowie dem Zeitpunkt des Angriffs und richtete die Aufstellung seiner Kräfte danach ein. Midway wollte er mit U-Booten, Flugzeugen und Flugzeugträgern verteidigen. Für sechs alte und relativ langsame Schlachtschiffe, die ebenfalls zu seiner Verfügung standen, sah Nimitz keine Möglichkeit für einen sinnvollen Einsatz. Die Gesamtleitung der Operationen behielt Nimitz sich aufgrund seiner kürzlichen Ernennung zum Oberbefehlshaber Pazifik (zusätzlich zu seiner Stellung als Oberbefehlshaber der Pazifischen Flotte) selbst vor. Als Oberbefehlshaber im pazifischen Raum unterstanden ihm alle dort eingesetzten Land- und Seestreitkräfte mit Ausnahme der Streitkräfte im Südwestpazifik, die zum Befehlsbereich General MacArthurs gehörten.

Auf Befehl von Nimitz kehrte Admiral William Halseys Kampfgruppe, bestehend aus der „Enterprise" und der „Hornet", am 26. Mai aus dem südlichen Pazifik nach Pearl Harbor zurück. Da Halsey infolge der übermäßigen Anspannung der letzten Monate ins Lazarett mußte, übernahm Konteradmiral Raymond A. Spruance den Befehl über die Kampfgruppe. Sie lief am 28. Mai aus Pearl Harbor nach Midway aus. Die beschädigte „Yorktown" traf am 27. Mai mit ihren Geleitfahrzeugen ein, wurde in Tag- und Nachtarbeit repariert und ging am 30. wieder in See. Die beiden Trägerkampfgruppen vereinigten sich am 2. Juni um 16 Uhr 350 Seemeilen nordöstlich von Midway. Als dienstältester Admiral übernahm Fletcher den taktischen Oberbefehl.

Da japanische U-Boote erst am folgenden Tag damit begannen, das Seegebiet zwischen Pearl Harbor und Midway aufzuklären, entging ihnen der Anmarsch der amerikanischen Streitkräfte, so daß Yamamoto keine Vorstellung von dem hatte, was ihn erwartete.

Am 3. Juni morgens wurden die Verteidiger Midways durch zwei Ereignisse in Alarmzustand versetzt: durch die Nachricht vom Angriff auf Dutch Harbor und durch Aufklärermeldungen über das Herannahen einer feindlichen Armada aus Südwesten in 700 Seemeilen Entfernung. Auf Midway stationierte Flugzeuge griffen am 3. und in der Nacht auf den 4. die gemeldeten japanischen Kräfte ohne besonderen Erfolg an. Admiral Fletcher, der, wie sich zeigen sollte, zu Recht vermutete, daß es sich bei der südwestlichen japanischen Gruppe um die für Midway bestimmte Landungsflotte handelte, daß aber der Hauptangriff aus einer Schlechtwetterfront im Nordwesten zu erwarten sei, zog seine Kampfgruppe auf 200 Seemeilen Entfernung von Midway heran.

Nagumo, der sich im Schutz der Schlechtwetterfront näherte, setzte in der Morgendämmerung des 4. Juni 108 Flugzeuge gegen Midway an – eine gleich große Zahl hielt er als zweite Welle zurück. Der Angriffsverband wurde während des Anflugs auf Midway durch Radar geortet und von amerikanischen Aufklärern gesichtet. Diese entdeckten auch die Schiffe Nagumos. Während die „Yorktown" ihre Aufklärungsflugzeuge an Bord nahm, erteilte Fletcher Admiral Spruance den Befehl, zum Angriff vorzugehen. Zur selben Zeit starteten sämtliche Flugzeuge von den Flugplätzen Midways: die Bomber und Torpedoflugzeuge zum Angriff auf die japanischen Flugzeugträger, die Jäger zur Abwehr der anfliegenden Bomber und Jäger Nagumos. Die amerikanischen Jäger waren den schnellen wendigen Zeros bei weitem unterlegen; sie wurden in Kürze abgeschossen. Die japanischen Bomber verursachten ausgedehnte Schäden auf Midway. Da der Führer des Verbandes beim Abflug jedoch feststellte, daß die Startbahnen auf der Insel noch intakt waren und das Abwehrfeuer der Flak kaum nachgelassen hatte, meldete er Nagumo über Funk, ein weiterer Angriff sei notwendig.

In den nächsten vier Stunden sah Nagumo sich einer nervenaufreibenden Belastungsprobe ausgesetzt, die sein Urteilsvermögen trübte und Verwirrung unter seinen Streitkräften stiftete. Seine Flugzeugträger wurden erst von Torpedoflugzeugen, dann von mehreren Wellen von Bombern, sämtlich von Midway, angegriffen. Gerade hatte er den letzten Angriff abgewehrt und ohne eigene Ausfälle den Amerikanern schwere Verluste beigebracht, als er sich auf ein amerikanisches U-Boot konzentrieren mußte, dessen Periskop plötzlich zwischen seinen Schiffen auftauchte. Die Torpedos der „Nautilus" trafen jedoch nicht. Inzwischen hatte ein japanischer Aufklärer feindliche Überwasserstreitkräfte im Nordosten gemeldet, allerdings ohne nähere Angaben über ihre Zusammensetzung. Erst um 8.30 Uhr konnte der Aufklärer eines der amerikanischen Schiffe als Flugzeugträger identifizieren. Nagumo, der seiner zweiten Angriffswelle befohlen hatte, für den beabsichtigten neuen Angriff auf Midway von Torpedos auf Bomben umzurüsten, machte daraufhin den Befehl rückgängig und ordnete an, die Bomben für einen Angriff auf die gemeldeten amerikanischen Streitkräfte wieder durch Torpedos zu ersetzen. In diesem Augenblick sichtete er aber seine zurückkehrende erste Welle und entschloß sich, diese noch vor dem Start der zweiten an Bord zu nehmen. Sobald die Flugzeuge gelandet waren, lief Nagumo auf Kurs Nordnordost zum Angriff gegen den amerikanischen Verband vor. Gleichzeitig unterrichtete er Yamamoto, der mit der Hauptflotte allerdings zu weit ab stand, um ihn unterstützen zu können. Auf dem Anmarsch wurde Nagumo von drei aufeinanderfolgenden Wellen amerikanischer Träger-Torpedostaffeln angegriffen. Keine Maschine erzielte einen Treffer, 35 von 41 US-Flugzeugen wurden von Zeros oder durch Flak abgeschossen. Gegen 10.20 Uhr trat eine Kampfpause ein. Nagumo durfte sich beglückwünschen, daß seine Einheiten bis zu diesem Zeitpunkt unbeschädigt davongekommen waren, und er traf die letzten Vorbereitungen zum Gegenangriff. Um 10.24 Uhr standen seine Maschinen startklar auf den Flugdecks. Dann aber kam ein Angriff, der in wenigen Minuten den Verlauf des ganzen Krieges ändern sollte.

Die „Enterprise" und die „Hornet" hatten kurz nach 8 Uhr ihre letzten Maschinen zum Angriff gestartet, und auf der „Yorktown" begann der Start eine halbe Stunde später. Die Torpedostaffeln der drei Träger fanden Nagumos Kampfgruppe und wurden, wie oben berichtet, beinahe völlig aufgerieben. Ihr Opfer erfüllte aber einen wichtigen Zweck, denn ihr Angriff zwang die Zeros auf eine geringe Flughöhe und beanspruchte voll und ganz die Aufmerksamkeit der Japaner. Inzwischen suchten die Sturzkampfbomber der „Hornet" und „Enterprise" aufgrund der ersten Meldungen über den Standort Nagumos dessen Verband im Südosten, stießen aber infolge seiner Kursänderung nach Nordosten ins Leere. Die Bomber der „Hornet" drehten in der Annahme, daß der Feind schon weiter südlich stand, nach Südosten in Richtung Midway, die der „Enterprise" folgten einige Minuten dem alten Kurs und schlugen dann eine nordwestliche Richtung ein. Als sie einen anscheinend versprengten japanischen Zerstörer auf Nordostkurs sichteten, folgten sie seinem Kielwasser und entdeckten so die japanischen Träger.

Durch das unerwartete Zusammentreffen verschiedener Umstände näherten sich im selben Augenblick die Stukas der „Yorktown" aus entgegengesetzter Richtung. Beide

Gruppen, durch Jäger und Flak kaum behindert, stürzten sich fast gleichzeitig auf die ihnen am nächsten stehenden Flugzeugträger. Diese wurden im verwundbarsten Moment überrascht: mit startbereiten Maschinen auf den Flugdecks und anderen beim Auftanken im Hallendeck. Bomben, die ins Magazin zurückgeschafft werden sollten, lagen dort verstreut umher. So lösten die Treffer auf „Soryu", „Kaga" und dem Flaggschiff „Akagi" verheerende Brände und schwere Explosionen aus.

Nur die „Hiryu", die beträchtlich weiter nördlich stand, entkam. Sie allein konnte den ihr von Nagumo zugewiesenen Teil des Gegenangriffs ausführen. Ihre Stukas folgten den zurückfliegenden Bombern der „Yorktown" und griffen an. Drei Treffer machten den Träger manövrierunfähig, Torpedoflugzeuge erzielten zwei weitere Treffer; die „Yorktown" zeigte schließlich so starke Schlagseite, daß der Kommandant am Nachmittag „Alle Mann von Bord" befahl. Fletcher stieg auf einen Kreuzer und übertrug Spruance die taktische Führung.

Noch vor dem japanischen Angriff waren von der „Yorktown" zehn Aufklärungsflugzeuge gestartet. Etwa um die Zeit, als der Träger aufgegeben wurde, fanden sie die „Hiryu" und meldeten Position und Kurs des Schiffes. 24 Stukas der „Enterprise" griffen den Träger um 17 Uhr an, gerade als er im Begriff stand, seine noch verbliebenen Maschinen zu einem Dämmerungsangriff zu starten. Vier Volltreffer verursachten Explosionen und Brände, die nicht mehr gelöscht werden konnten. Die „Hiryu" sank um 9 Uhr am nächsten Morgen. Um diese Zeit waren auch „Soryu", „Kaga" und „Akagi" untergegangen.

Nachdem er seine Flugzeuge nach dem Angriff auf die „Hiryu" wieder an Bord genommen hatte, zog sich Spruance einige Stunden lang auf östlichem Kurs zurück. Er wurde damals wegen übergroßer Vorsicht kritisiert, sein Entschluß war aber klug und richtig, denn Yamamoto hatte einen nächtlichen Gegenangriff angeordnet. Da die japanische Hauptmacht zu weit entfernt stand, um daran teilzunehmen, befahl Yamamoto dem Gros der Deckungsstreitkräfte der Landungsflotte, sich mit dem Rest der Kampfgruppe Nagumos zu vereinigen, die amerikanischen Schiffe aufzuspüren und zum Kampf zu stellen. Gleichzeitig stellte er vier Schwere Kreuzer zur Beschießung Midways ab.

Bis 2 Uhr war es dem japanischen Angriffsverband noch nicht gelungen, in Gefechtsberührung mit Spruance zu kommen, der gerade wieder auf westlichen Kurs zurückgegangen war. Yamamoto sah jetzt ein, daß sein Verband vermutlich eher das Opfer eines Luftangriffs in der Morgendämmerung sein würde als Sieger in einer Nachtschlacht. Schweren Herzens brach er die gesamte Operation gegen Midway ab und ordnete den allgemeinen Rückzug nach Westen an. Die Beschießungsgruppe, die sich Midway näherte, ging auf Gegenkurs. Plötzlich wurde das amerikanische U-Boot „Tambor" gesichtet. Bei Ausweichmanövern stießen die Schweren Kreuzer „Mogami" und „Mikuma" zusammen. Die beschädigten Schiffe wurden mit zwei sichernden Zerstörern zurückgelassen. Sie sollten mit der höchsten Geschwindigkeit, die sie noch laufen konnten, nachkommen.

Am 5. Juni war ein wenig ereignisreicher Tag. Spruance verfolgte den Feind nach Westen und setzte am Nachmittag 58 Stukas gegen im Nordwesten gemeldete Ziele an. Die Bomber verfehlten nur knapp die japanische Hauptflotte. Sie griffen ohne Erfolg einen einzelnen Zerstörer an, den Nagumo zur Erkundung des Schicksals der „Hiryu" detachiert hatte. Die zurückfliegenden Bomber erreichten ihre Träger erst nach Einbruch der Dunkelheit. Da die Piloten für Nachtlandungen nicht geschult waren, wies Spruance unbekümmert „Enterprise" und „Hornet" an, ihre Flugdecks zu beleuchten.

Während der Nacht steuerte Spruance Westkurs. Am 6. entdeckten Frühaufklärer die beschädigten Kreuzer „Mogami" und „Mikuma" im Südwesten. Spruance drehte auf sie zu und ließ in drei Wellen angreifen. Die „Mikuma" wurde versenkt, die sichernden Zerstörer beschädigt und die „Mogami" so schwer getroffen, daß die Reparaturen ein Jahr lang dauern sollten. Bei Sonnenuntergang – die Brennstoffbestände seiner Zerstörer gingen bereits zur Neige – wandte sich Spruance zurück nach Osten; wiederum im richtigen Augenblick, denn noch einmal versammelte Yamamoto seine Kräfte zu einer Nachtschlacht.

Den Japanern sollte es vorbehalten sein, den letzten Schlag dieser Schlacht zu führen. Die „Yorktown" war trotz einer Schlagseite von 25 Grad noch nicht gesunken. Bei dem am 6. Juni unternommenen Versuch, sie abzuschleppen, gelang es dem japanischen U-Boot I-168, einen Torpedofächer zu feuern, durch den ein Zerstörer längsseits des Trägers getroffen und dieser so stark beschädigt wurde, daß er am nächsten Morgen sank.

Die japanische Marine verlor bei Midway sämtliche vier eingesetzten großen Flugzeugträger. Die japanische Seekriegsleitung hatte für die Operation gegen Midway elf Schlachtschiffe aufmarschieren lassen, aber diese gaben während der ganzen Operation nicht einen Schuß ab und konnten daher an ihrem Ausgang nichts ändern. Die Japaner mochten es als einen glücklichen Zufall ansehen, daß ihre Schlachtschiffe ungeschoren blieben; in Wirklichkeit waren diese für die amerikanischen Piloten zweitrangige Ziele, weil sie den Befehl hatten, die japanischen Träger als ungleich wichtiger anzusehen. Damit hatte die amerikanische Marineführung ganz klar erkannt, daß die Schlachtschiffe für die Fortführung des Krieges nur noch von zweitrangiger Bedeutung waren. Durch die Schlacht bei den Midway-Inseln wurde die japanische Offensivkraft gebrochen; alles, zumindest das meiste, was die Japaner bisher erreichen konnten, hatten sie dem Einsatz ihrer Flugzeugträger zu verdanken; die besten von ihnen lagen nunmehr auf dem Grund des Pazifischen Ozeans. Die Niederlage war so verheerend, daß die oberste japanische Führung sie streng geheim hielt und nur wenige hochgestellte Personen informiert wurden.

Der ganze Plan der Operation gegen Midway war viel zu kompliziert gewesen und hatte zu einer verhängnisvollen Aufsplitterung der japanischen Kräfte geführt. Die Japaner hatten außerdem den taktischen Fehler gemacht, ihre Schlachtschiffe mit ihrer schweren Flak-Bewaffnung nicht zum Schutz der Flugzeugträger gegen amerikanische Luftangriffe einzusetzen. Und schließlich waren die japanischen Feuerwehren und Leckwehrtrupps an Bord der großen Schiffe nicht auf amerikanischem Niveau.

Nach Midway setzte die US Navy ihre wiederhergestellten und neu hinzukommenden Schlachtschiffe entsprechend der veränderten Lage ein. Während die neuen schnellen Schlachtschiffe vorwiegend als zusätzlicher Flak-Schutz für die Flugzeugträger eingesetzt wurden, leisteten die älteren, aus dem Ersten Weltkrieg stammenden Schlachtschiffe als „Fire Support Groups" im Zuge des 1942 beginnenden „Inselspringens" bei der Niederringung japanischer Heerestruppen wertvolle Dienste.

Im gesamten pazifischen Kriege sollte es nur zweimal zu Gefechtsbegegnungen zwischen Schlachtschiffen kommen; beide endeten mit der Vernichtung der beteiligten japanischen Schlachtschiffe.[877]

Die Hauptbedeutung der Schlacht von Midway liegt nicht in den beiderseitigen zahlenmäßigen Verlusten (Japan: vier Träger, ein Schwerer Kreuzer, 322 Flugzeuge, 3.500 Mann; USA ein Träger, ein Zerstörer, 150 Flugzeuge und 307 Mann) – der schwerste Schlag für die japanische Kriegsführung war der Verlust von 100 Marinepiloten. In der Schlacht hatte sich der kostspielige Abnutzungsprozeß fortgesetzt, der mit den japanischen Angriffen auf Ceylon und der Schlacht im Korallenmeer begonnen hatte. Der Verschleiß an Piloten sollte tatsächlich eine der Hauptursachen für die endgültige Nieder-

---

[877] Nachtgefecht am 15. November 1942 zwischen „Kirishima" sowie „Washington" und „South Dakota" bei Savo Island; Nachtgefecht in der Surigao-Straße im Leyte-Golf am 25. Oktober 1944 zwischen „Yamashiro" und „Fuso" sowie „Mississippi", „Maryland", „West Virginia", „Tennessee", „California", „Pennsylvania" (überwiegend Überlebende von Pearl Harbor). Siegfried Breyer. Schlachtschiffe und Schlachtkreuzer 1905–1970: Die geschichtliche Entwicklung des Großkampfschiffes, München/Wien 1970, S. 110.

lage Japans werden. Die Ausbildung des fliegerischen Ersatzes wurde zunehmend durch den Mangel an Flugbenzin bzw. Rohöl behindert. Das in Niederländisch-Indien geförderte Öl mußte durch die von amerikanischen U-Booten verseuchten südpazifischen Gewässer nach Japan gebracht werden, wobei es der amerikanischen U-Boot-Waffe im Verlauf des Krieges gelang, insgesamt 110 japanische Öltanker – sehr viel mehr hatte Japan nicht – zu versenken. Der daraus resultierende Ölmangel zwang das japanische Heer wie die Marine, in zunehmendem Maße schlecht ausgebildete Piloten gegen die gut geschulten amerikanischen Flieger einzusetzen, was die japanischen Luftstreitkräfte in der letzten Kriegsphase zu einer weitgehenden Ohnmacht verurteilen sollte.

Letzten Endes war Japan im Zweiten Weltkrieg nicht in der Lage, mit dem damals weit überlegenen amerikanischen Industriepotential zu konkurrieren. Dies zeigt sich in aller Deutlichkeit, wenn man die Zahl der Flugzeugträger, die beide Nationen bauten und in Dienst stellten, miteinander vergleicht.

Bei Kriegsbeginn im Dezember 1941 verfügte die US Navy über sieben Flugzeugträger gegenüber sechs großen und drei kleineren Trägern der Kaiserlich-Japanischen Marine.

Im Herbst 1942 erreicht der amerikanische Bestand nach verlustreichen Kämpfen mit nur noch drei Flugzeugträgern („Saratoga", „Enterprise", „Ranger") einen absoluten Tiefstand.

Aber bereits im Sommer 1940 hatte die amerikanische Regierung die ersten Bauaufträge für eine Serie von insgesamt 24 großen Flugzeugträgern der „Essex"-Klasse herausgegeben, von denen bis Kriegsende 15 fertiggestellt werden sollten. Hinzu kamen neun leichte Flugzeugträger der „Independence"-Klasse, die bis Ende Dezember 1943 alle in Dienst gestellt wurden, außerdem eine große Zahl von sogenannten Geleitträgern, die aus den Rümpfen von Handelsschiffen umgebaut worden waren.[878] Im Ergebnis verfügte die US Navy am 1. August 1945 über 30 Flugzeugträger und 84 Geleitträger.[879] Dagegen hatte die Kaiserlich-Japanische Marine zu diesem Zeitpunkt nur noch fünf Flugzeugträger (die sich zum Teil im Bau befanden), die aber wegen des Mangels an ausgebildeten Piloten nicht mehr kampfkräftig waren.[880]

Die schwere japanische Niederlage bei Midway hatte auch Fernwirkungen auf den Krieg in Europa. Hätte Midway mit einem japanischen Sieg oder wenigstens mit einem Unentschieden geendet, hätten die USA 1942/43 sehr viel mehr neugebaute Kriegsschiffe in den Pazifik entsenden müssen, die dann wiederum bei der Schlacht im Atlantik gegen die deutsche U-Boot-Waffe gefehlt hätten. Eine Invasion in Europa wäre unter diesen Voraussetzungen frühestens 1945 möglich gewesen. Bei einem anderen Ausgang von Midway hätte das Deutsche Reich also ein Jahr mehr Zeit gehabt, den Rußlandfeldzug zu einem günstigen Ende zu bringen bzw. mit einem Kompromißfrieden zu beenden.

# Guadalcanal

Ungeachtet des Mißerfolges in der Schlacht im Korallen-Meer und der verheerenden Niederlage bei Midway hielt das japanische Oberkommando an seinem Plan fest, eine Basis für einen Angriff auf Australien zu schaffen. Dazu wollten die Japaner die letzte der größeren Salomonen-Inseln, Guadalcanal, besetzen, wobei sie gleichzeitig das Ziel der Eroberung von Port Moresby im Südosten Neu-Guineas nicht aus den Augen verloren. Bereits im Mai hatten sie mit dem Bau eines Flugplatzes auf Guadalcanal, einer etwa 150 Kilometer langen und 50 Kilometer breiten Insel, begonnen und zum Schutz dieser

---

[878]  Ploetz Geschichte des Zweiten Weltkrieges. Band II. Würzburg 1960, S. 644 ff.
[879]  Ebenda, S. 637.
[880]  Ebenda, S. 289.

Arbeiten eine starke Garnison auf der Insel stationiert. Bevor der Flugplatz fertiggestellt war, entschlossen sich die Amerikaner, dem Vordringen der Japaner endgültig ein Ende zu setzen.

Die Flugzeugträgerschlacht von Midway hatte im Pazifischen Raum ein strategisches Gleichgewicht geschaffen, und der nun einsetzende ständige Zustrom neuer Kriegsschiffe, Flugzeuge und Truppen ermöglichte es den Amerikanern, an strategisch wichtigen Punkten allmählich in die Offensive überzugehen. Oberste Priorität hatte für die Vereinigten Stabschefs das Ziel, die Seewege nach Australien offenzuhalten und die Gefahr einer japanischen Invasion endgültig zu beseitigen.

Am 7. August 1942 landeten die Amerikaner überraschend und unter starkem Flottenschutz auf Guadalcanal 13.000 Mann Marineinfanterie, die den Flugplatz rasch erobern konnten. Allerdings konnten sich die Japaner im Westteil der Insel behaupten, beide Seiten waren entschlossen, um den Besitz der Insel unter Einsatz aller Mittel zu kämpfen. Daraus entwickelte sich in den nächsten Monaten eine Folge von größeren und kleineren Seegefechten, mit denen Amerikaner wie Japaner das Ziel verfolgten, die eigenen Kräfte auf Guadalcanal zu versorgen und zu verstärken und den Feind an den gleichen Maßnahmen zu hindern. Es gelang den Japanern zwar, weitere Kräfte auf der Insel zu landen, aber nicht, den Flugplatz zurückzuerobern und die Amerikaner von Guadalcanal zu vertreiben.

Im Herbst konnten die Amerikaner die nächtliche Versorgung der japanischen Heerestruppen in zunehmendem Maße stören, so daß sich die Japaner zum Einsatz eines stärkeren Geleitzuges entschlossen. Gleichzeitig beabsichtigten auch die Amerikaner, Verstärkungen auf der Insel zu landen. Daraus entwickelte sich die Seeschlacht von Guadalcanal, die mit einem nächtlichen Zusammenstoß beider Flotten in der Nacht vom 12./13. November begann und in deren Verlauf ein beträchtliches Chaos entstand, in dem sich mehrfach eigene Schiffe gegenseitig beschossen. Die Amerikaner verfügten auf ihren Schiffen zwar bereits über Radargeräte, aber der Ausbildungsstand der Bedienungsmannschaften reichte noch nicht aus, um aus der neuen Technik taktische Vorteile zu ziehen. Die Kaiserlich-Japanische Marine besaß zu diesem Zeitpunkt noch kein Radar, aber ihre Mannschaften waren anders als die Amerikaner für Nachtgefechte gut ausgebildet, wobei ihnen auch ihre hervorragenden Optiken zu Hilfe kamen. Beide Seiten erlitten schwere Verluste, die Amerikaner verloren zwei Schwere Kreuzer, zwei US-Admirale fielen. Die Amerikaner zogen sich zurück, so daß die Japaner ihren Geleitzug heranholen konnten. Bevor sie aber ihre Truppen anlanden konnten, wurden sechs von zehn Transportschiffen durch amerikanische Flugzeuge versenkt, die übrigen vier konnten nur teilweise entladen werden.

In der Nacht vom 14. auf den 15. November kam es zu einem Gefecht zwischen einem japanischen und einem amerikanischen Verband, der jeweils aus mehreren Schlachtschiffen, Kreuzern und Zerstörern bestand. Dabei gelang es dem Schlachtschiff USS „Washington", dessen Feuer von Radar geleitet wurde, in kürzester Zeit das japanische Schlachtschiff „Kirishima" zusammenzuschießen und zu versenken. Dies war eines von nur zwei Seegefechten im Verlauf des gesamten Pazifikkrieges, wo amerikanische und japanische Schlachtschiffe direkt aufeinandertrafen (der zweite Zusammenstoß dieser Art erfolgte in der Seeschlacht bei Leyte im Oktober 1944 und endete mit einer verheerenden japanischen Niederlage).

Ende November konnten die Japaner nochmals einen beachtlichen Erfolg erringen, als ihre Zerstörer vier von fünf amerikanischen Kreuzern versenkten. Ungeachtet dessen wurde es für die Japaner aufgrund der amerikanischen Luftüberlegenheit immer schwieriger, ihre Truppen auf Guadalcanal mit Nachschub zu versorgen, während die US-Truppen ihre Stellungen auf der Insel immer weiter ausbauen konnten. Anfang Februar 1943 gaben die Japaner schließlich auf und zogen sich von Guadalcanal zurück.

Weitere Rückschläge hatten die Japaner inzwischen auch bei ihren Versuchen hinnehmen müssen, Port Moresby zu erobern. Nach der Schlacht im Korallen-Meer Anfang Mai 1942 hatten sie zunächst über drei Monate hinweg nichts unternommen, dann endete ein Versuch, am 28. und 29. August in der Milne-Bucht an der äußersten Ostspitze von Neu-Guinea zu landen, mit einem Mißerfolg. Die Landungstruppen stießen auf die heftige Abwehr australischer Truppen, die sich dort festgesetzt hatten und von amerikanischen Luftstreitkräften unterstützt wurden. Nachdem auch dieser zweite Versuch, auf dem Seeweg an Port Moresby heranzukommen, gescheitert war, versuchten die Japaner es noch einmal über Land. Im September machten japanische Heeresverbände von den an der Nordküste von Neu-Guinea liegenden Häfen Buna und Gona einen Vorstoß nach Süden, wobei sie jedoch auf amerikanische und australische Truppen stießen, die ihnen entgegenmarschiert waren. Die Japaner wurden zuerst in die Verteidigung und dann zum Rückzug gezwungen, am 9. Dezember mußten sie Gona räumen, Ende Januar 1943 verloren sie auch Buna.

In den letzten Monaten des Jahres 1942 war es unübersehbar geworden, daß die japanische Expansion an allen Fronten zum Stehen gekommen war. Es war jetzt nur noch eine Frage der Zeit, wann die Amerikaner unter Mithilfe der Briten und Australier in das weitgespannte Verteidigungsvorfeld einbrechen würden, das die Japaner um Ostasien gelegt hatten.[881]

---

[881] Tippelskirch, S. 227 ff.

# Der Afrikafeldzug

Glaubt man Mussolinis eigenen Worten, dann trat Italien am 10. Juni 1940 in den europäischen Krieg ein, weil er „ein paar tausend Tote brauchte, um sich als Kriegführender an den Tisch der Friedenskonferenz setzen zu können". Seinem Generalstabschef versicherte der „Duce", „daß im September alles vorbei sein würde".[882]

Weder Mussolini noch seine militärischen Ratgeber machten sich Gedanken darüber, wie es weitergehen sollte, wenn Großbritannien weder eine entscheidende Niederlage erleiden noch sich zu einem Kompromißfrieden bereit finden würde. Die italienische Kriegsführung litt von Anfang an unter den sprunghaften Entscheidungen Mussolinis, es gab keine längerfristigen Planungen oder Vorbereitungen, die den begrenzten Fähigkeiten der italienischen Streitkräfte angemessen gewesen wären. Die italienischen Spitzenmilitärs hatten Mussolini vor der Kriegserklärung an Frankreich und England zwar pflichtgemäß darauf hingewiesen, daß die Streitkräfte auf einen Krieg nicht vorbereitet seien, sie hatten aber darauf vertraut, daß der „Duce" mit seiner Prognose, der Krieg werde im Herbst beendet sein, recht behalten werde. Politisch gesehen hatte Italien gar kein Interesse an einem Krieg mit Großbritannien, der Kriegseintritt war nur erfolgt, weil Mussolini auf territoriale Gewinne auf Kosten Frankreichs hoffte. Rom dachte dabei an Nizza und Korsika, vor allem aber die französischen Kolonien in Afrika.

Am 20. Juni 1940 griffen italienische Truppen Frankreich an der Alpengrenze an, wurden aber unter erheblichen Verlusten zurückgeschlagen. Zwar zählte Italien ungeachtet dieses militärischen Mißerfolgs zu den Siegern des Feldzuges von 1940, Mussolini mußte aber im italienisch-französischen Waffenstillstandsvertrag, der am 24. Juni in Rom unterzeichnet wurde, auf Forderungen gegenüber Paris verzichten. Die lokalen französischen Kolonialverwaltungen unterstellten sich nach der Niederlage Frankreichs überwiegend der neuen Regierung unter Marschall Pétain, die Ausrufung eines „Freien Frankreich" durch General Charles de Gaulle im Londoner Exil fand dagegen nur geringe Resonanz.

Der Mittelmeerraum war für Großbritannien von grundlegender strategischer Bedeutung, denn der kürzeste Seeweg von den Britischen Inseln zu den Besitzungen in Indien und Ostasien führte über die Straße von Gibraltar durch das Mittelmeer und den Suezkanal. Die Strecke an der westafrikanischen Küste entlang um das Kap der Guten Hoffnung in den Indischen Ozean war erheblich länger, ein Frachtschiff war hier im Durchschnitt zwei bis drei Monate lang unterwegs. Nach der Kapitulation Frankreichs und dem Beginn der Luftschlacht um England mußte die britische Regierung mit einer deutschen Invasion in Südengland rechnen, wodurch die Kräfte der britischen Armee, die nach Dünkirchen noch sehr schwach waren, im Mutterland gebunden waren. Die Last der Verteidigung der britischen Positionen im Mittelmeerraum und im Nahen Osten wurde daher hauptsächlich von Commonwealth-Truppen aus Australien, Neuseeland, Südafrika und Britisch-Indien getragen.

Zwischen der britischen und der italienischen Kriegsmarine herrschte 1940 im Mittelmeer annähernd ein strategisches Gleichgewicht. Die Royal Navy hatte die Aufgabe, die Zufahrten zum Mittelmeer zu schützen, im Osten den Suezkanal mit der Mediterranean Fleet unter Admiral Andrew Cunningham und im Westen die Straße von Gibraltar mit der „Force H" unter Vize-Admiral James Somerville. Dagegen beherrschten die italie-

---

[882] Tippelskirch, S. 108.

nischen See- und Luftstreitkräfte, die Regia Marina und die Regia Aeronautica, das zentrale Mittelmeer.[883] Die Briten waren deshalb gezwungen, die Mediterranean Fleet und die in Ägypten stationierte 8. Armee über den langen Seeweg um ganz Afrika herum und durch den Suez-Kanal zu versorgen.

Der wichtigste strategische Stützpunkt, den Großbritannien im mittleren Mittelmeer besaß, war die Insel Malta, die als „unsinkbarer Flugzeugträger" den Seeverkehr zwischen Sizilien und Nordafrika und damit den Nachschub für die italienischen Truppen empfindlich stören konnte. Allerdings war bereits im Oktober 1939 die Mediterranean Fleet von Malta nach Alexandria verlegt worden, auf der Insel verblieben nur 4.000 Mann Truppen sowie sechs veraltete Doppeldecker vom Typ Gloster „Gladiator". Ein italienischer Handstreich gegen Malta hätte 1940 angesichts der örtlichen Überlegenheit zur See und in der Luft gute Erfolgsaussichten gehabt, aber das Comando Supremo, das italienische Oberkommando, wollte kein Risiko eingehen und die Insel durch eine Seeblockade neutralisieren.[884]

Bereits wenige Stunden nach der italienischen Kriegserklärung an Großbritannien am 10. Juni 1940 hatte die Regia Aeronautica von Sizilien aus Flugplätze auf Malta angegriffen.[885] Im August landeten zur Verstärkung der Verteidiger zwölf Hawker „Hurricane" auf Malta, die im westlichen Mittelmeer vom Flugzeugträger HMS „Argus" gestartet waren, und in den folgenden Wochen sollten weitere „Hurricanes" die Insel auf diesem Weg erreichen. Nach acht Wochen schwerer Luftkämpfe waren die eingeflogenen „Hurricanes" jedoch aufgrund fehlender Ersatzteile an den Boden gefesselt.[886]

Bereits am 9. Juli 1940 war es zur Seeschlacht bei Punto Stilo südlich von Kalabrien gekommen, bei der die italienische und die britische Hauptflotte zum ersten Mal aufeinandertrafen. Dieses Gefecht endete jedoch unentschieden und hatte keine strategischen Konsequenzen.

Hätte die italienische Führung die Schwäche der britischen Streitkräfte in Nordafrika rasch und konsequent ausgenutzt, dann hätte sie gute Aussichten auf Erfolg gehabt. In Libyen standen unter Marschall Italo Balbo vier Heeres-, zwei faschistische Miliz- und zwei landeseigene Divisionen mit zusammen 250.000 Mann, die jedoch weder über Panzer- noch über vollmotorisierte Verbände verfügten. Mit der Kontrolle über den Suezkanal hätte Italien auch wieder eine Verbindung zu seinen Kolonien in Ostafrika herstellen können, die seit dem Eintritt des Kriegszustandes mit Großbritannien nur auf dem Luftweg zu erreichen waren.

Die Londoner Regierung war sich der eigenen Schwäche in Nordafrika sehr wohl bewußt, sie fürchtete einen italienischen Angriff in diesem Raum mehr als eine deutsche Invasion in England.

Die britischen Streitkräfte verfügten im Sommer 1940 über 36.000 Mann in Ägypten und 27.500 in Palästina.[887] Den schwachen Verbänden der RAF stand in diesem Gebiet im Prinzip die ganze italienische Luftwaffe gegenüber. Die britischen Streitkräfte in Nordafrika und im Nahen Osten konnten nicht verstärkt werden, solange die Luftschlacht um England im Gange war.

Die italienische Flotte war dem britischen Mittelmeergeschwader in Alexandria zahlenmäßig überlegen, obwohl letzteres im Mai auf vier Schlachtschiffe, einen Flugzeugträ-

[883]  A.J.P. Taylor / S.L. Mayer (Hrsg.). A History of World War Two. London 1974, S. 181.
[884]  Robert Mallett. The Italian Navy and Fascist Expansionism, 1935–1940. London 1998, S. 194.
[885]  Stephen Bungay. Alamein. London 2002, S. 50 f. Ernle Bradford. Siege: Malta 1940–1943, Barnsley 2003, S. 3 f.
[886]  Tony Holmes. Hurricane Aces 1939–40: Aircraft of the Aces. Oxford 1998, S. 112.
[887]  I.S.O. Playfair / R.N. Stitt u.a. (Hrsg.). The Mediterranean and Middle East: The Early Successes Against Italy (to May 1941). History of the Second World War. United Kingdom Military Series I. Uckfield 1954, S. 19, 93.

ger, neun Kreuzer, 26 Zerstörer und zwölf U-Boote verstärkt worden war. Eine weitere Verstärkung der englischen Flotteneinheiten war wegen des deutschen U-Boot-Krieges nicht möglich, der Luft- und Seestützpunkt Malta im zentralen Mittelmeer war zu diesem Zeitpunkt nur äußerst schwach besetzt. Wenn die Italiener sich entschlossen hätten, ihre zahlenmäßige Überlegenheit zu Lande, zu Wasser und in der Luft, gegebenenfalls mit Unterstützung durch deutsche Panzerverbände, auszunutzen, so hätten sie gute Aussichten gehabt, die Briten aus Nordafrika zu vertreiben.

## Die Besonderheiten des nordafrikanischen Kriegsschauplatzes

Der Hauptschauplatz der Kämpfe in Nordafrika war die Cyrenaika, ein ungefähr tausend Kilometer langer und einhundert Kilometer breiter Gebietsstreifen an der nordafrikanischen Küste. Die Cyrenaika wird in ihrem westlichen, in Libyen gelegenen Teil durch die Befestigung El Agheila am Südufer der Großen Syrte und im Osten durch die Grenz- und Hafenstadt Sollum in Ägypten begrenzt. Im Westen dieses Gebiets liegt Tunesien, im Süden die verkehrstechnisch völlig unerschlossenen Weiten der Sahara. Tunesien war französische, Libyen italienische und Ägypten britische Kolonie.

Die wenigen Dörfer und Städte in diesem Raum spielten für die militärischen Operationen kaum eine Rolle, an Eisenbahnen waren nur einige wenige Schmalspurbahnen vorhanden. In der Cyrenaika gab es im wesentlichen nur eine befestigte Straße, die mit Unterbrechungen an der Küste entlangführte. Alle anderen „Straßen" waren tatsächlich nur Sandpisten, deren massive Staubentwicklung Rad- und Kettenfahrzeuge erheblich belastete. Das mit Geröll übersäte Terrain abseits der Wege war auch für Geländefahrzeuge schwierig zu befahren. Fahrzeug- wie Flugmotoren hatten unter Sand und Staub schwer zu leiden. Der Wassermangel und das Wüstenklima (am Tag bis zu 50 Grad Celsius Hitze, nachts große Kälte) und der Sand stellen hohe Anforderungen an Mensch und Material. Es sind in dieser Region täglich vier bis fünf Liter Wasser nötig, um den Wasserverlust des Körpers auszugleichen.

Mit seinen weiten offenen Flächen ermöglichte das Wüstengelände aber trotz aller Schwierigkeiten einen schnellen Bewegungskrieg im Gefecht der verbundenen Waffen, was der deutschen Wehrmacht sehr entgegenkam und entscheidend zu Rommels spektakulären Erfolgen beitragen sollte.

Dieser Kriegsschauplatz eignete sich in erster Linie für motorisierte Truppen, reine Infanterieverbände waren aufgrund ihrer geringen Beweglichkeit von vornherein dazu verurteilt, mehr oder weniger statische Rollen zu übernehmen. Motorisierte Truppen waren jedoch auf eine ausreichende Versorgung nicht nur mit Wasser und Munition, sondern auch mit Benzin und Ersatzteilen angewiesen. Konnten die Lkw-Kolonnen nicht mehr ausreichend Nachschub nach vorne bringen, waren Geländegewinne von sehr begrenztem Wert. Rasche und weite Vorstöße waren automatisch mit wachsenden Entfernungen zu den jeweiligen Versorgungsbasen verbunden, eine Überdehnung der eigenen Versorgungswege und eine feindliche Gegenoffensive konnten einen Sieg rasch in eine Niederlage verwandeln.[888]

Die Logistik war der Dreh- und Angelpunkt des ganzen Afrikafeldzuges. Der Nachschub für die deutsch-italienischen Truppen mußte zunächst über das Mittelmeer an die nordafrikanische Küste transportiert werden. Dort gab es nur verhältnismäßig wenige Häfen, deren Ent- bzw. Beladekapazitäten sehr begrenzt waren, der wichtigste von ihnen war Tripolis. Von den Häfen mußte der gesamte Nachschub mit Lkw-Kolonnen durch

---

[888]  Playfair, S. 115 ff.

das Wüstengebiet transportiert werden, wofür bereits ein Großteil des aus Europa angelieferten Benzins verbraucht wurde. Im Grunde waren die Feldzüge in Nordafrika immer von der Frage abhängig, wieviel Treibstoff gerade verfügbar war und welchen Fahrbereich die eigenen Panzer und Lkw damit hatten. Ein großer Teil der deutsch-italienischen Nachschublieferungen fiel im Mittelmeer den von Malta aus operierenden britischen U-Booten und Flugzeugen zum Opfer. Eine der vielen Folgen des Nachschubproblems war, daß das Deutsche Afrikakorps in hohem Maße auf erbeutete Waffen und Fahrzeuge angewiesen war. Dies führte zu einem bunten Durcheinander an aus Deutschland, Italien, Großbritannien, den USA und sogar Frankreich und Rußland stammendem Material und Waffen, die eine Vielzahl verschiedener Munitionssorten und Ersatzteile benötigten, was die Versorgung und Instandhaltung sehr erschwerte.[889]

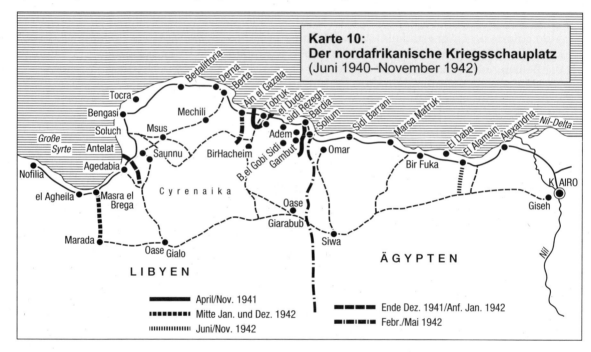

Karte 10:
Der nordafrikanische Kriegsschauplatz
(Juni 1940–November 1942)

## Die italienische Invasion Ägyptens

Zwischen Mitte Juni und Mitte September 1940 kam es an der libysch-ägyptischen Grenze zu einer Reihe von kleineren Zwischenfällen, die eine Art Vorspiel zum eigentlichen Krieg bildeten.

Mussolini forderte vom italienischen Oberbefehlshaber in Libyen, Rodolfo Graziani, eine Offensive mit dem Ziel, den Briten den Suezkanal zu entreißen und um eine Verbindung zwischen den italienischen Besitzungen in Nord- und Ostafrika herzustellen. Am 13. September begann „Operazione E". Die zahlenmäßig weit überlegene italienische 10. Armee unter General Mario Berti überschritt die Grenze nach Ägypten und stieß innerhalb weniger Tage bis Sidi Barrani, das etwa 100 Kilometer von der Grenze entfernt lag, vor. Dort machten die italienischen Truppen halt und begannen, Feldbefestigungen zu errichten und ihre Nachschublinien auszubauen.[890] Nachdem die Italiener so das Überraschungsmoment ohne Notwendigkeit vergeben hatten, blieb den Briten genug

---

[889] Martin van Creveld. Supplying War: Logistics from Wallenstein to Patton. Cambridge 1977, S. 183.
[890] Playfair, S. 208 ff.

Zeit, ihre Truppen in Ägypten zu verstärken. Zwischen den Stellungen der italienischen Verbände gab es große Lücken, die mobile Einheiten der britischen Western Desert Force unter General Richard O'Connor nutzten, um die Italiener zu umgehen und von hinten anzugreifen, während die Hauptkräfte der Western Desert Force ihre Stellungen bei Marsa Matruh hielten.[891]

Am 28. Oktober eröffnete Italien den Krieg gegen Griechenland, wobei die italienischen Truppen jedoch auf unerwartet heftigen Widerstand der griechischen Armee stießen. Gleichzeitig wurden die italienischen Nachschubkonvois sowie die libyschen Häfen immer häufiger von britischen U-Booten und Flugzeugen angegriffen. Die geplante Offensive Grazianis auf Marsa Matruh mußte schließlich verschoben werden.

In der Nacht vom 11. auf den 12. November starteten 20 britische Torpedobomber vom Typ Fairey „Swordfish" vom Flugzeugträger HMS „Illustrious" zu einem nächtlichen Überraschungsangriff auf die italienische Flotte, die in ihrem Kriegshafen Tarent lag. Dabei wurden drei der sechs dort liegenden italienischen Schlachtschiffe schwer beschädigt; „Littorio" konnte innerhalb von vier, „Caio Duilio" innerhalb von sieben Monaten repariert werden, das alte Schlachtschiff „Conte di Cavour" wurde bis zur Kapitulation Italiens am 8. September 1943 nicht mehr fertiggestellt.[892] Die Operationsbereitschaft der italienischen Marine wurde durch diesen Schlag zwar erheblich eingeschränkt, aber nur fünf Tage später lief sie mit zwei Schlachtschiffen, sechs Kreuzern und 14 Zerstörern aus, um einen britischen Geleitzug nach Malta abzufangen.

Auf den italienischen Nachschub für Nordafrika hatte der Überraschungsangriff auf Tarent keine Auswirkungen, die verschiffte Tonnage stieg von durchschnittlich 37.204 Tonnen in den Monaten August bis September 1940 auf durchschnittlich 49.435 Tonnen in den Monaten Oktober 1940 bis Januar 1941.[893]

Die Supermarina, das Oberkommando der italienischen Kriegsmarine, wollte daraufhin eine große Seeschlacht mit der britischen Mittelmeerflotte nach Möglichkeit vermeiden. Diese defensive Grundhaltung war auch durch die geringen Treibstoffvorräte bedingt, die der Regia Marina Anfang 1941 eine volle Operationsfreiheit von maximal sieben Monaten gewährten.[894]

Großbritannien hatte sich 1939 dazu verpflichtet, Griechenland Militärhilfe zu gewähren, und die britische Regierung begann, Bodentruppen und Luftwaffenverbände zur Unterstützung der Griechen von Ägypten nach Kreta und auf den Peloponnes zu verlegen.

Als ein italienischer Flottenverband unter Vizeadmiral Angelo Iachino versuchte, britische Truppentransporte von Nordafrika nach Griechenland abzufangen. kam es am 28./29. März 1941 zur Seeschlacht bei Kap Matapan vor der Südwestküste des Peloponnes, bei der die Mediterranean Fleet der Regia Marina eine schwere Niederlage beibringen konnte, sie verlor drei Schwere Kreuzer und zwei Zerstörer, was den Angriffsgeist der Supermarina künftig erheblich dämpfen sollte.[895]

Auf Malta bildete die Royal Navy zur Bekämpfung des italienischen Schiffsverkehrs die 10th Submarine Flotilla, die zunächst hauptsächlich aus U-Booten der T-Klasse bestand. Die Operationen der 10th Flotilla begannen am 20. September 1940, sie versenkte in kurzer Zeit 38.000 Tonnen italienischen Schiffsraum, verlor dabei aber neun U-Boote.[896] Die meisten dieser Verluste gingen auf Minen zurück, von denen die Italiener in den

---

891  Ebenda, S. 207, 211–212, 257–261.
892  Alberto Santoni. „L'attacco inglese a Taranto", Rivista Italiana di Difesa, November 1990, S. 88 ff.
893  Marc'Antonio Bragadin. The Italian Navy in World War II. Annapolis 1957, S. 356.
894  Mallett, S. 171.
895  James Holland. Fortress Malta: An Island Under Siege, 1940–1943. London 2003, S. 136.
896  Tony Spooner. Supreme Gallantry: Malta's Role in the Allied Victory, 1939–1945. London 1996, S. 26 f.; Holland, S. 84 f.

Gewässern um Malta etwa 54.000 Stück verlegt hatten.[897] Am 14. Januar 1941 trafen auf Malta die ersten U-Boote der U-Klasse ein, die aufgrund ihrer geringen Größe (540/730 t) für das Mittelmeer besonders geeignet waren.[898]

Hitler hatte ursprünglich den Balkan aus dem Krieg heraushalten wollen, aber durch das eigenmächtige Vorgehen Mussolinis in Griechenland, die Rückschläge der italienischen Truppen und das voraussehbare Eingreifen der Briten sah er sich genötigt, deutsche Waffenhilfe anzubieten. Diese beschränkte sich zunächst auf die deutsche Luftwaffe, deutsche Bodentruppen sollten erst im Frühjahr 1941 in den Krieg gegen Griechenland eingreifen.

## Die britische Gegenoffensive: Operation „Compass"

Anfang Dezember 1940 bereiteten sich die britischen Truppen in Ägypten auf eine Gegenoffensive unter dem Namen Operation „Compass" vor. Das britische Nahostkommando unter General Archibald Wavell wurde in seinen Plänen durch das passive Verhalten der italienischen Truppen bei Sidi Barrani bestärkt. Ab dem 6. Dezember bezog die Western Desert Force, bestehend aus der indischen 4. Infanteriedivision und der britischen 7. Panzerdivision, unter strengster Geheimhaltung ihre Ausgangspositionen. Der eigentliche Angriff gegen die 80.000 Mann zählende italienische Streitmacht östlich der italienisch-ägyptischen Grenze begann am 9. Dezember bei Tagesanbruch südlich von Sidi Barrani. Die Italiener wurden völlig überrascht und erlitten eine schwere Niederlage, vier ihrer Divisionen wurden innerhalb weniger Tage aufgerieben, darunter die beiden Eingeborenen-Divisionen.[899] Im weiteren Verlauf der Operation stießen die Briten bis nach Sollum vor, die Italiener wurden aus Ägypten vertrieben, vier Divisionen in Bardia eingeschlossen. Bardia fiel am 5., Tobruk am 22. Januar 1941, am 6. Februar wurde Bengasi von britischen Truppen eingenommen. Bis Ende Januar fielen insgesamt 113.000 Italiener mit 700 Geschützen in britische Gefangenschaft. Zwischen dem 5. und 9. Februar wurden die zurückgehenden italienischen Truppen in der Schlacht bei Beda Fomm südlich von Bengasi erneut geschlagen, von den zehn in der Cyrenaika stehenden italienischen Divisionen entkamen nur 7.000 Mann nach Tripolitanien.[900] Nach der Einnahme von El Agheila hielten die Briten ihren Vormarsch an, da die britische Regierung für die erwartete Offensive der Achsenmächte gegen Griechenland eine Truppenreserve zur Unterstützung der Griechen bereithalten wollte.

Das OKH hatte schon früh die Notwendigkeit erkannt, die Italiener in Nordafrika zu unterstützen. General Wilhelm von Thoma reiste in die Cyrenaika, um vor Ort die Möglichkeit eines Einsatzes von deutschen Panzerverbänden zu untersuchen. Thoma gelangte zu der Überzeugung, daß man wegen der schlechten Nachschubmöglichkeiten über Land erst die Eroberung des Hafens von Marsa Matruh durch die Italiener abwarten sollte. Aufgrund des durchschlagenden Erfolges von Operation „Compass", der britischen Gegenoffensive, stand dies nunmehr außer Frage, und aufgrund der schweren italienischen Niederlage in Nordafrika sah sich Hitler entgegen seinen ursprünglichen Absichten genötigt, mit deutscher Waffenhilfe im Mittelmeer einzuspringen.[901]

Die italienischen Truppen liefen Gefahr, von den Briten gänzlich aus Afrika vertrieben zu werden, und Hitler fürchtete die psychologischen Rückwirkungen, die dies auf die

---

[897] Spooner, S. 29 u. 35.
[898] Ebenda, S. 30.
[899] Playfair, S. 358 f.
[900] Walter Baum/Eberhard Weichold. Der Krieg der Achsenmächte im Mittelmeerraum, Göttingen 1973, S. 71 f.
[901] OKW/KTB v. 9.1.1941: Bd. I, S. 253 ff.

Herrschaft Mussolinis haben könnte. Der Duce mußte von deutscher Seite nun auch materiell unterstützt werden, um zu verhindern, daß sein angeschlagenes Prestige noch mehr litt.[902]

Bereits am 10. Dezember 1940 hatte das X. Fliegerkorps unter dem General der Flieger Hans Ferdinand Geisler den Befehl erhalten, sich nach Sizilien zu begeben, mit dem Auftrag, die Straße von Sizilien für alliierte Schiffe zu schließen und Malta als britischen Stützpunkt auszuschalten.[903] Am 2. Januar 1941 erreichten die ersten Einheiten, zwei Gruppen mit Junkers Ju 87 „Stuka", die I./Sturzkampfgeschwader 1 und die II./Sturzkampfgeschwader 2, den Flugplatz Trapani an der Südküste Siziliens. Das X. Fliegerkorps verfügte zu diesem Zeitpunkt über 255 Flugzeuge, darunter 209 „Stukas" und mittlere Bomber, überwiegend vom Typ Junkers Ju 88.[904]

Die Luftangriffe auf Malta und britische Kriegsschiffe wurden jetzt erheblich verstärkt, bevorzugte Ziele waren schwere Überwassereinheiten. Am 10. Januar gelangte der Flugzeugträger HMS „Illustrious" in die Reichweite der deutschen „Stukas" und wurde von mindestens 24 Ju 87 der I./StG 1 und der II./StG 2 angegriffen, der Träger erhielt sechs Treffer und steuerte daraufhin schwer beschädigt Malta an.[905] In den folgenden Tagen begannen auf der Werft von Grand Harbour die Reparaturarbeiten, aber am 16. und 19. Januar wurde die „Illustrious" erneut von Sturzkampfbombern des Typs Ju 87 und Ju 88 angegriffen; es gab einen Volltreffer auf dem Flugdeck sowie mehrere Nahtreffer unterhalb der Wasserlinie, die zu schweren Wassereinbrüchen führten. Es gelang, die „Illustrious" so weit zu reparieren, daß sie in der Nacht auf den 23. Januar auslaufen und zwei Tage später Alexandria erreichen konnte. Anschließend wurde das Schiff durch den Suez-Kanal zunächst nach Südafrika und dann nach Norfolk in den USA zur Reparatur geschickt.[906]

Durch die massiven deutsch-italienischen Luftangriffe auf Malta im Februar und März konnten die Überwassereinheiten der Royal Navy die Insel nicht länger als Stützpunkt benutzen, im April und Mai wurde der größte Teil der Hafenanlagen von Grand Harbour zerstört.[907] Die Achsenmächte besaßen in diesen Monaten über Malta eindeutig die Luftüberlegenheit, sie verfügten über etwa 180 deutsche und 300 italienische Flugzeuge, während die RAF Schwierigkeiten hatte, auf der Insel mehr als sechs bis acht Jagdflugzeuge in die Luft zu bringen. Zwischen Februar und April 1941 verschifften die Achsenmächte 321.259 Tonnen Nachschub nach Libyen, von denen nur sechs Prozent ihre Zielhäfen nicht erreichten.

Im Frühjahr 1941 sah sich Hitler durch einen Militärputsch in Belgrad sowie britische Truppenentsendungen nach Kreta und auf den Peloponnes genötigt, auf dem Balkan zu intervenieren, ab dem 6. April besetzte die deutsche Wehrmacht innerhalb weniger Wochen Jugoslawien und Griechenland. Als am 22. Juni 1941 das Unternehmen „Barbarossa", der Angriff auf die Sowjetunion, begann, wurde das X. Fliegerkorps an die Ostfront verlegt, und die Regia Aeronautica mußte den Luftkrieg gegen Malta in den kommenden Monaten alleine fortsetzen.[908]

Am 1. Juni 1941 wurde Air Vice Marshal Forster Maynard als Kommandeur der RAF auf Malta von Air Commodore Hugh Lloyd abgelöst.[909] Die RAF verfügte in dieser Zeit

[902] Baum/Weichold, S. 108 f.

[903] Spooner, S. 33.

[904] E.R. Hooton. Eagle in Flames: The Fall of the Luftwaffe. London 1997, S. 128 f.

[905] John Weal. Junkers Ju 87 Stukageschwader 1937–41. Oxford 1998, S. 8 f.; John Ward. Hitler's Stuka Squadrons: The Ju 87 at War, 1936–1945. London 2004, S. 112; Chr. Shores/B. Cull/N. Malizia. Malta: The Hurricane Years. London 1987, S. 110.

[906] Weal, S. 9 f.

[907] Charles Albert Jellison. Besieged: The World War II. Ordeal of Malta, 1940–1942. Hanover 1984, S. 102 f.

[908] Jellison, S. 121–123.

[909] Anthony Rogers. 185: The Malta Squadron. London 2005, S. 19.

auf Malta über nicht mehr als 60 Flugzeuge aller Typen, die Wartung war schwierig, Ersatzteile mußten durch „Kannibalisieren" unbeschädigter Flugzeuge gewonnen werden, darüber hinaus gab es keine schwere Ausrüstung.[910]

Die Luftüberlegenheit der Achsenmächte über der Straße von Sizilien zwang die Briten, ihre Nachschubschiffe um das Kap der Guten Hoffnung herum zu schicken, diese Route war zwar wesentlich länger, aber vor Luftangriffen sicher. Ende Januar 1941 begannen deutsche Flugzeuge außerdem, von italienischen Flugplätzen im Dodekanes aus Seeminen über dem Suezkanal abzuwerfen, womit eine Sperrung dieser wichtigen Wasserstraße drohte.

Am 11. Januar 1941 erließ Hitler die „Weisung Nr. 22" für das Unternehmen „Sonnenblume" zur Unterstützung der Italiener in Nordafrika. Es wurde ein deutscher „Sperrverband" aufgestellt, mit dessen Führung General Erwin Rommel beauftragt wurde. Ursprünglich hatte das Deutsche Afrikakorps, wie der „Sperrverband" bald genannt wurde, nur den Auftrag, die Italiener bei der Verteidigung ihrer Gebiete in Nordafrika zu unterstützen. Das Afrikakorps unterstand daher anfangs formell noch italienischem Kommando. Es wurden für das Deutsche Afrikakorps ausschließlich motorisierte und gepanzerte Verbände des Heeres ausgewählt, es setzte sich aus der 5. leichten Division (die spätere 21. Panzer-Division), der 90. leichten Afrika-Division, sowie der 15. Panzer-Division zusammen.[911] Dem nordafrikanischen Kriegsschauplatz wurde von Hitler jedoch insgesamt keine größere strategische Bedeutung beigemessen, die Entscheidung des gesamten Krieges würde seiner Ansicht nach in den Weiten Rußlands fallen.

## Die Gegenoffensive des Deutschen Afrikakorps

Die ersten deutschen Truppen landeten am 11. Februar 1941 in Tripolis. Im Gegensatz zu den Vorstellungen des OKW, das dem Afrikakorps grundsätzlich eine defensive Rolle zugewiesen hatte, hielt Rommel eine Offensive gegen die britischen Truppen für notwendig und erfolgversprechend. Nachdem Rommel die Lage mit dem Generalstabschef des Heeres Halder, mit Hitler sowie mit Mussolini besprochen hatte, trat er am 24. März zu einem taktischen Aufklärungsstoß gegen die britischen Stellungen bei El Agheila an, bei dem das Afrikakorps nur auf geringen Widerstand traf. Die 5. leichte Division stieß am 30. März weiter vor, durchbrach die Marsa-el-Brega-Stellung und erreichte bereits am 2. April Agedabia.

Der unerwartete Erfolg dieses taktischen Vorstoßes schuf für Rommel eine neue operative Lage. Entgegen seinen Befehlen begann er mit den schwachen deutsch-italienischen motorisieren Verbänden eine Offensive großen Stils. Rommels Verbände stürmten in drei Kolonnen vorwärts: die Küstenstraße über Bengasi entlang, von Msus nach Mechili und südlich in Richtung Mechili-Derna. Bis Mitte April wurde die ganze Cyrenaika zurückerobert, der deutsche Vormarsch endete vor der ägyptischen Grenzstadt Sollum östlich von Tobruk. Die britischen Truppen wurden über Bengasi und Derna über eine Strecke von 800 Kilometern nach Osten zurückgeworfen.

Die Hafenstadt Tobruk war wenige Monate zuvor von den italienischen Truppen zur Festung ausgebaut und während der britischen Offensive beinahe kampflos geräumt worden. Bis zum 13. April unternahm das Afrikakorps drei erfolglose Angriffe auf die eingeschlossene Festung. Die deutschen Verbände waren jedoch zu schwach, um die Stellungen und Minenfelder rings um Tobruk zu durchbrechen, und Rommel mußte seine Panzer für die Operationen in der Wüste schonen. Ein weiterer Vorstoß in Richtung

---

[910]  Jellison, S. 138.
[911]  Eddy Bauer / Peter Young (Hrsg.). The History of World War II. London 2000, S. 121.

Osten war nicht möglich, da das Afrikakorps bereits jetzt mit erheblichen Nachschub-schwierigkeiten zu kämpfen hatte. Es kam daher zu einem Stellungskrieg um Tobruk.

Die deutsch-italienischen Erfolge waren tatsächlich gegen einen geschwächten Gegner errungen worden, da die ursprünglich zahlenmäßig überlegene britische Armee durch den Abzug von starken Verbänden nach Griechenland erheblich an Kampfkraft ein-gebüßt hatte.

Aufgrund der Nachschublage hatten Hitler und das OKW zunächst erhebliche Beden-ken gegen die überraschende Offensive Rommels. Dieser hatte eine einmalige günstige Gelegenheit instinktsicher ausgenutzt und die Lage der Achsen-Truppen wesentlich ver-bessert, die Frage war nun, ob sie die erreichten Stellungen auch halten konnten.[912]

# Operation „Crusader"

Nach den Fehlschlägen in Griechenland, dem Verlust Kretas und dem pro-deutschen Aufstand im Irak drängte Churchill seinen Oberkommandierenden in Nordafrika, Ge-neral Wavell, zum Angriff gegen das Deutsche Afrikakorps, ein Sieg in Libyen sollte alle erlittenen Rückschläge wiedergutmachen. Aber obwohl Wavell beträchtliche Verstärkun-gen an Panzern erhalten hatte, verlief das Unternehmen „Battleaxe", das am 15. Juni begann, sehr enttäuschend. Das Oberkommando des Afrikakorps hatte die britischen Vorbereitungen richtig erkannt und die eigenen Truppen rechtzeitig alarmiert.[913]

Im September 1941 transportierte ein schwer bewachter Geleitzug der Royal Navy, der aus neun Handelsschiffen, einem Flugzeugträger, fünf Kreuzern und 17 Zerstörern be-stand, 85.000 Tonnen Nachschub nach Malta. Damit sollte die Insel bei der Wiederauf-nahme der Angriffe durch die deutsche Luftwaffe im Dezember 1941 über ausreichende Vorräte verfügen.[914] Bereits im Mai waren die ersten Staffeln mit leichten Bombern vom Typ Bristol „Blenheim" auf Malta eingetroffen, die es der RAF ab der Jahresmitte ermög-lichten, den Nachschubverkehr der Achsenmächte nach Nordafrika zu bekämpfen.[915] In Zusammenarbeit mit den U-Booten der 10th Submarine Flotilla vernichtete die RAF zwi-schen Juni und September 108 Schiffe der Achsenmächte mit zusammen 300.000 BRT.[916] Im Juli erhielt die Panzerarmee Afrika nur noch 62.276 Tonnen Nachschub, das war halb soviel wie im Vormonat.[917] Im November 1941 traf die aus Leichten Kreuzern und Zerstörern bestehende „Force K" der Royal Navy auf Malta ein,[918] durch deren Operationen die Ver-luste der Nachschubtransporte so anstiegen, daß im November nur noch 38 Prozent von ursprünglich 79.208 Tonnen die Panzerarmee Afrika erreichten.[919] Dies erwies sich als ent-scheidend für den Erfolg der britischen Gegenoffensive in der Cyrenaika.

Gegen Ende des Jahres 1941 strebten beide Kriegsparteien eine Entscheidung an, die Achsenmächte durch die Eroberung Tobruks, die Briten durch eine große Offensive mit dem Ziel, die Festung zu entsetzen und die deutsch-italienischen Truppen in der Cyre-naika zu vernichten. Da das OKW das Mittelmeer als einen Nebenschauplatz ansah, wa-ren nur geringe Heeresverbände zur Verstärkung geschickt worden, der Nachschub war kaum ausreichend. Das Afrikakorps hatte daher Tobruk nicht nehmen können, das eine gefährliche Bedrohung im Rücken der Sollum-Front blieb.

[912]   Baum/Weichold: Der Krieg der Achsenmächte im Mittelmeerraum, Göttingen 1973, S. 129 f.
[913]   Ebenda, S. 135 f.
[914]   Spooner, S. 65.
[915]   Shores/Cull/Malizia: The Hurricane Years. London 1987, S. 270; Christopher Shores. Duel for the Sky: Ten Crucial Battles of World War II. London 1985, S. 82.
[916]   E.R. Hooton. Eagle in Flames: The Fall of the Luftwaffe. London 1997, S. 134.
[917]   Spooner, S. 58.
[918]   Spooner, S. 81, 74.
[919]   Peter C. Smith. The Battles of the Malta Striking Forces. Littlehampton 1974, S. 39.

Nach der Ablösung des glücklosen Wavell drängte Churchill den neuen Oberkommandierenden, Sir Claude Auchinleck, zu einem möglichst frühen Angriffstermin, stieß damit aber auf erhebliche Widerstände. Im November führten die Briten schließlich mit „Operation Crusader" eine Gegenoffensive mit dem Ziel, die Festung Tobruk durch die Ablenkung deutscher Truppen zu entlasten. Obwohl Rommel mit einer britischen Offensive im Herbst gerechnet hatte, wurde er taktisch überrascht. Der britische Angriff von Osten wurde durch einen Ausfall aus der Festung Tobruk unterstützt, gleichzeitig beschossen die britischen Seestreitkräfte die Stellungen der deutsch-italienischen Truppen im Küstengebiet.

Die Kämpfe zwischen dem 18. und dem 23. November im Raum südöstlich von Tobruk verliefen für das Afrikakorps nicht sehr günstig, die Ausbruchsversuche der Besatzung von Tobruk machten die Lage für die Deutschen noch schwieriger. Nachdem der erste britische Angriff ergebnislos liegengeblieben war, setzten Truppen der britischen 8. Armee am 18. November 1941 zu einem zweiten Vorstoß an, der die Pattsituation bei Tobruk schließlich beenden sollte.

Während der zweiten Phase der Kämpfe verschob sich das Kräfteverhältnis immer mehr zuungunsten der Achsen-Truppen, die deutsch-italienische Luftwaffe war der RAF erheblich unterlegen. Der Versuch Rommels, in die Versammlung einer neuen feindlichen Gruppe um Bir el Gobi hineinzustoßen und sie entscheidend zu treffen, mißlang. Das Afrikakorps mußte nach verlustreichen Kämpfen schließlich in der Nacht vom 7./8. Dezember 1941 den Rückzug antreten, Bardia und die Stellungen im Raum Sollum-Halfaya mußten aufgegeben werden. Das Unternehmen „Crusader" war soweit beendet, die britische 8. Armee war trotz schwerer Verluste siegreich, und die Belagerung von Tobruk konnte aufgehoben werden.[920]

Das Afrikakorps nutzte die folgende Kampfpause, um sich schrittweise auf die starke Stellung bei Marsa el Brega abzusetzen. Durch die britische Offensive standen die deutsch-italienischen Truppen am 12. Januar 1942 schließlich wieder da, wo sie im ersten Teil des Jahres zum Angriff angetreten waren, in ihren Ausgangsstellungen in der westlichen Cyrenaika.

Am 13. November 1941 war im Mittelmeer der britische Flugzeugträger HMS „Ark Royal" durch U 81, zwölf Tage später das Schlachtschiff HMS „Barham" durch U 331 versenkt worden. In der Nacht vom 18. auf den 19. Dezember 1941 setzten sechs Torpedoreiter der italienischen Spezialeinheit Decima MAS unter dem Kommando von Fregattenkapitän Junio Valerio Borghese[921] im Hafen von Alexandria die beiden Schlachtschiffe HMS „Queen Elizabeth" und HMS „Valiant" mittels Minen außer Gefecht.[922] Die Reparaturen sollten insgesamt mehr als ein Jahr lang dauern, die britische Mittelmeerflotte war damit ihrer letzten beiden Schlachtschiffe beraubt. Das strategische Gleichgewicht im Mittelmeer verschob sich aufgrund dieser schweren Verluste der Royal Navy in der ersten Jahreshälfte 1942 deutlich zugunsten der Achsenmächte.

## Die Belagerung von Malta

Bereits am 2. Oktober hatten sich der Oberkommandierende der Luftwaffe Hermann Göring und der Stabschef der Regia Aeronautica, General Francesco Pricolo, auf eine Verstärkung der deutschen Fliegerkräfte im Mittelmeerraum geeinigt, und im Januar 1942 wurde das II. Fliegerkorps unter Generalfeldmarschall Albert Kesselring nach Si-

---

[920] M Carver. Dilemmas of the Desert War: The Libyan Campaign 1940–1942. Staplehurst 2002, S. 51.
[921] Decima Flottiglia MAS war eine Tarnbezeichnung und bedeutet: Zehnte Motortorpedoboot-Flottille.
[922] Jack Greene/Alessandro Massignani. The Black Prince and the See Devils: The Story of Valerio Borghese and the Elite Units of the Decima MAS. Cambridge 2004, S. 91 ff.

zilien verlegt. Zur Unterstützung des II. Fliegerkorps wurden Langstreckenjäger vom Typ Messerschmitt Me 110 vom Zerstörergeschwader 26 und Junkers Ju 88 C vom Nachtjagdgeschwader 1 nach Sizilien geschickt. Diese konnten die von Malta aus operierenden Bristol „Blenheim" rasch ausschalten, die britischen Erfolge gegen den Nachschubverkehr der Achsenmächte gingen rasch zurück.[923]

Das deutsche II. Fliegerkorps verfügte im Januar nur über 118 Flugzeuge, aber diese Zahl stieg im März auf 390 und erreichte im April eine Höchststärke von 425 Flugzeugen.[924] Die veralteten „Hurricanes" hatten gegen die neuesten Me 109 F und die italienischen Macchi MC.202 einen schweren Stand, die Lage auf Malta wurde so kritisch, daß die RAF-Kommandeure die Entsendung von „Spitfire" Mk V auf die Insel forderten.[925]

Zwischen Februar und April 1942 flog das II. Fliegerkorps von Sizilien aus schwere Luftangriffe gegen Malta, wodurch die dort stationierten britischen Flugzeuge und U-Boote weitgehend ausgeschaltet wurden. Die britischen Angriffe auf die deutsch-italienischen Nachschubkonvois kamen beinahe zum Erliegen, und in diesem Zeitraum erhielt das Afrikakorps Nachschub in einem bisher nicht dagewesenen Umfang.

Am 29./30. April 1942 wurde von Hitler und Mussolini bei einem Treffen in Berchtesgaden ein Plan zur Eroberung Maltas beschlossen, der den Decknamen Unternehmen „Herkules" trug. Danach war zunächst die Luftlandung je einer deutschen und einer italienischen Fallschirmjägerdivision unter dem Kommando von General Kurt Student vorgesehen, anschließend sollten zwei bis drei Infanteriedivisionen unter dem Schutz der Regia Marina von Sizilien nach Malta übersetzen. Die Luftschlacht um die Insel war so gut wie gewonnen, aber Hitler zögerte mit der Entscheidung, Fallschirmjäger für die Invasion Maltas einzusetzen, da diese Truppe bei der Landung auf Kreta im Mai 1941 schwere Verluste erlitten hatte. Außerdem schienen durch die erfolgreichen Luftangriffe auf Malta die Nachschubwege nach Nordafrika gesichert, weshalb Rommel den Standpunkt vertrat, daß die Eroberung Ägyptens und des Suez-Kanals Vorrang habe und man sich um Malta später kümmern könne.[926]

Am 7. März 1942 flogen 16 „Spitfire" Mk V von dem Flugzeugträger HMS „Eagle" nach Malta, am 13. April überführten die „Eagle" und die USS „Wasp" weitere 47 Flugzeuge dieses Typs.[927] Der Luftwaffe und der Regia Aeronautica blieb dies nicht verborgen, sie reagierten mit schweren Luftangriffen, und am 21. April 1942 waren noch ganze 17 „Spitfires" einsatzbereit.[928] Die deutsche Luftaufklärung stellte außerdem fest, daß nicht Grand Harbour, sondern Manoel Island als Stützpunkt für die britischen U-Boote diente, und die folgenden Luftangriffe waren so heftig, daß die britischen U-Boote die meiste Zeit im oder vor dem Hafen getaucht bleiben mußten.[929] Damit nicht genug gingen durch die italienischen Minen bis Ende März 1942 insgesamt 19 britische U-Boote verloren.[930] Zwischen dem 20. März und dem 28. April flog die Luftwaffe 11.819 Einsätze gegen Malta und warf dabei 6.557 Tonnen Bomben ab.[931] Diese massiven Angriffe hatten Erfolg, im April erreichten 150.389 Tonnen Nachschub, die von Italien nach Nordafrika verschifft wurden, ihre Zielhäfen, nur 0,1 Prozent gingen verloren.[932] Kesselring berichtete an das OKW, daß es auf Malta keine lohnenswerten Ziele mehr geben würde.[933]

---

[923] Shores, Duel for the Sky, S. 85.
[924] Hooton, S. 210.
[925] James Holland. Fortress Malta: An Island Under Siege, 1940–1943. London 2003, S. 215.
[926] Holland, S. 292–293.
[927] Alfred Price. Spitfire Mark V Aces 1941–45. Oxford 1997, S. 50 f.
[928] Price, S. 51.
[929] Spooner, S. 111.
[930] Ebenda, S. 114.
[931] Hooton, S. 212.
[932] Spooner, S. 119.
[933] Holland, S. 304; Spooner, S. 122.

Aber am 9. Mai überführten die USS „Wasp" und HMS „Eagle" weitere 60 „Spitfires" nach Malta,[934] deren Anwesenheit sich rasch bemerkbar machte, am 10. Mai wurden bei einer großen Luftschlacht über der Insel 65 deutsche und italienische Flugzeuge abgeschossen oder beschädigt. Zwischen dem 18. Mai und dem 9. Juni machte die „Eagle" drei weitere Fahrten und brachte insgesamt 76 „Spitfires" nach Malta.[935] Im Frühjahr 1942 hatten die Jagdflieger der Achsenmächte auf Sizilien ihre größte zahlenmäßige Stärke erreicht, sie umfaßten 137 Me 109F des JG 53 und der II./JG 3 „Udet" sowie die 80 Macchi MC.202 des 4. und 51. Stormo. Die Bomberverbände besaßen 199 Junkers Ju 88 der II./Lehrgeschwader 1, der II. und III./Kampfgeschwader 77, der I./Kampfgeschwader 54 sowie 32 „Stukas" Ju 87.[936] Aber die Zahl der einsatzbereiten deutschen Flugzeuge verringerte sich aufgrund der erheblich gesteigerten Kampfkraft der britischen Jagdstaffeln auf Malta bis Ende Mai 1942 auf insgesamt nur noch 83 Flugzeuge, darunter 13 Aufklärer, sechs Me 110, 30 Me 109 und 34 Ju 88.[937]

Die massiven Luftangriffe auf Malta im Frühjahr hatten es den Geleitzügen der Achsenmächte erlaubt, die Panzerarmee Afrika mit Nachschubgütern zu versorgen und neu auszurüsten, die Insel schien als militärischer Stützpunkt neutralisiert zu sein. In der Schlacht von Gazala (26. Mai bis 21. Juni 1942) konnte Rommel einen bedeutenden Sieg erringen und anschließend die Festung Tobruk im Handstreich einnehmen, und Anfang Juli stieß die Panzerarmee bis vor die Stellungen der britischen 8. Armee bei El Alamein in Ägypten vor.

Die deutsch-italienischen Luftangriffe auf Malta gingen im August und September stark zurück,[938] die Lage der Verteidiger blieb jedoch äußerst angespannt. Die Wasserversorgung war aufgrund der Zerstörung der Pumpen und des Leitungsnetzes zusammengebrochen, die Vorräte an Grundnahrungsmitteln neigten sich dem Ende zu, die Zivilbevölkerung stand vor einer Hungersnot,[939] Krankheiten breiteten sich aus, und die Rationen der Soldaten mußten von 4.000 auf 2.000 Kalorien pro Tag reduziert werden.[940] Am 14. Juli 1942 wurde auf Malta Lloyd von Air Vice Marshal Keith Park abgelöst.[941]

Mitte August brachte im Rahmen von Operation „Pedestal" ein schwer gesicherter Geleitzug, der aus insgesamt 50 Schiffen bestand, dringend benötigten Nachschub von Gibraltar nach Malta. Der Konvoi wurde zwischen dem 11. und dem 13. August von drei leichten und drei Schweren Kreuzern, 15 Motortorpedobooten und elf U-Booten der Regia Marina und insgesamt 146 Ju 88, 16 Ju 87 und 139 italienischen Bombern angegriffen, die von insgesamt 304 Jagdflugzeugen gedeckt wurden.[942] Von den 14 Frachtdampfern des Konvois wurden neun versenkt, außerdem verloren die Briten den Flugzeugträger HMS „Eagle", zwei Leichte Kreuzer und einen Zerstörer. Aber trotz dieser schweren Verluste war „Pedestal" ein strategischer Erfolg, 29.000 Tonnen Material und Versorgungsgüter sowie 12.000 Tonnen Treibstoff sicherten der Garnison und der Zivilbevölkerung von Malta für mehrere Monate das Überleben.[943]

Am 20. Januar 1942 verfügte die deutsch-italienische Panzer-Gruppe – ab 22. Januar „Panzerarmee Afrika" genannt – wieder über 228 einsatzbereite Panzer. Rommel wollte eine britische Offensive nicht abwarten, weshalb seine Truppen am 21. Januar 1942 zum

---

[934]  Price, S. 52; Ken Delve. The Story of the Spitfire: An Operational and Combat History. London 2007, S. 103.
[935]  Delve, S. 103.
[936]  H.L. de Zeng/D.G. Stanket/E.J. Creek. Bomber Units of the Luftwaffe 1933–1945: A Reference Source. Bd. 2. London 2007, S. 1, 182, 257–262, 266 f.; Spooner, S. 122, 154.
[937]  Spooner, S. 122, 154.
[938]  Holland, S. 382.
[939]  Ebenda, S. 315–316.
[940]  Spooner, S. 154.
[941]  Holland, S. 337.
[942]  Spooner, S. 179.
[943]  George Hogan. Malta: The Triumphant Years, 1940–1943. London 1978, S. 140.

Angriff antraten und den Gegner überraschten. Es gelang zwar nicht, eine Zange zu bilden, aber immerhin wurden am zweiten Tag schon Agedaba und Antelat erreicht. Die britische 1. Panzerdivision mußte sich in großer Unordnung und unter schweren Verlusten zurückziehen. Bengasi wurde am 29. Januar eingenommen, wobei den Achsentruppen eine riesige Beute in die Hände fiel. Da aber der Nachschub für einen weiteren Vorstoß nicht ausreichte, mußte die Panzerarmee zur Defensive übergehen, und nach den schlechten Erfahrungen beim ersten Rückzug aus der Cyrenaika war Rommel vorsichtig genug, sich mit der kleinen Lösung zufriedenzugeben. Dennoch hatte die Panzerarmee Afrika einen großen Erfolg errungen, die Bedrohung Tripolitaniens war abgewehrt. Die Briten mußten ihre Hoffnung auf einen schnellen Sieg in Nordafrika aufgeben, und da beide Parteien am Ende ihrer Kraft waren, folgte nun eine längere Kampfpause. Zwischen Februar und Mitte Mai 1942 lagen sich die britischen und die deutsch-italienischen Truppen in der Sandwüste von Gazala gegenüber. Doch die äußere Ruhe täuschte, denn beide Seiten bereiteten sich auf einen neuen Angriff vor. Die deutsch-italienischen Truppen waren deutlich schwächer, sie verfügten über 560 Panzer, denen etwa 850 britische entgegenstanden.[944]

Rommel verfolgte die Absicht, nach Fesselung und Ablenkung der britischen Kräfte durch einen scheinbaren Frontal-Angriff gegen die Gazala-Stellung mit den drei deutschen und den zwei italienischen schnellen Divisionen die Briten im Süden bei Bir Hacheim zu umgehen und die 8. Armee im Rücken zu fassen. Danach sollte Tobruk im Handstreich genommen werden. Die Panzerarmee Afrika eröffnete am 26. Mai eine Offensive, die sie bis Ende Juni bis nach El Alamein, nur 100 Kilometer vor den Toren Alexandrias, führen sollte. Der Plan, die Engländer hinter der Gazala-Stellung zu überrennen und anschließend zur Küste durchzubrechen, mißlang jedoch. Die britischen Stellungen bei Bir Hacheim bedrohten den ohnehin sehr langen Nachschubweg der Panzerarmee nach Tripolitanien erheblich. Rommel ließ durch Pioniere zwei Breschen in die britischen Minenfelder schlagen und bildete davor einen „Brückenkopf". Hier reorganisierte er seine Truppen und setzte zu einem neuen Sprung an. Den Engländern gelang es nicht, den „Brückenkopf" einzudrücken, ein Versuch am 5. Juni wurde zu einem kostspieligen Fehlschlag. Es folgte eine der erbittertsten Schlachten des ganzen Feldzuges, bei der die deutsch-italienischen Truppen schließlich am 11. Juni den südlichen Eckpfeiler der Gazala-Stellung, Bir Hacheim, einnehmen konnten.

Die dadurch freiwerdenden Verbände wurden sofort nach Nordosten angesetzt. Am 12. Juni konnte der Raum um El Aden genommen werden, und nachdem auch die 21. Panzer-Division nach Osten angetreten war, wurden die gegnerischen Kräfte immer enger zusammengedrängt, die britischen Panzereinheiten erlitten bei diesen Kämpfen schwere Verluste. Durch einen schnellen Vorstoß nach Norden über die Via Balbia zur Küste am 14. Juni wurden die in der Gazala-Stellung gefesselten britischen Truppen abgeschnitten, 6.000 Mann gerieten in Gefangenschaft, eine große Zahl von Lastwagen fiel als willkommene Beute in deutsche Hände.

Nachdem er die britischen Stellungen südlich von Tobruk umgangen hatte, gelang Rommel am 20./21. Juni ein überraschender Handstreich, die deutschen Panzer drangen in die Stadt ein und eroberten sie innerhalb von wenigen Stunden. In Tobruk fiel der Panzerarmee Afrika auch eine riesige Beute in die Hände: Verpflegung für 30.000 Mann für drei Monate und mehrere 10.000 Kubikmeter Benzin sicherten der deutsch-italienischen Armee in Afrika in den kommenden Monaten ihre Existenz.[945] Die Eroberung von Tobruk war ein überragender Erfolg und wurde von den deutschen Medien groß herausgestellt. Rommel wurde dafür von Hitler zum Generalfeldmarschall befördert.

---

[944] Baum/Weichold, Krieg der Achsenmächte, S. 220.
[945] Ebenda, S. 223.

Die U-Boote von Simpsons 10th Flotilla kamen ab dem Juli 1942, als die Luftangriffe auf Malta nachließen, wieder verstärkt zum Einsatz, sie sollten insgesamt rund 650.000 Tonnen Schiffsraum versenken. In September 1942 erhielt die Panzerarmee Afrika nur noch 24 Prozent des Nachschubs, den sie benötigte, um ihre Offensive fortzusetzen, außerdem schwächte eine Krankheitsrate von zehn Prozent die Truppe.[946] Dagegen konnten die Briten ihrer 8. Armee umfangreiche Verstärkungen zuführen.

Der Weg nach Ägypten schien für die Panzerarmee Afrika offen, doch es stand nach wie vor die Frage im Raum, inwieweit trotz der umfangreichen Beute an Munition, Verpflegung und Benzin in Tobruk der Nachschub für die deutsch-italienischen Truppen ausreichte. Nach den Vorstellungen Rommels sollte die Panzerarmee Afrika nun die Grenze nach Ägypten überschreiten, Alexandria einnehmen und den Suezkanal besetzen. Hitler machte bereits seit geraumer Zeit Pläne für einen großräumigen Vorstoß der Panzerarmee Afrika über den Sinai und Palästina nach Vorderasien und Indien, um so das Britische Weltreich aus den Angeln zu heben.

## Die zwei Schlachten von El Alamein

In der Schlacht von Marsa Matruh (26. bis 29. Juni) konnte die Panzerarmee Afrika der britischen 8. Armee eine schwere Niederlage beibringen, die sich daraufhin unter teilweise chaotischen Umständen auf El Alamein zurückziehen mußte. Kurz vor El Alamein hatten die Briten zwischen der Mittelmeerküste und der Quattara-Senke auf einer Frontbreite von 65 Kilometern ein gut ausgebautes Stellungssystem geschaffen. Die Salzsümpfe der Quattara-Senke machten es unmöglich, die britischen Stellungen südlich zu umgehen. Am 1. Juli begann der Angriff der Achsentruppen auf El Alamein, es gelangen Rommels Truppen zwar örtliche Erfolge, aber kein entscheidender Durchbruch. Bis zum 3. hatte sich die Zahl der einsatzbereiten deutschen Panzer von 55 auf 26 reduziert, am folgenden Tag befahl Rommel die Einstellung der Offensive.

Die erfolgreiche Abwehr der deutsch-italienischen Angriffe zwischen dem 1. und dem 3. Juli brachte den Siegeszug Rommels zum Stehen, die Schlacht markiert den strategischen Wendepunkt der Großoffensive der Achsenmächte im Mittelmeerraum. Die Panzerarmee Afrika war nach wochenlangen schweren Kämpfen unter harten klimatischen Bedingungen geschwächt, die Briten standen in einer von Natur aus starken Stellung. Die RAF war jetzt zahlenmäßig weit überlegen, der deutsch-italienische Jagdschutz konnte die ständigen Angriffe der britischen Jagdbomber und Bomber nicht mehr vollständig abwehren.[947] Während die Transportkapazitäten der Achsentruppen nicht mehr ausreichten, um Ersatz und Nachschub aus den weit entfernten Lagern in der Cyrenaika rechtzeitig heranzuschaffen, befand sich die Versorgungsbasis der Briten direkt hinter ihren Linien.

Heftige britische Gegenangriffe, die zwischen dem 10. und dem 21. Juli erfolgten, konnte die Panzerarmee Afrika nur mit Mühe abwehren.[948] Rommel hoffte auf eine Verbesserung der Nachschublage und wollte im August eine endgültige Entscheidung zugunsten der Achsenmächte herbeiführen. Entgegen den Erwartungen des Feldmarschalls sollte sich die Versorgung tatsächlich jedoch erheblich verschlechtern, da es britischen U-Booten und Flugzeugen von Malta und Alexandria aus gelang, wieder eine große Zahl von italienischen Transportschiffen zu versenken. Der Verzicht auf die Eroberung Maltas erwies sich jetzt als schwerer strategischer Fehler.[949]

---

[946]  Ricard Overy. War and Economy in the Third Reich. London 1995, S. 52; Holland, S. 388.
[947]  Baum / Weichold, Krieg der Achsenmächte, S. 236 f.
[948]  Ebenda, S. 237 f.
[949]  Ebenda, S. 239 ff.

Mit der vorläufigen Einstellung der deutsch-italienischen Angriffe gegen die britischen Stellungen bei El Alamein und der erfolgreichen Abwehr der britischen Gegenstöße trat eine Kampfpause ein, die beide Seiten zur Auffrischung und Reorganisation ihrer Verbände nutzten. Rommel wollte mit einem erneuten Angriff die endgültige Entscheidung erzwingen. Eine deutsch-italienische Kampfgruppe sollte die britischen Minenfelder im Süden der El-Alamein-Stellungen durchstoßen und anschließend nach Norden eindrehen, um die alliierten Truppen in ihren Stellungen einzuschließen und zu vernichten.

Die Offensive der Panzerarmee Afrika begann in der Nacht vom 30. auf den 31. August und traf auf wesentlich heftigeren Widerstand als erwartet, dem Stab der 8. Armee waren durch „Ultra" die deutsch-italienischen Angriffsschwerpunkte bereits bekannt. Der Angriff lief sich am 1. September vor dem Alam-Halfa-Rücken endgültig fest. In den folgenden sechs Tagen war die Panzerarmee Afrika ständigen Angriffen der überlegenen britischen Luftwaffe ausgesetzt, die Verluste waren außerordentlich hoch. Trotz aller Tapferkeit der Truppe sowie des taktischen Geschicks der Führung war die materielle Überlegenheit des Gegners nicht auszugleichen. So wurde die Schlacht von Alam Halfa zu einer schweren Niederlage für die Panzerarmee Afrika, das gewonnene Terrain mußte aufgrund eines britischen Gegenangriffs weitgehend wieder aufgegeben werden.[950]

Am 23. Oktober eröffnete die 8. Armee unter ihrem neuen Befehlshaber Bernard Montgomery nach langen Vorbereitungen die „zweite Schlacht von El Alamein". Der Bodenoffensive waren tagelange heftige Luftangriffe der RAF vorausgegangen.

Die Panzerarmee Afrika verfügte zu diesem Zeitpunkt über 90.000 Mann, darunter 50.000 Deutsche und etwa 500 Panzer, davon aber nur 200 deutsche. Der Treibstoff reichte nur noch für 290 Kilometer pro Fahrzeug. Die britische 8. Armee umfaßte dagegen 195.000 Mann mit 1.029 Panzern, darunter 395 neue amerikanische „Sherman"-Panzer,[951] denen nur die wenigen deutschen Panzer IV mit Langrohrkanone ebenbürtig waren. Außerdem besaß die Royal Air Force die Luftherrschaft, die Abwehr durch die wenigen deutschen und italienischen Jagdflugzeuge war unzureichend. Während die Briten über schier unerschöpfliche Bestände an Munition und Treibstoff verfügten, war der Nachschub für die Achsentruppen viel zu gering, wodurch ihre Operationsfreiheit empfindlich eingeschränkt wurde. Am 27. Oktober verfügte Rommel nur noch über 235 einsatzbereite Panzer, davon 148 deutsche.[952]

Als die britische Offensive bei El Alamein am 23. Oktober 1942 losbrach, war die Treibstofflage der Panzerarmee Afrika geradezu katastrophal. Am 25. Oktober wurden von Sizilien drei Tanker und ein Frachter mit Benzin und Munition unter schwerer Bedeckung zur See und in der Luft losgeschickt, aber die drei Tanker wurden am 28. Oktober von der RAF versenkt. In Anbetracht der schweren Verluste an Frachtschiffen wollte Kesselring Malta ein für allemal auszuschalten,[953] aber in 17 Tagen verlor das II. Fliegerkorps 34 Ju 88 und zwölf Me 109, woraufhin Kesselring die Offensive abbrach.[954]

In der Nacht vom 3./4. November erfolgte der endgültige Durchbruch der 8. Armee, in den Morgenstunden stießen die britischen Panzer in den freien Operationsraum vor. Längeres Ausharren in den Stellungen, wie Hitler es forderte, hätte nur den Verlust der gesamten deutsch-italienischen Verbände, auch der motorisierten, bedeutet. Das Afrikakorps mußte daher den Rückzug nach Libyen antreten, wobei Rommel gezwungen war, die nichtmotorisierten italienischen Infanterieverbände zurückzulassen, die bald darauf in britische Kriegsgefangenschaft gerieten.

---

[950]   Ebenda, S. 246 f.
[951]   Ebenda, S. 261 f.
[952]   Ebenda, S. 263.
[953]   Spooner, S. 228.
[954]   Jerry B. Scutts. Bf 109 Aces of North Africa and the Mediterranean. London 1994, S. 35; Hooton, S. 213.

Im ganzen ging die Panzerarmee Afrika in 15 Tagen über 1.000 Kilometer zurück: von Fuka über Marsa Matruh nach Sollum-Halfaya, wo die Briten am 11. November die ägyptisch-libysche Grenze überschritten. In der Nacht vom 12. auf den 13. November fiel Tobruk.[955] Rommel brachte von den etwa 90.000 deutschen Soldaten, die er insgesamt vor der Schlacht bei El Alamein gehabt hatte, ungefähr 70.000 zurück, Montgomery gelang es also nicht, das Afrikakorps zu vernichten. Nach dem britischen Sieg bei El Alamein war aber nicht nur die Gefahr für Alexandria und den Suezkanal gebannt, sondern auch Malta war jetzt sicher und konnte mit Flugzeugen und U-Booten verstärkt werden.

## Operation „Torch" und der Feldzug in Tunesien

Am 8. November 1942 landeten im Rahmen von Operation „Torch" über 100.000 amerikanische und britische Soldaten in Marokko und Algerien. Dieses Unternehmen war nicht ohne Risiken gewesen, denn die anglo-amerikanischen Kriegs- und Transportschiffe mußten Nordwestafrika direkt von der amerikanischen Ost- und der britischen Westküste aus ansteuern. Luftunterstützung konnte nur von Flugzeugträgern oder von Gibraltar aus erfolgen. In Französisch-Nordafrika waren etwa 125.000 Mann französischer Truppen mit rund 500 Flugzeugen stationiert, die der französischen Regierung in Vichy unterstanden. Sollten diese entschlossenen Widerstand leisten, konnte dies den Erfolg des Landeunternehmens ernsthaft in Frage stellen.

Über geheime Kontakte versuchten die westlichen Alliierten die französischen Generale in Marokko und Algerien auf ihre Seite zu ziehen. Am 21. Oktober 1942 verhandelte deshalb ein Mitglied des Stabes von General Eisenhower, Generalmajor Mark W. Clark, in Cherchell in Algerien mit hohen französischen Offizieren, darunter dem Oberkommandierenden in Algerien, General Charles Mast.

Die Alliierten stellten für „Torch" drei amphibische Kampfgruppen auf, die gleichzeitig die wichtigsten Häfen von Algerien und Marokko einnehmen sollten, nämlich Oran, Algier und Casablanca. Von dort sollten die anglo-amerikanischen Truppen möglichst rasch nach Tunesien vorstoßen und die Hafenstädte Bizerta und Tunis besetzen. Die Landungen der amerikanischen Streitkräfte bei Casablanca und bei Oran gelangen trotz des teilweise heftigen Widerstandes Vichy-treuer französischer Kräfte. In Algier konnte eine Gruppe der französischen Résistance in einem Handstreich die Schlüsselstellungen in der Stadt besetzen, was zur Folge hatte, daß die französischen Truppen nur wenig Gegenwehr leisteten.

Admiral François Darlan und General Eisenhower schlossen am 10. November ein Abkommen, in dem Darlan als französischer Hochkommissar in Nordafrika anerkannt wurde, woraufhin die französischen Truppen umgehend alle Kampfhandlungen einstellten und auf die Seite der Alliierten überwechselten. General Charles de Gaulle und seine Exilregierung in London waren an diesen Vorgängen nicht beteiligt gewesen, weil die amerikanische Regierung das „Freie Frankreich" nicht anerkennen wollte. Erst nach und nach konnte sich de Gaulle in Nordafrika Anerkennung verschaffen und schließlich im Juni 1943 mit General Henri Giraud (der dem am 24. Dezember 1942 ermordeten Darlan nachgefolgt war) das „Comité français de Libération nationale" (CFLN) bilden. Im November 1943 wurde de Gaulle Oberhaupt des „Comité français", das nunmehr auch von den USA und Großbritannien als legitime Vertretung Frankreichs anerkannt wurde.

Als Hitler von dem Abkommen zwischen Eisenhower und Darlan am 10. November erfuhr, ließ er den bislang unbesetzten südlichen Teil Frankreichs von deutschen Truppen besetzen. Die Schiffe der französischen Flotte in Toulon wurden am 27. November

---

[955] Baum / Weichold, Krieg der Achsenmächte, S. 266.

von ihren Besatzungen versenkt, um sie nicht in deutsche Hände fallen zu lassen.

Das OKW entsandte sechs deutsche und italienische Divisionen aus Frankreich und Italien nach Tunesien, bei ihrer Landung in Bizerta und Tunis leisteten die französischen Truppen keinen Widerstand. Am 8. Dezember 1942 wurde in Tunesien die 5. Panzerarmee unter dem Befehl von General Hans-Jürgen von Arnim gebildet. Sie sollte sich in Tunesien mit der aus Libyen zurückgehenden Panzerarmee Afrika vereinigen. Aufgrund der kritischen Situation an der Ostfront erreichten die Verbände der 5. Panzerarmee aber nie ihre Sollstärke. Ihre erste Aufgabe bestand darin, die beiden großen Häfen im Norden Tunesiens Bizerta und Tunis gegen die aus Algerien vorstoßende britische 1. Armee zu sichern.

Die Achsenmächte hatten 1942 im Mittelmeer durch englische Flugzeuge und U-Boote derart hohe Verluste an Frachtschiffen erlitten (331.000 von 1.376.000 BRT, das heißt 24 Prozent), daß aufgrund des unzureichenden Transportraumes und damit des mangelnden

*General Charles des Gaulle im Juni 1943 in Tunis, rechts von ihm General Mast*

Nachschubs an Munition und Benzin eine erfolgreiche Fortsetzung des Krieges in Nordafrika nicht mehr möglich war.[956] Durch die anglo-amerikanischen See- und Luftstreitkräfte verloren die Achsenmächte im Mittelmeer 1940–1943 insgesamt 2.304 Schiffe mit einer Verdrängung von insgesamt 3.181.211 Tonnen.[957]

Unmittelbar nach den Landungen in Casablanca, Oran und Algier hatte die aus amerikanischen und britischen Verbänden bestehende britische 1. Armee unter Generalleutnant Kenneth Anderson den Wettlauf nach Tunis angetreten. Am 23. Januar besetzte die von Osten vorrückende britische 8. Armee Tripolis, bis zum Ende dieses Monats mußte die Panzerarmee Afrika ganz Libyen räumen.

Am 19. Februar 1943 eröffnete Rommel an der Grenze zwischen Algerien und Tunesien eine Offensive, wobei es der 5. Panzerarmee gelang, am Kasserine-Paß angreifende US-Truppen zu vernichten. Die weitere Entwicklung wurde dadurch jedoch nur verzögert.

Am 23. Februar 1943 wurde die deutsch-italienische Panzerarmee zur Heeresgruppe Afrika umgebildet, Oberbefehlshaber war zunächst noch Generalfeldmarschall Erwin Rommel. Die Anglo-Amerikaner hatten mittlerweile eine halbe Million Mann in Nordafrika versammelt, womit sie den Truppen der Achsenmächte mit rund 350.000 Mann erheblich überlegen waren. Die Alliierten besaßen außerdem die vierfache Anzahl von Panzern und die absolute Luftüberlegenheit. Rommel und die Heeresgruppe Afrika sahen sich in Tunesien einem von Osten wie von Westen anrückenden Gegner gegenüber, der materiell weit überlegen war und die Operationsfreiheit der Achsenmächte zunehmend einengte. Außerdem gelangte über das Mittelmeer nur ein Bruchteil des Nachschubs, der als absolutes Minimum errechnet worden war, dafür stiegen die monatlichen Verluste an Schiffsraum im März auf 57 Prozent.[958]

Am 4. März schickte Rommel ein ausführliches Telegramm an das Führerhauptquartier, in dem er vorschlug, die Frontlinie drastisch zu verkürzen und sich auf einen kleinen Brückenkopf um Tunis zu konzentrieren. Dieser Vorschlag wurde jedoch von Hitler zu-

[956] Baum / Weichold, Krieg der Achsenmächte, S. 307.
[957] Spooner, S. 343.
[958] Baum / Weichold, S. 316.

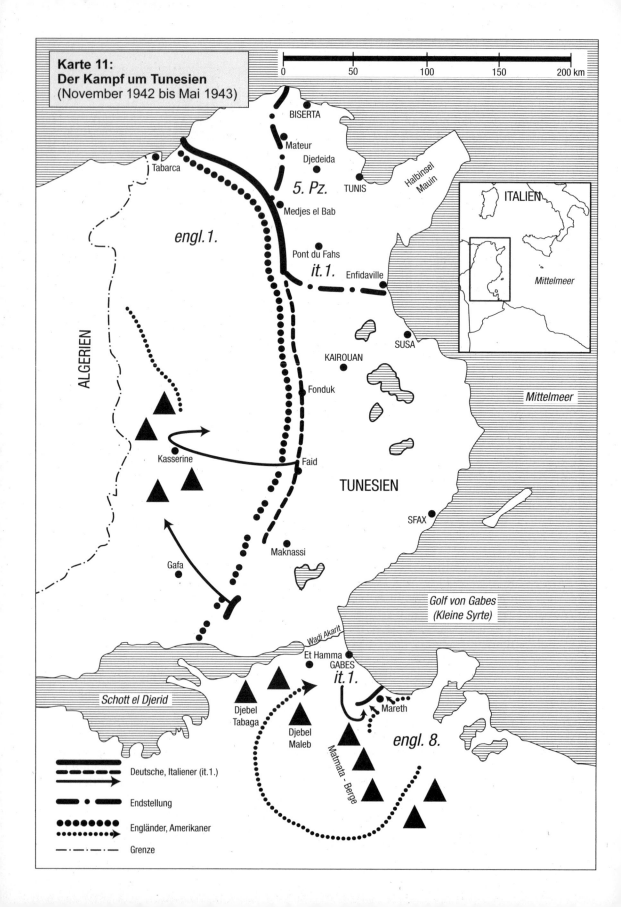

**Karte 11:**
**Der Kampf um Tunesien**
(November 1942 bis Mai 1943)

0   50   100   150   200 km

ITALIEN

*Mittelmeer*

BISERTA

Mateur

Djedeida

5. Pz.   TUNIS

Halbinsel Mauin

Tabarca

*engl. 1.*

Medjes el Bab

Pont du Fahs

*it. 1.*   Enfidaville

*Mittelmeer*

ALGERIEN

SUSA

KAIROUAN

Fonduk

Kasserine   Faid

TUNESIEN

Gafa   Maknassi

SFAX

*Golf von Gabes*
*(Kleine Syrte)*

Wadi Akarit

Et Hamma

GABES

*it. 1.*

*Schott el Djerid*

Djebel
Tabaga

Djebel
Maleb   Mareth

*engl. 8.*

Matmata - Berge

Deutsche, Italiener (it. 1.)

Endstellung

Engländer, Amerikaner

Grenze

rückgewiesen. Tatsächlich hatte Rommel durch die Niederlage bei El Alamein und den Rückzug aus Ägypten und Libyen bei Hitler und Mussolini erheblich an Prestige verloren. Fünf Tage später flog Rommel nach Deutschland und sprach mit Hitler persönlich über eine Evakuierung der Heeresgruppe auf das europäische Festland und die Beendigung der Kampfhandlungen in Nordafrika, was Hitler jedoch ablehnte. Rommel mußte das Kommando abgeben und kehrte nicht nach Afrika zurück. Am 11. März verlieh ihm Hitler die Brillanten zum Ritterkreuz mit Eichenlaub und Schwertern.

Da die britische 1. Armee einige ihrer Verbände im Westen Algeriens und Marokkos zurückhielt, um gegen ein mögliches Eingreifen der Spanier zugunsten der Achsenmächte gewappnet zu sein, verharrten die Kämpfe im Norden Tunesiens bis April 1943 im Stellungskrieg. Im März und April 1943 wurden die deutsch-italienischen Truppen im Brückenkopf Tunis zusammengedrängt, ab dem 19. April kam über See so gut wie kein Nachschub mehr, so daß das Ende nur noch eine Frage der Zeit war. Am 12. und 13. Mai 1943 mußte die Heeresgruppe Afrika unter Rommels Nachfolger von Arnim vor den Anglo-Amerikanern unter Eisenhower und Montgomery schließlich kapitulieren.

# Ergebnisse

Mit seinem Vorstoß gegen das Nildelta brachte Rommel die Briten in Nordafrika bis an den Rand einer entscheidenden Niederlage, und wahrscheinlich hätte er sein Ziel erreicht, wenn er genügend schwere Waffen und Nachschub erhalten hätte. Die notwendigen Mittel, insbesondere Artillerie, Panzerfahrzeuge und Benzin sowie ausreichende Luftunterstützung, wurden ihm aber nicht gewährt, zum einen, weil die Lage in Berlin nicht richtig eingeschätzt wurde, zum anderen, weil es wegen des Ostfeldzuges allgemein an Material mangelte. Nach El Alamein war es für einen Sieg der „Achse" im Mittelmeerraum endgültig zu spät geworden.

Ein ausreichender Nachschub an Munition und Benzin war die Voraussetzung für jede erfolgreiche Kriegsführung in Nordafrika, aber ab Mitte 1942 erlitten die Achsenmächte derart hohe Verluste an Schiffs- bzw. Transportraum, daß die Niederlage der Panzerarmee Afrika unausweichlich wurde.[959]

Rommel hatte seine größten Erfolge nur dadurch erringen können, daß vorübergehend an der Ostfront entbehrliche Luftstreitkräfte gegen Malta und zum Schutz der Seetransporte über die Straße von Sizilien eingesetzt werden konnten. Als die Sommeroffensive im Süden Rußlands 1942 die Rückverlegung dieser Luftverbände erforderte, konnten die Briten den Nachschub für die deutsch-italienische Panzerarmee wieder dezimieren.

Dabei konnten von den Achsenmächten im Mittelmeer – anders als an der Ostfront – große Erfolge mit verhältnismäßig geringen Mitteln erzielt werden. Dem X. Fliegerkorps mit seinen rund 180 Flugzeugen auf Sizilien gelang es zusammen mit den Italienern, ab Mitte Januar 1941 Malta niederzuhalten und die Transporte nach Libyen zu sichern. Damit konnte Rommel in Nordafrika das Blatt mit an sich sehr schwachen Kräften wieder wenden, nämlich mit einer leichten und Teilen einer Panzerdivision.

Es ist allerdings sehr fraglich, ob ein Sieg der „Achse" im Mittelmeer zu einer endgültigen Kriegsentscheidung geführt hätte. Auch wenn die Herrschaft der „Achse" im Mittelmeer-Raum Großbritannien in eine noch schwierigere Lage gebracht hätte als der deutsche Sieg über Frankreich, so erscheint es als unwahrscheinlich, daß die britische Führung aufgegeben hätte.[960] Entscheidend war für das britische Kabinett die politische und militärische Unterstützung durch die USA.

---

[959] Ebenda, S. 307.
[960] Ebenda, S. 414 ff.

Da Hitler eine Evakuierung des Brückenkopfs Tunis nicht gestattete, gingen im Mai 1943 rund 250.000 deutsche und italienische Soldaten in alliierte Kriegsgefangenschaft. In Deutschland ging heimlich das Schlagwort vom „zweiten Stalingrad" oder „Tunisgrad" um. Da die deutschen und italienischen Soldaten die amerikanische und britische Kriegsgefangenschaft aber gut überstanden und nach 1945 wohlbehalten nach Hause zurückkehrten, ist die Niederlage in Tunesien in Deutschland und Italien nicht als die militärische Katastrophe in Erinnerung geblieben, die sie tatsächlich war. Nichtsdestoweniger sollten diese Soldaten den Achsenmächten 1943 für die Fortsetzung des Krieges in Südeuropa fehlen.

# Der deutsche Sommerfeldzug 1942 und die Schlacht um Stalingrad

Mit ihrer Winteroffensive zwischen Januar und März 1942 hatte die sowjetische Führung zwar den deutschen Angriff auf Moskau zum Stehen gebracht, es war ihr jedoch nicht gelungen, eine entscheidende operative Wende herbeizuführen. Aber während in Deutschland die personelle Ersatzdecke allmählich dünn wurde und ein vollständiges Auffüllen der Verbände nicht mehr zuließ, schien das sowjetrussische Menschenpotential nahezu unerschöpflich zu sein. Ende März 1942 standen an der Ostfront zwölf deutsche Armeen mit 157 Divisionen sowie acht Divisionen und fünf Brigaden der Verbündeten 45 russischen Armeen mit 390 großen Verbänden (Schützendivisionen, Panzer- bzw. mechanisierten Brigaden oder Kavalleriedivisionen) gegenüber, wobei aber die zahlenmäßig geringere Stärke der einzelnen russischen Verbände gegenüber deutschen Divisionen zu berücksichtigen ist. Einzig die deutsche Luftwaffe war im Frühjahr 1942 mit ihren rund 1.500 Flugzeugen aller Art der russischen mit etwa 1.200 Maschinen deutlich überlegen.[961] Damit hatten sich die Kräfteverhältnisse derart verschoben, daß an die Erringung eines endgültigen deutschen Sieges durch eine Serie von „Vernichtungsschlachten" gegen die Rote Armee nicht mehr zu denken war. Die oberste deutsche Führung mußte vielmehr zur Ermattungs- und Abnutzungsstrategie übergehen, die die Gewinnung strategisch wichtiger Rohstoffe beinhaltete.[962]

Hitler war überzeugt, daß Deutschland noch im Jahre 1942 die Entscheidung im Osten suchen müsse, denn ab 1943 war im Westen mit einer Invasion der Anglo-Amerikaner zu rechnen. Für eine Offensive an der gesamten Ostfront reichten die deutschen Kräfte nicht mehr aus, aber ein Angriff auf die kaukasischen Ölfelder würde die Sowjets zwingen, alle verfügbaren Reserven in den Kampf zu werfen. Von der sowjetischen Gesamtproduktion an Erdöl von 22 Millionen Tonnen im Jahr 1942 kamen rund 80 Prozent aus dem Kaukasusgebiet.[963] Der Verlust der kaukasischen Ölquellen mußte die sowjetische Kriegsmaschinerie über kurz oder lang lahmlegen. Gleichzeitig würde die Inbesitznahme der kaukasischen Ölfelder für die deutsche Kriegswirtschaft für die Fortsetzung des Krieges von größter Bedeutung sein.

Der Heeresgruppe Süd war es bis Ende 1941 zwar gelungen, die Krim zu erobern, aber die Masse der 11. Armee blieb durch die Belagerung von Sewastopol gebunden. Der größte Teil des Donezbeckens konnte ungeachtet der sowjetischen Gegenoffensive gehalten werden, wogegen der deutsche Vorstoß gegen das Ölgebiet von Maikop nicht über den Don hinausgekommen war.[964]

Die strategische Alternative zu einer Offensive im Süden der Ostfront hätte darin bestanden, auf diesem Kriegsschauplatz im Jahre 1942 in der Defensive zu bleiben, die sowjetischen Einbrüche aus den Winterschlachten 1941/42 zu bereinigen und strategische Reserven zu bilden, Leningrad zu erobern und schließlich die Voraussetzungen

---

[961] Alfred Philippi/Ferdinand Heim. Der Feldzug gegen Sowjetrußland 1941 bis 1945: Ein operativer Überblick. Stuttgart 1962, S. 109.

[962] Heinz Magenheimer. Die Militärstrategie Deutschlands 1940–1945: Führungsentschlüsse, Hintergründe, Alternativen. München 1997, S. 160.

[963] Ebenda, S. 161.

[964] Tippelskirch, S. 204.

für einen neuen Angriff auf Moskau zu schaffen. Letzteres wurde von Stalin und der Stawka als durchaus realistisch angesehen. Angesichts des amerikanischen Kriegseintritts wollte Hitler aber noch 1942 die strategische Entscheidung im Osten erzwingen.[965]

In seiner Weisung Nr. 41 vom 5. April 1942 verkündete Hitler die Ziele der geplanten Sommeroffensive, die die Tarnbezeichnung Unternehmen „Blau" erhielt: „Das Ziel ist, die den Sowjets noch verbliebene lebendige Wehrkraft endgültig zu vernichten und ihnen die wichtigsten kriegswirtschaftlichen Kraftquellen soweit als möglich zu entziehen. [...] Unter Festhalten an den ursprünglichen Grundzügen des Ostfeldzuges kommt es darauf an [...] auf dem Südflügel der Heeresfront [...] den Durchbruch in den Kaukasusraum zu erzwingen." Als „allgemeine Absicht" galt, „zunächst alle greifbaren Kräfte zu der Hauptoperation im Südabschnitt zu vereinigen mit dem Ziel, den Feind vorwärts des Don zu vernichten, um sodann die Ölgebiete im kaukasischen Raum und den Übergang über den Kaukasus selbst zu gewinnen." Für die „Führung der Operationen" galt das Ziel, „zur Einnahme der Kaukasusfront die russischen Kräfte, die sich im Raum von Woronesch nach Süden, westlich bzw. nördlich des Dons befinden, entscheidend zu schlagen" und danach „auf jeden Fall" zu versuchen, „Stalingrad selbst zu erreichen."[966] Mit der Einnahme Stalingrads sollte die Wolga als wichtigster russischer Binnenstrom unterbrochen und damit der Nachschub an Erdöl aus dem Kaukasus sowie die alliierten Hilfslieferungen aus dem Iran unterbunden werden.

Wegen des Kräftemangels konnte die Offensive nicht auf der ganzen Südfront gleichzeitig eröffnet werden, vielmehr sollte die Operation in mehreren, von Nord nach Süd aufeinanderfolgenden Angriffsphasen ablaufen: Beginnend auf dem Nordflügel sollte der erste Angriffsstoß aus dem Raum Kursk–Orel in Richtung Woronesch erfolgen. Nach der Einnahme von Woronesch sollten in der zweiten Phase schnelle Verbände den Don abwärts vorstoßen, während ihnen eine mittlere Angriffsgruppe aus dem Gebiet von Charkow in Richtung Osten entgegenrückte. In der anschließenden dritten Phase war beabsichtigt, den aus der Linie Taganrog–Artemowsk angreifenden Südflügel über den Raum nördlich Rostow am Don aufwärts zu führen, um ihn mit dem den mittleren Don abwärts strebenden Nordflügel im Raum Stalingrad zu vereinen.

Die deutsche Sommeroffensive konnte nur dann vollen Erfolg haben, wenn die sowjetische militärische Führung die offensichtlichen Umfassungsabsichten ignorierte und sich den deutschen Angriffen mit allen Kräften stellte. Dies war jedoch wenig wahrscheinlich, da die Sowjets diesseits der Wolga und des Kaukasus in die Tiefe des Raumes ausweichen konnten, ohne lebenswichtige Positionen aufzugeben. Gleichzeitig mußte die deutsche Seite aufgrund der ungeheuren Entfernungen mit erheblichen Versorgungsschwierigkeiten, vor allem mit Treibstoff, rechnen.[967] Ein weiteres großes Manko war das Fehlen operativer Reserven. Schließlich bestimmte die Weisung Nr. 41, daß im Zuge der Bewegung „zur Besetzung der sich [...] mehr und mehr verlängernden Donfront [...] in erster Linie die Verbände der Verbündeten" heranzuziehen und hinter ihnen „einzelne deutsche Divisionen [...] als Eingreifreserven verfügbar" zu halten seien. Die Absicht, die zukünftige langgestreckte Nordflanke in der Hauptsache nur mit Kräften der Verbündeten zu schützen, war in Anbetracht ihrer geringen Kampfkraft nicht ohne Risiko.[968] Sollte die Sommeroffensive die gesteckten Ziele erreichen, so würde sich der deutsche Herrschaftsbereich im Osten bis zur Linie Woronesch–Stalingrad–Baku–Batum ausdehnen.

---

[965] Magenheimer, S. 169 f.

[966] Walther Hubatsch (Hrsg.). Hitlers Weisungen für die Kriegführung 1939–1945. Frankfurt a.M. 1962.

[967] Philippi/Heim, S. 127.

[968] Ebenda.

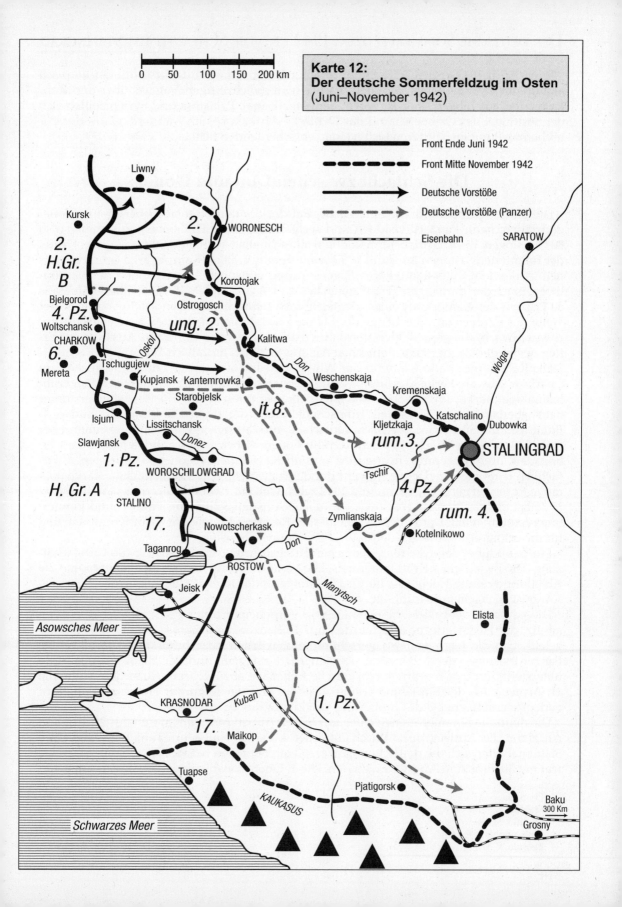

**Karte 12:**
**Der deutsche Sommerfeldzug im Osten**
(Juni–November 1942)

Front Ende Juni 1942
Front Mitte November 1942
Deutsche Vorstöße
Deutsche Vorstöße (Panzer)
Eisenbahn

Liwny

Kursk

**2.**

WORONESCH

**2.**
**H.Gr.**
**B**

Korotojak

Bjelgorod

Ostrogosch

**4. Pz.**

Woltschansk

*ung. 2.*

CHARKOW

Kalitwa

**6.**

*Oskol*

Mereta

Tschugujew

Kupjansk

Kantemrowka

*Don*

Weschenskaja

SARATOW

*Wolga*

Starobjelsk

*it.8.*

Kremenskaja

Katschalino

Isjum

Lissitschansk

*Donez*

Kljetzkaja

Dubowka

Slawjansk

*rum.3.*

**1. Pz.**

WOROSCHILOWGRAD

Tschir

**STALINGRAD**

**H. Gr. A**

STALINO

**17.**

Nowotscherkask

Zymlianskaja

**4.Pz.**

Taganrog

*Don*

*rum. 4.*

ROSTOW

Kotelnikowo

Jeisk

*Manytsch*

*Asowsches Meer*

Elista

**1. Pz.**

KRASNODAR

*Kuban*

**17.**

Maikop

Tuapse

*KAUKASUS*

Pjatigorsk

Baku
300 Km

*Schwarzes Meer*

Grosny

0   50   100   150   200 km

Ende April 1942 entwickelte Hitler in einer Besprechung mit Mussolini ein utopisch anmutendes strategisches Fernziel: Nach einem gleichzeitigen Vorstoß über den Kaukasus und aus Libyen über Ägypten, den Suez-Kanal, Palästina und Syrien sollten sich der Südflügel des Ostheeres und das Deutsche Afrikakorps im Iran treffen, um der britischen Stellung im Mittleren Osten einen entscheidenden Schlag zu versetzen.[969]

## Die Schlacht zwischen Don und Donez

Die Heeresgruppe Süd verfügte zu Beginn der Sommeroffensive über 45 Infanteriedivisionen, neun Panzerdivisionen und sechs motorisierte Divisionen, zusammen also 60 Divisionen. Bis Angriffsbeginn konnten alle schnellen Verbände und etwa zwei Drittel der Infanteriedivisionen auf rund 80 Prozent ihrer normalen Kampfstärke gebracht werden. Außerdem unterstanden der Heeresgruppe Süd noch 28 Divisionen der Verbündeten. Nach den damaligen Erfahrungen besaß eine verbündete Division aber bestenfalls 50 Prozent der Kampfkraft eines vergleichbaren deutschen Verbandes.[970] Angesicht der Weite des Raumes und der Länge der Flanken waren die angesetzten Kräfte ausgesprochen schwach; die ganze Operation hatte realistischerweise nur dann Aussicht auf Erfolg, wenn der Gegner nach deutschen Anfangserfolgen moralisch zusammenbrach.

Die Rote Armee hatte während der Winteroffensive und in der Frühjahrsschlacht um Charkow schwere Verluste erlitten, verfügte aber nach wie vor über eine beachtliche zahlenmäßige Stärke. Im Südabschnitt, zwischen Woronesch und Rostow, standen unter dem Oberbefehl von Marschall Timoschenko Teile der Brjansker Front, die Südwest-Front und die Süd-Front, die nach deutschen Aufklärungsergebnissen zusammen über etwa 130 große Verbände – 74 Schützendivisionen, sieben Schützenbrigaden, 35 Panzerbrigaden, drei Panzerabwehrbrigaden und elf Kavalleriedivisionen – verfügten.[971] Tatsächlich hatte die Stawka zur Abwehr der deutschen Offensive zahlenmäßig starke operative Reserven gebildet, die im Juni 1942 zehn Armeen, zwei Panzerarmeen, mindestens 15 selbständige Panzerkorps sowie zahlreiche sonstige Schützen-, Panzer- und Pionierbrigaden umfaßten. Der Aufbau strategischer Reserven bildete die Grundvoraussetzung für die erfolgreiche Abwehr der deutschen Sommeroffensive.[972]

Ein Grundübel der gesamten deutschen Kriegsführung im Osten war die Unterschätzung des sowjetischen Kräftepotentials. Die Verantwortung dafür trug in erster Linie die Abteilung Fremde Heere Ost im OKH, deren Aufklärungstätigkeit unter der rigorosen sowjetischen Geheimhaltung litt.

Die geplante deutsche Offensive litt von vornherein unter dem schwachen Kräfteansatz, der Heeresgruppe Süd wurden nur 16 Panzer- und motorisierte Divisionen zugeteilt. Um die Lage noch zu verschlimmern, wurden zwei besonders kampfkräftige Panzerdivisionen der 4. Panzerarmee dauerhaft entzogen und der Heeresgruppe Mitte unterstellt, um eine erwartete sowjetische Offensive abzuwehren. Außerdem sollte die 11. Armee nach der Einnahme von Sewastopol von der Krim zur Heeresgruppe Nord verlegt werden, um bei der Eroberung von Leningrad mitzuwirken.[973]

Die deutsche Sommeroffensive begann in den frühen Morgenstunden des 28. Juni mit Angriffen der Armeegruppe Weichs und der 4. Panzerarmee; nur fünf Tage später, am 3. Juli näherten sich die deutschen Panzerspitzen dem Don bei Woronesch. Die 6. Armee war am 30. Juni zum Angriff angetreten. Die 1. Operationsphase endete bereits am 8. Juli

---

[969]  Ebenda.
[970]  Ebenda, S. 128 f.
[971]  Ebenda, S. 130.
[972]  Magenheimer, S. 166.
[973]  Ebenda, S. 172 f., 177.

mit dem Ergebnis, daß die feindliche Front zwischen Don und Donez zertrümmert war. Die Rote Armee hatte hohe Verluste erlitten, aber die Zahl der Gefangenen war enttäuschend gering. Es war der Stawka in überraschender operativer Wendigkeit gelungen, die Masse ihrer Kräfte der Einschließung zu entziehen.[974]

Zu Beginn der 2. Operationsphase nördlich des Donez wurde die Heeresgruppe Süd in A und B aufgeteilt. Die inneren Flügel dieser beiden Heeresgruppen stießen von Westen und Norden her auf den Zentralpunkt Millerowo vor, während der Nordflügel der 6. Armee weisungsgemäß auf den mittleren Don zustrebte. Aber die Rote Armee zog sich wieder konsequent in Richtung Osten zurück. Als sich die Zangenbewegung am 15. Juli mit der Einnahme der Stadt Millerowo schloß, war das Ergebnis der Verfolgung zwischen Donez und Don erneut enttäuschend. Seit Beginn der Sommeroffensive waren nur etwa 102.000 Sowjetsoldaten in Gefangenschaft geraten.[975] Eine Woche später wurde der innere Verteidigungsgürtel von Rostow gleichzeitig von Westen und von Norden her durch die 17. Armee, die 1. Panzerarmee und die 4. Panzerarmee durchbrochen und die Stadt am 23. genommen. Dem Gegner gelang es abermals, mit der Masse seiner Kräfte zu entkommen.

Zur Einleitung der 3. Operationsphase stieß die 6. Armee nach Osten in Richtung Stalingrad vor, um den Durchbruch auf die Landbrücke zwischen Don und Wolga zu erzwingen. Die deutsche Luftaufklärung konnte ab Mitte Juli feststellen, daß der Gegner bedeutende Kräfte in den Raum von Stalingrad verlegte. Es war abzusehen, daß der 6. Armee harte Kämpfe bevorstanden.[976]

# Der Vorstoß der Heeresgruppe A in den Kaukasus

Am 23. Juli 1942 legte Hitler mit der Weisung Nr. 45 die weiteren Ziele des Sommerfeldzuges fest: „Nach Vernichtung der feindlichen Kräftegruppe südlich des Don ist es die wichtigste Aufgabe der HGr. A, die gesamte Ostküste des Schwarzen Meeres in Besitz zu nehmen." Dazu sollte der Westflügel der HGr. A über den Kuban, das Ölgebiet von Maikop und die Pässe des westlichen Kaukasus auf die Schwarzmeerküstenstraße vorstoßen. Gleichzeitig hatte der Ostflügel die Aufgabe, den Raum „um Grosny (Ölgebiet) zu gewinnen". Anschließend sollte „im Vorstoß entlang des Kaspischen Meeres der Raum um Baku" in Besitz genommen werden. Die Heeresgruppe B erhielt die Aufgabe „im Vorstoß gegen Stalingrad die dort im Aufbau befindliche Kräftegruppe zu zerschlagen, die Stadt selbst zu besetzen und die Landbrücke zwischen Don und Wolga sowie den Strom selbst zu sperren."

Die sowjetische Führung hatte seit Beginn der deutschen Offensive ihre Kräfte planmäßig über den Don nach Osten und nach Süden zurückgezogen und die Weite des Raumes genutzt, um einer Entscheidung auszuweichen. Diese Strategie mußte aber ein Ende finden, sobald die deutschen Angriffsspitzen den Kaukasus und den Raum von Stalingrad erreichten, denn diese Gebiete waren strategisch und kriegswirtschaftlich von größter Bedeutung.

Die deutsche Operationsführung während der Sommeroffensive litt darunter, daß die oberste Führung sich nicht für eine eindeutige Schwerpunktbildung entweder zugunsten von Stalingrad oder zugunsten des Kaukasus entscheiden konnte, so daß letztlich weder die Heeresgruppe A noch die Heeresgruppe B die gesteckten Operationsziele erreichen konnten.[977]

---

[974]  Philippi/Heim, S. 133 ff.
[975]  Ebenda, S. 135 ff.
[976]  Ebenda, S. 141 f.
[977]  Magenheimer, S. 175 ff.

Während die Heeresgruppe A gegen den Kaukasus vordrang, tat sich zur Heeresgruppe B eine immer weiter werdende Lücke auf. Zwischen die beiden Heeresgruppen schob sich die menschenleere Kalmückensteppe westlich der unteren Wolga, in der der Gegner allenfalls durch Aufklärung überwacht werden konnte.

Um den Angriff der 6. Armee auf den Raum Stalingrad zu unterstützen, mußte die Heeresgruppe A die 4. Panzerarmee an die Heeresgruppe B abgeben.[978] Die Heeresgruppe A verfügte jetzt nur noch über die 17. Armee und die 1. Panzerarmee, bei der noch rund 300 Panzer einsatzfähig waren.[979] In der ersten Augustwoche konnte die 1. Panzerarmee den Durchbruch durch den Raum von Armawir erzwingen, am 9. Maikop einnehmen und damit den Zugang zum kaukasischen Ölgebiet gewinnen.[980] Die Sowjets wandten jedoch wie schon bei den Rückzügen des Jahres 1941 rücksichtslos die Strategie der „verbrannten Erde" an und zerstörten alle Ölförderanlagen, Raffinerien und Tanklager.[981] Die Wiederaufnahme der Ölförderung unter deutscher Regie würde Monate, wenn nicht Jahre dauern.

Ab Mitte August versteifte sich der sowjetische Widerstand vor der Front der Heeresgruppe A, die deutschen Verbände litten zunehmend unter Kräftemangel und Nachschubschwierigkeiten, die Operationen gerieten ins Stocken. Bis Anfang Oktober gelang es der 1. Panzeramee in zähen und verlustreichen Kämpfen, den Angriff an den Oberlauf des Terek vorzutragen. Mitte November fand sich die Heeresgruppe A von der zahlenmäßig weit überlegenen Roten Armee, die sich auf ein günstiges Gelände stützen konnte, an der gesamten Front in die Abwehr gedrängt. Aus operativer Sicht war die Lage der Heeresgruppe A aufgrund ihrer exponierten Lage im Kaukasus und der Krise im Raum von Stalingrad äußerst bedenklich.[982]

## Der Angriff der Heeresgruppe B auf Stalingrad

Anfang August waren die Sowjets eifrig bemüht, im Vorfeld von Stalingrad, auf der Landbrücke zwischen Wolga und Don, mehrere Verteidigungsgürtel anzulegen und die Stadt selbst zur Festung auszubauen. Der Raum von Stalingrad sollte von drei Armeen verteidigt werden, der 1. Panzer- sowie der 62. und 64. Armee.[983]

Am 3. August erreichten die Spitzen des XLVIII. Panzerkorps der 4. Panzerarmee den Aksaj, ohne auf nennenswerten Widerstand zu stoßen. Das Oberkommando der 4. Panzerarmee sah sich jedoch wegen der schlechten Versorgungslage außerstande, die noch relativ günstige Feindlage zu einem raschen Stoß auf Stalingrad zu nutzen. Inzwischen führten die Sowjets frische Kräfte heran und begannen mit dem Aufbau einer Abwehrfront, die dem befestigten Raum von Stalingrad vorgelagert war.[984]

Die 6. Armee mußte, bevor sie zum Stoß auf Stalingrad ansetzte, zuerst eine feindliche Kräftegruppe auf dem Westufer des Don zerschlagen. Am 7. August trat die 6. Armee zum konzentrischen Angriff von Norden und Süden her gegen den Feind westlich Kalatsch an. Als die Kesselschlacht am 11. August beendet war, konnten 57.000 Gefangene eingebracht werden.

Nach Umgruppierung ihrer Kräfte stieß die 6. Armee am 15. August bis zum Don südlich Sirotinskaja vor und zerschlug in den folgenden Tagen eine weitere Feindgruppe

---

[978] Philippi/Heim, S. 146.
[979] Ebenda, S. 147.
[980] Ebenda, S. 148.
[981] Rudolf Aschenauer. Kriegsbefehle für das Unternehmen „Barbarossa" sowie für die Kriegsschauplätze im Südosten, Westen und Südwesten, Maschinenschriftliches Manuskript, o.O., o.J., S. 71 ff.
[982] Philippi/Heim, S. 149 ff.
[983] Paul Carell. Stalingrad: Sieg und Untergang der 6. Armee. Berlin/Frankfurt a.M. 1992, S. 119.
[984] Philippi/Heim, S. 155 f.

unter Einbringung von 13.000 Gefangenen. Am Ostufer des Don hatte der Gegner ein tiefgegliedertes Stellungssystem errichtet, so daß sich ein Übersetzen über den Strom als unmöglich erwies.[985]

Bereits am 4. August war die 4. Panzerarmee über den Aksaj zum Vorstoß nach Nordosten Richtung Stalingrad angetreten. Zwei Tage später gelang dem XLVIII. Panzerkorps der Durchbruch durch die russischen Stellungen, um beim Bahnhof Tinguta auf starke feindliche Panzerkräfte zu treffen. Damit konnte die sowjetische 64. Armee den Stoß der 4. Panzerarmee auf Stalingrad vorläufig aufhalten.[986]

Das Oberkommando der Heeresgruppe B hoffte, nach Zerschlagung der drei feindlichen Armeen zwischen Wolga und Don die beiden deutschen Armeen im Raum von Stalingrad vereinigen zu können. Die Voraussetzungen für diesen Zangenangriff waren bis zum 22. August durch den Druchbruch der 4. Panzerarmee auf das Höhengelände nördlich des Bahnhofs Tinguta und die Erzwingung eines weiten Brückenkopfes über den Don bei Wertjachi durch die 6. Armee geschaffen. Das Oberkommando B wollte möglichst verhindern, daß stärkere Feindkräfte in das Stadtgebiet von Stalingrad oder an das andere Ufer der Wolga entkamen. Wenn dies nicht gelang, so war mit langwierigen und verlustreichen Häuserkämpfen in Stalingrad zu rechnen.[987]

In den frühen Morgenstunden des 23. August trat die 6. Armee beiderseits Wertjachi zum Durchbruch durch die feindlichen Stellungen an, aber nur zwei Tage später hatte sich der Angriff nach verlustreichen Kämpfen festgefressen. Die Anfangserfolge der 6. Armee veranlaßten das Oberkommando B, noch am 23. August der 4. Panzerarmee den Durchbruch auf die Höhen westlich Stalingrad zu befehlen, wo sie sich mit der entgegenkommenden 6. Armee vereinigen sollte. Das XLVIII. Panzerkorps drang bis zum Bahnhof Tundutowo vor, blieb dann aber vor einem stark verminten Stellungssystem liegen.

Der 2. September brachte eine überraschende Wende: Die Feindkräfte westlich Stalingrad setzten sich nach Osten ab, und das nachstoßende XLVIII. Panzerkorps stand am gleichen Abend mit seiner Spitze dicht ostwärts Pitomnik. Am Nachmittag war auch eine Angriffsgruppe der 6. Armee dem ausweichenden Feind gefolgt und konnte am nächsten Morgen bei Pitomnik die Verbindung zur 4. Panzerarmee herstellen. Die Zange war geschlossen, aber der Feind war wieder einmal entkommen.[988]

Das Oberkommando der HGr. B gab noch am 2. September den beiden Armeen den Befehl, unverzüglich zum Stoß in die Stadt anzusetzen, es zeigte sich jedoch, daß der Feind entschlossen war, Stalingrad mit allen Mitteln zu verteidigen.

Die 4. Panzerarmee konnte bis zum 4. September bis an die Südwestausläufer der Stadt vorstoßen, sie wurde aber von den Höhen westlich Beketowka stark bedrängt, wo der Feind Artillerie und Panzer konzentriert hatte. Die 6. Armee kam ebenfalls nicht recht voran; das XIV. Panzerkorps mußte sich schwerer Gegenangriffe aus dem Raum nördlich von Stalingrad erwehren und konnte keine Kräfte zum Vorstoß in die Stadt abstellen. Nur einer Infanterie-Division des LI. Armeekorps gelang es am 3. September, bis auf acht Kilometer an den Stadtkern heranzukommen.[989]

Für die Eroberung der Stadt mußten stärkere Kräfte angesetzt werden. Der heftige Widerstand der Sowjets hatte eine rasche Vereinigung der 6. Armee und der 4. Panzerarmee vor Stalingrad, eine Einschließung bedeutender Feindkräfte und damit eine rasche Entscheidung verhindert. Die Truppe stand nun vor verlustreichen Kämpfen im Stadtgebiet. Für den Angriff auf die Stadt standen das XLVIII. Panzerkorps der 4. Panzerarmee und

---

985  Ebenda, S. 156 f.
986  Ebenda, S. 157.
987  Ebenda, S. 158.
988  Ebenda, S. 159.
989  Ebenda, S. 159 f.

das LI. Armeekorps der 6. Armee zur Verfügung, die zusammen zwei Panzerdivisionen, eine motorisierte Division und vier Infanteriedivisionen in den Kampf werfen konnten. Die Verteidigung der „Festung Stalingrad" lag in den Händen der Südostfront mit der 62. und 64. Armee, die in der Stadt und im Raum von Beketowka über acht Schützendivisionen, Reste von 13 Schützendivisionen, elf Brigaden, zwölf Panzerbrigaden und eine Panzerabwehrbrigade verfügten.[990]

Um den Sowjets nicht noch mehr Zeit zur Verstärkung der „Festung" zu lassen, faßten das Oberkommando der HGr. B und das Armeeoberkommando (AOK) der 4. Panzerarmee den Beschluß, zuerst den Angriff in die Stadt durchzuführen und erst danach mit den freiwerdenden Verbänden die feindliche Kräftegruppe bei Beketowka zu zerschlagen. Es gelang dem XLVIII. Panzerkorps, bis zum 10. September an das Ufer der Wolga dicht südlich von Stalingrad vorzudringen. Die anschließenden Kämpfe im Stadtgebiet waren von beispielloser Härte, der Gegner verteidigte jeden Häuserblock, jeden Straßenzug und jeden Bunker. Trotz des erbitterten Widerstandes konnte bis zum 14. September der alte Stadtkern südlich der Zariza erobert werden.

Am 7. September war auch das LI. Armeekorps zum Angriff gegen den Norden von Stalingrad angetreten. Am 14. stieß eine Kampfgruppe am Hauptbahnhof vorbei an die Wolga vor, womit der Kampf um den größeren Nordteil der Stadt begann. Es erschien nunmehr zweckmäßig, die Leitung der Kämpfe in eine Hand zu legen. Am 16. September wurde das XLVIII. Panzerkorps dem AOK 6 unterstellt, die Eroberung von Stalingrad war damit alleinige Aufgabe der 6. Armee. Nach und nach wurden weitere Stadtteile genommen, und am 17. September konnten sich die beiden Angriffskorps an der Zariza vereinen. Damit waren der Stadtkern und die südlichen Stadtviertel fast ganz in deutscher Hand, während die großen Industriegebiete im Nordteil und die Hafenanlagen von der Roten Armee nach wie vor hartnäckig verteidigt wurden.[991]

In der zweiten Septemberhälfte schien die Heeresgruppe B ihr operatives Ziel im wesentlichen erreicht zu haben, Stalingrad war als Verkehrs- und Rüstungszentrum ausgeschaltet und der Schiffahrtsweg auf der Wolga unterbrochen. Der Widerstand der sowjetischen Verteidiger, die sich im Nordteil festklammerten, war jedoch ungebrochen, und während die deutschen Infanterieeinheiten durch die ständigen hohen Verluste immer schwächer wurden, erhielten die Russen laufend Verstärkungen vom anderen Ufer der Wolga. Das AOK 6 sah sich genötigt, immer weitere Infanterieverbände von der Nordfront zwischen Wolga und Don abzuziehen und in die Kämpfe im Stadtgebiet zu werfen. Der Flankenschutz wurde damit immer schwächer, gleichzeitig war die Versorgungslage wegen der geringen Leistungsfähigkeit der Eisenbahn aus dem Donezgebiet besorgniserregend.[992] Die deutsche Infanterie erlitt hohe Verluste, unter anderem deshalb, weil die Ausbildung für den Häuserkampf unzureichend war.[993] Fortschritte in der Eroberung der Stadt gab es meist nur mit massiver Luftunterstützung durch Stukas und Jabos.

Bis Mitte November gelang es der 6. Armee, rund 90 Prozent des Stadtgebiets von Stalingrad zu erobern. Die Verteidiger unter General Wassili Tschuikow wurden im Verlauf der Kämpfe auf einen schmalen Streifen am Ufer der Wolga im Nordteil zusammengedrängt. Tschuikows Aufgabe war es, unter allen Umständen auszuhalten und die 6. Armee in der Stadt zu fesseln, bis vier Armeen und ein Panzerkorps nördlich und südlich von Stalingrad für eine große Gegenoffensive aufmarschiert waren. Die weiten Flanken der 6. Armee wurden von der rumänischen 3. und 4. Armee gedeckt, die sowjetischen Verbänden an Kampfkraft weit unterlegen waren.

---

[990] Ebenda, S. 160.

[991] Ebenda, S. 160 f.

[992] Ebenda, S. 162 f.

[993] Carell, S. 146.

Mitte November 1942 stand der Südflügel des deutschen Ostheeres in einem weit nach Osten vorspringenden Bogen in der Ostukraine und im Gebiet nördlich des Kaukasus. Die Front der Heeresgruppe A lehnte sich mit ihrem rechten Flügel bei Noworossijsk an das Schwarze Meer an und verlief dann durch die nördlichen Kaukasusausläufer Richtung Osten bis in die Terekwüste. Von dort bis südlich Stalingrad erstreckte sich quer durch die endlose Kalmückensteppe eine tiefe offene Flanke, die nach Osten gegen die untere Wolga nur von der 16. motorisierten Division gedeckt wurde. Erst südlich Stalingrad begann die geschlossene Front der Heeresgruppe B, die von Stalingrad an den Don zurücksprang und dann diesem Fluß entlang bis Woronesch lief. In dieser Frontlinie standen von Ost nach West die rumänische 4. Armee, die 4. Panzerarmee, die 6. Armee, die rumänische 3. Armee, die italienische 8., die ungarische 2. und zuletzt die deutsche 2. Armee. Die Masse der deutschen Kräfte konzentrierte sich seit Wochen im Raum von Stalingrad, weder die Heeresgruppe A noch die Heeresgruppe B hatten nennenswerte Reserven. Die sowjetrussischen Kräfte in diesem Raum waren in Kaukasus-Front, Stalingrad-Front, Don-Front, Südwest-Front und Woronesch-Front gegliedert.

Durch den überdehnten Frontverlauf und die zweifelhafte Standfestigkeit der Verbündeten war die Lage der Heeresgruppen A und B hochgradig exponiert. Die deutsche Führung machte sich jedoch keine allzu großen Sorgen, da die Rote Armee seit Mitte August heftige Angriffe gegen die Heeresgruppe Nord und vor allem gegen die Heeresgruppe Mitte führte. Im Führerhauptquartier und im OKH glaubte man nicht, daß die Sowjets genügend Reserven für eine zusätzliche Großoffensive im Süden zur Verfügung hatten.[994] Ein Rückzug der Heeresgruppe A aus dem Kaukasus und der Heeresgruppe B aus dem Raum Stalingrad auf eine sichere Verteidigungsstellung hätte ein Scheitern des deutschen Sommerfeldzuges bedeutet. Seit dem Kriegseintritt der USA lief Deutschland die Zeit davon, weshalb Hitler die im Sommerfeldzug eroberten Gebiete unter allen Umständen halten wollte und hoffte, mit einer neuen Offensive im Frühjahr 1943 das kaukasische Ölgebiet endgültig an sich reißen zu können.

## Operation „Uranus" und die Einschließung der 6. Armee

Seit Anfang September zeichnete sich ab, daß die deutschen Offensiven gegen Stalingrad und gegen den Kaukasus wegen des Fehlens operativer Reserven und der Nachschubschwierigkeiten nicht mehr vorankamen. Die Überdehnung der deutschen Südfront lud zu einer Gegenoffensive geradezu ein. Am 13. September fiel in Moskau der Entschluß zu einer umfassenden Gegenoffensive gegen die 6. Armee und die 4. Panzerarmee im Raum Stalingrad unter der Bezeichnung Operation „Uranus".

Am 19. November traten weit überlegene Kräfte der Südwest-Front und der Don-Front mit zwei voll aufgefüllten Panzerkorps, zwei Kavalleriekorps und 40 Schützendivisionen aus den Donbrückenköpfen bei Serafimowitsch und bei Kletskaja zum Angriff gegen die rumänische 3. Armee an, die sofort durchbrochen und in kurzer Zeit zerschlagen wurde. Am nächsten Tag, dem 20., erfolgte der zweite große Schlag. Mit zwei Panzerkorps und zahlreichen anderen Verbänden durchbrach die Stalingrad-Front die überdehnten Linien des rumänischen IV. Korps, das in voller Auflösung nach Südwesten zurückflutete. Am 22. vereinigten sich die russischen Panzerspitzen bei Kalatsch. Die 6. Armee war mit 21 deutschen und zwei rumänischen Divisionen, zusammen etwa 250.000 Mann, eingeschlossen.[995]

---

[994]  Ebenda, S. 152 f.
[995]  Philippi/Heim, S. 180 f.

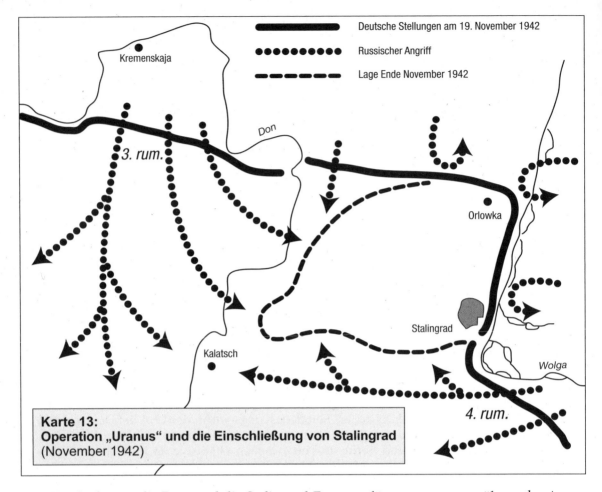

**Karte 13:**
**Operation „Uranus" und die Einschließung von Stalingrad**
(November 1942)

Die Südwest-, die Don- und die Stalingrad-Front verfügten zusammen über zehn Armeen, darunter eine Panzerarmee, mit mehr als 93 Divisionen. Drei weitere Armeen, darunter zwei Gardearmeen, befanden sich als Reserven der obersten Führung von Norden her im Anmarsch. Die sowjetischen Angriffsvorbereitungen waren seit Ende Oktober von den deutschen Kommandostellen im großen und ganzen zutreffend erkannt worden, die deutsche Führung hatte jedoch nur schwache Gegenmaßnahmen ergriffen, der Ernst der Lage wurde gröblich unterschätzt. Im Deutschen Reich waren nur wenige Reservedivisionen vorhanden, und ihr Antransport dauerte wegen der schlechten Eisenbahnverbindung wochenlang.

Am 21. November befahl das OKH die Bildung der Heeresgruppe Don, der die 6. Armee, die 4. Panzerarmee und die rumänische 3. Armee unterstellt wurde. Oberbefehlshaber wurde Generalfeldmarschall Erich von Manstein. Der Auftrag lautete, „die feindlichen Angriffe zum Stehen zu bringen." Die Heeresgruppe Don bestand zunächst allerdings nur aus Trümmern und mußte sich einsatzfähige Verbände erst nach und nach unterstellen.[996]

In den ersten Tagen nach Beginn der sowjetischen Gegenoffensive hätte die 6. Armee noch ausbrechen können, da der Einschließungsring noch schwach war. Aber Hitler wollte Stalingrad unbedingt halten, und das OKH sah die Lage zunächst keineswegs als besonders dramatisch an. Bereits im Winter 1941/42 waren große deutsche Kampfverbände bei Cholm und Demjansk von der Roten Armee eingeschlossen worden, hatten

---

[996] Erich v. Manstein. Verlorene Siege. Bonn 1955, S. 326 ff.

aber aus der Luft versorgt und im Frühjahr wieder befreit werden können. Göring gab Hitler und Generalstabschef Kurt Zeitzler am 23. November das – wie sich herausstellen sollte – leichtfertige Versprechen, daß die Luftwaffe die 6. Armee über eine Luftbrücke versorgen könne. Paulus sollte im Raum Stalingrad eine Igelstellung bilden, und in wenigen Wochen würde ein Entlastungsstoß mit Panzerkräften die 6. Armee wieder befreien. Ein überstürzter Ausbruchsversuch wurde als riskant angesehen, ein Fehlschlag hätte zur völligen Vernichtung der Armee führen können.[997]

## Manstein rettet den deutschen Südflügel

Am 12. Dezember 1942 trat das LVII. Panzerkorps der Armee-Gruppe Hoth zu dem geplanten Entsatzangriff an. Als einzige nennenswerte Verstärkung war die voll aufgefüllte 6. Panzer-Division aus der Heimat eingetroffen. Bis zum 19. Dezember konnten sich die drei Panzerdivisionen des Korps gegen heftigen Widerstand bis an die Mischkowa südwestlich Stalingrad vorkämpfen. Dann kam der Angriff nicht mehr voran. Zwischen den Spitzen Hoths und der Einschließungsfront um Stalingrad lagen noch 48 Kilometer. Um 18 Uhr funkte Manstein an General Paulus ein Fernschreiben, in dem er ihm dringend nahelegte, ohne zu zögern, mit der 6. Armee nach Südwesten auszubrechen und sich zu den Angriffsspitzen des LVII. Panzerkorps durchzuschlagen.

Paulus stand es damit frei, den Haltebefehl Hitlers zu ignorieren und mit Rückendeckung Mansteins auf eigene Verantwortung den Ausbruch zu wagen. Paulus und sein Stabschef Arthur Schmidt konnten sich zu diesem Schritt jedoch nicht durchringen. Ihr Haupteinwand gegen einen Ausbruch unter den gegebenen Bedingungen lautete, daß die 6. Armee nicht mehr beweglich war. Panzer und Zugmaschinen hatten nur noch Sprit für 20 Kilometer, das heißt, daß die Verbände der 6. Armee sich über eine Entfernung von 28 Kilometern rein infanteristisch durchschlagen mußten. Da die sowjetischen Einschließungskräfte bereits sehr stark waren, hätten wahrscheinlich nur Trümmer der 6. Armee die Linien Hoths erreicht.[998]

Inzwischen hatte sich die Lage am mittleren Don dramatisch zugespitzt. Am 16. Dezember trat die sowjetische Südwest-Front zur Großoffensive gegen die italienische 8. Armee an und erzielte sofort tiefe Durchbrüche.[999] Mit einem Vorstoß vom mittleren Don in südlicher Richtung nach Rostow hätten die Sowjets die Heeresgruppen Don und A, die zusammen 1,5 Millionen Mann umfaßten, von ihren rückwärtigen Verbindungen und damit ihrer Versorgung abgeschnitten. Anschließend hätten sie den ganzen Südflügel der deutschen Ostfront gegen die Küste des Asowschen Meeres bzw. des Schwarzen Meeres drücken und vernichten können. Dies hätte über kurz oder lang den Zusammenbruch der gesamten deutschen Ostfront nach sich gezogen.[1000]

Durch die Zerschlagung der italienischen 8. Armee wurde die Lage am linken Flügel der Heeresgruppe Don, bei der Armeeabteilung Hollidt, immer kritischer. Die Abteilung Hollidt drohte von den durchgebrochenen russischen Kräften umgangen zu werden und mußte mit den Resten der rumänischen 3. Armee am Tschir eine neue Verteidigungsstellung bilden. Der Weg nach Rostow stand den Sowjets offen. Manstein war gezwungen, am 23. Dezember eine Panzerdivision aus dem LVII. Panzer-Korps herausziehen und zur Verstärkung an den Tschir werfen. Damit war absehbar, daß die Armee-Gruppe Hoth ihre Stellung an der Mischkowa allenfalls noch wenige Tage lang würde halten kön-

997  Carell, S. 165 ff.
998  Carell, S. 185 ff.; Philippi/Heim, S. 187 ff.
999  Philippi/Heim, S. 187.
1000 Manstein, S. 398 ff.

nen.[1001] Für die 6. Armee war dies die letzte Gelegenheit zum Ausbruch, aber Hitler weigerte sich nach wie vor, den entsprechenden Befehl zu geben.

Am 25. Dezember traten die beiden Armeen der Stalingrad-Front mit drei mechanisierten Korps, einem Panzerkorps, drei Schützen- und einem Kavalleriekorps zum Angriff auf das deutsche LVII. Panzerkorps an und drängten es von der Mischkowa hinter den Aksai zurück. Der Hauptstoß richtete sich jedoch gegen die angeschlagene rumänische 4. Armee und drohte die ganze Heeresgruppe Don von Osten zu umfassen. Damit geriet auch die Heeresgruppe A in eine äußerst kritische Lage. An einen Entsatz der 6. Armee war nun nicht mehr zu denken.[1002]

Hitler hoffte, im Februar mit dem neu aufgestellten SS-Panzerkorps nach Stalingrad durchstoßen und die 6. Armee befreien zu können. Nur mußte die 6. Armee bis dahin durchhalten, und dies setzte voraus, daß die Luftbrücke nach Stalingrad funktionierte. Davon konnte aber trotz der Versprechungen Görings keine Rede sein. Die 6. Armee benötigte als Minimum einen Nachschub von 300 Tonnen pro Tag; diese Menge konnte von der Luftwaffe jedoch nur an insgesamt zwei Tagen eingeflogen werden, der durchschnittliche tägliche Einflug lag wegen der Behinderungen durch das schlechte Winterwetter und die russische Luftwaffe bei nur 104,7 Tonnen. Damit war absehbar, daß die 6. Armee über kurz oder lang wegen des Mangels an Nahrungsmitteln und Munition kapitulieren mußte.[1003]

Tatsächlich war mit dem Abdrängen des LVII. Panzerkorps das Schicksal der 6. Armee besiegelt, es gab keine andere Möglichkeit mehr, als sie zu opfern, um die Heeresgruppen A und Don zu retten. Die 6. Armee band in Stalingrad sieben sowjetische Armeen mit etwa 60 großen Verbänden, die der Stawka für den Vorstoß auf Rostow fehlten. Paulus und seine Truppen mußten trotz ihrer aussichtslosen Lage so lange wie möglich Widerstand leisten, um für den langwierigen Rückzug der Heeresgruppe A aus dem Kaukasus Zeit zu gewinnen.[1004]

Der von Stalingrad abgedrängten Heeresgruppe Don drohte die doppelte Umfassung in Richtung Rostow. Nachdem der Entsatz der 6. Armee fehlgeschlagen war, hatte Manstein die schwierige Aufgabe, mit der Heeresgruppe Don die Abschnürung und Vernichtung des ganzen Südflügels der Ostfront zu verhindern. Die wenigen Reserven des OKH reichten nicht aus, um die rückwärtigen Verbindungen über den unteren Don bzw. Dnjepr offenzuhalten. Manstein blieb nur der Weg, die Kräfte der Heeresgruppe Don so vorausschauend von dem Ost- nach dem Westflügel zu rochieren, daß die immer weiter westlich ausholenden Umfassungsbewegungen des Gegners rechtzeitig abgefangen wurden.[1005] Zuerst hielt die Heeresgruppe Don den Rücken der Heeresgruppe A frei, während diese sich aus dem Kaukasus zurückzog. Anschließend stellte sich die Heeresgruppe Don in hochbeweglicher Kampfführung der sowjetischen Winteroffensive entgegen und verhinderte trotz einiger schwerer Krisen, daß der deutsche Südflügel von seinen rückwärtigen Verbindungen abgeschnitten wurde. Bis Mitte Februar waren die Heeresgruppen Don und A hinter den Mius und den Donez zurückgewichen, am 16. mußte sogar Charkow aufgegeben werden. Den Sowjets gelang es aber nicht, Teile dieser Heeresgruppen abzuschneiden und zu vernichten.

Nachdem Anfang März Neuzuführungen aus der Heimat eingetroffen waren, verfügte die Heeresgruppe Süd (früher Don) auf der 700 Kilometer langen Front vom Asowschen Meer bis nördlich Charkow über 32 Divisionen. Beim Gegner standen in und hinter diesem Frontabschnitt 341 große Verbände, das Kräfteverhältnis betrug damit etwa 1 zu 7.

---

[1001] Philippi/Heim, S. 190.
[1002] Manstein, S. 377.
[1003] Ebenda, S. 380.
[1004] Ebenda, S. 384 u. 393.
[1005] Manstein, a.a.O., S. 398 ff., Philippi/Heim, a.a.O., S. 201.

Am 22. Februar eröffnete Manstein mit der 1. und 4. Panzerarmee und dem SS-Panzer-korps zwischen Dnjepr und Donez eine Gegenoffensive. Im Verlauf der vierwöchigen Operation wurden sieben Panzerkorps und zwei Kavalleriekorps des Gegners sowie zahlreiche Schützendivisionen von vier Armeen schwer angeschlagen und am 14. März Charkow zurückerobert. Mit diesem „Schlag aus der Nachhand" gelang es Manstein, den Südflügel der Ostfront wieder zu stabilisieren und damit die Voraussetzung für eine neue deutsche Offensive im Sommer 1943 zu schaffen.[1006]

# Ergebnisse

Die 6. Armee hatte im Kessel von Stalingrad unter entsetzlichen Verhältnissen bis Ende Januar ausgehalten. Nach den Kriegstagebüchern der 6. Armee hatten sich Mitte Dezember 1942 246.600 Deutsche und 13.000 Rumänen im Kessel befunden. Von den Eingeschlossenen wurden insgesamt 42.000 Verwundete, Kranke und Spezialisten ausgeflogen, 80.500 Mann waren in den Kämpfen seit der Einschließung gefallen bzw. umgekommen. Als die letzten Teile der 6. Armee am 2. Februar 1943 kapitulierten, gingen mehr als 107.000 Überlebende in sowjetische Gefangenschaft. Nur 6.000 von ihnen sollten zurückkehren.[1007] Die Rote Armee verlor allein bei der Verteidigung der Stadt 320.000 Mann.[1008]

Die Aufopferung der 6. Armee ermöglichte die Rettung der Heeresgruppen Don und A und schließlich die erfolgreiche Gegenoffensive Mansteins bei Charkow. Dies kann jedoch nicht über das Ausmaß der Katastrophe hinwegtäuschen, denn es war nicht nur die überstarke 6. Armee fast vollständig verlorengegangen, sondern es waren auch vier Armeen der Verbündeten weitgehend zerschlagen worden. Die Verluste an gut ausgebildeten Soldaten waren besonders schmerzlich. Die deutsche Führung war sich durchaus bewußt, daß die Katastrophe von Stalingrad eine Kriegswende darstellte. Aufgrund der absehbaren Kräfteentwicklung konnte sie jetzt nur noch auf ein militärisches Patt und einen Kompromißfrieden im Osten hoffen, um danach im westlichen Europa die strategischen Luftangriffe und Landungsversuche der Anglo-Amerikaner abzuwehren.

---

[1006] Manstein, a.a.O., S. 459 ff.; Philippi/Heim, a.a.O., S. 206 f.
[1007] Carell, S. 210.
[1008] Heinz Magenheimer. Stalingrad. Die große Kriegswende, Selent 2007.

# Das „Neue Europa"

Ungeachtet aller Rhetorik vom „europäischen Freiheitskampf gegen den Bolschewismus" stellte das „Neue Europa" eine recht heterogene Koalition dar, wie aus einer damaligen halboffiziösen Aufstellung hervorgeht. Es bestand aus den Erstunterzeichnern des Dreimächtepakts vom 27. September 1940 Deutschland, Italien und Japan sowie den bis zum Juni 1941 beigetretenen Staaten Ungarn, Rumänien, Slowakei, Bulgarien und Kroatien. Weiter wurden aufgeführt die verbündeten Staaten, „die nicht dem Dreimächtepakt beigetreten, aber kriegführend sind": China, Mandschukuo, Thailand und Finnland (mit China war natürlich die von Tokio eingesetzte chinesische Regierung in Nanking gemeint, die ebenso eine japanische Marionette war wie die Regierungen in Mandschukuo und Thailand). Hinzu traten „zum Machtbereich der Dreierpaktmächte gehörende Staaten bzw. ehemalige Staaten, die sich zum ‚Neuen Europa' bzw. zu Großostasien bekennen, deren Exilregierungen jedoch als ‚Alliierte Nationen' aufscheinen": Belgien, Holland, Frankreich, Griechenland, Norwegen, Polen (teils unmittelbar, teils mittelbar als Generalgouvernement dem Großdeutschen Reich eingegliedert), Tschecho-Slowakei (teils unmittelbar, teils mittelbar als Protektorat Böhmen und Mähren dem Großdeutschen Reich eingegliedert, teils unabhängiger Staat Slowakei), Luxemburg, Serbien, Montenegro und die japanisch besetzten Philippinen. Zu den befreundeten Staaten, „die sich zum ‚Neuen Europa' bekennen", zählten Dänemark und Spanien, das sich selbst als „nichtkriegführend" bezeichnete.[1009]

Ribbentrop verfolgte im Frühjahr 1943 das politische Ziel, England endgültig von den europäischen Angelegenheiten auszuschließen. Am 21. März 1943 legte er deshalb einen Plan zur Gründung eines Europäischen Staatenbunds vor, der genau diesem Zweck dienen sollte. Der Staatenbund sollte noch während des Krieges proklamiert werden, „sobald wir einen bedeutenden militärischen Erfolg zu verzeichnen haben" und er sollte den kleineren europäischen Staaten die Sicherheit geben, „daß nicht sofort nach Kriegsende ein Gauleiter bei ihnen eingesetzt wird". Dieses Dokument wirkte auf den ersten Blick revolutionär, da es den Mitgliedern dieses Staatenbundes Souveränität, Freiheit und politische Unabhängigkeit versprach.

Hitler stand der Idee der Gründung eines Europäischen Staatenbundes jedoch skeptisch bis ablehnend gegenüber, eine Haltung, die angesichts des militärischen Versagens der Verbündeten – insbesondere der Italiener, aber auch der Ungarn und Rumänen – und ihrer heimlichen Kontakte zu den Alliierten durchaus nachvollziehbar ist; Hitler war enttäuscht und mißtrauisch.[1010] Ribbentrop war von der Idee eines Europäischen Staatenbundes selbst nicht ganz überzeugt und hielt weiter an dem zu diesem Zeitpunkt eher utopischen Endziel eines „Großgermanischen Reiches" fest. Bei einem Treffen mit dem italienischen Außenminister Giuseppe Bastianini am 10. April 1943 machte Ribbentrop kein Hehl daraus, daß er mit seinem eigenen Europaexposé „innerlich selbst nicht ganz einverstanden gewesen sei",[1011] daß er sein Projekt nur mit halbem Herzen verfolge und es für ihn in erster Line eine Diskussionsgrundlage darstelle.[1012] Ungeachtet der zwiespältigen Haltung Hitlers, Ribbentrops und Goebbels' nahm das „Neue Europa" in der

---

[1009] AdG 1943,S. 5901.
[1010] David Irving. Hitlers Krieg: Götterdämmerung 1942–1945. München 1986, S. 110.
[1011] ADAP E Bd. V, Dok.Nr. 286.
[1012] ADAP E Bd. V, Dok.Nr. 291.

deutschen Propaganda nunmehr eine zentrale Rolle ein. Den eigentlichen Sinn der nationalsozialistischen Europapropaganda hatte Gauleiter Fritz Sauckel am 6. Januar 1943 auf einer Tagung in Weimar ganz offen angesprochen, als er „die Mobilisierung aller erreichbaren Leistungsreserven im größten Ausmaß" sowie die „Mobilisierung aller verfügbaren Kräfte in den besetzten Gebieten wie auch in den verbündeten, befreundeten und neutralen Staaten nach den Prinzipien der europäischen Solidarität" als wichtigste Ziele der deutschen Politik bezeichnet hatte.[1013]

## Die Verbündeten bemühen sich um einen Sonderfrieden

Die sich seit dem Spätherbst 1942 abzeichnende rapide Verschlechterung der militärischen Lage Deutschlands sollte zu tiefgreifenden Veränderungen in den deutsch-finnischen Beziehungen führen. Am 3. Februar 1943, also einen Tag nach dem Ende des letzten deutschen Widerstandes im Kessel von Stalingrad, trafen sich im Hauptquartier des Oberbefehlshabers der finnischen Streitkräfte Generalfeldmarschall von Mannerheim, Staatspräsident Risto Ryti, Finanzminister Väinö Tanner und andere Angehörige des Kriegskabinetts. Der Lagevortrag des Chefs der Aufklärungsabteilung fiel so ernüchternd aus, daß das Kriegskabinett beschloß, Finnland so bald wie möglich aus dem Krieg herauszuführen und die Beziehungen zur Sowjetunion zu normalisieren. Die finnische Regierung hatte bereits im Januar 1943 damit begonnen, ihre Kontakte nach Washington zu intensivieren. Am 20. März 1943 bot das State Department nach Rücksprache mit den Regierungen in Moskau, London und Stockholm der finnischen Regierung ihre „guten Dienste" für den Fall an, daß diese in Friedensgespräche mit der Sowjetunion einzutreten wünsche.

Die finnische Regierung war sich von Anfang an der Tatsache bewußt, daß ihr Handlungsspielraum in der Friedensfrage in hohem Grade von der Haltung des deutschen Bündnispartners abhängig war. Da nicht zu erwarten war, daß sich die Kontakte nach Washington über längere Zeit geheimhalten ließen, mußte Berlin wenigstens zu einer Duldung dieser Sondierungen bewogen werden.

Nachdem sich die Lage an der Ostfront aber wieder stabilisiert hatte, war diese Erwartung keineswegs realistisch. Als der neue finnische Außenminister Henrik Ramsay am 25. März 1943 Berlin besuchte, erklärte ihm Ribbentrop, daß jedes Eingehen Finnlands auf alliierte Sonderfriedensangebote von deutscher Seite „als ein Verrat am Gedanken des heiligen Kampfes gegen den Bolschewismus" gewertet werde. Der Reichsaußenminister machte deutlich, daß die deutsche Führung jegliche nicht abgesprochene Fühlungnahme des finnischen „Waffenbruders" mit den Kriegsgegnern ablehne.

Die finnische Regierung drohte nunmehr zwischen alle Stühle zu geraten, denn in Washington dachte man gar nicht daran, das ohnehin schwierige Verhältnis zu Moskau durch ein aus amerikanischer Perspektive völlig nachgeordnetes Problem wie die Finnlandfrage zu belasten. Das amerikanische Vermittlungsangebot vom 20. März 1943 war daher keineswegs Ausdruck eines besonderen Interesses an Finnland, sondern vielmehr der Versuch, Helsinki aus der Koalition der Achsenmächte herauszubrechen. Offenbar verließ man sich in Berlin darauf, daß die finnische Furcht vor einer Sowjetisierung einerseits und die deutschen Lebensmittel- und Waffenlieferungen andererseits schon dafür sorgen würden, daß Helsinki an der Seite Deutschlands bliebe. Ungeachtet dessen hatten sich Hitler und das OKW bereits im Frühherbst 1943 – im Unterschied zu entsprechenden Planungen gegenüber Italien, Ungarn und Rumänien – darauf festgelegt, im Falle

---

[1013] AdG 1943, S. 5783.

eines militärischen Zusammenbruchs oder politischen Ausscheidens Finnlands aus dem Krieg auf eine militärische Besetzung zu verzichten.[1014]

Als Folge der Niederlagen der ungarischen 2. Armee am Donbogen hatte die Budapester Regierung von Ministerpräsident Miklós Kállay – mit Rückendeckung des Reichsverwesers Nikolaus von Horthy – versucht, das militärische Engagement Ungarns zu reduzieren. Noch vor Ablauf des Jahres 1942 wurden erste Versuche eingeleitet, mit den westlichen Alliierten einen Separatfrieden auszuhandeln. Die Katastrophe von Stalingrad und die darauffolgenden Ereignisse führten dazu, daß die Kállay-Regierung diese Bemühungen intensivierte. Am 9. September 1943 wurde mit den Westalliierten eine geheime Vereinbarung über eine Verringerung der militärischen Anstrengungen Ungarns erzielt. Als Reichsverweser Horthy am 16. April 1943 in Kleßheim mit Hitler zusammentraf, wurde er mit heftigen Beschwerden über die Haltung Ungarns und der Forderung nach einem totalen Kriegseinsatz konfrontiert. Die deutsche Führung war über die zweigleisige ungarische Außenpolitik bestens informiert, und Reichsaußenminister Ribbentrop listete vor Horthy eine ganze Reihe bekanntgewordener ungarischer Geheimaktivitäten auf.[1015]

# Eine Wende in der deutschen Ostpolitik

Es war ein schwerwiegender politischer Fehler, daß die deutsche Führung für den Rußlandfeldzug kein positives Kriegsziel verkündete, an dem die einheimische Bevölkerung sich hätte orientieren können. Die tiefere Ursache war die, daß es überhaupt keine einheitliche deutsche Politik gab. Die verschiedenen NS-Größen vertraten ganz unterschiedliche Konzeptionen. Adolf Hitler, der Leiter der Parteikanzlei Martin Bormann sowie der Reichskommissar für die Ukraine Erich Koch verfolgten Pläne, die besetzten Ostgebiete in kolonienähnliche Gebilde zu verwandeln. Dagegen trat der Reichsminister für die besetzten Ostgebiete, Alfred Rosenberg, für eine Kooperation mit den Ostvölkern und ihre langfristige Gleichberechtigung ein. Reichsführer SS Heinrich Himmler gehörte zunächst der „Kolonialfraktion" an, sollte aber im Verlauf des Krieges zu den Unterstützern der Wlassow-Bewegung, die von Teilen der Wehrmachtführung aus der Taufe gehoben worden war, wechseln.

Die Wehrmachtführung plädierte ab dem Sommer 1942 nachdrücklich für einen Kurswechsel in der Ostpolitik. Der Gezeitenwechsel im militärischen Kräfteverhältnis nach Stalingrad und die veränderten politischen Perspektiven wirkten sich auch auf die deutsche Besatzungspolitik im Osten aus. Bereits am 18. Dezember 1942 hatte in Berlin im früheren Gebäude der Sowjetbotschaft eine Konferenz zwischen hohen Wehrmachtoffizieren und Beamten des Ostministeriums stattgefunden, bei der die Militärs einen Umbruch der deutschen Politik im russischen Raum gefordert hatten.[1016] Anfang Januar 1943 arbeitete der Generalstab des Heeres eine Denkschrift aus, die die Probleme der deutschen Besatzungspolitik schilderte, die bereits getroffenen Maßnahmen zur Abhilfe darstellte und weitere Verbesserungsvorschläge machte.[1017] Der Druck von seiten der Wehrmacht trug wesentlich dazu bei, eine allmähliche Kurskorrektur in der deutschen Ostpolitik herbeizuführen. Obwohl Goebbels die Forderungen der Wehrmachtführung teilweise zu weit gingen, gab er am 15. Februar 1943 in seiner Eigenschaft als Reichs-

---

[1014] Bernd Wegner. Das Kriegsende in Skandinavien, in: Das Deutsche Reich und der Zweite Weltkrieg, Bd. 8, Die Ostfront 1943/44, München 2007, S. 961 ff.

[1015] Ebenda, S. 850.

[1016] Zit. n. Rudolf Aschenauer. Krieg ohne Grenzen: Der Partisanenkampf gegen Deutschland 1939–1945. Leoni 1982, S. 270.

[1017] Joseph Goebbels. Tagebücher 1924–1945. Hrsg. v. Ralf-Georg Reuth. Bd. 5. München 1992, S. 1866 ff.

propagandaleiter Richtlinien für die Behandlung der europäischen Völker heraus, in denen unter anderem auch die Gleichbehandlung der Ostvölker zugestanden wird.[1018] Die Richtlinien der Wehrmacht für die Behandlung der Ostvölker gingen noch deutlich weiter.[1019]

Die Zusammenarbeit der verschiedenen Ostvölker mit den Deutschen erreichte im Frühjahr 1943 einen ersten Höhepunkt. Am 5. Mai 1943 kämpften auf seiten der deutschen Wehrmacht bereits 90 russische Bataillone, dazu 140 Einheiten in Kompaniestärke, 90 Feldbataillone der Ostlegionen (Turkestaner, Georgier, Armenier, Krimtataren usw.), eine kaum zu übersehende Zahl kleiner Einheiten, über 400.000 unbewaffnete Hilfswillige auf Planstellen deutscher Einheiten, dazu einige größere Verbände unter deutschem Kommando, so die 1. Kosaken-Division, mehrere selbständige Kosaken-Regimenter und das Kalmückische Kavallerie-Korps.

Zu diesem Zeitpunkt existierten außerdem bereits Vorformen nationalrussischer Streitkräfte unter russischem Kommando und teilweise in russischen Uniformen, die RNNA (Russische Nationale Volksarmee), die RONA (Russische Volksbefreiungsarmee), die Brigade Druschina, das Donkosaken-Regiment 120 und das Ost-Ersatzregiment Mitte.[1020] Insgesamt dürften mehr als eine Million Freiwillige aus den Ostvölkern auf deutscher Seite gekämpft haben.[1021]

Am 16. September 1944 genehmigte schließlich der Reichsführer SS Heinrich Himmler die Aufstellung einer „Russischen Befreiungsarmee" (ROA) im Umfang von zehn Divisionen. Ihr Führer war der ehemalige General der Roten Armee Andrei Wlassow, der im Juli 1942 in deutsche Kriegsgefangenschaft geraten war und seither hartnäckig auf die Aufstellung selbständiger russischer Verbände hingearbeitet hatte. General Wlassow wurde auch Vorsitzender des „Komitees zur Befreiung der Völker Rußlands" (KNOR), in dem alle antikommunistischen russischen und nichtrussischen Nationalvertretungen zusammengefaßt waren.[1022]

Hitler stand der Wlassow-Bewegung und den Osttruppen skeptisch bis mißtrauisch gegenüber, da er kein Vertrauen in ihre Zuverlässigkeit hatte und ihre politischen Forderungen nach einem deutschen Sieg fürchtete. Die mit General Wlassow sympathisierenden Kreise in der Wehrmacht und in der SS haben dieses Unternehmen aber schließlich gegen alle Widerstände durchgesetzt.

---

[1018] Abgedruckt in: Theodor Oberländer. Der Osten und die deutsche Wehrmacht: Sechs Denkschriften aus den Jahren 1941–1943 gegen die NS-Kolonialthese. Asendorf 1987, S. 139 ff.

[1019] Cecil A. Dixon/Otto Heilbrunn. Partisanen: Strategie und Taktik des Guerillakrieges, Frankfurt a.M./ Berlin 1956, S. 179 ff.

[1020] Joachim Hoffmann. Die Geschichte der Wlassow-Armee. Freiburg 1984, S. 14.

[1021] Ebenda, S. 421.

[1022] Ebenda, S. 11 ff.

# Operation „Zitadelle"

Mit dem Beginn der Schlammperiode Ende März 1943 trat entlang der Ostfront eine Kampfpause ein, die Zeit für grundsätzliche Überlegungen bot.

Nach den schweren Niederlagen bei Stalingrad und in Tunesien war es unübersehbar, daß das Deutsche Reich in die Defensive geraten war.

Es war zwar gelungen, im Bereich der Heeresgruppe Mitte durch die Räumung des „Schlauches von Demjansk" und des großen Frontbalkons von Rschew zwei Gefahrenherde zu beseitigen und die Front um fast 500 Kilometer zu verkürzen. Im März 1943 zog sich die 9. Armee unter Generaloberst Walter Model aus dem Frontbogen von Rschew in eine Sehnenstellung zurück (Operation „Büffelbewegung") und wurde dadurch für andere Aufgaben frei. Solche begrenzten Erfolge konnten aber nicht über die Tatsache hinwegtäuschen, daß die deutsche Führung von ihrem ursprünglichen Ziel, die Sowjetunion militärisch niederzuringen, weiter entfernt war denn je zuvor.

Die sowjetische Rüstungsindustrie produzierte seit der Jahreswende 1942/43 immer größere Stückzahlen an Geschützen, Panzern und Flugzeugen. Die schweren Produktionseinbrüche, die sich aus dem Verlust der westlichen Landesteile und den Schwierigkeiten bei der Evakuierung eines Teils der Rüstungsbetriebe hinter den Ural ergeben hatten, waren im großen und ganzen überwunden. Das Deutsche Reich konnte dagegen die Personalverluste, die durch die Katastrophe von Stalingrad entstanden waren, nur schwer ausgleichen. Das Kräfteverhältnis im Osten begann sich aufgrund der totalen Mobilisierung der Bevölkerung dramatisch zugunsten der Sowjetunion zu verschieben. In den USA hatten die Rüstung sowie die Aufstellung von Luftwaffenverbänden und Heerestruppen mittlerweile große Fortschritte gemacht. Nach der amerikanischen Landung in Nordafrika mußte für 1943 oder spätestens 1944 mit einer anglo-amerikanischen Invasion in Süd- oder Westeuropa gerechnet werden. Damit drohte der Zweifrontenkrieg, und dem Deutschen Reich blieb nur noch wenig Zeit, um dem Krieg eine günstige Wendung zu geben.

An eine militärische Ausschaltung der Sowjetunion war somit nicht mehr zu denken, die einzig realistische Perspektive schien ein Separatfrieden mit Moskau zu sein. Reichsaußenminister Ribbentrop drängte Hitler immer wieder zu Friedenssondierungen mit Moskau. In den Tagen nach dem Ende der Kämpfe in Stalingrad führte Ribbentrop ein persönliches Gespräch mit Hitler über diese Frage. Hitler stellte sich auf den Standpunkt, er müsse zuerst wieder einen entscheidenden militärischen Erfolg erringen, dann könne man weitersehen. Jeder Friedensfühler bedeute ein Schwächezeichen.[1023] Hinter dieser Haltung Hitlers standen die schlechten Erfahrungen, die die deutsche Reichsregierung im Weltkrieg 1914/18 mit ihren verschiedenen Friedensinitiativen gemacht hatte.

Eine Verhandlungslösung mit den Anglo-Amerikanern erschien unwahrscheinlich, seitdem Roosevelt und Churchill im Januar 1943 auf der Konferenz von Casablanca die Forderung nach einer bedingungslosen Kapitulation der Achsenmächte erhoben hatten. Washington und London würden sich allenfalls nach einer fehlgeschlagenen Invasion in Europa zu Friedensgesprächen bereit finden. Die erfolgreiche Abwehr einer anglo-amerikanischen Invasion setzte aber das Freiwerden starker deutscher Kräfte im Osten voraus.

---

[1023] Joachim v. Ribbentrop. Zwischen London und Moskau. Leoni 1953, S. 264.

Im Frühjahr 1943 standen 69 Prozent aller Divisionen des deutschen Heeres im Osten. Das deutsche Ostheer umfaßte am 1. Juli 1943 3.218.000 Mann, die über 3.549 Panzer und Sturmgeschütze, 25.600 Geschütze und Werfer sowie 3.415 Flugzeuge verfügten. Hinzu kamen 455.000 Mann der Verbündeten, die aber nur wenige schwere Panzer und Flugzeuge aufbieten konnten.[1024] Ein Jahr zuvor, am 1. Juli 1942, hatte die Stärke des Ostheeres 2.785.000 Mann mit 2.560 Panzern, 23.700 Geschützen und 3.014 Flugzeugen betragen,[1025] das heißt, die Mannschaftsstärke hatte trotz der Katastrophe von Stalingrad um 433.000 Mann, die Zahl der Panzer um fast 1.000 zugenommen, wobei Feuerkraft und Panzerschutz der neueren Modelle erheblich verbessert worden waren.

Die Katastrophe von Stalingrad hatte nicht nur zum Verlust der deutschen 6. Armee geführt, sondern es waren auch die rumänische 3. und 4. Armee, die italienische 8. Armee und die ungarische 2. Armee bis auf Reste vernichtet worden. Die Folge war, daß Italien seine Truppen aus Rußland fast vollständig zurückzog und Rumänien und Ungarn ihr Engagement drastisch reduzierten.[1026] Hatte die Zahl der italienischen, rumänischen, slowakischen und ungarischen Truppen Mitte 1942 noch 648.000 Mann[1027] betragen, so schrumpfte diese Zahl bis zum 1. Juli 1943 auf 225.000 Mann.[1028] Allein die Finnen hatten ihre Truppenzahl von 210.000 auf 230.000 Mann erhöht.[1029] Damit hatte sich die Stärke der Verbündeten, die Mitte 1942 noch 858.000 Mann betrug, innerhalb eines Jahres beinahe halbiert.

Die Kräfte der Roten Armee umfaßten am 1. Juli 1943 an den Hauptfronten (einschließlich der Stawka-Reserve, aber ohne Südfront und Fernost) 7.176.900 Mann mit 12.887 Panzern und Sturmgeschützen, 113.144 Geschützen und Mörsern und 7.493 Flugzeugen.[1030] Innerhalb eines Jahres hatte sich zwar die Mannschaftsstärke „nur" um rund 900.000 Mann erhöht, die Zahl der Panzer, schweren Waffen und Kampfflugzeuge hatte sich aber beinahe verdoppelt.[1031]

Das Kräfteverhältnis zwischen Wehrmacht und Roter Armee betrug also Mitte 1943 bei den Mannschaften 1 zu 2,2, bei den Panzern und Sturmgeschützen 1 zu 3,6, bei der Artillerie 1 zu 4,4, und bei den Flugzeugen 1 zu 2,2. Angesichts dieser Zahlen und der zunehmenden Kampferfahrung der Roten Armee reichten die deutschen Kräfte für eine Offensive mit weitgesteckten Zielen nicht mehr aus.[1032] Die künftige deutsche Strategie im Osten mußte daher grundsätzlich defensiv sein, während die Sowjets aller Voraussicht nach versuchen würden, die Deutschen mittels fortlaufender Offensiven aus ihrem Land zu vertreiben. Die deutsche Führung hoffte, daß die Rote Armee sich dabei irgendwann verbluten würde; die Sowjets hatten nach Schätzungen des OKH seit Kriegsbeginn bereits elf Millionen Mann an Gefallenen, Gefangenen, und Invaliden verloren.

Eine Beschränkung auf eine reine Defensive war für die deutsche Führung aus zweierlei Gründen problematisch. Zum ersten wußte sie im Frühjahr 1943 nicht, ob die Rote Armee nach Beendigung der Schlammperiode tatsächlich wieder offensiv werden würde. Die Sowjets konnten ebensogut abwarten, ihre Kräfte weiter verstärken und zusehen, bis die Anglo-Amerikaner in Süd- oder Westeuropa eine zweite Front aufbauten. Zum zweiten war für eine rein defensive Kampfführung die Zahl der im Osten verfügbaren

---

[1024] Niklas Zetterling/Anders Frankson. Kursk 1943: A Statistical Analysis. London 2000, S. 5, Tab. 1.2.

[1025] Ebenda, S. 2, Tab. 1.1.

[1026] Ernst Klink. Das Gesetz des Handelns: Die Operation „Zitadelle" 1943. Stuttgart 1966, S. 18 ff.

[1027] Zetterling/Frankson. Kursk 1943, S. 2, Tab. 1.1.

[1028] Ebenda, S. 5, Tab. 1.2.

[1029] Ebenda.

[1030] Ebenda, S. 5, Tab. 1.2.

[1031] Ebenda, S. 2, Tab. 1.1; die Zahlen für den 1. Juli 1942 lauten 6.265.000 Mann mit 6.900 Panzern, 69.951 Geschützen und 4.740 Flugzeugen.

[1032] Diese und die folgenden Überlegungen nach: Erich v. Manstein, Verlorene Siege, S. 473 ff.

deutschen Divisionen zu gering. Die Front vom Nordkap bis zum Schwarzen Meer war zu lang, um sie mit den vorhandenen Kräften gleichmäßig für eine wirkungsvolle Verteidigung zu besetzen. Bei den gegebenen Kräfteverhältnissen hatten die Sowjets – wenn sich die Wehrmacht auf die Defensive beschränkte – immer die Möglichkeit, die deutsche Front an von ihnen ausgewählten Stellen mit erdrückender Überlegenheit anzugreifen und zu durchbrechen, um anschließend stehengebliebene deutsche Verbände einzukreisen oder zum Rückzug zu zwingen. Die deutsche Führung mußte daher im Rahmen der vorgegebenen strategischen Defensive versuchen, durch begrenzte Offensiven dem Gegner Teilschläge zu versetzen, die ihn erhebliche blutige Verluste sowie hohe Zahlen an Gefangenen kosteten.

Nach der Katastrophe von Stalingrad war es der Heeresgruppe Don bzw. Süd unter Manstein gelungen, den Südflügel der deutschen Ostfront wieder zu stabilisieren und den Sowjets in der „Schlacht zwischen Donez und Dnjepr" eine schwere Niederlage beizubringen. Insbesondere die Panzerverbände der Roten Armee waren am Ende des Winterfeldzuges schwer mitgenommen und brauchten zur Wiederherstellung ihrer vollen Operationsfähigkeit eine längere Ruhepause.

Der deutschen Führung boten sich grundsätzlich zwei Alternativen an. Sie konnte zunächst dem Gegner die Initiative überlassen, seinen Angriff abwarten, um dann, nach Schaffung günstiger Voraussetzungen, einen „Schlag aus der Nachhand" zu führen. Oder sie konnte die Initiative selbst ergreifen und dem Feind durch einen „Schlag aus der Vorhand" zuvorkommen, bevor er sich von den Folgen des Winterfeldzuges erholt hatte. Ein „Schlag aus der Nachhand" war naturgemäß nur möglich, wenn die Sowjets nach Beendigung der Schlammperiode die Offensive wiederaufnehmen würden, was nicht sicher erschien.

Aufgrund der operativen Lage sowie der kriegswirtschaftlichen Chancen bot sich der Stawka ein Angriff auf den Südflügel der Ostfront an. Hier sprang die deutsche Front, die das Donezgebiet umschloß, parallel zur Nordküste des Asowschen Meeres in weitem Bogen nach Osten vor. Griffen die Sowjets diesen „Balkon" von Osten her über den Mius und von Norden her über den Donez an, so bestand für sie die Aussicht, die im Donezgebiet stehenden deutschen Armeen gegen die Küste zu drücken und dort zu vernichten. Ergänzte die Stawka diesen Angriff durch eine Offensive im Gebiet von Charkow in Richtung auf den Dnjepr, so konnte sie vielleicht doch noch das große Ziel erreichen, das sie im Winterfeldzug 1942/43 vergeblich angestrebt hatte: Die Einkreisung des ganzen deutschen Südflügels der Ostfront an den Küsten des Asowschen bzw. des Schwarzen Meeres. Durch einen Sieg im Süden würden die Sowjets auch das kriegswirtschaftlich wichtige Donezgebiet und die Kornkammern der Ukraine zurückgewinnen.

Da die sowjetische Kräfteverteilung für einen Angriff auf den Südflügel der Ostfront sprach, entwickelte der Oberbefehlshaber der Heeresgruppe Süd, von Manstein, einen Plan für einen „Schlag aus der Nachhand", den er im März 1943 Hitler unterbreitete. Manstein wollte dem erwarteten feindlichen Angriff gegen das Donezgebiet nach Westen ausweichen und gleichzeitig stärkste Kräfte hinter dem Nordflügel der Heeresgruppe Süd bereitstellen. Die Gegenoffensive dieser Kräftegruppe sollte den feindlichen Angriff zerschlagen, um anschließend nach Südosten bzw. Süden in die tiefe Flanke der durch das Donezgebiet gegen den unteren Dnjepr vorgehenden feindlichen Armeen zu stoßen und sie an die Küste des Asowschen Meeres zu drücken. Endziel war die Vernichtung des gesamten russischen Südflügels. Diese kühne Operation war jedoch nur dann möglich, wenn die oberste deutsche Führung bereit war, das kriegswirtschaftlich wichtige Donezgebiet zu räumen. Bei einem Erfolg bestand die Aussicht, es über kurz oder lang wiederzugewinnen. Ein solches Wagnis wollte Hitler jedoch nicht eingehen. Bei einer Besprechung im Hauptquartier der Heeresgruppe Süd im März in Saporoschje bezeichnete er es als völlig unmöglich, das Donezgebiet dem Feind zu überlassen, da dann die deutsche Kriegsproduktion nicht mehr aufrechterhalten werden könne. Die Manganerzvorkommen von Nikopol seien, so Hitler, für die deutsche Kriegswirtschaft von unschätzbarem Wert.

Als Alternative zu Mansteins Plan bot sich an, einen „Schlag aus der Vorhand" zu führen. Am Ende des Winterfeldzuges verlief die Front im Süden von Taganrog längs des Mius und des Donez bis Bjelgorod. Nördlich von Bjelgorod, an der Grenze zwischen den Heeresgruppen Süd und Mitte, war ein weit nach Westen vorspringender Frontbogen des Gegners von etwa 200 Kilometern Breite und 120 Kilometern Tiefe entstanden. Er umschloß, in weitem Bogen von Bjelgorod über Sumy, Rylsk bis in die Gegend südostwärts Orel verlaufend, das Gebiet um Kursk. Durch diesen Bogen wurde die deutsche Front um nahezu 500 Kilometer verlängert, und zu seiner Abschließung waren erhebliche Kräfte erforderlich. Außerdem bot sich der Kursker Bogen der Roten Armee als Ausgangsbasis für einen Angriff sowohl in die Nordflanke der Heeresgruppe Süd wie in die Südflanke der Heeresgruppe Mitte an. Der Gedanke, den Kursker Bogen zu beseitigen, ging auf einen Vorschlag des Oberbefehlshabers der 2. Panzerarmee Generaloberst Rudolf Schmidt vom 10. März 1943 zurück.[1033] Auf Grundlage dieser operativen Idee arbeitete der Generalstabschef des Heeres, Generaloberst Kurt Zeitzler, den Plan „Zitadelle" aus.

Nach der Weisung Hitlers vom 15. April 1943 (Operationsbefehl Nr. 6 „Zitadelle") sollte der feindliche Frontbogen um Kursk durch einen an seinen Eckpfeilern angesetzten Zangenangriff von Norden von der Heeresgruppe Mitte (von Kluge) und von Süden von der Heeresgruppe Süd (von Manstein) abgeschnitten und sollten die in ihm stehenden Feindkräfte vernichtet werden. Hitler hoffte, nach einem großen militärischen Erfolg würden die schwankend gewordenen Verbündeten und Neutralen wieder an die deutsche Sache glauben. In seiner Weisung hieß es wörtlich: „Der Sieg von Kursk muß für die Welt wie ein Fanal wirken."[1034] Für die deutsche Führung mußte es darauf ankommen, den Angriff möglichst frühzeitig zu eröffnen, am besten unmittelbar nach Abschluß der Schlammperiode. Der Feind sollte gezwungen werden, seine Panzer- und mechanisierten Korps noch vor beendeter Auffrischung in die Schlacht zu werfen. Wenn es gelang, die volle Kampfkraft der deutschen Verbände frühzeitig wiederherzustellen, dann bestanden gute Chancen, die feindlichen Panzerreserven zu zerschlagen.

Ausgangsbasis für den Angriff der Heeresgruppe Mitte war die Südfront des Orelbogens. An den nach Westen vorspringenden Frontbogen von Kursk schloß sich weiter nördlich der von der Heeresgruppe Mitte gehaltene Orelbogen an, der weit nach Osten in die russische Front hineinragte. Dieser Frontvorsprung bot dem Gegner die Möglichkeit für einen umfassenden Angriff, bei dessen Gelingen die zum Angriff „Zitadelle" von der Heeresgruppe Mitte angesetzten Kräfte im Rücken gefährdet würden. Für „Zitadelle" stellte die Heeresgruppe Mitte die 9. Armee unter Model bereit. Diese verfügte für den eigentlichen Durchbruchsangriff in Richtung Kursk über drei Panzerkorps mit insgesamt sechs Panzer-, zwei Panzergrenadier- und sieben Infanteriedivisionen.

Die Heeresgruppe Süd konnte für den Angriff „Zitadelle" deutlich stärkere Kräfte bereitstellen, nämlich zwei Armeen mit insgesamt fünf Korps mit elf Panzer- und sieben Infanteriedivisionen. Für den Erfolg der Operation war nach Auffassung des Oberkommandos der Heeresgruppe Süd von entscheidender Bedeutung, daß der Gegner seine starken ost- und nordostwärts Charkow stehenden operativen Reserven umgehend in

---

[1033] Roman Töppel. Kursk 1943: Die größte Schlacht des Zweiten Weltkrieges. Paderborn 2017, S. 21 f.
[1034] Klink, Gesetz des Handelns, Anlage I, 6, S. 292.

den Kampf warf. Die Armee-Abteilung Kempf erhielt den Auftrag, die Durchbruchs-operation auf Kursk mit einem Infanterie- und einem Panzerkorps (insgesamt drei Panzer- und drei Infanteriedivisionen) nach Osten bzw. Nordosten offensiv abzuschirmen. Der 4. Panzerarmee unter Generaloberst Hoth fiel die Aufgabe zu, den Durchbruch nach Kursk zu erzwingen und anschließend die westlich Kursk abgeschnittenen Feindkräfte zu vernichten. Dafür standen ihr zwei Panzerkorps (darunter das II. SS-Panzerkorps) mit insgesamt sechs Panzer- und einer Infanteriedivision und einem Infanteriekorps zur Verfügung.

Der Operationsplan hatte von vornherein mehrere Schwächen. Die vorgesehene Angriffsartillerie war für einen Durchbruch durch ein Stellungssystem reichlich schwach, was durch einen massierten Einsatz der Luftwaffe ausgeglichen werden sollte. Außerdem mußten für den Durchbruch durch die feindlichen Stellungen in erster Linie die Panzer-Divisionen eingesetzt werden, weil das OKH für diesen Zweck nicht genug Infanterie-Divisionen zur Verfügung stellen konnte.

Die Operation „Zitadelle" sollte möglichst bald nach Beendigung der Schlammperiode und der Auffrischung der deutschen Verbände durchgeführt werden, das wäre frühestens Anfang Mai. Am 4. Mai trafen die Oberkommandierenden der Heeresgruppen Süd und Mitte, die Generalfeldmarschälle von Manstein und von Kluge, der Generalstabschef des Heeres, Generaloberst Zeitzler, der Generalinspekteur der Panzertruppen Generaloberst Guderian und der Chef des Generalstabes der Luftwaffe, Generaloberst Jeschonnek, zu einer Besprechung mit Hitler in München zusammen. Dabei stellte sich heraus, daß Generaloberst Model, der mit der 9. Armee den Nordangriff bei „Zitadelle" führen sollte, Hitler bereits am 26. April Vortrag über die Lage an seinem Frontabschnitt gehalten und ihn dabei nachdrücklich auf die Schwierigkeiten hingewiesen hatte, denen sein Angriff infolge des starken Ausbaus des feindlichen Stellungssystems begegnen würde. Die Rote Armee hätte die Panzerabwehr in den fraglichen Abschnitten außerordentlich verstärkt. Hitler war von Models Ausführungen beeindruckt und äußerte die Befürchtung, daß der Angriff „Zitadelle" nicht schnell genug durchschlagen würde, um einen großen Erfolg sicherzustellen. Er hielt daher eine weitere Verstärkung der deutschen Panzerkräfte für notwendig und kündigte die Zuführung erheblicher Mengen von neuen schweren Panzern der Typen „Tiger", „Panther" und „Ferdinand" an. Außerdem sollte die Zahl der mittleren Panzer III und IV annähernd verdoppelt werden. Als Hitler nun die beiden Oberbefehlshaber um ihre Meinung fragte, sprachen sich diese gegen eine Verschiebung von „Zitadelle" aus. Manstein gab zu bedenken, daß der in Aussicht gestellte Zuwachs an Panzern durch den Zufluß von Panzern auf sowjetischer Seite vermutlich mehr als ausgeglichen werde. Die sowjetische Monatsproduktion an Panzern betrage mindestens 1.500 Stück; außerdem würde der Ausbau der feindlichen Stellungen immer weiter voranschreiten. Schließlich wies Manstein darauf hin, daß bei einer Verschiebung des Angriffstermins und einem baldigem Verlust von Tunis die Gefahr bestünde, daß der Beginn von „Zitadelle" mit einer feindlichen Landung auf dem europäischen Festland zusammenfalle und Deutschland dann an zwei Fronten entscheidend zu kämpfen haben werde. Hitler erwiderte, daß ein mögliches Mehr an Panzern auf sowjetischer Seite durch die technische Überlegenheit der zusätzlichen „Tiger", „Panther" und „Ferdinand" aufgehoben würde. Weitere Infanteriedivisionen, wie Manstein und Kluge sie forderten, könne er jedoch nicht zur Verfügung stellen. Abschließend erklärte Hitler, daß er sich die Frage der alsbaldigen Durchführung oder einer Verschiebung von „Zitadelle" nochmals überlegen wolle. Mit einer angloamerikanischen Landung auf dem europäischen Festland sei erst sechs bis acht Wochen nach dem Verlust von Tunis zu rechnen, man habe also noch Zeit.[1035]

---

[1035] Manstein, Verlorene Siege, S. 488 ff.

Am 11. Mai erteilte Hitler den Befehl, den Beginn von Operation „Zitadelle" auf Mitte Juni zu verschieben. Zwei Tage später, am 13. Mai, kapitulierten in Tunis die letzten Teile der Heeresgruppe Afrika. Den Anglo-Amerikanern stand damit der Weg über das Mittelmeer nach Südeuropa offen.

Die folgenden Wochen nutzten die deutschen Angriffsverbände zu weiterer Auffrischung und Ausbildung. Die von Hitler verprochenen Panzer trafen zwar ein, aber nicht in der zugesagten Zeit. So wurde „Zitadelle" immer weiter hinausgeschoben, bis der Juli herannahte. Inzwischen bereiteten sich Briten und Amerikaner in Nordafrika intensiv auf die Landung in Sizilien (Unternehmen „Husky") vor.

Über die Erfolgsaussichten von „Zitadelle" herrschten in der obersten deutschen Führung weiterhin gegensätzliche Meinungen, die sich in heftigen Debatten entluden. Die Generalobersten Model und Guderian sprachen sich gegen „Zitadelle" aus. Model hielt die Kräfte seiner 9. Armee für unzureichend, Guderian machte sich als Inspekteur der Panzertruppe Sorgen um die Panzerwaffe und war der Überzeugung, daß die neuen schweren Panzer vom Typ „Panther" technisch noch nicht einsatzreif waren. Dagegen befürworteten Kluge und Manstein den ursprünglichen Plan. Die fortgesetzten Auseinandersetzungen ließen auch in Hitler Skepsis aufsteigen, aber letztlich entschied er sich dafür, an „Zitadelle" festzuhalten.[1036] Ein großer militärischer Sieg im Osten erschien Hitler höchst wünschenswert, da er hoffte, damit bei den schwankend gewordenen Verbündeten, insbesondere bei den Italienern, wieder den Glauben an die deutsche Sache zu festigen. Operation „Zitadelle" hatte aber auch noch einen wirtschaftlichen Hintergrund. Das OKH rechnete im Falle eines durchschlagenden Erfolges bei Kursk mit der Einkesselung von acht bis neun sowjetischen Armeen, was die Gefangennahme von 600.000 bis 700.000 Mann versprach. Diese Kriegsgefangenen waren nicht nur hochwillkommene Arbeitskräfte, man erhoffte sich von ihnen auch eine deutliche Verbesserung des Kräfteverhältnisses an der Ostfront zugunsten der Wehrmacht.[1037]

Am 1. Juli trafen alle Oberbefehlshaber und Kommandierenden Generale der für „Zitadelle" vorgesehenen Verbände mit Hitler zu einer Besprechung in seinem ostpreußischen Hauptquartier „Wolfschanze" zusammen. Hier gab Hitler seinen endgültigen Beschluß bekannt, mit der Operation „Zitadelle" am 5. Juli zu beginnen. Die Verschiebung des Termins sei notwendig gewesen, um die deutschen Angriffsverbände personell und materiell aufzufrischen und zu verstärken. Die zugeführten neuen schweren Panzer seien den sowjetischen erstmals überlegen. Außerdem, so Hitler weiter, müsse mit einer baldigen Landung der Westmächte im europäischen Mittelmeerraum gerechnet werden. Von den Italienern sei kein ernsthafter Widerstand zu erwarten. Mittlerweile stünden jedoch auf Sardinien, Sizilien, dem Peloponnes sowie auf Kreta ausreichende deutsche Kräfte zur Abwehr bereit. Die Entscheidung für „Zitadelle" begründete Hitler damit, daß Deutschland nicht warten könne, bis der Gegner, vielleicht erst im Winter oder vielleicht erst nach Errichtung einer zweiten Front, zum Angriff antreten werde. Auch sei ein baldiger großer Sieg wegen der psychologischen Wirkung auf die Verbündeten wie auf die Heimat erwünscht.[1038]

Für „Zitadelle" war die stärkste Konzentration von Panzern seit Beginn des Rußlandfeldzuges zusammengezogen worden: 2.784 Panzer, davon 439 schwere vom Typ „Tiger", „Panther" und „Ferdinand", 1.891 Panzer III, IV und Sturmgeschütze III sowie 454 Sturm-, Flamm- und leichtere Panzer. Außerdem kamen noch einige hundert Panzerjäger auf Selbstfahrlafetten, überwiegend vom Typ „Marder" III, hinzu. Die Angriffsverbände der Heeresgruppe Süd (4. Panzerarmee und Armee-Abteilung Kempf) verfügten Anfang

---

[1036] Bernd Wegner. Von Stalingrad nach Kursk, in: Das Deutsche Reich und der Zweite Weltkrieg, Bd. 8, S. 70 ff.

[1037] Heinz Magenheimer, Militärstrategie Deutschlands, S. 236

[1038] Ebenda, S. 495 f.

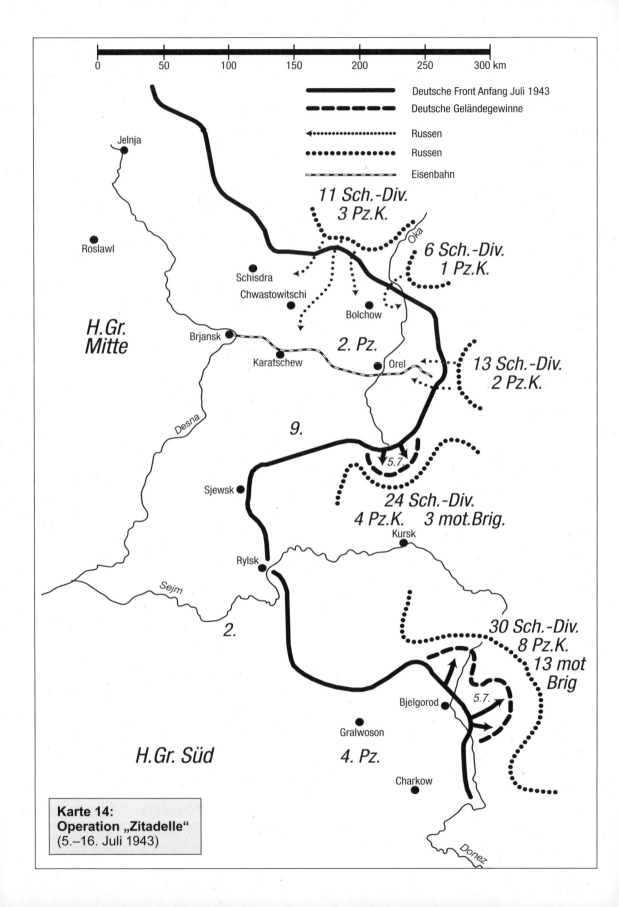

Karte 14:
**Operation „Zitadelle"**
(5.–16. Juli 1943)

Juli über 300.000 Mann mit 1.705 Panzern, die der Heeresgruppe Mitte (9. Armee) über 280.000 Mann mit 1.079 Panzern. Die Luftflotten 4 und 6 sollten die beiden Heeresgruppen mit rund 1.800 Flugzeugen unterstützen.

Die Stawka war schon im April 1943 durch Lageanalysen und nachrichtendienstliche Informationen zu der Überzeugung gelangt, daß sich die zu erwartende deutsche Sommeroffensive gegen den Kursker Bogen richten werde. Stalin, Marschall Schukow und Marschall Wassiljewski beschlossen, die eigenen Stellungen mit allen Mitteln zu verteidigen, den deutschen Angriff sich festlaufen und die deutschen Verbände sich abnutzen zu lassen, um dann mit ausgeruhten strategischen Reserven zur Gegenoffensive überzugehen. Im Raum um Kursk waren drei sowjetische Heeresgruppen konzentriert, die „Zentralfront" unter Armee-General Konstantin Rokossowski, die „Woronescher Front" unter Armeegeneral Nikolaj Watutin und dahinter als besonders wichtige Reserve der Stawka die „Steppenfront" unter Generaloberst Iwan Konjew. Diese drei Fronten verfügten zusammen über etwa 1.910.000 Mann, 5.130 Panzer, 30.800 Geschütze sowie 3.200 Flugzeuge.

Die Sowjets hatten die Zeit seit April genutzt, um den Kursker Raum zu einer außerordentlich starken Verteidigungszone auszubauen. Im vorderen Bereich waren drei Stellungssysteme mit einer Tiefe von bis zu 40 Kilometern entstanden, die durch die rückwärtigen Stellungen der „Woronesch-", der „Zentral-" und der „Steppenfront" bis in eine Tiefe von 300 Kilometern ergänzt wurden. Die Stellungssysteme waren mit Minenfeldern und Panzerabwehrriegeln regelrecht gespickt.

Am 3. Juli 1943 wurde das OKH von der Abteilung Fremde Heere Ost informiert, daß die Rote Armee sehr wahrscheinlich kurz nach Beginn des Unternehmens „Zitadelle" im Südabschnitt zu einer Großoffensive gegen die 6. Armee und die 1. Panzerarmee antreten würde mit dem Ziel, das Donezbecken zurückzuerobern. Die einzige Chance, die dem Ostheer blieb, die zu erwartenden Krisen an diesen schwach besetzten Abschnitten zu überstehen, war ein rascher und durchschlagender Sieg bei Kursk. Danach würden die frei werdenden Kräfte für Gegenangriffe im Donezbecken zur Verfügung stehen. Manstein glaubte, man müsse nur die Nerven behalten und zeitweilige Rückschläge an anderen Frontabschnitten in Kauf nehmen. Noch am 16. Juli unterstrich Manstein gegenüber Zeitzler, daß die entscheidende Schlacht bei Kursk geschlagen werde.[1039]

Am 5. Juli brach der Angriff „Zitadelle" los. Auf der Angriffsfront der Heeresgruppe Mitte gelang der 9. Armee in den beiden ersten Tagen ein bis zu 14 Kilometer tiefer Einbruch in das feindliche Stellungssystem. Bereits am zweiten Angriffstag eröffnete der Gegner unter Einsatz seiner operativen Reserven heftige Gegenangriffe gegen Front und Flanken des Stoßkeils der Armee. Trotzdem kam die 9. Armee noch weiter voran. Am 9. Juli lief sich ihr Angriff jedoch vor einer feindlichen Höhenstellung um Olchowotka fest. Model beabsichtigte, nach Verlagerung des eigenen Angriffsschwerpunktes und unter Einsatz seiner Reserven, die Offensive am 12. Juli wiederaufzunehmen, um den Durchbruch zu vollenden. Dazu sollte es jedoch nicht mehr kommen. Am 11. Juli trat die nördlich der „Zentralfront" stehende „Brjansker Front" unter Generalleutnant Markian Popow mit starken Kräften von Osten und Nordosten zur Offensive gegen die den Orelbogen haltende 2. Panzerarmee an. Das Oberkommando der Heeresgruppe Mitte sah sich gezwungen, von der 9. Armee starke Panzerkräfte zur Unterstützung der 2. Panzerarmee abzuziehen, der Angriff auf Kursk konnte damit nicht mehr fortgesetzt werden.

Auch die Heeresgruppe Süd traf beim Durchbruch durch das feindliche Stellungssystem auf massive Gegenwehr. Bei der Armee-Abteilung Kempf gelang es dem rechten Flügelkorps, dem XI. Armeekorps (General Erhard Raus) durch einen mit großem

[1039] Töppel, Kursk 1943, S. 102 f.

Schwung vorgetragenen Angriff die ostwärts Woltschansk stehenden feindlichen operativen Reserven auf sich zu ziehen. Das XI. Armeekorps errang gegen diese Reserven in den folgenden Tagen einen großen Abwehrerfolg. Auch der erste Angriff des III. Panzerkorps (General Hermann Breith) über den Donez beiderseits Bjelgorod gelang nur unter erheblichen Schwierigkeiten. Später schien das Korps vor einer rückwärtigen Stellung des Gegners – etwa 18 Kilometer vorwärts des Donez – festzuliegen. Nach Zuführung von Reserven gelang dem Korps am 11. Juli jedoch der endgültige Durchbruch. Der Weg war frei, um im offenen Gelände den Kampf mit den heraneilenden schnellen Verbänden der ostwärts Charkow stehenden operativen Reserven des Gegners aufzunehmen.

Der 4. Panzerarmee gelang in den beiden ersten Tagen in schweren Kämpfen der Durchbruch durch die erste und zweite feindliche Stellung. Am 7. Juli brach das linke Panzerkorps der Armee (XLVIII. Panzerkorps unter General Otto von Knobelsdorff) in das freie Gelände durch und gelangte bis etwa elf Kilometer vor Obojan. In den folgenden Tagen konnte es starke feindliche Gegenangriffe abwehren und dabei namhafte Teile der angreifenden Feindverbände zerschlagen. Auch dem rechten Panzerkorps der Armee (II. SS-Panzerkorps unter SS-Obergruppenführer Paul Hausser) gelang der Durchstoß ins freie Gelände, am 11. Juli rückte es auf Prochorowka vor. Damit hatten die Angriffsverbände der Heeresgruppe Süd das unter großem Aufwand errichtete sowjetische Stellungssystem in nur wenigen Tagen überwunden.

Am 12. Juli erfolgten schwere Gegenangriffe von operativen Reserven des Feindes gegen Front und Flanken der Angriffsfront der Heresgruppe Süd, die aber alle abgewiesen wurden. Bei Prochorowka behauptete sich das II. SS-Panzerkorps gegen die massiven Gegenangriffe der 5. Garde-Panzerarmee (Steppenfront) von Generalleutnant Pawel Rotmistrow. Dabei kam es auf engstem Raum zur schwersten Panzerschlacht des ganzen Krieges, die – entgegen hartnäckigen Mythen – mit einer katastrophalen Niederlage für die Sowjets endete.

Die Stawka hatte damit alle greifbaren mechanisierten Reserven gegen die Heeresgruppe Süd in den Kampf geworfen. Bis zum 13. Juli verlor die Rote Armee allein auf diesem Kampfschauplatz 24.000 Gefangene, 1.800 Panzer, 267 Geschütze und 1.080 Pak.

Der Sieg schien in Reichweite, als Kluge und Manstein am 13. Juli ins Führerhauptquartier gerufen wurden. Zu Beginn der Besprechung erklärte Hitler, er sei mit den Ergebnissen von „Zitadelle" zufrieden: „Wenn auch der Angriff ‚Zitadelle' das ursprüngliche Ziel noch nicht erreicht habe, so habe er doch insofern seinen Zweck erfüllt, als er namhafte Offensivkräfte der Russen zerschlagen habe."[1040]

Doch nach der erfolgreichen Landung der Anglo-Amerikaner auf Sizilien am 10. Juli müsse mit dem Verlust der Insel gerechnet werden, weshalb es notwendig sei, in Italien neue Armeen aufzustellen. Die Ostfront müsse Kräfte abgeben, weshalb „Zitadelle" nicht mehr fortgeführt werden könne.

Tatsächlich benutzte Hitler dieses Argument, weil er sich mit Manstein auf keine Diskussionen über operative Details einlassen wollte, bei denen er regelmäßig den kürzeren zog.

Kluge berichtete, daß die 9. Armee nicht weiter vorwärts komme und bereits 20.000 Mann Verluste habe. Außerdem sei die Heeresgruppe Mitte gezwungen, alle schnellen Kräfte von der 9. Armee abzuziehen, um im Orelbogen die tiefen Einbrüche der Brjansker Front bei der 2. Panzerarmee aufzufangen. Der Angriff der 9. Armee auf Kursk könne daher auf keinen Fall fortgesetzt werden. Dagegen vertrat Manstein die Auffassung, daß bei der Heeresgruppe Süd die Schlacht kurz vor der Entscheidung stünde. Nachdem der Gegner fast alle seine operativen Reserven in den Kampf geworfen habe,

---

[1040] Zit. n. Töppel, Kursk, S. 173.

ohne die deutsche Angriffskraft brechen zu können, läge der Sieg in greifbarer Nähe. Da Kluge jedoch eine Wiederaufnahme des Angriffs der 9. Armee für ausgeschlossen erklärte, entschied Hitler, daß „Zitadelle" abzubrechen sei, er erklärte sich aber damit einverstanden, daß die Heeresgruppe Süd noch versuchen sollte, die ihr gegenüberliegenden Feindkräfte endgültig zu schlagen. Aus diesen Plänen sollte aber nichts mehr werden.

Hitlers Aufmerksamkeit wurde zunehmend von der Lageentwicklung im Donezbekken in Anspruch genommen, wo sich die Rote Armee offensichtlich auf eine Großoffensive vorbereitete. Im Norden des Donbass, am Donez, sollten vier Armeen der sowjetischen Südwestfront unter General Rodion Malinowski zum Angriff gegen die deutsche 1. Panzerarmee unter Generaloberst Eberhard von Mackensen antreten. Gleichzeitig sollte die Südfront unter dem Kommando von Generaloberst Fjodor Tolbuchin mit fünf Armeen am Fluß Mius von Osten in das Donezbecken vorstoßen. Tolbuchins Truppen stand auf deutscher Seite nur die 6. Armee unter General Karl-Adolf Hollidt gegenüber.

Die Stawka verfolgte im Donbass zwei Ziele, sie wollte zum einen mit ihrer Offensive das wirtschaftlich äußerst wichtige Donezbecken zurückerobern und zum anderen die Heeresgruppen Mitte und Süd dazu zwingen, Verbände aus dem Frontabschitt Bjelgorod–Kursk abzuziehen, um der Roten Armee die geplante Gegenoffensive in diesem Raum zu erleichtern.

Am Morgen des 17. Juli traten die Verbände der Südwest- und Südfront zur Offensive an, und obwohl die deutsche Führung die Angriffe erwartet und sich vorbereitet hatte, übertraf die Wucht der sowjetischen Offensive am Mius ihre Befürchtungen bei weitem. Dem OKH wurde sehr bald klar, daß sowohl am Mius als auch am Donez erhebliche Verstärkungen nötig waren, um die sowjetischen Offensiven zum Stehen zu bringen und die gegnerischen Brückenköpfe wieder zu beseitigen. Manstein beantragte deshalb am 18. Juli beim Generalstab des Heeres die Verlegung des II. SS-Panzerkorps ins Donezgebiet, was Hitler noch am gleichen Tag genehmigte. Am 30. Juli begann das II. SS-Panzerkorps zusammen mit dem XXIV. Panzerkorps sowie Teilen des XVII. und XXIX. Armeekorps den Gegenangriff zur Beseitigung des sowjetischen Mius-Brückenkopfs. Nach schweren Kämpfen konnten Heer und Waffen-SS am 2. August ihre alten Stellungen am Mius zurückgewinnen, zwei Tage später gelang der 1. Panzerarmee die Beseitigung des sowjetischen Donez-Brückenkopfes. Damit waren die sowjetischen Offensiven zur Rückeroberung des Donezbeckens nach einigen Anfangserfolgen unter schweren Verlusten gescheitert.[1041]

Nachdem das OKH am 17. Juli die sofortige Herauslösung des ganzen II. SS-Panzerkorps befohlen hatte, sah sich die Heeresgruppe gezwungen, auf die geplanten Angriffe bei Kursk zu verzichten, den Kampf abzubrechen und die Truppen auf ihre Ausgangsstellungen zurückzunehmen. Trotz des vorzeitigen Abbruchs von „Zitadelle" glaubte Manstein, mit der Heeresgruppe Süd wenigstens einen Teilerfolg errungen zu haben, da es gelungen war, die Masse der schnellen Verbände der operativen Reserven des Feindes, soweit sie im Kurser Bogen gestanden hatten, mindestens schwer anzuschlagen. Die Rote Armee verlor gegenüber der Heeresgruppe Süd etwa 34.000 Gefangene, 17.000 Gefallene und mindestens 34.000 Verwundete, zusammen rund 85.000 Mann. Demgegenüber betrugen die Verluste der Heeresgruppe Süd 20.720 Mann, davon 3.330 Gefallene. Bei der 9. Armee waren die Verluste ähnlich.

Operation „Zitadelle" war aus strategischer Sicht für die deutsche Seite ein Fehlschlag, weil das Operationsziel, die Abschnürung des Kurser Bogens und die Einbringung einer großen Zahl von Gefangenen, nicht erreicht wurde.

---

[1041] Töppel, S. 173 ff.

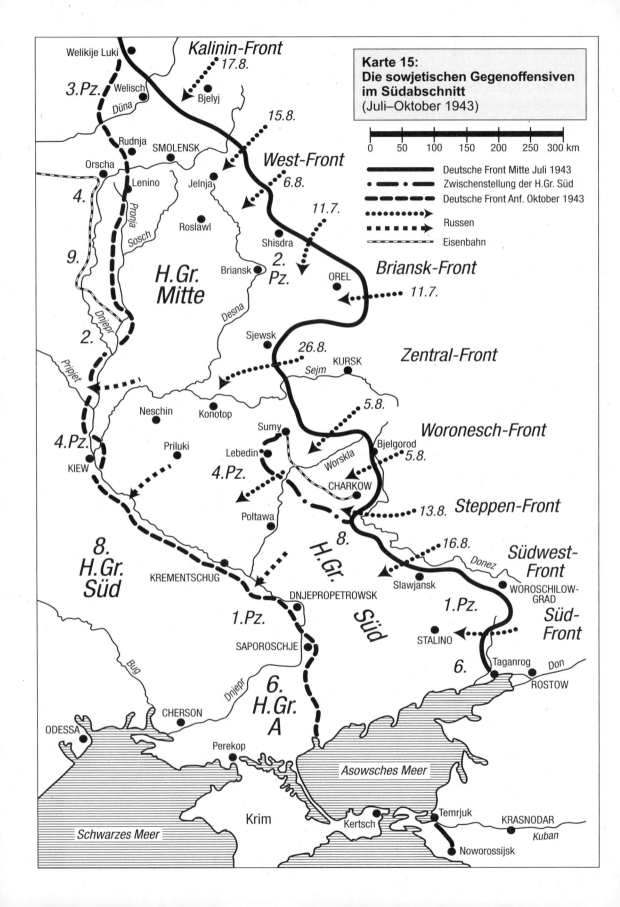

Welikije Luki

**Kalinin-Front**

3.Pz.

Welisch

17.8.

Düna

Bjelyj

Rudnja

SMOLENSK

15.8.

Orscha

Lenino

**West-Front**

4.

Jelnja

6.8.

Pronja

Sosch

Roslawl

9.

11.7.

Shisdra

2.
Pz.

Dnjepr

Briansk

 OREL

**Briansk-Front**

11.7.

2.

Desna

Sjewsk

26.8.

**Zentral-Front**

Pripjet

KURSK

Sejm

5.8.

Neschin

Konotop

**Woronesch-Front**

Sumy

Bjelgorod

4.Pz.

Lebedin

Worskla

5.8.

KIEW

Priluki

4.Pz.

CHARKOW

13.8. **Steppen-Front**

Poltawa

8.

16.8.

**Südwest-Front**

8.
H.Gr.
Süd

KREMENTSCHUG

H.
Gr.

Donez

WOROSCHILOW-GRAD

Slawjansk

1.Pz.

Süd-
Front

DNJEPROPETROWSK

1.Pz.

Süd

STALINO

SAPOROSCHJE

6.

Taganrog

Don

6.
H.Gr.
A

Bug

Dnjepr

ROSTOW

ODESSA

CHERSON

Perekop

*Asowsches Meer*

Krim

Kertsch

Temrjuk

KRASNODAR

*Kuban*

*Schwarzes Meer*

Noworossijsk

---

**Karte 15:**
**Die sowjetischen Gegenoffensiven**
**im Südabschnitt**
(Juli–Oktober 1943)

0  50  100  150  200  250  300 km

——— Deutsche Front Mitte Juli 1943
—·—·— Zwischenstellung der H.Gr. Süd
– – – Deutsche Front Anf. Oktober 1943
····▶ Russen
▪▪▪▶ Russen
≈≈≈ Eisenbahn

Hauptursache für das Steckenbleiben der Offensive war das völlige Fehlen des Überraschungsmoments. Hitler hatte bei „Zitadelle" auf die taktisch-operative Überraschung verzichtet zugunsten der Überraschung durch den Einsatz eines neuen Kampfmittels, der schweren Panzer. Diese konnten die in sie gesetzten Hoffnungen jedoch nur teilweise erfüllen. Die 439 schweren Panzer machten bei Kursk knapp 16 Prozent der Gesamtstärke der deutschen Panzer aus. Nicht ganz die Hälfte von ihnen, die 200 fabrikneuen „Panther", litten jedoch noch unter technischen Problemen mit der Antriebsanlage, so daß maximal 40 an einem Tag eingesetzt werden konnten, während der Rest in der Werkstatt stand.

Auf taktischer Ebene hatte die Heeresgruppe Süd einen Sieg errungen, sie hatte das unter großen Mühen errichtete sowjetische Stellungssystem im Kampf der verbundenen Waffen in wenigen Tagen durchbrochen und dem Gegner so schwere Verluste zugefügt, daß die Operationsfähigkeit der betroffenen sowjetischen Armeen in Frage gestellt war. Allerdings hatte dieser taktische Sieg keine nennenswerten operativen Auswirkungen, und auch eine Fortsetzung der Offensive, wie Manstein sie wünschte,[1042] hätte letztlich zu keiner Entscheidung von operativer oder gar strategischer Bedeutung geführt.

Die sowjetische Propaganda hat Kursk als die zweite große Wende nach Stalingrad herausgestellt und die deutschen Verluste maßlos übertrieben. Die deutschen Personalverluste waren jedoch – gemessen an der Intensität der Kämpfe – verhältnismäßig gering, und die Verluste an Panzern wurden durch Reparaturen und die laufende Neuproduktion rasch ausgeglichen. Von einem „Schwanengesang der deutschen Panzerwaffe", von dem später oft gesprochen wurde, konnte tatsächlich keine Rede sein; wenige Monate später war die Zahl der Panzerfahrzeuge, über die das Ostheer verfügte, sogar höher als zu Beginn der Schlacht bei Kursk.

Der deutsche Feldzug gegen die Sowjetunion, der im Juni 1941 als „Blitzkrieg" begonnen hatte, hatte sich Mitte 1943 in einen Abnutzungskrieg verwandelt. Wehrmacht und Waffen-SS erlitten im gesamten Jahr 1943 an der Ostfront Verluste an Gefallenen, Verwundeten und Vermißten in Höhe von 1.601.454 Mann, von denen etwa 13,5 Prozent als getötet gerechnet werden müssen.[1043] Dagegen hatte die Rote Armee im gleichen Zeitraum einen Gesamtausfall (Gefallene, Verwundete, Vermißte) von 7.857.503 Mann, das Verlustverhältnis betrug also mehr als 1 zu 4 zuungunsten der Roten Armee.[1044] Bei den Panzern und Sturmgeschützen lagen die Verhältnisse ähnlich. Während die deutsche Wehrmacht einen Verlust von 8.067 Panzern an allen Fronten zu verbuchen hatte (bei einer Jahresproduktion von 10.747), mußte die Sowjetunion 23.500 Panzer (bei einer Jahresproduktion von 24.006) als Totalverlust abschreiben.[1045] Die überlegene Qualität der deutschen Truppen, insbesondere der Panzerverbände mit ihren neuen schweren Kampfpanzern vom Typ „Panther" und „Tiger", ließen einen Abnutzungskrieg gegen die zahlenmäßig weit überlegene Rote Armee nicht als so aussichtslos erscheinen, wie man zunächst annehmen könnte.

Im Rückblick leitete die Schlacht bei Kursk den Beginn der großen deutschen Rückzüge im Osten ein, die deutsch-sowjetische Front sollte entgegen den Hoffnungen der deutschen Führung nicht mehr zur Ruhe kommen. Am 7. August 1943 begann die sowjetische Offensive gegen Smolensk, sechs Tage später trat die Rote Armee erneut zum Angriff auf das Donezbecken an. Am 26. August folgte die sowjetische Offensive auf Poltawa, am 1. September auf Brjansk.

---

[1042] Ebenda, S. 507.
[1043] Zetterling/Frankson, Kursk 1943, S. 145.
[1044] Ebenda, S. 8.
[1045] Ebenda.

Hitler entschloß sich deshalb im Herbst 1943, den strategischen Schwerpunkt auf den Westen Europas zu verlegen. Wenn es gelänge, den Westalliierten bei einer Landung in Frankreich eine schwere Niederlage beizubringen, dann könnte der Krieg noch mit einem Patt bzw. einem Verhandlungsfrieden beendet werden.[1046]

Nach der Kapitulation Italiens am 8. September 1943 machte Ribbentrop einen erneuten Vorstoß bei Hitler wegen einer Friedensinitiative in Richtung Moskau. Diesmal zeichnete Hitler selbst auf einer Karte eine Demarkationslinie, auf die man sich mit den Russen einigen könnte. Aber auch diesmal konnte Hitler sich nicht entschließen.[1047] Wahrscheinlich glaubte er nicht an eine Bereitschaft Stalins zu einem Kompromißfrieden, zumindest nicht, solange sich die militärische Lage für Deutschland ungünstig entwickelte.

---

[1046] Töppel, S. 218.
[1047] Ribbentrop, Zwischen London und Moskau, S. 264.

# Der Italienfeldzug 1943–1945

Mit der Eroberung Tunesiens gewannen die Alliierten die absolute Seeherrschaft im Mittelmeer zurück und sicherten sich damit eine erheblich kürzere Verbindung nach Indien und dem Fernen Osten. Die umfangreichen Rüstungslieferungen an die Sowjetunion wurden nunmehr über das Mittelmeer an den Persischen Golf verschifft (von wo sie auf dem Landweg weitertransportiert wurden) und erreichten ihr Ziel fast ohne Verluste.[1048]

Bereits vor dem Sieg über die Heeresgruppe Afrika in Tunesien im Mai 1943 hatte es zwischen den westlichen Alliierten Meinungsverschiedenheiten über die weitere Strategie gegeben. Großbritannien hatte sich in allen seinen Kriegen gegen kontinentale Gegner traditionell in erster Linie auf seine Flotte gestützt, während sein Landheer den Gegner in Operationen an der Peripherie zu schwächen gesucht hatte. Daher befürwortete Churchill eine periphere Strategie und trat für eine weitere Offensive im Mittelmeerraum ein, auf britischer Seite wurde nur die Frage diskutiert, ob Sizilien oder Sardinien das nächste Ziel sein sollte.[1049] Die Amerikaner legten 1943 den Schwerpunkt ihrer Kriegsführung auf das „Inselspringen" im Pazifik. Für 1944 favorisierten die amerikanischen Militärs für Europa eine direkte Strategie, sie wollten die Hauptkräfte der deutschen Wehrmacht 1944 in Nordfrankreich entscheidend schlagen und damit den Krieg möglichst rasch beenden. Es sollten daher keine Operationen begonnen werden, die zu einer Verzögerung von Unternehmen „Overlord" führen könnten. Die Briten argumentierten dagegen, daß sich aufgrund der Verfügbarkeit einer großen Zahl von Truppen im Mittelmeerraum eine Landung in Südeuropa geradezu anbieten würde. Schließlich einigten sich Amerikaner und Briten darauf, ihre Hauptkräfte für eine Invasion in Frankreich im Frühjahr 1944 bereitzustellen und gleichzeitig in Italien einen Feldzug in kleinerem Maßstab zu führen. Bei dieser Entscheidung spielte auch eine Rolle, daß Präsident Roosevelt mit Rücksicht auf die Forderung Stalins nach einer zweiten Front einen möglichst baldigen Einsatz amerikanischer Bodentruppen in Europa wünschte. Bei einer Landung auf Sizilien bzw. dem italienischen Festland war Italien gezwungen, seine in Frankreich und auf dem Balkan stationierten Truppen zur Verteidigung der Heimat abzuziehen, gleichzeitig mußten die Deutschen etliche ihrer Divisionen von der Ostfront nach Italien und Südfrankreich verlegen, was eine Entlastung für die Rote Armee bedeutete.

Während der Konferenz von Quebec im August 1943 entschieden die amerikanischen und britischen Spitzen-Politiker und -Militärs, den Hauptstoß gegen die „Festung Europa" in Nordfrankreich (Unternehmen „Overlord") zu führen, Italien galt daher nur als Nebenkriegsschauplatz.

## Die alliierte Invasion auf Sizilien

Die italienische Armee war nach den Niederlagen in Afrika und in Südrußland am Ende ihrer Kräfte, die Luftwaffe technisch rückständig und nur noch bedingt einsatzbereit, die Ausrüstung und Bewaffnung der Küstenverteidigung war völlig unzureichend.[1050] Die

---

[1048] Baum/Weichold, S. 328.
[1049] Ebenda, S. 331.
[1050] Zit. n. ebenda, S. 333.

Tatsache, daß die Niederlage in Nordafrika die „Achse" auch politisch aufs schwerste belastete, war für alle kritischen Beobachter unübersehbar. Der Versuch, den Brückenkopf Tunesien mit allen Mitteln zu halten, war aufgrund der materiellen Überlegenheit der Alliierten und der mehr als problematischen Nachschublage von vorneherein zum Scheitern verurteilt gewesen. Das OKW sah sich genötigt, nach der Kapitulation der Heeresgruppe Afrika den Abfall Italiens von der „Achse" in seine Überlegungen mit einzubeziehen. Unter den Decknamen „Alarich" und „Konstantin" wurden detaillierte Pläne ausgearbeitet, die für diesen Fall die Besetzung des italienischen Mutterlandes sowie die Übernahme der italienischen Positionen auf dem Balkan vorsahen.[1051] Die dafür notwendigen Kräfte mußten von den Heeresgruppen im Westen und im Osten abgezogen werden.

Die alliierte Invasion auf Sizilien begann in den Morgenstunden des 10. Juli 1943 mit amphibischen Operationen, die Amerikaner landeten am Golf von Gela (7. US-Armee unter General George Patton), die Briten etwas ostwärts und nördlich von Syrakus (britische 8. Armee unter Generalleutnant Montgomery). Der Operationsplan sah ursprünglich einen Hauptstoß der Briten in nördlicher Richtung entlang der Ostküste Siziliens nach Messina vor, wobei ihre linke Flanke von den Amerikanern gedeckt werden sollte.

Der Widerstand der italienischen Küstendivisionen war schwach; die Eingreifdivisionen, auch die deutschen Reserven, waren über die ganze Insel verteilt, so daß die Gegenangriffe erst einsetzten, als die Alliierten schon Brückenköpfe gebildet hatten.[1052] Nach den leichten Anfangserfolgen der Alliierten gegen die Italiener war es klar, daß die geringen deutschen Kräfte nicht ausreichen würden, um die Alliierten wieder ins Meer zu werfen. So befand sich schon nach einer Woche ein Viertel der Insel im Südostteil ganz in alliierter Hand. Den Verteidigern blieb nichts anderes übrig, als den weiteren Vormarsch zu verzögern und den Nordost-Teil zu halten. Dazu besetzten zwei zusätzlich von Unteritalien herangeführte deutsche Divisionen Stellungen am Ätna-Massiv. Die britische 8. Armee stieß daher in den zerklüfteten Hügeln südlich des Ätna auf hartnäckigen Widerstand und kam nicht voran. Daraufhin führte Patton einen raumgreifenden Stoß in nordwestlicher Richtung nach Palermo, um anschließend direkt nach Norden vorzugehen und die nördliche Küstenstraße zu unterbrechen. Es folgte nördlich des Ätna ein Vorstoß nach Osten Richtung Messina, der von amphibischen Landungen an der Nordküste der Insel unterstützt wurde. Pattons Truppen erreichten Messina, noch bevor die ersten Teile der britischen 8. Armee dort eintrafen.

Es gelang den deutsch-italienischen Marinetransport- und Sicherungseinheiten, unter Massierung der verfügbaren Flak-Artillerie die rund 60.000 Mann deutscher Soldaten mit Waffen und Gerät sowie die Italiener mit einem Teil ihrer Ausrüstung nach dem italienischen Festland zu evakuieren. Am 17. August verließen die letzten Achsentruppen Messina.

## Der Sturz Mussolinis und der Fall „Achse"

Die militärischen Niederlagen in Nordafrika sowie die Landung der Anglo-Amerikaner auf Sizilien führten am 25. Juli 1943 zum Sturz Mussolinis durch den Faschistischen Großrat. Da die italienische Bevölkerung kriegsmüde und das Land wirtschaftlich erschöpft war, trat die neue italienische Regierung unter Marschall Pietro Badoglio in geheime Waffenstillstandsverhandlungen mit den westlichen Alliierten ein. Gleichzeitig versicherte die Regierung Badoglio dem deutschen Bündnispartner ihre Loyalität, womit sie aber im Führerhauptquartier auf wenig Vertrauen stieß. Am 3. September willigte die

---

[1051] OKW/KTB 14.7.1943; Bd. III/2, S. 782 ff.
[1052] Kesselring, S. 222.

Regierung Badoglio in die alliierten Waffenstillstandsbedingungen ein, die praktisch einer bedingungslosen Kapitulation Italiens gleichkamen. Fünf Tage später, am 8. September, wurde der Waffenstillstand von General Eisenhower und Marschall Badoglio über Rundfunk bekanntgegeben.

Hitler ließ Italien im Rahmen des Falles „Achse" umgehend von deutschen Truppen besetzten, im Zuge dieser Operation wurden in Norditalien die Operationszone „Alpenvorland" (Provinzen Bozen, Trient und Belluno) und „Adriatisches Küstenland" (dieses umfaßte die Provinzen Görz und Triest, Istrien und Slowenien) gebildet, die faktisch der italienischen Souveränität entzogen wurden. Der von der Regierung Badoglio gefangengesetzte Mussolini wurde am 12. September von einem Sonderkommando deutscher Fallschirmjäger von Luftwaffe und Waffen-SS befreit. Der König und seine Familie, Marschall Badoglio und zwei Minister der Regierung sowie einige Dutzend Generale der drei italienischen Teilstreitkräfte waren bereits am 9. September aus Rom nach Brindisi geflohen, einer Hafenstadt am „Stiefelabsatz" Italiens, wo sie unter alliiertem Schutz das „Königreich des Südens" bildeten, das zunächst nur aus vier apulischen Provinzen mit zwei Millionen Einwohnern bestand.[1053]

Die königlich-italienischen Streitkräfte zählten am 8. September 1943, also dem Tag der Kapitulation, in Italien, in Südfrankreich und auf dem Balkan rund 3.488.000 Mann.[1054] Der größte Teil davon löste sich selbst auf, etwa 1.000.000 Mann wurden von der deutschen Wehrmacht entwaffnet, 600.000 von diesen interniert und in Deutschland oder den besetzen Gebieten zum Arbeitseinsatz herangezogen.[1055]

Die erfolgreiche Entwaffnung der italienischen Streitkräfte brachte der deutschen Wehrmacht eine gewaltige Beute ein. Am wichtigsten waren die italienischen Militärinternierten, die im Reich deutsche Männer für den Fronteinsatz freimachten. Aber auch das beschlagnahmte Kriegsmaterial war äußerst umfangreich: Handfeuerwaffen, Geschütze, Panzer- und Flugabwehrkanonen, Panzerfahrzeuge, Flugzeuge, Kriegs- und Handelsschiffe, Rohstoffe, Gerät aller Art, Sanitätsmaterial, Treibstoff, Zelte, Fahrzeuge aller Art, Pferde, Uniformen bzw. Bekleidung und Nahrungsmittel in großen Mengen.[1056]

Drei schwache und schlecht ausgerüstete Divisionen der königlich-italienischen Streitkräfte unterstellten sich der Regierung Badoglio[1057] und kämpften im weiteren Verlauf des Krieges als „Armee des Südens" auf seiten der Alliierten. Allerdings galten diese königlich-italienischen Truppen nach Auffassung der Anglo-Amerikaner nicht als verbündete, sondern nur als „mit-kriegführende" Streitkräfte („co-belligerent Forces"). Im Herbst 1944 wurde die „Armee des Südens" reorganisiert und auf eine Stärke von sechs „Kampfgruppen" mit je 9.000 Mann gebracht. Außerdem setzten die Alliierten eine große Zahl von Italienern für Logistik und Transport ein.[1058]

Der von der Regierung Badoglio am 8. September 1943 verkündete Waffenstillstand mit den Alliierten stellte tatsächlich nur eine verständliche Wahrnehmung italienischer Interessen dar, aber innerhalb der deutschen Führung löste dieser „Verrat" Empörung aus.[1059] Hitler traf eine Reihe von Entscheidungen, die darauf abzielten, Italiens wirt-

---

[1053] Ebenda, S. 44 f.

[1054] Gerhard Schreiber. Deutsche Kriegsverbrechen in Italien: Täter, Opfer, Strafverfolgung. München 1996, S. 39.

[1055] Ebenda, S. 576 ff.

[1056] Gerhard Schreiber. Das Ende des nordafrikanischen Feldzuges und der Krieg in Italien 1943 bis 1945, in: Das Deutsche Reich und der Zweite Weltkrieg. Bd. 8: Die Ostfront 1943/44, hrsg. v. Karl-Heinz Frieser, München 2007, S. 1124.

[1057] Woller, Abrechnung, S. 73.

[1058] Philip Jowett/Stephen Andrew. The Italian Army 1940–45. Bd. 3: Italy 1943–45. Oxford/New York 2001, S. 24 ff.

[1059] Zit. n. Renzo De Felice. Mussolinis Motive für seine Rückkehr in die Politik und die Übernahme der Führung der RSI (September 1943), in: Deutschland – Italien 1943–1945. Aspekte einer Entzweiung, hrsg. v. Rudolf Lill, Tübingen 1992, S. 41.

schaftliche und militärische Kräfte für Deutschland nutzbar zu machen. Er bestimmte weiter, daß Südtirol und das Trentino fast bis nach Verona (Operationszone „Alpenvorland") der politischen Autorität des Gauleiters von Tirol und daß Julisch Venetien und ein Teil des Veneto (Operationszone „Adriatisches Küstenland") dem Gauleiter von Kärnten unterstellt wurden.[1060] Damit wurde de facto die Annexion jener Teile Italiens durch das Deutsche Reich vollzogen, die einst zur österreichisch-ungarischen Monarchie gehört hatten.

Die Befreiung Mussolinis schuf allerdings eine neue Situation. Der Faschismus war eine Schöpfung Mussolinis, in den Augen der ganzen Welt waren die beiden Regime in Italien und Deutschland identisch, und wenn der „Meister" nicht wieder seine Stellung einnahm, hätte alle Welt geglaubt, daß er kein Vertrauen mehr in seinen „Schüler" hatte und daß er den Krieg für verloren hielt. Und das konnte Hitler wegen der Rückwirkungen auf seine europäischen Verbündeten nicht zulassen.[1061] Bei einem Treffen im Führerhauptquartier in Rastenburg am 14./15. September 1943 tat Hitler alles, um Mussolini dazu zu bewegen, an die Spitze einer neuen faschistischen Regierung Italiens zu treten.

Diese mußte sich allerdings auf die Anwesenheit deutscher Truppen stützen. Wie Mussolini später berichtete, übte Hitler schon im ersten Gespräch erheblichen Druck auf ihn aus, indem er erklärte: „Ich muß sehr klar sein. Der italienische Verrat hätte, wenn die Alliierten ihn richtig auszunutzen gewußt hätten, den sofortigen Zusammenbruch Deutschlands hervorrufen können. Ich mußte sofort ein fürchterliches Exempel der Bestrafung statuieren, für diejenigen unter unseren Verbündeten, die versucht sein könnten, Italien zu imitieren. Ich habe die Ausführung eines Plans, der schon in allen Einzelheiten ausgearbeitet ist, nur deshalb gestoppt, weil ich sicher war, daß ich Sie befreien könnte und daß ich verhindern könnte, daß Sie, wie es Badoglio geplant hatte, den Angloamerikanern ausgeliefert würden. Aber wenn Sie mich jetzt enttäuschen, muß ich die Anweisung geben, daß der Strafplan ausgeführt wird."[1062]

Am folgenden Tag gab Hitler seinen Drohungen weiteren Nachdruck: „Norditalien wird sogar das Schicksal Polens noch beneiden müssen, wenn Sie nicht darin einwilligen, der Allianz zwischen Deutschland und Italien ihren ursprünglichen Wert wiederzugeben, indem Sie sich an die Spitze der neuen Regierung stellen. [...] Entweder wird die neue faschistische Regierung auf der Verbindung Mussolini–Graziani basieren, oder Italien wird es schlimmer ergehen als Polen. Ich sage schlimmer, weil Polen als erobertes Land behandelt wurde, während Italien als das Land der Verräter ohne Unterschied angesehen wird."[1063]

Mussolini hatte seinen Sturz am 25. Juli und den Zusammenbruch seines Herrschaftssystems als endgültig hingenommen und wollte auch aufgrund seiner angeschlagenen Gesundheit nicht mehr politisch tätig werden. Es wurde ihm aber schnell klar, was Hitler von ihm verlangte. Den Aussagen seiner Ehefrau zufolge hat Mussolini vor dem Treffen mit Hitler erklärt, er sei entschlossen, „alles für die Rettung des italienischen Volkes zu tun, was möglich ist. [...] Wenn ich nicht an ihrer Seite bleibe, um den Schlag abzufedern, wird die Rache der Deutschen furchtbar sein."[1064]

Mussolini hoffte, durch seine Gegenwart die Besatzungsherrschaft erträglicher zu machen, und vor allen Dingen wollte er verhindern, daß die Deutschen aus den Operationszonen „Voralpenland" und „Adriatisches Küstenland" zuerst jegliche politische, administrative und militärische Präsenz der Italiener verdrängten, um diese Gebiete anschließend de jure zu annektieren. Mussolini glaubte, daß die Behandlung, die

[1060] Ebenda, S. 43.
[1061] Ebenda, S. 42.
[1062] Zit. n. ebenda, S. 44.
[1063] Zit. n. ebenda, S. 44 f.
[1064] Zit. n. ebenda, S. 45.

Hitler Italien zugedacht hatte, weniger hart sein würde, wenn die RSI am Krieg an der Seite Deutschlands teilnehmen würde. Im Falle eines Sieges werde Hitler den italienischen Anteil berücksichtigen müssen.[1065] Damit wurde die möglichst rasche Aufstellung faschistisch-republikanischer Streitkräfte zu einem der wichtigsten politischen Ziele Mussolinis.

Glaubte Mussolini nach seiner Befreiung überhaupt noch an die Möglichkeit eines deutschen Sieges? Seiner Schwester Edvige, die ihm gegen Ende September 1943 diese Frage stellte, antwortete er: „Wehe mir, wenn ich das nicht denken würde, wehe mir, wenn ich mit Sicherheit wüßte, daß die Repubblica Sociale […] dazu bestimmt ist, eine Larve zu bleiben. […] So wie die Dinge stehen, werden die Deutschen siegen, wenn sie es schaffen, früher als die Alliierten die neuen Zerstörungsmittel anzuwenden, an denen die einen wie die anderen forschen."[1066] Ob Mussolini damit die Forschungsarbeiten an der Atombombe meinte, ist leider nicht überliefert.

## Von der alliierten Landung in Süditalien bis zur Einnahme von Rom

Am 3. September landeten zwei Divisionen der britischen 8. Armee unter dem Kommando von Montgomery im Rahmen von Operation „Baytown" an der „Stiefelspitze" Italiens, die italienischen Truppen leisteten kaum Widerstand. In den Morgenstunden des 9. September gingen vier Divisionen der 5. US-Armee unter Generalleutnant Mark Clark im Rahmen von Operation „Avalanche" in der Bucht von Salerno an Land. Clark neigte zu großer Vorsicht, so daß die ersten Tage nach der Landung für die Deutschen trotz der alliierten Luftüberlegenheit und des Feuers der Schiffsartillerie besser verliefen als von der deutschen Führung erwartet. Ein Gegenstoß der 16. Panzer-Division am 11. September blieb allerdings erfolglos.

Die nicht ungünstige Lageentwicklung bei Salerno stellte das ursprüngliche operative Konzept des OKW in Frage. Hitler hatte zunächst beabsichtigt, nach der italienischen Kapitulation nur Norditalien zu behaupten. Rommel, der den Oberbefehl über den gesamten italienischen Kriegsschauplatz übernehmen sollte, hätte mit seiner Heeresgruppe die 10. Armee Kesselrings im Apennin aufnehmen sollen. Nachdem aber die befürchtete Katastrophe ausgeblieben war, konnte Kesselring Anfang Oktober Hitler davon überzeugen, daß die Aufgabe Süditaliens für Deutschland gravierende strategische Nachteile mit sich bringen würde. Je weiter die Alliierten ihre Flugplätze auf italienischem Boden nach Norden verlegen konnten, desto kürzer wären die Anflugrouten nach Deutschland und desto negativer würde sich dies auf die Luftlage über dem Reich auswirken. Je weiter die Front in Italien von den Grenzen Deutschlands entfernt war, desto besser. Außerdem würde die Aufgabe Süditaliens den Alliierten ein Sprungbrett für eine Landung auf dem Balkan verschaffen, der für die deutsche Wehrwirtschaft mit seinen Rohstoffen wie Öl, Bauxit und Kupfer von größter Bedeutung war.[1067]

Diese Argumentation kam den Vorstellungen Hitlers entgegen, und ab dem 4. Oktober ergingen Befehle, nach denen Italien nicht, wie ursprünglich geplant, im nördlichen Apennin, sondern weit südlich auf der Linie Gaeta–Ortona verteidigt werden sollte. Hitler glaubte, daß er sich auf keinen Fall vom Balkan zurückziehen dürfe, und zwar nicht nur wegen der dortigen Rohstoffe, sondern auch, weil er erwartete, daß Großbritannien und die Sowjetunion in diesem Raum über kurz oder lang in einen Interessenkonflikt

---

[1065] Ebenda, S. 48.
[1066] Zit. n. ebenda, S. 46.
[1067] Douglas Orgill. The Gothic Line: The Autumn Campaign in Italy 1944. London 1967, S. 5.

geraten würden. Hinzu kamen politische Rücksichten auf die Haltung Bulgariens und der Türkei. Die Gefahr für die deutsche Position auf dem Balkan sollte schließlich aber nicht vom Mittelmeer, sondern von Osten her drohen. Als die Rote Armee Anfang März 1944 den Nordostrand der Karpaten erreichte und ihre Panzer in Bessarabien an der Pforte zum Balkan erschienen, bedeutete dies den Anfang vom Ende der deutschen Präsenz. Die Räumung des Balkans sollte unter dem Druck der Sowjets, nicht der Anglo-Amerikaner erfolgen.

Inzwischen waren die Amerikaner von Salerno her weiter in Richtung Norden vorgestoßen und hatten am 1. Oktober Neapel besetzt. Trotz der umfangreichen Zerstörungen an den Hafenanlagen, die die Deutschen hinterlassen hatten, lief nur einen Monat später der gesamte alliierte Nachschub über diesen Hafen. Die britische 8. Armee kam inzwischen entlang der italienischen Ostküste gut voran und konnte den Hafen von Bari sowie die Flugplätze bei Foggia besetzen. Anfang Oktober war ganz Süditalien bis einschließlich Neapel in alliierter Hand. Die Inseln Sardinien und Korsika wurden von den Deutschen geräumt, und es entstand eine Landfront an der schmalsten Stelle des italienischen „Stiefels" südlich von Rom, die von deutscher Seite nun mit allen Mitteln verteidigt werden sollte. An dieser Verteidigungslinie geriet der Vormarsch der Alliierten aufgrund des heftigen deutschen Widerstandes ins Stocken, sie mußten anhalten und erst einmal ihren Nachschub reorganisieren.

In der alliierten Führung hoffte man, daß die Deutschen sich nach der Kapitulation der Regierung Badoglio nach Norden zurückziehen würden, da Süditalien strategisch ohne Bedeutung war.

Diese Hoffnung sollte sich aber nicht erfüllen, und nördlich von Neapel begann ein für die Kriegsführung zunehmend schwierigeres Gelände, das die deutschen Verteidiger in jeder Weise begünstigte. Der größere Teil der italienischen Halbinsel, insbesondere Mittelitalien, wird vom Apennin bedeckt. Im Gebiet der Abruzzen erreichen die Gipfel dieses Mittelgebirges mehr als 2.900 Meter Höhe, die Gebirgskämme, Höhenrücken und Flüsse verlaufen meist quer zur Vormarschrichtung von Süd nach Nord.

Nachdem er den Oberbefehl über den gesamten italienischen Kriegsschauplatz erhalten hatte, befahl Kesselring den Bau einer Reihe von Verteidigungslinien quer über die Halbinsel, die erste davon südlich von Rom. Die Volturno- und die Barbara-Linie sollten den alliierten Vormarsch verzögern, um Zeit für die Errichtung der stärksten Verteidigungsstellung zu kaufen, die Winter-Linie – die Kollektivbezeichnung für die Gustav-Linie und zwei mit ihr verbundene Verteidigungslinien am westlichen Apennin, die Bernhardt- und die Hitler-Linie, die am 23. Mai 1944 in Senger-Linie umbenannt wurde.[1068]

Über den Volturno, der bis zum 16. Oktober von der deutschen 10. Armee unter Generaloberst Heinrich von Vietinghoff verteidigt wurde, arbeiteten sich die Alliierten langsam an die sogenannte „Reinhard-Stellung" heran. An der Ostküste erreichten die Briten den Sangro, zu Weihnachten stießen die Kanadier bis Ortona vor, die Fortsetzung der Operationen mußte aber wegen des schlechten Winterwetters eingestellt werden. Die Winter-Linie erwies sich für die Alliierten zu Ende des Jahres 1943 als ernsthaftes Hindernis, der Vormarsch der 5. US-Armee, die an der westlichen Seite Italiens operierte, blieb stecken. Obwohl die Gustav-Linie von der britischen 8. Armee an der adriatischen Front durchbrochen wurde, erzwangen schlechtes Wetter und Schneestürme Ende Dezember die Einstellung des Vormarsches.

Die Alliierten konzentrierten sich jetzt wieder auf den westlichen Abschnitt der Front, wo ein Vorstoß durch das Liri-Tal die besten Chancen für einen Durchbruch in Richtung Rom zu bieten schien. Die deutsche Hauptwiderstandslinie südlich von Rom war jetzt die sogenannte Monte-Cassino-Stellung. Tatsächlich war das alte Kloster von der Wehr-

---

[1068] Lord Carver. The Imperial War Museum Book of the War in Italy 1943–1945. London 2001, S. 195.

macht darin nicht einbezogen, sondern bewußt ausgespart und zum „Niemandsland" erklärt worden. Zudem hatte Kesselring die Kunstschätze des Klosters vorsorglich in den Vatikan abtransportieren lassen. Die Zerstörung durch alliierte Bomber am 15. Februar 1944 war militärisch völlig ungerechtfertigt.

**Karte 16:**
**Der italienische**
**Kriegsschauplatz**
**(1943/44)**

— Deutsche Stellungen

US-amerikanische Fallschirmlandung

→ Feindliche Landungen und Truppenbewegungen

Nach einer kurzen Kampfpause um die Jahreswende 1943/44 drangen die Alliierten in die Vor-Stellungen der „Gustav"-Linie ein. Am 6. Januar 1944 fiel San Vittorio, am 15. wurde der Monte Trocchio von den Deutschen aufgegeben, und am gleichen Tage eroberten die Franzosen den Monte Santa Croce. Das britische X. Korps überschritt den Unterlauf des Garigliano, nahm Minturno und erreichte Castelforte. Am 20. Januar eröffneten Briten, Amerikaner und das französische Korps eine gemeinsame Offensive gegen die deutsche Front, die aber nur geringe Geländegewinne brachte.

Seit den ersten Januarwochen hatten die Alliierten eine amphibische Landung bei Anzio, die unter dem Decknamen Operation „Shingle" lief, vorbereitet. Am 22. Januar ging das VI. US-Korps um 2 Uhr morgens an Land, bis Mitternacht waren 36.000 Mann und 3.000 Fahrzeuge ausgeschifft, die Überraschung gelang vollkommen. Die alliierte Führung wollte mit der Landung amerikanischer Truppen hinter den deutschen Linien bei Anzio die Gustav-Linie ausheben. Der geplante Vorstoß ins Landesinnere, um in den Rücken der deutschen Verteidiger der Gustav-Linie zu gelangen, unterblieb jedoch wegen der Unentschlossenheit des amerikanischen Kommandeurs, Generalmajor John P. Lucas.

Obwohl sie nur über schwache Eingreif-Reserven verfügte, gelang es der deutschen 10. Armee, bis zum 23. Januar eine zusammenhängende Front aufzubauen. Die folgenden schweren Angriffe des VI. US-Korps brachten diesem nur geringe örtliche Fortschritte, die mit hohen Verlusten erkauft wurden. Der deutschen Seite gelang es wiederum nicht, den Brückenkopf einzudrücken und den Gegner ins Meer zurückzuwerfen, die amerikanischen Truppen blieben bei Anzio bis auf weiteres eingeschlossen.

Unterdessen kämpften sich die Amerikaner und das französische Expeditions-Korps mühsam an die Cassino-Stellung heran. Mit dem verheerenden Bombenangriff auf das Kloster am 15. Februar begann die erste Schlacht, die bis Anfang März dauerte. Nach einer Pause bis zum 15. März kam es erneut zu schweren Kämpfen. Es gelang den Alliierten jedoch nicht, die deutsche 1. Fallschirmjäger-Division aus ihren Stellungen auf dem Monte Cassino zu vertreiben, sie konnten trotz hoher Verluste nur geringe Geländegewinne erzielen. In der Nacht vom 23. auf den 24. März mußten die Alliierten ihre Angriffe einstellen, danach benötigten die alliierten Truppen eine Ruhepause und Zeit für eine Umgruppierung, wofür zwei Monate veranschlagt wurden. Durch diese Verzögerung kamen die Pläne für „Overlord" und „Anvil" (die Landung in Südfrankreich) durcheinander, weil vor der Eroberung Roms keine alliierten Divisionen aus Italien abgezogen werden konnten. Schließlich mußte „Anvil" wegen des erfolgreichen deutschen Widerstandes bei Monte Cassino verschoben werden.

Am 11. Mai begann eine neue Großoffensive der britischen 8. sowie der 5. US-Armee, der Hauptschlag sollte zwischen Cassino und der italienischen Westküste erfolgen. Das Ziel war die Einnahme Roms, die man von alliierter Seite mehr aus politischen denn aus militärischen Gründen anstrebte. Gleichzeitig wurden durch die Offensive in Italien deutsche Kräfte gebunden, die einen Monat darauf in der Normandie fehlen sollten. Schon am 13. Mai erzielten die Alliierten tiefe Einbrüche. Am rechten Flügel, beim deutschen XIV. Korps, kam bald alles ins Rutschen, während vom Liri-Ufer bis zum Monte Cassino die deutschen Truppen langsam auf den „Senger-Riegel" zurückwichen. Die 1. Fallschirmjäger-Division verteidigte verbissen den Monte Cassino und mußte, weil die Verbindung zu den Nachbareinheiten abzureißen drohte, am 18. Mai durch einen persönlichen Befehl Kesselrings zum Rückzug veranlaßt werden. Gaeta mußte am 20. aufgegeben werden, am folgenden Tag wurde die deutsche Stellung zwischen Pico und Pontecorvo durchbrochen.

In einer Parallelaktion sollte General Clark aus dem Brückenkopf bei Anzio ausbrechen und sich mit den nach Norden vorgehenden Spitzen der 5. US-Armee und der 8. britischen Armee vereinigen, um einem Teil der deutschen 10. Armee den Rückzug abzuschneiden. Aber dieses Unternehmen mißlang, weil Clark seine Befehle mißachtete und seine Truppen statt dessen nach Rom schickte.[1069]

---

[1069] Robert Katz. The Battle for Rome. London 2003.

Aufgrund ihrer großen materiellen Überlegenheit erzielten die Alliierten an allen Frontabschnitten Erfolge. Die deutschen Verbände standen nunmehr in einer vielfach gewundenen, teils ausgebauten, teils nicht ausgebauten Verteidigungslinie, die auf Dauer nicht zu halten war. Sie begannen deshalb einen langsamen Rückzug auf die sogenannte C-Stellung, die Alliierten drängten schon am 27. Mai nach. Am 2. Juni erbat Kesselring vom OKW die Genehmigung, Rom zu räumen, eine Verteidigung der Stadt war ohnehin nicht geplant. So konnten US-Truppen am 4. Juni um 14.15 Uhr ungehindert die Stadtmitte erreichen, der „Kampf um Rom", der eigentlich schon im Januar mit der Landung bei Anzio begonnen hatte, war beendet. Während General Clark in den Vereinigten Staaten für die Einnahme Roms gefeiert wurde, konnte die deutsche 10. Armee nahezu ungehindert ihren Rückzug nach Norden fortsetzen.[1070]

Es war für die deutsche Führung ein Glück, daß die Alliierten auf eine energische Verfolgung der 10. Armee verzichteten. Diese hatte die Verbindung zur 14. Armee verloren und hätte leicht umfaßt werden können, weshalb die Führung so schnell wie möglich wieder eine geschlossene Front herstellen mußte.

## Die Repubblica Sociale Italiana

Am 27. September gründete Mussolini in Salò am Gardasee einen republikanisch-faschistischen Staat, der sich seit dem 1. Dezember 1943 „Repubblica Sociale Italiana" (RSI) nannte. Diese umfaßte zum Zeitpunkt ihrer Gründung das von deutschen Truppen kontrollierte Nord- und Mittelitalien, während sich Sizilien und Süditalien bereits in anglo-amerikanischer Hand befanden.

Auch wenn der Faschismus in den Augen der großen Mehrheit der Italiener abgewirtschaftet hatte, verfügte er immer noch über eine bedeutende Anzahl von Aktivisten und Anhängern, so daß die „Repubblica Sociale Italiana" nicht ohne weiteres als reiner Marionettenstaat von deutschen Gnaden betrachtet werden kann.[1071] Mitte November 1943 hielt die neugegründete republikanisch-faschistische Partei in Verona ihre erste Nationalversammlung ab. Der Verfassungsentwurf der RSI sprach in Artikel 3 von einer internationalen Gemeinschaft als einem der Ziele der faschistisch-republikanischen Außenpolitik.[1072] Die RSI nahm somit als erster Staat Europas das Bekenntnis zu einer europäischen Union in einen Verfassungsentwurf auf. Einige Anhänger des sozialrevolutionären faschistischen Flügels hatten hochfliegende außenpolitische Pläne, sie konzipierten unter dem Motto „URSE contra USSR" eine Union der europäischen sozialistischen Republiken.

Voraussetzung für diese Pläne war die möglichst rasche Aufstellung faschistisch-republikanischer Streitkräfte, weil nur so Italien wieder ein Mitspracherecht gegenüber Deutschland gewinnen konnte.[1073] Diese Streitkräfte mußten faktisch neu aufgebaut werden, da die königlich-italienische Armee nicht mehr existierte und Waffen und Kriegsmaterial von deutschen Stellen beschlagnahmt worden waren. Der einzige hohe italienische Militär, der diese Aufgabe aufgrund seines Prestiges übernehmen konnte, war Marschall Rodolfo Graziani, der zum Kriegsminister der „Repubblica Sociale Italiana" ernannt wurde.

Bei der deutschen Führung, insbesondere bei Hitler, herrschte ein latentes Mißtrauen, ob nicht die Italiener bei nächster Gelegenheit wieder Verrat üben würden. Während

---

[1070] Mark Clark. Calculated Risk. New York 2007, S. 126 ff.
[1071] Hans Woller. Die Abrechnung mit dem Faschismus in Italien 1943 bis 1948. München 1996, S. 47 f.
[1072] L. Garibaldi. Mussolini e il professore: Vita e diari di Carlo Alberto Biggini, Milano 1983, S. 352.
[1073] Archiv der Gegenwart 1943, S. 6156.

Graziani Pläne für die Aufstellung von 500.000 Mann in 25 Divisionen sowie eine selbständige Luftwaffe und Marine machte, erließ Hitler am 19. Oktober Richtlinien für den Neuaufbau der italienischen faschistischen Wehrmacht, die deutlich machten, daß nicht an eine „neue Wehrmacht auf breiter Grundlage", sondern nur an einzelne Sonder- und Eliteeinheiten gedacht war.

Das neue italienische Heer, dessen Aufstellung Anfang 1944 begann, sollte im Kern aus vier in Deutschland ausgebildeten und ausgerüsteten Divisionen bestehen. Außerdem wurde die Aufstellung einer größeren Zahl von Küsten-Festungs-, Küsten-Artillerie-, Pionier- usw. Bataillonen bzw. Abteilungen befohlen, die als italienische Einheiten in das deutsche Heer eingegliedert wurden. Die Aufstellung und Ausbildung der vier Kern-Divisionen des italienischen Heeres sollte sich bis in den Herbst 1944 hinziehen.[1074]

Der größte Teil der königlich-italienischen Marine war nach dem Waffenstillstand vom 8. September 1943 mit allen Großkampfschiffen zu den Alliierten übergegangen und wurde von den Briten für den Rest des Krieges in Malta und Alexandria interniert. Die Marineeinheiten, die loyal zu Mussolini blieben, wurden Ende 1943 mit gemischten deutsch-italienischen Mannschaften neu aufgestellt. Eine besondere Rolle spielte die Marineinfanteriedivision Decima MAS,[1075] die auf Initiative des Fürsten Junio Valerio Borghese nach der Kapitulation des Königreichs Italien aufgestellt wurde.

Die Aufstellung der Luftwaffe der RSI begann Ende 1943, gegen Ende des Jahres 1944 waren die Jagdfliegerverbände einsatzbereit, dann wurden sie von der deutschen Luftwaffe zur Luftverteidigung Norditaliens übernommen.[1076] Trotz ihrer geringen Stärke spielte die „Aeronautica Nazionale Repubblicana" im Luftkrieg über Italien eine gewisse Rolle, ihre Piloten legten bei ihren Einsätzen gegen alliierte Bomberverbände eine besonders hohe Kampfmoral an den Tag.[1077]

Nach Angaben des national-republikanischen Generalstabes hatten die bewaffneten Formationen der RSI im Herbst 1944 eine Personalstärke von 248.000 Mann in den regulären Streitkräften und 564.000 Mann in Polizei, paramilitärischen Verbänden und Baubataillonen.[1078] Glaubt man diesen Zahlen, dann kämpften Ende 1944 / Anfang 1945 auf dem italienischen Kriegsschauplatz auf deutscher Seite mehr Italiener (rund 550.000 Mann ohne die Angehörigen der Arbeitsformationen) als Deutsche (etwa 450.000 Mann[1079]).

Heer, Marineinfanterie (Decima MAS), Republikanische Nationalgarde und Schwarze Brigaden (die faschistische Parteimiliz) wurden 1943–45 in erster Linie zur Bekämpfung der Partisanen eingesetzt. Bei gelegentlichen Einsätzen gegen amerikanische Verbände zeichneten sich Heer, Fallschirmjäger und Marineinfanterie allgemein durch gute Kampfmoral und taktisches Geschick aus.[1080] Die RSI unterhielt erheblich stärkere Streitkräfte und Polizeiverbände als das Königreich Italien mit der „Armee des Südens", die gegen Kriegsende nur etwas mehr als 70.000 Mann umfaßte.[1081]

---

[1074] Pier Paolo Battistelli. Formationsgeschichte und Stellenbesetzung der Streitkräfte der Italienischen Sozialistischen Republik (R.S.I.) 1943–1945, S. 707–780, in: Peter Schmitz/Klaus Jürgen Thies/Günter Wegmann/Christian Zweng: Die deutschen Divisionen 1939–1945: Heer, landgestützte Kriegsmarine, Luftwaffe, Waffen-SS, Band 1: Die Divisionen 1–5, Osnabrück 1993.

[1075] X MAS war die Abkürzung für die Einheit, bei der Fürst Borghese vor dem 8. September 1943 diente: 10a Flottiglia Motoscafo Anti-Sommergibile = 10. U-Jagd-Motortorpedoboot-Flottille.

[1076] Battistelli, S. 709.

[1077] Neulen. Am Himmel Europas, S. 80 ff.

[1078] Nicola Cospito u. Hans Werner Neulen. Salò–Berlino: l'alleanza diffizile. La Repubblica Sociale Italiana nei documenti segreti del Terzo Reich, Milano 1992, S. 85.

[1079] Schreiber, Das Ende des nordafrikanischen Feldzuges, S. 1155 f.

[1080] Cospito/Neulen, S. 86.

[1081] Schreiber, S. 1155.

# Der alliierte Vormarsch in Norditalien

Nach der Besetzung Roms und der erfolgreichen Landung in der Normandie am 6. Juni 1944 wurden das VI. US-Korps und das französische Expeditionskorps, die zusammen sieben Divisionen umfaßten, von der italienischen Front abgezogen, um an Operation „Dragoon" (früher „Anvil"), der alliierten Invasion in Südfrankreich, teilzunehmen. Der Ersatz für diese kampferfahrenen Verbände bestand aus nur drei Divisionen, nämlich der brasilianischen 1. Infanterie-Division, der 92. US-Infanterie-Division und der 10. US-Gebirgs-Division, wobei letztere erst im Januar 1945 in Italien eintreffen sollte.[1082]

Zwischen Juni und August 1944 stießen die Alliierten von Rom aus weiter nach Norden bis zur Goten-Linie vor. Die sogenannte „Goten-Stellung" war der letzte Sperriegel im Apennin vor der norditalienischen Po-Ebene. Ihr Name mußte auf Befehl Hitlers vom 15. Juni in „Grüne Linie" abgeändert werden, sie war noch längst nicht fertig ausgebaut und in verteidigungsfähigem Zustand. Diese Verteidigungslinie verlief von der Westküste etwa 48 Kilometer nördlich von Pisa entlang einer Bergkette des Apennin über Florenz und Bologna bis zur adriatischen Küste südlich von Rimini.

Das langsame Zurückweichen der deutschen Truppen unter Aufrechterhaltung von Ordnung und Kampfmoral wurde nicht nur durch das Gelände und gute Führung, sondern auch durch Differenzen zwischen den Alliierten ermöglicht. Die Amerikaner, allen voran Roosevelt, bestanden auf der Landung in Südfrankreich, Operation „Dragoon", zur Unterstützung von „Overlord". Sobald die alliierten Truppen die Linie Pisa–Rimini erreicht hatten, sollte der italienische Kriegsschauplatz nur noch dazu dienen, deutsche Reserven von Nordfrankreich fernzuhalten. Die alliierte Invasion in Südfrankreich erfolgte am 15. August östlich der Rhône, und die amerikanischen und französischen Truppen marschierten innerhalb eines Monats das Rhône-Tal hinauf, um sich schließlich mit Pattons 3. US-Armee zu vereinigen.

In Italien begann am 25. August 1944 die große alliierte Herbstoffensive unter dem Decknamen Operation „Olive". Die Goten-Linie wurde sowohl von der britischen 8. wie der 5. US-Armee durchbrochen, ohne jedoch der Wehrmacht eine entscheidende Niederlage beibringen zu können.

Churchill hatte gehofft, daß ein entscheidender Durchbruch den alliierten Armeen im Herbst 1944 einen weiträumigen Vormarsch über Venetien und Slowenien nach Wien und Ungarn ermöglichen würde, um einem sowjetischen Vorstoß nach Südosteuropa zuvorzukommen. Churchills Vorschlag war bei den amerikanischen Generalstabschefs aber auf wenig Gegenliebe gestoßen. Diese erkannten sehr wohl die Bedeutung für die britischen Nachkriegsinteressen in dieser Region, waren aber der Meinung, daß andere Kriegsziele Vorrang hätten.[1083]

In Italien wurden 1944/45 nördlich von Rom faktisch drei Kriege gleichzeitig ausgefochten: ein Krieg zwischen den deutschen und den anglo-amerikanischen Streitkräften, ein Bürgerkrieg zwischen Faschisten und Nichtfaschisten und zunehmend auch ein Klassenkrieg proletarischer und kleinbäuerlicher Schichten gegen Besitzbürgertum und Großagrarier.[1084]

Nach Einschätzung der deutschen Wehrmacht gliederte sich die italienische Partisanenbewegung im wesentlichen in drei Gruppierungen:

1.) Die monarchistischen Rebellen, die sich aus ehemaligen Soldaten der königlich-italienischen Armee rekrutierten, in Uniform kämpften und sich im wesentlichen an die Haager Landkriegsordnung hielten.

---

[1082]  Clark. Calculated Risk, S. 130 ff.
[1083]  Clark. Calculated Risk, S. 141.
[1084]  Woller, S. 166.

2.) Die kommunistischen Partisanen, die die Regeln der Haager Landkriegsordnung nicht beachteten.

3.) Die Verbrecherbanden, deren Ziel nicht die Bekämpfung der Deutschen bzw. der Faschisten, sondern die Ausplünderung der italienischen Zivilbevölkerung war. Dabei sollen die Grenzen zwischen Kommunisten und reinen Räuberbanden oftmals fließend gewesen sein.

In der Praxis sollen die deutsche Wehrmacht und die monarchistischen Rebellen nicht selten Vereinbarungen getroffen haben, sich gegenseitig in Ruhe zu lassen: Die Deutschen mischten sich nicht in die Auseinandersetzungen zwischen Monarchisten und Faschisten ein, und die Monarchisten ließen dafür die Deutschen in Ruhe. Bei der Bekämpfung der reinen Verbrecherbanden soll es zu einer punktuellen Zusammenarbeit zwischen Monarchisten und Wehrmacht zum Schutz der italienischen Zivilbevölkerung gekommen sein.[1085] Die Decima MAS unter dem Fürsten Borghese sah ihren Hauptfeind in den Kommunisten und kooperierte insgeheim ebenfalls mit den monarchistischen Partisanen.

Die heftigen Kämpfe an der Goten-Linie zogen sich fast ohne Unterbrechung über den ganzen September hin, wobei es den Alliierten gelang, einen Geländegewinn von 20 und 30 Kilometern zu erzielen. Die deutsche Heeresgruppe C unter Kesselring konnte ungeachtet dessen immer wieder eine geschlossene Front aufbauen. Ende Oktober war der Angriffsschwung der alliierten Truppen erschöpft.

Im Dezember 1944 wurde der Kommandeur der 5. US-Armee General Clark zum Befehlshaber der 15. Heeresgruppe ernannt, womit er den britischen General Harold Alexander als Kommandeur aller alliierten Bodentruppen in Italien ablöste. Durch das schlechte Herbstwetter stieg das Grundwasser in der Ebene, die Ränder der Wasserläufe versumpften und behinderten die Panzer. So blieben die Alliierten am 27. Oktober nur noch zehn bis 15 Kilometer vor Bologna vor den letzten Gebirgshängen stecken. Angesichts der Wetterverhältnisse, der im Herbst erlittenen schweren Verluste und der Verlegung britischer und kanadischer Truppen nach Griechenland und Nordwesteuropa waren die Alliierten zu Beginn des Jahres 1945 außerstande, ihren Vormarsch in Italien fortzusetzen. Die ausgedehnten Schäden am italienischen Eisenbahn- und Straßensystem zwangen die Alliierten, ihren Nachschub über Kanäle und Flüsse heranzuführen, was zu weiteren Verzögerungen führte. Es blieb nichts anderes übrig, als die neue Großoffensive auf den Frühling 1945 zu verschieben.[1086]

Um die Jahreswende 1944/45 verlief die Front in Norditalien vom Ligurischen Meer südlich La Spezia über den Apennin, sperrte dessen Nordausgänge vor Modena und Bologna und sprang mit dem Ostflügel an den Comacchio-See zurück. Eine Zurücknahme der Heeresgruppe hinter den Po lehnte Hitler ab.

Die letzte alliierte Großoffensive begann am 9. April nach schweren Artillerie- und Luftangriffen am Adria-Abschnitt auf einer Breite von 60 Kilometern, am 15. wurde eine ebensolche Offensive im Raum von Bologna eröffnet, der alliierte Durchbruch war jetzt nur noch eine Frage von Tagen. Am 18. April durchbrachen Kräfte der 8. Armee die Argenta-Lücke, vorgestoßene Panzerverbände vereinigten sich mit Einheiten des IV. US-Korps, das von Zentralitalien vorrückte, um die verbliebenen Verteidiger von Bologna einzukesseln. Am 21. April rückten Verbände der britischen 8. Armee und der 5. US-Armee in Bologna ein. Die 10. US-Gebirgs-Division, die an Bologna vorbeimarschierte, erreichte den Po am 22. April, die indische 8. Infanterie-Division am 23. April.[1087]

[1085] Rainer Langhardt-Söntgen/Hans v. Steffens. Partisanen, Spione und Banditen: Abwehrkämpfe in Oberitalien 1943–45, Neckargemünd 1961.

[1086] John Keegan. The Second World War. London 2005, S. 367; Thomas R. Brooks. The War North of Rome: June 1944–May 1945. New York 2003, S. 254.

[1087] Brooks, Chapters XX to XXII; Gregory Blaxland. Alexander's Generals: The Italian Campaign 1944–1945). London 1979, S. 272 f.

Am 25. April erklärte das italienische Befreiungskomitee der italienischen Partisanen einen allgemeinen Aufstand,[1088] und am gleichen Tag rückten Einheiten der britischen 8. Armee, nachdem sie den Po überschritten hatten, in nordöstlicher Richtung auf Venedig und Triest vor. Teile der 5. US-Armee stießen nach Norden in Richtung Brenner-Paß und nach Nordwesten auf Mailand vor. An der linken Flanke der 5. Armee rückte die 92. US-Infanterie-Division entlang der Küste auf Genua vor, und ein schneller Stoß auf Turin überraschte die deutsch-italienische Armee in Ligurien. Ende April befand sich die deutsch-italienische Heeresgruppe C an allen Fronten auf dem Rückzug, die vorbereitete Alpenvorland-Stellung war für die anglo-amerikanischen Panzer kein ernstzunehmendes Hindernis mehr. Nachdem die deutsch-italienische Heeresgruppe den größten Teil ihrer Kampfkraft eingebüßt hatte, blieb ihr keine andere Wahl mehr, als zu kapitulieren.[1089] Ihr Oberbefehlshaber General Heinrich von Vietinghoff unterzeichnete am 29. April einen Sonderwaffenstillstand zwischen der Heeresgruppe C und den Anglo-Amerikanern, der am 2. Mai 1945 in Kraft trat.[1090] Der Zweite Weltkrieg war damit in Italien zu Ende. Bereits am 28. April 1945 war Mussolini zusammen mit seiner Geliebten Clara Petacci am Comer See von kommunistischen Partisanen erschossen worden.

# Ergebnisse

Die alliierten Gesamtverluste während des Feldzuges in Italien an Gefallenen, Verwundeten und Gefangenen betrugen etwa 320.000, und die entsprechenden deutschen Zahlen lagen deutlich über 600.000.

Das faschistische Italien hatte vor der Kapitulation am 8. September 1943 etwa 200.000 Mann Verluste, darunter etwa 40.000 Gefallene, erlitten. Nach amtlichen Erhebungen sind 1943–45 in Italien 44.720 Partisanen im Kampf gefallen oder getötet worden, außerdem fanden 9.180 Zivilpersonen im Zuge von Vergeltungsmaßnahmen einen gewaltsamen Tod.[1091] Der anglo-amerikanische Luftkrieg gegen Norditalien kostete 41.420 Zivilisten das Leben.[1092] Die bewaffneten Formationen der RSI verzeichneten zirka 35.000 Gefallene.[1093] Der blutigen Abrechnung mit dem Faschismus, die in erster Linie von den kommunistischen Partisanen und den ihnen nahestehenden revolutionären Volkstribunalen getragen wurde, fielen zwischen 1944 und 1946, glaubt man den einigermaßen zuverlässigen italienischen Kirchenbüchern, etwa 12.000 Menschen zum Opfer.[1094] Sieht man von der Ostfront ab, dann forderte der Italienfeldzug 1943–45 die höchsten Opferzahlen auf dem europäischen Kriegsschauplatz.

---

[1088] Blaxland, S. 275.

[1089] Rudolf Böhmler. Monte Cassino: a German View. London 1964, Chapter XI.

[1090] Blaxland, S. 277.

[1091] Enciclopedia dell'antifascismo e della Resistenza, a.a.O., S. 415

[1092] Schreiber. Ende des nordafrikanischen Feldzuges und der Krieg in Italien, S. 1126.

[1093] Albo caduti e dispersi della Repubblica Sociale Italiana a cure di Arturo Conti. https://www.fondazionersi.org/caduti/AlboCaduti2016.pdf.

[1094] Woller, S. 1 u. S. 166 ff.

# Jugoslawien und Griechenland 1941–1945

## Das Ende des Königreichs Jugoslawien

Nach dem deutschen Sieg im Frankreichfeldzug geriet das Königreich Jugoslawien zunehmend in Zugzwang, sein politisches Verhältnis zu den Achsenmächten zu klären. Deutschland bot Belgrad an, dem Drei-Mächte-Pakt beizutreten, und am 25. März 1941 erklärte die jugoslawische Regierung ihr Einverständnis und unterschrieb den Vertrag. Zwei Tage später, am 27. März, kam es in Belgrad zu einem von englischer Seite initiierten Staatsstreich von hohen Offizieren, die einem Bündnis mit Großbritannien und der Sowjetunion gegenüber einer Mitgliedschaft im Drei-Mächte-Pakt den Vorzug gaben. Der siebzehn Jahre alte und damit noch minderjährige Peter II. wurde von den Putschisten unter Führung von General Duschan Simowitsch zum regierenden König erklärt.

Ursprünglich wollte Hitler durch Verträge mit Jugoslawien wie Ungarn, Rumänien und Bulgarien Wirtschaftsbeziehungen anknüpfen, um ihre Rohstoffe für die deutsche Rüstung nutzen zu können und um außerdem zu verhindern, daß Großbritannien auf dem Balkan Truppen landete und dort eine Front wie im Ersten Weltkrieg errichtete. Genau das geschah aber als Folge des mißglückten italienischen Angriffs auf Griechenland, englische Heeresverbände landeten auf Kreta und dem Peloponnes, und nach dem deutschfeindlichen Putsch am 27. März in Belgrad entschloß sich die deutsche Führung, Griechenland und Jugoslawien in einem kurzen Feldzug zu erobern. Der Balkanfeldzug, Unternehmen „Marita", begann am 6. April 1941 mit einem Luftangriff auf Belgrad und endete bereits elf Tage später, als General Danilo Kalafatowitsch am Abend des 17. April die bedingungslose Kapitulation der königlich-jugoslawischen Streitkräfte unterzeichnete.

Da die Vorbereitung des Unternehmens „Marita" von der deutschen und italienischen Führung kurzfristig improvisiert worden war, gab es zunächst keine konkreten Pläne für die Politik gegenüber dem besetzten Jugoslawien. Die starken Spannungen zwischen den verschiedenen Nationalitäten, vor allem zwischen Kroaten, Serben und Bosniern, legten es nahe, das Land aufzuteilen. Vorrangig verfolgte man in Berlin und Rom zwei Ziele: 1. Die Rohstoffreserven Jugoslawiens sollten der deutschen und italienischen Kriegswirtschaft zur Verfügung stehen. 2. Die Expansionsziele der verbündeten Balkanstaaten sollten befriedigt werden, um sie fester an die Achsenmächte zu binden.

Italien annektierte den westlichen Teil Sloweniens mit Laibach und große Teile Dalmatiens, außerdem wurde Montenegro von italienischen Truppen besetzt. Ein großer Teil des Kosovo und der Nordwesten Mazedoniens wurden an Albanien, damals italienische Kolonie, angeschlossen. Die seit 1919 jugoslawische Untersteiermark wurde wieder Teil des Großdeutschen Reiches. Bulgarien erhielt den größten Teil Mazedoniens, Ungarn die Landschaften Batschka und Baranja in der Vojvodina und das Gebiet der Murinsel. In Kroatien wurde ein unabhängiger Staat (Nezavisna država Hrvatska, NDH) unter dem Führer der Ustascha-Bewegung Ante Pavelić errichtet, der 1929–1941 im italienischen Exil gelebt hatte. Pavelić nahm faschistischen Traditionen folgend den Titel eines „Poglavnik" (kroatisch für „Führer") an. Der NDH-Staat unterhielt mit der Ustascha-Garde eine Parteimiliz und stellte außerdem eine eigene kroatische Armee auf.

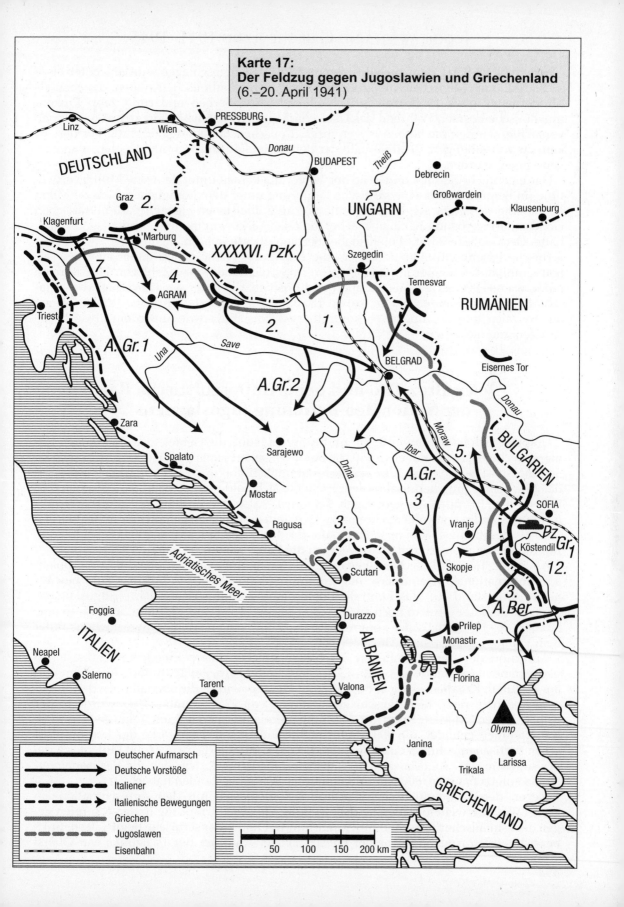

**Karte 17:**
**Der Feldzug gegen Jugoslawien und Griechenland**
(6.–20. April 1941)

Linz

Wien

PRESSBURG

DEUTSCHLAND

Donau

BUDAPEST

Theiß

Debrecin

Großwardein

Klausenburg

UNGARN

Graz

2.

Klagenfurt

Marburg

XXXXVI. PzK.

Szegedin

Temesvar

RUMÄNIEN

7.

4.

AGRAM

2.

1.

Triest

A. Gr.1

Una

Save

BELGRAD

Eisernes Tor

Donau

A.Gr.2

Zara

Sarajewo

Drina

Ibar

Moraw

5.

BULGARIEN

Spalato

A. Gr.

Mostar

3

SOFIA

Ragusa

3.

Vranje

Pz

Gr 1

Köstendil

12.

Adriatisches Meer

Scutari

Skopje

3.

A.Ber

Foggia

Durazzo

Prilep

Monastir

ITALIEN

Neapel

ALBANIEN

Florina

Salerno

Valona

Olymp

Tarent

Janina

GRIECHENLAND

Trikala

Larissa

| | Deutscher Aufmarsch |
| --- | --- |
| | Deutsche Vorstöße |
| | Italiener |
| | Italienische Bewegungen |
| | Griechen |
| | Jugoslawen |
| | Eisenbahn |

0    50    100    150    200 km

In dem NDH-Staat, dem auch Bosnien und Syrmien zugeschlagen wurden, lebten etwa sechs Millionen Menschen, die große Mehrheit waren katholische Kroaten, daneben als Minderheiten etwa 19 Prozent griechisch-orthodoxe Serben und rund zehn Prozent muslimische Bosnier. Während das Ustascha-Regime die Muslime für sich zu gewinnen versuchte, wurden die Serben wegen ihrer ethnischen Zugehörigkeit blutig verfolgt, es kam zu Vertreibungen, die innerhalb der deutschen Führung Unmut erregten, aber hingenommen wurden.

Das eigentliche Serbien und Teile der Vojvodina kamen unter deutsche Militärverwaltung, in Belgrad wurde eine serbische Regierung unter dem königlichen General Milan Nedić eingesetzt. Die Regierung Nedić verfügte über einen eigenen paramilitärischen Gendarmerieverband, die Staatswache, die eine Stärke von mehren zehntausend Mann hatte. Der deutsche Militärbefehlshaber Serbien pflegte sich im allgemeinen nicht in die serbische Innenpolitik einzumischen, die Regierung Nedić genoß daher eine gewisse Souveränität. Die Regierung Nedić nahm in Serbien eine große Zahl von Flüchtlingen auf, etwa 686.000 Serben aus Kroatien und Bosnien, die unter der Herrschaft des Ustascha-Regimes gestanden hatten, sowie 150.000 Serben aus dem Kosovo, 10.000 Serben aus Syrmien und der ungarisch kontrollierten Batschka sowie außerdem etwa 30.000 Kroaten und Slowenen.

## Josip Broz Tito und der „Antifaschistische Rat der Nationalen Befreiung Jugoslawiens"

Ursprünglich hatte man in Berlin und Rom geglaubt, die Gebiete des ehemaligen Königreichs Jugoslawien mit etwa 150.000 Soldaten beherrschen zu können, aber bereits im Sommer 1941 begann sich eine serbisch-nationalistische und eine kommunistische Widerstandsbewegung herauszubilden. Es stellte sich bald heraus, daß die deutschen und italienischen Truppen die gebirgigen Regionen – also den größten Teil Jugoslawiens – nicht vollständig kontrollieren konnten. Zwei Jahre später, als die Italiener im September 1943 als Besatzungsmacht ausfielen, hatte das Deutsche Reich über 250.000 Soldaten in Jugoslawien stationiert, trotzdem weiteten die Partisanen ihre Operationszonen aus.

Als am 22. Juni 1941 das Deutsche Reich die Sowjetunion angriff, rief die Kommunistische Internationale (Komintern) alle kommunistischen Parteien Europas zum bewaffneten Widerstand auf, das Zentralkomitee der Kommunistischen Partei Jugoslawiens schloß sich diesem Aufruf noch am gleichen Tag an. Am 4. Juli 1941 fand in Belgrad eine Sitzung des Hauptstabs der kommunistischen Partisanenverbände Jugoslawiens unter dem Vorsitz von Josip Broz Tito statt.

Aufgrund der dort getroffenen Beschlüsse brachen in verschiedenen Landesteilen nacheinander Aufstände aus – am 13. Juli in Montenegro, am 22. Juli in Slowenien und am 27. Juli in Kroatien sowie in Bosnien und Herzegowina – die aber alle von den Besatzungsmächten rasch niedergeschlagen wurden. Am 22. Dezember 1941 wurde in der ostbosnischen Ortschaft Rudo mit der „Ersten Proletarischen Brigade" eine erste größere Kampfeinheit gebildet, die 900 Mann umfaßt haben soll. Die Stärke der kommunistischen Partisanen nahm in den folgenden Jahren kontinuierlich zu, gegen Ende des Krieges sollen in der „Jugoslawischen Volksbefreiungsarmee", wie sich die Partisanenverbände zuletzt nannten, 800.000 Soldaten unter Waffen gestanden haben.

Neben den kommunistischen Partisanen bildete sich mit den serbisch-nationalen Tschetniks eine weitere Widerstandsbewegung, die ihren Ursprung in den Kämpfen gegen die osmanische Herrschaft im 19. Jahrhundert hatte (der serbische Begriff „Tschetnik" bezeichnete den Angehörigen einer Freischar). Der Anführer der Tschetniks war Oberst

Draža Mihailović, der sich als Statthalter des im Londoner Exil residierenden Königs Peter II. betrachtete. Mihailović konnte über die verschiedenen Verbände der Tschetniks aber nie eine vollständige Kontrolle gewinnen, da viele ihrer lokale Kommandeure de facto auf sich gestellt waren und dementsprechend handelten.

Mihailović hatte ursprünglich die Absicht gehabt, die weitere politische Entwicklung abzuwarten, er sah sich aber durch seine eigenen Offiziere und die zunehmende Konkurrenz der Tito-Partisanen im Sommer 1941 gezwungen, etwas zu unternehmen. Mihailovićs Tschetnikverbände machten bald das westliche Serbien, fast ganz Montenegro, sowie Teile Bosniens und das dalmatinische Hinterland unsicher. Bis zum Ende des Jahres 1941 hatte Mihailović eine so starke Stellung gewonnen, daß die serbische Regierung von General Nedić sich genötigt sah, sich mit ihm zu arrangieren. Der Tschetnikführer wiederum suchte den Ausgleich mit Nedić, weil er seine Hauptfeinde vor allem in den Kroaten und den bosnischen Muslimen erblickte.

Aufgrund der tiefsitzenden Animositäten zwischen den Nationalitäten und den divergierenden Zielen ihrer politischen Führer kam es in Bosnien zu einem Bürgerkrieg zwischen kroatischen Ustascha und serbischen Tschetniks, bei dem die von beiden Seiten gehaßten bosnischen Muslime zwischen die Fronten gerieten. Sie wurden von den Tschetniks als Helfer der Ustascha bekämpft, zahlreiche muslimische Dörfer wurden niedergebrannt und die Bewohner vertrieben. In Foča, Višegrad und Goražde kam es 1941 zu Massenerschießungen. Aber auch unter den Ustascha herrschte so viel Haß auf die Muslime, daß es zu schweren Verfolgungen kam. Die Bosnier waren von ihrer ethnischen Herkunft eigentlich Kroaten oder Serben, sie hatten aber unter der osmanischen Herrschaft den muslimischen Glauben angenommen und galten seither bei den dem Christentum treu gebliebenen Landsleuten als „Verräter". Um ihre Wehrlosigkeit zu überwinden, ließen sich viele Bosnier schließlich von der Waffen-SS anwerben. Reichsführer-SS Heinrich Himmler hatte schon seit geraumer Zeit mit dem Gedanken gespielt, eine Waffen-SS-Division aus Muslimen aufzustellen, und es gelang ihm, den damals in Berlin residierenden Großmufti von Jerusalem, Mohammed Amin al-Husseini, für die spirituelle Inspiration dieses Verbandes zu gewinnen. Im März 1943 wurde aus bosnischen Freiwilligen die 13. Waffen-Gebirgs-Division der SS „Handschar" aufgestellt und ab Februar 1944 in Jugoslawien zur Partisanenbekämpfung eingesetzt.

Draža Mihailović wurde aufgrund seiner militärischen Erfolge von der jugoslawischen Exilregierung in London offiziell zum Kriegsminister ernannt. Politisch strebte Mihailović eine großserbische Lösung an, Serbien sollte um Slawonien, Bosnien und Teile Dalmatiens erweitert werden, und in diesen Gebieten sollten künftig ausschließlich Serben leben. Wegen dieser rein nationalen politischen Zielsetzung konnte die Tschetnik-Bewegung außer bei den Serben nur unter den Slowenen eine gewisse Anzahl von Anhängern gewinnen.

Die Kommunisten unter Tito wandten sich dagegen gleichermaßen an alle Nationalitäten Jugoslawiens und versprachen ihnen die völlige Gleichberechtigung. Im Sommer 1941 konzentrierten die Tito-Partisanen ihre Aktionen auf Serbien, wobei sie eine direkte Konfrontation mit den gut bewaffneten Verbänden der Wehrmacht nach Möglichkeit vermieden. Da die deutsche Militärverwaltung nur wenige Truppen zur Verfügung hatte und vorerst nicht zu größeren offensiven Aktionen gegen die Partisanen in der Lage war, konnten die Kommunisten ihre Organisation ausbauen. Im August 1941 erfaßte der Aufstand weite Teile Serbiens, und schon Ende des Monats infiltrierten die Kommunisten ein Gebiet zwischen den Städten Krupanj, Loznica und Zvornik.

Am 21. September 1941 riefen die kommunistischen Partisanen in Westserbien die Republik von Užice aus. Dies veranlaßte den Tschetnik-Führer Draža Mihajlović, ein Geheimabkommen mit der Regierung Nedić und der deutschen Besatzungsmacht abzuschließen. Als Gegenleistung für ihre Unterstützung bei der Bekämpfung der kommunistischen Partisanen sollten die Tschetniks von den Deutschen Waffen und Verpflegung erhalten. Anfang November 1941 eröffneten die Tschetnik-Verbände von Mihailović eine Offensive gegen die Partisanenhochburg Užice, die jedoch zurückgeschlagen wurde. Die Partisanen waren durch die verlustreichen Kämpfe jedoch geschwächt und wurden in den folgenden Wochen von deutschen Truppen in die Defensive gedrängt. Von der britischen Regierung wurde Mihailović zu einem Waffenstillstand mit Tito gedrängt, der schließlich am 20. November 1941 unterzeichnet wurde. Mihailović zeigte sich aber nicht bereit, auf Seiten Titos in die Kämpfe einzugreifen, und spätestens ab diesem Zeitpunkt war es absehbar, daß sich die nationalistischen Tschetniks und die kommunistischen Partisanen im weiteren Verlauf des Krieges feindselig gegenüberstehen sollten. Die Absprachen der Tschetniks mit den italienischen und deutschen Besatzungstruppen trugen dazu bei, daß die Tito-Partisanen Užice am 29. November 1941 aufgeben mußten. Sie verlagerten ihre Aktivitäten anschließend nach Bosnien und Dalmatien, während die Tschetniks und die Gendarmerie von General Nedić in Serbien bis Anfang 1944 eine Art friedlicher Koexistenz betrieben.

Am 26. November 1942 wurde der „Antifaschistische Rat der Nationalen Befreiung Jugoslawiens" (AVNOJ) als Dachverband der kommunistischen Partisanengruppen gegründet. Man propagierte den Kampf gegen den Faschismus, die Gleichberechtigung aller jugoslawischen Nationalitäten und die Errichtung eines föderal organisierten zukünftigen Staates. Anfang 1943 befürchteten das OKW und das Comando Supremo eine Landung der Anglo-Amerikaner auf der Balkanhalbinsel. Es war zu erwarten, daß eine alliierte Invasion von Aktionen der kommunistischen Partisanen vorbereitet und unterstützt werden würde, weshalb diese so rasch wie möglich vernichtet und ihr Anführer Josip Broz Tito gefangengesetzt werden sollte. Die Operation „Weiß", an der sechs deutsche, drei italienische und zwei kroatische Divisionen beteiligt waren, konzentrierte sich auf das Gebiet von Bosnien-Herzegowina und begann am 20. Januar 1943. Etwa 150.000 Soldaten auf seiten der Achsenmächte stand eine wesentlich kleinere Streitmacht der Partisanen gegenüber. Die folgenden Kämpfe wurden im Nachkriegs-Jugoslawien als „Schlacht an der Neretva" bekannt. Die Achsenmächte errangen zwar einen taktischen Sieg und konnten den Tito-Partisanen schwere Verluste beibringen, letzteren gelang es aber, ihr Oberkommando vor der Vernichtung zu bewahren und ihre Operationsfähigkeit zu erhalten. In der folgenden Operation „Schwarz", die am 15. Mai 1943 begann, mobilisierten die Achsenmächte etwa 127.000 Soldaten, während die Zahl der Partisanen auf 18.000 geschrumpft war. Zunächst versuchte man, die kommunistischen Partisanen im Bereich des Durmitor-Massivs im Norden von Montenegro einzukreisen, aber Mitte Juni, kurz vor dem Schließen des Kessels, gelang es ihnen, in Richtung Ost-Bosnien auszubrechen, wo sie sich im Raum Olovo, Srebrenica und Zvornik festsetzen und reorganisieren konnten.

Die Landung der Alliierten auf Sizilien führte am 25. Juli 1943 zum Sturz Mussolinis, und die neue italienische Regierung unter Marschall Badoglio begann bald darauf mit den Alliierten über einen Waffenstillstand zu verhandeln. Die Tito-Partisanen konnten zwischen Ende Juli und Anfang September gegenüber den kriegsmüden italienischen Truppen in Montenegro, Dalmatien, Istrien und Slowenien bedeutende Erfolge erzielen. Als die Regierung Badoglio am 8. September gegenüber den Alliierten kapitulierte, fielen den Partisanen große Mengen an italienischen Waffen in die Hände, und sie konnten kurzzeitig sogar bis Triest vorstoßen. Kurze Zeit später traten deutsche Verbände an die Stelle der sich auflösenden italienischen Truppen. Die Deutschen konnten zusammen mit Einheiten der Ustascha die Partisanen zurückdrängen und auch große Teile Montenegros wieder unter ihre Kontrolle bringen.

Trotz dieser Rückschläge hielten sich die Tito-Partisanen politisch für stark genug, um mit der in London ansässigen königlich-jugoslawischen Exilregierung zu brechen, König Peter II. wurde die Rückkehr nach Jugoslawien verboten. Anfang 1944 wurde der AVNOJ von den Westmächten als legitime Regierung und Vertretung Jugoslawiens anerkannt, was mit verstärkten Waffenlieferungen verbunden war. Unabhängig davon versuchte der britische Premierminister Churchill weiterhin, Politiker der königlichen Exilregierung zu unterstützen und auf ihre Beteiligung an einer jugoslawischen Nachkriegsregierung hinzuwirken.

Am 20. August 1944 begann die Rote Armee eine Großoffensive in der Südukraine, in deren Verlauf sowjetische Truppen durch Bessarabien und Rumänien vorstießen und am 1. Oktober serbisches Gebiet erreichten. Vom 14. September bis 24. November 1944 folgte die „Belgrader Operation", die serbische Hauptstadt konnte bereits am 20. Oktober von der Roten Armee und den kommunistischen Partisanenverbänden besetzt werden. Der AVNOJ verlegte seinen Sitz nach Belgrad und übernahm als provisorische Regierung Jugoslawiens die Verwaltung der befreiten Gebiete. Tito und die „Jugoslawische Volksbefreiungsarmee" sahen sich aufgrund ihrer militärischen Erfolge als gleichberechtigte Verbündete der Alliierten an, im Gegensatz zu allen anderen osteuropäischen Staaten sollte es in Jugoslawien kein sowjetisches Besatzungsregime geben. Dieser Sonderstatus der jugoslawischen Kommunisten war die Voraussetzung für den politischen Bruch zwischen Tito und Stalin, der 1948 erfolgen sollte.

In Jugoslawien waren im Herbst 1944 aus der Vojvodina und aus Slawonien etwa 15.000 Donauschwaben vor der anrückenden Roten Armee nach Deutschland geflohen. Die große Mehrheit der Volksdeutschen, etwa 160.000 Menschen, mußte zurückbleiben und wurde Ende 1944 vom AVNOJ enteignet und bis zum Frühjahr 1945 zu etwa 90 Prozent in Lagern interniert. Bei Massenerschießungen starben etwa 7.000 Donauschwaben, weitere Zehntausende kamen aufgrund der schlechten Lebensbedingungen und Mißhandlungen in den Lagern um.[1095]

Die Verluste der deutschen und italienischen Truppen beliefen sich bis Ende September 1944 auf 31.000 bis 32.000 Gefallene und Vermißte, je zur Hälfte deutsche und italienische Verluste.[1096] Die Verluste der Bevölkerung in Jugoslawien insgesamt wurden von den Bevölkerungswissenschaftlern B. Kočović und V. Žerjavić auf 1.014.000 bzw. 1.027.000 Menschen aller in Jugoslawien lebenden Nationalitäten berechnet.[1097] Die überwiegende Mehrheit dieser Menschen dürften dem innerjugoslawischen Bürgerkrieg zum Opfer gefallen sein.

## Besatzung und Bürgerkrieg in Griechenland

Ähnlich wie Jugoslawien war auch Griechenland im April 1941 in eine italienische, eine deutsche und in eine bulgarische Besatzungszone aufgeteilt worden. Und wie im Falle Jugoslawiens kamen die Spannungen, die schon in der Vorkriegszeit zwischen den verschiedenen griechischen Bevölkerungsgruppen geherrscht hatten, in bürgerkriegsähnlichen Auseinandersetzungen zum Ausbruch. Es bildeten sich zwei große Widerstandsbewegungen gegen die Besatzung durch die Achsenmächte, die nicht nur die Be-

[1095] Michael Portmann/Arnold Suppan. Serbien und Montenegro im Zweiten Weltkrieg (1941–1944/45). In: Österreichisches Ost- und Südosteuropa-Institut (Hrsg.). Serbien und Montenegro: Raum und Bevölkerung, Geschichte, Sprache und Literatur, Kultur, Politik, Gesellschaft, Wirtschaft, Recht. Münster 2006, S. 274 f.; Mathias Beer. Flucht und Vertreibung der Deutschen: Voraussetzungen, Verlauf, Folgen. München, 2011, S. 91.

[1096] Klaus Schmider. Der jugoslawische Kriegsschauplatz, in: Karl-Heinz Frieser/Klaus Schmider/Klaus Schönherr/Gerhard Schreiber/Krisztian Ungvary/Bernd Wegner: Das Deutsche Reich und der Zweite Weltkrieg. Band 8: Die Ostfront 1943/44. Der Krieg im Osten und an den Nebenfronten, München 2007, S. 1011.

[1097] Igor Graovac. Menschenverluste durch Kriegseinwirkung, in: Dunja Melčić (Hrsg.): Der Jugoslawien-Krieg. Handbuch zu Vorgeschichte, Verlauf und Konsequenzen, Wiesbaden 2007, S. 185–191.

satzungstruppen, sondern sich auch gegenseitig bekämpften. Es waren dies die kommunistische ELAS (Akronym für Griechische Volksbefreiungsarmee) und die teils republikanische, teils monarchistische EDES (Nationaler Demokratischer Griechischer Bund). Ihnen standen die durch die Kollaborations-Regierung in Athen aufgestellten Sicherheitsbataillone sowie die rechtsgerichtete „Organisation X" gegenüber. Bis 1944 konnte die ELAS gegenüber den übrigen Gruppierungen die Oberhand gewinnen und in Teile des Landes mit Schwerpunkt im Norden (Makedonien) und in der Zentralregion einsickern. Nach dem Abzug der deutschen Truppen Ende Oktober 1944 übernahm die ELAS in einigen Gebieten wie zum Beispiel in Thessaloniki offen die Macht. Aus Athen hatte sich die Wehrmacht bereits am 12. Oktober 1944 zurückgezogen, die Stadt wurde unmittelbar darauf von Einheiten der ELAS kontrolliert, die aber bereits zwei Tage später von einrückenden britischen Truppen abgelöst wurden. Neuer Regierungschef wurde mit britischer Unterstützung Georgios Papandreou, bisher Ministerpräsident der griechischen Exilregierung mit Sitz in Ägypten. Entsprechend einer geheimen Vereinbarung zwischen Winston Churchill und Josef Stalin war Griechenland der britischen Einflußsphäre auf dem Balkan zugeschlagen worden. Die Regierung Papandreou stützte sich auf die Anwesenheit der britischen Armee sowie die dringend erforderliche Wirtschaftshilfe aus London. Papandreou konnte aber nicht verhindern, daß sich die Gegensätze zwischen der kommunistischen ELAS und den rechtsgerichteten Kräften in Regierung, EDES und Militär zunehmend verschärften und schließlich am 3. Dezember 1944 zur „Dekemvriana" (Schlacht um Athen) eskalierten. Nach mehrtägigen Kämpfen mit der ELAS konnten britische und monarchistische Truppen die Oberhand erringen und die kommunistischen Kräfte aus Athen und Umgebung vertreiben.

Die deutsche Heeresgruppe E drohte durch den Vorstoß der Roten Armee auf dem Balkan von ihren rückwärtigen Verbindungen abgeschnitten zu werden und zog sich im Herbst und Winter 1944/45 aus Griechenland, Albanien und dem Süden Jugoslawiens in Richtung Alpen zurück.

Die Kämpfe in Jugoslawien dauerten noch bis zur Kapitulation der Wehrmacht am 8. Mai 1945 an, wobei aber nun wieder der innerjugoslawische Bürgerkrieg in den Vordergrund trat. In den letzten Kriegsmonaten standen nur noch wenige kampffähige deutsche Verbände im Land, aber die Angehörigen der slowenischen und kroatischen Heimwehr sowie der Ustascha wehrten sich bis zuletzt. Wenn es ihnen nicht gelang, rechtzeitig die Seiten zu wechseln, bieb ihnen angesichts der zu erwartenden blutigen Rache der kommunistischen Partisanen auch kaum eine andere Wahl. General Milan Nedić und Oberst Draža Mihajlović wurden von Titos Leuten gefangengenommen und nach einem Schauprozeß in Belgrad hingerichtet, der „Poglavnik" Ante Pavelić konnte nach Argentinien entkommen, wo er eine kroatische Exilregierung bildete.

In Griechenland brach im März 1946 zwischen der ELAS und den Regierungstruppen ein Bürgerkrieg aus, der sich bis zum Oktober 1949 hinziehen sollte. Dieser Konflikt wird häufig als die zweite Phase des griechischen Bürgerkrieges bezeichnet, die erste Phase hatte nach dieser Interpretation in den Jahren 1941 bis 1944 stattgefunden. Die Angaben über die Opfer des Zweiten Weltkrieges und des Bürgerkrieges in Griechenland gehen weit auseinander, was angesichts unvollständiger und teilweise widersprüchlicher Statistiken kein Wunder ist. Insgesamt dürften zwischen 1940 und 1949 in Griechenland bei einer Gesamtbevölkerung von weniger als sieben Millionen etwa 600.000 Menschen ums Leben gekommen sein,[1098] der größte Teil davon in den Auseinandersetzungen seit 1945. Die wirtschaftliche Lage in Griechenland war sogar für die Verhältnisse des vom Krieg schwer gezeichneten Europa außergewöhnlich schlecht.

---

[1098] André Gerolymatos. Red Acropolis – Black Terror: The Greek Civil War and the Origins of Soviet-American Rivalry 1943–1949. Arizóna 2004, S. 231.

# Das deutsche „Rüstungswunder" 1944

## Ergebnisse der Ära Speer

Mit der Rohstoffversorgung hatte die deutsche Wirtschaft bis Mitte 1944 keine größeren Schwierigkeiten.[1099] Die Rohstofferzeugung stieg bis 1944 allerdings nicht entfernt so an wie die Rüstungsproduktion (diese sollte sich bis dahin insgesamt verdreifachen):[1100]

| Index der Grundstoffproduktion (1941 = 100) | |
|---|---|
| 1940 | 86 |
| 1941 | 100 |
| 1942 | 100 |
| 1943 | 106 |
| 1944 März | 113 |
| 1944 Juli | 101 |

Der Ausbau der Kapazitäten zur Erzeugung von Grundstoffen konzentrierte sich vor allem auf die vier Bereiche Mineralölsynthese (Kohlebenzin), synthetisches Gummi (Buna), elektrischer Strom und Elektrostahl.[1101] Die Mineralöl- bzw. Kraftstofferzeugung war von herausragender Bedeutung für die gesamte Kriegsführung. Die deutschen Planungen für die künftige Treibstoffversorgung waren seit den ersten Überlegungen für einen Feldzug gegen die Sowjetunion immer davon ausgegangen, daß es gelingen würde, die Ölfelder von Grosny und Baku im Kaukasus unter deutsche Herrschaft zu bringen. Erst nach der Katastrophe von Stalingrad und dem endgültigen Rückzug aus dem Kaukasusgebiet nahm man von diesen Plänen Abstand und konzentrierte sich auf die Kapazitätsausweitung in der Mineralölhydrierung.

| Produktion an Kraftstoffen aus Synthese und Hydrierung[1102] Großdeutschland; in 1.000 t | | | |
|---|---|---|---|
| Jahr | Synthese | Hydrierung | Zusammen |
| 1940 | 406 | 1.503 | 1.909 |
| 1941 | 408 | 2.108 | 2.516 |
| 1942 | 384 | 2.737 | 3.121 |
| 1943 | 425 | 3.409 | 3.834 |
| 1944 | --- | --- | 4.300 |
| (1. Vierteljahr 1944 aufs Jahr berechnet) | | | |

---

[1099] Wagenführ, Industrie, S. 52.
[1100] Ebenda, S. 53.
[1101] Dr. Todt an Herrn Gauleiter und Reichsstatthalter Baldur v. Schirach, M 892/41 v. 30.5.1941; Sammlung Ilsebill Todt, Ordner 1941.
[1102] Wagenführ, Industrie, S. 57.

Die Investitionen in diesem Bereich waren enorm. Nach damaligen Schätzungen koste-ten die zwölf geplanten Synthese- und Hydrierwerke mit einer Jahreskapazität von 3,3 Millionen Tonnen etwa 4,6 Milliarden RM, es mußten rund 2,4 Millionen Tonnen Baustahl und 7,6 Millionen Arbeitstage aufgebracht werden.[1103]

Der Steigerung der Buna-Produktion kam eine ähnliche Bedeutung zu.[1104] Die Investi-tionen für den Ausbau der Bunakapazitäten waren allerdings erheblich geringer als für die Synthese- und Hydrierwerke; hier wurde die Produktion von 69.000 Tonnen im Jahr 1941 auf 117.000 Tonnen 1943 und 142.000 Tonnen (1. Vierteljahr 1944, aufs Jahr um-gerechnet) gesteigert.[1105]

Ein weiterer Schwerpunkt der Investitionstätigkeit war die Stromerzeugung. Durch den Neubau von Kraftwerken wuchsen die Stromerzeugungskapazitäten zwischen An-fang 1940 und Anfang 1944 um rund 35 Prozent.[1106]

Der zweite wichtige Zweig der Investitionstätigkeit war die Herstellung von Maschi-nen, insbesondere Werkzeugmaschinen, und Industrieausrüstungen. Im Rahmen der von Todt eingeleiteten Rationalisierungsmaßnahmen in der Produktion wurde die Fer-tigung moderner Werkzeugmaschinen besonders gefördert.[1107]

**Bestand an Werkzeugmaschinen in Deutschland[1108]**
**je 1.000 Stück**

| | |
|---|---|
| 1935 | 1.245 |
| 1938 | 1.707 |
| 1941 | 1.694 |
| 1943 | 2.100 |

Der Wert der Investitionen in Form von Maschinen und Ausrüstungen betrug 1941 4,1 Milliarden RM, stieg 1942 auf 4,2 Milliarden RM und sank 1943 auf noch 3,7 Milliar-den RM.[1109]

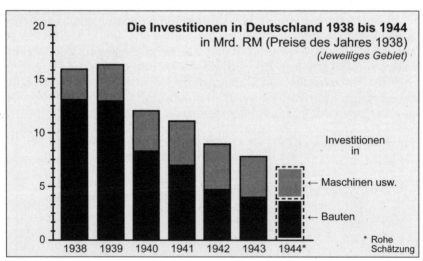

Die Investitionen in Deutschland 1938 bis 1944 in Mrd. RM (Preise des Jahres 1938) (Jeweiliges Gebiet) — Investitionen in — Maschinen usw. — Bauten — * Rohe Schätzung

1103 Ebenda.
1104 Thomas, Geschichte, S. 383 f.
1105 Wagenführ, Industrie, S. 57.
1106 Ebenda, S. 58.
1107 Ebenda.
1108 Ebenda, S. 59.
1109 Ebenda.

Alles in allem haben die Investitionen bis 1943/44 ausgereicht, um ernsthafte Engpässe in der Fertigung zu vermeiden.

### Indexziffer der deutschen Rüstungsendfertigung[1110]
#### Mengen; Januar/Februar 1941 = 100

| Monat | 1942 | 1943 | 1944 |
|---|---|---|---|
| Januar | 103 | 182 | 241 |
| Februar | 97 | 207 | 231 |
| März | 129 | 216 | 270 |
| April | 133 | 215 | 274 |
| Mai | 135 | 232 | 285 |
| Juni | 144 | 226 | 297 |
| Juli | 153 | 229 | 322 |
| August | 153 | 224 | Maximum |
| September | 155 | 234 | |
| Oktober | 154 | 242 | |
| November | 165 | 231 | |
| Dezember | 181 | 222 | |
| **Durchschnitt** | **142** | **222** | |

Allein die deutsche Jahresproduktion von 1944 hätte ausgereicht, um 225 Infanteriedivisionen und 45 Panzerdivisionen materiell vollständig neu aufzustellen.

### Volumen der Rüstungsendfertigung in wichtigen Gruppen[1111]
#### Monatsdurchschnitte; Januar/Februar 1942 = 100

| Monat | 1942 | 1943 | 1944, 1. Hj. |
|---|---|---|---|
| Panzer | 130 | 330 | 512 |
| Kraftfahrzeuge | 120 | 138 | 130 |
| Zugkraftwagen | 124 | 210 | 238 |
| Flugzeuge | 133 | 216 | 264 |
| Kriegsschiffe | 142 | 181 | 162 |
| Munition | 166 | 247 | 297 |
| Waffen | 137 | 234 | 323 |

Ab Jahresbeginn 1944 differenzierte sich die allgemeine Produktionssteigerung auf. Die Panzerindustrie erreichte den fünffachen Ausstoß wie Anfang 1942, während Waffen und Munition ihr Volumen verdreifachten. Die Herstellung von Flugzeugen und von Zugkraftwagen erhöhte sich gegenüber Anfang 1942 um das Zweieinhalbfache, aber selbst bei den zurückbleibenden Gruppen, der Marinerüstung und der Herstellung von Kraftfahrzeugen, war die Erzeugung bedeutend höher als vor der Neuorganisation der Rüstung im Winter 1941/42.[1112]

---

[1110] Ebenda, S. 66.
[1111] Ebenda.
[1112] Ebenda, S. 68.

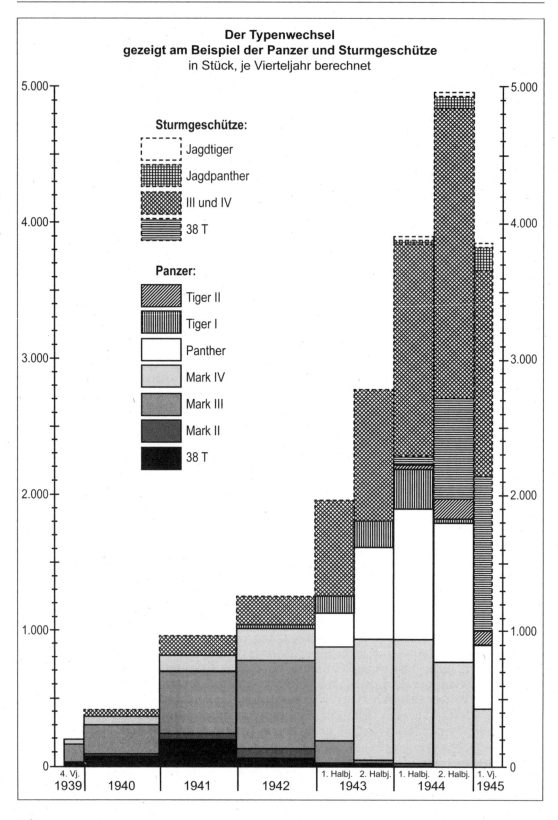

**Der Typenwechsel**
**gezeigt am Beispiel der Panzer und Sturmgeschütze**
in Stück, je Vierteljahr berechnet

Sturmgeschütze:
- Jagdtiger
- Jagdpanther
- III und IV
- 38 T

Panzer:
- Tiger II
- Tiger I
- Panther
- Mark IV
- Mark III
- Mark II
- 38 T

5.000 — 4.000 — 3.000 — 2.000 — 1.000 — 0

| 4. Vj. | | | | 1. Halbj. | 2. Halbj. | 1. Halbj. | 2. Halbj. | 1. Vj. |
| 1939 | 1940 | 1941 | 1942 | 1943 | | 1944 | | 1945 |

Der Flugzeugbau bildete die größte, in sich geschlossene Sparte der gesamten deutschen Rüstungsindustrie, in diesem Sektor arbeiteten ungefähr zwei Millionen Menschen. Während des Krieges wurde in Deutschland – wie in den USA und Großbritannien – die Flugzeugindustrie zum größten und kostenintensivsten Industriezweig überhaupt.[1113]

Das weitverbreitete Verfahren, die Flugzeugproduktion an der Stückzahl der gebauten Maschinen zu messen, ist in gewisser Weise irreführend. Ein Jagdflugzeug hat in der Produktion einen Aufwand von Arbeitsstunden, der nur etwa ein Sechstel bis ein Achtel des Aufwandes für einen viermotorigen schweren Bomber ausmacht. Schulflugzeuge sind noch deutlich billiger herzustellen. Um zu brauchbaren statistischen Größen zu kommen, ist es daher sinnvoller, das Rüstgewicht, das heißt das Gewicht des kompletten Flugzeugs ohne Zuladung, zugrunde zu legen.[1114]

| Flugzeugproduktion Deutschlands 1942 bis 1944[1115] in 1.000 Tonnen Rüstgewicht | | | | |
|---|---|---|---|---|
| **Monat** | **1941** | **1942** | **1943** | **1944** |
| Januar | 2,7 | 5,7 | 8,7 | 11,7 |
| Februar | 4,1 | 4,5 | 11,5 | 9,4 |
| März | 5,5 | 7,6 | 10,4 | 13,3 |
| April | 5,0 | 6,9 | 10,9 | 14,4 |
| Mai | 4,3 | 6,7 | 11,1 | 14,9 |
| Juni | 4,4 | 6,6 | 11,3 | 16,2 |
| Juli | 5,6 | 7,3 | 11,9 | 18,5 |
| August | 5,7 | 7,1 | 11,5 | Maximum |
| September | 5,2 | 7,2 | 11,2 | |
| Oktober | 4,8 | 6,7 | 12,0 | |
| November | 4,2 | 6,8 | 10,9 | |
| Dezember | 4,7 | 7,8 | 9,4 | |
| **Zusammen** | **56,2** | **80,9** | **130,8** | |

Die gesamte Rüstungsendfertigung konnte im Ergebnis durch Einführung moderner Massenproduktionsverfahren innerhalb von zweieinhalb Jahren verdreifacht werden. Bei den Rüstungsschwerpunkten Panzer, Waffen und Jagdflugzeuge konnten sogar noch wesentlich größere Steigerungsraten erzielt werden. Diese Erfolge waren auf die durchgreifenden Rationalisierungsmaßnahmen zurückzuführen. Von Dezember 1941 bis Juni 1944 nahm die Zahl der in der Rüstung Arbeitenden um 28 Prozent zu, die Rüstungsendfertigung aber um 230 Prozent. Gleichzeitig gelang es, erhebliche Mengen an Material einzusparen: 1943/44 wurden der Rüstung etwa 50 Prozent mehr Stahl zugeteilt als 1939/40, die Rüstungsendfertigung stieg aber in diesem Zeitraum um nahezu das Zweieinhalbfache. Gleichzeitig hatte die Grundstoffindustrie durch den systematischen Ausbau ihrer Kapazitäten – einschließlich Buna, Textilrohstoffen und Treibstoffen – bis Mitte 1944 einen Stand erreicht, der Deutschland theoretisch in die Lage versetzt hätte, den Krieg noch längere Zeit unabhängig von ausländischen Zufuhren durchzuhalten.[1116]

---

[1113] Ebenda, S. 73.
[1114] Ebenda, S. 75 f.
[1115] Ebenda, S. 76.
[1116] Ebenda, S. 79 ff.

## Rüstungsproduktion der Alliierten und der Achsenmächte im Vergleich

So eindrucksvoll diese Zahlen auch waren, so sah sich Deutschland mit der Tatsache der massiven materiellen Überlegenheit der Alliierten konfrontiert. Bei den wichtigsten Waffensystemen erreichte die deutsche Rüstungsproduktion im Jahre 1944 etwa die gleichen Zahlen wie die sowjetrussische: 28.878 deutsche Panzerfahrzeuge aller Art[1117] gegenüber 28.159 sowjetischen,[1118] 40.593 deutsche Flugzeuge[1119] gegen 40.241 sowjetische.[1120] Dabei ist zu berücksichtigen, daß die deutschen Waffensysteme (wie zum Beispiel der Panzerkampfwagen „Panther") den sowjetischen qualitativ oft deutlich überlegen waren.

Der entscheidende Faktor waren jedoch die Amerikaner: Diese produzierten 1944 zwar „nur" 20.357 Panzerfahrzeuge aller Art (1943 waren es 37.198 Panzerfahrzeuge gewesen, die Depots waren voll),[1121] dafür aber 95.272 Flugzeuge.[1122] Und die amerikanischen Flugzeuge waren den deutschen qualitativ mindestens gleichwertig, wenn nicht, wie zum Beispiel der Jäger P-51 „Mustang", deutlich überlegen.[1123]

Großbritannien produzierte 1944 26.461 Flugzeuge[1124], die Panzerproduktion betrug 4.600 Exemplare.[1125]

Die japanische Flugzeugindustrie fertigte 1944 28.180 Stück,[1126] die Panzerproduktion war zahlenmäßig mit wenigen hundert Exemplaren unbedeutend, die Fahrzeuge waren im Vergleich zu westlichen oder sowjetischen Modellen veraltet.

Das Jahr 1944 markiert den Höhepunkt der deutschen Rüstungsproduktion. Stellt man die Rüstungsproduktion der Achsenmächte der der Alliierten für die Dauer des ganzen Zweiten Weltkriegs gegenüber, dann sind die Verhältnisse noch deutlich ungünstiger.

Die deutsche Panzerproduktion 1939–45 betrug 49.777 Panzer und Sturmgeschütze.[1127] Die Panzerproduktion Japans und Italiens ist vernachlässigbar, es handelte sich nur um wenige tausend Kampffahrzeuge, die spätestens ab 1943 völlig veraltet waren.

Die Panzerproduktion der Sowjetunion umfaßte 106.025,[1128] die der USA 102.253[1129] und die Großbritanniens 32.885[1130] leichte, mittlere und schwere Kampffahrzeuge, was ein Verhältnis von annähernd 1 zu 5 ergibt.

Ein besonders wichtiges Waffensystem waren Jagdflugzeuge, hier gestaltete sich die Produktionsleistung zwischen Achsenmächten und Alliierten zwischen 1939 und 1945 wie folgt: In Deutschland wurden 53.215 ein- und zweimotorige Jagdflugzeuge (einschließlich Nachtjäger, Zerstörer und Strahljäger) sowie 6.634 Jagdbomber (Focke-Wulf Fw 190 F-Serie), zusammen also 59.759 Stück, hergestellt.[1131]

---

[1117] Werner Oswald. Panzer und Radfahrzeuge von Reichswehr und Wehrmacht, Stuttgart 2017, S. 433.

[1118] http://en.wikipedia.org/wiki/Soviet_combat_vehicle_Produktion_during_World_War_II

[1119] Ploetz, Geschichte, Bd. II, S. 127.

[1120] http://en.wikipedia.org/wiki/Soviet_Air_Forces

[1121] http://en.wikipedia.org/wiki/American_armored_fighting_vehicle_production_during_World_War_II

[1122] AFD-090608-42.pdf, Table 74

[1123] Dies war allerdings von den Bauausführungen abhängig; die Me 109 K-4 und die Fw 190 D-9, die Ende 1944 erschienen, waren der P-51 „Mustang" wieder gleichwertig, wenn nicht sogar besser.

[1124] https://en.wikipedia.org/wiki/World_War_II_aircraft_production

[1125] ww2-weapons.com/History/Production/UK/

[1126] https://en.wikipedia.org/wiki/World_War_II_aircraft_production

[1127] https://en.wikipedia.org/German_armored_fighting_vehicle_production_during_world_war_II

[1128] https://en.wikipedia.org/Soviet_combat_vehicle_production_during_world_war_II

[1129] https://en.wikipedia.org/American_armored_fighting_vehicle_production_during_world_war_II

[1130] https://en.wikipedia.org/British_armored_fighting_vehicle_production_during_world_war_II

[1131] https://en.wikipedia.org/wiki/German_aircraft_production_during_World_War_II

In Japan betrug die Zahl 36.571,[1132] in Italien 4.510[1133].

In Großbritannien wurden 48.581 Jagdflugzeuge[1134] produziert, in den USA 100.554[1135] und in der Sowjetunion mindestens 59.000.[1136]

Damit betrug die Produktionsleistung der Achsenmächte 100.840 Jagdflugzeuge und Jagdbomber gegenüber 208.135 der Alliierten, also etwa 1 zu 2. Dabei ist aber zu berücksichtigen, daß die deutschen Jagdflugzeuge zur Abwehr der anglo-amerikanischen Bomber konzipiert waren und nicht zur Bekämpfung gegnerischer Jagdflugzeuge, womit sich das Zahlenverhältnis wieder relativiert.

Ein besonderes Kapitel stellen die viermotorigen Bomber für den strategischen Luftkrieg dar. Die amerikanische Luftfahrtindustrie baute insgesamt 31.890 viermotorige Bomber (B-17 „Flying Fortress" und B-24 „Liberator"),[1137] die britischen Flugzeughersteller 14.343 (Short „Stirling", Handley Page „Halifax", Avro „Lancaster"), zusammen also 46.233. Dagegen waren es in Deutschland gerade 1.146 vom Typ Heinkel He 177 „Greif",[1138] und diese deutschen Viermotorigen funktionierten aufgrund ihrer anspruchsvollen Technik und der damit verbundenen Probleme erst ab dem Frühjahr 1944 einigermaßen zuverlässig. 1944 verfügte Deutschland aber nicht mehr über die Treibstoffreserven, die notwendig waren, um eine Flotte schwerer viermotoriger Bomber ständig im Einsatz zu halten. Das Verhältnis betrug hier also 1 zu 40.

Ein Flugzeug wie den überschweren viermotorigen Bomber B-29 „Superfortress" (3.764 Exemplare,[1139] die nur im Pazifik eingesetzt wurden) konnte die deutsche Luftfahrtindustrie überhaupt nicht anbieten. Sie konnte zwar annähernd vergleichbare Prototypen wie die Messerschmidt Me 264 und die Heinkel He 274 bauen, aber an eine Serienfertigung war nicht zu denken.

Die Amerikaner stellten außer den schweren und überschweren auch noch 62.756 leichte und mittlere Bomber her,[1140] Großbritannien 20.033.[1141] In Deutschland verließen gerade einmal 17.353 Flugzeuge dieser Kategorie die Werkshallen.[1142] Dies ergibt allein für Deutschland, die USA und Großbritannien ein Verhältnis von 1 zu 4,7.

Im Bereich der Marinerüstung baute Deutschland zwar mit 1.220 Stück erheblich mehr U-Boote als Amerikaner und Briten zusammen, war aber bei den Überwasserschiffen hoffnungslos unterlegen, ja eigentlich – außerhalb der Ostsee und dem Nordmeer – nicht vorhanden. Von den schnellen dieselelektrischen Unterseebooten kamen sechs Exemplare von dem kleinen Typ XXIII noch zum Einsatz, nicht aber die großen Elektroboote vom Typ XXI. Letztere hätten dem U-Boot-Krieg durch ihre technologischen Neuerungen tatsächlich eine Wende geben können.

Nach dem Krieg erklärte der amerikanische Industrielle William S. Knudsen, Manager bei Ford und General Motors, der an führender Stelle für die Organisation der amerikanischen Rüstungsproduktion verantwortlich war: „Wir haben gewonnen, weil wir den

---

[1132] https://en.wikipedia.org/wiki/List_of_aircraft_of_Japan_during_World_War_II

[1133] ww2-weapons.com/History/Production/Axis-Minors/

[1134] www.wwwiiequipment.com/index.php?option=com_content&view=article&id=116;british-production-of-aircraft-year-by-year-during-the second-world-war&catid=48;production-statistics&Itemid=6

[1135] AFD-090608-42.pdf, Table 74

[1136] Diese Abrundung erfolgt, weil nicht festzustellen ist, wie viele von den insgesamt produzierten Jägern Jakowlew Jak-3 (dem letzten wichtigen Baumuster der Jak-Reihe) erst nach dem Krieg hergestellt worden sind. Die vor Beginn des deutschen Angriffs auf die Sowjetunion produzierten veralteten Muster Polikarpow I-15, I-153 und I-16 sind hier nicht mitgezählt.

[1137] AFD-090608-42.pdf, Table 74

[1138] https://en.wikipedia.org/wiki/German_aircraft_production_during_World_War_II_

[1139] AFD-090608-42.pdf, Table 74

[1140] AFD-090608-42.pdf, Table 74

[1141] www.wwwiiequipment.com/index.php?option=com_content&view=article&id=116;british-production-of-aircraft-year-by-year-during-the second-world-war&catid=48;production-statistics&Itemid=6

[1142] https://en.wikipedia.org/wiki/German_aircraft_production_during_World_War_II

Gegner mit einer Lawine von Produktion erdrückt haben, etwas, was er nie gesehen noch je für möglich gehalten hat."[1143] Das amerikanische Bruttosozialprodukt wuchs inflationsbereinigt von 88,6 Milliarden Dollar 1939 auf 135 Milliarden 1944. Der Anteil der Rüstungsproduktion am Bruttosozialprodukt stieg von zwei Prozent 1939 auf 40 Prozent 1943.[1144]

---

[1143] Arthur Herman. Freedom's Forge: How American Business Produced Victory in World War II. New York 2012, S. 335–337
[1144] Alan S. Milward. War, Economy, and Society 1939–1945. Berkeley 1979, S. 63.

# Der strategische Luftkrieg gegen Deutschland

## Das Bomber Command der Royal Air Force

Der strategische Luftkrieg unterscheidet sich grundlegend von der direkten Luftunterstützung von Bodentruppen durch den taktischen Einsatz von Flugzeugen. Aufgrund der rasanten technischen Entwicklung der Luftfahrt seit 1914 gelangten in der Zwischenkriegszeit viele militärische Theoretiker zu der Überzeugung, daß ein zukünftiger Krieg durch Angriffe auf die industrielle und politische Infrastruktur im Hinterland des Gegners entschieden werden könne.[1145] Der strategische Luftkrieg umfaßte aber auch Terrorangriffe auf zivile Wohngebiete mit dem Ziel, die Moral der gegnerischen Zivilbevölkerung zu brechen.

Die völkerrechtlichen Regelungen waren zu Beginn des Zweiten Weltkrieges unklar, Luftangriffe auf Städte waren zumindest nicht explizit verboten, allerdings widersprach Terror gegen Zivilisten den Intentionen der Väter der Haager Landkriegsordnung von 1907, des Grundlagenwerks des damaligen Kriegsvölkerrechts. Völkerrechtlich zulässig war die Bombardierung von Festungen bzw. belagerten Städten sowie von militärischen Zielen innerhalb von zivilen Wohngebieten, auch wenn dabei Verluste unter der Zivilbevölkerung zu erwarten waren.

Wirkliche Präzisionsangriffe waren nach dem damaligen Stand der Technik nur mit Sturzkampfflugzeugen möglich, bei den vorherrschenden Horizontalbombern mußte aufgrund der beträchtlichen Streuung beim Bombenabwurf immer mit einer großen Zahl von Fehlwürfen und damit auch zivilen Opfern gerechnet werden. Diese Probleme waren bereits während des Spanischen Bürgerkrieges und während des Chinesisch-Japanischen Krieges von 1937 aufgetreten.

Das Bomber Command der Royal Air Force hatte 1939/40 bei Tagangriffen auf Ziele in Deutschland wiederholt verheerende Verluste erlitten, so daß es sich genötigt sah, in die Nacht auszuweichen. War aber die Präzision der Bombenwürfe bei Tageslicht ohnehin schon schlecht genug, so war sie bei Nacht überhaupt nicht mehr gegeben, elektronische Leitverfahren steckten zu diesem Zeitpunkt noch in den Kinderschuhen. Aufgrund des damaligen Standes der Technik war in der Nacht etwas anderes als Flächenangriffe auf große Ziele wie ganze Städte schlichtweg nicht möglich.

Im Frühjahr 1942 fand innerhalb der Britischen Regierung eine intensive Debatte über den effektivsten Gebrauch der begrenzten Ressourcen des Britischen Empire statt. Die Frage war, ob die RAF, insbesondere das Bomber Command, weiterhin Priorität genießen oder ob die British Army und die Royal Navy einen höheren Anteil an der britischen Rüstungsproduktion zugeteilt bekommen sollten. Der führende wissenschaftliche Berater der Regierung, Frederick Lindemann, rechtfertigte die Flächenbombardements als das wirkungsvollste Mittel, die Moral der deutschen Arbeiterschaft zu brechen und damit die gegnerische Rüstungsproduktion zu treffen. Die britischen Rüstungsanstrengungen könnten, so Lindemann, nirgendwo sonst eine größere Wirkung entfalten.[1146]

---

[1145] Tami Davis Biddle. British and American Approaches to Strategic Bombing: Their Origins and Implementation in the World War II Combined Bomber Offensive, in: Journal of Strategic Studies (1995) 18,1 S. 91–144.

[1146] Alan J. Levine. The Strategic Bombing of Germany 1940–1945. Greenwood 1992, S. 39.

John Edward Singleton, Richter am Obersten Gerichtshof Großbritanniens, erhielt vom Kabinett den Auftrag, die widerstreitenden Gesichtspunkte zu bewerten; in seinem Bericht vom 20. Mai 1942 kam er zu folgenden Ergebnissen: Wenn Rußland in der Lage sei, den Kampf gegen Deutschland fortzusetzen, dann glaube er nicht, daß Deutschland intensiven Bombenangriffen, die seine Rüstungsproduktion und seinen Widerstandswillen zweifellos empfindlich treffen würden, länger als zwölf bis 18 Monate widerstehen könne.[1147] Aufgrund der Stellungnahme Singletons erhielt das Bomber Command auch weiterhin Priorität innerhalb der britischen Rüstungsproduktion, ein erheblicher Teil der Industriekapazitäten wurde für den Bau einer großen Flotte von viermotorigen schweren Bombern der Typen Short „Stirling", Handley Page „Halifax" und Avro „Lancaster" eingesetzt.

1942 legte Lindemann dem Kabinett ein Papier vor, in dem er die mutmaßliche Wirkung schwerer Luftangriffe mit Brandbomben auf deutsche Städte untersuchte. Nach seinen Vorstellungen sollten wichtige industrielle Zentren und hier vor allem Wohngebiete angegriffen und so viele Häuser wie möglich zerstört werden, um die deutsche Arbeiterschaft zu treffen und ihre Arbeitsleistungen herabzusetzen. Arbeitersiedlungen wären aufgrund ihrer dichteren Bebauung anfälliger für das Entstehen von Feuerstürmen als andere Stadtteile. Aufgrund seiner Berechnungen glaubte Lindemann, daß das Bomber Command in der Lage sei, die Mehrzahl der deutschen Wohnhäuser in den großen Städten relativ schnell zu zerstören. Der Lindemann-Plan war heftig umstritten, aber das Kabinett glaubte, daß Flächenbombardements die einzige Option seien, um Deutschland unmittelbar anzugreifen und die im Osten um ihre Existenz ringende Rote Armee zu entlasten. Im britischen Parlament gab es nur wenig Widerstand gegen diese Politik, er beschränkte sich auf Bischof George Bell und die Labour-Abgeordneten Richard Stokes und Alfred Salter.

Bereits am 14. Februar 1942 hatte das Bomber Command vom Kabinett eine Weisung zur Aufnahme von Flächenbombardements erhalten, in der die Städte Essen, Duisburg, Düsseldorf, Köln, Braunschweig, Lübeck, Rostock, Bremen, Kiel, Hannover, Frankfurt, Mannheim, Stuttgart und Schweinfurt als vorrangige Ziele aufgezählt wurden. In der Weisung hieß es ausdrücklich, daß „die Operationen auf die Moral der feindlichen Zivilbevölkerung, insbesondere der Industriearbeiterschaft", abzielen sollten. Um jeden Irrtum auszuschließen, schrieb Sir Charles Portal am 15. Februar an Air Chief Marshal Norman Bottomley, es stehe außer Frage, „daß die Ziele Wohngebiete sein werden und nicht beispielsweise Hafenanlagen oder Flugzeugfabriken".[1148]

In der Nacht vom 28. auf den 29. März 1942 griffen 234 britische Flugzeuge die alte Hansestadt Lübeck an. Lübeck besaß keine militärische Bedeutung, es war vielmehr deshalb ausgewählt worden, weil es „mehr wie ein Feueranzünder als wie eine Stadt gebaut" war. Tatsächlich brannten die alten Fachwerkhäuser sehr gut, und bei dem Angriff wurde der größte Teil der alten Innenstadt zerstört. Einige Tage später erlitt Rostock ein ähnliches Schicksal.

Am 30. Mai 1942 griffen in Operation „Millennium" 1.046 Bomber („Tausendbomberangriff") Köln an und verursachten verheerende Schäden. Etwa 3.300 Häuser wurden zerstört und weitere 10.000 beschädigt, 45.000 Menschen wurden obdachlos. Außerdem wurden 36 Fabriken zerstört und weitere 270 beschädigt. Dabei wurden zwar nur 384 Zivilisten und 85 Soldaten getötet, aber Tausende flohen aus der Stadt. Das Bomber Command verlor bei diesem Angriff nur 40 Flugzeuge, es folgten zwei weitere „Tausendbomberangriffe" gegen Essen und Bremen.

---

[1147] Norman Longmate. The Bombers: The RAF Offensive against Germany 1939–1945. Hutchinson 1983, S. 133.

[1148] Levine, Strategic Bombing of Germany, S. 36.

Die massiven Luftangriffe, deren Wirkung auf einer Kombination von „Blockbustern" (Wohnblockknacker: schwere Luftminen, die die Dächer abdecken und Fenster und Türen eindrücken sollten) und Brandbomben (um in den abgedeckten Häusern Brände auszulösen) beruhte, sollten in der Folgezeit in einigen der bombardierten Städte Feuerstürme erzeugen. Der erste große Feuersturm entstand im Juli 1943 durch Operation „Gomorrah" in Hamburg, wobei rund 35.000 Tote zu beklagen waren, 900.000 bis 1.000.000 Menschen flohen nach den Angriffen – wenn zum Teil auch nur vorübergehend – aus dem Stadtgebiet.[1149]

Der Feuersturm ist im Prinzip eine vergleichsweise einfache Erscheinung der angewandten Physik. Eine Gruppe brennender Häuser erhitzt die über ihnen befindliche Luft, diese steigt nach oben und wird von unten durch kalte Luft ersetzt. Diese entfacht die Flammen weiter, bis sie selber auch erhitzt ist und hochsteigt, worauf dieser Kreislauf sich erneuert und die Lohe immer weiter aufgeheizt wird. Die ungeheure Hitze erzeugt Windgeschwindigkeiten von bis zu 240 km/h – doppelt soviel wie ein Hurrikan – und Temperaturen von über 1.000 Grad Celsius. Im Hamburger Polizeibericht zu den Juli-Angriffen heißt es, „die aufgeheizte Luft [brauste] mit ungeheurer Kraft durch die Straßen und riß nicht nur Funken, sondern auch brennende Trümmer und Dachbalken mit sich. Auf diese Weise verbreitete sich das Feuer immer weiter und entwickelte sich zu einem noch nie dagewesenen Feuersturm, demgegenüber jeglicher menschlicher Widerstand zwecklos war."[1150]

Zur Entstehung des Hamburger Feuersturms hatte eine extreme Wetterlage, die aufgrund einer ungewöhnlichen Sommerhitze entstanden war, entscheidend beigetragen. Der „Erfolg" in Hamburg bestätigte in den Augen von Arthur Harris, Chef des Bomber Commands, die Richtigkeit seiner Strategie, und er forderte im Oktober 1943 von der Regierung eine öffentliche Erklärung des Inhalts, daß das Ziel der Bomberoffensive darin bestehe, die deutschen Städte zu zerstören, die deutschen Arbeiter zu töten und das zivile Leben in Deutschland zum Stillstand zu bringen.[1151] Durch ausgedehnte und intensive Bombenangriffe sollten Wohnhäuser, öffentliche Einrichtungen und Transportmöglichkeiten zerstört, ein Flüchtlingsproblem von noch nie dagewesenem Ausmaß geschaffen sowie ein Zusammenbruch der Moral sowohl in der Heimat wie an den Fronten herbeigeführt werden. Die Zerstörung von kriegswichtigen Industrieanlagen wurde von Harris nur als Nebeneffekt angesehen.

Harris wollte dem Krieg durch eine Serie von schweren Angriffen auf Berlin eine entscheidende Wendung geben und die deutsche Hauptstadt bis zum Frühjahr 1944 völlig zerstören. Sein Ziel war ein noch nie dagewesener Feuersturm mit 100.000 Todesopfern. Es sollte dem Bomber Command aber nicht gelingen, in Berlin einen Feuersturm zu entfachen, da die Stadt zu groß und die Straßen bzw. Brandschneisen zu breit waren, und außerdem spielte das Wetter zu keinem Zeitpunkt mit.

## Die US Army Air Force über Europa

Im Gegensatz zur RAF, die sich schon relativ früh auf Nachtangriffe auf Städte festgelegt hatte, plante die United States Army Air Forces (USAAF) die Zerschlagung der deutschen Rüstungsproduktion durch Präzisionsangriffe auf die militärisch-industrielle Infrastruktur, das heißt auf Ziele wie Häfen, Werften, Eisenbahnknotenpunkte, Fabriken, Stahlwerke, Kraftwerke und Flugplätze. Anders als die Briten hielten die amerikanische

---

[1149] Hans Brunswig. Feuersturm über Hamburg: Die Luftangriffe auf Hamburg im 2. Weltkrieg und ihre Folgen. Stuttgart 2003, S. 402 u. S. 295.

[1150] Zit. n. Alfred Price. Luftschlacht über Deutschland. Stuttgart 1983, S. 64 f.

[1151] Stephen Garrett. Ethics and Airpower in World War II. New York 1993, S. 32 f.

Regierung und die Kommandeure der USAAF nicht sehr viel von Flächenbombardements gegnerischer Städte, jedoch schlossen sie solche Angriffe auch nicht grundsätzlich aus.

Die viermotorigen schweren Bomber vom Typ Boeing B-17 hießen „Flying Fortress" („Fliegende Festung"), weil sie über eine Abwehrbewaffnung bestehend aus je zehn bis zwölf überschweren Maschinengewehren Browning M2 im Kaliber .50 (12,7 mm) und eine Panzerung lebenswichtiger Bereiche verfügten. Aufgrund dieser Ausrüstung konnten sie allerdings nur eine geringere Bombenlast tragen als vergleichbare britische Flugzeuge. Mit Hilfe des Norden-Bombenzielgeräts war die Boeing B-17 „Flying Fortress" ebenso wie die viermotorige Consolidated B-24 „Liberator" und die zweimotorigen Bomber vom Typ North American B-25 „Mitchell" und Martin B-26 „Marauder" in der Lage, bei Tageslicht Präzisionsangriffe zu fliegen. In Wirklichkeit konnte man allerdings nicht von „Präzisionsangriffen" sprechen, da die Mehrzahl der Bomben irgendwo in der Nähe eines definierten „Zielgebiets" niederging. Üblicherweise bezeichnete die USAAF als „Zielgebiet" einen Kreis mit einem Radius von 300 Meter um den eigentlichen Zielpunkt des Angriffs herum. Zwar verbesserte sich die Treffgenauigkeit im Verlauf des Krieges erheblich, aber Untersuchungen ergaben, daß höchstens 20 Prozent der bei „Präzisionsangriffen" abgeworfenen Bomben tatsächlich innerhalb des „Zielgebiets" niedergingen,[1152] in der Regel war der Prozentsatz sogar noch deutlich geringer und lag bei etwa sieben Prozent. Bei diesen Zahlen kann man davon ausgehen, daß die sieben Prozent Treffer allein dem Zufall geschuldet sind. Da dieses Faktum bekannt war, sollte die geringe Treffgenauigkeit durch eine entsprechende Vergrößerung der abgeworfenen Bombenmenge ausgeglichen werden, was unvermeidlich ausgedehnte Schäden im Umkreis des Zielgebiets verursachen mußte, dieses selbst aber häufig unversehrt ließ.

Viel wichtiger für die US-Luftstrategen als die Ausschaltung von militärischen Zielen war es, die Deutschen dazu zu zwingen, zur Verteidigung ihrer Städte und ihrer Industriegebiete erhebliche Ressourcen aufzuwenden, die ihnen an anderer Stelle fehlten. Gleichzeitig setzten sie ihre eigenen Flugzeugbesatzungen Gefahren aus, die in keinem vertretbaren Verhältnis zum erwartbaren Erfolg standen.

Mitte 1942 trafen die ersten Verbände der 8. Luftflotte der USAAF in Großbritannien ein und flogen Angriffe auf Ziele in Nordfrankreich. Im Januar 1943 wurde auf der Konferenz von Casablanca unter der Bezeichnung Operation „Pointblank" eine gemeinsame Offensive der RAF und der USAAF beschlossen, deren Leitung dem britischen Luftwaffenstabschef Sir Charles Portal übertragen wurde. Die 8. US-Luftflotte sollte am Tag vor allem Industrieziele und Verkehrsanlagen angreifen, während Flächenbombardierungen von Wohngebieten bei Nacht Aufgabe der RAF waren. In der Weisung für das britische und amerikanische Bomberkommando hieß es unter anderem: „Sie haben sich vor allem zum Ziel zu setzen, die deutsche Wirtschaft, Industrie und Wehrmacht nach und nach aus den Angeln zu heben und zu zerstören sowie die Moral des deutschen Volkes soweit zu brechen, daß seine Fähigkeit zum bewaffneten Widerstand entscheidend geschwächt wird. Innerhalb dieses Generalkonzepts haben vorerst nachstehende Objekte Priorität wie folgt:
a) deutsche U-Boot-Werften
b) die deutsche Flugzeugindustrie
c) das Transportsystem
d) Hydrierwerke
e) andere Objekte der deutschen Kriegsindustrie."[1153]

---

[1152] United States Strategic Bombing Survey, established by the Secretary of War on 3 November 1944, pursuant to a directive from the late President Roosevelt, 30 September 1945. Summary Report (European War), 30. September 1945.

[1153] Zit. n. Brunswig, S. 156 f.

Zu Beginn der gemeinsamen Bomberoffensive, am 4. März 1943, verfügte die RAF über 669 und die USAAF über 303 schwere Bomber. Bereits im Januar 1943 hatte die 8. US-Luftflotte von England aus erste Angriffe auf Ziele im deutschen Reichsgebiet, auf Industrieanlagen in den an der Nordseeküste gelegenen Städten Wilhelmshaven und Bremen, geflogen. Die zu diesem Zeitpunkt verfügbaren amerikanischen Jagdflugzeuge vom Typ Republic P-47 „Thunderbolt" besaßen eine beschränkte Reichweite, mit der sie den Bomberformationen nur bis etwa auf die Höhe von Aachen, also der nordwestlichen Reichsgrenze, Begleitschutz geben konnten. Die zweimotorige Lockheed P-38 „Lightning" besaß zwar eine ausreichende Reichweite, war aber aufgrund ihrer Größe nur bedingt als Begleitjäger geeignet. Über dem Reichsgebiet selbst waren die amerikanischen Bomber daher auf ihre eigene Abwehrbewaffnung angewiesen, was zur Folge hatte, daß die mit einmotorigen Jagdflugzeugen vom Typ Messerschmit Me 109 G und Focke Wulf Fw 190 A sowie zweimotorigen Zerstörern Me 110 und Me 410 ausgerüsteten Jagdverbände der Luftwaffe den amerikanischen Bomberformationen schwere Verluste beibringen konnten.

Zu einer der größten Luftschlachten des Sommers 1943 entwickelte sich Operation „Double Strike", der erste große Angriff der 8. US-Luftflotte gegen die Messerschmitt-Werke in Regensburg und die Kugellagerfabriken in Schweinfurt am 17. August 1943. Aufgrund der Tatsache, daß die Amerikaner in mittlerer Höhe (6.000 Meter) anflogen und über keinen Begleitschutz verfügten, waren die Bedingungen für die deutsche Jagdwaffe sehr günstig. Vor allem die Focke Wulf Fw 190 A-8 erwies sich als ein für die Abwehr schwerer Bomber gut geeignetes Flugzeug, da sie die Geschwindigkeit und Wendigkeit eines einmotorigen Jägers mit einer schweren Kanonenbewaffnung – vier 20 mm oder zwei 20 mm und zwei 30 mm Maschinenkanonen – und hoher Beschußfestigkeit verband. Der deutschen Reichsverteidigung gelang es an diesem 17. August, 60 der 376 gegen Regensburg und Schweinfurt eingesetzten amerikanischen Bomber abzuschießen und weitere 95 so schwer zu beschädigen, daß sie großenteils als Totalschaden abgeschrieben werden mußten. Die deutsche Luftwaffe verlor nur 25 Jagdflugzeuge. Ein zweiter Angriff auf Schweinfurt am 17. Oktober führte zum Verlust von 60 der 291 angreifenden B-17, das waren mehr als 20 Prozent des Verbandes.[1154] Die 8. US-Luftflotte sah sich daraufhin genötigt, ihre Angriffe auf Ziele im Reichsgebiet für fünf Monate einzustellen. Die deutsche Kugellagerproduktion wurde durch diese Luftangriffe nicht nachhaltig beeinträchtigt, da die Schäden in den Werken in wenigen Wochen repariert waren. Da aber weitere Angriffe zu erwarten waren, ließ Rüstungsminister Albert Speer die Kugellagerproduktion dezentralisieren, das heißt auf viele kleine, zum Teil unter der Erde gelegene Werke verteilen.

Zwar konnte die amerikanische Luftfahrtindustrie die verlorengegangenen Flugzeuge problemlos ersetzen, der Ersatz der gefallenen oder in Gefangenschaft geratenen Besatzungen war jedoch keineswegs so einfach, da die Ausbildungskapazitäten der Flugschulen in den USA begrenzt waren. Die Führung der USAAF mußte erkennen, daß strategische Luftangriffe gegen einen technologisch hochentwickelten Gegner wie Deutschland ohne Luftüberlegenheit auf die Dauer untragbare Verluste forderten.

Mitte Dezember 1943 trafen die ersten Langstreckenjäger vom Typ North American P-51 „Mustang" in Großbritannien ein, deren Reichweite mit Abwurftanks genügte, um von Südengland bis nach Berlin und zurück zu fliegen. Durch diesen neuen Flugzeugtyp und durch das laufende Eintreffen von Verstärkungen sollte sich die Situation der 8. US-Luftflotte im Frühjahr 1944 entscheidend verbessern.

Die P-51 „Mustang" wurde nun in immer größerer Zahl als Begleitjäger eingesetzt und verdrängte schließlich die Republic P-47 „Thunderbolt" fast völlig aus dieser Rolle.

---

[1154] Price, Luftschlacht über Deutschland, S. 91 ff.

Hauptvorteile der „Mustang" waren neben ihrer großen Reichweite ihre hohe Geschwindigkeit sowie gute Manövrierfähigkeit in großer Höhe.

Die alliierte Bomberoffensive gegen das Reich konnte nunmehr unter vollem Jagdschutz wiederaufgenommen werden. Die Operation „Big Week" (20.–25. Februar 1944) richtete sich erneut gegen die wichtigsten deutschen Flugzeugfabriken. Die US-Strategen erkannten, daß der beste Weg für die amerikanischen Jäger, die deutsche Luftwaffe zu schlagen, nicht der war, Geleitschutz für die Bomber zu fliegen, sondern den Feind aggressiv anzugehen. Im März 1944 erhielten die amerikanischen Begleitjäger den Befehl, in starken Wellen den Formationen der Bomber vorauszufliegen, um die deutschen Jagdflugzeuge zum Kampf zu stellen und abzuschießen, bevor diese die Bomber attackieren konnten. Diese Taktik erwies sich jedoch nur dann als effektiv, wenn deutsche Jagdflieger alliierte Bomberpulks von vorne angriffen.

Im Frühjahr 1944 sah sich die Luftwaffe durch die fortgesetzte amerikanische Bomberoffensive gezwungen, immer mehr Jagdfliegerverbände von den Fronten im Osten und im Süden zur Verteidigung des Reichsgebietes abzuziehen. Während einerseits der Erfahrungsstand des durchschnittlichen deutschen Flugzeugführers aufgrund der steigenden Verluste und stark verkürzter Ausbildungszeiten immer geringer wurde, hatte die USAAF eine Unmenge an Piloten, die mit der P-47 D „Thunderbolt" und vor allem der P-51 D „Mustang" über Flugzeugmuster verfügten, die den Leistungen der deutschen Standardjäger Me 109 G und Fw 190 A ebenbürtig waren.

Im Februar 1944 verlor die Luftwaffe 33 Prozent ihrer einsatzbereiten Jagdflugzeuge und 18 Prozent ihrer Piloten; im folgenden März waren es 56 Prozent der Jäger und 22 Prozent der Piloten, im April 43 Prozent und 20 Prozent, und im Mai 50 und 25 Prozent. Der zunehmende Mangel an Flugbenzin setzte der Ausbildung neuer Piloten enge Grenzen, deutsche Piloten wurden mit nur 160 Flugstunden in den ersten Einsatz geschickt, dagegen waren es bei der USAAF 400 Flugstunden und bei der RAF 360. Die deutsche Luftfahrtindustrie produzierte zwar immer mehr Jagdflugzeuge, und aus den Flugschulen kam laufend Nachersatz, aber die Lebenserwartung der jungen unerfahrenen Piloten betrug im statistischen Durchschnitt nur wenige Einsätze. Die deutsche Luftwaffe sollte 1944 an der Westfront pro Monat durchschnittlich 1.000 Flugzeuge und an der Ostfront weitere 400 Flugzeuge verlieren.

Gleichzeitig mit der Stationierung der neu aufgestellten 15. US-Luftflotte in Italien wurde am 22. Februar 1944 das Oberkommando der US-Luftstreitkräfte (United States Strategic Air Forces, abgekürzt USSTAF) in Europa geschaffen.

Ab dem 1. April 1944 konzentrierten sich die USAAF und die RAF auf taktische Luftangriffe zur Vorbereitung und Unterstützung der Invasion in der Normandie im Juni. Amerikanische und britische Bomber zerschlugen systematisch das französische Eisenbahnsystem, dabei erwiesen sich die Luftangriffe auf Bahnhöfe und Rangieranlagen als besonders wirkungsvoll, da deren Reparatur in der Regel mehrere Tage in Anspruch nahm. Im Ergebnis gelang es den Alliierten, den Nachschub für die deutschen Truppen in der Normandie auf der Schiene stark zu reduzieren. Erst Mitte September erhielt der strategische Luftkrieg gegen Deutschland wieder Priorität.[1155]

Um trotz der alliierten Luftangriffe die für die deutsche Kriegsführung notwendige Rüstungsproduktion aufrechtzuerhalten, mußten kriegswichtige Betriebe in bombensichere unterirdische Räume verlagert werden. Die neu zu erschließenden Produktionsstätten erhielten Bezeichnungen wie „Südwerk", „Ostwerk", „Mittelwerk" oder „Doggerwerk" entsprechend ihrer geographischen Lage. Für die Errichtung bombensicherer Fertigungsstätten wurde am 1. März 1944 – nach einem Übereinkommen zwischen dem

---

[1155] Norman Longmate. The Bombers: The RAF Offensive against Germany 1939–1945. London 1988, S. 309–312.

Reichsrüstungsministerium und dem Reichsluftfahrtministerium – der sogenannte „Jäger-stab" eingesetzt, dessen Aufgabe die Steigerung der Produktion von Jagdflugzeugen war.

Im Laufe des Sommers 1944 wurde es für die deutsche Jagdabwehr immer schwieriger, durch den zunehmend dichteren Abwehrschirm von amerikanischen Begleitjägern zu den Bombern hindurchzustoßen.

Im Frühjahr und Sommer 1944 entwickelte die Luftwaffe mit der Gründung der „Sturm-gruppen" eine neue Taktik. Die Überlegung war die, ganze Staffeln von jeweils neun Ma-schinen in dicht geschlossener Formation angreifen zu lassen. Jede Sturmgruppe bestand dabei aus drei Staffeln, und die Piloten hatten Anweisung, das Feuer erst auf kürzeste Entfernung zu eröffnen. Die Sturmgruppen nahmen nur Freiwillige auf, die erste Gruppe entstand im Mai 1944. Die Focke-Wulf Fw 190 A-8, die bei dieser neuen Taktik eine zentra-le Rolle spielten, waren einerseits schwer bewaffnet und gut gepanzert und besaßen somit eine reelle Chance, auch durch das dichte Abwehrfeuer der amerikanischen Bomber hin-durch zu Abschüssen zu kommen, gleichzeitig machte aber die zusätzliche Bewaffnung und Panzerung die Fw 190 im Luftkampf verhältnismäßig träge. Die Sturmgruppen soll-ten deshalb durch mit leichter bewaffneten Me 109 ausgerüsteten Höhendeckungsstaffeln (sogenannten „Jagdgruppen") vor feindlichen Begleitjägern abgeschirmt bzw. geschützt werden. Die Taktik der Sturmgruppenangriffe wurde erstmals am 7. Juli 1944 angewen-det, als die IV./JG 3 „Udet" mit rund 30 Maschinen, die von zwei Gruppen Me 109 abgeschirmt wurden, einen aus 1.129 B-17 und B-24 bestehenden Bomberverband angrif-fen. Der Einheit gelang es, 28 B-24 „Liberator" abzuschießen. Bei diesem ersten Einsatz der Sturmgruppen wurden durch das Abwehrfeuer der amerikanischen Bomber neun Fw-190-„Sturmbock"-Maschinen abgeschossen (wobei fünf Piloten fielen), drei weitere zu Notlandungen gezwungen. Die Tatsache, daß dieser Einsatz ungeachtet der hohen ei-genen Verluste als sehr erfolgreich angesehen wurde, zeigt die äußerst schwierige Lage, in der sich die deutsche Luftabwehr zu diesem Zeitpunkt bereits befand.[1156]

Wegen des Niedergangs der Luftwaffe mußte sich die Reichsverteidigung 1944–45 zu-nehmend auf die Flak stützen. Im September 1944 unterstanden etwa 1.500 schwere (von insgesamt 2.281) und 800 leichte/mittlere (von insgesamt 1.214) Flakbatterien mit mehr als 10.000 Geschützen der Luftflotte Reich.[1157] In der Flak-Rüstung waren 1944/45 etwa 800.000 Menschen beschäftigt. Ein Drittel der im Jahre 1944 produzierten Kanonenrohre war für Flak-Waffen bestimmt,[1158] diese verbrauchten im letzten Kriegsjahr einen erheblichen Anteil der gesamten deutschen Produktion an Artillerie-Munition.[1159] Ins-besondere die schweren Flakgeschütze 8,8 cm Modell 18/36/37, die auch im Erdkampf, insbesondere bei der Panzerabwehr, äußerst wirkungsvoll waren, bildeten das Rückgrat der Luftverteidigung.

# „Turbinenjäger" und „Vergeltungswaffen"

Aufgrund physikalischer Gesetzmäßigkeiten kommen Flugzeuge mit Kolbenmotoren und Propellerantrieb über eine Geschwindigkeit von 800 km/h kaum hinaus. Aus die-sem Grund begannen deutsche und britische Luftfahrtingenieure Mitte der dreißiger Jahre mit der Entwicklung des Strahlantriebs für Flugzeuge, der diesen Begrenzungen nicht unterliegt.

---

[1156] https://de.wikipedia.org/wiki/Focke-Wulf_Fw_190 Abschnitt „Reichsverteidigung"

[1157] Koch, S. 266 u. S. 650 f. Im Oktober 1944 umfaßte die Flakartillerie der Luftwaffe rd. 600.000 Soldaten und 520.000 Mann Befehlspersonal, das aus RAD-Flak, Luftwaffenhelfern, Flakwehrmännern, Flakwaffen-Helferinnen/RAD-Maiden und ausländischem Personal bestand. Koch, S. 303 f.

[1158] Koch, S. 330.

[1159] Denis Richards. The Fight at Odds: Royal Air Force 1939–1945. Bd. I. London 1953, S. 124.

In Deutschland begann die Firma Messerschmitt 1938 mit dem Projekt 1065, aus dem 1941/42 der „Turbinenjäger" Messerschmitt Me 262 „Schwalbe" entstand. Die Flugleistungen dieses neuartigen Flugzeugs übertrafen die der besten von Kolbenmotoren angetriebenen Jagdflugzeuge bei weitem. Die Spitzengeschwindigkeit der Me 262 betrug 870 km/h, während die schnellsten konventionellen Flugzeuge des Zweiten Weltkrieges, die North American P-51D „Mustang" und die Supermarine „Spitfire" Mk XIV, bestenfalls 720 km/h erreichten.

Aufgrund erheblicher technischer Schwierigkeiten nahmen Entwicklung und Serienbau der Strahlflugzeuge bzw. „Turbinenjäger" jedoch deutlich mehr Zeit in Anspruch, als ursprünglich erwartet worden war. Der Erstflug der zweistrahligen Me 262[1160] erfolgte am 18. Juli 1942, fast neun Monate vor ihrem englischen Gegenstück, der ebenfalls zweistrahligen Gloster „Meteor", deren Jungfernflug am 5. März 1943 stattfand. Die einstrahlige amerikanische Lockheed XP-80 „Shooting Star" konnte ihren ersten Testflug am 8. Januar 1944 erfolgreich absolvieren.

In Deutschland wurden die Strahltriebwerke von den Firmen BMW und Junkers entwickelt. 1942/43 hatten die Ingenieure von Junkers ihre Turbinen vom Typ Jumo 004 so weit, daß sie einigermaßen zuverlässig funktionierten, als die Weisung erging, wegen des Mangels an Nickel und Molybdän, die für hochtemperaturfesten Stahl notwendig waren, die Triebwerke auf niedriger legierte Stähle umzukonstruieren. Dies war mit erheblichen Schwierigkeiten verbunden, die neue Version Jumo 004B lief aufgrund des schlechteren Materials nie wirklich zufriedenstellend und hatte eine Lebenserwartung von nur zehn bis 25 Betriebsstunden, bevor eine Generalüberholung notwendig wurde. Die ursprüngliche Ausführung Jumo 004A aus hochwertigem Stahl hatte dagegen rund 100 Betriebsstunden erreicht.

Zu weiteren Verzögerungen beim Bau der Me 262 kam es wegen der Forderung Hitlers, auch eine „Schnell"- bzw. Jagdbomberversion dieses Flugzeugs zu entwickeln. Die Me 262 kam ab Ende Juli 1944 bei verschiedenen Erprobungskommandos und beim KG 51 an die Front, aber wegen der neuartigen Technik und der noch nicht ausgereiften Triebwerke gelangten zunächst nur wenige Maschinen tatsächlich zum Kampfeinsatz.

Man kann davon ausgehen, daß während des Zweiten Weltkrieges sowohl auf seiten der Alliierten wie der Achsenmächte etwa 30 Prozent aller Flugzeuge durch Unfälle verlorengingen; bei den „Turbinenjägern" betrugen die Verluste durch Flugunfälle dagegen deutlich mehr als 50 Prozent.

Das Raketenflugzeug Messerschmitt Me 163 „Komet" war mit 1.003,67 km/h das schnellste Flugzeug des Zweiten Weltkrieges, diese Geschwindigkeit wurde bei einem inoffiziellen Rekordversuch am 2. Oktober 1941 erreicht. Aufgrund des schwer zu handhabenden und hochexplosiven Treibstoffs (Wasserstoffsuperoxid und eine Hydrazin-Hydrat-Methanol-Mischung) sowie der nicht ausgereiften Technik war diese Maschine jedoch für die eigenen Piloten gefährlicher als für den Gegner: Der Raketenjäger neigte dazu, bei Start oder Landung zu explodieren. Raketenjäger vom Typ Me 163 sollen ganze 16 alliierte Flugzeuge abgeschossen haben, während die eigenen Verluste von mehr als 100 Flugzeugen zu 95 Prozent auf Unfälle und nur zu fünf Prozent auf Feindeinwirkung zurückzuführen waren.[1161] Die Me 163 „Komet" war für ihre Zeit eine erstaunliche technische Leistung, aber militärisch gesehen eine Fehlinvestition.

Ende Januar 1945 erlangte erstmals ein komplett mit Messerschmitt Me 262 ausgerüsteter Jagdverband seine Einsatzbereitschaft, die III. Gruppe des Jagdgeschwaders 7. Einer

---

[1160] An diesem Tag erfolgte der Erstflug mit reinem Strahlantrieb, ein Flug mit Hilfe eines in der Rumpfspitze eingebauten Kolbenmotors hatte bereits am 18. April 1941 stattgefunden.

[1161] Hans-Peter Diedrich, Die deutschen Raketenflugzeuge bis 1945, Oberhaching 2001, S. 62

der größten geschlossenen Einsätze des JG 7 erfolgte am 18. März 1945: 37 Me 262 griffen einen Verband der 8. US-Luftflotte bestehend aus 1.221 Bombern und 632 Begleitjägern an und konnten insgesamt 33 Abschüsse bei drei eigenen Verlusten erzielen.

Nach sorgfältiger Auswertung alliierter Dokumente sind amerikanische und britische Luftfahrthistoriker zu dem Ergebnis gekommen, daß „Turbinenjäger" vom Typ Me 262 insgesamt etwa 150 alliierte Flugzeuge abgeschossen haben,[1162] eine Zahl, die angesichts der auf vollen Touren laufenden anglo-amerikanischen Flugzeugproduktion irrelevant war. Diese Zahlen illustrieren das ganze Dilemma: Angesichts des späten Zeitpunkts ihres Erscheinens und der geringen Zahl konnten die „Turbinenjäger" nur einen minimalen Einfluß auf das Kriegsgeschehen nehmen. Deutsche Jagdflieger waren der Meinung, daß die Me 262 eine sehr wirkungsvolle Waffe gegen die Bomber der USAAF gewesen wäre, wenn es gelungen wäre, sie in großer Zahl, das heißt in Verbänden mit einigen hundert Flugzeugen, einzusetzen. Die hoffnungslose numerische Unterlegenheit, der Mangel an Treibstoff sowie die unzulängliche Ausbildung der Piloten machten es jedoch unmöglich, das Potential dieses Flugzeugs wirklich auszuschöpfen.[1163]

Die britische Gloster „Meteor" wurde ab dem 27. Juli 1944 über Südengland gegen den Marschflugkörper V 1 eingesetzt, wobei sie einige Abschüsse erzielen konnte. Ab dem 20. Januar 1945 flog eine „Meteor"-Staffel Einsätze über Belgien und Norddeutschland, zu Luftkämpfen mit der Messerschmitt Me 262 oder anderen deutschen Strahlflugzeugen wie der Arado Ar 234 oder der Heinkel He 162 ist es jedoch nicht mehr gekommen. Die 1945 gebaute Gloster „Meteor" Mk III war mit einer Höchstgeschwindigkeit von 800 km/h zwar langsamer als die Me 262, dafür waren ihre Triebwerke deutlich zuverlässiger.

Die USAAF verschiffte Ende 1944 vier Vorserienmuster der Lockheed P-80 „Shooting Star" nach Europa, zwei nach Großbritannien und zwei nach Italien. Die Flugzeuge durften nicht im Kampf eingesetzt werden, ihre Aufgabe war es vielmehr, den amerikanischen Piloten zu zeigen, daß die Antwort auf die deutschen „Turbinenjäger" nicht mehr lange auf sich warten lassen werde.[1164]

Bis Kriegsende wurden zwar etwa 1.400 Messerschmitt Me 262 gebaut, aber nur wenige hundert gelangten zum Kampfeinsatz. Die Gloster „Meteor" wurde erst nach dem Krieg in Großserie hergestellt (3.875 Flugzeuge aller Versionen) und von der RAF bis 1961 geflogen.[1165] Von der Lockheed P-80 „Shooting Star" wurden ab 1945 1.715 Exemplare gebaut, sie wurde wie die Gloster „Meteor" mit Erfolg im Koreakrieg eingesetzt.[1166]

Deutschland besaß bei der Entwicklung von „Turbinenjägern" bzw. Strahlflugzeugen zwar einen gewissen Vorsprung, dieser war jedoch keineswegs so groß, wie vielfach geglaubt wird. Nur bei einer direkten Konfrontation der deutschen Typen Messerschmitt Me 262 und Heinkel He 162 mit den alliierten Gloster „Meteor" und Lockheed P-80 „Shooting Star" hätte sich zeigen können, welche Modelle besser gewesen wären.

Von der deutschen Flugabwehrrakete „Wasserfall" konnten zwar Prototypen getestet werden, aber das Problem der Steuerung konnte bis Kriegsende nicht gelöst werden; bis zur Einsatzreife des radargeführten Leitsystems „Rheinland" wäre noch eine Entwicklungszeit von etwa zwei Jahren nötig gewesen.

Mit den Lenkflugkörpern Fritz X und Hs 293 konnten ab 1943 zwar einzelne Erfolge wie die Versenkung des italienischen Schlachtschiffs „Roma" erzielt werden, aber insgesamt befanden sich diese Waffensysteme alle noch im Erprobungsstadium.

---

[1162] Jeffrey Ethell/Alfred Price. Strahlflugzeuge 1939–1945, Stuttgart 1997, S. 56.
[1163] Ebenda, S. 66.
[1164] Ebenda, S. 194.
[1165] Ebenda, S. 119.
[1166] Ebenda, S. 226.

Der Marschflugkörper V 1 und die Mittelstreckenrakete V 2 waren mit einem Streukreis von bis zu 18 Kilometern Durchmesser im Zielgebiet nur gegen große Städte verwendbar, ein militärisches Punktziel war damit – es sei denn durch reinen Zufall – nicht zu treffen.

Das bevorzugte Ziel der beiden „Vergeltungswaffen" waren Südengland und seine Hauptstadt London. Der Einsatz der V 1 forderte 6.184 (5.566 in London), der der V 2 2.754 (2.511 in London) Todesopfer. Die Zahl der Verletzten betrug in Südengland 17.981 durch die V 1 und 6.523 durch die V 2.[1167] Da die V 1 von Jagdflugzeugen und Flak mit etwas Glück abgeschossen werden konnte, sahen sich die Alliierten genötigt, etliche Jagdstaffeln und Flakbatterien in Südengland zu stationieren. Mitte August 1944 waren 800 schwere und 1.800 leichte Flakgeschütze sowie 120 Jagdflugzeuge gegen die V 1 im Einsatz,[1168] die an den Fronten auf dem europäischen Kontinent fehlten. Die V 2 stürzte mit mehrfacher Schallgeschwindigkeit auf ihre Ziele, gegen sie gab es nach dem damaligen Stand der Technik keine Abwehr. Und während die ortsfesten Startrampen für die V 1 aus der Luft aufgeklärt und bombardiert werden konnten, waren die mobilen und vergleichsweise winzigen Abschußplattformen der V 2 in der Praxis weder zu entdecken noch zu zerstören.

Nachdem die Alliierten im Lauf des Jahres 1943 sich aufgrund geheimdienstlicher Informationen ein Bild von der bevorstehenden V-Waffen-Offensive hatten machen können, initiierten sie Operation „Crossbow", eine Luftoffensive gegen alle erkannten Forschungseinrichtungen, Produktionsstätten und Abschußanlagen der V 1 und der V 2. Zwischen August 1943 und August 1944 wurden für Operation „Crossbow" 13,7 Prozent aller alliierten Luftwaffeneinsätze und 15,5 Prozent der abgeworfenen Bombenlast aufgewandt. Bis zum März 1945 flogen RAF und USAAF 68.913 Einsätze gegen Ziele, die mit den V-Waffen in Verbindung standen, und warfen 122.133 Tonnen Bomben ab.[1169]

Nach einem schweren Luftangriff der RAF auf das Forschungszentrum Peenemünde auf Usedom in der Nacht vom 17. auf den 18. August 1943 wurde für die Produktion der V 2 das unterirdische „Mittelwerk" bei Nordhausen im Südharz errichtet, für dessen Bau und Betrieb Zwangsarbeiter und KZ-Häftlinge eingesetzt wurden.

Die Stadt, die nach London am schwersten unter deutschen V-Waffen-Beschuß kam, war Antwerpen. Nach der Einnahme Antwerpens am 4. September 1944 durch britische Truppen konnte Ende November der Hafen wieder in Betrieb genommen werden, der rasch zum wichtigsten Nachschubzentrum der Alliierten in Nordwesteuropa wurde. Die Bedeutung des Hafens von Antwerpen war natürlich auch dem OKW bekannt, und durch verstärkten Einsatz von V-Waffen wurde der Versuch gemacht, den alliierten Nachschub zumindest zu stören, wenn nicht zu unterbrechen. Die erste V 2 schlug am 10. Oktober 1944 in Antwerpen ein, die letzte am 27. März 1945. Insgesamt wurden das Stadtgebiet und die Vorstädte von 2.448 V 1 und 1.262 V 2 getroffen, die zusammen 4.229 Todesopfer und 6.993 Verletzte forderten.[1170] Im Hafen wurde ein Schiff versenkt, weitere 16 wurden beschädigt, außerdem etliche Hafeneinrichtungen beschädigt oder zerstört. Eine Unterbrechung des Hafenbetriebes trat zu keinem Zeitpunkt ein. OKW und Hitler hatten sich von der Wirkung des V-Waffen-Einsatzes gegen Antwerpen mehr erwartet.[1171]

Nach amerikanischen Schätzungen kostete das deutsche V-Waffen-Programm (V 1 und V 2 zusammen) etwa ebensoviel wie Entwicklung und Bau der amerikanischen

---

[1167] Dieter Hölsken. V-Missiles of the Third Reich. Sturbridge 1994, S. 300.
[1168] Ebenda, S. 292 f.
[1169] Ebenda, S. 285.
[1170] Ebenda, S. 299 f.
[1171] Ebenda, S. 170.

Boeing B-29 „Superfortress", nämlich etwas mehr als drei Milliarden US-Dollar[1172] (inflationsbereinigt würde dies im Jahr 2015 einem Wert von 40 Milliarden US-Dollar entsprechen). Dagegen schlug das „Manhattan-Project", die Entwicklung der Atombombe, mit „nur" 2,5 Milliarden US-Dollar zu Buche. Die deutschen V-Waffen und die B-29 „Superfortress" waren damit die teuersten Rüstungsprojekte des Zweiten Weltkrieges.

Die V 1 (Fieseler Fi 103) war in der Herstellung kostengünstig und als Terrorwaffe gegen die englische Zivilbevölkerung in einem begrenzten Rahmen durchaus effektiv, dagegen hat die V 2 aufgrund des enormen Aufwands, der Entwicklungs- und Fertigungskosten dem Deutschen Reich im nachhinein gesehen mehr geschadet als den Alliierten. Das Deutsche Reich schuf mit der V 1 und der V 2 zwei revolutionäre Waffensysteme, die im „Kalten Krieg" von den Siegermächten weiterentwickelt und mit atomaren Gefechtsköpfen versehen werden sollten. Marschflugkörper und Interkontinentalraketen spielen in der Strategie der nuklearen Abschreckung bis zum heutigen Tage eine zentrale Rolle. Im Zweiten Weltkrieg standen jedoch der materielle Aufwand, der für die deutschen V-Waffen getrieben wurde, und das mit ihnen erzielte militärische Ergebnis in keinem vernünftigen Verhältnis zueinander.

## Wirkungen des strategischen Bombenkrieges 1944/45

Die Forscher und Rüstungsmanager um Albert Speer hatten in der zweiten Hälfte des Jahres 1944 gehofft, die Fronten an den deutschen Reichsgrenzen so lange stabilisieren zu können, bis eine ganze Generation neu entwickelter Waffen und Waffensysteme die quantitative Unterlegenheit der deutschen Streitkräfte durch qualitative Überlegenheit ausgleichen würde. Tatsächlich wurde in Deutschland in jenen Jahren schon ein Großteil jener Waffensysteme entwickelt, die Jahre später das Gesicht des „Kalten Krieges" prägen sollten: Vom Sturmgewehr 44 über mittlere und schwere Kampfpanzer („Panther" und „Tiger"), Strahlflugzeuge (Messerschmitt Me 262, Arado Ar 234, Heinkel He 162), schnelle dieselelektrische Unterseeboote (Typ XXI und XXIII), elektronische insbesondere Radar-Geräte bis hin zu Lenkflugkörpern (Fritz X, Henschel Hs 293), Marschflugkörpern (Fi 103 bzw. V 1) und Mittelstreckenraketen (A 4 bzw. V 2). Sofern diese Waffen rechtzeitig einsatzbereit wurden, haben sie in vielen Fällen die in sie gesetzten Erwartungen erfüllt, in anderen wiederum nicht. Das Sturmgewehr 44 hat nach 1945 die gesamte Entwicklung militärischer Handfeuerwaffen revolutioniert.[1173] Der mittlere Panzerkampfwagen „Panther" wurde ab dem Sommer 1943 eines der wichtigsten und wirkungsvollsten Waffensysteme des Heeres; nach amerikanischen Statistiken kostete es neun russische T 34 oder fünf amerikanische „Sherman"-Panzer, um einen „Panther" auszuschalten. Allerdings konnte die Sowjetunion ab Februar 1944 mit dem „Stalin" II ein vergleichbares Fahrzeug zum Einsatz bringen, die Amerikaner folgten Anfang März 1945 mit dem M26 „Pershing".

Der Zusammenbruch der deutschen Rüstungswirtschaft ab der Jahreswende 1944/45 machte jedoch alle Hoffnungen der Gruppe um Speer zunichte. Mit dem Verlust Frankreichs und Belgiens fielen nicht nur die dortige Stahl- und Bauxitproduktion weg, sondern auch wichtige Fertigungskapazitäten für komplette Fahrzeuge, in erster Linie Lkw sowie zahllose Halbfertigprodukte und Zulieferteile. Durch den Seitenwechsel Rumäniens und seiner Besetzung durch die Rote Armee gingen die rumänischen Mi-

---

[1172] Ebenda, S. 248.
[1173] Dieter Handrich. Sturmgewehr 44: Vorgänger, Entwicklung und Fertigung der revolutionärsten Infanteriewaffe, Blaufelden 2008.

neralölkapazitäten verloren. Deren Ausfall hätten die deutschen Hydrierwerke an sich ausgleichen können, aber ab Mitte 1944 begannen die Alliierten mit der systematischen Bombardierung dieser Anlagen. Durch den dramatischen Rückgang der Mineralölproduktion wurde die Wehrmacht in ihrer Operationsfähigkeit zunehmend eingeschränkt. Aus gutem Grund schlugen Wehrmacht und Waffen-SS 1945 ihre letzten großen Schlachten in Ungarn, wo die letzten Ölquellen des Reiches zu finden waren. Gleichzeitig griffen die alliierten taktischen Luftstreitkräfte nun pausenlos das deutsche Eisenbahnsystem an, so daß der innere Wirtschaftsverkehr bis Kriegsende weitgehend zum Erliegen kam.[1174]

Die anglo-amerikanischen Luftangriffe auf Deutschland haben zwar die deutsche Rüstungsproduktion nicht anhalten können, sie hatten aber dessenungeachtet eine Reihe von kriegsentscheidenden Effekten.

1944 war neben der Ausschaltung der deutschen Luftwaffe die Zerstörung der deutschen Treibstoffversorgung das wichtigste Ziel des strategischen Luftkrieges der Anglo-Amerikaner.

Deutschland besaß so gut wie keine eigenen Ölquellen und war von seinem Verbündeten Rumänien und von den Hydrierwerken, die mit Hilfe des Fischer-Tropsch-Verfahrens aus Kohle Öl herstellten, abhängig. In völliger Unterschätzung der Bedrohung durch alliierte Luftangriffe hatte das Deutsche Reich etwa 80 Prozent seiner synthetischen Treibstoffproduktion in etwa 20 Werken konzentriert. Diese erhielten für die USAAF und die RAF oberste Priorität, und die Folge dieser Angriffe war ein Mangel an Öl und Treibstoff, der sich 1944 von Monat zu Monat verschlimmern sollte. Die Luftoffensive gegen die Hydrierwerke und Tanklager bereitete Rüstungsminister Albert Speer aus leicht nachvollziehbaren Gründen die größten Sorgen.

Der dritte große Erfolg des strategischen Luftkrieges der Alliierten 1944/45 war die Zerschlagung des deutschen Eisenbahnsystems und der Binnenschiffahrtswege. Der Gütertransport auf den Straßen war dagegen aufgrund des Mangels an Benzin und an Lkw verhältnismäßig unbedeutend.

Aufgrund der nahezu ununterbrochenen Luftangriffe 1944/45 nahmen die Reparaturen am Eisenbahnsystem immer mehr Zeit in Anspruch, die Züge erreichten mit Verspätungen ihr Ziel. Zwar kamen die Truppentransporte in der Regel durch, aber der militärische Nachschub sowie die Transporte für die Rüstungsindustrie standen vor immer größeren Schwierigkeiten und benötigten immer mehr Zeit. Ab dem Januar 1945 brach das deutsche Transportsystem nach und nach zusammen, im März 1945 standen viele Fabriken in Deutschland still, Eisenbahnen und Telefonverbindungen wurden häufig unterbrochen, die Beweglichkeit der Truppen war eingeschränkt, die Luftwaffe war mehr oder weniger an den Boden gefesselt.

Die Tatsache, daß die deutsche Industrieproduktion im Herbst 1944 ihren Höhepunkt erreichte, hat nach dem Krieg erhebliche Zweifel an der Wirksamkeit des strategischen Luftkrieges hervorgerufen.[1175]

Es war den alliierten Luftstreitkräften nicht gelungen, den steilen Anstieg der deutschen Rüstungsproduktion 1943/44 zu verhindern, aber Albert Speer erklärte nach dem Krieg, daß der alliierte Bombenkrieg die deutsche Kriegswirtschaft entscheidend geschwächt hat.

Es liegt aber nicht genügend statistisches Material vor, um genau feststellen zu können, wieviel zusätzliches Wachstum der Rüstungsproduktion der strategische Luftkrieg tatsächlich verhindert hat, es liegen dazu nur ungefähre Schätzungen vor.

---

[1174] Wagenführ, Industrie, S. 113 ff.
[1175] Williamson Murray/Allan Reed Millett. A War To Be Won: fighting the Second World War. Harvard 2000, S. 319.

Die deutschen Produktionsziffern von Panzern und Flugzeugen erreichten zwar 1944 neue Rekorde, waren aber um ein Drittel niedriger als geplant.[1176]

Von den Focke-Wulf-Flugzeugwerken ist beispielsweise bekannt, daß durch die Dezentralisierung, das heißt die Verteilung der Produktion auf insgesamt acht Werke in Nord-, Mittel- und Ostdeutschland, die Effizienz erheblich gelitten hat und die Produktionsleistung deutlich vermindert wurde.

Durch direkte Bombenschäden, die daraus resultierenden Verzögerungen, Materialmangel, die Aufwendungen für Flugabwehr, Zivilverteidigung, Reparaturen und die Auslagerung von Fabriken wurde nach vorsichtigen Schätzungen ein Viertel der deutschen Rüstungskosten gebunden.

Ohne die alliierten Bombenangriffe wäre die deutsche Produktion also aller Wahrscheinlichkeit nach deutlich höher gewesen.[1177]

Die Aussagen dazu sind aber im einzelnen zum Teil sehr widersprüchlich. Großadmiral Karl Dönitz schrieb in seinen Erinnerungen, es sei vor allem auf die Bombenangriffe auf die Werftindustrie zurückzuführen, daß es nicht gelungen sei, die revolutionären neuen U-Boote vom Typ XXI rechtzeitig zum Einsatz zu bringen und damit einen erneuten Umschwung in der Schlacht im Atlantik herbeizuführen. Tatsächlich lief 1944 das U-Boot-Bauprogramm auf den Hamburger Werften trotz aller Ausfälle durch Luftangriffe auf vollen Touren. Blohm & Voss stellte 1944 pro Monat bis zu acht Boote, meist vom Typ XXI, fertig.[1178] Der United States Strategic Bombing Survey stellt fest, daß erst die Angriffe im Winter und Frühjahr 1945 fünf der großen Werften, darunter die große Werft von Blohm & Voss in Hamburg, ganz oder nahezu unbenutzbar gemacht hätten.[1179] Der ehemalige Leiter der Schiffbaukommission, Vizeadmiral Karl Topp, erklärte bei einer Vernehmung im Herbst 1945 zu den Auswirkungen der alliierten Luftangriffe auf den U-Boot-Bau: „Ein Stoppen der Produktion ist praktisch bis zum Kriegsende durch die alliierten Luftangriffe nicht eingetreten. Es ist Deutschland gelungen, den Ausstoß von U-Bootsneubauten bis in das Frühjahr 1945 hinein auf einer beachtlichen Höhe zu halten. Es wäre also im Frühjahr 1945 der Wiederanlauf des U-Bootkrieges mit den neuen und wahrscheinlich sehr wirksamen Typen XXI und XXIII […] von der Produktionsseite her durchaus möglich gewesen. […] Zweifellos haben die Zerstörungen auf U-Bootswerften und der Zulieferindustrie eine fühlbare Verminderung des Ausstoßes bewirkt, nicht aber ein wirkliches Abstoppen der Produktion."[1180]

Die Auswirkungen der Flächenbombardements auf die Moral der Bevölkerung sind noch sehr viel umstrittener. Obwohl die Luftangriffe dazu gedacht waren, „den Willen des Feindes zu brechen", bewirkten sie dem Anschein nach oft das Gegenteil. Nach Meinung des britischen Historikers John Buckley soll die tatsächliche Wirkung der Bombenangriffe auf die deutsche Moral jedoch erheblich gewesen sein. In einigen der größeren deutschen Städte wurden 55–60 Prozent der Wohnungen zerstört, und insgesamt wurden etwa sechs Millionen Zivilisten evakuiert, was dazu führte, daß viele Familien auseinandergerissen wurden, was auf die Betroffenen einen demoralisierenden Effekt zur Folge gehabt haben soll. Wie sich dieser Effekt aber ausgewirkt haben soll, bleibt im dunkeln: die Soldaten kämpften bis Kriegsende, die Arbeiter gingen in ihre Betriebe, die Bauern arbeiteten auf den Feldern.

Laut Untersuchungen, die in der Nachkriegszeit angestellt wurden, war 1944 ein Absentismus (das heißt ein Fehlen am Arbeitsplatz) von 20 bis 25 Prozent nicht ungewöhn-

---

[1176] John Buckley. Air Power in the Age of Total War. London 1998, S. 165.

[1177] Williamson Murray. Strategy for Defeat: The Luftwaffe 1933–1945. Honolulu 1983, S. 253.

[1178] Brunswig, S. 356.

[1179] United States Strategic Bombing Survey, established by the Secretary of War on 3 November 1944, pursuant to a directive from the late President Roosevelt, 30 September 1945.

[1180] Zit. n. Eberhard Rössler. Geschichte des deutschen U-Bootbaus. Bd. 2. Augsburg 1996, S. 423.

lich, und 91 Prozent der befragten Zivilisten erklärten, daß sie die Bombenangriffe für sich persönlich als die schwerste Belastung empfunden hätten.[1181] Der United States Strategic Bombing Survey zog die Schlußfolgerung, daß die Bombenangriffe die Moral nicht gestärkt, sondern sie vielmehr schwer herabgedrückt hätten; Fatalismus, Apathie und Defätismus seien in den bombardierten Gebieten seit dem Frühjahr 1944 offen zutage getreten, das Vertrauen in das NS-Regime sei auf einen Tiefstand gefallen. Wie dieser Befund sich jedoch mit der nach wie vor hohen Kampfkraft der Wehrmacht und der sich bis August 1944 steigernden Rüstungsproduktion in Einklang zu bringen ist, bleibt unklar.

Nach dem Krieg schätzte der U.S. Strategic Bombing Survey, daß durch die Bombenangriffe auf deutsche Städte mindestens 305.000 Menschen getötet und weitere 780.000 verletzt worden waren. Nach anderen Erhebungen soll die Zahl der Menschen, die durch die alliierten Bombenangriffe getötet wurden, bis zu 600.000 betragen haben.[1182] Anfang der fünfziger Jahre wurde für das Gebiet der Bundesrepublik Deutschland ermittelt, daß durch den Luftkrieg sowie Kampfhandlungen am Boden insgesamt 2.340.000 Wohnungen, das waren 22 Prozent des Vorkriegsbestandes, zerstört worden waren.[1183]

Im Vereinigten Königreich wurden 60.595 Briten durch deutsche Bombenangriffe getötet,[1184] und in Frankreich fielen 67.078 Franzosen den anglo-amerikanischen Luftangriffen zum Opfer.[1185] Briten und Amerikaner kostete der Luftkrieg über Europa (einschließlich der Verluste durch Unfälle) insgesamt etwa 40.000 Flugzeuge mit 156.546 Mann Besatzung.[1186]

---

[1181] John Buckley, Air Power, S. 166.

[1182] Hans-Ulrich Wehler. Deutsche Gesellschaftsgeschichte. Bd. 4: Vom Beginn des Ersten Weltkrieges bis zur Gründung der beiden deutschen Staaten 1914–1949. München 2003, S. 943.

[1183] Brunswig, S. 405.

[1184] Matthew White. Twentieth Century Atlas. National Death Tolls for the Second World War – Great Britain. https://necrometrics.com/war2stats.htm

[1185] Eddy Florentin. Quand les alliés bombardaient la France 1940–1945. Paris 2008.

[1186] Koch, S. 283.

# Operation „Overlord"

## Die anglo-amerikanische Invasion in der Normandie

Schon kurze Zeit nach dem deutschen Angriff auf die Sowjetunion am 22. Juni 1941 hatte Stalin von seinen Verbündeten die Errichtung einer zweiten Front in Westeuropa gefordert. Churchill mußte diesen Wunsch jedoch ablehnen, weil Großbritannien kurzfristig auch mit amerikanischer Hilfe nicht die erforderlichen Kräfte für ein solches Unternehmen aufbringen konnte.[1187] Der britische Generalstab arbeitete 1942/43 zwei Pläne mit den Decknamen Operation „Roundup" und Operation „Sledgehammer" für eine Landung in Europa aus, hielt aber keinen von beiden für praktisch durchführbar.[1188] Während der „Trident"-Konferenz in Washington im Mai 1943 wurde schließlich die Entscheidung getroffen, 1944 eine Invasion in Nordfrankreich zu wagen.[1189]

Der britische Generalleutnant Frederick E. Morgan wurde zum Chief of Staff to the Supreme Allied Commander (COSSAC) ernannt und sollte mit den Planungsarbeiten beginnen. Eine empfindliche Beschränkung stellte die Zahl der verfügbaren Landungsfahrzeuge dar, von denen die meisten bereits im Mittelmeer und im Pazifik eingesetzt oder verplant waren.[1190] Eine der Lehren aus dem Desaster des Landungsversuchs bei Dieppe am 19. August 1942 war, daß eine angemessene Artillerie- und Luftunterstützung die Voraussetzung für den Erfolg des Unternehmens war. Außerdem schränkte der kurze Einsatzradius britischer Jagdflugzeuge und Jagdbomber wie der „Spitfire" und der „Typhoon" die Zahl der möglichen Landungsplätze ganz erheblich ein.[1191]

General Morgan zog vier Orte für die Landungen in Erwägung: die Bretagne, die Halbinsel Cotentin, die Normandie und den Pas de Calais. Da die Bretagne und Cotentin Halbinseln sind, wäre es für die Deutschen möglich gewesen, den alliierten Vormarsch auf einer relativ schmalen Landenge abzuriegeln, was den Ausbruch aus dem Brückenkopf erheblich erschwert hätte.[1192] Der Pas de Calais bildet die schmalste Stelle zwischen Kontinentaleuropa und Großbritannien, weshalb die Deutschen ihn als die wahrscheinlichste Landungszone betrachteten und ihn dementsprechend auch am stärksten befestigt hatten. Außerdem war das Terrain hinter dem Pas de Calais von zahlreichen Flüssen und Kanälen durchzogen, was den Verteidigern erhebliche Vorteile verschaffte.

Landungen auf breiter Front in der Normandie würden dagegen die Möglichkeit zu Vorstößen auf den Hafen von Cherbourg, auf die Häfen weiter westlich in der Bretagne und auf Paris eröffnen.[1193] Der größte Nachteil der Normandie war der Mangel an Tiefseehäfen, der jedoch durch den Einsatz zweier künstlicher Häfen, der „Mulberrys", überwunden werden sollte.[1194] Die Wahl fiel schließlich auf die Normandie, und der Beginn der Invasion wurde von General Morgan auf den 1. Mai 1944 festgesetzt.

---

[1187] Ken Ford/Steven Zaloga. Overlord: The D-Day Landings. Oxford/New York 2009, S. 8–10.
[1188] Mark Zuehlke. Juno Beach: Canada's DDay Victory: June 6, 1944. Vancouver 2004, S. 21 f.
[1189] Ford/Zaloga, S. 11.
[1190] Chester Wilmot. The Struggle for Europe. Ware 1997, S. 177 f., Tabelle S. 180.
[1191] Martin Gilbert. The Second World War: A Complete History. New York 1989, S. 397, 478.
[1192] Ford/Zaloga, S. 13 f.
[1193] Stephen Ambrose. D-Day June 6, 1944: The Climactic Battle of World War II. New York 1994, S. 73 f.
[1194] Ford/Zaloga, S. 14.

Der erste Entwurf des Operationsplanes wurde auf der Konferenz von Quebec im August 1943 von Roosevelt, Churchill sowie den amerikanischen und britischen Militärs angenommen. General Dwight D. Eisenhower wurde zum Kommandeur der Supreme Headquarters Allied Expeditionary Force (SHAEF)[1195] und Generalleutnant Bernard Montgomery zum Befehlshaber der 21. Heeresgruppe (Army Group) ernannt, in der alle an der Invasion beteiligten Landstreitkräfte zusammengefaßt waren.[1196] Am 31. Dezember 1943 wurde Eisenhower und Montgomery zum ersten Mal der COSSAC-Plan

*General Dwight D. Eisenhower besucht vor der Invasion in der Normandie amerikanische Fallschirmjäger.*

vorgelegt, der eine amphibische Landung von drei Divisionen vorsah. Die beiden Generale bestanden jedoch darauf, daß bei den ersten Landungen fünf Divisionen anzusetzen seien, drei weitere Divisionen müßten aus der Luft gelandet werden. Die Operation müsse auf breiter Front durchgeführt werden, um die deutschen Kräfte zu zersplittern, und um die Versorgung der alliierten Truppen sicherzustellen, müsse so schnell wie möglich der Hafen von Cherbourg eingenommen werden. Nach der Ernennung Eisenhowers zum Supreme Commander Allied Expeditionary Force wurde der COSSAC-Stab am 15. Januar 1944 in Supreme Headquarters Allied Expeditionary Force umbenannt. Um die für eine erweiterte Operation notwendigen Landungsfahrzeuge zusammenzubekommen, mußte der Beginn der Invasion auf den Juni verschoben werden.[1197] Nach weiteren Anlandungen sollten insgesamt 39 alliierte Divisionen in der Normandie eingesetzt werden: 22 amerikanische, zwölf britische, drei kanadische, eine polnische und eine französische, insgesamt über eine Million Soldaten unter britischem Oberkommando.[1198]

# Der alliierte Invasionsplan

Die erste Phase von „Overlord", die amphibische Landung und die Bildung eines Brückenkopfes, erhielt den Code-Namen „Neptune". Um die Luftherrschaft zu erringen, die die unbedingte Voraussetzung für den Erfolg der Invasion war, hatten die Alliierten bereits im Sommer 1943 eine Bomberoffensive gegen die deutsche Flugzeugproduktion eröffnet, die im Frühjahr 1944 auf die Flugplätze der Luftwaffe und die deutsche Treibstoffversorgung ausgedehnt wurde. Gleichzeitig wurden die Straßen- und Eisenbahnverbindungen in Nordfrankreich systematisch bombardiert, um den Deutschen die Verlegung von Reserven zu erschweren.[1199] Ausgeklügelte Täuschungsmanöver sollten verhindern, daß die Deutschen Zeitpunkt und Ort der Invasion bestimmen könnten. Die Küste der Normandie wurde in 17 Sektoren aufgeteilt und mit Decknamen nach dem Alphabet versehen, von „Able" westlich von „Omaha Beach" bis „Roger" an der östlichen Flanke von „Sword Beach".[1200] Um die Brücken über die Orne zu sichern, sollten

---

1195 Gilbert, S. 491.
1196 Andrew Whitmarsh. D-Day in Photographs. Stroud 2009, S. 12 f.
1197 Ebenda, S. 12 f.
1198 Gerhard Weinberg. A World At Arms: A Global History of World War II. Cambridge 1995, S. 684.
1199 Ford / Zaloga, S. 14.
1200 William F. Buckingham. D-Day: The First 72 Hours. Stroud 2004, S. 88.

den amphibischen Landungen Fallschirmlandungen von Truppen an der östlichen Flanke der Invasionsfront nahe Caen und an der westlichen Flanke nördlich von Carentan vorangehen. Das ursprüngliche Ziel war es, die Städte Carentan, Isigny, Bayeux und Caen noch am ersten Tag der Invasion einzunehmen. Die Amerikaner wollten in den Abschnitten „Utah" und „Omaha" landen und anschließend die Cotentin-Halbinsel sowie den Hafen von Cherbourg besetzen. Die Briten sollten bei „Sword" und „Gold" und die Kanadier bei „Juno" an Land gehen, um anschließend Caen zu erobern. Der Besitz von Caen und seiner Umgebung würde den Anglo-Kanadiern ein geeignetes Aufmarschgebiet für einen Vorstoß nach Süden mit Ziel Falaise bieten. Die alliierten Armeen sollten dann nach Osten einschwenken, um auf breiter Front an die Seine vorzurücken. Die Seine war das vorläufige Endziel, das nach 90 Tagen erreicht werden sollte.[1201]

Die Invasionsflotte unter dem Befehl von Admiral Sir Bertram Ramsay wurde aufgeteilt in die Western Naval Task Force unter Admiral Alan G. Kirk, die den amerikanischen Abschnitt unterstützen sollte, und die Eastern Naval Task Force unter Admiral Sir Philip Vian, die für die britischen und kanadischen Sektoren zuständig war.[1202]

Die 1. US-Armee unter Generalleutnant Omar Bradley sollte bei „Utah" und „Omaha" landen. Bei den Briten und Kanadiern hatte Generalleutnant Miles Dempsey den Befehl über die kanadische 1. und die britische 2. Armee, denen die Abschnitte „Gold", „Juno" und „Sword" zugeteilt waren. Die kanadische 1. Armee umfaßte auch Einheiten aus Polen, Belgien und den Niederlanden.[1203]

Das Kommando über die Luftstreitkräfte war Air Chief Marshal Sir Trafford Leigh-Mallory übertragen worden. Die alliierten Luftstreitkräfte flogen zwischen April 1944 und dem Beginn der Invasion über 3.200 Aufklärungs-Einsätze. Von der gesamten Küste wurden Fotos aus extrem niedriger Höhe gemacht, um das Terrain, Strandhindernisse und Verteidigungsanlagen wie Bunker und Geschützstellungen sowie das rückwärtige Gelände aufzuklären. Um den Deutschen keinen Hinweis auf den Ort der Invasion zu geben, wurden diese Aufklärungsflüge an der gesamten westeuropäischen Küstenlinie durchgeführt.[1204]

Der deutsche Funkverkehr wurde in der Regel mit Hilfe der Enigma-Maschine chiffriert, die Codes wurden dabei ständig gewechselt. Eine Gruppe von Kryptologen in Bletchley Park („Ultra") bemühte sich, jeden neuen Code so schnell wie möglich zu entschlüsseln, um möglichst frühzeitig Informationen über deutsche Pläne und Truppenbewegungen zu gewinnen. Es gelang den Spezialisten, Ende März 1944 in den Enigma-Code, der vom deutschen Oberbefehlshaber West (OB West), Generalfeldmarschall von Rundstedt, benutzt wurde, einzubrechen. Die Enigma-Codes wurden zwar von den Deutschen unmittelbar nach der alliierten Landung am 6. Juni gewechselt, aber am 17. Juni war Bletchley Park wieder in der Lage, die abgehörten Funksprüche zu dechiffrieren.[1205]

Um eine Wiederholung des Desasters von Dieppe zu vermeiden und den Erfolg von „Overlord" sicherzustellen, entwickelten die Alliierten eine Reihe von speziellen Landungsfahrzeugen und technischen Einrichtungen, die helfen sollten, die Versorgung sicherzustellen. Die alliierte Führung hatte entschieden, die von den Deutschen schwerbewachten französischen Häfen nicht direkt anzugreifen, sondern den Nachschub über zwei künstliche Häfen, die Mulberry-Häfen, an Land zu schaffen.[1206] Um die anglo-amerikani-

---

[1201] Winston Churchill. Closing the Ring: The Second World War. Bd. V. Boston 1951, S. 592 f., L.F. Ellis/G.R.G. Allen/A.E. Warhurst/J.R.M. Butler (Hrsg.). Victory in the West. Bd. I: The Battle of Normandy. History of the Second World War. London 2004, S. 78, 81.

[1202] Churchill, S. 594.; Donald M. Goldstein/Katherine V. Dillon/Michael Wenger. D-Day: The Story and Photographs. McLean 1994, S. 6.

[1203] Whitmarsh, Karte, S. 12.

[1204] Zuehlke, S. 81.

[1205] Whitmarsh, S. 27 f.

[1206] Wilmot, S. 183.

schen Truppen in Frankreich ausreichend mit Benzin zu versorgen, wurde außerdem eine Unterwasser-Pipeline mit der Bezeichnung PLUTO (Pipe-Line Under The Ocean) geschaffen. Bis zum 18. Tag nach Beginn der Invasion wurden spezielle Röhren von 3 inches (7,6 cm) Durchmesser unter dem Ärmelkanal von der Isle of Wight bis nach Cherbourg verlegt. Technische Probleme und die Verzögerung der Einnahme von Cherbourg führten dazu, daß die Pipeline allerdings erst ab dem 22. September funktionieren sollte. Eine zweite Pipeline wurde Ende Oktober von Dungeness nach Boulogne verlegt.[1207]

Um mit den besonderen Bedingungen fertig zu werden, die während der Landung auf dem Gefechtsfeld erwartet wurden, wurde eine Serie von Sonder-Panzern mit dem Spitznamen „Hobart's Funnies" geschaffen. Der Name geht auf Generalmajor Percy Hobart zurück, unter dessen Oberaufsicht besonders modifizierte M4 „Sherman" und „Churchill"-Panzer entwickelt wurden. Es handelte sich dabei unter anderem um den „Sherman Crab"-Panzer, der mit einer Art Dreschflegel zum Minenräumen ausgerüstet war; weiter um den „Churchill Crocodile", einen Flammenwerfer-Panzer, und um einen gepanzerten Brücken-Träger, der es anderen Kampffahrzeugen ermöglichen sollte, hohe Seewälle und andere Hindernisse zu überwinden.[1208] Der „Duplex-Drive" war ein amphibischer Panzer mit Eigenantrieb, der durch einen aufblasbaren Schwimmgürtel schwimmfähig gemacht wurde. Diese Panzer konnten aber aufgrund ihrer sehr niedrigen Bordfreiheit leicht voll Wasser laufen, und am 6. Juni versanken viele, bevor sie den Strand erreichen konnten.[1209]

In den Monaten vor der Invasion versuchten die Alliierten, im Rahmen von Operation „Bodyguard" die Deutschen über den Ort und den Termin der alliierten Hauptlandung in die Irre zu führen.

„Bodyguard" schloß auch Operation „Fortitude" ein. „Fortitude North" war ein Täuschungsunternehmen, das mittels eines fingierten Funkverkehrs die Deutschen an einen Angriff auf Norwegen glauben machen sollte, und „Fortitude South" sollte den Deutschen vorspiegeln, daß die Landungen im Juli am Pas de Calais stattfinden würden. Es wurde dazu eine fiktive 1. US-Heeresgruppe geschaffen, die angeblich in Kent und Sussex unter dem Kommando von Generalleutnant George S. Patton aufmarschiert war. Die Alliierten bauten Attrappen von Panzern, Lkws und Landungsfahrzeugen und stellten diese in der Nähe der Küste auf. Verschiedene militärische Verbände, darunter das kanadische II. Korps und die kanadische 2. Division, wurden in dieses Gebiet verlegt, um die Illusion zu fördern, daß sich eine große Streitmacht in diesem Gebiet konzentrierte. Die Agenten des deutschen Spionagenetzwerks in Großbritannien waren alle verhaftet worden, einige von ihnen hatte man „umgedreht", so daß sie nun als Doppelagenten für die Alliierten arbeiteten und die Deutschen mit falschen Informationen versorgten.[1210]

Die alliierten Planungsstäbe hatten eine Reihe von Bedingungen für den günstigsten Zeitpunkt der Invasion aufgestellt. Wenn diese aber alle erfüllt werden sollten, dann kamen in jedem Monat nur wenige Tage in Frage. Ein Vollmond galt als besonders wünschenswert, da er den Fliegern ausreichend Licht bieten und gleichzeitig die höchste Flut mit sich bringen würde. Die Alliierten wollten mit den Landungen kurz vor Tagesanbruch beginnen, genau in der Mitte zwischen Ebbe und Flut. Dies würde es leichter machen, die Hindernisse zu erkennen, die die Deutschen am Strand angelegt hatten, während sich gleichzeitig die Zeitspanne verringerte, in der die Soldaten dem feindlichen Feuer ausgesetzt waren. Besondere Kriterien wurden auch für Windgeschwindigkeit, Sichtverhältnisse und Bewölkung festgelegt.[1211]

---

[1207] Whitmarsh, S. 89 f.
[1208] Wilmot, S. 182.
[1209] Zuehlke, S. 42 f.; Ford / Zaloga, S. 73.
[1210] Anthony Beevor. D-Day: The Battle for Normandy. New York / Toronto 2009, S. 3; Zuehlke, S. 71 f.
[1211] Whitmarsh, S. 31.

Eisenhower hatte den 5. Juni als vorläufigen Termin für den Beginn von „Overlord" festgesetzt, jedoch waren am Vortag die Wetterbedingungen für eine Landung ausgesprochen ungünstig. Starke Winde und schwere See machten es unmöglich, die Landungsfahrzeuge zu Wasser zu lassen, und niedrige Wolken hinderten die Flugzeuge daran, ihre Ziele zu finden. Am Abend des 4. Juni sagten die alliierten Meteorologen von der Royal Air Force vorher, daß das Wetter sich soweit bessern würde, daß die Invasion am 6. Juni stattfinden könne.

# Die deutschen Verteidigungsvorbereitungen

Deutschland hatte in Frankreich und den Niederlanden 50 Divisionen stationiert, 18 weitere standen in Dänemark und Norwegen bereit. 15 Divisionen befanden sich in Deutschland in Aufstellung, aber eine zentrale strategische Reserve gab es nicht.[1212]

Der Frontabschnitt um Calais wurde von der 15. Armee verteidigt, und der Abschnitt in der Normandie von der 7. Armee unter Generaloberst Friedrich Dollmann.[1213] Die hohen Menschenverluste an der Ostfront hatten zur Folge, daß in Deutschland die Rekruten knapp wurden, viele deutsche Soldaten in der Normandie waren tatsächlich Angehörige der Ostlegionen, das heißt Freiwillige aus der Ukraine, Rußland oder dem Kaukasus. Diese waren hauptsächlich mit Beutewaffen ausgestattet, nicht motorisiert und auch nur teilweise bespannt und daher nur stationär einsetzbar.[1214] Die Kampfmoral dieser Ost-Verbände galt als fragwürdig.[1215] Daneben gab es aber auch Eliteverbände wie die 12. SS-Panzer-Division „Hitlerjugend", die sehr viel besser ausgerüstet und ausgebildet waren als der Durchschnitt der deutschen Truppen.[1216]

Die britischen Überfälle auf St. Nazaire und Dieppe 1942 hatten Hitler veranlaßt, den Bau von Befestigungen entlang der gesamten Atlantikküste von Spanien bis Norwegen zu befehlen. Hitler wünschte sich insgesamt 15.000 Stellungen, die von 300.000 Soldaten bemannt werden sollten, aber aufgrund des Mangels an Baumaterial und Arbeitskräften wurden viele der geplanten Befestigungen nie fertiggestellt. Da die Invasion am Pas de Calais erwartet wurde, wurde dieser Abschnitt besonders stark befestigt. An der Küste der Normandie wurden die stärksten Befestigungen um die Hafenanlagen von Cherbourg und St. Malo errichtet.[1217]

Im Oktober 1943 übertrug Hitler Generalfeldmarschall Rommel die Aufgabe, den Bau weiterer Befestigungen an der Invasionsfront in Nordfrankreich zu beaufsichtigen, die sich von den Niederlanden bis Cherbourg erstreckten. Rommel erhielt das Kommando über die neu geschaffene Heeresgruppe B, die die 7. und 15. Armee umfaßte.[1218] Der Generalfeldmarschall hielt die Küste der Normandie für eine der wahrscheinlichsten Landungszonen, weshalb er hier den Bau umfangreicher Verteidigungsanlagen anordnete. Zusätzlich zu betonierten Geschützstellungen an strategisch wichtigen Punkten befahl er die Errichtung hölzerner Pfähle, stählerner Dreifüße, großer Panzer-Hindernisse sowie die Verlegung einer Unzahl von Minen an den Stränden, um den Anlauf von Landungsfahrzeugen zu verzögern und die Bewegungen der gegnerischen Panzerfahrzeuge zu behindern. Als Folge seiner Erfahrungen mit den Alliierten in Nordafrika und Italien

---

[1212] Wilmot, S. 144.
[1213] Beevor, S. 34; Goldstein/Dillon/Wenger, S. 13.
[1214] Steven J. Zaloga. The Devil's Garden: Rommel's Desperate Defense of Omaha Beach on D-Day. Harrisburg 2013, S. 58 f.
[1215] Goldstein/Dillon/Wenger, S. 16–19.
[1216] Ford/Zaloga, S. 37.
[1217] Ebenda, S. 30.
[1218] Ebenda; Beevor, S. 33.

glaubte Rommel, daß die Verteidigung die besten Erfolgsaussichten hätte, wenn es ihr gelänge, die Invasion unmittelbar an den Stränden abzuwehren. Er forderte daher, die mobilen Reserven – insbesondere die Panzerverbände – so nah wie möglich an der Küste zu stationieren.[1219] Rundstedt und der Kommandeur der Panzer-Gruppe West, General Leo Geyr von Schweppenburg, glaubten dagegen, daß die Invasion nicht an den Stränden zurückgeschlagen werden könne. Die Panzerverbände sollten daher in einer zentralen Stellung im Raum um Paris und Rouen konzentriert und erst dann eingesetzt werden, wenn der alliierte Hauptbrückenkopf eindeutig identifiziert sei. Geyr von Schweppenburg stellte weiter fest, daß im Italienfeldzug die Panzer, die in unmittelbarer Nähe der Küste standen, erheblich unter dem Feuer der Schiffsartillerie zu leiden gehabt hatten. Hitler entschied sich schließlich für eine salomonische Lösung, drei Divisionen blieben Geyr unterstellt und Rommel erhielt das Kommando über drei weitere Panzerdivisionen. Das Kommando über eine strategische Reserve von vier Panzerdivisionen behielt sich Hitler selbst vor, diese durften nur auf seinen persönlichen Befehl hin eingesetzt werden.[1220]

# Die Invasion

Bereits im April 1944 war die Kampfkraft der deutschen Luftwaffe in Frankreich so weit abgesunken, daß sie nach Einschätzung von SHAEF keine Gefahr für die Invasion mehr darstellte. Eisenhower versprach den Invasionstruppen: „Wenn ihr über euch ein Flugzeug sehen werdet, wird es eines von unseren sein." Hauptaufgaben der alliierten taktischen Luftstreitkräfte waren die Niederhaltung der deutschen Luftwaffe durch Angriffe auf die Flugplätze sowie die Unterbrechung des deutschen Nachschubs durch Angriffe auf Eisenbahnbrücken, Tunnel, Treibstofflager, Lkw-Kolonnen und Züge. Am D-Day, dem 6. Juni 1944, flogen alliierte Flugzeuge 14.000 Einsätze, während die Luftwaffe es gerade auf 260 Einsätze brachte, die meisten davon zur Verteidigung ihrer eigenen Flugplätze. In den zwei Wochen nach dem 6. Juni sollte die Luftwaffe 75 Prozent ihrer 800 in Frankreich stationieren Flugzeuge verlieren.

Am Abend des 5. Juni begannen alliierte Minenräumboote die Seewege zu den Stränden zu räumen,[1221] und noch vor der Morgendämmerung des 6. starteten 1.000 Bomber, um die deutsche Küstenverteidigung anzugreifen.[1222] Bereits kurz vor Mitternacht hatten etwa 1.200 Transportflugzeuge England verlassen, um drei Fallschirmjäger-Divisionen zu ihren Absprungzonen hinter den feindlichen Linien zu befördern.[1223] Der 82. US-Division und der 101. Fallschirmjäger-Division waren Ziele auf der Cotentin-Halbinsel westlich von „Utah" zugewiesen worden. Die britische 6. Fallschirmjäger-Division sollte die Brücken über den Kanal bei Caen und die Orne besetzen.[1224] Am 5./6. Juni wurden 24.000 Mann durch die Luft und weitere 132.000 Mann über die See nach Frankreich befördert,[1225] an den amphibischen Landungen waren mehr als 5.000 Seefahrzeuge beteiligt. Um 5.45 Uhr eröffneten fünf Schlachtschiffe, 20 Kreuzer, 65 Zerstörer und zwei Monitore aus ihren Geschützen das Feuer auf Küstenziele, das bis 6.25 Uhr andauerte, die Ausschiffung der Infanterie an den Stränden begann gegen 6.30 Uhr.[1226]

---

[1219] Ford/Zaloga, S. 54–56.
[1220] Ebenda, S. 31; Whitmarsh, S. 15; Wilmot, S. 192.
[1221] Whitmarsh, S. 33.
[1222] Beevor, S. 79.
[1223] Ebenda, S. 51.
[1224] Ebenda, S. 51–52.
[1225] Whitmarsh, S. 30.
[1226] Ford/Zaloga, S. 70.

Die Transportfahrzeuge der 5. US-Infanterie-Division, die im Abschnitt „Utah" landen sollten, wurden von der Strömung etwa 1.800 Meter nach Süden abgetrieben. Als die US-Truppen an Land gingen, stießen sie auf geringen Widerstand und hatten weniger als 200 Mann Verluste.[1227] Bei ihren Vorstößen ins Hinterland konnten sie die für den ersten Tag festgesetzten Ziele nicht erreichen, waren aber in der Lage, die Verbindung zur 101. Fallschirmjäger-Division herzustellen.[1228]

Die Luftlandungen westlich von „Utah" waren nicht sehr erfolgreich, da nur zehn Prozent der Fallschirmjäger tatsächlich in ihren vorgesehenen Absprungzonen landeten. Die Versammlung der Leute und die Bildung von Kampfgruppen erwiesen sich wegen des Mangels an Funkgeräten und aufgrund des unübersichtlichen Terrains mit seinen Hekken, Steinmauern und Sümpfen als schwierig. Die 82. Fallschirmjäger-Division besetzte ihr Ziel bei Sainte-Mère-Église und übernahm den Schutz der westlichen Flanke.[1229] Die Brücken über die Merderet konnte sie jedoch nicht nehmen, was zu einer Verzögerung der geplanten Abriegelung der Cotentin-Halbinsel führen sollte. Die 101. Fallschirmjäger-Division konnte zwar die Schleuse an der Douve bei La Barquette, nicht jedoch die zugewiesenen Brücken besetzen.[1230]

Am Pointe du Hoc hatten 200 Mann des 2. Ranger-Bataillons den Auftrag, die 30 Meter hohen Klippen mit Seilen und Leitern hinaufzuklettern und eine dort stationierte Geschützbatterie zu zerstören. Oben angelangt mußten die Ranger jedoch feststellen, daß die Geschütze bereits abgezogen waren.[1231]

Der 1. US-Infanterie-Division, verstärkt durch Einheiten der 29. Infanterie-Division, war der Abschnitt „Omaha" zugewiesen worden,[1232] wo sie auf den heftigen Widerstand der deutschen 352. Infanterie-Division stieß.[1233] Die Verluste waren bei „Omaha" höher als an allen anderen Landeabschnitten zusammen. Viele Landungsboote waren durch starke Strömungen von ihren geplanten Anlandestellen nach Osten abgetrieben worden. Da es außerdem nicht gelang, die Annäherungshindernisse rechtzeitig zu räumen, durften ab 8.30 Uhr auch keine weiteren Fahrzeuge mehr anlanden.[1234] Am späten Morgen hatten kaum 600 Mann die Höhe erreicht, aber um die Mittagszeit ging den Deutschen die Munition aus, und die Amerikaner waren nun in der Lage, das Gelände zu säubern. Der noch schwache Brückenkopf wurde in den folgenden Tagen ausgedehnt und gesichert.[1235]

Beim Abschnitt „Gold" waren die Bedingungen für die Landungsfahrzeuge wegen starker Winde schwierig, und die amphibischen DD-Panzer landeten direkt am Strand anstatt weiter draußen, wie ursprünglich geplant.[1236] Außerdem war es den alliierten Fliegern nicht gelungen, eine deutsche Stellung bei Le Hamel mit einer 7,5-cm-Kanone auszuschalten. An der westlichen Flanke nahm das 1. Bataillon des Hampshire Regiments Arromanches, wo Mulberry „B"errichtet werden sollte, und an der östlichen Flanke wurde die Verbindung mit den kanadischen Kräften bei „Juno" hergestellt.[1237] Die Landung der Infanterie im Abschnitt „Juno" wurde wegen der rauhen See verzögert, die Infanterie traf vor den Panzern ein und erlitt bei der Landung hohe Verluste, die Schiffsartillerie hatte die deutschen Stellungen nicht ausschalten können. Ungeachtet dieser

[1227] Beevor, S. 118; Hughes, S. 5.
[1228] Whitmarsh, S. 51.
[1229] Beevor, S. 115.
[1230] Ford / Zaloga, Karte auf S. 170.
[1231] Ebenda, S. 95–104.
[1232] Thomas Alexander Hughes. Over Lord: General Pete Quesada and the Triumph of Tactical Air Power in World War II. New York 2010, S. 5; Ford / Zaloga, S. 64–65, 334.
[1233] Ebenda, S. 45.
[1234] Ebenda, S. 90 f.
[1235] Ebenda, S. 337.
[1236] Ebenda, S. 281 f.
[1237] Wilmot, S. 270–273.

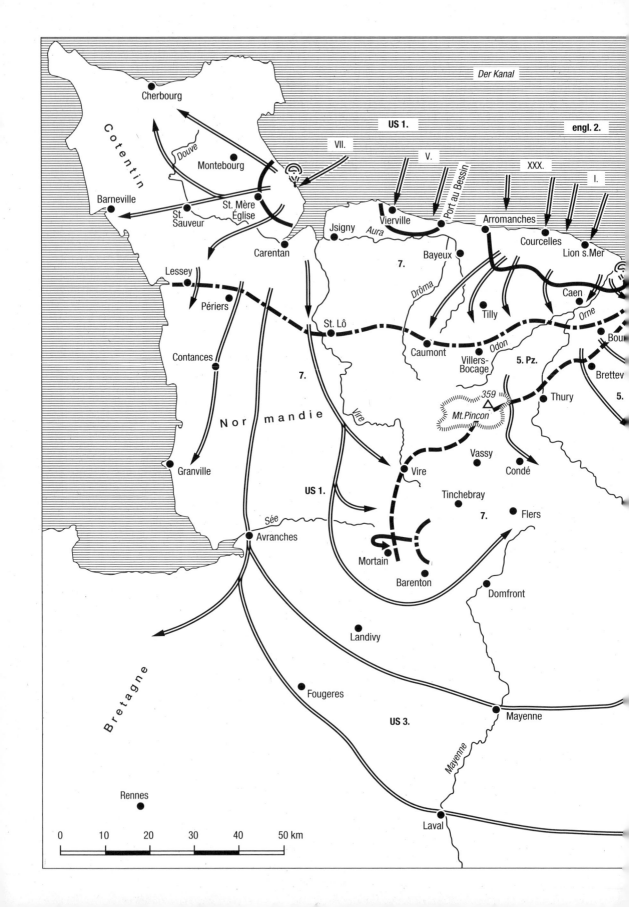

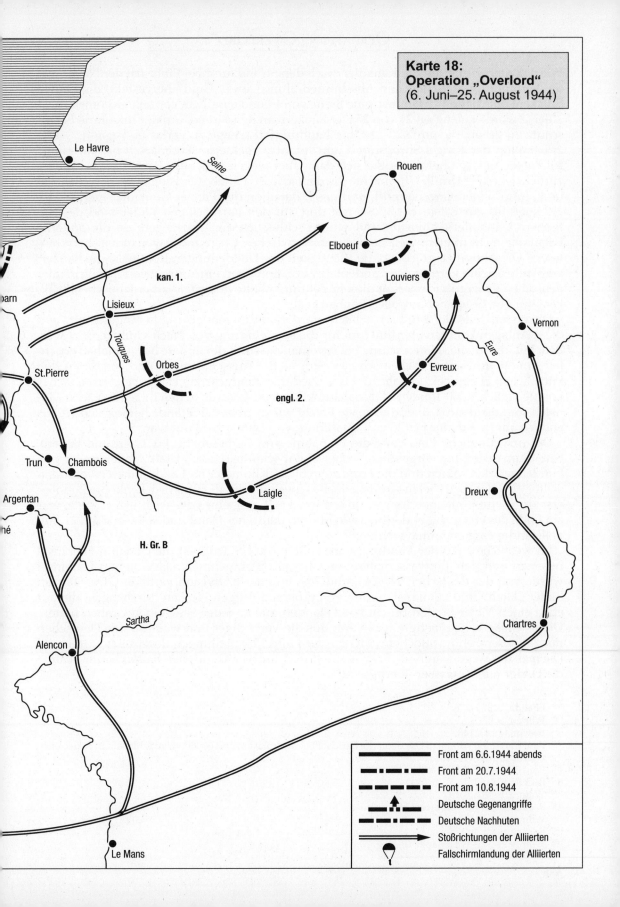

**Karte 18:**
**Operation „Overlord"**
(6. Juni–25. August 1944)

Le Havre

Rouen

Seine

Elboeuf

kan. 1.

Louviers

Lisieux

Vernon

barn

Touques

Eure

Orbes

Evreux

St.Pierre

engl. 2.

Trun

Chambois

Laigle

Dreux

Argentan

né

H. Gr. B

Sartha

Chartres

Alencon

Le Mans

| | |
|---|---|
| ▬▬▬▬ | Front am 6.6.1944 abends |
| ▬·▬·▬· | Front am 20.7.1944 |
| ▬ ▬ ▬ | Front am 10.8.1944 |
| ⬆ | Deutsche Gegenangriffe |
| ▬·▬·▬· | Deutsche Nachhuten |
| ⟹ | Stoßrichtungen der Alliierten |
| ⛴ | Fallschirmlandung der Alliierten |

Widrigkeiten säuberten die Kanadier rasch den Strand, und bei Einbruch der Nacht war die Verbindung zwischen den Abschnitten „Juno" und „Gold" hergestellt, die beiden Brückenköpfe hatten zusammen eine Breite von 19 und eine Tiefe von zehn Kilometern.[1238]

Bei „Sword" gelangten 21 von 25 DD-Panzern an den Strand, um der Infanterie Feuerschutz zu geben, die um 7.30 Uhr ihre Landungsfahrzeuge zu verlassen begann.[1239] Das 2. Bataillon der King's Shropshire Light Infantry rückte im Fußmarsch bis auf einige Kilometer an Caen heran, mußte sich dann aber wegen fehlender Panzerunterstützung zurückziehen.[1240] Um 16 Uhr machte die deutsche 21. Panzer-Division zwischen „Sword" und „Juno" einen Gegenangriff, und das I. Bataillon des Panzer-Grenadier-Regimentes 192 stieß bis zur Küste vor.[1241] Sie traf dort auf den hartnäckigen Widerstand der britischen 3. Infanterie-Division und wurde schließlich zurückgezogen, da die anderen Bataillone nicht folgten, weil sie das Gebiet zwischen Caen und Bayeux zu sichern hatten.[1242] Die Aktion zeigt jedoch die Richtigkeit der Überlegungen Rommels, die Panzerverbände nah am vermuteten Landeplatz zu stationieren. Ein konzentrierter Angriff aller deutschen Panzerdivisionen zu diesem Zeitpunkt hätte den anglo-amerikanischen Brückenkopf von Osten her aufrollen können.

Die ersten Teile der Mulberry-Häfen wurden am folgenden Tag herangeschafft, und diese Anlagen konnten ab Mitte Juni für die Ausschiffung von Nachschub genutzt werden. Ein künstlicher Hafen wurde bei Arromanches und der andere bei „Omaha" errichtet. Am 19. Juni unterbrachen schwere Stürme die Ausschiffungen und zerstörten den künstlichen Hafen bei „Omaha".[1243] Der wieder instandgesetzte Hafen bei Arromanches konnte täglich 6.000 Tonnen Material aufnehmen und wurde in den folgenden zehn Monaten ständig genutzt, aber die meiste Fracht wurde über die Strände herangeschafft, bis endlich am 16. Juli der Hafen von Cherbourg von Minen geräumt war.[1244]

Der ursprüngliche Plan hatte die Einnahme von Carentan, St. Lô, Caen und Bayeux bereits am ersten Tag vorgesehen, wobei alle Abschnitte (außer „Utah") miteinander verbunden werden sollten und die Front zehn bis 16 Kilometer im Landesinneren verlaufen sollte.[1245] Von diesen Zielen wurde jedoch keines erreicht, die fünf Brückenköpfe konnten erst am 12. Juni miteinander verbunden werden. Caen, eines der wichtigsten Ziele, war am Ende des ersten Tages der Invasion noch in deutscher Hand und sollte erst am 21. Juli vollständig eingenommen werden.[1246]

Im westlichen Teil der Landungszone sollten die US-Truppen die Cotentin-Halbinsel besetzen und den Tiefwasserhafen von Cherbourg einnehmen. Die Cotentin-Halbinsel wurde von der deutschen 91., 243. und 709. Infanterie-Division verteidigt. Das Terrain hinter „Utah" und „Omaha" wurde von großen dornigen Hecken durchzogen, die auf etwa einen Meter breiten Böschungen standen, die an jeder Seite einen Graben hatten. Dieses Gelände begünstigte von Natur aus die Verteidiger und war von den Deutschen mit zahllosen Schützenlöchern, MG-Nestern und Pak-Stellungen durchsetzt worden.[1247] Die meisten Wege waren für Panzer zu schmal, und die Deutschen hatten hinter „Utah" die Felder mit Seewasser überflutet.[1248]

---

[1238] Ebenda, S. 275–276.
[1239] Wilmot, S. 277 f.
[1240] Beevor, S. 143, 148.
[1241] Paul Carell. Sie kommen! Der deutsche Bericht über die Invasion und die 80tägige Schlacht um Frankreich. Oldenburg 1961, S. 104.
[1242] Ford/Zaloga, S. 326 f.; Wilmot, S. 283.
[1243] Beevor, S. 215 f.
[1244] Wilmot, S. 387; Ford/Zaloga, S. 331.
[1245] Beevor, Karte im vorderen Umschlag.
[1246] Wilmot, S. 360.
[1247] Ford/Zaloga, S. 175.
[1248] Wilmot, S. 301; Whitmarsh, S. 49.

Bereits nach wenigen Tagen mußten die Alliierten erkennen, daß Cherbourg nicht so schnell wie geplant genommen werden konnte, und entschieden daher, die Halbinsel abzuschnüren, um die Zufuhr von deutschen Verstärkungen zu verhindern.[1249] Cherbourg konnte schließlich am 26. Juni eingenommen werden, aber bis zu diesem Zeitpunkt hatten die Deutschen die Hafenanlagen so gründlich zerstört, daß die dringendsten Reparaturen erst im September abgeschlossen werden konnten.[1250]

Der Vorstoß der Briten und Kanadier im Raum auf Caen kam bald gegen den Widerstand der 21. Panzer-Division und der 12. SS-Panzer-Division „Hitlerjugend" zum Erliegen.[1251] Im Rahmen der Operation „Perch" versuchte das XXX. Korps, nach Süden in Richtung Mont Pincon vorzustoßen, der Angriff wurde blutig abgeschlagen, woraufhin das Korps versuchte, Caen mit einem Zangenangriff einzuschließen. Das XXX. Korps unternahm einen flankierenden Vorstoß von Tilly-sur-Seulles in Richtung Villers-Bocage, während das I. Korps Caen von Osten zu flankieren versuchte. Der Angriff des I. Korps kam über Ansätze nicht hinaus, und während das XXX. Korps für kurze Zeit Villers-Bocage besetzen konnte, stießen seine gepanzerten Teile auf eine deutsche Abwehrmauer und erlitten schwere Verluste. Die Briten waren daher gezwungen, sich auf Tilly-sur-Seulles zurückzuziehen.[1252]

Am 26. Juni versuchte das VIII. Korps, Caen zu umgehen und vom Südwesten anzugreifen und einen Brückenkopf südlich von Odon zu errichten.[1253] Wiederum gelang es nicht, Caen zu nehmen, besonders schwere Verluste erlitten die Angreifer an Panzern.[1254] Um die Höhe 112 wurde heftig gerungen. Sie wechselte mehrmals den Besitzer. Das II. SS-Panzerkorps, bestehend aus drei SS-Panzerdivisionen, bildete das Rückgrat der deutschen Abwehrfront.[1255] Caen wurde in der Nacht auf den 7. Juli heftig von der alliierten Luftwaffe bombardiert und anschließend am 8./9. Juli im Rahmen von Operation „Charnwood" der nördliche Teil der Stadt erobert.[1256] Zwischen dem 18. und dem 21. Juli wurden der Rest und die Höhen südlich der Stadt genommen, aber zu diesem Zeitpunkt war Caen bereits weitgehend von anglo-amerikanischen Bombardements zerstört.[1257]

## Operation „Cobra": Der Ausbruch aus dem alliierten Brückenkopf

Nachdem das Gebiet der Cotentin-Halbinsel nach Süden bis St. Lô gesichert war, eröffneten die Alliierten am 25. Juli die Operation „Cobra" und stießen bis südlich von Avranches vor, das am 1. August erreicht wurde. Pattons 3. US-Armee beherrschte bald die Bretagne und das Gebiet bis südlich der Loire und war am 3. August in der Lage, gegen die Hauptmacht der deutschen Kräfte südlich von Caen vorzugehen.[1258]

Inzwischen begannen die Briten am 30. Juli Operation „Bluecoat", um Vire und das höher gelegene Gebiet von Mont Picon zu besetzen.[1259] Gegen die Einwände von Kluge befahl Hitler am 4. August eine Gegenoffensive (Operation „Lüttich") von Vire in Rich-

---

[1249] Ford/Zaloga, S. 179.
[1250] Ebenda, S. 185–193.
[1251] Beevor, S. 186.
[1252] Ellis/Warhurst, S. 247–254; Forty, S. 36, 97.
[1253] Wilmot, S. 342.
[1254] Beevor, S. 232–237.
[1255] Carell, S. 210 f.
[1256] Beevor, S. 273.
[1257] Ford/Zaloga 2009, S. 340 f.
[1258] Wilmot, S. 398–400.
[1259] Beevor, S. 366–367.

tung Avranches.[1260] Damit sollte die amerikanische Ausbruchsstelle geschlossen und Pattons 3. US-Armee abgeschnitten werden. Die anfangs erfolgreiche Offensive wurde durch Einsatz der anglo-amerikanischen Luftstreitkräfte zum Stehen gebracht.[1261]

Während das kanadische II. Korps im Rahmen von Operation „Totalize" am 8. August von südlich von Caen in Richtung Falaise vorstieß, erkannten Bradley und Montgomery die Gelegenheit, die Masse der deutschen Kräfte bei Falaise einzukesseln.[1262] Der Angriff blieb jedoch vor Potigny dank Einsatzes schwerer deutscher Panzerverbände am 9. August liegen.[1263] Pattons 3. Armee setzte trotzdem die Einschließung von Süden her fort und erreichte am 11. Alencon. Obwohl Hitler bis zum 14. auf einem Gegenangriff beharrte, begannen Kluge (der Rundstedt als OB West am 1. Juli abgelöst hatte) und sein Stab den Rückzug in Richtung Osten zu planen.[1264] Am Abend des 12. August fragte Patton Bradley, ob seine Truppen weiter nach Norden vorstoßen sollten, um die Lücke zu schließen und die deutschen Kräfte einzukesseln. Bradley lehnte ab, da Montgomery bereits die kanadische 1. Armee damit beauftragt hatte, das fragliche Gebiet von Norden her zu besetzen.[1265] Die offen gebliebene Lücke wurde schließlich am 21. August geschlossen, und 100.000 deutsche Soldaten wurden eingekesselt,[1266] aber 50.000 von ihnen, mehr als ein Drittel der deutschen 7. Armee und neun von elf Panzerdivisionen, erkämpften sich den Ausbruch nach Osten.[1267] Montgomerys Entscheidung wurde damals von amerikanischen Kommandeuren heftig kritisiert, insbesondere von Patton, aber Bradley war der Überzeugung, daß Patton kräftemäßig nicht in der Lage gewesen wäre, die Lücke bei Falaise zu schließen.[1268]

Am 15. August ließ Hitler Kluge als Oberbefehlshaber West ablösen und ersetzte ihn durch Generalfeldmarschall Walter Model. Kluge beging am 19. August Selbstmord, nachdem Hitler von seiner Beteiligung an der Verschwörung vom 20. Juli erfahren hatte.[1269] Am 15. August begann die alliierte Invasion in Südfrankreich (Operation „Dragoon"), am 19. erhob sich in Paris die Résistance gegen die deutsche Besatzungsherrschaft.[1270]

Eisenhower wollte die französische Hauptstadt eigentlich umgehen, weil andere Ziele für ihn Vorrang hatten, aber General de Gaulle bestand aus Prestigegründen auf einem Vorstoß nach Paris.[1271] Die französische 2. Panzerdivision unter General Philippe Leclerc erreichte am 24. August die Stadt von Westen her, während die 4. US-Infanterie-Division von Süden heranrückte. Während der Nacht gab es vereinzelte Gefechte mit abziehenden deutschen Truppen, und am Morgen des 25. August war Paris in der Hand der Alliierten.[1272]

Am 25. August stieß die 2. US-Panzerdivision nach Elbeuf vor und stellte dort die Verbindung mit britischen und kanadischen Panzerverbänden her. Die Deutschen setzten ihren Rückzug unter hinhaltenden Gefechten fort und zogen sich bis zum 30. hinter die Seine zurück.[1273] Am Nachmittag des 30. überquerte die kanadische 3. Infanteriedivision

---

[1260] Wilmot, S. 399 f.
[1261] Carell, S. 251.
[1262] Wilmot, S. 410.
[1263] Carell, S. 257.
[1264] Beevor, S. 434 f.
[1265] Ebenda, S. 440; Wilmot, S. 418.
[1266] Ebenda, 420.
[1267] Für die Zahlen: Carell, S. 271.
[1268] Omar N. Bradley. A Soldier's Story. New York 1951, S. 377.
[1269] Wilmot, S. 421, 444; Richard J. Evans. The Third Reich At War. New York 2008, S. 642.
[1270] Wilmot, S. 429.
[1271] Beevor, 481, 483, 494.
[1272] Wilmot, S. 430.
[1273] C.P. Stacey. The Victory Campaign: The Operations in North-West Europe 1944–1945. Official History of the Canadian Army in the Second World War. Bd. III. Ottawa 1960, S. 286.

die Seine bei Elbeuf und rückte in Rouen ein.[1274] Eisenhower war wegen deutscher Gegenangriffe und des beschränkten Nachschubs, der in Frankreich eintraf, besorgt, weshalb er entschied, die Operationen auf breiter Front fortzuführen, anstatt einzelne tiefe Vorstöße zu versuchen.[1275] Die Herstellung der Verbindung der Truppen in der Normandie mit den alliierten Kräften in Südfrankreich erfolgte am 12. September, damit war die endgültige Besetzung Frankreichs nur noch eine Frage von Wochen.[1276]

# Ergebnisse

Die Landung in der Normandie war die größte Invasion über See in der Geschichte, es waren nahezu 5.000 Landungs- und Sturmfahrzeuge, 289 Begleitschiffe und 277 Minenräumboote eingesetzt worden.[1277] Zwischen dem 6. Juni und dem 21. August landeten die Alliierten 2.052.299 Mann in Nordfrankreich.[1278] In diesem Zeitraum erlitten sie rund 270.000 Mann Verluste, davon etwa 95.000 Gefallene. Die alliierten Luftstreitkräfte flogen 480.317 Einsätze zur Unterstützung der Invasion und verloren dabei 4.101 Flugzeuge. Die Verluste an Panzern betrugen etwa 4.000, je zur Hälfte auf die Amerikaner und Briten sowie Kanadier verteilt.[1279]

Die Schätzungen der deutschen Verluste in der Normandie belaufen sich auf etwa 400.000 (200.000 Verwundete und Gefallene sowie 200.000 Gefangene). Von den Alliierten sind insgesamt 32.807 der Gefallenen in Kriegsgräberstätten in der Normandie begraben, während es bei den Deutschen 77.866 sind.[1280]

Mit der Invasion in der Normandie begann das „Rennen um Europa" zwischen den Anglo-Amerikanern und den Sowjets, das von einigen Historikern als Vorspiel zum Kalten Krieg betrachtet wird.

---

[1274] Ders. The Canadian Army 1939–45: A Historical Summary. Ottawa 1960, S. 219.

[1275] Ford / Zaloga, S. 341 f.

[1276] Wilmot, S. 485.

[1277] Beevor, S. 74.

[1278] Michael Tamelander / Niklas Zetterling. Avgorandets Ogonblick: Invasionen i Normandie. Stockholm 2003, S. 341.

[1279] Tamelander / Zetterling 2003, S. 342.

[1280] Operation Overlord. https://de.wikipedia.org/wiki/Operation_Overlord#Verluste.

# Operation „Bagration"

## Das „vergessene Jahr an der Ostfront"

Seit dem Abbruch der Operation „Zitadelle" im Juli 1943 befanden sich die in der Sowjetunion kämpfenden Heeresgruppen der deutschen Wehrmacht ständig in der Defensive.

Die russische Winteroffensive 1943/44 richtete sich vor allem gegen die Heeresgruppe Süd. Der Roten Armee gelang an mehreren Abschnitten der Durchbruch durch die deutsche Front, eine Krisensituation löste die andere ab. Anfang November 1943 griff die Rote Armee in einer nie zuvor gesehenen Stärke an, die sowjetischen Panzerverbände stießen den Südabschnitt der Ostfront zum Dnjepr in Richtung Kiew, Dnjepropetrowsk, Saporoschje und nach Perekop zum Ausgang der Krim sowie an den Unterlauf des Dnjepr vor. Die deutschen Verbände waren von den zahllosen und verlustreichen Schlachten geschwächt, der Oberbefehlshaber der Heeresgruppe Süd Generalfeldmarschall von Manstein forderte von Hitler operative Freiheit. Statt dessen erhielt er aus dem Führerhauptquartier Befehle, die ein Aushalten in exponierten Positionen verlangten. Die Krim wurde abgeschnitten, und Hitler weigerte sich, die dort stehenden Divisionen der 17. Armee, die der Heeresgruppe Süd später bitter fehlen sollten, sofort zu evakuieren.

Zur Jahreswende 1943/44 häuften sich an den Frontabschnitten der Heeresgruppe Süd die kritischen Situationen. In der großen Winterschlacht standen die 1. und 4. Panzerarmee sowie die 6. und 8. Armee den Verbänden der 1. bis 4. Ukrainischen Front gegenüber. Den Brennpunkt bildeten die Städte Kirowograd und Schitomir. Nördlich von Schitomir gelang am 1. April 1944 den russischen Panzerverbänden ein operativer Durchbruch, der erst rund 100 Kilometer vor Lemberg zum Stehen kam, die feindlichen Angriffsspitzen standen damit im Rücken der Heeresgruppe Mitte. Mit der Einnahme von Schitomir verloren die deutschen Truppen eine ihrer Hauptversorgungsbasen, die riesigen Versorgungsdepots mit Nachschubgütern aller Art fielen den russischen Truppen zum Teil unversehrt in die Hände. Damit war eines der wichtigsten Nachschubzentren für das Ostheer ausgefallen. Im Bereich Kirowograd konnte mit letztem Einsatz aller greifbaren deutschen Truppen ein Zusammenbruch der Front verhindert werden.

Zwar gelang es bei diesen Abwehrkämpfen den deutschen Verbänden, insbesondere den Panzer-Einheiten, immer wieder bedeutende taktische Erfolge zu erringen und der Roten Armee schwere Verluste beizubringen, aber die strategische Gesamtlage gestaltete sich für das Deutsche Reich immer ungünstiger.

Verbände der Roten Armee drangen bis auf rumänisches Territorium vor, im Norden war die Heeresgruppe Nord zurückgedrängt und im Januar 1944 der Belagerungsring um Leningrad endgültig aufgebrochen worden. Die Rote Armee rückte bis an die Grenze des Baltikums vor.

## Der Seitenwechsel Finnlands, Rumäniens und Bulgariens

Als Mitte Januar 1944 bei Leningrad eine Großoffensive dreier sowjetischer Fronten gegen die deutsche Heeresgruppe Nord losbrach und diese von ihrer Verbindung zur finnischen Armee abschnitt, gelangte Marschall Mannerheim endgültig zu der Überzeugung, daß Deutschland den Krieg verlieren werde. Die finnische Führung trat nunmehr in geheime direkte Gespräche mit Moskau ein.

Am 9. Juni 1944 eröffnete die Rote Armee auf der Karelischen Landenge ihre seit langem vorbereitete Großoffensive gegen Finnland. Aufgrund ihrer massiven materiellen Überlegenheit gelang der Roten Armee sehr schnell der Durchbruch, am 20. Juni ging die für Finnland wichtige Stadt Wyborg verloren. Bereits einen Tag zuvor hatte Marschall Mannerheim die Reichsregierung um die Entsendung von sechs bis acht deutschen Divisionen sowie neue Waffenlieferungen ersucht, um die mittlerweile in eine Tiefe von über hundert Kilometer vorgestoßenen sowjetischen Verbände aufhalten zu können. Am 26. Juni 1944 wurde in Helsinki das Ryti-Ribbentrop-Abkommen unterzeichnet, mit dem sich Finnland als Gegenleistung für Waffenlieferungen verpflichtete, einen Separatfrieden mit den Alliierten nur mit deutscher Zustimmung zu schließen.

Durch die deutschen Lieferungen, vor allem an Munition und panzerbrechenden Waffen, wurde die Verteidigung Finnlands nachhaltig gestärkt. In der Schlacht von Tali-Ihantala gelang der finnischen Armee ein Abwehrsieg, der sich langfristig als der bedeutendste militärische Erfolg Finnlands im ganzen Krieg erweisen sollte. Mitte Juli 1944 gingen die schweren Kämpfe auf der Karelischen Landenge und in Ostkarelien ihrem Ende entgegen. Zwar hatte die finnische Armee weite Landstriche räumen müssen, letztlich aber doch noch eine Frontlinie halten können, die in etwa jener des Winterkrieges von 1939/40 entsprach. Demgegenüber hatte die Rote Armee ihr strategisches Ziel, den militärischen Zusammenbruch des Gegners herbeizuführen, nicht erreicht.

Da Moskau die gegen Finnland eingesetzten Truppen dringend für den weiteren Kampf gegen das Deutsche Reich benötigte und da das Finnlandproblem letztlich eine zu diesem Zeitpunkt unerwünschte Belastung des Verhältnisses zu Washington darstellte, ließ der Kreml die finnische Regierung bereits Mitte Juli über die schwedischen Kanäle wissen, daß er von Helsinki keineswegs eine bedingungslose Kapitulation erwarte. Nun kamen die Dinge politisch in Bewegung. Am 1. August löste Marschall Mannerheim Ryti im Amt des Staatspräsidenten ab. Als der Chef des OKW, Generalfeldmarschall Keitel, am 17. August Helsinki besuchte, erklärte ihm Mannerheim, daß er sich an die von Ryti an Hitler gegebenen Zusicherungen hinsichtlich eines Sonderfriedens mit Moskau nicht gebunden fühle. Seit dem 5. September schwiegen an der finnisch-sowjetischen Front die Waffen, zwei Tage später brach eine finnische Delegation unter Leitung des neuen Ministerpräsidenten Antti Hackzell zu Verhandlungen nach Moskau auf, die am 19. September mit der Unterzeichnung eines Waffenstillstandsvertrages endeten.[1281]

Seit dem Sommer 1943 bemühte sich die politische Führung Rumäniens erfolglos um einen Separatfrieden mit den Angloamerikanern. Washington und London beharrten darauf, daß Moskau in die Friedensgespräche miteinbezogen werden müsse. Nachdem im Frühjahr 1944 die Rote Armee die nordostrumänische Grenze erreicht hatte, nahmen auch oppositionelle Gruppierungen in Bukarest Kontakte zu den westlichen Alliierten auf. Allerdings blieben die diplomatischen Kontakte bis zum Sommer 1944 ergebnislos, da die rumänische Führung die alliierten Bedingungen nicht akzeptieren wollte. Außerdem war die politische Handlungsfreiheit Bukarests beschränkt, da seit dem März 1944 nahezu 750.000 Mann deutscher Truppen im moldauisch-bessarabischen Operationsgebiet und in der Walachei standen, die ein Ausscheiden Rumäniens aus dem Krieg verhindern konnten.

Angesichts der desolaten Kriegslage und angesichts der Tatsache, daß Marschall Antonescu die Unterzeichnung eines Waffenstillstands hinauszögerte, wurde nun die

---

[1281] Bernd Wegner. Das Kriegsende in Skandinavien, in: Das Deutsche Reich und der Zweite Weltkrieg. Bd. 8: Die Ostfront 1943/44. München 2007, S. 974 ff.

rumänische Opposition aktiv. Das Militärkomitee, ein Zusammenschluß königstreuer Offiziere, konnte im Sommer 1944 führende Offiziere der rumänischen Armee für seinen Plan gewinnen, die Kampfhandlungen auf Geheiß von König Michael I. einzustellen.

Am 20. August eröffnete die Rote Armee eine neue Großoffensive in Bessarabien und an der Moldau, die rasch zum Zusammenbruch der Verteidigung dieses Raumes durch die Heeresgruppe Südukraine führte. Nun hielt auch Antonescu den Abschluß eines Waffenstillstands für geboten; in einer Audienz am Nachmittag des 23. August machte er dem König den Vorschlag, den Kampf einzustellen. Der König hatte sich jedoch bereits ganz auf die Seite der Oppositionsgruppen geschlagen und ließ den Marschall festnehmen. Unmittelbar danach wurden fast alle Mitglieder der Regierung Antonescu verhaftet, und der König ernannte seinen Hofmarschall, Generaloberst Konstantin Sanatescu, zum neuen Ministerpräsidenten. Da das Offizierskorps das Vorgehen des Königs billigte und da es gelang, die Aktion vor den Deutschen geheimzuhalten, lief der Staatsstreich glatt ab. Zwei Tage später verkündete König Michael I. über Rundfunk den Waffenstillstand mit den Alliierten.

Hitler entschied, gegen die neue Staatsführung mit militärischer Gewalt vorzugehen und König Michael I. verhaften zu lassen. Aus kriegswirtschaftlichen Gründen war Deutschland gezwungen, seine Kontrolle über das Erdölgebiet von Ploesti mit allen Mitteln aufrechtzuerhalten.

Der Versuch, den Staatsstreich der königstreuen Opposition niederzuschlagen, scheiterte aufgrund der unzureichenden deutschen Kräfte. Hinzu kam, daß die deutsche 6. Armee von weit überlegenen Kräften der Roten Armee überraschend schnell eingeschlossen und vernichtet wurde, was zum völligen Zusammenbruch der deutschen Position in Rumänien führte.

In Bulgarien führten der Staatsstreich in Bukarest und der rasche Vormarsch der Roten Armee im Nachbarland in den letzten Augusttagen zu einem Umschwung in der politischen Stimmung. Die Regierung in Sofia hatte sich angesichts der deutschen militärischen Mißerfolge schon seit dem Sommer 1943 darum bemüht, sich aus dem Drei-Mächte-Pakt zurückzuziehen. Am 5. September löste die Sowjetunion die bilateralen Kontakte, erklärte dem Königreich den Krieg, und drei Tage später marschierten sowjetische Streitkräfte widerstandslos in Bulgarien ein. An diesem 5. September brach Sofia auch die diplomatischen Beziehungen zum Deutschen Reich ab und erklärte ihm am 9. September den Krieg. Mit dem Staatsstreich in Bukarest und dem Ausscheiden Bulgariens aus dem Drei-Mächte-Pakt brach die deutsche Vorherrschaft über Südosteuropa in kürzester Zeit zusammen.[1282]

# Die Lage der Heeresgruppe Mitte im Frühsommer 1944

Der Heeresgruppe Mitte war es bis zum späten Frühjahr 1944 gelungen, den größten Teil des weißrussischen Gebiets zu behaupten. Dadurch war diese Heeresgruppe im Frühsommer 1944 allerdings der am weitesten im Osten stehende deutsche Großverband und befand sich in einer sehr exponierten Lage. Aufgrund der zahlenmäßigen Übermacht der Roten Armee war absehbar, daß auch das weißrussische Gebiet auf Dauer nicht zu halten war. Vom Stab der Heeresgruppe wurden daher Pläne für einen schrittweisen Rückzug auf eine stark verkürzte Frontlinie ausgearbeitet, wodurch eine stärkere Besetzung der Hauptkampflinie (HKL) ermöglicht und Reserven gewonnen

---

[1282] Klaus Schönherr. Die Rückzugkämpfe in Rumänien und Siebenbürgen im Sommer/Herbst 1944, in: Das Deutsche Reich und der Zweite Weltkrieg. Bd. 8: Die Ostfront 1943/44, hrsg. v. Karl-Heinz Frieser, München 2007, S. 731 ff.

werden sollten. Die Durchführung dieser Maßnahme wurde durch den Heeresgruppenbefehlshaber Generalfeldmarschall Ernst Busch beim Oberkommando des Heeres (OKH) und beim Oberkommando der Wehrmacht (OKW) beantragt. Diese Pläne stießen jedoch auf den Widerstand Hitlers, der nicht bereit war, ohne Grund Rückzüge in größerem Umfang zuzulassen. Mit dem von ihm selbst entwickelten Konzept der als „Wellenbrecher" gedachten „festen Plätze" glaubte er, die verbliebenen sowjetischen Gebiete halten zu können. Im Bereich der Heeresgruppe Mitte wurden die Städte Witebsk, Orscha, Minsk, Mogilew und Bobruisk von Hitler am 8. März 1944 zu „festen Plätzen" erklärt. Sie sollten nach seinen Vorstellungen zu einem späteren Zeitpunkt als Ausgangspunkt für eine neue deutsche Offensive Richtung Osten dienen. Hitler machte auf einer Besprechung am 20. Mai 1944 Generalfeldmarschall Busch den Vorwurf, daß dieser nun auch an Rückzug denken würde, woraufhin dieser sich außerstande sah, die von ihm vertretene Frontverkürzung durchzusetzen. Trotz heftiger Proteste seitens der Busch unterstehenden Armeebefehlshaber unterblieb daher ein Rückzug in eine verkürzte HKL.[1283] Zur Verteidigung der „festen Plätze" wurde jeweils eine Frontdivision eingeteilt und sämtliche Mittel für den Bau zusätzlicher Verteidigungsstellungen bewilligt. Dem festen Platz Witebsk wurden als besonders exponiertem Ort drei Divisionen zugeteilt.[1284]

Das OKH rechnete im Sommer 1944 aus verschiedenen Gründen fest mit einer Großoffensive der Roten Armee. Die Abteilung Fremde Heere Ost unter Generalmajor Reinhard Gehlen erwartete den Hauptstoß aber im Bereich der Heeresgruppe Nordukraine in Richtung der polnischen Hauptstadt Warschau bis zur Weichselmündung.[1285] Die deutschen Generale befürchteten, daß durch diesen Angriff die Heeresgruppen Nord und Mitte von ihren Nachschublinien abgeschnitten würden, was einen Zusammenbruch der gesamten deutschen Ostfront zur Folge gehabt hätte.[1286] Insbesondere Generalfeldmarschall Walter Model vertrat als Befehlshaber der Heeresgruppe Nordukraine diese These.[1287] Diese falsche Beurteilung der gegnerischen Absichten für den Sommer 1944 sollte sich als die gravierendste Fehleinschätzung herausstellen, die der Abteilung Fremde Heere Ost während des gesamten Rußlandfeldzuges unterlief.[1288]

Die Heeresgruppe Mitte war bis zum Sommer 1944 der stärkste in der Sowjetunion stehende deutsche Großverband. Aufgrund der immer schlechteren strategischen Gesamtlage des Reiches machte der allgemeine Mangel auch vor der Heeresgruppe Mitte nicht halt: Es fehlte an Soldaten, Fahrzeugen, Flugzeugen, Treibstoff und Munition. Angesichts des weit nach Osten hineinragenden Frontbogens und der unzureichenden Kräfte glich die Situation der Heeresgruppe Mitte im Frühsommer 1944 der eines Kartenhauses.[1289]

Große Teile des von der Heeresgruppe Mitte besetzten Gebiets wurden seit 1942 von sowjetischen Partisaneneinheiten unsicher gemacht, die durch eine besondere Abteilung des NKWD unter Generalleutnant Panteleimon Ponomarenko geleitet wurden. Die dichten Wälder und Sümpfe bildeten schwer überschaubare Rückzugsräume für die Partisanen. Ihre Haupttätigkeit war die Bekämpfung der Besatzungstruppen durch Hinterhalte und Störung des Nachschubs für die Front vor allem durch Gleissprengungen. Neben diesen prosowjetischen Gruppierungen existierten im polnischen Teil Weißrußlands

[1283] Tippelskirch, Geschichte des Zweiten Weltkrieges, S. 462.
[1284] Hermann Gackenholz. Der Zusammenbruch der Heeresgruppe Mitte 1944. In: Jacobsen/Rohwer (Hrsg.). Entscheidungsschlachten des Zweiten Weltkrieges. Frankfurt a.M. 1960, S. 451.
[1285] Stephan, Stalin's Secret War, S. 148.
[1286] Frieser, Das Deutsche Reich und der Zweite Weltkrieg, Bd. 8, S. 424 ff.
[1287] Tippelskirch, Geschichte des Zweigen Weltkrieges, S. 460.
[1288] Stephan, Stalin's Secret War, S. 148.
[1289] Frieser, Das Deutsche Reich und der Zweite Weltkrieg, Bd. 8, S. 527.

Partisanen der Polnischen Heimatarmee (Armia Krajowa), die nicht nur die deutschen Soldaten, sondern ab dem Herbst 1943 auch die sowjetischen Partisanen bekämpften.[1290] Eine weitere Partisanenbewegung war die Weißrussische Unabhängige Partei, die sich gleichzeitig gegen die deutschen Besatzer wie auch die Rote Armee wandte. Des weiteren operierte im Hinterland die Ukrainische Aufstandsarmee (UPA) gegen polnische und sowjetische Partisanen im Kampf um eine unabhängige Ukraine. Die sowjetischen Partisanen wurden von Offizieren der Roten Armee und des NKWD professionell geführt und waren zu koordinierten Aktionen fähig. Im Sommer 1943 begannen direkt von der Stawka geleitete Sabotageaktionen, von denen die wichtigste die „Operation Eisenbahnkrieg", die Störung des deutschen Nachschubs durch Sprengstoffanschläge, war. Die dritte Phase der „Operation Eisenbahnkrieg" fand kurz vor dem Beginn der Operation „Bagration" statt. In der Nacht vom 19. auf den 20. Juni begannen die weißrussischen Partisanen damit, die Bahnlinien Pinsk–Luninez, Borissow–Orscha und Molodetschno–Polozk, die einzigen in den Bereich der Armeen der Heeresgruppe Mitte führenden Eisenbahnverbindungen, systematisch zu stören.[1291] Die von den Freischärlern gelegten Sprengladungen unterbrachen den Nachschub der deutschen Truppen für 48 Stunden nahezu vollständig.

## Die Vorbereitungen der Roten Armee

Auf sowjetischer Seite wurden nach dem Ende der Kesselschlacht von Kamenez-Podolsk am 17. April 1944 von der Stawka an der Westfront alle offensiven Operationen bis Anfang Juni angehalten, um die Kräfte für Großoffensiven zur endgültigen Vertreibung aller deutschen Truppen vom Staatsgebiet der Sowjetunion zu konzentrieren. Nur auf der Halbinsel Krim fanden bis in den Mai hinein Kampfhandlungen mit der deutschen 17. Armee statt, die mit der Eroberung von Sewastopol durch die Rote Armee ihren Abschluß fanden.

Nachdem die Verbände der Heeresgruppe Süd, die vom Sommer 1943 bis zum April 1944 die Hauptlast der Kämpfe an der Ostfront getragen hatten, weitgehend von sowjetischem Gebiet vertrieben worden waren, stellte die Heeresgruppe Mitte immer noch ein erhebliches Hindernis für die sowjetischen Truppen dar. Es bot sich daher – wie von der deutschen Generalität erwartet – ein Vorstoß im Bereich der Heeresgruppe Nordukraine in Richtung Warschau an. Die Stawka entschied sich jedoch im April 1944 statt dessen für einen Angriff in Weißrußland. Die Pläne der Offensive wurden vom Chef des Generalstabes der Roten Armee Armeegeneral Alexei Antonow ausgearbeitet. Antonows Plan wurde von den Marschällen Wassiljewski und Schukow übernommen und Stalin und den anderen Befehlshabern am 20. Mai 1944 in einer Besprechung vorgelegt. Stalin erteilte seine Genehmigung am 31. Mai und benannte die Offensive nach dem zaristischen General aus einem georgischen Adelsgeschlecht, Pjotr Bagration, der im Vaterländischen Krieg gegen Napoleon I. 1812/13 eine bedeutende Rolle gespielt hatte. Der Termin für den Beginn sollte gemäß den Vereinbarungen, die auf der Konferenz von Teheran getroffen worden waren, mit der Operation „Overlord", der geplanten Landung der Alliierten in der Normandie, zeitlich koordiniert werden.[1292] Die Vorbereitungen auf sowjetischer Seite dauerten jedoch länger als geplant, so daß die Offensive erst am 22. Juni 1944, auf den Tag genau drei Jahre nach Beginn des Rußlandfeldzuges, losbrach.

---

[1290] Musial, Sowjetische Partisanen in Weißrußland, S. 221 ff.
[1291] Tippelskirch, Geschichte des Zweiten Weltkrieges, S. 462.
[1292] Gackenholz, Der Zusammenbruch der Heeresgruppe Mitte, S. 445.

Die Wehrmacht hatte in dem Zeitraum zwischen dem Juli 1943 und dem Juni 1944 bewiesen, daß sie nach wie vor in der Lage war, der Roten Armee schwere Verluste zuzufügen. Da die Heeresgruppe Mitte im Sommer 1944 der stärkste deutsche Verband an der Ostfront war, wurde eine große Anzahl von sowjetischen Verbänden an der Grenze zu Weißrußland konzentriert, um eine erhebliche personelle und materielle Überlegenheit gegenüber der Heeresgruppe Mitte zu schaffen. Die inzwischen sehr leistungsfähige sowjetische Rüstungsindustrie ermöglichte es der Stawka, eine riesige Menge von Kriegsmaterial anzuhäufen. Die Moral der sowjetischen Soldaten am weißrussischen Frontabschnitt war bis in den Juni 1944 hinein schlecht, was auf allgemeine Kriegsmüdigkeit, unzumutbare Zustände sowie schikanöse Behandlung durch Vorgesetzte zurückzuführen war.[1293] Um das OKW über die beabsichtigte Stoßrichtung des Angriffs im unklaren zu halten, wurden durch Antonow und Schukow ab dem 29. Mai 1944 umfangreiche Tarn-Maßnahmen in Gang gesetzt.[1294] Ziel dieser Aktionen waren unter anderem die Vortäuschung sowjetischer Truppenkonzentrationen vor dem Frontabschnitt der Heeresgruppe Südukraine durch die 3. Ukrainische Front[1295] und die Verschleierung des tatsächlichen Aufmarsches in Weißrußland. Diese Aufgabe war bei den massiven Truppenbewegungen, die die Operation „Bagration" erforderte, nicht einfach, konnte aber von der Stawka erfolgreich bewältigt werden. Deutsche Aufklärungsflugzeuge blieben über Scheinkonzentrationen sowjetischer Truppen in der Ukraine, deren Panzer und Fahrzeuge zum Teil Attrappen waren, bewußt unbehelligt. Die echten Truppenbewegungen der Roten Armee erfolgten dagegen in der Nacht.[1296] Auf sowjetischer Seite herrschte außerdem strenge Funkstille, so daß die deutsche Funkaufklärung nur wenige Informationen gewinnen konnte.[1297] Im OKW war man bis zum tatsächlichen Beginn des Angriffs nicht über die beabsichtigte Stoßrichtung informiert und vermutete sie im Bereich der Heeresgruppe Nordukraine. Obwohl auf Korpsebene die Zusammenballung sowjetischer Kräfte im Bereich der Heeresgruppe Mitte durchaus beobachtet und weitergemeldet wurde[1298] und die Führung der Heeresgruppe sich seit dem 10. Juni[1299] im klaren darüber war, daß eine Offensive in ihrem Frontabschnitt stattfinden würde,[1300] zog das Oberkommando des Heeres (OKH) gemäß den Weisungen des OKW starke Kräfte von der Heeresgruppe Mitte ab und verstärkte die Heeresgruppe Nordukraine.[1301]

Der sowjetische Operationsplan sah einen Durchbruch durch die deutschen Linien an drei Frontabschnitten vor. Das erste Hauptziel war die Ausschaltung der deutschen 3. Panzerarmee und die Einnahme der festen Plätze Witebsk und Orscha. Diese Aufgabe sollte von der 1. Baltischen Front unter dem Kommando des Armeegenerals Iwan Bagramjan im Zusammenwirken mit der benachbarten 3. Weißrussischen Front unter Armeegeneral Iwan Tschernjachowski erfüllt werden. Der zweite Schwerpunkt der sowjetischen Offensive war ein Angriff der 2. Weißrussischen Front unter dem Kommando von General Georgi Sacharow auf die Stellungen der deutschen 4. Armee unter der Führung von General der Infanterie Kurt von Tippelskirch, die der Stadt Mogilew vorgelagert waren. Der dritte Angriff zielte auf die Stadt Bobruisk, in der das Hauptquartier der deutschen 9. Armee unter General der Infanterie Hans Jordan lag. Dieser Armee stand der nördliche Flügel der 1. Weißrussischen Front unter dem Marschall der Sowjetunion

---

[1293]  Catherine Merridale, Ivan's War. London 2006, S. 267.
[1294]  Frieser, Das Deutsche Reich und der Zweite Weltkrieg, Bd. 8, S. 517.
[1295]  David Glantz, Belorussia 1944. London 2001, S. 29.
[1296]  David Glantz, Soviet Military Deception in the Second World War. London 1989, S. 364 ff.
[1297]  Wassili Tschuikow, Das Ende des Dritten Reiches. München 1966, S. 15.
[1298]  Tippelskirch, Geschichte des Zweiten Weltkrieges, S. 462.
[1299]  Ebenda, S. 460.
[1300]  Joachim Saucken/Dietrich v. Neumann, Die 4. Panzer-Division, Bd. 2, Bonn 1985, S. 363.
[1301]  Tippelskirch, Geschichte des Zweiten Weltkrieges, S. 460.

Konstantin Rokossowski gegenüber. Der südliche Flügel von Rokossowskis Truppen befand sich hauptsächlich in der nordwestlichen Ukraine im Frontabschnitt vor der Stadt Kowel und sollte zunächst untätig bleiben. In der Lücke zwischen beiden Flügeln lagen die schwer zugänglichen Pripjetsümpfe. Die drei Angriffe sollten zeitlich gestaffelt erfolgen. Am 22. Juni begannen die Kämpfe bei Witebsk,[1302] am darauffolgenden Tag wurde die deutsche 4. Armee zum ersten Mal attackiert, und am 24. Juni griff die 1. Weißrussische Front im Bereich der deutschen 9. Armee an. Die bei Bobruisk und Witebsk angreifenden Kräfte sollten sich nach einer Zangenbewegung bei Minsk vereinigen und große Teile der Heeresgruppe Mitte in einem riesigen Kessel einschließen. Die Attacke bei Mogilew sollte sicherstellen, daß die deutsche 4. Armee gefesselt und nicht zur Entlastung der 3. Panzer-Armee oder der 9. Armee eingesetzt werden konnte. Nach der erfolgreichen Einkreisung der deutschen Armeen sollten möglichst große Teile des weißrussischen Hinterlands besetzt werden.

Für die Offensive wurden von seiten der Roten Armee insgesamt 1.670.000 Soldaten mit 32.718 Geschützen, Raketenwerfern und Mörsern, 5.818 Panzern und Sturmgeschützen und 7.799 Flugzeugen eingesetzt. Ihnen gegenüber standen 849.000 Soldaten der Heeresgruppe Mitte, davon waren aber nur 486.493 tatsächlich direkt an der Front, der große Rest war in der Etappe und in den rückwärtigen Diensten tätig. Die deutschen Truppen waren mit 3.236 Geschützen, Raketenwerfern und Mörsern, 570 Panzern und Sturmgeschützen und 602 Flugzeugen materiell weit unterlegen.[1303] Die strategische Reserve der Roten Armee umfaßte am 1. Juni 1944 eine Panzer-Armee, 36 Schützen- und Kavallerie-Divisionen, 16 Panzer- und mechanisierte Korps und elf Artillerie-Divisionen.

Die deutsche Wehrmacht besaß zu diesem Zeitpunkt keine nennenswerte strategische Reserve. Seit der Schlacht bei Kursk hatte sich die Zahl der an der Ostfront eingesetzten deutschen Kampfflugzeuge ständig verringert, weil zur Abwehr der alliierten Landungen in Italien und der Normandie Luftwaffenverbände an diese Kriegsschauplätze abgegeben werden mußten. Die deutsche Luftflotte 6 unter Robert Ritter von Greim, die zur Unterstützung der Heeresgruppe Mitte vorgesehen war, hatte aufgrund von Verlusten und technischen Ausfällen im Juni 1944 nur noch 61 einsatzbereite Jagdflugzeuge zur Verfügung.[1304] Die für die Offensive bereitgestellten sowjetischen Fliegerkräfte umfaßten dagegen vier Luftarmeen mit Tausenden Flugzeugen aller Art, jeder sowjetischen Angriffsfront war eine Luftarmee zugeteilt.[1305]

# Witebsk

Der Angriff der Roten Armee begann am Morgen des 22. Juni um 4 Uhr mit dem stärksten Artilleriefeuer, das bis dahin auf die Stellungen der Heeresgruppe Mitte niedergegangen war. Die Rote Armee hatte in den geplanten Durchbruchszonen Artilleriegeschütze in einer Dichte von 178 Geschützen pro Kilometer Frontbreite aufgestellt. Dieser massiven Feuerkraft hielten die deutschen Stellungen nicht lange stand. Der in der sowjetischen Literatur als Witebsk-Orscha-Operation bezeichnete Angriff war der verheerendste der drei anfänglichen sowjetischen Vorstöße, für die Eroberung der „festen Plätze" Witebsk und Orscha wurden insgesamt zwei Fronten der Roten Armee eingesetzt.

---

[1302] Kurt Mehner, Die geheimen Tagesberichte der Deutschen Wehrmachtsführung im Zweiten Weltkrieg, Bd. 10, Osnabrück 1987, S. 284 ff.

[1303] Frieser, Das Deutsche Reich und der Zweite Weltkrieg, Bd. 8, S. 532.

[1304] Frieser, Das Deutsche Reich und der Zweite Weltkrieg, Bd. 8, S. 533.

[1305] Groehler, Geschichte des Luftkrieges, S. 435.

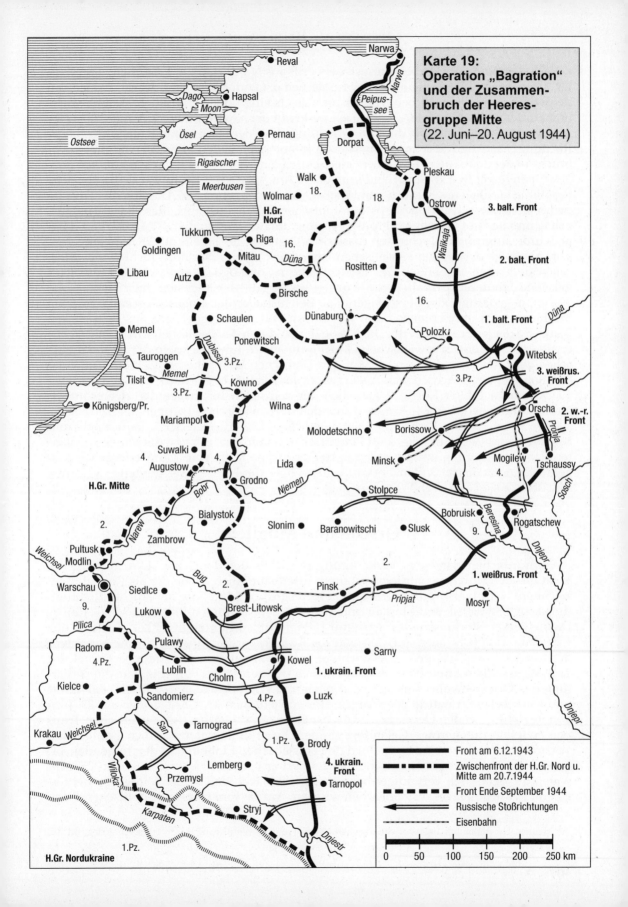

**Karte 19:**
**Operation „Bagration"**
**und der Zusammen-**
**bruch der Heeres-**
**gruppe Mitte**
(22. Juni–20. August 1944)

Narwa
Reval
Dago
Hapsal
Moon
Peipus-see
Pernau
Ösel
Ostsee
Dorpat
Pleskau
Rigaischer
Walk
18.
Ostrow
**3. balt. Front**
Meerbusen
Wolmar
18.
Walkaja
H.Gr.
Nord
Tukkum
Riga
16.
Rositten
**2. balt. Front**
Goldingen
Mitau
Düna
Libau
Autz
Birsche
16.
Düna
Memel
Schaulen
Dünaburg
**1. balt. Front**
Dubissa
Ponewitsch
Polozk
Witebsk
Tauroggen
3.Pz.
Kowno
3.Pz.
**3. weißrus.**
Tilsit
Memel
**Front**
3.Pz.
Wilna
**2. w.-r.**
Königsberg/Pr.
Orscha
**Front**
Mariampol
Molodetschno
Borissow
Pronja
Suwalki
Mogilew
Tschaussy
4.
Lida
Minsk
4.
Sossch
Augustow
Grodno
Njemen
**H.Gr. Mitte**
Bobr
Stolpce
Beresina
Dnjepr
2.
Narew
Bialystok
Slonim
Baranowitschi
Slusk
Bobruisk
Rogatschew
Zambrow
9.
Pultusk
Weichsel
2.
Bug
2.
Pinsk
Pripjat
**1. weißrus. Front**
Modlin
Warschau
2.
Brest-Litowsk
Mosyr
9.
Lukow
Pilica
Pulawy
Radom
Sarny
4.Pz.
Lublin
Kowel
**1. ukrain. Front**
Kielce
Cholm
Sandomierz
4.Pz.
Luzk
Krakau
Weichsel
Tarnograd
San
1.Pz.
Brody
**4. ukrain.**
Lemberg
Tarnopol
**Front**
Przemysl
Wiloka
Stryj
Karpaten
Dnjestr
1.Pz.
**H.Gr. Nordukraine**

| | |
|---|---|
| ▬▬▬▬ | Front am 6.12.1943 |
| ▬·▬·▬· | Zwischenfront der H.Gr. Nord u. Mitte am 20.7.1944 |
| ▬ ▬ ▬ ▬ | Front Ende September 1944 |
| ◄─── | Russische Stoßrichtungen |
| ┄┄┄┄ | Eisenbahn |

0    50    100    150    200    250 km

Nach dem Ende des Vorbereitungsfeuers griff aus Nordosten die 1. Baltische Front unter Armeegeneral Bagramjan mit der russischen 6. Gardearmee und der 43. Armee den deutschen Frontabschnitt bei Witebsk an. Gleichzeitig attackierte die 3. Weißrussische Front unter Generalleutnant Tschernjachowski mit der sowjetischen 39. Armee, 5. Armee und der 11. Gardearmee die deutschen Stellungen bei der Stadt Witebsk aus südöstlicher Richtung. Die Angriffe wurden zuerst von Infanterieeinheiten vorgetragen, um Durchbrüche in der deutschen Front zu erzielen. Durch die entstandenen Lücken konnten Panzerverbände tief in das Hinterland vorstoßen. Am Abend des 24. Juni war die deutsche Frontlinie nördlich und südlich von Witebsk zusammengebrochen. Das aus drei Divisionen bestehende LIII. Armeekorps der deutschen 3. Panzer-Armee, das 30.000 Soldaten zählte und den gut befestigten Frontvorsprung um den „festen Platz" Witebsk verteidigte, wurde aufgrund des schnellen russischen Durchbruchs bereits am 25. Juni eingekesselt. Als Folge der großen sowjetischen Übermacht war es den noch nicht eingeschlossenen deutschen Verbänden des IX. Armeekorps unmöglich, eine westlich der Stadt gelegene Frontlinie zu halten; sie wurden im Verlauf der nächsten Tage weiter nach Westen abgedrängt oder zerschlagen. Die Befehlshaber der eingeschlossenen Truppen befahlen am 25. Juni entgegen den Weisungen Hitlers den Ausbruch aus dem „festen Platz",[1306] der jedoch scheiterte. Die Masse der Soldaten des deutschen LIII. Armeekorps ergab sich nach einem sowjetischen Großangriff am 27. Juni, nachdem der Abstand zwischen dem Kessel und den noch von den Deutschen kontrollierten Gebieten auf über 80 Kilometer angewachsen war. Als Ergebnis der Kämpfe bei Witebsk entstand ein etwa 100 Kilometer breiter Korridor zwischen der deutschen 16. Armee der Heeresgruppe Nord und der deutschen 4. Armee, durch den die sowjetischen Truppen der 3. Weißrussischen Front rasch in Richtung Minsk vorstießen. Die Truppen der 1. Baltischen Front begannen, das Gebiet um die Stadt Polozk anzugreifen. Eine der von der Stawka geplanten Zangenbewegung um die gesamte Heeresgruppe Mitte war damit erfolgreich ausgeführt. Die deutsche 3. Panzer-Armee hatte über die Hälfte ihrer Einheiten verloren, ihre Reste zogen sich nach Westen zurück.

## Orscha und Mogilew

Am nördlichen Rand des Verteidigungsbereiches der deutschen 4. Armee lag die Stadt Orscha. Durch sie verliefen mehrere Eisenbahnlinien sowie die als Rollbahn bezeichnete Hauptversorgungsstraße der Heeresgruppe Mitte, die in östlicher Richtung direkt nach Smolensk und Moskau und in westlicher Richtung direkt nach Minsk führte. Da die verkehrstechnische Infrastruktur in Weißrußland unterentwickelt war und nur wenige befestigte Straßen aufwies, war die Rückeroberung Orschas für die angreifenden sowjetischen Truppen eine wichtige Aufgabe, mit der der südliche Flügel der 3. Weißrussischen Front betraut wurde. Auch der deutschen Führung war die Bedeutung des Ortes bewußt, weshalb er ähnlich wie Witebsk als „fester Platz" deklariert und stark befestigt wurde. Der Angriff der sowjetischen 11. Gardearmee am 23. Juni konnte daher von den Deutschen zunächst abgewehrt werden, die sowjetischen Truppen erzielten nur geringe Geländegewinne. Durch den weiter nördlich erfolgenden Vorstoß auf Witebsk gelang es jedoch den sowjetischen Einheiten in den folgenden Tagen, die stark befestigten deutschen Verteidigungsbereiche zu umgehen. Am 25. Juni waren die deutschen Verteidiger bereits so geschwächt, daß die Verteidigungsstellungen im Laufe des Tages durchbrochen wurden. Am 26. Juni waren die deutschen Trup-

---

[1306] Mehner, Die geheimen Tagesberichte der Deutschen Wehrmachtsführung im Zweiten Weltkrieg, Bd. 10, S. 295.

pen dabei, sich aus dem Gebiet um Orscha vor einer drohenden Einkesselung zurückzuziehen, so daß die Stadt am Abend von sowjetischen Truppen eingenommen werden
konnte. Damit war die deutsche Verteidigung der wichtigen Straße nach Minsk gescheitert. Sowjetische Panzerverbände der 11. Gardearmee stießen auf ihr mit hohem
Tempo in Richtung der weißrussischen Hauptstadt vor. Die deutschen Verbände zogen
sich im Laufe der folgenden Tage gemeinsam mit der übrigen deutschen 4. Armee in
Richtung Westen zurück.

Im mittleren Sektor des von der Heeresgruppe Mitte gehaltenen Gebietes begannen die
Truppen der erst im Frühjahr 1944 neu gebildeten 2. Weißrussischen Front ihre Angriffe
gegen die Stellungen der deutschen 4. Armee am 23. Juni. Die Angriffskraft der sowjetischen Truppen war wesentlich geringer als im Witebsker Gebiet. Bei Mogilew sollte nur
ein vorzeitiger Rückzug der deutschen 4. Armee verhindert werden, durch den sich die
Heeresgruppe Mitte der Einschließung möglicherweise hätte entziehen können. Die
sowjetische 49. Armee drang bis zum Abend des 26. Juni 30 Kilometer in Richtung Mogilew vor. Hitler erteilte daraufhin den Befehl, daß die 12. Infanterie-Division die zur Festung erklärte Stadt bis zum letzten Mann zu verteidigen habe, um den Vormarsch der
sowjetischen 49. Armee zu verzögern. Alle anderen Teile der deutschen 4. Armee zogen
sich weiter in Richtung Minsk zurück, so daß diese Division praktisch geopfert wurde.
Die sowjetischen Truppen schlossen Mogilew am 27. Juni ein, der „feste Platz" wurde
nach erbitterten Kämpfen am 28. Juni eingenommen.

# Der Kessel von Bobruisk

In dem südlichen, von der deutschen 9. Armee gehaltenen Frontabschnitt begann die
Offensive der 1. Weißrussischen Front unter Marschall Rokossowski am 24. Juni. Auch
hier wurde der Angriff durch schweres Artilleriefeuer sowie durch Schlachtflugzeuge
unterstützt. Gemäß Rokossowskis Plan griffen die sowjetischen Truppen nördlich von
Rogatschew und südlich von Paritschi an. Am Abend gelang es den Angreifern der
sowjetischen 65. Armee unter Generalleutnant Pawel Batow, die Front des deutschen
XXXV. Armeekorps bei Paritschi zu durchbrechen. Der Kommandeur der deutschen
9. Armee beging den Fehler, die 20. Panzer-Division, den einzigen kampfstarken deutschen Großverband, auf beide Schwerpunkte aufzuteilen, wodurch beide Angriffe der
1. Weißrussischen Front Erfolge erringen konnten. Die schnellen sowjetischen motorisierten Verbände im Süden stießen nach dem Durchbruch in Richtung Bobruisk und
von dort nach Osipowitschy vor. Die langsameren sowjetischen Infanterieeinheiten
drehten nach Norden ein und begannen, mit den aus Richtung Rogatschew angreifenden Teilen das Gros der deutschen 9. Armee einzuschließen. Aufgrund zweier gegen-
sätzlicher Befehle, die zum einen das Halten von Bobruisk, zum anderen den Rückzug
aus der Stadt anordneten, herrschte auf deutscher Seite Durcheinander. Im Gegensatz
zu den in Witebsk stationierten Einheiten wurde den Truppen der deutschen 9. Armee
mit Ausnahme der 383. Infanterie-Division schließlich doch ein Rückzug nach Nordwesten in Richtung Minsk genehmigt. Große Teile der Einheiten mußten dabei den
Weg über Bobruisk nehmen. Wegen der fast vollständigen Motorisierung gelang es den
sowjetischen Truppen, die sich zurückziehenden deutschen Einheiten zu überholen
und am 27. Juni gegen 16 Uhr einen Kessel um große Teile der deutschen 9. Armee zu
bilden. Dabei wurden etwa 70.000 Soldaten eingeschlossen. Der Kessel wurde am folgenden Tag in zwei Teile gespalten, die jeweils am westlichen und östlichen Ufer der
Beresina lagen. Mit den verbliebenen Panzern der 20. Panzer-Division durchbrachen
etwa 15.000 bis 30.000 deutsche Soldaten den sowjetischen Einschließungsring. Sie
kämpften sich zunächst in nördlicher Richtung entlang der Beresina an dem gerade

von der Roten Armee besetzten Osipowitschy vorbei und später nach Nordwesten auf die aus Richtung Marina Gorka entgegenkommende 12. Panzer-Division zu, die zu den ersten Verstärkungen gehörte, die bei der Heeresgruppe Mitte nach dem Beginn der sowjetischen Offensive eingetroffen waren. Der größere Teil der deutschen Soldaten konnte nicht aus dem Kessel von Bobruisk entkommen. Die in Bobruisk eingeschlossene 383. Infanterie-Division verteidigte den „festen Platz" und ergab sich am 29. Juni der Übermacht. Die Truppen der 1. Weißrussischen Front stießen nach ihrem Erfolg durch einen breiten Korridor auf Minsk vor. Die Rote Armee schloß den Ring um die noch intakte deutsche 4. Armee, die sich noch weiter östlich gegen die 2. Weißrussische Front verteidigte, sowie um die sich zurückziehenden nördlich von Bobruisk stehenden Reste der deutschen 9. Armee.

## Die Rückeroberung von Minsk

Das OKW erkannte erst am 26. Juni das Ausmaß der drohenden Katastrophe, sofort wurden alle verfügbaren Reserven, die vorher der Heeresgruppe Nordukraine zugeteilt worden waren oder sich zur Auffrischung im Reichsgebiet befanden, in Richtung der Heeresgruppe Mitte in Marsch gesetzt. Insgesamt wurden bis zum 29. August 1944 acht Panzerdivisionen als Verstärkung zur Heeresgruppe Mitte verlegt.[1307] Busch wurde als Oberbefehlshaber der Heeresgruppe Mitte am Abend des 28. Juni entlassen und durch Generalfeldmarschall Model ersetzt.[1308] Model hatte den Vorteil, daß er das Kommando über die Heeresgruppe Nordukraine behielt und somit ohne Zeitverlust Verstärkungen zur Heeresgruppe Mitte umleiten konnte. Durch diese Umgruppierungen konnten die katastrophalen Probleme, mit denen sich die Heeresgruppe Mitte konfrontiert sah, allerdings nicht gelöst werden, ihre Front war bis zum Abend des Tages auf einer Breite von etwa 300 Kilometern durchbrochen worden.

Bereits während der Endphase der Kesselschlachten von Witebsk und Bobruisk waren gepanzerte Angriffsspitzen der sowjetischen Fronten in Richtung auf die weißrussische Hauptstadt Minsk vorgestoßen. Der nördliche Flügel des sowjetischen Angriffs wurde von der unter dem Befehl des Marschalls der Panzertruppen Pawel A. Rotmistrow stehenden 5. Garde-Panzerarmee gebildet, der südliche Vorstoß wurde vom I. Garde-Panzerkorps der 1. Weißrussischen Front durchgeführt.[1309] Der Zusammenbruch der Heeresgruppe Mitte zeichnete sich mit aller Deutlichkeit ab, als es dem sowjetischen II. Garde-Panzerkorps der 5. Garde-Panzerarmee am 3. Juli gelang, Minsk einzunehmen. Die ebenfalls zum „festen Platz" erklärte Stadt wurde kaum verteidigt, weil sich dort zwar große Mengen an Nachschubmaterial, aber keine nennenswerten Kampftruppen mehr befanden. Die bis dahin noch auf dem Ostufer der Beresina befindliche deutsche 4. Armee konnte wegen zu geringer Marschgeschwindigkeit den Flußübergang erst am gleichen Tag beenden und war nun zusammen mit Teilen des XXXXI. Panzerkorps der deutschen 9. Armee eingekesselt. Das Oberkommando über die deutsche 4. Armee wurde am 1. Juli Generalleutnant Vincenz Müller übertragen. Müller sollte versuchen, die ihm unterstellten Truppen in einem wandernden Kessel in Richtung Westen an Minsk vorbei zu bewegen und wieder den Anschluß an die deutschen Stellungen gewinnen. Bis zum 3. Juli, als die deutsche 4. Armee endgültig von der Roten Armee eingeschlossen wurde, verlief der Rückzug langsam, aber im großen und ganzen planmäßig. Nach der sowjetischen Rückeroberung von Minsk verstärkte

---

[1307] Glantz, Belorussia 1944, S. 180 f.
[1308] Saucken, Neumann, 4. Panzer-Division, Bd. 2, S. 366.
[1309] Frieser, Das Deutsche Reich und der Zweite Weltkrieg, Bd. 8, S. 552.

sich der Druck durch die 2. Weißrussische Front. Die Lage der Reste der deutschen 4. Armee wurde in den folgenden Tagen immer dramatischer. Die Angriffsspitzen der Deutschen, die sich einen Weg nach Westen bahnen sollten, kamen zunehmend schwerer voran. Am 6. Juli blockierten die sowjetische 49. Armee und die sowjetische 33. Armee die Rückzugsstraße Beresino–Minsk und schnitten die an der Spitze der deutschen 4. Armee stehende 110. Infanterie-Division vom Rest des Verbandes ab. Der Treibstoff und die Munition gingen zur Neige, Generalleutnant Müller schätzte die Lage als hoffnungslos ein und schlug in einer am 6. Juli stattfindenden Stabsbesprechung des XXVII. Armeekorps vor,[1310] den Kampf einzustellen.[1311] Sein Vorschlag wurde von den meisten seiner Kommandeure abgelehnt, die zu ihren Einheiten gingen und von nun an auf eigene Faust nach Westen durchstoßen wollten. Da Generalleutnant Müller, der sich inzwischen zum sowjetischen Gegner begeben und dort formell kapituliert hatte, über einen Großteil seiner Streitkräfte faktisch keine Befehlsgewalt mehr hatte, ging deren verzweifelter Kampf bis zum 11. Juli weiter, bis sich die letzte größere Formation in Bataillonsstärke ergab.[1312] Es gelang trotz der Verfolgung durch Partisanen und die Rote Armee noch bis in den August hinein kleinen Gruppen von Soldaten der deutschen 4. Armee, sich wieder bis zu den von der Wehrmacht gehaltenen Linien durchzuschlagen, die sich zu diesem Zeitpunkt schon in der Nähe der ostpreußischen Grenze befanden.[1313]

Nach der Einschließung der deutschen 4. Armee stellte sich die Lage der restlichen Teile der Heeresgruppe Mitte wie folgt dar: Am nördlichen Rand des Befehlsbereiches befand sich isoliert der Rest der 3. Panzer-Armee, der von der Heeresgruppe Nord durch eine etwa 60 Kilometer breite Lücke getrennt war. Durch diese Lücke stießen Teile der sowjetischen 1. Baltischen Front weiter nach Westen vor. Auf der südlichen Seite war die deutsche 2. Armee damit beschäftigt, die Aufgaben der stark angeschlagenen deutschen 9. Armee zu übernehmen. Im mittleren Abschnitt des Zuständigkeitsbereiches der Heeresgruppe Mitte bestand überhaupt keine zusammenhängende Front mehr. Die Hauptlast der deutschen Verteidigungsbemühungen in diesem Abschnitt trugen jetzt die 5. und 12. Panzer-Division, die aber kräftemäßig für diese Aufgabe viel zu schwach waren. In der verbleibenden Zeit wurden immer mehr Einheiten aus anderen Frontabschnitten in den Bereich der Heeresgruppe Mitte verlegt.[1314] Generalfeldmarschall Model konnte die Front mit den wenigen ihm verbleibenden Kräften nicht durchgängig verteidigen. Statt dessen wurden die verbleibenden Panzerdivisionen zu örtlichen Gegenangriffen auf die Angriffsspitzen der Roten Armee eingesetzt, so daß deren Vormarsch so weit verzögert werden konnte, daß rückwärtige deutsche Truppen Zeit gewannen, Verteidigungsstellungen zu errichten. Als Folge der mehrfachen Überlegenheit der Roten Armee hatte die Wehrmacht aber keine Chance, den sowjetischen Vormarsch zum Stehen zu bringen. Dies hätte nur durch den Einsatz ganzer Armeen geschehen können. Um Kräfte dieser Größenordnung zur Verfügung zu stellen, hatte der Generalstabschef des OKH Kurt Zeitzler bereits am 30. Juni vorgeschlagen, die Heeresgruppe Nord aus ihren Stellungen nach Süden hin zu verlegen und dort eine neue Abwehrstellung zu errichten. Dieser Plan wurde jedoch von Hitler mit Verweis auf das verbündete Finnland abgelehnt, woraufhin Zeitzler von seinem Posten als Generalstabschef zurücktrat.[1315]

---

[1310] Walter Merz, Die 260. Infanteriedivision 1939–1944. Eggolsheim 2004, S. 128.

[1311] Peter Joachim Lapp. General bei Hitler und Ulbricht: Vincenz Müller – Eine deutsche Karriere. Berlin 2003, S. 139.

[1312] Glantz, Belorussia 1944, S. 145.

[1313] Tippelskirch, Geschichte des Zweiten Weltkrieges, S. 468.

[1314] Saucken, Neumann, 4. Panzer-Division, Bd. 2, S. 363 ff.; Rolf Hinze. Das Ostfrontdrama 1944. Stuttgart 1987, S. 31.

[1315] Frieser, Das Deutsche Reich und der Zweite Weltkrieg, B.d 8, S. 560 f.

## Die Polozker Operation

Die sowjetische Führung hatte die Bedrohung erkannt, die von der intakten Heeresgruppe Nord für die angreifenden sowjetischen Truppen ausging. Die 1. Baltische Front begann daher kurz nach dem Durchbruch bei Witebsk mit Teilen nach Norden zu schwenken und den „festen Platz" Polozk anzugreifen. Der Befehlshaber der Heeresgruppe Nord, Generaloberst Georg Lindemann, plädierte für eine Aufgabe der Stadt und einen Rückzug der Heeresgruppe an die Düna. Hitler aber befahl, daß die ursprüngliche Lage durch einen Gegenangriff wiederhergestellt werden sollte. Der deutsche Gegenangriff scheiterte am 2. Juli. Statt dessen wurde die Lage für die Verteidiger der Stadt immer bedrohlicher, da die sowjetische 4. Stoßarmee weiter nördlich die deutsche Front durchbrochen hatte. Eigenmächtig befahl Lindemann daraufhin den Rückzug aus Polozk. Nach heftigen Kämpfen wurde die Stadt am 4. Juli von den Truppen der 1. Baltischen Front genommen. Im Gegensatz zu den befestigten Orten in den südlicheren Frontabschnitten gelang der fast eingeschlossenen deutschen Besatzung unter Generalleutnant Carl Hilpert der Ausbruch. Lindemann trat am gleichen Tag von seinem Posten als Befehlshaber der Heeresgruppe Nord zurück und wurde durch den General der Infanterie Johannes Frießner abgelöst.[1316] In der Folge wurde die deutsche Front nördlich der Stadt immer weiter in Richtung Westen eingedrückt. Es drohte die Abschnürung der Heeresgruppe Nord vom Rest der deutsch besetzten Gebiete, falls nicht unverzüglich der Rückzug in Richtung Süden angetreten würde.

## Die Bialystoker Operation

Nach der vollständigen Einschließung der deutschen 4. Armee bei Minsk erhielt die 2. Weißrussische Front am 5. Juli 1944 die Aufgabe, von Minsk aus nach Westen vorzustoßen und die Städte Waukawysk, Grodno sowie schließlich Bialystok einzunehmen. In dieser Operation wurden hauptsächlich die sowjetische 50. Armee sowie Teile der sowjetischen 49. Armee eingesetzt. Nachdem Verstärkung in Form der 19. Panzer-Division eingetroffen war, versuchten die Deutschen am 23. Juli, den sowjetischen Vormarsch vor dem Augustower Wald zu stoppen. Der 19. Panzer-Division unter Generalleutnant Hans Källner gelang es, die sowjetischen Truppen zu überraschen und sowjetischen Panzerverbänden bei Grodno schwere Verluste zuzufügen. Der Anfangserfolg des deutschen Gegenschlages zeigte, daß die sowjetischen Truppen unter zunehmender Erschöpfung und Nachschubproblemen litten. Wegen des Mangels an weiteren Reserven schlug der deutsche Gegenangriff jedoch nicht durch, und die sowjetischen Truppen setzten die Offensive in Richtung Bialystok fort. Es gelang der sowjetischen 3. Armee, die Stadt am 27. Juli 1944 nach heftigen Straßenkämpfen zurückzuerobern.

Am 13. Juli 1944 begann die sowjetische Offensive auf den von der Heeresgruppe Nordukraine gehaltenen Frontabschnitt. Auch dieser mit weit überlegenen Kräften gegen die inzwischen ausgedünnte deutsche Verteidigung geführte Angriff erzielte rasche Erfolge, die zu der Einkesselung deutscher Einheiten bei der Stadt Brody führten.

Gegen die Flankenbedrohung der 1. Baltischen Front durch die Heeresgruppe Nord begannen die 2. und 3. Baltische Front am 17. Juli 1944 ebenfalls eine Offensive, die zum Vordringen sowjetischer Truppen auf lettisches Gebiet führte. Die deutsche 16. und 18. Armee gerieten in eine kritische Lage und mußten sich weiter nach Westen zurückziehen. Ab Mitte Juli 1944 ließ die Stoßkraft der sowjetischen Truppen im Bereich der Heeresgruppe Mitte als Folge überdehnter Nachschubwege nach.

---

[1316] Ebenda, S. 626 ff.

# Unternehmen „Doppelkopf"

Nach der Eroberung der Stadt Polozk erhielt die 1. Baltische Front den Auftrag, mit Teilen in westlicher Richtung vorzustoßen, um die Stadt Schaulen einzunehmen. Schaulen war ein wichtiger Eisenbahnknotenpunkt zwischen Königsberg und Riga. Der ab dem 5. Juli 1944 beginnende sowjetische Vormarsch wurde dadurch begünstigt, daß sich zwischen den Resten der deutschen 3. Panzer-Armee und der 16. Armee der Heeresgruppe Nord eine ungefähr 60 bis 100 Kilometer breite Lücke in der deutschen Front befand, die aus Mangel an Truppen zunächst nicht geschlossen werden konnte.[1317] Der Vorstoß auf Schaulen begann am 20. Juli, das acht Tage später eingenommen wurde. Am 22. Juli erreichten die sowjetischen Truppen die Stadt Ponewiesch. Am 27. Juli wurde Dünaburg im Zusammenspiel mit Einheiten der 2. Baltischen Front erobert. Vier Tage später erreichte das III. mechanisierte Gardekorps bei Tuckum die Bucht von Riga. Dadurch wurde die deutsche Heeresgruppe Nord von allen Landverbindungen nach Süden abgeschnitten. Mit Tuckum und Schaulen war ein vorläufiges Ende des sowjetischen Vormarsches im Baltikum erreicht, da es der deutschen 3. Panzer-Armee zu diesem Zeitpunkt gelang, westlich eine geschlossene Front aufzubauen. Nur durch eine von der sowjetischen Führung nicht vorhergesehene Attacke eines eilig zusammengestellten Panzerverbandes unter der Führung von Generalmajor Hyazinth Graf von Strachwitz gelang es den Deutschen am 20. August 1944 schließlich, eine Landverbindung zur Heeresgruppe Nord zu öffnen, die als „Kemern-Korridor" bezeichnet wurde.

# Panzerschlacht vor Warschau

Am 18. Juli begann der südliche Flügel der 1. Weißrussischen Front im Frontabschnitt nahe der Stadt Kowel anzugreifen. Die deutschen Truppen unter Generalfeldmarschall Model hatten aufgrund der massiven Übermacht der Roten Armee keine Möglichkeit, diesen Angriff aufzuhalten.[1318] Die sowjetische 47. Armee und die 8. Gardearmee drangen immer tiefer in das ehemalige polnische Staatsgebiet ein und erreichten den westlichen Bug am 21. Juli. Gleichzeitig wurde die deutsche 2. Armee, die in einem vorgeschobenen Frontbogen in den Pripjetsümpfen vor der Stadt Brest-Litowsk stand, frontal durch den nördlichen Flügel der 1. Weißrussischen Front angegriffen und auf die zum „festen Platz" erklärte Stadt zurückgedrängt. Am 25. Juli wurden zwei deutsche Divisionen in Brest-Litowsk eingeschlossen. Um den geordneten Rückzug der 2. Armee zu ermöglichen, wurden auf deutscher Seite zwei Gegenangriffe eröffnet. Bei der Ortschaft Kleszcele stoppten die deutsche 4. Panzer-Division und die 5. SS-Panzer-Division „Wiking" einen Angriff sowjetischer Panzerverbände.[1319] Bei Siedlce wurde ein sowjetischer Vorstoß durch die 3. SS-Panzer-Division „Totenkopf" abgewehrt. Im Oberkommando der Wehrmacht konnte Generalfeldmarschall Model Hitler dazu überreden, einen Ausbruch der eingeschlossenen deutschen Kräfte aus Brest-Litowsk zu genehmigen. Bis zum 29. Juli zogen sich daraufhin die deutschen Einheiten aus Brest-Litowsk zurück. Die Aufgabe der Stadt hatte Symbolkraft, es war die erste Stadt, die am Beginn des Rußlandfeldzuges 1941 angegriffen worden war. Sämtliche von den deutschen Truppen erzielten Gebietsgewinne seit dem 22. Juni 1941 waren damit wieder verlorengegangen.[1320]

---

[1317]  Ebenda, S. 587.
[1318]  Ebenda, S. 567.
[1319]  Saucken, Neumann, 4. Panzer-Division, Bd. 2, S. 408 ff.
[1320]  Frieser, Das Deutsche Reich und der Zweite Weltkrieg, Bd. 8, S. 569.

An das Ostufer der Weichsel gelangten die sowjetischen Truppen erstmals am 25. Juli. Die sowjetische 69. Armee überquerte den Fluß und errichtete am 29. Juli einen Brückenkopf bei Pulawy. Am 27. Juli 1944 begann der Vorstoß der sowjetischen 2. Panzer-Armee mit etwa 800 gepanzerten Fahrzeugen aus dem Raum Pulawy auf die polnische Hauptstadt Warschau. Unterstützt wurde sie dabei von der 8. Gardearmee unter Wassili Tschuikow sowie der von der Sowjetunion aus polnischen Kriegsgefangenen aufgestellten polnischen 1. Armee unter dem Kommando von General Zygmunt Berling. Die sowjetischen Truppen wollten den Warschauer Vorort Praga aus der Bewegung heraus einnehmen und weiter im Norden die Narew-Brücken sichern. Am 1. August 1944 wurde von der 8. Gardearmee bei dem Dorf Magnuszew ein zweiter Brückenkopf über die Weichsel errichtet.

Die angespannte Lage der Deutschen und das rasche Vordringen der Roten Armee hatten Anfang Juli eine dritte Konfliktpartei auf den Plan gerufen, die sich bis dahin im Hintergrund gehalten hatte. Die Befehlshaber der Polnischen Heimatarmee (Armia Krajowa) befürchteten, daß der sowjetische Einmarsch nach Polen mit der Annexion des polnischen Staatsgebiets enden oder zumindest zur Installation einer prosowjetischen Regierung führen würde. Daher wurde die Aktion „Burza" („Gewittersturm") initiiert, deren Ziel die eigenständige Befreiung des polnischen Staatsgebiets durch die Armia Krajowa und die Einsetzung einer unabhängigen polnischen Regierung war. Die Armia Krajowa begann am 1. August unabhängig von den sowjetischen Operationen den Warschauer Aufstand. Den polnischen Kämpfern gelang es zwar, Teile der Stadt, aber kein zusammenhängendes Gebiet in ihre Hand zu bekommen, strategisch wichtige Positionen blieben in deutschem Besitz.[1321] Durch den Einsatz von Teilen der eilig herangeführten Fallschirm-Panzer-Division „Hermann Göring" und der 73. Infanterie-Division behaupteten die deutschen Truppen am 28. und 29. Juli die Vorstadt Praga. Die 19. Panzer-Division und die 3. SS-Panzer-Division „Totenkopf" führten am Abend des 1. August einen Zangenangriff auf die polnische Ortschaft Okuniew und schlossen das sowjetische III. Panzerkorps ein, das bis zum 4. August aufgerieben wurde. Damit war nördlich von Warschau wieder eine durchgehende deutsche Abwehrfront hergestellt worden. Der Angriff vor Warschau war die letzte erfolgreiche Großoperation deutscher Panzerverbände im Osten. Durch die erfolgreiche Verteidigung konnte ein sowjetischer Vorstoß in Richtung Ostsee bis zum Januar 1945 verhindert werden. Die Rote Armee baute ihre Stellungen in der Folgezeit aus und führte keine weiteren Angriffsoperationen südlich von Warschau durch. Auch griff sie nicht in den Warschauer Aufstand ein. Die deutsche Front war anderthalb Monate nach dem Beginn der sowjetischen Offensive im Bereich der Heeresgruppe Mitte und Nord wieder stabilisiert. Die polnischen Aufständischen, die mit der Hilfe der Alliierten gerechnet hatten, blieben auf sich selbst gestellt, was ihre Niederlage unvermeidlich machte. Nach dem Abflauen der Kämpfe vor Warschau führten die sowjetischen Truppen weitere Verstärkungen heran, ohne jedoch eine neue Offensive im Bereich der polnischen Hauptstadt aufzunehmen. Bis heute besteht eine Kontroverse über die Frage, ob Stalin die Niederschlagung des Warschauer Aufstandes durch die Deutschen bewußt zugelassen hat, um die ihm unliebsame polnische Exil-Regierung in London zu schwächen.

## Ergebnisse

Operation „Bagration" fand auf einer Frontbreite von 1.100 Kilometern statt, der Vormarsch erreichte eine Tiefe von bis zu 600 Kilometern. Sie öffnete der Roten Armee den Weg zur Bucht von Riga, nach Ostpreußen sowie an die mittlere Weichsel und nach Warschau. Die Heeresgruppe Nord, ein Drittel des Ostheeres, wurde durch den Durchbruch

---

[1321] Wlodzimierz Borodziej. Der Warschauer Aufstand 1944. Frankfurt a.M. 2001, S. 114 f.

der sowjetischen Einheiten zur Ostsee zeitweise von allen Landverbindungen abgeschnitten, jedoch konnte mit einem entschlossen geführten Gegenangriff ein Korridor geschlagen werden.[1322] Aufgrund der Weigerung Hitlers, die Heeresgruppe Nord vollständig aus dem Baltikum zurückzuziehen, wurde dieser Großverband später auf die Halbinsel Kurland abgedrängt und eingeschlossen.

Bedingt durch die katastrophalen Verluste verlor die Wehrmacht ihre operative Handlungsfähigkeit an der Ostfront und war in der Folgezeit nur noch zu hinhaltendem Widerstand fähig. Es war nur noch eine Frage der Zeit, bis die Rote Armee auf das Gebiet des Deutschen Reiches vordringen würde. Nachdem Ende August 1944 der sowjetische Vormarsch vor Warschau zu einem vorläufigen Stillstand gekommen war, verlagerte das sowjetische Oberkommando den Schwerpunkt seiner Angriffsoperationen nach Süden. Am 20. August begann die Rote Armee auf dem Gebiet der rumänisch-deutschen Front mit einer weiteren Offensive, die von sowjetischer Seite als Operation Jassy-Kischinjow bezeichnet wurde. Der folgende Zusammenbruch der Heeresgruppe Südukraine ermöglichte der Roten Armee das Vordringen nach Südosteuropa.

Militärisch hatten die schwachen Kräfte der Heeresgruppe Mitte im Juni 1944 keine Chance, den Angriff der Roten Armee aufzuhalten, eine rechtzeitige Zurücknahme der Front und eine Frontverkürzung hätten allerdings das Ausmaß der Niederlage erheblich verringern können.[1323]

Seriöse Untersuchungen über die Verluste beider Seiten wurden erst lange nach dem Ende des Zweiten Weltkrieges in den 1990er und 2000er Jahren veröffentlicht. Nach russischen Angaben betrugen die Gesamtverluste der Roten Armee 765.815 Soldaten. Davon waren 178.507 Gefallene und Vermißte, 587.308 Soldaten der Roten Armee wurden als verwundet gemeldet.[1324] Die Verluste der Wehrmacht betrugen nach deutschen Angaben insgesamt 399.102 Soldaten. Davon waren im Sommer 1944 gemeldet 26.397 Gefallene, 262.929 Gefangene und Vermißte und 109.776 Verwundete. Da die Anzahl der sogenannten Rückkämpfer auf etwa 9.000 und die der Kriegsgefangenen auf ungefähr 150.000[1325] zu veranschlagen ist, kann die Anzahl der während der Kämpfe gefallenen deutschen Soldaten auf etwa 131.000 geschätzt werden.[1326]

Die sowjetische Sommeroffensive führte zum vollständigen Zusammenbruch der Heeresgruppe Mitte und zum Verlust von 28 Divisionen des Heeres. Sie gilt als die schwerste und verlustreichste Niederlage der deutschen Militärgeschichte. Die während dieser Kämpfe erlittenen Einbußen konnte die Wehrmacht nicht mehr ausgleichen, eine Stabilisierung der deutschen Ostfront gelang bis Kriegsende nur noch zeitweilig und örtlich begrenzt. Die Operation „Bagration" trug nicht nur entscheidend zur deutschen Kriegsniederlage bei, sondern beeinflußte auch nachhaltig die weitere politische Entwicklung. Die deutsche Niederlage wurde nun unausweichlich, die deutschen Hoffnungen, die sowjetische Führung zu einem Verhandlungsfrieden zwingen zu können, waren nunmehr illusionär.

# Die Wehrmachtopposition und der 20. Juli 1944

Als im Frühjahr 1938 der Reichskriegsminister Generalfeldmarschall Werner von Blomberg wegen einer nicht standesgemäßen Ehe und der Oberbefehlshaber des Heeres Werner von Fritsch wegen des Vorwurfes homosexueller Handlungen, die sich später als

---

[1322] Frieser, Das Deutsche Reich und der Zweite Weltkrieg, Bd. 8, S. 590.

[1323] Ebenda, S. 535.

[1324] Grigoriy F. Krivosheev. Soviet Casualties and Combat Losses in the Twentieth Century. London 1997, S. 144.

[1325] Ian Baxter. Operation Bagration. Wolfenbüttel 2010, S. 107.

[1326] Frieser, Das Deutsche Reich und der Zweite Weltkrieg, Bd. 8, S. 593 f.

gefälscht herausstellten, entlassen wurden, nutzte Hitler diese Vorfälle dazu, im Rahmen der sogenannten Blomberg-Fritsch-Krise auch mehrere hohe Generale in den Ruhestand zu verabschieden oder auf andere Dienstposten zu versetzen. Im August trat dann der Chef des Generalstabs des Heeres, Generaloberst Ludwig Beck, aus eigenem Entschluß wegen der Sudetenkrise zurück. Letzterer wurde zu einer treibenden Kraft oppositioneller Militärs gegen den politischen Kurs der NS-Regierung.

Die Aussicht auf einen Krieg mit den Westmächten, den Deutschland – nach Meinung der Frondeure – nicht gewinnen konnte, führte im September 1938 zur sogenannten „Septemberverschwörung", die von Becks Nachfolger Franz Halder und ranghöchsten Offizieren der Wehrmacht ausgeheckt wurde. Im Falle des Kriegsausbruchs sollten General der Infanterie Erwin von Witzleben, Befehlshaber im Wehrkreis III (Berlin), und Generalleutnat Walter von Brockdorff-Ahlefeldt, Kommandeur der 23. Infanterie-Division in Potsdam, mit ihren Truppen einen Staatsstreich mit dem Ziel der Absetzung Hitlers ausführen. Für den Fall, daß die SS-„Leibstandarte Adolf Hitler" eingreifen würde, stand eine Panzerdivision unter Generalleutnant Erich Hoepner bereit. Die Sudetenkrise wurde allerdings durch die Münchner Konferenz friedlich gelöst, womit die Voraussetzung für den geplanten Staatsstreich entfiel.

Im Winter 1939/1940 wurden im Vorfeld des Frankreichfeldzuges innerhalb der Wehrmachtführung erneut Pläne für einen Staatsstreich geschmiedet.

Hitler wollte Frankreich bereits im November 1939 angreifen lassen, die Spitze der Wehrmacht hielt dieses Vorhaben jedoch wegen unzureichender Vorbereitungen für undurchführbar, weshalb der Oberbefehlshaber des Heeres Generaloberst Walther von Brauchitsch und sein Stabschef General der Artillerie Halder sich bereit erklärten, Hitler zu verhaften, sobald er den Angriffsbefehl erteilen würde. Die Befehlshaber von zwei der drei Heeresgruppen des Westheeres – die Generalobersten von Rundstedt und von Bock – weigerten sich jedoch, sich an einem Putsch zu beteiligen, weshalb Brauchitsch und Halder von ihrem Vorhaben Abstand nahmen. Nach dem Sieg im Frankreichfeldzug wich die bis dahin vorherrschende Skepsis in der Generalität einer weit verbreiteten Begeisterung für Hitler.

Mitte 1943 begann eine Gruppe um den Chef des Stabes beim Befehlshaber des Ersatzheeres, Oberstleutnant i.G. Claus Schenk Graf von Stauffenberg, und den 1. Generalstabsoffizier der Heeresgruppe Mitte, Oberst i.G. Henning von Tresckow, damit, an Plänen für ein Attentat auf Hitler zu arbeiten.

Stauffenberg war nach der sogenannten „Reichskristallnacht" im November 1938 zunehmend auf Distanz zu Hitler und zur NSDAP gegangen. Im Sommer 1940 war er zeitweilig von der nationalen Euphorie angesteckt worden, die durch den Sieg im Westfeldzug ausgelöst worden war, aber als er 1941 im Verlauf des Rußlandfeldzuges mit den Massenerschießungen der SD-Einsatzgruppen hinter der Front konfrontiert wurde, setzte bei ihm endgültig ein Umdenken ein.

Der Kreis um Stauffenberg und Tresckow plante mehrere Attentate auf Hitler, die jedoch entweder nicht zur Ausführung gelangten oder im letzten Augenblick – etwa wegen der Verschiebung eines Termins durch Hitler oder weil einer der Beteiligten die Nerven verlor – nicht ausgeführt wurden.

Stauffenberg spielte in der Wehrmachtopposition die zentrale Rolle, und seine Person wurde als zu wichtig eingeschätzt, als daß er ein Attentat selbst hätte ausführen können, seine Hauptverantwortung sollte vielmehr darin liegen, nach gelungenem Anschlag den Staatsstreich vom „Bendlerblock" aus zu dirigieren. Das Gebäude Bendlerstraße 11–13[1327] in Berlin-Tiergarten war Sitz des Allgemeinen Heeresamtes und des Befehlshabers des Ersatzheeres im Oberkommando der Wehrmacht.

---

[1327] Seit 1955 Stauffenbergstraße.

Der Dreh- und Angelpunkt der Verschwörung gegen Hitler war die Frage, ob es der Wehrmachtopposition gelingen würde, mit den westlichen Alliierten ins Gespräch zu kommen und eine Grundlage für einen Waffenstillstand bzw. Separatfrieden im Westen zu finden. Denn nur unter dieser Voraussetzung hatte das ganze Vorhaben überhaupt Sinn. Jedem gut informierten Beobachter des Kriegsverlaufs und der internationalen Entwicklung mußte zu diesem Zeitpunkt klar sein, daß ohne oder gegen die Amerikaner in Europa künftig keine Politik mehr zu machen war.

Im Frühjahr 1944 versuchten die Verschwörer über die amerikanische OSS-Zentrale in der Schweiz Verhandlungen über einen Sturz der NS-Regierung und einen Separatfrieden mit den Westmächten einzuleiten, wobei gleichzeitig die deutsche Ostfront gehalten und die Rote Armee aus Ost- und Mitteleuropa herausgehalten werden sollte. General Eisenhower war in Anbetracht der beträchtlichen Risiken, die mit der geplanten Invasion in der Normandie verbunden waren, an diesem Angebot sehr interessiert und sprach deswegen dreimal bei Präsident Roosevelt vor.

Roosevelt lehnte jedoch alle Verhandlungen mit deutschen Oppositionsgruppen strikt ab, womit er die Chance vergab, den Krieg bereits im Sommer 1944 zu amerikanischen Bedingungen zu beenden. Und Churchill wollte in einer so hochpolitischen Angelegenheit nicht gegen den Willen des Präsidenten handeln.[1328]

Roosevelt hatte bereits während der Konferenz von Teheran Churchill und Stalin zu verstehen gegeben, daß er keinerlei Verhandlungen mit deutschen Oppositionsgruppen wünsche.[1329] Der Präsident hatte bereits bei seinem Treffen mit Churchill in Casablanca im Januar 1943

*Präsident Franklin D. Roosevelt und Premierminister Winston S. Churchill verkünden in Casablanca die Forderung nach bedingungsloser Kapitulation der Achsenmächte.*

die Forderung nach bedingungsloser Kapitulation der Achsenmächte zum offiziellen Kriegsziel der Alliierten erhoben.[1330] Der Grund für die Haltung Roosevelts ist in einem größeren Kontext zu suchen. Roosevelt setzte für die Neugestaltung der politischen Verhältnisse in der Nachkriegszeit voll und ganz auf eine langfristige Zusammenarbeit mit der Sowjetunion. Nach großzügiger Befriedigung aller Sicherheitsbedürfnisse Moskaus in Europa und im Fernen Osten würde Stalin, so hoffte Roosevelt, der amerikanischen Wirtschaft den sowjetischen Markt öffnen. Die umfangreichen amerikanischen Rüstungslieferungen an die Sowjetunion seit 1941 wurden bereits als Vorläufer für riesige russische Einkäufe in den USA in der Nachkriegszeit angesehen.[1331] Ein anglo-amerikanischer Separatfrieden mit Deutschland und ein Heraushalten der Sowjetunion aus Mittel- und Osteuropa hätte eine Realisierung dieser Konzeption erschwert, wenn nicht unmög-

[1328] William Casey. The Secret War Against Hitler. Washington 1988, S. 65 ff.

[1329] Robert E. Sherwood. Roosevelt and Hopkins: An Intimate History. New York 1948, S. 791.

[1330] Ebenda, S. 696 f.

[1331] Henry A. Wallace. Sondermission in Sowjet-Asien und China. Zürich 1947, S. 174.

lich gemacht. Mit der politischen Zerstückelung Deutschlands und der Zerstörung großer Teile seiner Industrie hoffte Roosevelt, den sowjetischen Vorstellungen für eine
europäische Nachkriegsordnung entgegenzukommen. Wegen dieser Überlegungen war
der Präsident gegenüber den Plänen seines Finanzministers Henry Morgenthau, der
Deutschland in ein politisch zersplittertes Agrarland verwandeln wollte, zeitweilig aufgeschlossen, stieß dabei aber auf den entschiedenen Widerstand seines Kriegsministers
Henry Stimson.

Diese Gedankengänge Roosevelts waren den Angehörigen des Widerstands natürlich
nicht bekannt, und die Weigerung der Amerikaner, sich auf irgendwelche Verhandlungen einzulassen, stellte sie vor ein Rätsel. Die Invasion in der Normandie, die erfolgreiche Bildung eines alliierten Brückenkopfes und die sich ständig verschlechternde Lage
der deutschen Truppen in Nordfrankreich einerseits sowie der Zusammenbruch der
Heeresgruppe Mitte an der Ostfront andererseits veranlaßten die Widerstandsgruppe um
Stauffenberg jedoch zum Handeln. Der Krieg war für Deutschland nun endgültig verloren, der militärische Zusammenbruch nur noch eine Frage der Zeit. Der Krieg mußte
innerhalb kurzer Zeit beendet werden, wenn über Deutschland nicht eine fürchterliche
Katastrophe hereinbrechen sollte. Hitler hatte politisch und militärisch keine realisti-
schen Zukunftsperspektiven mehr anzubieten. Seine Person war durch die hochgradige
Ideologisierung des Krieges so belastet, daß es sehr unwahrscheinlich war, daß sich die
Kriegsgegner in Ost und West noch auf irgendwelche Verhandlungen mit ihm einlassen
würden.

Die innersten Gedankengänge Stauffenbergs in dem Zeitabschnitt Juni/Juli 1944 sind
nicht überliefert, aber offenbar rechnete er damit, nach der Beseitigung Hitlers mit Eisenhower und Montgomery in direkte Gespräche über einen Waffenstillstand an der
Westfront eintreten zu können, da die beiden alliierten Oberbefehlshaber wahrscheinlich
wenig Lust haben würden, ihre Soldaten in einem nun völlig unsinnig gewordenen Krieg
zu opfern. Mit anderen Worten, Stauffenberg setzte angesichts der Lage ausschließlich
auf Spekulationen. Da er keinerlei Zusagen von alliierter Seite erhalten hatte, stießen
seine Umsturzpläne bei vielen Offizieren, die zwar prinzipiell der Wehrmachtopposition
zuneigten, aber reale Perspektiven geboten bekommen wollten, auf erhebliche Skepsis
oder offene Ablehnung.

Henning von Tresckow, der zweite führende Kopf der Widerstandsgruppe, mittlerweile Generalmajor und Stabschef der 2. Armee, wußte besser als alle anderen Verschwörer über die tatsächliche Lage des deutschen Ostheeres Bescheid und drängte zum Handeln. Tresckow wollte sofort nach dem Gelingen des Putsches die deutsche Westfront
den anglo-amerikanischen Truppen öffnen. Die dadurch freigewordenen deutschen
Verbände sollten dann umgehend an die Ostfront verlegt werden, um einen weiteren
Vormarsch der Roten Armee in Richtung Westen zu verhindern. Gleichzeitig sollten aber
auch mit Moskau Verhandlungen über einen Waffenstillstand aufgenommen werden.

Nachdem alle bisher geplanten Anschläge nicht zur Ausführung gelangt oder fehlgeschlagen waren, faßte Stauffenberg den Entschluß, das Attentat auf Hitler selbst zu verüben und danach von Berlin aus den Umsturz zu leiten. Stauffenberg setzte einige Hoffnungen auf den Oberbefehlshaber der Heeresgruppe B Generalfeldmarschall Erwin Rommel, der laut den Erinnerungen des Stabschefs der Heeresgruppe B, Generalleutnant Hans
Speidel, mit den Widerständlern sympathisierte und dessen Mitmachen und Prestige ein
wichtiger Faktor für das Gelingen des Umsturzes gewesen wäre. Aber Rommel sollte am
17. Juli 1944 in der Normandie bei einem Tieffliegerangriff schwer verwundet werden.

Seit dem 1. Juli 1944 hatte Stauffenberg als neuer Chef des Stabes beim Befehlshaber
des Ersatzheeres und Chef der Heeresrüstung Generaloberst Friedrich Fromm unmittelbaren Zugang zu Hitlers Lagebesprechungen. Fromm hat die Attentatspläne zumindest
stillschweigend geduldet.

Die Verschwörer hatten urspünglich geplant, Hitler, Hermann Göring und Heinrich Himmler zusammen mit einer Bombe zu töten und damit mit einem Schlag die drei wichtigsten Führungspersönlichkeiten des Staates auszuschalten. Von einem Versuch am 14. Juli in der „Wolfschanze" sah Stauffenberg jedoch ab, weil Himmler und Göring bei diesem Termin nicht anwesend waren. Am 15. Juli verließ Hitler vorzeitig den Konferenzraum. Am frühen Morgen des 20. Juli 1944 schließlich flog Stauffenberg erneut zusammen mit seinem Adjutanten Oberleutnant Werner von Haeften vom Flughafen Rangsdorf bei Berlin mit einer Heinkel He 111 in das Führerhauptquartier „Wolfschanze" bei Rastenburg in Ostpreußen. Stauffenberg sollte dort an einer der täglichen Lagebesprechungen Hitlers teilnehmen, um über Neuaufstellungen im Heimatheer zu berichten. Haeften hatte in einer Aktentasche zwei mit lautlosen chemischen Zeitzündern versehene Pakete mit je einem Kilogramm hochbrisanten plastischen Sprengstoffs aus britischer Herstellung bei sich.

Inzwischen war die für 13 Uhr angesetzte Lagebesprechung um eine halbe Stunde vorverlegt worden, weil Hitler am Nachmittag einen Besuch Mussolinis erwartete. Für Stauffenberg entstand nun das Problem, daß es zunächst keine Gelegenheit zu geben schien, bis dahin die Zeitzünder der beiden Sprengsätze zu aktivieren (zu diesem Zweck mußte man mit einer Zange eine Säurekapsel zerdrücken). Da der 20. Juli ein heißer Sommertag war, fiel es nicht weiter auf, als Stauffenberg darum bat, vor der Erstattung seines Berichtes an Hitler in einem Nebenraum sein Hemd wechseln zu dürfen. Stauffenberg war im April 1943 in Tunis bei einem Tieffliegerangriff schwer verwundet worden und hatte sein linkes Auge, seine rechte Hand und zwei Finger der linken Hand verloren. Wegen dieser Behinderung benötigte er die Hilfe Haeftens, um die Sprengladungen scharfzumachen. Weil die beiden aber vom Oberfeldwebel Werner Vogel gestört wurden, der Stauffenberg zur Eile ermahnte, konnte er nur einen der Zeitzünder für eines der beiden Sprengstoffpäckchen aktivieren.

Nun machte Stauffenberg einen, wie sich wenige Minuten später herausstellen sollte, entscheidenden Fehler: Statt auch das zweite Päckchen ohne den aktivierten Zünder zu dem ersten in die Aktentasche zu stecken, übergab er es Haeften, der keinen Zutritt zum Besprechungsraum hatte. Durch diese schwer nachvollziehbare Fehlentscheidung wurde die Explosionswirkung der Bombe stark heruntergesetzt.[1332] Nach der Rückkehr in den Besprechungsraum deponierte Stauffenberg seine Aktentasche unter dem großen Kartentisch neben dem massiven Fuß an der Hitler zugewandten Seite und verließ den Raum wenige Minuten später unter dem Vorwand, daß er einen wichtigen Telefonanruf aus Berlin erwarte. Der chemische Zeitzünder löste nach zehn Minuten einen Schlagbolzen aus, und um 12.42 Uhr detonierte die Bombe. Von den anwesenden 24 Personen wurden vier getötet und neun weitere schwer verletzt, die restlichen Anwesenden, darunter auch Hitler, nicht oder nur leicht verletzt. Die Druckwelle des auf ein Kilogramm reduzierten Sprengsatzes konnte vor allem nach unten durch den Holzboden und durch die wegen der Sommerhitze weit geöffneten Fenster der

*Claus Schenk Graf von Stauffenberg, Adolf Hitler und Generalfeldmarschall Wilhelm Keitel in der Wolfschanze wenige Tage vor dem Attentat vom 20. Juli 1944*

Foto: Bundesarchiv, Bild 146-1984-079-...

---

[1332] Peter Longerich. Hitler: Biographie. München 2015, S. 968.

leicht gebauten Besprechungsbaracke entweichen. Außerdem hatte, nachdem Stauffenberg den Besprechungsraum verlassen hatte, ein anderer Konferenzteilnehmer die Aktentasche auf die Hitler abgewandte Seite des schweren Tischfußes gestellt, um besser an den Tisch heranzukommen. Zum Zeitpunkt der Detonation trug der Chef der Operationsabteilung im Generalstab des Heeres, Generalleutnant Adolf Heusinger, Hitler gerade die Lage weit im Norden der Ostfront vor, weshalb beide Männer sich mit ihren Oberkörpern fast ganz über der großen Karte auf der schweren Tischplatte gebeugt hatten. Der Tischfuß und die massive eichene Tischplatte schirmten Hitler und Heusinger von der unmittelbaren Wirkung der Detonation weitgehend ab, Hitler erlitt lediglich leichte Verletzungen in Form von Prellungen, Schürfwunden und Verletzungen an den Trommelfellen.[1333] Hitler betrachtete es als ein Zeichen der „Vorsehung", daß er das Attentat überlebt hatte, und sah sich darin bestärkt, seine bisherige Politik fortzusetzen.

Bereits wenige Minuten nach der Detonation gelangte die Nachricht von dem Anschlag nach Berlin. Der an der Verschwörung beteiligte General der Nachrichtentruppen Erich Fellgiebel hatte zwar wie geplant den Versuch unternommen, die „Wolfschanze" nach der Explosion von allen Nachrichtenverbindungen zu isolieren, indem er die zur Lagebaracke gehörende Telefonanlage abschalten ließ. Diese Anordnung wurde jedoch schon nach wenigen Minuten widerrufen, außerdem waren eine Ersatzzentrale und das eigenständige Kommunikationsnetz der SS von dieser Unterbrechung nicht betroffen.[1334] Reichspropagandaminister Joseph Goebbels wurde daher bereits gegen 13 Uhr in Berlin über das mißlungene Attentat informiert.

Stauffenberg und sein Adjutant Haeften hatten die Explosion aus einem etwa 80 Meter entfernten Nachrichtenbunker beobachtet. Sie hatten zwar nicht mit eigenen Augen gesehen, daß Hitler umgekommen war, die Lautstärke der Detonation und herumwirbelnde Teile der Baracke hatten sie jedoch davon überzeugt, daß der Staatschef tot sei. Wie geplant konnten Stauffenberg und Haeften unter Ausnutzung der allgemeinen Verwirrung aus der in höchsten Alarmzustand versetzten „Wolfschanze" entkommen. An einer ersten Sperre ließ sie der Wachhabende passieren, am zweiten Kontrollpunkt wurde ihnen die Weiterfahrt jedoch unter Hinweis auf die völlig unklare Lage zunächst verwehrt. Daraufhin telefonierte Stauffenberg mit einem ihm persönlich bekannten Offizier und konnte diesen schließlich dazu bewegen, dem diensthabenden Wachposten zu befehlen, die Schranke zu öffnen. Während der Fahrt zum Flugplatz warf Haeften das zweite, nicht verwendete Sprengstoffpaket aus dem Wagen. Auf dem Rollfeld erwartete Stauffenberg und Haeften die für sie für diesen Tag zur Verfügung gestellte He 111, die sofort startete. Unmittelbar nachdem die Heinkel gegen 15.45 Uhr auf dem Flugplatz Rangsdorf bei Berlin gelandet war, forderte Stauffenberg den Vertreter Fromms, den an der Verschwörung maßgeblich beteiligten General der Infanterie Friedrich Olbricht, per Telefon dazu auf, die „Operation Walküre" anlaufen zu lassen. Der Plan „Walküre" war ein offizieller, aber durch Tresckow, Stauffenberg und für die Bedürfnisse des Staatsstreichs abgewandelter Plan für den Fall innerer Unruhen. „Walküre" sah die Besetzung aller wichtigen Dienststellen von Gestapo, NSDAP und SS durch die Wehrmacht vor. Im Bendlerblock zögerte man jedoch, da man Hinweise erhalten hatte, daß Hitler entgegen den Versicherungen Stauffenbergs noch am Leben sei. So bekräftigte Keitel, als Olbricht eine Telefonverbindung zur „Wolfschanze" herstellte, gegenüber Fromm, daß Hitler nur leichte Verletzungen erlitten hatte.

Daher wurden ab 16 Uhr nur wenige der geplanten Maßnahmen der Operation „Walküre" tatsächlich in Angriff genommen, die auf seiten der Verschwörer stehenden Trup-

---

[1333] Ebenda, S. 818; siehe auch wörtlich aus dem Untersuchungsbericht von Hitlers Leibarzt Theo Morell, in: Hans-Joachim Neumann/Henrik Eberle. War Hitler krank? Ein abschließender Befund. Bergisch Gladbach 2009, S. 200.

[1334] Gerd R. Ueberschär. Stauffenberg: Der 20. Juli 1944. Frankfurt a.M. 2004, S. 16 ff.

penführer führten in vielen Fällen ihre Befehle nicht aus, wodurch wertvolle Zeit verloren ging. Die Besetzung von mehreren Fernmeldezentralen und des Hauses des Rundfunks in Berlin konnte wegen fehlender Truppen nicht durchgeführt werden.

Erfolgreich umgesetzt wurden die Befehle für Operation „Walküre" nur in Paris unter dem Militärbefehlshaber für Frankreich General der Infanterie Carl-Heinrich von Stülpnagel und in Wien unter der Leitung des Chefs des Stabes im Wehrkreis XVII Oberst i.G. Heinrich Kodré. In diesen beiden Städten wurden in großangelegten Aktionen führende Angehörige der SS, des SD und der Gestapo verhaftet. Der Erfolg in Paris war zwar für einen Waffenstillstand mit den westlichen Alliierten wichtig, konnte aber nicht den Ausgang der Gesamtoperation entscheiden.

Als Stauffenberg gegen 16.30 Uhr im Bendlerblock eintraf, mußte er feststellen, daß außer der Alarmierung der Truppen des Ersatzheeres, das die militärische und vollziehende Gewalt in Deutschland übernehmen sollte, noch nichts geschehen war. Der Verschwörerkreis um Stauffenberg hatte auch mit der Abriegelung des Regierungsviertels rund um die Wilhelmstraße in Berlin, der Ausschaltung des Deutschlandsenders im Haus des Rundfunks in Berlin-Charlottenburg, der Verhaftung der SS-Führung und der Besetzung der Gestapozentrale in der Prinz-Albrecht-Straße keinen Erfolg. Als der Kommandeur des Wachbataillons „Großdeutschland", Major Otto Ernst Remer, auf Befehl aus der Bendlerstraße das Regierungsviertel absichern und Goebbels festnehmen sollte, vermittelte der Reichspropagandaminister Remer ein direktes Telefongespräch mit Hitler. Remer hatte keinerlei Beziehungen zu dem Kreis um Stauffenberg, und als er feststellte, daß Hitler noch am Leben war, erklärte er sich sofort bereit, dessen Befehlen zu gehorchen. Hitler beförderte Remer zum Oberst, übertrug ihm daraufhin das militärische Kommando in Berlin und gab ihm den Auftrag, den Putsch niederzuschlagen.

Im Bendlerblock weigerten sich etliche Offiziere, den Befehlen der Verschwörer zu gehorchen. In der Zwischenzeit war durch drei Sondermeldungen des Deutschlandsenders, die zwischen 18.28 und 18.42 Uhr ausgestrahlt wurden, die Bevölkerung darüber informiert worden, daß das Attentat mißlungen war und Hitler nur leichte Verletzungen erlitten hatte. Gegen 20 Uhr gab Generalleutnant Wolfgang Thomale im Auftrag des Inspekteurs der Panzertruppen, Generaloberst Heinz Guderian, der mittlerweile auf dem Fehrbelliner Platz eingetroffenen Panzer-Ersatzbrigade den Befehl, gegen die Putschisten vorzugehen. Bei allen militärischen Dienststellen ging gegen 20.20 Uhr ein Fernschreiben Keitels ein, in dem dieser alle Befehle aus dem Bendlerblock für ungültig erklärte und mitteilte, daß der Führer lebe und völlig gesund sei.[1335] Gegen 23 Uhr wurde der Bendlerblock von den Truppen General Wolfgang Thomales besetzt, die meisten der Verschwörer wurden nach einem Schußwechsel festgesetzt. Stauffenberg, Haeften, Olbricht und der Chef des Stabes im Allgemeinen Heeresamt, Oberstleutnant Albrecht Mertz von Quirnheim, wurden wenige Minuten nach Mitternacht im Hof des Bendlerblocks von Soldaten vor einem Sandhaufen im Scheinwerferlicht eines Lkws erschossen.[1336] Die Hinrichtung der vier Verschwörer hatte Generaloberst Fromm unter Berufung auf ein angebliches Standgerichtsurteil angeordnet.[1337] Als Oberst Remer davon erfuhr, war er äußerst aufgebracht, da er bestrebt gewesen war, die ganze Affäre möglichst ohne Blutvergießen zu beenden.

In der Nacht auf den 21. Juli traf in der „Wolfschanze" ein aus Königsberg angeforderter Übertragungswagen der Reichs-Rundfunk-Gesellschaft ein, um 1 Uhr wurde über

---

[1335] Erich Zimmermann/Hans-Adolf Jacobsen. 20. Juli 1944. Bonn 1960, S. 124 ff.

[1336] Wolfgang Benz. Der militärische Widerstand – 20. Juli 1944. Informationen zur politischen Bildung (Heft 243), Bundeszentrale für politische Bildung.

[1337] Hans-Adolf Jacobsen (Hrsg.). „Spiegelbild einer Verschwörung". Die Opposition gegen Hitler und der Staatsstreich vom 20. Juli 1944 in der SD-Berichterstattung. Geheime Dokumente aus dem ehemaligen Reichssicherheitshauptamt. 2 Bände. Stuttgart 1984, S. 757.

alle deutschen Rundfunksender eine kurze Rede Hitlers zu dem gescheiterten Attentat übertragen, in der er eine unnachsichtige Abrechnung mit den Verschwörern ankündigte.[1338] Das Attentat vom 20. Juli zog umfangreiche Ermittlungen der Gestapo nach sich, die erst durch den Sieg der Alliierten im Mai 1945 beendet werden sollten. Neben dem Kreis um Stauffenberg und Tresckow fielen der NS-Justiz auch zahlreiche andere Oppositionelle zum Opfer, die schon länger das Mißfallen des nationalsozialistischen Regimes erregt hatten, aber nicht in das Attentat verwickelt waren. Man geht heute von insgesamt etwa 700 Verhaftungen und mehr als 110 Hinrichtungen aus.[1339]

---

[1338] Text der Rundfunkrede in: Max Domarus. Hitler: Reden und Proklamationen 1932–1945. Band II/2. Wiesbaden 1973, S. 2127 ff.
[1339] Felicitas von Aretin. Die Enkel des 20. Juli. Leipzig 2004.

# Die Schlacht um Leyte

Nachdem die Flugzeugträger-Schlacht um Midway im Juni 1942 die Wende im Pazifik-krieg eingeleitet hatte, entwickelten die amerikanischen Militärs die Taktik des „Insel-springens", die den kombinierten Einsatz von Verbänden der Armee, der Marineinfanterie, der Flotte sowie der Luftstreitkräfte von Heer und Marine vorsah. Ursprünglich hatten die Generalstabschefs von Army und Navy geplant, die entscheidenden Operationen gegen Japan auf dem chinesischen Festland zu führen. Dazu sollten nicht nur ame-rikanische Truppen in China gelandet, sondern auch die wenig kampfkräftigen national-chinesischen Truppen von Generalissimus Chiang Kai-shek nach amerikanischem Vor-bild ausgerüstet und ausgebildet werden. Da die Japaner aber alle chinesischen Häfen sowie die Burmastraße kontrollierten, bestand die einzige Möglichkeit, die National-chinesen mit Nachschub zu versorgen, in einer Luftbrücke von Assam in Indien über den Himalaya nach Zentral-China. Diese Luftbrücke war wegen der beschränkten Transport-kapazitäten der damaligen Flugzeuge wenig leistungsfähig. Es hätte also zunächst ent-weder von Indien aus die Burmastraße (diese verband über eine Gebirgsstraße von 1.154 Kilometern Länge die britische Kolonie Burma mit der Provinz Yunnan im Südwesten Chinas) oder einer der chinesischen Häfen zurückerobert werden müssen. In jedem Fall hätten eine Landung amerikanischer Truppen auf dem chinesischen Festland und eine Auf-rüstung der nationalchinesischen Armee einen enormen logistischen Aufwand erfordert.

Mit der Strategie des Inselspringens konnte die amerikanische militärische Führung die Probleme einer Kriegsführung auf dem chinesischen Festland umgehen. Die Versor-gung über den Pazifik war für die Amerikaner dank der riesigen Zahl von Transport-schiffen, die ihnen zur Verfügung standen, unproblematisch. Außerdem spielten beim Inselspringen die Luftstreitkräfte und die Marine die entscheidende Rolle, und bei die-sen technischen Waffengattungen sollten die USA dank der Leistungsfähigkeit ihrer In-dustrie schließlich eine überwältigende Überlegenheit erlangen. 1942/43 wurden im Rahmen des „Inselspringens" die Salomon-Inseln, die Gilbertinseln, die Marshallinseln und Neu-Guinea zurückerobert. Viele weitere japanische Stützpunkte im Süd- und Zen-tralpazifik wurden isoliert.[1340]

## Die Schlacht in der Philippinen-See

Die Kaiserlich-Japanische Marine hatte 1942/43 in den Seeschlachten in der Korallen-see und bei Midway sowie in den langwierigen Kämpfen um die Salomon-Inseln, ins-besondere um Guadalcanal, schwere Verluste an Schiffen und Flugzeugen, vor allem aber an Marinepiloten hinnehmen müssen. Im Herbst 1943 wurden etliche der in den vergangenen Jahren auf Kiel gelegten neuen japanischen Flugzeugträger und Schlacht-schiffe fertiggestellt, und die Fliegerschulen hatten bis dahin wieder eine ausreichende Zahl von Marinepiloten ausgebildet. Der japanische Admiralstab glaubte daher, daß sich das Kräfteverhältnis zwischen den japanischen und amerikanischen Seestreitkräf-ten nunmehr wieder günstiger gestalten würde.[1341] Das Hauptquartier der japanischen

---

[1340] H.P. Willmott. June 1944. New York 1984, S. 181.
[1341] Willmott, S. 143.

Marine unter Marschall-Admiral Osami Nagano faßte daher im September 1943 den Plan, zu Beginn des Jahres 1944 mittels einer einzigen großen Seeschlacht (japanisch: Kantai Kessen) eine Kriegsentscheidung herbeizuführen.[1342] Die japanische militärische Führung hoffte, daß die Amerikaner sich nach einer schweren Niederlage verhandlungsbereit zeigen und einem für Japan günstigen Kompromißfrieden zustimmen würden.

Am 12. Juni 1944 begannen Trägerflugzeuge der 5. US-Flotte unter Vizeadmiral Raymond A. Spruance damit, Ziele auf den Marianen anzugreifen. Der japanische Admiralstab unter Marineminister Admiral Shigetarō Shimada setzte daraufhin den Plan A-Go in Kraft, der den Einsatz nahezu aller verfügbaren Überwassereinheiten der Kaiserlich-Japanischen Marine in einer großen Schlacht vorsah.[1343] Die japanische Flotte unter dem Befehl von Vizeadmiral Jisaburo Ozawa verließ am 13. Juni ihre Stützpunkte auf den Philippinen und versammelte sich am 16. in der westlichen Philippinen-See, um anschließend nach Osten in Richtung Marianen zu dampfen. Die folgende Schlacht in der Philippinen-See sollte die größte Trägerschlacht des Pazifikkrieges werden.

Die Kaiserlich-Japanische Marine setzte fünf Flottenträger, vier leichte Träger, fünf Schlachtschiffe, 13 Schwere Kreuzer, sechs Leichte Kreuzer, 27 Zerstörer und 24 U-Boote ein, während die US-Navy über sieben Flottenträger, acht leichte Träger, sieben Schlachtschiffe, acht Schwere Kreuzer, 13 Leichte Kreuzer, 58 Zerstörer und 28 U-Boote verfügte, das heißt, die Amerikaner waren zahlenmäßig deutlich überlegen. Zu den rund 450 japanischen Trägerflugzeugen kamen noch etwa 300 landgestützte Flugzeuge hinzu, während die 5. US-Flotte über 956 Trägerflugzeuge verfügte. Die amerikanische Führung hatte darüber hinaus den Vorteil, daß sie die japanischen Funksprüche dechiffrieren und mitlesen konnte, so daß sie über die Absichten des Gegners gut informiert war.

Am Morgen des 18. Juni vereinigten sich die vier amerikanischen Trägerkampfgruppen zur Task Force 58 unter dem Befehl von Vizeadmiral Marc Andrew Mitscher. Nach Angriffen ihrer Trägerflugzeuge auf japanische Stützpunkte auf Iwo Jima dampfte die Task Force 58 in südwestlicher Richtung auf die japanische Flotte zu. Hauptaufgabe der Task Force 58 war die Sicherung der Landung auf Saipan, weshalb sie sich gegenüber der anlaufenden japanischen Flotte eher defensiv verhielt.[1344]

Am frühen Morgen des 19. Juni entdeckte ein japanisches Flugzeug die Task Force 58, woraufhin die Japaner eine erste große Welle ihrer Trägerflugzeuge zum Angriff auf die amerikanischen Schiffe starteten. Die Task Force 58 hatte die anfliegenden Japaner mit Hilfe ihrer Radargeräte rechtzeitig entdeckt und ihre Jagdflugzeuge gestartet. Die US-Marine hatte im zweiten Halbjahr 1943 ihre Jagdflugzeuge vom Typ F4F „Wildcat" gegen F6F „Hellcat" ausgetauscht. Diese waren schneller und besser gepanzert als die japanischen Jäger. Bei den folgenden Luftkämpfen wurden die in mehreren Wellen angreifenden japanischen Flugzeuge reihenweise von den „Hellcats" und der amerikanischen Schiffs-Flak abgeschossen.[1345]

Die Japaner erzielten nur einen Bombentreffer auf dem Schlachtschiff „South Dakota", das aber gefechtsklar blieb. An diesem ersten Tag der Schlacht verloren die Japaner 243 Flugzeuge, wohingegen die amerikanischen Verluste nur 30 Maschinen betrugen. Diese Luftkämpfe sollten auf amerikanischer Seite als das „Große Marianen-

---

[1342] Ebenda, S. 176.

[1343] History of U.S. Marine Corps Operations in World War II, S. 260 f. "Strategic Victory in the Marianas Liberation of Guam; Capture of Saipan and Tinian"

[1344] C.N. Trueman. The Battle of the Philippine Sea. https://www.historylearningsite.co.uk/world-war-two/the-pacific-war-1941-to-1945/the-battle-of-the-philippine-sea/

[1345] E.B. Potter. Admiral Arleigh Burke. Annapolis 1990, S. 155.

Truthahnschießen" („Great Marianas Turkey Shoot") in die Geschichte eingehen.[1346] Die japanischen Flugzeuge waren schwach gepanzert und besaßen keine selbstdichtenden Treibstofftanks, womit sie den neuen „Hellcats" deutlich unterlegen waren. Vor allem aber waren die japanischen Marinepiloten – sieht man von einigen Veteranen ab – im Vergleich zu den amerikanischen schlecht ausgebildet. Gleichzeitig hatte die amerikanische Schiffsflak mittlerweile in großem Umfang Granaten mit Annäherungszündern erhalten, wodurch die Wirksamkeit des Abwehrfeuers erheblich gesteigert wurde.[1347]

Im Verlauf des Vormittags des 19. waren die japanischen Flugzeugträger „Taihō" und „Shōkaku" von amerikanischen U-Booten torpediert worden. Beide Träger gerieten in Brand und sanken nach einer Reihe schwerer innerer Explosionen.[1348] Die Amerikaner wollten nun ihren Sieg ausnutzen und gingen in der Nacht auf Westkurs, um die Japaner am nächsten Morgen anzugreifen, sie sichteten die japanische Flotte aber erst gegen 15.40 Uhr. Obwohl sich die japanische Flotte an der Grenze der Reichweite der amerikanischen Flugzeuge befand und obwohl er sich ausrechnen konnte, daß seine Flugzeuge die eigenen Träger erst in der Dunkelheit wieder erreichen konnten, befahl Mitscher den Start.[1349]

Die Japaner konnten nur noch etwa 35 Flugzeuge zur Abwehr in die Luft bringen, die Amerikaner griffen aber mit 226 Maschinen an.[1350] Der Träger „Hiyō" wurde versenkt, ein weiterer Träger und ein Schlachtschiff wurden beschädigt. Bei diesem Angriff gingen 20 amerikanische Flugzeuge verloren, 80 weitere Verluste traten ein, als vielen Flugzeugen bei der Rückkehr zu ihren eigenen Trägern der Treibstoff ausging. Viele Piloten gingen das Risiko, bei einer Landung in der Dunkelheit auf dem Flugdeck Bruch zu machen, gar nicht erst ein und machten statt dessen eine Notlandung auf dem Wasser. Wegen der Dunkelheit konnten aber nicht alle rechtzeitig aufgefischt werden.[1351] Admiral Spruance lehnte eine weitere Verfolgung der Japaner ab, weil der Schutz der Landung auf Saipan Priorität hatte. Damit war die Schlacht beendet.

Entscheidend für die Niederlage der Japaner und die katastrophalen Verluste an Fliegern waren die materielle und technische Überlegenheit der Amerikaner und vor allem die wesentlich bessere Ausbildung ihrer Piloten. Der Großteil der Kaiserlich-Japanischen Marine konnte zwar entkommen, aber die Marianen waren nun isoliert, die Einnahme der Inselgruppe war nur noch eine Frage der Zeit.

Die Kaiserlich-Japanische Marine hatte drei Flugzeugträger verloren, aber noch schwerwiegender als der Verlust der Schiffe waren die hohen Verluste an Trägerflugzeugen (insgesamt 433) und insbesondere an Marinepiloten.[1352] Für letztere gab es aufgrund der Unzulänglichkeit des japanischen Ausbildungssystems keinen ausreichenden Nachersatz. Die japanischen Flugzeugträger wurden damit nahezu wertlos. Unterdessen verließen immer mehr gut ausgebildete amerikanische Piloten die Fliegerschulen. Zwischen dem Juli 1942 und dem Oktober 1944 wurden 13 große Flottenträger der Essex-Klasse und neun leichte Träger der Independence-Klasse in Dienst gestellt, das Kräfteverhältnis verschob sich immer nachhaltiger zugunsten der Amerikaner.[1353]

---

[1346] Chester G Hearn. Navy: An Illustrated History. The U.S. Navy from 1775 to the 21st Century. Minneapolis 2014, S 80.

[1347] Battle of the Philippine Sea at Combinedfleet.com

[1348] T. Roscoe. Pig Boats. New York 1949, S. 329 ff.

[1349] Theodore Taylor. The Magnificent Mitscher. Annapolis 1991, S. 231 f.

[1350] William T. Y'Blood, Red Sun Setting: The Battle of the Philippine Sea, Annapolis 1981.

[1351] Barrett Tillman. Clash of the Carriers: The True Story of the Marianas Turkey Shoot of World War II, London 2006.

[1352] Willmott, S. 204.

[1353] Wenn man die große Zahl der kleinen und langsamen Geleitträger (insbesondere der Casablanca-Klasse) einrechnet, dann bauten die USA im Zweiten Weltkrieg insgesamt 151 Flugzeugträger.

## Die Seeschlacht im Golf von Leyte

Als die Amerikaner im Oktober 1944 auf den Philippinen landeten und damit die Schlacht um den Leyte-Golf auslösten, wurde die Kaiserlich-Japanische Flotte, die in zwei weit voneinander stehende Gruppen getrennt war, von den Ereignissen überrascht. Selbst unter diesen Umständen hätten die Japaner zu einem gewissen Erfolg kommen können, wenn sie in der Lage gewesen wären, ihre Flugzeugträger richtig einzusetzen. Aber diese Großkampfschiffe waren praktisch wertlos, weil Japan nicht in der Lage war, genügend fliegendes Personal als Ersatz für die seit der Schlacht von Midway laufend erlittenen schweren Verluste auszubilden. So wurden die japanischen Flugzeugträger bei Leyte als Köder ausgelegt und geopfert, ohne damit irgendeinen greifbaren Erfolg zu erzielen.

Die Schlacht im Golf von Leyte war die größte Seeschlacht des Zweiten Weltkrieges, an der etwa 300 alliierte und 67 japanische Kriegsschiffe teilnahmen.[1354] Die Kampfhandlungen fanden zwischen dem 23. und 26. Oktober 1944 in den Gewässern nahe den Philippinen-Inseln Leyte, Samar und Luzon statt und brachten die endgültige strategische Wende zugunsten der Amerikaner.

Foto: Library of Congress

*Admiral Chester W. Nimitz (rechts) erklärt am 28. Juli 1944 Präsident Franklin D. Roosevelt, General Douglas MacArthur (links) und Admiral William D. Leahy (Mitte) die militärische Lage im Pazifik.*

Am 20. Oktober 1944 landeten US-Truppen auf Leyte, das bis zum 26. Dezember 1944 zurückerobert wurde. Die Kämpfe zur Rückeroberung der zahllosen Philippineninseln sollten sich noch bis zur japanischen Kapitulation am 15. August 1945 hinziehen. Diese Operation war Teil der amerikanischen Strategie, Japan von Südostasien zu isolieren, die japanischen Streitkräfte und die japanische Industrie sollten von den lebenswichtigen Ölzufuhren aus Niederländisch-Indien abgeschnitten werden. Die Kaiserlich-Japanische Marine suchte mit fast allen ihren größeren Überwassereinheiten eine Entscheidungsschlacht, um die alliierte Invasion abzuwenden. Die Schlacht von Leyte gliederte sich in vier verschiedene Abschnitte: die Schlacht in der Sibuyan-See, die Schlacht in der Surigao-Straße, die Schlacht vor Kap Engano und die Schlacht von Samar.

Nach der Schlacht in der Philippinen-See favorisierte der Admiralstabschef und Oberkommandierende der amerikanischen Marine Admiral Ernest King eine Blockade der japanischen Kräfte auf den Philippinen und eine Landung auf Formosa. Diese Inseln lagen wie ein Riegel zwischen Japan und Niederländisch-Indien bzw. Malaya, und sobald die Alliierten in ihrem Besitz waren, konnten sie den Schiffsverkehr zwischen dem japanischen Mutterland und seinen Rohstoffgebieten in Südostasien weitgehend unter-

---

[1354] C. Vann Woodward. The Battle for Leyte Gulf. New York 1947.

brechen. General Douglas MacArthur sprach sich statt dessen für eine Landung auf den Philippinen aus, was auch mit seinem persönlichen Prestige zusammenhing. Nachdem MacArthur Anfang 1942 als Verteidiger der Philippinen eine schwere Niederlage hatte hinnehmen und die Inseln verlassen müssen, hatte er erklärt: „Ich werde wiederkommen." Dieses Versprechen galt es nun einzulösen.

Die Luftstreitkräfte, die Japan auf den Philippinen konzentriert hatte, wurden von vielen hochrangigen Offizieren, darunter Admiral Chester W. Nimitz, als zu gefährlich betrachtet, um sie einfach ignorieren zu können. Nimitz gab einer Invasion auf Formosa den Vorzug, das als Basis für eine Landung auf dem chinesischen Festland hätte dienen können. Letztere hielt MacArthur jedoch für strategisch unnötig, und Nimitz änderte schließlich seine Meinung und stimmte dem Plan MacArthurs zu.[1355]

Eine Invasion auf Formosa hätte nach den Berechnungen der Generalstabschefs zwölf Divisionen der Armee und der Marineinfanterie erfordert, und das war mehr, als die Alliierten Ende 1944 im Pazifischen Raum zur Verfügung hatten. Die australische Armee, die einen bedeutenden Teil der alliierten Landstreitkräfte im Pazifischen Raum stellte, war zu dieser Zeit von den Kämpfen auf den Salomonen und auf Neuguinea in Anspruch genommen. So wurde schließlich entschieden, daß die amerikanischen Landstreitkräfte unter dem Befehl MacArthurs auf der Insel Leyte in den Zentral-Philippinen landen sollten.[1356]

Die amphibischen Landungskräfte sowie die Kriegsschiffe zu ihrer Unterstützung sollte die 7. US-Flotte unter dem Befehl von Vizeadmiral Thomas C. Kinkaid bereitstellen. Die 7. Flotte umfaßte zu dieser Zeit auch einige Einheiten der Royal Australian Navy. Die 3. US-Flotte unter dem Befehl von Admiral William F. Halsey mit der schnellen Trägerkampfgruppe TF 38 unter Vizeadmiral Marc A. Mitscher sollte die Invasion auf Leyte decken. Der Plan hatte allerdings den Fehler, daß das Oberkommando nicht in den Händen eines einzelnen Admirals lag. Kinkaid und seine 7. Flotte unterstanden dem obersten alliierten Befehlshaber im Südwest-Pazifik General MacArthur, während Halseys 3. Flotte dem Oberbefehlshaber der Pazifikflotte, Admiral Nimitz, in Pearl Harbor gehorchte. Das Fehlen eines einheitlichen Kommandos sollte zusammen mit mehreren Kommunikationsfehlern die Amerikaner vor Leyte in eine gefährliche Krise stürzen.[1357]

Wie es der Zufall wollte, fehlte auch dem japanischen Admiralstab bei der Durchführung seines Operationsplanes ein einheitliches Oberkommando. Die amerikanischen Absichten waren für den japanischen Admiralstab unschwer zu erkennen, der Chef der Vereinigten Flotte, Admiral Soemu Toyoda, hatte vier „Sieges"-Pläne vorbereitet: Shō-Gō 1 sah eine große Operation bei den Philippinen vor, während Shō-Gō 2, Shō-Gō 3 und Shō-Gō 4 die Abwehr von Angriffen auf Formosa, die Ryukyu-Inseln und die Kurilen zum Inhalt hatten. Die Pläne sahen den Einsatz fast aller verfügbaren Kräfte für eine Entscheidungsschlacht vor, obwohl dies Japans mittlerweile bedenklich geschrumpfte Reserven an Treibstoff erheblich beanspruchen mußte.

Am 12. Oktober 1944 begann die 3. US-Flotte unter Admiral Halsey mit einer Serie von Angriffen ihrer Trägerflugzeuge auf Formosa und die Ryukyu-Inseln, die sicherstellen sollten, daß die dort stationierten japanischen Flugzeuge nicht bei den Landungen auf Leyte eingreifen konnten. Das japanische Oberkommando setzte daraufhin Shō-Gō 2 in Kraft und startete mehrere Wellen von Luftangriffen auf die Träger der 3. US-Flotte. Bei den folgenden Luftkämpfen erlitten die Japaner hohe Verluste, sie verloren 600 Flugzeuge, fast ihre gesamten Luftstreitkräfte, in diesem Raum. Nach der

---

[1355] Samuel E. Morison. Leyte, June 1944–January 1945. History of United States Naval Operations in World War II. Boston 1956.

[1356] Ebenda.

[1357] Morison, Leyte, June 1944–January 1945, Boston 1956.

amerikanischen Invasion auf Leyte ging der japanische Admiralstab zu Shō-Gō 1 über.[1358] Shō-Gō 1 sah vor, daß die „Nördliche Streitmacht" unter Vizeadmiral Jisaburo Ozawa das Gros der amerikanischen Deckungskräfte von Leyte weglocken sollte. Die „Nördliche Streitmacht" bestand im Kern aus mehreren Flugzeugträgern, aber diese verfügten nur über wenige Flugzeuge mit schlecht ausgebildeten Piloten. Die japanischen Träger hatten daher nur noch eine geringe Kampfkraft und sollten deshalb in erster Linie als Lockvögel dienen.

Während die amerikanischen Deckungskräfte von den japanischen Trägern von Leyte weggelockt wurden, sollten gleichzeitig zwei andere Überwasserverbände von Westen her auf die Insel zulaufen. Die „Südliche Streitmacht" unter Vizeadmiral Shoji Nishimura sollte über die Surigao-Straße im Golf von Leyte einlaufen und die amerikanischen Landungsbrückenköpfe angreifen. Die „Zentrale Streitmacht" unter Vizeadmiral Takeo Kurita, der bei weitem stärkste der japanischen Verbände, sollte durch die San-Bernardino-Straße in die Philippinen-See einlaufen, nach Süden abdrehen und dann ebenfalls die Landungszone angreifen.[1359]

Admiral Toyoda erklärte die japanischen Überlegungen zu diesem Plan kurz nach dem Krieg amerikanischen Offizieren wie folgt: „Sollten wir die Philippinen-Operation verlieren, dann würden, auch wenn die Flotte erhalten bliebe, die Schiffahrtsrouten nach Süden völlig abgeschnitten werden, so daß die Flotte nach ihrer Rückkehr in japanische Gewässer über keinen Nachschub an Treibstoff mehr verfügen würde. Wenn sie in den südlichen Gewässern bleiben würde, könnte sie keinen Nachschub an Waffen und Munition [aus Japan] erhalten. Es hatte keinen Sinn, die Flotte zu erhalten, wenn die Philippinen verlorengingen."[1360]

## Die Schlacht in der Sibuyan-See (24. Oktober)

Admiral Kuritas „Zentrale Streitmacht" bestand aus fünf Schlachtschiffen, zehn Schweren Kreuzern, zwei Leichten Kreuzern und 15 Zerstörern.[1361] Nachdem er seinen Stützpunkt in Brunei verlassen hatte, wurde Kuritas Verband in der Nacht vom 22. auf den 23. Oktober in der Nähe der Insel Palawan von zwei amerikanischen U-Booten gesichtet, die in den Morgenstunden die Schweren Kreuzer „Atago" and „Maya" mit Torpedofächern versenkten und die „Takao" schwer beschädigten.[1362]

Am Morgen des 24. Oktober wurde die „Zentrale Streitmacht" in der Sibuyan-See von Flugzeugen des Trägers USS „Enterprise" angegriffen, der zu Halseys 3. Flotte gehörte. Die Position der 3. US-Flotte zu Kuritas Verband war jedoch zu ungünstig, um ihre ganze Schlagkraft zur Geltung zu bringen. Am 22. Oktober hatte Halsey zwei seiner Trägergruppen zu einem Flottenstützpunkt auf Ulithi geschickt, um dort ihre Treibstoff- und Munitionsvorräte zu ergänzen. Das hatte zur Folge, daß der 3. US-Flotte bei den folgenden Kämpfen etwa 40 Prozent ihrer Trägerflugzeuge fehlten. Als die 3. US-Flotte Kuritas Streitmacht am Morgen des 24. angriff, kamen zunächst nur die Flugzeuge des Flottenträgers USS „Intrepid" und des leichten Trägers „Cabot" zum Einsatz.

Bei einem zweiten Angriff kamen die Flugzeuge der USS „Essex", „Lexington" und „Franklin" hinzu, die das Schlachtschiff „Musashi" mit 17 Bomben- und 19 Torpedotreffern versenkten. Der Schwere Kreuzer „Myōkō" wurde schwer beschädigt. Kurita steu-

---

[1358] John F.C. Fuller. The Decisive Battles of the Western World III. London 1956, Morison.

[1359] Ebenda.

[1360] United States Strategic Bombing Survey (Pacific) – Interrogations of Japanese Officials.

[1361] Morison.

[1362] Thomas J. Cutler. The Battle of Leyte Gulf, 23–26 October 1944. New York 1994.

erte inzwischen mit seinen restlichen Schiffen, die alle kampffähig geblieben waren, die San-Bernardino-Straße an.[1363]

Mittlerweile hatten die landgestützten Flugzeuge der japanischen 1. Luftflotte auf Luzon die Träger von Konteradmiral Frederick Shermans TG 38.3 angegriffen, wobei sie aber reihenweise von den F6F „Hellcats" und F4U „Corsairs" Shermans abgeschossen wurden. Nur ein japanischer Bomber kam durch und traf den leichten Träger USS „Princeton", auf dem heftige Brände ausbrachen, die wiederum schwere Explosionen auslösten. Die „Princeton" mußte schließlich aufgegeben werden. Sie war das größte amerikanische Schiff, das während der Seeschlacht bei Leyte verlorenging.[1364] Die Angriffe der Trägerflugzeuge der 3. US-Flotte waren insgesamt zu schwach, um die „Zentrale Streitmacht" Kuritas aufhalten zu können, die in der Nacht die San-Bernardino-Straße durchquerte und am nächsten Morgen vor der Küste von Samar erschien.[1365]

Nachdem der Anmarsch der „Zentralen" und der „Südlichen Streitmacht" der Japaner aufgeklärt worden war, beschlossen Halsey und sein Stab, aus vier Schlachtschiffen, fünf Kreuzern und 14 Zerstörern die Task Force 34 unter Vizeadmiral Willis A. Lee zu bilden, die Kuritas „Zentrale Streitmacht" am Ausgang der San-Bernardino-Straße abfangen sollte.[1366] Zwar wurde die TF 34 tatsächlich aufgestellt, sie sollte aber im Verlauf der folgenden Ereignisse nicht die San-Bernardino-Straße bewachen, sondern die 3. Flotte begleiten. Unglücklicherweise sollte die Leitung der 7. Flotte darüber falsch informiert werden.

Die Aufklärungsflugzeuge der 3. US-Flotte konnten Ozawas „Nördliche Streitmacht", die in südlicher Richtung nach Leyte dampfte, am 24. Oktober erst gegen 16.40 Uhr ausmachen. Halsey war überzeugt, daß die „Nördliche Streitmacht" die japanische Hauptmacht darstellte, und war entschlossen, die Gelegenheit zu ergreifen, um die letzten japanischen Flugzeugträger zu vernichten. Er glaubte außerdem, daß die „Zentrale Streitmacht" durch seine Luftangriffe in der Sibuyan-See bereits neutralisiert war und sich ihre Überreste zurückziehen würden.

Aufgrund der eingegangenen Funksprüche waren Admiral Kinkaid und Admiral Nimitz der Meinung, daß Halsey die TF 34, bestehend aus Admiral Lees Schlachtschiffen, zurückgelassen habe, die den Ausgang der San Bernardino-Straße bewachte und somit die Flanke der 7. Flotte deckte, während Halsey selbst mit seinen drei Trägerkampfgruppen nordwärts dampfte, um die japanischen Flugzeugträger zu verfolgen. Tatsächlich fuhren die Schlachtschiffe von Admiral Lee zusammen mit der 3. Flotte nach Norden. Halsey ließ die San-Bernardino-Straße vollkommen unbewacht, nicht ein einziger Zerstörer blieb dort zurück.[1367]

## Die Schlacht in der Surigao-Straße (25. Oktober)

Nishimuras „Südliche Streitmacht" bestand aus den alten Schlachtschiffen „Yamashiro" und „Fusō", dem Schweren Kreuzer „Mogami" und vier Zerstörern.[1368] Dieser Verband verließ Brunei am Nachmittag des 22. Oktober, wandte sich zunächst ostwärts in die Sulu-See und dann nach Nordosten in die Mindanao-See. Von dort steuerte Nishimura

---

[1363] Morison.

[1364] Ebenda.

[1365] L. Klemen. Rear-Admiral Takeo Kurita: Forgotten Campaign: The Dutch East Indies Campaign 1941–1942. 1999–2000.

[1366] David A. Lee. Report of Operations of Task Force 34 During the Period 6 October 1944 to 3 November 1944. Aufgerufen am 17. Januar 2014.

[1367] Morison.

[1368] Ebenda.

den südlichen Eingang der Surigao-Straße an, mit der Absicht, über den nördlichen Ausgang der Straße in den Golf von Leyte einzulaufen, wo er sich mit dem Verband Kuritas vereinigen wollte.

In der Nacht vom 24. auf den 25. Oktober lief die „Südliche Streitmacht" in der Surigao-Straße jedoch in eine tödliche Falle. Die 7. US-Flotte unter Konteradmiral Jesse Oldendorf verfügte über sechs ältere Schlachtschiffe, vier Schwere Kreuzer, vier Leichte Kreuzer, 28 Zerstörer und 39 Torpedoboote. In der Surigao-Straße hatten Oldendorfs Torpedoboote und Zerstörer ein Spalier gebildet, das Nishimuras einlaufenden Verband von links und rechts mit Torpedos attackierte. Die „Fuso" und drei Zerstörer wurden bei diesen Angriffen versenkt. Am Ausgang der Straße geriet die bereits schwer angeschlagene „Südliche Streitmacht" in das konzentrierte Feuer von sechs Schlachtschiffen und acht Kreuzern. Außer durch ihre Überzahl waren die amerikanischen Schlachtschiffe auch aufgrund ihrer sehr viel besseren Radargeräte bei dem Nachtgefecht weit überlegen. Bis auf den Zerstörer „Shigume" wurden alle Schiffe Nishimuras versenkt, der Admiral selbst fand den Tod.[1369]

Die Schlacht in der Surigao-Straße war eine von nur zwei Gefechten des Pazifikkrieges, bei der Schlachtschiffe auf Schlachtschiffe trafen. Das andere Gefecht dieser Art hatte in der Nacht des 15. November 1942 bei Guadalcanal zwischen der USS „Washington" und der „South Dakota" gegen die „Kirishima" stattgefunden, wobei letztere vernichtet worden war. Ansonsten wurden Schlachtschiffe im Pazifikkrieg nur für Küstenbombardements bei Landungsoperationen oder als Flak-Festungen zum Schutz der Flugzeugträger eingesetzt.

# Die Schlacht vor Samar (25. Oktober)

Halseys Entscheidung, mit allen seinen Schiffen nach Norden zu dampfen, um die japanischen Flugzeugträger zu verfolgen, führte – wie bereits erwähnt – dazu, daß vor dem Ausgang der San-Bernardino-Straße keinerlei Sicherung zurückblieb. Kuritas „Zentrale Streitmacht" konnte die Straße daher ohne jeglichen Widerstand passieren und dampfte in den frühen Morgenstunden des 25. Oktober entlang der Küste der Insel Samar nach Süden. Ungeachtet der bisherigen Verluste war Kuritas „Zentrale Streitmacht" immer noch sehr schlagkräftig, sie bestand aus vier Schlachtschiffen (darunter der riesigen „Yamato"), sechs Schweren Kreuzern, zwei Leichten Kreuzern und elf Zerstörern.

Ihr entgegen standen nur drei Verbände von Begleitträgern der 7. US-Flotte (Taffy 1, 2 und 3) mit zusammen 16 kleinen und langsamen Begleitträgern, begleitet von nur leicht bewaffneten Zerstörern. Der Kampfverband Taffy 3 von Konteradmiral Clifton Sprague wurde von der Streitmacht Kuritas völlig überrascht. Kurita nahm an, daß er auf eine Trägergruppe von Halseys 3. Flotte getroffen war, und befahl den Angriff.[1370] Nun gingen die weit unterlegenen amerikanischen Zerstörer zum Gegenangriff über, wobei sie einige Schiffe Kuritas beschädigten; drei amerikanische Zerstörer wurden dabei versenkt.

Inzwischen befahl Konteradmiral Sprague seinen insgesamt 16 Begleitträgern, sofort alle ihre Flugzeuge zu starten. Zwar waren die meisten dieser insgesamt 450 Trägerflugzeuge ältere Modelle (F4F „Wildcat" und TBF „Avenger"), aber da Kuritas Verband keinerlei Jagdschutz besaß, trafen die amerikanischen Flugzeuge nur auf das Abwehrfeuer der Schiffs-Flak. Die Träger von Taffy 3 drehten inzwischen nach Süden und versuchten,

---

[1369] Ebenda; C. Woodward. The Battle for Leyte Gulf. New York 2007, S. 100.
[1370] Evan Thomas. Sea of Thunder: Four Commanders and the last Great Naval Campaign, 1941–1945. New York 2006.

dem Feuer von Kuritas Schiffen zu entkommen, wobei der Träger USS „Gambier Bay" von der „Yamato" mehrfach getroffen wurde und schließlich kenterte.

Der entschlossene Gegenangriff der Amerikaner schien die Annahme Kuritas zu bestätigen, daß er auf einen größeren Flottenverband und nicht nur auf Begleitträger und Zerstörer getroffen war. Aufgrund der Luft- und Torpedoangriffe mußte Kuritas Flaggschiff „Yamato" nach Norden ausweichen, wodurch der Admiral den Kontakt zur Schlacht verlor. Kurita brach den Kampf daher ab und gab an seine Schiffe den Befehl, nach Norden abzudrehen, offenbar in der Absicht, seinen durcheinandergeratenen Verband neu zu ordnen. Als er anschließend wieder auf den Golf von Leyte zudrehte, erhielt Kurita eine Meldung, die darauf hindeutete, daß nördlich von ihm eine Gruppe amerikanischer Flugzeugträger stand.[1371]

Da Kurita seine Flotte im Kampf gegen Großkampfschiffe und nicht gegen Transporter aufopfern wollte, setzte er zur Verfolgung dieser tatsächlich gar nicht existierenden Träger an. Der Admiral vergab damit die Gelegenheit, die amerikanischen Schiffe im Golf von Leyte zu vernichten. Nach ergebnisloser Verfolgung zog sich Kurita mit seinem Verband schließlich in die San Bernardino-Straße zurück. Die Entscheidung Kuritas wurde auch von der Tatsache beeinflußt, daß er nicht wußte, daß es Ozawa mit seinem Täuschungsmanöver gelungen war, Halseys ganze 3. Flotte vom Golf von Leyte wegzulokken. Daher war Kurita überzeugt, daß er vor Samar auf Teile der 3. US-Flotte getroffen war und daß es nur eine Frage der Zeit sei, bis Halsey ihn aufgrund seiner Übermacht vernichten würde. Fast allen Schiffen Kuritas gelang es zu entkommen, die Schlachtschiffe der 3. US-Flotte kamen zu spät, um ihn vom Rückweg in die Surigao-Straße abzuschneiden. Zuletzt brachte Vizeadmiral Takijirō Ōnishi seine Kamikaze-Flieger gegen die alliierten Schiffe zum Einsatz, der Begleitträger „St. Lô" wurde von einem Kamikaze getroffen und sank nach mehreren schweren Explosionen.[1372]

## Die Schlacht vor Kap Engano (25.–26. Oktober)

Ozawas „Nördliche Streitmacht" bestand aus vier Flugzeugträgern, zwei Schlachtschiffen aus dem Ersten Weltkrieg, die zu Hybridflugzeugträgern umgebaut worden waren,[1373] drei Leichten Kreuzern sowie neun Zerstörern. Sein Verband verfügte über nicht mehr als 108 Flugzeuge. Ozawas Verband war erst am 24. Oktober um 16.40 Uhr von amerikanischen Aufklärungsflugzeugen entdeckt worden.

Halseys 3. Flotte bestand im Kern aus den drei Gruppen von Mitschers TF 38 und hatte eine überwältigende Überlegenheit über die japanische „Nördliche Streitmacht". Diese drei Gruppen verfügten über fünf große Flottenträger, fünf leichte Träger, sechs Schlachtschiffe, sechs schwere und zwei Leichte Kreuzer und mehr als 40 Zerstörer. Auf den Trägern waren über 600 Flugzeuge einsatzbereit.

Am 25. Oktober um 2.40 Uhr schickte Halsey die sechs Schlachtschiffe der TF 34 unter Vizeadmiral Willis A. Lee voraus. In der Morgendämmerung startete Ozawa 75 Flugzeuge, um die 3. US-Flotte anzugreifen, die meisten von ihnen wurden jedoch innerhalb kurzer Zeit vom amerikanischen Jagdschutz abgeschossen. In der Nacht hatte Halsey das taktische Oberkommando Admiral Mitscher übertragen, der in der Morgendämmerung die erste Welle von 180 Flugzeugen starten ließ. Der Angriff auf Ozawas Flottenverband begann um 8 Uhr, die 30 japanischen Jagdflugzeuge, die zu seinem Schutz aufgestiegen waren, wurden von den amerikanischen Jagdfliegern vernichtet. Die amerikanischen Luft-

---

[1371] Woodward, S. 164.
[1372] James D. Hornfischer. The Last Stand of the Tin Can Sailors. New York 2004.
[1373] Die beiden Geschütztürme auf dem Achterdeck waren entfernt und an ihrer Stelle ein Flugdeck aufgebaut worden.

angriffe dauerten bis zum Abend, die Flugzeuge der TF 38 versenkten den großen Träger „Zuikaku", die leichten Träger „Chitose" und „Zuihō" sowie den Zerstörer „Akizuki". Der leichte Träger „Chiyoda" und der Kreuzer „Tama" wurden schwer beschädigt.[1374]

Am 25. Oktober gingen kurz nach 8 Uhr auf Halsey Flaggschiff USS „New Jersey" Hilferufe von der 7. Flotte ein, die seit 2 Uhr mit Nishimuras „Südlicher Streitmacht" in der Surigao-Straße im Gefecht stand. Halsey behauptete später, er habe gewußt, daß Kinkaid in Schwierigkeiten war, aber er hätte sich nicht träumen lassen, wie ernst die Krise wirklich gewesen sei. Erst um 11.15 Uhr, mehr als drei Stunden nachdem er die Hilferufe empfangen hatte, befahl Halsey der TF 34, umzudrehen und in südlicher Richtung nach Samar zu dampfen. Es dauerte allerdings zweieinhalb Stunden, bis die erschöpften Treibstoffvorräte der Zerstörer der TF 34 ergänzt waren, und aufgrund dieser Verzögerung erreichte die TF 34 die 7. Flotte zu spät, um ihr irgendeine praktische Hilfe leisten zu können. Es war auch zu spät, um Kuritas Streitmacht am Entkommen durch die San-Bernardino-Straße zu hindern.

Um 14.15 Uhr befahl Mitscher einer Kampfgruppe von vier Kreuzern und neun Zerstörern unter Konteradmiral Laurance DuBose, die Überreste der japanischen „Nördlichen Streitmacht" zu verfolgen. Die Kreuzer dieser Kampfgruppe gaben dem schwerbeschädigten leichten Träger „Chiyoda" um etwa 17 Uhr den Fangschuß, und um 20.59 versenkten sie den Zerstörer „Hatsuzuki". Um 23.10 Uhr torpedierte das amerikanische U-Boot USS „Jallao" den Leichten Kreuzer „Tama", der sofort sank. Dies war der letzte Akt der Schlacht vor Kap Engano – und der Abschluß der Seeschlacht von Leyte.[1375]

# Ergebnisse

Die US-Navy verlor in der Schlacht von Leyte-Gulf einen leichten Träger, zwei Begleitträger und drei Zerstörer. Vier weitere Schiffe und der schwere australische Kreuzer HMAS „Australia" wurden beschädigt.[1376]

Die japanischen Verluste umfaßten 26 Kriegsschiffe: einen Flottenträger, drei leichte Träger, drei Schlachtschiffe, sechs Schwere Kreuzer, vier Leichte Kreuzer und neun Zerstörer, das waren 41 Prozent der eingesetzten Überwasserschiffe. Dies waren die schwersten Verluste, die die Kaiserlich-Japanische Marine je erlitten hatte. Nach dem Ende der Schlacht von Leyte standen mehrere beschädigte Schiffe der Japaner vor der Entscheidung, entweder Singapur anzulaufen, wo es genügend Öl gab, aber keine Werften, auf denen die notwendigen Reparaturen hätten vorgenommen werden können. Oder die Schiffe konnten nach Japan zurückkehren, wo die großen Werften zwar alle Reparaturmöglichkeiten boten, es aber nur noch sehr wenig Öl gab.

Durch den überwältigenden amerikanischen Sieg der 3. und der 7. Flotte waren die Brückenköpfe der 6. US-Armee auf Leyte endgültig gegen Angriffe von See gesichert, die erbitterten Kämpfe auf der Insel selbst sollten sich noch bis Ende Dezember hinziehen.

Das Versagen der Kaiserlich-Japanischen Marine, die Amerikaner von Leyte abzudrängen, bedeutete den Verlust der Philippinen. Niederländisch-Indien hatte bis dahin die Rohstoffe geliefert, die für die Kriegsführung Japans überlebenswichtig waren, insbesondere das Öl für seine Schiffe und seine Flugzeuge. Die Schiffahrt zwischen Niederländisch-Indien und den japanischen Hauptinseln wurde in der Folgezeit durch auf den Philippinen stationierte amerikanische Flugzeuge sowie amerikanische U-Boote schwer beeinträchtigt, ja nahezu unterbrochen.

---

[1374] Morison.
[1375] Ebenda.
[1376] Robert Jon Cox. The Battle of Leyte Gulf – Casualty List. Aufgerufen am 7. November 2010.

Nachdem die schweren Überwassereinheiten der Kaiserlich-Japanischen Marine in ihre Heimathäfen im Mutterland zurückgekehrt waren, blieben sie wegen des Treibstoffmangels für den Rest des Krieges inaktiv. Die einzige größere Operation japanischer Überwasserschiffe vor der Kapitulation war die Fahrt des Riesenschlachtschiffs „Yamato" am 7. April 1945 nach Okinawa, um die amerikanischen Brückenköpfe auf der Insel zu bekämpfen. Dabei wurden die „Yamato" und ihre Begleitschiffe von amerikanischen Trägerflugzeugen versenkt. Als der japanische Marineminister Admiral Mitsumasa Yonai nach dem Krieg von den Amerikanern zur Schlacht von Leyte befragt wurde, erklärte er, er habe erkannt, daß diese Niederlage „gleichbedeutend mit dem Verlust der Philippinen gewesen sei". Und zur Bedeutung der Schlacht für den weiteren Verlauf des Krieges bemerkte er: „Ich fühlte, daß es das Ende war."[1377]

Letzten Endes war Japan im Zweiten Weltkrieg nicht in der Lage, mit dem damals weit überlegenen amerikanischen Industriepotential zu konkurrieren. Dies zeigt sich in aller Deutlichkeit, wenn man die Zahl der Flugzeugträger, die die beiden Nationen bauten, miteinander vergleicht. Bei Kriegsbeginn im Dezember 1941 verfügte die US-Navy über sieben Flugzeugträger gegenüber sechs großen und drei kleineren Trägern der Kaiserlich-Japanischen Marine. Im Herbst 1942 erreichte der amerikanische Bestand nach verlustreichen Kämpfen mit nur noch drei Flugzeugträgern einen absoluten Tiefstand. Aber bereits im Sommer 1940, eineinhalb Jahre vor Pearl Harbor, hatte die amerikanische Regierung die ersten Bauaufträge für eine Serie von insgesamt 24 großen Flugzeugträgern der Essex-Klasse herausgegeben, von denen bis Kriegsende 15 fertiggestellt werden sollten. Hinzu kamen neun leichte Flugzeugträger der Independence-Klasse, die bis Ende Dezember 1943 alle in Dienst gestellt wurden, außerdem eine große Zahl von sogenannten Geleitträgern, die auf den Rümpfen von Handelsschiffen aufgebaut worden waren.[1378] Im Ergebnis verfügte die US-Navy am 1. August 1945 über 30 Flugzeugträger und 84 Geleitträger.[1379] Dagegen hatte die Kaiserlich-Japanische Marine zu diesem Zeitpunkt nur noch fünf Flugzeugträger (die sich zum Teil im Bau befanden), die aber wegen des Mangels an ausgebildeten Piloten praktisch keinen Kampfwert mehr besaßen.[1380]

# Der amerikanische strategische Luftkrieg gegen Japan

Der erste amerikanische Luftangriff auf die japanischen Hauptinseln war der sogenannte „Doolittle Raid" vom 18. April 1942, als 16 zweimotorige Bomber vom Typ B-25 „Mitchell" von dem Flugzeugträger USS „Hornet" starteten, um Ziele in Yokohama und Tokio anzugreifen und anschließend auf Flugplätzen im von nationalchinesischen Truppen kontrollierten Teil Chinas zu landen. Diese Angriffe waren militärisch gesehen belanglos, wurden aber in der US-Propaganda als bedeutender Erfolg gefeiert.

Aufgrund der großen Entfernungen im pazifischen Raum sahen sich die USA veranlaßt, für den Luftkrieg gegen Japan einen neuen schweren Bomber zu entwickeln, die Boeing B-29 „Superfortress", die eine operative Reichweite (Eindringtiefe) von 2.600 Kilometern besaß.

Die Army Air Force arbeitete unter der Bezeichnung „Operation Matterhorn" einen Plan aus, der vorsah, B-29-Verbände auf vier vorgeschobenen Stützpunkten in Südchina zu stationieren, um von dort aus Ziele in den japanisch besetzten Gebieten Südostasiens und auf den japanischen Hauptinseln anzugreifen. Als Operationsbasis für das XX. Bom-

[1377] John F.C. Fuller. The Decisive Battles of the Western World III. London 1956.
[1378] Ploetz: Geschichte des Zweiten Weltkrieges. Würzburg 1960. Bd. II, S. 644 ff.
[1379] Ebenda, S. 637.
[1380] Ebenda, S. 289.

ber Command der XX. US-Luftflotte wurde die Stadt Chengdu in der Provinz Sichuan ausgewählt, weil diese von den japanisch besetzten Teilen Chinas weit genug entfernt war, um vor Angriffen des japanischen Heeres sicher zu sein. Zu diesem Zeitpunkt gab es keine Land- oder Seeverbindung zwischen Britisch-Indien und dem von national-chinesischen Truppen kontrollierten Teil Chinas. Für die „Operation Matterhorn" mußte daher der gesamte Nachschub einschließlich des Treibstoffs mit Transportflugzeugen über den Himalaya geflogen werden.

Am 15. Juni 1944 starteten 68 B-29 in Richtung Japan und bombardierten die Eisen- und Stahlwerke bei Yahata.[1381] Der Erfolg war sehr gering, denn das Stahlwerk wurde nur von einer einzigen Bombe getroffen. Die Luftangriffe konnten in den folgenden Monaten wegen Nachschub- bzw. Treibstoffmangels nur mit geringer Intensität fortgesetzt werden, zwischen Anfang Juli 1944 und Anfang Januar 1945 wurden von Chengdu aus insgesamt elf Angriffe gegen Japan geflogen. Die Operationen der B-29 in China waren nicht nur mit erheblichen logistischen Problemen verbunden, die Flugzeuge konnten außerdem nur einen Teil der japanischen Hauptinseln erreichen. Ende Januar 1945 wurde das XX. Bomber Command aus China abgezogen und auf die neuen Stützpunkte im Westpazifik verlegt.

Die amerikanischen Generalstabschefs hatten daher bereits im Dezember 1943 beschlossen, die im Westpazifik gelegenen Marianen zu besetzen. Die japanische Hauptstadt Tokio lag etwa 2.400 Kilometer nördlich dieser Inseln und damit in Reichweite der B-29. Am 15. Juni 1944 landeten amerikanische Truppen auf Saipan, es folgten Operationen gegen Guam und Tinian, und bis zum August waren alle drei Inseln in amerikanischer Hand. Noch vor Beendigung der Kampfhandlungen begannen Baubataillone der Marine damit, Flugplätze zu errichten.

Den ersten Einsatz von den Marianen gegen Tokio flog am 24. November 1944 das 73. Bomber-Geschwader mit 111 B-29 „Superfortress". Angriffe bei Tag aus großen Höhen erwiesen sich jedoch aufgrund des Wetters, das über Japan herrschte, als wenig erfolgreich, an den meisten Tagen waren die Ziele aufgrund der Wolkenbildung gar nicht sichtbar.[1382] Außerdem herrschten über Japan in großer Höhe meist starke Winde, die die Genauigkeit des Bombenzielwurfs erheblich beeinträchtigten, es sollen maximal zehn Prozent der abgeworfenen Bomben ihre Ziele (ein Kreis mit einem Radius von 300 Metern um den Zielpunkt) getroffen haben. Die bei Tag gegen Industrieziele geflogenen Bombenangriffe zeigten daher nicht die erhoffte Wirkung.

Im Januar 1945 übernahm Generalmajor Curtis LeMay das Kommando über die Bomber. Nach einer sorgfältigen Analyse der bisherigen Taktik und ihrer Mängel ging LeMay zu nächtlichen Tiefflugangriffen mit Brandbomben über. Um Gewicht zu sparen und mehr Treibstoff und Bomben an Bord nehmen zu können, ließ LeMay aus seinen B-29 einen Teil der Abwehrbewaffnung ausbauen. Die neue Taktik erwies sich gegen die leicht brennbaren japanischen Städte mit ihren zahlreichen aus Holz und Papier gebauten Häusern als äußerst wirkungsvoll, außerdem besaßen die japanischen Feuerwehren nur eine veraltete Ausrüstung. Ein großer Teil der japanischen Rüstungsindustrie bestand aus kleinen Werkstätten und Zulieferern, die inmitten von Wohngebieten lagen, durch die Brandbombenangriffe wurde daher auch die Rüstungsproduktion empfindlich getroffen.

Der größte und verheerendste Luftangriff erfolgte in der Nacht vom 9. auf den 10. März 1945 auf Tokio durch 334 B-29. Durch den entfesselten Feuersturm kamen 88.000 Menschen ums Leben, es war, gemessen an der Zahl der Opfer, einer der verheerendsten Luftangriffe in der Geschichte des 20. Jahrhunderts. Im Juni 1945 waren bereits mehr als

---

[1381] Heute Stadtteil von Kitakyushu
[1382] Fred Kaplan. The Wizards of Armageddon. New York 1983, S. 42.

40 Prozent der bebauten Fläche der sechs größten Städte Japans – Tokio, Nagoya, Kobe, Osaka, Yokohama und Kawasaki – verwüstet, und im Juli waren nur noch wenige lohnenswerte Ziele übriggeblieben. Insgesamt sollten durch die strategischen Bombenangriffe bis Kriegsende in 67 japanischen Städten großflächige Zerstörungen entstehen, die das zivile und wirtschaftliche Leben schwer beeinträchtigten.

Ein Jahr nach Kriegsende berichtete der U.S. Strategic Bombing Survey, daß die amerikanische militärische Führung die Auswirkungen der strategischen Bombenangriffe in Kombination mit der Seeblockade und den vorangegangenen militärischen Niederlagen auf Japan unterschätzt habe, dessen Führung wäre auch ohne eine Invasion zur bedingungslosen Kapitulation bereit gewesen. Im Juli 1945 habe sich nur ein Bruchteil der geplanten strategischen Bomber im Einsatz befunden, und bereits zu diesem Zeitpunkt habe es kaum noch lohnende Ziele in Japan gegeben. Im Rückblick wäre es effektiver gewesen, die land- und trägergestützten Flugzeuge gegen die Handelsschiffahrt einzusetzen und mit der Verminung der japanischen Gewässer aus der Luft schon früher zu beginnen, um den sehr wirkungsvollen U-Boot-Krieg der US-Navy zu unterstützen und die Isolierung des Inselstaates zu vervollständigen.[1383] Der größte Teil der japanischen Handelsschiffahrt war Mitte 1945 bereits vernichtet, und damit wurde es immer schwieriger, Rohstoffe und Nahrungsmittel aus Südostasien und der Mandschurei nach Japan zu schaffen. Eine Intensivierung der Blockade hätte die Strangulation der japanischen Wirtschaft beschleunigt und ein schnelleres Kriegsende herbeigeführt.

---

[1383] United States Strategic Bombing Survey, Summary Report (Pacific War). 1 July 1946.

# Die Ardennenoffensive

## Die politische und militärische
## Lage Deutschlands im Herbst 1944

Churchill und Roosevelt hatten im Januar 1943 auf der Konferenz von Casablanca die bedingungslose Kapitulation der Achsenmächte zum offiziellen Kriegsziel der Alliierten erklärt. Dadurch wollte sich Roosevelt für die Neugestaltung Europas nach Kriegsende völlige Handlungsfreiheit bewahren und sich nicht durch irgendwelche Vereinbarungen mit dem Deutschen Reich – auch nicht mit der Opposition gegen Hitler – binden, dessen endgültige Niederlage nur eine Frage der Zeit war. Für einen Sonderfrieden des Deutschen Reiches mit den USA und Großbritannien waren die Aussichten also sehr schlecht.

Die Sowjetunion schien dagegen Friedensverhandlungen gegenüber nicht völlig abgeneigt zu sein. Es gab mindestens zwei vorsichtige Kontakte zwischen deutschen und sowjetischen Vermittlern, einmal in Schweden 1943 und das zweite Mal durch Vermittlung Japans 1944. Hitler untersagte dem Auswärtigen Amt jedoch eine weitere Sondierung, da er nicht glaubte, daß die Sowjetunion ernsthaft an einem Sonderfrieden interessiert sei. Nach dem Zusammenbruch der Heeresgruppe Mitte im Sommer 1944 konnte die deutsche Führung nicht mehr auf ernsthafte Verhandlungen mit Moskau hoffen. Hitler und einige führende Politiker setzten aber darauf, daß die sich abzeichnenden Konflikte zwischen den Anglomerikanern und der Sowjetführung über kurz oder lang offen zum Ausbruch kommen würden und daß Deutschland und seine Wehrmacht dann ein Verbündeter der Westmächte gegen den „gemeinsamen bolschewistischen Feind" im Osten werden könnten.

An der Ostfront befanden sich die deutschen Truppen seit den großen sowjetischen Sommeroffensiven in einer prekären Situation, die Heeresgruppe Mitte war im Juni und Juli durch die sowjetische Operation „Bagration" völlig zerschlagen worden. Die Heeresgruppe Nord, die Anfang September noch Estland, das westliche Lettland und eine Landbrücke zur Heeresgruppe Mitte behaupten konnte, wurde im Oktober nach dem Vorstoß sowjetischer Armeen bis zur Ostsee mit 27 Divisionen in Kurland eingeschlossen. Im äußersten Norden mußten sich die deutschen Verbände, nachdem Finnland am 4. September 1944 mit der Sowjetunion einen Waffenstillstand geschlossen hatte, auf Nordnorwegen zurückziehen. Im Juli und August hatte auch die Heeresgruppe Nordukraine gegen die Russen eine schwere Niederlage erlitten, und kurz darauf wurde in Rumänien die Heeresgruppe Südukraine geschlagen. Diese deutsche Niederlage zog den Seitenwechsel Rumäniens nach sich, womit der Roten Armee das Tor zum Balkan offenstand. Anfang September erreichten sowjetische Panzerspitzen das Eiserne Tor in den Südkarpaten an der Grenze zu Serbien, zwei Wochen später stießen sie in die ungarische Tiefebene vor und eröffneten am 29. Oktober die Schlacht um Budapest, die sich bis zum 13. Februar 1945 hinziehen sollte. Auf dem Balkan lief die Heeresgruppe E Gefahr, durch den Vorstoß der Roten Armee auf Belgrad vom Deutschen Reich abgeschnitten zu werden. Der Anfang Oktober befohlene Rückzug der Heeresgruppe verlief planmäßig, aber es wurde immer schwieriger, nach Herstellung der Verbindung zur 2. Panzerarmee Mitte November die Front zwischen Adria und Drau bis zum Plattensee zu halten. Bereits Anfang August hatten deutsche Verbände in der Panzerschlacht vor Warschau den russischen Vormarsch an der Weichsel zum Stehen gebracht. Ende November eröffnete die Wehrmacht mehrere Gegenoffensiven, und es gelang ihr, die Ost-front zwischen Ostsee und Karpaten wieder zu stabilisieren.

Das große Problem der deutschen Kriegsführung war jedoch, daß die Personalverluste nicht mehr zu ersetzen waren, zwischen Juli und November 1944 hatte das deutsche Ost-heer rund 1,2 Millionen Soldaten durch Tod, Verwundung oder Gefangennahme ver-loren. Im November standen 131 deutsche Divisionen, davon 32 im Kurlandkessel und 17 in Ungarn, etwa 225 Infanteriedivisionen und 50 großen Panzerverbänden der Roten Armee gegenüber. Als Folge der Kräfteverhältnisse und des abgekämpften Zustandes der deutschen Verbände mußte damit gerechnet werden, daß die im Winter 1945 zu er-wartende sowjetische Offensive zum endgültigen Zusammenbruch der deutschen Ost-front führen werde.

Italien war seit der Invasion der Alliierten in der Normandie zu einem Nebenkriegs-schauplatz geworden, die Heeresgruppe C konnte Ende November mit 23 Divisionen die Linie La Spezia–Rimini quer durch den Apennin behaupten.

An der Westfront hatte sich die Heeresgruppe B unter Generalfeldmarschall Walter Model nach dem Ausbruch der Anglo-Amerikaner aus dem Brückenkopf in der Nor-mandie in der Schlacht von Avranches Anfang August 1944 (Operation „Cobra") über die Seine nach Osten zurückziehen müssen. Nach der Landung amerikanischer und französischer Truppen bei Toulon am 15. August (Operation „Dragoon") und ihrem Vor-stoß durch das Rhone-Tal mußten auch die beiden am Atlantik und am Mittelmeer ver-bliebenen deutschen Armeen der Armeegruppe G zurückgenommen werden, womit ganz Frankreich verlorenging. Anfang September kam der Rückzug des deutschen West-heeres auf einer Linie zum Stehen, die von der Scheldemündung durch Südholland zum Westwall südlich von Trier verlief, von dort dem Lauf der Mosel folgte, um schließlich die Grenze zur Schweiz zu erreichen. Die deutschen Verbände im Westen hatten hohe personelle Verluste erlitten und einen Großteil ihrer schweren Waffen verloren, außerdem litten sie unter chronischem Treibstoffmangel. Mitte September standen bei der Heeres-gruppe B von der Scheldemündung bis Trier auf einer Frontlänge von rund 400 Kilo-metern 21 Infanterie-Divisionen und sieben Panzer-Divisionen weit überlegenen anglo-amerikanischen Kräften gegenüber. Am 21. Oktober wurde das westlich der Hauptkampf-linie des Westwalls gelegene Aachen als erste deutsche Stadt von den Amerikanern ein-genommen.

Nach dem Ausbruch aus dem Brückenkopf in der Normandie waren die Alliierten sehr rasch nach Südosten vorgestoßen und hatten Paris besetzt, um anschließend in Richtung deutsche Reichsgrenze vorzurücken. Da sie zu diesem Zeitpunkt aber über keinen funk-tionierenden Tiefwasserhafen verfügten, sahen sie sich mit erheblichen Nachschubpro-blemen konfrontiert. Der einzige Tiefwasserhafen, den sie erobert hatten, war Cherbourg an der nördlichen Küste der Halbinsel von Cotentin, aber die Deutschen hatten die Ha-fenanlagen vor der Einnahme so gründlich zerstört, daß die Reparaturarbeiten Monate in Anspruch nehmen sollten. Die Kapazitäten der künstlichen „Mulberry"-Häfen an der Küste der Normandie erwiesen sich als nicht ausreichend.

Die umfangreichen Zerstörungen am französischen Eisenbahnsystem durch die tak-tischen Luftstreitkräfte der Alliierten hatten zwar die Verlegung deutscher Verbände und damit deutsche Gegenreaktionen auf die Invasion erfolgreich behindert. Nach der Lan-dung in Frankreich erwiesen sich diese Zerstörungen aber auch für die Alliierten als sehr hinderlich, da es viel Zeit erforderte, die Gleise, Brücken und Bahnhöfe zu reparieren. Außerdem hatten die Deutschen in großem Stil rollendes Material, das heißt Lokomoti-ven und Waggons, ins Reich abtransportiert, was die Leistungsfähigkeit der französischen Eisenbahn erheblich reduzierte. Der alliierte Nachschub wurde inzwischen mittels Lkw-Kolonnen zu den Fronttruppen transportiert, aber dieses System war nicht sehr effizient, die Lkw verbrauchten auf dem Weg von den Entladehäfen bis zur Front fünfmal soviel

Benzin, wie sie transportieren konnten. Anfang Oktober hatten die Alliierten ihre Offensivoperationen eingestellt, um ihr Nachschubsystem zu reorganisieren.[1384]

Anfang September konnte die britische 2. Armee den Hafen von Antwerpen, den leistungsfähigsten in ganz Westeuropa, in unbeschädigtem Zustand einnehmen.[1385] Dieser konnte allerdings nicht genutzt werden, solange die 15. deutsche Armee die in der Scheldemündung liegenden Inseln bzw. Halbinseln Süd-Beveland und Walcheren besetzt hielt, die die Zufahrt zum Hafen kontrollierten. Zwischen dem 2. Oktober und dem 8. November 1944 konnte die kanadische 1. Armee Süd-Beveland und Walcheren freikämpfen, am 28. November fuhr der erste Konvoi in den Hafen von Antwerpen ein, womit sich die alliierte Nachschublage entscheidend verbesserte.

Die Nachschubkrise hatte mittlerweile zu erheblichen Differenzen zwischen General Eisenhower und Feldmarschall Montgomery geführt.[1386] Im August 1944 entwickelte Montgomery den Plan, mit seiner 21. Heeresgruppe (britische 2. und kanadische 1. Armee) und mit Unterstützung der 1. US-Armee über Nordfrankreich, Belgien und die Niederlande von Nordwesten her ins Deutsche Reich einzudringen, da für einen gemeinsamen Vorstoß aller drei Heeresgruppen an der gesamten Front der Nachschub nicht ausreichte. Montgomery hoffte, mit diesem Plan den Krieg noch 1944 beenden zu können. Der Kommandeur der 12. US-Heeresgruppe, General Omar N. Bradley, sprach sich dagegen für einen Vorstoß der 3. US-Armee unter Generalleutnant George S. Patton durch Lothringen ins Saarland aus. General Eisenhower wünschte sich ein gemeinsames Vorgehen aller Großverbände auf breiter Front.

Montgomery konnte schließlich die von ihm favorisierte Operation „Market Garden" durchsetzen, in deren Verlauf britische Fallschirmjäger die Rhein-Brücke bei Arnheim besetzen sollten. Von diesem Brückenkopf aus wollte Montgomery bis zum Jahresende nach Berlin vorstoßen. Operation „Market Garden" begann am 17. September 1944 und erwies sich als glatter Fehlschlag, die britischen Fallschirmjäger erwiesen sich den in den Niederlanden stationierten deutschen Panzerverbänden als nicht gewachsen, die Entlastungsvorstöße alliierter Panzerverbände kamen zu spät.

In der Zeit, in der der Vormarsch der Alliierten aufgrund der Nachschublage nicht recht vorankam, gelang es Generalfeldmarschall von Rundstedt, die Reste der deutschen Armeen wieder zu ordnen und entlang dem Westwall eine neue Verteidigungslinie aufzubauen.[1387] Der in den vorhergehenden Kriegsjahren abgerüstete Westwall wurde eiligst wieder in Kampfbereitschaft versetzt. Der alliierte Vorstoß nach Lothringen, die Schlacht um Aachen und die Kämpfe um den Hürtgenwald veränderten im Verlauf des Herbstes die strategische Situation im Westen nur wenig, die Alliierten konnten keinen entscheidenden Durchbruch erzielen.

Die westlichen Alliierten hatten 96 Divisionen an der Front, weitere zehn Divisionen aus Großbritannien waren im Anmarsch, die Deutschen verfügten über 55 Divisionen mit schwacher Personalstärke und unzureichender materieller Ausstattung. Seit Beginn der Invasion besaßen die Anglo-Amerikaner die absolute Luftherrschaft über Europa. Die systematischen Angriffe ihrer taktischen Luftstreitkräfte auf Eisenbahn und Lkw-Kolonnen behinderten zunehmend den Nachschub und die Bewegungsfreiheit der deutschen Truppen. Während die Heeresverbände der Alliierten durchgehend vollmotorisiert waren, waren die deutschen Truppen mehrheitlich reine Infanterieverbände mit Pferdebespannung, und die deutschen Panzer- und motorisierten Verbände litten zunehmend unter Treibstoffmangel.

---

[1384] William L. Shirer. The Rise and Fall of the Third Reich: A History of Nazi Germany, New York 1990, S. 1088 f.

[1385] Ebenda, S. 1086.

[1386] Ebenda, S. 1088 f.

[1387] Ebenda.

# Hitler entscheidet sich für eine Offensive im Westen

Am 19. August 1944, also noch während der Kämpfe um den Kessel von Falaise (12. bis 21. August 1944), hatte Hitler dem Chef des Wehrmachtführungsstabes Jodl befohlen, für den kommenden November den Einsatz einer strategischen Reserve von etwa 25 Divisionen für eine größere Offensivoperation vorzubereiten.

Hitler wollte in dem sich anbahnenden Konflikt zwischen den Anglo-Amerikanern und den Sowjets als eigenständiger Faktor auftreten, und um von den Westmächten als Verhandlungspartner für einen Separatfrieden anerkannt zu werden, brauchte er einen bedeutenden militärischen Sieg. Nach der Überzeugung Hitlers waren Roosevelt und Churchill nur dann zu Verhandlungen bereit, wenn sich der Preis für einen totalen Sieg über Deutschland erheblich erhöhen und die innenpolitischen Widerstände in den USA und Großbritannien zunehmen würden.

Ein militärischer Sieg war für Deutschland wegen des begrenzten Raumes im Westen leichter zu erzielen als im Osten. Das Menschenreservoir der Sowjetunion schien unerschöpflich zu sein, und die bisherigen exorbitanten Verluste der Roten Armee schienen die Sowjetführung nicht verhandlungsbereit gemacht zu haben. Die Vernichtung einer oder mehrerer sowjetischer Armeen im Osten würde daher an der strategischen Lage insgesamt nicht viel ändern. Anders lagen die Dinge im Westen, Engländer und Amerikaner mußten auf die öffentliche Meinung in ihren Ländern Rücksicht nehmen, und hohe Verluste der eigenen Truppen konnten dort erhebliche Widerstände hervorrufen. Außerdem schätzte Hitler die Kampfmoral der westlichen Alliierten geringer als die der Russen ein.[1388] Hinzu kamen die angespannte Nachschublage der Anglo-Amerikaner in Nordfrankreich im Herbst 1944 und die Tatsache, daß ihre Logistik auf einen großen Hafen angewiesen war, auf Antwerpen, das in verführerischer Nähe zur deutschen Reichsgrenze lag. Gelänge es, Antwerpen durch einen Überraschungsangriff einzunehmen, dann würde sich die Nachschublage der westlichen Alliierten wieder dramatisch verschlechtern. Gelänge es außerdem, eine oder mehrere amerikanische und britische Armeen einzuschließen und zu vernichten, dann war zu hoffen, daß die Anglo-Amerikaner sich ganz oder teilweise aus Frankreich zurückzögen.

Das Deutsche Reich würde anschließend in der Lage sein, sich mit allen seinen Truppen zum Abwehrkampf nach Osten zu wenden, um die Rote Armee hinter die sowjetische Grenze zurückzudrängen. Es war auch vorstellbar, daß in London und Washington politische Kräfte an Einfluß gewannen, die bereit waren, mit Deutschland ein antikommunistisches Bündnis einzugehen. Ein großer Erfolg im Westen würde Deutschland außerdem die Zeit geben, mehr revolutionäre Waffen wie Strahlflugzeuge, schnelle dieselelektrische U-Boote, Marschflugkörper und Raketen zu produzieren.[1389] Diese Überlegungen Hitlers waren, wie die politische Entwicklung nach dem Mai 1945 zeigen sollte, nicht grundsätzlich falsch. Solange aber Roosevelt und Churchill die Politik in den USA und Großbritannien bestimmten und solange der Preis für eine bedingungslose Kapitulation Deutschlands vertretbar erschien, war mit einem Kurswechsel der Angelsachsen und einer politischen Beendigung des Krieges nicht zu rechnen. Eine Offensive in den Ardennen erschien als die letzte Chance Deutschlands, in diesem Krieg durch einen größeren militärischen Erfolg überhaupt wieder in eine Verhandlungsposition zu kommen. Für diese deutsche Großoffensive sollte mit den letzten Reserven noch einmal alles auf eine Karte gesetzt werden in der Hoffnung, eine Kriegswende herbeizuführen.

---

[1388] Gerhard L. Weinberg. Hitler's Image of the United States, in: The American Historical Review, 69 (4) 1964, S. 1006–1021.

[1389] Shirer, S. 1092.

Angesichts der allgemein bekannten Streitigkeiten zwischen Montgomery und Bradley empfand Hitler die Aussicht, zwischen die britischen und die amerikanischen Armeen in Belgien einen Keil zu treiben, auch unter psychologischen Gesichtspunkten als vielversprechend.[1390]

Am 16. September verkündete Hitler im kleinen Kreis seinen Entschluß, mit etwa 30 Panzer- und Volksgrenadier-Divisionen aus den Ardennen heraus einen tiefen operativen Stoß mit dem Ziel Antwerpen zu führen.[1391] Jodl legte am 31. Oktober 1944 einen ersten Plan vor, der die verhältnismäßig schwache Besetzung der Ardennen durch amerikanische Truppen in Rechnung stellte. Der Plan für einen Vormarsch durch die Ardennen war in gewisser Weise eine Neuauflage der Operation „Sichelschnitt" von 1940. Hitlers Pläne stießen bei den Generalfeldmarschällen Walter Model und Gerd von Rundstedt auf erhebliche Skepsis. Ein Erfolg war von einer längeren Schlechtwetterperiode abhängig, die den Einsatz der alliierten Luftstreitkräfte behinderte. Außerdem waren die deutschen Treibstoffreserven mittlerweile so gering, daß die deutschen Panzerverbände bei ihrem Vorstoß nach Antwerpen auf die Erbeutung alliierter Treibstofflager angewiesen waren. Model und Rundstedt waren der Überzeugung, daß das Ziel Antwerpen angesichts der spärlichen personellen und materiellen Reserven, über die Deutschland Ende 1944 noch verfügte, zu hoch gesteckt war. Sie mußten jedoch anerkennen, daß mit einer reinen Defensivstrategie die deutsche Niederlage nur hinauszuzögern, aber nicht mehr abzuwenden war. Als Alternative schlugen Model und Rundstedt eine „kleine Lösung" vor, die den bestehenden Kräfteverhältnissen Rechnung trug und eine Einschließung und Vernichtung starker amerikanischer Kräfte diesseits der Maas vorsah. Hitler lehnte diesen Vorschlag ab, da auf diesem Wege keine politische Lösung zu erreichen war, eine „kleine" Niederlage würde in Washington und London keinen Meinungsumschwung herbeiführen. Ungeachtet der offenen Differenzen beauftragte Hitler Model, Befehlshaber der deutschen Heeresgruppe B, und Rundstedt, Oberbefehlshaber West, mit der Durchführung der Operation.[1392]

Bei der Wahl des Angriffsschwerpunktes zwischen Monschau und Echternach spielte die Erinnerung an den durchschlagenden Erfolg des „Sichelschnitt"-Plans im Mai 1940 eine große Rolle. Die Ardennenoffensive, Unternehmen „Wacht am Rhein", wurde unter größter Geheimhaltung vorbereitet, so daß teilweise selbst höhere Truppenoffiziere zunächst nichts von den genauen Plänen erfuhren.

Zur Unterstützung der Operation wurden zwei Kleinunternehmen geplant: Unternehmen „Greif" war ein Kommandounternehmen unter dem Befehl von Otto Skorzeny. Die Soldaten dieses Kommandos sollten amerikanische Uniformen tragen, möglichst gut Englisch sprechen und mit Panzern, Fahrzeugen und Waffen aus alliierten Beutebeständen ausgerüstet werden. Die vorgesehene Ausstattung war jedoch nicht verfügbar, anstatt der 25 versprochenen „Sherman"-Panzer erhielt die Truppe nur zwei. Der Auftrag des Kommandos „Greif" lautete, Verwirrung hinter den feindlichen Linien zu stiften, außerdem sollten sie unter Ausnutzung der Überraschung zwischen Namur und Lüttich mehrere Brücken über die Maas besetzen. Das Unternehmen „Stößer" war eine Luftlandeaktion, bei der in der Nacht vom 16. auf den 17. Dezember 1.300 Fallschirmjäger unter der Führung von Oberstleutnant Friedrich von der Heydte elf Kilometer nördlich von Malmedy abspringen und eine wichtige Nachschubroute der Amerikaner blockieren sollten.[1393]

---

[1390] Hugh M. Cole. The Sixth Panzer Army Attack: The Ardennes. United States Army in World War II. Chapter V. The European Theater of Operations. Washington 1965.

[1391] Hugh M. Cole (1964), The Ardennes: Battle of the Bulge, Office of the Chief of Military History Department of the Army, LCCN 65060001.

[1392] Cole, a.a.O.

[1393] Charles B. MacDonald. A Time For Trumpets: The Untold Story of the Battle of the Bulge, New York 1984, S. 86–89; John Toland. Battle: The Story of the Bulge, Lincoln 1999, S. 16, 19.

Insgesamt sollten auf deutscher Seite insgesamt etwa 450.000 Mann sowie 1.500 Panzer und Sturmgeschütze an der Ardennenoffensive teilnehmen. Der Vorstoß sollte zunächst in westlicher Richtung zur Maas erfolgen, um anschließend nach Nordwesten in Richtung Antwerpen und Brüssel einzudrehen. Das Mittelgebirge der Ardennen mit seinen wenigen Straßen und Wegen erschwerte alle Bewegungen, aber das offene Gelände westlich der Maas eröffnete die Aussicht auf einen raschen und erfolgreichen Vorstoß zur Küste. Gleichzeitig bestand die operative Absicht, im Raum Aachen und Maastricht einen Angriffskeil zwischen die britischen und amerikanischen Truppen zu treiben, um anschließend die nördlich der deutschen Angriffsachse stehenden Briten einzuschließen und zu vernichten.[1394]

Für die Durchführung der Ardennenoffensive waren drei Armeen der Heeresgruppe B unter Generalfeldmarschall Model vorgesehen. An erster Stelle stand die im Herbst 1944 aufgestellte 6. SS-Panzerarmee unter SS-Oberstgruppenführer Sepp Dietrich. Sie bestand aus vier der kampfstärksten Verbände der Waffen-SS, der 1. SS-Panzerdivision „Leibstandarte Adolf Hitler", der 2. SS-Panzerdivision „Das Reich", der 9. SS-Panzerdivision „Hohenstaufen" sowie der 12. SS-Panzerdvision „Hitlerjugend". Die 6. SS-Panzerarmee lag im Bereitstellungsraum Losheimergraben südwestlich von Köln-Bonn. Sie sollte den Angriff im nördlichen Abschnitt, in der Nähe der deutschen Stadt Monschau eröffnen mit dem Auftrag, auf dem kürzesten Weg nach Antwerpen vorzustoßen. Die 5. Panzerarmee unter General Hasso von Manteuffel sollte den mittleren Angriffskeil bilden mit dem Ziel der Einnahme von Brüssel. Die 7. Armee unter General Erich Brandenberger hatte die Aufgabe, die südliche Flanke der Operation zu schützen, ihre Stellungen lagen in der Nähe der luxemburgischen Stadt Echternach. Diese Armee bestand allerdings nur aus vier Infanteriedivisionen und verfügte über keine größeren gepanzerten Verbände.

Für den Erfolg der Offensive galt als entscheidend:
- der Angriff mußte vollkommen überraschend erfolgen;
- die Wetterbedingungen mußten schlecht sein, um die alliierte Luftüberlegenheit zu neutralisieren;
- der Vormarsch mußte möglichst rasch erfolgen, die Maas, die auf halbem Weg nach Antwerpen lag, sollte bereits am vierten Tag erreicht werden;
- während des Vormarschs mußten ausreichend alliierte Treibstofflager erbeutet werden, da die Wehrmacht über zu wenig Benzin verfügte. Das OKH schätzte, daß die deutschen Benzinvorräte nur für ein Drittel bis die Hälfte des Weges nach Antwerpen reichen würden.

Einschließlich der Reserven der Heeresgruppe B wurden 41 Divisionen bereitgestellt. Darunter befanden sich jedoch viele Volksgrenadier-Divisionen, deren Ausbildung und Ausrüstung unzureichend waren. Hitler wollte mit der Offensive ursprünglich schon Ende November beginnen, noch vor Beginn der erwarteten russischen Winteroffensive, für die Fremde Heere Ost den 20. Dezember als frühestmöglichen Zeitpunkt genannt hatte. Der Termin für Unternehmen „Wacht am Rhein" mußte jedoch auf den 16. Dezember verschoben werden.

Model schlug sein Hauptquartier im ehemaligen Hauptquartier des OKH in Hülloch bei Bad Münstereifel auf. Nach einem kurzen Aufenthalt in Berlin reiste Hitler mit seinem Sonderzug am 11. Dezember nach Gießen, von wo er seinen Aufenthalt im Führerhauptquartier „Adlerhorst" bei Bad Nauheim nahm, das in unmittelbarer Nähe des Hauptquartiers des OB West von Rundstedt im Schloß Ziegenberg lag.

---

[1394] Trever Dupuy/David Bongard/Richard Anderson. Hitler's Last Gamble: The Battle of the Bulge, December 1944 – January 1945, New York 1994.

# Die amerikanische Lagebeurteilung

Eisenhower und sein Stab glaubten, daß für die Besetzung der Ardennen eine verhältnismäßig geringe Zahl von Verbänden der 1. US-Armee genügen würde. Die Ardennen sind ein dicht bewaldetes Hochland mit tiefen Flußtälern und einem dünnen Straßennetz und damit ein für die Verteidigung sehr günstiges Gelände.

Über die deutschen Truppenbewegungen besaßen die Alliierten nur unzureichende Informationen. Während der Besetzung Frankreichs hatte das Informantennetz der französischen Résistance wertvolle Erkenntnisse über die deutschen Dispositionen geliefert, aber mit Erreichen der deutschen Reichsgrenze fiel diese Quelle aus. Einer der wenigen Vorteile, den die deutschen Streitkräfte im November 1944 hatten, war, daß aufgrund der Verfügbarkeit des gut ausgebauten deutschen Telefon- und Fernschreibernetzes die Bedeutung des Funks für die militärische Nachrichtenübermittlung stark zurückging, was die Effektivität der alliierten Funkaufklärung verringerte. Außerdem war auf deutscher Seite für alles, was mit der kommenden Offensive zusammenhing, strengste Funkstille verhängt worden. Dennoch ging aus den von „Ultra" dechiffrierten deutschen Funksprüchen eine Vervierfachung der Zahl der deutschen Jagdfliegerverbände im Westen hervor. Gleichzeitig wurden Funksprüche aufgefangen, die auf einen umfangreichen Eisenbahn- und Straßenverkehr im deutschen Raum hinter den Ardennen hinwiesen. Das neblige Herbstwetter behinderte jedoch die alliierten Aufklärungsflugzeuge, was das alliierte Oberkommando dazu verführte, die Ardennen als einen ruhigen Frontabschnitt zu betrachten.[1395] Die wenigen nachrichtendienstlichen Erkenntnisse gaben Anlaß zu der Annahme, daß die schwer übersehbaren deutschen Vorbereitungen nur defensiven, nicht aber offensiven Charakter besäßen. In den alliierten Nachrichtendiensten herrschte allgemein die Meinung vor, daß die Wehrmacht zu einer größeren Offensive nicht mehr fähig sei.

Insgesamt standen den drei deutschen Armeen in den Ardennen anfangs nur vier Divisionen der 1. US-Armee gegenüber. Diese Einheiten waren teils unerfahrene (99. und 106. „Golden Lions" Division), teils kampferprobte Truppen, die in diesen Frontabschnitt zur Erholung von der Schlacht im Hürtgenwald geschickt worden waren, wie die 28. Infanteriedivision.

# Unternehmen „Wacht am Rhein"

Am 16. Dezember um 5.30 Uhr begann Unternehmen „Wacht am Rhein" mit einem 90minütigen Vorbereitungsfeuer aus über 1.600 Rohren entlang einer Front von 130 Kilometern.[1396] Die Amerikaner glaubten zunächst, daß es sich um einen begrenzten Angriff zur Wiederherstellung der Frontlinie am Westwall bei Hellenthal-Wahlerscheid handelte, wo der 2. US-Infanteriedivision kurz zuvor ein größerer Einbruch gelungen war. In einem großen Teil der Ardennen herrschte zu diesem Zeitpunkt starkes Schneetreiben. Dies kam den Deutschen einerseits sehr entgegen, da keine alliierten Flugzeuge aufsteigen konnten, andererseits verlangsamte es wegen der schlechten Straßenverhältnisse auch das Vorankommen der eigenen Truppen.

Im nördlichen Abschnitt griff die 6. SS-Panzerarmee den Elsenborner Rücken mit Einheiten an, die Hitler für diese Aufgabe persönlich ausgesucht hatte. Als Speerspitze

---

[1395]  Hugh M. Cole. The Ardennes: Battle of the Bulge. Office of the Chief of Military History Department of the Army. LCCN 65060001 1964, S. 21.
[1396]  Bruce Quarrie. The Ardennes Offensive: VI Panzer Armee. Osprey 1999.

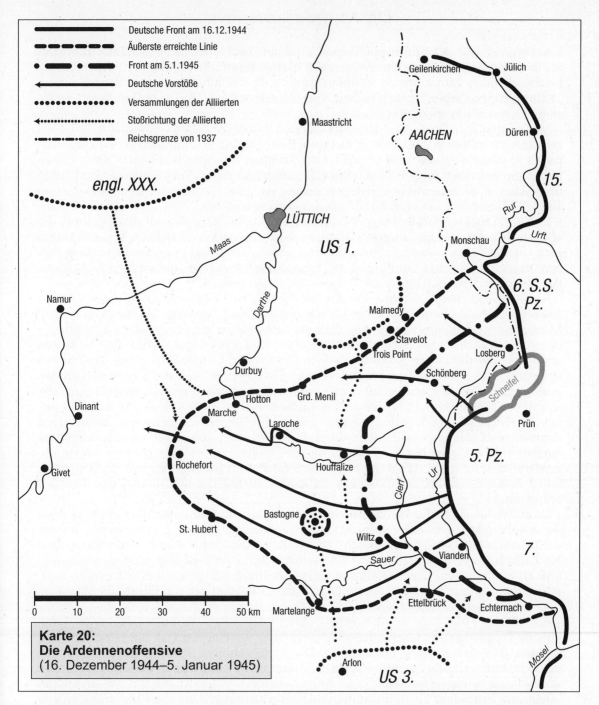

engl. XXX.

Geilenkirchen

Jülich

Maastricht

AACHEN

Düren

15.

LÜTTICH

US 1.

Rur

Urft

Monschau

6. S.S. Pz.

Namur

Malmedy

Stavelot

Trois Point

Losberg

Schönberg

Durbuy

Grd. Menil

Schneifel

Prün

Hotton

Marche

Laroche

5. Pz.

Dinant

Houffalize

Rochefort

Clerf

Ur

Givet

Bastogne

St. Hubert

Wiltz

Vianden

7.

Sauer

Martelange

Ettelbrück

Echternach

0   10   20   30   40   50 km

**Karte 20:**
**Die Ardennenoffensive**
(16. Dezember 1944–5. Januar 1945)

Mosel

Arlon

US 3.

Maas

Darthe

sollte das 1. Panzer-Regiment der 1. SS-Panzer-Division „Leibstandarte Adolf Hitler", nach ihrem Kommandeur SS-Obersturmbannführer Joachim Peiper „Kampfgruppe Peiper" genannt, fungieren.

Während Bastogne oft als der zentrale Punkt angesehen wird, an dem die deutsche Offensive zum Stehen kam, waren es tatsächlich die Kämpfe um den Elsenborner Rük-ken, die den Vormarsch des Heeres und der Waffen-SS beträchtlich verlangsamen sollten. Die Angriffe der Infanterieverbände der 6. SS-Panzerarmee kamen wegen des unerwartet heftigen Widerstandes der US-amerikanischen 2. und 99. Infanteriedivision nur langsam voran.[1397] Die „Kampfgruppe Peiper" erbeutete bei Honsfeld 190.000 Liter Treibstoff für ihre Fahrzeuge, sie lag aber wegen des hartnäckigen amerikanischen Widerstandes bereits deutlich hinter ihrem Zeitplan zurück.[1398] Bei allen weiteren Vorstößen der „Kampfgruppe Peiper" gelang es den Amerikanern jedoch, ihre Treibstoffdepots rechtzeitig zu räumen oder zu zerstören.

Die größten Fortschritte der ganzen Ardennen-Offensive gelangen Manteuffels 5. Panzerarmee im mittleren Abschnitt in Richtung Bastogne, einem zentralen Verkehrsknotenpunkt in den Ardennen, und St. Vith. Hier konnten die Amerikaner sich nicht halten und begannen einen ungeordneten Rückzug unter teilweiser Zurücklassung von Waffen und Material. Den deutschen Truppen gelang es, zwei Regimenter der unerfahrenen 106. US-Infanteriedivision einzuschließen und zu vernichten.[1399]

Im Süden rückte Brandenbergers 7. Armee auf Luxemburg vor mit dem Auftrag, die südliche Flanke der Operation vor alliierten Gegenangriffen zu sichern. Das Unternehmen „Stößer" wurde dagegen ein glatter Mißerfolg, aufgrund eines starken Schneetreibens erreichte nur etwa ein Fünftel der Truppe die Landezone, die übrigen Fallschirmjäger landeten über den ganzen Raum der Ardennen verteilt.[1400]

Nach anfänglichem Zögern hatte das amerikanische Oberkommando unter General Eisenhower die drohende Gefahr rasch erkannt und reagierte umgehend. Feldmarschall Montgomery erhielt das Kommando über alle amerikanischen Truppenteile nördlich der deutschen Angriffsachse, General Bradley über die Truppenteile südlich davon. Gegen die Spitze der deutschen Angreifer wurde die 101. US-Luftlandedivision, die Teil der strategischen Reserve war, eingesetzt, sie bezog in Bastogne Stellung. Die deutschen Angriffsspitzen schlossen im Verlauf der Kampfhandlungen Bastogne ein, und die deutsche Angriffsspitze näherte sich bei Dinant bis auf neun Kilometer der Maas. Die 101. US-Luftlandedivision konnte jedoch Bastogne gegen die deutsche Übermacht halten. Den Amerikanern gelang es außerdem, durch Heranführung von Reserven den deutschen Angriff am 24. Dezember 1944 endgültig zum Stehen zu bringen. Die von Süden angreifenden Teile der 3. US-Armee von General Patton konnten schließlich den deutschen Belagerungsring um Bastogne aufsprengen und die amerikanischen Truppen entsetzen.[1401]

Da zu Weihnachten das Wetter zunehmend aufklarte und die Alliierten ihre erdrückende Luftüberlegenheit wieder vermehrt einsetzen konnten, führte die deutsche Luftwaffe am 1. Januar 1945 das Unternehmen „Bodenplatte" durch mit dem Ziel, den deutschen Nachschub aufrechtzuerhalten und der Wehrmacht die Fortsetzung der Ardennenoffensive zu ermöglichen. Unter strengster Geheimhaltung griffen etwa 800 deutsche Jagdflugzeuge und Jagdbomber alliierte Flugplätze in Belgien an, um Flugzeuge, Hangars und Startbahnen zu vernichten.

520 alliierte Flugzeuge wurden zerstört oder beschädigt, die Luftwaffe verlor durch alliierte Flugzeuge und unerwartetes Abwehrfeuer der eigenen Flak allerdings 280 Maschinen, 69 weitere wurden beschädigt. Das Unternehmen „Bodenplatte" war für die deutsche Luftwaffe ein Pyrrhussieg, da die Alliierten ihre Verluste sehr leicht ausgleichen konnten, sie betrugen tatsächlich nur einige wenige Tagesproduktionen der amerikanischen und britischen Luftfahrtindustrie. Die Verluste der deutschen Luftwaffe wogen

---

[1397] MacDonald, A Time For Trumpets, S. 410; Cole, The Ardennes, S. 1–64.

[1398] Han Bouwmeester. Beginning of the End: The Leadership of SS Obersturmbannführer Jochen Peiper (PDF), Fort Leavenworth, Kansas: Royal Netherlands Army, Free University of Amsterdam, The Netherlands, 2004, S. 106.

[1399] Basil Liddell-Hart. History of the Second World War. New York 1970, S. 653.

[1400] Danny Parker. Battle of the Bulge: Hitler's Ardennes Offensive 1944–1945. Cambridge 2004, S. 137.

[1401] S.L.A. Marshall. Bastogne: The First Eight Days, U.S. Army in Action Series, United States Army Center of Military History, CMH Pub 22-2, 1946.

schwerer: Sie verlor erfahrene Piloten (143 Gefallene, 21 Verwundete, 70 Kriegsgefangene), die bis Kriegsende nicht mehr ersetzt werden konnten.[1402]

# Ergebnisse

Die schweren Verluste an Soldaten, Panzern,[1403] Kampfflugzeugen und Treibstoff, die die deutschen Truppen während der Ardennenoffensive erlitten, beschleunigten den militärischen Niedergang des Deutschen Reiches. Da die Produktionsleistungen der deutschen Rüstungsindustrie seit Beginn des Jahres 1945 scharf zurückgingen, waren diese Verluste nur noch teilweise zu ersetzen. Nachdem die Ardennenoffensive endgültig steckengeblieben war, wurde die 6. SS-Panzerarmee schnellstens nach Ungarn verlegt, um dort eine Offensive zum Entsatz des belagerten Budapest gegen die Rote Armee am Plattensee durchzuführen. Im Westen konnten Amerikaner und Briten erst Anfang Februar 1945 wieder zum Angriff übergehen und erst Ende dieses Monats nennenswerte Geländegewinne erzielen. Die Rote Armee konnte im Januar 1945 bis an die Oder und die Pommersche Seenplatte vordringen.

Nach dem Scheitern der Ardennenoffensive im Dezember 1944 und des Unternehmens „Nordwind" im Januar 1945 im Elsaß und in Lothringen war die Wehrmacht im Westen nicht länger zu offensiven Aktionen fähig. Am 7. März 1945 konnte die 9. US-Panzerdivision überraschend die nur leicht beschädigte Ludendorffbrücke bei Remagen besetzen, womit die alliierten Streitkräfte einen ersten Übergang über den Rhein gewannen. Damit stand den Anglo-Amerikanern der Weg ins Innere Deutschlands offen, sie stießen in den folgenden Kämpfen nur noch auf sporadischen Widerstand und sollten bis Mitte April 1945 bis an die Elbe vordringen. Die im sogenannten „Ruhrkessel" eingeschlossenen deutschen Truppen ergaben sich am 21. April 1945.

Ein offizieller Bericht des United States Department of the Army gibt die Höhe der amerikanischen Verluste während der Ardennen-Offensive mit 108.347 Mann an, darunter 19.246 Gefallene, 62.489 Verwundete und 26.612 Gefangene und Vermißte.[1404] Das OKW bezifferte die offizielle Zahl für alle deutschen Verluste (Gefallene, Verwundete, Gefangene) an der Westfront im Zeitraum zwischen dem 16. Dezember 1944 und dem 25. Januar 1945 mit 81.834 Mann.[1405]

---

[1402] John Manrho/Ron Pütz. Bodenplatte: The Luftwaffe's Last Hope-Attack on Allied Airfields. New Year's Day 1945. Ottringham 2004, S. 272 f.

[1403] Während der Ardennenoffensive mußten 550 Panzer und Sturmgeschütze sowie 5.000 Kfz. als Totalverluste abgeschrieben werden. Ralf Tiemann. Die Leibstandarte. Bd. IV/2. Osnabrück 1987, S. 206.

[1404] Army Battle Casualties and Nonbattle Deaths in World War II. Combined Arms Research Library, Department of the Army. 25 June 1953. Aufgerufen am 12. Juni 2012.

[1405] Christer Bergström. The Ardennes: Hitler's Winter Offensive 1944–1945, Havertown 2014, S. 425.

# Die Kämpfe um Ungarn 1944/45

## Der Vorstoß der Roten Armee nach Zentralungarn

Die Heeresgruppe Südukraine unter Generaloberst Johannes Frießner, die sich aus der 6. Armee (General der Artillerie Maximilian Fretter-Pico) und 8. Armee (General der Infanterie Otto Wöhler) zusammensetzte, hatte 1944 die Aufgabe, die für die deutsche Wehrwirtschaft äußerst wichtigen Erdölfelder bei Ploesti in Rumänien zu verteidigen. Nach dem Zusammenbruch der Heeresgruppe Mitte im Juli 1944 wurden vom OKH im Frontabschnitt der Heeresgruppe Südukraine keine größeren Offensiven der Roten Armee erwartet, was sich aber als folgenreiche Fehleinschätzung erweisen sollte.

Nachdem die sowjetischen Sommeroffensiven 1944 nacheinander die Heeresgruppen Nord, Mitte und Nordukraine getroffen hatten, erfolgte ab 20. August eine Großoffensive gegen die Heeresgruppe Südukraine. Die 2. Ukrainische Front unter Armeegeneral Rodion Malinowski und die 3. Ukrainische Front unter Armeegeneral Fjodor Tolbuchin[1406] konnten die Abwehrfront der Heeresgruppe Südukraine an mehreren Abschnitten durchbrechen. Am 23. August 1944 kam es in Bukarest zu einem erfolgreichen Staatsstreich, der von König Michael I. unterstützt wurde. Rumänien, das bisher wegen seiner Ölvorkommen zu den wichtigsten Verbündeten des Deutschen Reiches gezählt hatte, wechselte mit seinen Streitkräften an die Seite der Sowjetunion und der Roten Armee. Nachdem die 6. Armee bis zum 25. August 1944 bei Kischinjow umfaßt und bis auf Reste vernichtet worden war, zogen sich die Teile der 8. Armee unter schweren Verlusten über die Karpatenpässe nach Ostungarn zurück. Dort wurde aus der 8. Armee, einer neu aufgestellten 6. Armee sowie der ungarischen 2. Armee unter Generalleutnant Lajos von Veress eine neue Heeresgruppe Süd unter dem Oberkommando von Generaloberst Frießner gebildet.

Am 29. August 1944 begann der slowakische Nationalaufstand, der von der Moskauer Führung durch eine Offensive der Roten Armee unterstützt wurde. Die 1. Ukrainische Front unter Marschall Iwan Konjew hatte zusammen mit der 4. Ukrainischen Front unter Armeegeneral Iwan Petrow eine Stärke von 246.000 Mann, 5.140 Geschützen, 322 Panzern und 1.165 Flugzeugen. Ihnen stand im Raum Westukraine-Nordungarn die Armeegruppe Heinrici gegenüber, die aus der 1. Panzerarmee und der ungarischen 1. Armee bestand und eine Stärke von insgesamt etwa 300.000 Soldaten, 3.250 Geschützen, 100 Panzern und 450 Flugzeugen aufwies. Ihr Oberkommandierender war Generaloberst Gotthard Heinrici. Die Vorbereitungen für die sowjetische Offensive mußten wegen des slowakischen Aufstandes sehr kurzfristig erfolgen, am 6. Oktober wurde nach heftigen Kämpfen der Dukla-Paß, einer der Karpatenübergänge zwischen Polen und der Slowakei, genommen. In den folgenden Kämpfen, die sich über zwei Monate hinzogen, gelang der 1. Ukrainischen Front nur ein Einbruch in einer Tiefe von 35 Kilometern in die deutsch-ungarischen Abwehrstellungen.

Das Vorgehen der 4. Ukrainischen Front begann zeitgleich mit der 2. Ukrainischen Front unter Marschall Malinowski. Die 2. Ukrainische Front hatte bereits Ende Septem-

---

[1406] Rodion Malinowski und Fjodor Tolbuchin wurden am 10. bzw. 12. September 1944 zu Marschällen der Sowjetunion befördert.

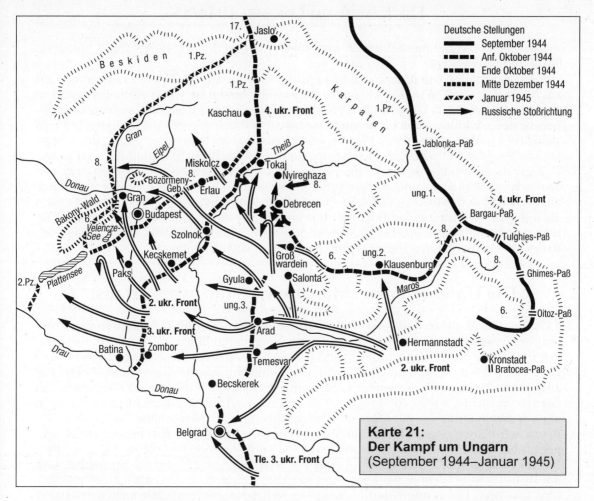

**Karte 21:**
**Der Kampf um Ungarn**
(September 1944–Januar 1945)

Legende:

Deutsche Stellungen
- September 1944
- Anf. Oktober 1944
- Ende Oktober 1944
- Mitte Dezember 1944
- Januar 1945
- Russische Stoßrichtung

ber mit 10.200 Geschützen, 825 Panzern und 1.100 Flugzeugen westlich von Hermannstadt die Südkarpaten in nördlicher und nordwestlicher Richtung überschritten und war in den ungarischen Teil Transsylvaniens vorgedrungen, die Armeegruppe Heinrici konnte den sowjetischen Vormarsch verlangsamen, aber nicht aufhalten. Bei Debrezin kam es zwischen dem 10. und 14. Oktober 1944 zwischen den Panzerverbänden der 2. Ukrainischen Front und der 8. Armee zu einer großen Panzerschlacht. Eine sowjetische Kavalleriegruppe konnte am 20. Oktober die Stadt Debrecen einnehmen. Während die deutsche 1. Panzer-Division einen Gegenangriff nach Süden absicherte, erreichte die 23. Panzer-Division am 22. Oktober Nagykálló und unterbrach die Nachschublinien der drei nach Norden durchgebrochenen Sowjetkorps. Am 23. Oktober war die sowjetische Kavalleriegruppe bei Nyíregyháza durch die 1. und 23. Panzer-Division im Zusammenwirken mit dem ungarischen IX. Korps abgeschnitten und eingekesselt. Die 3. Gebirgs-Division und Teile der 8. SS-Kavallerie-Division „Florian Geyer" griffen von Westen an. Es gelang den russischen Verbänden jedoch, zwischen dem 23. und 27. Oktober in erbitterten Kämpfen nach Süden auszubrechen, wobei sie schwere Verluste erlitten. Am 26. Oktober gelang es der 23. Panzer-Division, auch Nyíregyháza zurückzuerobern. General Wöhler konnte durch diesen taktischen Erfolg seine noch weiter im Osten in der südlichen Bukowina haltende 8. Armee (XVII. und XXIX. Armeekorps) zurückziehen. In der zweiten Phase der sowjetischen Operation, die vom 27. bis zum 28. Oktober dauerte, verfehlte Marschall Malinowski zwar sein Ziel, die ihm gegenüberstehenden deutschen Kräfte einzukesseln, aber die sowjetischen Truppen durchbrachen mehrere deutsch-ungarische Verteidigungsstellungen und stießen bis an den Theiß-Abschnitt zwischen Tokaj und Szolnok vor.

In Transkarpatien fielen am 26. Oktober Mukatschewo, am 27. Oktober Uschgorod und am 29. Oktober Tschop in die Hände der 4. Ukrainischen Front, womit diese Anschluß an den Nordflügel der 2. Ukrainischen Front fand. Bereits am 12. September hatte eine Offensive der 3. Ukrainischen Front unter Marschall Tolbuchin gegen die im Banater Raum stehende Armeegruppe Fretter-Pico begonnen. Ab dem 26. September gelang den sowjetischen Truppen an mehreren Frontabschnitten der Durchbruch, so daß die weit unterlegenen deutsch-ungarischen Kräfte gezwungen waren, sich bis an die Bega und den Temesch zurückziehen und das gesamte Banat bis an das östliche Ufer der Theiß aufzugeben. Mit dem Rückzug der 4. SS-Polizei-Grenadier-Division aus dem Banat begann auch die Evakuierung eines Teils der dort ansässigen deutschen Bevölkerung, der Donauschwaben. Etwa 15.000 Donauschwaben erreichten bis Ende 1944 das Reichsgebiet, die große Mehrheit, etwa 160.000 Menschen, mußte zurückbleiben.[1407]

## Die Unternehmen „Margarethe" und „Panzerfaust"

Die Ereignisse, die in Italien zum Sturz Mussolinis am 25. Juli 1943 geführt hatten, hinterließen bei der obersten deutschen Führung einen tiefen Eindruck. Bereits im September 1943 hatte Hitler angeordnet, Pläne für eine militärische Besetzung Ungarns auszuarbeiten, die den Decknamen „Margarethe" erhielten. Als die Rote Armee im Februar 1944 in der Ukraine immer weiter in Richtung Westen auf Galizien und die ungarische Grenze vorrückte, wurde die Frage der Besetzung des Landes durch deutsche Truppen akut, weshalb Hitler am 11. März die Durchführung von „Margarethe" anordnete. Die deutschen Planer gingen davon aus, daß die ungarische Armee sich bei der Besetzung gegenüber ihrem deutschen Verbündeten loyal verhalten würde. Am 15. März 1944 erhielt der ungarische Reichsverweser Admiral Nikolaus von Horthy die Einladung, sich am 18. auf Schloß Kleßheim bei Salzburg mit Hitler zu treffen. Als Horthy dort mit Hitlers Absichten konfrontiert wurde, zeigte er sich schockiert, erklärte sich aber letzten Endes mit der Besetzung seines Landes und der Ablösung der Regierung Kállay einverstanden. Die Besetzung Ungarns durch deutsche Truppen begann am nächsten Tag und verlief ohne Zwischenfälle. Auf eine Entwaffnung der ungarischen Streitkräfte konnte verzichtet werden, sie wurden von nun an vollständig in die deutsche Kriegsführung integriert. Ungarn konnte im September 1944 950.000 Soldaten ins Feld stellen,[1408] allerdings wurden die ungarischen Truppen zur Kampfwertsteigerung zwischen Verbänden der Wehrmacht disloziert, um bei Problemen jederzeit eingreifen zu können.

Admiral Horthy hatte angesichts der militärischen Entwicklung seit geraumer Zeit Überlegungen angestellt, den Krieg mit einem Separatfrieden zu beenden, weshalb er schließlich seinen Ministerpräsidenten, Generaloberst Géza Lakatos, Ende August damit beauftragte, geheime Waffenstillstandsgespräche mit Moskau aufzunehmen.[1409] Im Verlauf des September 1944 sah sich Horthy veranlaßt, die Verhandlungen über eine Kapitulation Ungarns zu beschleunigen, und am 11. Oktober wurde eine Einigung über

---

[1407] Arnold Suppan. Hitler – Benesch – Tito: Konflikt, Krieg und Völkermord in Ostmittel- und Südosteuropa. Wien 2014. S. 1457; Michael Portmann/Arnold Suppan. Serbien und Montenegro im Zweiten Weltkrieg. In: Österreichisches Ost- und Südosteuropa-Institut: Serbien und Montenegro: Raum und Bevölkerung – Geschichte – Sprache und Literatur – Kultur – Politik – Gesellschaft – Wirtschaft – Recht. Münster 2006, S. 277 f.

[1408] Ungváry, Kriegsschauplatz Ungarn, S. 957.

[1409] Attilla Ötott Kovács. Die ungarischen Inhaber des Ritterkreuzes des Eisernen Kreuzes. Bayreuth 2006, S. 68.

einen Präliminar-Waffenstillstand erzielt. Hitler war jedoch über die Geheimgespräche zwischen Budapest und Moskau unterrichtet und keineswegs gewillt, dem Geschehen tatenlos zuzusehen. Als eigentlicher Urheber der ungarischen Friedensbemühungen galt der Sohn des Admirals, Nikolaus von Horthy Jr., der von einem deutschen Spezialkommando festgesetzt werden sollte. Mit der Durchführung dieser Operation, die den Decknamen Unternehmen „Panzerfaust" erhielt, wurde SS-Sturmbannführer Otto Skorzeny beauftragt, der mit allen notwendigen Vollmachten ausgestattet wurde. Der Höhere SS- und Polizeiführer für Ungarn, SS-Gruppenführer Otto Winkelmann, ließ kurz vor Beginn von „Panzerfaust" Horthy nahestehende Militärs wie den Kommandierenden General des in Budapest stationierten ungarischen I. Armeekorps, Feldmarschalleutnant Szilárd Bakay, heimlich verhaften.

Am Vormittag des 15. Oktober 1944 besetzte das SS-Fallschirmjägerbataillon 600 unter dem Kommando von Skorzeny die wichtigsten Regierungsgebäude in Budapest und nahm Nikolaus von Horthy Jr. in Gewahrsam und brachte ihn sofort außer Landes. Um 12 Uhr empfing Admiral Horthy in seinem Regierungssitz, dem Budapester Burgpalast, den deutschen Botschafter Edmund Veesenmayer und kündigte ihm den Kriegsaustritt Ungarns an. Kurz darauf, um 14 Uhr, verlas Admiral Horthy im Rundfunk eine Erklärung über die laufenden Waffenstillstandsgespräche mit Moskau, woraufhin ungarische „Pfeilkreuzler" mit deutscher Unterstützung das Sendegebäude besetzten. Die „Pfeilkreuzler", die auch „Hungaristen" genannt wurden, waren Angehöriger einer faschistischen Partei, die sich unter anderem durch einen extremen Antikommunismus und Antisemitismus auszeichnete. Einer der „Pfeilkreuzler", die den Budapester Rundfunk besetzten, verfaßte eine Proklamation an alle Einheiten der ungarischen Armee, in der es hieß, daß die Kampfhandlungen gegen die Rote Armee fortzusetzen seien, und verlas diese im Namen des ungarischen Generalstabschefs General János Vörös. Der Kommandeur der beiden in Budapest stationierten Einheiten der ungarischen Armee und sein Stellvertreter wurden verhaftet, und die Soldaten gingen auf die Seite der „Pfeilkreuzler" über. Skorzeny stellte der ungarischen Regierung ein Ultimatum, das am kommenden Morgen ablief, woraufhin diese eine Delegation zur deutschen Botschaft schickte, um über eine friedliche Lösung zu verhandeln. Am nächsten Tag besetzten SS-Truppen die Donaubrücken, und Skorzeny führte eine Marschkolonne, die von vier „Königstigern" begleitet wurde, zum Burgpalast, der hoch über der Stadt auf dem Budaer Berg lag. Horthy mußte erkennen, daß es sinnlos war, gegen die deutsche Übermacht bewaffneten Widerstand zu leisten, und befahl seiner Leibwache, sich zu ergeben. Der Reichsverweser erklärte seinen Rücktritt und begab sich in deutsche Gefangenschaft, die Regierung von General Lakatos wurde abgesetzt. An seiner Stelle beauftragte Horthy den Parteiführer der „Pfeilkreuzler", Ferenc Szálasi, mit der Regierungsbildung, der am Tag darauf das Amt des Ministerpräsidenten und „Staatsführers" übernahm. Szalasi war entschlossen, den Krieg an der Seite Deutschlands fortzusetzen. Auf die Motivation der ungarischen Truppen hatten diese Vorgänge eine eher negative Wirkung.

Am 29. Oktober 1944 eröffnete die 2. Ukrainische Front unter Malinowski aus dem Raum nordwestlich von Szegedin die erste einer Reihe von Offensiven gegen Budapest. Der Schwerpunkt des Angriffs lag bei der 46. Armee, die mit dem II. mechanisierten Gardekorps und dem XXXVII. Schützenkorps in Richtung auf Kecskemet vordrang und diese Stadt am 31. Oktober einnahm. Zum Schutz von Budapest ließ Generaloberst Frießner östlich der Stadt drei Panzerkorps aufmarschieren, die die Truppen Malinowskis bis zum 5. November zum Stehen brachten. Anschließend übernahm das III. Panzerkorps (1., 3. und 23. Panzer-Division) unter General der Panzertruppe Hermann Breith die Verteidigung der ungarischen Hauptstadt, während das LVII. Panzerkorps (General der Panzertruppe Friedrich Kirchner) den Raum zwischen Cegled und Szolnok und das

IV. Panzerkorps „Feldherrnhalle" (General der Panzertruppen Ulrich Kleemann) den Raum Jászberény sicherte.[1410]

Anfang Dezember überschritten die Angriffsspitzen der 3. Ukrainischen Front südlich von Budapest die Donau, stießen mit Teilen über Fünfkirchen und Kaposvár bis zum Plattensee vor und besetzten das Gebiet zwischen Drau und Donau. Der nördliche Flügel der 3. Ukrainischen Front drehte nach Überschreiten der Donau nach Norden ein und erreichte bis zum 8. Dezember die Linie Stuhlweißenburg–Velenczesee. Die Verbände der 2. Ukrainischen Front waren während ihres Vormarsches bereits ostwärts der Donau nach Norden abgeschwenkt und drangen in Richtung auf das Donauknie bei Waitzen vor, während Teilverbände den Angriff auf Budapest von Nordosten, Osten und Südosten einleiteten.[1411]

In Nordungarn mußten sich die Verbände der 8. Armee unter dem Druck der 4. Ukrainischen Front unter Petrow langsam nach Westen zurückziehen. Am 9. Dezember fiel Balassagyarmat in die Hand der Roten Armee, der linke Flügel der 6. Garde-Panzerarmee drang bei Vác nördlich von Budapest bis zur Donau vor.

Bereits am 5. Dezember hatte Hitler Budapest zur „Festung" erklärt, am 12. wurde das mit der Verteidigung der ungarischen Hauptstadt betraute Generalkommando des III. Panzerkorps wegen der kritischen militärischen Lage nach Stuhlweißenburg verlegt. Das Kommando in Budapest wurde dem IX. SS-Gebirgskorps unter dem Befehl des SS-Obergruppenführers Karl Pfeffer-Wildenbruch übertragen.[1412] Am 20. Dezember eröffnete die 2. Ukrainische Front eine Offensive gegen die deutschen Verteidigungsstellungen zwischen dem Plattensee und dem Velenczesee, durchbrach die Abwehrfront der Armeegruppe Fretter-Pico und besetzte am 22. Dezember Stuhlweißenburg. Zwei Tage später brachen das sowjetische XVIII. Panzerkorps und das II. mechanisierte Gardekorps mit 228 Panzern auf einer Breite von 60 Kilometer vom Velenczesee aus in nördlicher Richtung über Biske nach Gran zur Donau durch. Die deutsche 8. Armee mußte sich auf das nördliche Ufer der Donau zurückziehen, und am 25. Dezember 1944 war Budapest durch die sowjetische 46. Armee im Süden und Westen und die 7. Gardearmee im Norden und Osten vollständig eingeschlossen. In der ungarischen Hauptstadt hielten sich zu diesem Zeitpunkt noch etwa 800.000 Zivilisten sowie 70.000 Mann Kampftruppen, davon 37.000 ungarische und etwa 33.000 deutsche Soldaten, auf. Es handelte sich dabei um das IX. SS-Gebirgskorps mit der 8. SS-Kavallerie-Division „Florian Geyer" und der 22. SS-Kavallerie-Division „Maria Theresia" sowie Teilen der 13. Panzer-Division, der Panzergrenadier-Division „Feldherrnhalle" und der 271. Volksgrenadier-Division; außerdem das ungarische I. Armeekorps unter Generalleutnant Ivan von Hindy mit der ungarischen 10. und 12. Infanterie-Division sowie Resten der ungarischen 1. Panzer-Division und ungarischen 1. Kavallerie-Division.[1413] Budapest war in der Hauptsache von Teilen der 2. Ukrainischen Front eingeschlossen, hinzu kamen noch Verbände der 3. Ukrainischen Front sowie Teile der rumänischen 1. Armee und ungarische kommunistische Freiwilligeneinheiten, so daß Mitte Januar 1945 etwa 177.000 Mann an der Belagerung beteiligt waren.

Die höchst unerfreuliche Entwicklung der militärischen Lage veranlaßte Hitler am 22. Dezember, den glücklosen Oberbefehlshaber der Heeresgruppe Süd, Generaloberst Frießner, abzulösen und durch den bisherigen Oberbefehlshaber der 8. Armee, General Otto Wöhler, zu ersetzen. Gleichzeitig wurde der Oberbefehlshaber der 6. Armee, General Fretter-Pico, durch den von der Heeresgruppe G im Westen kommenden General der Panzertruppe Hermann Balck abgelöst.[1414]

---

[1410] Große Russische Enzyklopädie, Budapester Operationen 1944–45. http://bigenc.ru/domestic_history/text/1886789
[1411] Ralf Tiemann. Die Leibstandarte. Bd. IV/2. Osnabrück 1987, S. 218.
[1412] Georg Maier. Drama zwischen Budapest und Wien: Der Endkampf der 6. Panzerarmee 1945. Osnabrück 1985, S. 490.
[1413] Ebenda, S. 60.
[1414] Tiemann, Leibstandarte, S. 218 f.

Für die oberste deutsche Führung wurde Ungarn ab der Jahreswende 1944/45 zu einem Hauptkriegsschauplatz, Wehrmacht und Waffen-SS sollten hier nicht weniger als fünf große Offensiven führen, um die Ölfelder in Westungarn zu schützen, Budapest zu befreien und einen sowjetischen Vormarsch auf Wien zu verhindern. Die Heeresgruppe Süd erhielt deshalb zwischen dem September 1944 und dem Februar 1945 umfangreiche Verstärkungen, Heer und Waffen-SS setzten dort auch eine große Zahl ihrer modernsten Panzerfahrzeuge, darunter die Panzer „Panther" und „Tiger", ein. Am 1. Januar 1945 verfügte die Wehrmacht noch über 471 Panzer vom Typ „Tiger" und „Königstiger", wovon allein 79 in Ungarn eingesetzt waren; bis zum 15. März sollte sich diese Zahl auf 122 erhöhen. Insgesamt kamen in Ungarn drei mit „Tigern" bzw. „Königstigern" ausgerüstete schwere Panzerabteilungen zum Einsatz, und zwar die schwere SS-Panzerabteilung 501, die schwere Panzerabteilung 503 „Feldherrnhalle" und die schwere Panzerabteilung 509.[1415]

Anfang Januar 1945 begann das OKH mit den Vorbereitungen für die Befreiung der ungarischen Hauptstadt, die geplante Gegenoffensive erhielt den Decknamen Operation „Konrad". Anders als Hitler hielten viele seiner Generale, darunter auch der Chef des OKH Guderian, Ungarn für einen Nebenkriegsschauplatz. Nach ihrer Meinung wäre es sehr viel sinnvoller gewesen, die für Ungarn bestimmten Kräfte für die Verteidigung Berlins heranzuziehen. Tatsächlich begann am 12. Januar die sowjetische Winteroffensive mit dem Ausbruch der 1. Ukrainischen Front unter Marschall Konjew aus den Weichsel-Brückenköpfen von Baranow und Sandomierz. Hitler entschloß sich jedoch am 22. Januar 1945, die nach dem Scheitern der Ardennenoffensive freigewordene 6. SS-Panzerarmee nicht an die Weichsel, sondern unter größtmöglicher Geheimhaltung nach Ungarn zu verlegen.[1416] Dieser Großverband unter Führung von SS-Oberst-Gruppenführer Sepp Dietrich verfügte mit der 1. SS-Panzer-Division „Leibstandarte SS Adolf Hitler", der 2. SS-Panzer-Division „Das Reich", der 9. SS-Panzer-Division „Hohenstaufen" und der 12. SS-Panzer-Division „Hitlerjugend" nicht nur auf dem Papier noch über einen beachtlichen Kampfwert. Jedoch waren diese Verbände von den verlustreichen Kämpfen des Jahres 1944 schwer mitgenommen und nur unzureichend mit Ersatz, teils unerfahrenen Rekruten, teils Soldaten der Luftwaffe und Kriegsmarine ohne infanteristische Kampfausbildung, aufgefüllt worden. Um die Stawka über den künftigen Einsatzort der 6. SS-Panzerarmee zu täuschen, wurden sämtliche Züge der Truppentransporte über Mitteldeutschland, Sachsen, Böhmen-Mähren und Wien in den Ausladeraum Raab geführt. Der Bahntransport war von Verzögerungen gekennzeichnet, da aufgrund alliierter Bombenangriffe viele Bahnstrecken zeitweise unterbrochen waren.[1417]

Seit der Eröffnung der sowjetischen Großoffensive an der Weichsel am 12. Januar 1945 rückten die Truppen der Sowjet-Marschälle Georgi Schukow, Konstantin Rokossowski und Iwan Konjew, die 1. Weißrussische Front, die 2. Weißrussische Front sowie die 1. Ukrainische Front, in Richtung Berlin und Breslau vor. Bis auf die Oder und die Seelower Höhen gab es zwischen den sowjetischen Verbänden und der deutschen Reichshauptstadt kein natürliches Hindernis mehr, und die Widerstandskraft der Heeresgruppe Weichsel erschien eher fragwürdig. Der Chef des OKH Guderian wollte die aus dem Westen herangeführte 6. SS-Panzerarmee im Bereich der Heeresgruppe Mitte zur Gegenoffensive im Raum zwischen Oder und Weichsel einsetzen.[1418] Er beabsichtigte, mit zwei Panzerkorps aus dem Raum südöstlich Stettin in die Flanke der sowjetischen Truppen an der Oder zu stoßen, gleichzeitig sollten aus dem Raum Guben–Glogau Verbände der

---

[1415] Wolfgang Schneider. Tiger im Kampf. Bd. 1. Uelzen o.J., S. 171 ff., S. 421 ff. u. Bd. II, S. 279 ff.

[1416] Maier, Drama zwischen Budapest und Wien, S. 128.

[1417] Tiemann, Leibstandarte, S. 222 f.; Auszug aus dem Kriegstagebuch der Heeresgruppe Süd, in: Paul Josef Puntigam. Vom Plattensee bis zur Mur, Feldbach 1993, S. 335.

[1418] Tiemann, S. 221.

6. SS-Panzerarmee in nordöstlicher Richtung angreifen und Verbindung mit der Nordgruppe herstellen.[1419] Auch in der Stawka war man der Meinung, daß die 6. SS-Panzerarmee angesichts des erfolgreichen Vorstoßes der Roten Armee in Richtung Berlin eine Gegenoffensive an der Oder und in Schlesien eröffnen würde. Hitler wollte die sowjetische Führung in dieser Annahme bestärken, für die Verteidigung der Oderfront hielt er die Kräfte der Heeresgruppe Weichsel für ausreichend.

Hauptgrund für die Verlegung der 6. SS-Panzerarmee nach Ungarn war die Sicherung der dortigen Ölquellen und Treibstoffreserven für die deutsche Wehrwirtschaft. Seit dem Seitenwechsel Rumäniens befanden sich die letzten nennenswerten Ölreserven, auf die das Deutsche Reich noch Zugriff hatte, in Ungarn. Die ungarische Ölproduktion reichte zwar bei weitem nicht aus, um die deutschen Streitkräfte insgesamt mit Treibstoff zu versorgen, aber sie war groß genug, um wenigstens noch Teilen der Wehrmacht eine motorisierte Kriegsführung zu ermöglichen. Ein Transport des in Westungarn hergestellten Kraftstoffs zu anderen Kriegsschauplätzen war nur noch eingeschränkt möglich, da das deutsche Eisenbahnsystem unter den Schlägen der alliierten Luftstreitkräfte Stück für Stück zusammenbrach und nur noch notdürftig funktionierte. Die Wehrmacht war deshalb gezwungen, das wenige noch vorhandene Öl möglichst in der Nähe seiner Produktionsstätten zu verbrauchen. 1943 arbeiteten in Ungarn in seinen damaligen Staatsgrenzen insgesamt 13 Raffinerien mit einer Gesamtkapazität von jährlich 1.300.000 Tonnen.

Die Zalaer Ölfelder bei Nagykanizsa südwestlich des Plattensees produzierten 1944 809.970 Tonnen und 1945 (berechnet auf das ganze Jahr) 655.568 Tonnen Erdöl.[1420] Anfang 1945 lieferten die ungarischen Ölfelder etwa 80 Prozent des Kraftstoffs, den die deutsche Wehrmacht erhielt,[1421] der Rest kam aus den deutschen Kohlehydrier-Werken, deren Produktion durch alliierte Luftangriffe weiter zurückging. Die ungarische Ölproduktion reichte aus, um die Heeresgruppe Süd vollständig und die Heeresgruppe Mitte, die in Böhmen und Mähren stand, zumindest teilweise mit Kraftstoff zu versorgen. Die Heeresgruppe Süd war damit der letzte deutsche Großverband, der noch zur Führung einer großangelegten Panzeroffensive in der Lage war.[1422] Ein Erfolg auf dem ungarischen Kriegsschauplatz würde, so hoffte Hitler, auch eine Umgruppierung der feindlichen Armeen erzwingen und damit den sowjetischen Vormarsch auf Berlin zum Stehen bringen.[1423]

Zum Entsatz der in Budapest eingeschlossenen Truppen hatte Hitler bereits am 24. Dezember 1944 angeordnet, das nördlich von Warschau eingesetzte IV. SS-Panzerkorps unter SS-Obergruppenführer Herbert-Otto Gille mit der 3. SS-Panzer-Division „Totenkopf" und der 5. SS-Panzer-Division „Wiking" sowie außerdem die 96. und 711. Infanterie-Division nach Ungarn zu verlegen, die zusammen über etwa 260 Panzer und 70.000 Soldaten verfügten. Nach den ursprünglichen Plänen der Stawka sollte Budapest bis Mitte November und die Linie Graz–Wien–Brünn–Olmütz bis Mitte Dezember erreicht werden, womit gleichzeitig die geplante Operation gegen Berlin von Süden her abgesichert war. Durch den hartnäckigen deutschen Widerstand war die Rote Armee jedoch vier Monate hinter ihrem Zeitplan zurückgeblieben. Das südliche Transdanubien (als Transdanubien werden die südlich und westlich der Donau gelegenen Landesteile Ungarns

[1419] Rolf Michaelis. Die 10. SS-Panzer-Division „Frundsberg". Berlin 2009, S. 116.

[1420] L.M. Taubinger. Die Entwicklung der ungarischen Erdölindustrie, in: Wirtschaftsdienst, Vol. 36, Nr. 5, Hamburg 1956, S. 282 ff.

[1421] John E. Spindler. How Hitler Tried to Stack His Panzer Tanks to Stop Defeat (It Completely Failed), http://nationalinterest.org/blog/the-buzz/how-hitler-tried-stack-his-panzer-tanks-stop-defeat-it-25863; Maier, Drama zwischen Budapest und Wien, S. 129.

[1422] Karl-Heinz Frieser/Krisztian Ungvary. Das Deutsche Reich und der Zweite Weltkrieg. Band 8. München 2007, S. 926.

[1423] Tiemann, Leibstandarte, S. 221.

bezeichnet) war Anfang Januar 1945 bereits bis vor Nagykanizsa von sowjetischen Truppen besetzt, die Angriffsspitzen der Roten Armee standen vor Tata und Várpalota. Nördlich von Budapest hatten die 6. Garde-Panzerarmee und die 7. Gardearmee der 2. Ukrainischen Front Ende Dezember das Donauknie bei Waitzen umrundet und waren gegen die deutschen Stellungen am Flußlauf des Gran vorgestoßen. Am 6. Januar 1945 wurde die deutsche Front durchbrochen und westlich des Gran, hart nördlich der Donau ein 17 Kilometer tiefer Brückenkopf errichtet. Zwei Tage später erreichten die sowjetischen Verbände die Städte Komorn und Neuhäusel, wo sie jedoch durch energisch geführte deutsche Gegenangriffe abgewehrt wurden. Nach einem Gegenangriff mit Panzerkräften konnte die deutsche 8. Armee sodann in erfolgreich geführten Vorstößen die sowjetischen Angriffsspitzen zurückwerfen und die Ausdehnung des Brückenkopfes einengen.[1424]

# Die Entsatzangriffe auf Budapest

Bereits am 1. Januar 1945 war das IV. SS-Panzerkorps unter Gille, das der Armeegruppe Balck, wie die 6. Armee jetzt hieß, unterstellt war, zwischen Tata und Komorn zum Entsatzangriff auf Budapest (Operation „Konrad") angetreten und durch schwieriges Gelände bis zur Linie Tarján–Bajna vorgestoßen. Die 96. Infanterie-Division überquerte bei Süttö mit Sturmbooten die Donau und konnte die strategisch wichtige Süduferstraße des Stromes sperren. Am vierten Angriffstag erreichten die 5. SS-Panzer-Division „Wiking" Bickse, die 3. SS-Panzer-Division „Totenkopf" Zsámbék und die 711. Infanterie-Division Gran. Bis zum 6. Januar versteifte sich der sowjetische Widerstand, vor allem durch den Aufbau von Pak-Riegeln, so daß der deutsche Angriff nicht weiter vorankam. Zur Entlastung des IV. SS-Panzerkorps stieß das III. Panzerkorps unter General Breith ab dem 7. Januar aus dem Raum Várpalota und südöstlich von Mór in Richtung Budapest vor. Das I. Kavalleriekorps rückte gegen Csákvár vor, die 3. Panzer-Division besetzte am 8. Januar den Ort Sarkeresztes. Wegen der zahlenmäßigen Überlegenheit des Gegners liefen sich die deutschen Angriffe durch das Vértes-Gebirge jedoch fest.

Aufgrund der Lageentwicklung fiel im Armee-Oberkommando 6 (Armeegruppe Balck) der Entschluß, den Angriffsschwerpunkt nunmehr auf den linken Flügel des IV. SS-Panzerkorps zu verlegen und den Entsatz Budapests im Durchstoßen des Pilisgebirges zu versuchen, womit der ursprüngliche Plan aufgegeben wurde.[1425] Nach einer Umgruppierung trat das IV. SS-Panzerkorps am 9. Januar aus der gewonnenen Linie erneut zum Angriff an (Operation „Konrad" II). Die an den linken Flügel verlegte 5. SS-Panzer-Division stieß durch das winterliche Pilisgebirge vor und erreichte bis zum 11. Januar Pilisszentkereszt, das 20 Kilometer nordwestlich von Budapest liegt.

Das III. Panzerkorps stieß am 12. Januar an der Linie Stuhlweißenburg–Zamoly auf den heftigen Widerstand der 4. Gardearmee. Das bei Zamoly in der Hauptangriffsrichtung liegende XX. Garde-Schützenkorps war gerade noch rechtzeitig durch das VII. mechanisierte Korps verstärkt worden.[1426] In der Nacht vom 11. auf den 12. Januar mußte das IV. SS-Panzerkorps 17 Kilometer nordwestlich von Budapest den Angriff auf Befehl Hitlers einstellen. Da der Vorstoß in den Augen Hitlers zu langsam vorankam, wollte er eine Verlegung des Angriffsschwerpunkts nach Süden in den Raum von Varpalota. Gille war gegen die angeordnete Schwerpunktverlagerung, da er dem Angriff durch das Pilisgebirge durchaus noch eine Erfolgschance gab, der Durchbruch nach Budapest lag seiner

1424 Tiemann, S. 228 f.
1425 Maier, S. 49.
1426 Peter Gosztony. Endkampf an der Donau. Wien 1969, S. 126.

Meinung nach in greifbarer Nähe.[1427] Wahrscheinlich hat Hitler zu diesem Zeitpunkt die Befreiung Budapests gar nicht mehr als vorrangiges Ziel betrachtet, sondern vielmehr die Bindung von Kräften der Roten Armee und damit Zeitgewinn im Auge gehabt.[1428]

Nach Ablösung durch das I. Kavalleriekorps wurde das IV. SS-Panzerkorps für die sogenannte „Südlösung" im Bahntransport in den Raum von Veszprém verlegt. In der Nacht vom 17. auf den 18. Januar 1945 machte sich das IV. SS-Panzerkorps mit der 3. SS-Panzer-Division „Totenkopf", der 5. SS-Panzer-Division „Wiking" sowie der 1. und 3. Panzer-Division im Raum nördlich Várpalota erneut zum Vorstoß auf Budapest bereit („Konrad" III). Am frühen Morgen des 18. begann der Angriff des Panzerkorps, der sich aus der Linie Plattensee–Várpalota fächerförmig nach Osten und Südosten entfaltete, um später nach Nordosten einzuschwenken; bis zum Abend konnten alle vier Panzerdivisionen den Sárviz-Kanal erreichen und an dessen Ostufer Brückenköpfe errichten.

Am folgenden Tag traten die Divisionen erneut an und erreichten die Enge zwischen Dunapentele und Velenczesee, in die Front der sowjetischen 4. Gardearmee war ein breiter und tiefer Einbruch erzielt worden. Der am linken Flügel eingesetzten 1. Panzer-Division gelang es – den Velenczesee nördlich umgehend –, Stuhlweißenburg von Osten anzugreifen und die Stadt einzunehmen.

Die Stawka wurde von den jüngsten deutschen Erfolgen völlig überrascht, die 3. Ukrainische Front war zeitweilig in eine bedrohliche operative Lage geraten. Marschall Tolbuchin fürchtete nicht so sehr den Stoß nach Norden auf Budapest als vielmehr eine Trennung seiner Heeresgruppe durch eine deutsche Zangenbewegung im Zusammenwirken mit der 2. Panzer-Armee.[1429] Stalin erwog sogar zeitweise den vollständigen Rückzug aus dem südlichen Transdanubien, überließ die Entscheidung aber Tolbuchin. Der Marschall erkannte, daß im Falle einer vollständigen Räumung aus Zeitgründen nur die Soldaten mit ihren persönlichen Waffen zurückgeführt werden konnten, während der Großteil der schweren Waffen und des Materials zurückbleiben mußte. Er ordnete daher an, den Brückenkopf in Süd-Transdanubien unter allen Umständen zu halten, da ihm eine erneute Donauüberquerung mit zu vielen Risiken verbunden schien. Tolbuchins Entscheidung erwies sich als richtig, das IV. SS-Panzerkorps konnte die Abwehrfront der sowjetischen 26. und 27. Armee entlang dem Fluß Váli nicht überwinden.

Am 27. Januar eröffnete Tolbuchin eine Gegenoffensive gegen die südliche Flanke des vom IV. SS-Panzerkorps zur Donau vorgetriebenen Angriffskeils. Das VII. mechanisierte Gardekorps und das zusammen mit dem CIV. Schützenkorps operierende XXIII. Panzerkorps griffen in Richtung Veréb an. Die 3. Ukrainische Front verlor dabei zwar 122 Panzer, aber auch das IV. SS-Panzerkorps büßte etwa 70 Panzer und 35 Geschütze ein und war gezwungen, einen Großteil des gerade gewonnenen Geländes wieder aufzugeben. Die nunmehr notwendige Wendung der Hauptkräfte von Gilles VI. SS-Panzerkorps nach Süden bedeutete praktisch die Aufgabe des Entsatzangriffs auf Budapest. Damit fand zum dritten Mal eine Offensive zur Befreiung Budapests nach einem erfolgversprechenden Beginn 20 Kilometer vor dem Ziel ihr Ende.[1430]

## Die Belagerung von Budapest

Die ersten sowjetischen Panzer waren bereits am 24. Dezember 1944 in Buda, dem Stadtteil Budapests westlich der Donau, eingedrungen, aber es war den deutsch-ungarischen Verteidigern gelungen, die Front in den folgenden Tagen zu stabilisieren. Sowohl

---

[1427] Maier, S. 56 ff.
[1428] Ebenda, S. 60.
[1429] Ebenda, S. 67.
[1430] Tiemann, S. 219 f.

die Angreifer wie auch die Verteidiger verfügten anfangs über zu wenig Infanterie, um eine zusammenhängende Frontlinie zu bilden, weshalb Budapest zunächst nur weiträumig eingeschlossen war. Seit Beginn des Jahres 1945 erhielt die Rote Armee jedoch laufend Verstärkungen, die Kämpfe intensivierten sich zunehmend. In der Nacht vom 17. auf den 18. Januar 1945 sah sich Pfeffer-Wildenbruch genötigt, die Aufgabe der östlich der Donau gelegenen Stadtteile Budapests zu befehlen.[1431] Den sowjetischen Truppen gelang es auch, immer größere Teile des westlich der Donau gelegenen Stadtteils Buda zu erobern. Ungeachtet der zunehmend schlechteren Versorgungslage befahl Hitler am 27. Januar, daß Budapest bis zum Erfolg des geplanten Entsatzangriffes unter allen Umständen zu halten sei. Das Generalkommando der deutsch-ungarischen Verteidiger unter dem Stadtkommandanten SS-Obergruppenführer Pfeffer-Wildenbruch arbeitete mehrere Ausbruchspläne aus, die jedoch von Hitler alle abgelehnt wurden.

Ende Januar 1945 waren mit „Konrad" III alle Versuche, Budapest zu entsetzen, gescheitert, der Mangel an Verpflegung und Munition in der Stadt machte sich immer dramatischer bemerkbar.[1432]

Im Budaer Brückenkopf westlich der Donau erstreckte sich die Front zu diesem Zeitpunkt von der Margaretenbrücke bis zum Széll-Kálmán-Platz und weiter an der nördlichen Ecke der Blutwiese bis zur Mündung der Kékgolyó utca, wo die Rote Armee bereits vor dem Südbahnhof stand. Am 4. Februar erreichten die vom Orbán-Berg angreifenden sowjetischen Truppen nach Durchbrechen der Verteidigungslinie die Németvölgyi utca, am 6. Februar wurde der Adlerberg eingekreist. Fünf Tage später konnte die 25. Garde-Schützendivision die deutschen Stellungen am Kleinen Gellertberg einnehmen, der Südbahnhof fiel endgültig in sowjetische Hand. Sowjetische Panzer stießen bis zum Döbrenteiplatz vor, die Verbindung zwischen Zitadelle, Lagymanyos und dem Burgpalast ging verloren.

Nachdem die Versorgungsflüge nach Budapest immer seltener erfolgten und die Vorräte an Munition, Lebensmitteln und Medikamenten so gut wie erschöpft waren, rief Pfeffer-Wildenbruch am Morgen des 11. Februar einen Kriegsrat zusammen, auf dem der Beschluß gefaßt wurde, einen Ausbruch zu versuchen. Pfeffer-Wildenbruch benachrichtigte darüber das Oberkommando der Heeresgruppe Süd. Der Ausbruch von etwa 16.000 Mann der in Budapest eingeschlossenen Truppen begann am Abend des 11. gegen 20 Uhr, der Funkkontakt brach nach diesem Zeitpunkt ab.[1433] Es konnten keine Panzer und schweren Waffen mitgeführt werden, da es kaum noch Kraftstoff gab und zahllose Panzersperren und Trümmerhaufen die Straßen unpassierbar gemacht hatten. Die ausbrechenden Kräfte sollten in westlicher Richtung über Zugliget und Nagykovacsi vorstoßen und so rasch wie möglich und auf dem kürzesten Weg die Wälder um Buda erreichen.

Das Problem war, daß der Waldrand etwa 15 bis 18 Kilometer von der Ausbruchsstelle entfernt war und dazwischen flaches Ackerland, Wiesen und Weingärten lagen. Weiterhin hoffte die Ausbruchsgruppe auf einen ihr entgegenkommenden Entsatzangriff der Heeresgruppe Süd, der aber ausblieb, weil das Oberkommando der Heeresgruppe Süd von Pfeffer-Wildenbruch über seine Pläne nicht ausreichend informiert worden war. Nachdem die erste Gruppe der Ausbrechenden die Stellungen des sowjetischen LXXV. Schützenkorps unter erheblichen Verlusten überwunden hatte, wurde sie an der Straßenabzweigung bei Budagyöngye von starken sowjetischen Verbänden aufgehalten. Die Soldaten der zweiten Ausbruchsgruppe wagten es deshalb nicht mehr, in diese Richtung vorzugehen, und versuchten statt dessen den Ausbruch über die Blutwiese in Richtung Kékgolyó utca. Sie erreichten zwar die Anhöhe des Schwabenberges vor Budakeszi,

[1431] Maier, S. 64.
[1432] Krisztian Ungvary. Die Schlacht um Budapest. München 1999, S. 250 ff.
[1433] Maier, S. 113.

kamen dann aber gegen den entschiedenen sowjetischen Widerstand nicht mehr voran und lösten sich schließlich in kleine und kleinste Gruppen und Grüppchen auf, die sich einzeln durchzuschlagen versuchten. Die ausgebrochenen deutschen und ungarischen Soldaten wurden von den sowjetischen Truppen nach und nach getötet oder gefangengenommen, nur 624 Mann erreichten bis zum 16. Februar die deutsche Hauptkampflinie.[1434] In Budapest selbst hatten die letzten deutsch-ungarischen Verteidiger bereits am 13. Februar kapituliert.

Die Schlacht um Budapest zählte zu den längsten und verlustreichsten Kämpfen um eine Großstadt im Zweiten Weltkrieg, vergleichbar nur mit der Belagerung von Leningrad, der Schlacht um Stalingrad und dem Warschauer Aufstand von 1944. Zwischen dem Erscheinen des ersten Sowjetpanzers an der Stadtgrenze der ungarischen Hauptstadt und der Eroberung der königlichen Burg vergingen insgesamt 52 Kampftage. Während der Schlacht um Budapest fielen etwa 100.000 deutsche und ungarische Soldaten, knapp die Hälfte davon zählte zu den in der Stadt Eingeschlossenen. Die Budapester Bevölkerung hatte etwa 38.000 Tote zu beklagen. Da die Stawka die Einnahme Budapests als Voraussetzung für den weiteren Vormarsch in Richtung Preßburg und Wien ansah, waren durch die Belagerung zeitweilig 20 Divisionen der Roten Armee gebunden.[1435]

# Die Plattenseeoffensive

Das Ziel der von Hitler, dem OKH und der Heeresgruppe Süd geplanten Plattenseeoffensive (Operation „Frühlingserwachen") war die volle Rückgewinnung des Drau-Donau-Dreiecks, um
- das Ölgebiet von Nagykanisza großräumig zu sichern und um
- nach Erreichen der Donau dort Brückenköpfe für spätere Offensiven zu errichten.[1436]

Dazu war vorgesehen
- Angriff der 6. SS-Panzerarmee zwischen Plattensee und Sárviz-Kanal nach Süden, um das Höhengelände vor Fünfkirchen zu gewinnen.
- Nachfolgend Angriff der Armeegruppe Balck mit dem III. Panzerkorps zwischen Sárviz-Kanal und Velenczesee nach Nordosten mit dem Ziel, die Enge zwischen Velenczesee und Donau in der Linie Adony–Kisvelencze zu sperren.
- Nach Übernahme der Sicherung durch Infanteriekräfte in dieser Linie Abdrehen des III. Panzerkorps nach Süden und Vorstoß zwischen Sárviz-Kanal und Donau zur Sicherung der tiefen Flanke der 6. SS-Panzerarmee und Sicherung der Donauübergänge.[1437]

An dieser Großoffensive sollten die Heeresgruppe Süd mit der Armeegruppe Balck,[1438] der 2. Panzerarmee unter General der Artillerie Maximilian de Angelis, der 6. SS-Panzerarmee unter SS-Oberstgruppenführer Sepp Dietrich, die Heeresgruppe Südost[1439] unter Generaloberst Alexander Löhr sowie die Luftflotte 4 unter Generaloberst Otto Deßloch teilnehmen.

Vor „Frühlingserwachen" wollte Hitler jedoch die Gefahr einer sowjetischen Angriffsoperation aus dem Raum Gran ausschalten, wo sowjetische Verbände einen Brückenkopf am nördlichen Ufer der Donau gebildet hatten. Die deutsche Führung sah in der Existenz

---

[1434] Ungvary, Schlacht um Budapest, S. 292 und S. 304; Maier, S. 118.
[1435] Manfried Rauchensteiner. Der Krieg in Österreich 1945. In: Schriften des Heeresgeschichtlichen Museums in Wien (Militärwissenschaftliches Institut). Wien 1984, S. 103.
[1436] Tiemann, S. 253.
[1437] Ebenda, S. 253 f.
[1438] Auch als 6. Armee bezeichnet.
[1439] Auch Heeresgruppe E genannt.

dieses Brückenkopfes eine zweifache Bedrohung: Es mußte befürchtet werden, daß aus diesem Gebiet nach entsprechender Verstärkung der seit langem befürchtete Vorstoß entlang der Donau über Preßburg auf Wien geführt würde. Noch naheliegender erschien die Gefahr, daß die im Brückenkopf versammelten Feindkräfte mit einem Angriff nach Süden über die Donau in den Aufmarsch zur geplanten Operation „Frühlingserwachen" hineinstoßen könnten.[1440]

Das I. SS-Panzerkorps unter SS-Gruppenführer Hermann Prieß und das Panzerkorps „Feldherrnhalle" unter General der Panzertruppen Ulrich Kleemann erhielten den Befehl, den Gran-Brückenkopf mit insgesamt 260 einsatzbereiten Panzern von Norden und Nordosten her anzugreifen und zu beseitigen, die Operation erhielt den Decknamen „Südwind". Der Oberkommandierende der 3. Ukrainischen Front, Marschall Tolbuchin, hatte einige Wochen zuvor die Armeegruppe Plijew und die 6. Garde-Panzerarmee zur Auffrischung aus dem Brückenkopf zurückgezogen, so daß dieser nur noch von der 7. Gardearmee (XXIV. und XXV. Schützenkorps und zwei Panzerbrigaden) gehalten wurde. Operation „Südwind" begann am 17. Februar um 4 Uhr morgens, trotz des Tauwetters mit aufgeweichten Wegen und überfluteten Geländeabschnitten gelang es den deutschen Verbänden, die gegnerische Front zu durchbrechen. Zur Unterstützung des Angriffs überquerte die 96. Infanterie-Division mit Sturmbooten die Donau und bildete am südlichen Ufer im Rücken der sowjetischen Verteidiger einen eigenen Brückenkopf. Die sowjetische 7. Gardearmee mußte den südlichen Teil des Brückenkopfs unter erheblichen Verlusten räumen, während sie den Mittelabschnitt vorläufig noch behaupten konnte. Bis zum 24. Februar konnte der Gran-Brückenkopf jedoch vollständig zerschlagen werden, mehrere sowjetische Schützendivisionen wurden vernichtet, der Wehrmachtbericht meldete 700 Gefangene, 4.000 Gefallene, 90 abgeschossene Panzer und 334 erbeutete Geschütze.[1441] Allerdings waren auch die deutschen Verluste erheblich. Etwa 6.500 Soldaten waren tot, verwundet oder vermißt und 156 Panzer und Sturmgeschütze waren reparaturbedürftig oder mußten als Totalverluste abgeschrieben werden.

Für das OKH war der Erfolg von „Südwind" eine Voraussetzung für die geplante Plattenseeoffensive, allerdings war der Stawka durch die Operationen des I. SS-Panzerkorps der Aufmarsch der 6. SS-Panzerarmee bekanntgeworden. Die erheblichen Verluste des I. SS-Panzerkorps konnten bis zum Beginn von „Frühlingserwachen" nicht mehr ausgeglichen werden, ein großer Teil der Panzer stand in der Werkstatt.[1442] Da Ende Februar Tauwetter eingesetzt hatte und es anhaltend stark regnete, waren die Wetterbedingungen und damit die Straßen- und Geländeverhältnisse für die geplante Offensive denkbar ungünstig. Es gab im Angriffsraum nur sehr wenige befestigte Straßen, im Gelände versanken die Fahrzeuge im Schlamm, was bedeutete, daß Panzerangriffe im offenen Gelände – wenn überhaupt – nur unter größten Schwierigkeiten möglich waren. SS-Oberstgruppenführer Dietrich forderte eine Verschiebung des Angriffstermins um zumindest ein oder zwei Tage, aber Hitler lehnte dies im Hinblick auf die sich ständig verschlechternde militärische Gesamtlage Deutschlands ab.

Die Stawka hatte bereits am 17. Februar 1945 Vorbereitungen für eine Offensive der 2. und 3. Ukrainischen Front gegen Preßburg und Wien angeordnet, die am 15. März beginnen sollte. Drei Tage später, am 20. Februar, lagen Informationen über den geplanten deutschen Angriff vor, die 3. Ukrainische Front erhielt den Befehl, sich zur Verteidigung einzurichten. Der deutschen Offensive war das Überraschungsmoment verlorengegangen, und die Rote Armee konnte bis zum 3. März an den Schwerpunkten

---

[1440] Tiemann, S. 229.
[1441] Maier, S. 160.
[1442] Tiemann, S. 251 f.

der bedrohten Abschnitte insgesamt drei Verteidigungslinien mit starken Pak-Riegeln errichten.

Für das Unternehmen „Frühlingserwachen" standen Anfang März folgende Kräfte zur Verfügung:

Nördliche Angriffsgruppe:
- Die 6. SS-Panzerarmee, am 5. März 1945 bestehend aus:
  I. SS-Panzerkorps unter SS-Gruppenführer Hermann Prieß (1. SS-Panzer-Division „Leibstandarte" und 12. SS-Panzer-Division „Hitlerjugend" und als Reserve 23. Panzer-Division);
  II. SS-Panzerkorps unter SS-Obergruppenführer Wilhelm Bittrich (2. SS-Panzer-Division „Das Reich" und 9. SS-Panzer-Division „Hohenstaufen", 44. Reichsgrenadier-Division „Hoch- und Deutschmeister");
  I. Kavalleriekorps, General der Kavallerie Gustav Harteneck (3. und 4. Kavallerie-Division)
  mit insgesamt 125.000 Mann, 492 Geschützen und 320 einsatzbereiten Panzern und Sturmgeschützen (weitere 220 Panzer befanden sich in der Instandsetzung).[1443]
- Armeegruppe Balck (6. Armee), bestehend aus:
  III. Panzerkorps unter General Hermann Breith (1. und 3. Panzer-Division, 356. Infanterie-Division) mit insgesamt 45.000 Mann und 77 Panzerfahrzeugen;
  IV. SS-Panzerkorps unter Gille (3. SS-Panzer-Division „Totenkopf" und 5. SS-Panzer-Division „Wiking"); dieses war nicht am Angriff beteiligt und sollte statt dessen den Raum um Stuhlweißenburg sichern.

Südliche Angriffsgruppe:
- 2. Panzerarmee mit LXVIII. Armeekorps (16. SS-Panzergrenadier-Division „Reichsführer SS", 71. Infanterie-Division) und XXII. Gebirgsarmeekorps (1. Volks-Gebirgs-Division, 118. Jäger-Division). Die 2. Panzerarmee verfügte über rund 50.000 Mann und über etwa 70 Sturmgeschütze.[1444]

Insgesamt waren an der Plattenseeoffensive also 220.000 Mann mit 497 Panzern beteiligt. Tolbuchins 3. Ukrainische Front verfügte dagegen über etwa 407.000 Mann, 6.890 Geschütze und Granatwerfer sowie 407 Panzer und Selbstfahrlafetten.[1445] Die deutschen Angriffsverbände verfügten über eine vergleichbare Anzahl von Panzerfahrzeugen wie die sowjetischen Truppen, waren aber in allen anderen Bereichen, insbesondere bei der Artillerie, quantitativ erheblich unterlegen.

Mit Führerbefehl vom 25. Februar 1945 gingen die Anweisungen für die Operation an den Chef des Generalstabes des Heeres Guderian, die Heeresgruppe Süd unter General Wöhler und den Oberbefehlshaber Südost, Feldmarschall Maximilian von Weichs.[1446] Der Auftrag der 6. SS-Panzerarmee lautete, die südöstlich der Linie Plattensee–Velenczesee stehende 3. Ukrainische Front anzugreifen, über die Donau zurückzuwerfen und möglichst zu zertrümmern. Die südlich des Plattensees stehende 2. Panzerarmee sollte unter dem Decknamen „Eisbrecher" bei Nágybajom angreifen und die Verbindung zwischen der Heeresgruppe Süd und der Heeresgruppe Südost herstellen, um anschließend einen Angriff gegen die Südflanke der 3. Ukrainischen Front zu führen. Gleichzeitig sollte die Armeegruppe Balck aus dem Raum Stuhlweißenburg eine Offensive in südöstlicher Richtung gegen die Flanke der 2. Ukrainischen Front Malinowskis eröffnen. Das XIC. Armeekorps (297. Infanterie-Division, 104. Jäger-Division, 11. Luftwaffen-Felddivision, Division z.b.V. Fischer) der Heeresgruppe Südost unter General der Infanterie Werner von Erdmannsdorf sollte von kroatischem Gebiet aus die Drau nach Norden überschrei-

---

[1443] Maier, S. 203 f. u. 556.
[1444] Ebenda, S. 203 f.
[1445] Ebenda, S. 205 f.
[1446] Percy E. Schramm (Hrsg.). Kriegstagebuch des OKW. Band 4, Teilband 2. Augsburg 2005; S. 1423.

ten, in die Ebene zwischen Drau und Donau einfallen und Stadt Mohács zurückerobern. Dieses Unternehmen erhielt den Namen „Waldteufel".[1447]

Hitlers gesamte Strategie an der Ostfront hing vom Erfolg oder Mißerfolg von „Frühlingserwachen" ab. Eine Niederlage der 3. Ukrainischen Front hätte sehr wahrscheinlich die geplante sowjetische Operation gegen Berlin in Frage gestellt, da die Südflanke der 1. Ukrainische Front Marschall Konjews dann einer Gegenoffensive der vereinigten Kräfte der Heeresgruppen Mitte und Süd ausgesetzt gewesen wäre. Der Erfolg der Plattenseeoffensive hing jedoch von der Schnelligkeit der deutschen Angriffsoperationen ab, diese mußten ihre Ziele erreichen, bevor die Sowjets umfangreiche Verstärkungen heranführen konnten. Gerade das Angriffstempo war aber durch das schlechte Wetter und das teilweise überflutete und völlig verschlammte Gelände in Frage gestellt.

Die strengen deutschen Geheimhaltungsmaßnahmen, die sich letzten Endes als nutzlos erweisen sollten, bewirkten, daß viele Verbände unterhalb der Korpsebene ihre Befehle erst in letzter Minute erhielten, was den eigenen Aufmarsch behinderte. Außerdem war es den Kommandeuren verboten worden, die feindlichen Stellungen vor ihren Frontabschnitten aufzuklären, um dem Gegner keine Hinweise auf die bevorstehende Offensive zu geben.[1448]

Am 6. März überschritt das XIC. Armeekorps der Heeresgruppe Südost um 1 Uhr morgens die Drau und errichtete gegen den Widerstand der bulgarischen 1. Armee zwei Brückenköpfe. Die 2. Panzerarmee eröffnete um 4 Uhr Uhr morgens von Nágybajom den Angriff in Richtung Kaposvár, die Hauptlast trug das LXVIII. Armeekorps unter General der Gebirgstruppen Rudolf Konrad mit der 16. SS-Panzergrenadier-Division „Reichsführer SS". Wenige Kilometer östlich von Nágybajom blieb der Angriff gegen 9 Uhr infolge starker Gegenwehr liegen.[1449]

Die 6. SS-Panzerarmee begann ihre Offensive um 4.30 Uhr in dem Frontabschnitt zwischen Plattensee und Velenczesee. Das I. SS-Panzerkorps sollte den Übergang über den Siokanal erzwingen und das II. SS-Panzerkorps, verstärkt durch die 44. Reichsgrenadier-Division „Hoch- und Deutschmeister", Dunaföldvar einnehmen. Weiter nördlich sollte die Armeegruppe Balck mit dem III. Panzerkorps unter General Breith den Durchbruch bei Seregelyes erzwingen.

Zunächst konnten vor allem die SS-Panzerdivisionen kleinere Geländegewinne erzielen. Aber erst am 9. März gelang der 1. SS-Panzer-Division „Leibstandarte" und der 12. SS-Panzer-Division „Hitlerjugend" ein tieferer Einbruch in die Stellungen des sowjetischen CXXXV. Schützenkorps.[1450] Bis zum Abend dieses Tages konnte das I. SS-Panzerkorps die Linie Bozotpatak–Deg–Ujhodos–Ennying erreichen, das II. SS-Panzerkorps kam jedoch östlich des Sárvizkanals nicht weiter voran.

Das völlig verschlammte Gelände verhinderte den Einsatz der Panzer abseits der Straßen und verursachte außerdem zahlreiche Motor- und Getriebeschäden. Die Hauptlast des Kampfes mußte deshalb von der Infanterie getragen werden, die erhebliche Verluste erlitt.

Das I. SS-Panzerkorps konnte den Siókanal erst am 11. März bei Simontornya überqueren. Die Heeresgruppe Süd zog jetzt in Erwägung, nach Errichtung von Brückenköpfen über den Sió durch die 1. SS-Panzer-Division „Leibstandarte" und über den Sárviz-Kanal durch die 23. Panzer-Division mit allen Panzerkräften auf die Donauübergänge bei

---

[1447] Paul Josef Puntigam. Vom Plattensee bis zur Mur. Feldbach 1993, schematische Kartendarstellung der Operation Frühlingserwachen, S. 37.

[1448] John E. Spindler, How Hitler Tried to Stack His Panzer Tanks to Stop Defeat (It Completely Failed), http://nationalinterest.org/blog/the-buzz/how-hitler-tried-stack-his-panzer-tanks-stop-defeat-it-25863

[1449] Puntigam, Vom Plattensee bis zur Mur, S. 51; Tiemann, S. 276.

[1450] Maier, S. 224.

Dunaföldvar und Dunapentele vorzustoßen.[1451] Bei der Armeegruppe Balck war das III. Panzerkorps am 6. März südlich des Velenczesees mit 77 Panzern und Sturmgeschützen angetreten und hatte bis zum Ort Gárdony am Südostufer des Velenczesees vordringen können, war dann aber steckengeblieben.[1452] Das XIC. Armeekorps beschränkte sich auf das Halten der Brückenköpfe über der Drau, nachdem die bulgarische 1. Armee und zwei Divisionen der „Jugoslawischen Volksarmee" Marschall Titos durch die sowjetische 84. Schützendivision verstärkt worden waren. Damit gelangte das Unternehmen „Waldteufel" praktisch zum Stillstand.[1453]

Ungeachtet der deutschen Schwierigkeiten wurde die Lage in den Augen des Oberbefehlshabers der 3. Ukrainischen Front, Marschall Tolbuchin, allmählich kritisch. Der zwar langsame, aber stetige Vormarsch der 6. SS-Panzerarmee verleitete ihn und seinen Stab zu einer deutlichen Überschätzung der deutschen Kräfte, weshalb die 9. Gardearmee, die eigentlich für den Vorstoß auf Wien vorgesehen war, als Verstärkung herangezogen wurde. Als sich ab dem 12. März das Wetter besserte und die Wege und Straßen wieder befahrbar wurden, war die deutsche Offensive als Folge des sich versteifenden sowjetischen Widerstandes bereits festgefahren. Dabei hatten die deutschen Angriffsspitzen die dritte sowjetische Verteidigungslinie, die sich von Siófok bzw. Pincehely im Süden Ungarns bis zum Velenczesee erstreckte, noch gar nicht erreicht. Ab dem 14. März mußte die deutsche Luftaufklärung feststellen, daß die Sowjets umfangreiche Verstärkungen zusammenzogen. Die 6. SS-Panzerarmee hatte seit dem 12. März nur noch geringe Geländegewinne verzeichnen können. Das Oberkommando der Heeresgruppe Süd und das Panzerarmee-Oberkommando 6 debattierten darüber, ob sie der Offensive „Frühlingserwachen" eine neue Stoßrichtung geben oder aber sie einstellen und sich zur Abwehr einrichten sollten.

Die sowjetische Gegenoffensive begann am 16. März um die Mittagszeit auf dem rechten Flügel der 3. Ukrainischen Front, mit der 9. Gardearmee und der 6. Garde-Panzerarmee verfügte Marschall Tolbuchin über zwei gut ausgestattete Großverbände. Die 9. Gardearmee griff zusammen mit der 4. Gardearmee die Armeegruppe Balck und die ungarische 3. Armee an, deren Aufgabe es war, der 6. SS-Panzerarmee den Rücken freizuhalten.[1454] Am 18. März durchbrachen die sowjetischen Verbände die deutsch-ungarische Abwehrfront an mehreren Stellen, der 9. Gardearmee gelang der operative Durchbruch zwischen Stuhlweißenburg und Mór, der nördliche Angriffskeil der 4. Gardearmee brach bei Felsögalla durch und konnte Tata-Tóváros einnehmen. Die ungarischen Truppen räumten ihre Stellungen und zeigten deutliche Auflösungserscheinungen.[1455]

Trotz großer Schwierigkeiten wurden die Absichten der Stawka durch den hartnäckigen Widerstand des IV. SS-Panzerkorps und des III. Panzerkorps stark verzögert. Die Abschnürung der Armeegruppe Balck und des rechten Flügels der 6. SS-Panzerarmee gelang den Sowjets nicht.[1456] Die Abwehr des feindlichen Durchbruchs bei der Armeegruppe Balck wurde der 6. SS-Panzerarmee übertragen, die dazu ihre Kräfte nach Norden umgruppieren mußte. Sie geriet dadurch in eine schwierige Lage, weit auseinandergezogen sollte sie mit unzureichenden Kräften auf einer Front von 80 Kilometern Breite den Hauptstoß des Gegners in Stärke von drei Armeen zum Stehen bringen. Die Armeegruppe Balck war von nun an allein für den südlichen Frontabschnitt bis zum Plattensee verantwortlich. Am 20. März eröffnete die sowjetische 6. Garde-Panzerarmee unter Ge-

---

[1451] Tiemann, S. 276.
[1452] Gosztony, S. 228 f.
[1453] Maier, S. 219.
[1454] Franz Kurowski. Balkenkreuz und Roter Stern: Der Luftkrieg über Rußland 1941–1944. Eggolsheim 2006, S. 458.
[1455] Maier, S. 282.
[1456] Ebenda, S. 283.

neraloberst Andrej Krawtschenko den Angriff gegen den Südflügel der 6. SS-Panzer-armee und brach in Richtung Westen nach Várpalota durch, die Heeresgruppe Süd geriet nunmehr in eine äußerst kritische Lage. Das seit Januar 1945 heftig umkämpfte Stuhlweißenburg mußte am Abend des 21. März von der 5. SS-Panzer-Division „Wiking" endgültig aufgegeben werden. Die Hauptkräfte der Armeegruppe Balck waren am Abend des 21. März fast eingeschlossen, nur das Auffangen des gegnerischen Hauptstoßes durch das I. SS-Panzerkorps und die 9. SS-Panzer-Division verhinderte ihre Vernichtung.[1457] Die SS-Panzer-Divisionen hielten die „Tür" zum Korridor nach Stuhlweißenburg so lange offen, bis sich alle deutschen Truppen nach rückwärts durchgekämpft hatten.

Die Lücke, die sich zwischen der 6. SS-Panzerarmee und der Armeegruppe Balck aufgetan hatte, konnte nicht mehr geschlossen werden. Nachdem die Ölraffinerien bei Komorn am 15. März durch einen alliierten Luftangriff zerstört worden waren, machte sich auch zunehmend Treibstoffmangel bemerkbar, der schließlich katastrophale Ausmaße annehmen sollte. Zudem waren keine Truppen-Reserven mehr vorhanden, die man der kämpfenden Front hätte zuführen können. Die 6. SS-Panzerarmee mußte in Richtung Nordburgenland und Wien zurückgehen, während sich die Armeegruppe Balck in Richtung Südburgenland und Steiermark zurückzog, wodurch im Raum südlich des Neusiedler Sees, zwischen Steinamanger und Güns, eine sich ständig vergrößernde Frontlücke entstand. Diese Lücke sollte für die Rote Armee das Einfallstor nach Österreich werden, ihre Angriffsspitzen erreichten am 29. März die „Reichsschutzstellung" an der Grenze zum Burgenland. Am 2. April besetzten die sowjetische 57. Armee und die bulgarische 1. Armee die Ölfelder von Nagykaniscza.[1458]

# Ergebnisse

Die Gesamtverluste der 2. und 3. Ukrainischen Front in der Budapester Operation, die vom 29. Oktober 1944 bis zum 13. Februar 1945 dauerte, betrugen nach russischen Angaben 320.000 Soldaten, davon 80.082 Tote, hinzu kamen 1.766 Panzer und Selbstfahrlafetten, 4.127 Geschütze und Granatwerfer sowie 293 Kampfflugzeuge.[1459] Die Verluste von Heer, Waffen-SS und ungarischen Verbänden betrugen im gleichen Zeitraum mehr als 100.000 Gefallene. Als Folge von Treibstoff- und Ersatzteilmangel verlor die Heeresgruppe Süd während ihres Rückzugs aus Ungarn den größten Teil ihrer Panzerfahrzeuge und Geschüze, weshalb ihre Kampfkraft in Österreich nur noch gering war.[1460]

Die Trümmer der Heeresgruppe Süd wurden im Burgenland und in Niederösterreich noch einmal reorganisiert, General Wöhler übergab das Kommando am 8. April an Generaloberst Lothar Rendulic.[1461] Die Kämpfe um Wien begannen am 6. April und endeten am 13. April mit der Eroberung der Stadt durch die 3. Ukrainische Front. Am 27. April trat in Wien mit Genehmigung von Marschall Tolbuchin eine Provisorische Staatsregierung unter Bundeskanzler Karl Renner zusammen und erklärte noch am gleichen Tag die Unabhängigkeit Österreichs. Die Heeresgruppe Süd kapitulierte am 8. Mai 1945.

Anders als die Heeresgruppe Weichsel an der Oderfront hatte die Heeresgruppe Süd in Ungarn vom Kräfteverhältnis her durchaus eine Chance, einen bedeutenden Erfolg zu erringen, das deutsche Ostheer hatte im Verlauf des Rußlandfeldzug meistens mit zah-

---

[1457] Ebenda, S. 301 ff.
[1458] Spindler, How Hitler Tried to Stack His Panzer Tanks, a.a.O.
[1459] G.F. Krivosheev. Soviet Casualties and Combat Losses in the Twentieth Century, London 1997, S. 110.
[1460] K.-H. Frieser / Krisztian Ungvary. Das Deutsche Reich und der Zweite Weltkrieg, S. 943.
[1461] Maier, S. 395.

lenmäßiger Unterlegenheit angegriffen. Allerdings bestand diese Chance nur innerhalb eines kurzen Zeitfensters. Die Kampfkraft der 6. SS-Panzerarmee hätte an sich für einen entscheidenden Durchbruch ausgereicht, das Unternehmen „Frühlingserwachen" scheiterte jedoch am Wetter und am Frühjahrsschlamm der ungarischen Puszta. Nachdem die deutsche Offensive ihren Kulminationspunkt überschritten hatte und die 3. Ukrainische Front nach Zuführung umfangreicher Verstärkungen zum Gegenangriff antrat, blieb der Heeresgruppe Süd nur der Rückzug. Eine schwere Niederlage der 3. Ukrainischen Front in Ungarn hätte sich zweifellos auf die strategische Gesamtsituation an der Ostfront ausgewirkt, die Stawka hätte die Wiener wie die Berliner Operation aufschieben müssen.

# Der Endkampf im deutschen Osten

## Die Vertreibung der Zivilbevölkerung aus den Ostgebieten

Nach dem ersten sowjetischen Vorstoß nach Ostpreußen im Oktober 1944, der von der Wehrmacht zurückgeschlagen werden konnte, wurden die östlichen Gebiete dieser Provinz von der Bevölkerung weitgehend geräumt.[1462] Mitte Januar 1945 erfolgte von Osten und Süden her eine sowjetische Großoffensive gegen Ostpreußen, durch einen Vorstoß der Roten Armee auf Elbing wurde diese Provinz am 26. Januar vom restlichen Reichsgebiet abgeschnitten. Die oberste Parteiführung hatte ungeachtet der exponierten Lage Ostpreußens die Notwendigkeit einer vorsorglichen Evakuierung der Zivilbevölkerung nicht erkannt und beharrte auf dieser Haltung auch noch, als die sowjetische Großoffensive bereits in vollem Gange war. Eine rechtzeitige und organisierte Räumung war somit unmöglich, weshalb der Aufbruch der ostpreußischen Bevölkerung am 19./20. Januar die Form einer regellosen Flucht annahm. Diese erste Fluchtwelle fand durch die Abschnürung Ostpreußens am 26. Januar bei Elbing ihr vorläufiges Ende.

Der Vorstoß der Roten Armee über Thorn–Bromberg–Schneidemühl nach Küstrin streifte auch die südlichen Kreise Westpreußens und Pommerns, er ließ jedoch an seiner nördlichen Flanke zwischen Weichsel und Oder einen etwa 100 Kilometer breiten Landstrich entlang der Ostseeküste unberührt. Gleichzeitig wurde dieses Gebiet durch den sowjetischen Angriff Richtung Elbing von Ostpreußen getrennt. Nur über die Landzunge der Frischen Nehrung bestand noch eine schmale Verbindung mit Ostpreußen. Dieses Gebiet, das den Nordteil Westpreußens mit der Weichselmündung, Danzig, Gotenhafen und Hela sowie Ostpommern umfaßte, wurde seit Ende Januar 1945 der große Auffang- und Durchmarschraum für die Flüchtlinge aus Ostpreußen.

Ende Februar begann die Rote Armee zeitgleich in Westpreußen und in Ostpommern ihre Offensive zur Gewinnung der Ostseeküste. In nur 14 Tagen wurde von Süden nach Norden ganz Ostpommern erobert. Bereits am 1. März standen sowjetische Truppen östlich Köslin an der Ostseeküste, wodurch Ostpommern in zwei Teile gespalten wurde. Am 7. März stießen sowjetische Verbände beiderseits von Kolberg bis an die Ostseeküste vor, und unmittelbar danach begann die Belagerung der Stadt. Parallel zu dem Angriff auf Pommern stießen die sowjetischen Truppen auch in Westpreußen nach Norden vor.

Die Evakuierung der Flüchtlinge aus Ostpreußen, Danzig und Westpreußen sowie Ostpommern wurde zur letzten großen Operation der deutschen Kriegsmarine. Unterstützt von der Handelsmarine, die tatsächlich den größten Teil der Flüchtlinge abtransportierte, konnte die Kriegsmarine bis zur Kapitulation am 8. Mai 1945 1.977.904 Menschen über die Ostsee nach dem westlichen Reichsgebiet oder dem damals noch von deutschen Truppen besetzten Dänemark verbringen.[1463] Obwohl etliche Schiffe durch britische oder sowjetische Luftangriffe, Minen und sowjetische U-Boote versenkt wurden (die schwersten Menschenverluste entstanden auf der „Wilhelm Gustloff", „General von Steuben" und „Goya"), betrug die Zahl der Todesopfer „nur" 19.152, was rund ein Prozent aller

---

[1462] Die Vertreibung der deutschen Bevölkerung aus den Gebieten östlich der Oder-Neiße. Bd. I/1. München 1984, S. 33 ff.

[1463] Fritz Brustat-Naval. Unternehmen Rettung. Bergisch Gladbach 1987, S. 296.

Evakuierten darstellt.[1464] Dagegen kamen 99 Prozent aller deutschen Flüchtlinge über den Seeweg wohlbehalten an ihren Zielen an; bei der Flucht über Land waren die prozentualen Verluste erheblich höher gewesen.

Im Gegensatz zu den westpolnischen Gebieten sowie Ostpreußen, Ostpommern und Ostbrandenburg verhinderten die Oder und der teilweise gebirgige Charakter der schlesischen Landschaft eine rasche Eroberung durch die Rote Armee. Der schlesischen Bevölkerung blieb bis zuletzt die Möglichkeit zur Flucht über das schlesisch-böhmische Gebirge nach Böhmen und Mähren. Zwischen dem 19. und dem 25. Januar 1945 stießen sowjetische Truppen in das Gebiet östlich der Oder, vom Industriegebiet im äußersten Südosten bis in den Kreis Grünberg an der schlesisch-brandenburgischen Grenze, vor. Dieses Vordringen löste die erste große Fluchtwelle aus.

Mit ihrem Vorstoß auf die Oder bedrohten die sowjetischen Truppen nunmehr auch Breslau, die Hauptstadt Schlesiens mit ihren mehr als 500.000 Einwohnern. Als sich Mitte Februar der Belagerungsring um das mittlerweile zur „Festung" erklärte Breslau geschlossen hatte, befanden sich noch rund 200.000 Zivilisten in der Stadt. Bis zur Kapitulation der Stadt am 6./7. Mai fanden schätzungsweise 40.000 Zivilpersonen durch Luftangriffe und Kampfhandlungen den Tod. Die letzte Fluchtwelle der schlesischen Bevölkerung fiel in die Zeit unmittelbar vor der Kapitulation (8./9. Mai), in diesen Tagen besetzte die Rote Armee die ausgedehnten Gebiete Niederschlesiens, die an der schlesisch-böhmischen Grenze liegen.

Die deutsche Zivilbevölkerung hatte beim Einmarsch der Roten Armee schwer unter Vergewaltigungen, willkürlichen Erschießungen, Plünderungen und Brandstiftungen zu leiden. Die ostdeutsche Bevölkerung – ebenso wie die zahlreichen Zwangs- und Fremdarbeiter – mußte feststellen, daß die Grausamkeit der sowjetischen Kampfführung, insbesondere nach dem in den Medien gut dokumentierten Massaker an der deutschen Zivilbevölkerung in Nemmersdorf im Herbst 1944, die Behauptungen der langjährigen NS-Propaganda offenbar in den Schatten stellte.

Gerechterweise muß man hier hinzufügen, daß es auch zahlreiche sowjetische Offiziere, Soldaten und ganze Einheiten gab, die sich durchaus korrekt benahmen. Die schwersten Übergriffe gingen in der Regel auch nicht von den Kampftruppen, sondern von den nachrückenden Nachschubeinheiten und Reserven aus. Einen besonders schlechten Ruf hatten Truppen, die aus Zentralasien stammten. Ganz allgemein gilt, daß in den ersten Wochen des sowjetischen Einmarsches im Januar/Februar 1945 schlimmere Übergriffe stattfanden als in den letzten Wochen vor dem Waffenstillstand im April und Mai. Als die sowjetischen Truppen im Januar/Februar 1945 erstmals auf reichsdeutsches Gebiet vorstießen, wurden sie von der Sowjetpropaganda systematisch aufgehetzt und zu schwersten Übergriffen ermuntert. Dies hatte allerdings zur Folge, daß in Teilen der Roten Armee die Disziplin zusammenbrach, was die Fortsetzung der Kampfhandlungen und den weiteren Vormarsch erschwerte. Deshalb bemühte sich die sowjetische Führung ab März 1945, die Disziplin wiederherzustellen, was ihr aber nicht immer gelang.

Die Rote Armee bestand zu Beginn des Jahres 1945 nur noch zum kleineren Teil aus gut ausgerüsteten und kampferfahrenen Verbänden. Die Masse rekrutierte sich aus schlecht ausgebildeten, unmotivierten und wenig disziplinierten Soldaten und Offizieren. Waffen und Munition waren reichlich vorhanden, Bekleidung und Schuhwerk waren dagegen häufig mangelhaft. Die Rekruten hatten meist nur eine sehr kurze oder gar keine Ausbildung. Es ist auch fraglich, ob die Rote Armee ohne die von den USA in reichem Umfang gelieferten Lkw und Stiefel überhaupt bis nach Mitteleuropa gekommen wäre. Nach den

---

[1464] Ebenda, S. 306; die rd. 7.000 KZ-Häftlinge, die am 3.5.1945 nach englischem Bombardement mit der „Cap Arcona" und der „Thielbek" untergingen, sind hier nicht mitgerechnet.

außerordentlich schweren Verlusten, die die Rote Armee seit 1941 hatte hinnehmen müssen, waren diese Zustände aber nicht weiter verwunderlich.[1465] Die Verhältnisse bei der deutschen Wehrmacht waren 1945 nicht mehr sehr viel besser.

## Von der Weichsel bis zur Oder

Am 12. Januar 1945 begann die sowjetische Winteroffensive an der Weichsel, die Rote Armee stieß auf einer Frontbreite von 400 Kilometern aus mehreren Brückenköpfen beiderseits von Warschau nach Westen vor. Aufgrund der hoffnungslosen zahlenmäßigen Unterlegenheit des Ostheeres sollten in wenigen Wochen alle noch deutsch besetzten Gebiete Polens verlorengehen, die Front näherte sich der alten deutschen Reichsgrenze.[1466] Trotz des sich abzeichnenden Desasters lehnte Hitler die Forderung seiner Generale ab, die 6. SS-Panzerarmee aus dem Westen sowie die auf verlorenem Posten stehende Heeresgruppe Kurland nach Pommern heranzuführen. Ab dem 21. Januar 1945 wurde in aller Eile die Heeresgruppe Weichsel gebildet und der Reichsführer-SS und Chef des Ersatzheeres Heinrich Himmler zu ihrem Oberbefehlshaber ernannt. Die neue Heeresgruppe sollte die Front zwischen Glogau und Elbing schließen, wo zwischen der 9. Armee und der Heeresgruppe Weichsel eine Lücke in einer Breite von 150 Kilometern klaffte.

Die 1. Weißrussische Front unter Marschall Schukow drängte die deutsche 9. Armee zwischen Warschau und Radom nach Westen in Richtung Berlin zurück, und zwischen 26. Januar und 3. Februar 1945 durchbrach sie die deutschen Stellungen in der Neumark. Es gelang ihr, zwischen Frankfurt und Küstrin wichtige Brückenköpfe über die Oder zu bilden. Am 30. Januar 1945 stellten die Sowjets weitere Angriffe ein, obwohl die Möglichkeit bestanden hätte, sofort auf Berlin vorzustoßen. Die Gründe für dieses Stehenbleiben waren in erster Linie in Nachschubschwierigkeiten zu suchen. Die 2. Weißrussische Front unter Marschall Rokossowskij hatte die Aufgabe, Pommern zu besetzen und die rechte Flanke der 1. Weißrussischen Front gegen einen deutschen Angriff zu decken.

Eine solche Gegenoffensive hatte der Generalstabschef des Heeres, Generaloberst Guderian, tatsächlich vorgeschlagen und gefordert, dafür die 6. SS-Panzerarmee aus dem Westen heranzuführen. Guderian wollte mit zwei Panzerkorps aus dem Raum südöstlich Stettin in die Flanke der sowjetischen Truppen an der Oder stoßen. Gleichzeitig sollten aus dem Raum Guben–Glogau deutsche Truppen in nordöstlicher Richtung angreifen und Verbindung mit der Nordgruppe herstellen. Hitler lehnte die Zuführung der 6. SS-Panzerarmee jedoch mit der Begründung ab, daß der Entsatz von Budapest Vorrang habe.

Südlich der 1. Weißrussischen Front schloß sich die 1. Ukrainische Front unter Marschall Konjew an, die die im Raum Kielce stehende deutsche 4. Panzerarmee zurückwarf. Die 4. Ukrainische Front unter Generaloberst Iwan Petrow hatte am 15. Januar 1945 aus dem Raum Jaslo die Offensive gegen die deutsche 17. Armee eröffnet und vier Tage später Krakau erreicht. Weiter südlich begann am 8. Februar 1945 die Offensive der 1. Ukrainischen Front gegen Schlesien, Mitte Februar war Breslau von sowjetischen Truppen eingeschlossen.

Anfang März 1945 erreichten Schukows Truppen den Unterlauf der Oder. Die Rote Armee war aber noch mit der endgültigen Eroberung Hinterpommerns und Ostpreußens beschäftigt und mußte ihren Nachschub reorganisieren, so daß die deutsche Heeresgruppe Weichsel eine gewisse Atempause erhielt. An der Oder war in diesem Zeit-

---

[1465] Eberhard Beckherrn/Alexej Dubatow. Die Königsberg-Papiere. Neue Dokumente aus russischen Archiven. München 1994, S. 42 f.
[1466] Das folgende nach Tippelskirch, S. 535 ff.

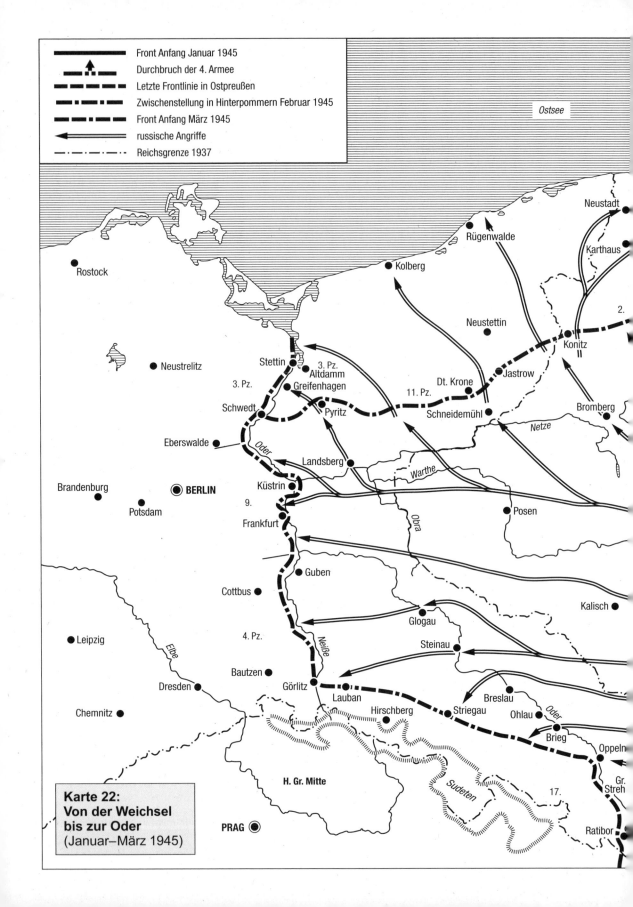

**Legende:**

| | |
|---|---|
| ▬▬▬▬▬ | Front Anfang Januar 1945 |
| ▲ | Durchbruch der 4. Armee |
| ▬ ▬ ▬ ▬ | Letzte Frontlinie in Ostpreußen |
| ▬▬ ▬▬ ▬▬ | Zwischenstellung in Hinterpommern Februar 1945 |
| ▬ ▬ ▬ ▬ | Front Anfang März 1945 |
| ◄▬▬▬▬ | russische Angriffe |
| ·—··—··—·· | Reichsgrenze 1937 |

Ostsee

Neustadt
Karthaus
Rügenwalde
Kolberg
Rostock
Neustettin
2.
Konitz
Stettin
3. Pz.
Altdamm
3. Pz.
Greifenhagen
Dt. Krone
Jastrow
Schwedt
Pyritz
11. Pz.
Schneidemühl
Bromberg
Neustrelitz
Netze
Eberswalde
Oder
Landsberg
Warthe
Brandenburg
BERLIN
Küstrin
9.
Potsdam
Obra
Posen
Frankfurt
Guben
Cottbus
Kalisch
Leipzig
Glogau
4. Pz.
Neiße
Steinau
Elbe
Bautzen
Görlitz
Lauban
Breslau
Dresden
Hirschberg
Striegau
Ohlau
Chemnitz
Brieg
Oder
Oppeln
Sudeten
17.
Gr. Streh
H. Gr. Mitte

**Karte 22:**
**Von der Weichsel**
**bis zur Oder**
(Januar–März 1945)

PRAG
Ratibor

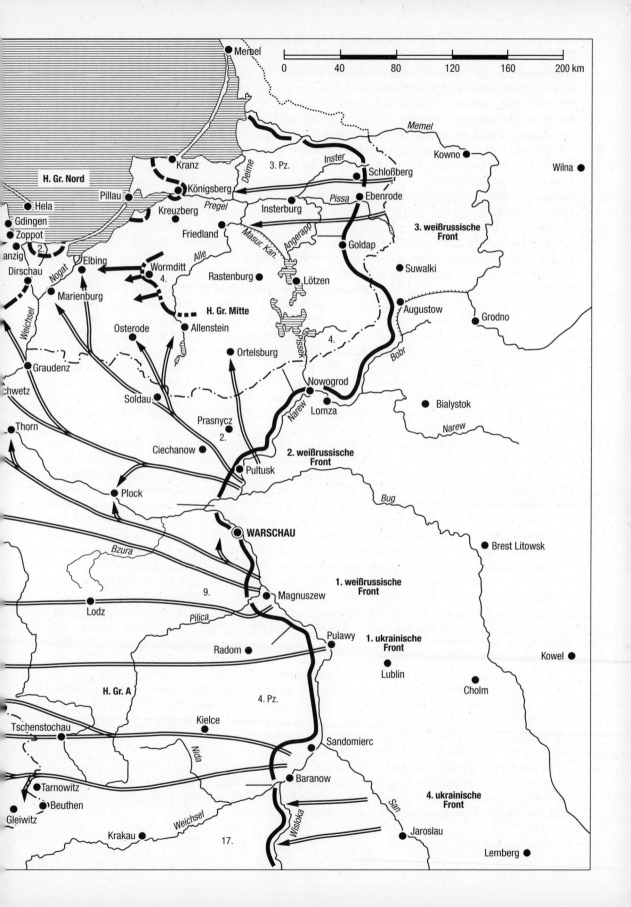

abschnitt nur die Festung Küstrin hart umkämpft. Es war den Sowjets gelungen, beiderseits der Oderbrücke bei Küstrin zwei Brückenköpfe zu bilden und den deutschen Zugang zu der Festung stark einzuengen. Umgekehrt konnte die deutsche 9. Armee bei Frankfurt einen eigenen Brückenkopf am östlichen Ufer der Oder behaupten. In Ostpreußen konnte die Rote Armee bis zum 9. April das belagerte Königsberg erobern.

Während der ersten beiden Aprilwochen führte die Rote Armee eine Umgruppierung durch, bei der sich die 1. Weißrussische Front am Ostufer der Oder gegenüber den Seelower Höhen konzentrierte. Die 2. Weißrussische Front unter Marschall Rokossowski besetzte in der Zwischenzeit die verlassenen deutschen Stellungen, die nordöstlich der Höhen bis zur Küste bei Stettin verliefen. An der Südflanke schob sich Konjews 1. Ukrainische Front bis zur Lausitzer Neiße vor.

Mit Beendigung der Operationen in Hinterpommern und Ostpreußen wurde die Masse der dort eingesetzten sowjetischen Kräfte frei, und die Stawka plante die letzte große Operation dieses Krieges in Europa, die Eroberung von Berlin und die Herstellung der Verbindung zu den Armeen der westlichen Alliierten. Der Reichsführer-SS und Chef der deutschen Polizei Heinrich Himmler, der aber über keinerlei militärische oder operative Erfahrung verfügte, war mit der Aufgabe der Errichtung einer Abwehrfront an der Oder eindeutig überfordert. Wenn an dieser Front überhaupt noch irgendein effektiver Widerstand geleistet werden sollte, dann mußte die Heeresgruppe von einem erfahrenen militärischen Führer befehligt werden. Guderian gelang es, Himmler davon zu überzeugen, daß es wegen seiner vielfältigen Verpflichtungen für ihn besser sei, vom Posten des Oberbefehlshabers der Heeresgruppe Weichsel zurückzutreten. An seine Stelle trat am 21. März 1945 Generaloberst Gotthard Heinrici, der über umfangreiche Erfahrungen in der Führung von Abwehrschlachten verfügte.[1467]

Die Truppen, die Heinrici am 22. März an der Oderfront vorfand, hatten allerdings nur noch wenig Ähnlichkeit mit den kampferprobten Divisionen, die er bei den Abwehrkämpfen an der Ostfront 1943/44 geführt hatte. Zwar war es der Generalinspektion der Panzertruppen gelungen, eine Anzahl Panzer- und Panzergrenadier-Divisionen hinter der Front notdürftig aufzufrischen, aber diese mobilen Reserven waren insgesamt viel zu schwach. Bei der Infanterie waren noch einige gute Stämme vorhanden, die aber mit Genesenen, jungen Rekruten, Volkssturm, fremdländischen SS-Angehörigen, Abgaben der Marine, Luftwaffe und des RAD aufgefüllt waren. Ein großer Teil der verfügbaren Verbände war mehr oder weniger improvisiert worden, es fehlten meist eine klare Gliederung ebenso wie Ausbildung und Erfahrung im Abwehrkampf. Die Bewaffnung war ein Sammelsurium aus den verschiedensten Beutewaffen, wobei es um die noch vorhandenen Bestände Streit mit einigen Gauleitern gab, die den Volkssturm, eine Parteiorganisation, zum Hauptträger des Widerstandes machen wollten. Tatsächlich konnte der Volkssturm diese Aufgabe aber allein schon aus Mangel an Ausbildung und Führung nicht leisten. Hinzu kamen Kompetenzkonflikte mit den Dienststellen der Marine, der Luftwaffe, der SS und des Himmler unterstehenden Ersatzheeres, was zu einem nicht unbeträchtlichen Befehlswirrwarr beitrug. Es war in erster Linie dem ungebrochenen Willen der Fronttruppe zu verdanken, die der erwarteten sowjetischen Offensive unbedingt nochmals standhalten wollte, daß es trotz aller Schwierigkeiten gelang, eine kampffähige, wenn auch angesichts der personellen und materiellen Überlegenheit des Gegners viel zu schwache Abwehrfront zu bilden.

Für Guderian war es völlig klar, daß die Oderfront ohne starke Reserven nicht zu halten war, und er sprach deswegen wiederholt bei Hitler vor, ohne von diesem eine klare Antwort zu erhalten. Alles drehte sich um die Frage, welchen Sinn dieser letzte militärische Widerstand überhaupt noch haben sollte.

---

[1467] Tippelskirch, S. 571.

Hitler glaubte immer noch, daß es nur noch eine Frage der Zeit sei, bis es zwischen den Anglo-Amerikanern und den Sowjets zum offenen Bruch kommen würde. Ein erstes Anzeichen war in seinen Augen die Tatsache, daß der Abzug der deutschen Truppen aus Griechenland von den Engländern nicht gestört wurde und daß britische Truppen die von der dortigen Widerstandsbewegung getragene kommunistische Revolution mit Waffengewalt niederschlugen.

Der Tod Roosevelts am 12. April wurde im Berliner Regierungsviertel als eine Schicksalsfügung begrüßt und geradezu gefeiert. Reminiszenzen an den Siebenjährigen Krieg und das Jahr 1762 wurden wach, als der Tod der Zarin und das Ausscheiden Rußlands aus der Feindkoalition Preußen vor der sicheren Niederlage bewahrt hatten. Hitler machte schon weitreichende Pläne für die Zukunft und wollte sich in dem kommenden Konflikt zwischen den Alliierten auf die Seite stellen, die ihm das beste Angebot machte.[1468]

Zwar sollte es in der amerikanischen Politik tatsächlich zu einem einschneidenden Kurswechsel kommen, aber der neue Präsident Harry Truman war zunächst noch an die Politik Roosevelts gebunden, und es war allein aus psychologischen Gründen in diesem hoch ideologisierten Krieg undenkbar, kurz vor dem absehbaren Ende mit dem zum „Erzfeind der Menschheit" erklärten Hitler einen irgendwie gearteten Verhandlungsfrieden zu schließen. Der ideologisch sehr viel weniger belastete Marschall Badoglio hatte 1943 von den Anglo-Amerikanern auch nicht mehr als die bedingungslose Kapitulation erhalten, und mit dem Grafen Stauffenberg und der Wehrmachtopposition hatte Roosevelt im Frühjahr 1944 nicht einmal verhandeln wollen.

In Berlin begann die Zeit für politische Zukunftsträume knapp zu werden. Bereits am 19. März hatte Hitler eine Verfügung erlassen, in der er anordnete, daß beim Rückzug alles zu vernichten sei, was dem Feind irgendwie direkt oder indirekt, sofort oder in absehbarer Zeit von Nutzen sein könne. Das Kriegsmittel der „verbrannten Erde", von dem Deutsche und Sowjets im Osten schon seit 1941 ausgiebig Gebrauch gemacht hatten, sollte nun auch in Deutschland Anwendung finden.

Rüstungsminister Speer hielt den sogenannten „Nero-Befehl" angesichts der Aussichtslosigkeit des militärischen Widerstandes für absolut sinnlos, es drohten durch diese Maßnahmen die ohnehin schon schwer in Mitleidenschaft gezogenen Existenzgrundlagen Deutschlands weiter geschädigt zu werden. Aber in dem allgemeinen Durcheinander der letzten Kriegswochen kam der Befehl nicht mehr zur Anwendung.

Ende März hatte an der Oderfront die 9. Armee unter General Theodor Busse den Befehl erhalten, den großen russischen Brückenkopf bei Küstrin zu zerschlagen und die fast eingeschlossene Festung freizukämpfen, den Sowjets sollte so ihr Sprungbrett auf dem westlichen Oderufer entrissen werden. Der am 24. März aus dem eigenen Brückenkopf bei Frankfurt von der 9. Armee nach Norden geführte Angriff scheiterte nicht nur an der Stärke der sowjetischen Abwehr, es ging im Verlauf der Kämpfe auch der bis dahin offen gehaltene Zugang zur Festung Küstrin verloren. Über diese Ereignisse kam es zum endgültigen Bruch zwischen Hitler und Guderian, der seit neun Monaten vergeblich versucht hatte, die Kampfführung im Osten auf eine, wie er es verstand, vernünftige operative Grundlage zu stellen. Guderian wurde am 28. März von General Hans Krebs abgelöst. Die eingeschlossene Besatzung von Küstrin durchbrach auf Initiative des Kommandanten die sowjetischen Linien und erreichte in der Nacht auf den 1. April die deutsche Front.[1469]

Es war nur noch eine Frage der Zeit, bis die Rote Armee mit den Vorbereitungen für ihre Großoffensive auf Berlin fertig sein würde. Anfang April meldete die deutsche Luftaufklärung die Zuführung umfangreicher Verstärkungen für die sowjetischen Ver-

---

[1468]  Ebenda, S. 572.
[1469]  Ebenda, S. 573.

bände östlich der Oder. In ihrem Brückenkopf bei Küstrin begannen die Sowjets 23 Brücken über die Oder zu errichten, Munitionsmangel bei der deutschen Artillerie machte es unmöglich, die Bauarbeiten wirksam zu bekämpfen.

Hitler beschäftigte sich intensiv mit der Frage, wohin die Stawka den Schwerpunkt ihrer kommenden Offensive legen würde, und gelangte zu der Annahme, daß sich der sowjetische Hauptangriff gegen das Protektorat Böhmen und Mähren richten werde, das letzte intakte Rüstungszentrum, über das Deutschland noch verfügte. So wurde die Hälfte der verfügbaren schnellen Verbände, die als Eingreifreserven hinter der Heeresgruppe Weichsel standen, am 6. April der Heeresgruppe Mitte zugeführt. Diese Panzerverbände, vier SS-Panzer-Divisionen, hätten die Katastrophe an der Oderfront nicht verhindern, sie wahrscheinlich aber abmildern und Zeit gewinnen können. Heinrici protestierte bei Hitler gegen die Schwächung seiner Front, woraufhin Hitler ihm 137.000 Mann der Luftwaffe, der Marine und der SS versprach, die angeblich dem Kampfwert von zwölf Divisionen entsprechen sollten. Tatsächlich handelte es sich aber nur um 30.000 unausgebildete junge Soldaten, die schlecht ausgerüstet und bewaffnet waren, diese Einheiten hatten nicht entfernt den Wert der vier abgezogenen Panzer-Divisionen.[1470]

## Die Schlacht um die Seelower Höhen

Für die sogenannte „Berliner Operation" ließ die Stawka an Oder und Neiße drei Fronten aufmarschieren. An der Nordflanke, zwischen Oderberg über Stettin bis zur Ostsee, stand die 2. Weißrussische Front unter Marschall Rokossowskij mit fünf Armeen (XI. Schützenkorps mit 33 Divisionen und drei Artilleriedivisionen und einigen weiteren Artillerie- und Raketenwerferbrigaden); sie verfügte über 951 Panzer und Selbstfahrlafetten sowie 8.320 Artilleriegeschütze. Ihr gegenüber stand auf deutscher Seite die 3. Panzerarmee mit elf Divisionen und 212 Panzern, ihre Artillerie bestand aus etwa 600–700 Flak-Geschützen vom Kaliber 8,8 cm, konventionelle Artillerie (Feldhaubitzen) war dagegen kaum vorhanden.

Die stärkste der drei sowjetischen Fronten war die 1. Weißrussische Front unter Marschall Schukow, die sich im und um den westlichen Oderbrückenkopf bei Küstrin konzentrierte. Sie umfaßte elf Armeen (77 Schützendivisionen, sieben Panzer- und drei mechanisierte Korps, acht Artilleriedivisionen) mit zusammen 3.155 Panzern und Sturmgeschützen sowie 20.130 Artilleriegeschützen.[1471] Ihr gegenüber hatte auf den Seelower Höhen die 9. Armee Stellung bezogen.

Weiter südlich marschierte die 1. Ukrainische Front unter Marschall Konjew an der Neiße bei Guben bis in den Raum Görlitz auf, sie bestand aus acht Armeen (48 Schützendivisionen, sechs Panzer- und vier mechanisierte Korps) mit 2.055 Panzern und Selbstfahrlafetten sowie 13.571 Artilleriegeschützen.[1472] Ihr Hauptstoß sollte sich in Richtung auf Cottbus und Spremberg gegen die 4. Panzerarmee richten. Die drei sowjetischen Fronten verfügten zusammen über etwa 2,5 Millionen Mann, 6.250 Panzer, 7.500 Flugzeuge und 41.600 Artilleriegeschütze.

Generaloberst Heinrici galt als einer der besten Defensivtaktiker des deutschen Heeres und hatte mittlerweile detaillierte Pläne für die Verteidigung an der Oder entworfen. Er erkannte richtig, daß der sowjetische Hauptangriff beiderseits Küstrin entlang der Reichsstraße 1 erfolgen würde.

---

[1470] Ebenda, S. 574.
[1471] Tony Le Tissier. Der Kampf um Berlin. Augsburg 1997, S. 212.
[1472] Ebenda, S. 212.

Heinrici wollte das Westufer der Oder lediglich mit einem dünnen Schleier verteidigen und ließ statt dessen die Seelower Höhen befestigen, die den westlichen Rand des Oderbruchs bilden und sich etwa 48 Meter über der unbewaldeten Oderniederung erheben. Um die natürlichen Geländehindernisse zu verstärken, öffneten deutsche Pioniere ein Wasserreservoir und verwandelten das Oderbruch in einen einzigen Sumpf. Dahinter wurden drei Verteidigungsstellungen angelegt. Die letzte Stellung, ungefähr 15 bis 20 Kilometer hinter der ersten Linie, war die „Wotan-Stellung", bestehend aus Panzergräben, Pak-Stellungen und einem ausgedehnten Netz von Schützengräben und Bunkern.

Die 9. Armee unter General Busse deckte die deutsche Front vom Finowkanal im Norden bis nach Guben im Süden, die Stellungen auf den Seelower Höhen bildeten dabei den wichtigsten Verteidigungsabschnitt. Kräftemäßig war sie den sowjetischen Angreifern erheblich unterlegen, sie verfügte über nur 15 Divisionen mit 512 Panzern, 344 Artillerie- und 300–400 Flakgeschützen. Den linken Flügel zwischen Oderberg und Letschin bildete das CI. Armeekorps unter General der Artillerie Wilhelm Berlin. Im Süden schlossen sich im Raum Seelow das LVI. Panzerkorps unter General der Artillerie Helmuth Weidling und das XI. SS-Armee-Korps unter SS-Obergruppenführer Matthias Kleinheisterkamp bis auf die Höhe von Lebus an. Frankfurt an der Oder war zur Festung erklärt worden, im Stadtteil am östlichen Oderufer hielt sich noch eine starke Garnison unter Oberst Ernst Biehler. Den rechten Flügel der 9. Armee zwischen Frankfurt und Fürstenberg bildete das V. SS-Gebirgskorps unter SS-Obergruppenführer Friedrich Jeckeln.[1473]

In vorbereitenden Kämpfen zwischen dem 12. und dem 14. April hatten die russischen Armeen ihre Ausgangsstellungen auf dem Westufer der Oder verbessert. In den frühen Morgenstunden des 16. April 1945, um 3 Uhr, wurde der Angriff durch das Trommelfeuer von 40.000 Artilleriegeschützen eingeleitet,[1474] und unter stärkster Luftunterstützung trat die 1. Weißrussische Front beiderseits Küstrin zum Angriff über die Oder an. Da Generaloberst Heinrici den Angriff an genau diesem Tag erwartet hatte, war in der Nacht zuvor die Masse der deutschen Verbände bis auf Sicherungen aus der Front gelöst und in die vorbereiteten Stellungen auf den Seelower Höhen verlegt worden, die vordersten Linien wurden somit der Roten Armee kampflos überlassen. Während die 1. Garde-Panzerarmee noch am östlichen Oderufer zurückgehalten wurde, blieb der Angriff der 8. Gardearmee unter Generaloberst Wassili Tschuikow unter schweren Verlusten liegen. Schukow hatte den Einsatz von 143 Flak-Scheinwerfern befohlen, mit denen die deutschen Verteidiger geblendet und das Schlachtfeld für die eigenen Truppen beleuchtet werden sollte. Das Licht der Scheinwerfer wurde aber durch den morgendlichen Nebel und den Pulverrauch reflektiert und auf die Angreifer zurückgeworfen, wodurch sie selbst geblendet wurden. Gleichzeitig schuf das Scheinwerferlicht aus der Sicht der deutschen Verteidiger einen hellen Hintergrund, vor dem sich die angreifende Infanterie und die vorrückenden Panzer des Gegners deutlich abzeichneten. Das sumpfige Gelände erwies sich zusammen mit dem deutschen Sperrfeuer als schweres Hindernis, das XXVIII. und XXIX. Gardekorps der Roten Armee, die gegen die Linie Dolgelin–Friedersdorf vorgingen, erlitten schwerste Verluste.

Dagegen konnte im Abschnitt der 5. Stoßarmee die Alte Oder bei Platkow–Gusow erreicht werden, und auch die 3. Stoßarmee kam bis auf fünf Kilometer an die Linie Altlewin–Letschin heran. Die weiter nördlich stehende polnische 1. Armee konnte nördlich Neulewin den Nebenarm der Alten Oder überwinden. Der Vorstoß der sowjetischen 47. Armee auf Barnim bedrohte die 606. Infanterie-Division bei Wriezen.

---

[1473] Tony Le Tissier. Der Kampf um Berlin, Anhang Kriegsgliederungen, S. 227 ff.
[1474] Wassili Tschuikow. Das Ende des Dritten Reiches. München 1966, S. 118.

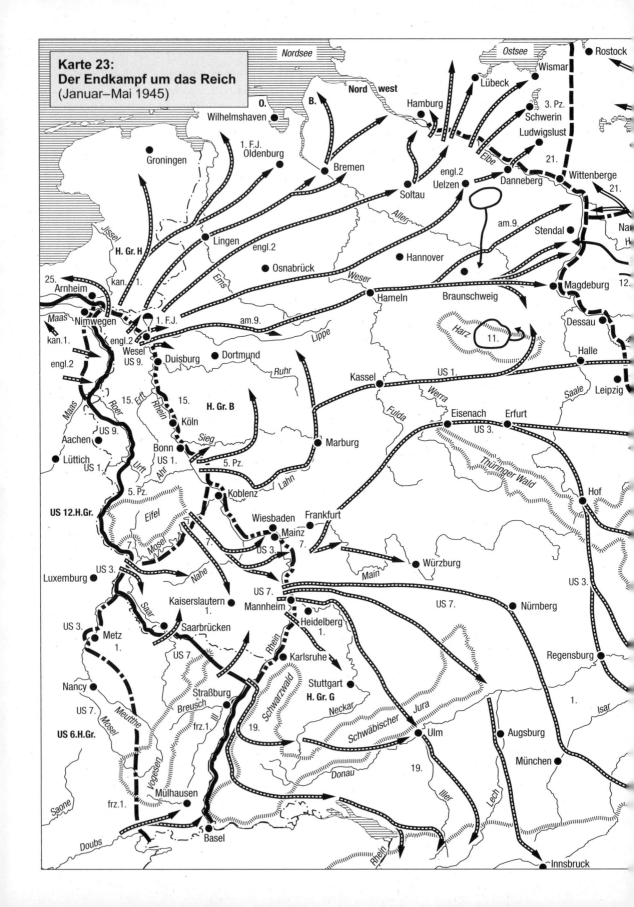

Karte 23:
Der Endkampf um das Reich
(Januar–Mai 1945)

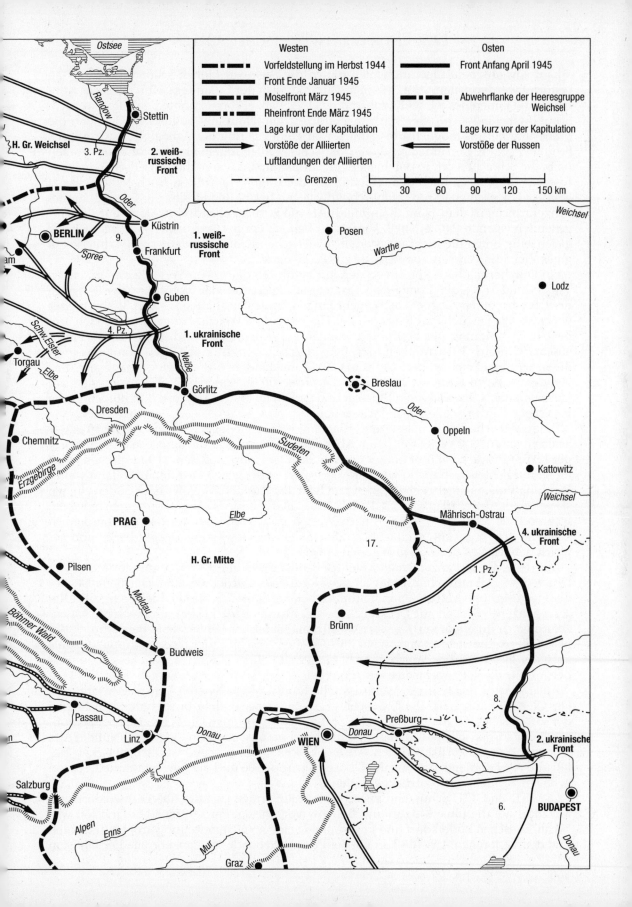

**Westen**

- ▬·▬·▬·▬ Vorfeldstellung im Herbst 1944
- ▬▬▬▬ Front Ende Januar 1945
- ▬ ▬ ▬ ▬ Moselfront März 1945
- ▬ ▬ ▬ ▬ Rheinfront Ende März 1945
- ▬ ▬ ▬ Lage kur vor der Kapitulation
- → Vorstöße der Alliierten
- Luftlandungen der Alliierten
- ▬·▬·▬· Grenzen

**Osten**

- ▬▬▬▬ Front Anfang April 1945
- ▬ ▬·▬ ▬ Abwehrflanke der Heeresgruppe Weichsel
- ▬ ▬ ▬ Lage kurz vor der Kapitulation
- ← Vorstöße der Russen

0  30  60  90  120  150 km

Ostsee

Stettin

Randow

H. Gr. Weichsel    3. Pz.    2. weiß-russische Front

Oder

BERLIN    9.    Küstrin

Spree    Frankfurt    1. weiß-russische Front

Posen

Warthe

Weichsel

Lodz

Guben

4. Pz.    1. ukrainische Front

Neiße

Schw. Elster

Torgau    Elbe

Görlitz    Breslau

Oder

Dresden    Sudeten

Oppeln

Chemnitz

Erzgebirge    Elbe

Kattowitz

Weichsel

PRAG    Mährisch-Ostrau    4. ukrainische Front

17.

Pilsen    H. Gr. Mitte

Böhmer Wald    Moldau    1. Pz.

Brünn

Budweis

Passau    Donau    Preßburg

Linz    Donau    2. ukrainische Front

WIEN    8.

Salzburg

Alpen    Enns    Mur    6.    BUDAPEST

Graz    Donau

Laut sowjetischem Operationsplan hätten die Seelower Höhen schon am ersten Tag erstürmt werden sollen, statt dessen beschränkte sich der Geländegewinn auf sechs Kilometer, die Linien des XI. SS-Korps und des LVI. Panzerkorps konnten gehalten werden. Schukow befand sich unter starkem Zeitdruck, da Stalin aus politischen Gründen die Eroberung Berlins möglichst bis zum 1. Mai, dem Feiertag der Arbeiterklasse, forderte. Schukow beging nun einen schweren taktischen Fehler, indem er seine Reserven vorzeitig in die Schlacht warf. In den bisherigen Großkämpfen waren die sowjetischen Panzerreserven immer erst nach dem Durchbruch der Infanterie für den Nachstoß eingesetzt worden. Ungeachtet dessen befahl Schukow gegen 16 Uhr den Einsatz der 1. und 2. Garde-Panzerarmee auf dem Hauptkampffeld. Als die zurückgehende Infanterie auf die vorgehenden eigenen Panzer stieß, kam es im Bereich der 8. Gardearmee zu einem Chaos, gleichzeitig boten die dicht massierten sowjetischen Kräfte der deutschen Artillerie ein gutes Ziel, was verheerende Verluste zur Folge hatte.

Ein Durchbruch hatte somit von den gut geführten deutschen Verteidigern am ersten Tag verhindert werden können, aber es war absehbar, daß der Nordflügel der 9. Armee der Übermacht des Gegners nicht mehr lange würde standhalten können. Während der 9. Armee alle verfügbaren Reserven der Heeresgruppe Weichsel zugeführt wurden, um ihr eine Abstützung der bedrohten Flanken zu ermöglichen und damit sie im Frontabschnitt südlich Küstrin bis Fürstenberg russische Angriffe abweisen konnte, war an ihrem Südflügel eine weitere tödliche Gefahr entstanden. Fast zeitgleich hatte am Morgen des 16. April Konjews 1. Ukrainische Front die Stellungen der 4. Panzerarmee am Unterlauf der Neiße zwischen Muskau und Guben im ersten Ansturm durchbrochen, die russischen Panzer stießen nach Westen vor.

Die sowjetische Taktik massierter Frontalangriffe erwies sich auch am zweiten Tag der Schlacht als äußerst verlustreich, am Abend des 17. April war die deutsche Frontlinie vor der 1. Weißrussischen Front immer noch intakt. Der Hauptstoß der 1. Ukrainischen Front im Süden richtete sich nicht, wie Hitler erwartet hatte, gegen Dresden und dann weiter Richtung Prag, vielmehr schwenkten nur Teile der Truppen Konjews nach Süden ein, wo sie vor einer Abwehrflanke der 4. Panzerarmee in der Linie Niesky–Grima stehenblieben, während die Masse den Vorstoß nach Westen und Nordwesten fortsetzte. Tatsächlich handelte es sich um eine weitausholende Umfassungsbewegung, die auf Berlin und zugleich den Rücken der 9. Armee gerichtet war.

Die deutsche 4. Panzerarmee unter General Fritz-Hubert Gräser mußte unter dem Druck der 1. Ukrainischen Front an der Nordflanke zurückweichen. Der Befehlshaber der Heeresgruppe Mitte, Generalfeldmarschall Ferdinand Schörner, hielt seine zwei Reservepanzerdivisionen zur Deckung seines Zentrums zurück, statt mit ihnen die 4. Panzerarmee zu unterstützen. Dies erwies sich als taktischer Fehler, denn bei Anbruch der Nacht waren die Stellungen sowohl im südlichen Abschnitt der Heeresgruppe Mitte als auch der Heeresgruppe Weichsel nicht länger zu halten. Um nicht eingekesselt zu werden, mußte die 4. Panzerarmee zurückgehen.

Am 18. April rückte die 1. Weißrussische Front unter schweren Verlusten weiter vor. Das CI. Armeekorps, das den linken Flügel der 9. Armee bildete, brach unter dem Angriff der sowjetischen 47. Armee und der 3. Stoßarmee zusammen. Die 5. Jäger-Division mußte vor der sowjetischen 61. und der polnischen 1. Armee aus dem Oderbruch auf die Alte Oder bei Wriezen zurückweichen. Auch der Frontabschnitt weiter südlich zwischen Trebin und Alt-Friedland, der von der Divisionsgruppe 606 und der 309. Infanterie-Division gehalten wurde, wurde zurückgeworfen.

Die 151. und 171. Schützendivision der 3. Stoßarmee rückten über Kunersdorf und Metzdorf auf die Linie Möglin und Batzlow vor. Die 25. Panzergrenadier-Division versuchte zwischen Lüdersdorf und Frankenfelde eine neue Verteidigungsfront aufzubauen und den verlorenen Anschluß an die bei Prötzel stehende 18. Panzergrenadier-Division zu gewinnen. An der Linie Platkow–Gusow–Werbig kämpften die Reste der 9. Fallschirmjäger-Division und der Panzer-Division Müncheberg mit der sowjetischen 5. Stoßarmee und der 2. Garde-Panzerarmee.[1475]

Bereits am 17. April hatte Generaloberst Heinrici die 11. SS-Panzergrenadier-Division „Nordland" aus der Front der 3. Panzerarmee herausgezogen und zur Verstärkung an das schwer bedrängte LVI. Panzerkorps abgegeben.

Die sowjetische 1. Garde-Panzerarmee konnte westlich von Reichenberg und nördlich von Buckow gegen das SS-Panzer-Regiment 11 bei Neuentempel und Marxdorf Raum gewinnen. Gegen Abend hatte die sowjetische 8. Gardearmee die dritte und letzte Verteidigungsstellung der 20. Panzergrenadier-Division durchbrochen, im Neiße-Abschnitt bereiteten die sowjetische 3. Gardearmee und die 3. Garde-Panzerarmee der 1. Ukrainische Front den Durchbruch ins offene Gelände in Richtung auf Cottbus vor. Trotz aller Aufopferung der Truppe war die Schlacht um die Seelower Höhen am Abend des dritten Kampftages entschieden.

Die zwischen Wriezen und Behlendorf auf 25 Kilometern Länge aufgerissene Front spaltete die 9. Armee in zwei Teile. Die Reste der 25. Panzergrenadier-Division waren gezwungen, auf den Brückenkopf bei Eberswalde zurückzugehen. Der sowjetischen 61. Armee stand südlich des Finowkanals der Weg nach Westen offen.[1476] Einheiten der polnischen 1. Armee überquerten die Alte Oder bei Ranft. Die weiter südlich vorrückende sowjetische 47. Armee besetzte Wriezen und wurde beim weiteren Vorstoß auf die Havel durch das IX. Panzerkorps verstärkt. Die 3. Stoßarmee unter Generaloberst Wassili Kusnezow überrannte die letzten Stellungen des deutschen CI. Armeekorps und ebnete damit den Weg für die zum Durchbruch antretende 2. Garde-Panzerarmee. Tschuikows 8. Gardearmee und die 1. Garde-Panzerarmee brachen den letzten Widerstand des deutschen LVI. Panzerkorps an den Seelower Höhen, nur noch einzelne versprengte deutsche Formationen lagen zwischen den Sowjets und Berlin. Am Abend des 19. April hatte die deutsche Abwehrfront an der Oder, die letzte Hauptverteidigungsstellung vor Berlin, aufgehört zu existieren, der Weg in die Reichshauptstadt war frei.

Die Reste des geschlagenen LVI. Panzerkorps zogen sich auf die Linie Rahnsdorf–Neuenhagen und im Laufe des 21. April auf die Linie Köpenick–Marzahn zurück. Nach ihrem Durchbruch südlich Cottbus drehte auch die 1. Ukrainische Front ihre beiden Panzerarmeen nach Nord in Richtung auf Berlin ein. Der gesamte Südflügel der 9. Armee und das V. Armeekorps der 4. Panzerarmee standen vor der Einschließung durch die sowjetische 3. Gardearmee und die 3. und 4. Garde-Panzerarmee der 1. Ukrainischen Front. Gleichzeitig wurden das deutsche V. und XI. SS-Korps der 9. Armee zwischen der Neiße und dem Spreewald im Kessel von Halbe eingeschlossen.[1477] Konews 5. Gardearmee rückte auf Torgau vor, wo am 25. April an der Elbe die Verbindung mit der 1. US-Armee hergestellt wurde.

In der Schlacht um die Seelower Höhen verloren die sowjetischen Truppen 700 Panzer und Selbstfahrlafetten, mehrere hundert Flugzeuge und etwa 30.000 Mann. Verläßliche Angaben über die deutschen Verluste gibt es nicht.[1478]

# Der Streit um den Entsatz von Berlin

Nachdem sich die doppelte Umfassung der 9. Armee abzeichnete, konnte es für die Heeresgruppe Weichsel nur den Entschluß geben, die Armee sofort aus der Oderfront herauszuziehen und ihre Wiedervereinigung mit der 3. Panzerarmee anzustreben. Blie-

[1475] Tony Le Tissier. Durchbruch an der Oder. Augsburg 1997, S. 293–317.
[1476] Ders. Der Kampf um Berlin, S. 76 f.
[1477] Le Tissier, Durchbruch, S. 336 f.
[1478] Richard Lakowski. Seelow 1945. Die Entscheidungsschlacht an der Oder. Hamburg 2005, S. 89.

ben beide Armeen stehen, wo sie waren, so würden sie nach wenigen Tagen eingekesselt und dem Untergang geweiht sein. Der Gedanke, mit den vorhandenen Kräften östlich Berlin eine neue Front zur Verteidigung der Reichshauptstadt zu bilden und den verlorenen Anschluß an die Heeresgruppe Mitte wiederherzustellen, war angesichts der Lageentwicklung völlig unrealistisch.[1479]

Diese nüchternen Erwägungen waren diametral den Entschlüssen entgegengesetzt, mit denen Hitler auf die Durchbrüche der Russen reagierte. Er wollte, daß die 9. Armee an der Oder stehenbleiben und im Zusammenwirken mit einem Angriff der 4. Panzerarmee von Süden her die von Konjew aufgerissene Lücke schließen sollte. Keine der beiden Armeen war jedoch in der Lage, diesem Befehl nachzukommen, die 9. Armee wurde in ihren beiden Flanken durch Schukows und Konjews Angriffe immer weiter zusammengedrängt. Am 20. April versuchte Heinrici vergeblich, sie aus ihrer unmöglichen Lage durch einen Befehl zum Rückzug zu befreien, sie war durch unmittelbaren „Führerbefehl" an die Oderfront gefesselt. Das unvermeidliche Ergebnis war, daß sich in den nächsten Tagen die Spitzen der russischen Zangenbewegung in ihrem Rücken schlossen.[1480]

Die gleiche Gefahr drohte der 3. Panzerarmee, die am Unterlauf der Oder stehengeblieben war, ihre Südflanke war durch den sowjetischen Vorstoß über die Oder in einer Tiefe von 90 Kilometern aufgerissen. Die Heeresgruppe Weichsel kratzte alle irgendwie greifbaren Reserven zusammen und setzte diese unter Führung des SS-Obergruppenführers Felix Steiner bei Eberswalde und weiter westlich am Hohenzollern-Kanal ein, um die tiefe Flanke der 3. Panzerarmee zu schützen. Während dieser Flankenschutz noch im Aufbau begriffen war, trat am 20. April Rokossowskis 2. Weißrussische Front zum Angriff gegen die 3. Panzerarmee über die Oder an, konnte in den ersten Angriffstagen aber keinen entscheidenden Durchbruch erzielen.[1481]

Als Hitler am 20. April von dem Entstehen der Gruppe Steiner hörte, entwickelte er sofort einen neuen Plan. Den zusammengewürfelten Kräften Steiners sollten zwei Divisionen, die noch weiter ostwärts bei Eberswalde standen, sowie außerdem improvisierte Verbände aus Angehörigen der Luftwaffe zugeführt werden. Durch einen Angriff dieser „Armee Steiner" nach Süden und durch den seit Tagen befohlenen Angriff der 4. Panzer- und 9. Armee sollten die von Konjew geschlagene Lücke beseitigt und eine neue geschlossene Front von der Ostsee bis zur oberen Spree entstehen und Berlin gerettet werden.[1482]

Steiner erkannte jedoch, daß seine Verbände für den befohlenen Angriff viel zu schwach waren. Als er bis zum 22. April trotz unaufhörlichen Drängens aus Berlin noch nicht angetreten war, sich gleichzeitig der Ring um die 9. Armee geschlossen hatte und die Sowjets bereits nördlich und südlich an Berlin vorbeistießen und gleichzeitig sich im Osten den Außenbezirken der Stadt näherten, brachen in Hitler die letzten Illusionen zusammen. Er entschloß sich, in Berlin zu bleiben und dort auf ein Wunder – oder auf das Ende – zu warten.[1483]

Himmler und Göring hatten Berlin zu diesem Zeitpunkt bereits verlassen und hofften, mit den westlichen Alliierten in Verhandlungen eintreten zu können, was jedoch reine Illusion war. Keitel und Jodl wollten verhindern, daß das OKW in Berlin eingeschlossen und damit seine Funktionsfähigkeit im noch vorhandenen deutschen Machtbereich verlieren würde, und verließen deshalb ebenfalls die Reichshauptstadt. Nach ihren Vorstellungen sollte die 9. Armee nun endlich kehrtmachen und sich südlich von Berlin mit der 12. Armee des General Walther Wenck vereinigen, die noch mit der Front nach Westen an der Elbe und der Mulde stand. Wenn diese beiden Armeen gemeinsam von Süden und

---

[1479] Tippelskirch, S. 578.
[1480] Ebenda, S. 575.
[1481] Ebenda.
[1482] Ebenda, S. 575 f.
[1483] Ebenda, S. 576.

Südwesten auf Berlin vorstießen und gleichzeitig Steiner von Norden angriff, dann mußte sich nach ihrer Meinung der Belagerungsring um Berlin sprengen lassen.[1484]

Das OKW schlug sein provisorisches Hauptquartier in Krampnitz nördlich von Potsdam auf. Von dort erhielt die 12. Armee im Laufe des 24. April den Befehl, nach Osten in
Richtung Jüterbog angreifen, sich dort mit der zurückgehenden 9. Armee zu vereinigen,
um anschließend zum Entsatz von Berlin anzutreten. Wenck kannte die Lage bis dahin
nur aus den optimistischen Schilderungen Keitels und mußte sich nun davon überzeugen, daß die geplante Operation zur Befreiung Berlins seine Kräfte hoffnungslos überfor-
derte. Unabhängig davon entschloß sich Wenck, der eingeschlossenen 9. Armee zu Hilfe
zu eilen; außerdem mußte er sich in dem Raum ostwärts der Elbe Operationsfreiheit
verschaffen, wenn seine Armee nicht innerhalb von wenigen Tagen zwischen den Fronten der Sowjets und der Amerikaner erdrückt werden sollte. Wenck mußte darauf spe-
kulieren, daß die Amerikaner in den von ihnen erreichten Linien stehenbleiben würden
und er ihnen den Rücken zuwenden konnte. Er stützte seinen Südflügel ostwärts Wittenberg, an dem sich bereits starker russischer Druck von Osten her bemerkbar machte,
durch eine Division ab und zog seine Kräfte zum Angriff nach Osten zusammen. Bis zum
28. April hatte Wenck seine Flanken im Süden zwischen Wittenberg und Niemegk, im
Norden südostwärts Brandenburgs, gegen die vorrückenden Russen so weit gesichert,
daß er am Morgen des folgenden Tages mit drei Divisionen aus dem Raum von Belzig
zum Angriff in nordöstlicher Richtung antreten konnte.

Der feindliche Widerstand wurde rasch gebrochen, in Beelitz wurden 3.000 deutsche
Verwundete befreit, und mit dem linken Flügel noch am gleichen Tage Ferch an der Süd-
spitze des Schwielowsees erreicht, über den sich die eingeschlossene Besatzung von
Potsdam zu den deutschen Linien rettete.[1485]

Mit diesem geglückten Angriff war die Stoßkraft der 12. Armee jedoch erschöpft; das
nächste Ziel Wencks war die Rettung der 9. Armee, der über Funk geraten wurde, in
Richtung Beelitz durchzubrechen. Am 1. Mai durchstießen die völlig erschöpften Reste
der 9. Armee, etwa 40.000 Mann, die feindlichen Stellungen und erreichten die Linien der
12. Armee. Wenck mußte sich nun selbst der drohenden Einschließung seiner Truppen
durch die Sowjets entziehen, und er entschloß sich, in Richtung auf die Elbe nördlich
Magdeburg auszuweichen, in der Hoffnung, mit Billigung der dort stehenden Amerikaner auf das westliche Ufer übersetzen zu können.[1486]

Keitel war am 23. nochmals für wenige Stunden in die Reichskanzlei zurückgekehrt,
wo sein Bericht über die vermeintlich bevorstehenden Entsatzangriffe der 12. und 9. Armee auf Berlin den alten Optimismus wieder entflammt hatte. Am 24. April hatte der
Arbeitsstab des OKW Krampnitz verlassen und sich in die Gegend von Fürstenberg begeben, kurz bevor sich die Panzerspitzen Schukows südlich Nauen an den Havelseen getroffen und den Ring um Berlin auch im Westen geschlossen hatten. Keitel und Jodl
sahen ihre Aufgabe nun darin, die Heeresgruppe Weichsel zum Angriff auf Berlin von
Norden her zu veranlassen, womit sie aber auf den erbitterten Widerstand Heinricis stießen, da die Lage der Heeresgruppe sich seit dem 22. April erheblich verschlechtert hatte.
Die 3. Panzerarmee hatte dem Ansturm der 2. Weißrussischen Front westlich der Oder
für kurze Zeit widerstehen können, hatte aber, um nicht durchbrochen zu werden, am
25./26. April nach Westen zurückweichen müssen.[1487]

Die Heeresgruppe Weichsel hatte inzwischen mit den Kräften Steiners und einem Armeekorps, das die 12. Armee an der Elbe freigemacht hatte, notdürftig eine lockere Abwehrfront bis zur Havel nördlich Rathenow gegen die von Süden vorstoßenden Russen

---

[1484] Ebenda.
[1485] Ebenda, S. 576 f.
[1486] Ebenda, S. 577.
[1487] Ebenda, S. 577 f.

errichtet. Mit den schwachen Verbänden dieser Front sollte nun nach den Vorstellungen des OKW ein Entsatzangriff auf Berlin geführt werden, außerdem – um ihn im Rücken zu decken – sollte die 3. Panzerarmee in ihren Linien stehenbleiben. An Kräften standen für diesen Angriff nur eine aus dem Westen herbeigeholte Panzergrenadierdivision und eine schwache Panzerdivision zur Verfügung, die Heinrici beide dringend benötigte, um die 3. Panzerarmee abzustützen. Der vom OKW gewünschte Angriff auf Berlin hatte aber bei den geringen zur Verfügung stehenden Kräften keinerlei Aussichten auf Erfolg, gleichzeitig drohte ein russischer Durchbruch bei der 3. Panzerarmee, der in Zusammenhang mit den nach Westen strebenden Flüchtlingskolonnen wahrscheinlich zu einem fürchterlichen Chaos geführt hätte. Heinrici sah seine vordringliche Aufgabe in der Rettung der nördlich Berlin zwischen der Oder und der Elbe stehenden Verbände der Heeresgruppe Weichsel und der dort auf der Flucht befindlichen Menschenmassen.[1488]

Als wie befürchtet die 3. Panzerarmee am 25. April in Richtung auf Prenzlau durchbrochen wurde und nur noch durch den sofortigen Einsatz der beiden Divisionen, die inzwischen durch den Befehl des OKW zum Angriff auf Berlin bereitgestellt worden waren, eine völlig Aufspaltung der 3. Panzerarmee abgewendet werden konnte, entschloß sich Heinrici eigenmächtig, die beiden Verbände nach Norden zu werfen. Keitel und Jodl sahen die Notwendigkeit nicht ein, weshalb Generaloberst Heinrici am Abend des 28. April seines Postens enthoben und durch Generaloberst Kurt Student ersetzt wurde. Der Angriff Steiners auf Berlin hatte sich durch den Eingriff Heinricis aber mittlerweile von selbst erledigt, das OKW verließ sein Hauptquartier in Fürstenberg und begab sich nach Schleswig-Holstein, wo es für den Fortgang der Operationen keine Rolle mehr spielte. Die 3. Panzerarmee konnte dank Heinricis Führung den russischen Druck durch eine Ausweichbewegung auffangen, und hinter ihrer schützenden Front konnten die Flüchtlingsströme nach Westen abfließen.[1489]

In Ostsachsen konnte die 4. Panzerarmee unter General Fritz-Hubert Gräser zwischen dem 21. und 28. April eine erfolgreiche Gegenoffensive gegen die Südflanke der 1. Ukrainischen Front führen. Im Verlauf dieser Operation wurde das am 19. April vom VII. mechanisierten Gardekorps eroberte Bautzen befreit und die polnische 2. Armee von ihren rückwärtigen Verbindungen abgeschnitten, so daß sie ihren Vorstoß auf Dresden abbrechen mußte. Der Versuch der 4. Panzerarmee, die Stellungen der 1. Ukrainischen Front zu durchbrechen und von Süden nach Berlin vorzustoßen, scheiterte jedoch.[1490] Schörner und das Oberkommando der Heeresgruppe Mitte hofften, das Protektorat Böhmen und Mähren mit seiner intakten Industrie zu behaupten und mit diesem Faustpfand in Verhandlungen mit den westlichen Alliierten eintreten zu können. Der Prager Aufstand am 5. Mai 1945 und der rasche Vorstoß der 1., 2. und 4. Ukrainischen Front nach Böhmen und Mähren ab dem 6. Mai machten diese Pläne jedoch zunichte.

# Der Endkampf um Berlin

Die Entscheidung, Deutschland und seine Hauptstadt Berlin in Besatzungszonen aufzuteilen, war von den Alliierten im Februar 1945 auf der Konferenz von Jalta getroffen worden, bei dieser Gelegenheit waren auch die geographischen Grenzen zwischen den einzelnen Zonen festgelegt worden. General Eisenhower und General Marshall hatten kein Interesse an der Einnahme von Berlin, da die Eroberung dieser Millionenstadt sehr wahrscheinlich mit hohen eigenen Verlusten verbunden sein würde. Die Annahme, daß die

---

[1488] Ebenda, S. 578.
[1489] Ebenda.
[1490] Jacek Domanski. 1945: Der Kampf um Bautzen. Leipzig 2015, S. 91 ff.

Deutschen Berlin den Anglo-Amerikanern kampflos übergeben würden, war angesichts des immer noch anhaltenden Widerstandes deutscher Truppen im Westen Wunschdenken. Darauf wollte Eisenhower sich nicht einlassen, das geboten zum einen die Rücksicht auf die eigenen Soldaten und zum anderen die Haltung der amerikanischen Bevölkerung, die auf ein weiteres Blutbad sehr kritisch reagiert hätte. Die hohen Verluste in der Schlacht von Okinawa, die am 1. April begonnen hatte (insgesamt 12.500 Gefallene und Vermißte[1491]), wurden von der amerikanischen Öffentlichkeit als schockierend empfunden.

Berlin erstreckte sich in den Verwaltungsgrenzen von 1945 über eine Fläche von mehr als 500 Quadratkilometern, von denen ein Großteil von Parks, Wäldern, Seen und Wasserläufen bedeckt wurde. Das Stadtzentrum hatte unter den vergangenen Luftangriffen schwer gelitten (über 450 Angriffe, bei denen 45.000 Tonnen Bomben abgeworfen wurden) und war von Ruinen und Schutthalden übersät. Berlin verfügte über ein gut ausgebautes U-Bahn-Netz und zahlreiche Wasserläufe und Brücken, die für einen Angreifer zu erheblichen Hindernissen werden konnten. Wacheinheiten, Volkssturm und Hitler-Jugend wurden beim Herannahen der Roten Armee in Kampfabteilungen gegliedert und bezogen am Stadtrand Stellungen.[1492]

Im Großraum Berlin standen etwa 45.000 reguläre Soldaten des Heeres und der Waffen-SS, die aus verschiedenen Einheiten, überwiegend der 9. Armee, stammten, die sich vor den Offensiven Schukows und Konjews nach Berlin geflüchtet hatten. Diese wurden von Polizei, Hitler-Jugend und etwa 40.000 Mann Volkssturm unterstützt.[1493] Der militärische Wert von Hitler-Jugend und Volkssturm war insgesamt fragwürdig, Kommandeure waren in der Regel Offiziere des Heeres, die meist infolge Verwundungen körperlich stark beeinträchtigt waren.

Die Artillerie stellte vor allem die 1. Flak-Division, die über 230 Flak-Geschütze vom Kaliber 8,8 cm sowie 43 Flak der Kaliber 10,5 cm und 12,8 cm verfügte.[1494]

Berlin wurde in acht Sektoren mit der Bezeichnung A bis H mit zahlreichen Verteidigungsstellungen gegliedert. Die meisten dieser Stellungen existierten aber nur auf dem Papier, der neue Kampfkommandant von Berlin, Generalleutnant Hellmuth Reymann, mußte bei seiner Ankunft am 7. März feststellen, daß außer „einigen recht dürftigen Panzersperren" so gut wie nichts vorhanden war. Einen Plan des OKW für die Verteidigung Berlins gab es nicht, der Kampf wurde, wenn man von den unzulänglichen Ausbauvorbereitungen absieht, in Abhängigkeit von der jeweiligen Lage geführt, die von der Roten Armee diktiert wurde.[1495]

Angesichts der massiven zahlenmäßigen und materiellen Überlegenheit der sowjetischen Panzer- und Schützendivisionen sollte es den deutschen Verteidigern an keiner Stelle gelingen, die Angriffe für länger als einige Stunden aufzuhalten. Alle Berichte von deutschen Überlebenden sind gekennzeichnet von der Aussichtslosigkeit, die diesem Kampf der ungleichen Kräfte von vorneherein innewohnte. Die Berichte lassen vor allem das völlige Fehlen einer einheitlichen Führung erkennen, nicht etwa wegen des Mangels an geeigneten Heereskommandeuren, sondern wegen der unzureichenden Nachrichtenmittel. Man mußte auf das Berliner Telefonnetz zurückgreifen, das sich als Folge der zahllosen alliierten Bombenangriffe in einem denkbar schlechten Zustand befand. Hinzu kamen noch die ständigen Querelen zwischen militärischer Führung und der Partei.

Im Angesicht der heranrückenden 2. Stoßarmee und 2. Garde-Panzerarmee gab Hitler am 20. April 1945 das Kennwort „Clausewitz" aus: Damit wurde die Stadt offiziell zur

[1491] Richard B. Frank. Downfall: The End of the Imperial Japanese Empire. New York 1999, S. 71.
[1492] Juan Vázques Garcia. Schlacht um Berlin 1945. Zweibrücken 2016, S. 55 f.
[1493] Antony Beevor. Berlin: The Downfall 1945, New York 2002, S. 287.
[1494] Vázques Garcia, S. 56.
[1495] Historical Division der US Army, hrsg. von Oberst a.D. Willemer und mit einem Vorwort von Generaloberst a.D. Franz Halder, The German Defense of Berlin 1945

Festung erklärt, in der Kriegsrecht galt und die dem General der Artillerie Helmuth Weidling unterstand.[1496] Der äußere Verteidigungsring der Reichshauptstadt war nur von drei schwachen Panzergrenadier-Divisionen besetzt: der 11. SS-Division „Nordland", der 20. und der 18. sowie der Panzerdivision „Müncheberg" mit durchschnittlich etwa 3.000 bis 4.000 Mann und 20 bis 30 Panzern; hinzu kamen Reste der 9. Fallschirmjäger-Division. Am 24. April trafen noch die Reste der aufgelösten SS-Division „Charlemagne" ein, etwa 1.000 französische Freiwillige unter SS-Brigadeführer Gustav Krukenberg. Insgesamt standen etwa 45.000 Mann mit höchstens 60 Panzern sieben sowjetischen Armeen gegenüber.[1497]

Am 21. April 1945 erreichten die sowjetischen Vorhuten den äußeren Verteidigungsring und durchbrachen ihn an mehreren Stellen, gleichzeitig beschoß die schwere Artillerie bereits das Stadtzentrum.[1498] Bis zum Abend konnte die Rote Armee den Flugplatz Strausberg einnehmen. Am folgenden Tag kamen im Süden der Reichshauptstadt die gepanzerten Angriffsspitzen Konjews mit Luftunterstützung gut voran, wobei ihnen das weitgehende Fehlen natürlicher Geländehindernisse sowie die schwache deutsche Verteidigung in diesem Frontabschnitt zugute kamen.

Der eigentliche Endkampf, der Angriff der Roten Armee auf das Stadtzentrum, die „Zitadelle", begann am 25. April 1945 um 5.30 Uhr. Die Artillerievorbereitung war wie üblich sehr stark, gleichzeitig griffen über 1.300 Flugzeuge an.[1499] An diesem Tag schloß sich auch endgültig der Belagerungsring um die Stadt, der angesichts der langen Frontlinie aber noch Lücken aufwies. Die Angriffe gegen das Stadtzentrum zogen sich über den ganzen Tag hin, den Sowjets gelangen unter hohen Verlusten mehrere Einbrüche in den innersten Verteidigungsring, im Norden näherten sie sich dem Flughafen Tempelhof. Im Verlauf dieses Tages trafen die Sowjets und die Amerikaner an der Elbe bei Torgau zusammen, womit das Deutsche Reich faktisch in zwei Hälften geteilt war.[1500]

In der Nacht auf den 26. hielt Kampfkommandant Weidling im Führerbunker vor Hitler, den Parteiführern und den hohen Militärs einen sehr pessimistischen Lagevortrag. General Wenck, der Berlin entsetzen sollte, war es mit der 12. Armee gelungen, die bei Potsdam eingeschlossenen Reste der 9. Armee zu befreien. Aber zwischen Potsdam und Berlin hatte die Rote Armee bereits so starke Kräfte eingeschoben, daß der Weg nach Berlin verlegt war. Mit seinen zusammengewürfelten und zahlenmäßig weit unterlegenen Truppen hatte Wenck keine Chance, nach Berlin durchzubrechen. Von Steiner und seiner Armeegruppe im Norden Berlins lagen keine Nachrichten vor. Der anwesende Generalstabschef des Heeres, General Krebs, beurteilte die Lage dagegen optimistischer als Weidling, er wie auch Hitler und Goebbels setzten noch auf Wenck und Steiner.[1501]

Schon wenige Tage nach Beginn der sowjetischen Schlußoffensive auf den Stadtkern gab es für die Kampfkommandantur kaum noch die Möglichkeit für einen zutreffenden und aktuellen Gesamtüberblick der Ereignisse in den einzelnen Verteidigungsabschnitten. Damit ging die ohnehin geringe Führungsmöglichkeit verloren, Einzelerfolge konnten die Lage nicht einmal für Stunden verbessern. Schon am ersten Tag der Schlußoffensive der Roten Armee auf den Stadtkern zeigte sich die geringe Abwehrkraft in allen Abschnitten, hinhaltend kämpfend zogen sich sowohl Wehrmachtteile als auch Volkssturm und Hitler-Jugend auf den Stadtkern zurück.

---

[1496] Vázques Garcia, S. 56 f.
[1497] Ebenda, S. 59
[1498] Le Tissier, Kampf, S. 88.
[1499] Vázques Garcia, S. 64.
[1500] Cornelius Ryan. Der letzte Kampf. München/Zürich 1966, S. 297.
[1501] Siegfried Stichling/Karl-Otto Leukefeld. Generalmajor Erich Bärenfänger. Ein Lebensbild, Osnabrück 1994, S. 159 ff.

Die Sowjets versuchten über das gut ausgebaute U-Bahn-Netz ins Stadtzentrum vorzudringen, hatten damit aber keinen Erfolg. Einzelne Einheiten konnten in den einen oder anderen Tunnel gelangen, wurden aber spätestens in den von den Deutschen stark verteidigten U-Bahn-Stationen aufgehalten.[1502] Am 27. April fielen der Flugplatz Gatow sowie der Frontabschnitt westlich von Charlottenburg. Tschuikows Einheiten konnten den Landwehrkanal überqueren, und einige sowjetische Panzer gelangten bereits in die Nähe des Reichstages.[1503]

Die verbissene Verteidigung und die erschreckend hohen eigenen Verluste veranlaßten Tschuikow zu einem vorsichtigeren Vorgehen, obwohl ihn Schukow dazu drängte, den Reichstag unter allen Umständen bis zum 1. Mai einzunehmen.[1504] Während des ganzen Tages wurde mit äußerster Härte im Tiergarten gekämpft, der von den Resten der 18. Panzergrenadier-Division und der „Nordland" verteidigt wurde. Das Reichsaußenministerium fiel in sowjetische Hand, und die Reichskanzlei lag nicht mehr weit entfernt.[1505]

Am 28. April ließ Tschuikow die 8. Gardearmee mit drei verstärkten Garde-Infanteriedivisionen und zwei Garde-Panzerkorps zum Sturm auf den Reichstag antreten, insgesamt hatten die Sowjets hier fast 600 Panzer zusammengezogen. Ihnen standen die Reste der Division „Nordland" und weiterer Regimenter der Waffen-SS mit einer Handvoll von Panzern, darunter fünf „Tiger" II, gegenüber.[1506] Gegen Mittag hatte sich ein Vortrupp der Sowjets bis in die Nähe der Moltkebrücke vorgearbeitet, die nur noch 500 Meter vom Reichstag entfernt lag. Die 150. und 171. Schützen-Division setzten über die Moltke- und die Kronprinzenbrücke zum Sturm auf den Reichstag an, der jedoch nach wie vor erbittert verteidigt wurde. Die Brücken waren durch Sperren blockiert und die Kanäle praktisch nicht zu überqueren, das ganze Gelände lag im Feuerbereich des großen Flakturms am Zoo. Um Mitternacht unternahmen die Sowjets einen Überraschungsangriff, der von drei Bataillonen mit Panzerunterstützung über die Moltkebrücke vorgetragen wurde, diese blieben aber im heftigen Abwehrfeuer liegen. Erst im Morgengrauen gelang es der sowjetischen Infanterie, nach Überquerung der Moltkebrücke am anderen Ufer einen kleinen Brückenkopf zu errichten.[1507]

Am 29. April tobten weiterhin heftige Kämpfe um den Reichstag, während gleichzeitig die sowjetischen Panzer einen neuen Vorstoß in Richtung Stadtzentrum entlang der Wilhelmstraße machten. Im Morgengrauen des 30. April 1945 um 4.30 Uhr unternahmen die Soldaten der 150. Schützen-Division über den Königsplatz einen weiteren Angriff auf den Reichstag, der erneut liegenblieb. Erst beim vierten Angriff gegen 18 Uhr gelangten die Sowjets endlich bis an das schwer beschädigte Gebäude heran. Es folgten stundenlange Nahkämpfe im Inneren des Reichstags, bis um 22.50 Uhr, 70 Minuten vor dem 1. Mai, zwei sowjetische Sergeanten vom 1. Bataillon des 756. Regiments der 150. Schützen-Division, Michail Jegorow und Meliton Kantarija, die Sowjetflagge auf dem Dach hissen konnten.[1508] Stalin und Schukow hatten ihr Ziel erreicht, doch die Kämpfe im Inneren des Gebäudes sollten sich noch zwei weitere Tage, bis zur Kapitulation der Reichshauptstadt, hinziehen.

An diesem Tag hatten sich die Sowjets im Stadtzentrum außerdem bis zum Reichsluftfahrtministerium und bis zur Allee Unter den Linden vorgekämpft, das Regierungsviertel konnte von den verbliebenen Verteidigern jetzt nur noch für höchstens 24 Stunden gehalten werden.[1509] Am Nachmittag dieses dramatischen Tages, kurz nach 15 Uhr, gin-

---

[1502] Vázques Garcia, S. 65.
[1503] Ebenda, S. 66.
[1504] Le Tissier, Kampf, S. 156.
[1505] Vázques Garcia, S. 67 f.
[1506] Ebenda, S. 69.
[1507] Ebenda, S. 69 f.
[1508] Ebenda, S. 73.
[1509] Peter Gosztony (Hrsg.): Der Kampf um Berlin in Augenzeugenberichten. München 1985, S. 330, Übermittlung durch Artur Axmann.

gen Hitler und seine kurz zuvor angetraute Frau Eva Braun im Führerbunker in den Freitod, die beiden Leichen wurden im Garten der Reichskanzlei verbrannt. Es folgte eine Reihe von hektischen Diskussionen in der verbliebenen Führungsspitze des Dritten Reiches, die in der Ernennung von Großadmiral Dönitz, der sich zu diesem Zeitpunkt in Flensburg in Schleswig-Holstein aufhielt, zum neuen Oberbefehlshaber der Wehrmacht, Kriegsminister und Reichspräsidenten endeten, wie es Hitler testamentarisch verfügt hatte.

Die letzten Kämpfe entbrannten um die Reichskanzlei, die von französischen und skandinavischen SS-Freiwilligen der Divisionen „Charlemagne" und „Nordland" verteidigt wurde. Der Stadtkommandant von Berlin, General Weidling, versuchte nun mit Tschuikow über die Übergabebedingungen zu verhandeln. Stalin bestand jedoch auf der bedingungslosen Kapitulation, und da eine weitere Verteidigung unmöglich war, blieb Weidling nichts anderes übrig, als am Morgen des 2. Mai 1945 zu kapitulieren.[1510]

# Ergebnisse

Am 7. Mai 1945 unterzeichnete Jodl im alliierten Hauptquartier in Reims die bedingungslose Kapitulation der Wehrmacht. Keitel wiederholte diesen Akt einen Tag später in Berlin-Karlshorst vor den Russen. Die Waffenruhe trat am 8. Mai 1945 um 23.01 Uhr in Kraft. Der Krieg in Europa war damit beendet.

Bei der Schlacht um Berlin hatte die Rote Armee fast 100.000 Gefallene und 300.000 Verwundete zu beklagen. Vom 16. April, dem Beginn der Schlacht um die Seelower Höhen, bis zum 8. Mai 1945 bezifferten sich ihre Gesamtverluste auf weit über eine halbe Million Mann. Von den 1.800 sowjetischen Panzern und Sturmgeschützen, die zum Angriff auf Berlin angetreten waren, mußten über 800 als Totalverluste abgeschrieben werden.[1511] Die Angaben über die Anzahl der in unmittelbarer Folge der Schlacht um Berlin ums Leben gekommenen Menschen auf deutscher Seite variieren in den Quellen erheblich, nach neuesten Forschungen verloren die deutschen Verteidiger in und um Berlin insgesamt über 100.000 Mann an Gefallenen.[1512]

---

[1510] Le Tissier, Kampf, S. 193.
[1511] Vázques Garcia, S. 76.
[1512] Einschließlich der Schlacht um die Seelower Höhen und im Kessel von Halbe; Rolf-Dieter Müller u.a. (Hrsg.): Das Deutsche Reich und der Zweite Weltkrieg. Band 10/1. München 2008, S. 673.

# Amerikanische Weltpolitik 1945

Im Februar 1945 hatte der mittlerweile schwerkranke Roosevelt auf der Konferenz von Jalta noch einmal alles darangesetzt, die Hindernisse für eine umfangreiche amerikanisch-sowjetische Kooperation in der Nach-kriegszeit aus dem Weg zu räumen. Die Frage, wie Deutschland nach Kriegsende behandelt werden sollte, war unter den Alliierten bis dahin ebensowenig geklärt wie die, wo die zukünftigen Grenzen Polens verlaufen sollten. Außerdem war es notwendig, die amerikanische und die sowjetische Politik im Fernen Osten aufeinander abzustimmen.[1513] Das Abkommen von Jalta wurde schließlich so formuliert, daß einerseits amerikanische Prinzipien wie Demokratie und freie Wahlen formell hochgehalten, andererseits aber von amerikanischer Seite eine sowjetische Vorherrschaft über Ost-Mitteleuropa akzeptiert wurde.[1514] Die Begriffe „Demokratie" und „freie Wahlen" wurden nicht näher definiert und konnten daher auch im marxistisch-leninistischen Sinne als „Volksdemokratie" ausgelegt werden, die nichts anderes als die Diktatur der kommunistischen Partei bedeutete.

*Josef W. Stalin und Wjatscheslaw M. Molotow (li.) auf der Konferenz von Jalta im Februar 1945*

Dank seiner charismatischen Persönlichkeit hatte Roosevelt die amerikanische Außenpolitik weitgehend nach seinen Wünschen gestalten können. Dies täuschte jedoch darüber hinweg, daß der Präsident und seine engsten Anhänger, die für eine langfristige Zusammenarbeit mit der Sowjetunion eintraten, tatsächlich nur eine Minderheit im amerikanischen Regierungsapparat darstellten.

## Harry S. Truman und der Kurswechsel der amerikanischen Außenpolitik

Bei den Präsidentschaftswahlen im November 1944 hatte Roosevelt den Senator von Missouri, Harry S. Truman, als Kandidaten für das Amt des Vizepräsidenten aus-ersehen. Truman, der aus kleinen Verhältnissen stammte, galt als ebenso einfacher wie

---

[1513] Robert E. Sherwood. Roosevelt and Hopkins: An Intimate History. New York 1948, S. 843 f.
[1514] William D. Leahy. I Was There: The Personal Story of the Chief of Staff to Presidents Roosevelt and Truman, New York 1950, S. 315 ff.; Herbert Feis. Churchill, Roosevelt, Stalin: The War They Waged and the Peace They Sought. Princeton 1957, S. 575.

redlicher Mann, der von der Außenpolitik wenig verstand und von daher für Roosevelt und seinen inneren Kreis keine Gefahr darstellte. Diese Einschätzung sollte sich als völlig falsch herausstellen; Truman hatte von der Sowjetunion und vom zukünftigen amerikanischen Verhältnis zu dieser Großmacht sehr viel weniger optimistische Vorstellungen als Roosevelt und die ihn umgebenden Linksintellektuellen und Geschäftsleute. Im Jahre 1941, als Roosevelt im Kongreß Unterstützung für die Leih-Pacht-Hilfe für die Sowjetunion suchte, schlug der damalige Senator Truman vor: „Wenn wir erkennen, daß Deutschland den Krieg gewinnt, sollten wir Rußland helfen, und wenn Rußland gewinnt, sollten wir Deutschland helfen und sie auf diese Weise so viele wie möglich umbringen lassen."[1515]

Wenige Wochen nach der Konferenz von Jalta, am 12. April 1945, verstarb Roosevelt an den Folgen eines Schlaganfalles. Gemäß den Bestimmungen der amerikanischen Verfassung wurde Harry S. Truman damit neuer Präsident der Vereinigten Staaten. Damit wurde die folgenreichste Kehrtwende in der amerikanischen Politik des 20. Jahrhunderts eingeleitet.

Acht Tage nach Roosevelts Tod, am 20. April, empfing Truman den amerikanischen Botschafter in Moskau, Averell W. Harriman. Harriman sah die Vereinigten Staaten mit einer „barbarischen Invasion Europas" konfrontiert und hielt die sowjetische Herrschaft im Osten des alten Kontinents schlicht für unerträglich. Das sowjetische System mit seiner Geheimpolizei und der Unterdrückung jeder freien Meinungsäußerung stand in völligem Gegensatz zu allen politischen Prinzipien, für die die Vereinigten Staaten eintraten. Die Moskauer Führung würde dieses System in allen von ihr kontrollierten Staaten installieren, und angesichts dieser „unerfreulichen Tatsachen" hielt Harriman es für notwendig zu entscheiden, welche Haltung die USA künftig einnehmen sollten. Der Botschafter hielt es für eine Illusion zu glauben, die Sowjetführung würde in internationalen Fragen in Übereinstimmung mit den Prinzipien der westlichen Welt handeln.[1516] Der Standpunkt Harrimans war der, daß die USA dem sowjetischen Vorgehen in Osteuropa Widerstand entgegensetzen müßten. Da Amerika über ein riesiges Wirtschaftspotential verfüge und die Sowjetunion aufgrund der Kriegszerstörungen umfangreiche Wirtschaftshilfe für den Wiederaufbau benötige, befinde sich Washington, so Harriman, in einer äußerst günstigen Verhandlungsposition. Es sei notwendig, die Politik Roosevelts zu überprüfen. Eine feste Haltung und eine sofortige symbolische Kraftprobe würden den Sowjets vor Augen führen, daß sie ihre Beherrschung Osteuropas nur unter „beträchtlichen Nachteilen für sich selbst" fortsetzen könnten. Nachdem die amerikanische Wirtschaftshilfe für die Russen so wichtig war, würde die Kraftprobe nach Einschätzung Harrimans wahrscheinlich günstige Ergebnisse und ein Eingehen auf amerikanische Prinzipien zeitigen.[1517]

Harriman stand mit dieser Auffassung keineswegs allein, er hatte wichtige Verbündete. So bezweifelte der Stellvertretende Außenminister Joseph C. Grew nicht nur die Möglichkeit einer dauerhaften Zusammenarbeit mit Moskau, sondern er war bereits davon überzeugt, daß „ein zukünftiger Krieg mit der Sowjetunion so sicher ist, wie nur irgend etwas in der Welt sicher sein kann".[1518] Es wirft ein bezeichnendes Licht auf die Atmosphäre, die nach Roosevelts Tod in Washington herrschte, daß Grew drei Wochen nach Trumans Amtsantritt einem Freund schreiben konnte: „Er [Truman] wird garantiert keine Leisetreterei in unseren internationalen Beziehungen und der Außenpolitik dulden. [...] Du kannst Dir vorstellen, was für ein Vergnügen es ist, mit einem solchen

---

[1515] New York Times, 24. Juni 1941.

[1516] Harry S. Truman. Memoirs. Bd. I: Year of Decisions. Garden City, 1955, S. 70 ff.

[1517] Gar Alperovitz. Atomic Dipomacy: Hiroshima and Potsdam. The Use of the Atomic Bomb and the American Confrontation with Soviet Power. London/Boulder 1994, S. 72.

[1518] Joseph C. Grew. Turbulent Era: A Diplomatic Record of Forty Years 1904–1945. Bd. II. Boston 1952, S. 1446.

Mann zu tun zu haben."[1519] Unter dem neuen Präsidenten zeigte sich sehr schnell, daß die Vertreter eines harten Kurses gegenüber der Sowjetunion in Washington die Mehrheit besaßen.

Der wichtigste Streitpunkt zwischen Washington und Moskau war in diesen Monaten die polnische Frage. Die Sowjetunion hatte 1944 mit dem Lubliner Komitee eine kommunistische Regierung gegründet, die im Gefolge der Roten Armee in Warschau eingezogen war und in kurzer Zeit die Kontrolle über Polen an sich gerissen hatte. Als legitime Vertreterin Polens betrachtete sich jedoch die polnische Exilregierung in London. In Jalta waren Roosevelt, Churchill und Stalin übereingekommen, in Polen eine „Provisorische Regierung der Nationalen Einheit" zu bilden, in die auch Politiker der Londoner Exilregierung aufgenommen werden sollten. Über die endgültige Regierung sollten freie Wahlen entscheiden. Die von den Kommunisten beherrschte „Provisorische Regierung" weigerte sich jedoch, Vertreter der Exilregierung aufzunehmen, und die versprochenen Wahlen sollten erst im Januar 1947 stattfinden.

Am 23. April 1945 traf Truman mit Molotow zusammen, um mit ihm über die Neugestaltung der polnischen Regierung im amerikanischen Sinne zu sprechen. Während der Vorbereitungen zu diesem Treffen äußerte Truman intern, die Russen könnten „zur Hölle gehen",[1520] falls sie nicht konstruktiv mitarbeiten wollten. Einige Stunden später äußerte der Präsident die gleiche Meinung gegenüber dem sowjetischen Außenminister in einer Diktion, die – wie der Stabschef des Präsidenten erklärte – „alles andere als diplomatisch" war.[1521] Truman kam bei dem Treffen sofort zur Sache. Er machte darauf aufmerksam, daß die Sowjetunion keine amerikanische Wirtschaftshilfe erwarten könne, falls die Besprechungen über Polen nicht auf der Grundlage der amerikanischen Vorschläge fortgesetzt würden.[1522] Die polnische Frage war, wie Truman später feststellte, „in ihren großen Zügen zu einem Symbol für die zukünftige Entwicklung unserer internationalen Beziehungen" geworden.[1523]

Außenminister James F. Byrnes, Marineminister James V. Forrestal sowie Botschafter Harriman plädierten zu diesem Zeitpunkt für eine sofortige Kraftprobe mit Moskau. Es zeichnete sich jedoch ab, daß die Sowjetführung gerade im Fall Polens nicht zum Nachgeben bereit war. Die neue amerikanische Führung drohte an einen toten Punkt zu gelangen, was Kriegsminister Henry L. Stimson die Gelegenheit gab, seine politischen Vorstellungen einzubringen. Stimson, ein führender amerikanischer Konservativer und der einzige Republikaner in Roosevelts Kabinett, hatte bereits 1911–1913 als Kriegsminister unter Präsident William Howard Taft und 1929–1933 als Außenminister unter Präsident Herbert Hoover gedient. Stimson war ein Realpolitiker und alles andere als ein Freund der Sowjetunion, hielt aber eine Anerkennung der sowjetischen Sicherheitsinteressen und eine begrenzte Zusammenarbeit mit Moskau im Interesse einer stabilen Nachkriegsordnung in Europa für notwendig, da die ertragreichen Landwirtschaftsgebiete im Osten Europas nach Kriegsende von der Sowjetunion kontrolliert wurden. Stimson war der Überzeugung, daß ein Zusammenbruch der europäischen Wirtschaft unvermeidlich zu Chaos, Revolution und Krieg führen würde. „All das sind ernste Probleme, die Koordination zwischen den anglo-amerikanischen Alliierten und Rußland erfordern", vertraute er seinem Tagebuch an: „Rußland wird die meisten der guten Landwirtschaftsgebiete Mitteleuropas besetzen. [...] Wir müssen einen Weg finden, um Rußland zum Mitmachen zu überreden."[1524]

---

[1519] Ebenda, S. 1485 f.
[1520] James V. Forrestal. The Forrestal Diaries. New York 1951, S. 50.
[1521] Truman, Year of Decisions, S. 85.
[1522] Ebenda, S. 80.
[1523] Ebenda, S. 76.
[1524] Henry L. Stimson. Diary. (Yale University, unveröffentlicht): 16. Mai 1945.

Die Sicherheit der Vereinigten Staaten war nach Stimsons Auffassung von stabilen Verhältnissen in Europa abhängig. Nachdem zwei europäische Kriege sowohl 1917 wie 1941 amerikanische Interventionen nach sich gezogen hatten, erschien ihm der Weltfriede „unteilbar".[1525] Stimson befürchtete, daß Krankheiten und Hungersnöte in Mitteleuropa „politische Revolution und kommunistische Infiltration zur Folge haben könnten". Er hielt es für „lebenswichtig", Westeuropa davor zu bewahren, daß es „durch Mangel zur Revolution oder zum Kommunismus getrieben wird",[1526] und er folgerte, daß „ein wirtschaftlich gefestigtes Europa […] eine der stärksten Garantien für Sicherheit und andauernden Frieden ist, die wir zu erreichen hoffen können."[1527]

Bereits während des Krieges hatte Stimson die Notwendigkeit gesunder Wirtschaftsverhältnisse in Mitteleuropa in der Nachkriegszeit hervorgehoben[1528] und sich energisch gegen den Plan Morgenthaus ausgesprochen, der darauf abzielte, große Teile der deutschen Industrie zu zerstören. Stimson fürchtete die Folgen der Ausschaltung eines so wichtigen Faktors in der europäischen Wirtschaft. Morgenthaus Ratschläge anzunehmen, so argumentierte er, würde eine „Vergiftung der Quellen" mit sich bringen, „aus denen wir hoffen, den künftigen Weltfrieden zu erhalten". Er machte nachdrücklich darauf aufmerksam, daß Methoden „wirtschaftlicher Unterdrückung […] Kriege nicht verhindern; sie tragen zur Erzeugung von Kriegen bei".[1529] Statt einen solchen Plan zu befolgen, wäre es klug, Deutschlands Industrie unter sorgsamer Kontrolle wiederaufzubauen. „Wir sollten die [deutsche] Leistungsfähigkeit für die Hilfe bei der Wiederherstellung stabiler Verhältnisse in Europa und der Welt nicht ausschalten."[1530]

Bereits im Oktober 1943 hatte Stimson die Notwendigkeit des wirtschaftlichen Wiederaufbaus und der Wiederbelebung des freien Handelsaustauschs betont: „Mitteleuropa muß nach dem Krieg zu essen haben. Es muß von Zöllen befreit sein, um sich ernähren zu können." Führende Politiker, die das nicht einsahen, hatten „offenbar keine Ahnung von der zugrunde liegenden Notwendigkeit ordentlicher wirtschaftlicher Regelungen für einen dauerhaften Frieden".[1531]

Ungeachtet dieser Überlegungen war Stimson jedoch keineswegs gegen eine Kraftprobe mit der Sowjetunion, wie Byrnes, Forrestal und Harriman sie forderten. Stimson plädierte nur dafür, ein wenig abzuwarten, bis die Macht Amerikas durch eine völlig neuartige Waffe gewaltig zugenommen haben würde.

Am 24. April, einem Tag nach Trumans Zusammentreffen mit Molotow in Washington, schrieb Stimson an den Präsidenten: „Ich halte es für sehr wichtig, mit Ihnen so bald wie möglich etwas zu besprechen. [Die Atombombe] hat eine solche Bedeutung für unsere gegenwärtigen internationalen Beziehungen und beeinflußt alle meine Überlegungen auf diesem Gebiet so wesentlich, daß ich glaube, Sie sollten möglichst unverzüglich darüber unterrichtet werden."[1532]

Truman war sofort bereit, seinen Kriegsminister zu empfangen, und am 25. April wurde der neue Präsident ausführlich über das „Manhattan Project", das Programm zum Bau einer Atombombe, unterrichtet. Stimson legte ein Memorandum vor, das mit den Worten begann: „Innerhalb von vier Monaten werden wir aller Wahrscheinlichkeit nach die fürchterlichste Waffe in der Geschichte der Menschheit fertiggestellt haben."[1533]

[1525] Henry L. Stimson/McGeorge Bundy. On Active Service in Peace and War. New York 1948, S. 589.
[1526] Truman, Year of Decisions, S. 236.
[1527] U.S. Department of State, Foreign Relations: Conference of Berlin (Potsdam) 1945, Washington 1960, Bd. II, S. 809.
[1528] Stimson, On Active Service, S. 571.
[1529] Ebenda, S. 573.
[1530] Conference of Berlin II, S. 755.
[1531] Stimson, On Active Service, S. 567.
[1532] Truman, Year of Decisions, S. 85.
[1533] Stimson, On Active Service, S. 635.

Stimson informierte den Präsidenten, daß angesichts des unmittelbar bevorstehenden Kriegsendes in Europa nunmehr Japan als Ziel für den Einsatz der neuen Waffe in Aussicht genommen werde. Der Minister war zuversichtlich, daß die Atombombe den Krieg abkürzen würde.[1534] Die Verwendung der Bombe gegen Japan war jedoch nicht der Hauptpunkt dieser Besprechung. Stimson war der Überzeugung, daß die Atombombe, sobald sie fertig entwickelt wäre, den Vereinigten Staaten einen gewaltigen Machtzuwachs bescheren werde.[1535] Er hielt es für „verfrüht", wenn die Vereinigten Staaten diplomatische Fragen in bezug auf den Fernen Osten anschnitten, bevor die Atombombe getestet worden sei.[1536] In gleicher Weise sei es besser, die Gespräche mit Moskau über europäische Fragen aufzuschieben. Stimson erklärte dem Präsidenten am 16. Mai: „Wir werden wahrscheinlich später bessere Karten als jetzt in Händen haben."[1537] Stimson legte dem Präsidenten nahe, eine Konferenz der „Großen Drei" – Truman, Churchill, Stalin – aufzuschieben, bis die Atombombe Anfang Juli getestet worden sei.[1538]

Kurz nach seinem Amtsantritt hatte Truman entschieden, Edward R. Stettinus abzulösen und James F. Byrnes zum neuen amerikanischen Außenminister zu ernennen. Byrnes war noch entschiedener als Stimson der Meinung, daß die Atombombe in der zukünftigen amerikanischen Außenpolitik eine äußerst wichtige Rolle spielen werde.[1539]

Am 26. April 1945 erstattete der stellvertretende Kriegsminister John J. McCloy dem Präsidenten persönlich einen Bericht über die Lage in Mitteleuropa, das nach seinen Erkenntnissen vor dem vollständigen wirtschaftlichen, sozialen und politischen Zusammenbruch stand. Deutschland benötige dringend Nahrungsmittel, Brennstoff und Transportmittel. McCloy riet: „Wir werden praktikable Beziehungen zu den Russen ausarbeiten müssen. Es wird der größten Geschicklichkeit, Toleranz und Klugheit bedürfen, wenn wir unsere Ziele verwirklichen wollen."[1540]

Einen Tag später berichtete der britische Produktionsminister Oliver Lyttelton Präsident Truman, daß nicht nur der europäische Kontinent, sondern auch Großbritannien vor einem ernsten Mangel an Nahrungsmitteln und anderen lebenswichtigen Gütern stehe.[1541] Truman betrachtete die chaotische Wirtschaftslage in Europa als „eine der dringendsten Krisen", die er zu lösen hatte.[1542] Er sah eine „ernste Gefahr in solchem politischen und wirtschaftlichen Chaos, durch das wirtschaftliche Stabilität, die eine notwendige Grundlage für einen dauerhaften und gerechten Frieden bildet, aufs Spiel gesetzt wurde".[1543]

Truman hatte miterlebt, wie die Vereinigten Staaten – teils aufgrund europäischer Hilferufe, teils aufgrund des Drängens amerikanischer Politiker und Geschäftsleute – in zwei große europäische Kriege hineingezogen worden waren. Weil er „eine Friedensregelung, die dauerhaft sein würde", wünschte, hielt der Präsident es für notwendig, die wirtschaftlichen Verhältnisse Europas so zu organisieren, daß „der Aufstieg eines anderen Hitler zur Macht" verhindert werde.[1544] Für Truman war es die „nackte Wahrheit", daß die Vereinigten Staaten „die Grundlagen der Ordnung, auf denen wir hofften, den weltweiten Frieden ruhen zu sehen, verlieren würden, „falls wir Europa frieren und hungern lassen."[1545] Truman zog die Schlußfolgerung: „Der Wiederaufbau Europas war eine

---

[1534] Truman, Year of Decisions, S. 87.
[1535] Stimson, Diary, 15. März 1945.
[1536] Ebenda, 15. Mai 1945.
[1537] Ebenda, 16. Mai 1945.
[1538] Alperovitz, Atomic Diplomacy, S. 105 f.
[1539] Truman, Year of Decisions, S. 87.
[1540] Ebenda, S. 102.
[1541] Ebenda, S. 105.
[1542] Ebenda, S. 45.
[1543] Ebenda, S. 496.
[1544] Truman, Year of Decisions, S. 308.
[1545] Ebenda, S. 464.

Angelegenheit, die uns unmittelbar anging, und wir konnten uns nicht davon abwenden, ohne unsere eigenen nationalen Interessen auf Spiel zu setzen."[1546] In der ersten Woche des Juni 1945 – volle zwei Jahre vor dem Anlaufen des Marshall-Plans – sagte Truman zu seinen Beratern: „Wir haben uns zur Wiederherstellung Europas verpflichtet, und diesmal wird es nicht zu einer Preisgabe kommen."[1547]

Truman war sich mit Stimson darüber einig, daß es von größter Wichtigkeit war, die Einheit des europäischen Wirtschaftsraumes zu erhalten. Die westliche Hälfte Europas konnte nicht ohne die Lebensmittel aus den Landwirtschaftsgebieten der östlichen Hälfte ernährt werden.[1548] Das bedeutete eine zumindest begrenzte Kooperation mit der Sowjetunion, die das östliche Europa kontrollierte. Präsident Truman teilte auch Stimsons Überzeugung, daß es ohne eine starke deutsche Wirtschaft keine europäische Stabilität geben konnte. Im Gegensatz zu seinem Vorgänger Roosevelt war Truman gegen eine Zerstückelung Deutschlands.[1549] Als Senator hatte Truman sich gegen den berüchtigten Morgenthau-Plan ausgesprochen,[1550] und als Präsident billigte er am 10. Mai 1945 eine neue Direktive für die Verwaltung Deutschlands – JCS 1067/8 –, welche die harten wirtschaftlichen Bestimmungen, die Roosevelts frühere Direktive festgelegt hatte, erheblich abschwächte.[1551] Die erste Kabinettsumbildung, die Truman kurz nach seinem Amtsantritt vornahm, war die Entlassung von Finanzminister Henry Morgenthau. Truman hielt auch nichts von sowjetischen Forderungen nach umfangreichen Reparationsleistungen aus Deutschland, da die Aussicht bestand, daß diese letztlich von den Vereinigten Staaten bezahlt werden müßten: „Amerika war nicht an Reparationen für irgend jemanden interessiert", schrieb der Präsident später.[1552]

Truman hatte bereits frühzeitig die ungeheuren Bedürfnisse der vom Krieg schwer heimgesuchten sowjetischen Wirtschaft erkannt und wollte aus dieser Schwäche Vorteile ziehen. Die USA hatten während des Krieges die Produktionskapazität ihrer Industrie praktisch verdoppelt und bestritten 1945 mehr als 50 Prozent der Weltindustrieproduktion.[1553] Dank ihrer enormen Wirtschaftskraft waren die Vereinigten Staaten bei Kriegsende das einzige Land der Welt, das umfangreiche Kredite vergeben konnte. Truman machte in Vorbereitung der Potsdamer Konferenz mit Zustimmung des amerikanischen Kongresses eine Milliarde Dollar für eine sowjetische Anleihe verfügbar, einen Kredit, den Moskau natürlich nur bei politischem Wohlverhalten erhalten sollte.[1554]

Ende Mai 1945 waren Truman, Byrnes und Stimson jedoch zu der Ansicht gelangt, daß Wirtschaftshilfe nur eines von mehreren außenpolitischen Druckmitteln war, über die die USA verfügten. Ihre Überlegungen wurden von der Idee beherrscht, daß die Atombombe der amerikanischen Diplomatie große zusätzliche Macht verleihen würde. Am 28. Mai äußerte Byrnes' gegenüber dem Kernphysiker Leo Szilard die Überzeugung, daß die Demonstration der Atombombe die Sowjetunion gegenüber amerikanischen Wünschen in Osteuropa entgegenkommender machen werde.[1555] Am 6. Juni erklärte Truman Stimson, die Bombe werde den Hauptfaktor nicht allein beim Zustandekommen einer befriedigenden Lösung im Falle Polens, sondern auch bei Problemen in Rumänien, Jugoslawien und der Mandschurei bilden.[1556]

---

[1546] Ebenda, S. 46.
[1547] Ebenda, S. 262.
[1548] Ebenda, S. 236.
[1549] Ebenda, S. 306.
[1550] Ebenda, S. 235.
[1551] Herbert Feis. Between War and Peace: The Potsdam Conference. Princeton 1960, S. 56 f.
[1552] Truman, Year of Decisions, S. 398.
[1553] Harold U. Faulkner. Geschichte der amerikanischen Wirtschaft. Düsseldorf 1957, S. 727.
[1554] Truman, Year of Decisions, S. 233; Conference of Berlin, Bd. I, S. 181.
[1555] Leo L. Szilard. A Personal History of the Atomic Bomb, in: University of Chicago Round Table, 25. September 1949, S. 14 f.
[1556] Ebenda.

Zur Zeit der Konferenz von Jalta, im Februar 1945, hatten die politische wie die militärische Führung der USA die militärische Hilfe der Sowjetunion für den endgültigen Sieg über Japan für unentbehrlich gehalten. Präsident Roosevelt hatte deshalb amerikanische Unterstützung für gewisse sowjetische Ansprüche in der Mandschurei und in Nordchina versprochen. Im Austausch hatte er Stalins Versprechen für den Kriegseintritt der Sowjetunion innerhalb von zwei bis drei Monaten nach dem Zusammenbruch Deutschlands und für die Unterstützung der nationalen Regierung von Generalissimus Chiang Kai-shek in China erhalten. Die Sowjetunion wollte unter der Bedingung in den Krieg eintreten, daß „die früheren, durch den verräterischen Angriff Japans im Jahre 1904 verletzten Rechte Rußlands" wiederhergestellt würden. Insbesondere sollten die südliche Hälfte der Insel Sachalin an die Sowjetunion zurückgegeben, der mandschurische Hafen Dairen internationalisiert und Port Arthur als Flottenstützpunkt an die Sowjetunion verpachtet werden; weiter sollten die östlichen und die südmandschurischen Eisenbahnlinien Chinas künftig durch eine gemischte sowjetisch-chinesische Gesellschaft betrieben werden.[1557] Roosevelts unterschrieb diese Abmachung ohne großes Zögern – sie enthielten nichts anderes als die Wiederherstellung jener Rechte des Russischen Reiches in diesem Gebiet, wie sie bis zum Jahre 1905 bestanden hatten.[1558] Zu Beginn seiner Präsidentschaft tat Truman nichts, um diese von Roosevelt in Jalta eingegangenen Verpflichtungen zu ändern. Am 23. April 1945 bestätigte der neue Präsident bei seinem Treffen mit Volkskommissar Molotow in Washington Roosevelts Zusagen in bezug auf den Fernen Osten.[1559]

Bereits zu diesem Zeitpunkt wurde jedoch im Department of State die Notwendigkeit einer „Überprüfung" der von Roosevelt gegebenen Zusagen diskutiert. Botschafter Harriman glaubte, Stalin werde zu gegebener Zeit seine Versprechungen brechen und die chinesischen Kommunisten gegen Chiang Kai-shek unterstützen.[1560] Gleichzeitig überzeugte der Chef der amerikanischen Militärmission in Moskau die Vereinigten Stabschefs davon, daß die Hilfe der Roten Armee bei der geplanten Invasion Japans nicht länger gebraucht werde und daß mit ihr nur unabsehbare politische Probleme verbunden sein würden.[1561]

Mitte April meldete das amerikanische Vereinigte Nachrichtenkomitee, daß die japanische Führung nach einem Weg suche, um mildere Kapitulationsbedingungen zu erhalten. Das Department of State war davon überzeugt, daß der japanische Kaiser persönlich nach einer Möglichkeit zur Beendigung des Krieges suche.[1562] Am 24. April deuteten die Planer der Vereinigten Stäbe von U.S. Army und Navy vorsichtig an, daß „allein die Drohung" mit einer Invasion die japanische Führung zur bedingungslosen Kapitulation bewegen könnte.[1563] Ende April begannen die führenden Planungsstellen der amerikanischen Streitkräfte mit Untersuchungen darüber, was geschehen solle, „wenn Japan sich zur Kapitulation entschließt".[1564] Der Stabschef des Präsidenten, Admiral William D. Leahy, war überzeugt, daß der Krieg lange vor einer Invasion beendet werden könnte.[1565] Marineminister Forrestal und der Stellvertretende Außenminister Grew waren der Meinung, daß eine Erklärung mit der Zusicherung, „bedingungslose Kapitulation" bedeute nicht die Absetzung des Kaisers, den Krieg beenden würde.[1566]

---

[1557] U.S. Department of State, United States Relations with China 1944–1949. Washington 1949, S. 113 f.

[1558] Leahy, I Was There, S. 318.

[1559] Truman, Year of Decisions, S. 76.

[1560] Relations with China, S. 97 f.

[1561] Leahy, I Was There, S. 351.

[1562] Ray S. Cline. Washington Command Post: The Operations Division. Washington 1951, S. 343.

[1563] U.S. Department of Defense, The Entry of the Soviet Union into the War against Japan: Military Plans, 1941–1945, Washington 1955, S. 64.

[1564] Cline, Washington Command Post, S. 343.

[1565] Leahy, I Was There, S. 384 f.

[1566] Grew, Turbulent Era II., S. 1438 ff.

Innerhalb der japanischen Führung war durch den Verlust Okinawas die Stellung der Gemäßigten, die auf einen Friedensschluß drängten, gestärkt worden. Mit der Niederlage bei Okinawa war nicht nur die erste größere Insel der Heimatgruppe verlorengegangen, sondern waren auch die letzten kampfkräftigen Einheiten der japanischen Kriegsmarine, darunter das Riesenschlachtschiff „Yamato", vernichtet worden.[1567] Die wenigen noch vorhandenen Flugzeugträger und Schlachtschiffe waren alle mehr oder weniger stark beschädigt, außerdem gab es für sie keinen Treibstoff mehr. Die verbliebenen U-Boote stellten für die Alliierten keine besondere Gefahr mehr dar. Die Kamikaze-Flieger, die seit der Seeschlacht im Golf von Leyte in großer Zahl auftauchten, fügten den Alliierten zwar Verluste zu, sie konnten aber keinen einzigen der großen amerikanischen oder britischen Flugzeugträger versenken.

## Operation „Downfall" und der Streit um die japanischen Kapitulationsbedingungen

Mitte Juni hatten sechs Mitglieder des japanischen Obersten Kriegsrates Außenminister Shigenori Togo heimlich mit der Aufgabe betraut, an die Sowjetunion heranzutreten, um zu sondieren, ob Moskau zu einer Vermittlung bereit wäre.[1568] Bereits Anfang Juni hatten die Vereinigten Staaten Funktelegramme Togos an die japanische Botschaft in Moskau abgefangen, aus denen hervorging, daß sich nun der Kaiser persönlich in diese Angelegenheit eingeschaltet und den Befehl gegeben hatte, die Sowjetunion um Hilfe zur Beendigung des Krieges zu bitten.[1569]

Anfang Juli war das Vereinigte Nachrichtenkomitee zu der Ansicht gelangt, daß „ein Eintritt der Sowjetunion in den Krieg" die japanische Führung „endgültig von der Unvermeidlichkeit einer vollständigen Niederlage überzeugen" würde.[1570]

Diese Einschätzung ging allerdings von der Annahme aus, daß die Alliierten an der Formel „bedingungslose Kapitulation" festhalten würden. Ende Mai 1945 hatten jedoch alle maßgebenden Politiker Amerikas einschließlich Präsident Truman entschieden, die Forderung nach „bedingungsloser Kapitulation" wenn nötig dahingehend abzuändern, daß der Kaiser seinen Thron behalten dürfe.[1571] Im Juni 1945 ging die amerikanische Führung davon aus, daß entweder eine sowjetische Kriegserklärung oder eine Änderung der Kapitulationsbedingungen vermutlich zur Kapitulation Japans führen werde.[1572] Byrnes schrieb später: „Obwohl eine Vereinbarung bestand, daß die Sowjets drei Monate nach Deutschlands Kapitulation in den Krieg eintreten würden, hofften der Präsident und ich, daß Japan sich vorher ergeben würde."[1573] Und noch eindeutiger: „Wir wollten mit der japanischen Phase des Krieges zu Rande kommen, ehe die Russen einstiegen."[1574]

In Washington wurde erwartet, daß die Rote Armee mit ihren Panzer- und motorisierten Verbänden die unzulänglich bewaffnete japanische Kwantung-Armee in der Mandschurei innerhalb von wenigen Wochen überrennen würde, womit der Weg für eine sowjetische Beherrschung der Mandschurei und Nordchinas frei war. Dies erschien der Regierung Truman alles andere als wünschenswert. Die führenden amerikanischen Po-

---

[1567] Herbert Feis. Japan Subdued: The Atomic Bomb and the End of the War in the Pacific, Princeton 1961, S. 169.
[1568] J.R.M. Butler (Hrsg.). Grand Strategy. Bd. VI: October 1944–August 1945. London 1956, S. 284 f.
[1569] Conference of Berlin I, S. 875 f.
[1570] Ebenda, S. 36.
[1571] Truman, Year of Decisions, S. 416.
[1572] Conference of Berlin I, S. 892; Leahy, I Was There, S. 384 f.; Forrestal, Diaries, S. 68 f.
[1573] James F. Byrnes. All in One Lifetime. New York 1958, S. 300.
[1574] Was A-Bomb on Japan a Mistake? U.S. News and World Report, 15. August 1960, S. 66.

litiker hofften daher, den Krieg im Fernen Osten vor Beginn eines sowjetischen Feldzugs in der Mandschurei beenden zu können.[1575]

Zu dieser Zeit planten die Vereinigten Stabschefs und die Stäbe des Commonwealth eine Invasion der Japanischen Inseln unter der Bezeichnung Operation „Downfall". Im Rahmen dieses Unternehmens sollte zuerst am 1. November 1945 auf der Insel Kyushu eine Landung erfolgen (Operation „Olympic"), und nach der Einnahme des südlichen Drittels dieser Insel sollte ab dem 1. März 1946 eine Invasion auf Honshu (Operation „Coronet") mit der anschließenden Eroberung der Kanto-Ebene und der Einnahme von Tokio folgen. Zu ihrem Schrecken mußten die alliierten Planer im Verlauf des Sommers 1945 aufgrund der Aufklärungsergebnisse feststellen, daß die japanischen Truppen auf den Heimatinseln sehr viel stärker waren als ursprünglich angenommen, insgesamt standen noch 4.335.500 Mann in 65 Divisionen[1576] mit 12.700 Flugzeugen (davon etwa die Hälfte Kamikazeflieger) zur Verfügung.[1577]

Anders als die Kaiserlich-Japanische Marine war die Armee noch nicht entscheidend geschlagen. Sie verfügte im Sommer 1945 über fünf Millionen Mann in 145 Divisionen und kontrollierte immer noch große Teile Chinas einschließlich der Mandschurei, Koreas, Indochinas, Formosas und des größten Teils von Niederländisch Indien.

Wegen der bei den Kämpfen um Okinawa gemachten Erfahrungen waren die Schätzungen über die zu erwartenden Verluste der amerikanischen und Commonwealth-Truppen teilweise sehr hoch, sie bewegten sich zwischen 49.000 Gefallenen nur innerhalb der ersten 30 Tage und 500.000 bis 1.000.000 Gefallenen insgesamt. Als Folge dieser erschreckenden Perspektiven wurden sehr bald chemische und biologische Waffen in die Planungen miteinbezogen – und die Atombombe.

In der Besprechung zwischen Stimson und Truman am 24. April 1945 über das „Manhattan Project" war die Frage, ob die neue Waffe gegen Japan eingesetzt werden sollte, überhaupt nicht angesprochen worden. Als das „Interim Committee", das zur Beratung des Präsidenten zum Einsatz der Atombombe gegründet worden war, am 31. Mai zu einer Sitzung zusammentrat, war das einzige Thema, wie die Bombe dazu verwendet werden konnte, den Krieg so rasch wie möglich zu beenden.[1578] Stimson war überzeugt, daß nur noch „ein fürchterlicher Schock" nötig sei, um die Japaner zur Kapitulation zu bewegen.[1579] Zunächst stellte Byrnes als Sonderbeauftragter des Präsidenten die Frage, ob man den Japanern die Wirkung der Atombombe nicht gegen ein harmloses Ziel wie zum Beispiel eine unbewohnte Insel demonstrieren könnte, bevor man sie in einer Weise einsetzte, die große Verluste an Menschenleben verursachen würde. Der wissenschaftliche Direktor der Los Alamos Laboratorien, J. Robert Oppenheimer, konnte sich jedoch keine Demonstration vorstellen, die dramatisch genug wäre, um die Japaner mit einem Schlag von der Nutzlosigkeit weiteren Widerstandes zu überzeugen. Andere Konferenzteilnehmer gaben zu bedenken, daß die Bombe nicht explodieren könnte oder daß die Japaner das Bombenflugzeug abschießen könnten. Falls die Demonstration nicht zur Kapitulation führte, würde die Chance verspielt sein, den größtmöglichen Schockeffekt zu erzielen.[1580]

Nach längerer Diskussion zog Stimson ein Resumee, das allgemeine Zustimmung fand: Die Schockwirkung würde am größten sein, wenn die Bombe ohne Vorwarnung abgeworfen wurde. Stimson hielt es für unklug, die Bombe gegen ein rein ziviles Wohn-

---

[1575] Alperovitz, Atomic Diplomacy, S. 160 f.

[1576] Richard B. Frank. Downfall: The End of the Imperial Japanese Empire. New York 1999, S. 176.

[1577] Dennis M. Giangreco. Hell to Pay: Operation Downfall and the Invasion of Japan 1945–1947. Annapolis 2009, S. XVIII.

[1578] Richard G. Hewlett/Oscar E. Anderson. The New World 1939–1946. University Park 1962, S. 356 ff.; Leahy, I Was There, S. 440 f.

[1579] Stimson, On Active Service, S. 617.

[1580] Hewlett/Anderson, The New World, S. 358.

gebiet einzusetzen, aber im Hinblick auf eine möglichst rasche Beendigung des Krieges wäre es doch das beste, einen möglichst tiefen psychologischen Eindruck auf so viele Japaner wie nur möglich zu machen. Der Direktor der Harvard University, James B. Conant, machte schließlich den Vorschlag, das beste Ziel für die Atombombe sei eine kriegswichtige Fabrik mit einer großen Zahl von Beschäftigten, die inmitten von Arbeitersiedlungen liege. Am folgenden Tag stellte Byrnes den Antrag, das „Interim Committee" möge die Empfehlung abgeben, die Bombe so bald wie möglich und ohne Vorwarnung gegen einen von Arbeitersiedlungen umgebenen kriegswichtigen Betrieb einzusetzen. Das Komitee nahm diesen Antrag an. Das Ziel war eine möglichst dramatische und schockierende Demonstration der neuen Waffe, und Stimson und das Komitee stimmten darin überein, daß ein unangekündigter Schlag gegen eine große Stadt diesem Zweck am besten dienen würde: „Jeder andere Weg [...] enthielt eine schwere Gefährdung des Hauptzweckes, eine prompte Kapitulation der Japaner zu erreichen."[1581]

In den späteren Planungen für Operation „Olympic" war auch ein taktischer Einsatz von Atomwaffen vorgesehen, General Marshall ging davon aus, daß bis zur Landung auf Kyushu am 1. November 1945 mindestens sieben Plutoniumbomben vom Typ Mk 3 „Fat Man" verfügbar seien.[1582]

Die technische Leitung des „Manhattan Project" glaubte Anfang August 1945, für die gesamten Operationen zur Invasion Japans 15 Atombomben zur Verfügung stellen zu können.[1583] Die Tatsache, daß die katastrophalen humanitären Folgen für die betroffene japanische Bevölkerung von Stimson, Byrnes, Truman und den anderen Beteiligten nur am Rande in Erwägung gezogen wurden, läßt sich wohl nur durch die damals allgemein vorherrschende Kriegspsychose erklären.

Unterdessen bemühte sich die amerikanische Führung, den Termin für die geplante Konferenz der „Großen Drei" in Potsdam möglichst hinauszuschieben, um Zeit für die Fertigstellung der ersten Atombombe und ihre Erprobung zu gewinnen. Anfang Juli reisten Truman, Byrnes und Stimson nach Europa. Währenddessen wurden, wie Truman später schrieb, „die Vorbereitungen für die atomare Versuchsexplosion in Alamogordo, New Mexico [...] schnellstens vorangetrieben, und auf der Überfahrt hatte ich begierig auf Nachricht über den Erfolg gewartet."[1584] Kurz vor seinem ersten Zusammentreffen mit der Sowjetdelegation erklärte der Präsident einem seiner Begleiter vertraulich: „Wenn sie explodiert, und ich glaube, sie wird es tun, dann werde ich sicher einen Knüppel für diese Jungs haben!"[1585]

Die amerikanische Führung hoffte, auf der Potsdamer Konferenz dem Hauptziel ihrer Politik, der Wiederherstellung wirtschaftlicher und politischer Stabilität in ganz Europa einschließlich Deutschland, näher zu kommen. In bezug auf Osteuropa war Truman der Ansicht, daß, „falls die politische Situation so geregelt werden könnte, daß Ungarn, Jugoslawien, Rumänien und Bulgarien sowie Polen und Österreich von ihren Völkern gewählte Regierungen bekämen", dies für die amerikanischen „Pläne für den Frieden" äußerst hilfreich wäre.[1586] Die amerikanischen Politiker hofften, die Sowjetführung würde einwilligen, überall in den von ihr militärisch kontrollierten Gebieten repräsentative Regierungen zuzulassen. Baldige freie Wahlen, so die Überzeugung der amerikanischen Politiker, würden die sowjetische Herrschaft rasch beseitigen.[1587] Byrnes schrieb später,

---

[1581] Stimson, On Active Service, S. 617.
[1582] Frank, Downfall, S. 312 f.
[1583] Kenneth Nichols The Road to Trinity: A Personal Account of How America's Nuclear Policies Were Made. New York 1987, S. 201.
[1584] Truman, Year of Decisions, S. 415.
[1585] Jonathan Daniels. The Man of Independence. Philadelphia 1950, S. 266.
[1586] Truman, Year of Decisions, S. 245.
[1587] Conference of Berlin I, S. 357 ff.

daß sowohl er als auch Präsident Truman die Verminderung oder Beseitigung des sowjetischen Einflusses in Südosteuropa als eines der wichtigsten Ziele der amerikanischen Diplomatie in Potsdam angesehen hätten.[1588]

## „Trinity" und die Konferenz von Potsdam

Truman und die amerikanische Delegation kamen am späten Nachmittag des 15. Juli, einem Sonntag, in Potsdam an.[1589] Am folgenden Montag, dem 16. Juli, fand um 5.30 Uhr morgens Ortszeit auf dem Gelände von Alamogordo in New Mexico der erste amerikanische Atomwaffenversuch mit dem Decknamen „Trinity" statt.[1590]

Am folgenden Tag nahm Truman, der den Vorsitz der Plenarsitzung zur Eröffnung der Konferenz übernommen hatte, die Gelegenheit wahr, seinen Standpunkt zu Osteuropa klarzumachen. Der Präsident erklärte ohne Umschweife, daß die von den Vereinigten Staaten, Großbritannien und der Sowjetunion in Jalta übernommenen Verpflichtungen bislang nicht erfüllt worden seien. Truman forderte eine sofortige Reorganisation der Regierungen in Rumänien und Bulgarien und die umgehende Abhaltung freier Wahlen.[1591] Diese Forderungen wurden von der sowjetischen Delegation abgelehnt.

Am 21. Juli überbrachte ein Sonderkurier Truman einen ausführlichen Bericht über den Atomversuch von General Leslie R. Groves, dem militärischen Leiter des „Manhattan Project"; in dem Bericht hieß es unter anderem: „In einem entlegenen Abschnitt des Flugstützpunktes Alamogordo, New Mexico, wurde der erste Versuch in vollem Ausmaß mit dem Implosionstyp der Kernspaltungsbombe unternommen. […] Der Test war über die optimistischsten Erwartungen aller hinaus erfolgreich. […] Ich schätze die erzeugte Energie auf mehr als das Äquivalent von 15.000 bis 20.000 Tonnen TNT; und das ist eine vorsichtige Einschätzung."[1592] Truman und Byrnes waren über diesen Bericht außerordentlich erfreut.[1593]

Am 23. entschied Truman, die Konferenz so bald wie möglich zu beenden, auch wenn die meisten strittigen Fragen zwischen den westlichen Alliierten und der Sowjetunion bislang nicht geklärt worden waren.[1594] Dementsprechend gab es auch kein „Potsdamer Abkommen", sondern nur ein Kommuniqué. Eine Lösung der anstehenden Probleme wollte Truman erst nach der Demonstration der Atombombe erreichen, wenn Moskau von der neuen Macht Amerikas genügend beeindruckt war.

Im Einverständnis mit Churchill machte Truman am folgenden Tag gegenüber Stalin ganz nebenher die Bemerkung, daß die Vereinigten Staaten eine neue Waffe von ganz ungewöhnlicher Wirkung entwickelt hätten. Er sagte jedoch nicht, daß es sich um eine Atombombe handelte.[1595] Churchill, der die Szene mit angespanntem Interesse verfolgte, „war sicher, daß [Stalin] keinen Schimmer hatte, wovon die Rede war".[1596] Der Eindruck täuschte. Tatsächlich hatten die sowjetischen Geheimdienste NKGB und GRU das „Manhattan Project" so gründlich ausspioniert, daß Moskau mehr als 10.000 Seiten Akten über das amerikanische Atomprojekt sowie Beschreibungen und Baupläne für die Plutoniumbombe „Fat Man" besaß.[1597] Dieser Typ, der nach dem Implosionsprinzip funktionierte,

[1588] James F. Byrnes. Speaking Frankly. New York 1947, S. 67 f.
[1589] Conference of Berlin II, S. 8.
[1590] Ebenda, S. 1361.
[1591] Conference of Berlin II, S. 53 u. 643 f.
[1592] Ebenda, S. 1361 ff.
[1593] Stimson Diary, 21. Juli 1945.
[1594] Ebenda, 24. Juli 1945.
[1595] Truman, Year of Decisions, S. 416.
[1596] Winston S. Churchill. Triumph and Tragedy. Boston 1953, S. 668 ff.
[1597] Richard Rhodes / Dark Sun. The Making of the Hydrogen Bomb. New York 1995, S. 121, 174 u. 193 ff.

war am 16. Juli bei Alamogordo gezündet worden und sollte am 9. August gegen Nagasaki eingesetzt werden. „Fat Man" war in der Konstruktion wesentlich besser als die Hiroshima-Bombe „Little Boy", die hochangereichertes Uran benutzte und nach dem „Kanonen"-Prinzip funktionierte.[1598] Tatsächlich verbrauchte „Little Boy" mit einem Schlag das gesamte vorhandene Uran 235, das Los Alamos bis dahin im Wege der Isotopentrennung gewonnen hatte.

Stalin hatte bereits am 23. März einen ausführlichen Bericht des GRU über einen deutschen Atomwaffentest am 4. März 1945 in Thüringen erhalten.[1599] Glaubt man diesem Bericht, dann hatten die deutschen Kernphysiker um Prof. Walther Gerlach und Dr. Kurt Diebner einen für die damalige Zeit sehr fortschrittlichen Typ von Atomwaffe entwickelt, eine fusionsverstärkte Kernspaltungsbombe – die Amerikaner bezeichnen diesen Typ als „Boosterbombe" und haben ihn erstmals am 25. Mai 1951 bei dem Test „Greenhouse Item" erprobt. Bei dem Versuch auf dem Truppenübungsplatz Ohrdruf soll diese Bombe eine Energie von etwa 1.000 Tonnen TNT (eine Kilotonne) freigesetzt haben, womit sie als taktische Atomwaffe einzuordnen wäre. Ob der GRU-Bericht den Tatsachen entspricht oder nicht, konnte bis zum heutigen Tage nicht aufgeklärt werden. Ein ungelöstes Rätsel ist auch die Frage, woher die deutschen Kernphysiker eine ausreichende Menge von spalt-

*V.li.: Der britische Premierminister Clement Attlee, US-Präsident Harry S. Truman und der Generalsekretär der KPdSU und Vorsitzende des Rats der Volkskommissare Josef Stalin auf der Konferenz von Potsdam im Juli 1945*

barem Material (Uran 235 oder Plutonium) hatten; sie verfügten zwar über Ultrazentrifugen und elektromagnetische Massetrenner für die Isotopentrennung bzw. Anreicherung von Uran 235, aber es handelte sich, soweit bekannt, nur um Einzelstücke, mit denen man nur Mengen im Labormaßstab, das heißt im Bereich von Bruchteilen von einem Gramm, gewinnen konnte. Es sind bisher keine Unterlagen aufgetaucht, die die Herstellung einer größeren Zahl dieser Geräte belegen. Folgt man der Fachliteratur, dann kommt eine Atombombe, die nach dem „Booster"-Prinzip arbeitet, mit einigen hundert oder tausend Gramm spaltbarem Material aus. In einer Nachkriegspublikation behauptete Diebner, daß die deutschen Kernphysiker über eine solche Menge verfügt hätten, ohne jedoch irgendwelche näheren Angaben zu machen.[1600] Falls der GRU-Bericht zutrifft, dann hat die verhältnismäßig beschränkte Wirkung der deutschen Atombombe Stalin wahrscheinlich zu einer falschen Vorstellung von der Wirkung dieser neuen Waffe verleitet.

---

[1598] Chuck Hansen. U.S. Nuclear Weapons: The Secret History. Arlington 1988, S. 121 ff.

[1599] Volkskommissariat für Verteidigung der UdSSR, Hauptverwaltung Aufklärung der Roten Armee, 23. März 1945, An den Generalstabschef der Roten Armee, Armeegeneral Gen. Antonow, Kopie im Besitz des Verfassers; auszugsweise wiedergegeben in: Rainer Karlsch. Hitlers Bombe: Die geheime Geschichte der deutschen Kernwaffenversuche, München 2005, S. 220 f.1

[1600] Erich Bagge / Kurt Diebner / Kenneth Jay. Von der Kernspaltung bis Calder-Hal. Hamburg 1957. S. 37 f.

Am 6. August 1945 warf ein Langstreckenbomber vom Typ B-29 mit dem Namen „Enola Gay" unter dem Kommando von Oberst Paul W. Tibbetts eine Uranbombe vom Typ Mk I „Little Boy" über dem Zentrum der Stadt Hiroshima im Südwesten von Honshū ab. Als die „Enola Gay" und zwei sie begleitende B-29 sich Hiroshima näherten, gab die japanische Luftverteidigung keinen Alarm, da sie glaubte, daß es sich nur um Aufklärungsflugzeuge handeln würde und sie keine Flak-Munition verschwenden wollte. „Little Boy" entwickelte eine Sprengkraft von rund 12.000 Tonnen TNT und zerstörte die Stadt nahezu vollständig. 70.000 Menschen fanden durch Hitze, Druck und Strahlung sofort den Tod, 70.000 weitere starben bis Ende November an den Folgen der Strahlenkrankheit.[1601] Unter den Toten befanden sich auch schätzungsweise 20.000 koreanische Zwangsarbeiter und 20.000 japanische Soldaten; es wurden 48.000 Gebäude zerstört, darunter das Hauptquartier der 2. Armee.[1602]

# Die Mandschurische Operation

Als Folge der Vereinbarungen, die auf den Konferenzen von Jalta und Potsdam getroffen worden waren, bereitete die sowjetische Führung seit April 1945 einen Feldzug gegen die japanische Kwantung-Armee in der Mandschurei vor. Die Verlegung von drei Fronten der Roten Armee vom europäischen Kriegsschauplatz über die transsibirische Eisenbahn nach Fernost stellte eine große logistische Herausforderung dar.

Am 8. August erklärte die Sowjetunion Japan ungeachtet des bestehenden Neutralitätspaktes vom 13. April 1941 den Krieg. Für die Mandschurische Strategische Offensivoperation, deren Gesamtleitung in den Händen von Marschall Alexander Wassiljewski lag, waren an der Grenze zu Mandschukuo drei Fronten aufmarschiert: In der Inneren Mongolei und an der Westgrenze Mandschukuos die Transbaikalfront unter Marschall Rodion Malinowski (17., 36. u. 39. Armee, die 6. Garde-Panzerarmee sowie ein sowjetisch-mongolisches mechanisiertes Kavalleriekorps); an der Ostgrenze in der Region um Wladiwostok die 1. Fernostfront unter Marschall Kirill Merezkow (1. Rotbanner-Armee sowie die 5., 25. und 35. Armee); an der Nordgrenze die 2. Fernostfront unter General Maxim Purkajew (2. Rotbanner-Armee sowie die 15. und 16. Armee). Diese Kräfte umfaßten zusammen mehr als 80 Divisionen mit 1,5 Millionen Soldaten, über 5.000 Panzern (darunter 3.700 vom Typ T 34/85), über 28.000 Artilleriegeschützen und Granatwerfern sowie 4.300 Flugzeugen.

Die japanische Kwantung-Armee unter General Yamada Otozō war der wichtigste Teil der japanischen Besatzungsmacht in der Mandschurei und Korea, sie bestand im wesentlichen aus drei Regionalarmeen (1., 3. und 17. Regionalarmee) und zwei unabhängigen Armeen. Die Kwantung-Armee zählte auf dem Papier mehr als 600.000 Mann, welche über 1.215 Panzerfahrzeuge (meist leichte und veraltete Panzer), 6.700 Geschütze und 1.800 meist veraltete und nur zur Ausbildung genutzte Flugzeuge verfügten. Tatsächlich waren alle guten Einheiten und alle modernen Waffen der Armee in den vorangegangenen Jahren für den Krieg im pazifischen Raum herausgezogen worden. Die veralteten japanischen Panzer und Panzerabwehrkanonen sollten sich den massiert auftretenden sowjetischen T 34/85 als in keiner Weise gewachsen erweisen.

Die Mandschurische Operation war vom sowjetischen Generalstab als großangelegter klassischer Zangenangriff mit zwei Hauptstoßrichtungen geplant worden, der Kriegsschauplatz hatte etwa die Größe Westeuropas. Seit dem Morgen des 9. August kämpfte

---

[1601] Hiroshima and Nagasaki. The Physical, Medical, and Social Efects of the Atomic Bombings, hrsg. von The Committee for the Compilation of Materials on Damage Caused by the Atomic Bombs in Hiroshima and Nagasaki, New York 1981, S. 113 u. 363 ff. Die zitierten Zahlen beinhalten die bis November 1945 an Verstrahlung Gestorbenen.

[1602] Robert F. Drinan. Beyond the nuclear freeze. New York 1983, S. 145.

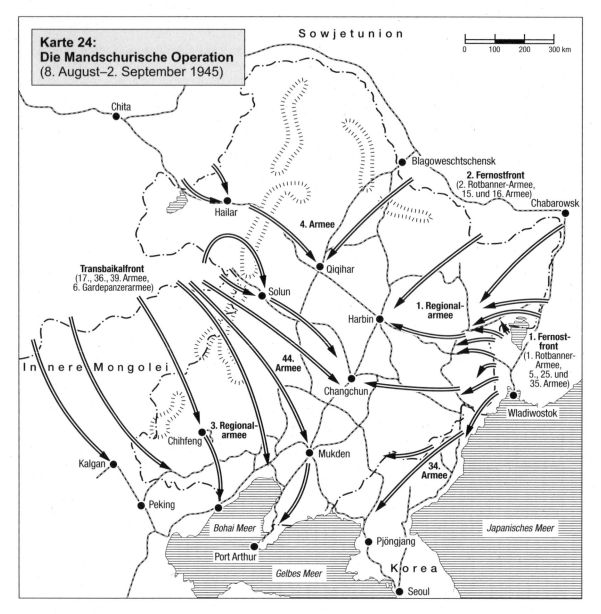

Sowjetunion

0    100    200    300 km

Chita

Blagoweschtschensk

**2. Fernostfront**
(2. Rotbanner-Armee,
15. und 16. Armee)

Chabarowsk

Hailar

**4. Armee**

**Transbaikalfront**
(17., 36., 39. Armee,
6. Gardepanzerarmee)

Solun

Qiqihar

**1. Regional-
armee**

Harbin

**44.
Armee**

**1. Fernost-
front**
(1. Rotbanner-
Armee,
5., 25. und
35. Armee)

In nere Mongolei

Changchun

Wladiwostok

Chihfeng

**3. Regional-
armee**

Kalgan

Mukden

**34.
Armee**

Japanisches Meer

Peking

Bohai Meer

Pjöngjang

Port Arthur

Gelbes Meer

K o r e a

Seoul

sich als westlicher Teil der großen Zangenbewegung die Transbaikalfront über das Große Hinggan-Gebirge und durch die mongolische Wüste vor, das Operationsziel Malinowskis war Changchun, die Hauptstadt Mandschukuos. Malinowki nahm die schwierigen Gelände- und Nachschubverhältnisse in Kauf, um sich das Überraschungsmoment zu sichern; tatsächlich hielt das japanische Oberkommando einen Angriff aus dieser Richtung für völlig unwahrscheinlich. Die 1. Fernostfront unter Merezkow bildete den östlichen Teil der Zange, sie überschritt links und rechts des Chankasees den Ussuri und stieß gegen heftigen japanischen Widerstand in westlicher Richtung auf die Stadt Suifenhe vor; das Operationsziel Merezkows war ebenfalls Changchun, wo er sich mit den Angriffsspitzen Malinowskis treffen wollte. Die 2. Fernostfront Purkajews hatte die Aufgabe, von Norden her frontal auf Tsitsihar und Harbin vorzugehen und die dort stehenden japanischen Kräfte zu binden.

Die Führung der Kwantung-Armee hatte den Beginn der Invasion erst im Oktober vermutet und wurde von der sowjetischen Großoffensive völlig überrascht. Die japanischen Verbände wurden an allen Fronabschnittten innerhalb weniger Tage geschlagen, am 15. August verkündete Kaiser Hirohito in einer Rundfunkansprache die bedingungslose Kapitulation Japans. Hirohito hatte das Wort Kapitulation in der Rede aber nicht verwendet, sondern nur von der Erfüllung der Potsdamer Bedingungen gesprochen, und die schlechte Übertragungsqualität sowie die altmodische höfische Sprache verursachten einige Verständnisprobleme. Das Hauptquartier der Kaiserlich-Japanischen Armee gab den Befehl, die Kampfhandlungen einzustellen, nicht sofort an die Kwantung-Armee weiter, und als er endlich erteilt wurde, wurde er von vielen Befehlsstellen nicht verstanden oder ignoriert. Dies führte dazu, daß Teile der Kwantung-Armee ihren Widerstand auch noch nach dem 15. August fortsetzten. Die sowjetischen Panzerverbände waren zu diesem Zeitpunkt schon weit ins Landesinnere vorgestoßen, und ungeachtet der stellenweise erbitterten Gegenwehr konnten sie bis zum 20. August Mukden, Changchun und Qiqihar einnehmen. Insgesamt gerieten im Verlauf der Mandschurischen Operation mehr als 594.000 japanische Soldaten in sowjetische Kriegsgefangenschaft.

Am 18. August wurden von russischen Truppen mehrere amphibische Landungen durchgeführt, drei im Norden Koreas, eine in Sachalin und eine auf den Kurilen. Die in Korea gelandeten sowjetischen Truppen konnten eine beschränkte Kontrolle im Norden der Halbinsel ausüben, im Süden sollten am 8. September bei Incheon amerikanische Verbände landen. In der Folge übernahmen die Sowjets die politische Herrschaft in den koreanischen Gebieten nördlich des 38. Breitengrades, die Amerikaner in den Provinzen südlich dieser Demarkationslinie.

Die Mandschurische Operation war die letzte große Offensive des Zweiten Weltkrieges. Sie ist in der westlichen Welt weitgehend unbekannt geblieben, obwohl sie weltpolitisch kaum zu unterschätzende Folgen haben sollte. Im Gefolge der Roten Armee gelangten chinesische kommunistische Partisanen in die nördliche Mandschurei, wo sie von den Sowjets mit erbeuteten Waffen der Kwantung-Armee ausgerüstet und nach sowjetischen Grundsätzen ausgebildet wurden. Die nördliche Mandschurei wurde so zur Operationsbasis der „Nordöstlichen Feldarmee" unter General Lin Biao, die 1948 die Entscheidungsschlachten des Bürgerkrieges gegen die Nationalrevolutionäre Armee Chiang Kai-sheks schlagen sollte.

# Das Kriegsende im Fernen Osten

Drei Tage nach dem atomaren Angriff auf Hiroshima, am 9. August 1945, wurde von einer B-29 mit dem Namen „Bockscar" über Nagasaki im Nordwesten von Kyushu eine Plutoniumbombe vom Typ Mk III „Fat Man" abgeworfen. „Fat Man" tötete etwa 39.000 bis 80.000 Menschen, darunter geschätzt 23.000 bis 28.000 japanische Rüstungsarbeiter, etwa 2.000 koreanische Zwangsarbeiter und 150 japanische Soldaten. Etwa 60 Prozent der Stadtfläche und mehr als zwei Drittel der Industrie wurden völlig zerstört.[1603]

Sechs Tage später, am 15. August 1945, erklärte die japanische Regierung nach der Rundfunkrede Kaiser Hirohitos die Kapitulation vor den Alliierten unter der Zusicherung der amerikanischen Regierung, daß die Stellung des Kaisers als spirituelles Oberhaupt Japans unangetastet bleiben werde.[1604] Die offizielle Kapitulation sollte am 2. September 1945 in der Bucht von Tokio an Bord des Schlachtschiffs USS „Missouri" unterzeichnet werden.

---

[1603] Drinan, S. 145; Nuke-Rebuke: Writers & Artists Against Nuclear Energy & Weapons (The Contemporary anthology series). The Spirit That Moves Us Press. 1 May 1984. S. 22–29.

[1604] Alperovitz, Atomic Diplomacy, S. 238 f.

Als er die ersten Berichte über die Zerstörung Hiroshimas erhielt, begriff Stalin die Bedeutung der Atombombe in vollem Umfang. Mitte August trafen sich Stalin und der Volkskommissar für Rüstung Boris Wannikow mit dem führenden russischen Kernphysiker Igor Kurtschatow. Die sowjetische Führung stellte ab sofort alle Mittel zur Verfügung, die die Wissenschaftler zum Bau der Atombombe benötigten.[1605]

In seinem Bericht über die Potsdamer Konferenz an den amerikanischen Kongreß zeigte sich Präsident Truman optimistisch. Die Alliierten, so der Präsident, würden „ihren gemeinsamen Vormarsch zu einem dauerhaften Frieden und einer glücklichen Welt fortsetzen".[1606] Zwar hatten die Vereinigten Staaten noch nicht alle ihre Ziele in Europa erreicht, aber die amerikanischen Vorschläge für Deutschland seien in der Hauptsache akzeptiert worden. Man habe in Potsdam ein Einverständnis über politische Prinzipien erzielt, und das wirtschaftliche Hauptproblem, die Reparationsfrage, war nach amerikanischen Vorschlägen geregelt worden.[1607] Zu dem Zeitpunkt, an dem Truman seinen Bericht an den Kongreß zu Papier brachte, schien die Zusammenarbeit mit den Sowjets tatsächlich unter hoffnungsvollen Vorzeichen zu stehen. Die Machtdemonstration von Hiroshima schien zu wirken. In Deutschland wurden Pläne für einen freien Interzonenhandel entworfen und bald in die Tat umgesetzt. In Polen schien es ebenfalls Anzeichen für eine Lockerung der kommunistischen Herrschaft zu geben. Sehr bald jedoch versteifte sich die Haltung Moskaus, und die kommunistischen Parteien in den sowjetisch besetzten Gebieten Osteuropas verstärkten ihren Zugriff auf das politische, wirtschaftliche und gesellschaftliche Leben.

Im September 1946 erklärte Stalin in einem Interview mit einem westlichen Journalisten: „Die Atombomben sind zur Einschüchterung von Leuten mit schwachen Nerven bestimmt, sie können aber nicht die Geschichte des Krieges entscheiden, da sie für diesen Zweck keineswegs genügen. Gewiß schafft ein monopolistischer Besitz des Geheimnisses der Atombombe eine Bedrohung, aber […] der monopolistische Besitz der Atombomben muß nicht lange dauern."[1608] Dahinter stand die Erkenntnis, daß die USA wegen der großen Schwierigkeiten bei der Herstellung von spaltbarem Material (Plutonium oder hochangereichertem Uran) vorläufig nur über eine sehr geringe Zahl von Atombomben verfügten und zu einem großen Krieg gegen die Sowjetunion bis auf weiteres gar nicht in der Lage waren.

Die amerikanische Nuklearstreitmacht hatte in den ersten Nachkriegsjahren eher symbolischen Wert. Im Juli 1946 verfügten die USA über ganze drei Plutoniumkerne für Atombomben vom Typ MK III „Fat Man", von denen zwei bei den Tests auf dem Bikini-Atoll im Pazifik verbraucht wurden, für „Crossroads Able" am 1. Juli und „Crossroads Baker" am 25. Juli 1946. Eine Serienproduktion der Plutoniumkerne begann in kleinem Maßstab tatsächlich erst im August dieses Jahres.[1609]

Ein Krieg gegen die Sowjetunion war zu dieser Zeit weder der amerikanischen Bevölkerung zu vermitteln, noch war er angesichts der geringen Zahl der verfügbaren Atombomben praktisch führbar. Stalin konnte also in den von der Roten Armee kontrollierten Gebieten Ost- und Mitteleuropas die Sowjetisierung vorantreiben, ohne daß die Vereinigten Staaten viel dagegen unternehmen konnten. Amerikanische Kredite und amerikanische Wirtschaftshilfe blieben als Druckmittel wirkungslos, weil die Sowjetführung

---

[1605] David Holloway. Stalin and the Bomb: The Soviet Union and Atomic Energy 1939–1956, New Haven / London 1994, S. 127 ff.

[1606] Public Papers of the President: Harry S. Truman 1945–1953. Bd. I. Washington 1961, S. 214.

[1607] Ebenda, S. 207.

[1608] Antworten auf die Fragen des Moskauer Korrespondenten der „Sunday Times", Alexander Werth, in einem Schreiben vom 17. September 1946, 24. September 1946; Stalin, Werke, Dortmund 1976, Bd. 15, S. 48.

[1609] Rhodes, Dark Sun, S. 261.

einen geringen Lebensstandard der eigenen Bevölkerung, ja regelrechte Hungersnöte wie 1947/48 in der Ukraine einfach in Kauf nahm.[1610] Statt dessen investierte Moskau Unsummen in den Bau der sowjetischen Atombombe, deren erstes Exemplar am 29. August 1949 gezündet wurde.[1611] Es handelte sich dabei um eine ziemlich exakte Kopie der amerikanischen Implosionsbombe „Fat Man".[1612]

Für die amerikanische Führung wie für die Öffentlichkeit war der Verlust des nuklearen Monopols ein Schock, die Unverwundbarkeit Amerikas schien mit einem Schlag dahin. Wenige Wochen später, am 1. Oktober 1949, wurde auch das Scheitern der amerikanischen Ostasienpolitik offenbar, als Mao Tse-tung in Peking den Sieg der Kommunisten über die Armeen Chiang Kai-sheks verkündete und die Volksrepublik China ausrief.

---

[1610] Michail Heller/Alexander Nekrich, Geschichte der Sowjetunion. Bd. II. Königstein 1981, S. 155 f.
[1611] Holloway, Stalin and the Bomb, S. 213 ff.
[1612] Ebenda, S. 196 ff.

# Schlußbetrachtung

## Das Epochenjahr 1917

In der amerikanischen Politikwissenschaft wird seit vielen Jahzehnten die Frage diskutiert, wann eigentlich der Kalte Krieg begonnen hat. Neben den Jahreszahlen 1948 (Berliner Blockade) und 1950 (Beginn des Koreakrieges) ist das Jahr 1917 eine für manche überraschende, aber häufig genannte Antwort. Im April dieses weltpolitischen Wendejahres waren die USA in den europäischen „Großen Krieg" eingetreten, und im November nahm in Petrograd in Rußland mit dem Putsch der Bolschewiki die „Große Sozialistische Oktoberrevolution" ihren Anfang.

Die USA hatten seit ihrer Gründung das ganze 19. Jahrhundert hindurch eine „isolationistische" Außenpolitik betrieben, das heißt, sie hatten sich in die europäische Politik nicht eingemischt und sich allein auf die „Westliche Hemisphäre", den amerikanischen Doppelkontinent, konzentriert. Der Eintritt in den europäischen Krieg 1917 stellt nicht nur einen Bruch mit der außenpolitischen Tradition dar, vielmehr formulierte Präsident Woodrow Wilson mit seinen Zielen „The War to End all Wars" und „To Make the World Safe for Democracy" erstmals in der amerikanischen Geschichte einen universalistischen, das heißt global gelteten Anspruch, die gesamte Welt nach amerikanischen Vorstellungen, insbesondere nach den Grundsätzen des liberalen Kapitalismus angelsächsischer Prägung, umzugestalten.

Auf der anderen Seite des Globus betrachteten sich Lenin und die Bolschewiki nicht nur als die neuen Herren des Russischen Riesenreiches, sondern auch als die Avantgarde einer Weltrevolution, deren Endziel die Schaffung einer völlig neuen, nach den Prinzipien des Marxismus-Leninismus organisierten Gesellschaft war. Ebenso wie Wilson und der amerikanische liberale Kapitalismus vertraten Lenin und seine Berufsrevolutionäre einen unversalistischen Herrschaftsanspruch und das Ziel, mit ihrer neuen und radikalen Politik die gesamte Menschheit auf eine neue und höhere Entwicklungsstufe zu bringen.

Für die Bolschewiki war der „kapitalistische Imperialismus" der ideologische Erzfeind, und umgekehrt sahen die amerikanischen Eliten in den Anhängern Lenins nichts anderes als eine Bande von Anarchisten und Zarenmördern. Während des Russischen Bürgerkrieges beteiligten sich insgesamt 13.000 Mann amerikanischer Truppen bei Archangelsk und Wladiwostok an den alliierten Expeditionen an der Seite der russischen „Weißen Freiwilligenarmee", der Gegner der Bolschewiki. Diese Interventionen blieben ohne jedes militärische Ergebnis, dafür sollten sie die Beziehungen zwischen den Westmächten und den Bolschewiki nachhaltig vergiften.

Der Großkonflikt, der sich hier abzeichnete, sollte erst nach 1945 zur vollen Entfaltung kommen, 1919 stand die völlig desolate Lage Europas im Mittelpunkt der Weltpolitik.

## Die Nachkriegsordnung von Versailles

Präsident Wilson hatte die USA 1917 in den europäischen Krieg geführt und den Entente-Mächten den militärischen Sieg ermöglicht, aber er zeigte sich bei den Verhandlungen über die Friedensverträge außerstande, eine tragbare Nachkriegsordnung durchzusetzen. Die Vertreter der europäischen Siegermächte unterlagen alle noch der Kriegspsychose und hatten das Problem ihrer ausufernden Staatsschulden zu bewältigen, so daß von ihnen kaum etwas Vernünftiges zu erwarten war. Sie wollten nicht wahrhaben, daß dieser Krieg für alle Beteiligten, auch die Sieger, letztlich eine Katastrophe gewesen war.

Präsident Wilson verfolgte auf der Pariser Friedenskonferenz aber einen eigenen Plan, er wollte mit der Gründung des Völkerbundes die internationale Politik auf eine neue Grundlage stellen. Der Völkerbund war eine zwischenstaatliche Organisation mit Sitz in Genf, sein Ziel war es, den Frieden in Zukunft durch schiedsgerichtliche Beilegung internationaler Konflikte, allgemeine Abrüstung und ein System der kollektiven Sicherheit dauerhaft zu machen. Die Gründungsmitglieder waren die Siegermächte des Weltkrieges, die 32 alliierten Staaten, die den Versailler Vertrag unterzeichneten. Die Satzung des Völkerbundes wurde am 28. April 1919 von der Vollversammlung der Friedenskonferenz von Versailles angenommen.

Die Vereinigten Staaten von Amerika hatten im Jahr 1913 bereits 32 Prozent der Weltindustrieproduktion bestritten, gefolgt von Deutschland mit 14,8 Prozent und Großbritannien mit 13,6 Prozent.[1613] Während des Weltkrieges hatten die USA ihre wirtschaftliche Vormachtstellung weiter ausbauen können, außerdem waren sie zum weltweit größten Gläubiger und Kreditgeber geworden, womit ihnen im Völkerbund automatisch eine Vormachtstellung zugefallen wäre.

Der amerikanische Senat lehnte einen Beitritt zum Völkerbund jedoch am 19. November 1919 ab, unter anderem, weil Wilson es versäumt hatte, Republikaner und Demokraten im Vorfeld angemessen einzubinden. Wilson erlitt am 25. September 1919 einen körperlichen Zusammenbruch und war danach kaum mehr in der Lage, seine Amtsgeschäfte als Präsident der Vereinigten Staaten wahrzunehmen. Seine Amtsnachfolger, Warren Harding und Calvin Coolidge, beschäftigten sich in erster Linie mit innenpolitischen Fragen und vernachlässigten das internationale Engagement der USA, Wilsons große Vision einer neuen Ära der internationalen Beziehungen blieb damit ein Torso.

Ein weiteres Problem der Versailler Friedensverhandlungen war die Tatsache, daß die europäische Großmacht Rußland an den Gesprächen in keiner Weise beteiligt worden war. Die Haltung der westlichen Staatsmänner war angesichts des Chaos, das wegen des Bürgerkrieges zu diesem Zeitpunkt in Rußland herrschte, zwar verständlich, hatte aber zur Folge, daß die neue Moskauer Regierung die Pariser Vorortverträge niemals verbindlich anerkennen sollte. Und da Rußland von den neuen Grenzziehungen in Ostmitteleuropa unmittelbar betroffen war, waren von Moskau über kurz oder lang Revisionsforderungen zu erwarten. Als Folge des Vertrages von Brest-Litowsk, der zwischen der neuen russischen Regierung und den Mittelmächten ausgehandelt worden war, wurden Finnland, die drei baltischen Staaten und Polen – bis 1918 Teile des Russischen Reiches – zu unabhängigen Staaten, eine Tatsache, die von Moskau keineswegs begrüßt wurde. Die neue territoriale Ordnung in Osteuropa wurde von den Pariser Vorortverträgen nicht in Frage gestellt. Im Polnisch-Sowjetischen Krieg versuchte die bolschewistische Rote Armee die Weltrevolution nach Polen zu tragen, scheiterte aber im August 1920 in der Schlacht vor Warschau. Der Fall der polnischen Hauptstadt sollte ein Signal für kommunistische Revolutionen in Polen, Deutschland und anderen europäischen Ländern sein, die Niederlage der Roten Armee bereitete diesen Träumen ein vorläufiges Ende.

Die Bolschewiki propagierten zwar das „Selbstbestimmungsrecht der Völker", sie gingen aber davon aus, daß alle Völker nach ihrer jeweiligen sozialistischen Revolution den

---

[1613] Hans-Ulrich Wehler. Deutsche Gesellschaftsgeschichte. Bd. 3: Von der Deutschen Doppelrevolution bis zum Beginn des Ersten Weltkrieges. München 1995, S. 610 ff.

Wunsch haben würden, sich freiwillig einer weltumspannenden Union Sozialistischer Sowjetrepubliken unter russischer Führung anzuschließen. Das Prinzip des „Selbstbestimmungsrechts der Völker" hatte erstmals Präsident Wilson im Januar 1918 propagiert. Inwieweit Wilson, im Zivilleben Professor für Geschichte in Princeton, daran wirklich glaubte, ist umstritten; fest steht jedenfalls, daß diese Formel ein hervorragendes Propagandainstrument gegen die österreichisch-ungarische Monarchie darstellte, deren Auflösung und territoriale Umgestaltung zu den Kriegszielen der Entente-Mächte zählte. Die verschiedenen Nationalitäten der Donaumonarchie legten zu diesem Zeitpunkt ohnehin schon zunehmende Selbständigkeitsbestrebungen an den Tag. An die Stelle Österreich-Ungarns traten nach 1918 die Republik Polen, die Tschechoslowakei und das Königreich Jugoslawien, alle drei selbst Vielvölkerstaaten, in denen alle Nationalitäten, die nicht polnisch, tschechisch oder serbisch waren, mehr oder weniger effektiv unterdrückt wurden. Da zu den Unterdrückten auch zahllose Deutsche, Weißrussen und Ukrainer zählten, war es nur eine Frage der Zeit, wann Deutschland und Sowjetrußland nach Überwindung ihrer außenpolitischen Schwächephase territoriale Revisionsforderungen stellen würden.

Ein weiteres grundlegendes Problem der Versailler Nachkriegsordnung war die Wirtschaft. Ganz Europa, insbesondere sein mittlerer und östlicher Teil, war bis 1914 ein einheitlicher, offener Handelsraum gewesen. Nun wurde dieses Gebiet von zahllosen Zollgrenzen durchzogen, die den wirtschaftlichen Austausch abwürgten oder zumindest erschwerten.

Von der Habsburgermonarchie, einer altehrwürdigen europäischen Großmacht, war nur noch das kleine Deutsch-Österreich übriggeblieben, das von seinem östlichen Hinterland wirtschaftlich abgeschnitten war und dem die angestrebte Vereinigung mit dem Deutschen Reich von den Siegermächten verboten wurde.

All diese Regelungen trugen dazu bei, daß sich Europa von den Folgen des Weltkrieges nur langsam erholen sollte, insbesondere in Mittel- und Osteuropa waren weite Teile der Bevölkerung dauerhaft verarmt. Im Deutschen Reich, in Österreich, Ungarn und auch in der Siegermacht Italien herrschten in den ersten Nachkriegsjahren bürgerkriegsähnliche Zustände, die die wirtschaftliche Situation zusätzlich verschlimmerten.

# Der Chinesische Bürgerkrieg

Nun war Europa aber weltweit gesehen keineswegs der einzige potentielle Konfliktherd. In China hatte sich nach der Revolution von 1911 der kaiserliche Feldherr Marschall Yüan Shih-kai zum neuen Herrscher des Landes aufgeschwungen. Nach seinem Tod am 6. Juni 1916 zerfiel China wie so oft in seiner Geschichte in seine einzelnen Provinzen, die von den sogenannten „Warlords", Söldnerführern mit ihren Privatarmeen, beherrscht wurden. Das Ergebnis waren Chaos und Bürgerkrieg. Ordnung und stabile Verhältnisse herrschten nur im Nordosten Chinas, in der Mandschurei. Dort gab es zwar auch einen „Warlord", den Marschall Chang Tso-lin, die eigentliche Macht lag aber in den Händen japanischer Truppen, der Kwantung-Armee.

Japan sah es damals als sein Recht an, ebenso wie die westlichen Kolonialmächte in Ostasien Kolonien zu unterhalten, wobei sich seine Anstrengungen in erster Linie auf die Koreanische Halbinsel und auf Nordostchina konzentrierten.

Der chinesische Arzt Sun Yat-sen, der schon bei der Revolution von 1911 eine wichtige Rolle gespielt hatte und zum ersten Präsidenten der Republik China gewählt worden war, hatte am 12. August 1912 die Kuomintang, die Nationale Volkspartei, gegründet, deren Hauptziele die Beendigung der Herrschaft der Kolonialmächte, die Wiederherstellung der staatlichen Einheit Chinas und eine umfassende gesellschaftliche und wirtschaftliche Modernisierung des Landes waren. In dem Chaos, das zu Beginn der zwanziger Jahre in China herrschte, ließen sich die Ziele Sun Yat-sens nur mit Hilfe einer straff organisierten Partei und einer schlagkräftigen Armee verwirklichen, die in der Lage war, die Macht der lokalen „Warlords" zu brechen.

Sun Yat-sen versuchte 1917 und 1920, in seiner Heimatprovinz Guangdong eine Basis für den Aufbau einer solchen Armee zu schaffen, die ihm zur Verfügung stehenden Verwaltungsstrukturen erwiesen sich jedoch als unzulänglich. Sun Yat-sen war vom Erfolg der Bolschewiki in Rußland fasziniert und bat deshalb 1921 Moskau um Hilfe bei der Reorganisation der Kuomintang und der Aufstellung einer Parteiarmee. Diese Hilfe sollte in erster Linie in Form von Beratern und Waffenlieferungen erfolgen.

In Moskau hatte man zu diesem Zeitpunkt erkennen müssen, daß die Weltrevolution, insbesondere die ersehnte Revolution in Deutschland, auf sich warten ließ. Lenin war zu der Überzeugung gekommen, daß die Weltrevolution den Umweg über die Revolutionierung der europäischen Kolonialreiche machen müsse. Die materielle Ausbeutung der Kolonialgebiete war nach Lenins Auffassung die Grundlage für den relativen Wohlstand, den die Kapitalisten in den westlichen Industriestaaten der Arbeiterklasse bieten konnten. Während des Weltkrieges hatten sich in Indien und Ostasien die ersten Anfänge nationaler Unabhängigkeitsbewegungen gezeigt. Diese Bewegungen wollte Lenin unterstützen, um in den Kolonialgebieten bürgerlich-nationale Revolutionen zu fördern, die zu einem späteren Zeitpunkt in sozialistische Revolutionen übergehen sollten. Das Hilfeersuchen Sun Yat-sens wurde von Lenin daher positiv beantwortet. Da die 1921 gegründete Kommunistische Partei Chinas zunächst nur aus 300 Mitgliedern bestand, ging sie auf Anweisung der Komintern und mit Einverständnis Sun Yat-sens eine Koalition mit der Kuomintang ein, allerdings mit dem langfristigen Ziel, die bürgerlich-nationale Kuomintang von innen her zu unterwandern und eines Tages selbst die Macht zu übernehmen.

Nach dem Tod von Sun Yat-sen am 12. März 1925 übernahm General Chiang Kai-shek die Führung der Kuomintang. 1926 begann er mit der neuen „Nationalvervolutionären" Armee der Kuomintang die „Große Nordexpedition" gegen eine Koalition von „Warlords", die das nördliche China beherrschten. 1928 konnte Chiang die „Große Nordexpedition" siegreich abschließen, das heißt, die nördlichen „Warlords" gingen mehrheitlich auf seine Seite über. Im April 1927 schlug Chiang Kai-shek einen von der Kommunistischen Partei organisierten Generalstreik der Arbeiter in Shanghai blutig nieder (das sogenannte „Shanghai-Massaker"). Dies bedeutete den endgültigen Bruch mit der Kommunistischen Partei Chinas, die sowjetischen Militärberater wurden nach Moskau zurückgeschickt.

Die erfolgreiche Durchführung der Nordexpedition und die Heirat mit Song Mei-ling im Dezember 1927, der Tochter einer einflußreichen Familie und der Schwester von Sun Yat-sens Witwe, stärkten Changs Position gegenüber seinen Gegnern innerhalb der Kuomintang. Nach der weitgehenden Ausschaltung der Kommunisten und der Wiedererlangung der Kontrolle über Nordchina wurde Chiang Kai-shek auch vom Ausland als der neue starke Mann Chinas anerkannt.

Tatsächlich wurde China in diesen Jahren von einer lockeren Koalition von „Warlords" beherrscht, als deren Vorsitzender Chiang Kai-shek fungierte.

Als es Generalissimus Chiang Kai-shek gelang, immer größere Teile Chinas unter seiner Herrschaft zu vereinigen, löste dies in Japan Unruhe aus, denn es war absehbar, daß die chinesische Nationalregierung ihrer Forderung nach Abzug aller Kolonialmächte irgendwann Nachdruck verleihen würde. Die japanischen Eliten hielten die Herrschaft über die Mandschurei für unverzichtbar, aufgrund ihres Rohstoffreichtums und ihrer Schwerindustrie hatte sie große wirtschaftliche Bedeutung. 1931/32 wurde durch die Initiative japanischer Generale der Kwantung-Armee der chinesische „Warlord" Marschall Chang

Hsüeh-liang, der Sohn von Marschall Chang Tso-lin, mit seinen Truppen aus der Mandschurei vertrieben und dort der Marionettenstaat Mandschukuo errichtet, der faktisch eine japanische Kolonie war. Die chinesische Nationalregierung in Nanking war noch zu schwach, um sich gegen diese Annexion zu wehren, aber das Verhältnis zu Japan war von nun an schwer belastet. Die chinesische Nationalregierung unter Chiang Kai-shek und die US-Regierung unter Präsident Herbert Hoover weigerten sich, den neuen Staat Mandschukuo anzuerkennen.

Die Angebote für eine dauerhafte Kooperation, die die Kuomintang Mitte der dreißiger Jahre in Tokio vorlegte, stießen bei den gemäßigten japanischen Politikern auf ein gewisses Interesse; die radikalen Nationalisten lehnten sie jedoch ab, da sie in einem gleichberechtigten China eine Gefahr für die japanische Position in Ostasien erblickten. Gezielte Provokationen und Demütigungen durch das japanische Militär in Nordchina sollten im Juli 1937 zum Chinesisch-Japanischen Krieg führen.

Als Chiang Kai-shek 1935 die chinesische Rote Armee während des „Langen Marsches" dezimiert und in die abgelegenen Nordprovinzen vertrieben hatte, war es für die Sowjetführung offensichtlich geworden, daß langfristig nur ein japanisch-chinesischer Konflikt die Chance auf eine kommunistische Machtübernahme eröffnete. Außerdem hatte ein solcher Krieg aus Moskauer Sicht den großen Vorteil, daß die japanische Militärmacht in China gebunden und damit von den sowjetischen Fernostgebieten abgelenkt wurde.

## Die Weltwirtschaftskrise von 1929

In Deutschland herrschten zwischen 1919 und 1923 bürgerkriegsähnliche Verhältnisse, durch eine Hyperinflation wurden die Geldvermögen der Mittelschicht vernichtet. 1924 setzte mit der Einführung der Rentenmark eine wirtschaftliche Erholung ein, die jedoch nur wenige Jahre andauern sollte. Die Weltwirtschaftskrise von 1929 war für Europäer und Nordamerikaner ein Einschnitt, der für die Nachgeborenen kaum noch nachvollziehbar ist. Am schwersten betroffen waren Deutschland und die USA, dagegen hatten Großbritannien, Frankreich und Italien unter der Krise deutlich weniger zu leiden.

In der Sowjetunion herrschte wegen des Ersten Fünfjahresplanes eine Sonderkonjunktur. Josef Stalin war nach dem Tod Lenins Anfang 1924 faktisch zum neuen Alleinherrscher der Sowjetunion aufgestiegen und verfolgte die Politik des „Aufbaus des Sozialismus in einem Lande", das heißt die Schaffung einer leistungsfähigen Schwer- und Rüstungsindustrie und die Aufstellung einer modern bewaffneten und schlagkräftigen Roten Armee. Die staatlich gelenkte Planwirtschaft stalinistischer Prägung schien gegenüber den Auswirkungen der Weltwirtschaftskrise unempfindlich zu sein, weshalb viele politisch linksstehende Intellektuelle in ihr ein Modell für die Zukunft erblickten. Die teilweise desaströsen Folgen, die dieses Modell für die große Mehrheit der Menschen in der Sowjetunion hatte, wurden von den meisten westlichen „Fellow Travelers" übersehen.

In Deutschland hatte die große Mehrheit der Bevölkerung in der wirtschaftlich schlechten Zeit 1914 bis 1923 bereits erheblich zu leiden gehabt, verschärft wurde die innenpolitische Situation durch den bürgerkriegsähnlichen politischen Kampf, der zwischen Komunisten und Nationalsozialisten ausgetragen wurde. 1932 waren mehr als sechs Millionen Menschen arbeitslos, die Sozialleistungen waren nach heutigen Maßstäben minimal, zwei Drittel der Bevölkerung lebten deutlich unterhalb eines vernünftigen Existenzminimums.

Die USA hatten in den zwanziger Jahren eine Phase der Hochkonjunktur durchlebt, man sprach dort von den „Roaring Twenties". Am 24. Oktober 1929, dem „Schwarzen

Donnerstag", kam es in New York zu einem Einbruch der Aktienkurse, der sich rasch zu einem Börsenkrach von nie gekannter Dramatik ausweitete. Dieser zog einen Absturz der gesamten amerikanischen Wirtschaft nach sich, der aufgrund des Fehlens von Sozialsystemen für weite Teile der Bevölkerung katastrophale Auswirkungen hatte. Die Zahl der Amerikaner, die auf öffentliche Unterstützung angewiesen waren, belief sich 1934 auf 17 Millionen, hinzu kam die noch größere Zahl derer, die von stark verringerten Einkommen leben mußten. Die gesamte ausbezahlte Lohnsumme schmolz in den ersten vier Jahren der Depression auf weniger als die Hälfte zusammen.[1614]

Die Wirtschaftsleistung ging zwischen 1929 und 1932 in Deutschland um 41 Prozent und in den USA um 46 Prozent zurück, der Welthandel erlebte einen regelrechten Zusammenbruch.

Als Folge der verheerenden Auswirkungen der Weltwirtschaftskrise in den USA errangen die Demokraten bei den Wahlen vom 8. November 1932 einen Erdrutschsieg, neuer Präsident wurde der Gouverneur von New York Franklin Delano Roosevelt. In Deutschland, wo die wirtschaftliche Lage mindestens ebenso schlecht war, gelangten am 30. Januar 1933 die Nationalsozialisten an die Macht, ihr Parteiführer Adolf Hitler wurde neuer Reichskanzler.

In der gesamten westlichen Welt hatte die Weltwirtschaftskrise zu einem drastischen Ansehensverlust der bis dahin tonangebenden Kreise der Finanzwelt und der Großindustrie geführt, das Vertrauen in die Rezepte des Liberalismus war dahin, die große Mehrheit der Wahlbevölkerung forderte staatliche Interventionen in die Wirtschafts-, Finanz- und Sozialpolitik. Die Entwicklung hin zu modernen Industriegesellschaften hatte, beschleunigt durch die Erfahrungen des Weltkrieges, die Forderung nach einer Überwindung der traditionellen Klassenschranken laut werden lassen, künftig sollte nicht mehr die Herkunft, sondern die individuelle Leistung über Einkommen und sozialen Status entscheiden.

Die wirtschafts- und gesellschaftspolitische Entwicklung in Deutschland und den USA weist ab 1933 erstaunliche Parallelen auf, sowohl die „Volksgemeinschaft" Hitlers wie der „New Deal" Roosevelts propagierten und förderten die Entstehung einer modernen Konsumgesellschaft, in der die Mittelklasse die führende Rolle spielte und in der eine kapitalistische Wirtschaft in einem gewissen Umfang durch staatliche Eingriffe geordnet bzw. gelenkt wurde.

Um die unmittelbaren Auswirkungen der Weltwirtschaftskrise abzumildern, wurden öffentliche Beschäftigungsprogramme mit zum Teil spektakulärem Charakter aufgelegt, in Deutschland war dies der Bau der „Reichsautobahnen", in den USA das „Tennessee Valley Project", das den Bau von 29 großen hydro-elektrischen Kraftwerken vorsah. Gleichzeitig wurden die jüngeren Arbeitslosen in paramilitärischen „Arbeitsarmeen" organisiert, in Deutschland im „Reichsarbeitsdienst", in den USA im „Civil Conservation Corps". In beiden Staaten wurden außerdem umfangreiche Rüstungsprogramme aufgelegt, wobei die USA sich in erster Linie auf die sehr kostenintensive Marinerüstung und die Entwicklung schwerer viermotoriger Bomber konzentrierten.

Ungeachtet solcher Gemeinsamkeiten betrachteten sich das nationalsozialistische Deutschland und das „New-Deal"-Amerika als politische Gegenspieler, wozu der offizielle Antisemitismus des „Dritten Reiches" ein gutes Stück beitrug. Auch wenn sich Roosevelt durchaus als „großer Führer" inszenieren ließ, wurden Parlamentarismus und Rechtsstaatlichkeit in den USA nie wirklich ausgehebelt. Währenddessen zeigte das nationalsozialistische Deutschand bereits in den Friedensjahren deutlich Züge eines totalitären Systems, das während des Krieges zur vollen Ausprägung gelangen sollte.

---

[1614] Harold Faulkner. Geschichte der amerikanischen Wirtschaft. Düsseldorf 1957, S. 667.

Die außenpolitischen Ziele Franklin Roosevelts waren mindestens ebenso ehrgeizig wie die seines Vorgängers Woodrow Wilson. Roosevelt war der politische Repräsentant einer Allianz aus Vertretern der neuen hochentwickelten Industrien aus den Bereichen Chemie, Elektro und Luftfahrt, aus Anhängern des Freihandels und Vertretern der damals neuen Medien, das waren vor allem die großen Zeitungen wie die „New York Times" und die in Hollywood konzentrierte Filmindustrie. Eines der wichtigsten außenpolitischen Ziele dieser Allianz war die Wiederherstellung eines freien Welthandels, der als Folge der Weltwirtschaftskrise zusammengebrochen war. Dabei setzte Roosevelt große Hoffnungen auf eine Annäherung an die Sowjetunion und die Öffnung des sowjetischen Marktes für die amerikanische Wirtschaft.

Roosevelt schwebte letzten Endes die Errichtung einer neuen Weltordnung unter amerikanischer Führung vor. Um den Weltfrieden zu garantieren, sollten die Vereinigten Staaten, Großbritannien, die Sowjetunion und China in Zukunft eng zusammenarbeiten. Diktatorisch oder autoritär regierte Staaten wie Deutschland, Italien und Japan mit ihren Gleichberechtigungs- und Revisionsforderungen galten als „Störenfriede" des Weltfriedens und damit als „Gangster-," oder „Schurkenstaaten". Die Marxisten-Leninisten in Moskau betrachtete der Präsident dagegen als potentielle Verbündete; er war überzeugt, daß das Sowjetregime sich langfristig in Richtung Demokratie entwickele, während die USA im Rahmen des „New Deal" gewisse sozialistische Züge annehmen würden. Roosevelt bemühte sich um die amerikanischen Linksintellektuellen, die damals fast alle eine prosowjetische Haltung einnahmen. Aus diesem Grund brach Roosevelt mit der Politik seiner Amtsvorgänger und nahm 1933 diplomatische Beziehungen zur Sowjetunion auf.

## Die internationalen Spannungen verschärfen sich

In Deutschland verfolgten Hitler und die NSDAP nicht nur das Ziel, die Weltwirtschaftskrise zu überwinden, vielmehr war seit Gründung der Partei im Februar 1920 die Revision des Versailler Vertrages eines ihrer zentralen Anliegen. Dies galt sowohl für die finanziellen und wirtschaftlichen Bedingungen (in erster Linie die Reparationszahlungen) wie die wehrpolitischen und territorialen Regelungen (das waren die Wiedereinführung der Wehrpflicht und die militärische Aufrüstung sowie die Lösung der Österreich-, Sudeten- und Danzig-Frage). Damit waren aber Konflikte mit den Staaten vorprogrammiert, die von der Versailler Ordnung in der einen oder anderen Form profitierten, also Frankreich, Großbritannien, Italien, Polen und die Tschechoslowakei. Außerdem verstanden sich die Nationalsozialisten als strikte Antikommunisten und waren an irgendeiner Verbesserung der Beziehungen Deutschlands zur Sowjetunion nicht interessiert.

Günstig war für Hitler die Tatsache, daß in Rom und in London mittlerweile die Bereitschaft vorhanden war, über eine Revision der Versailler Ordnung zu verhandeln. Obwohl Mussolini und das faschistische Italien für Hitler und die Nationalsozialisten ein Vorbild waren, gestalteten sich die Beziehungen zwischen Berlin und Rom in den ersten Jahren nach der „Machtergreifung" wegen der Österreichfrage eher schwierig, da Italien sich als Garantiemacht eines unabhängigen Österreichs verstand.

Durch den Kolonialkrieg gegen Äthiopien 1935/36 drohte Italien in eine internationale Isolation zu geraten. Deutschland hielt jedoch die wirtschaftlichen Beziehungen zu der Macht im Süden in vollem Umfang aufrecht, wodurch Rom die Sanktionen des Völkerbundes umgehen und den Krieg in Afrika zu einem siegreichen Ende führen konnte. Das gemeinsame militärische Engagement im Spanischen Bürgerkrieg an der Seite General Francos und der nationalspanischen Truppen ab 1936 vertiefte die Annäherung zwischen Rom und Berlin.

Da Japan 1918 zu den Siegermächten des Weltkrieges zählte, hatte sich die deutsche Ostasienpolitik seit Mitte der zwanziger Jahre auf China konzentriert und mit Militärberatern und Waffenlieferungen einen wichtigen Beitrag zur Modernisierung der nationalchinesischen Streitkräfte geleistet. Zwischen Berlin und Nanking bildete sich ein Sonderverhältnis heraus, während gleichzeitig unter den Vorzeichen des Antikommunismus eine deutsch-japanische Annäherung erfolgte. Der Ausbruch des Japanisch-Chinesischen Krieges im Juli 1937 stürzte die deutsche Reichsregierung in ein Dilemma, da sie eigentlich zu beiden Staaten gute Beziehungen unterhalten wollte. Ein deutscher diplomatischer Vermittlungsversuch zur Herbeiführung eines Waffenstillstands scheiterte. Ein Erfolg der deutschen Initiative hätte wahrscheinlich die Herrschaft Chiang Kai-sheks und der Kuomintang stabilisiert und den späteren Sieg Mao Tse-tungs im chinesischen Bürgerkrieg verhindert.

Im Konflikt zwischen Nanking und Tokio wegen der Mandschurei folgte Präsident Roosevelt der Tradition der amerikanischen Außenpolitik und nahm eine prochinesische Haltung ein. Als jedoch 1937 der Japanisch-Chinesische Krieg ausbrach, erklärten sich die Vereinigten Staaten zur Enttäuschung Chiang Kai-sheks für neutral und lehnten die Übernahme einer diplomatischen Vermittlung ab. Roosevelt fürchtete die Opposition der isolationistischen Kongreßmehrheit, die jedes außenpolitische Engagement des Präsidenten mit tiefem Mißtrauen betrachtete. Roosevelt nutzte jedoch den Handlungsspielraum, der ihm zur Verfügung stand, nämlich die öffentliche Rede und den Einfluß der liberal-demokratischen Medien. Am 5. Oktober 1937 rief Roosevelt in Chicago dazu auf, die „Aggressor-Nationen" unter „Quarantäne" zu stellen, das heißt, sie politisch und wirtschaftlich zu isolieren und langfristig einen Regimewechsel in diesen Ländern herbeizuführen. Auch wenn der Kongreß und die Zeitungen diese Rede mehrheitlich ablehnten, so war sie dennoch eine unzweideutige Kampfansage an die „Gangsterstaaten" Japan, Italien und Deutschland.

# Der „Anschluß" Österreichs

Mussolini war mittlerweile von seiner Rolle als Beschützer eines unabhängigen Österreich abgerückt, und damit war der Weg für den „Anschluß" dieses Landes an das Deutsche Reich frei geworden. Österreich war bis zur Auflösung des Deutschen Bundes 1866 immer ein Teil Deutschlands gewesen. 1919 hatten die Nationalversammlungen in Weimar und in Wien die Wiedervereinigung Österreichs mit dem Deutschen Reich beschlossen, aber die Alliierten hatten nicht Krieg geführt, um das Deutsche Reich zu vergrößern, und verboten daher den „Anschluß".

Das verarmte Nachkriegs-Österreich wurde von der Weltwirtschaftskrise besonders hart getroffen, was zu einem rapiden Anwachsen der Anhängerschaft der österreichischen NSDAP führte. Die Republik Österreich war jedoch keine parlamentarische Demokratie, sondern seit 1934 ein autoritär geführter, klerikal-faschistischer Ständestaat. Bundeskanzler Kurt von Schuschnigg wollte die österreichische Eigenständigkeit bewahren, geriet mit seiner Politik aber zunehmend in Konflikt mit der österreichischen NSDAP, die natürlich aus dem Deutschen Reich unterstützt wurde. Hitler betrachtete den „Anschluß" seiner österreichischen Heimat als eines seiner wichtigsten außenpolitischen Ziele, und Mussolini hatte seine Einwände mittlerweile aufgegeben.

Mitte März 1938 geriet Österreich durch einige politische Ungeschicklichkeiten Schuschniggs an den Rand eines Bürgerkrieges, die NSDAP übernahm in fast allen größeren Städten des Landes offen die Macht. Hitler befahl den Einmarsch der deutschen Wehrmacht, die von der Mehrheit der österreichischen Bevölkerung begeistert empfangen wurde. Hitlers Einzug in Linz und Wien wurde zu einem persönlichen

Triumphzug, eine kurzfristig anberaumte Volksabstimmung in Österreich ergab eine überwältigende Mehrheit für den „Anschluß". Die diplomatischen Proteste aus London und Paris fielen sehr verhalten aus, da Hitler sich aus guten Gründen auf das „Selbstbestimmungsrecht der Völker" berufen konnte, das 1918 von Präsident Wilson proklamiert worden war.

## Die Sudetenkrise und die Besetzung der „Resttschechei"

Die damals in Deutschland populäre Parole „Ein Volk, ein Reich, ein Führer" sollte aber sehr rasch eine Eigendynamik entwickeln. Die Deutschböhmen oder Sudetendeutschen waren bis 1918 Staatsbürger der österreichisch-ungarischen Monarchie gewesen und fühlten sich als Deutsche. Sie waren 1918 gegen ihren Willen zu Bürgern der neu gegründeten Tschechoslowakei gemacht und in den folgenden Jahren von den tschechischen Behörden häufig als Bürger zweiter Klasse behandelt worden. Die politischen Repräsentanten der Sudetendeutschen, die in der Sudetendeutschen Partei organisiert waren, setzten sich in Prag zunächst für mehr Mitbestimmung und größere Autonomie ihrer Volksgruppe ein, aber die zunehmenden Schikanen der tschechischen Regierung ließen die Forderungen nach Sezession von der Tschechoslowakei und Anschluß an das Deutsche Reich immer lauter werden. Außerdem geriet die Sudetendeutsche Partei finanziell und politisch in immer größere Abhängigkeit von der NSDAP.

Der „Anschluß" Österreichs wirkte auf die Sudetendeutschen wie ein Signal, und im Sommer gab es eigentlich nur noch eine realistische Lösung des Problems: die Abtretung der sudetendeutsche Gebiete durch die Prager Regierung an das Deutsche Reich. Dies bedeutete aber unvermeidlich eine erhebliche politische, militärische und wirtschaftliche Schwächung der Tschechoslowakei und mußte daher nicht nur den Widerstand Prags, sondern auch Frankreichs und Großbritanniens hervorrufen.

Als Folge der Erfahrungen, die er während der Krise um den „Anschluß" Österreichs gemacht hatte, entschloß sich Hitler, auf die tschechische wie die westlichen Regierungen massiven psychologischen Druck auszuüben, indem er offen mit einer militärischen Lösung drohte. Damit ging er einerseits ein beträchtliches Risiko ein, da die deutsche Wehrmacht zu diesem Zeitpunkt rüstungsmäßig einem größeren Konflikt in keiner Weise gewachsen war; andererseits war Görings Forschungsamt in der Lage, die Telefongespräche der britischen, französischen und tschechischen Politiker abzuhören, so daß Hitler über deren Absichten genau informiert war und wußte, wie weit er das Spiel treiben konnte.

In der amerikanischen Politikwissenschaft bezeichnete man ein solches Vorgehen in der Zeit des Kalten Krieges als „brinkmanship"; der Begriff läßt sich nicht genau übersetzen, er bedeutet soviel wie ein „Spiel mit dem Feuer" oder eine „Politik des äußersten Risikos". Hitler selbst bezeichnete seine Politik einige Male als Vabanquespiel. Als klassisches Beispiel für „brinkmanship" gilt das Vorgehen Präsident John F. Kennedys während der Kuba-Krise im Oktober 1962, als das Schicksal der gesamten nördlichen Welthalbkugel auf dem Spiel stand. Der Konflikt um die mit thermonuklearen Sprengköpfen bestückten sowjetischen Mittelstreckenraketen auf Kuba hätte jederzeit außer Kontrolle geraten und zu einem nuklearen Schlagabtausch mit mehreren hundert Millionen Toten führen können. Verglichen damit war das Risiko, das Hitler während der Sudetenkrise einging, noch überschaubar.

Während der Sudetenkrise kam Hitler die Vermittlung Mussolinis zu Hilfe, die allerdings etwas scheinheilig war, da die beiden Diktatoren sich bereits im Vorfeld abgesprochen hatten. Chamberlain und Daladier hatten das Problem, daß die britische und die französische Bevölkerung mehrheitlich keinen Krieg wollten, nur um Deutsche in der

Tschechoslowakei daran zu hindern, sich dem Deutschen Reich anzuschließen. Im September 1938 gelangten die europäischen Großmächte – die Sowjetunion war an den Verhandlungen nicht beteiligt – auf der Münchner Konferenz schließlich zu einer Einigung, die Tschechoslowakei wurde von ihren westlichen Verbündeten gezwungen, die sudetendeutschen Gebiete an das Deutsche Reich ohne Entschädigung abzutreten. Damit war eines der schwierigsten Probleme, die die Pariser Vorortverträge hinterlassen hatten, gelöst. Der europäische Friede schien gerettet.

Präsident Roosevelt sah im Münchner Abkommen allerdings einen Verrat an der Demokratie, seine Politik zielte auf eine Verteidigung des Status quo in Europa, wie er in 1919 in Versailles festgeschrieben worden war.

Gleichzeitig konnten Roosevelt und die amerikanische Presse einen beträchtlichen Einfluß auf die öffentliche Meinung in Großbritannien ausüben. Sowohl innerhalb der Labour-Party wie auch unter den Tories gab es eine lautstarke Opposition gegen das Münchner Abkommen und die „Appeasement"-Politik von Premierminister Neville Chamberlain. Als Wortführer dieser Opposition profilierte sich Winston Churchill. Churchill, der Mitte der dreißiger Jahre seine Karriere bereits hinter sich zu haben schien, sah in einer erklärten Gegnerschaft zu Hitler und dem nationalsozialistischen Deutschland den Hebel, der ihm eine Rückkehr auf die politische Bühne ermöglichen sollte. Mit seiner Anti-Hitler-Politik wurde Churchill zum bedeutendsten Widersacher Chamberlains und gleichzeitig zu einer Art Statthalter Präsident Roosevelts in Großbritannien.

Als im Februar 1939 in der Slowakei Bestrebungen im Gange waren, sich von der Tschechei unabhängig zu machen, entschloß sich Hitler, das Problem wieder durch ein fait accompli, einen Einmarsch der Wehrmacht in der „Rest-Tschechei", zu lösen. Hitler rechnete damit, daß die Westmächte angesichts des mittlerweile erreichten deutschen Rüstungsstandes gegen diesen Schritt nichts unternehmen würden, und am 15. März 1939 zog die Wehrmacht in Prag ein. Zwar beließen es England und Frankreich tatsächlich nur bei diplomatischen Protesten, aber Hitler hatte mit seiner Politik den vorhandenen guten Willen bei den Westmächten nun endgültig aufgebraucht. Roosevelt und Churchill sahen sich in ihrer negativen Einschätzung des nationalsozialistischen Deutschland bestätigt, Chamberlain geriet innenpolitisch in die Defensive und sah sich genötigt, von seiner kompromißbereiten Politik gegenüber Hitler abzurücken und die militärische Aufrüstung Großbritanniens zu forcieren.

Hitlers Einmarsch in Prag hatte ihn tatsächlich in eine Sackgasse geführt. Hatte er im Falle Österreichs und des Sudetengebiets noch mit dem „Selbstbestimmungsrecht der Völker" argumentieren können, so war dies nach der Einverleibung der Tschechei nicht mehr glaubwürdig.

Für den Alt-Österreicher Hitler gehörten die Tschechen als ehemalige Untertanen des Habsburgerreiches seit Jahrhunderten traditionell zum deutschen Herrschaftsbereich, das „Protektorat Böhmen und Mähren", wie die „Rest-Tschechei" nun hieß, bekam de facto einen ähnlichen Status wie eine Provinz in der früheren k.u.k. Monarchie. Solche Feinheiten waren der westlichen Öffentlichkeit aber nicht mehr vermittelbar.

## Die Sommerkrise 1939

Die von Hitler angestoßene Politik, alle Deutschen in einem Staatswesen zu vereinigen, kam im Sommer 1939 nicht zur Ruhe, denn nun verlangten auch die Deutschen in der „Freien Stadt Danzig" den Anschluß an das Deutsche Reich. Danzig hatte durch den Versailler Vertrag einen völkerrechtlich besonders bizarren Status erhalten. Obwohl die Stadt zu mehr als 90 Prozent von Deutschen bewohnt war, durfte sie aus machtpolitischen

Erwägungen nicht zum Deutschen Reich gehören und galt formell als ein selbständiger Staat, in dem allerdings die Republik Polen einige Sonderrechte genoß. Gleichzeitig war Danzig der Verwaltung des Völkerbundes unterstellt, die ganze Konstruktion war im Grunde genommen unmöglich. Im Sommer 1939 ergriff die polnische Regierung Maßnahmen, die die wirtschaftliche Lebensfähigkeit der Freien Stadt Danzig zu unterminieren drohten.

Hitler hatte sich seit Abschluß des deutsch-polnischen Nichtangriffspaktes vom 26. Januar 1934 um ein gutes Verhältnis zu Warschau bemüht und fragte nun beim polnischen Außenminister Beck an, ob man sich nicht auf eine Lösung des Danzig- und des Korridor-Problems einigen könnte. Danzig sollte zum Reich zurückkehren und die leidige Korridor-Frage durch den Bau einer exterritorialen Eisenbahnverbindung zwischen Ostpreußen und dem übrigen Reichsgebiet gelöst werden. Im Gegenzug sei die deutsche Reichsregierung bereit, eine Garantie für die polnischen Westgrenzen auszusprechen. Zu seiner Überraschung mußte Hitler feststellen, daß die Warschauer Regierung zunächst auswich und dann mit offener Feindseligkeit reagierte, indem die polnische Armee mobil machte und die Repressalien gegen die in Polen lebenden Volksdeutschen verschärft wurden.

Gleichzeitig sprach Chamberlain unter dem Druck Churchills und Roosevelts am 31. März 1939 eine Garantieerklärung für Polen aus, wobei er es der Warschauer Regierung überließ, festzustellen, wann der Garantiefall eintrat. Chamberlain tat damit etwas in der Geschichte Großbritanniens Einzigartiges: Er überließ einer ausländischen Regierung die Entscheidung, wann und unter welchen Umständen England in einen Krieg einzutreten hatte. Frankreich konnte wegen seiner permanenten innenpolitischen Krisen nichts anderes tun, als der englischen Politik zu folgen. Hitler hätte eine Lösung des Danzig-Problems einfach aufschieben können, bis die Gemüter in Polen sich wieder beruhigt hatten. Aber zum einen drängte die Danziger Bevölkerung auf einen Anschluß, zum anderen bedeuteten die polnischen Übergriffe auf die Volksdeutschen einen empfindlichen Prestigeverlust für Hitler, der sich als Schutzherr aller Deutschen inner- wie außerhalb der Grenzen des Reiches verstand.

Die ausschlaggebende Rolle kam nun der Sowjetunion zu. Die Tatsache, daß die Sowjetführung unter Stalin in den dreißiger Jahren eine mehr als beachtliche Militärmacht aufgebaut hatte, war in Europa allgemein bekannt. Moskau hatte bereits während der Sudetenkrise ein Mitspracherecht verlangt, war aber nicht gehört worden. Die Besetzung der „Rest-Tschechei" durch die deutsche Wehrmacht schien die Moskauer Warnungen vor der nationalsozialistischen Politik zu bestätigen, und seit Mitte April 1939 verhandelten Moskau, London und Paris über ein gegen Deutschland gerichtetes Militärbündnis. Kam es zur Unterzeichnung eines Abkommens, dann war Deutschland faktisch eingekreist und Hitlers außenpolitischer Spielraum auf ein Minimum beschränkt. Im Falle eines Krieges hätte sich Deutschland, unabhängig von der militärischen Lageentwicklung, einer wirtschaftlichen Blockade durch die Westmächte und die Sowjetunion mit fatalen Folgen gegenübergesehen, denn die deutschen Rohstoffvorräte (das galt insbesondere für Erdöl) reichten für maximal sechs Monate. Stalin verfolgte aber sehr viel ehrgeizigere Ziele, als nur eine territoriale Expansion Deutschlands in Ostmitteleuropa zu verhindern.

Nach den Vorstellungen Stalins und der Bolschewiki mußte es aufgrund der Konkurrenzsituation zwischen den „imperialistischen Mächten" über kurz oder lang zu einem neuen Großkonflikt, einem „zweiten imperialistischen Krieg" kommen. Der Krieg Italiens gegen Äthiopien, der Spanische Bürgerkrieg, der Krieg Japans in China, die Expansion Deutschlands, all dies sprach dafür, daß der „zweite imperialistische Krieg" mittlerweile bereits eine Tatsache war. Für die Sowjetunion war es nun an der Zeit, Stellung zu beziehen. Ihr Ziel mußte es sein, die „imperialistischen Mächte" gegeneinander aufzuhetzen, damit sie sich in einem Krieg gegeneinander erschöpften, um dann mit der geballten Macht der Roten Armee einzugreifen und die sozialistische Revolution nach Europa zu tragen. Da eine dauerhafte friedliche Koexistenz zwischen der sozialistischen Sowjetunion und der kapitalistischen Welt in ihrer Vortellungswelt nicht möglich war, hatte die Sowjetführung gar keine andere Wahl, als in ihrem Eigeninteresse so zu handeln. Die Moskauer Führung hatte aufgrund ihrer Ideologie und wegen ihrer bisherigen Erfahrungen überhaupt keinen Grund, den „Imperialisten" in London, Paris und Washington, noch denen in Berlin, Rom und Tokio irgendwelches Vertrauen entgegenzubringen.

Parallel zu den Verhandlungen mit London und Paris nahm Stalin Kontakte zur deutschen Reichsregierung auf, bot den Abschluß eines Nichtangriffspaktes sowie eines Wirtschaftsabkommens an. Grundlage einer solchen Verständigung sollte die Teilung Ostmitteleuropas und insbesondere Polens in eine deutsche und eine sowjetische Einflußsphäre sein.

Für Hitler bedeutete dieses Angebot aus Moskau einen Ausweg aus der Sackgasse, in die er geraten war. Mit einer vierten Teilung Polens war nicht nur das Problem Danzig und Korridor mit einem Schlag gelöst, durch ein Wirtschafts- und Handelsabkommen mit der Sowjetunion konnte das Deutsche Reich auch alle Versuche einer wirtschaftlichen Blockade durch die Westmächte umgehen. Die ideologischen Bedenken gegen einen Pakt mit dem bisherigen weltanschaulichen Erzfeind mußten angesichts solcher politischen Vorteile zurücktreten.

So flog Reichsaußenminister Ribbentrop am 23. August 1939 mit einer deutschen Delegation nach Moskau, um dort mit Molotow im Beisein Stalins den Deutsch-Sowjetischen Nichtangriffspakt sowie ein Geheimes Zusatzprotokoll zur Abgrenzung der Interessensphären der beiden Großmächte zu unterzeichnen. Damit war der Weg zum europäischen Krieg geebnet.

Hitler glaubte zu diesem Zeitpunkt aber immer noch, den Krieg verhindern zu können. In der letzten Augustwoche nahmen die diplomatischen Gespräche zwischen Berlin, London, Paris und Rom nochmals an Intensität zu. Am 30. August präsentierte Hitler der britischen und französischen Regierung seinen 16-Punkte-Plan zu einer friedlichen Beilegung der Krise; die Forderungen bzw. Vorschläge Hitlers wurden von britischen und französischen Diplomaten als nicht unvernünftig angesehen. Entscheidend war nun, daß die polnische Regierung ihren Gesandten in Berlin mit der Aufnahme von Gesprächen beauftragte oder einen Sonderbotschafter in die Reichshauptstadt entsandte. Aber nichts geschah, Warschau weigerte sich schlichtweg zu verhandeln. Welche Illusionen man sich damals in Warschau machte, ist bis zum heutigen Tage nicht wirklich aufgeklärt. In Paris und London zeigte man sich über die polnische Intransigenz besorgt, aber Premierminister Chamberlain sah sich außerstande, auf die Polen ernsthaften Druck auszuüben; Churchill und Roosevelt ließen ein Entgegenkommen gegenüber Hitler nicht mehr zu, daß daraus ein europäischer Krieg entstehen würde, nahmen sie in Kauf. Roosevelt war aufgrund der ihm durch einen deutschen Diplomaten zugespielten Informationen über das Geheime Zusatzprotokoll zum Hitler-Stalin-Pakt, das die Teilung Polens vorsah, unterrichtet, gab diese hochbrisante Information aber nicht nach Warschau weiter.

Hitler hatte der Wehrmacht befohlen, spätestens am 1. September den Angriff auf Polen zu eröffnen, ein späterer Zeitpunkt kam wegen des Herbstwetters und der damit verbundenen Unwegsamkeit polnischer Straßen nicht in Frage. Mit diesem Endtermin hatte sich Hitler aber selbst unter Druck gesetzt, sein Vorgehen lief wieder einmal, wie beim „Anschluß" Österreichs, der Sudetenkrise und der Besetzung der „Resttschechei", auf ein Vabanquespiel hinaus. Aber diesmal verlor er die Partie, eine von Mussolini vorgeschlagene Vermittlungsaktion kam aufgrund des Termindrucks nicht mehr zum Tragen.

# Der Polenfeldzug

Am 1. September 1939 überschritt die deutsche Wehrmacht die polnische Grenze und machte rasch große Geländegewinne. Polen war durch die geographische Lage seiner Grenzen vom Deutschen Reich halb umfaßt, die polnischen Streitkräfte waren trotz teilweise moderner Ausrüstung der Wehrmacht weit unterlegen. Der polnische Generalstab hatte auf eine Offensive der französischen Armee gegen die deutsche Westgrenze gehofft, um das eigene Staatsgebiet direkt an den Grenzen verteidigen zu können; tatsächlich ermöglichte der grenznahe polnische Aufmarsch der Wehrmacht, die polnischen Armeen rasch einzukreisen und zu zerschlagen, um anschließend in Richtung Warschau vorzustoßen. Am 17. September marschierte die Rote Armee in Ostpolen ein, das Schicksal des polnischen Staates war damit bis auf weiteres besiegelt.

Am 28. September 1939 flog Reichsaußenminister Ribbentrop erneut nach Moskau, um den Deutsch-Sowjetischen Grenz- und Freundschaftsvertrag zu unterzeichnen. Im Februar 1940 wurde in Moskau ein umfassendes deutsch-sowjetisches Handelsabkommen geschlossen. Dieses ermöglichte es dem Deutschen Reich einerseits, die wirtschaftliche Blockade durch die Westmächte zu umgehen, brachte Deutschland andererseits aber in wirtschaftliche Abhängigkeit von der Sowjetunion. Ohne die Rohstofflieferungen aus dem Osten wäre die deutsche Wehrwirtschaft sehr schnell in größte Schwierigkeiten geraten. Stalin hatte mit dem Nichtangriffspakt und der wirtschaftlichen Unterstützung Deutschlands die Absicht verfolgt, ein annäherndes Kräftegleichgewicht zwischen dem Deutschen Reich sowie England und Frankreich und damit gute Voraussetzungen für einen langen Abnutzungskrieg zwischen „Faschisten" und „Imperialisten" zu schaffen. Aber der spektakuläre Erfolg der deutschen Frühjahrsoffensive gegen Frankreich im Mai 1940 sollte alle derartigen Berechnungen zunichte machen.

# Der Sieg im Westen 1940

Die deutsche Wehrmacht hatte auch bis zum Mai 1940 den Rüstungsvorsprung der westlichen Alliierten nicht vollständig aufholen können. Der Operationsplan, den das OKH für einen Westfeldzug vorlegte, zeichnete sich durch Phantasielosigkeit und mäßige Erfolgsaussichten aus. General Erich von Manstein legte dagegen einen Operationsentwurf vor, der vorsah, sieben der zehn deutschen Panzerdivisionen als Heeresgruppe A in den schwer zugänglichen Ardennen zu konzentrieren, überraschend die französischen Linien zu durchbrechen, um dann in einem kühnen Vorstoß unter voller Ausnutzung der Geschwindigkeit der motorisierten Verbände zum Ärmelkanal vorzustoßen. Damit würden nicht nur die alliierten Streitkräfte in zwei Gruppen aufgespalten, vielmehr würden alle in Nordfrankreich und Belgien stehenden alliierten Truppen in einem großen Kessel eingeschlossen und zur Kapitulation gezwungen. Hitler war von Mansteins „Sichelschnitt-Plan" begeistert und machte ihn zur Grundlage der deutschen Operationsplanung. Tatsächlich ging die deutsche Führung mit dem „Sichelschnitt" ein beträchtliches Risiko ein, wenn die alliierte Führung richtig reagierte, konnte sie im Gegenangriff die deutsche Heeresgruppe A, die in Richtung Ärmelkanal vorstieß, von ihren rückwärtigen Verbindungen abschneiden und vernichten. Der Erfolg hing davon ab, ob es den Panzerverbänden gelang, den Gegner vollständig zu überraschen und ein hohes Angriffstempo durchzuhalten.

Der Westfeldzug begann am 10. Mai 1940, die Heeresgruppe A brach wie geplant aus den Ardennen hervor, nur zehn Tage später erreichten ihre Panzerspitzen die Kanalküste, ein großer Teil der französischen und belgischen Truppen sowie das Britische Expeditionskorps waren in einer Nordgruppe eingekesselt. Den Briten gelang es nur mit Mühe, bei Dünkirchen über den Kanal zu entkommen.

Am 25. Juni 1940 mußte Frankreich kapitulieren, und Deutschland beherrschte nunmehr direkt oder indirekt den gesamten europäischen Kontinent von der Atlantikküste bis zur sowjetischen Grenze. Der deutsch-französische Waffenstillstand stand noch in der Tradition des europäischen Vergleichsfriedens, Frankreich wurde nicht vorsätzlich gedemütigt und durfte alle seine Kolonien sowie eigene Streitkräfte einschließlich Kriegsmarine und Luftwaffe in beschränktem Umfang behalten.

## Die Luftschlacht um England

Der ebenso rasche wie erfolgreiche Feldzug gegen Frankreich, Belgien und die Niederlande änderte die strategische und wehrwirtschaftliche Lage Deutschlands von Grund auf. Deutschland verfügte nun über das Eisenerz, das Bauxit und die hochentwickelte Industrie Frankreichs, dazu die nicht unbeträchtlichen industriellen Kapazitäten Belgiens sowie die Werften und die hochproduktive Landwirtschaft Hollands. Gleichzeitig war nunmehr der Handelsaustausch mit Spanien und Portugal sichergestellt. Italien trat in den Krieg ein, und die Staaten Südosteuropas – vor allem Rumänien – orientierten ihre Außenpolitik nun nach Berlin und nicht mehr nach Paris und London. Dies alles bedeutete, daß Deutschland sich aus der wirtschaftlichen Abhängigkeit von Moskau weitgehend befreien konnte.

Hitler wollte nun auch mit England Frieden schließen, aber am 10. Mai 1940 war Churchill Premierminister geworden, und dieser setzte auf eine Fortsetzung des Krieges. Die Warnungen Chamberlains, daß England sich mit Rücksicht auf den Bestand des Empires einen großen Krieg gegen Deutschland nicht mehr leisten könne, ignorierte Churchill. Aufgrund seiner persönlichen Beziehungen zu Roosevelt wußte Churchill, daß der Präsident die Absicht hatte, die Vereinigten Staaten in den europäischen Krieg zu führen.

Zunächst stand die britische Regierung jedoch der Frage gegenüber, welche militärischen Schritte Deutschland gegenüber England ergreifen würde. Am gefährlichsten war aus britischer Sicht zweifellos eine Landung deutscher Heerestruppen in Südengland, die vom OKW unter dem Decknamen Unternehmen „Seelöwe" tatsächlich geplant und vorbereitet wurde. Angesichts der massiven Überlegenheit der Royal Navy über die deutsche Kriegsmarine stieß eine Landung in Südengland jedoch auf kaum lösbare Probleme.

Die deutsche Luftwaffe konnte versuchen, nach Niederkämpfen des Fighter Command der Royal Air Force die Unterlegenheit der eigenen Kriegmarine durch Luftangriffe auf die britischen Kriegsschiffe auszugleichen, aber die Erfolgsaussichten waren höchst unsicher.

Die Hauptlast des Kampfes gegen eine deutsche Invasionsflotte würde von den Zerstörern der Home Fleet getragen werden, von denen aber die Royal Navy über so viele verfügte, daß sie den Verlust von zwei oder drei Dutzend Schiffen dieses Typs ohne weiteres verkraften konnte.

Die deutsche Kriegsmarine besaß für das Übersetzen über den Ärmelkanal nur eine improvisierte Landungsflotte, überwiegend Prähme und Leichter aus der Binnenschifffahrt. Selbst wenn eine Landung an der südenglischen Küste gelänge, stünde die Kriegsmarine anschließend vor dem noch viel größeren Problem, die deutschen Truppen mit Nachschub versorgen zu müssen. Diese Aufgabe war für die Kriegsmarine praktisch nicht lösbar, die Royal Navy hätte die deutsche Transportflotte innerhalb kurzer Zeit so dezimieren können, daß die Versorgung der gelandeten deutschen Heerestruppen zusammengebrochen wäre. Angesichts dieser Tatsachen wurde Unternehmen „Seelöwe" von der deutschen Führung auch nur sehr halbherzig verfolgt und schließlich von Hitler abgesagt.

Hitler hoffte, die britische Regierung durch Luftangriffe so unter Druck setzen zu können, daß sie sich zu Friedensverhandlungen bereit fände. Für einen entscheidenden militärischen Sieg reichten die Kräfte der Luftwaffe gegenüber England jedoch nicht aus. Selbst wenn es gelänge, die Jagdfliegerverbände des Fighter Command in Südengland niederzukämpfen, könnten sich diese auf Flugplätze in Mittelengland zurückziehen, wo sie außerhalb der Reichweite der deutschen Jagdflugzeuge waren. Und Luftangriffe auf die britische Luftfahrtindustrie waren letztlich wenig erfolgversprechend, da England Jagdflugzeuge in den USA in beliebiger Zahl einkaufen konnte.

Mit der „Luftschlacht um England" konnte die deutsche Luftwaffe letzten Endes nur psychologischen Druck ausüben, und der erwies sich als nicht ausreichend, im Gegenteil, die nächtlichen Luftangriffe auf London und andere Städte stärkten den Widerstandswillen der britischen Bevölkerung.

Nach der Niederlage der Luftwaffe in der Luftschlacht um England konzentrierte die deutsche Führung ihre Anstrengungen gegen Großbritannien auf den U-Boot-Krieg gegen die britische Handelsschiffahrt. Aber obwohl die deutsche U-Boot-Waffe zeitweilig bedeutende Versenkungserfolge erzielte, kam sie dem Ziel, Großbritannien von seinen überseeischen Zufuhren abzuschneiden, zu keinem Zeitpunkt auch nur nahe. Die deutschen Versenkungserfolge lösten in London zeitweise erhebliche Besorgnis aus, aber trotz der rund 5.000 versenkten alliierten Schiffe erreichten genügend Konvois Großbritannien, um die Kriegswirtschaft am Laufen zu halten.

## Die Sowjetunion und das Deutsche Reich gehen auf Kollisionskurs

Präsident Roosevelt unterstützte Churchill und die Briten, wo er nur konnte, mußte aber wegen des massiven inneramerikanischen Widerstandes gegen eine Verwicklung in kriegerische Abenteuer seine Wiederwahl im November 1940 abwarten, bevor er einen schärferen Kurs gegen Deutschland und Japan einschlagen konnte. Die schwierige militärische Lage Englands veranlaßte Churchill nun zu einer Sondierung, ob nicht die Sowjetunion als Bundesgenosse für den Kampf gegen Deutschland gewonnen werden könnte. Als der britische Botschafter in Moskau, Cripps, Anfang Juli 1940 in einem Gespräch mit Stalin und Molotow vorfühlte, inwieweit die Sowjetunion zu einem Bündniswechsel bereit wäre, zeigte der sowjetische Diktator Interesse. Stalin war viel zu vorsichtig, um sich vorschnell festzulegen, aber grundsätzlich mußte auch er nach potentiellen Verbündeten gegen das zu mächtig gewordene Deutschland suchen. Aus seiner Sicht kam es vor allem darauf an, zu verhindern, daß sich alle „Imperialisten" gegen die Sowjetunion zusammenschlossen. Wenn Moskau die Briten in ihrer Hoffnung auf einen Bündniswechsel bestärkte, dann trug dies dazu bei, einen Friedensschluß zwischen London und Berlin zu verhindern.

Der Inhalt der britisch-sowjetischen Geheimgespräche wurde in groben Umrissen auch in Berlin bekannt, was dazu führte, Hitlers Mißtrauen gegen die Sowjetunion zu verstärken.

Moskau hatte inzwischen die Abmachungen des Geheimen Zusatzprotokolls wörtlich genommen und sich Ostpolen, die baltischen Staaten und Bessarabien einverleibt. Mit der Besetzung Bessarabiens schob sich der sowjetische Machtbereich bis auf 200 Kilometer an die rumänischen Ölfelder bei Ploesti heran, die wichtigsten Ölquellen, zu denen Deutschland Zugang hatte. Der sowjetische Winterkrieg gegen Finnland hatte auch nicht dazu beigetragen, die deutsche Führung zu beruhigen, da Finnland über die bedeutendsten Nickelvorkommen Europas verfügte. Da die deutsche Wehrwirtschaft von finnischem Nickel und rumänischem Öl in hohem Grade abhängig war, mußte der anhaltende sowjetische Druck auf diese beiden Länder unvermeidlich einen Interessenkonflikt mit dem Deutschen Reich heraufbeschwören.

Einer Anregung Ribbentrops folgend, entwickelte Hitler im Sommer 1940 die Idee eines Kontinentalblocks, eines Bündnissystems bestehend aus Deutschland, Italien, Frankreich, Spanien, der Sowjetunion und Japan, das seine Expansionsbestrebungen nach Süden, nach Afrika und Süd- bzw. Südostasien richten und dort auf Kosten des Britischen Empire befriedigen sollte. Eine derartige Koalition hätte auch die USA vor kaum lösbare politische und militärische Probleme gestellt. Entscheidend für die Verwirklichung der Kontinentalblockidee war der Beitritt der Sowjetunion.

Am 27. September 1940 unterzeichneten Deutschland, Italien und Japan in Berlin den Dreimächtepakt. Dieser Vertrag war, auch wenn sie namentlich nicht genannt wurden, gegen die Vereinigten Staaten von Amerika gerichtet und sollte diese von einem Kriegseintritt abschrecken.

Tatsächlich war der Dreimächtepakt vom 27. September 1940 so konzipiert, daß die Sowjetunion ihm jederzeit beitreten konnte. In jenen Monaten hoffte Hitler, die zunehmenden Differenzen zwischen Berlin und Moskau ausräumen und den deutsch-sowjetischen Interessenausgleich erneuern zu können. Mit diesem Ziel vor Augen lud er den Volkskommissar für Äußeres Molotow zu Gesprächen nach Berlin ein.

Bei seinem Besuch am 12. und 13. November 1940 verhielt sich Molotow gegenüber Hitlers Vorschlägen jedoch äußerst reserviert. Statt dessen forderte der Volkskommissar hartnäckig die Durchsetzung der sowjetischen Interessen in Finnland und in Rumänien, also auch in Gebieten, die innerhalb der deutschen Interessensphäre lagen. Eine Sowjetisierung dieser Gebiete war nicht nur aus den genannten rüstungswirtschaftlichen Interessen für Hitler unannehmbar. Aber damit nicht genug, meldete Molotow weitreichende sowjetische Ansprüche auf ganz Skandinavien und den ganzen Balkan an. Bei Verwirklichung dieser Forderungen wäre Deutschland in vollständige wirtschaftliche Abhängigkeit von der UdSSR geraten. Am Ende der Verhandlungen war Hitlers Versuch, den Deutsch-Sowjetischen Nichtangriffspakt zu einem Bündnis gegen Großbritannien und die USA zu erweitern, gescheitert. Damit nicht genug mußte er feststellen, daß Moskau einen zunehmend antideutschen Kurs einschlug. Eine britisch-amerikanisch-sowjetische Annäherung und ein Bündnis zur Einkreisung und Vernichtung Deutschlands waren nun nicht mehr auszuschließen. Da Deutschland über ein starkes Landheer, aber – mit Ausnahme der U-Boot-Waffe – über keine nennenswerte Kriegsflotte verfügte, lag es nahe, die Sowjetunion in einem raschen Feldzug niederzuwerfen und damit die drohende Einkreisungsfront frühzeitig zu sprengen.

Die Verhandlungsführung Molotows und die starken Truppenkonzentrationen der Roten Armee in den Westgebieten der Sowjetunion lassen wenig Zweifel daran, daß Stalin auf Berlin Druck ausüben wollte. Vermutlich wollte Stalin die deutsche Führung dazu zwingen, Heeres- und Luftwaffeneinheiten in bedeutender Zahl nach Osten zu verlegen, um so Druck von England zu nehmen und einen deutschen Sieg oder einen deutsch-britischen Friedensschluß zu verhindern.

Im Dezember 1940 beauftragte Hitler seine Militärs, die Planungen und Vorbereitungen für einen Feldzug gegen die Sowjetunion voranzutreiben, und bis zum April 1941 hatte er sich angesichts der Moskauer Balkanpolitik dazu entschlossen, „Unternehmen Barbarossa" so bald wie möglich durchzuführen. Dieser Entscheidung lagen mehrere Motive zugrunde:

1. Die Kenntnis der expansiven Außenpolitik Moskaus und des gewaltigen Aufrüstungsprogramms der Sowjetunion.
2. Die Notwendigkeit, die für die deutsche Kriegswirtschaft lebenswichtigen Ölquellen Rumäniens vor dem drohenden Zugriff Moskaus oder Angriffen der sowjetischen Luftstreitkräfte zu schützen.
3. Die gewaltsame Sicherung der Rohstoffe und Nahrungsmittel der Ukraine für den von Deutschland beherrschten europäischen Raum, die im Falle einer politischen Konfrontation mit der Sowjetunion nicht mehr zugänglich sein würden.
4. Die Weigerung Moskaus, dem von Hitler geplanten Kontinentalblock gegen die Angelsachsen beizutreten.
5. Die Befreiung aus der drohenden Einkreisung durch England, die USA und die UdSSR.
6. Die Erkenntnisse über den Aufmarsch der Roten Armee an der Grenze des deutschen Machtbereichs, der ab März / April 1941 bedrohliche Dimensionen annahm.
7. Die endgültige Abrechnung mit dem Bolschewismus und die Zerschlagung der KPdSU als Zentrum der Kommunistischen Weltbewegung.

Stalin, das Moskauer Politbüro und der Generalstab erwarteten den Krieg mit Deutschland und wollten ihn mit weitreichender strategischer Zielsetzung offensiv führen. Der letzte Stand der Planungen von Mitte Mai 1941 sah vor, Deutschland von den rumänischen Ölquellen abzuschneiden und gleichzeitig die Masse des deutschen Heeres in Polen und Ostpreußen zu vernichten. Damit wäre der Weg für einen Vormarsch der Roten Armee nach Mitteleuropa frei gewesen.

Allein aus der Dokumentenlage ist bis heute nicht zweifelsfrei zu ersehen, was Stalin und die sowjetische Führung im Sommer 1941 tatsächlich vorhatten. Wollte Moskau einen militärischen Großangriff wagen, oder sollte der Aufmarsch der Roten Armee nur eine Drohung sein, um von Deutschland politische und territoriale Zugeständnisse zu erpressen? Die Eigendynamik, die einem militärischen Aufmarsch dieser Größenordnung innewohnt, deutet darauf hin, daß die Rote Armee im Laufe des Sommers 1941 tatsächlich zum Angriff übergehen wollte. Von irgendeinem Zeitpunkt an mußte die sowjetische Führung mit der Entdeckung ihres Offensivaufmarsches und mit massiven deutschen Gegenreaktionen rechnen. Fest steht, daß die politische und militärische Führung in Moskau offensive Kriegspläne gegen Deutschland ausgearbeitet hatte und daß die Rote Armee genau wie in diesen Plänen vorgesehen aufmarschierte. Dieser Aufmarsch stellte für die deutsche Ölversorgung aus Rumänien eine so schwere Bedrohung dar, daß Hitler und der Wehrmachtführung nicht länger abwarten wollten, sondern sich entschieden, den ersten Schlag zu führen.

# Unternehmen „Barbarossa"

Der Krieg zwischen dem Deutschen Reich und der Sowjetunion sollte mehrere Dimensionen annehmen: Es war ein Krieg zwischen dem deutschen und dem russischen Nationalstaat, es war ein ideologischer Konflikt zwischen Nationalsozialismus und Sowjetkommunismus, und es war – durch die zunehmende Beteiligung landeseigener Kräfte auf deutscher Seite – eine Fortsetzung des Russischen Bürgerkrieges von 1918–1922.

Es ist eine wenig bekannte Tatsache, daß es zwischen 1920 und 1923 eine enge Zusammenarbeit zwischen Nationalsozialisten und nach Deutschland emigrierten Offizieren der russischen „Weißen Freiwilligenarmee" gegeben hat. Die weißen Offiziere vermittelten den führenden Nationalsozialisten nicht nur ihre Erfahrungen im Kampf gegen die Bolschewiki, sondern auch ihren radikalen Antisemitismus.[1615] Es war bereits

---

[1615] Vgl. dazu: Michael Kellog. The Russian Roots of Nazism: White Émigrés and the Making of National Socialism 1917–1945. Cambridge 2005.

während des Russischen Bürgerkrieges zu einer langen Reihe von Massenerschießungen von jüdischen Zivilisten durch Angehörige der „Weißen Freiwilligenarmee" und durch die Truppen ukrainischer „Warlords" gekommen. Diese Praktiken sollten im Sommer und Herbst 1941 durch die dem Reichssicherheitshauptamt unterstehenden „Einsatzgruppen der Sicherheitspolizei und des SD" sowie ihre lettischen, litauischen und ukrainischen Hilfstruppen, die „Schutzmannschaften", wiederaufgenommen werden.

Wegen der geographischen Entfernungen und des dichten Eisenbahnnetzes in Mittel- und Osteuropa konnte die Wehrmacht ihren Aufmarsch im Osten deutlich schneller vollenden als die Rote Armee. Am 22. Juni 1941 stieß das deutsche Ostheer in den noch unfertigen Offensivaufmarsch der Roten Armee, der für die Defensive ungeeignet war. Deswegen sowie wegen Ausbildungsdefiziten auf der mittleren und unteren Führungsebene ihres Offizierskorps erlitt die Rote Armee trotz erheblicher zahlenmäßiger Überlegenheit eine Serie von katastrophalen Niederlagen, es sollte ihr bis zum Dezember 1941 nicht gelingen, den Vormarsch des deutschen Ostheeres aufzuhalten.

Wie groß die Chancen der Wehrmacht waren, den Ostfeldzug des Jahres 1941 zu gewinnen, ist bis heute umstritten. Im August 1941 kam es zwischen Hitler sowie Brauchitsch und Halder zu einer heftigen Debatte, ob die Wehrmacht zuerst das Donezbecken oder Moskau erobern solle.

Hitler, der mehr wehrwirtschaftlich dachte, plädierte für das Donezbecken mit seinen Rohstoffen und seiner Schwerindustrie, während die beiden Militärs so schnell wie möglich auf Moskau vorstoßen wollten, das sie als den zentralen Knotenpunkt des sowjetischen Eisenbahnsystems ansahen. Letztlich einigte man sich darauf, beide Ziele nacheinander anzugehen, aber inzwischen war so viel Zeit vergangen, daß der Vorstoß auf Moskau in den Beginn des extremen russischen Winters hineingeriet. Operation „Taifun", der deutsche Angriff auf Moskau, scheiterte als Folge der extremen Kälte, der katastrophalen Straßen- und Nachschubverhältnisse und des erbitterten Widerstandes der Roten Armee.

Ungeachtet der riesigen personellen, materiellen und territorialen Verluste, die sie 1941 erlitt, konnte die Sowjetführung ihre Fähigkeit, neue Truppen aufzustellen und neue Waffen zu produzieren, aufrechterhalten. Dabei kamen ihr die ungeheure Größe ihres Landes, sein Bevölkerungsreichtum und seine besonderen klimatischen Bedingungen zu Hilfe. Während in Deutschland 1941 wirtschaftlich noch nahezu friedensmäßige Bedingungen herrschten, hatte die Sowjetführung schon lange vor dem ersten Tag des Krieges ihre Bevölkerung und ihre Wirtschaft mit äußerster Rücksichtslosigkeit für den totalen Kriegseinsatz mobilisiert. Damit gelang es ihr, die Rote Armee so weit zu regenerieren, daß sie den Krieg 1942 trotz großer Verluste ungebrochen fortsetzen konnte.

Für Großbritannien bedeutete die Eröffnung des deutschen Feldzuges gegen die Sowjetunion die lange ersehnte Entlastung, die Gefahr einer Invasion Südenglands war nun endgültig vorbei. Da jedoch die Rote Armee im Sommer 1941 verheerende Niederlagen erlitt und ein baldiges Ausscheiden der Sowjetunion aus dem Krieg zu befürchten war, erschien der Kriegseintritt der USA dringender denn je. Präsident Roosevelt hatte seit seiner Wiederwahl die Politik gezielter Neutralitätsverletzungen gegen die Achsenmächte intensiviert. Am 11. September 1941 ging er schließlich so weit, der US Navy den Feuerbefehl auf alle gesichteten deutschen U-Boote zu erteilen. Damit herrschte im Atlantik zwischen den USA und dem Deutschen Reich praktisch der Kriegszustand, aber Hitler reagierte nicht wie erhofft mit einer Kriegserklärung. Roosevelt konnte ohne Zustimmung des Kongresses keinen Krieg erklären, und diese Zustimmung würde er angesichts der vorherrschenden isolationistischen Stimmung im Kongreß nicht erhalten.

# Pearl Harbor und der amerikanische Kriegseintritt

Seit dem Sieg über Frankreich kontrollierte Deutschland die kontinentaleuropäischen Rohstoffvokommen und war damit von Importen weitgehend unabhängig und gegen eine Handelsblockade unempfindlich. Ganz anders war die Situation Japans, das in hohem Maße von amerikanischen Ölexporten abhängig war. Die amerikanisch-japanischen Beziehungen hatten sich seit 1939 ständig verschlechtert. Als Antwort auf den zunehmenden amerikanischen Druck hatten Deutschland, Italien und Japan am 27. September 1940 den Dreimächtepakt geschlossen. Mit diesem Vertrag wurde vereinbart, daß für den Fall, daß die Vereinigten Staaten eine der drei Mächte angreifen sollten, die anderen beiden Vertragspartner Washington umgehend den Krieg erklären würden. Dadurch sollten die Amerikaner gezwungen werden, ihre Kräfte auf Europa und den Fernen Osten aufzuteilen. Der Dreimächtepakt zielte damit auf eine Abschreckung der Vereinigten Staaten, tatsächlich aber öffnete er Roosevelt die „Hintertür zum Kriege".

Als japanische Truppen im Juli 1941 den südlichen Teil Französisch-Indochinas besetzten, nahm Roosevelt dies zum Anlaß, um am 25. dieses Monats mit der Sperrung der japanischen Guthaben in den USA und der Verhängung eines Ölembargos den Wirtschaftskrieg gegen Japan zu eröffnen. Die japanische Regierung stand vor der Wahl, entweder den Konflikt mit den Vereinigten Staaten auf dem Verhandlungswege zu lösen oder die Ölquellen Niederländisch-Indiens und andere Rohstoffgebiete in Südostasien gewaltsam unter ihre Kontrolle zu bringen. Bereits im April 1941 hatten die Regierungen der Vereinigten Staaten, des Britischen Commonwealth und die niederländische Exilregierung in London insgeheim ein Abkommen geschlossen, das ein gemeinsames militärisches Vorgehen gegen Japan im Fall eines japanischen Angriffs auf britischen oder niederländischen Kolonialbesitz vorsah.

Bereits im Januar 1941 hatte die japanische Regierung Washington einen Vorschlag zu einer Wiederannäherung zwischen Japan und den USA übermittelt; Tokio hatte sich bereit erklärt, aus dem Dreimächtepakt auszutreten und eine Garantieerklärung für den Rückzug aller japanischen Streitkräfte aus China – mit Ausnahme Mandschukuos – abzugeben. Dieses außergewöhnliche Angebot war bei Roosevelt und und seinem Außenminister Hull auf wenig Interesse gestoßen. Im August 1941 schlug Tokio angesichts der Verschärfung der amerikanisch-japanischen Krise eine Gipfelkonferenz zwischen dem japanischen Premierminister, Fürst Konoye, und Präsident Roosevelt vor, aber auch dieser Vorschlag wurde von Washington abgelehnt.

Der Stillstand in den japanisch-amerikanischen Verhandlungen führte im Oktober zu einer Regierungskrise, das zivile Kabinett von Fürst Konoye wurde durch eine Militärregierung unter General Tojo abgelöst. In der Hoffnung, noch im letzten Moment zu einer Verständigung zu gelangen, ließ General Tojo die Diplomaten weiterverhandeln, während gleichzeitig die japanischen Kriegsvorbereitungen anliefen. Da das japanische Industriepotential damals nur zehn Prozent des amerikanischen ausmachte, waren sich die japanischen Militärs bewußt, daß Japans Aussichten in einem Krieg mit den Vereinigten Staaten wenig günstig waren.

Zur gleichen Zeit warnte Generalissimus Chiang Kai-shek US-Außenminister Hull eindringlich vor einem japanisch-amerikanischen Übereinkommen, da dies die Moral der chinesischen Armee und des chinesischen Volkes bis auf die Grundfesten erschüttern und weiteren Widerstand unmöglich machen würde. Auch die britische Regierung gab zu erkennen, daß sie ein japanisch-amerikanisches Abkommen ablehne, da sie ebenso wie die nationalchinesische nachdrücklich an einem baldigen Kriegseintritt der USA interessiert war.

Am 20. November legten die japanischen Gesandten Nomura und Kurusu dem State Department ein letztes Verhandlungsangebot vor. Die Japaner schlugen einen auf sechs Monate befristeten Modus vivendi vor, der die nötige Zeit gewähren sollte, um eine umfassende Verhandlungslösung zu finden. Mit Rückendeckung Roosevelts entschied Hull, den Modus vivendi zu verwerfen, und er überreichte Nomura und Kurusu am 26. November die amerikanische Antwort auf die japanischen Vorschläge. Die entscheidenden Punkte waren die Forderungen nach dem Abzug aller japanischen Truppen aus China – wobei die Frage Mandschukuo bewußt offengelassen wurde –, nach der Anerkennung der chinesischen Nationalregierung unter Chiang Kai-shek durch Japan und nach der öffentlichen Kündigung des Dreimächtepaktes. Diese Forderungen waren für die Japaner unannehmbar, und allen Beteiligten war klar, daß dieses Ultimatum den Abbruch der Verhandlungen und damit Krieg bedeutete.

Einen Tag vor der Überreichung des amerikanischen Ultimatums, am 25. November, war ein Verband japanischer Flugzeugträger mit dem Ziel Pearl Harbor in See gegangen. Sollten die Diplomaten im letzten Moment doch noch eine Verhandlungslösung finden, so konnte diese Trägerkampfgruppe zurückgerufen werden; ansonsten sollten ihre Flugzeuge am Morgen des 7. Dezember einen Überraschungsangriff gegen die amerikanische Pazifikflotte im Hafen von Pearl Harbor fliegen.

Dieser Angriff war aber nur Teil eines größeren strategischen Planes. Der amerikanische Wirtschaftskrieg gegen Japan, insbesondere das im Juli 1941 verhängte Ölembargo, zwang Tokio, sich durch die Besetzung Niederländisch-Ostindiens Zugang zu Erdöl und anderen Rohstoffen zu verschaffen. Die amerikanischen und britischen Diplomaten hatten gegenüber ihren japanischen Gesprächspartnern keinen Zweifel daran gelassen, daß dieser Schritt zum Krieg mit den Vereinigten Staaten und dem Britischen Empire führen würde. Ein Vorstoß japanischer Seestreitkräfte in den Südpazifik nach Niederländisch-Ostindien würde aber durch eine mögliche Offensivoperation der amerikanischen Pazifikflotte in der Flanke bedroht. Deshalb hielt die japanische Marineführung eine ungestörte Operation im Südpazifik nur nach Ausschaltung der Pazifikflotte für möglich. Erst dann konnte sich Japan die Rohstoffquellen Südostasiens sichern.

Bereits im August 1940 war es amerikanischen Kryptologen gelungen, in einen der wichtigsten japanischen Funkcodes einzubrechen; diese Operation lief unter dem Decknamen „Magic". Ab Mitte 1941 konnten Roosevelt und Hull die Weisungen des japanischen Außenministeriums an seine Botschaft in Washington sowie deren Antworten an Tokio ständig mitlesen. Der Präsident und sein Außenminister wußten daher, wie dringend die Japaner an einer Verhandlungslösung interessiert waren. Seit der Überreichung des amerikanischen Ultimatums an die japanischen Gesandten am 26. November erwarteten Roosevelt und sein innerer Kreis den Krieg. Am Abend des 6. Dezember hielt Roosevelt dank „Magic" den Text der japanischen Kriegserklärung in Händen, die die japanischen Gesandten am nächsten Tag Außenminister Hull übergeben sollten. Um jedoch den mehrheitlich isolationistisch gestimmten Kongreß von der Notwendgkeit eines Krieges gegen Japan und Deutschland zu überzeugen, war es aus der Sicht Roosevelts notwendig, den Japanern den ersten Schritt zu überlassen. Ein japanischer Überraschungsangriff auf amerikanische Flotteneinheiten oder einen amerikanischen Stützpunkt würde auch die hartnäckigsten Gegner des Präsidenten umstimmen. Aus diesem Grund erhielt der Flottenstützpunkt Pearl Harbor, das wahrscheinlichste Ziel eines Überraschungsangriffs, keine ernstzunehmende Warnung aus Washington, da ein Großalarm den Japanern durch ihre Spione bekanntgeworden wäre. Nach dem Verlust des Überraschungsmoments wäre die japanische Trägerkampfgruppe wahrscheinlich vorzeitig umgekehrt, was Roosevelt in eine unmögliche Lage gebracht hätte. Die geheimen Abmachungen mit Großbritannien und der niederländischen Exilregierung verpflichteten die USA, im Falle eines japanischen Vorgehens gegen den Kolonialbesitz dieser beiden Staaten in den Krieg einzutreten. Da am Vormittag des 6. Dezember eine japanische Expeditionsstreitmacht eine in dem „ABCD"-Abkommen festgelegte Grenzlinie östlich Britisch-Malaya und nördlich Niederländisch-Indien überschritt, trat an diesem Tag der Bündnisfall in Kraft. Die Vereinigten Staaten befanden sich damit aufgrund von Geheimverträgen bereits einen Tag vor Pearl Harbor im Krieg, ohne daß der Kongreß dies wußte. Roosevelt drohte ein ungeheurer politischer Skandal, der nur durch einen direkten japanischen Angriff auf amerikanisches Territorium oder amerikanische Streitkräfte abgewandt werden konnte.

Der japanische Angriff auf Pearl Harbor rettete Roosevelt wahrscheinlich vor einem Impeachment-Verfahren. Rein militärisch betrachtet war Pearl Harbor für die USA eine Katastrophe, aber politisch war Roosevelt am Ziel seiner Wünsche: Es war ihm gelungen, die Vereinigten Staaten in den Krieg gegen die Achsenmächte zu führen und die politische Spaltung der amerikanischen Bevölkerung zu überwinden.

Hitler hatte dem japanischen Außenminister Matsuoka bei dessen Besuchen im Frühjahr 1941 in Berlin versichert, Japan brauche einen Krieg mit Großbritannien und den USA nicht zu fürchten, da in diesem Falle Deutschland und Italien zum Dreimächtepakt stehen und ebenfalls in den Krieg gegen die Vereinigten Staaten eintreten würden. Das verbündete Japan war für das Reich von größter strategischer Bedeutung, denn ohne einen deutschen Kriegseintritt hätten die USA ihre Macht zuerst auf den Pazifik konzentrieren können, um nach einem Sieg ihr gesamtes militärisches Potential gegen Deutschland und Italien zu richten. Indem sie die Vereinigten Staaten zwangen, ihre Kräfte auf Europa und den Fernen Osten aufzuteilen, hofften die Achsenmächte, eine reelle Siegeschance zu gewinnen.

Roosevelt war durch „Magic" über Hitlers Versprechungen an die Japaner informiert. Nach Pearl Harbor war die Erklärung des Kriegszustandes zwischen dem Deutschen Reich und den Vereinigten Staaten nur noch eine Formsache, auf dem Atlantik war dieser Krieg schon seit dem Sommer 1941 im Gange. Roosevelt entschloß sich, die formelle Kriegserklärung den Deutschen zu überlassen, und Hitler hielt es aus Prestigegründen für notwendig, daß Deutschland den USA den Krieg erklärte und nicht umgekehrt.

# Die deutsche Rüstung und die Europäische Wirtschaftsgemeinschaft

Mit der schweren deutschen Niederlage vor Moskau im Dezember 1941 kam der Feldzug gegen die Sowjetunion ins Stocken. Deshalb und wegen des amerikanischen Kriegseintritts erließ Hitler am 10. Januar 1942 einen „Führerbefehl" über die „Rüstung 1942", der als ein Schlüsseldokument für die weitere Entwicklung der deutschen Kriegswirtschaft anzusehen ist.[1616] Bis zur Jahreswende 1941/42 war die deutsche Rüstungsproduktion ziemlich gering gewesen und hatte kaum ausgereicht, um die Verluste zu ersetzen; man sprach damals von einer „friedensähnlichen Kriegswirtschaft". Unter dem maßgeblichen Einfluß des Reichsministers für Bewaffnung und Munition Fritz Todt wurde nun damit begonnen, alle vorhandenen wirtschaftlichen Ressourcen in die Rüstung zu stecken sowie das Prinzip der „Selbstverantwortung der Industrie" einzuführen, das eine grundlegende Rationalisierung in der Produktion ermöglichte. Dies sollte dazu führen, daß sich die deutsche Rüstungsproduktion unter Todts Nachfolger Albert Speer bis Mitte 1944 insgesamt verdreifachte.

---

[1616] Georg Thomas. Geschichte der deutschen Wehr- und Rüstungswirtschaft (1918–1943/45). Boppard a.Rh. 1966. Anhang II, Nr. 16, S. 478 ff.

Seit dem Herbst 1941 hatten Hitler und Reichsaußenminister Ribbentrop das „Neue Europa" zu einem zentralen Thema der deutschen Außenpolitik und Propaganda gemacht. Hitler ging erstmals am 3. Oktober 1941 in seiner Rede zum Winterhilfswerk auf das Thema Europa ein, als er den Beitrag der europäischen Verbündeten und Freiwilligen im Kampf gegen die Sowjetunion würdigte.

Das „Neue Europa" bestand damals aus den mit Deutschland verbündeten Staaten Italien, Ungarn, Rumänien, der Slowakei, Bulgarien, Kroatien, Finnland, den befreundeten Staaten Dänemark und Spanien sowie den besetzten Staaten Belgien, Holland, Frankreich, Griechenland, Norwegen, Serbien und Montenegro.[1617]

Nur fünf Tage nach dem grundlegenden Erlaß Hitlers zur Rüstung, am 15. Januar 1942, forderte Reichsminister Walther Funk in einem Vortrag in Berlin die Gründung einer „Europäischen Wirtschaftsgemeinschaft". Diese zeitliche Koinzidenz bedeutet, daß die „Europäische Wirtschaftsgemeinschaft" im Zusammenhang mit den Grundsatzentscheidungen des Winters 1941/42 für eine massive Steigerung der deutschen Rüstungsproduktion zu sehen ist. Mit anderen Worten, es sollten nun alle verfügbaren Kräfte, auch die der europäischen Nachbarstaaten, für die deutsche Rüstung und Kriegsführung eingespannt werden. Noch im gleichen Jahr fungierte Reichsminister Funk als Herausgeber für den Sammelband „Europäische Wirtschaftsgemeinschaft", der eine Reihe von Beiträgen namhafter deutscher Wirtschaftsfachleute enthielt.[1618] Darin wurden unter anderem europaweite Agrarsubventionen, regionale Wirtschaftsförderung, insbesondere die verstärkte Industrialisierung Südosteuropas, Gastarbeiteraustausch, Verkehrsförderung, Abbau der Zollschranken gefordert. Die hier entwickelten Vorstellungen nahmen bereits die Grundzüge der EWG von 1957 vorweg, wie sie in den Römischen Verträgen festgelegt wurden.

Eines der zentralen Probleme der damaligen deutschen Europapolitik bestand darin, daß das verbündete Italien sich wirtschaftlich und militärisch als eine schwere Belastung für die deutsche Kriegsführung erwies, während Frankreich sich zu einer wichtigen Stütze der deutschen Wehrwirtschaft entwickelte. Was die Lage weiter komplizierte war die Tatsache, daß die französische Regierung von Marschall Pétain mit Sitz in Vichy sich als ein ziemlich unzuverlässiger Partner erwies. Hitler ließ die Regierung Pétain nur deshalb im Amt, weil sie angesichts der unübersichtlichen innerfranzösischen Verhältnisse noch das kleinste von allen möglichen Übeln war. Während die deutsche Zusammenarbeit mit der französischen Industrie recht gut funktionierte, erwiesen sich die italienische Wirtschaft und die italienischen Streitkräfte, die völlig von deutschen Kohle- und Mineralöllieferungen abhängig waren, als ein Faß ohne Boden.

# Der Krieg in Nordafrika

Unmittelbar nach seinem Kriegseintritt im Juni 1940 hatte Italien die Möglichkeit, von seiner Kolonie Libyen aus gegen die schwachen britischen Streitkräfte in Ägypten vorzugehen und den Suezkanal zu besetzen. Damit wäre der Mittelmeerraum für England verloren gewesen, was für die Briten einen empfindlichen Prestigeverlust und erhebliche Schwierigkeiten im strategisch wichtigen Seeverkehr mit Indien und Ostasien bedeutet hätte.

Die italienische Offensive, die am 13. September 1940 begann, wurde jedoch nur halbherzig geführt und endete schließlich in einer Serie schwerer Niederlagen. Um das Prestige Mussolinis und damit seine Herrschaft über Italien zu retten, sah sich Hitler schließ-

---

[1617] Archiv der Gegenwart 1943, S. 5901.
[1618] Walter Funk (Hrsg.). Europäische Wirtschaftsgemeinschaft, Berlin 1942.

lich genötigt, das Deutsche Afrikakorps unter dem Kommando von General Erwin Rommel nach Libyen zu entsenden. Rommel hatte vom OKW einen rein defensiven Auftrag erhalten, das heißt, er sollte mit seinen Truppen weitere Niederlagen der Italiener verhindern. Nordafrika war aus der Sicht des OKW ein Nebenkriegsschauplatz, weshalb man sich auch keine allzu großen Gedanken über den Nachschub für das Afrikakorps machte. Dies sollte sich als schwerer Fehler erweisen, denn mit der Insel Malta besaßen die Briten im Mittelmeer einen „unsinkbaren Flugzeugträger", von dem aus ihre Kampfflugzeuge und U-Boote den deutsch-italienischen Schiffsverkehr zwischen Sizilien und den libyschen Hafenstädten empfindlich stören konnten.

Rommel erkannte in Libyen rasch die sich ihm bietenden Möglichkeiten, mit seinen deutschen und italienischen Truppen die Engländer anzugreifen und zu schlagen. Es folgte eine Reihe deutsch-italienischer Offensiven und britischer Gegenoffensiven, wobei die Erfolge der Achsenmächte immer davon abhängig waren, ob der Nachschub für die „Panzerarmee Afrika" über das Mittelmeer ungestört durchkam.

Ende August 1942 stand Rommels deutsch-italienische „Panzerarmee Afrika" bei El Alamein vor den Toren Kairos, der entscheidende Sieg über die britische 8. Armee schien in Griffweite.

Hitler machte bereits Pläne für einen Vorstoß der „Panzerarmee Afrika" in den Mittleren Osten, die sich im Iran oder in Indien mit der Heeresgruppe A, die aus dem Kaukasus heranrückte, vereinigen sollte. Zu dieser Zeit hielt sich der indische Nationalistenführer Subhash Chandra Bose in Berlin auf, wo er aus indischen Soldaten der britischen Armee, die in Nordafrika in deutsche Kriegsgefangenschaft geraten waren, die „Legion Freies Indien" aufbaute.

Die Angriffe der „Panzerarmee Afrika" auf die gut ausgebauten britischen Stellungen bei El Alamein blieben jedoch liegen, weil wieder einmal der deutsch-italienische Nachschub versagte.

In den folgenden Wochen konnten die Briten ihre 8. Armee mit Hilfe amerikanischer Waffenlieferungen so weit verstärken, daß sie der „Panzerarmee Afrika" zahlenmäßig erheblich überlegen war.

Eine besondere Rolle spielten dabei die taktischen Luftstreitkräfte (Jagdbomber und zweimotorige leichte Bomber) der Briten, die wegen ihrer zahlenmäßigen Überlegenheit sowohl die Beweglichkeit der deutschen und italienischen Truppen auf dem Schlachtfeld wie auch die Zuführung von Nachschub empfindlich stören konnten. Die Überlegenheit der anglo-amerikanischen taktischen Luftstreitkräfte sollte auch bei den Kämpfen in Italien und Frankreich 1943/44 eine entscheidende Rolle spielen.

Die zweite Schlacht von El Alamein Ende Oktober/Anfang November 1942 endete mit einer schweren Niederlage der „Panzerarmee Afrika", Rommel mußte sich mit seinen Truppen aus Ägypten zurückziehen. Die Träume von einer deutsch-italienischen Eroberung des Mittleren Ostens wurden damit gegenstandslos.

# Die japanische Expansion
# und die Flugzeugträgerschlacht bei Midway

In Ostasien nahm der japanische Eroberungsfeldzug gegen die europäischen und amerikanischen Kolonialgebiete im ersten Halbjahr 1942 beispiellose Dimensionen an.

Bereits am 10. Dezember 1941 fielen die Pazifikinseln Guam, Makin und Tarawa in japanische Hand, am gleichen Tag begann auch die Invasion der Philippinen auf der Hauptinsel Luzon. Die dort stationierten amerikanisch-philippinischen Einheiten unter dem Kommando von General Douglas MacArthur waren den anrückenden Japanern weit unterlegen, weshalb MacArthur den geordneten Rückzug seiner Truppen auf die Halbinsel Bataan befahl, wo sie schließlich am 9. April 1942 kapitulieren sollten.

Am 16. Dezember 1941 landeten japanische Truppen auf Borneo und am 19. Dezember auf Mindanao in den Südphilippinen. In Hongkong waren die britischen, indischen und kanadischen Truppen gezwungen, bereits am 25. Dezember 1941 vor den gelandeten Japanern zu kapitulieren. Die wichtigste Eroberung der Japaner war jedoch die australische Hafenstadt Rabaul an der Nordostspitze von Neubritannien, die sie am 23. Januar 1942 einnehmen konnten. Mit Rabaul hatten die Japaner eine gute Ausgangsbasis für ein weiteres Vordringen in Richtung Ostpazifik und die Südsee, insbesondere aber für eine Invasion Australiens.

Zum Schutz ihrer kolonialen Territorien in Südostasien gründeten die Alliierten am 8. Januar 1942 das ABDACOM, ein gemeinsames Kommando von Amerikanern, Briten, Niederländern und Australiern mit Sitz in Singapur. Ungeachtet einiger kleinerer Erfolge der ABDACOM-Einheiten fielen Tarakan, Thailand und Britisch-Malaysia noch im Verlauf des Januar in die Hände der Japaner. Eine besonders schwere Niederlage mußten die Briten hinnehmen, als nach vierzehntägiger Belagerung am 15. Februar 1942 Singapur kapitulierte und eine britisch-indisch-australische Armee in japanische Gefangenschaft geriet. Weitere Invasionsziele der Japaner waren im Februar das zu Niederländisch-Indien gehörende Sumatra und dort insbesondere die Ölfelder. Aus dem gleichen Grund versuchten die japanischen Heerestruppen, so rasch wie möglich Borneo zu erobern. Am 13. Februar 1942 landeten die ersten japanischen Einheiten auf den Südseeinseln der Salomonen, im März gelang ihnen die vollständige Einnahme von Java und Niederländisch-Ostindien. Japanische Heeresverbände, die im Januar vom benachbarten Thailand aus in Burma einmarschiert waren, nahmen am 8. März Rangun ein.

Die Andamanen im Golf von Bengalen, die als Stützpunkt für einen Vorstoß nach Indien geplant waren, fielen am 23. März, und ein japanischer Angriff mit fünf Flugzeugträgern auf den britischen Stützpunkt auf Ceylon brachte den Briten einen Verlust von zwei Schweren Kreuzern ein.

Mit Beginn der japanischen Operation „C" am 30. März, bei der sechs Flugzeugträger, begleitet von vier Schlachtschiffen, in den Indischen Ozean einliefen, sollte die dort operierende „British Eastern Fleet" ausgeschaltet werden. Es gelang den Briten jedoch, einer Seeschlacht auszuweichen, und ein Angriff japanischer Trägerflugzeuge auf den Hafen von Colombo auf Ceylon blieb ohne größere strategische Auswirkungen.

Welche Konsequenzen ein japanischer Sieg über die „British Eastern Fleet" und eine anschließende Landung auf Ceylon auf die politische Situation in Indien gehabt hätten, bleibt der Spekulation überlassen. Es ist durchaus vorstellbar, daß ein japanischer Triumph im Indischen Ozean das Signal für die indische Unabhängigkeitsbewegung gewesen wäre, sich gegen die britische Kolonialherrschaft zu erheben. Ein Aufstand in Indien hätte die Briten zum damaligen Zeitpunkt in größte Schwierigkeiten gebracht, die Folgen für den weiteren Verlauf des Zweiten Weltkrieges wären völlig unabsehbar gewesen.

Anfang Mai 1942 erlitten die Japaner den ersten Rückschlag. Am 7./8. Mai kam es zur Schlacht im Korallenmeer, zwei amerikanischen Trägerkampfgruppen gelang es, die Einnahme von Port Moresby durch die Japaner zu verhindern. In der ersten großen Seeschlacht zwischen japanischen und amerikanischen Trägerverbänden verloren beide Seiten je einen Flugzeugträger. Was taktisch ein Unentschieden war, war auf strategischer Ebene ein erster amerikanischer Sieg, denn die Japaner waren nun gezwungen, die geplante Invasion Australiens auf unbestimmte Zeit zu verschieben.

Anfang Juni 1942 fand die japanische Expansion im Pazifischen Raum ein jähes Ende. Am 4. dieses Monats begann die Schlacht um Midway mit einem japanischen

Luftangriff auf die gleichnamigen Inseln. Wegen der schweren Schäden, die sie während der Schlacht im Korallenmeer erlitten hatten, befanden sich zwei japanische Flugzeugträger in Reparatur und konnten nicht eingesetzt werden; damit standen für die Operation gegen die Midway-Inseln nur vier große Flugzeugträger zur Verfügung. Die amerikanische Pazifik-Flotte unter dem Oberbefehl von Admiral Chester W. Nimitz konnte bei Midway zwar nur drei Flugzeugträger zum Einsatz bringen, besaß jedoch den Vorteil, daß sie den japanischen Marine-Funkcode entschlüsseln und mitlesen konnte.

Bei den Kämpfen am 4., 6. und 7. Juni erlitt die Kaiserlich-Japanische Marine eine verheerende Niederlage, es wurden alle vier eingesetzten japanischen Flugzeugträger versenkt, während die US Navy nur einen Träger verlor.

In der Schlacht bei Midway setzte sich der kostspielige Abnützungsprozeß fort, der mit den japanischen Angriffen auf Ceylon und der Schlacht im Korallenmeer begonnen hatte. Der Verschleiß an gut ausgebildeten Marine-Piloten und das unzulängliche japanische Piloten-Ausbildungssystem sollten eine der Hauptursachen für den militärischen Niedergang Japans werden.

Die katastrophale japanische Niederlage bei Midway hatte auch Fernwirkungen auf den Krieg in Europa. Hätte Midway mit einem japanischen Sieg oder wenigstens mit einem Unentschieden geendet, hätten die USA 1942/43 sehr viel mehr neugebaute Kriegsschiffe in den Pazifik entsenden müssen, die dann wiederum bei der Schlacht im Atlantik gegen die deutsche U-Boot-Waffe gefehlt hätten. Eine Invasion in Europa wäre unter diesen Voraussetzungen frühestens 1945 möglich gewesen. Bei einem anderen Ausgang von Midway hätte das Deutsche Reich also ein Jahr mehr Zeit gehabt, den Rußlandfeldzug zu einem günstigen Ende zu bringen oder mit einem Kompromißfrieden zu beenden.

## Die Katastrophe von Stalingrad

Mit ihrer Winteroffensive zwischen Dezember 1941 und März 1942 hatte die sowjetische Führung zwar den deutschen Angriff auf Moskau zum Stehen gebracht, es war ihr jedoch nicht gelungen, eine entscheidende operative Wende herbeizuführen. Aber während in Deutschland die personelle Ersatzdecke ein vollständiges Auffüllen der Verbände des Ostheeres nicht mehr zuließ, schien das sowjetrussische Menschenpotential nahezu unerschöpflich zu sein. Die Kräfteverhältnisse hatten sich mittlerweile derart verschoben, daß an die Erringung eines endgültigen deutschen Sieges durch eine Serie von „Vernichtungsschlachten" gegen die Rote Armee nicht mehr zu denken war. Die deutsche Führung mußte vielmehr zu einer Strategie übergehen, die die Gewinnung strategisch wichtiger Rohstoffe zum Ziel hatte.

Hitler war überzeugt, daß Deutschland noch im Jahre 1942 die Entscheidung im Osten suchen müsse, denn ab 1943 war im Westen mit einer Invasion der Anglo-Amerikaner zu rechnen. Für eine Offensive an der gesamten Ostfront reichten die deutschen Kräfte nicht mehr aus, aber ein Angriff auf die kaukasischen Ölfelder würde die Sowjets zwingen, alle verfügbaren Reserven in den Kampf zu werfen. Der Verlust der kaukasischen Ölquellen mußte die sowjetische Kriegsmaschinerie über kurz oder lang lahmlegen. Gleichzeitig war die Inbesitznahme der kaukasischen Ölfelder für die deutsche Kriegswirtschaft für die Fortsetzung des Krieges von größter Bedeutung.

Bei einem Vorstoß in den Kaukasus entstand wegen der sehr großen räumlichen Entfernung das Problem, daß eine sehr lange offene Flanke entstand, die sich für eine sowjetische Gegenoffensive geradezu anbot. Diese offene Flanke sollte durch einen gleichzeitigen Angriff auf das an der Wolga gelegene Industriezentrum Stalingrad geschützt werden.

Hitler ging irrigerweise davon aus, daß die Rote Armee die Masse ihrer Reserven im Kriegswinter 1941/42 bereits weitgehend verbraucht habe. Aufgrund dieser Fehlkalkulation glaubte er, daß die Kräfte der Heeresgruppe Süd ausreichen würden, um gleichzeitig Stalingrad und den Kaukasus anzugreifen. Damit zersplitterte er die begrenzten deutschen Kräfte und riskierte eine räumliche Überdehnung der Front. Der Erfolg der Operation hing davon ab, daß die weit ausgedehnte Flanke der Heeresgruppe B entlang dem Don von den Armeen der verbündeten Staaten ausreichend geschützt werden konnte, während die deutschen Armeen die eigentlichen Angriffsoperationen führen sollten.

Die in Südrußland und der Ukraine stehende Heeresgruppe Süd wurde in die Heeresgruppen A und B aufgeteilt. Die Heeresgruppe B bestand aus der 6. Armee unter General Friedrich Paulus, die von der 4. Panzerarmee unter Generaloberst Hermann Hoth sowie der rumänischen 3. und 4. Armee, der italienischen 8. Armee und der ungarischen 2. Armee unterstützt wurde. Ende August erreichten Verbände der 6. Armee die Wolga nördlich und südlich von Stalingrad und begannen mit dem Vorstoß in das Stadtgebiet. Am 12. September 1942 verlangte Hitler die Einnahme Stalingrads.

Die Heeresgruppe A, bestehend aus der 1. Panzerarmee und der 17. Armee, stieß durch die Terek-Wüste in Richtung auf den Kaukasus und das Erdölgebiet von Baku am Kaspischen Meer vor. Diese Offensive kam im November 1942 aus Kräftemangel und als Folge des sich versteifenden sowjetischen Widerstandes am Nordhang des Kaukasus und vor Grosny zum Stehen.

Am Morgen des 19. November 1942 begann unter dem Decknamen Operation „Uranus" die sowjetische Gegenoffensive gegen die Heeresgruppe B, die innerhalb von Tagen zur Einschließung der 6. Armee in Stalingrad führte. Im Fall einer Niederlage in Stalingrad hätte die Rote Armee zum Schwarzen Meer durchbrechen und damit die gesamte Heeresgruppe A abschneiden können – der drohende Verlust einer ganzen Heeresgruppe wäre praktisch ein „Super-Stalingrad" gewesen, das zum Zusammenbruch des gesamten Südflügels der Ostfront hätte führen können.

Ein Rückzug aus dem Vorkaukasus bedeutete jedoch, daß die kaukasischen Erdölfelder in unerreichbare Ferne rückten, was einem Scheitern des ganzen Sommerfeldzugs im Osten gleichgekommen wäre. Um die Niederlage nicht einzugestehen, zögerte Hitler den Rückzugsbefehl für die Heeresgruppe A hinaus, erst als sich mit dem Scheitern eines Entsatzversuchs für die 6. Armee (Operation „Wintergewitter") eine Katastrophe in Stalingrad abzeichnete, erteilte Hitler am 28. Dezember 1942 der Heeresgruppe A den Befehl zum Rückzug.

Hitler hoffte, im Februar mit dem neu aufgestellten SS-Panzer-Korps nach Stalingrad durchstoßen und die 6. Armee befreien zu können. Nur mußte die 6. Armee so lange durchhalten, und dies setzte voraus, daß die Luftbrücke nach Stalingrad funktionierte, wovon jedoch keine Rede sein konnte. Damit war absehbar, daß die 6. Armee über kurz oder lang wegen Mangels an Nahrungsmitteln und Munition kapitulieren mußte. Nach dem Scheitern von Operation „Wintergewitter" Mitte Dezember 1942 war das Schicksal der 6. Armee besiegelt, es gab keine andere Möglichkeit mehr, als sie zu opfern, um die Heeresgruppe A zu retten. Die 6. Armee band in Stalingrad sieben sowjetische Armeen, die der Stawka für den Vorstoß in Richtung auf Rostow am Don fehlten. Paulus und seine Truppen mußten trotz ihrer aussichtslosen Lage so lange wie möglich Widerstand leisten, um für den langwierigen Rückzug der Heeresgruppe A aus dem Kaukasus Zeit zu gewinnen.

Nachdem der Entsatz der 6. Armee fehlgeschlagen war, hatte Manstein die schwierige Aufgabe, mit der neu gebildeten Heeresgruppe Don die Abschnürung und Vernichtung des Südflügels der Ostfront zu verhindern. Zuerst hielt die Heeresgruppe Don der Heeresgruppe A den Rücken frei, während diese sich aus dem Kaukasus zurückzog. Anschließend stellte sich die Heeresgruppe Don in hochbeweglicher Kampfführung der sowjetischen Winteroffensive entgegen und verhinderte trotz einiger schwerer Krisen, daß der deutsche Südflügel von seinen rückwärtigen Verbindungen abgeschnitten wurde. Am 22. Februar 1943 eröffnete Manstein mit der Heeresgruppe Don zwischen Dnjepr und Donez eine Gegenoffensive, in deren Verlauf am 14. März Charkow zurückerobert wurde. Mit diesem „Schlag aus der Nachhand" gelang es Manstein, den Südflügel der Ostfront wieder zu stabilisieren und damit die Voraussetzung für eine neue deutsche Offensive im Sommer 1943 zu schaffen.

Diese erfolgreiche Gegenoffensive kann jedoch nicht über das Ausmaß der Katastrophe von Stalingrad hinwegtäuschen, denn es war nicht nur die überstarke 6. Armee fast vollständig verlorengegangen, sondern auch vier Armeen der Verbündeten waren weitgehend zerschlagen worden. Die deutsche Führung war sich durchaus bewußt, daß diese Niederlage eine Kriegswende darstellte. Aufgrund der absehbaren Kräfteentwicklung konnte sie jetzt nur noch auf ein militärisches Patt und einen Kompromißfrieden im Osten hoffen, um danach im westlichen Europa die strategischen Luftangriffe und Landungsversuche der Anglo-Amerikaner abzuwehren.

## Das Ende der Heeresgruppe Afrika

Am 8. November 1942 landeten im Rahmen von Operation „Torch" über 100.000 amerikanische und britische Soldaten in Marokko und Algerien.

Über geheime Kontakte hatten die westlichen Alliierten die französischen Generale in Marokko und Algerien auf ihre Seite zu ziehen versucht. Am 10. November schlossen Admiral François Darlan und General Dwight Eisenhower ein Abkommen, woraufhin die französischen Truppen in Nordafrika auf die Seite der Alliierten überwechselten.

Am 8. Dezember 1942 wurde in Tunesien die 5. Panzerarmee unter dem Befehl von General Hans-Jürgen von Arnim aufgestellt. Sie sollte sich in Tunesien mit der aus Libyen zurückgehenden „Panzerarmee Afrika" vereinigen.

Unmittelbar nach den Landungen in Casablanca, Oran und Algier hatte die aus amerikanischen und britischen Verbänden bestehende britische 1. Armee den Wettlauf nach Tunis angetreten. Am 23. Januar besetzte die von Osten vorrückende britische 8. Armee Tripolis, bis zum Ende dieses Monats mußte die „Panzerarmee Afrika" ganz Libyen räumen. Am 23. Februar 1943 wurde die deutsch-italienische Panzerarmee in Heeresgruppe Afrika umbenannt, die sich in Tunesien einem von Osten wie von Westen anrückenden Gegner gegenübersah. Im März und April 1943 wurden die deutsch-italienischen Truppen im Brückenkopf Tunis eingeschlossen, über See kam so gut wie kein Nachschub mehr durch, und am 12./13. Mai 1943 mußte die Heeresgruppe Afrika unter Rommels Nachfolger von Arnim vor den Anglo-Amerikanern kapitulieren. Da Hitler eine Evakuierung des Brückenkopfs Tunis nicht gestattete, gingen im Mai 1943 rund 250.000 deutsche und italienische Soldaten in alliierte Kriegsgefangenschaft.

Mit seinem Vorstoß gegen das Nildelta hatte Rommel die Briten in Nordafrika bis an den Rand einer entscheidenden Niederlage gebracht, und wahrscheinlich hätte er sein Ziel erreicht, wenn er rechtzeitig genügend schwere Waffen und Nachschub erhalten hätte. Die notwendigen Mittel, insbesondere Artillerie, Panzerfahrzeuge und Benzin sowie ausreichende Luftunterstützung, wurden ihm aber nicht gewährt, weil die strategische Bedeutung Nordafrikas in Berlin unterschätzt wurde.

# Operation „Zitadelle"

Nach den schweren Niederlagen bei Stalingrad und in Tunesien war es unübersehbar, daß die Achsenmächte in die Defensive geraten waren. Die sowjetische Rüstungsindustrie produzierte seit der Jahreswende 1942/43 immer größere Stückzahlen an Geschützen, Panzern und Flugzeugen. Die schweren Produktionseinbrüche, die sich aus dem Verlust der westlichen Landesteile und den Schwierigkeiten bei der Evakuierung eines Teils der Rüstungsbetriebe hinter dem Ural ergeben hatten, waren im großen und ganzen überwunden. Das Deutsche Reich konnte dagegen die Personalverluste, die durch die Katastrophe von Stalingrad entstanden waren, nur unter Schwierigkeiten ausgleichen. Das Kräfteverhältnis im Osten begann sich dramatisch zugunsten der Sowjetunion zu verschieben. In den USA hatten die Rüstung sowie die Aufstellung von Luftwaffenverbänden und Heerestruppen mittlerweile große Fortschritte gemacht. Nach der amerikanischen Landung in Nordafrika mußte für 1943 oder spätestens 1944 mit einer anglo-amerikanischen Invasion in Süd- oder Westeuropa gerechnet werden. Damit drohte der Zweifrontenkrieg, und dem Deutschen Reich blieb nur noch wenig Zeit, um dem Krieg eine günstige Wendung zu geben.

An eine militärische Ausschaltung der Sowjetunion war somit nicht mehr zu denken, die einzig realistische Perspektive schien ein Separatfrieden mit Moskau zu sein. Reichsaußenminister Ribbentrop drängte Hitler immer wieder zu Friedenssondierungen mit Moskau, aber Hitler stellte sich auf den Standpunkt, er müsse zuerst wieder einen entscheidenden militärischen Erfolg erringen, dann könne man weitersehen. Eine Verhandlungslösung mit den Anglo-Amerikanern erschien unwahrscheinlich, seitdem Roosevelt und Churchill im Januar 1943 auf der Konferenz von Casablanca die Forderung nach einer bedingungslosen Kapitulation der „Achsenmächte" erhoben hatten. Washington und London würden sich allenfalls nach einer fehlgeschlagenen Invasion in Europa zu Friedensgesprächen bereit finden.

Eine Beschränkung auf eine reine Defensive an der Ostfront war für die deutsche Führung aus zwei Gründen problematisch. Zum ersten wußte sie im Frühjahr 1943 nicht, ob die Rote Armee nach Beendigung der Schlammperiode tatsächlich wieder offensiv werden würde. Die Sowjets konnten ebensogut abwarten, ihre Kräfte weiter verstärken und zusehen, bis die Anglo-Amerikaner in Süd- oder Westeuropa eine zweite Front aufbauten. Zum zweiten war für eine rein defensive Kampfführung die Zahl der im Osten verfügbaren deutschen Divisionen zu gering. Die Front vom Nordkap bis zum Schwarzen Meer war zu lang, um sie mit den vorhandenen Kräften gleichmäßig für eine wirkungsvolle Verteidigung zu besetzen. Bei den gegebenen Kräfteverhältnissen hatten die Sowjets immer die Möglichkeit, die deutsche Front an von ihnen ausgewählten Stellen mit erdrückender Überlegenheit anzugreifen und zu durchbrechen, um anschließend stehengebliebene deutsche Verbände einzukreisen oder zum Rückzug zu zwingen. Die deutsche Führung mußte daher im Rahmen der vorgegebenen strategischen Defensive versuchen, durch begrenzte Offensiven dem Gegner Teilschläge zu versetzen, die ihn erhebliche blutige Verluste sowie hohe Zahlen an Gefangenen kosteten.

Da die sowjetische Kräfteverteilung für eine Offensive gegen den Südflügel der Ostfront sprach, entwickelte der Oberbefehlshaber der Heeresgruppe Süd, Manstein, einen Plan für einen „Schlag aus der Nachhand". Manstein wollte dem erwarteten feindlichen Angriff gegen das Donezgebiet nach Westen ausweichen und gleichzeitig stärkste Kräfte hinter dem Nordflügel der Heeresgruppe Süd bereitstellen. Die Gegenoffensive dieser Kräftegruppe sollte den feindlichen Angriff zerschlagen, um anschließend nach Südosten bzw. Süden in die tiefe Flanke der durch das Donezgebiet gegen den unteren Dnjepr vorgehenden feindlichen Armeen zu stoßen und sie an die Küste des Asowschen

Meeres zu drücken. Endziel war die Vernichtung des gesamten russischen Südflügels. Diese kühne Operation war jedoch nur dann möglich, wenn Hitler bereit war, das kriegswirtschaftlich wichtige Donezgebiet zu räumen. Bei einem Erfolg bestand die Aussicht, es über kurz oder lang wiederzugewinnen. Ein solches Wagnis wollte Hitler jedoch nicht eingehen.

Als Alternative zu Mansteins Plan bot sich an, einen „Schlag aus der Vorhand" zu führen. Am Ende des Winterfeldzuges verlief die Front im Süden von Taganrog längs des Mius und des Donez bis Bjelgorod. Nördlich von Bjelgorod, an der Grenze zwischen den Heeresgruppen Süd und Mitte, war ein weit nach Westen vorspringender Frontbogen des Gegners von etwa 200 Kilometern Breite und 120 Kilometern Tiefe stehengeblieben, der das Gebiet um Kursk umschloß.

Nach der Weisung Hitlers vom 15. April 1943 sollte der feindliche Frontbogen um Kursk durch einen an seinen Eckpfeilern angesetzten Zangenangriff von Norden von der Heeresgruppe Mitte (Kluge) und von Süden von der Heeresgruppe Süd (Manstein) abgeschnitten und sollten die in ihm stehenden Feindkräfte vernichtet werden. Hitler hoffte, nach einem großen militärischen Erfolg würden die schwankend gewordenen Verbündeten und Neutralen wieder an die deutsche Sache glauben. Das OKH rechnete im Falle eines durchschlagenden Erfolges bei Kursk mit der Einkesselung von acht bis neun Armeen, was die Gefangennahme von 6 bis 700.000 Mann und damit eine deutliche Verbesserung des Kräfteverhältnisses an der Ostfront zugunsten der Wehrmacht versprach.

Ausgangsbasis für den Angriff der Heeresgruppe Mitte war die Südfront des Orelbogens. An den nach Westen vorspringenden Frontbogen von Kursk schloß sich weiter nördlich der von der Heeresgruppe Mitte gehaltene Orelbogen an, der weit nach Osten in die russische Front hineinragte. Die Operation „Zitadelle" sollte möglichst bald nach Beendigung der Schlammperiode und der Auffrischung der deutschen Verbände durchgeführt werden, das war frühestens Anfang Mai.

Am 4. Mai kamen die Oberkommandierenden der Heeresgruppen Süd und Mitte, die Generalfeldmarschälle von Manstein und von Kluge, der Generalstabschef des Heeres, Generaloberst Zeitzler, und der Generalinspekteur der Panzertruppen, Generaloberst Guderian, zu einer Besprechung mit Hitler in München zusammen. Hitler hielt eine weitere Verstärkung der deutschen Panzerkräfte für notwendig und kündigte die Zuführung erheblicher Mengen von neuen schweren Panzern der Typen „Tiger", „Panther" und „Ferdinand" an. Außerdem sollte die Zahl der mittleren Panzer III und IV verdoppelt werden. Als Hitler nun die beiden Oberbefehlshaber um ihre Meinung fragte, sprachen sich diese gegen eine Verschiebung von „Zitadelle" aus. Manstein gab zu bedenken, daß der in Aussicht gestellte Zuwachs an Panzern durch den Zufluß von Panzern auf sowjetischer Seite vermutlich mehr als ausgeglichen werde; außerdem würde der Ausbau der feindlichen Stellungen immer weiter voranschreiten. Schließlich wies Manstein darauf hin, daß bei einer Verschiebung des Angriffstermins und einem baldigen Verlust von Tunis die Gefahr bestünde, daß der Beginn von „Zitadelle" mit einer feindlichen Landung auf dem europäischen Festland zusammenfalle und Deutschland dann an zwei Fronten entscheidend zu kämpfen haben werde. Hitler erwiderte, daß ein mögliches Mehr an Panzern auf sowjetischer Seite durch die technische Überlegenheit der zusätzlichen „Tiger", „Panther" und „Ferdinand" aufgehoben würde.

Die folgenden Wochen nutzten die deutschen Angriffsverbände zu weiterer Auffrischung und Ausbildung. Die von Hitler verprochenen Panzer trafen zwar ein, aber nicht in der zugesagten Zeit. So wurde „Zitadelle" immer weiter hinausgeschoben, bis der Juli herannahte. Über die Erfolgsaussichten von „Zitadelle" herrschten in der obersten deutschen Führung weiterhin gegensätzliche Meinungen, die fortwährenden Auseinandersetzungen ließen auch in Hitler Skepsis aufsteigen, aber letztlich entschied er sich dafür, an „Zitadelle" festzuhalten. Ein großer militärischer Sieg im Osten erschien Hitler höchst wünschenswert, da er hoffte, damit die Moral im eigenen Lager zu stärken.

Am 1. Juli trafen alle Oberbefehlshaber und Kommandierenden Generale der für „Zitadelle" vorgesehenen Verbände mit Hitler zu einer Besprechung in seinem Hauptquartier „Wolfschanze" zusammen. Hier gab Hitler seinen endgültigen Beschluß bekannt, mit „Zitadelle" am 5. Juli zu beginnen. Hitler machte darauf aufmerksam, daß mit einer baldigen Landung der Westmächte im europäischen Mittelmeerraum gerechnet werden müsse, von den Italienern sei kein ernsthafter Widerstand zu erwarten.

Die Stawka war schon im April 1943 zu der Überzeugung gelangt, daß sich die zu erwartende deutsche Sommeroffensive gegen den Kursker Bogen richten werde. Stalin, Marschall Schukow und Marschall Wassiljewski beschlossen, die eigenen Stellungen mit allen Mitteln zu verteidigen, den deutschen Angriff sich festlaufen und die deutschen Verbände sich abnutzen zu lassen, um dann mit ausgeruhten strategischen Reserven zur Gegenoffensive überzugehen. Die Sowjets nutzten die Zeit ab April, um den Kursker Raum zu einer außerordentlich starken Verteidigungszone auszubauen.

Am 5. Juli brach der Angriff „Zitadelle" los. Auf der Angriffsfront der Heeresgruppe Mitte gelang der 9. Armee in den beiden ersten Tagen ein bis zu 14 Kilometer tiefer Einbruch in das feindliche Stellungssystem. Bereits am zweiten Angriffstag eröffnete der Gegner unter Einsatz seiner operativen Reserven heftige Gegenangriffe gegen Front und Flanken des Stoßkeils der Armee, trotzdem kam die 9. Armee noch weiter voran. Am 9. Juli lief sich ihr Angriff jedoch vor einer feindlichen Höhenstellung um Olchowotka fest.

Auch die Heeresgruppe Süd traf beim Durchbruch durch das feindliche Stellungssystem auf massive Gegenwehr. Der 4. Panzerarmee gelang in den beiden ersten Tagen in schweren Kämpfen der Durchbruch durch die erste und zweite feindliche Stellung. Am 7. Juli brach das linke Panzerkorps der Armee in das freie Gelände durch und gelangte bis etwa elf Kilometer vor Obojan. In den folgenden Tagen konnte es starke feindliche Gegenangriffe abwehren und dabei namhafte Teile der angreifenden Feindverbände zerschlagen. Auch dem rechten Panzerkorps der Armee, dem 2. SS-Panzerkorps unter SS-Obergruppenführer Hausser, gelang der Durchstoß ins freie Gelände, am 11. Juli rückte es auf Prochorowka vor. Damit hatten die Angriffsverbände der Heeresgruppe Süd das unter großem Aufwand errichtete sowjetische Stellungssystem in nur wenigen Tagen überwunden. Am 12. Juli erfolgten schwere Gegenangriffe von operativen Reserven des Feindes gegen Front und Flanken der Angriffsfront der Heresgruppe Süd, die aber alle abgewiesen wurden. Bei Prochorowka behauptete sich das SS-Panzerkorps gegen die massiven Gegenangriffe der 5. Garde-Panzerarmee von Generalleutnant Rotmistrow.

Der Sieg schien in Reichweite, als Kluge und Manstein am 13. Juli ins Führerhauptquartier gerufen wurden. Zu Beginn der Besprechung erklärte Hitler, nach der erfolgreichen Landung der Anglo-Amerikaner auf Sizilien am 10. Juli müsse mit dem Verlust der Insel gerechnet werden, weshalb es notwendig sei, in Italien neue Armeen aufzustellen. Die Ostfront müsse Kräfte abgeben, weshalb „Zitadelle" nicht mehr fortgeführt werden könne.

Hitlers Aufmerksamkeit wurde aber auch zunehmend von der Lageentwicklung im Donezbecken in Anspruch genommen, wo sich die Rote Armee offensichtlich auf eine Großoffensive vorbereitete.

Die Stawka verfolgte im Donbass zwei Ziele, sie wollte zum einen mit ihrer Offensive das wirtschaftlich äußerst wichtige Donezbecken zurückerobern und zum anderen die Heeresgruppen Mitte und Süd dazu zwingen, Verbände aus dem Frontabschitt Bjelgorod–Kursk abzuziehen, um der Roten Armee die geplante Gegenoffensive in diesem Raum zu erleichtern.

Am Morgen des 17. Juli traten die Verbände der Roten Armee zum Angriff auf das Donezbecken an. Dem OKH wurde sehr bald klar, daß erhebliche Verstärkungen nötig waren, um die sowjetische Offensive zum Stehen zu bringen. Nachdem das OKH am 17. Juli die sofortige Verlegung des ganzen II. SS-Panzerkorps befohlen hatte, sah sich die Heeresgruppe Süd gezwungen, auf die geplanten Angriffe bei Kursk zu verzichten und den Kampf endgültig abzubrechen.

Operation „Zitadelle" war aus strategischer Sicht für die deutsche Seite ein Fehlschlag, weil das Operationsziel, die Abschnürung des Kursker Bogens und die Einbringung einer großen Zahl von Gefangenen, nicht erreicht wurde. Auf taktischer Ebene hatte die Heeresgruppe Süd einen Sieg errungen, sie hatte das unter großen Mühen errichtete sowjetische Stellungssystem in wenigen Tagen durchbrochen und dem Gegner schwere Verluste zugefügt. Allerdings hatte dieser taktische Sieg keine nennenswerten operativen Auswirkungen. Die sowjetische Propaganda hat Kursk als die zweite große Wende nach Stalingrad herausgestellt und die deutschen Verluste maßlos übertrieben. Die deutschen Personalverluste waren jedoch – gemessen an der Intensität der Kämpfe – verhältnismäßig gering, und die Verluste an Panzern wurden durch Reparaturen und die laufende Neuproduktion rasch ausgeglichen.

Der deutsche Feldzug gegen die Sowjetunion, der im Juni 1941 als „Blitzkrieg" begonnen hatte, hatte sich Mitte 1943 in einen Abnutzungskrieg verwandelt. Heer und Waffen-SS erlitten im gesamten Jahr 1943 an der Ostfront Verluste an Gefallenen, Verwundeten und Vermißten in Höhe von 1.601.454 Mann, von denen etwa 13,5 Prozent als getötet gerechnet werden müssen.[1619] Dagegen hatte die Rote Armee im gleichen Zeitraum einen Gesamtausfall (Gefallene, Verwundete, Vermißte) von 7.857.503 Mann, das Verlustverhältnis betrug also mehr als 1 zu 4 zuungunsten der Roten Armee.[1620] Bei den Panzern und Sturmgeschützen lagen die Verhältnisse ähnlich. Während die deutsche Wehrmacht einen Verlust von 8.067 Panzern an allen Fronten zu verbuchen hatte (bei einer Jahresproduktion von 10.747), mußte die Sowjetunion 23.500 Panzer (bei einer Jahresproduktion von 24.006) als Totalverlust abschreiben. Die überlegene Qualität der deutschen Truppen, insbesondere der Panzerverbände mit ihren neuen Kampfpanzern vom Typ „Panther" und „Tiger", ließen einen Abnutzungskrieg gegen die zahlenmäßig weit überlegene Rote Armee nicht als so aussichtslos erscheinen, wie man zunächst annehmen könnte.

Im Rückblick leitete die Schlacht bei Kursk den Beginn der großen deutschen Rückzüge im Osten ein, die deutsch-sowjetische Front sollte entgegen den Hoffnungen der deutschen Führung nicht mehr zur Ruhe kommen. Hitler entschloß sich im Herbst 1943, den strategischen Schwerpunkt auf den Westen Europas zu verlegen. Wenn es gelänge, den Westalliierten bei einer Landung in Frankreich eine schwere Niederlage beizubringen, dann könne, so hoffte er, der Krieg noch mit einem Patt bzw. einem Verhandlungsfrieden beendet werden.

# Der Krieg in Italien

Die Amerikaner legten 1943 den Schwerpunkt ihrer Kriegsführung auf das „Inselspringen" im Pazifik. Für 1944 favorisierten die amerikanischen Militärs für Europa eine direkte Strategie, sie wollten die Hauptkräfte der deutschen Wehrmacht 1944 in Nordfrankreich entscheidend schlagen und damit den Krieg möglichst rasch beenden. Es sollten daher keine Operationen begonnen werden, die zu einer Verzögerung von Unternehmen „Overlord", der Invasion in der Normandie, führen könnten. Die Briten argumentierten dagegen, daß sich aufgrund der Verfügbarkeit einer großen Zahl von Truppen im Mittelmeerraum nach Abschluß der Operationen in Nordafrika eine Landung in Süd-

---

[1619] Zetterling/Frankson, Kursk 1943, S. 145.
[1620] Ebenda, S. 8.

europa geradezu anbieten würde. Schließlich einigten sich Amerikaner und Briten darauf, ihre Hauptkräfte für eine Invasion in Frankreich im Frühjahr 1944 bereitzustellen und gleichzeitig in Italien einen Feldzug in kleinerem Maßstab zu führen.

Das OKW sah sich genötigt, nach der Kapitulation der „Heeresgruppe Afrika" den Abfall Italiens von der „Achse" in seine Überlegungen mit einzubeziehen. Es wurden detaillierte Pläne ausgearbeitet, die für diesen Fall die Besetzung des italienischen Mutterlandes sowie die Übernahme der italienischen Positionen auf dem Balkan vorsahen.

Die militärischen Niederlagen in Nordafrika sowie die Landung der Anglo-Amerikaner auf Sizilien am 10. Juli 1943 führten vierzehn Tage später zum Sturz Mussolinis. Da die italienische Bevölkerung kriegsmüde und das Land wirtschaftlich erschöpft war, trat die neue italienische Regierung unter Marschall Pietro Badoglio in geheime Waffenstillstandsverhandlungen mit den westlichen Alliierten ein. Gleichzeitig versicherte die Regierung Badoglio dem deutschen Bündnispartner ihre Loyalität, womit sie aber in Berlin auf wenig Vertrauen stieß. Am 3. September willigte Badoglio in die alliierten Waffenstillstandsbedingungen ein, die praktisch einer bedingungslosen Kapitulation Italiens gleichkamen. Fünf Tage später, am 8. September, wurde der Waffenstillstand über Rundfunk bekanntgegeben.

Hitler ließ Italien im Rahmen des Falles „Achse" umgehend von deutschen Truppen besetzen, im Zuge dieser Operation wurden in Norditalien die Operationszonen „Alpenvorland" und „Adriatisches Küstenland" gebildet, die faktisch der italienischen Souveränität entzogen wurden. Damit sollte die Annexion jener Teile Italiens durch das Deutsche Reich vorbereitet werden, die einst zum Habsburgerreich gehört hatten.

Der von der Regierung Badoglio gefangengesetzte Mussolini wurde am 12. September von einem Sonderkommando deutscher Fallschirmjäger von Luftwaffe und Waffen-SS befreit. Der König und seine Familie, Marschall Badoglio und zwei Minister der Regierung sowie einige Dutzend Generale der drei italienischen Teilstreitkräfte waren bereits am 9. September aus Rom nach Brindisi geflohen, wo sie unter alliiertem Schutz das „Königreich des Südens" bildeten.

Die königlich-italienischen Streitkräfte zählten am 8. September 1943, also dem Tag der Kapitulation, in Italien, in Südfrankreich und auf dem Balkan rund 3.488.000 Mann. Der größte Teil davon löste sich selbst auf, etwa 1.000.000 Mann wurden von der deutschen Wehrmacht entwaffnet, 600.000 von diesen interniert und in Deutschland oder den besetzen Gebieten zum Arbeitseinsatz herangezogen.

Der von der Regierung Badoglio am 8. September 1943 verkündete Waffenstillstand mit den Alliierten stellte tatsächlich nur eine verständliche Wahrnehmung italienischer Interessen dar, aber innerhalb der deutschen Führung mußte dieser Abfall vom Bündnis als Verrat empfunden werden. Hitler traf eine Reihe von Entscheidungen, die darauf abzielten, die wirtschaftlichen und militärischen Kräfte Italiens für deutsche Zwecke verfügbar zu machen.

Bei einem Treffen im Führerhauptquartier in Rastenburg am 14./15. September 1943 tat Hitler alles, um Mussolini dazu zu bewegen, an die Spitze einer neuen faschistischen Regierung Italiens zu treten. Diese mußte sich allerdings wegen der innenpolitischen Lage auf die Anwesenheit deutscher Truppen stützen.

Mussolini hoffte, durch seine Gegenwart die deutsche Besatzungsherrschaft erträglicher zu machen, und vor allen Dingen wollte er die italienische Souveränität auf dem von den Alliierten nicht besetzten Territorium wahren. Mussolini glaubte, daß, wenn die Repubblica Sociale Italiana den Krieg an der Seite Deutschlands fortsetzen würde, sich diese Treue im Falle eines Sieges auszahlen werde.

Am 3. September landeten zwei Divisionen der britischen 8. Armee unter dem Kommando von Montgomery an der „Stiefelspitze" Italiens, die italienischen Truppen leisteten kaum Widerstand. In den Morgenstunden des 9. September gingen vier Divisionen der 5. US-Armee unter Generalleutnant Mark Clark in der Bucht von Salerno an Land.

Hitler hatte zunächst beabsichtigt, nach der italienischen Kapitulation nur Norditalien zu behaupten. Rommel, der den Oberbefehl über den gesamten italienischen Kriegsschauplatz übernehmen sollte, hätte mit seiner Heeresgruppe die 10. Armee Kesselrings im Apennin aufnehmen sollen. Nachdem aber die befürchtete Katastrophe ausblieb, konnte Kesselring Anfang Oktober Hitler davon überzeugen, daß die Aufgabe Süditaliens für Deutschland gravierende strategische Nachteile haben würde. Je weiter die Alliierten ihre Flugplätze auf italienischem Boden nach Norden verlegen konnten, desto kürzer wären die Anflugrouten nach Deutschland und desto negativer würde sich dies auf die Luftlage über dem Reich auswirken. Je weiter die Front in Italien von den Grenzen Deutschlands entfernt war, desto besser. Außerdem würde die Aufgabe Süditaliens den Alliierten ein Sprungbrett für eine Landung auf dem Balkan verschaffen, der für die deutsche Wehrwirtschaft mit seinen Rohstoffen wie Öl, Bauxit und Kupfer von großer Bedeutung war.

Dies kam den Vorstellungen Hitlers entgegen, und ab dem 4. Oktober ergingen Befehle, nach denen Italien nicht, wie ursprünglich geplant, im nördlichen Apennin, sondern weit südlich auf der Linie Gaeta–Ortona verteidigt werden sollte. Hitler glaubte, daß er sich auf keinen Fall vom Balkan zurückziehen dürfe, und zwar nicht nur wegen der dortigen Rohstoffe, sondern auch, weil er erwartete, daß Großbritannien und die Sowjetunion in diesem Raum über kurz oder lang in einen Interessenkonflikt geraten würden.

In der alliierten Führung hoffte man, daß die Deutschen sich nach der Kapitulation der Regierung Badoglio nach Norden zurückziehen würden, da Süditalien strategisch ohne Bedeutung war.

Diese Hoffnung sollte sich aber nicht erfüllen, und nördlich von Neapel begann ein für die Kriegsführung zunehmend schwierigeres Gelände, das die deutschen Verteidiger in jeder Weise begünstigte. Der größere Teil der italienischen Halbinsel, insbesondere Mittelitalien, wird vom Mittelgebirge des Apennin bedeckt.

Der Oberbefehlshaber über den gesamten italienischen Kriegsschauplatz, Generalfeldmarschall Kesselring, ordnete den Bau einer Reihe von Verteidigungslinien quer durch die Halbinsel an, die erste davon – die „Cassino-Stellung" – südlich von Rom.

Als Folge ihrer großen materiellen Überlegenheit konnten die Anglo-Amerikaner diese Verteidigungsstellung nach monatelangen Kämpfen durchbrechen. Am 2. Juni 1944 erbat Kesselring vom OKW die Genehmigung, Rom zu räumen, eine Verteidigung der Stadt war nicht geplant. So konnten US-Truppen am 4. Juni ungehindert die Stadtmitte erreichen, während sich die deutsche Wehrmacht nahezu ungehindert in Richtung Norden zurückzog.

Zwischen Juni und August 1944 stießen die Alliierten von Rom aus weiter nach Norden bis zur Goten-Linie vor. Die sogenannte „Goten-Stellung" war der letzte Sperriegel im Apennin vor der norditalienischen Po-Ebene. Diese Verteidigungslinie verlief von der Westküste etwa 48 Kilometer nördlich von Pisa entlang einer Bergkette des Apennin über Florenz und Bologna bis zur adriatischen Küste südlich von Rimini.

Das langsame Zurückweichen der deutschen Truppen unter Aufrechterhaltung der vollen Ordnung wurde nicht nur durch Gelände und gute Führung, sondern auch durch Differenzen zwischen den Alliierten ermöglicht. Die Amerikaner, allen voran Roosevelt, bestanden auf der Landung in Südfrankreich, Operation „Dragoon", zur Unterstützung von „Overlord". Sobald die alliierten Truppen die Linie Pisa–Rimini erreicht hatten, sollte der italienische Kriegsschauplatz nur noch dazu dienen, deutsche Reserven von Nordfrankreich fernzuhalten. Die alliierte Invasion in Südfrankreich erfolgte am 15. August östlich der Rhône, und die amerikanischen und französischen Truppen marschierten innerhalb eines Monats das Rhône-Tal hinauf, um sich schließlich mit Pattons 3. US-Armee zu vereinigen.

In Italien begann am 25. August 1944 die große alliierte Herbstoffensive unter dem Decknamen Operation „Olive". Die deutsche Goten-Linie wurde sowohl von der britischen 8. wie der 5. US-Armee durchbrochen, ohne jedoch der Wehrmacht eine entscheidende Niederlage beibringen zu können.

Churchill hatte gehofft, daß ein entscheidender Durchbruch den alliierten Armeen im Herbst 1944 einen weiträumigen Vormarsch über Venetien und Slowenien nach Wien und Ungarn ermöglichen würde, um einem sowjetischen Vorstoß nach Südosteuropa zuvorzukommen. Churchills Vorschlag war bei den amerikanischen Generalstabschefs aber auf wenig Gegenliebe gestoßen. Diese erkannten sehr wohl die Bedeutung für die britischen Nachkriegsinteressen in dieser Region, waren aber der Meinung, daß andere Kriegsziele Vorrang hätten.

Die heftigen Kämpfe an der Goten-Linie zogen sich fast ohne Unterbrechung über den ganzen September 1944 hin, wobei es den Alliierten gelang, einen Geländegewinn von 20 und 30 Kilometern zu erzielen. Die deutsche Heeresgruppe C unter Kesselring konnte ungeachtet dessen immer wieder eine geschlossene Front aufbauen. Ende Oktober war der Angriffsschwung der alliierten Truppen erschöpft.

Durch das schlechte Herbstwetter stieg das Grundwasser in der Po-Ebene, die Ränder der Wasserläufe versumpften und behinderten die Panzer. So blieben die Alliierten am 27. Oktober nur noch zehn bis 15 Kilometer vor Bologna vor den letzten Gebirgshängen stecken. Angesichts der Wetterverhältnisse, der im Herbst erlittenen schweren Verluste und der Verlegung britischer und kanadischer Truppen nach Griechenland und Nordfrankreich waren die Alliierten zu Beginn des Jahres 1945 außerstande, ihren Vormarsch in Italien fortzusetzen.

# Die Invasion in der Normandie

Schon kurze Zeit nach dem deutschen Angriff auf die Sowjetunion am 22. Juni 1941 hatte Stalin von seinen Verbündeten die Errichtung einer zweiten Front in Westeuropa gefordert. Churchill mußte diese Forderung jedoch ablehnen, weil Großbritannien auch mit amerikanischer Hilfe kurz- und mittelfristig nicht die erforderlichen Kräfte für ein solches Unternehmen aufbringen konnte. Während der „Trident"-Konferenz in Washington im Mai 1943 wurde schließlich die Entscheidung getroffen, 1944 eine Invasion in Nordfrankreich zu wagen.

Die deutsche Rüstung erreichte in der ersten Hälfte des Jahres 1944 einen neuen Höhepunkt, die Produktion hatte sich seit 1941 insgesamt verdreifacht, in einigen Bereichen wie dem Panzerbau sogar verfünffacht. Dies hätte ausgereicht, um ein Rüstungsgleichgewicht gegenüber der Sowjetunion, vielleicht noch gegenüber der Sowjetunion und Großbritannien herzustellen. Der ausschlaggebende Faktor war aber die amerikanische Rüstung, die – insbesondere im Flugzeug- und Schiffsbau – alles übertraf, was man sich in Europa überhaupt vorstellen konnte. Die Japaner bekamen die materielle Überlegenheit der Amerikaner 1943/44 bereits in vollem Umfang zu spüren, die Kaiserlich-Japanische Marine sollte im Oktober 1944 in der Seeschlacht im Golf von Leyte eine vernichtende Niederlage erleiden. Sobald die anglo-amerikanischen Truppen in Frankreich gelandet waren und dort einen festen Brückenkopf errichtet hatten, waren angesichts ihrer massiven materiellen Überlegenheit die deutschen Chancen, den Krieg mit einem militärischen Patt und einem Kompromißfrieden zu beenden, nur noch äußerst gering.

Für die Invasion in Nordfrankreich wurden von den anglo-amerikanischen Stäben vier Orte für die Anlandungen in Erwägung gezogen: die Bretagne, die Halbinsel Cotentin, die Normandie und der Pas de Calais. Da die Bretagne und Cotentin Halbinseln sind, wäre es für die Deutschen möglich gewesen, den alliierten Vormarsch auf einer relativ schmalen Landenge abzuriegeln, was den Ausbruch aus dem Brückenkopf erheblich erschwert hätte. Der Pas de Calais bildet die schmalste Stelle zwischen Kontinentaleuropa und Großbritannien, weshalb die Deutschen ihn als die wahrscheinlichste Landungszone betrachteten und dementsprechend auch am stärksten befestigt hatten.

Landungen auf breiter Front in der Normandie eröffneten dagegen die Möglichkeit zu Vorstößen auf den Hafen von Cherbourg, auf die Häfen weiter westlich in der Bretagne und auf Paris. Die Wahl fiel deshalb auf die Normandie, und der Beginn der Invasion wurde auf den 1. Mai 1944 festgesetzt.

Der erste Entwurf des Operationsplanes für die Invasion wurde auf der Konferenz von Quebec im August 1943 von Roosevelt, Churchill sowie den amerikanischen und britischen Militärs angenommen. General Dwight D. Eisenhower wurde zum Kommandeur der Supreme Headquarters Allied Expeditionary Force (SHAEF) und Generalleutnant Bernard Montgomery zum Befehlshaber der 21. Army Group ernannt, in der alle an der Invasion beteiligten Landstreitkräfte zusammengefaßt waren.

Um die Luftherrschaft zu erringen, die die unbedingte Voraussetzung für den Erfolg der Invasion war, hatten die Alliierten bereits im Sommer 1943 eine Bomberoffensive gegen die deutsche Flugzeugproduktion eröffnet, die im Frühjahr 1944 auf die Flugplätze der Luftwaffe und die deutsche Treibstoffversorgung ausgedehnt wurde. Gleichzeitig wurden die Straßen- und Eisenbahnverbindungen in Nordfrankreich systematisch bombardiert, um den Deutschen die Verlegung von Reserven zu erschweren.

Der Besitz der Stadt Caen und ihrer Umgebung bot den Anglo-Kanadiern ein geeignetes Aufmarschgebiet für einen Vorstoß nach Süden mit Ziel Falaise. Die alliierten Armeen sollten dann nach Osten einschwenken, um auf breiter Front an die Seine vorzurücken. Die Seine war das vorläufige Endziel und sollte nach 90 Tagen erreicht werden.

In den Monaten vor der Invasion versuchten die Alliierten im Rahmen von Operation „Bodyguard" die Deutschen über den Ort und den Termin der alliierten Hauptlandung in die Irre zu führen.

Die britischen Überfälle auf St. Nazaire und Dieppe 1942 hatten Hitler veranlaßt, den Bau von Befestigungen entlang der gesamten Atlantikküste zu befehlen. Da die Invasion am Pas de Calais erwartet wurde, wurde dieser Abschnitt besonders stark gesichert. An der Normandie-Küste wurden die stärksten Befestigungen um die Hafenanlagen von Cherbourg und St. Malo errichtet. Im Oktober 1943 übertrug Hitler Generalfeldmarschall Rommel die Aufgabe, den Bau weiterer Bunkeranlagen an der Invasionsfront in Nordfrankreich zu beaufsichtigen, die sich von den Niederlanden bis Cherbourg erstreckten. Rommel erhielt das Kommando über die neu geschaffene Heeresgruppe B, die die 7. und 15. Armee umfaßte. Der Generalfeldmarschall hielt die Küste der Normandie für eine der wahrscheinlichsten Landungszonen, weshalb er hier den Bau umfangreicher Verteidigungsstellungen anordnete. Aufgrund seiner Erfahrungen mit den Alliierten in Nordafrika und Italien glaubte Rommel, daß die Verteidigung die besten Erfolgsaussichten hätte, wenn es ihr gelänge, die Invasion unmittelbar an den Stränden abzuwehren. Er forderte daher, die mobilen Reserven – insbesondere die Panzerverbände – so nah wie möglich an der Küste zu stationieren. Generalfeldmarschall Rundstedt und der Kommandeur der Panzer-Gruppe West, General Leo Geyr von Schweppenburg, glaubten dagegen, daß die Invasion nicht an den Stränden zurückgeschlagen werden könne. Die Panzerverbände sollten daher in einer zentralen Stellung im Raum um Paris und Rouen konzentriert und erst dann eingesetzt werden, wenn der alliierte Hauptbrückenkopf eindeutig identifiziert sei.

In der Nacht vom 5. auf den 6. Juni 1944 wurden von den Alliierten 24.000 Mann durch die Luft und weitere 132.000 Mann über die See nach Frankreich befördert, an den amphibischen Landungen waren mehr als 5.000 Seefahrzeuge beteiligt. Die taktischen Luftstreitkräfte der Anglo-Amerikaner verfügten am 6. Juni 1944 im Invasionsraum zusammen über rund 2.600 Flugzeuge, darunter Jagdflugzeuge, Jagdbomber, leichte und mittlere Bomber, Aufklärer und Artilleriebeobachter. Ihre Hauptaufgaben waren die Niederhaltung der deutschen Luftwaffe sowie die Unterbrechung des deutschen Nachschubs durch Angriffe auf Eisenbahnbrücken, Tunnel, Treibstofflager, Lkw-Kolonnen und Züge.

Die Alliierten konnten am 6. Juni fünf Brückenköpfe („Sword", „Juno", „Gold", „Omaha" und „Utah") errichten und in den folgenden Tagen die Verbindung zwischen ihnen herstellen und sie schließlich zu einem zusammenhängenden großen Brückenkopf ausbauen. In den folgenden Wochen landeten sie mit jedem Tag mehr Truppen und Material an.

Der ursprüngliche Plan hatte die Einnahme von Carentan, St. Lô, Caen und Bayeux bereits für den ersten Tag vorgesehen, wobei alle Abschnitte (außer „Utah") miteinander verbunden werden und die Front zehn bis 16 Kilometer im Landesinneren verlaufen sollte. Von diesen Zielen wurde jedoch keines erreicht, die Verbindungen zwischen den fünf Brückenköpfen konnten erst am 12. Juni hergestellt werden.

Vom westlichen Teil der Landungszone aus wollten die Alliierten so schnell wie möglich nach Cherbourg vorstoßen, dessen Tiefwasserhafen ein wichtiges strategisches Ziel war. Ein Ausbruch aus dem Brückenkopf wurde in diesem Frontabschnitt jedoch durch das nur schwer zu durchdringende Bocage-Gelände behindert, das die deutschen Verteidiger begünstigte. Cherbourg konnte am 26. Juni eingenommen werden, aber bis zu diesem Zeitpunkt hatten die Deutschen die Hafenanlagen so gründlich zerstört, daß die dringendsten Reparaturen erst im September abgeschlossen werden konnten. Im Osten der Invasionszone waren bei Caen deutsche Panzerverbände (21. Panzer-Division und 12. SS-Panzer-Division „Hitlerjugend") konzentriert, die einen raschen Durchbruch nach Paris verhinderten. Caen sollte von den Alliierten erst am 21. Juli vollständig eingenommen werden.

Nachdem das Gebiet der Cotentin-Halbinsel nach Süden bis St. Lô gesichert war, eröffneten die Amerikaner am 25. Juli mit Operation „Cobra" einen Großangriff und stießen bis südlich von Avranches vor, das am 1. August erreicht wurde. Pattons 3. US-Armee beherrschte bald die Bretagne sowie das Gebiet bis südlich der Loire und war am 3. August in der Lage, gegen die Hauptmacht der deutschen Kräfte südlich von Caen vorzugehen. Amerikanische Panzerverbände stießen den Kanadiern und Briten entgegen und konnten die deutsche 7. Armee bei Falaise einschließen, aber der Großteil der deutschen Verbände, darunter neun von elf Panzerdivisionen, konnte nach Osten entkommen.

Am 15. August ließ Hitler Kluge als Oberbefehlshaber West ablösen und ersetzte ihn durch Generalfeldmarschall Walter Model. Am 15. August begann die alliierte Invasion in Südfrankreich (Operation „Dragoon"), am 19. erhob sich in Paris die Résistance gegen die deutsche Besatzungsherrschaft. Nachdem General de Gaulle bei General Eisenhower auf eine möglichst rasche Besetzung von Paris gedrängt hatte, wurde die französische Hauptstadt am 26. August 1944 von der französischen 2. Panzerdivision eingenommen. Die Herstellung der Verbindung der alliierten Truppen in der Normandie mit den in Südfrankreich gelandeten Kräften erfolgte am 12. September, damit war die vollständige Besetzung Frankreichs nur noch eine Frage von Wochen. Generalfeldmarschall Model organisierte den Rückzug der deutschen Truppen aus Frankreich, ab Herbst 1944 gelang es, entlang der deutschen Westgrenze wieder eine zusammenhängende Front zu bilden.

Mit der Invasion in der Normandie hatte das „Rennen um Europa" zwischen den Anglo-Amerikanern und den Sowjets begonnen, das von einigen Historikern als ein Vorspiel zum Kalten Krieg betrachtet wird.

# Der Zusammenbruch der Heeresgruppe Mitte

Seit dem Abbruch der Operation „Zitadelle" im Juli 1943 befanden sich die in der Sowjetunion kämpfenden Heeresgruppen der deutschen Wehrmacht in der Defensive.

Die russische Winteroffensive 1943/44 richtete sich vor allem gegen die Heeresgruppe Süd. Der Roten Armee gelang an mehreren Abschnitten der Durchbruch durch die deutsche Front, eine Krisensituation löste die andere ab. Anfang November 1943 griff die Rote Armee in einer nie zuvor gesehenen Stärke an, die sowjetischen Panzerverbände stießen den Südabschnitt der Ostfront zum Dnjepr in Richtung Kiew, Dnjepropetrowsk, Saporoschje und nach Perekop zum Ausgang der Krim sowie an den Unterlauf des Dnjepr vor. Die deutschen Verbände waren von den zahllosen und verlustreichen Schlachten geschwächt, der Oberbefehlshaber der Heeresgruppe Süd Generalfeldmarschall von Manstein forderte von Hitler operative Freiheit. Statt dessen erhielt er aus dem Führerhauptquartier Befehle, die ein starres Festhalten an unhaltbaren Positionen bedeuteten. Die Krim wurde abgeschnitten, und Hitler weigerte sich, die dort stehenden Divisionen der 17. Armee, die der Heeresgruppe Süd später fehlen sollten, umgehend zu evakuieren.

Zur Jahreswende 1943/44 häuften sich an den Frontabschnitten der Heeresgruppe Süd die kritischen Situationen. Den Brennpunkt bildeten die Städte Kirowograd und Schitomir. Nördlich von Schitomir gelang am 1. April 1944 den russischen Panzerverbänden ein operativer Durchbruch, der erst rund 100 Kilometer vor Lemberg zum Stehen kam. Mit der Einnahme von Schitomir verloren die deutschen Truppen eine ihrer Hauptversorgungsbasen, die riesigen Versorgungsdepots mit Nachschubgütern aller Art fielen den russischen Truppen in die Hände. Im Bereich Kirowograd konnte nur mit letztem Einsatz aller greifbaren deutschen Truppen ein Zusammenbruch der Front verhindert werden. Zwar gelang es bei diesen Abwehrkämpfen den deutschen Verbänden, insbesondere den Panzerverbänden, immer wieder bedeutende taktische Erfolge zu erringen und der Roten Armee schwere Verluste beizubringen, aber die strategische Gesamtlage gestaltete sich für das Deutsche Reich immer ungünstiger. Verbände der Roten Armee drangen bis auf rumänisches Territorium vor, im Norden war die Heeresgruppe Nord zurückgedrängt und im Januar 1944 die Belagerung Leningrads endgültig aufgehoben worden. Die Rote Armee rückte bis an der Grenze der baltischen Staaten vor.

Im Sommer 1944 rechnete das OKH fest mit einer Großoffensive der Roten Armee. Die Abteilung Fremde Heere Ost erwartete den Hauptstoß aber im Bereich der Heeresgruppe Nordukraine in Richtung der polnischen Hauptstadt Warschau bis zur Weichselmündung. Die deutschen Generale befürchteten, daß durch diesen Angriff die Heeresgruppen Nord und Mitte von ihren Nachschublinien abgeschnitten würden, was einen Zusammenbruch der gesamten deutschen Ostfront zur Folge gehabt hätte. Diese falsche Beurteilung der gegnerischen Absichten für den Sommer 1944 sollte sich als der gravierendste Fehler herausstellen, der der Abteilung Fremde Heere Ost während des gesamten Rußlandfeldzuges unterlief.

Die Heeresgruppe Mitte war bis zum Sommer 1944 der stärkste in der Sowjetunion stehende deutsche Großverband. Wegen der immer schlechteren strategischen Gesamtlage des Reiches verschlimmerte sich auch zusehends der Zustand der Heeresgruppe Mitte, es fehlte an Soldaten, Fahrzeugen, Flugzeugen, Treibstoff und Munition. Angesichts des weit nach Osten hineinragenden Frontbogens und der unzureichenden Kräfte war die Situation der Heeresgruppe Mitte im Frühsommer 1944 äußerst gefährdet.

Am 22. Juni 1944 eröffnete die Rote Armee unter dem Decknamen „Bagration" mit vier Fronten eine Großoffensive gegen die Heeresgruppe Mitte mit dem Ziel der Rückeroberung der weißrussischen Hauptstadt Minsk. Diese Großoffensive weitete sich bald zu einem umfassenden operativen Erfolg der sowjetischen Truppen aus. Die Operation „Bagration" erstreckte sich über eine Frontbreite von 1.100 Kilometern, der Vormarsch sollte zuletzt eine Tiefe von bis zu 600 Kilometern erreichen. Diese Großoffensive führte zum vollständigen Zusammenbruch der Heeresgruppe Mitte und zum Verlust von 28 Divisionen, sie gilt als die schwerste und verlustreichste Niederlage der deutschen Militärgeschichte. Die während dieser Kämpfe erlittenen Verluste konnte die Wehrmacht nicht mehr ausgleichen, eine Stabilisierung der deutschen Ostfront gelang bis zum Kriegsende nur noch zeitweilig und örtlich begrenzt. Die Großoffensive öffnete der Roten Armee den Weg nach Riga, nach Ostpreußen sowie an die mittlere Weichsel und nach Warschau. Die Heeresgruppe Nord wurde durch den Durchbruch der sowjetischen Einheiten zur Ostsee zeitweise von allen Landverbindungen abgeschnitten, nur mit äußerster Anstrengung konnte eine Verbindung wiederhergestellt werden. Aber die Weigerung Hitlers, die Heeresgruppe Nord vollständig aus dem Baltikum zurückzuziehen, führte dazu, daß dieser Großverband später auf die Halbinsel Kurland abgedrängt und eingeschlossen wurde.

Trotz der katastrophalen Verluste verlor die Wehrmacht nicht ihre operative Handlungsfähigkeit an der Ostfront. Sie leistete hinhaltenden Widerstand, bis eine neue Frontlinie aufgebaut war. Die Gefahr, daß die Rote Armee auf das Gebiet des Deutschen Reiches vordringen würde, konnte ein letztes Mal abgewendet werden. Nachdem Ende August 1944 der sowjetische Vormarsch vor Warschau zu einem vorläufigen Stillstand gekommen war, verlagerte das sowjetische Oberkommando den Schwerpunkt seiner Angriffsoperationen nach Süden. Am 20. August begann die Rote Armee auf dem Gebiet der rumänisch-deutschen Front mit einer weiteren Offensive, die von sowjetischer Seite als Operation Jassy-Kischinjow bezeichnet wurde. Der folgende Zusammenbruch der Heeresgruppe Südukraine ermöglichte der Roten Armee das Vordringen nach Südosteuropa.

Militärisch hatten die schwachen Kräfte der Heeresgruppe Mitte im Juni 1944 keine Chance gehabt, dem Angriff der Roten Armee standzuhalten, eine rechtzeitige Zurücknahme der Front hätte allerdings das Ausmaß der Niederlage erheblich verringern können. „Bagration" trug nicht nur entscheidend zur deutschen Kriegsniederlage bei, sondern beeinflußte auch nachhaltig die weitere politische Entwicklung. Die deutsche Niederlage wurde nun unausweichlich, die deutschen Hoffnungen, die sowjetische Führung zu einem Verhandlungsfrieden zwingen zu können, waren nunmehr illusorisch.

Die sowjetischen Siege veranlaßten die polnische Armia Krajowa (Heimatarmee) zu einem Aufstand mit dem Ziel, Polen durch einen Aufstand in Warschau eigenständig von der deutschen Besatzung zu befreien und einer Einnahme des Landes durch die Rote Armee zuvorzukommen. Nach der für die deutsche Wehrmacht siegreichen Panzerschlacht vor Warschau war die Rote Armee praktisch nicht mehr in der Lage, die polnischen Aufständischen militärisch zu unterstützen. Der deutsche Erfolg in der Panzerschlacht vor Warschau war einerseits den nach wie vor hohen operativen Fähigkeiten von Heer und Waffen-SS zuzuschreiben, zum anderen der Tatsache, daß die sowjetischen Verbände sich zu weit von ihren Eisenbahnendpunkten entfernt hatten und nicht mehr genügend Nachschub erhielten.

Die erfolgreiche Landung der Anglo-Amerikaner in der Normandie und der absehbare Ausbruch aus ihrem Brückenkopf sowie die katastrophale Niederlage der Heeresgruppe Mitte in Weißrußland veranlaßten die Wehrmachtopposition um den Oberst i.G. Claus Schenk Graf von Stauffenberg und den 1. Generalstabsoffizier der Heeresgruppe Mitte, Generalmajor Henning von Tresckow im Juli 1944 zum Handeln. Die endgültige Niederlage des Deutschen Reiches war jetzt nur noch eine Frage der Zeit, jede Fortsetzung des Krieges würde nur noch die Verlustzahlen nach oben treiben.

Die Wehrmachtopposition hatte die Entwicklung der Kriegslage seit 1943 mit großem Unbehagen verfolgt und im Frühjahr 1944 versucht, über die OSS-Dienststelle in der Schweiz Kontakt mit den Amerikanern aufzunehmen. General Eisenhower war an Verhandlungen über einen möglichen Waffenstillstand im Westen vor oder nach der Invasion sehr interessiert, stieß aber auf den Widerstand Roosevelts. Der Präsident wollte keine Gespräche mit irgendwelchen deutschen Oppositionsgruppen, da sie sein übergeordnetes außenpolitisches Konzept nur gestört hätten. Roosevelt schwebte vor, die Sicherheitsinteressen Moskaus in Osteuropa auf Kosten Deutschlands umfassend zu befriedigen in der Hoffnung, daß Stalin im Gegenzug dafür der amerikanischen Wirtschaft den sowjetischen Markt öffnen würde. Roosevelts Konzept einer Neuen Weltordnung, in der die vier „Weltpolizisten" USA, Großbritannien, China und die Sowjetunion gleichberechtigt alle künftigen internationalen Konflikte im Rahmen der Charta der Vereinten Nationen regeln würden, war nicht ganz ehrlich gemeint. Es war 1944 absehbar, daß die USA aus diesem Krieg als die mit weitem Abstand stärkste Industrie- und Finanzmacht der Welt hervorgehen und die drei anderen „Weltpolizisten" von amerikanischer Finanz- und Wirtschaftshilfe abhängig sein würden. Daß Stalin die Durchdringung des sowjetischen Marktes durch amerikanische Großbanken und Konzerne nicht akzeptieren konnte, weil dies das Machtmonopol der Kommunistischen Partei in Frage stellen würde, überstieg offenbar das Vorstellungsvermögen Roosevelts.

Die Weigerung der Amerikaner, in Gespräche einzutreten, stellte die Wehrmachtopposition vor ein schweres Problem. Stauffenberg und Tresckow hatten keinen konkreten Ausweg aus dem deutschen Dilemma anzubieten, sondern mußten vielmehr darauf hoffen, daß Eisenhower und Montgomery nach einem erfolgreichen Attentat auf Hitler und einer Machtübernahme den Willen Roosevelts und Churchills ignorieren und in direkte Verhandlungen mit den Widerständlern eintreten würden. Das Ergebnis sollte ein Waffenstillstand im Westen sein, der es der Wehrmacht erlauben würde, Truppen an die Ostfront zu verlegen und den weiteren Vormarsch der Roten Armee nach Mitteleuropa aufzuhalten. Die Aussichten auf eine solche Lösung waren aber so vage, daß die Unterstützung für die Verschwörergruppe um Stauffenberg innerhalb der Generalität trotz der katastrophalen Kriegslage sehr überschaubar blieb.

Das Attentat auf Hitler in der „Wolfschanze" am 20. Juli 1944 schlug fehl, der eingeleitete Staatsstreich, das Unternehmen „Walküre", scheiterte, und die Verschwörer fielen in den folgenden Wochen und Monaten der unnachgiebigen Verfolgung der NS-Justiz zum Opfer. An dem grundsätzlichen Problem änderte das aber gar nichts. Das Deutsche Reich konnte den Krieg nur noch verlieren, und die Alliierten in Ost und West hatten keinen Grund, mit Hitler in irgendwelche Verhandlungen einzutreten, dazu war die Ideologisierung des Konflikts viel zu weit fortgeschritten. Mit dem Repräsentanten des „Bösen" führt man keine Friedensgespräche, und daß es so weit gekommen war, daran waren Hitler und der Nationalsozialismus mit ihrer zügellosen Propaganda zu einem erheblichen Teil mitverantwortlich. Die Propaganda in den USA, Großbritannien und der Sowjetunion gegenüber den Achsenmächten war zwar auch nicht viel besser, aber diese Mächte befanden sich jetzt auf der Siegerstraße.

# Die Ardennenoffensive

Churchill und Roosevelt hatten im Januar 1943 auf der Konferenz von Casablanca die bedingungslose Kapitulation der Achsenmächte zum offiziellen Kriegsziel der Alliierten erklärt. Tatsächlich wollte sich Roosevelt für die Neugestaltung Europas nach Kriegsende völlige Handlungsfreiheit bewahren und sich nicht durch irgendwelche Vereinbarungen mit dem Deutschen Reich – auch nicht mit der Opposition gegen Hitler – binden, dessen endgültige Niederlage nur noch eine Frage der Zeit war.

Nach dem Zusammenbruch der Heeresgruppe Mitte im Sommer 1944 konnte die deutsche Führung nicht mehr auf ernsthafte Verhandlungen mit Moskau hoffen. Hitler und einige führende Politiker setzten aber darauf, daß die sich abzeichnenden Konflikte zwischen den Anglo-Amerikanern und der Sowjetführung über kurz oder lang offen zum Ausbruch kommen würden und daß Deutschland und seine Wehrmacht dann ein Verbündeter der Westmächte gegen den „gemeinsamen bolschewistischen Feind" im Osten werden könnten.

An der Ostfront befanden sich die deutschen Truppen seit den großen sowjetischen Sommeroffensiven in einer prekären Situation, die Heeresgruppe Mitte war im Juni und Juli völlig zerschlagen worden. Die Heeresgruppe Nord, die Anfang September noch Estland, das westliche Lettland und eine Landbrücke zur Heeresgruppe Mitte behaupten konnte, wurde im Oktober nach dem Vorstoß sowjetischer Armeen bis zur Ostsee mit 27 Divisionen in Kurland eingeschlossen. Im äußersten Norden mußten sich die deutschen Verbände, nachdem Finnland am 4. September 1944 mit der Sowjetunion einen Waffenstillstand geschlossen hatte, auf Nordnorwegen zurückziehen. Im Juli und August hatte auch die Heeresgruppe Nordukraine eine schwere Niederlage erlitten, und kurz darauf wurde in Rumänien die Heeresgruppe Südukraine vernichtet. Diese deutsche Niederlage zog den Seitenwechsel Rumäniens nach sich, womit der Roten Armee das Tor zum Balkan offenstand. Anfang September erreichten sowjetische Panzerspitzen das Eiserne Tor in den Südkarpaten an der Grenze zu Serbien, zwei Wochen später stießen sie in die ungarische Tiefebene vor und eröffneten am 29. Oktober die Schlacht um Budapest. Auf dem Balkan lief die Heeresgruppe Südost Gefahr, durch den Vorstoß der Roten Armee auf Belgrad vom Deutschen Reich abgeschnitten zu werden.

Ende November eröffnete die Wehrmacht mehrere Gegenoffensiven, und es gelang ihr, die Ostfront zwischen Ostsee und Karpaten wieder zu stabilisieren. Das große Problem der deutschen Kriegsführung war jedoch, daß die Personalverluste nicht mehr zu ersetzen waren, zwischen Juli und November 1944 hatte das deutsche Ostheer rund 1,2 Millionen Soldaten durch Tod, Verwundung oder Gefangennahme verloren. Im November standen 131 deutsche Divisionen, davon 32 im Kurlandkessel und 17 in Ungarn, etwa 225 Infanteriedivisionen und 50 großen Panzerverbänden der Roten Armee gegenüber. Als Folge der Kräfteverhältnisse und des abgekämpften Zustandes der deutschen Verbände mußte damit gerechnet werden, daß die im Winter 1945 zu erwartende sowjetische Offensive zum endgültigen Zusammenbruch der deutschen Ostfront führen werde.

Italien war seit der Invasion der Alliierten in der Normandie zu einem Nebenkriegsschauplatz geworden, die Heeresgruppe C konnte Ende November mit 23 Divisionen die Linie La Spezia–Rimini quer durch den Apennin behaupten.

Anfang September war der Rückzug des deutschen Westheeres auf einer Linie zum Stehen gekommen, die von der Scheldemündung durch Südholland zum Westwall südlich von Trier verlief, von dort dem Lauf der Mosel folgte, um schließlich die Grenze zur Schweiz zu erreichen. Die deutschen Verbände im Westen hatten hohe personelle Verluste erlitten und einen Großteil ihrer schweren Waffen verloren, außerdem litten sie unter chronischem Treibstoffmangel. Am 21. Oktober wurde das westlich der Hauptkampflinie des Westwalls gelegene Aachen als erste deutsche Stadt von den Amerikanern eingenommen.

Nach dem Ausbruch aus dem Brückenkopf in der Normandie waren die Alliierten sehr rasch nach Südosten vorgestoßen und hatten Paris besetzt, um anschließend in Richtung deutsche Reichsgrenze vorzurücken. Da sie zu diesem Zeitpunkt aber über keinen funktionierenden Tiefwasserhafen verfügten, sahen sie sich mit erheblichen Nachschubproblemen konfrontiert. Der alliierte Nachschub wurde inzwischen mittels

Lkw-Kolonnen zu den Fronttruppen transportiert, aber dieses System war nicht sehr effizient. Anfang Oktober hatten die Alliierten ihre Offensivoperationen eingestellt, um ihr Nachschubsystem zu reorganisieren. Anfang September konnte die britische 2. Armee den Hafen von Antwerpen, den leistungsfähigsten in ganz Westeuropa, in unbeschädigtem Zustand einnehmen. Am 28. November fuhr der erste Konvoi in den Hafen von Antwerpen ein, womit sich die alliierte Nachschublage entscheidend verbesserte.

In der Zeit, in der der Vormarsch der Alliierten wegen der Nachschublage nicht recht vorankam, gelang es Generalfeldmarschall von Rundstedt, die Reste der deutschen Armeen wieder zu ordnen und entlang dem Westwall eine neue Verteidigungslinie aufzubauen. Der alliierte Vorstoß nach Lothringen, die Schlacht um Aachen und die Kämpfe um den Hürtgenwald veränderten im Verlauf des Herbstes die strategische Situation im Westen nur wenig, die Alliierten konnten keinen entscheidenden Durchbruch erzielen.

Bereits am 19. August 1944 hatte Hitler Jodl befohlen, für den kommenden November den Einsatz einer strategischen Reserve von etwa 25 Divisionen für eine größere Offensivoperation vorzubereiten. Hitler wollte in dem sich anbahnenden Konflikt zwischen den Anglo-Amerikanern und den Sowjets als eigenständiger Faktor auftreten, und um von den Westmächten als Verhandlungspartner für einen Separatfrieden anerkannt zu werden, brauchte er einen bedeutenden militärischen Sieg. Nach der Überzeugung Hitlers waren Roosevelt und Churchill nur dann zu Verhandlungen bereit, wenn sich der Preis für einen totalen Sieg über Deutschland erheblich erhöhen und die innenpolitischen Widerstände in den USA und Großbritannien zunehmen würden.

Ein militärischer Sieg war für Deutschland aufgrund des begrenzten Raumes im Westen leichter zu erzielen als im Osten. Das Menschenreservoir der Sowjetunion schien unerschöpflich zu sein, und die bisherigen zum Teil exorbitanten Verluste der Roten Armee schienen die Sowjetführung nicht verhandlungsbereit gemacht zu haben. Die Vernichtung einer oder mehrerer sowjetischer Armeen im Osten würde daher an der strategischen Lage insgesamt nicht viel ändern. Anders lagen die Dinge im Westen, Engländer und Amerikaner mußten auf die öffentliche Meinung in ihren Ländern Rücksicht nehmen, und hohe Verluste der eigenen Truppen konnten dort erhebliche Widerstände hervorrufen. Hinzu kamen die angespannte Nachschublage der Anglo-Amerikaner in Nordfrankreich im Herbst 1944 und die Tatsache, daß ihre Logistik auf einen großen Hafen angewiesen war, auf Antwerpen, das in verführerischer Nähe zur deutschen Reichsgrenze lag. Gelänge es, Antwerpen durch einen Überraschungsangriff einzunehmen, dann würde sich die Nachschublage der westlichen Alliierten wieder dramatisch verschlechtern. Gelänge es außerdem, eine oder mehrere amerikanische und britische Armeen einzuschließen und zu vernichten, dann war zu hoffen, daß die Anglo-Amerikaner sich ganz oder teilweise aus Frankreich zurückzögen.

Das Deutsche Reich würde anschließend in der Lage sein, sich mit allen seinen Truppen zum Abwehrkampf nach Osten zu wenden, um die Rote Armee wieder hinter die sowjetische Grenze zurückzudrängen. Es war auch vorstellbar, daß in London und Washington politische Kräfte an Einfluß gewannen, die bereit waren, mit Deutschland ein antikommunistisches Bündnis einzugehen. Ein großer Erfolg im Westen würde Deutschland außerdem die Zeit geben, mehr revolutionäre Waffen wie Strahlflugzeuge, schnelle dieselelektrische U-Boote, Marschflugkörper und Raketen zu produzieren. Diese Überlegungen Hitlers waren, wie die politische Entwicklung nach dem Mai 1945 zeigen sollte, nicht grundsätzlich falsch. Solange aber Roosevelt und Churchill die Politik in den USA und Großbritannien bestimmten und solange der Preis für eine bedingungslose Kapitulation Deutschlands vertretbar erschien, war mit einem Kurswechsel der Angelsachsen und einer politischen Beendigung des Krieges nicht zu rechnen. Eine Offensive in den Ardennen erschien als die letzte Chance Deutschlands, in diesem Krieg durch einen größeren militärischen Erfolg überhaupt wieder in eine Verhandlungsposition zu kommen. Für diese deutsche Großoffensive sollte noch einmal alles auf eine Karte gesetzt werden in der Hoffnung, eine Kriegswende herbeizuführen.

Am 16. September verkündete Hitler im kleinen Kreis seinen Entschluß, mit etwa 30 Panzer- und Volksgrenadier-Divisionen aus den Ardennen heraus einen tiefen operativen Stoß mit dem Ziel Antwerpen zu führen. Der Plan für einen Vorstoß durch die Ardennen war in gewisser Weise eine Neuauflage der Operation „Sichelschnitt" von 1940. Ein Erfolg war von einer längeren Schlechtwetterperiode abhängig, die den Einsatz der alliierten Luftstreitkräfte behinderte. Außerdem waren die deutschen Treibstoffreserven mittlerweile so gering, daß die deutschen Panzerverbände bei ihrem Vorstoß nach Antwerpen auf die Erbeutung alliierter Treibstofflager angewiesen waren. Model und Rundstedt waren der Überzeugung, daß das Ziel Antwerpen angesichts der spärlichen personellen und materiellen Reserven, über die Deutschland Ende 1944 noch verfügte, zu hoch gesteckt war. Sie mußten jedoch anerkennen, daß mit einer reinen Defensivstrategie die deutsche Niederlage nur hinauszuzögern, aber nicht mehr abzuwenden war. Ungeachtet der offenen Differenzen beauftragte Hitler Model, Befehlshaber der deutschen Heeresgruppe B, und Rundstedt, Oberbefehlshaber West, mit der Durchführung der Operation.

Die Ardennenoffensive, Unternehmen „Wacht am Rhein", wurde unter größter Geheimhaltung vorbereitet. Insgesamt sollten auf deutscher Seite etwa 450.000 Mann sowie 1.500 Panzer und Sturmgeschütze an der Ardennenoffensive teilnehmen. Der Vorstoß sollte zunächst in westlicher Richtung zur Maas erfolgen, um anschließend nach Nordwesten in Richtung Antwerpen und Brüssel einzudrehen. Das Mittelgebirge der Ardennen mit seinen wenigen Straßen und Wegen erschwerte zwar alle Bewegungen, aber das offene Gelände westlich der Maas eröffnete die Aussicht auf einen raschen und erfolgreichen Vorstoß zur Küste.

Für die Durchführung der Ardennenoffensive waren drei Armeen der Heeresgruppe B unter Generalfeldmarschall Model vorgesehen. An erster Stelle stand die im Herbst 1944 aufgestellte 6. SS-Panzerarmee unter SS-Oberstgruppenführer Sepp Dietrich. Sie sollte den Angriff im nördlichen Abschnitt in der Nähe der deutschen Stadt Monschau eröffnen mit dem Auftrag, auf dem kürzesten Weg nach Antwerpen vorzustoßen. Die 5. Panzerarmee unter General Hasso von Manteuffel sollte den mittleren Angriffskeil bilden mit dem Ziel der Einnahme von Brüssel.

Eisenhower und sein Stab glaubten zu dieser Zeit, daß für die Besetzung der Ardennen eine verhältnismäßig geringe Zahl von Verbänden der 1. US-Armee genügen würde. Die Ardennen sind ein dicht bewaldetes Hochland mit tiefen Flußtälern und einem dünnen Straßennetz und damit ein für die Verteidigung sehr günstiges Gelände. In den alliierten Nachrichtendiensten herrschte überdies allgemein die Meinung vor, daß die Wehrmacht zu einer größeren Offensive nicht mehr fähig sei.

Am frühen Morgen des 16. Dezember begann Unternehmen „Wacht am Rhein" mit einem 90minütigen Vorbereitungsfeuer aus über 1.600 Rohren entlang einer Front von 130 Kilometern. Im nördlichen Abschnitt griff die 6. SS-Panzerarmee den Elsenborner Rücken mit Einheiten an, die Hitler für diese Aufgabe persönlich ausgesucht hatte. Die größten Fortschritte der ganzen Operation gelangen Manteuffels 5. Panzerarmee im mittleren Abschnitt in Richtung Bastogne, einem zentralen Verkehrsknotenpunkt in den Ardennen, und St. Vith. Hier konnten die Amerikaner sich nicht halten und begannen sich zurückzuziehen. Nach anfänglichem Zögern hatte das amerikanische Oberkommando unter General Eisenhower die drohende Gefahr rasch erkannt und reagierte umgehend. Den Amerikanern gelang es, durch Heranführung von Reserven den deutschen Angriff am 24. Dezember 1944 zum Stehen zu bringen. Die von Süden angreifenden Teile der

3. US-Armee von General Patton konnten schließlich den deutschen Belagerungsring um Bastogne aufsprengen und die amerikanischen Truppen entsetzen.

Die schweren Verluste an Soldaten, Panzern, Kampfflugzeugen und Treibstoff, die die deutschen Truppen während der Ardennenoffensive erlitten, beschleunigten den militärischen Niedergang des Deutschen Reiches. Da die Produktionsleistungen der deutschen Rüstungsindustrie seit Beginn des Jahres 1945 stark zurückgingen, waren diese Verluste nur noch teilweise zu ersetzen. Die strategischen Luftangriffe der USAAF und der RAF auf die deutsche Infrastruktur und Industrie, inbesondere die Hydrierwerke zur Herstellung von Benzin aus Kohle sowie das Verkehrssystem der Deutschen Reichsbahn, zeigten immer gravierendere Auswirkungen.

## Der Endkampf im Osten

Nachdem die Ardennenoffensive endgültig steckengeblieben war, wurde die 6. SS-Panzerarmee schnellstens nach Ungarn verlegt, um die Offensive der Roten Armee am Plattensee in Ungarn aufzuhalten. Im Westen konnten Amerikaner und Briten erst Anfang Februar 1945 wieder zum Angriff übergehen und erst Ende dieses Monats nennenswerte Geländegewinne erzielen. Die Rote Armee konnte im Januar 1945 bis an die Oder und die Pommersche Seenplatte vordringen.

Die militärische Lage des Deutschen Reiches war nunmehr endgültig aussichtslos geworden. Hitler hatte keine realistischen Aussichten mehr, Verhandlungen mit den Kriegsgegnern in Ost oder West aufzunehmen. Nach der Niederschlagung des Staatsstreichs vom 20. Juli 1944 hatte auch keiner der Generale mehr den Mut, mit den Gegnern in seinem Befehlsbereich auf eigene Faust eine Teilkapitulation auszuhandeln. Die einzige Ausnahme war Italien, wo die Heeresgruppe C bereits am 29. April 1945 die Kapitulation unterzeichnen sollte.

Hitler konzentrierte sich jetzt nochmals auf die Ostfront, wo er hoffte, der Roten Armee in Ungarn eine entscheidende Niederlage beibringen zu können. Für Ungarn wurde auch die Oderfront vernachlässigt, obwohl die Rote Armee an diesem Frontabschnitt Berlin unmittelbar bedrohte. Am Ende war ein Drittel aller Divisionen der Waffen-SS, darunter fast alle SS-Panzer-Divisionen, in Ungarn konzentriert. Der Grund war darin zu suchen, daß es in Ungarn noch einige Ölquellen und Ölraffinierien gab, die genügend Treibstoff erzeugten, um damit die Heeresgruppe Süd operationsfähig zu machen. Ungarn war damit der letzte Kriegsschauplatz, auf dem Heer, Luftwaffe und Waffen-SS noch eine großangelegte Offensive führen konnten.

Anders als die Heeresgruppe Weichsel an der Oderfront hatte die Heeresgruppe Süd in Ungarn vom Kräfteverhältnis her durchaus eine Chance, einen bedeutenden Erfolg zu erringen. Allerdings bestand diese Chance nur innerhalb eines kurzen Zeitfensters.

Das Ziel der von Hitler, dem OKH und der Heeresgruppe Süd geplanten Offensive mit dem Decknamen Unternehmen „Frühlingserwachen" war die volle Rückgewinnung des Drau-Donau-Dreiecks, um das Ölgebiet von Nagykanisza großräumig zu sichern und um nach Erreichen der Donau dort Brückenköpfe für spätere Offensiven zu errichten.

Unternehmen „Frühlingserwachen", die letzte große deutsche Offensive, begann am 6. März 1945. Die Kampfkraft der 6. SS-Panzerarmee hätte an sich für einen entscheidenden Durchbruch ausgereicht, die Operation scheiterte jedoch am extrem schlechten Wetter und am Frühjahrsschlamm der ungarischen Puszta. Nachdem die deutsche Offensive ihren Kulminationspunkt überschritten hatte und die 3. Ukrainische Front nach Zuführung umfangreicher Verstärkungen zum Gegenangriff antrat, blieb der Heeresgruppe Süd nur der Rückzug. Eine schwere Niederlage der 3. Ukrainischen Front in Ungarn hätte sich zweifellos auf die strategische Gesamtsituation an der Ostfront ausgewirkt, die Stawka hätte ihre geplante Offensive gegen Berlin aufschieben müssen.

Die letzte deutsche Verteidigungsstellung vor Berlin waren die Seelower Höhen am westlichen Ufer der Oder. Dort traten am 16. April 1945 die 1. Weißrussische Front unter Marschall Schukow und weiter südlich an der Neiße die 1. Ukrainische Front unter Marschall Konjew zum Angriff gegen die deutsche 9. Armee und die 4. Panzerarmee an, die zahlenmäßig hoffnungslos unterlegen waren. Die deutschen Verbände konnten den massierten sowjetischen Angriffen drei Tage lang standhalten, dann brachen die russischen Verbände auf breiter Front in Richtung Berlin durch.

Die Entscheidung, Deutschland und seine Hauptstadt Berlin in Besatzungszonen aufzuteilen, war von den Alliierten bereits im Februar 1945 auf der Konferenz von Jalta getroffen worden, bei dieser Gelegenheit waren auch die geographischen Grenzen zwischen den einzelnen Zonen festgelegt worden. General Eisenhower und General Marshall hatten kein Interesse an der Einnahme von Berlin, da die Eroberung dieser Millionenstadt sehr wahrscheinlich mit hohen eigenen Verlusten verbunden sein würde. Die Annahme, daß die Deutschen Berlin den Anglo-Amerikanern kampflos übergeben würden, war angesichts des immer noch anhaltenden Widerstandes deutscher Truppen im Westen Spekulation.

Am 21. April 1945 erreichten die sowjetischen Vorhuten den äußeren Verteidigungsring von Berlin und durchbrachen ihn an mehreren Stellen. Angesichts der massiven zahlenmäßigen und materiellen Überlegenheit der sowjetischen Panzer- und Schützendivisionen sollte es den deutschen Verteidigern an keiner Stelle gelingen, die Angriffe für länger als einige Stunden aufzuhalten. Der eigentliche Endkampf, der Angriff der Roten Armee auf das Stadtzentrum, die „Zitadelle", begann am frühen Morgen des 25. April 1945. Am 30. April 1945 wählte Hitler im Führerbunker der Reichskanzlei den Freitod, am 2. Mai kapitulierten die letzten Verteidiger der Reichshauptstadt. Die Gesamtkapitulation der Wehrmacht erfolgte am 8. Mai 1945, der Krieg in Europa war damit zu Ende.

# Das Kriegsende im Pazifik

Im Februar 1945 hatte der schwerkranke Roosevelt auf der Konferenz von Jalta noch einmal alles darangesetzt, die Hindernisse für eine Verwirklichung seiner großen Konzeption aus dem Weg zu räumen. Die Frage, wie Deutschland nach Kriegsende behandelt werden sollte, war unter den Alliierten bis dahin nicht geklärt worden. Das Abkommen von Jalta wurde schließlich so formuliert, daß einerseits amerikanische Prinzipien wie Demokratie und freie Wahlen formell hochgehalten wurden, andererseits aber von amerikanischer Seite eine sowjetische Vorherrschaft über Ostmitteleuropa akzeptiert wurde. Die Begriffe „Demokratie" und „freie Wahlen" wurden nicht näher definiert und konnten daher auch im marxistisch-leninistischen Sinne als „Volksdemokratie" ausgelegt werden, die nichts anderes als die Diktatur der kommunistischen Partei bedeutete.

Roosevelt hatte die amerikanische Außenpolitik weitgehend nach seinen Wünschen gestalten können, was jedoch darüber hinwegtäuschte, daß der Präsident und seine engsten Anhänger, die für eine langfristige Zusammenarbeit mit der Sowjetunion eintraten, tatsächlich nur die Minderheit im amerikanischen Regierungsapparat bildeten.

Bei den Präsidentschaftswahlen im November 1944 hatte Roosevelt den Senator von Missouri, Harry S. Truman, als Kandidaten für das Amt des Vizepräsidenten ausersehen.

Truman hatte von der Sowjetunion und vom zukünftigen amerikanischen Verhältnis zu dieser Großmacht sehr viel realistischere Vorstellungen als Roosevelt und die ihn umgebenden Linksintellektuellen und Geschäftsleute.

Wenige Wochen nach der Konferenz von Jalta, am 12. April 1945, verstarb Roosevelt, und neuer Präsident der Vereinigten Staaten wurde Harry S. Truman. Damit wurde die folgenreichste Kehrtwende in der amerikanischen Politik des 20. Jahrhunderts eingeleitet. Senator Truman hatte bereits 1944 zusammen mit Kriegsminister Henry Stimson den sogenannten „Morgenthau-Plan", den Roosevelt zeitweilig favorisiert hatte, entschieden abgelehnt. Als Präsident war Truman vom ersten Tag an entschlossen, den wirtschaftlichen Wiederaufbau Europas einschließlich Deutschlands nach Kräften zu unterstützen. Allerdings glaubten Truman und Stimson, zunächst noch auf Stalin und die Sowjetführung aus ganz pragmatischen Gründen Rücksicht nehmen zu müssen. Die Rote Armee hatte zu diesem Zeitpunkt nämlich die östliche Hälfte Europas mit den landwirtschaftlichen Überschußgebieten besetzt, die für die Ernährung des westlichen Teils unentbehrlich waren. Da 1945 ein weltweiter Lebensmittelmangel herrschte, der sich teilweise sogar auf die USA auswirkte, sah man sich in Washington genötigt, die in Jalta mit der Moskauer Führung getroffenen Vereinbarungen zumindest pro forma einzuhalten. Dazu gehörte auch eine sowjetische Beteiligung am Krieg gegen Japan, und zwar in Form einer Großoffensive der Roten Armee gegen die in der Mandschurei stationierte Kwantung-Armee. Die amerikanischen Generalstäbe sahen diese Operation Anfang 1945 als für den endgültigen Sieg über Japan unentbehrlich an. Zwar hatte die Kaiserlich-Japanische Marine in der Schlacht im Golf von Leyte eine vernichtende Niederlage erlitten und war praktisch nicht mehr einsatzfähig, aber das japanische Heer war nicht entscheidend geschlagen und besaß noch eine beträchtliche Größe und Kampfkraft. Japan beherrschte immer noch riesige Gebiete in Asien, darunter Niederländisch-Ostindien und weite Teile Chinas.

Die amerikanischen Generalstäbe glaubten, den Krieg im Pazifik nur durch eine Invasion Japans beenden zu können, die den Decknamen Operation „Downfall" erhielt. Während der Schlacht um die Insel Okinawa, die vom 1. April bis zum 30. Juni 1945 dauerte, legten die japanischen Truppen einen hartnäckigen Widerstand an den Tag und fügten den amerikanischen Bodentruppen schwerste Verluste zu. Wenn man diese Kämpfe um eine verhältnismäßig kleine Insel auf die kommenden Schlachten um die japanischen Hauptinseln, auf Honshū und Hokkaidō, hochrechnete, ergaben sich horrende Zahlen, die zu erwartenden amerikanischen und britischen Verluste wurden auf 500.000 bis 1.000.000 Gefallene geschätzt. Eine Beteiligung der Sowjetunion am Krieg gegen Japan erschien allein deshalb notwendig, um japanische Truppen in Mandschukuo zu binden, die ansonsten auf Honshū und Hokkaidō hätten eingesetzt werden können.

Bereits Mitte April hatte das amerikanische Vereinigte Nachrichtenkomitee gemeldet, daß die japanische Führung nach einem Weg suche, um mildere Kapitulationsbedingungen zu erhalten. Das US-Außenministerium war davon überzeugt, daß der japanische Kaiser persönlich nach einer Möglichkeit zur Beendigung des Krieges suche. Tatsächlich standen sich in Tokio zwei Fraktionen gegenüber, die eine Gruppe, darunter die Heeresgeneralität, wollte den Krieg um jeden Preis auch auf dem Boden des Heimatlandes fortsetzen, um dem Gegner schwere Verluste zuzufügen und bessere Friedensbedingungen zu erhalten; die andere Partei, vorwiegend die zivilen Minister, sah den Krieg seit der Niederlage bei Leyte als endgültig verloren an und wollte Frieden schließen. Die Friedenspartei erkannte, daß die japanische Wirtschaft auf einen völligen Zusammenbruch zutrieb, der eine Fortsetzung des Krieges über den Herbst 1945 hinaus unmöglich machen würde. Der Kaiser neigte zunehmend zur Friedenspartei, aber diese war noch nicht stark genug, um sich gegen die Militärs durchzusetzen. Mitte Juni hatten sechs Mitglieder des japanischen Obersten Kriegsrates Außenminister Shigenori Togo insgeheim mit der Aufgabe betraut, an die Sowjetunion heranzutreten, um zu sondieren, ob Moskau zu einer Vermittlung bereit war.

Bereits am 25. April 1945 hatte Kriegsminister Stimson Präsident Truman ausführlich über das streng geheime „Manhattan Project", das Programm zum Bau einer Atombombe, sowie einen bevorstehenden ersten Test unterrichtet. Damit ergaben sich für die amerikanische Politik ganz neue Perspektiven. Wenn diese völlig neuartige und revolutionäre Waffe wirklich eine derartige Wirkung entfaltete, wie die Kernphysiker vorausberechnet hatten, dann war eine Invasion Japans möglicherweise gar nicht mehr notwendig. Eine Eroberung der Mandschurei durch die Rote Armee erschien Truman und Stimson keineswegs besonders wünschenswert, weil Moskau damit ein Mitspracherecht in China erhalten würde. Wenn es gelang, mit Hilfe der Atombombe eine möglichst rasche Kapitulation Japans herbeizuführen, dann entfiel die Notwendigkeit eines mandschurischen Feldzuges der Roten Armee. Aufgrund des wissenschaftlichen und technischen Aufwandes, der für Entwicklung und Bau der Atombombe erforderlich war, würden die USA, so hofften Truman und Stimson, auf absehbare Zeit das Monopol auf diese Waffe besitzen und in der Weltpolitik eine einzigartige Stellung einnehmen. Damit müßte sich Moskau auch gegenüber amerikanischen Wünschen in Europa nachgiebiger zeigen. Truman wäre es am liebsten gewesen, wenn die Rote Armee sich aus Osteuropa zurückgezogen hätte.

Im Mai und Juni 1945 bemühte sich die amerikanische Führung, den Termin für die geplante Konferenz der „Großen Drei" – Truman, Stalin, Churchill – in Potsdam möglichst hinauszuschieben, um Zeit für die Fertigstellung der ersten Atombombe und ihren Test zu gewinnen. Die amerikanische Führung hoffte, auf der Potsdamer Konferenz dem Hauptziel ihrer Politik, der Wiederherstellung wirtschaftlicher und politischer Stabilität in ganz Europa einschließlich Deutschlands, näherzukommen. Die amerikanischen Politiker hofften darüber hinaus auf eine Einwilligung der Sowjetführung, in den von ihr militärisch kontrollierten Gebieten Osteuropas repräsentative Regierungen zuzulassen. Baldige freie Wahlen, so die Überzeugung der amerikanischen Politiker, würden die sowjetische Herrschaft rasch beseitigen.

Am Morgen des 16. Juli fand auf dem Gelände von Alamogordo in Neumexiko der erste erfolgreiche amerikanische Atomversuch „Trinity" statt. Dies wurde unverzüglich Präsident Truman und Außenminister Byrnes zur Kenntnis gebracht, die am Vortag in Potsdam eingetroffen waren und sich über diese Nachricht hocherfreut zeigten.

Während der Konferenz informierte Truman Stalin in sehr allgemein gehaltenen Worten über „Trinity", dieser tat aber so, als ob er die Bedeutung dieser Mitteilung nicht wirklich erfassen würde. Tatsächlich waren Stalin und die oberste sowjetische Führung dank ihres umfangreichen Spionagenetzwerks in den USA über das „Manhattan Project" sehr gut unterrichtet und hatten bereits ein eigenes Programm zum Bau einer Atombombe initiiert.

Am 23. Juli entschied Truman, die Konferenz so bald wie möglich zu beenden, auch wenn die meisten strittigen Fragen bislang nicht geklärt worden waren. Eine Lösung der anstehenden Probleme wollte Truman erst nach der praktischen Demonstration der Atombombe erreichen, wenn Moskau von der neuen Macht Amerikas genügend beeindruckt war.

Am 6. August 1945 warf ein Langstreckenbomber vom Typ B-29 eine Uranbombe vom Typ „Little Boy" über dem Zentrum von Hiroshima ab. 70.000 Menschen fanden durch Hitze, Druck und Strahlung sofort den Tod, 70.000 weitere starben bis Ende November an den Folgen der Strahlenkrankheit. Am 8. August erklärte die Sowjetunion Japan den Krieg, und in den folgenden zwei Wochen überrannte die Rote Armee die japanischen Streitkräfte in der Mandschurei. Am 9. August wurde eine Plutoniumbombe vom Typ „Fat Man" gegen Nagasaki eingesetzt, was weitere 70.000 Todesopfer forderte.

Der Einsatz der beiden Atombomben gab der japanischen Friedenspartei die Argumente in die Hand, um sich gegen die Militärs, die den Krieg auf den japanischen Hauptinseln weiterführen wollten, durchzusetzen. Am 15. August kapitulierte die japanische Regierung unter der Zusicherung, daß die Stellung des Kaisers als spirituelles Oberhaupt Japans unangetastet bleiben würde.

Als er die ersten Berichte über die Zerstörung Hiroshimas erhielt, begriff Stalin die Bedeutung der Atombombe in vollem Umfang. Die sowjetische Führung stellte ab sofort alle Mittel zur Verfügung, die die Wissenschaftler zum Bau einer eigenen Atombombe benötigten.

Mit der Unterzeichnung der Kapitulation Japans an Bord der USS „Missouri" in der Bucht von Tokio am 2. September 1945 war der Zweite Weltkrieg formell beendet. Aber die allgemeinen Hoffnungen auf einen dauerhaften Frieden sollten sich nicht erfüllen, es sollte sich bald herausstellen, daß es nicht allein die drei „Gangsterstaaten" Deutschland, Italien und Japan waren, die den „Weltfrieden" gestört hatten.

## Der Weg in den Kalten Krieg

In der Mandschurei waren mit der Roten Armee auch Partisanen der chinesischen Kommunisten eingezogen. Diese wurden von den Sowjets in den folgenden Monaten militärisch ausgebildet und neu bewaffnet und sollten den Kern der „Nordöstlichen Feldarmee" bilden, die 1947/48 die Entscheidungsschlachten des 1946 erneut aufgeflammten chinesischen Bürgerkrieges schlug. Die nördliche Hälfte Koreas wurde 1945 von sowjetischen, die südliche von amerikanischen Truppen besetzt, die Halbinsel entlang des 38. Breitengrades geteilt.

In Indochina, in Burma, Malaysia und auf Niederländisch-Indien hatten sich unter der japanischen Besatzung nationale bzw. nationalkommunistische Befreiungsbewegungen gebildet, die keineswegs bereit waren, die Rückkehr der europäischen Kolonialmächte zu akzeptieren. Die europäischen Mächte waren durch den Zweiten Weltkrieg finanziell schwer mitgenommen und konnten sich langwierige und kostspielige Kolonialkriege im Grunde nicht mehr leisten.

Auch in Europa hatte der Zweite Weltkrieg ein beträchtliches Konfliktpotential hinterlassen. Im Baltikum und in der Westukraine waren antikommunistische Partisanenverbände aktiv, in Griechenland flammte der Bürgerkrieg 1946 erneut auf und sollte bis 1949 andauern. In Frankreich und Italien hatten die Kommunisten in den Widerstandsbewegungen gegen die deutsche Besatzung eine führende Rolle gespielt und wollten nun eine Beteiligung an den neuen Regierungen mit der Perspektive einer Machtübernahme. In Osteuropa installierten die Sowjets in den von der Roten Armee besetzten Gebieten bis 1948 durchgehend moskautreue kommunistische Regime, was unter der Bevölkerung erhebliche Widerstände hervorrief.

Die Hoffnungen Roosevelts auf eine langfristige Zusammenarbeit mit der Sowjetunion und auf die Öffnung des russischen Marktes erwiesen sich als ebenso illusionär wie die Erwartung einer neuen Weltordnung unter amerikanischer Führung, deren Rahmen die 1942 gegründeten Vereinten Nationen bilden sollten. Der Politik von Truman und Byrnes, die Sowjetunion durch Einsatz der Atombombe als psychologisches Druckmittel aus Mittel- und Osteuropa wieder hinauszudrängen und damit Roosevelts Zugeständnisse von Jalta rückgängig zu machen, blieb ohne Erfolg. Der Versuch, den Krieg gegen Japan zu beenden, bevor die Rote Armee in Nordchina einmarschierte und dort die Grundlagen für ein kommunistisches China errichtete, scheiterte, und die amerikanische China-politik sollte 1949 in einem Desaster enden.

Die totale Niederlage Deutschands hatte das militärische Gleichgewicht in Europa zerstört und verlieh Sowjetrußland im konventionellen Bereich ein massives Übergewicht. Da Großbritannien und Frankreich finanziell bankrott und auf amerikanische Finanzhilfe angewiesen waren, konnten sie den militärischen Ausfall Deutschlands nicht ausgleichen. Tatsächlich waren durch die Atombombe ohnehin ganz neue militärische Verhältnisse geschaffen worden. Die Amerikaner verließen sich militärisch in den ersten Nachkriegsjahren auf ihr Atomwaffenmonopol, die amerikanische Öffentlichkeit reagierte schockiert, als bekannt wurde, daß die Sowjetunion am 29. August 1949 ihre erste Atombombe gezündet hatte. Wenige Wochen später, am 1. Oktober 1949, verkündete Mao Tse-tung in Peking den Sieg der Kommunisten im chinesischen Bürgerkrieg und rief die Volksrepublik China aus.

Wenigstens war die Politik Trumans gegenüber Westeuropa und dem westlichen Teil Deutschlands erfolgreich. Nachdem Außenminister Byrnes am 6. September 1946 in Stuttgart die neue amerikanische Deutschlandpolitik öffentlich verkündet hatte und nachdem dieser Ankündigung durch Währungsreform, Marshall-Plan, Berliner Luftbrücke und Gründung der Bundesrepublik Deutschland handfeste Taten gefolgt waren, ging die überwältigende Mehrheit der Deutschen in das westliche Lager über.

Tatsächlich hat die deutsche Kriegswirtschaft – so paradox dies klingen mag – in den Jahren 1942–44 nicht nur eine dramatische Steigerung der Rüstungsproduktion erzielt, sondern gleichzeitig auch die Voraussetzungen für einen raschen Wiederaufbau nach 1945 geschaffen. Unter dem Druck der militärischen Erfordernisse war es der deutschen Industrie gelungen, bedeutende innovative Kräfte freizusetzen, das heißt insbesondere neue Management- und Fertigungsmethoden einzuführen. Bei Kriegsausbruch lag die deutsche Rüstungswirtschaft in Fragen der Massenfertigung, gemessen an amerikanischen Maßstäben, noch weit zurück. Ab dem Herbst 1941 gelang es aber, den amerikanischen Rationalisierungsvorsprung deutlich zu verkürzen, um spätestens Ende 1943 ein vergleichbares technisch-organisatorisches Niveau zu erreichen.[1621]

Die Rationalisierungsmaßnahmen und Kapazitätserweiterungen der Kriegsjahre haben zum Wiederaufbau und zum „Wirtschaftswunder" der 1950er Jahre in entscheidendem Maße beigetragen. Nach Beseitigung der Bombenschäden, vor allem an der Verkehrsinfrastruktur, nach Entlassung der Kriegsgefangenen und nach Beendigung der kriegsbedingten Wanderungsbewegungen der Bevölkerung besaß das westliche Deutschland einen ebenso modernen wie leistungsfähigen Produktionsapparat.

Die deutsche Industrie hatte unter den Rüstungsministern Fritz Todt und Albert Speer gelernt, wie man eine moderne Massenproduktion nach amerikanischem Muster organisiert. Die deutsche Wissenschaft und die Forschung hatten die Fähigkeit erworben, neue technologische Spitzenprodukte in verhältnismäßig kurzer Zeit zur Produktionsreife zu bringen. Gleichzeitig hatte die deutsche politische Führung das Konzept für eine „Europäische Wirtschaftsgemeinschaft" entworfen, das – nunmehr unter amerikanischer Protektion – ein voller Erfolg werden sollte. Die Modernisierung der deutschen Industrie während des Zweiten Weltkrieges und die überraschende Tatsache, daß sie den Bombenkrieg verhältnismäßig gut überstanden hatte, bildeten die Grundlage für das deutsche Wirtschaftswunder der Nachkriegszeit, das auf ganz Westeuropa ausstrahlen sollte.

Die amerikanischen Entscheidungen zum Wiederaufbau der deutschen und der europäischen Wirtschaft und das Beharren der Sowjetunion auf ihrem 1945 errungenen Besitzstand führten jedoch folgerichtig zur Spaltung Deutschlands und Europas in eine

---

[1621] Werner Abelshauser. Deutsche Wirtschaftsgeschichte seit 1945. München 2004, S. 48 ff.

östliche und eine westliche Hälfte. Mit der Berliner Blockade 1948 und dem Koreakrieg 1950 begann endgültig ein neuer Abschnitt der Geschichte, der als „Kalter Krieg" bezeichnet wird. Dieser war vom „Ost-West-Konflikt", dem ideologischen Gegensatz zwischen der liberalen Demokratie der USA und der sozialistischen Diktatur der Sowjetunion mit ihren gegensätzlichen Wirtschaftssystemen, dem Wettrüsten und dem nuklearen „Gleichgewicht des Schreckens" und schließlich von den Kämpfen der national-kommunistischen Befreiungsbewegungen in der sogenannten „Dritten Welt" gekennzeichnet. Wenn man ihn in diesen größeren Zusammenhang stellt, dann war der Zweite Weltkrieg ein Katalysator, der die Entwicklungen, die zum Ost-West-Gegensatz und zum Kalten Krieg führten, beschleunigte.

# Literaturverzeichnis

## Verzeichnis der in den Anmerkungen benutzten Abkürzungen

| | |
|---|---|
| ADAP | Akten zur Deutschen Auswärtigen Politik, 1918–1945. Aus dem Archiv des Auswärtigen Amtes, Serie A–E, Baden Baden u.a. 1950 ff. |
| Britisches Blaubuch | Blaubuch der Britischen Regierung über die deutsch-polnischen Beziehungen und den Ausbruch der Feindseligkeiten zwischen Großbritannien und Deutschland am 3. September 1939, Basel 1939 |
| SDFP | Degras, Jane (Hrsg.): Soviet Documents on Foreign Policy, 3 Bde., London–New York–Toronto 1953 |
| FRUS | Department of State: Papers Relating to the Foreign Relations of the United States, 1933–1941, Washington 1950 ff. |
| FRUS: United States and Japan 1931–1941 | Department of State: Papers Relating to the Foreign Relations of the United States, Japan: 1931–1941, 2 Bde., Washington 1943 |
| FRUS: Peace and War | Department of State: Peace and War: United States Foreign Policy, 1931–1941, Washington 1943 |
| IMT | Der Prozeß gegen die Hauptkriegsverbrecher vor dem Internationalen Militärgerichtshof, 42 Bde. Nürnberg 1947 ff. |
| DBFP | Documents on British Foreign Policy, 1919–1939, Serie I-III, London 1947 ff. |
| Französisches Gelbbuch | Gelbbuch der Französischen Regierung. Diplomatische Urkunden 1938–1939, Basel 1940 |
| KTB Halder | Halder, Franz: Kriegstagebuch. Tägliche Aufzeichnungen des Chefs des Generalstabs des Heeres, 1939–1942, hrsg. v. Hans-Adolf Jacobsen, Frankfurt a.M. 1962 ff. |
| IMTFE | International Military Tribunal for the Far East. Proceedings, Tokio 1946 ff. |
| KTB Skl | Kriegstagebuch der Seekriegsleitung 1939–1945, Teil A, hrsg. v. Werner Rahn, Gerhard Schreiber und Hansjoseph Maierhöfer, 52 Bde., Berlin–Bonn–Herford 1988 ff. |
| KTB OKW | Kriegstagebuch des Oberkommandos der Wehrmacht (Wehrmachtführungsstab) 1940–1945, hrsg v. Percy Ernst Schramm, 8 Bde., Studienausgabe Herrsching 1982 |

## Ungedruckte Dokumente

Hitler, Adolf: Erlaß des Führers und Reichskanzlers über die Bestellung eines Reichsministers für Munition und Bewaffnung v. 16.3.1940; Sammlung Ilsebill Todt, Ordner 1940 / I

OKH/GenStdH/Abteilung Fr. H. Ost: Lageberichte des Oberkommandos des Heeres, Fremde Heere Ost, Nr. 1 (15.3.1941) bis Nr. 5 (13.6.1941). Bundesarchiv-Militärarchiv, Freiburg, BA-MA RH 19 III/381

OKH/GenStdH/Abteilung Fr. H. Ost: Lagebericht SU. Bundesarchiv-Militärarchiv, Freiburg, BA-MA RH 19 III/381

OKH/GenStdH/Abteilung Fr. H. Ost, Lagebericht Ost Nr. 172 vom 4. Dezember 1941. Bundesarchiv-Militärarchiv, Freiburg, BA-MA RH 19 III/381

Saur, Karl-Otto: Nachlaß Saur, Befragung vom 20. Mai, 29. Mai 1945, 11. Juli 1945 und 2. Mai 1946, NL Saur/44, Archiv des Instituts für Zeitgeschichte München, Befragung vom 20. Mai 1945 in München

Stimson, Henry L.: Diary. (Yale University, unveröffentlicht)

Todt, Fritz: Dr. Todt an den Gauleiter u. Reichsstatthalter Forster, Nr. GB 685/41 g.Rs. (XVIII) v. 17.1.1941; Sammlung Ilsebill Todt, Ordner 1941

Todt, Fritz: Dr. Todt an Prof. Krauch, GI 773/40, Betr.: Bauten für chemische Produktion v. 29.3.1940; Sammlung Ilsebill Todt, Ordner 1940 / I

Todt, Fritz: Ansprache des Herrn Reichsministers Dr. Todt in der Reichskanzlei anläßlich des Empfanges der Mitarbeiter des Reichsministers für Bewaffnung und Munition, 11.12.1940; Sammlung Ilsebill Todt, Ordner 1940 / II

Todt, Fritz: Dr. Todt an Herrn Gauleiter und Reichsstatthalter Baldur v. Schirach, M 892/41 v. 30.5.1941; Sammlung Ilsebill Todt, Ordner 1941

Volkskommissariat für Verteidigung der UdSSR, Hauptverwaltung Aufklärung der Roten Armee, 23. März 1945, An den Generalstabschef der Roten Armee, Armeegeneral Gen. Antonow, Kopie im Besitz des Verfassers; auszugsweise wiedergegeben in: Rainer Karlsch. Hitlers Bombe: Die geheime Geschichte der deutschen Kernwaffenversuche, München 2005, S. 220 f.

# Amtliche Dokumente und Veröffentlichungen

Akten zur Deutschen Auswärtigen Politik, 1918–1945. Aus dem Archiv des Auswärtigen Amtes, Serie A–E, Baden Baden u.a. 1950 ff.

Aßmann, Kurt: Die Seekriegsleitung und die Vorgeschichte des Feldzuges gegen Rußland, in: IMT Bd. XXXIV, S. 704 ff.

Auswärtiges Amt (Hrsg.): Urkunden zur letzten Phase der deutsch-polnischen Krise (Erstes Weißbuch der Deutschen Regierung), Berlin 1939

Auswärtiges Amt (Hrsg.): Dokumente zur Vorgeschichte des Krieges (Zweites Weißbuch der Deutschen Regierung), Berlin 1939

Auswärtiges Amt (Hrsg.): Polnische Dokumente zur Vorgeschichte des Krieges. Erste Folge (Drittes Weißbuch der Deutschen Regierung), Berlin 1940

Auswärtiges Amt (Hrsg.): Dokumente zur englisch-französischen Politik der Kriegsausweitung (Viertes Weißbuch der Deutschen Regierung), Berlin 1940

Auswärtiges Amt (Hrsg.): Die Geheimakten des französischen Generalstabs (Sechstes Weißbuch der Deutschen Regierung), Berlin 1941

Die Befreiungsmission der Sowjetsteitkräfte im Zweiten Weltkrieg, unter der Redaktion und mit einem Vorwort von Marschall der Sowjetunion A.A. Gretschko, deutsche Ausgabe Berlin 1971

Belgisches Außenministerium (Hrsg.). Belgium: The Official Account of What Happened 1939–1940, London 1941

Bericht der Untersuchungskommission des Völkerbundes über den chinesisch-japanischen Streit in der Mandschurei mit Schlußbericht der Völkerbundversammlung vom 24. Februar 1933 und Anhängen (Lytton-Bericht), Leipzig 1933

Die Berichte des Oberkommandos der Wehrmacht, Bd. 1–3., München 1983

Blaubuch der Britischen Regierung über die deutsch-polnischen Beziehungen und den Ausbruch der Feindseligkeiten zwischen Großbritannien und Deutschland am 3. September 1939, von der Britischen Regierung autorisierte, ungekürzte und unveränderte Übersetzung, Basel 1939

The Congressional Record, 1900–1941, Washington D.C.

Denkschrift Hitlers über die Aufgaben eines Vierjahresplans, in: Vierteljahrshefte für Zeitgeschichte 1955/2, S. 204 ff.

Department of State: The Department of State Bulletin, 1933–1941, Washington D.C.

Department of State: Das nationalsozialistische Deutschland und die Sowjetunion 1939–1941. Akten aus dem Archiv des Deutschen Auswärtigen Amtes, deutsche Ausgabe von Eber M. Caroll u. Fritz T. Epstein, Washington D.C. 1948

Department of State: Die sowjetische Berlin-Note. Eine Analyse des US-Außenministeriums (in deutscher Sprache), Washington D.C. 1959

Department of State: Papers Relating to the Foreign Relations of the United States, 1933–1941, Washington D.C. 1950 ff.

Department of State: Papers Relating to the Foreign Relations of the United States, Japan: 1931–1941, 2 Bde., Washington D.C. 1943

Department of State: Papers Relating to the Foreign Relations of the United States. Special Series: Foreign Relations Volumes on World War II Conferences, Washington D.C. 1955 ff.

Department of State: Peace and War: United States Foreign Policy, 1931–1941, Washington D.C. 1943

Department of State: Press Releases, 1933–1941, Washington D.C.

Department of State: Report of Robert H. Jackson, United States Representative to the International Conference on the Military Trials, London 1945, Washington D.C. 1949

Department of State: United States Relations with China 1944–1949. Washington 1949

Department of Defense: The Entry of the Soviet Union into the War against Japan: Military Plans, 1941–1945, Washington 1955

I Documenti Diplomatici Italiani, Ottava Serie, 1935–1939, Rom 1953

Documents diplomatiques français, 1932–1939. Ministère des Affaires Étrangères, Commission de Publication des Documents relatifs aux Origines de la Guerre 1939–1945, Paris 1964 ff.;

Documents on British Foreign Policy, 1919–1939, Serie I–III, London 1947 ff.

Documents on German Foreign Policy, 1918–1945, Series C (6 Bde.) and D (8 Bde.), London 1957 ff.

Dokumente der deutschen Politik, hrsg. von Paul Meier-Benneckenstein, 9 Bde., Berlin 1935 ff.

Dokumente und Materialien aus der Vorgeschichte des Zweiten Weltkrieges 1937–1939, 2 Bde., Moskau 1983

Fall Barbarossa. Dokumente zur Vorbereitung der faschistischen Wehrmacht auf die Aggression gegen die Sowjetunion, hrsg. v. Erhard Moritz, Berlin 1970

Gelbbuch der Französischen Regierung. Diplomatische Urkunden 1938–1939, vom Auswärtigen Amt der französischen Regierung autorisierte, ungekürzte und unveränderte Übersetzung, Basel 1940

Geschichte der KPdSU (B). Kurzer Lehrgang, Moskau 1939

Geschichte der UdSSR, hrsg. v. einer Redaktionskommission unter Leitung von Alexander M. Samsonow, 2 Bde., deutsche Ausgabe Berlin 1977

Gesetz über den Friedensschluß zwischen Deutschland und den alliierten und assoziierten Mächten v. 16. Juli 1919 (Versailler Vertrag), Reichsgesetzblatt 1919, Nr. 140

Gesetz zu dem Vertrag über die Ächtung des Krieges v. 9. Februar 1929 (Kellogg-Briand-Pakt), Reichsgesetzblatt Teil II, 1929 Nr. 9

Der Großdeutsche Freiheitskampf. Reden Adolf Hitlers, 3 Bde., München 1943

Hitler, Adolf: Mein Kampf. Jubiläumsausgabe anläßlich der Vollendung des 50. Lebensjahres des Führers, München 1939

Hitler, Adolf: Rede zur Eröffnung des Kriegswinterhilfswerkes, 3. Oktober 1941, in: Völkischer Beobachter, 5. Oktober 1941

Hitlers Lagebesprechungen: Die Protokollfragmente seiner militärischen Konferenzen 1942–1945, hrsg. von Helmut Heiber, Stuttgart 1962

Hitlers Weisungen für die Kriegführung 1939–1945, hrsg. von Walther Hubatsch, Frankfurt a.M. 1962

Informationsbüro des Ministerrates der UdSSR, Geschichtsfälscher. (Geschichtlicher Überblick), Berlin 1948

International Military Tribunal for the Far East. Proceedings, Tokio 1946 ff.

Die internationalen Beziehungen im Zeitalter des Imperialismus, hrsg. v. M.N. Pokrowski, 3 Bde., deutsche Ausgabe Berlin 1931 ff.

Die Kommunistische Internationale und der Krieg. Thesen des VI. Weltkongresses der Kommunistischen Internationale, Berlin o.J.

Kriegstagebuch des Oberkommandos der Wehrmacht (Wehrmachtführungsstab) 1940–1945, im Auftrag des Arbeitskreises für Wehrforschung hrsg v. Percy Ernst Schramm, 8 Bde., Studienausgabe Herrsching 1982

Kriegstagebuch der Seekriegsleitung 1939–1945, Teil A, hrsg. v. Werner Rahn, Gerhard Schreiber und Hansjoseph Maierhöfer, 52 Bde., Berlin–Bonn–Herford 1988 ff.

Lagevorträge des Oberbefehlshabers der Kriegsmarine vor Hitler 1939–1945, hrsg. v. Gerhard Wagner, München 1972

Das Land des Sozialismus heute und morgen. Berichte und Reden auf dem XVIII. Parteitag der KPdSU(B), 10.–21. März 1939, Moskau 1939

League of Nations (Völkerbund): Official Journal, 1929–1939, Genf

Lenin, Wladimir Iljitsch: Werke, 40 Bde., Berlin 1958 ff.

Navy Department, Office of Naval Intelligence: Fuehrer Conferences on Matters Dealing with the German Navy, 1939–1941, 5 Bde., Washington 1947

Office of the United States Chief Counsel for Prosecution of Axis Criminality: Nazi Conspiracy and Aggression, 11 Bde., Washington 1946 ff.

Pearl Harbor Attack. Hearings before the Joint Committee on the Investigation of the Pearl Harbor Attack, 79. Kongreß, 2. Sitzungsperiode, 39 Teile, Washington 1946, Nachdruck New York 1972

Der Prozeß gegen die Hauptkriegsverbrecher vor dem Internationalen Militärgerichtshof, 42 Bde. Nürnberg 1947 ff.

Public Papers of the President: Harry S. Truman 1945–1953. Bd. I, Washington 1961

Simma, Bruno (Hrsg.): The Charter of the United Nations, München 1994

Stalin, Josef Wissarionowitsch: Ökonomische Probleme des Sozialismus in der UdSSR, Berlin 1952

Stalin, Josef Wissarionowitsch: Werke, 13 Bde., Berlin 1949 ff.

Stalin, Josef Wissarionowitsch: Antworten auf die Fragen des Moskauer Korrespondenten der „Sunday Times", Alexander Werth, in einem Schreiben vom 17. September 1946, 24. September 1946; Stalin, Werke, Dortmund 1976, Bd. 15, S. 48.

Die Streitkräfte der UdSSR. Abriß ihrer Entwicklung von 1918 bis 1968, hrsg. v. einer Redaktionskommission unter Leitung von M.W. Sacharow, deutsche Ausgabe Berlin 1974

Timoschenko, Semjon K.: Abschlußrede des Volkskommissars für Verteidigung der UdSSR, Held und Marschall der Sowjetunion S.K. Timoschenko auf der militärischen Konferenz am 31. Dezember 1940, in: Wojenno istoritscheski schurnal 1992/1 (in russischer Sprache)

US Adjutant General: Army Battle Casualties and Nonbattle Deaths in World War II. Final Report. 7 December 1941–31 December 1946. 4 Bde., Washington D.C. 1953.

The United States Strategic Bombing Survey. Summary Report (European War), 30. September 1945

United States Strategic Bombing Survey, Summary Report (Pacific War). Washington D.C. 1. Juli 1946

United States Strategic Bombing Survey (Pacific). Naval Analysis Division. Interrogations of Japanese Officials, 2 Bde., o.O., o.J.

Die Verhandlungen der Militärmissionen der UdSSR, Großbritanniens und Frankreichs in Moskau im August 1939, Sitzungsprotokoll, hrsg. v. der Presseabteilung der sowjetischen Botschaft, Bonn 1959

Weißbuch der Polnischen Regierung: Die polnisch-deutschen und die polnisch-sowjetrussischen Beziehungen im Zeitraum von 1933 bis 1939, vom Außenministerium der Republik Polen autorisierte, ungekürzte und unveränderte Übersetzung, Basel 1940

# Nichtamtliche Dokumentensammlungen

Besymenski, Lew: Die Rede Stalins am 5. Mai 1941, in: Osteuropa 42/1992

China Year Book

Churchill, Winston S.: Reden 1938–1940, Bd. I, Ins Gefecht, Zürich 1946

Degras, Jane (Hrsg.): Soviet Documents on Foreign Policy, 3 Bde., London–New York–Toronto 1953

Documents on International Affairs, hrsg. v. John W. Wheeler-Bennett und veröffentlicht für das Royal Insitute of International Affairs, London 1929 ff.

Domarus, Max: Hitler: Reden und Proklamationen 1932–1945. 4 Bde., Wiesbaden 1973

Empfang des deutschen Botschafters Schulenburg, 22. Juni 1941, aus dem Tagebuch W.M. Molotows, in: Osteuropa 6/1991

Freund, Michael (Hrsg.): Geschichte des Zweiten Weltkrieges in Dokumenten, 3 Bde., Freiburg u. München 1953 ff.

Hass, Gerhart (Hrsg.): 23. August 1939. Der Hitler-Stalin-Pakt, Berlin 1990

Hohlfeld, Johannes (Hrsg.): Dokumente der deutschen Politik und Geschichte, Berlin u. München o.J.

Jacobsen, Hans-Adolf (Hrsg.): Dokumente zur Vorgeschichte des Westfeldzuges 1939–40, Göttingen 1956

Jacobson, Hans-Adolf (Hrsg.): Dokumente zum Westfeldzug, Göttingen 1960

Jacobsen, Hans-Adolf (Hrsg.): 1939–1945. Der Zweite Weltkrieg in Chronik und Dokumenten, Darmstadt 1961

Jones, S. Shepard u. Myers, Denys P. (Hrsg.): Documents on American Foreign Relations, Bd. 1. 1938/39–3. 1940/41, Boston 1939 ff.

Keesings Archiv der Gegenwart, 1931–1941

Kindermann, Gottfried-Karl (Hrsg.): Konfuzianismus, Sunyatsenismus und chinesischer Kommunismus. Dokumente zur Begründung und Selbstdarstellung des chinesischen Nationalismus, Freiburg i. Br. 1963

Klee, Karl (Hrsg.): Dokumente zum Unternehmen „Seelöwe". Die geplante deutsche Landung in England 1940, Göttingen 1959

Maki, John M. (Hrsg.): Conflict and Tension in the Far East. Key Documents 1894–1960, Seattle 1961

Mehner, Kurt (Hrsg.): Die geheimen Tagesberichte der Deutschen Wehrmachtführung im Zweiten Weltkrieg: 1939–1945; die gegenseitige Lageunterrichtung der Wehrmacht-, Heeres- und Luftwaffenführung über alle Haupt- und Nebenkriegsschauplätze: „Lage West" (OKW-Kriegsschauplätze Nord, West, Italien, Balkan), „Lage Ost" (OKH) und „Luftlage Reich". 13 Bde., Osnabrück 1987 ff.

Michaelis, Herbert/Scheel, Günter/Schraepler, Ernst (Hrsg.): Ursachen und Folgen. Vom deutschen Zusammenbruch 1918 und 1945 bis zur staatlichen Neuordnung Deutschlands in der Gegenwart, Berlin 1958 ff.

Naumow, W.P. (Wissenschaftlicher Redakteur): Das Jahr 1941, 2 Bde., Moskau 1998 (in russischer Sprache)

Nobutaka, Ike (Hrsg.): Japan's Decision for War. Records of the 1941 Policy Conferences, Stanford/Cal. 1967

Pätzold, Kurt und Rosenfeld, Günther (Hrsg.): Sowjetstern und Hakenkreuz 1938–1941. Dokumente zu den deutsch-sowjetischen Beziehungen, Berlin 1990

Picker, Henry: Hitlers Tischgespräche im Führerhauptquartier 1941–1942, hrsg. v. Percy Ernst Schramm, Stuttgart 1963

Pourquoi l'U.R.S.S. aurait signé son accord avec le Reich (Stalins Rede vor den Mitgliedern des Politbüros und den russischen Führern der Komintern vom 19. August 1939), in: Revue de Droit International, 1939 Nr. 3, Juli–September, S. 247 ff.

Roosevelt, Franklin D.: His Personal Letters, 1928–1945, hrsg. v. Elliott Roosevelt, 2 Bde., New York 1950

Rosenbusch, Michael (Hrsg.): Schauplatz Baltikum. Szenarium einer Okkupation und Angliederung. Dokumente 1939/40, Berlin 1991

Rosenman, Samuel I. (Hrsg.): The Public Papers and Addresses of Franklin D. Roosevelt, 13 Bde., New York 1938 ff.

Shepardson, Whitney H./Scroggs, William I. (Hrsg.): The United States in World Affairs, Jahrbuch, 1933–1941

Survey of International Affairs, begründet v. Arnold J. Toynbee, London 1920 ff.

Das Versailler Diktat. Vorgeschichte – Vollständiger Vertragstext – Gegenvorschläge der deutschen Regierung, Kiel 1999

# Tagebücher und Memoiren

Beck, Joseph: Dernier Rapport, Neuchatel 1953

Bock, Fedor von: Generalfeldmarschall Fedor von Bock. Zwischen Pflicht und Verweigerung – Das Kriegstagebuch. Hrsg. von Klaus Gerbet, München 1995

Bohlen, Charles E.: Witness to History 1929–1969, New York 1973

Bonnet, Georges: La Défense de la Paix, de Washington au Quai d'Orsay, 2 Bde., Genf 1946; gekürzte deutsche Fassung: Vor der Katastrophe, Köln 1951

Bonnet, Georges: Le Quai d'Orsay sous trois Républiques, 1870–1961, Paris 1961

Burckhardt, Carl J.: Meine Danziger Mission 1937–1939, München 1960

Byrnes, James F.: Speaking Frankly, New York 1947

Byrnes, James F.: All in One Lifetime, New York 1958

Casey, William: The Secret War Against Hitler, Washington 1988

Chiang Kai-shek: Soviet Russia in China. A Summing-up at Seventy, New York 1968

Chrustschow, Nikita S.: Khrushchev Remembers. The Glasnost Tapes, Boston–Toronto–London 1990

Churchill, Winston S.: The Second World War. 6 Bde. London 1948 ff.; dt. Ausgabe: Der Zweite Weltkrieg, Hamburg 1948 ff.

Ciano, Galeazzo: Tagebücher 1939–1943, Bern 1946

Clark, Mark W.: Calculated Risk. The War Memoirs of a Great American General, New York 2007

Cooper, Duff: Old Men Forget, London 1954

Coulondre, Robert: Von Moskau nach Berlin, Bonn 1950

Dahlerus, Birger: Der letzte Versuch, München 1948

Davies, Joseph E.: Mission to Moscow, New York 1941

Dimitroff, Georgi: Tagebücher 1933–1943, hrsg. v. Bernhard B. Bayerlein, Berlin 2000

Eden, Anthony: The Memoirs of the Rt. Hon. Sir Anthony Eden, 3 Bde., London 1960 ff.

Forrestal, James A.: Diaries, hrsg v. Walter Millis u. E.S. Duffield, New York 1951

Gamelin, Maurice: Servir, 2 Bde., Paris 1946

Grew, Joseph C.: Ten Years in Japan. A Contemporary Record Drawn from the Diaries and Private and Official Papers, 1932–1942, New York 1944

Grew, Joseph C.: Turbulent Era: A Diplomatic Record of Forty Years 1904–1945. Bd. II, Boston 1952

Goebbels, Joseph: Tagebücher 1924–1945. Hrsg. v. Ralf-Georg Reuth. 5 Bde., München 1992

Guderian, Heinz: Erinnerungen eines Soldaten, Neckargemünd 1960

Halder, Franz: Kriegstagebuch. Tägliche Aufzeichnungen des Chefs des Generalstabs des Heeres, 1939–1942, hrsg. v. Hans-Adolf Jacobsen, Frankfurt a.M. 1962 ff.

Henderson, Nevile: Fehlschlag einer Mission, Zürich 1953

Herwarth, Hans v.: Zwischen Hitler und Stalin. Erlebte Zeitgeschichte 1931–1945, Frankfurt/Berlin/Wien 1982

Hilger, Gustav: Wir und der Kreml. Deutsch-sowjetische Beziehungen 1918–1941, Frankfurt a.M. 1956

Hoare, Samuel: Nine Troubled Years, London 1954

Hoth, Hermann: Das Schicksal der französischen Panzerwaffe im 1. Teil des Westfeldzuges 1940, Wehrkunde Bd. 7 (1958) Nr. 7

Hull, Cordell: The Memoirs of Cordell Hull, 2 Bde., London 1948

Kehrl, Hans: Krisenmanager im Dritten Reich, Düsseldorf 1973

Kesselring, Albert: Soldat bis zum letzten Tag, Bonn 1953

Leahy, William D.: I Was There: The Personal Story of the Chief of Staff to Presidents Roosevelt and Truman, New York 1950

Mannerheim, Carl-Gustav: Erinnerungen, Zürich–Freiburg 1952

Manstein, Erich v.: Verlorene Siege, Bonn 1959

Meißner, Otto: Staatssekretär unter Ebert–Hindenburg–Hitler. Der Schicksalsweg des deutschen Volkes von 1918–1945, wie ich ihn erlebte, Hamburg 1950

Molotow, W.M.: Empfang des deutschen Botschafters Schulenburg, 22. Juni 1941, aus dem Tagebuch, in: Osteuropa 6/1991, S. 540 ff.

Monzie, Anatole de: Ci-devant, Paris 1941

Papen, Franz v.: Der Wahrheit eine Gasse, München 1952

Raeder, Erich: Mein Leben, Tübingen 1957

Ribbentrop, Joachim v.: Zwischen London und Moskau, hrsg. v. Annelies v. Ribbentrop, Leoni am Starnberger See 1953

Rokossowski, Konstantin: Soldatenpflicht, Berlin 1971

Schmidt, Paul: Statist auf diplomatischer Bühne 1923–1945, Bonn 1949

Schukow, Georgi K.: Erinnerungen und Gedanken, Stuttgart 1969

Schuschnigg, Kurt v.: Ein Requiem in Rot-Weiß-Rot. Aufzeichnungen des Häftlings Dr. Auster, Zürich 1948

Scott, John: Jenseits des Ural, Stockholm 1944

Sforza, Carlo: Gestalten und Gestalter des heutigen Europas, Berlin 1931

Szembek, Jan: Journal 1933–1939, Paris 1951

Thomas, Georg: Geschichte der deutschen Wehr- und Rüstungswirtschaft, hrsg. v. Wolfgang Birkenfeld, Boppard a.Rh. 1966

Togo, Shigenori: Japan im Zweiten Weltkrieg. Erinnerungen des japanischen Außenministers 1941–42 und 1945, Bonn 1958.

Truman, Harry S.: Memoirs. Bd. I: Year of Decisions, Garden City 1955

Tschuikow, Wassili: Das Ende des Dritten Reiches, München 1966

Wagenführ, Rolf: Die deutsche Industrie im Kriege 1939–1945, Berlin 1954

Wallace, Henry A.: Sondermission in Sowjet-Asien und China, Zürich 1947

Welles, Sumner: The Time for Decision, New York 1944

Wilson, Hugh R.: Diplomat between Wars, New York 1941

Zernatto, Guido: Die Wahrheit über Österreich, New York/Toronto 1939

# Sekundärliteratur

Abelshauser, Werner: Deutsche Wirtschaftsgeschichte seit 1945, München 2004

Alperovitz, Gar: Atomic Dipomacy: Hiroshima and Potsdam. The Use of the Atomic Bomb and the American Confrontation with Soviet Power, London/Boulder 1994

Ambrose, Stephen: D-Day June 6, 1944: The Climatic Battle of World War II. New York 1994

Anfuso, Filippo, Rom-Berlin im diplomatischen Spiegel, Essen/München/Hamburg 1951

Aretin, Felicitas von: Die Enkel des 20. Juli, Leipzig 2004

Aschenauer, Rudolf: Kriegsbefehle für das Unternehmen „Barbarossa" sowie für die Kriegsschauplätze im Südosten, Westen und Südwesten, Maschinenschriftl. Manuskript, o.O., o.J.

Aschenauer, Rudolf: Krieg ohne Grenzen: Der Partisanenkampf gegen Deutschland 1939–1945, Leoni 1982

Benz, Wolfgang: Der 20. Juli 1944 und der Widerstand gegen den Nationalsozialismus, Erfurt 2004

Bailey, Thomas A.: A Diplomatic History of the American People, New York 1946

Barnes, Harry E. (Hrsg.): Perpetual War for Perpetual Peace. A Critical Examination of the Foreign Policy of Franklin Delano Roosevelt and ist Aftermath, Caldwell 1953

Barnes, Harry E.: Pearl Harbor. After a Quarter of a Century, New York 1972

Battistelli, Pier Paolo: Formationsgeschichte und Stellenbesetzung der Streitkräfte der Italienischen Sozialistischen Republik (R.S.I.) 1943–1945, in: Peter Schmitz/Klaus Jürgen Thies/Günter Wegmann / Christian Zweng: Die deutschen Divisionen 1939–1945: Heer, landgestützte Kriegsmarine, Luftwaffe, Waffen-SS, Band 1: Die Divisionen 1–5, Osnabrück 1993, S. 707–780

Bauer, Eddy / Young, Peter (Hrsg.). The History of World War II, London 2000

Baum, Walter / Weichold, Eberhard: Der Krieg der Achsenmächte im Mittelmeerraum, Göttingen 1973

Bavendamm, Dirk: Roosevelts Weg zum Krieg. Amerikanische Politik 1914–1939, München 1983

Bavendamm, Dirk: Roosevelts Krieg 1937–1945 und das Rätsel von Pearl Harbor, München 1993

Baxter, Ian: Operation Bagration. Der Kampf der Heeresgruppe Mitte um Minsk, Wolfenbüttel 2010

Beard, Charles A.: American Foreign Policy in the Making, 1932–1940, New Haven 1946

Beard, Charles A.: President Roosevelt and the Coming of the War. A Study in Appearances and Realities, New York 1948

Becker, Fritz: Im Kampf um Europa. Stalins Schachzüge gegen Deutschland und den Westen, Graz 1991

Beckherrn, Eberhard / Dubatow, Alexej: Die Königsberg-Papiere. Neue Dokumente aus russischen Archiven, München 1994

Beer, Mathias: Flucht und Vertreibung der Deutschen: Voraussetzungen, Verlauf, Folgen, München, 2011

Beevor, Antony: Berlin: The Downfall 1945, New York 2002

Beevor, Antony: D-Day: The Battle for Normandy, New York / Toronto 2009

Beevor, Antony: Der Zweite Weltkrieg, München 2014

Bekker, Cajus: Angriffshöhe 4000. Ein Kriegstagebuch der deutschen Luftwaffe, Oldenburg 1964

Bemis, Samuel F.: A Diplomatic History of the United States, New York 1950

Bennett, William J.: America: The Last Best Hope. Bd. 2: From a World at War to the Triumph of Freedom 1914–1989, Nashville 2007

Benoist-Méchin, Jacques: Geschichte der deutschen Militärmacht, 1918–1946, 7 Bde., Oldenburg u.a. 1965 ff.

Band 1: Das Kaiserreich zerbricht 1918–1919
Band 2: Jahre der Zwietracht 1919–1925
Band 3: Auf dem Weg zur Macht 1925–1937
Band 4: Wetterleuchten in der Weltpolitik 1937. Deutschland und die Weltmächte
Band 5: Griff über die Grenzen 1938. Der Anschluß Österreichs und seine Vorgeschichte
Band 6: Am Rande des Krieges 1938. Die Sudetenkrise
Band 7: Wollte Adolf Hitler den Krieg 1939? Generalprobe der Gewalt

Bergström, Christer: The Ardennes: Hitler's Winter Offensive 1944–1945, Havertown 2014

Bernhardt, Walter: Die deutsche Aufrüstung 1934–1939. Militärische und politische Konzeption und ihre Einschätzung durch die Alliierten, Frankfurt a.M. 1969

Bertram, Thomas: Polenfeldzug, in: Wolfgang Benz / Hermann Graml / Hermann Weiß (Hrsg.): Enzyklopädie des Nationalsozialismus, Stuttgart 1997

Biddle, Tami Davis: British and American Approaches to Strategic Bombing: Their Origins and Implementation in the World War II Combined Bomber Offensive, in: Journal of Strategic Studies (1995) 18,1 S. 91–144.

Bishop, Edward: Their Finest Hour: The Battle of Britain 1940, London 1968

Bishop, Patrick: Battle of Britain: a Day-by-Day Chronicle. 10 July 1940 to 31 October 1940, London 2010

Blair, Clay: Silent Victory. The US Submarine War Against Japan, Philadelphia 1976

Blair, Clay: Der U-Boot-Krieg. Bd. 1 Die Jäger 1939–1942; Bd. 2. Die Gejagten 1942–1945, München 1998

Blaxland, Gregory: Alexander's Generals: The Italian Campaign 1944–1945, London 1979

Bobylew, Pawel: Im Januar 1941 rückte die Rote Armee auf Königsberg vor, in: Iswestija, 22.6.1993

Böhmler, Rudolf: Monte Cassino: a German View, London 1964

Bor, Peter: Gespräche mit Halder, Wiesbaden 1950

Borodziej, Wlodzimierz: Der Warschauer Aufstand 1944, Frankfurt a.M. 2001

Bowling, R.A.: Escort of Convoy: Still the Only Way, in: United States Naval Institute Proceedings, December 1969, 95 (12)

Bradford, Ernle: Siege: Malta 1940–1943, Barnsley 2003

Bragadin, Marc'Antonio: The Italian Navy in World War II, Annapolis 1957

Breyer, Siegfried: Schlachtschiffe und Schlachtkreuzer 1905–1970: Die geschichtliche Entwicklung des Großkampfschiffes, München / Wien 1970

Brooks, Thomas R.: The War North of Rome: June 1944–May 1945, New York 2003

Brunswig, Hans: Feuersturm über Hamburg: Die Luftangriffe auf Hamburg im 2. Weltkrieg und ihre Folgen, Stuttgart 2003

Brustat-Naval, Fritz: Unternehmen Rettung: letztes Schiff nach Westen, Bergisch Gladbach 1987

Buckingham, William F.: D-Day: The First 72 Hours, Stroud 2004

Buckley, John: Air Power in the Age of Total War, London, 1998

Bungay, Stephan: The Most Dangerous Enemy: A History of the Battle of Britain. London 2000

Bungay, Stephan: Alamein, London 2002

Carell, Paul: Sie kommen! Der deutsche Bericht über die Invasion und die 80tägige Schlacht um Frankreich, Oldenburg 1961

Carell, Paul: Stalingrad: Sieg und Untergang der 6. Armee, Berlin/Frankfurt a.M. 1992

Carver, Lord: The Imperial War Museum Book of the War in Italy 1943–1945, London 2001

Carver, M: Dilemmas of the Desert War: The Libyan Campaign 1940–1942, Staplehurst 2002

Chikering, Roger/Förster, Stig/Greiner, Bernd (Hrsg.): A World at Total War: Global Conflict and the Politics of Destruction, 1937–1945, Cambridge 2004

Christienne, Charles/Lissarague, Pierre: A History of French Military Aviation, Washington 1986

Churchill, Randolph S./Gilbert, Martin: Winston S. Churchill, 8 Bde. mit Beibänden, London 1966 ff.

Cline, Ray S.: Washington Command Post: The Operations Division, Washington 1951

Cole, Hugh M.: The Sixth Panzer Army Attack: The Ardennes. United States Army in World War II. The European Theater of Operations, Washington 1965

Cole, Hugh M.: The Ardennes: Battle of the Bulge, Office of the Chief of Military History Department of the Army, LCCN 65060001, 1964

Collier, Richard: Dünkirchen, München 1982

Committee for the Compilation of Materials on Damage Caused by the Atomic Bombs in Hiroshima and Nagasaki (Hrsg.): Hiroshima and Nagasaki. The Physical, Medical, and Social Efects of the Atomic Bombings, New York 1981

Compton, James V.: Hitler und die USA. Die Amerikapolitik des Dritten Reiches und die Ursprünge des Zweiten Weltkrieges, Oldenburg/Hamburg 1968

Conquest, Robert: Ernte des Todes. Stalins Holocaust in der Ukraine, München 1988

Copeland, Jack: Enigma, in: Copeland, Jack. The Essential Turing: Seminal Writings in Computing, Logic, Philosophy, Artificial Intelligence, and Artificial Life plus The Secrets of Enigma, Oxford 2004

Cospito, Nicola/Neulen, Hans Werner: Saló–Berlino: l' alleanza diffizile. La Repubblica Sociale Italiana nei documenti segreti del Terzo Reich, Milano 1992

Costello, John/Hughes, Terry: The Battle of the Atlantic, London 1977

Creveld, Martin van: Supplying War: Logistics from Wallenstein to Patton, Cambridge 1977

Crowley, James B.: Japans Quest for Autonomy. National Security and Foreign Policy 1930–1938, Princeton 1966

Cutler, Thomas J.: The Battle of Leyte Gulf, 23–26 October 1944, New York 1994

Czesany, Maximilian: Alliierter Bombenterror: Der Luftkrieg gegen Europas Zivilbevölkerung, Leoni 1986

Daladier, Édouard: Munich, in: Le Nouveau Candide, 7.–14. September 1961

Dallin, David J.: Soviet Russia's Foreign Policy, 1939–1942, New Haven 1942

Dallin, David J.: Soviet Russia and the Far East, New Haven 1948

Daniels, Jonathan: The Man of Independence, Philadelphia 1950

Deighton, Len: Battle of Britain, London 1980

Deighton, Len: Fighter: The True Story of the Battle of Britain, London 1996

Delve, Ken: The Story of the Spitfire: An Operational and Combat History, London 2007

Department of the Army Pamphlet No. 20–230, Russian Combat Methods in World War II, Department of the Army 1950

Das Deutsche Reich und der Zweite Weltkrieg, 10 Bde., hrsg. v. Militärgeschichtlichen Forschungsamt, Stuttgart 1979 ff.

Bagge, Erich/Diebner, Kurt/Jay, Kenneth: Von der Kernspaltung bis Calder-Hall, Hamburg 1957

Diedrich, Hans-Peter: Die deutschen Raketenflugzeuge bis 1945, Oberhaching 2001

Divine, David: The Nine Days of Dunkirk, Tintern 1976

Dixon, Cecil A./Heilbrunn, Otto: Partisanen: Strategie und Taktik des Guerillakrieges, Frankfurt a.M./Berlin 1956

Domanski, Jacek: 1945: Der Kampf um Bautzen, Leipzig 2015

Drinan, Robert F.: Beyond the Nuclear Freeze, New York 1983

Dupuy, Trever/Bongard, David/Anderson, Richard: Hitler's Last Gamble: The Battle of the Bulge, December 1944–January 1945, New York 1994

Durand, Yves: Das Schicksal der französischen Kriegsgefangenen in deutschem Gewahrsam (1939–1945); in: Bischof/Overmans: Kriegsgefangenschaft im Zweiten Weltkrieg. Ternitz 1999

Dye, Peter J.: Logistics and the Battle of Britain. In: Air Force Journal of Logistics No. 24, Vol 4, Winter 2000

Eichholtz, Dietrich/Schumann, Wolfgang (Hrsg.), Anatomie des Krieges, Berlin 1969

Eisenhart-Rothe, Ernst v./Tschischwitz, Erich v./Beckmann, Walther (Hrsg.): Deutsche Infanterie. Das Ehrenmal der vordersten Front, Zeulenroda 1939

Ellis, L.F./Allen, G.R.G./Warhurst, A.E./Butler, J.R.M. (Hrsg.). Victory in the West. Bd. I: The Battle of Normandy. History of the Second World War, London 2004

Elstob, Peter J.: Legion Condor, Rastatt 1973

Enciclopedia dell'antifascismo e della Resistenza, 6 Bde., Mailand 1989

Ethell, Jeffrey/Price, Alfred: Strahlflugzeuge 1939–1945, Stuttgart 1997

Evans, Richard J.: The Third Reich at War, New York 2008

Fabry, Philipp W.: Die Sowjetunion und das Dritte Reich. Eine dokumentierte Geschichte der deutsch-sowjetischen Beziehungen 1933–1941, Stuttgart 1971

Fabry, Philipp W.: Der Hitler-Stalin-Pakt 1939–1941. Ein Beitrag zur Methode sowjetischer Außenpolitik, Darmstadt 1962

Falk, Stanley L.: Seventy days to Singapore: The Malayan Campaign, 1941–1942, London 1975.

Farago, Ladislas: Codebrecher am Werk. Trotzdem kam es zu Pearl Harbor, Berlin 1967

Faulkner, Harold U.: Geschichte der amerikanischen Wirtschaft, Düsseldorf 1957

Feiling, Keith: The Life of Neville Chamberlain, London 1947

Feis, Herbert: The Road to Pearl Harbor. The Coming of the War between the United States and Japan, Princeton 1950

Feis, Herbert: Churchill, Roosevelt, Stalin: The War They Waged and the Peace They Sought, Princeton 1957

Feis, Herbert: Japan Subdued: The Atomic Bomb and the End of the War in the Pacific, Princeton 1961

De Felice, Renzo: Mussolinis Motive für seine Rückkehr in die Politik und die Übernahme der Führung der RSI (September 1943), in: Deutschland – Italien 1943–1945. Aspekte einer Entzweiung, hrsg. v. Rudolf Lill, Tübingen 1992

Filippow, Alexej: Kriegsbereitschaft der Roten Armee im Juni 1941, in: Voennyi vestnik 9/1992, deutsche Ausgabe

Fitzsimons, Bernard (Hrsg.).: The Illustrated Encyclopedia of 20th Century Weapons and Warfare, Band 24, London 1978

Florentin, Eddy: Quand les alliés bombardaient la France 1940–1945, Paris 2008

Fock, Harald: Z-vor! Internationale Entwicklung und Kriegseinsätze von Zerstörern und Torpedobooten im Zweiten Weltkrieg. 2 Bde., Hamburg 2001

Foerster, Wolfgang: Generaloberst Beck. Sein Kampf gegen den Krieg. Aus den nachgelassenen Papieren des Generalstabschefs, München 1953

Ford, Ken/Zaloga, Steven: Overlord: The D-Day Landings, Oxford/New York 2009

France 1940: Autopsie d'une défaite. In: L'Histoire, No. 352, April 2010

Frank, Richard B.: Downfall: The End of the Imperial Japanese Empire, New York 1999

Freeman, Roger A.: The B 17 „Flying Fortress" Story. Design, Production, History, London 1998

Frieser, Karl-Heinz: Blitzkrieg-Legende – Der Westfeldzug 1940, München 1995

Fuller, John F.C.: The Decisive Battles of the Western World III, London 1956

Funk, Walter (Hrsg.): Europäische Wirtschaftsgemeinschaft, Berlin 1942.

Gackenholz, Hermann: Der Zusammenbruch der Heeresgruppe Mitte 1944. In: Jacobsen/Rohwer (Hrsg.): Entscheidungsschlachten des Zweiten Weltkrieges, Frankfurt 1960

Gafencu, Grigore: Europas letzte Tage. Eine politische Reise im Jahre 1939, Zürich 1946

Garcia, Juan Vázques: Schlacht um Berlin 1945, Zweibrücken 2016

Garibaldi, L.: Mussolini e il professore: Vita e diari di Carlo Alberto Biggini, Milano 1983

Garrett, Stephen: Ethics and Airpower in World War II, New York 1993

Géraud, André („Pertinax"): France and the Anglo-German Naval Treaty, in: Foreign Affairs, XIV, Oktober 1935, S. 51 ff.

Gerolymatos, André: Red Acropolis – Black Terror: The Greek Civil War and the Origins of Soviet-American Rivalry 1943–1949, Arizona 2004

Giangreco, Dennis M.: Hell to Pay: Operation Downfall and the Invasion of Japan 1945–1947, Annapolis 2009

Gilbert, Martin: Churchill, Garden City 1980

Gilbert, Martin: The Second World War: A Complete History, New York 1989

Giuliano, Gérard: Les combats du Mont-dieu Mai 1940, Charleville-Mézières 1990

Glantz, David M.: Soviet Military Deception in the Second World War, London 1989

Glantz, David M.: Belorussia 1944: The Soviet General Staff Study, London 2001

Gorce, Paul-Marie de la: L'aventure coloniale de la France: L'Empire écartelé 1936–1946, Paris 1988

Görlitz, Walter: Der deutsche Generalstab. Geschichte und Gestalt, 1657–1945, Frankfurt a.M. 1950

Goldstein, Donald/Dillon, Katherine V./Wenger, Michael: D-Day: The Story and Photographs, McLean 1994

Gorodetsky, Gabriel: Die große Täuschung. Hitler, Stalin und das Unternehmen Barbarossa, Berlin 2001

Gosztony, Peter: Endkampf an der Donau, Wien 1969

Gosztony, Peter (Hrsg.): Der Kampf um Berlin in Augenzeugenberichten, München 1985

Le Goyet, Pierre: Contre-attaques manquées. In: Revue Historique des armées. 4/1962

Graovac, Igor: Menschenverluste durch Kriegseinwirkung, in: Dunja Melčić (Hrsg.): Der Jugoslawien-Krieg. Handbuch zu Vorgeschichte, Verlauf und Konsequenzen, Wiesbaden 2007

Greene, Jack/Massignani, Alessandro: The Black Prince and the See Devils: The Story of Valerio Borghese and the Elite Units of the Decima MAS, Cambridge 2004

Groehler, Olaf: Geschichte des Luftkrieges: 1910 bis 1980, Berlin 1990

Hagen, Walter: Die geheime Front, Wien 1950

Hamann, Brigitte: Hitlers Wien. Lehrjahre eines Diktators, München 1996

Hammel, Klaus: Der Krieg in Italien 1943-45. Brennpunkt Cassino-Schlachten, Bielefeld 2015

Handrich, Dieter: Sturmgewehr 44: Vorgänger, Entwicklung und Fertigung der revolutionärsten Infanteriewaffe, Blaufelden 2008

Hansen, Chuck: U.S. Nuclear Weapons: The Secret History, Arlington 1988

Hartmann, Christian: Halder: Generalstabschef Hitlers 1938–1942, Paderborn 1991

Hearden, Patrick J.: Roosevelt Confronts Hitler. America's Entry into World War II, Dekalb 1987

Hearn, Chester G.: Navy: An Illustrated History. The U.S. Navy from 1775 to the 21st Century, Minneapolis 2014

Heinrichs, Waldo: Threshold of War. Franklin D. Roosevelt and American Entry in World War II, New York/Oxford 1988

Heller, Michail/Nekrich, Alexander: Geschichte der Sowjetunion, 2 Bde., Königstein/Ts. 1981

Hendrie, Andrew: The Cinderella Service: RAF Coastal Command 1939–1945, Barnsley 2006

Herde, Peter: Italien, Deutschland und der Weg in den Krieg im Pazifik 1941, Wiesbaden 1983

Herman, Arthur: Freedom's Forge: How American Business Produced Victory in World War II, New York 2012

Hewlett, Richard G./Anderson, Oscar E.: The New World 1939–1946, University Park 1962

Hildermeier, Manfred: Geschichte der Sowjetunion 1917–1991. Entstehung und Niedergang des ersten sozialistischen Staates, München 2017

Hillgruber, Andreas: Hitlers Strategie. Politik und Kriegführung 1940–1941, Frankfurt a.M. 1965

Hinze, Rolf: Das Ostfrontdrama 1944: Rückzugskämpfe der Heeresgruppe Mitte, Stuttgart 1987

Historical Branch, G-3 Division, Headquarters, U.S. Marine Corps (Hrsg.): History of U.S. Marine Corps Operations in World War II. 5 Bde., Washington 1958 ff.

Ho, Kan-chih: A History of the Modern Chinese Revolution, Peking 1959

Hölsken, Dieter: V-Missiles of the Third Reich, Sturbridge 1994

Hofer, Walther: Die Entfesselung des Zweiten Weltkrieges. Eine Studie über die internationalen Beziehungen im Sommer 1939, Frankfurt a.M. 1960

Hoffmann, Joachim: Die Geschichte der Wlassow-Armee, Freiburg 1984

Hogan, George: Malta: The Triumphant Years, 1940–1943, London 1978

Holland, James: Fortress Malta: An Island Under Siege, 1940–1943, London 2003

Holland, James: The Battle of Britain, London 2011

Holloway, David: Stalin and the Bomb: The Soviet Union and Atomic Energy 1939–1956, New Haven/London 1994

Holmes, Tony: Hurricane Aces 1939–40: Aircraft of the Aces, Oxford 1998

Hooton, E.R.: Eagle in Flames: The Fall of the Luftwaffe, London 1997

Hooton, E.R.: Luftwaffe at War: Blitzkrieg in the West, London 2007

Hoover Institute, Stanford University, Kalifornien: La Vie de la France sous l'Occupation (1940–1944), 3 Bde. Plon, 1957

Hornfischer, James D.: The Last Stand of the Tin Can Sailors, New York 2004

Howard, Michael: Grand Strategy, Bd. VI: October 1944–August 1945. History of the Second World War, London 1972

Hughes, Thomas Alexander: Overlord: General Pete Quesada and the Triumph of Tactical A, New York 2010

Ike, Nobutaka (Hrsg.). Japan's Decision for War: Records of the 1941 Policy Conferences, Stanford 1967

Irving, David: Hitlers Weg zum Krieg, München 1978

Irving, David: Hitlers Krieg: Die Siege 1939–1941, München 1986

Irving, David: Hitlers Krieg: Götterdämmerung 1942–1945, München 1986

Ivanov, S.P.: The Initial Period of War, Moskau 1974; Soviet Military Thought Series No. 20, o.O. 1986 (Übersetzungsreihe der US Air Force)

Jacobsen, Hans-Adolf (Hrsg.).: „Spiegelbild einer Verschwörung". Die Opposition gegen Hitler und der Staatsstreich vom 20. Juli 1944 in der SD-Berichterstattung. Geheime Dokumente aus dem ehemaligen Reichssicherheitshauptamt. 2 Bände, Stuttgart 1984

Janßen, Karl-Heinz: Bis Chimki – Warum der deutsche Musketier nicht bis zum Kreml kam, Die Zeit Nr. 51/1991, 13. Dezember 1991.

Jellision, Charles Albert: Besieged: The World War II. Ordeal of Malta, 1940–1942, Hanover 1984

Jowett, Philip/Andrew, Stephen: The Italian Army 1940–45. Bd. 3: Italy 1943–45, Oxford/New York 2001

Jünger, Ernst (Hrsg.): Das Antlitz des Weltkrieges. Fronterlebnisse deutscher Soldaten, Berlin 1930

Kaplan, Fred: The Wizards of Armageddon, New York 1983

Katz, Robert: The Battle for Rome, London 2003

Keegan, John: The Second World War, London 2005

Kellog, Michael: The Russian Roots of Nazism: White Émigrés and the Making of National Socialism 1917–1945, Cambridge 2005

Kershaw, Ian: Fateful Choices: Ten Decisions that Changed the World 1940–1941, London 2008

Kindermann, Gottfried-Karl: Der Ferne Osten in der Weltpolitik des industriellen Zeitalters, München 1970

Kirschin, J.: Die sowjetischen Streitkräfte am Vorabend des Großen Vaterländischen Krieges, in: Bernd Wegner, Zwei Wege nach Moskau, München 1991

Klein, Burton H.: Germany's Economic Preparations for War, Cambridge 1959

Klink, Ernst: Das Gesetz des Handelns: Die Operation „Zitadelle" 1943, Stuttgart 1966

Koch, Horst-Adalbert: Flak. Die Geschichte der deutschen Flakartillerie und der Einsatz der Luftwaffenhelfer, Bad Nauheim 1965

Korda, Michael: With Wings Like Eagles: The Untold Story of the Battle of Britain, New York 2010

Kovács, Attilla Ótott: Die ungarischen Inhaber des Ritterkreuzes des Eisernen Kreuzes, Bayreuth 2006

Krebs, Gerhard: Die deutschen Militärberater in China und der japanisch-chinesische Krieg 1937/38, in: Militärgeschichte, NF 8, 1998, S. 12 ff.

Krivosheev, Grigoriy F. (Hrsg.): Soviet Casualties and Combat Losses in the Twentieth Century, London 1997

Kuhl, Hermann v.: Der Weltkrieg 1914–1918, 2 Bde., Berlin 1929

Kurowski, Franz: Balkenkreuz und Roter Stern: Der Luftkrieg über Rußland 1941–1944, Eggolsheim 2006

Lakowski, Richard: Seelow 1945. Die Entscheidungsschlacht an der Oder, Hamburg 2005

Langer, William L. u. Gleason, Sarell E.: The Challenge to Isolation, 1937–1940, New York 1952

Langer, William L./Gleason, Sarell E.: The Undeclared War, 1940–1941, New York 1953

Langhardt-Söntgen, Rainer/v. Steffens, Hans: Partisanen, Spione und Banditen: Abwehrkämpfe in Oberitalien 1943–45, Neckargemünd 1961

Lehmann, Rudolf: Die Leibstandarte. 5 Bde., Osnabrück 1978 ff.

Lengerer, Hans u. Kobler-Edamatsu, Sumie: Pearl Harbor 1941. Der Paukenschlag im Pazifik nach japanischen Dokumenten, Friedberg [1982]

Levine, Alan J.: The Strategic Bombing of Germany 1940–1945, Greenwood 1992

Liddell Hart, Basil: Jetzt dürfen sie reden, Stuttgart 1950

Liddell Hart, Basil: History of the Second World War, New York 1970

Longerich, Peter: Hitler: Biographie, München 2015

Longmate, Norman: The Bombers:The RAF Offensive against Germany 1939–1945, Hutchinson 1983

Lorenz, Richard: Sozialgeschichte der Sowjetunion, Frankfurt a.M. 1976

Lowenthal, Mark M.: Leadership and Indecision. American War Planning and Policy Process 1937–1942, 2 Bde., New York/London 1988

Lundstrom, John B.: The First Team: Pacific Naval Air Combat from Pearl Harbor to Midway, Annapolis, 2005

MacDonald, Charles B.: A Time For Trumpets: The Untold Story of the Battle of the Bulge, New York 1984

Magenheimer, Heinz: Die Militärstrategie Deutschlands 1940–1945: Führungsentschlüsse, Hintergründe, Alternativen, München 1997

Magenheimer, Heinz: Entscheidungskampf 1941. Sowjetische Kriegsvorbereitungen – Aufmarsch – Zusammenstoß, Bielefeld 2000

Magenheimer, Heinz: Stalingrad. Die große Kriegswende, Selent 2007

Maier, Georg: Drama zwischen Budapest und Wien: Der Endkampf der 6. Panzerarmee 1945, Osnabrück 1985

Maki, John: Conflict and Tension in the Far East: Key Documents 1894–1960, Seattle 1961

Mallett, Robert: The Italian Navy and Fascist Expansionism, 1935–1940, London 1998

Mallory, Walter H.: Japan Attacks, China Resists, in: Foreign Affairs XVI, Oktober 1937, S. 129 ff.

Manrho, John/Pütz, Ron: Bodenplatte: The Luftwaffe's Last Hope-Attack on Allied Airfields. New Year's Day 1945, Ottringham 2004

Marshall, S.L.A.: Bastogne: The First Eight Days, U.S. Army in Action Series, United States Army Center of Military History, CMH Pub 22-2, 1946

Maser, Werner: Der Wortbruch. Hitler, Stalin und der Zweite Weltkrieg, München 1994

Merridale, Catherine: Ivan's War: Life and Death in the Red Army, 1939–1945, London 2006

Merz, Walter (Hrsg.) Die 260. Infanteriedivision 1939–1944, Eggolsheim 2004

Michaelis, Rolf: Die 10. SS-Panzer-Division „Frundsberg", Berlin 2009

Milward, Alan S.: Fritz Todt als Minister für Bewaffnung und Munition, in: Vierteljahreshefte für Zeitgeschichte 1/1966.

Milward, Alan S.: War, Economy, and Society 1939–1945, Berkeley 1979

Mitcham, Samuel W./Mueller, Gene: Generaloberst Erich Hoepner. In: Gerd R. Ueberschär (Hrsg.): Hitlers militärische Elite. 68 Lebensläufe, Darmstadt 2011

Morgenstern, George: Pearl Harbor 1941. Eine amerikanische Katastrophe, hrsg. und ins Deutsche übertragen von Walter Post, München 1998.

Morison, Samuel E./Commager, Henry S./Leuchtenburg, William E.: The Growth of the American Republic, 2 Bde., New York 1980

Morison, Samuel E.: History of United States Naval Operations in World War II, 15 Bde., Boston 1947 ff.

Morris, Ivan (Hrsg.): Japan 1931–1945. Militarism, Fascism, Japanism? Boston 1963

Morton, Louis: The Fall of the Philippines. Washington, D.C.: Office of the Chief of Military History, Department of the Army 1953 OCLC 29293689.

Müller, Rolf-Dieter: Der Zweite Weltkrieg 1939–1945. In: Wolfgang Benz (Hrsg.): Handbuch der deutschen Geschichte, Band 21, Stuttgart 2004

Mueller-Hillebrand, Burkhart: Das Heer 1939–1945, 3 Bde., Darmstadt 1954 u. Frankfurt a.M. 1956 u. 1969

Musial, Bogdan: Sowjetische Partisanen in Weißrußland. Innenansichten aus dem Gebiet Baranovici 1941–1944, München 2004

Murray, Williamson: The Luftwaffe Against Poland and the West. In: Benjamin Franklin Cooling (Hrsg.): Case Studies in the Achievement of Air Superiority. United States Center of Air Force History, 1994

Murray, Williamson: Strategy for Defeat: the Luftwaffe 1933–1945, Honolulu 2002

Murray, Williamson/Millett, Allan Reed: A War To Be Won: fighting the Second World War, Harvard 2000

Neulen, Hans Werner: Am Himmel Europas. Luftstreitkräfte an deutscher Seite 1939–1945, München 1998

Neumann, Hans-Joachim/Eberle, Henrik: War Hitler krank? Ein abschließender Befund, Bergisch Gladbach 2009

Neumann, Joachim/Saucken, Dietrich von: Die 4. Panzerdivision. 2. Der Rußlandfeldzug von Mai 1943 bis Mai 1945, Bonn 1985

Nichols, Kenneth: The Road to Trinity: A Personal Account of How America's Nuclear Policies Were Made, New York 1987

Nuke-Rebuke: Writers & Artists Against Nuclear Energy & Weapons (The Contemporary anthology series). The Spirit That Moves Us Press. 1 May 1984

Oberländer, Theodor: Der Osten und die deutsche Wehrmacht: Sechs Denkschriften aus den Jahren 1941–1943 gegen die NS-Kolonialthese, Asendorf 1987

On the High Seas, in: Time Magazine, 23. Juni 1941

Oosten, F.C. van: The Battle of the Java Sea: Sea battles in close-up. Bd 15, Annapolis 1976

Orgill, Douglas: The Gothic Line: The Autumn Campaign in Italy 1944, London 1967

Oswald, Werner: Kraftfahrzeuge und Panzer der Reichswehr, Wehrmacht und Bundeswehr, Stuttgart 1971

Overesch, Manfred/Saal, Friedrich Wilhelm: Das III. Reich: Eine Tageschronik der Politik, Wirtschaft, Kultur. Bd. 2: 1939–1945, Augsburg 1991

Overmans, Rüdiger: Deutsche militärische Verluste im Zweiten Weltkrieg, München 2004

Overy, Richard J.: The Air War 1939–1945, New York 1981

Overy, Richard J.: War and Economy in the Third Reich, London 1995

Overy, Richard J.: The Battle of Britain: The Myth and the Reality, New York 2001

Overy, Richard J.: The Bombing War: Europe 1939–1945, London/New York 2013

Parker, Danny: Battle of the Bulge: Hitler's Ardennes Offensive 1944–1945, Cambridge 2004

Philippi, Alfred/Heim, Ferdinand: Der Feldzug gegen Sowjetrußland 1941 bis 1945: Ein operativer Überblick, Stuttgart 1962

Piekałkiewicz, Janusz: Der Zweite Weltkrieg, Düsseldorf 1985

Piekalkiewicz, Janusz: Schlacht um Moskau: Die erfrorene Offensive, Bergisch Gladbach 1981

Playfair, I.S.O./Stitt, R.N. u.a. (Hrsg.). The Mediterranean and Middle East: The Early Successes Against Italy (to May 1941). History of the Second World War. United Kingdom Military Series I, Uckfield 1954

Plieg, Ernst-Albrecht: Das Memelland 1920–1939. Deutsche Autonomiebestrebungen im litauischen Gesamtstaat, Würzburg 1962

Ploetz, Geschichte des Zweiten Weltkrieges, Würzburg 1960

Pöhlmann, Markus: Der Panzer und die Mechanisierung des Krieges: Eine deutsche Geschichte 1890 bis 1945, Paderborn 2016

Ponting, Clive: 1940: Myth and Reality, Chicago 1991

Portmann, Michael/Suppan, Arnold: Serbien und Montenegro im Zweiten Weltkrieg (1941–1944/45). In: Österreichisches Ost- und Südosteuropa-Institut (Hrsg.). Serbien und Montenegro: Raum und Bevölkerung, Geschichte, Sprache und Literatur, Kultur, Politik, Gesellschaft, Wirtschaft, Recht, Münster 2006

Post, Walter: Unternehmen Barbarossa. Deutsche und sowjetische Angriffspläne 1940/41, Hamburg 1996

Post, Walter: Die verleumdete Armee. Wehrmacht und Anti-Wehrmacht-Propaganda, Selent 1999

Post, Walter: Hitlers Europa: Die Europäische Wirtschaftsgemeinschaft 1940–1945. Stegen 2011

Potter, Elmar B. u. Nimitz, Chester W.: Seemacht. Eine Seekriegsgeschichte von der Antike bis zur Gegenwart, deutsche Fassung hrsg. v. Jürgen Rohwer, Herrsching 1982

Potter, Elmar B.: Admiral Arleigh Burke, Annapolis 1990

Price, Alfred: Aircraft Versus Submarine: The Evolution of the Anti-Submarine Aircraft, 1912–1980, New York 1973

Price, Alfred: Blitz über England: Die Luftangriffe auf die Britischen Inseln 1939–1945, Stuttgart 1978

Price, Alfred: The Hardest Day: 18 August 1940, New York 1980

Price, Alfred: Luftschlacht über Deutschland, Stuttgart 1983

Price, Alfred: Spitfire Mark V Aces 1941–45, Oxford 1997

Puntigam, Paul Josef: Vom Plattensee bis zur Mur, Feldbach 1993

Quarrie, Bruce: The Ardennes Offensive: VI Panzer Armee, Osprey 1999

Rauchensteiner, Manfried: Der Krieg in Österreich 1945. In: Schriften des Heeresgeschichtlichen Museums in Wien, Wien 1984

Reinhardt, Klaus: Die Wende vor Moskau – Das Scheitern der Strategie Hitlers im Winter 1941/42, Stuttgart 1972

Rhodes, Richard: Dark Sun. The Making of the Hydrogen Bomb, New York 1995

Ribbentrop, Annelies v.: Die Kriegsschuld des Widerstandes. Aus britischen Geheimdokumenten 1938/39, Leoni 1975

Richards, Denis/Saunders, Hilary Aidan St. Georg : Royal Air Force 1939–1945. 3 Bde., London 1953

Ring, Hans: Die Luftschlacht über England 1940. In: Luftfahrt International, 12/1980

Rogers, Anthony: 185: The Malta Squadron, London 2005

Rohwer, Jürgen: Der Kearny-Zwischenfall am 17. Oktober 1941, in: Marine-Rundschau 56 (1959)

Rohwer, Jürgen: Die USA und die Schlacht im Atlantik 1941, in: Kriegswende Dezember 1941, hrsg. v. Jürgen Rohwer und Eberhard Jäckel, Koblenz 1984

Rönnefarth, Helmuth K.G.: Die Sudetenkrise in der internationalen Politik. Entstehung, Verlauf, Auswirkung, Wiesbaden 1961

Rössler, Eberhard: Geschichte des deutschen U-Bootbaus. 2 Bde., Augsburg 1996

Roscoe, Theodore: Pig Boats. The True Story of the Fighting Submariners of World War II, New York 1949

Roskill, Stephen Wentworth: The War at Sea. 3 Bde., London 1954–61

Rossi, André (Pseudonym für Angelo Tasca): Zwei Jahre deutsch-sowjetisches Bündnis, Köln/Berlin 1954

Ryan, Cornelius: Der letzte Kampf, München/Zürich 1966

Salomon, Ernst v.: Das Buch vom deutschen Freikorpskämpfer, hrsg. im Auftrage der Freikorpszeitschrift „Der Reiter gen Osten", o.O. 1938, Nachdruck Viöl 2001

Sanborn, Frederic R.: Design for War, New York 1951

Santoni, Alberto: „L'attacco inglese a Taranto", Rivista Italiana di Difesa, November 1990

Schäfer, E. Philipp: 13 Tage Weltgeschichte. Wie es zum 2. Weltkrieg kam, Düsseldorf/Wien 1964

Schaumburg-Lippe, Friedrich Christian Prinz zu: Dr. G. – Ein Porträt des Propagandaministers, Wiesbaden 1963

Scheil, Stefan: Logik der Mächte. Europas Problem mit der Globalisierung der Politik. Überlegungen zur Vorgeschichte des Zweiten Weltkrieges, Berlin 1999

Schmidt, Rainer F.: Der Heß-Flug und das Kabinett Churchill, in: Vierteljahrshefte für Zeitgeschichte 1/94

Schneider, Wolfgang: Tiger im Kampf. 3 Bde., Uelzen o.J.

Schreiber, Gerhard: Deutsche Kriegsverbrechen in Italien: Täter, Opfer, Strafverfolgung, München 1996,

Schustereit, Hartmut: Vabanque: Hitlers Angriff auf die Sowjetunion 1941 als Versuch, durch den Sieg im Osten den Westen zu bezwingen, Herford 1988

Schwipper, Bernd: Deutschland im Visier Stalins. Der Weg der Roten Armee in den europäischen Krieg und der Aufmarsch der Wehrmacht 1941, Gilching 2015

Scutts, Jerry B.: Bf 109 Aces of North Africa and the Mediterranean, London 1994

Sebag-Montefiore, Hugh: Enigma: The Battle for the Code, London 2004

Seidler, Franz W./de Zayas, Alfred M.: Kriegsverbrechen in Europa und im Nahen Osten im 20. Jahrhundert, Hamburg/Berlin/Rom 2002,

Seraphim, Hans-Günther: Die deutsch-russischen Beziehungen 1939–1941, Hamburg 1949

Shepherd, Gordon: Der Anschluß, Graz u. Köln 1963

Sheppard, Alan: France 1940: Blitzkrieg in the West, Oxford 1990

Sherwood, Robert E.: Roosevelt and Hopkins: An Intimate History, New York 1948

Schieder, Theodor: Dokumentation der Vertreibung der Deutschen aus Ost-Mitteleuropa, hrsg. vom Bundesministerium für Vertriebene, 5 Bde., München 1984

Shirer, William L.: The Rise and Fall of the Third Reich: A History of Nazi Germany, New York 1990

Shores, Christopher: Duel for the Sky: Ten Crucial Battles of World War II, London 1985

Shores, Christopher/Cull, B./Malizia, N.: Malta: The Hurricane Years, London 1987

Smith, Peter C.: The Battles of the Malta Striking Forces, Littlehampton 1974

Spooner, Tony: Supreme Gallantry: Malta's Role in the Allied Victory, 1939–1945, London 1996

Stacey, C.P.:The Victory Campaign: The Operations in North-West Europe 1944–1945. Official History of the Canadian Army in the Second World War. Bd. III, Ottawa 1960

Stephan, Robert W.: Stalin's Secret War. Soviet Counterintelligence against the Nazis, 1941–1945, Kansas 2004

Stichling, Siegfried/Leukefeld, Karl-Otto: Generalmajor Erich Bärenfänger. Ein Lebensbild, Osnabrück 1994

Stilla, Ernst: Die Luftwaffe im Kampf um die Luftherrschaft: Entscheidende Einflußgrößen bei der Niederlage der Luftwaffe im Abwehrkampf im Westen und über Deutschland im Zweiten Weltkrieg unter besonderer Berücksichtigung der Faktoren „Luftrüstung", „Forschung und Entwicklung" und „Human Ressourcen". Diss., Univ. Bonn, 2005

Stimson, Henry L./Bundy, McGeorge: On Active Service in Peace and War, New York 1948

Stinnet, Robert B.: Pearl Harbor: Wie die amerikanische Regierung den Angriff provozierte und 2.476 ihrer Bürger sterben ließ, Frankfurt/M. 2003

Stuebel, Heinrich: Die Finanzierung der Aufrüstung im Dritten Reich, in: Europa Archiv Nr. 12/1951

Suppan, Arnold: Hitler – Benesch – Tito: Konflikt, Krieg und Völkermord in Ostmittel- und Südosteuropa, Wien 2014

Szilard, Leo L.: A Personal History of the Atomic Bomb, in: University of Chicago Round Table, 25. September 1949

Tamelander, Michael/Zetterling, Niklas: Avgorandets Ogonblick: Invasionen i Normandie, Stockholm 2003

Tansill, Charles C.: Die Hintertür zum Kriege. Das Drama der internationalen Diplomatie von Versailles bis Pearl Harbor, Düsseldorf 1957

Taubinger, L.M.: Die Entwicklung der ungarischen Erdölindustrie, in: Wirtschaftsdienst, Vol. 36, Nr. 5, Hamburg 1956, S.282 ff.

Taylor, Alan.J.P./Mayer, S.L. (Hrsg.): A History of World War Two, London 1974

Taylor, Theodore: The Magnificent Mitscher, Annapolis 1991

Thomas, Evan: Sea of Thunder: Four Commanders and the last Great Naval Campaign, 1941–1945, New York 2006

Tillman, Barrett: Clash of the Carriers: The True Story of the Marianas Turkey Shoot of World War II, London 2006

Tippelskirch, Kurt von: Geschichte des Zweiten Weltkrieges, Bonn 1951

Le Tissier, Tony: Der Kampf um Berlin 1945. Von den Seelower Höhen zur Reichskanzlei, Augsburg 1997

Le Tissier, Tony: Durchbruch an der Oder. Der Vormarsch der Roten Armee 1945, Augsburg 1997

Töppel, Roman: Kursk 1943: Die größte Schlacht des Zweiten Weltkrieges, Paderborn 2017

Toland, John: Battle: The Story of the Bulge, Lincoln 1999

Ueberschär, Gerd R.: Stauffenberg: Der 20. Juli 1944, Frankfurt a.M. 2004

Umbreit, Hans: Die Verantwortlichkeit der Wehrmacht als Okkupationsarmee. In: Rolf-Dieter Müller/Hans-Erich Volkmann (Hrsg.): Die Wehrmacht. Mythos und Realität, München 1999

Ungvary, Krisztian: Die Schlacht um Budapest. Stalingrad an der Donau 1944/45, München 1999

The United States in World Affairs 1939

Vann Woodward, C.: The Battle for Leyte Gulf: The Incredible Story of World War II's Largest Naval Battle, New York 2007

Verhoeyen, Etienne: Spionnen aan de achterdeur: de Duitse Abwehr in België 1936–1945, Antwerpen 2011

Völker, Karl-Heinz: Die Deutsche Luftwaffe 1933–1939. Aufbau, Führung und Rüstung der Luftwaffe sowie die Entwicklung der deutschen Luftkriegstheorie, Stuttgart 1967

Ward, John: Hitler's Stuka Squadrons: The Ju 87 at War, 1936–1945, London 2004

Was A-Bomb on Japan a Mistake? U.S. News and World Report, 15. August 1960

Weal, John: Junkers Ju 87 Stukageschwader 1937–41, Oxford 1998

Wehler, Hans-Ulrich: Deutsche Gesellschaftsgeschichte. Bd. 3: Von der Deutschen Doppelrevolution bis zum Beginn des Ersten Weltkrieges, München 1995

Weinberg, Gerhard L.: Hitler's Image of the United States, in: The American Historical Review, 69 (4) 1964, S. 1006–1021.

Weinberg, Gerhard L.: A World At Arms: A Global History of World War II, Cambridge 1995

White, David: Bitter Ocean: The Battle of the Atlantic, 1939–1945, New York 2008

Whitley, M.J.: Deutsche Kreuzer im 2. Weltkrieg, Stuttgart 1988

Whitmarsh, Andrew: D-Day in Photographs, Stroud 2009

Wiktorin, Mauriz v.: Die Heere Europas, Charlottenburg 1926

Williams, T. Harry/Current, Richard N./Freidel, Frank: A History of the United States, 2 Bde., New York 1969

Williamson, Gordon: U-boat Tactics in World War II, Oxford 2010

Willemer, Wilhelm (Hrsg.): The German Defense of Berlin 1945. United States Army, European Command 1953

Wilmot, Chester: The Struggle for Europe, Ware 1997

Willmott, Hedley Paul: The Barrier and the Javelin: Japanese and Allied Pacific Strategies February to June 1942, Annapolis 1983.

Willmott, Hedley Paul: June 1944, New York 1984

Wolkogonow, Dimitri: Stalin. Triumph und Tragödie, Düsseldorf 1989

Woller, Hans: Die Abrechnung mit dem Faschismus in Italien 1943 bis 1948, München 1996

Wood, Derek/Dempster, Derek: The Narrow Margin: The Battle of Britain and the Rise of Air Power, 1930–1949, London 1961

Woodman, Richard: The Real Cruel Sea. The Merchant Navy in the Battle of the Atlantic, 1939–1943, London 2004

Y'Blood, William T.: Red Sun Setting: The Battle of the Philippine Sea, Annapolis 1981

Zaloga, Steven J.: The Devil's Garden: Rommel's Desperate Defense of Omaha Beach on D-Day, Harrisburg 2013

Zeidler, Manfred: Deutsch-sowjetische Wirtschaftsbeziehungen im Zeichen des Hitler-Stalin-Paktes, in: Bernd Wegner, Zwei Wege nach Moskau, München 1991

Zeidler, Manfred: Reichswehr und Rote Armee 1930–1933. Wege und Stationen einer ungewöhnlichen Zusammenarbeit, München 1993

Zeng, H. L. de/Stanket, D.G./Creek, E.J.: Bomber Units of the Luftwaffe 1933–1945: A Reference Source. Bd. 2, London 2007

Zentner, Christian (Hrsg.): Der Zweite Weltkrieg: Ein Lexikon, Wien 2003

Zetterling, Niklas/Frankson, Anders: Kursk 1943: A Statistical Analysis, London 2000

Zimmermann, Erich/Jacobsen, Hans-Adolf: 20. Juli 1944, Bonn 1960

Zuehlke, Mark: Juno Beach: Canada's D-Day Victory: June 6, 1944, Vancouver 2004

# Zeitungen und Zeitschriften

Issues and Studies, Taipei

Kurzbericht. Dokumente und Berichte zur Deutschen Zeitgeschichte, hrsg. im Auftrag des Deutschen Akademischen Austauschdienstes e.V., Berlin

New Herald Tribune, New York

New York Times, New York

Völkischer Beobachter, Süddeutsche Ausgabe

# Internet-Beiträge

American armored fighting vehicle production during World War II: https://en.wikipedia.org/American_armored_fighting_vehicle_production_during_world_war_II

Assistant Chief of Air Staff-4, Office of Plans and Policies. Aircraft and Equipment. Factory Acceptances of All Military Airplanes, by Type of Airplane: Jan. 1940 to Aug. 1945 . AFD-090608-42.pdf

Battle of Britain London Monument. The Airmen of the Battle of Britain. http://bbm.org.uk/the-airmen/

Battle of the Phillipine Sea (June 19-20, 1944). http://combinedfleet.com/battles/Battle_of_the_Philippine_Sea

Han Bouwmeester. Beginning of the End: The Leadership of SS Obersturmbannführer Jochen Peiper (PDF), Fort Leavenworth, Kansas: Royal Netherlands Army, Free University of Amsterdam, The Netherlands, 2004, S. 106. https://apps.dtic.mil/dtic/tr/fulltext/u2/a428700.pdf

British armoured fighting vehicle production during World War II: https://en.wikipedia.org/British_armoured_fighting_vehicle_production_during_world_war_II

British Production of Aircraft By Year During The Second World War: www.wwwiiequipment.com/index.php?option=com_content&view=article&id=116;british-production-of-aircraft-by-year-during-the-second-world-war&catid=48;production-statistics&Itemid=6

Robert Jon Cox (14 July 2008). „The Battle of Leyte Gulf – Casualty List". http://www.bosamar.com/pages/bosc14

Focke-Wulf Fw 190: https://de.wikipedia.org/wiki/Focke-Wulf_Fw_190#Reichsverteidigung

German aircraft production during World War II: https://en.wikipedia.org/wiki/German_aircraft_production_during_World_War_II_

German armored fighting vehicle production during World War II: https://en.wikipedia.org/German_armored_fighting_vehicle_production_during_world_war_II

Große Russische Enzyklopädie. Budapester Operation1944-45. http://bigenc.ru/domestic_history/text/1886789

Groupe de recherches et d' etudes sur la guerre 1940–1945. Bulletin 2013-1. Michel John. Jean John, der erste Ziviltote auf luxemburgischem Gebiet beim deutschen Einmarsch am 10 Mai 1940. http://ettelbruck.lu/patton/wp-content/uploads/sites/10/2018/05/Bulletin-2013-1.pdf

Gutmundur Helgason. U-boat Types. Type VII C. https://uboat.net/types/viic.htm

L. Klemen (1999–2000). „Rear-Admiral Takeo Kurita". Forgotten Campaign: The Dutch East Indies Campaign 1941–1942. https://dutcheastindies.webs.com/kurita.html

The Largest Naval Battles in Military History: A Closer Look at the Largest and Most Influential Naval Battles in World History. Military History. Norwich University. Aufgerufen am 7. Marz 2015. https://online.norwich.edu/academic-programs/masters/military-history/resources/infographics/the-largest-naval-sea-battles-in-military-history

List of aircraft of Japan during World War II: https://en.wikipedia.org/wiki/List_of_aircraft_of_Japan_during_World_War_II

Official Website of the Battle of Britain Historical Society. https://www.battleofbritain1940.net/

Operation Overlord: https://de.wikipedia.org/wiki/Operation_Overlord#Verluste

Tom Purnell: The "Happy Time". Canonesa, Convoy HX72 & U-100. https://web.archive.org/web/20071001045906/http://homepage.ntlworld.com/annemariepurnell/can3.html

Soviet Air Forces. http://en.wikipedia.org/wiki/Soviet_Air_Forces

Soviet combat vehicle production during World War II. http://en.wikipedia.org/wiki/Soviet_combat_vehicle_Produktion_during_World_War_II

John E. Spindler. How Hitler Tried to Stack His Panzer Tanks to Stop Defeat (It Completely Failed), http://nationalinterest.org/blog/the-buzz/how-hitler-tried-stack-his-panzer-tanks-stop-defeat-it-25863

C.N. Trueman „The Battle of the Philippine Sea". https://www.historylearningsite.co.uk/world-war-two/the-pacific-war–1941-to–1945/the-battle-of-the-philippine-sea/

World War II aircraft production. https://en.wikipedia.org/wiki/World_War_II_aircraft_production

WW2 Weapons. Military production of Axis Minors: ww2-weapons.com/History/Production/Axis-Minors/

WW2 Weapons. Military Production. British arms production: ww2-weapons.com/History/Production/UK/

Matthew White. Twentieth Century Atlas. National Death Tolls for the Second World War – Great Britain. https://necrometrics.com/ww2stats.htm

# Personenregister

(Adolf Hitler, Franklin D. Roosevelt und Josef Stalin sind, da durchgängig vertreten, nicht aufgeführt.)

# Ortsregister

(Die Städte Berlin, London und Moskau sind, da durchgängig vertreten, nicht aufgeführt.)

# Inhalt

**FRANZ W. SEIDLER**
**DIE KOLLABORATION**
**1939–1945**
576 S. – geb. im Großformat –
€ 29,80. – In diesem lexikalischen Werk stellt der bekannte Historiker Prof. Dr. Franz W. Seidler fast 200 internationale Künstler, Intellektuelle, Politiker und Militärs vor, die mit dem Dritten Reich zusammenarbeiteten.

**FRANZ W. SEIDLER**
**WEHRMACHT GEGEN**
**PARTISANEN**
**Bandenbekämpfung im Osten**
**1941–1945**
320 S. – davon 32 Bilds. – geb. im Großformat – € 25,95. – Der Autor weist nach, daß es sich bei der russischen Partisanenbewegung um einen festen Teil der Roten Armee handelte, der vorsätzlich völkerrechtswidrig agierte.

**FRANZ W. SEIDLER**
**DEUTSCHER**
**VOLKSSTURM**
**Das letzte Aufgebot 1944/45**
448 S. – viele s/w. Abb. – geb. im Großformat – € 25,95. – Aufstellung, Organisation, Ausbildung und Einsätze der Volksmiliz, die in letzter Stunde die bedrängte Wehrmacht entlasten und bei der Verteidigung Deutschlands helfen sollte.

**JAMES BACQUE**
**DER GEPLANTE TOD**
**Deutsche Kriegsgefangene in**
**amerikanischen und franzö-**
**sischen Lagern 1945–1946**
400 S. – davon 16 s/w. Bildseiten – geb. im Großformat – € 19,95. – Der kanadische Historiker Bacque belegt, daß US-General Eisenhower absichtlich fast eine Million deutsche Soldaten sterben ließ.

**JAMES BACQUE**
**VERSCHWIEGENE**
**SCHULD**
**Die alliierte Besatzungspolitik**
**in Deutschland nach 1945**
312 S. – geb. im Großformat – € 19,95. – Nicht nur die Rote Armee, sondern ebenso Amerikaner, Briten und Franzosen stillten nach dem Krieg ihren Haß an den Deutschen. Die „Befreier" als selbsternannte Richter und Henker.

**FRANZ KUROWSKI**
**GROSSE SCHLACHTEN**
**DES ZWEITEN**
**WELTKRIEGES**
**Von Eben-Emael bis zur**
**Ardennenoffensive**
352 S. – viele s/w. Abb. – geb. im Großformat – € 25,95. – Ein intensiver Blick auf 25 entscheidende Ereignisse: Luftschlacht um England, Griechenlandfeldzug, Geleitzugschlacht im Atlantik usw.